tomato TV

**기본서 반영
최신 개정판**

합격으로 가는 하이패스

토마토패스

보세사

3주 완성 기본서

변달수 편저

예문에듀
EDU

KB134805

저자약력

—

변달수

- 제29회 관세사 자격시험 최연소합격(2012)
- 충남대학교 일반대학원 박사과정 수료(국제무역학)
- 서울대학교 국제대학원 FTA전문가과정(FLP) 수료
- 보세판매장 특허심사위원회 위원 역임

- 2021 KCA 소비자평가 우수전문인 "관세사" 부분 수상
- 2022 서울본부세관 관세행정발전 표창
- 2023 관세청장 관세행정발전 표창
- 2023 대한상공회의소회장 상의유공 표창
- 現 다미관세사무소 대표관세사
- 現 대전상공회의소 기업경영 자문위원
- 現 관세청 공익관세사
- 종합물류기업 ㈜티지엘 자문위원
- VHL세한관세법인 대표관세사 역임(前 우림관세사무소, 비디에스관세사무소)
- ㈜에쎄코리아 대표이사 역임
- 한국조세재정연구원 세법연구센터 관세연구팀

- 광주본부세관 FTA 컨설턴트
- 네이버 지식IN - 한국관세사회 관세전문가답변 파트너(네이버 Expert)

- 한국법교육센터 법교육 강사
- 공단기 공무원 관세법 강사
- FTA관세무역학원 관세사 관세법 및 환급특례법 강사
- 코트라, 무역협회, 중소기업진흥공단, 상공회의소, 금산군청, 영동미래고 등 기관, 학교 수출입통관, FTA 실무 강사

- ■ 보유자격증
  관세사, 보세사, 원산지관리사, 국제무역사, 무역영어1급, 무역관리사, 수입관리사, 국제물류사, 물류관리사, 유통관리사2급, 외환전문역2종

- ■ 논문/연구
  - 조세심판원 결정 사례를 이용한 FTA 협정관세 사후추징 가산세에 관한 연구(석사학위논문)
  - 조세심판결정례를 이용한 FTA 가산세 부과기준에 관한 연구[KCI등재](2020, 한국관세학회)
  - 주요국의 통관제도 - 캐나다 통관제도 연구(2021, 한국조세재정연구원)
  - 국제물류환경 변화에 따른 통관업 담당자 관련 제도 비교연구(2020, 한국조세재정연구원)
  - FTA 해외통관애로(2020, 국제원산지정보원)

머리말

무역 자격증 취득을 하고자 하는 당신에게

자격증, '21일' 안에 붙어야 합니다.

보세사를 포함한 무역분야 자격증은 시험은 수험기간이 총 '21일'을 넘기면 안 됩니다. 많은 수험생들이 준비기간이 한 달이 넘어가면 확실한 동기부여가 되지 않아 공부에 지루함을 느끼게 되고 결국 포기하게 됩니다. 단기간에 누구보다 집중해서 최대한 빨리 합격해야 합니다.

자격증 시험은 '요령'입니다.

공부에는 '왕도'가 없지만, 합격의 '요령'은 있습니다. 관세사 등 전문자격시험 외 보세사, 국제무역사 같은 일반자격증 시험은 고도의 전문성을 요구하지 않습니다. 따라서 깊이 있는 접근보다는 합격을 위해 여우같이 공부하는 자세가 필요합니다.

관세사인 저자는 2012년 관세사 자격시험 최연소 합격 이후, 2013년, 2014년 2년간 무역분야의 대부분의 자격증을 포함한 총 14개의 자격증을 취득하였으며, 자격증별로 수험기간을 14일을 넘긴 적이 단 한 번도 없습니다. 게을러터진 저자가 수많은 자격증을 취득할 수 있었던 이유는 철저하게 자격증 시험 합격 요령을 따랐기 때문입니다.

결국, '기출문제'와 그것을 반영한 '핵심이론서'면 충분합니다.

중요한 부분은 정해져 있습니다. 나올 것이 중요한 것이 아니라 나온 것이 중요합니다. 저자와 같은 학원 강사가 만들어 놓은 출제 예상문제가 중요한 것이 아니라 시험 출제위원의 pool에서 몇 번의 검토를 거쳐 정제된 '기출문제'가 자격증 시험의 핵심입니다. 안 나오던 부분에서 출제가 되는 것이 아니라, 나오던 부분에서 또다시 반복 출제가 이루어집니다. 이론서 또한 그러한 출제 경향 및 출제 빈도를 반영하여 시험에 불필요한 부분은 제외하고 핵심적인 이론만을 담는 것이 필요합니다.

이 책의 특징

더 늦기 전에 책을 집필하게 되어 다행입니다.

효율적인 자격증 공부방법의 부재로 자격증 취득을 위해 먼 길을 돌아가시는 많은 분들이 참 안타까웠습니다. 따라서 이 책은 수험생분들이 먼 길을 돌아가지 않도록 저자가 무역 자격증을 공부할 때 쓰던 방식을 그대로 적용하여 집필되었습니다.

첫 번째, 이론을 위한 이론은 확 줄이고 합격을 위한 핵심만을 담아 구성하였습니다.

쥐를 잡을 때 소 잡는 칼을 사용하는 것은 낭비입니다. 따라서 60점만 넘으면 되는 시험에 100점을 맞기 위한 공부를 하는 것은 불필요합니다. 따라서 이론서의 시험목적상 불필요한 규정은 과감히 생략함으로써 수험생들이 단기간에, 더 쉽게 시험준비를 할 수 있도록 구성하였습니다.

저자는 보세사 자격을 보유한 관세사로서 수출입통관 필드에서 활동하고 있으며, 또한 대학원에서 관세분야 박사과정을 전공하고 있습니다. 이를 바탕으로 보세이론 중 이론적으로든 실무적으로든 출제될만한 요소가 있는지를 판단하여, 책의 볼륨은 가볍게 하되 핵심적인 내용은 빠지지 않도록 책을 구성하였습니다.

두 번째, 2024년 3월 현재까지의 보세사 시험의 최신 출제경향을 반영하였습니다.

2014년부터 2023년까지 모든 기출문제를 분석하여 교재에 반영하였습니다. 출제된 파트별 기출표시를 하는 차원을 넘어서, 문제별 선지를 모두 분석하여 출제빈도수를 체크하여 구성하였습니다. 또한 출제된 문구와 이론서상 문구의 괴리감이 존재하는 경우 문구를 합치시켰습니다. 결과적으로 이 책은 기출문제를 분석한 내용을 이론서에 반영하였기 때문에 수험생 입장에서는 별도의 기출문제 분석이 필요 없습니다.

세 번째, 법의 체계대로 보세이론을 공부하여 큰 숲을 보면서 공부할 수 있도록 구성하였습니다.

보세이론도 크게는 '관세법' 이론의 하위개념입니다. 따라서 책을 구성하면서 신경 썼던 부분은 이 책으로 공부하시는 수험생분들이 법과 규정의 체계를 이해하면서 공부할 수 있도록 상위개념과 하위개념의 트리 형식으로 구성하는 것이었습니다. 즉, 내가 공부하고 있는 이 부분이 보세이론 중에서 어느 부분을 공부하고 있는 것인지 알 수 있도록 하였습니다. 다시 말하면, 본인이 현재 공부하고 있는 개념의 체계를 알고 보세이론의 전반적인 큰 숲을 자연스럽게 알 수 있도록 하여 보세사 자격증 시험의 본질적인 목표인 보세화물 '총괄'관리의 전문가가 될 수 있도록 구성하였습니다.

어떤 일이든 익숙해지기 전까지는 어렵게 느껴집니다.

하지만 이는 실제로 어려운 것이 아니라 익숙하지 않은 것입니다. 자격증 시험도 이와 마찬가지입니다. 어렵다고 생각하지 마시고 익숙해질 때까지 반복하십시오. 반드시 합격할 것입니다.

목표를 위해 부단하게 움직이고 있는 당신을 항상 응원하고 있겠습니다.

관세사 변달수 드림

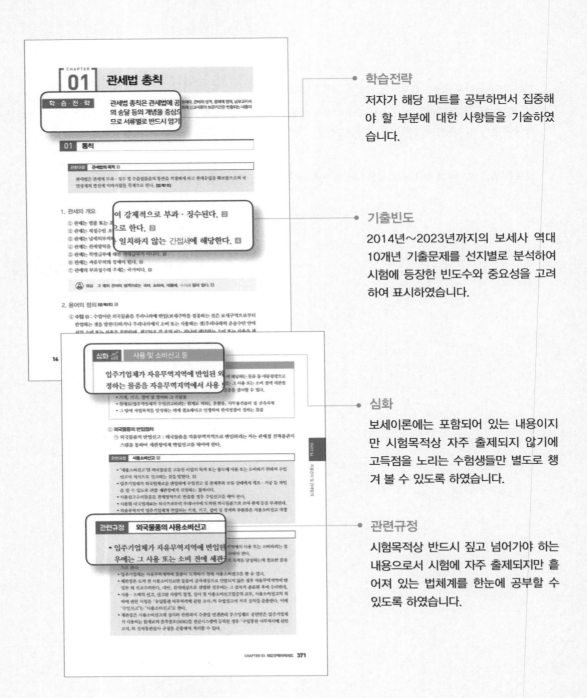

학습전략

저자가 해당 파트를 공부하면서 집중해야 할 부분에 대한 사항들을 기술하였습니다.

기출빈도

2014년~2023년까지의 보세사 역대 10개년 기출문제를 선지별로 분석하여 시험에 등장한 빈도수와 중요성을 고려하여 표시하였습니다.

심화

보세이론에는 포함되어 있는 내용이지만 시험목적상 자주 출제되지 않기에 고득점을 노리는 수험생들만 별도로 챙겨 볼 수 있도록 하였습니다.

관련규정

시험목적상 반드시 짚고 넘어가야 하는 내용으로서 시험에 자주 출제되지만 흩어져 있는 법체계를 한눈에 공부할 수 있도록 하였습니다.

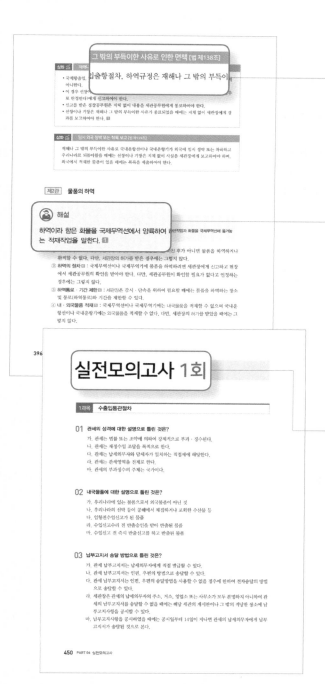

[법]/[영]/[규칙]

보세이론을 공부하면서 관세법상 상위 체계와 하위체계 구분의 실익이 있는 것을 선별하여, 법의 체계를 이해하면서 공부할 수 있도록 표시하였습니다(법＝관세법, 영＝시행령, 규칙＝시행규칙).

해설

보세사 시험 특성상 어렵고 생소한 용어에 대한 보충해설 또는 시험목적상 필요한 보세이론제도에 대하여 알기 쉽게 풀어서 설명하였습니다.

실전모의고사 2회분

실전모의고사를 통해 더욱 철저한 시험 대비가 이루어지도록 하였습니다.

GUIDE
보세사 시험

보세사 소개

- 보세사는 특허보세구역운영인(보세창고, 보세공장, 보세판매장 등)이 보세구역을 운영하기 위해서 반드시 채용하여야 하는 국가공인전문자격사입니다.
- 보세사는 보세화물관리에 전문적인 지식을 지니고 보세화물 관리에 대한 세관공무원의 업무 중 일부를 위탁받아 수행하는 보세화물 전문관리자입니다.
- 지정보세구역의 화물관리인이나 특허보세구역 운영인이 자신의 보세구역을 세관으로부터 자율관리보세구역으로 지정받기 위해서는 보세사 채용이 의무화되어 있습니다.
- 즉, 공항만근처의 보세물류창고, 일반 내륙지역의 보세공장, 면세점 등에서 보세화물을 총괄관리하는 총 책임자 역할을 수행하고 있습니다.

보세사 시험제도

- ■ 시험과목
    - ① 수출입통관절차
    - ② 보세구역관리
    - ③ 보세화물관리
    - ④ 자율관리 및 관세벌칙
    - ⑤ 수출입안전관리
    - ※ 문제형식 : 과목별 25문제(총 125문제) 출제, 객관식 5지선다형
    - ※ 시험시간 : 2시간 15분

- ■ 합격기준
    - 시험과목별 필기시험에서 각각 매 과목 100점을 만점으로 하여 매 과목 40점 이상, 전과목 평균 60점 이상 득점을 하면 합격됩니다.

■ 합격률

연도	응시자 수	합격자 수	합격률(%)
2014	1,909	266	13.9
2015	2,379	510	21.4
2016	2,424	407	16.8
2017	2,565	987	38.5
2018	2,902	995	34.3
2019	3,120	880	28.2
2020	2,841	680	23.9
2021	3,017	1,034	34.3
2022	2,695	695	25.8
2023	3,177	1,213	38.2

시험일정

• 원서접수 : 통상 매년 4월 예정
• 시험일시 : 통상 매년 7월 예정
• 합격자발표 : 통상 매년 8월 예정
• 접수방법 : 온라인 접수 – 한국관세물류협회(https://www.kcla.kr)

보세사 합격후기

2023년 보세사 합격후기 - 지*규

1. 취득 동기

물류센터에서 15년 가까이 현장운영, 관리, 영업 등 물류에 관한 업무를 진행하다, 새로운 것에 도전하고 싶어 보세사 시험에 응시하였습니다. 마흔이 넘어 새로운 것에 도전하기는 쉽지 않지만, 매너리즘에 빠진 것 같아 계기가 필요한 시기였습니다. 불경기에 새로운 무기도 필요하여 겸사겸사 알아보았다가, 괜찮다 싶어 도전하였습니다.

2. 토마토패스를 알게 된 경로

보세사를 준비해보자는 것은 3월이었습니다. 최근에 입사하여 시험을 본 직원들에서 책을 가져오라고 지시하니 **에듀, 해*스, k*o 등 여러 회사 책을 가져다 주는데, 그중에서도 제 마음을 사로잡은 것은 토마토 패스였습니다. 책에 중요 사항이 표기되어 있다 보니, 난이도를 인지하는 데 편하였습니다. 그중 제일 중요한 것은 강사님의 강의 방식입니다. 지루하지 않게 집중할 수 있도록 적절히 조절하시는게 전문가의 포스가 장난 아닙니다. 특히, 선택과 집중, 시험 시 모르는 문제는 과감히 버리라는 멘트는 아직도 기억에 남습니다.

3. 공부 기간 및 방법

솔직히 첫 1주가 가장 힘들었습니다. 인터넷 강의이기 때문에 반복할 수도 있지만, 되도록 한 번에 끝내자는 심정으로 집중하여 들었던 것 같습니다. 반복 학습보다는 개념 이해를 우선으로 하는 학습으로 방향을 잡았던 것 같습니다. 인강을 모두 끝내고 문제풀이는 기출문제 3년차까지는 풀어보는 것이 아닌, 책을 찾아가면서 맞춰보는 방식으로 복습하였습니다. 기출문제는 그동안 쌓은 지식을 문제에 맞추는 부분이니, 필히 풀어보세요!

4. 합격 팁

방법 없습니다. 강사님이 외우라고 하는 부분은 무조건 외우고 가세요. 버리라고 하는 부분은 버리고, 선택하여 집중만 하여도 60점 이상은 받을 수 있습니다. 이번 시험 합격률이 높다고 하여, 쉬웠다고 하는 분들도 있는데, 혼자 공부하고 붙기는 쉽지 않은 시험입니다. 개념정리가 되지 않으면 결코 합격할 수 없는 시험입니다. 개념정리는 강사님이 확실히 해줍니다. 인강 시 집중하라는 부분은 필히 공부하시고, 필기하라고 하는 부분만 필기하여 익히도록 하시는 게 합격의 지름길입니다. 불필요하게 필기하지 마세요. 모두 토마토패스 보세사로 좋은 결과 얻으시길 바랍니다.

다음에 다른 시험을 본다면 전 무조건 토마토패스입니다.

시험 연도	2023년
응시자 (응시번호)	지 규 (10521)
결과	축·하·합·니·다! 지 규 (10521)님은 2023년 7월 1일에 시행한 보세사 자격시험에 합격하셨습니다.

지 규 (10521)님의 시험성적은 아래와 같습니다.

수출입통관절차	보세구역관리	화물관리	수출입안전관리	자율관리 및 관세벌칙
72점	76점	80점	72점	72점

2023 보세사 자격시험 합격후기 - 서*강

1. 취득 동기

안녕하세요. 현장직무에 종사하고 있는 직장인입니다. 첫 회사생활을 사무직으로 시작하였으나 뜻대로 되지 않아 현장으로 전환하였고 그에 따라 역량을 더 개발하고 싶은 마음에 보세사 자격증을 알게 되었습니다. 현직에서도 보세작업으로 수출이 이루어지는 작업도 있었고 물류학을 전공하여서 더욱 관심이 가게 되었습니다.

2. 토마토패스를 알게 된 경로

교재의 간결함 그리고 디자인이 마음에 들었고 책의 두께를 고려하여 확실히 다른 보세사 교재들보다 공부에 집중하기가 수월해 보였습니다. 인강 또한 강사님의 진심 어린 충고와 따뜻하게 챙겨주시는 마음이 준비하면서 힘을 내게 도와주었고, 그로 인해 좋은 결과를 맞이할 수 있었습니다. 막히거나 이해가 안 되는 부분이 있으면 관세사님께 1:1로 질문할 수 있는 시스템이 좋았습니다. 강사님도 빠른 시일 내에 답변하여 주실 뿐만 아니라 친절하고 구체적으로 설명해주심이 너무나 감사했습니다. 비교적 많은 질문을 드렸음에도 불구하고 수험생들에게 관심가져 주신 관세사님께 감사 인사 드리고 싶습니다.

3. 공부 기간 및 방법

퇴근 후 3시간 동안 인강 및 문제풀이를 반복하였습니다. 주말에는 거의 하루 종일 공부에 매진했습니다. 수험기간은 약 4개월 투자하였습니다. 배움이 느리고 이해가 오래 걸려 남들보다 많은 시간이 필요했습니다. 3주 완성은 저에게 불가능하다고 판단하였고 오히려 차근차근 준비하여 시험에 응시하니 좋은 결과를 얻을 수 있었습니다. 인강에서의 내용을 100% 외우고 받아들이기보다 중요한 내용만 체크하고 진도를 나가는 식으로 진행하였습니다. 문제풀이에서 오답체크 및 정답과 관련된 고시를 강사님께 코칭해주신 대로 이해하였습니다.

4. 합격 팁

주로 기출문제로 이해하고 복습하였습니다. 관세사님께서 이론을 외우는 것보다 문제가 어떻게 나오는지 아는 게 더 중요하다는 팁을 알려주셨고 오답문항은 이게 왜 오답인지, 옳은 문항으로 고쳐보는 연습을 하였습니다. 기출 4개년까지 점수가 나오질 않아 많이 좌절하였습니다. 그러나 5개년부터는 기출문제에서 반복되는 문제패턴을 파악하였습니다. 또한 강사님께서 이전 회차에서도 나온 지문이라고 상기시켜주셔서 저에게는 긍정적인 공부자극을 주었습니다. 기출문제 7개년은 3회 이상 회독하였습니다.

시험 연도	2023년
응시자 (응시번호)	서■강 (　)
결과	축·하·합·니·다! 서■강 (　)님은 2023년 7월 1일에 시행한 보세사 자격시험에 합격하셨습니다.

서■강 (　)님의 시험성적은 아래와 같습니다.

수출입통관절차	보세구역관리	화물관리	수출입안전관리	자율관리 및 관세벌칙
76점	68점	88점	60점	60점

※ 해당 합격 후기는 모두 합격증이 웹상에 인증되어 있으며, 토마토패스 홈페이지 수강 후기에서 더 많은 후기들을 확인하실 수 있습니다.

1과목
수출입통관절차

출제범위

보세제도를 제외한 관세법 일반 및 수출입통관절차 전반에 대하여 출제가 이루어지므로 5과목 중 가장 넓은 범위에서 출제가 이루어집니다.

난이도

공부 범위는 넓으나 시험문제의 통상적인 난도는 5과목 중 가장 낮게 출제될 때가 많습니다. 최근 어려운 부분인 관세평가 파트에서 출제가 자주 이루어지는 것으로 보아 난도가 소폭 상승하고 있으나 주의할 정도는 아닙니다.

학습전략

출제 범위는 가장 넓으나 기출되었던 개념에서 다시 출제가 이루어지고 있기에 기출문제 분석이 완벽하게 이루어지는 경우 전략과목으로 만들 수 있습니다.
또한 본 과목을 명확하게 이해해야만 2과목, 3과목, 4과목을 이해하는 데 큰 도움이 되기에 점수를 획득하는 목적 외에도 이 과목을 통하여 관세법 및 수출입통관절차의 기본 구조와 뼈대를 잡는 것이 매우 중요합니다.

2과목
보세구역관리

출제범위

보세구역관리 전반에 대하여 출제되며, 지정보세구역, 특허보세구역, 종합보세구역, 수입활어장치장 등 '구역'을 어떻게 관리해야 하는지에 대한 세부적인 규정이 출제됩니다.

난이도

세부적인 규정들을 꼼꼼하게 공부하지 않으면 감으로는 도저히 풀 수 없는 문제들이 대거 출제되므로 5과목 중 가장 높은 난이도라 할 수 있습니다.

학습전략

개념의 거시적인 이해보다는 세부적인 절차 및 세부 기준, 상세 규정 등을 미시적으로 공부하여야 하며, 절차, 기간 및 연도 등 숫자 그리고 특정한 권한의 주체를 묻는 문제가 빈출됩니다. 따라서 전반적으로 다회독하는 식의 숲을 보는 공부방법보다는 보세구역 특성별로 구분하여 세심하게 하나하나 외우고 넘어가는 나무를 보는 공부방법이 적절합니다.

토마토패스

3과목
보세화물관리

출제범위

보세화물관리의 전반적인 내용, 수출입 및 환적화물 관리방법, 보세운송 절차 및 각종 운수기관들에 대하여 출제가 이루어집니다.

난이도

중요한 사항 위주로 반복출제 되고 있는 경향이 강하여 난이도는 평이한 편입니다. 다만, 동일한 주제에 대해 화물별로 상이한 내용을 가지고 있는 경우 암기에 있어 혼동이 오기 쉽다는 점은 과목을 어렵게 만드는 요인입니다.

학습전략

거시적인 접근과 미시적인 접근이 동시에 이루어져야 합니다. 화물의 흐름, 즉 절차가 가장 중요하며 절차를 매끄럽게 이해하는 게 우선입니다. 그 후에 세부적인 '허가', '승인', '신고' 등의 빈출 용어를 구분하여 명확하게 암기하여야 합니다.
※ 2과목과 3과목은 그 과목의 경계를 구분하지 아니하고 출제되는 경우가 많으므로 당황하지 않도록 합니다.

4과목
자율관리 및
관세벌칙

출제범위

자율관리보세구역 제도, 자유무역지역제도, 보세사제도 및 관세법상 벌칙과 조사와 처분에서 출제가 이루어집니다.

난이도

핵심 내용에 대한 암기만 잘 되어 있다면 어렵게 꼬아내는 내용 없이 기출문제의 범위에서 반복출제가 일어나고 있는 부분이 상당하므로 난이도는 평이하다고 볼 수 있습니다.

학습전략

우선 관세벌칙 파트에서 빈출되며 이 부분은 1과목의 이해가 선행되어야 함을 양지하여야 합니다. 벌칙제도의 거시적 이해보다는 미시적으로 접근하는 것이 적절하며 숫자(형량 등)로 표시되어 있는 부분들이 주로 출제됩니다. 그 외의 파트는 출제 범위는 넓지만 모든 파트를 다 꼼꼼히 공부하기엔 효율성이 좋지가 않으니 교재에 중요 표시가 있는 부분만 반복 숙지하는 편이 좋습니다.

5과목
수출입안전관리

출제범위

국경감시제도(국제항, 운송제도 등)와 수출입안전관리우수공인업체 (AEO)에 관련한 내용에 대하여 출제가 됩니다.

난이도

국경감시제도는 평이하게 출제되나 AEO 제도의 경우 앞선 과목들의 성격(통관, 보세)과는 아예 다른 생소한 과목이므로 초반에 접근이 어려우며 상당히 지엽적인 부분에서도 출제되어 고득점으로 합격하기에는 어려운 과목입니다.

학습전략

국경감시제도의 경우 빈출되는 부분 위주로 공부하며, AEO 제도의 경우에는 공인 절차 및 빈출되었던 부문별 공인기준들을 세세하게 공부하여야 합니다. 특히 시간 여유가 있는 수험생이라면 공인기준에 대한 상세한 규정(원문)도 읽어보는 편이 좋습니다.

※ 공부 순서는 1과목 → 2/3과목 → 4과목 → 5과목 순서(교재 순서와 동일)대로 공부하시는 편이 좋습니다.

CONTENTS
목차

P / A / R / T

01

토 마 토 패 스 보 세 사 3 주 완 성 기 본 서

수출입 통관절차

 2014년~2023년 총 10회 보세사 기출문제 분석자료

- **1** 시험에 한 번 출제됨
- **2** 시험에 두 번 출제됨
- **3** 시험에 세 번 출제됨
- **4** 시험에 네 번 출제됨
- **5** 시험에 다섯 번 출제됨
- **6** 시험에 여섯 번 출제됨
- **7** 시험에 일곱 번 출제됨
- **8** 시험에 여덟 번 출제됨
- **9** 시험에 아홉 번 출제됨
- **10** 시험에 열 번 출제됨

[01] 관세법 총칙

CHAPTER

학·습·전·략 관세법 총칙은 관세법에 공통적으로 적용되는 내용이다. 관세의 성격, 용어의 정의, 납부고지서의 송달 등의 개념을 중심으로 공부하여야 하며, 특히 신고서류의 보관기간은 빈출되는 내용이므로 서류별로 반드시 암기하여야 한다.

01 통칙

> **관련규정 관세법의 목적 1**
>
> 관세법은 관세의 부과 · 징수 및 수출입물품의 통관을 적정하게 하고 관세수입을 확보함으로써 국민경제의 발전에 이바지함을 목적으로 한다. [법 제1조]

1. 관세의 개요

① 관세는 법률 또는 조약에 의하여 강제적으로 부과 · 징수된다. **2**
② 관세는 재정수입 조달을 목적으로 한다. **2**
③ 관세는 납세의무자와 담세자가 일치하지 않는 간접세에 해당한다. **4**
④ 관세는 관세영역을 전제로 한다. **1**
⑤ 관세는 특별급부에 대한 반대급부가 아니다. **1**
⑥ 관세는 자유무역의 장벽이 된다. **2**
⑦ 관세의 부과징수의 주체는 국가이다. **1**

> **해설** 그 밖의 관세의 성격으로는 국세, 소비세, 대물세, 수시세 등이 있다. **4**

2. 용어의 정의 [법 제2조] **1**

① **수입** : 수입이란 외국물품을 우리나라에 반입(보세구역을 경유하는 것은 보세구역으로부터 반입하는 것을 말한다)하거나 우리나라에서 소비 또는 사용하는 것(우리나라의 운송수단 안에서의 소비 또는 사용을 포함하며, 제239조 각 호의 어느 하나에 해당하는 소비 또는 사용은 제외한다)을 말한다. **1**

② **수출** : 수출이란 내국물품을 외국으로 반출하는 것을 말한다. **1**

③ **반송** : 반송이란 국내에 도착한 외국물품이 수입통관절차를 거치지 아니하고 다시 외국으로 반출되는 것을 말한다. **2**

관련규정 | **반송물품의 범위 1**

- **중계무역물품** : 외국에 수출할 것을 목적으로 보세구역에 반입하여 다시 외국으로 반출하는 물품
- **단순반송물품** : 외국으로부터 보세구역에 반입된 물품이 계약 상이, 국내시장 여건 변화 등의 사유로 수입신고를 하지 아니한 상태에서 다시 외국으로 반출되는 물품
- **위탁가공물품** : 해외에서 위탁가공 후 보세구역에 반입된 물품으로서 수출할 목적으로 다시 외국으로 반출되는 물품
- **보세전시장반출물품** : 우리나라에서 개최하는 박람회 등을 위하여 보세전시장에 반입된 후 전시 종료 후 외국으로 반출되는 물품

---

④ **외국물품** : 외국물품이란 다음 각 목의 어느 하나에 해당하는 물품을 말한다.
　　㉠ 외국으로부터 우리나라에 도착한 물품[외국의 선박 등이 공해(외국의 영해가 아닌 경제수역을 포함)에서 채집하거나 포획한 수산물 등을 포함한다]으로서 수입신고가 수리되기 전의 것 **2**
　　㉡ 수출신고가 수리된 물품 **5**

심화 | **간주 외국물품**

다음의 물품은 외국물품의 정의에 포함되어 있진 않으나 외국물품으로 본다.
- 보수작업의 재료로 외국물품에 부가된 내국물품 **1**
- 보세공장에서 외국물품과 함께 원재료로 혼용하여 사용된 내국물품 **2**
- 환급특례법상 관세환급을 받을 목적으로 일정한 보세구역 또는 자유무역지역에 반입한 내국물품

---

⑤ **내국물품** : 내국물품이란 다음 각 목의 어느 하나에 해당하는 물품을 말한다.
　　㉠ 우리나라에 있는 물품으로서 외국물품이 아닌 것
　　㉡ 우리나라의 선박 등이 공해에서 채집하거나 포획한 수산물 등 **8**
　　㉢ 입항전수입신고가 수리된 물품 **7**
　　㉣ 수입신고수리 전 반출승인을 받아 반출된 물품 **3**
　　㉤ 수입신고 전 즉시반출신고를 하고 반출된 물품 **5**

⑥ **국제무역선(기), 국내운항선(기)**
　　㉠ 국제무역선이란 무역을 위하여 우리나라와 외국 간을 운항하는 선박을 말한다. **1**
　　㉡ 국제무역기란 무역을 위하여 우리나라와 외국 간을 운항하는 항공기를 말한다.

ⓒ 국내운항선이란 국내에서만 운항하는 선박을 말한다.
② 국내운항기란 국내에서만 운항하는 항공기를 말한다.

⑦ **선박용품, 항공기용품, 차량용품**
　ⓐ 선박용품 : 음료, 식품, 연료, 소모품, 밧줄, 수리용 예비부분품 및 부속품, 집기, 그 밖에 이와 유사한 물품으로서 해당 선박에서만 사용되는 것을 말한다. **1**
　ⓑ 항공기용품 : 선박용품에 준하는 물품으로서 해당 항공기에서만 사용되는 것을 말한다.
　ⓒ 차량용품 : 선박용품에 준하는 물품으로서 해당 차량에서만 사용되는 것을 말한다.

⑧ **통관** : 통관이라 함은 관세법의 규정에 의한 절차를 이행하여 물품을 수출 · 수입 · 반송하는 것을 말한다. **4**

⑨ **세관공무원** : 세관공무원이란 다음 각 목의 사람을 말한다.
　ⓐ 관세청장, 세관장 및 그 소속 공무원
　ⓑ 그 밖에 관세청 소속기관의 장 및 그 소속 공무원

⑩ **탁송품** : 탁송품이란 상업서류, 견본품, 자가사용물품, 그 밖에 이와 유사한 물품으로서 국제무역선 · 국제무역기 또는 국경출입차량을 이용한 물품의 송달을 업으로 하는 자(물품을 휴대하여 반출입하는 것을 업으로 하는 자는 제외한다)에게 위탁하여 우리나라에 반입하거나 외국으로 반출하는 물품을 말한다.

⑪ **전자상거래물품** : 사이버몰(컴퓨터 등과 정보통신설비를 이용하여 재화를 거래할 수 있도록 설정된 가상의 영업장을 말한다) 등을 통하여 전자적 방식으로 거래가 이루어지는 수출입물품을 말한다.

⑫ **관세조사** : 관세의 과세표준과 세액을 결정 또는 경정하기 위하여 방문 또는 서면으로 납세자의 장부 · 서류 또는 그 밖의 물건을 조사(제110조의2에 따라 통합하여 조사하는 것을 포함한다)하는 것을 말한다.

3. 관세징수의 우선 [법 제3조]

① **관세를 납부하여야 하는 물품** : 관세를 납부하여야 하는 물품에 대하여는 다른 조세, 그 밖의 공과금 및 채권에 우선하여 그 관세를 징수한다. **1**
② **관세를 납부하여야 하는 물품이 아닌 재산** : 국세징수의 예에 따라 관세를 징수하는 경우, 강제징수의 대상이 해당 관세를 납부하여야 하는 물품이 아닌 재산인 경우에는 관세의 우선순위는 「국세기본법」에 따른 국세와 동일하게 한다.

관련규정 | **관세채권확보를 위한 담보의 종류 등** [법 제24조]

- 관세법에 따라 제공하는 담보의 종류는 다음과 같다.
  - 금전
  - 국채 또는 지방채 [1]
  - 세관장이 인정하는 유가증권
  - 납세보증보험증권 [1]
  - 토지 [1]
  - 보험에 가입된 등기 또는 등록된 건물·공장재단·광업재단·선박·항공기 또는 건설기계 [1]
    ※ 차량은 담보의 종류가 될 수 없다.
  - 세관장이 인정하는 보증인의 납세보증서 [1]
- 납세의무자는 관세법에 따라 계속하여 담보를 제공하여야 하는 사유가 있는 경우에는 일정 기간에 제공하여야 하는 담보를 포괄하여 미리 세관장에게 제공할 수 있다. [1]
- 관세담보를 제공하고자 하는 자가 담보액 확정일부터 10일 이내에 담보를 제공하지 않는 경우에는 세관장은 납부고지를 할 수 있다. [1]
- 담보물이 납세보증보험증권인 경우 담보의 관세충당은 그 보증인에게 담보한 관세에 상당하는 금액을 납부할 것을 즉시 통보하는 방법에 따른다. [1]
- 세관장은 담보를 관세에 충당하고 남은 금액이 있을 때에는 담보를 제공한 자에게 이를 돌려주어야 하며, 돌려줄 수 없는 경우에는 이를 공탁할 수 있다. [1]

심화 | **내국세 등의 부과·징수** [법 제4조]

- 내국세 등의 부과·징수 : 수입물품에 대하여 세관장이 부과·징수하는 내국세 등(내국세 등의 가산세 및 강제징수비를 포함한다)의 부과·징수·환급 등에 관하여 「국세기본법」, 「국세징수법」, 「부가가치세법」 등 내국세법의 규정과 이 법의 규정이 상충되는 경우에는 이 법의 규정을 우선하여 적용한다.
- 세무서장의 체납세액 징수 : 수입물품에 대하여 세관장이 부과·징수하는 내국세 등의 체납이 발생하였을 때에는 징수의 효율성 등을 고려하여 필요하다고 인정되는 경우 대통령령으로 정하는 바에 따라 납세의무자의 주소지(법인의 경우 그 법인의 등기부에 따른 본점이나 주사무소의 소재지)를 관할하는 세무서장이 체납세액을 징수할 수 있다.
- 내국세의 가산세·강제징수비 : 이 법에 따른 가산세 및 강제징수비의 부과·징수·환급 등에 관하여는 이 법 중 관세의 부과·징수·환급 등에 관한 규정을 적용한다.
- 담보 관련 규정 적용 : 수입물품에 대하여 세관장이 부과·징수하는 내국세 등에 대한 담보제공 요구, 국세충당, 담보해제, 담보금액 등에 관하여는 이 법 중 관세에 대한 담보 관련 규정을 적용한다.

02   법 적용의 원칙 등

1. 법 해석의 기준과 소급과세의 금지 [법 제5조]

① **법 해석의 기준** : 이 법을 해석하고 적용할 때에는 과세의 형평과 해당 조항의 합목적성에 비추어 납세자의 재산권을 부당하게 침해하지 아니하도록 하여야 한다. **1**

② **소급과세의 금지** : 이 법의 해석이나 관세행정의 관행이 일반적으로 납세자에게 받아들여진 후에는 그 해석이나 관행에 따른 행위 또는 계산은 정당한 것으로 보며, 새로운 해석이나 관행에 따라 소급하여 과세되지 아니한다. **1**

③ **심의** : 이 법의 해석에 관한 사항은 「국세기본법」에 따른 국세예규심사위원회에서 심의할 수 있다.

④ **위임** : 이 법의 해석에 관한 질의회신의 처리 절차 및 방법 등에 관하여 필요한 사항은 대통령령으로 정한다.

2. 신의성실 [법 제6조] **1**

납세자가 그 의무를 이행할 때에는 신의에 따라 성실하게 하여야 한다. 세관공무원이 그 직무를 수행할 때에도 또한 같다.

3. 세관공무원 재량의 한계 [법 제7조]

세관공무원은 그 재량으로 직무를 수행할 때에는 과세의 형평과 이 법의 목적에 비추어 일반적으로 타당하다고 인정되는 한계를 엄수하여야 한다.

03   기간과 기한

1. 기간 및 기한의 계산 [법 제8조]

① **기간의 계산** : 이 법에 따른 기간을 계산할 때 수입신고수리 전 반출승인을 받은 경우에는 그 승인일을 수입신고의 수리일로 본다. **1**

② **민법준용** : 이 법에 따른 기간의 계산은 이 법에 특별한 규정이 있는 것을 제외하고는 「민법」에 따른다. **1**

③ 기한의 계산

　　㉠ 이 법에 따른 기한이 다음 각 호의 어느 하나에 해당하는 경우에는 그 다음 날을 기한으로 한다. **2**

　　　　1. 토요일 및 일요일

　　　　2. 「공휴일에 관한 법률」에 따른 공휴일 및 대체공휴일

　　　　3. 「근로자의 날 제정에 관한 법률」에 따른 근로자의 날

　　　　4. 그 밖에 대통령령으로 정하는 날

　　㉡ 국가관세종합정보시스템, 연계정보통신망 또는 전산처리설비가 대통령령으로 정하는 장애로 가동이 정지되어 이 법에 따른 기한까지 이 법에 따른 신고, 신청, 승인, 허가, 수리, 교부, 통지, 통고, 납부 등을 할 수 없게 되는 경우에는 그 장애가 복구된 날의 다음 날을 기한으로 한다. **1**

2. 관세의 납부기한 등 [법 제9조]

① 관세의 납부기한은 이 법에서 달리 규정하는 경우를 제외하고는 다음 각 호의 구분에 따른다.

　　㉠ 납세신고를 한 경우 : 납세신고 수리일부터 15일 이내 **4**

　　㉡ 납부고지를 한 경우 : 납부고지를 받은 날부터 15일 이내 **2**

　　㉢ 수입신고 전 즉시반출신고를 한 경우 : 수입신고일부터 15일 이내 **2**

② 납세의무자는 수입신고가 수리되기 전에 해당 세액을 납부할 수 있다.

 해설

신고납부를 하는 경우로서 수입신고일(납세신고일)은 5월 1일, 그 신고의 수리일은 5월 2일이다. 5월 5일과 5월 8일은 공휴일이고, 5월 3일과 5월 17일은 토요일로 금융기관이 휴무를 한다. 이 수입신고건의 관세납부기한은? → 5월 19일

심화 | 월별납부

① 세관장은 납세실적 등을 고려하여 관세청장이 정하는 요건을 갖춘 성실납세자가 대통령령으로 정하는 바에 따라 신청을 할 때에는 ①의 ㉠ 및 ㉢에도 불구하고 납부기한이 동일한 달에 속하는 세액에 대해서는 그 기한이 속하는 달의 말일까지 한꺼번에 납부하게 할 수 있다. 이 경우 세관장은 필요하다고 인정하는 경우에는 납부할 관세에 상당하는 담보를 제공하게 할 수 있다. **1**

② 세관장은 월별납부의 승인을 신청한 자가 관세청장이 정하는 요건을 갖춘 경우에는 세액의 월별납부를 승인하여야 한다. 이 경우 승인의 유효기간은 승인일부터 그 후 2년이 되는 날이 속하는 달의 마지막 날까지로 한다. **1**

3. 천재지변 등으로 인한 기한의 연장 [법제10조]

세관장은 천재지변이나 그 밖에 대통령령으로 정하는 사유로 이 법에 따른 신고, 신청, 청구, 그 밖의 서류의 제출, 통지, 납부 또는 징수를 정하여진 기한까지 할 수 없다고 인정되는 경우에는 1년을 넘지 않는 기간을 정하여 대통령령으로 정하는 바에 따라 그 기한을 연장할 수 있다. 이 경우 세관장은 필요하다고 인정하는 경우에는 납부할 관세에 상당하는 담보를 제공하게 할 수 있다. **1**

> **심화** 📈 **기한의 연장 사유**
>
> "대통령령으로 정하는 사유"란 다음 각 호의 어느 하나에 해당하는 경우를 말한다.
> 1. 전쟁·화재 등 재해나 도난으로 인하여 재산에 심한 손실을 입은 경우
> 2. 사업에 현저한 손실을 입은 경우
> 3. 사업이 중대한 위기에 처한 경우
> 4. 그 밖에 세관장이 제1호부터 제3호까지의 규정에 준하는 사유가 있다고 인정하는 경우

04 | 서류의 송달 등

1. 납부고지서의 송달 [법제11조]

> 🧑 **해설** **납부고지서 송달의 의의**
>
> 관세의 부과·징수·환급 등 관세에 관한 처분은 고지서 등의 서류가 납세의무자에게 송달된 때에 그 효력이 발생하게 된다. 이와 같이 서류의 송달은 국가와 납세의무자 간의 조세채권·채무관계에 중대한 영향을 미치므로 국세기본법 및 관세법에서 서류의 송달에 관하여 규정하고 있다.

① **원칙적 송달방법** : 관세 납부고지서의 송달은 납세의무자에게 직접 발급하는 경우를 제외하고는 인편, 우편 또는 전자송달의 방법으로 한다. **1**

② **공시송달과 효력발생시기**

　㉠ 납부고지서를 송달받아야 할 자가 다음 각 호의 어느 하나에 해당하는 경우에는 납부고지사항을 공고한 날부터 14일이 지나면 납부고지서의 송달이 된 것으로 본다. **2**

　　1. 주소, 거소, 영업소 또는 사무소가 국외에 있고 송달하기 곤란한 경우
　　2. 주소, 거소, 영업소 또는 사무소가 분명하지 아니한 경우
　　3. 납세의무자가 송달할 장소에 없는 경우로서 등기우편으로 송달하였으나 수취인 부재로 반송되는 경우 등 대통령령으로 정하는 경우

ⓛ 공고는 다음 각 호의 어느 하나에 해당하는 방법으로 게시하거나 게재하여야 한다. 이 경우 제1호에 따라 공시송달을 하는 경우에는 다른 공시송달 방법과 함께 하여야 한다.

1. 제327조의 국가관세종합정보시스템에 게시하는 방법
2. 관세청 또는 세관의 홈페이지, 게시판이나 그 밖의 적절한 장소에 게시하는 방법
3. 해당 서류의 송달 장소를 관할하는 특별자치시 · 특별자치도 · 시 · 군 · 구(자치구를 말한다)의 홈페이지, 게시판이나 그 밖의 적절한 장소에 게시하는 방법
4. 관보 또는 일간신문에 게재하는 방법

2. 신고서류의 보관기간 [법 제12조]

① **신고서류의 보관** : 이 법에 따라 가격신고, 납세신고, 수출입신고, 반송신고, 보세화물반출입신고, 보세운송신고를 하거나 적재화물목록을 제출한 자는 신고 또는 제출한 자료의 내용을 증빙할 수 있는 장부 및 증거서류(신고필증을 포함한다. 이하 이 조에서 같다)를 성실하게 작성하여 신고 또는 자료를 제출한 날부터 5년의 범위에서 대통령령으로 정하는 기간 동안 갖추어 두어야 한다. **1**

② **보관기간 및 보관방법**

  ㉠ 신고서류의 보관기간 **1**

> 1. 다음 각 목의 어느 하나에 해당하는 서류 : 해당 신고에 대한 수리일부터 5년
>   가. 수입신고필증 **2**
>   나. 수입거래관련 계약서 또는 이에 갈음하는 서류
>   다. 지식재산권의 거래에 관련된 계약서 또는 이에 갈음하는 서류 **2**
>   라. 수입물품 가격결정에 관한 자료 **3**
> 2. 다음 각 목의 어느 하나에 해당하는 서류 : 해당 신고에 대한 수리일부터 3년 **1**
>   가. 수출신고필증 **4**
>   나. 반송신고필증 **2**
>   다. 수출물품 · 반송물품 가격결정에 관한 자료
>   라. 수출거래 · 반송거래 관련 계약서 또는 이에 갈음하는 서류
> 3. 다음 각 목의 어느 하나에 해당하는 서류 : 당해 신고에 대한 수리일부터 2년
>   가. 보세화물반출입에 관한 자료 **3**
>   나. 적재화물목록에 관한 자료 **2**
>   다. 보세운송에 관한 자료 **2**

  ㉡ 보관방법 : ㉠ 각 호의 자료는 관세청장이 정하는 바에 따라 마이크로필름 · 광디스크 등 자료전달 및 보관 매체에 의하여 보관할 수 있다.

[02] 과세가격과 관세의 부과 · 징수 등

학 · 습 · 전 · 략 관세의 납세의무가 성립되는 요건들과 관세의 과세가격 결정 방법 그리고 관세를 확정시키고 부과 징수하는 일련의 절차를 공부하여야 한다. 관세평가 등의 개념은 깊게 공부하면 내용이 매우 어려우므로 중요한 개념 위주로 넓고 얕게 공부하여야 한다.
본 장에서 중요한 과세물건, 관세평가, 납세의무자, 제척기간, 시효의 중단과 정지, 세액의 변경 방법 등의 개념은 반드시 숙지하여야 한다.

01 통칙

🧑‍🏫 해설 납세의무 성립

납세의무의 성립, 즉 관세채권 · 채무관계의 성립을 말한다. 관세채권 · 채무관계는 일반적으로 국가가 채권자이고, 납세의무자가 채무자인 관계이다. 관세채권 · 채무관계는 관세법이 규정하고 있는 여러 가지 과세요건을 충족하는 사실이 발생하면 성립한다. 관새채권 · 채무관계를 성립시키는 과세요건은 일반적으로 다음과 같다. 1️⃣
① 과세물건 ② 납세의무자
③ 과세표준 ④ 세율

1. 과세물건 [법 제14조] 3️⃣

수입물품에는 관세를 부과한다.

> **관련규정**
>
> 공동어업사업에 의하여 반입되는 수산물에 대한 관세는 수입신고를 할 때의 물품의 성질과 그 수량에 의하여 부과한다. 1️⃣

> **관련규정**
>
> 전기에너지 및 지식재산권 권리사용료도 과세대상이 될 수 있다. 1️⃣

관련규정	수입물품에 대하여 세관장이 부과하는 세금

- 부가가치세 **1**
- 담배소비세 **2**
- 개별소비세 **2**
- 교육세 **1**
- 지방소비세 **2**
- 지방교육세 **2**
- 주세 **2**
- 교통에너지환경세 및 농어촌특별세 **3**

2. 과세표준 [법 제15조 및 제30조]

관세의 과세표준은 수입물품의 가격 또는 수량으로 한다. **2**

 해설　종가세와 종량세 1

- 종가세란 수입물품의 가격을 과세표준으로 하는 관세이다.
- 종가세의 장점은 관세부담이 상품가격에 비례하므로 공평하고, 시장가격의 등락에도 불구하고 관세부담의 균형을 이룰 수 있다는 것이다.
- 종량세란 수입물의 개수, 용적, 면적, 중량 등의 일정한 단위수량을 과세표준으로 하여 부과되는 관세이다.
- 종량세의 장점 : 세액 산출이 쉽고, 수출국에 따라 세액에 변화가 없다.
- 종량세의 단점 : 물가변동에 따른 세율적용이 불가능하고, 관세의 공평을 기할 수 없으며, 나라마다 계량 단위가 동일하지 않아 적용하는 데 어려움이 있다.

① **과세가격의 결정** : 수입물품의 과세가격은 우리나라에 수출하기 위하여 판매되는 물품에 대하여 구매자가 실제로 지급하였거나 지급하여야 할 가격에 가산요소의 금액을 더하여 조정한 거래가격으로 한다.

심화	우리나라에 수출하기 위하여 판매되는 물품의 범위 [영]

우리나라에 수출하기 위하여 판매되는 물품에는 다음 각 호의 물품은 포함되지 않는 것으로 한다.
- 무상으로 수입하는 물품
- 수입 후 경매 등을 통하여 판매가격이 결정되는 위탁판매수입물품 **1**
- 수출자의 책임으로 국내에서 판매하기 위하여 수입하는 물품 **1**
- 별개의 독립된 법적 사업체가 아닌 지점 등에서 수입하는 물품 **1**
- 임대차계약에 따라 수입하는 물품 **1**
- 무상으로 임차하는 수입물품 **1**
- 산업쓰레기 등 수출자의 부담으로 국내에서 폐기하기 위하여 수입하는 물품

② **구매자가 실제로 지급하였거나 지급하여야 할 가격** : 해당 수입물품의 대가로서 구매자가 지급하였거나 지급하여야 할 총금액으로서, 구매자가 해당 수입물품의 대가와 판매자의 채무를 상계하는 금액, 구매자가 판매자의 채무를 변제하는 금액, 그 밖의 간접적인 지급액을 포함한다. **1**

③ 가산요소
  ㉠ 구매자가 부담하는 수수료와 중개료. 다만, 구매수수료는 제외 **4**
  ㉡ 해당 수입물품과 동일체로 취급되는 용기의 비용과 해당 수입물품의 포장에 드는 노무비와 자재비로서 구매자가 부담하는 비용 **3**
  ㉢ 구매자가 해당 수입물품의 생산 및 수출거래를 위하여 대통령령으로 정하는 물품(재료, 구성요소, 부분품 등) 및 용역을 무료 또는 인하된 가격으로 직접 또는 간접으로 공급한 경우에는 그 물품 및 용역의 가격 또는 인하차액을 해당 수입물품의 총 생산량 등 대통령령으로 정하는 요소를 고려하여 적절히 배분한 금액 **1**

> **관련규정**
>
> 우리나라에서 개발된 기술, 설계, 디자인 등은 제외된다.

  ㉣ 특허권, 실용신안권 디자인권, 상표권 및 이와 유사한 권리를 사용하는 대가로 지급하는 것으로서 대통령령으로 정하는 바에 따라 산출된 금액 **2**
  ㉤ 해당 수입물품을 수입한 후 전매, 처분 또는 사용하여 생긴 수입금액 중 판매자에게 직접 또는 간접으로 귀속되는 금액 **2**
  ㉥ 수입항까지의 운임, 보험료와 그 밖에 운송과 관련되는 비용으로서 대통령령으로 정하는 바에 따라 결정된 금액. 다만, 기획재정부령으로 정하는 수입물품의 경우에는 이의 전부 또는 일부 제외 가능 **2**

④ 공제요소 **1**
  ㉠ 수입 후에 해당 수입물품의 건설, 설치, 조립, 정비, 유지 또는 해당 수입물품에 관한 기술지원에 필요한 비용 **1**
  ㉡ 수입항에 도착한 후 해당 수입물품을 운송하는 데에 필요한 운임, 보험료와 그 밖에 운송과 관련되는 비용 **2**
  ㉢ 우리나라에서 해당 수입물품에 부과된 관세 등의 세금과 그 밖의 공과금 **1**
  ㉣ 연불조건의 수입인 경우에는 해당 수입물품에 대한 연불이자 **4**

⑤ 예외적인 과세가격 결정방법(순차적 적용) **1**
  ㉠ 제31조(제2방법) : 동종, 동질물품의 거래가격을 기초로 하여 과세가격을 결정
  ㉡ 제32조(제3방법) : 유사물품의 거래가격을 기초로 하여 과세가격을 결정
  ㉢ 제33조(제4방법) : 국내판매가격을 기초로 하여 과세가격을 결정
  ㉣ 제34조(제5방법) : 산정가격을 기초로 하여 과세가격을 결정
  ㉤ 제35조(제6방법) : 기타 합리적인 기준에 의하여 과세가격을 결정

관련규정	제6방법으로 과세가격 결정 시 사용 불가 가격 [1]

- 우리나라에서 생산된 물품의 국내 판매 가격
- 선택 가능한 가격 중 반드시 높은 가격을 과세가격으로 하여야 한다는 기준에 따라 결정하는 가격
- 수출국의 국내 판매 가격
- 동종 · 동질물품 또는 유사물품에 대하여 5방법 외의 방법으로 생산비용을 기초로 하여 결정된 가격
- 우리나라 외의 국가에 수출하는 물품의 가격
- 특정 수입물품에 대하여 미리 설정하여 둔 최저과세기준가격
- 자의적 또는 가공적인 가격

⑥ 가격신고

ㄱ 가격신고 : 관세의 납세의무자는 수입신고를 할 때 대통령령으로 정하는 바에 따라 세관장에게 가격신고를 하여야 한다. 다만, 과세가격을 결정하기가 곤란하지 아니하다고 인정하여 기획재정부령으로 정하는 다음의 물품에 대하여는 가격신고를 생략할 수 있다. [2]

- 정부 또는 지방자치단체가 수입하는 물품 [1]
- 정부조달물품
- 공공기관이 수입하는 물품
- 관세 및 내국세 등이 부과되지 않는 물품 [1]
- 방위산업용 기계와 그 부분품 및 원재료로 수입하는 물품. 다만, 해당 물품과 관련된 중앙행정기관의 장의 수입확인 또는 수입추천을 받은 물품에 한한다.
- 수출용 원재료 [1]
- 특정연구기관이 수입하는 물품
- 과세가격이 미화 1만불 이하인 물품. 다만, 개별소비세, 주세, 교통 · 에너지 · 환경세가 부과되는 물품과 분할하여 수입되는 물품은 제외한다. [1]
- 종량세 적용물품. 다만, 종량세와 종가세 중 높은 세액 또는 높은 세율을 선택하여 적용해야 하는 물품의 경우에는 제외한다.
- 과세가격 결정방법의 사전심사 결과가 통보된 물품. 다만, 잠정가격신고 대상물품은 제외한다.

 해설　부과고지 대상물품은 가격신고생략 대상물품이 아님에 유의한다.

ㄴ 잠정가격신고 [3]

- 원유, 곡물, 광석 등 수입신고일 현재 가격이 정하여지지 않는 물품은 잠정가격으로 신고하고 세관장이 지정하는 기간(2년) 내에 확정가격신고를 하여야 한다.

- 이 경우 잠정가격으로 가격신고를 한 자는 관세청장이 정하는 바에 따라 전단에 따른 신고기간이 끝나기 30일 전까지 확정가격의 계산을 위한 가산율을 산정해 줄 것을 요청할 수 있다.

3. 과세물건 확정시기 [법 제16조]

 해설 **과세물건 확정시기 의의**

과세대상인 수입물품이 외국에서 선적되어 우리나라에 수입신고수리가 될 때까지는 많은 시일이 걸리는데, 이 기간 중에 어느 시점에서 물품의 성질과 수량에 대해 과세할 것인가라는 과세물건의 확정시기가 문제가 된다. 이러한 과세물건의 확정시기는 물품의 수입되는 방법에 따라 다르다.

① **정상적인 수입통관절차를 거치는 경우** : 관세는 수입신고(입항전수입신고를 포함)를 하는 때의 물품의 성질과 그 수량에 따라 부과한다. **4**

심화 **원료과세 물품** [법 제189조 제1항]

> 보세공장에서 제조된 물품을 수입하는 경우 사용신고 전에 미리 세관장에게 해당 물품의 원료인 외국물품에 대한 과세의 적용을 신청한 경우에는 제16조에도 불구하고 사용신고를 할 때의 그 원료의 성질 및 수량에 따라 관세를 부과한다.

② **정상적인 수입통관절차를 거치지 않는 경우** : 다음 각 호의 어느 하나에 해당하는 물품에 대하여는 각 해당 호에 규정된 때의 물품의 성질과 그 수량에 따라 부과한다. **1**
   ㉠ 외국물품인 선박(항공기)용품과 국제무역선(기) 안에서 판매할 물품이 하역허가의 내용대로 운송수단에 적재되지 아니하여 관세를 징수하는 물품 : 하역을 허가받은 때
   ㉡ 보세구역 밖에서 보수작업 시 지정기간이 경과하여 관세를 징수하는 물품 : 보세구역 밖에서 하는 보수작업을 승인받은 때
   ㉢ 보세구역장치물품이 멸실되거나 폐기되어 관세를 징수하는 물품 : 해당 물품이 멸실되거나 폐기된 때 **2**
   ㉣ 보세공장·보세건설장·종합보세구역 외 작업 시 지정기간의 경과로 관세를 징수하는 경우 : 작업을 허가받거나 신고한 때
   ㉤ 보세운송기간이 경과하여 관세를 징수하는 경우 : 보세운송을 신고하거나 승인받은 때 **2**
   ㉥ 수입신고가 수리되기 전에 소비하거나 사용하는 물품(법 제239조에 따라 소비 또는 사용을 수입으로 보지 않는 물품은 제외한다) : 해당 물품을 소비하거나 사용한 때 **2**
   ㉦ 수입신고 전 즉시반출신고를 하고 반출한 물품 : 수입신고 전 즉시반출신고를 한 때 **4**
   ㉧ 우편으로 수입되는 물품(일반수입신고대상 우편물은 제외) : 통관우체국에 도착한 때 **2**

ⓩ 도난물품 또는 분실물품 : 해당 물품이 도난당하거나 분실된 때 **4**

ⓒ 이 법에 따라 매각되는 물품 : 해당 물품이 매각된 때 **3**

> 🧑 **해설** 매각공고된 때가 아닌 매각된 때임에 유의한다.

ⓚ 수입신고를 하지 아니하고 수입된 물품(ⓖ부터 ⓒ까지에 규정된 것은 제외한다) : 수입된 때

4. 적용 법령 [법 제17조] **3**

관세는 수입신고 당시의 법령에 따라 부과한다. 다만, 다음 각 호의 어느 하나에 해당하는 물품에 대하여는 각 해당 호에 규정된 날에 시행되는 법령에 따라 부과한다.

① 정상적인 수입통관절차를 거치지 않는 경우에 해당되는 물품 : 그 사실이 발생한 날

② 보세건설장에 반입된 외국물품 : 사용 전 수입신고가 수리된 날

5. 과세환율 [법 제18조] **2**

과세가격을 결정하는 경우 외국통화로 표시된 가격을 내국통화로 환산할 때에는 제17조에 따른 날(보세건설장에 반입된 물품의 경우에는 수입신고를 한 날을 말한다)이 속하는 주의 전주의 기준환율 또는 재정환율을 평균하여 관세청장이 그 율을 정한다.

6. 납세의무자 [법 제19조]

> 🧑 **해설** **납세의무자 의의**
> • 납세의무자란 관세를 납부할 법률상의 의무를 부담하는 자를 말한다. 관세채권·채무관계에 있어서의 관세 채무자라고도 하며, 관세법에서는 본래의 납세의무자와 확장된 납세의무자로 구분된다.
> • 본래의 납세의무자는 그 물품이 수입되는 방법에 따라 각각 다르다. 물품이 수입되는 방법은 정상적인 수입신고에 의하여 수입되는 방법(원칙적 납세의무자)과 정상적인 수입신고에 의하지 아니하고 수입되는 방법(특별납세의무자)이 있다.
> • 이때 관세의 징수를 확보하기 위하여 본래의 납세의무자 외의 자에게 납세의무를 지우게 되어 납세의무가 확장되는 확장된 납세의무자가 있다.

① 원칙적 납세의무자 : 수입신고를 한 물품인 경우에는 그 물품을 수입신고하는 때의 화주(화주가 불분명할 때에는 다음에 해당하는 자)가 관세의 납세의무자가 된다. **3**

ⓖ 수입을 위탁받아 수입업체가 대행수입한 물품인 경우 : 그 물품의 수입을 위탁한 자 **4**

ⓒ 수입을 위탁받아 수입업체가 대행수입한 물품이 아닌 경우 : 대통령령으로 정하는 상업서류(B/L, AWB)에 적힌 물품수신인 **2**

ⓒ 수입물품을 수입신고 전에 양도한 경우 : 그 양수인 **6**

② **특별납세의무자** : 수입되는 물품은 일반적으로 수입신고를 하는 통관절차를 거쳐 수입을 하게 되며 이 경우 원칙적 납세의무자가 납세의무자이나, 물품에 따라서는 수입신고 없이 사실상 수입이 되는 경우가 있어 이 경우에 대해 별도의 납세의무자 규정이 있다. 즉, 정상수입이 아닌 특별한 경우의 납세자를 특별납세의무자라 하는데, 이와 같은 경우에는 다음에 해당되는 자가 관세의 납세의무자가 된다. **1**

　　㉠ 외국물품인 선박(항공기)용품과 국제무역선(기)안에서 판매할 물품(차량용품과 국경출입 차량 안에서 판매할 물품을 당해 차량에 하역하거나 환적하는 경우 포함)이 하역허가의 내용대로 운송수단에 적재되지 아니하여 관세를 징수하는 물품 : 하역허가를 받은 자

　　㉡ 보수작업을 승인받고 보세구역 밖에서 보수작업을 하는 경우로서 지정기간이 경과하여 관세를 징수하는 물품 : 보세구역 밖에서 하는 보수작업을 승인받은 자

　　㉢ 보세구역에 장치된 외국물품이 멸실되거나 폐기되어 관세를 징수하는 물품 : 운영인 또는 보관인 **2**

관련규정

재해 및 기타 부득이한 사유로 인하여 멸실된 때와 미리 세관장의 승인을 얻어 폐기하였을 때에는 관세를 징수하지 아니한다. **1**

　　㉣ 보세공장 · 보세건설장 · 종합보세구역 외 작업 시 지정기간의 경과로 관세를 징수하는 물품 : 보세공장 외 작업, 보세건설장 외 작업 또는 종합보세구역 외 작업을 허가받거나 신고한 자

　　㉤ 보세운송의 신고 또는 승인을 받은 물품이 지정된 기간 안에 목적지에 도착되지 않아 관세를 징수하는 물품 : 보세운송을 신고하였거나 승인을 받은 자 **1**

　　㉥ 수입신고가 수리되기 전에 소비하거나 사용하는 물품(소비 또는 사용을 수입으로 보지 않는 물품은 제외한다) : 그 소비자 또는 사용자

　　㉦ 수입신고 전 즉시반출신고를 하고 반출한 물품으로서 수입신고기간 내에 수입신고를 하지 않아 관세를 징수하는 물품 : 해당 물품을 즉시 반출한 자

　　㉧ 우편으로 수입되는 물품 : 그 수취인 **2**

　　㉨ 도난물품이나 분실물품 : 다음에 규정된 자
　　　• 보세구역의 장치물품 : 그 운영인 또는 화물관리인 **4**
　　　• 보세운송물품 : 보세운송을 신고하거나 승인을 받은 자 **1**
　　　• 그 밖의 물품 : 그 보관인 또는 취급인 **2**

　　㉩ 이 법 또는 다른 법률에 따라 따로 납세의무자로 규정된 자

　　㉪ 상기 ㉨까지 외의 물품 : 그 소유자 또는 점유자

③ **납세의무의 경합** : 화주 또는 신고인과 특별납세의무자가 경합할 경우 특별납세의무자로 규정된 자를 납세의무자로 한다. **2**

1. 관세법상 연대납세의무자

① 신고인 **[법 제19조 제1항 제1호 단서]** : 수입신고가 수리된 물품 또는 제252조에 따른 수입신고수리 전 반출승인을 받아 반출된 물품에 대하여 납부하였거나 납부하여야 할 관세액이 부족한 경우 해당 물품을 수입신고하는 때의 화주의 주소 및 거소가 분명하지 아니하거나 수입신고인이 화주를 명백히 하지 못하는 경우에는 그 신고인이 해당 물품을 수입신고하는 때의 화주와 연대하여 해당 관세를 납부하여야 한다. **1**

② 수입신고물품과 수입신고물품 외의 물품 **[법 제19조 제5항]** : 다음의 물품에 관계되는 관세·가산세 및 강제징수비에 대해서는 다음 각 호에 규정된 자가 연대하여 납부할 의무를 진다.

ㄱ 수입신고물품
  - 수입신고물품이 공유물이거나 공동사업에 속하는 물품인 경우 : 그 공유자 또는 공동사업자인 납세의무자 **1**
  - 수입신고인이 수입신고를 하면서 수입신고하는 때의 화주가 아닌 자를 납세의무자로 신고한 경우 : 수입신고인 또는 납세의무자로 신고된 자가 제270조제1항 또는 제4항에 따른 관세포탈 또는 부정감면의 범죄를 저지르거나 제271조제1항(제270조제1항 또는 제4항에 따른 행위를 교사하거나 방조한 경우에 한정한다)에 따른 범죄를 저질러 유죄의 확정판결을 받은 경우 그 수입신고인 및 납세의무자로 신고된 자와 해당 물품을 수입신고하는 때의 화주. 다만, 관세포탈 또는 부정감면으로 얻은 이득이 없는 수입신고인 또는 납세의무자로 신고된 자는 제외한다.

ㄴ 수입신고물품 외의 물품 : 특별납세의무자 규정에 따른 물품에 대한 납세의무자가 2인 이상인 경우 그 2인 이상의 납세의무자

ㄷ 다음 중 어느 하나를 업으로 하는 자(이하 "구매대행업자"라 한다)가 화주로부터 수입물품에 대하여 납부할 관세 등에 상당하는 금액을 수령하고, 수입신고인 등에게 과세가격 등의 정보를 거짓으로 제공한 경우 : 구매대행업자와 수입신고하는 때의 화주
  - 화주로부터 해당 물품에 대하여 납부할 관세 등에 상당하는 금액을 수령하였을 것
  - 수입신고인 등에게 과세가격 등의 정보를 거짓으로 제공하였을 것

③ 법인의 분할·분할합병 등에 따른 연대 **[법 제19조 제6항]** : 다음 각 호의 어느 하나에 해당되는 경우 「국세기본법」 규정을 준용하여 분할되는 법인이나 분할 또는 분할합병으로 설립되는 법인, 존속하는 분할합병의 상대방 법인 및 신회사가 관세·가산세 및 강제징수비를 연대하여 납부할 의무를 진다.

ㄱ 법인이 분할되거나 분할합병되는 경우

ㄴ 법인이 분할 또는 분할합병으로 해산하는 경우

ㄷ 법인이 「채무자 회생 및 파산에 관한 법률」에 따라 신회사를 설립하는 경우

④ 분할납부승인을 얻은 법인 **[법 제107조 제6항]** : 관세의 분할납부를 승인받은 법인이 합병·분할 또는 분할합병된 경우에는 합병·분할 또는 분할합병 후에 존속하거나 합병·분할 또는 분할합병으로 설립된 법인이 연대하여 관세를 납부하여야 한다.

⑤ 「민법」 준용 **[법 제19조 제7항]** : 이 법에 따라 관세·가산세 및 강제징수비를 연대하여 납부할 의무에 관하여는 「민법」 규정을 준용한다.

2. 납세의무의 승계 [법 제19조 제4항]

법인이 합병하거나 상속이 개시된 경우에는 「국세기본법」을 준용하여 관세·가산세 및 강제징수비의 납세의무를 승계한다. 이 경우 "세무서장"은 "세관장"으로 본다.

3. 납세보증자 [법 제19조 제3항]

이 법 또는 다른 법령, 조약, 협약 등에 따라 관세의 납부를 보증한 자는 보증액의 범위에서 납세의무를 진다.

4. 제2차 납세의무자

① 「국세기본법」 규정에 따른 제2차 납세의무자는 관세의 담보로 제공된 것이 없고 납세의무자와 관세의 납부를 보증한 자가 납세의무를 이행하지 않는 경우에 납세의무를 진다. [법 제19조 제9항]

② 관세의 징수에 관하여는 「국세기본법」 규정을 준용한다. [법 제19조 제8항]

5. 양도담보권자의 물적납세의무 [법 제19조 제10항]

납세의무자(관세의 납부를 보증한 자와 제2차 납세의무자를 포함)가 관세·가산세 및 강제징수비를 체납한 경우 그 납세의무자에게 「국세기본법」에 따른 양도담보재산이 있을 때에는 그 납세의무자의 다른 재산에 대하여 강제징수를 집행하여도 징수하여야 하는 금액에 미치지 못한 경우에만 「국세징수법」을 준용하여 그 양도담보재산으로써 납세의무자의 관세·가산세 및 강제징수비를 징수할 수 있다. 다만, 그 관세의 납세신고일(제39조에 따라 부과고지하는 경우에는 그 납부고지서의 발송일을 말한다) 전에 담보의 목적이 된 양도담보재산에 대하여는 그렇지 않다. **1**

7. 세율 [법 제49조]

① 세율

㉠ 종가세란 과세표준을 수입물품의 가격을 기준으로 하는 방식이며, 종량세란 과세표준을 수입물품의 중량 또는 수량으로 하는 방식이다. **1**

㉡ 관세율은 조세법률주의에 따라 법률로 정하는 것이 원칙이다. **1**

㉢ 관세율을 적용하려면 먼저 품목분류번호를 확인하여야 한다. **1**

㉣ 관세의 세율은 「관세법」 별표 관세율표에 의하며 별표 관세율표에 기본세율과 잠정세율을 규정하고 있다. **1**

㉤ 우리나라는 관세포괄주의를 채택하고 있어 유세품과 무세품의 구분 없이 모든 물품이 관세율표에 포함된다. **1**

② 관세율표

㉠ 현행 관세율표상 품목 분류체계는 HS국제협약의 규범 대상인 6단위를 기본으로 하며, 관세율표는 부, 류, 호, 소호로 구성되어 있고 우리나라에서는 10자리까지 사용해 HSK라 한다. **1**

㉡ 현재 품목분류는 21부, 97류 체계로 구성되어 있다. **1**

ⓒ 국제협약사항인 6단위까지의 국제 HS 분류표와 「관세법」 별표인 관세율표, 10단위까지의 관세통계품목분류표(기획재정부 고시)로 분류된다. **1**

ⓔ 각 부에는 성질이 비슷하거나 관련되는 물품이 대분류되고, 각 류는 각 부 내의 물품들을 가공 단계별로 유사한 종류의 것끼리 모아 중분류한 것이다. **1**

ⓜ 분류체계는 농업생산품에서 공업생산품 순으로, 원료에서 가공단계 순으로, 기초생활용품에서 문화생활용품 순으로 배열되었다. **1**

심화 ▚▚ **세율 적용의 우선순위 [법 제50조]**

1. 세율 적용 우선순위
   관세율은 다음 각 호의 순서에 따라 적용한다.
   ① 1순위 : 덤핑방지관세, 상계관세, 보복관세, 긴급관세, 특정국물품긴급관세, 농림축산물에 대한 특별긴급관세, 조정관세(법 제69조 제2호)
   ② 2순위 : 국제협력관세, 편익관세
   ③ 3순위 : 조정관세(법 제69조 제1호 · 제3호 · 제4호), 할당관세, 계절관세
   ④ 4순위 : 일반특혜관세
   ⑤ 5순위 : 잠정세율
   ⑥ 6순위 : 기본세율

2. 적용 시 고려사항
   ① 국제협력관세 및 편입관세의 세율(2순위)은 3순위 내지 6순위의 세율보다 낮은 경우에 한하여 우선적용한다.
   ② 3순위의 할당관세는 4순위의 일반특혜관세의 세율보다 낮은 경우만 우선적용한다.
   ③ 다만, 국제기구와의 관세에 관한 협상에서 국내외의 가격차에 상당하는 율로 양허하거나 국내시장 개방과 함께 기본세율보다 높은 세율로 양허한 농림축산물 중 대통령령으로 정하는 물품에 대하여 양허한 세율(시장접근물량에 대한 양허세율을 포함한다)은 기본세율 및 잠정세율에 우선하여 적용한다.
   ④ 기본세율과 잠정세율은 별표 관세율표에 따르되, 잠정세율을 기본세율에 우선하여 적용한다.

관련규정 **간이세율**

1. 적용대상
   다음 각 호의 어느 하나에 해당하는 물품 중 대통령령으로 정하는 물품에 대하여는 다른 법령에도 불구하고 간이세율을 적용할 수 있다. **[법 제81조]**
   ① 여행자 또는 외국을 오가는 운송수단의 승무원이 휴대하여 수입하는 물품 **1**
   ② 우편물. 다만, 수입신고를 하여야 하는 것은 제외한다. **1**
   ③ 탁송품 또는 별송품 **1**

2. 적용배제대상

다음 각 호의 물품에 대하여는 간이세율을 적용하지 아니한다.

① 관세율이 무세인 물품과 관세가 감면되는 물품 **2**

② 수출용원재료 **1**

③ 법 제11장의 범칙행위에 관련된 물품 **1**

④ 종량세가 적용되는 물품 **1**

⑤ 다음 각 목의 1에 해당하는 물품으로서 관세청장이 정하는 물품

　ㄱ 상업용으로 인정되는 수량의 물품 **1**

　ㄴ 고가품

　ㄷ 당해 물품의 수입이 국내산업을 저해할 우려가 있는 물품 **1**

　ㄹ 단일한 간이세율의 적용이 과세형평을 현저히 저해할 우려가 있는 물품

⑥ 화주가 수입신고를 할 때에 과세대상물품의 전부에 대하여 간이세율의 적용을 받지 않을 것을 요청한 경우의 당해 물품

심화　보복관세 정의 **1**

교역상대국이 우리나라의 수출물품 등에 대하여 관세 또는 무역에 관한 국제협정이나 양자 간의 협정 등에 규정된 우리나라의 권익을 부인하거나 제한하는 행위를 하여 우리나라의 무역이익이 침해되는 경우에는 그 나라로부터 수입되는 물품에 대하여 피해상당액의 범위에서 관세를 부과할 수 있다.

심화　조정관세와 할당관세 부과범위 **1**

① 조정관세는 100분의 100에서 해당 물품의 기본세율을 뺀 율을 기본세율에 더한 율의 범위에서 관세를 부과할 수 있다.

② 할당관세는 100분의 40의 범위의 율을 기본세율에서 빼고 관세를 부과할 수 있다.

심화　합의에 의한 세율

일괄하여 수입신고가 된 물품으로서 물품별 세율이 다른 물품에 대하여는 신고인의 신청에 따라 그 세율 중 가장 높은 세율을 적용할 수 있다.

02 | 납세의무의 소멸 등

 해설 납세의무의 소멸

과세요건이 충족되어 성립된 납세의무는 그 내용을 구체적으로 확인하여 확정함으로써 납세의무가 확정된다. 납세의무는 그 본질이 채무이기 때문에 세액의 납부에 의해 소멸하는 것이 원칙이다. 그러나 이외에도 관세채권의 만족을 얻으면서 소멸되는 충당제도와 국가가 채권의 만족을 얻지 못하고 소멸되는 부과의 취소, 부과권의 기간경과 및 징수권의 시효경과 등이 있다.

심화 📈 **납부의무의 소멸사유 [법 제20조]**

관세 또는 강제징수비를 납부하여야 하는 의무는 다음 각 호의 어느 하나에 해당되는 때에는 소멸한다.
1. 관세를 납부하거나 관세에 충당한 때
2. 관세부과가 취소된 때
3. 관세를 부과할 수 있는 기간에 관세가 부과되지 아니하고 그 기간이 만료된 때
4. 관세징수권의 소멸시효가 완성된 때

1. 관세부과권 제척기간 [법 제21조]

 해설 관세부과권과 제척기간의 의의

• 관세부과권이란 관세의 부과 · 경정 등을 할 수 있는 세관장의 권리를 말한다.
• 제척기간이란 일정한 권리의 법정존속기간이다. 제척기간이 없다면 과세관청은 영원히 부과권을 행사할 수 있기에 납세의무자는 장기간 불안정한 상태에 놓이게 될 것이다. 즉, 조세법률관계를 조속히 안정시킴으로써 납세의무자의 법적 안정성을 보장하기 위하여 관세부과의 제척기간을 설정하고 있는 것이다.

① 관세부과권의 제척기간
  ㉠ 일반적인 제척기간 **4**
    • 관세는 해당 관세를 부과할 수 있는 날부터 5년이 지나면 부과할 수 없다. 다만, 부정한 방법으로 관세를 포탈하였거나 환급 또는 감면받은 경우에는 관세를 부과할 수 있는 날부터 10년이 지나면 부과할 수 없다.
    • 관세를 부과할 수 있는 날은 대통령령으로 정한다.
  ㉡ 관세부과 제척기간의 기산일 **1**
    • 원칙(일반수입신고) : 수입신고한 날의 다음 날을 관세를 부과할 수 있는 날로 한다. **2**

 해설 과세물건 확정시기 다음 날이 관세부과 제척기간의 기산일이다.

• 예외 : 다음 각 호의 경우에는 해당 호에 규정된 날을 관세를 부과할 수 있는 날로 한다.

> 1. 법 제16조제1호 내지 제11호에 해당되는 경우에는 그 사실이 발생한 날의 다음 날 **1**
> 2. 의무불이행 등의 사유로 감면된 관세를 징수하는 경우에는 그 사유가 발생한 날의 다음 날 **2**
> 3. 보세건설장에 반입된 외국물품의 경우에는 다음 각 목의 날 중 먼저 도래한 날의 다음 날
>   가. 건설공사완료보고를 한 날
>   나. 특허기간이 만료되는 날 **1**
> 4. 과다환급 또는 부정환급 등의 사유로 관세를 징수하는 경우에는 환급한 날의 다음 날 **1**
> 5. 잠정가격을 신고한 후 확정된 가격을 신고한 경우에는 확정된 가격을 신고한 날의 다음 날(다만, 정해진 기간 내에 확정된 가격을 신고하지 않는 경우에는 해당 기간의 만료일의 다음 날)

② **특례적인 제척기간** : 다음 각 호의 어느 하나에 해당하는 경우에는 일반적인 제척기간에도 불구하고 해당 호에 규정된 기간까지는 해당 결정·판결·회신결과 또는 경정청구에 따라 경정이나 그 밖에 필요한 처분을 할 수 있다. **1**

㉠ 다음 각 목의 어느 하나에 해당하는 경우 : 그 결정·판결이 확정된 날부터 1년
  • 이의신청, 심사청구 또는 심판청구에 대한 결정이 있은 경우 **1**
  •「감사원법」에 따른 심사청구에 대한 결정이 있은 경우 **1**
  •「행정소송법」에 따른 소송에 대한 판결이 있은 경우 **2**
  • 압수물품의 반환결정이 있은 경우 **1**

㉡ 이 법과「자유무역협정의 이행을 위한 관세법의 특례에 관한 법률」및 조약·협정 등에서 정하는 바에 따라 양허세율의 적용여부 및 세액 등을 확정하기 위하여 원산지증명서를 발급한 국가의 세관이나 그 밖에 발급권한이 있는 기관에게 원산지증명서 및 원산지증명서확인자료의 진위 여부, 정확성 등의 확인을 요청한 경우 : 다음 각 목의 날 중 먼저 도래하는 날부터 1년
  • 해당 요청에 따라 회신을 받은 날
  • 이 법과「자유무역협정의 이행을 위한 관세법의 특례에 관한 법률」및 조약·협정 등에서 정한 회신기간이 종료된 날

㉢ 다음 각 목의 어느 하나에 해당하는 경우 : 경정청구일 또는 결정통지일부터 2개월
  • 관세법에 따른 경정청구가 있는 경우
  • 관세 과세가격과 국세 정상가격의 조정 신청에 대한 결정통지가 있는 경우 **1**

2. 관세징수권 등의 소멸시효 [법 제22조]

① **관세징수권 소멸시효** : 관세의 징수권은 이를 행사할 수 있는 날부터 다음 각 호의 구분에 따른 기간 동안 행사하지 아니하면 소멸시효가 완성된다.

　　㉠ 5억원 이상의 관세(내국세를 포함한다) : 10년 **1**

　　㉡ ㉠ 외의 관세 : 5년 **2**

관련규정

　소멸시효의 기산일은 '납부기한이 완료된 날의 다음 날'이 된다. **1**

 해설　징수권과 소멸시효의 의의

• 관세의 징수권이란 부과권의 행사에 의하여 구체적인 납세의무의 내용이 확정된 경우에 과세관청이 납부고지·독촉·강제징수 등에 의하여 그 이행을 청구하고 강제할 수 있는 권리를 말한다.
• 소멸시효란 오랜 기간 동안 권리를 행사하지 않는 경우 그 권리를 소멸시키는 제도이다. 소멸시효는 '징수권을 행사할 수 있는 때'로부터 진행하는데, 이것은 납세의무가 언제 확정되는가에 따라 달라진다. 그 취지는 오래된 사실상태를 존중함으로써 사회질서 안정을 도모하기 위한 데 있다.

심화　관세징수권 소멸시효의 기산일

관세의 징수권을 행사할 수 있는 날은 대통령령으로 정하며, 관세징수권을 행사할 수 있는 날은 다음의 날로 한다.
• 신고납부하는 관세에 있어서는 수입신고가 수리된 날부터 15일이 지난 날의 다음 날. 다만, 월별납부의 경우에는 그 납부기한이 지난 날의 다음 날로 한다. **1**
• 보정신청의 규정에 의하여 납부하는 관세에 있어서는 부족세액에 대한 보정신청일의 다음 날의 다음 날 **1**
• 수정신고의 규정에 의하여 납부하는 관세에 있어서는 수정신고일의 다음 날의 다음 날 **1**
• 부과고지하는 관세에 있어서는 납부고지를 받은 날부터 15일이 지난 날의 다음 날 **1**
• 수입신고 전 물품반출의 경우에 의하여 납부하는 관세에 있어서는 수입신고한 날부터 15일이 지난 날의 다음 날 **1**
• 기타 법령에 의하여 납부고지하여 부과하는 관세에 있어서는 납부기한을 정한 때에는 그 납부기한이 만료된 날의 다음 날

---

② **환급청구권의 소멸시효** : 납세자가 납부한 금액 중 잘못 납부하거나 초과하여 납부한 금액 또는 그 밖의 관세의 환급청구권은 그 권리를 행사할 수 있는 날부터 5년간 행사하지 아니하면 소멸시효가 완성된다. **2**

환급청구권 소멸시효의 기산일

① 관세의 환급청구권을 행사할 수 있는 날은 대통령령으로 정한다.
② 관세환급청구권을 행사할 수 있는 날은 다음 각 호의 날로 한다.
  1. 경정으로 인한 환급의 경우에는 경정결정일
  2. 착오납부 또는 이중납부로 인한 환급의 경우에는 그 납부일
  3. 계약과 상이한 물품 등에 대한 환급의 경우에는 당해 물품의 수출신고수리일 또는 보세공장 반입신고일
  4. 폐기, 멸실, 변질, 또는 손상된 물품에 대한 환급의 경우에는 해당 물품이 폐기, 멸실, 변질 또는 손상된 날
  5. 수입한 상태 그대로 수출되는 자가사용물품에 대한 환급의 경우에는 수출신고가 수리된 날. 다만, 수출신고가 생략되는 물품의 경우에는 운송수단에 적재된 날로 한다.
  6. 국제무역선, 국제무역기 또는 보세판매장에서 구입한 후 환불한 물품에 대한 환급의 경우에는 해당 물품이 환불된 날
  7. 종합보세구역에서 물품을 판매하는 자가 환급받고자 하는 경우에는 동 규정에 의한 환급에 필요한 서류의 제출일
  8. 수입신고 또는 입항전수입신고를 하고 관세를 납부한 후 신고가 취하 또는 각하된 경우에는 신고의 취하일 또는 각하일
  9. 적법하게 납부한 후 법률의 개정으로 인하여 환급하는 경우에는 그 법률의 시행일

3. 시효의 중단 및 정지 [법 제23조]

🧑 **해설** **시효 중단의 의의**

시효의 중단이란 시효가 진행되다가 어떤 사유에 의해서 진행을 중지하는 것을 말한다. 시효가 중단되면 발생한 날까지의 시효는 효력이 소멸되고, 당해 중단사유가 끝난 날부터 다시 진행되어 그 사유가 끝난 다음 날이 시효의 새로운 기산일이 된다.

① 관세징수권 소멸시효의 중단 : 관세징수권의 소멸시효는 다음 각 호의 어느 하나에 해당하는 사유로 중단된다. **2**
  ㉠ 납부고지 **1**
  ㉡ 경정처분 **1**
  ㉢ 납세독촉 **1**
  ㉣ 통고처분 **1**
  ㉤ 고발
  ㉥ 「특정범죄 가중처벌 등에 관한 법률」 제16조에 따른 공소제기 **1**
  ㉦ 교부청구 **1**
  ㉧ 압류

② **환급청구권 소멸시효의 중단** : 환급청구권의 소멸시효는 환급청구권의 행사로 중단된다.

③ **관세징수권 소멸시효의 정지**

　㉠ 관세징수권의 소멸시효는 관세의 분할납부기간, 징수유예기간, 압류·매각의 유예기간 또는
　　사해행위취소소송기간 중에는 진행하지 아니한다.

　㉡ 사해행위취소소송으로 인한 시효정지의 효력은 소송이 각하, 기각 또는 취하된 경우에는 효
　　력이 없다.

> **해설　시효 정지의 의의**
>
> 징수권을 행사할 수 없는 사유로 인해 시효의 진행이 일시적으로 멈추는 것을 말한다. 시효의 정지에 있어서는 이미 경과한 시효기간은 그대로 효력이 유지되며, 정지사유가 종료하는 때 다시 시효기간이 진행한다. 정지사유가 해소되면 징수권의 소멸시효는 그 해소된 때로부터 나머지 기간의 진행을 개시하게 된다. 이미 진행된 기간이 무효로 되지 않는다는 점에서 중단과 차이가 있다.

03 　부과와 징수

> **해설　관세의 확정 방식**
>
> 관세의 확정은 관세채권채무관계의 일방당사자가 관세채무의 금액을 확인하는 것과 확인된 금액을 상대방 당사자에게 통지하는 2개의 요소로 구성된다. 이러한 확인 및 통지를 납세의무자가 하도록 하는 제도가 신고납부제도로서 원칙적인 방법이고, 과세관청인 세관이 하도록 하는 제도가 부과과세제도로서 예외적인 관세채무의 확정 방법이다.

1. 신고납부 [법 제38조]

> **해설　신고납부제도의 의의**
>
> 납세의무는 납세의무자가 그 내용을 가장 잘 알고 있으므로 납세의무자로 하여금 자기의 과세표준과 세액을 자진하여 신고하도록 하는 것이 조세민주주의 실현은 물론이거니와 과세행정상의 편의와 능률을 도모할 수 있기에 신고납부제도는 관세채무확정의 원칙적인 방법이 되고 있다.

① **납세신고** : 물품(세관장이 부과고지하는 물품은 제외)을 수입하려는 자는 수입신고를 할 때에
　세관장에게 관세의 납부에 관한 신고(납세신고)를 하여야 한다.

② **세액심사**

　㉠ 수리 후 세액심사 : 세관장은 납세신고를 받으면 수입신고서에 기재된 사항과 이 법에 따른
　　확인사항 등을 심사하되, 신고한 세액 등 납세신고 내용에 대한 심사("세액심사")는 수입신
　　고를 수리한 후에 한다.

ⓛ 수리 전 세액심사

- 수리 전 세액심사 : 신고한 세액에 대하여 관세채권을 확보하기가 곤란하거나, 수입신고를 수리한 후 세액심사를 하는 것이 적당하지 아니하다고 인정하여 기획재정부령으로 정하는 물품의 경우에는 수입신고를 수리하기 전에 이를 심사한다.
- 수입신고수리 전 세액심사 대상 물품 : 수입신고수리 전에 세액심사를 하는 물품은 다음 각 호와 같다. **1**

> 1. 법률 또는 조약에 의하여 관세 또는 내국세를 감면받고자 하는 물품 **1**
> 2. 관세를 분할납부하고자 하는 물품 **1**
> 3. 관세를 체납하고 있는 자가 신고하는 물품(체납액이 10만원 미만이거나 체납기간 7일 이내에 수입신고하는 경우를 제외한다) **1**
> 4. 납세자의 성실성 등을 참작하여 관세청장이 정하는 기준에 해당하는 불성실신고인이 신고하는 물품 **2**
> 5. 물품의 가격변동이 큰 물품 기타 수입신고수리 후에 세액을 심사하는 것이 적합하지 아니하다고 인정하여 관세청장이 정하는 물품 **1**

③ **정정(납부 전 세액변경)** : 납세의무자는 납세신고한 세액을 납부하기 전에 그 세액이 과부족하다는 것을 알게 되었을 때에는 납세신고한 세액을 정정할 수 있다. 이 경우 납부기한은 당초 납부기한으로 한다. 납부 전의 세액변경이므로 가산세가 부과되지 아니한다. **4**

> 🧑 **해설** **세액의 변경**
>
> 납세신고한 세액이 납세의무자의 고의 또는 과실로 인하여 정당하게 신고할 세액보다 과다하거나 부족한 경우에 이를 바로 잡는 제도가 세액의 변경제도이다. 당초에 신고한 과세표준과 세액에 오류가 있는 때에는 이를 변경할 수 있다. 변경 방법으로는 과세관청이 제척기간 내에 결정·경정하는 방법이 있으며, 이에 대응하여 납세의무자에게도 납부 여부에 따라 납부 전 변경과 납부 후 변경이 있다. 납부 전 변경에는 정정이 있으며, 납부 후 변경으로는 보정·수정신고·경정청구가 있다.

> **심화** 📊
>
> 납세의무자는 정정한 내용대로 세액을 정정하여 납부서를 재발행하되, 납부서번호와 납부기한은 변경하지 않는다. **1**

2. 보정 [법 제38조의2]

① **보정신청** : 납세의무자는 신고납부한 세액이 부족하다는 것을 알게 되거나 세액산출의 기초가 되는 과세가격 또는 품목분류 등에 오류가 있는 것을 알게 되었을 때에는 신고납부한 날부터 6개월 이내("보정기간")에 대통령령으로 정하는 바에 따라 해당 세액을 보정하여 줄 것을 세관장에게 신청할 수 있다. **3**

② **보정통지** : 세관장은 신고납부한 세액이 부족하다는 것을 알게 되거나 세액산출의 기초가 되는 과세가격 또는 품목분류 등에 오류가 있다는 것을 알게 되었을 때에는 대통령령으로 정하는 바에 따라 납세의무자에게 해당 보정기간에 보정신청을 하도록 통지할 수 있다. 이 경우 세액보정을 신청하려는 납세의무자는 대통령령으로 정하는 바에 따라 세관장에게 신청하여야 한다. **1**

③ **납부기한** : 납세의무자가 부족한 세액에 대한 세액의 보정을 신청한 경우에는 해당 보정신청을 한 날의 다음 날까지 해당 관세를 납부하여야 한다. **2**

④ **보정이자** : 세관장은 세액을 보정한 결과 부족한 세액이 있을 때에는 납부기한 다음 날부터 보정신청을 한 날까지의 기간과 금융회사의 정기예금에 대하여 적용하는 이자율을 고려하여 대통령령으로 정하는 이율에 따라 계산한 금액을 더하여 해당 부족세액을 징수하여야 한다. 다만, 다음 각 호의 어느 하나에 해당하는 경우에는 그렇지 않다. **1**

ⓐ 국가 또는 지방자치단체가 직접 수입하는 물품 등 대통령령으로 정하는 물품의 경우

ⓑ 신고납부한 세액의 부족 등에 대하여 납세의무자에게 정당한 사유가 있는 경우

⑤ **가산세 징수** : ④에도 불구하고 납세의무자가 부정한 행위로 과소신고한 후 보정신청을 한 경우에는 세관장은 가산세를 징수하여야 한다.

심화 | **보정의 효과**

수입업체들은 수입물품의 신속한 통관과정에서 일어나는 세액산정의 오류를 업체 스스로 수정할 수 있는 동시에 단순과실에 따른 가산세 부담이 면제된다.

---

3. 수정 및 경정 [법 제38조의3]

① **수정신고** : 납세의무자는 신고납부한 세액이 부족한 경우에는 대통령령으로 정하는 바에 따라 수정신고(보정기간이 지난 날부터 제척기간이 끝나기 전까지로 한정한다)를 할 수 있다. 이 경우 납세의무자는 수정신고한 날의 다음 날까지 해당 관세를 납부하여야 한다. 이 경우 가산세를 부과한다. **3**

② **경정청구**

ⓐ 일반적인 경정청구 : 납세의무자는 신고납부한 세액, 보정신청한 세액 및 수정신고한 세액이 과다한 것을 알게 되었을 때에는 최초로 납세신고를 한 날부터 5년 이내에 대통령령으로 정하는 바에 따라 신고한 세액의 경정을 세관장에게 청구할 수 있다. **6**

심화 | **예외적인 경정청구**

① 소송 등 판결에 의한 경정청구 : 납세의무자는 최초의 신고 또는 경정에서 과세표준 및 세액의 계산근거가 된 거래 또는 행위 등이 그에 관한 소송에 대한 판결에 의하여 다른 것으로 확정되는 등 대통령령으로 정하는 사유가 발생하여 납부한 세액이 과다한 것을 알게 되었을 때에는

그 사유가 발생한 것을 안 날부터 2개월 이내에 대통령령으로 정하는 바에 따라 납부한 세액의 경정을 세관장에게 청구할 수 있다. **1**

② 수입물품의 과세가격 조정에 따른 경정청구 : 납세의무자는 관할 지방국세청장 또는 세무서장이 해당 수입물품의 거래가격을 조정하여 과세표준 및 세액을 결정·경정 처분하거나 국세청장이 해당 수입물품의 거래가격과 관련하여 소급하여 적용하도록 사전승인을 함에 따라 그 거래가격과 이 법에 따라 신고납부·경정한 세액의 산정기준이 된 과세가격 간 차이가 발생한 경우에는 그 결정·경정 처분 또는 사전승인이 있음을 안 날부터 3개월 또는 최초로 납세신고를 한 날부터 5년 내에 대통령령으로 정하는 바에 따라 세관장에게 세액의 경정을 청구할 수 있다. **1**

ⓛ 처리기한 및 기한경과 시
- 세관장은 경정의 청구를 받은 날부터 2개월 이내에 세액을 경정하거나 경정하여야 할 이유가 없다는 뜻을 그 청구를 한 자에게 통지하여야 한다. **2**
- 경정을 청구한 자가 2개월 이내에 통지를 받지 못한 경우에는 그 2개월이 되는 날의 다음 날부터 이의신청, 심사청구, 심판청구 또는 「감사원법」에 따른 심사청구를 할 수 있다.

③ 경정
ⓐ 경정 : 세관장은 납세의무자가 신고납부한 세액, 납세신고한 세액 또는 경정청구한 세액을 심사한 결과 과부족하다는 것을 알게 되었을 때에는 대통령령으로 정하는 바에 따라 그 세액을 경정하여야 한다. 이 경우 가산세를 부과한다.
ⓑ 납부고지 : 경정을 하는 경우 이미 납부한 세액에 부족이 있거나 납부할 세액에 부족이 있는 경우에는 그 부족세액에 대하여 납부고지를 하여야 한다. 이 경우 동일한 납세의무자에게 경정에 따른 납부고지를 여러 건 하여야 할 경우 통합하여 하나의 납부고지를 할 수 있다.
ⓒ 재경정 : 세관장은 경정을 한 후 그 세액에 과부족이 있는 것을 발견한 때에는 그 경정한 세액을 다시 경정한다.

4. 부과고지 [법 제39조]

① **대상물품** : 다음 각 호의 어느 하나에 해당하는 경우에는 신고납부제도에도 불구하고 세관장이 관세를 부과·징수한다.
ⓐ 과세물건 확정시기의 예외적인 경우에 해당되어 관세를 징수하는 경우
ⓑ 보세건설장에서 건설된 시설로서 수입신고가 수리되기 전에 가동된 경우
ⓒ 보세구역에 반입된 물품이 수입신고가 수리되기 전에 반출된 경우 **1**
ⓓ 납세의무자가 관세청장이 정하는 사유로 과세가격이나 관세율 등을 결정하기 곤란하여 부과고지를 요청하는 경우
ⓔ 수입신고 전 즉시 반출한 물품을 10일 이내에 수입신고를 하지 아니하여 관세를 징수하는 경우 **1**

  ⓑ 그 밖에 납세신고가 부적당한 것으로서 기획재정부령으로 정하는 다음의 경우
- 여행자 또는 승무원의 휴대품 및 별송품 ❷
- 우편물(일반수입신고대상 물품 제외)
- 법령의 규정에 의하여 세관장이 관세를 부과·징수하는 물품
- 이 외에 납세신고가 부적당하다고 인정하여 관세청장이 지정하는 물품

② **납부고지** : 세관장이 관세를 징수하려는 경우에는 대통령령으로 정하는 바에 따라 납세의무자에게 납부고지를 하여야 한다. [법 제39조제3항]

5. 징수금액의 최저한 [법 제40조] ❷

세관장은 납세의무자가 납부하여야 하는 세액이 대통령령으로 정하는 금액(1만원) 미만인 경우에는 이를 징수하지 아니한다. 관세를 징수하지 아니하게 된 경우에는 당해 물품의 수입신고수리일을 그 납부일로 본다.

6. 가산세 [법 제42조]

 해설　가산세의 의의

가산세는 관세법에 규정된 의무를 성실히 이행하지 않은 자에 대해 관세법에 의해 산출된 세액에 가산하여 징수하는 관세채무이다. 가산세는 의무위반자에 대해 제재를 가함으로써 의무를 성실히 이행하게 하고 관세행정질서가 유지되도록 하는 역할을 함과 동시에 의무를 성실히 이행하는 자에 대해 상대적으로 이익이 돌아감으로써 의무성실이행자를 보호하는 역할을 가진다.

① **가산세의 부과** : 세관장은 납세의무자가 법정납부기한까지 미납부세액을 징수하거나 수정신고 또는 경정에 따라 부족세액을 징수할 때에는 다음 각 호의 금액을 합한 금액을 가산세로 징수한다. ❶
  ㉠ 부족세액의 100분의 10(신고불성실가산세)

> **관련규정**
>
> 부당신고의 경우 해당 부족세액의 100분의 40

  ㉡ 다음 각 목의 금액을 합한 금액(납부지연가산세)

> 가. 미납부세액 또는 부족세액 × 법정납부기한의 다음 날부터 납부일까지의 기간(납부고지일부터 납부고지서에 따른 납부기한까지의 기간은 제외한다) × 금융회사 등이 연체대출금에 대하여 적용하는 이자율 등을 고려하여 대통령령으로 정하는 이자율(1만분의 25)
> 나. 법정납부기한까지 납부하여야 할 세액 중 납부고지서에 따른 납부기한까지 납부하지 아니한 세액 × 100분의 3(관세를 납부고지서에 따른 납부기한까지 완납하지 아니한 경우에 한정한다)

세관장은 제16조제11호에 따른 물품에 대하여 관세를 부과·징수할 때에는 다음 각 호의 금액을 합한 금액을 가산세로 징수한다. 다만, 제241조제5항에 따라 가산세를 징수하는 경우와 천재지변 등 수입신고를 하지 아니하고 수입한 데에 정당한 사유가 있는 것으로 세관장이 인정하는 경우는 제외한다.

1. 해당 관세액의 100분의 20(제269조의 죄에 해당하여 처벌받거나 통고처분을 받은 경우에는 100분의 40)
2. 다음 각 목의 금액을 합한 금액
   가. 해당 관세액×수입된 날부터 납부일까지의 기간(납부고지일부터 납부고지서에 따른 납부기한까지의 기간은 제외한다)×금융회사 등에서 연체대출금에 대하여 적용하는 이자율 등을 고려하여 대통령령으로 정하는 이자율(1만분의 25)
   나. 해당 관세액 중 납부고지서에 따른 납부기한까지 납부하지 아니한 세액×100분의 3(관세를 납부고지서에 따른 납부기한까지 완납하지 아니한 경우에 한정한다)

② **가산세 제반규정**

　　㉠ 가산세규정을 적용할 때 납부고지서에 따른 납부기한의 다음 날부터 납부일까지의 기간이 5년을 초과하는 경우에는 그 기간은 5년으로 한다.

　　㉡ 체납된 관세(세관장이 징수하는 내국세가 있을 때에는 그 금액을 포함)가 150만원 미만인 경우에는 '①의 ㉡ 가목'의 가산세를 적용하지 아니한다.

　　㉢ 납부지연가산세 중 납부고지서에 따른 납부기한 후의 납부지연가산세를 징수하는 경우에는 납부고지서를 발급하지 아니할 수 있다.

　　㉣ 납부지연가산세(납부고지서에 따른 납부기한 후의 납부지연가산세에 한정)의 납세의무의 성립 및 확정에 관하여는 「국세기본법」 일부를 준용한다.

③ **가산세의 면제**

　　㉠ 가산세 전부면제 : 다음 각 호의 경우에는 가산세를 전부 징수하지 아니한다.

　　　• 수입신고가 수리되기 전에 관세를 납부한 결과 부족세액이 발생한 경우로서 수입신고가 수리되기 전에 납세의무자가 당해 세액에 대하여 수정신고를 하거나 세관장이 경정하는 경우

　　　• 잠정가격신고를 기초로 납세신고를 하고 이에 해당하는 세액을 납부한 경우. 다만, 납세의무자가 제출한 자료가 사실과 다름이 판명되어 추징의 사유가 발생한 경우에는 그렇지 않다. 🔲

　　　• 국가 또는 지방자치단체가 직접 수입하는 물품 등 대통령령으로 정하는 물품의 경우

　　　• 신고납부한 세액의 부족 등에 대하여 납세의무자에게 정당한 사유가 있는 경우

　　㉡ 신고불성실 가산세 전부 면제 : 다음 각 호의 경우에는 ①의 ㉠의 금액에 해당하는 가산세를 징수하지 아니한다.

- 특수관계자가 있는 자들 간에 거래되는 물품의 과세가격 결정방법에 관한 사전심사의 결과를 통보받은 경우 그 통보일부터 2개월 이내에 통보된 과세가격 결정 방법에 따라 해당 사전심사의 결과를 통보받은 날 전에 신고납부한 세액을 수정신고하는 경우
- 수입신고수리 전 세액심사 대상물품 중 감면대상 및 감면율을 잘못 적용하여 부족세액이 발생한 경우

ⓒ 신고불성실 가산세 일부 면제 : 수정신고(보정기간이 지난 날부터 1년 6개월이 지나기 전에 한 수정신고로 한정)를 한 경우에는 다음 각 목의 구분에 따른 금액에 해당하는 가산세를 징수하지 아니한다. 다만, 해당 관세에 대하여 과세표준과 세액을 경정할 것을 미리 알고 수정신고를 한 경우로서 기획재정부령으로 정하는 경우는 제외한다.

- 보정기간이 지난 날부터 6개월 이내에 수정신고한 경우 : 신고불성실 가산세 금액의 100분의 30
- 보정기간이 지난 날부터 6개월 초과 1년 이내에 수정신고한 경우 : 신고불성실 가산세 금액의 100분의 20
- 보정기간이 지난 날부터 1년 초과 1년 6개월 이내에 수정신고한 경우 : 신고불성실가산세의 금액의 100분의 10

ⓔ 납부불성실 가산세 일부 면제 : 관세심사위원회가 적부심사 청구일로부터 30일 내에 과세전적부심사의 결정 · 통지를 하지 아니한 경우에는 결정 · 통지가 지연된 기간에 대하여 부과되는 가산세(납부불성실 가산세) 금액의 100분의 50에 해당하는 가산세를 징수하지 아니한다.

관련규정 **그 밖의 관세법상 가산세**

- 재수출불이행 가산세(부과될 관세의 20%, 500만원 초과 불가) [제97조제4항·제98조제2항]
- 수입 · 반송신고지연 가산세(과세가격의 2% 범위 내, 500만원 초과 불가) [제241조제4항]
- 과세대상 휴대품 등 미신고 가산세(휴대품은 40%, 반복적 미신고 60%, 이사물품 20%) [제241조제5항]
- 연속공급물품 신고지연 가산세 [제241조제6항]
- 즉시반출물품 수입신고 불이행 가산세(관세의 20%) [제253조제4항]

심화 **강제징수 유예제도**

1. 압류 · 매각유예
   ① 세관장은 재산의 압류나 압류재산의 매각을 유예함으로써 사업을 정상적으로 운영할 수 있게 되어 체납액의 징수가 가능하다고 인정되는 경우에는 그 체납액에 대하여 강제징수에 의한 재산의 압류나 압류재산의 매각을 대통령령으로 정하는 바에 따라 유예할 수 있다.
   ② 세관장이 강제징수를 유예하는 경우 그 유예기간은 유예한 날부터 2년 이내로 한다. 이 경우 세관장은 그 유예기간 이내에 분할하여 납부하게 할 수 있다.

2. 납부계획서

① 납부계획서 제출 : 세관장은 강제징수 유예 결정일 기준으로 최근 3년 이내에 이 법, 「수출
용 원재료에 대한 관세 등 환급에 관한 특례법」 또는 「조세범 처벌법」 위반으로 처벌받은 사
실이 없는 체납자로부터 체납액 납부계획서를 제출받고 그 납부계획의 타당성을 인정하는
경우에는 납세담보의 제공을 요구하지 아니할 수 있다.

② 납부계획서 사항 : 체납액 납부계획서에는 다음 각 호의 사항이 포함되어야 한다.

> 1. 체납액 납부에 제공될 재산 또는 소득에 관한 사항
> 2. 체납액의 납부일정에 관한 사항(분할하여 납부하게 된 경우에는 분납일정을 포함해
>   야 한다)
> 3. 그 밖에 체납액 납부계획과 관련된 사항으로서 관세청장이 정하여 고시하는 사항

3. 강제징수 유예 취소

세관장은 강제징수를 유예받은 체납자가 다음 각 호의 어느 하나에 해당하는 경우에는 그 강제
징수의 유예를 취소하고, 유예에 관계되는 체납액을 한꺼번에 징수할 수 있다. 다만, 제1호에
정당한 사유가 있는 것으로 세관장이 인정하는 경우에는 강제징수의 유예를 취소하지 아니할
수 있다.

> 1. 체납액을 분납계획에 따라 납부하지 아니한 경우
> 2. 담보의 변경이나 그 밖에 담보 보전에 필요한 세관장의 명령에 따르지 아니한 경우
> 3. 재산상황이나 그 밖의 사정의 변화로 유예할 필요가 없다고 인정될 경우
> 4. 다음 각 목 중 어느 하나의 경우에 해당되어 그 유예한 기한까지 유예에 관계되는 체납
>   액의 전액을 징수할 수 없다고 인정될 경우
>   가. 국세 · 지방세 또는 공과금의 체납으로 강제징수 또는 체납처분이 시작된 경우
>   나. 「민사집행법」에 따른 강제집행, 담보권 실행 등을 위한 경매가 시작된 경우
>   다. 「어음법」 및 「수표법」에 따른 어음교환소에서 거래정지처분을 받은 경우
>   라. 「채무자 회생 및 파산」에 관한 법률에 따른 파산선고를 받은 경우
>   마. 법인이 해산된 경우
>   바. 관세의 체납이 발생되거나 관세를 포탈하려는 행위가 있다고 인정되는 경우

4. 통지

세관장은 강제징수를 유예하였거나 강제징수의 유예를 취소하였을 때에는 체납자에게 그 사실
을 통지하여야 한다.

CHAPTER [03] 감면 · 환급 및 분할납부 등

학·습·전·략

본 장에서는 관세의 납세의무를 경감시켜주는 제도인 감면, 환급, 분할납부에 대하여 공부한다. 시험 목적으로 빈출되는 장이 아니므로 제도별 핵심 사항만 정리하고 넘어가는 것이 좋지만, 그럼에도 불구하고 감면신청시기, 소액물품면세, 재수출면세, 재수입면세, 분할납부제도 등은 꼼꼼하게 정리하고 넘어가야 한다.

01 감면

 해설 감면제도

관세법 14조에 의해 수입물품에는 관세를 부과하고 있다. 그러나 수입물품이 일정한 요건을 갖춘 경우에는 그 수입자에 대하여 관세납부의무의 일부 또는 전부를 면제하는 경우가 있는바, 이를 관세의 감면제도라 한다.
감면이란 감세와 면제를 총칭하는 것으로서, 감세란 납세의무의 일부를 면제하여 납부하여야 하는 세액을 경감하는 것을 말하고, 면세란 납부하여야 할 세액 전부를 면제하는 것을 말한다. 감면은 무세와 탄력관세에 의한 관세경감과는 대별된다.

1. 관세감면신청 [영 제112조]

① **원칙적 감면신청시기** : 법, 기타 관세에 관한 법률 또는 조약에 따라 관세를 감면받으려는 자는 해당 물품의 수입신고수리 전에 감면신청서를 세관장에게 제출하여야 한다. 다만, 관세청장이 정하는 경우에는 감면신청을 간이한 방법으로 하게 할 수 있다. ❸

② **예외적 감면신청시기** : 다음 각 호의 사유가 있는 경우에는 다음 각 호의 구분에 따른 기한까지 감면신청서를 제출할 수 있다. ❸

   ㉠ 부과고지 대상인 경우 : 해당 납부고지를 받은 날부터 5일 이내

   ㉡ 수입신고수리 전까지 감면신청서를 제출하지 못한 경우 : 해당 수입신고수리일부터 15일 이내(해당 물품이 보세구역에서 반출되지 아니한 경우로 한정한다)

2. 외교관용 물품 등의 면세 [법 제88조]

 해설   외교관용 물품 등의 면세 의의

우리나라에 있는 외교기관 및 외교사절의 업무용품, 이들 가족의 사용품, 준외교관이 사용하는 물품을 수입할 때 관세를 면제하는 것을 말한다. 취지는 외교관에 대한 예우 또는 국가 간 우호관계의 증진과 외교기관 및 외교사절의 효과적인 업무수행지원이다.

① **면세대상** : 우리나라에 있는 외국의 대사관 · 공사관 및 그 밖에 이에 준하는 기관의 업무용품 등의 물품이 수입될 때에는 그 관세를 면제한다.

② **양수제한**

ㄱ 양수제한 : 관세를 면제받은 물품 중 기획재정부령으로 정하는 물품은 수입신고수리일부터 3년의 범위에서 대통령령으로 정하는 기준에 따라 관세청장이 정하는 기간에 ①의 용도 외의 다른 용도로 사용하기 위하여 양수할 수 없다. 다만, 대통령령으로 정하는 바에 따라 미리 세관장의 승인을 받았을 때에는 그렇지 않다. 양수한 경우에는 그 양수자로부터 면제된 관세를 즉시 징수한다.

ㄴ 양수제한물품 [규칙] ②
   - 자동차(삼륜자동차와 이륜자동차를 포함)   • 선박
   - 피아노   • 전자오르간 및 파이프오르간
   - 엽총

 해설   골프채 세트는 양수제한물품에 해당되지 않는다.

3. 세율불균형물품의 면세 [법 제89조]

 해설   세율불균형물품의 면세 의의

세율불균형이란 동일 산업 내에서 가공단계별로 관세율이 역진하는 현상을 보이는 물품 또는 유사가공단계 물품 간 관세율 수준에 차이가 발생하는 물품을 의미한다. 외국으로부터 완제품을 수입하는 것보다 부분품이나 원재료를 수입하여 국내에서 조립 · 가공하게 함으로써 외화 절약, 국내 고용 확대, 기술 향상 등을 통해 경제기반을 확고히 하려는 정책적인 배려에서 마련한 것이다.

① **면세대상** : 세율불균형을 시정하기 위하여 「조세특례제한법」에 따른 중소기업("중소기업")이 대통령령으로 정하는 바에 따라 세관장이 지정하는 공장에서 다음 각 호의 어느 하나에 해당하는 물품을 제조 또는 수리하기 위하여 사용하는 부분품과 원재료 중 기획재정부령으로 정하는 물품에 대해서는 그 관세를 면제할 수 있다.

㉠ 항공기(부분품을 포함한다)

㉡ 반도체 제조용 장비(부속기기를 포함한다)

심화　**대기업, 국가 및 지자체의 경우 ❶**

1. 중소기업이 아닌 자가 세관장이 지정하는 공장에서 항공기(부분품을 포함한다)의 물품을 제조 또는 수리하기 위하여 사용하는 부분품과 원재료에 대해서는 그 관세를 감면한다.
2. 국가 및 지방자치단체가 항공기(부분품을 포함한다)의 물품을 제조 또는 수리하기 위하여 사용하는 부분품과 원재료에 관하여는 그 관세를 면제할 수 있다.

② **결격사유** : 다음 각 호의 어느 하나에 해당하는 자는 ①에 따른 지정을 받을 수 없다.

㉠ 운영인의 결격사유 중 어느 하나에 해당하는 자

㉡ 지정이 취소된 날부터 2년이 지나지 아니한 자

㉢ 상기의 사람이 임원(해당 공장의 운영업무를 직접 담당하거나 이를 감독하는 자로 한정)으로 재직하는 법인

③ **지정기간** : 지정기간은 3년 이내로 하되, 지정받은 자의 신청에 의하여 연장할 수 있다.

④ **지정취소** : 세관장은 지정을 받은 자가 다음 각 호의 어느 하나에 해당하는 경우에는 그 지정을 취소할 수 있다. 다만, ㉠ 또는 ㉡에 해당하는 경우에는 지정을 취소하여야 한다.

㉠ 결격사유에 해당하는 경우. 다만, ②의 ㉢에 해당하는 경우로서 3개월 이내에 해당 임원을 변경하는 경우에는 그렇지 않다.

㉡ 거짓이나 그 밖의 부정한 방법으로 지정을 받은 경우

㉢ 1년 이상 휴업하여 세관장이 지정된 공장의 설치목적을 달성하기 곤란하다고 인정하는 경우

4. 학술연구용품의 감면 [법 제90조]

해설　**학술연구용품의 감면세 의의**

학술이란 학문과 기술을 의미하는바, 학술과 교육의 진흥 및 연구개발의 촉진과 문화과학기술의 진흥이 그 목적으로서 학교, 훈련원, 공공의료기관, 박물관 기타 공공기관에서 사용하는 물품 등에 대한 관세를 감면한다.

관세의 감면율은 100분의 80으로 한다. 다만, 공공의료기관(국립암센터 및 국립중앙의료원은 제외) 및 학교부설의료기관에서 사용할 물품에 대한 관세의 감면율은 100분의 50으로 한다.

심화　**감면대상**

다음 각 호의 어느 하나에 해당하는 물품이 수입될 때에는 그 관세를 감면할 수 있다.

1. 국가기관, 지방자치단체 및 기획재정부령으로 정하는 기관에서 사용할 학술연구용품 · 교육용품 및 실험실습용품으로서 기획재정부령으로 정하는 물품

2. 학교, 공공의료기관, 공공직업훈련원, 박물관, 그 밖에 이에 준하는 기획재정부령으로 정하는 기관에서 학술연구용 · 교육용 · 훈련용 · 실험실습용 및 과학기술연구용으로 사용할 물품 중 기획재정부령으로 정하는 물품
3. 제2호의 기관에서 사용할 학술연구용품 · 교육용품 · 훈련용품 · 실험실습용품 및 과학기술연구용품으로서 외국으로부터 기증되는 물품. 다만, 기획재정부령으로 정하는 물품은 제외
4. 기획재정부령으로 정하는 자가 산업기술의 연구개발에 사용하기 위하여 수입하는 물품으로서 기획재정부령으로 정하는 물품

5. 종교용품, 자선용품, 장애자용품 등의 면세 [법 제91조]

 해설 종교 · 자선 · 장애자용품 등의 면세 의의

이는 종교활동의 지원 또는 사회복지정책의 실현을 위한 면세로서 종교용품, 자선용품 등을 면세한다. 비영리적인 활동에 소요되는 물품에 대해 사회정책적인 목적 달성을 위해 관세를 면제하는 것이다.

심화 **면세대상**

다음 각 호의 어느 하나에 해당하는 물품이 수입될 때에는 그 관세를 면제한다.
1. 교회, 사원 등 종교단체의 의식에 사용되는 물품으로서 외국으로부터 기증되는 물품. 다만, 기획재정부령으로 정하는 물품은 제외
2. 자선 또는 구호의 목적으로 기증되는 물품 및 기획재정부령으로 정하는 자선시설 · 구호시설 또는 사회복지시설에 기증되는 물품으로서 해당 용도로 직접 사용하는 물품. 다만, 기획재정부령으로 정하는 물품은 제외
3. 국제적십자사 · 외국적십자사 및 기획재정부령으로 정하는 국제기구가 국제평화봉사활동 또는 국제친선활동을 위하여 기증하는 물품
4. 시각장애인, 청각장애인, 언어장애인, 지체장애인, 만성신부전증환자, 희귀난치성질환자 등을 위한 용도로 특수하게 제작되거나 제조된 물품 중 기획재정부령으로 정하는 물품
5. 「장애인복지법」에 따른 장애인복지시설 및 장애인의 재활의료를 목적으로 국가 · 지방자치단체 또는 사회복지법인이 운영하는 재활 병원 · 의원에서 장애인을 진단하고 치료하기 위하여 사용하는 의료용구

6. 정부용품 등의 면세 [법 제92조]

 해설 정부용품 등의 면세 의의

국가기관 또는 지자체에의 기증품 등 수입 목적 및 당해 물품의 특성, 국제적 관례 등을 고려하여 수입 시 관세를 무조건 면세해주는 제도이다.

다음 각 호의 어느 하나에 해당하는 물품이 수입될 때에는 그 관세를 면제할 수 있다.
1. 국가기관이나 지방자치단체에 기증된 물품으로서 공용으로 사용하는 물품. 다만, 기획재정부령으로 정하는 물품은 제외한다.
2. 정부가 외국으로부터 수입하는 군수품 및 국가원수의 경호용으로 사용하기 위하여 수입하는 물품. 다만, 기획재정부령으로 정하는 물품은 제외한다.
3. 외국에 주둔하는 국군이나 재외공관으로부터 반환된 공용품
4. 과학기술정보통신부장관이 국가의 안전보장을 위하여 긴요하다고 인정하여 수입하는 비상통신용 물품 및 전파관리용 물품
5. 정부가 직접 수입하는 간행물, 음반, 녹음된 테이프, 녹화된 슬라이드, 촬영된 필름, 그 밖에 이와 유사한 물품 및 자료
6. 국가나 지방자치단체가 환경오염을 측정하거나 분석하기 위하여 수입하는 기계ㆍ기구 중 기획재정부령으로 정하는 물품
7. 상수도 수질을 측정하거나 이를 보전ㆍ향상하기 위하여 국가나 지방자치단체가 수입하는 물품으로서 기획재정부령으로 정하는 물품
8. 국가정보원장 또는 그 위임을 받은 자가 국가의 안전보장 목적의 수행상 긴요하다고 인정하여 수입하는 물품

7. 특정물품의 면세 등 [법 제93조]

👤 **해설**

동식물의 번식ㆍ양식 및 종자 개량을 위한 물품 중 기획재정부령으로 정하는 물품 등에 해당하는 물품이 수입될 때에는 그 관세를 면제할 수 있다.

8. 소액물품 등의 면세 [법 제94조]

👤 **해설 소액물품 등의 면세 의의**

물품의 성격으로 보아 물품의 경제적 가치가 무시할 수 있을 정도로 작거나 이를 수입하는 자에게 경제적 이익을 크게 주는 것이 아닌 물품들이다.

① **면세대상** : 다음 각 호의 어느 하나에 해당하는 물품이 수입될 때에는 그 관세를 면제할 수 있다.
　㉠ 우리나라의 거주자에게 수여된 훈장ㆍ기장 또는 이에 준하는 표창장 및 상패
　㉡ 기록문서 또는 그 밖의 서류
　㉢ 상업용견본품 또는 광고용품으로서 기획재정부령으로 정하는 물품
　㉣ 우리나라 거주자가 받는 소액물품으로서 기획재정부령으로 정하는 물품

② 관세가 면제되는 소액물품 [규칙]

　　㉠ 상업용견본품 또는 광고용품으로서 기획재정부령으로 정하는 물품

> 1. 물품이 천공 또는 절단되었거나 통상적인 조건으로 판매할 수 없는 상태로 처리되어 견본품으로 사용될 것으로 인정되는 물품 **2**
> 2. 판매 또는 임대를 위한 물품의 상품목록 · 가격표 및 교역안내서 등 **1**
> 3. 과세가격이 미화 250달러 이하인 물품으로서 견본품으로 사용될 것으로 인정되는 물품 **2**
> 4. 물품의 형상 · 성질 및 성능으로 보아 견본품으로 사용될 것으로 인정되는 물품 **1**

　　㉡ 우리나라 거주자가 받는 소액물품으로서 기획재정부령으로 정하는 물품

> 1. 물품가격(관세평가 방법으로 결정된 과세가격에서 수입항 도착 시까지의 운임 등에 따른 금액을 뺀 가격. 다만, 금액을 명백히 구분할 수 없는 경우에는 이를 포함한 가격으로 한다)이 미화 150달러 이하의 물품으로서 자가사용 물품으로 인정되는 것. 다만, 반복 또는 분할하여 수입되는 물품으로서 관세청장이 정하는 기준에 해당하는 것을 제외한다. **2**
> 2. 박람회 기타 이에 준하는 행사에 참가하는 자가 행사장 안에서 관람자에게 무상으로 제공하기 위하여 수입하는 물품(전시할 기계의 성능을 보여주기 위한 원료를 포함). 다만, 관람자 1인당 제공량의 정상도착가격이 미화 5달러 상당액 이하의 것으로서 세관장이 타당하다고 인정하는 것에 한한다.

9. 환경오염방지물품 등에 대한 감면세 [법 제95조]

> **해설　환경오염방지물품 등에 대한 감면세 의의**
> • 환경오염방지물품 등의 감면세는 산업 발전에 따른 공해 방지, 재해 및 직업병의 예방 지원 등 환경보호의 목적이 있다.
> • 또한 환경보호와 무관한 산업정책의 하나로 생산의 효율화를 위한 공장자동화 촉진에 대한 관세 감면도 규정하고 있다.

> **심화　감면대상**
>
> 다음 각 호의 어느 하나에 해당하는 물품으로서 국내에서 제작하기 곤란한 물품이 수입될 때에는 그 관세를 감면할 수 있다.
> 1. 오염물질(소음 및 진동을 포함)의 배출 방지 또는 처리를 위하여 사용하는 기계 · 기구 · 시설 · 장비로서 기획재정부령으로 정하는 것
> 2. 폐기물 처리(재활용을 포함)를 위하여 사용하는 기계 · 기구로서 기획재정부령으로 정하는 것
> 3. 기계 · 전자기술 또는 정보처리기술을 응용한 공장 자동화 기계 · 기구 · 설비(그 구성기기를 포함) 및 그 핵심부분품으로서 기획재정부령으로 정하는 것

10. 여행자 휴대품 및 이사물품 등의 감면세 [법 제96조]

여행자가 휴대품 또는 별송품(감면대상 휴대품은 제외한다)을 기획재정부령으로 정하는 방법으로 자진신고하는 경우에는 20만원을 넘지 않는 범위에서 해당 물품에 부과될 관세의 100분의 30에 상당하는 금액을 경감할 수 있다. **1**

심화 | **감면대상 [법 제96조]**

다음 각 호의 어느 하나에 해당하는 물품이 수입될 때에는 그 관세를 면제할 수 있다.

1. 휴대품 등
   ① 휴대품 등 : 여행자의 휴대품 또는 별송품으로서 여행자의 입국 사유, 체재 기간, 직업, 그 밖의 사정을 고려하여 기획재정부령으로 정하는 기준에 따라 세관장이 타당하다고 인정하는 물품
   ② 관세가 면제되는 휴대품 등 [규칙]
      ㉠ 여행자가 휴대하는 것이 통상적으로 필요하다고 인정하는 신변용품, 신변장식품일 것
      ㉡ 비거주자인 여행자가 반입하는 물품으로서 본인의 직업상 필요하다고 인정되는 직업용 구일 것
      ㉢ 세관장이 반출 확인한 물품으로서 재반입되는 물품일 것
      ㉣ 물품의 성질·수량·가격·용도 등으로 보아 통상적으로 여행자의 휴대품 또는 별송품 인 것으로 인정되는 물품일 것
   ③ 면제 한도 [규칙] : ②에 따른 관세의 면제 한도는 여행자 1명의 휴대품 또는 별송품으로서 각 물품(②의 ㉢에 따른 물품은 제외)의 과세가격 합계 기준으로 미화 800달러 이하("기본면세 범위")로 하고, 법 제196조제2항에 따른 보세판매장에서 구매한 내국물품이 포함되어 있을 경우에는 기본면세범위에서 해당 내국물품의 구매가격을 공제한 금액으로 한다. 다만, 농림 축산물 등 관세청장이 정하는 물품이 휴대품 또는 별송품에 포함되어 있는 경우에는 기본면 세범위에서 해당 농림축산물 등에 대하여 관세청장이 따로 정한 면세한도를 적용할 수 있다.
   ④ 별도면세범위 [규칙] : ③에도 불구하고 술·담배·향수에 대해서는 기본면세범위와 관계없이 다음 표("별도면세범위")에 따라 관세를 면제하되, 19세 미만인 사람이 반입하는 술·담배에 대해 서는 관세를 면제하지 않고, 보세판매장에서 구매한 내국물품인 술·담배·향수가 포함되어 있을 경우에는 별도면세범위에서 해당 내국물품의 구매수량을 공제한다. 이 경우 해당 물품이 다음 표의 면세한도를 초과하여 관세를 부과하는 경우에는 해당 물품의 가격을 과세가격으로 한다.

[별도면세범위]

구분	면세한도			비고
술	2병			2병 합산하여 용량은 2리터(L) 이하, 가격은 미화 400달러 이하로 한다.
담배	궐련		200개	2 이상의 담배 종류를 반입하는 경우에 는 한 종류로 한정한다.
	엽궐련		50개비	
	전자담배	궐련형	200개비	
		니코틴용액	20mL	
		기타유형	110그램	
	그 밖의 담배		250그램	
향수	100밀리리터			−

2. 이사물품

   ① 이사물품 : 우리나라로 거주를 이전하기 위하여 입국하는 자가 입국할 때 수입하는 이사물품으로서 거주 이전의 사유, 거주기간, 직업, 가족 수, 그 밖의 사정을 고려하여 기획재정부령으로 정하는 기준에 따라 세관장이 타당하다고 인정하는 물품

   ② 관세가 면제되는 이사물품 [규칙] : 관세가 면제되는 물품은 우리나라 국민으로서 외국에 주거를 설정하여 1년(가족을 동반한 경우에는 6개월) 이상 거주하였거나 외국인 또는 재외영주권자로서 우리나라에 주거를 설정하여 1년(가족을 동반한 경우에는 6개월) 이상 거주하려는 사람이 반입하는 다음 각 호의 어느 하나에 해당하는 것으로 한다. 다만, 자동차, 선박, 항공기와 개당 과세가격이 500만원 이상인 보석 · 진주 · 별갑 · 산호 · 호박 · 상아 및 이를 사용한 제품은 제외한다.

      ㉠ 해당 물품의 성질 · 수량 · 용도 등으로 보아 통상적으로 가정용으로 인정되는 것으로서 우리나라에 입국하기 전에 3개월 이상 사용하였고 입국한 후에도 계속하여 사용할 것으로 인정되는 것

      ㉡ 우리나라에 상주하여 취재하기 위하여 입국하는 외국국적의 기자가 최초로 입국할 때에 반입하는 취재용품으로서 문화체육관광부장관이 취재용임을 확인하는 물품일 것

      ㉢ 우리나라에서 수출된 물품(조립되지 아니한 물품으로서 법 별표 관세율표상의 완성품에 해당하는 번호로 분류되어 수출된 것을 포함)이 반입된 경우로서 관세청장이 정하는 사용기준에 적합한 물품일 것

      ㉣ 외국에 거주하던 우리나라 국민이 다른 외국으로 주거를 이전하면서 우리나라로 반입하는 것으로서 통상 가정용으로 3개월 이상 사용하던 것으로 인정되는 물품일 것

3. 승무원휴대품

   국제무역선(기)의 승무원이 휴대하여 수입하는 물품으로서 항행일수, 체재기간, 그 밖의 사정을 고려하여 기획재정부령으로 정하는 기준에 따라 세관장이 타당하다고 인정하는 물품

11. 재수출면세 [법 제97조]

> **🧑‍💼 해설　재수출면세의 의의**
>
> 재수출면세란 일반무역의 편의 증진, 가공무역의 진흥, 관광산업 진흥, 과학기술 연구 등을 목적으로 재수출기간 내에 다시 수출하는 물품에 대하여 그 관세를 면제하는 제도이다.

> **심화 📊　담보의 제공**
>
> 재수출조건부 감면제도(제97조 · 제98조) : 세관장은 필요하다고 인정될 때에는 물품을 수입할 때에 면세하는 관세액에 상당하는 담보를 제공하게 할 수 있다.

① **재수출기간** : 수입신고수리일부터 다음 각 호의 어느 하나의 기간에 다시 수출하는 물품에 대하여는 그 관세를 면제할 수 있다.

　㉠ 기획재정부령으로 정하는 물품 : 1년의 범위에서 대통령령으로 정하는 기준에 따라 세관장이 정하는 기간. 다만, 세관장은 부득이한 사유가 있다고 인정될 때에는 1년의 범위에서 그 기간을 연장할 수 있다.

　㉡ 1년을 초과하여 수출하여야 할 부득이한 사유가 있는 물품으로서 기획재정부령으로 정하는 물품 : 세관장이 정하는 기간

② **용도 외 사용 및 양도제한** : 관세를 면제받은 물품은 같은 항의 기간에 같은 항에서 정한 용도 외의 다른 용도로 사용되거나 양도될 수 없다. 다만, 대통령령으로 정하는 바에 따라 미리 세관장의 승인을 받았을 때에는 그렇지 않다.

③ **즉시징수** : 다음 각 호의 어느 하나에 해당하는 경우에는 수출하지 아니한 자, 용도 외로 사용한 자 또는 양도를 한 자로부터 면제된 관세를 즉시 징수하며, 양도인으로부터 해당 관세를 징수할 수 없을 때에는 양수인으로부터 면제된 관세를 즉시 징수한다. 다만, 재해나 그 밖의 부득이한 사유로 멸실되었거나 미리 세관장의 승인을 받아 폐기하였을 때에는 그렇지 않다.

　㉠ 관세를 면제받은 물품을 같은 항에 규정된 기간 내에 수출하지 아니한 경우

　㉡ 해당 용도 외의 다른 용도로 사용하거나 해당 용도 외의 다른 용도로 사용하려는 자에게 양도한 경우

④ **가산세** : 세관장은 관세를 면제받은 물품 중 기획재정부령으로 정하는 물품이 같은 항에 규정된 기간 내에 수출되지 아니한 경우에는 500만원을 넘지 않는 범위에서 해당 물품에 부과될 관세의 100분의 20에 상당하는 금액을 가산세로 징수한다. **2**

12. 재수출감면세 [법 제98조]

 해설　재수출감면세의 의의

외국물품이 일시수입되어 국내에서 일정기간 사용하였다가 재수출되는 것은 국가 경제적, 사회적, 문화적 이유로 장려할 필요가 있기 때문에 일시수입제도를 만들고 허용하고 있다. 이러한 일시수입물품의 경우 100% 면세하는 것이 원칙이나 국내에서 사용기간이 장기간인 경우에는 사용기간에 따라 감면율을 적용하여 감면을 허용하고 있다. 이것은 일시 수입한 물품이 국산에서 생산된 제품과 경쟁관계에 놓이지 않도록 보장하기 위한 것이며 이를 위하여 요건을 엄격히 규정하고 있다.

① **감면대상** : 장기간에 걸쳐 사용할 수 있는 물품으로서 그 수입이 임대차계약에 의하거나 도급계약 또는 수출계약의 이행과 관련하여 국내에서 일시적으로 사용하기 위하여 수입하는 물품 중 기획재정부령으로 정하는 물품이 그 수입신고수리일부터 2년(장기간의 사용이 부득이한 물품으로서 기획재정부령으로 정하는 것 중 수입하기 전에 세관장의 승인을 받은 것은 4년의 범위에서 대통령령으로 정하는 기준에 따라 세관장이 정하는 기간을 말한다) 이내에 재수출되는

것에 대해서는 다음 각 호의 구분에 따라 그 관세를 경감할 수 있다. 다만, 외국과 체결한 조약·협정 등에 따라 수입되는 것에 대해서는 상호 조건에 따라 그 관세를 면제한다.

　㉠ 재수출기간이 6개월 이내인 경우 : 해당 물품에 대한 관세액의 100분의 85

　㉡ 재수출기간이 6개월 초과 1년 이내인 경우 : 해당 물품에 대한 관세액의 100분의 70

　㉢ 재수출기간이 1년 초과 2년 이내인 경우 : 해당 물품에 대한 관세액의 100분의 55

　㉣ 재수출기간이 2년 초과 3년 이내인 경우 : 해당 물품에 대한 관세액의 100분의 40

　㉤ 재수출기간이 3년 초과 4년 이내인 경우 : 해당 물품에 대한 관세액의 100분의 30

② **준용** : 관세를 감면한 물품에 대하여는 재수출면세의 용도 외 사용 및 양도제한·즉시징수·가산세규정을 준용한다.

13. 재수입면세 [법 제99조]

> **해설　재수입면세의 의의**
>
> 재수입되는 물품은 국내에서 생산된 국산품이거나 국내로 수입될 때 관세를 이미 납부한 내국물품이므로 국산품 비과세, 소비세의 이중과세 방지 및 수출 촉진 등을 하고자 하는 데 그 의의가 있다.

다음의 물품은 관세를 면제한다.

① **재수입되는 물품** : 우리나라에서 수출(보세가공수출을 포함한다)된 물품으로서 해외에서 제조·가공·수리 또는 사용(장기간에 걸쳐 사용할 수 있는 물품으로서 임대차계약 또는 도급계약 등에 따라 해외에서 일시적으로 사용하기 위하여 수출된 물품이나 박람회, 전시회, 품평회, 국제경기대회, 그 밖에 이에 준하는 행사에 출품 또는 사용된 물품 등 기획재정부령으로 정하는 물품의 경우는 제외한다)되지 아니하고 수출신고수리일부터 2년 내에 다시 수입되는 물품. 다만, 다음 각 목의 어느 하나에 해당하는 경우에는 관세를 면제하지 아니한다.

　㉠ 해당 물품 또는 원자재에 대하여 관세를 감면받은 경우

　㉡ 이 법 또는 「환급특례법」에 따른 환급을 받은 경우

　㉢ 이 법 또는 「환급특례법」에 따른 환급을 받을 수 있는 자 외의 자가 해당 물품을 재수입하는 경우. 다만, 재수입하는 물품에 대하여 환급을 받을 수 있는 자가 환급받을 권리를 포기하였음을 증명하는 서류를 재수입하는 자가 세관장에게 제출하는 경우는 제외한다.

　㉣ 보세가공 또는 장치기간경과물품을 재수출조건으로 매각함에 따라 관세가 부과되지 아니한 경우

심화 **제54조(관세가 면제되는 재수입 물품 등)**

① 법 제99조제1호에서 "기획재정부령으로 정하는 물품"이란 다음 각 호의 물품을 말한다.
㉠ 장기간에 걸쳐 사용할 수 있는 물품으로서 임대차계약 또는 도급계약 등에 따라 해외에서 일시적으로 사용하기 위하여 수출된 물품 중 「법인세법 시행규칙」조에 따른 내용연수가 3년(금형의 경우에는 2년) 이상인 물품 **1**
㉡ 박람회, 전시회, 품평회, 「국제경기대회 지원법」에 따른 국제경기대회, 그 밖에 이에 준하는 행사에 출품 또는 사용된 물품
㉢ 수출물품을 해외에서 설치, 조립 또는 하역하기 위해 사용하는 장비 및 용구 **1**
㉣ 수출물품을 운송하는 과정에서 해당 물품의 품질을 유지하거나 상태를 측정 및 기록하기 위해 해당 물품에 부착하는 기기
㉤ 결함이 발견된 수출물품
㉥ 수입물품을 적재하기 위하여 수출하는 용기로서 반복적으로 사용되는 물품
② 법 제99조제1호부터 제3호까지의 규정에 따라 관세를 감면받으려는 자는 그 물품의 수출신고 필증ㆍ반송신고필증 또는 이를 갈음할 서류를 세관장에게 제출하여야 한다. 다만, 세관장이 다른 자료에 의하여 그 물품이 감면대상에 해당한다는 사실을 인정할 수 있는 경우에는 그렇지 않다. **1**

② 수출물품의 용기로서 다시 수입하는 물품
③ 해외시험 및 연구를 목적으로 수출된 후 재수입되는 물품

※ 재수입면세 대상 중 ①을 제외한 ②와 ③의 경우 재수입기간이 별도 규정되어 있지 않다(재수입기관과 관계없이 재수입면세를 적용해준다).

14. 손상물품에 대한 감면 [법 제100조]

해설 **손상감면의 의의**

수입신고한 물품이 수입신고수리되기 전에 변질이나 손상되거나 감면물품을 추징하는 경우에 변질 또는 손상된 때 혹은 사용으로 인해 가치가 감소된 때에 가치의 감소분만큼 관세의 일부를 경감하는 제도를 말한다.

① 감세대상
㉠ 수리 전 변질ㆍ손상 : 수입신고한 물품이 수입신고가 수리되기 전에 변질되거나 손상되었을 때에는 대통령령으로 정하는 바에 따라 그 관세를 경감할 수 있다.
㉡ 감면물품 추징의 경우 : 이 법이나 그 밖의 법률 또는 조약ㆍ협정 등에 따라 관세를 감면받은 물품에 대하여 관세를 추징하는 경우 그 물품이 변질 또는 손상되거나 사용되어 그 가치가 떨어졌을 때에는 대통령령으로 정하는 바에 따라 그 관세를 경감할 수 있다.

② **변질 · 손상 등의 관세경감액 [영]** : 경감하는 관세액은 다음 각 호의 관세액 중 많은 금액으로 한다.

    ㉠ 수입물품의 변질 · 손상 또는 사용으로 인한 가치의 감소에 따르는 가격의 저하분에 상응하는 관세액

    ㉡ 수입물품의 관세액에서 그 변질 · 손상 또는 사용으로 인한 가치의 감소 후의 성질 및 수량에 의하여 산출한 관세액을 공제한 차액

15. 해외임가공물품 등의 감면 [법 제101조]

> 👤 **해설** **해외임가공물품 감면의 의의**
>
> • 국내기업들이 국제적인 생산요소를 활용하여 노동집약적인 산업을 중심으로 해외생산을 확대하고 있는바, 이를 지원하기 위해 마련된 제도로서 원재료 또는 물품을 수출하여 일정한 물품으로 제조 · 가공하여 수입할 때 그 관세를 경감하도록 한 것이다. 즉, 우리나라에서 수출된 물품의 가치에 대하여는 면세하고 해외에서 가치가 증가된 분에 대하여 과세하는 것이다.
> • 해외임가공물품에 대한 감면조치는 자칫 해외가공제품의 역수입을 증가시켜 무역수지를 악화시키고, 해외투자와 제조 · 가공을 촉진시킴으로써 국내산업의 공동화를 가속화시킬 위험이 따른다.

① **감면대상물품** : 다음 각 호의 어느 하나에 해당하는 물품이 수입될 때에는 대통령령으로 정하는 바에 따라 그 관세를 경감할 수 있다.

    ㉠ 해외임가공물품 : 원재료 또는 부분품을 수출하여 기획재정부령으로 정하는 물품으로 제조하거나 가공한 물품

    ㉡ 가공수리물품 : 가공 또는 수리할 목적으로 수출한 물품으로서 기획재정부령으로 정하는 기준에 적합한 물품

② **감면제외대상** : 다음 각 호의 어느 하나에 해당하는 경우에는 그 관세를 경감하지 아니한다.

    ㉠ 해당 물품 또는 원자재에 대하여 관세를 감면받은 경우. 다만, ①의 ㉡의 경우는 제외한다.

    ㉡ 이 법 또는 「환급특례법」에 따른 환급을 받은 경우

    ㉢ 보세가공 또는 장치기간경과물품을 재수출조건으로 매각함에 따라 관세가 부과되지 아니한 경우

심화 📈 해외임가공물품에 대한 관세경감액 [영 제119조]

1. 해외임가공물품

   수입물품의 제조ㆍ가공에 사용된 원재료 또는 부분품의 수출신고가격에 당해 수입물품에 적용되는 관세율을 곱한 금액

2. 가공수리물품

   가공ㆍ수리물품의 수출신고가격에 해당 수입물품에 적용되는 관세율을 곱한 금액. 다만, 수입물품이 매매계약상의 하자보수 보증기간(수입신고수리 후 1년으로 한정) 중에 하자가 발견되거나 고장이 발생하여 외국의 매도인 부담으로 가공 또는 수리하기 위하여 수출된 물품에 대하여는 다음 각 목의 금액을 합한 금액에 해당 수입물품에 적용되는 관세율을 곱한 금액으로 한다.

   가. 수출물품의 수출신고가격

   나. 수출물품의 양륙항까지의 운임ㆍ보험료

   다. 가공 또는 수리 후 물품의 선적항에서 국내 수입항까지의 운임ㆍ보험료

   라. 가공 또는 수리의 비용에 상당하는 금액

16. 관세감면물품의 사후관리 [법 제102조]

👤 해설 **사후관리의 의의**

- 관세의 감면제도는 특정물품이 특정의 목적을 위해 수입되는 경우에 관세의 부담을 감면해주는 제도이므로 관세감면을 받은 해당 수입물품은 수입 후에 반드시 특정의 목적에 사용되어야 하는 것이며, 이러한 특정목적을 관세감면용도 또는 관세감면조건이라 한다.
- 사후관리란 관세감면을 적용받고 수입된 특정물품이 수입 후에 감면용도대로 사용되고 있는지 또는 관세감면조건을 제대로 이행하고 있는지의 여부를 관리하는 제도를 말한다.

① **사후관리대상** : 세율불균형물품의 면세, 학술연구용품의 감면세, 종교ㆍ자선ㆍ장애인용품 등의 면세, 특정물품의 면세, 환경오염방지물품 등에 대한 감면세 등에 따라 관세를 감면받은 물품은 수입신고수리일부터 3년의 범위에서 대통령령으로 정하는 기준에 따라 관세청장이 정하는 기간에는 그 감면받은 용도 외의 다른 용도로 사용하거나 양도(임대를 포함)할 수 없다. 다만, 기획재정부령으로 정하는 물품과 대통령령으로 정하는 바에 따라 미리 세관장의 승인을 받은 물품의 경우에는 그렇지 않다.

심화 📈 감면물품의 용도 외 사용 등의 금지기간(영 제110조)

관세청장은 관세감면물품의 용도 외 사용의 금지기간 및 양수ㆍ양도의 금지기간("사후관리기간")을 정하려는 경우에는 각 호의 기준에 따르며, 각 호의 기준을 적용한 결과 동일물품에 대한 사후관리기간이 다르게 되는 경우에는 그중 짧은 기간으로 할 수 있다.

② 관세즉시징수 : 다음 각 호의 어느 하나에 해당하면 그 용도 외의 다른 용도로 사용한 자나 그 양도인으로부터 감면된 관세를 즉시 징수하며, 양도인으로부터 해당 관세를 징수할 수 없을 때에는 양수인으로부터 감면된 관세를 징수한다. 다만, 재해나 그 밖의 부득이한 사유로 멸실되었거나 미리 세관장의 승인을 받아 폐기하였을 때에는 그렇지 않다.

　㉠ 관세를 감면받은 물품을 사후관리기간에 감면받은 용도 외의 다른 용도로 사용한 경우

　㉡ 관세를 감면받은 물품을 사후관리기간에 감면받은 용도 외의 다른 용도로 사용하려는 자에게 양도한 경우

17. 관세감면물품의 용도 외 사용 [법 제103조]

🧑 해설 　감면승계의 의의

- 조건부감면세를 받은 물품의 양도 시 감면된 관세를 징수하지 않고 감면효력을 유지시키는 것을 감면승계라 한다.
- 관세감면의 승계는 새로운 수입요구를 억제하고 국내자원을 효율적으로 활용하기 위한 것이다.

심화 📊 　관세감면물품의 용도 외 사용

1. 관세감면물품의 용도 외 사용

　법령, 조약, 협정 등에 따라 관세를 감면받은 물품을 감면받은 용도 외의 다른 용도로 사용하거나 감면받은 용도 외의 다른 용도로 사용하려는 자에게 양도하는 경우(해당 물품을 다른 용도로 사용하는 자나 해당 물품을 다른 용도로 사용하기 위하여 양수하는 자가 그 물품을 다른 용도로 사용하기 위하여 수입하는 경우에는 그 물품에 대하여 법령 또는 조약, 협정 등에 따라 관세를 감면받을 수 있는 경우로 한정)에는 대통령령으로 정하는 바에 따라 사후관리규정에 의하여 징수하여야 하는 관세를 감면할 수 있다. 다만, 이 법 외의 법령, 조약, 협정 등에 따라 그 감면된 관세를 징수할 때에는 그렇지 않다.

2. 수·위탁거래관계기업에 양도하는 경우

　사후관리 규정에도 불구하고 학술연구용품 감면세, 특정물품의 면세 등, 환경오염방지물품 등에 대한 감면세, 또는 재수출감면세에 따라 관세를 감면받은 물품은 「대·중소기업 상생협력 촉진에 관한 법률」에 따른 수탁·위탁거래의 관계에 있는 기업에 양도할 수 있으며, 이 경우 사후관리규정에 따라 징수할 관세를 감면할 수 있다. 다만, 이 법 외의 법령, 조약, 협정 등에 따라 그 감면된 관세를 징수할 때에는 그렇지 않다.

3. 사후관리기간의 계산

　관세를 감면받은 경우 그 사후관리기간은 당초의 수입신고수리일부터 계산한다.

18. 시설대여업자에 대한 감면 등 [법 제105조]

① **감면 시 납세의무자** : 시설대여업자가 이 법에 따라 관세가 감면되거나 분할납부되는 물품을 수입할 때에는 납세의무자 규정에도 불구하고 대여시설 이용자를 납세의무자로 하여 수입신고를 할 수 있다. 이 경우 납세의무자는 대여시설 이용자가 된다.

② **시설대여업자로부터 징수** : 관세를 감면받거나 분할납부를 승인받은 물품에 대하여 관세를 징수하는 경우 납세의무자인 대여시설 이용자로부터 관세를 징수할 수 없을 때에는 시설대여업자로부터 징수한다.

---

02 환급 및 분할납부 등

 해설 관세환급금과 과오납금의 의의

• 납세의무자가 관세·가산세 또는 강제징수비의 과오납금 또는 관세법에 따라 환급하여야 할 환급세액이 있을 때에는 이것을 납세의무자에게 반환하여야 한다. 이렇게 반환되어야 할 금액을 관세환급금이라 한다.
• 과오납금이란 당초 법률상 원인 없이 잘못 납부하거나 초과하여 납부한 금액을 말한다.

1. 관세환급금의 환급 [법 제46조, 제48조]

① 세관장은 납세의무자가 관세·가산세 또는 강제징수비로 납부한 금액 중 잘못 납부하거나 초과하여 납부한 금액 또는 이 법에 따라 환급하여야 할 환급세액의 환급을 청구할 때에는 대통령령으로 정하는 바에 따라 지체 없이 이를 관세환급금으로 결정하고 30일 이내에 환급하여야 하며, 세관장이 확인한 관세환급금은 납세의무자가 환급을 청구하지 아니하더라도 환급하여야 한다.

② 세관장은 관세환급금을 환급하거나 충당할 때에는 대통령령으로 정하는 관세환급가산금 기산일부터 환급결정 또는 충당결정을 하는 날까지의 기간과 대통령령으로 정하는 이율에 따라 계산한 금액을 관세환급금에 더하여야 한다. 다만, 국가 또는 지방자치단체가 직접 수입하는 물품 등 대통령령으로 정하는 물품에 대하여는 그렇지 않다.

2. 계약 내용과 다른 물품 등에 대한 관세 환급 [법 제106조]

① **계약 내용과 다른 물품에 대한 관세 환급** : 수입신고가 수리된 물품이 계약 내용과 다르고 수입신고 당시의 성질이나 형태가 변경되지 아니한 경우로서 다음 각 호의 어느 하나에 해당하는 경우에는 그 관세를 환급한다.

⊙ 외국으로부터 수입된 물품 : 보세구역(보세구역 외 장치규정에 따라 세관장의 허가를 받았을 때에는 그 허가받은 장소를 포함) 또는 「자유무역지역의 지정 및 운영에 관한 법률」에 따른 자유무역지역 중 관세청장이 수출물품을 일정기간 보관하기 위하여 필요하다고 인정하여 고시하는 장소에 해당 물품을 반입(수입신고 수리일부터 1년 이내에 반입한 경우로 한정한다)하였다가 다시 수출한 경우

ⓛ 보세공장에서 생산된 물품 : 수입신고 수리일부터 1년 이내에 보세공장에 해당 물품을 다시 반입한 경우

② **일부수출의 경우** : 수입물품으로서 세관장이 환급세액을 산출하는 데에 지장이 없다고 인정하여 승인한 경우에는 그 수입물품의 일부를 수출하였을 때에도 그 관세를 환급할 수 있다.

③ **폐기의 경우** : 수입물품의 수출을 갈음하여 이를 폐기하는 것이 부득이하다고 인정하여 그 물품을 수입신고 수리일부터 1년 내에 보세구역에 반입하여 미리 세관장의 승인을 받아 폐기하였을 때에는 그 관세를 환급한다.

④ **지정보세구역 장치물품의 환급**
⊙ 수입신고가 수리된 물품이 수입신고수리 후에도 지정보세구역에 계속 장치되어 있는 중에 재해로 멸실되거나 변질 또는 손상되어 그 가치가 떨어졌을 때에는 대통령령으로 정하는 바에 따라 그 관세의 전부 또는 일부를 환급할 수 있다. **1**

ⓛ 입항 전 수입신고가 수리된 물품은 지정보세구역이 아닌 장소에 장치된 경우에도 멸실, 변질, 손상 시 관세환급을 받을 수 있다. **1**

3. 자가사용물품에 대한 관세 환급 [법 제106조의2]

① 수입신고가 수리된 개인의 자가사용물품이 수입한 상태 그대로 수출되는 경우로서 다음 각 호의 어느 하나에 해당하는 경우에는 수입할 때 납부한 관세를 환급한다.
⊙ 수입신고 수리일부터 6개월 이내에 보세구역 또는 「자유무역지역의 지정 및 운영에 관한 법률」에 따른 자유무역지역 중 관세청장이 수출물품을 일정기간 보관하기 위하여 필요하다고 인정하여 고시하는 장소에 반입하였다가 다시 수출하는 경우
ⓛ 수입신고 수리일부터 6개월 이내에 관세청장이 정하는 바에 따라 세관장의 확인을 받고 다시 수출하는 경우
ⓒ 제241조제2항(간이신고규정)에 따라 수출신고가 생략되는 탁송품 또는 우편물로서 기획재정부령으로 정하는 금액 이하인 물품(수출신고가격이 200만원 이하인 물품)을 수입신고 수리일부터 6개월 이내에 수출한 후 관세청장이 정하는 바에 따라 세관장의 확인을 받은 경우

② 여행자가 여행자휴대품면세 규정에 의해 자진신고한 물품이 다음 각 호의 어느 하나에 해당하게 된 경우에는 자진신고할 때 납부한 관세를 환급한다.
⊙ 국제무역선 또는 국제무역기 안에서 구입한 물품이 환불된 경우
ⓛ 보세판매장에서 구입한 물품이 환불된 경우

4. 관세의 분할납부 [법 제107조]

① **천재지변 분할납부** : 세관장은 천재지변이나 그 밖에 대통령령으로 정하는 사유로 이 법에 따른 신고, 신청, 청구, 그 밖의 서류의 제출, 통지, 납부 또는 징수를 정하여진 기한까지 할 수 없다고 인정될 때에는 1년을 넘지 않는 기간을 정하여 대통령령으로 정하는 바에 따라 관세를 분할하여 납부하게 할 수 있다. **1**

② **정책적 분할납부 2**

　㉠ 다음 각 호의 어느 하나에 해당하는 물품이 수입될 때에는 세관장은 기획재정부령으로 정하는 바에 따라 5년을 넘지 않는 기간을 정하여 관세의 분할납부를 승인할 수 있다. 다만, 수입신고 건당 관세액이 30만원 미만인 물품을 제외한다.

　㉡ 관세의 분할납부를 승인받은 물품을 동일한 용도로 사용하려는 자에게 양도한 경우에는 그 양수인이 관세를 납부하여야 하며, 해당 용도 외의 다른 용도로 사용하려는 자에게 양도한 경우에는 그 양도인이 관세를 납부하여야 한다. 이 경우 양도인으로부터 해당 관세를 징수할 수 없을 때에는 그 양수인으로부터 징수한다. **1**

　㉢ 다음 각 호의 어느 하나에 해당하는 경우에는 납부하지 아니한 관세의 전액을 즉시 징수한다.
- 관세의 분할납부를 승인받은 물품을 제2항에서 정한 기간에 해당 용도 외의 다른 용도로 사용하거나 해당 용도 외의 다른 용도로 사용하려는 자에게 양도한 경우 **1**
- 관세를 지정된 기한까지 납부하지 아니한 경우. 다만, 관세청장이 부득이한 사유가 있다고 인정하는 경우는 제외한다.
- 파산선고를 받은 경우
- 법인이 해산한 경우

　㉣ 관세의 분할납부 승인을 받은 자가 정당한 사유없이 지정된 기한까지 납부하지 아니하여 관세를 징수할 때에는 세관장은 15일 이내의 납부기한을 정하여 납부고지하여야 한다. **1**

심화 📊 **정책적 분할납부 대상 [법 제107조]**

- 시설기계류, 기초설비품, 건설용 재료 및 그 구조물과 공사용 장비로서 기획재정부장관이 고시하는 물품. 다만, 기획재정부령으로 정하는 업종에 소요되는 물품은 제외한다.
- 정부나 지방자치단체가 수입하는 물품으로서 기획재정부령으로 정하는 물품
- 학교나 직업훈련원에서 수입하는 물품과 비영리법인이 공익사업을 위하여 수입하는 물품으로서 기획재정부령으로 정하는 물품
- 의료기관 등 기획재정부령으로 정하는 사회복지기관 및 사회복지시설에서 수입하는 물품으로서 기획재정부장관이 고시하는 물품
- 기획재정부령으로 정하는 기업부설연구소, 산업기술연구조합 및 비영리법인인 연구기관, 그 밖에 이와 유사한 연구기관에서 수입하는 기술개발연구용품 및 실험실습용품으로서 기획재정부장관이 고시하는 물품
- 기획재정부령으로 정하는 중소제조업체가 직접 사용하려고 수입하는 물품. 다만, 기획재정부령으로 정하는 기준에 적합한 물품이어야 한다.

- 기획재정부령으로 정하는 기업부설 직업훈련원에서 직업훈련에 직접 사용하려고 수입하는 교육용 품 및 실험실습용품 중 국내에서 제작하기가 곤란한 물품으로서 기획재정부장관이 고시하는 물품

심화 📈 담보 제공 및 사후관리 [법 제108조]

- **담보 제공** : 세관장은 필요하다고 인정될 때에는 대통령령으로 정하는 범위에서 관세청장이 정하는 바에 따라 이 법이나 그 밖의 법령·조약·협정 등에 따라 관세를 감면받거나 분할납부를 승인받은 물품에 대하여 그 물품을 수입할 때에 감면받거나 분할납부하는 관세액(재수출조건부 면세 규정에 따른 가산세는 제외)에 상당하는 담보를 제공하게 할 수 있다. 세관장은 수입신고를 수리하는 때까지 담보를 제공하게 할 수 있다.
- **담보의 제공사유** : 담보의 제공 여부는 물품의 성질 및 종류, 관세채권의 확보가능성 등을 기준으로 하여 정하되, 다음 각 호의 어느 하나에 해당하는 경우에 한하여야 한다.
  - 재수출면세 또는 재수출감면세 규정에 의하여 관세를 감면받은 경우
  - 분할납부승인을 받은 경우
- **조건이행여부확인서류 제출** : 이 법이나 그 밖의 법률·조약·협정 등에 따라 용도세율을 적용받거나 관세의 감면 또는 분할납부를 승인받은 자는 대통령령으로 정하는 바에 따라 해당 조건의 이행 여부를 확인하는 데에 필요한 서류를 세관장에게 제출하여야 한다.
- **위탁** : 관세청장은 사후관리를 위하여 필요한 경우에는 대통령령으로 정하는 바에 따라 해당 물품의 사후관리에 관한 업무를 주무부장관에게 위탁할 수 있으며, 주무부장관은 물품의 사후관리를 위하여 필요한 경우에는 미리 관세청장과 협의한 후 위탁받은 사후관리에 관한 업무를 관계 기관이나 법인·단체 등에 재위임하거나 재위탁할 수 있다.
- **수출 시 사후관리** : 용도세율을 적용받거나 관세를 감면받은 물품을 세관장의 승인을 받아 수출한 경우에는 이 법을 적용할 때 용도 외의 사용으로 보지 아니하고 사후관리를 종결한다. 다만, 용도세율을 적용받거나 관세를 감면받은 물품을 가공하거나 수리할 목적으로 수출한 후 다시 수입하거나 해외시험 및 연구를 목적으로 수출한 후 다시 수입하여 감면을 받은 경우에는 사후관리를 계속한다.

심화 📈 다른 법령 등에 따른 감면물품의 관세징수 [법 제109조]

1. 용도 외 사용 등

이 법 외의 법령이나 조약·협정 등에 따라 관세가 감면된 물품을 그 수입신고 수리일부터 3년 내에 해당 법령이나 조약·협정 등에 규정된 용도 외의 다른 용도로 사용하거나 양도하려는 경우에는 세관장의 확인을 받아야 한다. 다만, 해당 법령이나 조약·협정 등에 다른 용도로 사용하거나 양도한 경우에 해당 관세의 징수를 면제하는 규정이 있을 때에는 그렇지 않다.

2. 즉시징수

1.에 따라 세관장의 확인을 받아야 하는 물품에 대하여는 해당 용도 외의 다른 용도로 사용한 자 또는 그 양도를 한 자로부터 감면된 관세를 즉시 징수하여야 하며, 양도인으로부터 해당 관세를 징수할 수 없을 때에는 그 양수인으로부터 감면된 관세를 즉시 징수한다. 다만, 그 물품이 재해나 그 밖의 부득이한 사유로 멸실되었거나 미리 세관장의 승인을 받아 그 물품을 폐기하였을 때에는 예외로 한다.

납세자의 권리 및 불복절차

 학·습·전·략

본 장은 관세법상 납세자의 권리 및 부당한 처분 및 부작위를 당하였을 때의 불복절차와 관련된 부분이다. 보세사 시험 목적으로는 출제될 확률이 적으나, 과세전적부심사, 불복신청의 개념, 불복청구기간 등의 개념은 숙지하여야 한다.

01 | 납세자의 권리

> 🧑 **해설**
>
> 「관세법」에 규정된 납세자 권리의 법적 의의는 납세자가 조세절차법상의 적정성을 보장받을 권리를 의미하며, 이는 행정부의 조세 남용으로부터 국민의 재산권 보호와 국민의 법적 안정성 및 예측 가능성을 보장한다는 측면에서 그 의의가 크다고 볼 수 있다.

1. 납세자권리헌장의 제정 및 교부 [법 제110조]

심화 | 납세자권리헌장의 제정 및 교부

1. 제정 및 교부
   ① 관세청장은 납세자권리헌장을 제정하여 고시하여야 한다.
   ② 세관공무원은 다음 각 호의 어느 하나에 해당하는 경우에는 납세자권리헌장의 내용이 수록된 문서를 납세자에게 내주어야 하며, 조사사유, 조사기간, 제118조의4제1항에 따른 납세자보호위원회에 대한 심의 요청사항·절차 및 권리구제 절차 등을 설명하여야 한다.
      ㉠ 관세범(「수출용 원재료에 대한 관세 등 환급에 관한 특례법」에 따른 죄를 포함)에 관한 조사를 하는 경우
      ㉡ 관세조사를 하는 경우
      ㉢ 그 밖에 대통령령으로 정하는 경우
         • 징수권의 확보를 위하여 압류를 하는 경우
         • 보세판매장에 대한 조사를 하는 경우

2. 교부 생략
   세관공무원은 납세자를 긴급히 체포·압수·수색하는 경우 또는 현행범인 납세자가 도주할 우려가 있는 등 조사목적을 달성할 수 없다고 인정되는 경우에는 납세자권리헌장을 내주지 아니할 수 있다.

2. 통합조사의 원칙 [법 제110조의2]

심화 📊	통합조사의 원칙

① 원칙 : 세관공무원은 특정한 분야만을 조사할 필요가 있는 등 대통령령으로 정하는 경우를 제외하고는 신고납부세액과 이 법 및 다른 법령에서 정하는 수출입 관련 의무 이행과 관련하여 그 권한에 속하는 사항을 통합하여 조사하는 것을 원칙으로 한다.
② 통합조사 원칙의 예외 [영] : "특정한 분야만을 조사할 필요가 있는 등 대통령령으로 정하는 경우"란 다음 각 호의 어느 하나에 해당하는 경우를 말한다.
　㉠ 세금탈루 혐의, 수출입 관련 의무 위반 혐의, 수출입업자 등의 업종·규모 등을 고려하여 특정 사안만을 조사할 필요가 있는 경우
　㉡ 조세채권의 확보 등을 위하여 긴급히 조사할 필요가 있는 경우
　㉢ 그 밖에 조사의 효율성, 납세자의 편의 등을 고려하여 특정 분야만을 조사할 필요가 있는 경우로서 기획재정부령으로 정하는 경우

3. 관세조사 대상자 선정 [법 제110조의3]

심화 📊	관세조사 대상자 선정

① 정기선정 : 세관장은 다음 각 호의 어느 하나에 해당하는 경우에 정기적으로 신고의 적정성을 검증하기 위하여 대상을 선정("정기선정")하여 조사를 할 수 있다. 이 경우 세관장은 객관적 기준에 따라 공정하게 그 대상을 선정하여야 한다.
　㉠ 관세청장이 수출입업자의 신고 내용에 대하여 정기적으로 성실도를 분석한 결과 불성실 혐의가 있다고 인정하는 경우
　㉡ 최근 4년 이상 조사를 받지 아니한 납세자에 대하여 업종, 규모 등을 고려하여 대통령령으로 정하는 바에 따라 신고 내용이 적정한지를 검증할 필요가 있는 경우
　㉢ 무작위추출방식으로 표본조사를 하려는 경우
② 수시선정 : 세관장은 정기선정에 의한 조사 외에 다음 각 호의 어느 하나에 해당하는 경우에는 조사를 할 수 있다.
　㉠ 납세자가 이 법에서 정하는 신고·신청, 과세가격결정자료의 제출 등의 납세협력의무를 이행하지 아니한 경우
　㉡ 수출입업자에 대한 구체적인 탈세 제보 등이 있는 경우
　㉢ 신고내용에 탈세나 오류의 혐의를 인정할 만한 자료가 있는 경우
　㉣ 납세자가 세관공무원에게 직무와 관련하여 금품을 제공하거나 금품제공을 알선한 경우
③ 부과고지를 위한 조사 : 세관장은 부과고지를 하는 경우 과세표준과 세액을 결정하기 위한 조사를 할 수 있다.
④ 정기선정 제외 : 세관장은 최근 2년간 수출입신고 실적이 일정 금액 이하인 경우 등 대통령령으로 정하는 요건을 충족하는 자에 대해서는 제1항에 따른 조사를 하지 아니할 수 있다. 다만, 객관적인 증거자료에 의하여 과소 신고한 것이 명백한 경우에는 그렇지 않다.

4. 관세조사권 남용 금지 [법 제111조]

심화 **관세조사권 남용 금지**

① 관세조사권 남용 금지 : 세관공무원은 적정하고 공평한 과세를 실현하고 통관의 적법성을 보장하기 위하여 필요한 최소한의 범위에서 관세조사를 하여야 하며 다른 목적 등을 위하여 조사권을 남용하여서는 아니 된다.

② 중복조사 금지 : 세관공무원은 다음 각 호의 어느 하나에 해당하는 경우를 제외하고는 해당 사안에 대하여 이미 조사받은 자를 다시 조사할 수 없다.

  ㉠ 관세탈루 등의 혐의를 인정할 만한 명백한 자료가 있는 경우
  ㉡ 이미 조사받은 자의 거래상대방을 조사할 필요가 있는 경우
  ㉢ 재조사 결정에 따라 재조사를 하는 경우(결정서 주문에 기재된 범위의 재조사에 한정한다)
  ㉣ 납세자가 세관공무원에게 직무와 관련하여 금품을 제공하거나 금품제공을 알선한 경우
  ㉤ 그 밖에 탈세혐의가 있는 자에 대한 일제조사 등 대통령령으로 정하는 경우(밀수출입, 부정·불공정무역 등 경제질서 교란 등을 통한 탈세혐의가 있는 자에 대하여 일제조사를 하는 경우)

5. 관세조사의 경우 조력을 받을 권리 [법 제112조]

납세자는 세관공무원에게 조사를 받는 경우에 변호사, 관세사로 하여금 조사에 참여하게 하거나 의견을 진술하게 할 수 있다.

6. 납세자의 성실성 추정 등 [법 제113조]

심화 **납세자의 성실성 추정 등**

① 성실성 추정 : 세관공무원은 납세자가 이 법에 따른 신고 등의 의무를 이행하지 아니한 경우 또는 납세자에게 구체적인 관세포탈 등의 혐의가 있는 경우 등 대통령령으로 정하는 경우를 제외하고는 납세자가 성실하며 납세자가 제출한 신고서 등이 진실한 것으로 추정하여야 한다.

② 성실성 추정 배제사유 [영]

  ㉠ 납세자가 법에서 정하는 신고 및 신청, 과세자료의 제출 등의 납세협력의무를 이행하지 아니한 경우
  ㉡ 납세자에 대한 구체적인 탈세정보가 있는 경우
  ㉢ 신고내용에 탈루나 오류의 혐의를 인정할 만한 명백한 자료가 있는 경우
  ㉣ 납세자의 신고내용이 관세청장이 정한 기준과 비교하여 불성실하다고 인정되는 경우

③ 질문 및 확인행위 : ①의 규정은 세관공무원이 납세자가 제출한 신고서 등의 내용에 관하여 질문을 하거나 신고한 물품에 대하여 확인을 하는 행위 등 대통령령으로 정하는 행위를 하는 것을 제한하지 아니한다.

7. 관세조사의 사전통지와 연기신청 [법 제114조]

심화 | 관세조사의 사전통지와 연기신청

① 사전통지 : 세관공무원은 제110조제2항 각 호의 어느 하나에 해당하는 조사를 하기 위하여 해당 장부, 서류, 전산처리장치 또는 그 밖의 물품 등을 조사하는 경우에는 조사를 받게 될 납세자에게 조사 시작 15일 전에 조사 대상, 조사 사유, 그 밖에 대통령령으로 정하는 사항을 통지하여야 한다. 다만, 다음 각 호의 어느 하나에 해당하는 경우에는 그렇지 않다.
    ㉠ 범칙사건에 대하여 조사하는 경우
    ㉡ 사전에 통지하면 증거인멸 등으로 조사 목적을 달성할 수 없는 경우
② 연기신청 : 통지를 받은 납세자가 천재지변이나 그 밖에 대통령령으로 정하는 사유로 조사를 받기가 곤란한 경우에는 대통령령으로 정하는 바에 따라 해당 세관장에게 조사를 연기하여 줄 것을 신청할 수 있다.

8. 장부 · 서류 등의 보관 금지 [법 제114조의2]

심화 | 장부 · 서류 등의 보관 금지

① 장부 등 보관금지 : 세관공무원은 관세조사의 목적으로 납세자의 장부 · 서류 또는 그 밖의 물건("장부 등")을 세관관서에 임의로 보관할 수 없다.
② 일시보관 : ①에도 불구하고 세관공무원은 제110조의3제2항 각 호의 어느 하나의 사유에 해당하는 경우에는 조사목적에 필요한 최소한의 범위에서 납세자, 소지자 또는 보관자 등 정당한 권한이 있는 자가 임의로 제출한 장부 등을 제118조의4제1항에 따른 납세자보호위원회의 심의를 거쳐 세관관서에 일시 보관할 수 있다.

9. 관세조사의 결과 통지 [법 제115조]

심화 | 관세조사의 결과 통지

① 결과 통지 : 세관공무원은 제110조제2항 각 호의 어느 하나에 해당하는 조사를 종료하였을 때에는 종료 후 20일 이내에 그 조사 결과를 서면으로 납세자에게 통지하여야 한다. 다만, 납세자가 폐업한 경우 등 대통령령으로 정하는 경우에는 그렇지 않다.
② 결과 통지 생략 [영] : "대통령령으로 정하는 경우"란 다음 각 호의 어느 하나에 해당하는 경우를 말한다.
    ㉠ 납세자에게 통고처분을 하는 경우
    ㉡ 범칙사건을 고발하는 경우
    ㉢ 폐업한 경우
    ㉣ 납세자의 주소 및 거소가 불명하거나 그 밖의 사유로 통지를 하기 곤란하다고 인정되는 경우

10. 비밀유지 [법 제116조]

심화 📈 비밀유지

① 비밀유지 및 과세정보제공사유 : 세관공무원은 납세자가 이 법에서 정한 납세의무를 이행하기 위하여 제출한 자료나 관세의 부과·징수 또는 통관을 목적으로 업무상 취득한 자료 등("과세정보")을 타인에게 제공하거나 누설하여서는 아니 되며, 사용 목적 외의 용도로 사용하여서도 아니 된다. 다만, 다음 각 호의 어느 하나에 해당하는 경우에는 그 사용 목적에 맞는 범위에서 납세자의 과세정보를 제공할 수 있다.

　㉠ 국가기관이 관세에 관한 쟁송이나 관세범에 대한 소추를 목적으로 과세정보를 요구하는 경우

　㉡ 법원의 제출명령이나 법관이 발부한 영장에 따라 과세정보를 요구하는 경우

　㉢ 세관공무원 상호 간에 관세를 부과·징수, 통관 또는 질문·검사하는 데에 필요하여 과세정보를 요구하는 경우

　㉣ 통계청장이 국가통계 작성 목적으로 과세정보를 요구하는 경우

　㉤ 다음 각 목에 해당하는 자가 급부·지원 등의 대상자 선정 및 그 자격을 조사·심사하는 데 필요한 과세정보를 당사자의 동의를 받아 요구하는 경우

　　가. 국가행정기관 및 지방자치단체

　　나. 「공공기관의 운영에 관한 법률」에 따른 공공기관 중 대통령령으로 정하는 공공기관

　　다. 「은행법」에 따른 은행

　　라. 그 밖에 급부·지원 등의 업무와 관련된 자로서 대통령령으로 정하는 자

　㉥ 공공기관 또는 은행이 「대외무역법」 제2조제3호에 따른 무역거래자의 거래, 지급, 수령 등을 확인하는 데 필요한 과세정보를 당사자의 동의를 받아 요구하는 경우

　㉦ 다른 법률에 따라 과세정보를 요구하는 경우

② 제반규정

　㉠ 과세정보의 제공을 요구하는 자는 문서로 해당 세관장에게 요구하여야 한다.

　㉡ 세관공무원은 규정에 위반되게 과세정보의 제공을 요구받으면 이를 거부하여야 한다.

　㉢ 과세정보를 알게 된 자는 타인에게 제공하거나 누설하여서는 아니 되며, 그 목적 외의 용도로 사용하여서도 아니 된다.

　㉣ 이 조에 따라 과세정보를 제공받아 알게 된 자 중 공무원이 아닌 자는 「형법」이나 그 밖의 법률에 따른 벌칙을 적용할 때 공무원으로 본다.

심화 📈 비밀유지 의무 위반에 대한 과태료

관세청장은 비밀유지 의무를 위반하여 과세정보를 타인에게 제공 또는 누설하거나 그 목적 외의 용도로 사용한 자에게 2천만원 이하의 과태료를 부과·징수한다. 다만, 「형법」 등 다른 법률에 따라 형사처벌을 받은 경우에는 과태료를 부과하지 아니하고, 과태료를 부과한 후 형사처벌을 받은 경우에는 과태료 부과를 취소한다.

11. 고액 · 상습체납자 등의 명단 공개 [법제116조의2] **1**

관세청장은 비밀유지 원칙에도 불구하고 다음 각 호의 구분에 따라 해당 사항을 공개할 수 있다.

① 체납발생일부터 1년이 지난 관세 및 내국세 등("체납관세 등")이 2억원 이상인 체납자 : 해당 체납자의 인적사항과 체납액 등. 다만, 체납관세 등에 대하여 이의신청 · 심사청구 등 불복청구가 진행 중이거나 체납액의 일정금액 이상을 납부한 경우 등 대통령령으로 정하는 사유에 해당하는 경우에는 그러하지 아니하다.

② 관세포탈죄 · 부정감면죄 및 부정환급죄에 따른 범죄로 유죄판결이 확정된 자로서 같은 조에 따른 포탈, 감면, 면탈 또는 환급받은 관세 및 내국세 등의 금액("포탈관세액")이 연간 2억원 이상인 자("관세포탈범") : 해당 관세포탈범의 인적사항과 포탈관세액 등. 다만, 관세정보위원회가 공개할 실익이 없거나 공개하는 것이 부적절하다고 인정하는 경우 등 대통령령으로 정하는 사유에 해당하는 경우에는 그러하지 아니하다.

12. 정보의 제공 [법제117조]

세관공무원은 납세자가 납세자의 권리행사에 필요한 정보를 요구하면 신속하게 제공하여야 한다. 이 경우 세관공무원은 납세자가 요구한 정보와 관련되어 있어 관세청장이 정하는 바에 따라 납세자가 반드시 알아야 한다고 판단되는 그 밖의 정보도 함께 제공하여야 한다.

13. 과세 전 적부심사 [법제118조]

> **해설　과세 전 적부심사의 의의**
>
> • 과세관청이 납부고지 전에 과세할 내용을 미리 납세자에게 알려주고 이에 이의가 있는 때에는 과세 전 적부심사를 청구하도록 하여 심사결과 납세자의 주장이 타당하면 과세를 하지 않는 제도로서 납세자와의 과세마찰을 예방하고 납세의무자의 권리를 보호하고자 도입된 제도이다.
> • 과세 전 적부심사는 이의신청, 심사청구 또는 심판청구 전 단계의 권리구제라 할 수 있다. **1**

① 과세 전 통지 : 세관장은 납부세액이나 납부하여야 하는 세액에 미치지 못한 금액을 징수하려는 경우에는 미리 납세의무자에게 그 내용을 서면으로 통지하여야 한다. 다만, 다음 각 호의 어느 하나에 해당하는 경우에는 통지를 생략할 수 있다. **5**

　㉠ 통지하려는 날부터 3개월 이내에 관세부과의 제척기간이 만료되는 경우

　㉡ 잠정가격으로 가격신고를 한 납세의무자가 확정가격을 신고한 경우

　㉢ 수입신고수리 전에 세액을 심사하는 경우로서 그 결과에 따라 부족세액을 징수하는 경우

　㉣ 재수출기간 내에 수출하지 아니하거나 또는 용도 외 사용금지 규정을 위반하여 감면된 관세를 징수하는 경우

　㉤ 관세포탈죄로 고발되어 포탈세액을 징수하는 경우

ⓗ 그 밖에 관세의 징수가 곤란하게 되는 등 사전통지가 적당하지 아니한 경우로서 대통령령으로 정하는 경우

② **적부심사청구**

ㄱ 납세의무자는 ①에 따른 통지를 받았을 때에는 그 통지를 받은 날부터 30일 이내에 기획재정부령으로 정하는 세관장에게 통지 내용이 적법한지에 대한 심사("과세 전 적부심사")를 청구할 수 있다. **3**

ㄴ 다만, 법령에 대한 관세청장의 유권해석을 변경하여야 하거나 새로운 해석이 필요한 경우 등 대통령령으로 정하는 경우에는 관세청장에게 이를 청구할 수 있다.

③ **결정 및 통지**

ㄱ 과세 전 적부심사를 청구받은 세관장이나 관세청장은 그 청구를 받은 날부터 30일 이내에 관세심사위원회의 심사를 거쳐 결정을 하고, 그 결과를 청구인에게 통지하여야 한다. **1**

ㄴ 다만, 과세 전 적부심사 청구기간이 지난 후 과세전적부심사청구가 제기된 경우 등 대통령령으로 정하는 사유에 해당하는 경우에는 해당 위원회의 심사를 거치지 아니하고 결정할 수 있다.

④ **결정내용** : 과세 전 적부심사 청구에 대한 결정은 다음 각 호의 구분에 따른다.

ㄱ 청구가 이유 없다고 인정되는 경우 : 채택하지 아니한다는 결정

ㄴ 청구가 이유 있다고 인정되는 경우 : 청구의 전부 또는 일부를 채택하는 결정. 이 경우 구체적인 채택의 범위를 정하기 위하여 사실관계 확인 등 추가적으로 조사가 필요한 경우에는 통지를 한 세관장으로 하여금 이를 재조사하여 그 결과에 따라 당초 통지 내용을 수정하여 통지하도록 하는 재조사 결정을 할 수 있다.

ㄷ 청구기간이 지났거나 보정기간 내에 보정하지 않는 경우 또는 적법하지 아니한 청구를 하는 경우 : 심사하지 아니한다는 결정

⑤ **조기경정신청** : ①의 각 호 외의 부분 본문에 따른 통지를 받은 자는 과세 전 적부심사를 청구하지 아니하고 통지를 한 세관장에게 통지받은 내용의 전부 또는 일부에 대하여 조기에 경정해 줄 것을 신청할 수 있다. 이 경우 해당 세관장은 즉시 신청받은 대로 세액을 경정하여야 한다.

⑥ 「**행정심판법**」 **준용** : 과세 전 적부심사에 관하여는 「행정심판법」 일부를 준용한다. 이 경우 "위원회"는 "관세심사위원회"로 본다.

> **해설** 「관세법」상 심사와 심판 의의
>
> • 「관세법」상 행정심판제도는 행정심판으로서 관세행정상의 처분 또는 부작위로 인해 권리·이익을 침해받은 자가 그 처분청이나 상급감독청에 대해 이의 시정을 요구하는 것을 말한다.
> • 관세의 부과·징수 및 관세와 관련된 처분은 국민의 재산권에 직접 영향을 미치며, 관세법이 갖는 특수성 때문에 「관세법」은 「행정심판법」과 별도로 관세에 관한 행정심판제도를 따로 규정하고 있다.

1. 불복의 신청 [법제119조]

① **불복의 신청** : 이 법이나 그 밖의 관세에 관한 법률 또는 조약에 따른 처분으로서 위법한 처분 또는 부당한 처분을 받거나 필요한 처분을 받지 못하여 권리나 이익을 침해당한 자는 이의신청, 심사청구 또는 감사원법상의 심사청구(감사청구)를 하여 그 처분의 취소 또는 변경을 청구하거나 필요한 처분을 청구할 수 있으며, 심판청구에 의해서도 권리구제가 가능하다. 다만, 다음 각 호의 처분에 대해서는 그렇지 않다.

　㉠ 이 법에 따른 통고처분

　㉡ 「감사원법」에 따라 심사청구를 한 처분이나 그 심사청구에 대한 처분

　㉢ 이 법이나 그 밖의 관세에 관한 법률에 따른 과태료 부과처분

> **관련규정**
>
> • 해당 심사청구서를 제출받은 세관장은 이를 받은 날부터 7일 내에 그 심사청구서에 의견서를 첨부하여 관세청장에게 보내야 한다.
> • 우편으로 기한 내에 제출한 심사청구서가 청구기간이 지나 세관장 또는 관세청장에게 도달한 경우에는 그 기간의 만료일에 청구된 것으로 본다.

② **이의신청** : ①의 각 호 외의 부분 본문에 따른 처분이 관세청장이 조사·결정 또는 처리하거나 하였어야 할 것인 경우를 제외하고는 그 처분에 대하여 심사청구 또는 심판청구에 앞서 이 절의 규정에 따른 이의신청을 할 수 있다.

③ **심사청구 또는 심판청구에 대한 처분** : 이 절의 규정에 따른 심사청구 또는 심판청구에 대한 처분에 대해서는 이의신청, 심사청구 또는 심판청구를 제기할 수 없다. 다만, 재조사 결정에 따른 처분청의 처분에 대해서는 해당 재조사 결정을 한 재결청에 심사청구 또는 심판청구를 제기할 수 있다.

④ **이의신청에 대한 처분 등** : 이 절의 규정에 따른 이의신청에 대한 처분과 재조사 결정에 따른 처분청의 처분에 대해서는 이의신청을 할 수 없다.

2. 심사청구

① 심사청구는 불복하는 사유를 심사청구서에 적어 신청의 사유가 된 처분이 있은 것을 안 날로부터 90일 이내에(이의신청을 거친 후 심사청구를 하려는 경우에는 이의신청에 대한 결정을 통지받은 날부터 90일 이내) 해당 처분을 하였거나 하였어야 하는 세관장을 거쳐 관세청장에게 하여야 한다. **3**

② 심사청구에 대한 결정은 심사청구를 받은 날부터 90일 이내에 하여야 한다.

👤 해설　불복절차의 흐름

처분		90일		심사청구 (관세청장 90일 이내 결정)	90일	행정 소송
	90일	이의신청 (세관장 30일 이내 결정)	90일	심사청구 (관세청장 90일 이내 결정)		
	90일			심판청구 (조세심판원장 90일 이내 결정)		
	90일			감사원법상 심사청구 (감사원장 3월 이내 결정)		

※ 예시 : 이의신청을 거친 후 심사청구를 하려는 경우에는 이의신청에 대한 결정을 통지받은 날부터 90일 이내에 하여야 한다.

CHAPTER [05] 통관

학·습·전·략

본 장에서는 보세화물의 기본절차의 기본 근간이 되는 수출입통관을 공부한다. 본 장의 경우 기출문제의 가장 많은 부분을 차지하며, 기출된 부분에서 반복출제되는 경우가 상당하므로 중요표시를 해 놓은 부분을 위주로 반복적으로 학습한다면 어렵지 않게 고득점이 가능할 것이다. 모든 부분에서 고르게 출제되나 특히 통관의 요건, 통관의 제한 그리고 수출 및 수입신고의 절차를 완벽하게 학습하여야 한다. 또한 제2과목, 제3과목, 제4과목과 연계되는 부분이 상당하므로 반드시 숙지하여야 한다.

01 통칙

제1관 통관요건

> 👤 **해설 통관절차**
>
> • 「관세법」의 규정에 의한 절차란 실제로 물품을 수출·수입 및 반송하기 위하여 이행하도록 「관세법」에 규정된 모든 절차를 의미하는 것이다.
> • 통관절차는 일반적인 통관절차와 일반적인 통관절차의 간소화, 변경 또는 강화된 특수통관절차로 구분되며, 특수통관절차는 일반통관절차의 간소화인 간이통관절차와 기타의 특정물품의 특수통관절차로 구분된다.

1. 세관장확인제도 [법 제226조]

① 세관장확인제도

　㉠ 수출입을 할 때 법령에서 정하는 바에 따라 허가·승인·표시 또는 그 밖의 조건을 갖출 필요가 있는 물품은 세관장에게 그 허가·승인·표시 또는 그 밖의 조건을 갖춘 것임을 증명하여야 한다.

　㉡ 통관을 할 때 구비조건에 대한 세관장의 확인이 필요한 수출입물품에 대하여는 다른 법령에도 불구하고 그 물품과 확인방법, 확인절차, 그 밖에 필요한 사항을 대통령령으로 정하는 바에 따라 미리 공고하여야 한다.

② 세관장확인제도의 기능

　㉠ 수출입관련법규 의무이행 촉구

　㉡ 비자발적 법규위반자 최소화

　㉢ 행정생산성 효율화

　㉣ 공익보장의 최대화

ⓜ 균형 있는 무역질서 유지

ⓑ 전자정부의 토대 제공 **1**

심화 📈 **용어의 정의**

- "요건확인기관"이란 관련 법령에 따라 수출입물품에 대한 허가 · 승인 · 표시나 그 밖의 조건을 확인 · 증명하는 수출입 관련 기관을 말한다. **1**
- "세관장확인"이란 세관장이 수출입신고자료의 심사과정에서 수출입요건 구비 여부를 확인하는 것을 말한다. **1**
- "요건신청"이란 수출입 시 허가 · 승인 등의 증명이 필요한 물품을 수출입하려는 자가 요건확인 기관의 장에게 허가 · 승인 그밖의 조건을 구비하기 위하여 신청하는 것을 말한다.
- "인터넷 통관포털"이란 수출입신고 등 민원업무처리 및 정보서비스를 받기 위하여 접속하게 되는 인터넷 사이트(https://unipass.customs.go.kr)를 말한다.
- "자율확인우수기업"이란 수출입신고 시 세관장확인을 생략하고 통관 이후 요건확인기관이 사후적으로 관리하도록 관세청장과 요건확인기관의 장이 협의하여 지정한 기업을 말한다.

심화 📈 **세관장 확인물품 확인요청 및 확인방법**

① 세관장에게 통관 시 수출입물품의 요건구비 여부를 확인요청하려는 기관의 장은 관련법령 · 대상물품 · 대상물품별 HSK 10단위번호 및 요청사유를 관세청장에게 제출하여야 한다.
② 요건확인기관의 장은 수출입요건 확인내역을 연계된 전산망을 통하여 관세청 통관시스템에 전자문서로 통보하여야 한다. **1**
③ 요건확인기관의 장이 통관시스템에 전송한 전자문서는 이를 원본으로 인정한다. **1**
④ 세관장은 통관시스템에 통보된 수출입요건 확인내역을 조회하여 세관장확인을 하여야 한다. **1**

---

③ **세관장 확인물품 및 확인생략물품**

㉠ 확인대상물품 **1** : 「관세법」에 따라 통관할 때 세관장이 확인하여야 할 수출입물품 및 확인사항은 다음과 같다.

공통확인 대상(9가지)	가축전염병 예방법, 남북교류협력에 관한 법률, 마약류에 관한 법률, 방위사업법, 야생생물 보호 및 관리에 관한 법률, 외국환거래법, 원자력안전법, 총포 · 도검 · 화약류 등의 안전관리에 관한 법률, 폐기물의 국가 간 이동 및 그 처리에 관한 법률
수출물품확인 대상(11가지)	문화재보호법, 농수산생명자원의 보존 · 관리 및 이용에 관한 법률
수입물품확인 대상(35가지)	전기용품 및 생활용품 안전 관리법, 감염병의 예방 및 관리에 관한 법률, 계량에 관한 법률, 고압가스 안전관리법, 농약관리법, 먹는물관리법, 목재의 지속 가능한 이용에 관한 법률, 비료관리법, 사료관리법, 산업안전보건법, 석면안전관리법, 수산생물질병 관리법, 수입식품안전관리 특별법, 식물방역법, 약사법, 어린이제품 안전 특별법, 오존층 보호를 위한 특정물질의 제조규제 등에 관한 법률, 위생용품관리법, 의료기기법, 인체조직안전 및 관리 등에 관한 법률, 전파법, 종자산업법, 통신비밀보호법, 화장품법, 화학무기 · 생물무기의 금지와 특정화학물질 · 생물작용제 등의 제조 · 수출입 규제 등에 관한 법률, 화학물질관리법

해설 「품질경영 및 공산품안전관리법」을 적용받는 물품은 수출입요건 구비 여부를 확인할 필요가 없다.

ⓒ 확인생략대상 : ㉠에도 불구하고 다음 각 호의 어느 하나에 해당되는 물품은 세관장확인을 생략한다. **2**
- 「통합공고」상 요건면제에 해당되어 요건면제확인서를 제출한 물품
- 「관세법」상 수출입 안전관리 우수 공인업체, 자율확인우수기업 등 관세청장이 공고하는 자가 수출입신고하는 물품
- 「대외무역법」상 수출입승인면제물품. 다만, 다음 각 목의 법령을 적용받는 물품은 세관장이 수출입요건 구비 여부를 확인한다.

> 가. 「마약류관리에 관한 법률」
> 나. 「식물방역법」
> 다. 「야생생물 보호 및 관리에 관한 법률」
> 라. 「총포·도검·화약류 등의 안전관리에 관한 법률」
> 마. 「수산생물질병 관리법」
> 바. 「가축전염병 예방법」
> 사. 「폐기물의 국가 간 이동 및 그 처리에 관한 법률」
> 아. 「약사법」(식품의약품안전처장이 지정하는 오·남용우려 의약품에 한정한다. 다만, 자가치료 목적으로 처방전을 세관장에게 제출하는 경우에는 세관장 확인을 생략한다)
> 자. 「수입식품안전관리 특별법」(「수입식품안전관리특별법 시행규칙」 별표 9 제1호에 해당하는 식품 등은 제외)
> 차. 「통신비밀보호법」
> 카. 「화학물질관리법」(금지물질, 제한물질에 한함. 다만, 제한물질 중 시험·연구·검사용 시약은 제외)

2. 의무이행의 요구 [법 제227조]

① 의무이행요구 [법]

㉠ 세관장은 다른 법령에 따라 수입 후 특정한 용도로 사용하여야 하는 등의 의무가 부가되어 있는 물품에 대하여는 문서로써 해당 의무를 이행할 것을 요구할 수 있다. 의무의 이행을 요구받은 자는 대통령령으로 정하는 특별한 사유가 없으면 해당 물품에 대하여 부가된 의무를 이행하여야 한다. **1**

ⓒ 세관장은 의무의 이행을 요구받은 자의 이행 여부를 확인하기 위하여 필요한 경우 세관공무원으로 하여금 조사하게 할 수 있다.

② 의무의 면제 [영] : 수입신고수리 시에 부과된 의무를 면제받고자 하는 자는 다음 각 호의 ㉠에 해당하는 경우에 한하여 당해 의무이행을 요구한 세관장의 승인을 얻어야 한다.

㉠ 법령이 정하는 허가·승인·추천 기타 조건을 구비하여 의무이행이 필요하지 아니하게 된 경우
㉡ 법령의 개정 등으로 인하여 의무이행이 해제된 경우
㉢ 관계행정기관의 장의 요청 등으로 부과된 의무를 이행할 수 없는 사유가 있다고 인정된 경우

3. 통관표지 [법 제228조]

세관장은 관세 보전을 위하여 필요하다고 인정할 때에는 대통령령으로 정하는 바에 따라 관세보전을 위하여 수입하는 물품에 통관표지를 첨부할 것을 명할 수 있다.
① 법에 의하여 관세의 감면 또는 용도세율의 적용을 받은 물품
② 법 제107조제2항의 규정에 의하여 관세의 분할납부승인을 얻은 물품
③ 부정수입물품과 구별하기 위하여 관세청장이 지정하는 물품

제2관 원산지의 확인 등

 해설 원산지제도

원산지란 해당 물품이 성장했거나 생산, 제조·가공된 국가를 말한다. 원산지규정이란 상품의 원산지국가를 결정하기 위하여 적용하는 각종 법률, 규칙 및 일반적으로 적용되는 행정적 결정으로서 그 적용목적에 따라 통상 특혜규정과 비특혜규정으로 분류하고 있다.

1. 원산지 확인 기준 [법 제229조]

① **원산지 확인 기준 ❶** : 이 법, 조약, 협정 등에 따른 관세의 부과·징수, 수출입물품의 통관, 확인요청에 따른 조사 등을 위하여 원산지를 확인할 때에는 다음 각 호의 어느 하나에 해당하는 나라를 원산지로 한다.

> 1. 해당 물품의 전부를 생산·가공·제조한 나라 ❶
> 2. 해당 물품이 2개국 이상에 걸쳐 생산·가공 또는 제조된 경우에는 그 물품의 본질적 특성을 부여하기에 충분한 정도의 실질적인 생산·가공·제조 과정이 최종적으로 수행된 나라

㉠ 일반물품의 원산지결정기준 [규칙]

> ① 완전생산기준 ❶ : 법 제229조제1항제1호에 의하여 원산지를 인정하는 물품은 다음 각 호와 같다.
>
> > 1. 당해 국가의 영역에서 생산된 광산물과 식물성 생산물
> > 2. 당해 국가의 영역에서 번식 또는 사육된 산 동물과 이들로부터 채취한 물품

3. 당해 국가의 영역에서의 수렵 또는 어로로 채집 또는 포획한 물품
4. 당해 국가의 선박에 의하여 채집 또는 포획한 어획물 및 기타의 물품
5. 당해 국가에서의 제조·가공의 공정 중에 발생한 부스러기 **1**
6. 당해 국가 또는 그 선박에서 제1호 내지 제5호의 물품을 원재료로 하여 제조·가공한 물품

② 세번 변경기준 **3** : 법 제229조제1항제2호 규정에 의하여 2개국 이상에 걸쳐 생산·가공 또는 제조("생산")된 물품의 원산지는 당해 물품의 생산과정에 사용되는 물품의 품목분류표상 6단위 품목번호와 다른 6단위 품목번호의 물품을 최종적으로 생산한 국가로 한다.

③ 따로 정하는 경우 : 관세청장은 ②의 규정에 의하여 6단위 품목번호의 변경만으로 본질적 특성을 부여하기에 충분한 정도의 실질적인 생산과정을 거친 것으로 인정하기 곤란한 품목에 대하여는 주요공정·부가가치 등을 고려하여 품목별로 원산지기준을 따로 정할 수 있다.

④ 불인정작업 **1** : 다음 각 호에 해당하는 작업이 수행된 국가는 ②의 규정에 의한 원산지로 인정하지 아니한다.

1. 운송 또는 보세구역장치 중에 있는 물품의 보존을 위하여 필요한 작업
2. 판매를 위한 물품의 포장개선 또는 상표표시 등 상품성 향상을 위한 개수작업
3. 단순한 선별·구분·절단 또는 세척작업
4. 재포장 또는 단순한 조립작업
5. 물품의 특성이 변하지 않는 범위 안에서의 원산지가 다른 물품과의 혼합작업
6. 가축의 도축작업 **1**

> **해설**
>
> 즉, 보세구역에서 포장개선, 선별작업 또는 단순 조립작업 등을 수행하여 세번 변경이 발생하였다 하더라도 이들 국가를 원산지로 인정하지 아니한다는 의미이다.

⑤ 협의 : 관세청장은 ③에 따른 품목별 원산지기준을 정하는 때에는 기획재정부장관 및 해당 물품의 관계부처의 장과 협의하여야 한다.

⑥ 원산지 결정기준 상이 시 : ①부터 ⑤까지의 규정에도 불구하고 수출물품에 대한 원산지 결정기준이 수입국의 원산지 결정기준과 다른 경우에는 수입국의 원산지 결정기준을 따를 수 있다.

ⓛ 특수물품의 원산지결정기준 **[규칙]**

> ① 특수물품의 원산지결정기준 **1** : 일반물품의 원산지결정기준에도 불구하고 촬영된 영화용 필름, 부속품 · 예비부분품 및 공구와 포장용품은 다음 각 호의 구분에 따라 원산지를 인정한다.
>
>> 1. 촬영된 영화용 필름은 그 제작자가 속하는 국가 **1**
>> 2. 기계 · 기구 · 장치 또는 차량에 사용되는 부속품 · 예비부분품 및 공구로서 기계 · 기구 · 장치 또는 차량과 함께 수입되어 동시에 판매되고 그 종류 및 수량으로 보아 통상 부속품 · 예비부분품 및 공구라고 인정되는 물품은 당해 기계 · 기구 또는 차량의 원산지
>> 3. 포장용품은 그 내용물품의 원산지. 다만, 품목분류표상 포장용품과 내용품을 각각 별개의 품목번호로 하고 있는 경우에는 그러하지 아니한다. **1**
>
> ② 원산지결정기준 상이 시 : ①에도 불구하고 수출물품에 대한 원산지결정기준이 수입국의 원산지결정기준과 다른 경우에는 수입국의 원산지결정기준을 따를 수 있다.

ⓒ **직접운송원칙 [규칙]** : 원산지를 결정할 때 해당 물품이 원산지가 아닌 국가를 경유하지 아니하고 직접 우리나라에 운송 · 반입된 물품인 경우에만 그 원산지로 인정한다. 다만, 다음 각 호의 어느 하나에 해당하는 물품인 경우에는 우리나라에 직접 반입한 것으로 본다.

> 1. 다음 각 목의 요건을 모두 충족하는 물품일 것
>   가. 지리적 또는 운송상의 이유로 단순 경유한 것 **1**
>   나. 원산지가 아닌 국가에서 관세당국의 통제하에 보세구역에 장치된 것
>   다. 원산지가 아닌 국가에서 하역, 재선적 또는 그 밖에 정상 상태를 유지하기 위하여 요구되는 작업 외의 추가적인 작업을 하지 아니한 것
> 2. 박람회 · 전시회 및 그 밖에 이에 준하는 행사에 전시하기 위하여 원산지가 아닌 국가로 수출되어 해당 국가 관세당국의 통제하에 전시목적에 사용된 후 우리나라로 수출된 물품일 것

2. 원산지 허위표시물품 등의 통관 제한 [법 제230조] **2**

세관장은 법령에 따라 원산지를 표시하여야 하는 물품이 다음 각 호의 어느 하나에 해당하는 경우에는 해당 물품의 통관을 허용하여서는 아니 된다. 다만, 그 위반사항이 경미한 경우에는 이를 보완 · 정정하도록 한 후 통관을 허용할 수 있다.

① 원산지 표시가 법령에서 정하는 기준과 방법에 부합되지 아니하게 표시된 경우
② 원산지 표시가 부정한 방법으로 사실과 다르게 표시된 경우
③ 원산지 표시가 되어 있지 아니한 경우

3. 품질 등 허위·오인 표시물품의 통관 제한 [법 제230조의2] **2**

세관장은 물품의 품질, 내용, 제조 방법, 용도, 수량("품질 등")을 사실과 다르게 표시한 물품 또는 품질 등을 오인할 수 있도록 표시하거나 오인할 수 있는 표지를 부착한 물품으로서「부정경쟁방지 및 영업비밀보호에 관한 법률」,「식품위생법」,「산업표준화법」등 품질 등의 표시에 관한 법령을 위반한 물품에 대하여는 통관을 허용하여서는 아니 된다.

4. 환적물품 등에 대한 유치 **3**

① **유치** : 세관장은 일시적으로 육지에 내려지거나 다른 운송수단으로 환적 또는 복합환적되는 외국물품 중 원산지를 우리나라로 허위 표시한 물품은 유치할 수 있다.

② **보관 1** : 유치하는 외국물품은 세관장이 관리하는 장소에 보관하여야 한다. 다만, 세관장이 필요하다고 인정할 때에는 그렇지 않다.

③ **유치통지 1** : 세관장은 외국물품을 유치할 때에는 그 사실을 그 물품의 화주나 그 위임을 받은 자에게 통지하여야 한다.

④ **명령 1** : 세관장은 통지를 할 때에는 이행기간을 정하여 원산지 표시의 수정 등 필요한 조치를 명할 수 있다. 이 경우 지정한 이행기간 내에 명령을 이행하지 아니하면 매각한다는 뜻을 함께 통지하여야 한다.

⑤ **유치해제 1** : 세관장은 명령이 이행된 경우에는 물품의 유치를 즉시 해제하여야 한다.

⑥ **매각** : 세관장은 명령이 이행되지 아니한 경우에는 이를 매각할 수 있다. 이 경우 매각 방법 및 절차에 관하여는 관세법 제160조 제4항부터 제6항까지 및 제210조를 준용한다.

5. 원산지증명서 등 [법 제232조]

① **원산지증명서 제출 및 생략** : 이 법, 조약, 협정 등에 따라 원산지 확인이 필요한 물품을 수입하는 자는 해당 물품의 원산지를 증명하는 서류("원산지증명서")를 제출하여야 한다. 다만, 대통령령으로 정하는 다음의 물품의 경우에는 그렇지 않다.

ㄱ 세관장이 물품의 종류·성질·형상 또는 그 상표·생산국명·제조자 등에 의하여 원산지를 확인할 수 있는 물품 **1**

ㄴ 우편물(수입신고대상 우편물에 해당하는 것을 제외한다) **1**

ㄷ 과세가격이 15만원 이하인 물품 **2**

ㄹ 개인에게 무상으로 송부된 탁송품·별송품 또는 여행자의 휴대품 **2**

ㅁ 기타 관세청장이 관계행정기관의 장과 협의하여 정하는 물품 **1**

심화 **원산지증명서 발급주체**

세관장에게 제출하는 원산지증명서는 다음 각 호의 1에 해당하는 것이어야 한다.

① 원산지국가의 세관 기타 발급권한이 있는 기관 또는 상공회의소가 당해 물품에 대하여 원산지 국가(지역을 포함한다)를 확인 또는 발행한 것

② 원산지국가에서 바로 수입되지 아니하고 제3국을 경유하여 수입된 물품에 대하여 그 제3국의 세관 기타 발급권한이 있는 기관 또는 상공회의소가 확인 또는 발행한 경우에는 원산지국가에 서 당해 물품에 대하여 발행된 원산지증명서를 기초로 하여 원산지국가(지역을 포함한다)를 확 인 또는 발행한 것

③ 관세청장이 정한 물품의 경우에는 당해 물품의 상업송장 또는 관련서류에 생산자·공급자·수 출자 또는 권한 있는 자가 원산지국가를 기재한 것

② **유효기간 [영]** : 원산지증명서에는 해당 수입물품의 품명, 수량, 생산지, 수출자 등 관세청장이 정하는 사항이 적혀 있어야 하며, 제출일부터 소급하여 1년(다음 각 호의 구분에 따른 기간은 제외) 이내에 발행된 것이어야 한다. **1**

㉠ 원산지증명서 발행 후 1년 이내에 해당 물품이 수입항에 도착하였으나 수입신고는 1년을 경 과하는 경우 : 물품이 수입항에 도착한 날의 다음 날부터 해당 물품의 수입신고를 한 날까지 의 기간

㉡ 천재지변, 그 밖에 이에 준하는 사유로 원산지증명서 발행 후 1년이 지난 이후에 수입항에 도착한 경우 : 해당 사유가 발생한 날의 다음 날부터 소멸된 날까지의 기간

③ **사후제출 [영]** : 수입신고 전에 원산지증명서를 발급받았으나 분실 등의 사유로 수입신고 시에 원산지증명서를 제출하지 못한 경우에는 원산지증명서 유효기간 내에 해당 원산지증명서 또는 그 사본을 제출할 수 있다.

④ **미제출 시 조치** : 세관장은 원산지 확인이 필요한 물품을 수입하는 자가 원산지증명서를 제출 하지 않는 경우에는 이 법, 조약, 협정 등에 따른 관세율을 적용할 때 일반특혜관세·국제협력 관세 또는 편익관세를 배제하는 등 관세의 편익을 적용하지 아니할 수 있다.

6. 원산지증명서의 발급 등 [법 제232조의2]

이 법, 조약, 협정 등에 따라 관세를 양허받을 수 있는 물품의 수출자가 원산지증명서의 발급을 요 청하는 경우에는 세관장이나 그 밖에 원산지증명서를 발급할 권한이 있는 기관은 그 수출자에게 원산지증명서를 발급하여야 한다.

7. 원산지증명서 등의 확인요청 및 조사 [법 제233조]

① 확인요청

ㄱ 세관장은 원산지증명서를 발급한 국가의 세관이나 그 밖에 발급권한이 있는 기관("외국세관 등")에 제출된 원산지증명서 및 원산지증명서확인자료의 진위 여부, 정확성 등의 확인을 요청할 수 있다. **1**

ㄴ 이 경우 세관장의 확인요청은 해당 물품의 수입신고가 수리된 이후에 하여야 하며, 세관장은 확인을 요청한 사실 및 회신 내용과 그에 따른 결정 내용을 수입자에게 통보하여야 한다. **1**

> **심화** 📊 **확인요청에 따른 조치** [법 제233조]
>
> 제1항에 따라 세관장이 확인을 요청한 사항에 대하여 조약 또는 협정에서 다르게 규정한 경우를 제외하고 다음 각 호의 어느 하나에 해당하는 경우에는 일반특혜관세 · 국제협력관세 또는 편익관세를 적용하지 아니할 수 있다. 이 경우 세관장은 납부하여야 할 세액 또는 납부하여야 할 세액과 납부한 세액의 차액을 부과 · 징수하여야 한다.
> 1. 외국세관등이 기획재정부령으로 정한 기간 이내에 그 결과를 회신하지 아니한 경우
> 2. 세관장에게 신고한 원산지가 실제 원산지와 다른 것으로 확인된 경우
> 3. 외국세관등의 회신내용에 원산지증명서 및 원산지증명서확인자료를 확인하는 데 필요한 정보가 포함되지 아니한 경우

② 조사
세관장은 원산지증명서가 발급된 물품을 수입하는 국가의 권한 있는 기관으로부터 원산지증명서 및 원산지증명서확인자료의 진위 여부, 정확성 등의 확인을 요청받은 경우 등 필요하다고 인정되는 경우에는 다음 각 호의 어느 하나에 해당하는 자를 대상으로 서면조사 또는 현지조사를 할 수 있다.

ㄱ 원산지증명서를 발급받은 자
ㄴ 원산지증명서를 발급한 자
ㄷ 수출물품의 생산자 또는 수출자

제3관   통관의 제한

1. 수출입의 금지 [법 제234조]

다음 각 호의 어느 하나에 해당하는 물품은 수출하거나 수입할 수 없다.
① 헌법질서를 문란하게 하거나 공공의 안녕질서 또는 풍속을 해치는 서적 · 간행물 · 도화, 영화 · 음반 · 비디오물 · 조각물 또는 그 밖에 이에 준하는 물품 **4**
② 정부의 기밀을 누설하거나 첩보활동에 사용되는 물품 **5**
③ 화폐 · 채권이나 그 밖의 유가증권의 위조품 · 변조품 또는 모조품 **5**

해설 빈출되는 오답선지로 '의료용 마약', '세액'을 허위로 기재한 물품이 있다.

2. 지식재산권 보호 [법 제235조]

① 보호대상

ㄱ 보호대상 [법] **2** : 다음 각 호의 어느 하나에 해당하는 지식재산권을 침해하는 물품은 수출하거나 수입할 수 없다.

- 「상표법」에 따라 설정등록된 상표권
- 「저작권법」에 따른 저작권과 저작인접권("저작권등") **1**
- 「식물신품종 보호법」에 따라 설정등록된 품종보호권 **1**
- 「농수산물 품질관리법」에 따라 등록되거나 조약·협정 등에 따라 보호대상으로 지정된 지리적표시권 또는 지리적표시("지리적표시권등")
- 「특허법」에 따라 설정등록된 특허권 **1**
- 「디자인보호법」에 따라 설정등록된 디자인권 **1**

 해설

실용신안법에 따라 설정등록된 실용신안권, 영업기밀 등은 관세법에 근거하여 보호받는 대상이 아니다.

ㄴ 적용의 배제 [영] **1** : 상업적 목적이 아닌 개인용도에 사용하기 위한 여행자휴대품으로서 소량으로 수출입되는 물품에 대하여는 지식재산권 보호규정을 적용하지 아니한다.

② **지식재산권 신고** : 관세청장은 지식재산권을 침해하는 물품을 효율적으로 단속하기 위하여 필요한 경우에는 해당 지식재산권을 관계 법령에 따라 등록 또는 설정등록한 자 등으로 하여금 해당 지식재산권에 관한 사항을 신고하게 할 수 있다.

심화 **세관장의 지식재산권 보호범위**

세관장은 다음의 어느 하나에 해당하는 물품이 ②에 따라 신고된 지식재산권을 침해하였다고 인정될 때에는 그 지식재산권을 신고한 자에게 해당 물품의 수출입, 환적, 복합환적, 보세구역 반입, 보세운송, 일시양륙의 신고("수출입신고등") 사실을 통보하여야 한다. 이 경우 통보를 받은 자는 세관장에게 담보를 제공하고 해당 물품의 통관 보류나 유치를 요청할 수 있다.

- 수출입신고된 물품
- 환적 또는 복합환적 신고된 물품
- 보세구역에 반입신고된 물품
- 보세운송신고된 물품
- 일시양륙이 신고된 물품
- 통관우체국에 도착한 물품

③ **통관 보류 또는 유치요청** : ①의 ⊙ 각 호에 따른 지식재산권을 보호받으려는 자는 세관장에게 담보를 제공하고 해당 물품의 통관 보류나 유치를 요청할 수 있다.

④ **통관 보류 또는 유치** : 통관 보류 혹은 유치의 요청을 받은 세관장은 특별한 사유가 없으면 해당 물품의 통관을 보류하거나 유치하여야 한다. 다만, 수출입신고등을 한 자 또는 통관우체국에 도착한 물품의 화주가 담보를 제공하고 통관 또는 유치 해제를 요청하는 경우에는 통관허용 배제사유에 해당하는 물품을 제외하고는 해당 물품의 통관을 허용하거나 유치를 해제할 수 있다.

심화 📊 　　**지식재산권 관련 통관 허용 배제 사유**

- 위조하거나 유사한 상표를 붙여 상표권을 침해하는 물품
- 불법복제된 물품으로서 저작권등을 침해하는 물품
- 같거나 유사한 품종명칭을 사용하여 품종보호권을 침해하는 물품
- 위조하거나 유사한 지리적표시를 사용하여 지리표시권등을 침해하는 물품
- 특허로 설정등록된 발명을 사용하여 특허권을 침해하는 물품
- 같거나 유사한 디자인을 사용하여 디자인권을 침해하는 물품

---

⑤ **직권에 의한 통관 보류 또는 유치** : 세관장은 물품이 보호대상 지식재산권을 침해하였음이 명백한 경우에는 대통령령으로 정하는 바에 따라 직권으로 해당 물품의 통관을 보류하거나 해당 물품을 유치할 수 있다. 이 경우 세관장은 해당 물품의 수출입신고등을 한 자 또는 통관우체국에 도착한 물품의 화주에게 그 사실을 즉시 통보하여야 한다. **1**

⑥ **통관보류기간 [영]**

⊙ 원칙

- 세관장은 통관보류등을 요청한 자가 해당 물품에 대한 통관보류등의 사실을 통보받은 후 10일(휴일 및 공휴일을 제외) 이내에 법원에의 제소사실 또는 무역위원회에의 조사신청사실을 입증하였을 때에는 해당 통관보류등을 계속할 수 있다. **2**
- 이 경우 통관보류등을 요청한 자가 부득이한 사유로 인하여 10일 이내에 법원에 제소하지 못하거나 무역위원회에 조사신청을 하지 못하는 때에는 상기 입증기간은 10일간 연장될 수 있다.

ⓒ 임시보호조치의 경우 : ⊙에도 불구하고 해당 통관보류등이 법원의 임시보호조치에 의하여 시행되는 상태이거나 계속되는 경우 통관보류등의 기간은 다음 각 호의 구분에 따른다.

- 법원에서 임시보호조치 기간을 명시한 경우 : 그 마지막 날
- 법원에서 임시보호조치 기간을 명시하지 않은 경우 : 임시보호조치 개시일부터 31일

⑦ **담보제공 등**

⊙ 담보제공 [영] : 통관 보류나 유치를 요청하려는 자와 통관 또는 유치 해제를 요청하려는 자는 세관장에게 해당 물품의 과세가격의 100분의 120(「조세특례제한법」에 따른 중소기업인

경우에는 해당 물품의 과세가격의 100분의 40)에 상당하는 금액의 담보를 금전 등으로 제공하여야 한다. **2**

ⓒ 담보종류 **1**

- 금전
- 국채 또는 지방채
- 세관장이 인정하는 유가증권
- 세관장이 인정하는 보증인의 납세보증서

> **해설** '납세보증보험증권'이 오답으로 출제된 적이 있다.

심화 | 담보 관련 제반규정

- 담보를 제공하는 자는 제공된 담보를 법원의 판결에 따라 수출입신고등을 한 자 또는 통관보류 등을 요청한 자가 입은 손해의 배상에 사용하여도 좋다는 뜻을 세관장에게 문서로 제출하여야 한다.
- 세관장은 통관보류등이 된 물품의 통관을 허용하거나 유치를 해제하였을 때 또는 통관 또는 유치 해제 요청에도 불구하고 통관보류등을 계속할 때에는 제공된 담보를 담보제공자에게 반환하여야 한다.

---

3. 통관물품 및 통관절차의 제한 [법 제236조]

관세청장이나 세관장은 감시에 필요하다고 인정될 때에는 통관역·통관장 또는 특정한 세관에서 통관할 수 있는 물품을 제한할 수 있다. **5**

특정물품	특정세관
한약재(원료에 한함)	서울, 부산, 용당, 인천, 김해공항세관과 한약재 보관에 적합한 보세구역으로 지정받은 저온·냉장창고가 있는 세관
귀석과 반귀석 (HS 7103호 내지 7104호의 물품. 다만, 원석은 제외)	서울, 인천, 김해공항, 전주세관 익산세관비즈니스센터, 인천공항우편, 용당세관 부산국제우편세과비즈니스센터
고철	수입물품의 입항지 세관, 관할지 세관장이 인정하는 고철창고가 있는 내륙지 세관. 다만, 제75조에 따라 고철화작업의 특례를 적용받는 실수요자 관할세관에서도 통관 가능
해체용 선박	관할지 세관장이 인정하는 선박해체작업 시설을 갖춘 입항지 세관
수산물(HS 0302, 0303, 0305 단, 0305는 염수장한 것에 한함)	수입물품의 입항지 세관, 보세구역으로 지정받은 냉장·냉동창고가 있는 내륙지세관. 다만, 수출용원자재는 관할지 세관장이 인정하는 냉장·냉동시설이 있는 수산물제조·가공업체 관할세관에서도 통관 가능
수입쇠고기 및 관련제품 (별표 18 해당 물품에 한함)	관할구역 내 축산물검역시행장 및 보세구역으로 지정받은 냉장·냉동창고가 있는 세관

활어(HS 0301호, 관상용 및 양식용은 제외)	관할구역 내 활어장치장이 있는 세관
쌀(HS 1006.20호, 1006.30호 해당 물품)	부산, 인천, 평택직할, 군산, 목포, 동해, 울산, 광양, 마산세관
중고승용차	서울, 인천, 용당, 마산, 부산, 평택

관련규정

- 수입신고물품이 국제적인 상관습상 고철로서 거래된 것을 고철 이외의 다른 용도에 사용될 가능성이 있는 경우에는 고철화 작업을 완료한 후 통관을 허용한다. **1**
- 해체용 선박을 신고수리 전에 해체작업이나 폐품화 작업을 하려는 자는 신고수리 전 세관장에게 해체 및 폐품화 작업 허가를 받아야 한다. **1**

4. 통관의 보류 [법 제237조] **1**

① **보류대상** : 세관장은 다음에 해당하는 경우에는 해당 물품의 통관을 보류할 수 있다.
　㉠ 수출·수입 또는 반송에 관한 신고서의 기재사항에 보완이 필요한 경우 **4**
　㉡ 제출서류 등이 갖추어지지 아니하여 보완이 필요한 경우 **3**
　㉢ 관세법에 따른 의무사항(대한민국이 체결한 조약 및 일반적으로 승인된 국제법규에 따른 의무를 포함한다)을 위반하거나 국민보건 등을 해칠 우려가 있는 경우 **4**
　㉣ 수출입물품에 대한 안전성 검사가 필요한 경우 **1**
　㉤ 안전성 검사 결과 불법·불량·유해 물품으로 확인된 경우
　㉥ 「국세징수법」 및 「지방세징수법」에 따라 세관장에게 강제징수 또는 체납처분이 위탁된 해당 체납자가 수입하는 경우 **1**
　㉦ 그 밖에 이 법에 따라 필요한 사항을 확인할 필요가 있다고 인정하여 대통령령으로 정하는 경우(관세 관계 법령을 위반한 혐의로 고발되거나 조사를 받는 경우) **3**

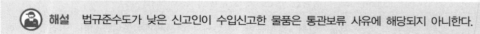

해설 법규준수도가 낮은 신고인이 수입신고한 물품은 통관보류 사유에 해당되지 아니한다.

② **제반절차**
　㉠ 세관장은 통관을 보류할 때에는 즉시 그 사실을 화주(화주의 위임을 받은 자를 포함한다) 또는 수출입 신고인에게 통지하여야 한다.
　㉡ 세관장은 통관의 보류 사실을 통지할 때에는 이행기간을 정하여 통관의 보류 해제에 필요한 조치를 요구할 수 있다.
　㉢ 통관의 보류 사실을 통지받은 자는 세관장에게 통관 보류사유에 해당하지 아니함을 소명하는 자료 또는 세관장의 통관 보류 해제에 필요한 조치를 이행한 사실을 증명하는 자료를 제출하고 해당 물품의 통관을 요청할 수 있다. 이 경우 세관장은 해당 물품의 통관 허용 여부

(허용하지 않는 경우에는 그 사유를 포함한다)를 요청받은 날부터 30일 이내에 통지하여야 한다.

5. 보세구역 반입명령 [법 제238조]

① **반입명령 대상 1** : 관세청장이나 세관장은 다음 각 호의 어느 하나에 해당하는 물품으로서 이 법에 따른 의무사항을 위반하거나 국민보건 등을 해칠 우려가 있는 물품에 대해서는 대통령령으로 정하는 바에 따라 화주(화주의 위임을 받은 자를 포함한다) 또는 수출입신고인에게 보세구역으로 반입할 것을 명할 수 있다. 반입명령을 받은 자("반입의무자")는 해당 물품을 지정받은 보세구역으로 반입하여야 한다.

　㉠ 수출신고가 수리되어 외국으로 반출되기 전에 있는 물품 **1**

　㉡ 수입신고가 수리되어 반출된 물품

② **반입명령 대상 [영]** : 관세청장 또는 세관장은 수출입신고가 수리된 물품이 다음 각 호의 어느 하나에 해당하는 경우에는 해당 물품을 보세구역으로 반입할 것을 명할 수 있다. 다만, 해당 물품이 수출입신고가 수리된 후 3개월이 지났거나 관련 법령에 따라 관계행정기관의 장의 시정조치가 있는 경우에는 그렇지 않다. **5**

　㉠ 세관장이 문서로서 이행할 것을 요구한 다른 법령상 의무를 이행하지 아니한 경우 **2**

　㉡ 원산지 표시가 적법하게 표시되지 아니하였거나 수출입신고 수리 당시와 다르게 표시되어 있는 경우 **4**

　㉢ 품질 등의 표시가 적법하게 표시되지 아니하였거나 수출입신고 수리 당시와 다르게 표시되어 있는 경우 **1**

　㉣ 지식재산권을 침해한 경우 **3**

③ **반입명령서 송달 [영] 1** : 관세청장 또는 세관장이 ②의 규정에 의하여 반입명령을 하는 경우에는 반입대상물품, 반입할 보세구역, 반입사유와 반입기한을 기재한 명령서를 화주 또는 수출입신고자에게 송달하여야 한다.

④ **공시송달 [영]**

　㉠ 관세청장 또는 세관장은 명령서를 받을 자의 주소 또는 거소가 불분명한 때에는 관세청 또는 세관의 게시판 및 기타 적당한 장소에 반입명령사항을 공시할 수 있다. **1**

　㉡ 이 경우 공시한 날부터 2주일이 경과한 때에는 명령서를 받을 자에게 반입명령서가 송달된 것으로 본다.

⑤ **반입 [영]** : 반입명령서를 받은 자는 관세청장 또는 세관장이 정한 기한 내에 명령서에 기재된 물품을 지정받은 보세구역에 반입하여야 한다. 다만, 반입기한 내에 반입하기 곤란한 사유가 있는 경우에는 관세청장 또는 세관장의 승인을 얻어 반입기한을 연장할 수 있다.

⑥ **반입물품조치 [영]** : 관세청장이나 세관장은 반입의무자에게 반입된 물품을 국외로 반출 또는 폐기할 것을 명하거나 반입의무자가 위반사항 등을 보완 또는 정정한 이후 국내로 반입하게 할 수 있다. 이 경우 반출 또는 폐기에 드는 비용은 반입의무자가 부담한다.

⑦ **수출입신고수리취소 [영]** : 반입된 물품이 국외로 반출 또는 폐기되었을 때에는 당초의 수출입신고 수리는 취소된 것으로 본다. 이 경우 해당 물품을 수입할 때 납부한 관세는 환급한다.

⑧ **보세구역 반입생략 [영]** : 관세청장이나 세관장은 법 위반사항이 경미하거나 감시 · 단속에 지장이 없다고 인정되는 경우에는 반입의무자에게 해당 물품을 보세구역으로 반입하지 아니하고 필요한 조치를 하도록 명할 수 있다.

제4관 통관의 예외 적용

1. 수입으로 보지 않는 소비 또는 사용 [법 제239조]

> **(아이콘) 해설**
>
> 수입물품에는 관세를 부과한다. 단, 물품이 국내에 반입될 것이라고 볼 수 없는 경우나 수입이 이루어졌으나 과세하는 것이 불합리한 경우가 있다. 이 경우 수입이 아닌 소비로 규정하여 수입통관절차를 거치지 않고 과세대상에서 제외시킨다.

외국물품의 소비나 사용이 다음 각 호의 어느 하나에 해당하는 경우에는 이를 수입으로 보지 아니한다.

① 선박용품 · 항공기용품 또는 차량용품을 운송수단 안에서 그 용도에 따라 소비하거나 사용하는 경우

② 선박용품 · 항공기용품 또는 차량용품을 세관장이 정하는 지정보세구역에서 「출입국관리법」에 따라 출국심사를 마치거나 우리나라에 입국하지 아니하고 우리나라를 경유하여 제3국으로 출발하려는 자에게 제공하여 그 용도에 따라 소비하거나 사용하는 경우

③ 여행자가 휴대품을 운송수단 또는 관세통로에서 소비하거나 사용하는 경우

④ 이 법에서 인정하는 바에 따라 소비하거나 사용하는 경우

2. 수출입의 의제 [법 제240조]

> **(아이콘) 해설**
>
> 수출입되는 물품의 특수성과 관세징수의 확보 등 관세법 목적에 지장이 없는 경우에는 통관절차를 거치지 않고 적법한 절차에 의해 수출입신고수리를 받은 것으로 간주하는데 이를 수출입의제라 한다.

① **수입의 의제** : 다음 각 호의 어느 하나에 해당하는 외국물품은 이 법에 따라 적법하게 수입된 것으로 보고 관세 등을 따로 징수하지 아니한다. ❶
  ㉠ 체신관서가 수취인에게 내준 우편물 ❷
  ㉡ 이 법에 따라 매각된 물품 ❹
  ㉢ 이 법에 따라 몰수된 물품 ❷
  ㉣ 이 법에 따른 통고처분으로 납부된 물품 ❶
  ㉤ 법령에 따라 국고에 귀속된 물품 ❸
  ㉥ 몰수를 갈음하여 추징된 물품 ❷

② **수출 및 반송의 의제** : 체신관서가 외국으로 발송한 우편물은 이 법에 따라 적법하게 수출되거나 반송된 것으로 본다.

제5관 | 통관 후 유통이력 관리

 해설 유통이력관리제도 의의

수입물품의 통관 후 소매단계까지 유통이력을 신고토록 함으로써 보이지 않는 감시기능을 통해 유통단계에서의 불법행위를 억제해 소비자 피해를 방지하는 직접적인 효과와 불량수입품의 국내 유입 방지 및 건전한 시장질서의 확립이라는 간접적인 효과까지 달성할 수 있는 제도이다.

1. 통관 후 유통이력 신고 [법 제240조의2]

① **유통이력 신고** ❸ : 외국물품을 수입하는 자와 수입물품을 국내에서 거래하는 자(소비자에 대한 판매를 주된 영업으로 하는 사업자는 제외한다)는 사회안전 또는 국민보건을 해칠 우려가 현저한 물품 등으로서 관세청장이 지정하는 물품("유통이력 신고물품")에 대한 유통단계별 거래명세("유통이력")를 관세청장에게 신고하여야 한다.

② **장부기록** ❷ : ①에 따라 유통이력 신고의 의무가 있는 자("유통이력 신고의무자")는 유통이력을 장부에 기록(전자적 기록방식을 포함한다)하고, 그 자료를 거래일부터 1년간 보관하여야 한다.

③ **지정협의** : 관세청장은 유통이력 신고물품을 지정할 때 미리 관계 행정기관의 장과 협의하여야 한다.

④ **부당차별금지** : 관세청장은 유통이력 신고물품의 지정, 신고의무 존속기한 및 신고대상 범위 설정 등을 할 때 수입물품을 내국물품에 비하여 부당하게 차별하여서는 아니 되며, 이를 이행하는 유통이력 신고의무자의 부담이 최소화되도록 하여야 한다.

⑤ **필요한 사항** : 유통이력 신고물품별 신고의무 존속기한, 유통이력의 범위, 신고절차, 그 밖에 유통이력 신고에 필요한 사항은 관세청장이 정한다.

2. 유통이력 조사 [법 제240조의3]

① 관세청장은 세관공무원으로 하여금 유통이력 신고의무자의 사업장에 출입하여 영업 관계의 장부나 서류를 열람하여 조사하게 할 수 있다. **2**

② 유통이력 신고의무자는 정당한 사유 없이 조사를 거부·방해 또는 기피하여서는 아니 된다.

③ 조사를 하는 세관공무원은 신분을 확인할 수 있는 증표를 지니고 이를 관계인에게 보여주어야 한다.

---

02 | 수출·수입 및 반송

제1관 | 신고

> **(해설) 통관절차의 의의**
>
> 물품을 수출입하고자 할 때에는 세관장에게 수출입신고를 하여야 하고, 그 신고를 받은 세관장은 신고가 「관세법」의 규정에 따라 적법하고 정당하게 이루어진 경우에는 지체 없이 그 신고를 수리하여 물품이 반입 및 반출될 수 있도록 하는 일련의 절차를 통관절차라 한다.

> **(해설) 수입통관 흐름**
>
> 입항 → 보세구역반입 및 장치 → 수입신고 → 수입물품 검사 → 수입신고수리 → 관세 납부 → 반출

1. 수출·수입 또는 반송의 신고 [법 제241조]

① 신고 **1** : 물품을 수출·수입 또는 반송하려면 해당 물품의 품명·규격·수량 및 가격과 그 밖에 대통령령으로 정하는 사항을 세관장에게 신고하여야 한다.

> **심화** | 수입신고 제반사항
>
> ① 수입신고를 하려는 자는 인터넷통관포탈서비스 이용신청을 하고 세관장의 승인을 받아야 한다. **1**
>
> ② 수입신고의 효력발생시점은 원칙적으로 전송된 신고자료가 통관시스템에 접수된 시점으로 한다. **1**

② 간이통관(수입)

㉠ 간이통관 : 다음 각 호의 어느 하나에 해당하는 물품은 대통령령으로 정하는 바에 따라 신고를 생략하게 하거나 관세청장이 정하는 간소한 방법으로 신고하게 할 수 있다.

- 휴대품 · 탁송품 또는 별송품 **2**
- 우편물 **1**
- 종교용품, 자선용품, 장애인용품 등의 면세, 정부용품 등의 면세, 특정물품의 면세, 소액 물품 등의 면세, 여행자 휴대품 감면세 및 재수출면세 규정에 따라 관세가 면제되는 물품
- 보고 또는 허가의 대상이 되는 운송수단. 다만, 다음 각 목의 어느 하나에 해당하는 운송수 단은 제외한다.
  - 우리나라에 수입할 목적으로 최초로 반입되는 운송수단
  - 해외에서 수리하거나 부품 등을 교체한 우리나라의 운송수단
  - 해외로 수출 또는 반송하는 운송수단
- 국제운송을 위한 컨테이너(별표 관세율표 중 기본세율이 무세인 것으로 한정) **2**

관련규정	컨테이너 수출입절차

- 국제도로운송을 위하여 수입되는 공컨테이너는 수입지 세관장에게 컨테이너 목록을 제출함으 로써 수입신고에 갈음한다. **1**
- 수입물품을 컨테이너에 내장한 상태로 수입신고를 할 수 있는 물품은 FCL 화물(LCL 화물은 불 가)에 한한다. **1**
- 컨테이너에 내장된 소형컨테이너는 컨테이너보세창고에서 컨테이너로부터 적출한 후 별도의 목록제출 방식으로 수입신고하여야 한다. **1**
- 컨테이너에 대한 수출신고는 컨테이너를 적재한 선박에 대하여 적재화물목록을 제출할 때까지 하여야 한다. **1**
- 선사소유가 아닌 수출입화주간에 운송용기로 사용되는 소형컨테이너로서, 재수출조건으로 거 래되는 경우에는 내장화물의 수출입절차에 따른다. **1**

㉡ 수입신고생략 [영] : 신고를 생략하게 하는 물품은 다음과 같다. 다만, 세관장확인대상 물품 을 제외한다. 이들 수입신고생략대상 수입물품 중 관세가 면제되거나 무세인 물품에 있어서 는 그 검사를 마친 때에 해당 물품에 대한 수입신고가 수리된 것으로 본다.

- 법 제96조제1항제1호에 따른 여행자휴대품
- 법 제96조제1항제3호에 따른 승무원휴대품
- 우편물(일반수입신고 대상인 우편물은 제외)
- 국제운송을 위한 컨테이너(법 별표 관세율표 중 기본세율이 무세인 것) **1**
- 기타 서류 · 소액면세물품 등 신속한 통관을 위하여 필요하다고 인정하여 관세청장이 정 하는 탁송품 또는 별송품

관련규정 **B/L 제시를 통해 보관장소에서 즉시 인도되는 수입신고 생략대상 1**

다음 물품 중 관세가 면제되거나 무세인 물품은 수입신고를 생략한다.
- 외교행낭으로 반입되는 면세대상물품 3
- 우리나라에 내방하는 외국의 원수와 그 가족 및 수행원에 속하는 면세대상물품 1
- 장례를 위한 유해(유골)와 유체 2
- 신문, 뉴스를 취재한 필름·녹음테이프로서 문화체육관광부에 등록된 언론기관의 보도용품
- 재외공관 등에서 외교부로 발송되는 자료 1
- 기록문서와 서류 1
- 외국에 주둔하는 국군으로부터 반환되는 공용품(군함·군용기에 적재되어 우리나라에 도착된 경우에 한함)

ⓒ 간이수입신고 : 다음 각 호의 어느 하나에 해당하는 물품은 첨부서류 없이 신고서에 수입신고사항을 기재하여 신고(간이신고)한다.
- 국내거주자가 수취하는 해당물품의 총 가격이 미화 150달러 이하의 물품으로서 자가사용물품으로 인정되는 면세대상물품 1
- 해당물품의 총 과세가격이 미화 250달러 이하의 면세되는 상업용견본품 2
- 설계 도중 수입승인이 면제되는 것 3
- 「외국환거래법」에 따라 금융기관이 외환업무를 영위하기 위하여 수입하는 지급수단 2

ⓔ 합산과세 : 세관장은 소액물품 면세 규정에 따라 다음 각 호의 어느 하나에 해당하는 경우로서 각 물품의 물품가격을 합산한 금액이 소액물품 자가사용 인정기준을 초과하는 때에는 관세면제 대상에서 제외하고 합산하여 과세한다.
- 하나의 선하증권(B/L)이나 항공화물운송장(AWB)으로 반입된 과세대상물품을 면세범위 내로 분할하여 수입통관하는 경우
- 같은 해외공급자로부터 같은 날짜에 구매한 과세대상물품을 면세범위 내로 분할 반입하여 수입통관하는 경우

③ 간이통관(수출)

ⓐ 간이수출신고 : 다음 각 호의 어느 하나에 해당하는 물품은 송품장, 간이통관목록 등 또는 우편물목록을 제출하는 것으로 수출신고를 대신할 수 있다. 다만, 세관장확인물품에 해당하는 물품은 제외한다.
- 유해 및 유골 1
- 외교행낭으로 반출되는 물품 2
- 외교부에서 재외공관으로 발송되는 자료
- 우리나라를 방문하는 외국의 원수와 그 가족 및 수행원이 반출하는 물품 2
- 신문, 뉴스취재 필름, 녹음테이프 등 언론기관 보도용품 2
- 카탈로그, 기록문서와 서류 1

- 「외국인관광객 등에 대한 부가가치세 및 개별소비세 특례 규정」에 따라 외국인 관광객이 구입한 물품
- 환급대상이 아닌 물품가격 FOB 200만원 이하의 물품. 다만, 수출신고 시 서류제출대상에 해당하는 물품은 제외한다.
- 법 제106조의2제1항제3호(수출신고가 생략되는 탁송품 또는 우편물로서 기획재정부령으로 정하는 금액 이하인 물품)에 따른 환급대상 물품

ⓒ 대외지급수단의 수출 : 「외국환거래법」 및 「외국환거래규정」에 따라 한국은행ㆍ외국환은행 또는 체신관서가 인정된 업무를 영위함에 있어 대외지급수단을 수출하는 경우에는 첨부서류 없이 신고서에 수출신고사항을 기재하여 신고한다.

④ **신고기한 7** : 수입하거나 반송하려는 물품을 지정장치장 또는 보세창고에 반입하거나 보세구역이 아닌 장소에 장치한 자는 그 반입일 또는 장치일부터 30일 이내(관세청장이 정하는 바에 따라 반송방법이 제한된 물품은 관세청장이 정하는 바에 따라 반송신고를 할 수 있는 날부터 30일 이내)에 수입 또는 반송신고를 하여야 한다.

심화 📈

가산세를 징수해야 하는 물품은 물품의 신속한 유통이 긴요하다고 인정하여 보세구역의 종류와 물품의 특성을 고려하여 관세청장이 정하는 물품으로 한다. [영 제248조] **2**

관련규정

부산항의 부두 내 지정 장치장 및 보세창고에 반입된 물품은 반입일로부터 30일 이내에 수입 또는 반송 신고하여야 한다.

---

⑤ **신고지연가산세 [영]** : 세관장은 대통령령으로 정하는 물품을 수입하거나 반송하는 자가 ④에 따른 기간 내에 수입 또는 반송의 신고를 하지 아니한 경우에는 해당 물품 과세가격의 100분의 2에 상당하는 금액의 범위에서 대통령령으로 정하는 금액을 가산세로 징수한다. 가산세액은 500만원을 초과할 수 없다. **8**

ⓐ 신고기한이 경과한 날부터 20일 내에 신고 : 과세가격의 1천분의 5 **1**

ⓑ 신고기한이 경과한 날부터 50일 내에 신고 : 과세가격의 1천분의 10 **1**

ⓒ 신고기한이 경과한 날부터 80일 내에 신고 : 과세가격의 1천분의 15

ⓓ 그 외의 경우 : 과세가격의 1천분의 20

다음 각 호의 어느 하나에 해당하는 물품에 대하여는 가산세를 징수하지 아니한다.
- 정부 또는 지방자치단체가 직접 수입하는 물품 **1**
- 정부 또는 지방장치단체에 기증되는 물품
- 수출용원재료 **3**
- 외교관 면세물품 및 SOFA적용 대상물품 **2**
- 환적화물 **2**
- 여행자휴대품 **2**

심화

신고기한이 경과한 후 보세운송된 물품에 대하여는 보세운송신고를 한 때를 기준으로 제1항의 규정에 의한 가산세율을 적용하며 그 세액은 수입 또는 반송신고를 하는 때에 징수한다. **1**

⑥ **미신고가산세** : 세관장은 다음 각 호의 어느 하나에 해당하는 경우에는 해당 물품에 대하여 납부할 세액(관세 및 내국세를 포함)에 가산세를 징수한다.

ㅤㅤㄱ 여행자나 승무원이 휴대품(면세대상은 제외)을 신고하지 아니하여 과세하는 경우 : 100분의 40(반복적으로 자진신고를 하지 않는 경우 등 대통령령으로 정하는 사유에 해당하는 경우에는 100분의 60) **3**

ㅤㅤㄴ 우리나라로 거주를 이전하기 위하여 입국하는 자가 입국할 때에 수입하는 이사물품(면세대상은 제외)을 신고하지 아니하여 과세하는 경우 : 100분의 20 **2**

⑦ **연속공급물품 신고 1** : 전기·유류, 가스, 용수를 그 물품의 특성으로 인하여 전선이나 배관 등 대통령령으로 정하는 시설 또는 장치 등을 이용하여 수출·수입 또는 반송하는 자는 1개월을 단위로 하여 다음 달 10일까지 신고하여야 한다. 이 경우 기간 내에 수출·수입 또는 반송의 신고를 하지 않는 경우의 가산세 징수에 관하여는 신고지연가산세 규정을 준용한다.

⑧ **B/L분할신고 및 분할적재**

ㅤㅤㄱ 수입신고

ㅤㅤㅤㅤ• 원칙 : 수입신고는 B/L 1건에 대하여 수입신고서 1건을 원칙으로 한다.

ㅤㅤㅤㅤ• B/L 분할신고 : 다만, 다음의 어느 하나에 해당하는 경우에는 B/L 분할신고 및 수리를 할 수 있으며, 보세창고에 입고된 물품으로서 세관장이 「보세화물관리에 관한 고시」에 따른 보세화물관리에 지장이 없다고 인정하는 경우에는 여러 건의 B/L에 관련되는 물품을 1건으로 수입신고할 수 있다. 이때 수입물품검사 대상인 경우 처음 수입신고할 때 분할 전 B/L 물품 전량에 대하여 물품검사를 하여야 하며 이후 분할신고되는 물품에 대하여는 물품검사를 생략할 수 있다. **2**

- B/L을 분할하여도 물품검사와 과세가격 산출에 어려움이 없는 경우(다만, 분할된 물품의 납부세액이 징수금액 최저한인 1만원 미만이 되는 경우에는 B/L을 분할하여 신고할 수 없다.) **4**

- 신고물품 중 일부만 통관이 허용되고 일부는 통관이 보류되는 경우 **3**

- 검사, 검역결과 일부는 합격되고 일부는 불합격된 경우이거나 일부만 검사, 검역 신청하여 통관하려는 경우 **3**

- 일괄사후납부 적용, 비적용 물품을 구분하여 신고하려는 경우 **2**

- B/L 분할금지 : 다음 각 호의 어느 하나에 해당하는 경우에는 B/L을 분할하여 신고할 수 없다.

  - 분할된 물품의 납부세액이 징수금액 최저한인 1만원 미만이 되는 경우

  - 법 제226조(허가·승인 등의 증명 및 확인)에 따른 의무를 회피하기 위한 경우

  - 법 제94조제4호(우리나라 거주자가 받는 소액물품면세)에 따라 관세를 면제받기 위한 경우

ⓛ 수출신고

- 원칙 : 수출신고는 해당 물품을 외국으로 반출하려는 선박 또는 항공기의 적재단위(S/R 또는 S/O, B/L, AWB)별로 하여야 한다. **1**

- 예외 : 다만, 다음의 어느 하나에 해당하는 경우에는 그렇지 않다.

  - 수출물품의 분할적재 : 수출자가 수출신고수리된 물품을 적재 기간 내에 분할하여 적재하려는 경우 선사 등 적재화물목록 작성 책임자는 그 사실을 적재화물목록에 등재하고 이를 수출화물시스템에 전송하여야 한다.

  - 동시포장 물품의 적재 : 수출자는 수입국 구매자의 요청 등 부득이한 사유가 있는 경우에는 동시 포장한 물품을 2건 이상으로 분할하여 수출신고를 하거나, 2건 이상으로 수출신고수리된 물품을 1건으로 동시 재포장하여 적재할 수 있다.

2. 수출·수입·반송 등의 신고인 [법 제242조]

① 수출·수입·반송신고는 화주 또는 관세사(관세법인과 통관취급법인 포함)의 명의로 하여야 한다. **6**

② 다만, 수출신고의 경우에는 화주에게 해당 수출물품을 제조하여 공급한 자(완제품 공급자)의 명의로 할 수 있다. **2**

 해설 빈출되는 오답선지로 '보세사'가 있다.

3. 신고의 요건 [법 제243조]

① **수입신고요건(수입신고시기)** : 수입의 신고는 해당 물품을 적재한 선박이나 항공기가 입항된 후에만 할 수 있다.

② **반송신고요건** : 반송의 신고는 해당 물품이 이 법에 따른 장치 장소에 있는 경우에만 할 수 있다.

③ **수출신고요건(수출신고시기)**

ㄱ 수출신고요건 : 밀수출 등 불법행위가 발생할 우려가 높거나 감시단속을 위반하여 필요하다고 인정하여 대통령령으로 정하는 물품은 관세청장이 정하는 장소에 반입한 후 수출의 신고를 하게 할 수 있다.

심화 | 보세구역 등 반입 후 수출신고(고시 제7조의3)

상기 본문에서 "관세청장이 정하는 장소"란 수출물품을 적재하는 공항만 지역으로서 다음 각 호의 어느 하나를 말한다.
- 보세창고
- 종합보세구역
- 지정보세구역
- 「자유무역지역의 지정 및 운영에 관한 법률」에 따른 자유무역지역 입주기업체 중 세관장으로부터 장치장소부호를 부여받은 곳

ㄴ 보세구역 반입 후 수출신고의 대상 등 [영]

① 반입 후 수출신고물품 : 다음 각 호의 어느 하나에 해당하는 물품으로서 관세청장이 정하여 고시하는 물품을 말한다. **1**
ㄱ 도난우려가 높은 물품 등 국민의 재산권 보호를 위하여 수출관리가 필요한 물품
ㄴ 고세율 원재료를 제조 · 가공하여 수출하는 물품 등 부정환급 우려가 높은 물품
ㄷ 국민보건이나 사회안전 또는 국제무역질서 준수 등을 위해 수출관리가 필요한 물품
※ 보세구역 등 반입 후 수출신고 대상물품은 컨테이너에 적입하여 수출하는 중고자동차(HS CODE 87류 중 '중고차')
② 제외 : ①에도 불구하고 수출입안전관리 우수업체로 공인된 업체가 수출하는 물품은 관세청장이 정하는 장소에 반입한 후 수출의 신고를 하는 물품("반입 후 신고물품")에서 제외할 수 있다.

심화 | 보세구역 등 반입 후 수출신고 대상물품(수출통관고시 별표11)

1. 중고자동차(HS CODE 87류 중 '중고차') **2**
2. 플라스틱 폐기물(HS 3915호)
3. 생활폐기물(HS 3825호) **1**

심화 📈 수입통관 관련 용어의 정의

1. "공급망"이란 물품의 수입, 수입신고, 운송, 보관과 관련된 수입업체, 관세사, 보세구역운영인, 보세운송업자, 화물운송주선업자, 선사, 항공사, 하역업자 등을 말한다. **1**
2. "전자통관심사"란 일정한 기준에 해당하는 성실업체가 수입신고하는 위험도가 낮은 물품에 대하여 통관시스템에서 전자적 방식으로 심사하는 것을 말한다. **1**
3. "부두직통관"이라 함은 화물 전부가 1명인 화주의 컨테이너로 반입된 화물로써 부두 내에서 통관절차 및 검사절차가 이루어지는 것을 말한다. **1**
4. "부두통관장"이라 함은 부두직통관 하려는 화물을 컨테이너에 내장한 상태로 장치하기 위해 부두에 설치된 장소를 말한다.
5. "장치장소 관리인"이라 함은 특허보세구역은 운영인, 지정장치장은 화물관리인, 자유무역지역은 입주기업체 등 화물을 관리하는 자를 말한다. **1**
6. "P/L신고"란 수입신고서 작성요령에 따라 기재한 수입신고서를 첨부 서류 없이 법 제327조제2항에 따라 전송하는 것을 말한다.
7. "통합선별심사"란 각 수입통관담당과로 접수된 "P/L신고"건을 심사하는 과("통관정보과")에서 통합해 위험분석 및 신고사항을 심사하는 것을 말한다. **1**

심화 📈 수출통관 관련 용어의 정의

1. "정식통관절차"란 간이통관절차 적용대상 이외의 물품의 수출통관에 적용하는 절차를 말한다.
2. "간이통관절차"란 개인용품, 무역통계에 계상되지 않는 물품 또는 관세환급대상이 아닌 물품으로서 정식통관절차를 필요로 하지 않는 물품의 수출통관에 적용하는 간이한 절차를 말한다.
3. "물품검사"란 수출신고된 물품 이외에 은닉된 물품이 있는지 여부와 수출신고사항과 현품의 일치여부를 확인하는 것을 말한다. **1**
4. "신고지검사"란 수출신고를 한 물품의 소재지에 방문하여 검사하는 것을 말한다. **1**
5. "적재지검사"란 수출물품이 선적(이하 기적을 포함)되는 적재지 보세구역 또는 적재지 관할 세관장이 별도로 정하는 장소에서 검사하는 것을 말한다. **1**
6. "심사"란 신고된 세 번과 신고가격 등 신고사항의 적정여부, 법령에 의한 수출요건의 충족 여부 등을 확인하기 위하여 관련서류(전자 이미지 포함)나 분석결과를 검토하는 것을 말한다. **1**
7. "전자통관심사"란 수출신고를 하면 세관 직원의 심사없이 수출통관시스템에서 전자적 방식으로 심사하는 것을 말한다. **1**
8. "자율정정"이란 심사나 검사대상으로 선별되지 아니한 신고건에 대하여 화주 또는 신고인이 자율적으로 통관시스템을 이용하여 정정하는 것을 말한다. **1**

4. 입항전수입신고 [법 제244조]

① 입항전수입신고

    ㉠ 입항전수입신고

- 수입하려는 물품의 신속한 통관이 필요할 때에는 해당 물품을 적재한 선박이나 항공기가 입항하기 전에 수입신고를 할 수 있다.
- 이 경우 입항전수입신고가 된 물품은 우리나라에 도착한 것으로 본다. **2**

    ㉡ 입항전수입신고 시기 [영]**4** : 입항전수입신고는 당해 물품을 적재한 선박 또는 항공기가 그 물품을 적재한 항구 또는 공항에서 출항하여 우리나라에 입항하기 5일 전(항공기의 경우 1일 전)부터 할 수 있다.

관련규정

출항전신고나 입항전신고 수리된 물품을 적재한 선박 등이 기상악화 등 불가피한 사유로 수입신고 후 5일(항공기에 의한 경우에는 1일)을 경과하여 입항한 경우에도 해당 선박 등이 수입신고 후 5일(항공기에 의한 경우에는 1일) 이내에 우리나라 영역에 도달한 것이 객관적인 증빙서류 등을 통해 입증되는 때에는 해당 수입신고는 유효한 것으로 본다.

심화 시기별 수입신고

- 출항전신고 : 항공기로 수입되는 물품이나 일본, 중국, 대만, 홍콩으로부터 선박으로 수입되는 물품을 선(기)적한 선박과 항공기가 해당물품을 적재한 항구나 공항에서 출항하기 전에 수입신고하는 것을 말한다. 일본, 중국, 대만, 홍콩으로부터 수입되는 물품은 출항전신고를 할 수 있다.
- 입항전신고 : 수입물품을 선(기)적한 선박 등이 물품을 적재한 항구나 공항에서 출항한 후 입항(최종입항보고를 한 후 하선(기)신고하는 시점을 기준)하기 전에 수입신고하는 것을 말한다.
- 보세구역 도착전신고 : 수입물품을 선적 등이 입항하여 해당 물품을 통관하기 위하여 반입하고자 하는 보세구역에 도착하기 전에 수입신고하는 것을 말한다. 이 경우 신고대상 세관장은 해당 물품이 도착할 보세구역을 관할하는 세관장이다.
- 보세구역 장치후신고 : 일반적인 신고형태이며, 수입물품을 보세구역에 장치한 후 수입신고하는 것을 말한다. 이 경우 신고대상 세관장은 해당물품이 장치된 보세구역을 관할하는 세관장이다.
- ※ 수입하려는 자는 출항전신고, 입항전신고, 보세구역 도착전신고, 보세구역 장치후신고 중에서 필요에 따라 신고방법을 선택하여 수입신고할 수 있다. **1**

심화 신고세관

① 출항전신고나 입항전신고는 수입물품을 적재한 선박 등의 입항예정지를 관할하는 세관장에게 하여야 한다. **1**
② 보세구역 도착전신고는 해당물품이 도착할 보세구역을 관할하는 세관장에게 신고하여야 한다. **1**
③ 보세구역 장치후신고는 해당물품이 장치된 보세구역을 관할하는 세관장에게 신고하여야 한다. **1**

ⓒ 출항전수입신고 [영] : 출항부터 입항까지의 기간이 단기간인 경우 등 당해 선박 등이 출항한 후에 신고하는 것이 곤란하다고 인정되어 출항하기 전에 신고하게 할 필요가 있는 때에는 관세청장이 정하는 바에 따라 그 신고 시기를 조정할 수 있다.

ⓓ 도착후수입신고 대상 [영] : ⓛ에도 불구하고 다음 각 호의 어느 하나에 해당하는 물품은 해당 물품을 적재한 선박 등이 우리나라에 도착된 후에 수입신고하여야 한다.

- 세율이 인상되거나 새로운 수입요건을 갖추도록 요구하는 법령이 적용되거나 적용될 예정인 물품 ❸
- 수입신고하는 때와 우리나라에 도착하는 때의 물품의 성질과 수량이 달라지는 물품으로서 관세청장이 정하는 물품

② **물품검사통보** : 세관장은 입항전수입신고를 한 물품에 대하여 물품검사의 실시를 결정하였을 때에는 수입신고를 한 자에게 이를 통보하여야 한다.

③ **검사대상으로 결정된 물품**

ⓐ 검사대상으로 결정된 물품은 수입신고를 한 세관의 관할 보세구역(보세구역이 아닌 장소에 장치하는 경우 그 장소를 포함한다)에 반입되어야 한다. ❷

ⓑ 다만, 세관장이 적재 상태에서 검사가 가능하다고 인정하는 물품은 해당 물품을 적재한 선박이나 항공기에서 검사할 수 있다.

④ **검사대상으로 결정되지 아니한 물품** : ②에 따라 검사대상으로 결정되지 아니한 물품은 입항 전에 그 수입신고를 수리할 수 있다. ❷

⑤ **관세환급준용** : 입항전수입신고가 수리되고 보세구역 등으로부터 반출되지 아니한 물품에 대하여는 해당 물품이 지정보세구역에 장치되었는지 여부와 관계없이 지정보세구역 장치물품 관세환급 규정을 준용한다.

5. 수출신고 관련 사항

① **수출신고 시기(원칙)** : 수출하려는 자는 해당 물품이 장치된 물품소재지를 관할하는 세관장에게 수출신고를 하여야 한다. 다만, 특수형태의 수출인 경우에는 해당 규정을 따른다. ❸

 해설 수출신고는 반송신고와 다르게 보세구역 반입의무가 원칙적으로 존재하지 아니한다. ❶

관련규정

수출신고의 효력 발생 시점은 전송된 신고자료가 통관시스템에 접수된 시점으로 한다. ❷

② **특수형태의 수출(예외)** ❶
  ㉠ 선상수출신고
  ㉡ 현지 수출 어패류 신고
  ㉢ 보세판매장 수출신고
  ㉣ 원양수산물 신고
  ㉤ 잠정수량신고, 잠정가격신고 대상물품의 수출신고

심화 📊 특수형태의 수출신고 규정

1. 선상수출신고
   ① 출항전신고 : 수출하려는 물품이 다음 각 호의 어느 하나에 해당하는 경우에는 해당 물품을 선적한 후 선상에서 수출신고를 할 수 있다.
      ㉠ 선적한 후 공인검정기관의 검정서에 의하여 수출물품의 수량을 확인하는 물품(예 산물 및 광산물)
      ㉡ 물품의 신선도 유지 등의 사유로 선상수출신고가 불가피하다고 인정되는 물품(예 국내운항선에 적재된 수산물을 다른 선박으로 환적하지 아니한 상태로 국제무역선으로 자격변경하여 출항하려는 경우)
      ㉢ 자동차운반전용선박에 적재하여 수출하는 신품자동차
   ② 출항후신고 : ①에도 불구하고 물품이 다음 각 호를 모두 충족하는 경우에는 출항 후 최초세관근무시간까지 수출신고할 수 있다.
      ㉠ 법 제140조제4항 단서에 따른 적재허가를 받은 물품
      ㉡ 제7조제2항제1호부터 제2호까지 해당하지 않는 물품
      ㉢ 세관근무시간 외에 적재 또는 출항하는 경우
   ③ 적재허가 : 선상수출신고를 하려는 자는 사전에 수출신고수리전적재허가(신청)서를 세관장에 제출하고 허가를 받아야 한다. 이 경우 세관장은 수출 물품의 특성 등을 고려하여 1년 범위 내에서 일괄하여 허가할 수 있다.

2. 현지수출 어패류신고
   어패류를 출항허가를 받은 운반선에 의하여 현지에서 수출하는 것이 부득이한 경우에는 수출 후 대금 결제 전까지 출항허가를 받은 세관장에게 신고자료를 전송하고, 신고서류에 수출실적을 증명하는 서류(예 Cargo Receipt)를 첨부하여 제출하여야 한다.

3. 보세판매장 수출신고
   보세판매장에서 외국인에게 국내에서 생산된 물품을 판매하는 경우 보세판매장 운영인은 별표 수출신고서 작성요령에 따라 수출신고서 기재항목 중 일부 항목을 기재하지 아니할 수 있다.

4. 원양수산물 신고
   우리나라 선박이 공해에서 채포한 수산물을 현지 판매하는 경우에는 수출자가 수출 후 대금 결제 전까지 수출사실을 증명하는 서류[예 Cargo Receipt, B/L, Final(Fish) Settlement]가 첨부된 수출실적보고서를 한국원양산업협회를 경유하여 서울세관장에게 신고자료를 전송하여야 한다.

5. 잠정수량신고 · 잠정가격신고 대상물품의 수출신고

　　배관 등 고정운반설비를 이용하여 적재하는 경우 또는 제조공정상의 이유 및 국제원자재 시세에 따른 금액이 사후에 확정되어 수출신고 시에 수량이나 가격 확정이 곤란한 물품 중 다음 각 호의 어느 하나에 해당하는 물품을 수출하려는 자는 수출신고 시에 적재예정수량 및 금액을 신고하고, 적재완료일로부터 수량의 경우 5일, 금액의 경우 180일이 경과하기 전까지 별지 제2호 서식에 따라 실제 공급한 수량 및 금액을 신고할 수 있다.

　　① 가스
　　② 액체
　　③ 전기
　　④ HS 제50류부터 제60류까지 중 직물 및 편물
　　⑤ HS 71류부터 83류까지의 귀금속 및 비금속제 물품
　　⑥ 전자상거래 수출물품
　　⑦ 그 밖에 계약의 내용이나 거래의 특성상 잠정수량 또는 잠정가격으로 신고하는 것이 불가피한 경우로서 기획재정부령으로 정하는 경우

심화 **수출신고서 처리방법 ❶**

수출신고물품에 대한 신고서의 처리방법은 다음 각 호의 구분에 따른다.
- 전자통관심사
- 심사(화면심사, 서류심사)
- 물품검사

---

6. 신고 시의 제출서류 [법 제245조]

① **서류제출** : 수출 · 수입 또는 반송의 신고를 하는 자는 과세가격결정자료 외에 대통령령으로 정하는 다음의 서류를 제출하여야 한다.
　　㉠ 선하증권 사본 또는 항공화물운송장 사본 ❶
　　㉡ 원산지증명서(원산지증명서 제출대상인 경우로 한정한다) ❶
　　㉢ 기타 참고서류 (송품장, 포장명세서 등) ❶

② **수리 후 제출 및 서류제출 생략**
　　㉠ 서류를 제출하여야 하는 자가 해당 서류를 관세사등에게 제출하고, 관세사등이 해당 서류를 확인한 후 수출 · 수입 또는 반송에 관한 신고를 할 때에는 해당 서류의 제출을 생략하게 하거나 해당 서류를 수입신고수리 후에 제출하게 할 수 있다.
　　㉡ 서류의 제출을 생략하게 하거나 수입신고수리 후에 서류를 제출하게 하는 경우 세관장이 필요하다고 인정하여 신고인에게 관세청장이 정하는 장부나 그 밖의 관계 자료의 제시 또는 제출을 요청하면 신고인은 이에 따라야 한다.

1. 전자제출 [원칙] : 신고인은 서류제출대상으로 선별된 수입신고건에 대하여는 수입신고서에 다음 각 호의 서류를 스캔 등의 방법으로 전자 이미지화하거나 무역서류의 전자제출을 이용하여 통관시스템에 전송하는 것을 원칙으로 한다.

   ① 송품장. 다만, 잠정가격으로 수입신고 할 때 송품장이 해외에서 도착하지 아니한 경우에는 계약서(송품장은 확정가격신고 시 제출) **1**

   ② 가격신고서 **1**

   ③ 선하증권(B/L)사본이나 항공화물운송장(AWB)부본 **1**

   ④ 포장명세서[포장박스별로 품명(규격)·수량을 기재해야 하며, 세관장이 필요 없다고 인정하는 경우는 제외한다]

   ⑤ 원산지증명서(해당물품에 한한다) **1**

   ⑥ 「관세법 제226조에 따른 세관장 확인물품 및 확인방법 지정고시」 제3조에 따른 수입요건 구비서류(해당물품에 한한다)

   ⑦ 관세감면(분납)/용도세율적용신청서(해당물품에 한한다)

   ⑧ 합의에 의한 세율적용 승인(신청)서

   ⑨ 「지방세법 시행령」 제71조에 따른 담배소비세 납세담보확인서(해당물품에 한한다)

   ⑩ 할당·양허관세 및 세율추천 증명서류 및 종축·치어의 번식·양식용 해당세율 증명서류 (동 내용을 전산으로 확인할 수 없는 경우에 한한다)

   ⑪ 「지방세법 시행령」 제134조의2에 따른 자동차세 납세담보확인서(해당물품에 한한다)

2. 종이서류제출 [예외] : 전자제출원칙에도 불구하고 다음 각 호의 어느 하나에 해당하는 경우에는 종이서류를 제출하여야 한다.

   ① 킴벌리프로세스증명서 제출대상물품(원본) **1**

   ② 일시수입통관증서(A.T.A Carnet)에 의한 일시수입물품(원본) **1**

   ③ SOFA 협정 적용대상물품(원본 또는 주한미군에서 전자서명하여 교부한 증명서)

   ④ 법 제38조제2항 단서에 따른 사전세액심사 대상물품. 다만, 다음 각 목의 어느 하나에 해당하는 물품은 제외한다.

   ㉠ 「부가가치세법」 제27조제1호·제2호와 제15호(같은 법 시행령 제56조제22호 해당물품에 한함) 해당물품

   ㉡ 소액면세대상물품

   ㉢ 법 제89조에 따른 감면대상 물품

   ㉣ 법 제99조에 따른 재수입면세대상 물품

   ㉤ 제97조에 다른 재수출연세대상 물품

   ㉥ 개성공업지구로부터 반입되는 임가공물품

   ㉦ 규칙 제8조제5호에 따라 관세청장이 정하는 물품 중 농축수산물을 제외한 물품

   ㉧ 법 제107조에 따라 관세를 분할납부하려는 물품

   ㉨ 관세를 체납하고 있는 자가 신고하는 물품

   ㉩ 「자유무역협정의 이행을 위한 관세법의 특례에 관한 법률」 제30조제1항제2호에 따른 재수입면세대상 물품

ⓒ 법 제92조에 따른 정부용품 면세대상 물품

ⓣ 항공협정에 따른 감면대상 물품

⑤ 부과고지 대상물품(다만, 관세법 시행규칙 제48조제4항 본문에 규정된 자가 수입하는 자동차 이외의 이사화물은 제외한다)

⑥ 신고수리 전 반출대상물품[다만, 수출입 안전관리 우수업체(AEO)로 공인받은 수입업체가 수입하는 물품은 제외한다]

⑦ 제1호에서 제6호 이외의 경우로 첨부서류가 20매를 초과하는 경우. 다만 신고인이 원하는 경우 전자문서로 제출할 수 있다.

⑧ 전산장애 등으로 첨부서류 전송시스템을 이용할 수 없는 경우

⑨ 관세청장이나 세관장이 종이서류 제출이 필요하다고 인정하는 경우

제2관 물품의 검사

1. 물품의 검사 [법 제246조]

① **물품검사**

ⓐ 세관공무원은 수출·수입 또는 반송하려는 물품에 대하여 검사를 할 수 있다. **2**

ⓑ 관세청장은 검사의 효율을 거두기 위하여 검사대상, 검사범위, 검사방법 등에 관하여 필요한 기준을 정할 수 있다. **1**

> **관련규정**
>
> 수출물품검사 종류에는 수출신고지검사와 적재지검사가 있다. **1**

> **심화** | **물품 분석의뢰**
>
> ① 수입과장은 신고물품이 물리적, 화학적 실험에 의하여 그 내용을 확인하여야 하는 등 전문적인 지식과 기술이 필요한 경우에는 세관분석실에 분석의뢰하거나 해당물품에 관한 전문가의 의견을 받아 처리할 수 있다.
>
> ② 분석대상 시료는 담당직원이 직접 채취하고 봉인한 후 제출하도록 하여 시료의 임의교체와 분실 등이 일어나지 않도록 하여야 한다. 다만, 위험물 등 전문가의 취급이 필요한 시료는 담당직원이 채취과정에 입회하는 방법으로 담당직원의 직접채취를 대신할 수 있다. **1**

② **수입신고 전 물품확인**

ⓐ 화주는 수입신고를 하려는 물품에 대하여 수입신고 전에 관세청장이 정하는 바에 따라 확인을 할 수 있다. **2**

ⓛ 보세화물의 화주는 장치물품을 수입신고 이전에 확인할 때에는 수입신고전물품확인승인 (신청)서를 제출하여 세관장의 승인을 받아야 한다. **1**

ⓒ 장치물품의 수입신고 전 물품확인은 화물관리 세관공무원 또는 보세사의 입회하에 실시하여야 한다. **1**

2. 물품의 검사에 따른 손실보상 [법 제246조2]

① **손실보상** : 관세청장 또는 세관장은 이 법에 따른 세관공무원의 적법한 물품검사로 인하여 물품 등에 손실이 발생한 경우 그 손실을 입은 자에게 보상("손실보상")하여야 한다. **2**

② **물품의 검사에 대한 손실보상의 금액** [영] : 손실보상의 기준, 대상 및 보상금액에 관한 사항은 대통령령으로 정한다.

ⓐ 해당 물품을 수리할 수 없는 경우 : 법 제30조부터 제35조까지의 규정에 따른 해당 물품의 과세가격에 상당하는 금액

ⓛ 해당 물품을 수리할 수 있는 경우 : 수리비에 상당하는 금액. 다만, ⓐ에 따른 금액을 한도로 한다.

3. 물품에 대한 안전성 검사 [법 제246조의3]

관세청장은 중앙행정기관의 장의 요청을 받아 세관장으로 하여금 제226조에 따른 세관장의 확인이 필요한 수출입물품 등 다른 법령에서 정한 물품의 성분·품질 등에 대한 안전성 검사("안전성 검사")를 하게 할 수 있다. 다만, 관세청장은 제226조에 따른 세관장의 확인이 필요한 수출입물품에 대하여는 필요한 경우 해당 중앙행정기관의 장에게 세관장과 공동으로 안전성 검사를 할 것을 요청할 수 있다.

> **해설** 세관장은 다른 법령에서 정한 물품의 성분, 품질 등에 대한 안전성 검사를 할 수 있다. **1**

4. 검사 장소 [법 제247조]

① **검사 장소**

ⓐ 수출·수입 공통 **1** : 검사는 보세구역 등 장치할 수 있는 장소에서 한다. 다만, 수출하려는 물품은 해당 물품이 장치되어 있는 장소에서 검사한다.

관련규정	검사절차 등

> 1. 세관장은 물품검사를 실시하기 전에 제4항에 따른 검사준비 사항이 포함된 검사계획을 신고인 및 장치장소 관리인에게 전자통관시스템으로 통보해야 한다. **1**

2. 검사계획을 통보받은 신고인은 검사참여를 신청할 수 있다. 이 경우 검사참여신청(통보)서를 작성하여 통관지 세관장에게 제출해야 한다. **1**

3. 검사참여를 신청받은 세관장은 검사일시와 장소를 적은 같은 항에 따른 검사참여신청(통보)서를 신고인에게 발급해야 한다. **1**

4. 세관장은 물품검사를 할 때 수입화주 또는 수입화주로부터 화물의 보관·관리를 위탁받은 장치장소 관리인에게 다음 각 호의 검사준비 사항을 요구할 수 있다. 이 경우 검사준비 완료 여부에 따라 검사의 순서를 조정하는 등 그 준비가 완료된 때에 검사를 실시할 수 있다. **1**
   ① 검사에 필요한 장소와 장비의 확보
   ② 검사대상 물품의 포장을 열고 다시 포장하는 작업을 할 수 있는 사람의 배치
   ③ 그 밖에 검사에 필요한 사항

5. 세관장은 검사준비가 완료된 경우 장치장소의 관리인이나 그를 대리하는 소속종사자의 협조하에 검사를 실시한다. 다만, 장치장소의 관리인이나 그를 대리하는 소속종사자의 협조가 어려운 경우 수입화주나 신고인에게 검사참여하도록 검사일시와 장소 등을 통보할 수 있다. **1**

6. 세관장은 제4항 및 제5항에도 불구하고 검사준비 또는 협조가 어려워 검사가 곤란하다고 인정되는 경우에는 다음 각 호의 어느 하나에 해당하는 방법으로 물품검사를 할 수 있다.
   ① 지정보세구역 등 세관장이 지정하는 검사 가능 장소로 보세운송 등을 하여 검사
   ② 신고취하 후 검사가 가능한 보세구역(화주 소재지 보세구역 외 장치장을 포함한다)으로 보세운송한 후 도착지 보세구역 관할세관에 다시 수입 신고하여 검사

7. 검사자는 장치장소 관리인의 검사준비 또는 협조 사항을 전자통관시스템에 등록한 후 화물담당부서에 통보한다. **1**

8. 신고인은 물품을 검사할 때 특별한 주의를 기울이도록 세관장에게 요청할 수 있다. **1**

관련규정 | **부두직통관 검사**

① 수입화주 또는 수입화주로부터 화물의 보관·관리를 위탁받은 부두운영사 등은 부두직통관 물품이 검사대상으로 선별된 경우 해당 컨테이너를 부두통관장에서 세관검사장 등 검사가 가능한 장소로 이송해야 한다.

② 세관장은 신속하고 효율적인 검사를 위해 부두운영사 등에게 컨테이너 개장 및 검사대상 화물 적출을 위한 작업자의 배치와 장비의 확보 등 검사준비를 요청할 수 있다. 이 경우 부두운영사 등은 세관장의 요청에 적극 협조해야 한다.

③ 부두운영사 등은 검사가 완료된 경우 세관장의 지시에 따라 적출된 화물을 컨테이너에 다시 적입하여 부두통관장으로 이송해야 한다.

ⓛ 수출물품 검사
   • 수출신고물품의 검사는 원칙적으로 생략하나, 물품을 확인할 필요가 있는 경우에는 물품검사를 할 수 있다. **1**
   • 세관장은 수출물품의 효율적인 검사를 위하여 필요한 경우 포장명세서 등 관계 자료의 제출을 요구할 수 있다. **1**

- 적재지검사
  - 수출물품의 검사는 적재지 검사를 원칙으로 한다. **2**
  - 신고인은 적재지검사 대상물품을 수출신고한 이후 적재지가 변경되는 경우에는 물품검사 이전에 수출신고를 정정하여야 한다.
  - 적재지 관할 세관장은 필요하다고 인정되는 경우 물품검사 생략대상으로 수출신고수리된 물품에 대하여도 컨테이너검색기검사 등의 검사를 실시할 수 있다.
  - 적재지검사 대상물품이 적재지 보세구역에 반입된 때에는 운영인은 관할세관장에게 즉시 반입보고를 하여야 한다. **1**
- 신고지 세관검사
  - 적재지검사가 부적절하다고 판단되는 물품이나 반송물품, 계약상이물품, 재수출물품 및 원상태수출물품, 국제우편 운송 수출물품, 보세공장으로부터의 수출물품 등은 신고지 검사를 실시할 수 있다.
  - 세관장은 신고지검사를 완료한 수출물품에 대하여 봉인조치를 하거나 보세운송을 통하여 적재지 보세구역으로 운송하도록 할 수 있다. **1**
- 검사방법
  - 세관장은 물품확인이 필요한 경우 전량검사, 발췌검사 또는 분석검사 등을 실시한다.
  - 세관장은 효율적인 물품검사를 위하여 컨테이너검색기 또는 차량이동형검색기 등을 활용하여 검사할 수 있다. **1**

② **반입 후 검사** : 세관장은 효율적인 검사를 위하여 부득이하다고 인정될 때에는 관세청장이 정하는 바에 따라 해당 물품을 보세구역에 반입하게 한 후 검사할 수 있다. **1**

제3관 │ 신고의 처리

1. 신고의 수리 [법 제248조]

① 신고의 수리
  - ㉠ 세관장은 신고가 이 법에 따라 적합하게 이루어졌을 때에는 이를 지체 없이 수리하고 신고인에게 신고필증을 발급하여야 한다. 다만, 국가관세종합정보시스템의 전산처리설비를 이용하여 신고를 수리하는 경우에는 관세청장이 정하는 바에 따라 신고인이 직접 전산처리설비를 이용하여 신고필증을 발급받을 수 있다.
  - ㉡ 신고수리의 효력발생시점은 통관시스템을 통하여 신고인에게 신고수리가 되었음을 통보한 시점으로 한다. 다만, 수작업에 의하여 신고수리하는 때에는 신고인에게 신고필증을 교부한 시점으로 한다.

관련규정	수출신고수리 관련 규정 [고시]

- 수출통관 시 자동수리란 수출신고를 하면 세관심사 없이 수출통관시스템에서 자동으로 즉시 신고수리하는 것을 말한다. **1**
- 수출신고가 수리된 때에는 세관특수청인을 전자적으로 날인한 수출신고필증을 교부한다. **1**

관련규정	반송신고수리 관련 규정 [고시] **1**

반송통관 물품은 신고 수리 후 보세운송업자에 의하여 보세운송절차를 거쳐야 한다. 반송물품의 보세운송기간은 7일로 지정한다. 다만, 세관장은 부득이한 사유로 보세운송 신고인으로부터 보세운송기간 연장 승인 신청이 있는 경우에는 물품의 성질, 중량, 운송수단, 운송거리 등을 고려하여 보세운송기간 연장을 승인할 수 있다.

② **수리 전 반출 금지** : 신고수리 전에는 운송수단, 관세통로, 하역통로 또는 이 법에 따른 장치 장소로부터 신고된 물품을 반출하여서는 아니 된다.

심화	수입신고서 처리기간

- 일반적으로 세관장은 수입신고한 내용을 심사한 후 신고수리하는 것을 원칙으로 한다.
- 출항전신고나 입항전신고 물품 : 적재화물목록심사가 완료된 때. 다만, 수입신고전에 적재화물목록 심사가 완료된 때에는 수입신고 심사가 완료된 때
- 보세구역 도착전신고 물품 : 보세운송 도착보고된 때(하역절차에 따라 하역장소로 반입되는 때에는 반입보고된 때)
- 검사 종료 후 수리 : 세관장이 검사대상으로 선별하거나 관리대상화물로 선별한 경우에는 해당 물품검사가 종료된 후에 수리한다.

심화	수입신고수리 시 담보 제공 요구

세관장은 관세를 납부하여야 하는 물품에 대하여는 신고를 수리할 때에 다음 각 호의 어느 하나에 해당하는 자에게 관세에 상당하는 담보의 제공을 요구할 수 있다.
- 이 법 또는 「수출용원재료에 대한 관세 등 환급에 관한 특례법」을 위반하여 징역형의 실형을 선고받고 그 집행이 끝나거나(집행이 끝난 것으로 보는 경우를 포함한다) 면제된 후 2년이 지나지 아니한 자
- 이 법 또는 「수출용원재료에 대한 관세 등 환급에 관한 특례법」을 위반하여 징역형의 집행유예를 선고받고 그 유예기간 중에 있는 자
- 밀수출입죄, 관세포탈죄 등, 가격조작죄, 미수범 등, 밀수품의 취득죄 등, 강제징수면탈죄 등, 명의대여행위죄 등 또는 「수출용원재료에 대한 관세 등 환급에 관한 특례법」 벌칙에 따라 벌금형 또는 통고처분을 받은 자로서 그 벌금형을 선고받거나 통고처분을 이행한 후 2년이 지나지 아니한 자
- 수입신고일을 기준으로 최근 2년간 관세 등 조세를 체납한 사실이 있는 자
- 수입실적, 수입물품의 관세율 등을 고려하여 대통령령으로 정하는 관세채권의 확보가 곤란한 경우에 해당하는 자(최근 2년간 수입실적이 없는 자 등)

2. 신고사항의 보완 [법 제249조]

세관장은 다음 각 호의 어느 하나에 해당하는 경우에는 신고가 수리되기 전까지 갖추어지지 아니한 사항을 보완하게 할 수 있다. 다만, 해당 사항이 경미하고 신고수리 후에 보완이 가능하다고 인정되는 경우에는 관세청장이 정하는 바에 따라 신고수리 후 이를 보완하게 할 수 있다.
① 수출·수입 또는 반송에 관한 신고서의 기재사항이 갖추어지지 아니한 경우
② 제출서류가 갖추어지지 아니한 경우

3. 신고의 취하 및 각하 [법 제250조]

① 취하
  ㉠ 신고는 정당한 이유가 있는 경우에만 세관장의 승인을 받아 취하할 수 있다. **4**
  ㉡ 다만, 수입 및 반송의 신고는 운송수단, 관세통로, 하역통로 또는 이 법에 규정된 장치 장소에서 물품을 반출한 후에는 취하할 수 없다. **4**

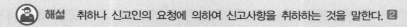 **해설** 취하나 신고인의 요청에 의하여 신고사항을 취하하는 것을 말한다. **2**

② 취하 승인 대상 : 수입신고취하승인(신청)서를 접수한 세관장은 다음의 어느 하나에 해당하는 경우에 한하여 수입신고취하를 승인하여야 한다.
  ㉠ 수입계약 내용과 상이한 물품, 오송물품, 변질 및 손상물품 등을 해외공급자 등에게 반송하기로 한 경우 **2**
  ㉡ 재해 그 밖에 부득이한 사유로 수입물품이 멸실되거나 세관의 승인을 얻어 폐기하려는 경우
  ㉢ 통관보류, 통관요건불합격, 수입금지물품 등의 사유로 반송하거나 폐기하려는 경우 **3**
  ㉣ 그 밖에 ㉠부터 ㉢에 준하는 정당한 사유가 있다고 인정되는 경우

③ 취하 효력
  ㉠ 수출·수입 또는 반송의 신고를 수리한 후 신고의 취하를 승인한 때에는 신고수리의 효력이 상실된다. **1**
  ㉡ 세관장이 신고취하를 승인하면 당초 신고납부한 관세는 환급받을 수 있다. **1**

④ 승인여부 통지
  ㉠ 세관장은 승인의 신청을 받은 날부터 10일 이내에 승인 여부를 신청인에게 통지하여야 한다.
  ㉡ 세관장이 기간 내에 승인 여부 또는 민원 처리 관련 법령에 따른 처리기간의 연장을 신청인에게 통지하지 아니하면 그 기간(민원 처리 관련 법령에 따라 처리기간이 연장 또는 재연장된 경우에는 해당 처리기간을 말한다)이 끝난 날의 다음 날에 승인을 한 것으로 본다. **1**

⑤ 신고 각하

　㉠ 세관장은 신고가 그 요건을 갖추지 못하였거나 부정한 방법으로 신고되었을 때 등 다음 사유에 해당하는 경우에는 해당 수출·수입 또는 반송의 신고를 각하할 수 있다. **6**

　　• 거짓이나 그 밖의 기타 부정한 방법으로 신고한 경우 **2**

　　• 폐기, 공매 및 경매낙찰, 몰수 확정, 국고귀속이 결정된 경우 **2**

　　• 출항전신고나 입항전신고의 요건을 갖추지 아니한 경우 **2**

　　• 출항전신고나 입항전신고한 화물이 도착하지 아니한 경우 **2**

　　• 기타 수입신고의 형식적 요건을 갖추지 못한 경우

　㉡ 세관장은 신고를 각하한 때에는 즉시 신고인에게 각하사유 등을 기재한 통지서를 송부하여야 한다. **1**

4. 수출신고수리물품의 적재 등 [법 제251조]

① **수출신고수리물품의 적재** : 수출신고가 수리된 물품은 수출신고가 수리된 날부터 30일 이내에 운송수단에 적재(선적)하여야 한다. 다만, 기획재정부령으로 정하는 바에 따라 1년의 범위에서 적재기간의 연장승인을 받은 것은 그렇지 않다. **10**

② **적재시기의 제한**

　㉠ 수리 전 적재 제한 : 수출자 및 국제무역선(기)의 선(기)장은 특수형태의 수출(선상수출신고 등)을 제외하고는 수출신고수리 전에 수출하려는 물품을 국제무역선(기)에 적재하여서는 아니 된다. **1**

　㉡ 적재지검사 물품의 적재 제한 : 적재지검사 대상물품의 경우에는 상기 규정들에도 불구하고 물품검사가 완료된 후 운송수단에 적재하여야 한다. **1**

③ **수출신고수리의 취소** : 세관장은 기간 내에 적재되지 아니한 물품에 대하여는 대통령령으로 정하는 바에 따라 수출신고의 수리를 취소할 수 있다. **2**

심화 🏅　**수출신고수리 취소 제반규정** [영 제255조]

• 취소 대상 : 세관장은 우리나라와 외국 간을 왕래하는 운송수단에 적재하는 기간을 초과하는 물품에 대하여 수출신고의 수리를 취소하여야 한다. 다만, 다음에 해당하는 경우에는 그렇지 않다.

－신고취하의 승인신청이 정당한 사유가 있다고 인정되는 경우

－적재기간연장승인의 신청이 정당한 사유가 있다고 인정되는 경우

－세관장이 수출신고의 수리를 취소하기 전에 당해 물품의 적재를 확인한 경우

－기타 세관장이 적재기간 내에 적재하기 곤란하다고 인정하는 경우

• 통관지 세관장은 적재기간이 경과한 수출신고수리물품에 대하여 신고인 등에게 적재기간 내에 적재 확인이 되지 않는 경우 수출신고수리를 취소한다는 예정통보를 하여야 한다. **1**

- 수출신고수리취소 예정통보를 받은 신고인은 취소예정통보일로부터 14일 이내에 적재된 화물이 있는지 여부에 대하여 원인규명을 하여야 하며 이미 적재된 물품이 있는 경우에는 정정 등의 조치를 취하여야 한다. **1**
- 수리취소통보 : 세관장은 수출신고의 수리를 취소하는 때에는 즉시 신고인에게 그 내용을 통지하여야 한다.

관련규정 **반송 관련 용어**

- "반송"이란 외국물품(수출신고수리물품을 제외한다)을 외국으로 반출하는 것을 말한다.
- "단순반송물품"이란 외국으로부터 보세구역에 반입된 물품으로서 다음 각 목의 어느 하나의 사유로 수입신고를 하지 아니한 상태에서 다시 외국으로 반출되는 물품을 말한다.
    - 주문이 취소되었거나 잘못 반입된 물품
    - 수입신고 전에 계약상이가 확인된 물품
    - 수입신고 전에 수입요건을 갖추지 않은 것이 확인된 물품
    - 선사(항공사)가 외국으로 반출하는 선박(항공기)용품 또는 선(기)내 판매용품
    - 그 밖의 사유로 반출하는 물품
- "통관보류물품"이란 외국으로부터 보세구역에 반입된 물품으로서 수입신고를 하였으나 수입신고수리요건 등을 갖추지 못하여 통관이 보류된 물품을 말한다. **2**
- "위탁가공물품"이란 해외에서 위탁가공 후 보세구역에 반입된 물품으로서 외국으로 반출될 물품을 말한다. **1**
- "중계무역물품"이라 함은 대외무역법령에 의하여 수출할 것을 목적으로 보세구역 또는 「관세법」에 따라 세관장으로부터 보세구역 외 장치허가를 받은 장소에 반입하여 외국으로 반출하는 물품을 말한다. **1**
- "보세창고 반입물품"이란 외국으로부터 보세창고에 반입된 물품으로서 국내 수입화주의 결정지연 등으로 수입하지 아니한 상태에서 다시 외국으로 반출될 물품을 말한다. **1**
- "장기비축 수출용원재료 및 수출물품 사후 보수용품"이란 보세창고에 반입된 해외조립용 수출용원재료 또는 이미 수출한 물품의 사후 보수, 수리를 위한 물품(해체·절단 등의 작업을 한 구성품을 포함한다)을 말한다.
- "보세전시장반출물품"이란 우리나라에서 개최하는 박람회 등을 위하여 보세전시장에 반입된 후 전시종료 후 외국으로 반출될 물품을 말한다.
- "보세판매장 반출물품"이란 보세판매장에 반입되어 판매 중인 외국물품이 변질, 고장, 그 밖에 유행의 변화 등의 사유로 판매하지 못하여 운영인이 외국으로 반출하려는 물품을 말한다.
- "수출조건부 미군불하물품"이란 미군교역처에서 수출조건부로 불하한 보세물품을 말한다.

제4관 통관절차의 특례

1. 수입신고수리 전 반출 [법 제252조]

 해설 의의

여러 건의 신고물품을 하나의 품목번호로 통합하여 통관함으로써 감면 또는 분할납부제도를 적용하고자 하거나, 통관에 장시간이 소요될 경우 물품을 조기에 반출하여 사용 · 소비하고자 할 때 이용할 수 있으므로 상거래의 원활화에 유용하게 활용될 수 있다.

① **신고수리 전 반출** : 수입신고를 한 물품을 세관장의 수리 전에 해당 물품이 장치된 장소로부터 반출하려는 자는 납부하여야 할 관세에 상당하는 담보를 제공하고 세관장의 승인을 받아야 한다. 다만, 정부 또는 지방자치단체가 수입하거나 담보를 제공하지 아니하여도 관세의 납부에 지장이 없다고 인정하여 대통령령으로 정하는 물품에 대하여는 담보의 제공을 생략할 수 있다.

② **적용대상**
   ㉠ 완성세번으로 수입신고수리받고자 하는 물품이 미조립 상태로 분할선적수입된 경우 **3**
   ㉡ 비축물자로 신고된 물품으로서 실수요자가 결정되지 아니한 경우 **3**
   ㉢ 사전세액심사 대상물품(부과고지물품 포함)으로서 세액결정에 장시간이 소요되는 경우 **2**
   ㉣ 품목분류 또는 세율결정에 장시간이 소요되는 경우 **3**
   ㉤ 수입신고 시 원산지증명서를 세관장에게 제출하지 못한 경우 **3**
   ㉥ 「자유무역협정의 이행을 위한 관세법의 특례에 관한 법률」 제8조제4항 단서에 따른 수입신고수리 전 협정관세의 적정 여부 심사물품으로서 원산지 등의 결정에 오랜 시간이 걸리는 경우

심화 **담보제공 생략** [영 제256조]

다음 각 호의 어느 하나에 해당하는 물품에 대해서는 법 제252조 단서에 따라 담보의 제공을 생략할 수 있다. 다만, 제2호 및 제3호의 물품을 수입하는 자 중 관세 등의 체납, 불성실신고 등의 사유로 담보 제공을 생략하는 것이 타당하지 아니하다고 관세청장이 인정하는 자가 수입하는 물품에 대해서는 담보를 제공하게 할 수 있다.
- 국가, 지방자치단체, 「공공기관의 운영에 관한 법률」 제4조에 따른 공공기관, 「지방공기업법」 제49조에 따라 설립된 지방공사 및 같은 법 제79조에 따라 설립된 지방공단이 수입하는 물품
- 법 제90조제1항제1호 및 제2호에 따른 기관이 수입하는 물품
- 최근 2년간 법 위반(관세청장이 법 제270조 · 제276조 및 제277조에 따른 처벌을 받은 자로서 재범의 우려가 없다고 인정하는 경우를 제외한다) 사실이 없는 수출입자 또는 신용평가기관으로부터 신용도가 높은 것으로 평가를 받은 자로서 관세청장이 정하는 자가 수입하는 물품
- 수출용원재료 등 수입물품의 성질, 반입사유 등을 고려할 때 관세채권의 확보에 지장이 없다고 관세청장이 인정하는 물품
- 거주 이전의 사유, 납부할 세액 등을 고려할 때 관세채권의 확보에 지장이 없다고 관세청장이 정하여 고시하는 기준에 해당하는 자의 이사물품

③ **수입신고수리 전 반출 승인의 효과 ❶** : 수입신고수리 전 반출 승인을 얻어 반출된 물품은 내국 물품으로 보며, 기간에 계산에 있어서 그 승인을 수입신고수리일로 본다.

2. 수입신고 전의 물품 반출 [법 제253조]

> 👤 **해설   즉시반출 의의**
>
> 반복수입되는 원자재 등에 대해서는 통관 전에 물품을 사용할 수 있도록 하여 기업생산의 원활화를 지원할 필요가 있음에 따라 반출신고만으로 물품을 반출하여 사용하고 나중에 수입신고하는 특별통관절차를 도입하는 것이다.

① **즉시반출신고 ❶** : 수입하려는 물품을 수입신고 전에 운송수단, 관세통로, 하역통로 또는 이 법에 따른 장치 장소로부터 즉시 반출하려는 자는 대통령령으로 정하는 바에 따라 세관장에게 즉시반출신고를 하여야 한다. 이 경우 세관장은 납부하여야 하는 관세에 상당하는 담보를 제공하게 할 수 있다.

② **지정대상 [영]** : 즉시반출을 할 수 있는 자 또는 물품은 대통령령으로 정하는 바에 따라 세관장이 지정한다. 즉시반출을 할 수 있는 자 및 물품은 다음에 해당하는 것 중 구비조건의 확인에 지장이 없는 경우로서 세관장이 지정하는 것에 한한다.
  ㉠ 관세 등의 체납이 없고 최근 3년 동안 수출입실적이 있는 제조업자 또는 외국인투자자가 수입하는 시설재 또는 원부자재 ❶
  ㉡ 기타 관세 등의 체납우려가 없는 경우로서 관세청장이 정하는 물품

③ **수입신고 및 가산세**
  ㉠ 즉시반출신고를 하고 반출을 하는 자는 즉시반출신고를 한 날부터 10일 이내에 수입신고를 하여야 한다.
  ㉡ 세관장은 반출을 한 자가 10일 이내에 수입신고를 하지 않는 경우에는 관세를 부과·징수한다. 이 경우 해당 물품에 대한 관세의 100분의 20에 상당하는 금액을 가산세로 징수하고, 즉시반출물품지정을 취소할 수 있다. ❹

④ **내국물품의 의제** : 수입신고 전에 세관장에게 반출신고를 하고, 반출된 물품은 내국물품으로 본다.

3. 전자상거래물품 등의 특별통관 [법 제254조]

심화 📈 전자상거래물품 등의 특별통관

① 관세청장은 전자상거래물품에 대하여 대통령령으로 정하는 바에 따라 수출입신고 · 물품검사 등 통관에 필요한 사항을 따로 정할 수 있다.

② 관세청장은 관세의 부과 · 징수 및 통관을 위하여 필요한 경우 사이버몰을 운영하는 구매대행업자, 「전자상거래 등에서의 소비자보호에 관한 법률」에 따른 통신판매업자 또는 통신판매중개를 하는 자에게 전자상거래물품의 주문 · 결제 등과 관련된 거래정보로서 대통령령으로 정하는 정보를 제1항에 따른 수입신고 전에 제공하여 줄 것을 요청할 수 있다.

③ 제2항에 따라 요청받은 정보의 제공 방법 · 절차 등 정보의 제공에 필요한 사항은 대통령령으로 정한다.

④ 관세청장은 납세자의 권리 보호를 위하여 화주에게 전자상거래물품의 통관 및 납세와 관련된 사항으로서 대통령령으로 정하는 사항을 안내할 수 있다.

⑤ 수출하려는 물품 가격이 200만원(FOB)기준 이하이고 다음의 어느 하나에 해당하는 경우에는 수출신고서 기재항목 중 일부 항목을 기재하지 아니할 수 있다. 다만, 수출신고 시 서류제출대상은 제외한다.

　－ 전자상거래 수출업체가 수출하는 물품(전자상거래 수출업체의 유효기간은 신고증을 교부받은 날로부터 3년으로 하되 갱신할 수 있다)

　－ 전자상거래 간이신고 시스템으로 신고하는 전자상거래 수출 물품

4. 탁송품의 특별통관 [법 제254조의2]

심화 📈 탁송품의 특별통관

① 수입신고 생략 : 제241조제2항제1호의 탁송품으로서 기획재정부령으로 정하는 물품은 운송업자(제222조제1항제6호에 따라 관세청장 또는 세관장에게 등록한 자를 말한다. "탁송품 운송업자")가 다음 각 호에 해당하는 사항이 적힌 목록("통관목록")을 세관장에게 제출함으로써 제241조제1항에 따른 수입신고를 생략할 수 있다.

　㉠ 물품의 물품발송인 및 물품수신인의 성명, 주소, 국가

　㉡ 물품의 품명, 수량, 중량 및 가격

　㉢ 탁송품의 통관목록에 관한 것으로 기획재정부령으로 정하는 사항

② 통관목록 제출의무 : 탁송품 운송업자는 통관목록을 사실과 다르게 제출하여서는 아니 된다.

③ 실제 배송한 주소지 제출의무 : 탁송품 운송업자는 제출한 통관목록에 적힌 물품수신인의 주소지(제241조제1항에 따른 수입신고를 한 탁송품의 경우에는 수입신고서에 적힌 납세의무자의 주소지)가 아닌 곳에 탁송품을 배송하거나 배송하게 한 경우에는 배송한 날이 속하는 달의 다음 달 15일까지 실제 배송한 주소지를 세관장에게 제출하여야 한다.

④ 수입신고 생략 적용배제 : 세관장은 탁송품 운송업자가 제2항 또는 제3항을 위반하거나 이 법에 따라 통관이 제한되는 물품을 국내에 반입하는 경우에는 제1항에 따른 통관절차의 적용을 배제할 수 있다.

⑤ 검사 및 필요한사항 : 관세청장 또는 세관장은 탁송품에 대하여 세관공무원으로 하여금 검사하게 하여야 하며, 탁송품의 통관목록의 제출시한, 실제 배송지의 제출, 물품의 검사 등에 필요한 사항은 관세청장이 정하여 고시한다.

⑥ 통관장소 : 세관장은 관세청장이 정하는 절차에 따라 별도로 정한 지정장치장에서 탁송품을 통관하여야 한다. 다만, 세관장은 탁송품에 대한 감시·단속에 지장이 없다고 인정하는 경우 탁송품을 해당 탁송품 운송업자가 운영하는 보세창고 또는 시설에서 통관할 수 있다.

⑦ 신고구분 [고시]

ㄱ) 국내거주자가 수취하는 자가사용물품 또는 면세되는 상업용견본품 중 물품가격(관세평가방법으로 결정된 과세가격에서 수입항 도착 시까지 운임 등에 따른 금액을 뺀 가격. 다만, 금액을 명백히 구분할 수 없는 경우에는 이를 포함한 가격으로 한다)이 미화 150달러(미합중국과의 협정에 따른 특송물품 통관의 특례에 해당하는 물품은 미화 200달러) 이하에 해당하는 물품("목록통관특송물품")은 특송업체가 통관목록을 세관장에게 제출함으로써 일반수입신고를 생략할 수 있다. **1**

ㄴ) 물품가격이 미화 150달러(미합중국과의 협정에 따른 특송물품 통관의 특례에 해당하는 물품은 미화 200달러)를 초과하고 2,000달러 이하인 물품("간이신고특송물품")은 간이한 방법으로 신고할 수 있다. **1**

ㄷ) 물품가격이 미화 2,000달러를 초과하는 물품("일반수입신고특송물품")은 일반수입신고를 하여야 한다.

⑧ 제반규정 [고시]

ㄱ) 우리나라가 체결한 자유무역협정 및 「자유무역협정의 이행을 위한 관세법의 특례에 관한 법률」 제8조제2항에 따른 원산지증명 면제대상물품에 대하여 협정관세를 적용받고자 하는 자는 구매처(국가), 가격 정보가 담긴 구매영수증 등을 세관장에게 제출하여야 한다. **1**

ㄴ) 특송업체가 목록통관 특송물품을 수입통관 하려는 때에는 통관목록을 세관장에게 제출하여야 한다. **1**

5. 우편물 [법 제256~259조]

① 통관우체국의 경유

ㄱ) 수출·수입 또는 반송하려는 우편물(서신은 제외)은 통관우체국을 경유하여야 한다.

ㄴ) 통관우체국은 체신관서 중에서 관세청장이 지정한다.

② 우편물의 검사

ㄱ) 통관우체국의 장이 우편물을 접수하였을 때에는 세관장에게 우편물목록을 제출하고 해당 우편물에 대한 검사를 받아야 한다. 다만, 관세청장이 정하는 우편물은 검사를 생략할 수 있다.

ㄴ) 통관우체국장은 검사를 받는 때에는 소속공무원을 참여시켜야 한다.

ⓒ 통관우체국은 세관공무원이 당해 우편물의 포장을 풀고 검사할 필요가 있다고 인정되는 때에는 그 우편물의 포장을 풀었다가 다시 포장해야 한다.

③ **우편물통관에 대한 결정**

　ⓐ 세관장 결정 : 통관우체국의 장은 세관장이 우편물에 대하여 수출·수입 또는 반송을 할 수 없다고 결정하였을 때에는 그 우편물을 발송하거나 수취인에게 내줄 수 없다.

　ⓑ 우편물통관 **1** : 우편물로 반입된 물품의 경우에는 미화 1,000불 이하의 물품은 우편물목록 등에 따라 과세처리하고, 미화 1,000불 초과의 물품은 일반수입신고처리한다.

④ **수출입신고대상 우편물**

　ⓐ 수출입신고 : 우편물이 「대외무역법」에 따른 수출입의 승인을 받은 것이거나 그 밖에 대통령령으로 정하는 기준에 해당하는 것일 때에는 해당 우편물의 수취인이나 발송인은 일반수출입신고를 하여야 한다.

　ⓑ 수출입신고대상 우편물 : "대통령령으로 정하는 기준에 해당하는 것"이란 다음 각 호의 어느 하나에 해당하는 우편물을 말한다.

　　• 법령에 따라 수출입이 제한되거나 금지되는 물품

　　• 법 제226조에 따라 세관장의 확인이 필요한 물품

　　• 판매를 목적으로 반입하는 물품 또는 대가를 지급하였거나 지급하여야 할 물품(통관허용여부 및 과세대상 여부에 관하여 관세청장이 정한 기준에 해당하는 것으로 한정한다)

　　• 가공무역을 위하여 우리나라와 외국 간에 무상으로 수출입하는 물품 및 그 물품의 원·부자재

　　• 다음 각 목의 어느 하나에 해당하는 물품

　　　− 「건강기능식품에 관한 법률」에 따른 건강기능식품

　　　− 「약사법」에 따른 의약품

　　　− 그 밖에 가목 및 나목의 물품과 유사한 물품으로서 관세청장이 국민보건을 위하여 수출입신고가 필요하다고 인정하여 고시하는 물품

　　• 그 밖에 수출입신고가 필요하다고 인정되는 물품으로서 관세청장이 정하는 금액을 초과하는 물품

⑤ **세관장의 통지**

　ⓐ 세관장의 통지 : 세관장은 통관에 대한 결정을 한 경우에는 그 결정사항을, 관세를 징수하려는 경우에는 그 세액을 통관우체국의 장에게 통지하여야 한다.

　ⓑ 통관우체국장의 통지 : ⓐ의 통지를 받은 통관우체국의 장은 우편물의 수취인이나 발송인에게 그 결정사항을 통지하여야 한다.

MEMO

P / A / R / T

02

보세구역
관리

 2014년~2023년 총 10회 보세사 기출문제 분석자료

- **1** 시험에 한 번 출제됨
- **2** 시험에 두 번 출제됨
- **3** 시험에 세 번 출제됨
- **4** 시험에 네 번 출제됨
- **5** 시험에 다섯 번 출제됨
- **6** 시험에 여섯 번 출제됨
- **7** 시험에 일곱 번 출제됨
- **8** 시험에 여덟 번 출제됨
- **9** 시험에 아홉 번 출제됨
- **10** 시험에 열 번 출제됨

CHAPTER [01] 보세구역관리 총칙

 해설 보세제도의 의의 및 기능

① 보세제도의 의의
  ㉠ 수출입 통관물품을 집중하여 반입하도록 감시와 관리의 효율성을 도모하는 동시에 수출지원 등의 효과를 기대하고자 보세구역제도를 두고 있으며, 통관절차의 효율화 및 세관의 업무분산 등의 효과를 기대하고자 보세운송제도를 두고 있다.
  ㉡ 관세법에서는 유·무세의 구분 없이 모든 외국물품을 보세의 대상으로 하고 있는 점으로 보아 보세라 함은 외국물품의 수입신고수리 전의 상태라 할 수 있다. **2**

② 보세제도의 구분
  ㉠ 보세구역제도 : 보세구역이란 외국물품을 수입신고수리 전 상태에서 장치·검사·전시·판매하거나 이를 사용하여 물품을 제조·가공하거나 산업시설을 건설할 수 있는 장소로서 관세청장 또는 세관장이 지정하거나 특허한 장소를 말한다.
  ㉡ 보세운송제도 : 보세운송이란 외국물품을 국내에서 운송하는 것을 말한다. 수입하고자 하는 물품을 외국물품 상태로 국내로 운송하여 자기의 공장, 창고를 관할하는 내륙지 세관에서 통관할 수 있는데 이를 보세운송제도라 한다.

1. 보세구역의 종류 [법 제154조]

보세구역은 지정보세구역·특허보세구역 및 종합보세구역으로 구분하고, 지정보세구역은 지정장치장 및 세관검사장으로 구분하며, 특허보세구역은 보세창고·보세공장·보세전시장·보세건설장 및 보세판매장으로 구분한다. **8**

 해설 자유무역지역은 보세구역 안에 포함되지 아니한 별도의 개념이다.

해설　보세구역의 종류별 특징

구분	지정보세구역	특허보세구역	종합보세구역
설치 목적	공익적 목적	사익추구	외국인투자유치
기능	일시장치 · 검사	장치 · 제조 · 전시 · 건설 · 판매	특허보세구역기능 중 2 이상 기능
취득	지정	신청	특정지역 중 지정
지정 · 특허	세관장(지정)	세관장(특허)	관세청장(지정)
종류	지정장치장, 세관검사장	보세창고, 보세공장, 보세건설장, 보세전시장, 보세판매장	종합보세구역

2. 보세제도의 기능

① 관세징수권의 확보 및 부정유출 방지 **1**
② 보세구역의 집중반입을 통한 세관의 통관업무의 효율화 **1**
③ 공장 및 건설장을 통한 수출 및 산업지원 **1**
④ 무신고 수출입 방지 등 통관질서의 확립 **1**

CHAPTER [02] 지정보세구역

학·습·전·략 본 장에서는 지정보세구역의 성격을 이해하는 것이 우선이며, 개념상으로는 지정장치장의 장치기간, 화물관리인의 개념과 물품에 대한 보관책임, 세관검사장의 개념 등을 중요하게 공부하여야 한다.

01 통칙

1. 지정보세구역의 지정 [법 제166조]

> **해설**
>
> 지정보세구역이란 통관을 하고자 하는 물품을 일시장치하거나 검사하기 위한 장소로서 세관장이 지정하며, 지정장치장과 세관검사장이 있다. **1**
> - 불특정 다수의 이용자가 이용하는 곳으로서 공익성을 갖고 있다. **1**
> - 이용자 모두의 공동이용 장소라는 점에서 공익성을 갖고 있으므로 장치기간을 비교적 짧게 설정함으로써 물류처리를 촉진하고 체화를 방지한다. **2**
> - 물품보관 및 화물관리의 책임이 화주 또는 반입자에게 있다.

① **지정** : 세관장은 다음 각 호의 어느 하나에 해당하는 자가 소유하거나 관리하는 토지·건물 또는 그 밖의 시설("토지 등")을 지정보세구역으로 지정할 수 있다. **2**
  ㉠ 국가 **2**
  ㉡ 지방자치단체 **2**
  ㉢ 공항시설 또는 항만시설을 관리하는 법인 **3**
  ※ 예시 : 공공기관이 소유하거나 관리하는 토지나 건물은 지정보세구역으로 지정받을 수 없다.

② **동의** : 세관장은 해당 세관장이 관리하지 않는 토지 등을 지정보세구역으로 지정하려면 해당 토지 등의 소유자나 관리자의 동의를 받아야 한다. 이 경우 세관장은 임차료 등을 지급할 수 있다.

> **심화 📈** 지정보세구역 취소 및 처분 [법 제167~168조]
>
> ① 지정보세구역 지정의 취소 : 세관장은 수출입물량이 감소하거나 그 밖의 사유로 지정보세구역의 전부 또는 일부를 보세구역으로 존속시킬 필요가 없어졌다고 인정될 때에는 그 지정을 취소하여야 한다.
>
> ② 지정보세구역의 처분 : 지정보세구역의 지정을 받은 토지 등의 소유자나 관리자는 다음 각 호의 어느 하나에 해당하는 행위를 하려면 미리 세관장과 협의하여야 한다. 다만, 해당 행위가 지정보세구역으로서의 사용에 지장을 주지 않거나 지정보세구역으로 지정된 토지 등의 소유자가 국가 또는 지방자치단체인 경우에는 그렇지 않다. 세관장은 협의에 대하여 정당한 이유 없이 이를 거부하여서는 아니 된다.
>
>   ㉠ 해당 토지 등의 양도, 교환, 임대 또는 그 밖의 처분이나 그 용도의 변경
>
>   ㉡ 해당 토지에 대한 공사나 해당 토지 안에 건물 또는 그 밖의 시설의 신축
>
>   ㉢ 해당 건물 또는 그 밖의 시설의 개축 · 이전 · 철거나 그 밖의 공사

02   지정장치장

1. 지정장치장 [법 제169조] 6

지정장치장은 통관을 하려는 물품을 일시 장치하기 위한 장소로서 세관장이 지정하는 구역으로 한다.

2. 장치기간 [법 제170조]

① 지정장치장에 물품을 장치하는 기간은 6개월의 범위에서 관세청장이 정한다. 다만, 관세청장이 정하는 기준에 따라 세관장은 3개월의 범위에서 그 기간을 연장할 수 있다. 6

② 다만, 부산항 · 인천항 · 인천공항 · 김해공항 항역 내의 지정장치장 반입물품의 장치기간은 2개월로 하며, 세관장이 필요하다고 인정할 때에는 2개월의 범위에서 그 기간을 연장할 수 있다. 3

3. 물품에 대한 보관책임 [법 제172조]

① 보관책임 [법] : 지정장치장에 반입한 물품은 화주 또는 반입자가 그 보관의 책임을 진다. **5**

> **해설**
>
> 지정장치장에 반입된 물품에 대하여는 화주를 대리하여 보세화물을 지정장치장에 반입한 선사 등도 그 보관
> 의 책임을 진다. **1**

② 화물관리인 지정

　㉠ 화물관리인의 지정 [법] : 세관장은 지정장치장의 질서유지와 화물의 안전관리를 위하여 필
　　요하다고 인정할 때에는 화주를 갈음하여 보관의 책임을 지는 화물관리인을 지정할 수 있
　　다. 다만, 세관장이 관리하는 시설이 아닌 경우에는 세관장은 해당 시설의 소유자나 관리자
　　와 협의하여 화물관리인을 지정하여야 한다. **7**

관련규정 ｜ **화물관리인의 보관책임**

- 본문에 따른 보관의 책임은 장치된 외국물품의 멸실 및 승인에 의한 폐기가 되었을 때 그 관세의
  납부 책임을 부담하는 보관인의 책임과 해당 화물의 보관과 관련한 하역·재포장 및 경비 등을 수
  행하는 책임으로 한다. **1**
- 보관의 책임이란 지정장치장에 반입된 보세화물의 도난 등에 대항 관세 등의 납부의 책임을 지
  는 것 등을 말한다. **1**

　㉡ 화물관리인 [영] : 화물관리인으로 지정받을 수 있는 자는 다음 각 호의 어느 하나에 해당하
　　는 자로 한다. **1**

> 1. 직접 물품관리를 하는 국가기관의 장
> 2. 관세행정 또는 보세화물의 관리와 관련 있는 비영리법인
> 3. 해당 시설의 소유자 또는 관리자가 요청한 자(화물관리인을 지정하는 경우로 한정) **1**

심화

- 제1호의 경우 세관장이 요청한 후 해당하는 자가 승낙한 경우에 지정한다.
- 제2호 및 제3호의 경우 세관장이 해당하는 자로부터 지정신청서를 제출받아 이를 심사하여 지정
  한다. 이 경우 해당하는 자는 해당 시설의 소유자 또는 관리자를 거쳐 제출하여야 한다.

ⓒ 화물관리인 지정 시 심사기준 [영] : 화물관리인을 지정할 때에는 다음 각 호의 사항에 대하여 관세청장이 정하는 심사기준에 따라 평가한 결과를 반영하여야 한다. **1**
- 보세화물 취급경력 및 화물관리시스템 구비 사항
- 보세사의 보유에 관한 사항
- 자본금, 부채비율 및 신용평가등급 등 재무건전성에 관한 사항
- 지게차, 크레인 등 화물관리에 필요한 시설장비 구비현황
- 수출입안전관리우수업체로 공인을 받았는지 여부
- 그 밖에 관세청장이나 해당 시설의 소유자 또는 관리자가 정하는 사항

관련규정 **지정(재지정) 절차 [고시]**

① 공고 및 신청 **2**
  ㉠ 세관지정장치장의 화물관리인 지정이 필요한 세관장은 해당 지정장치장을 관할하는 본부세관장에게 지정공고를 요청하여야 한다. 본부세관장은 화물관리인 지정을 위하여 지정신청서 등 서류를 제출하도록 알리는 지정장치장 화물관리인지정 계획 공고를 화물관리인 지정예정일 3개월 전까지 공고하여야 한다.
  ㉡ 화물관리인으로 지정을 받으려는 자는 공고일로부터 30일 이내에 지정신청서에 관할 세관장에게 제출하여야 하며, 신청서류는 우편으로 제출할 수 있다.
② 심사 및 결과통보
  ㉠ 지정신청서를 접수한 세관장은 자격요건을 검토한 후 자료를 관할 본부세관장에게 7일 이내에 송부하여야 하며, 본부세관장은 송부받은 지정신청서에 의견서를 첨부하여 신청서 제출 만료일로부터 15일 이내에 위원회에 심사를 요청하여야 한다.
  ㉡ 위원장은 심사를 요청받은 날로부터 30일 이내에 위원회를 개최하고 화물관리인 지정 심사·평가기준을 고려하여 심사한 후 결과를 본부세관장과 관할 세관장에게 통보하여야 한다.
③ 지정 및 공고
  ㉠ 심사결과를 통보받은 관할 세관장은 심사결과에 따라 화물관리인을 지정하고 공고한다.
  ㉡ 지정기간이 종료되어 화물관리인을 재지정하는 경우 상기 절차를 준용한다.

ⓓ 유효기간 [영] : 화물관리인 지정의 유효기간은 5년(대통령령) 이내로 한다. **6**

심화 **재지정신청 1**

화물관리인으로 재지정을 받으려는 자는 유효기간이 끝나기 1개월 전까지 세관장에게 재지정을 신청하여야 한다. 세관장은 지정을 받은 자에게 '재지정을 받으려면 지정의 유효기간이 끝나는 날의 1개월 전까지 재지정을 신청하여야 한다'는 사실과 재지정 절차를 지정의 유효기간이 끝나는 날의 2개월 전까지 휴대폰에 의한 문자전송, 전자메일, 팩스, 전화, 문서 등으로 미리 알려야 한다.

③ 화물관리비용 징수

  ㉠ 지정장치장의 화물관리인은 화물관리에 필요한 비용(세관설비 사용료를 포함한다)을 화주로부터 징수할 수 있다. 다만, 그 요율에 대하여는 세관장의 승인을 받아야 한다. **6**

> (👤) **해설**   세관장의 승인을 받아야 하며, 승인의 주체가 '관세청장'이 오답인 선지로 빈출된다.

  ㉡ 지정장치장의 화물관리인은 징수한 비용 중 세관설비 사용료에 해당하는 금액을 세관장에게 납부하여야 한다. **4**

④ **세관장의 화물관리** : 세관장은 불가피한 사유로 화물관리인을 지정할 수 없을 때에는 화주를 대신하여 직접 화물관리를 할 수 있다. 이 경우 ③에 따른 화물관리에 필요한 비용을 화주로부터 징수할 수 있다.

⑤ **화물관리인의 지정 취소 [영]** : 세관장은 다음 각 호의 어느 하나에 해당하는 사유가 발생한 경우에는 화물관리인의 지정을 취소할 수 있다. 이 경우 ㉢에 해당하는 자에 대한 지정을 취소할 때에는 해당 시설의 소유자 또는 관리자에게 미리 그 사실을 통보하여야 한다. **2**

  ㉠ 거짓이나 그 밖의 부정한 방법으로 지정을 받은 경우 **1**

  ㉡ 화물관리인이 운영인의 결격사유 어느 하나에 해당하는 경우 **1**

  ㉢ 화물관리인이 세관장 또는 해당 시설의 소유자·관리자와 맺은 화물관리업무에 관한 약정을 위반하여 해당 지정장치장의 질서유지 및 화물의 안전관리에 중대한 지장을 초래하는 경우 **1**

  ㉣ 화물관리인이 그 지정의 취소를 요청하는 경우 **1**

  ※ 세관장은 ㉣의 경우를 제외하고는 화물관리인의 지정을 취소하려는 경우에는 청문을 하여야 한다.

03 | 세관검사장

1. 세관검사장 [법 제173조]

① 세관검사장은 통관하려는 물품을 검사하기 위한 장소로서 세관장이 지정하는 지역으로 한다. **3**

② 세관청사, 국제공항의 휴대품 검사장 등이 세관검사장으로 지정된다. **2**

2. 반입검사 **2** [법 제173조]

세관장은 관세청장이 정하는 바에 따라 검사를 받을 물품의 전부 또는 일부를 세관검사장에 반입하여 검사할 수 있다.

3. 반입비용 [법 제173조]

세관검사장에 반입되는 물품의 채취 · 운반 등에 필요한 비용은 화주가 부담한다. 다만, 국가는 「중소기업기본법」에 따른 중소기업 또는 「중견기업 성장촉진 및 경쟁력 강화에 관한 특별법」에 따른 중견기업의 컨테이너 화물로서 해당 화물에 대한 검사 결과 이 법 또는 「대외무역법」 등 물품의 수출입과 관련된 법령을 위반하지 않는 경우의 물품 등 대통령령으로 정하는 물품에 대해서는 예산의 범위에서 관세청장이 정하는 바에 따라 해당 검사비용을 지원할 수 있다. ❸

특허보세구역 통칙의 경우 특허보세구역 총론의 성격으로 개별보세구역에 공통적으로 적용되는 규정임을 이해하고 있어야 한다. 중요한 개념으로 특허수수료, 운영인의 결격사유, 장치기간, 행정제재(반입정지 및 특허취소), 특허의 효력상실 등이 있다. 또한 특허보세구역(창고, 공장, 전시장, 건설장, 판매장)은 각 구역별 기능을 명확히 구분하는 것이 중요하다. 구역별 특정 행위에 대한 행정규제(신고, 허가, 승인)를 구분하는 것과 각 구역별 보세화물 반출입 규정 등이 빈출된다.

---

01 통칙

 해설

특허보세구역이란 사인의 신청에 의해 주로 사인의 토지, 시설 등에 대하여 세관장이 보세구역으로 특허한 장소를 말한다. 특허보세구역은 외국물품이나 통관하려는 물품의 장치, 보세가공, 보세전시, 보세건설, 보세판매 등의 목적에 따라 보세창고, 보세공장, 보세건설장, 보세전시장, 보세판매장으로 구분된다.

1. 특허보세구역의 설치 · 운영에 관한 특허 [법 제174조]

① 특허

㉠ 의의
- 특허보세구역을 설치 · 운영하려는 자는 세관장의 특허를 받아야 한다. 기존의 특허를 갱신하려는 경우에도 또한 같다. **4**
- 특허갱신신청인은 특허기간 만료 1개월 전까지 특허갱신신청서에 운영인의 자격을 증명하는 서류와 보세구역 운영에 필요한 시설 및 장비의 구비서류를 구비하여 세관장에게 제출하여야 한다. **3**

㉡ 제출서류 : 신청인은 다음 각 호의 서류를 갖추어 세관장에게 제출하여야 한다. 다만, 신청인이 정부기관 등인 경우에는 특허신청서만 제출하면 된다.

| 심화 | 특허신청 시 제출서류 |

- 민원인 제출서류
  - 특허보세구역 설치 · 운영 특허(갱신)신청서
  - 금융기관 또는 공인감정기관의 감정평가서 또는 공시가격 및 지자체 시가표준액을 확인할 수 있는 서류(개인만 해당)
  - 임대차계약서(임차의 경우에만 해당)
  - 해당 보세구역의 운영과 관계있는 임원의 인적사항(성명, 주민등록번호, 주소, 등록기준지)
  - 위험물품을 취급하는 경우에는 관계 행정기관의 장의 허가서(승인서 등) 및 위험물취급자 채용관계서류
  - 보세구역의 도면 및 부근 위치도
- 담당공무원 확인사항(민원인 제출 생략)
  - 법인등기부등본(개인인 경우 사업자등록증)
  - 토지 · 건물의 부동산등기부등본
  - 국세납세증명서
  - 특허신청 사업장에 대한 사업자등록증

ⓒ 특허수수료
- 특허보세구역의 설치 · 운영에 관한 특허를 받으려는 자, 특허보세구역을 설치 · 운영하는 자, 이미 받은 특허를 갱신하려는 자는 기획재정부령으로 정하는 바에 따라 수수료를 납부하여야 한다. **4**
- 특허수수료를 계산하는 데 기준이 되는 특허보세구역의 연면적은 특허보세구역의 설치 · 운영에 관한 특허가 있은 날의 상태에 의하되, 특허보세구역의 연면적이 변경된 때에는 그 변경된 날이 속하는 분기의 다음 분기 첫째 달 1일의 상태에 의한다. **1**
- 특허수수료는 분기 단위로 매 분기 말까지 다음 분기분을 납부하되, 특허보세구역의 설치 · 운영에 관한 특허가 있은 날이 속하는 분기분의 수수료는 이를 면제한다. 이 경우 운영인이 원하는 때에는 1년 단위로 일괄하여 미리 납부할 수 있다. **4**
- 특허보세구역의 연면적이 수수료 납부 후에 변경된 경우 납부하여야 하는 특허수수료의 금액이 증가한 때에는 변경된 날부터 5일 내에 그 증가분을 납부하여야 하고, 납부하여야 하는 특허수수료의 금액이 감소한 때에는 그 감소분을 다음 분기 이후에 납부하는 수수료의 금액에서 공제한다. **2**
- 특허보세구역의 휴지 또는 폐지의 경우에는 당해 특허보세구역안에 외국물품이 없는 때에 한하여 그 다음 분기의 특허수수료를 면제한다. 다만, 휴지 또는 폐지를 한 날이 속하는 분기분의 특허수수료는 이를 환급하지 아니한다. **2**

보세구역 특허수수료 [규칙 제68조]

- 특허수수료는 다음 각 호의 구분에 의한 금액으로 한다.
- 우리나라에 있는 외국공관이 직접 운영하는 보세전시장은 특허수수료를 면제한다. **1**
- 보세공장과 목재만 장치하는 수면의 보세창고에 대하여는 금액의 4분의 1로 한다. **1**

구분 **1**	회수	수수료	
특허신청수수료	신청 시 1회	45,000원 **2**	
특허수수료 (연면적 기준)	매분기별 1회	1,000제곱미터 미만인 경우	7만 2천원
		~2,000제곱미터 미만인 경우	10만 8천원
		~3,500제곱미터 미만인 경우	14만 4천원
		~7,000제곱미터 미만인 경우	18만원
		~15,000제곱미터 미만인 경우	22만 5천원
		~25,000제곱미터 미만인 경우	29만 1천원
		~50,000제곱미터 미만인 경우	36만원
		~100,000제곱미터 미만인 경우	43만 5천원
		100,000제곱미터 이상인 경우	51만원

② **특허요건 [영]** : 특허보세구역의 설치 · 운영에 관한 특허를 받을 수 있는 요건은 보세구역의 종류별로 대통령령으로 정하는 기준에 따라 관세청장이 정한다. **1**

㉠ 체납된 관세 및 내국세가 없을 것 **2**

㉡ 운영인의 결격사유(법 제175조 각 호의 결격사유)가 없을 것 **1**

㉢ 위험물품을 장치 · 제조 · 전시 또는 판매하는 경우에는 위험물품의 종류에 따라 관계행정기관의 장의 허가 또는 승인 등을 받을 것 **1**

㉣ 관세청장이 정하는 바에 따라 보세화물의 보관 · 판매 및 관리에 필요한 자본금 · 수출입규모 · 구매수요 · 장치면적 및 시설 · 장비 등에 관한 요건을 갖출 것 **1**

특허보세구역 운영인의 요건 [고시]

특허보세구역을 설치 · 운영하려는 자("신청인")는 다음 각 호의 요건을 갖추어야 한다. 다만, 주체가 정부기관 등일 경우에는 다음 요건의 적용을 받지 않는다.

- 운영인의 결격사유에 해당하지 않을 것 **1**
- 체납된 관세 및 내국세가 없을 것 **1**
- 자본금 2억원 이상의 법인이거나 특허를 받으려는 토지 및 건물(2억원 이상)을 소유하고 있는 개인(다만, 자가용보세창고는 제외한다) **2**
- 신청인이 보세사 자격증을 취득했거나 1명 이상의 보세사를 관리자로 채용할 것
- 특허갱신의 경우에는 해당 보세구역의 갱신신청 직전 특허기간 동안 법규수행능력평가 점수가 평균 80점(평균 등급 B등급) 이상일 것 **1**
- 위험물품을 특허보세구역에 장치 · 제조 · 전시 또는 판매하는 경우에는 관계 행정기관의 장의 허가 또는 승인 등을 받을 것

2. 운영인의 결격사유 [법 제175조] ⑥

① **운영인의 결격사유** : 다음의 어느 하나에 해당하는 자는 특허보세구역을 설치·운영할 수 없다. 다만, ⑭에 해당하는 자의 경우에는 같은 각 호 각 목의 사유가 발생한 해당 특허보세구역을 제외한 기존의 다른 특허를 받은 특허보세구역에 한정하여 설치·운영할 수 있다. **1**
　㉠ 미성년자
　㉡ 피성년후견인과 피한정후견인 **2**
　㉢ 파산선고를 받고 복권되지 아니한 자 **2**
　㉣ 이 법을 위반하여 징역형의 실형을 선고받고 그 집행이 끝나거나(집행이 끝난 것으로 보는 경우를 포함한다) 면제된 후 2년이 지나지 아니한 자 **1**
　㉤ 이 법을 위반하여 징역형의 집행유예를 선고받고 그 유예기간 중에 있는 자 **2**
　㉥ 다음 각 목의 어느 하나에 해당하는 경우에는 해당 목에서 정한 날부터 2년이 지나지 아니한 자. 이 경우 동일한 사유로 다음 각 목 모두에 해당하는 경우에는 그 중 빠른 날을 기준으로 한다.
　　• 특허보세구역의 설치·운영에 관한 특허가 취소된 경우 : 해당 특허가 취소된 날
　　• 특허보세구역의 설치·운영에 관한 특허를 받지 아니하고 특허보세구역을 운영한 자 등에 해당하여 벌금형 또는 통고처분을 받은 경우 : 벌금형을 선고받은 날 또는 통고처분을 이행한 날 **1**
　㉦ 관세법 규정에 의해 벌금형 또는 통고처분을 받은 자로서 그 벌금형을 선고받거나 통고처분을 이행한 후 2년이 지나지 아니한 자. 다만, 양벌규정에 따라 처벌된 개인 또는 법인은 제외한다. **1**
　㉧ 상기의 해당하는 자를 임원(해당 보세구역의 운영업무를 직접 담당하거나 이를 감독하는 자로 한정)으로 하는 법인

② **운영인의 의무**
　㉠ 기록유지의무 : 운영인은 「보세화물 관리에 관한 고시」에서 정한 확인 및 보고사항을 성실하게 이행하여야 하며, 장치화물에 관한 각종 장부와 보고서류(전산자료 포함)는 2년간 보관하여야 한다. **3**
　㉡ 보고의무 : 운영인은 다음 각 호의 사유가 발생한 때에는 지체 없이 세관장에게 보고하여야 한다. **1**

> 1. 운영인 결격사유 및 특허효력상실의 사유가 발생한 때 **1**
> 2. 도난, 화재, 침수, 그 밖의 사고가 발생한 때 **5**
> 3. 보세구역에 장치한 물품이 선적서류, 보세운송신고필증 또는 포장등에 표기된 물품과 상이한 사실을 발견한 때 **3**
> 4. 보세구역에 종사하는 직원을 채용하거나 면직한 때 **4**
> 5. 보세구역의 건물, 시설등에 관하여 소방서등 행정관청으로부터 시정명령을 받은 때 **4**

ⓒ 업무내용 등의 변경승인의무

> 1. 특허보세구역의 운영인이 그 장치물품의 종류를 변경하거나 그 특허작업의 종류 또는 작업의 원재료를 변경하고자 하는 때에는 그 사유를 기재한 신청서를 세관장에게 제출하여 그 승인을 얻어야 한다. 5
> 2. 특허보세구역의 운영인이 법인인 경우에 그 등기사항을 변경한 때에는 지체 없이 그 요지를 세관장에게 통보하여야 한다. 2

ⓓ 수용능력증감 등의 변경승인의무

> 1. 특허보세구역의 운영인이 그 장치물품의 수용능력을 증감하거나 그 특허작업의 능력을 변경할 설치·운영시설의 증축, 수선 등의 공사를 하고자 하는 때에는 그 사유를 기재한 신청서에 공사내역서 및 관계도면을 첨부하여 세관장에게 제출하여 그 승인을 얻어야 한다. 4
> 2. 특허받은 면적의 범위 내에서 수용능력 또는 특허작업능력을 변경하는 경우에는 신고함으로써 승인을 얻은 것으로 본다. 1
> 3. 공사를 준공한 운영인은 그 사실을 지체 없이 세관장에게 통보하여야 한다. 1

ⓔ 특허보세구역의 휴지·폐지 등의 통보의무

> 1. 특허보세구역의 운영인은 당해 특허보세구역을 운영하지 아니하게 된 때에는 세관장에게 통보하여야 한다. 1
> 2. 특허보세구역의 운영인은 30일 이상 계속하여 특허보세구역의 운영을 휴지하고자 하는 때에는 세관장에게 통보하여야 하며, 특허보세구역의 운영을 다시 개시하고자 하는 때에는 그 사실을 세관장에게 통보하여야 한다.

관련규정　**위 ⓒ~ⓔ의 보고 또는 승인의무**

다음 각 호의 어느 하나에 해당하는 사유가 발생한 때에는 지체 없이 세관장에게 보고하거나 승인을 받아야 한다.
- ⓒ 제1호의 업무내용의 변경 승인 신청
- ⓒ 제2호의 법인등기사항의 변경 통보
- ⓓ의 수용능력증감승인 신청 또는 신고 및 수용능력증감공사준공 신고
- ⓔ의 폐업 등의 사항 보고·신고

ⓗ 기타 운영인의 의무

> 1. 운영인은 특허보세구역 특허수수료를 납부하여야 한다. **3**
> 2. 운영인은 장치물품 및 수용능력의 범위 내에서 물품을 장치하여야 한다.
> 3. 운영인은 야적대상이 아닌 물품을 야적장에 장치할 수 없다. **1**
> 4. 운영인은 부패·변질되었거나 부패·변질의 우려가 있는 등 다른 장치물품을 해할 우려가 있는 물품은 신속하게 격리·폐기 등의 조치를 취하여야 한다. **1**
> 5. 공동보세구역 운영인은 창고 내 장치한 화물이 섞이지 않도록 칸막이 등을 설치하여 구분하여 장치하여야 한다.
> 6. 운영인은 보세사가 퇴사, 업무정지 등의 사유로 보세사 업무를 수행할 수 없는 경우에는 2개월 이내에 다른 보세사를 채용하여 보세사 업무를 수행하게 하여야 한다.

3. 특허기간 [법 제176조]

① 특허기간

ㄱ 특허보세구역의 특허기간은 10년 이내로 한다. **4**

 해설 예를 들어, 보세창고의 특허기간은 10년의 범위에서 신청인이 신청한 기간으로 한다.

ㄴ 임차한 시설에 대하여 설치·운영의 특허를 신청한 경우 특허기간 내에서 정하되 임대차계약기간의 종료일을 넘지 못한다. 이 경우 임대차계약기간에 대하여는 「민법」의 규정을 따른다.

② **보세전시장과 보세건설장의 특허기간** : ①에도 불구하고 보세전시장과 보세건설장의 특허기간은 다음 각 호의 구분에 따른다. 다만, 세관장은 전시목적을 달성하거나 공사를 진척하기 위하여 부득이하다고 인정할 만한 사유가 있을 때에는 그 기간을 연장할 수 있다. **1**

ㄱ 보세전시장 : 해당 박람회 등의 기간을 고려하여 세관장이 정하는 기간

ㄴ 보세건설장 : 해당 건설공사의 기간을 고려하여 세관장이 정하는 기간

4. 장치기간 [법 제177조]

해설

특허보세구역의 장치기간은 관세의 조기 징수, 보세구역의 화물적체 해소(체화 방지) 및 물류신속화(물류원활화)에 목적이 있다. **1**

세관장은 물품관리에 필요하다고 인정될 때에는 장치기간 내에도 운영인에게 그 물품의 반출을 명할 수 있다. **2**

① **보세창고** : 다음 각 목의 어느 하나에서 정하는 기간 **2**

　㉠ 외국물품(ⓒ에 해당하는 물품은 제외) : 1년의 범위에서 관세청장이 정하는 기간. 다만, 세관장이 필요하다고 인정하는 경우에는 1년의 범위에서 그 기간을 연장할 수 있다. **2**

　㉡ 내국물품(ⓒ에 해당하는 물품은 제외) : 1년의 범위에서 관세청장이 정하는 기간 **2**

　㉢ 정부비축용물품, 정부와의 계약이행을 위하여 비축하는 방위산업용물품, 장기간 비축이 필요한 수출용원재료와 수출품보수용 물품으로서 세관장이 인정하는 물품, 국제물류의 촉진을 위하여 관세청장이 정하는 물품 : 비축에 필요한 기간 **1**

② **그 밖의 특허보세구역** : 해당 특허보세구역의 특허기간 **4**

관련규정	**수입신고수리물품의 반출** [법 제157조의2]

> 관세청장이 정하는 보세구역에 반입되어 수입신고가 수리된 물품의 화주 또는 반입자는 장치기간 규정에도 불구하고 그 수입신고수리일부터 15일 이내에 해당 물품을 보세구역으로부터 반출하여야 한다. 다만, 외국물품을 장치하는 데에 방해가 되지 아니한 것으로 인정되어 세관장으로부터 해당 반출기간의 연장승인을 받았을 때에는 그렇지 않다. **1**

5. 특허보세구역 운영인의 명의대여 금지 [법 제177조의2]

특허보세구역의 운영인은 다른 사람에게 자신의 성명 · 상호를 사용하여 특허보세구역을 운영하게 해서는 아니 된다. **1**

> **해설**　위반한 경우 특허취소사유에 해당된다.

6. 행정제재(반입정지 등과 특허의 취소 등) [법 제178조]

① **주의처분** : 세관장은 주의처분대상 행위에 경우에는 주의처분을 할 수 있으며, 1년 이내에 주의처분을 3회 받은 때에는 경고 1회로 한다. 이 경우 현장점검, 감사 등의 결과에 따라 적발된 수개의 동일 위반사항에 대해서는 1건으로 처분할 수 있다. **1**

심화 📈	주의처분 대상

- 특허수수료를 납부하지 않은 때 **2**
- 보세구역 운영상황을 보고하지 않은 때 등 **2**
- 도난, 화재, 침수, 그 밖의 사고 발생과 관련하여 지체없이 보고하지 아니한 때 **1**
- 보세화물 반입 즉시 반입신고서를 제출하지 아니한 때 **1**
- 보세구역의 건물에 관하여 소방서로부터 시정명령을 받았으나 세관장에게 보고하지 않은 경우 **1**

② **경고처분** : 세관장은 특허보세구역의 운영인이 다음 각 호의 어느 하나에 해당하는 경우에는

경고처분을 할 수 있다. 이 경우 현장점검, 감사 등의 결과에 따라 적발된 수개의 동일 위반사항에 대해서는 1건으로 처분할 수 있다.

㉠ 장치화물관련서류 보관의무 · 세관장 보고 또는 승인의무 · 수용능력 범위 내 장치의무 · 야적금지의무 · 부패변질우려물품 격리의무를 위반한 경우 **2**

㉡ 보관화물에 대한 멸실이 발생한 때(다만, 재해, 천재지변 등 운영인의 귀책사유가 없는 경우 제외)

㉢ 반입물품 이상보고 의무 · 반출명령이행 및 결과보고의무 · 봉인관련의무 · 보세운송 완료물품 이상 여부 확인 및 보고의무 · 반출절차 중 이상 발견 시 보고 및 처리절차 위반 · 내국물품반출입신고 및 내국물품장치승인신청 의무 · 재고조사 및 보고의무 · 포괄보수 작업 승인신청절차이행의무 · 멸실신고 의무 · 견품반출입사항 기록관리의무를 위반한 경우 **1**

㉣ ㉢에 해당하는 경우에도 법규수행능력우수업체(A등급)에 대하여는 주의처분을 할 수 있다.

③ **반입정지**

㉠ 반입정지사유 **1** : 세관장은 특허보세구역의 운영인이 다음 각 호의 어느 하나에 해당하는 경우에는 관세청장이 정하는 바에 따라 6개월의 범위에서 해당 특허보세구역에의 물품반입 또는 보세건설 · 보세판매 · 보세전시 등("물품반입 등")을 정지시킬 수 있다.

• 장치물품에 대한 관세를 납부할 자금능력이 없다고 인정되는 경우 **7**

• 본인이나 그 사용인이 이 법 또는 이 법에 따른 명령을 위반한 경우 **3**

• 해당 시설의 미비 등으로 특허보세구역의 설치 목적을 달성하기 곤란하다고 인정되는 경우 **6**

• 운영인 또는 그 종업원이 합법가장 밀수를 인지하고도 세관장에게 보고하지 않고 보관 또는 반출한 때 **3**

• 세관장의 시설구비 명령을 미이행하거나 보관화물에 대한 중대한 관리소홀로 보세화물의 도난, 분실이 발생한 때 **3**

• 운영인 또는 그 종업원의 관리소홀로 해당 보세구역에서 밀수행위가 발생한 때 **2**

• 운영인이 최근 1년 동안 3회 이상 경고처분을 받은 때 **2**

• 재고조사 결과 원자재소요량 관리가 적정하지 않은 경우

• 1년 동안 계속하여 물품의 반입 · 반출 실적이 없거나, 6개월 이상 보세작업을 하지 않은 경우

• 운영인이 최근 1년 이내에 법에 따른 절차 등을 위반한 경우 등 관세청장이 정하는 사유에 해당하는 경우

 해설 반입정지 사유, 특허취소 사유, 효력상실 사유를 명확히 구분하여야 한다.

ⓛ 반입정지기간 경감 **1** : 세관장은 '본인 또는 사용인의 관세법 등 위반'의 경우에 보세구역의 규모, 위반의 정도, 업체의 법규수행능력평가, 관세행정발전에 기여한 공로 등을 종합적으로 고려하여 자체 특허심사위원회의 사전심사를 거친 후 기준일의 50%의 범위(A등급을 받은 법규수행능력우수업체의 경우에는 최소 10% 이상)에서 반입정지 기간을 하향 조정할 수 있다. 다만, 반입정지 기간은 7일 미만으로 할 수 없다.

④ **특허취소**

㉠ 특허취소사유 **1** : 세관장은 특허보세구역의 운영인이 다음 각 호의 어느 하나에 해당하는 경우에는 그 특허를 취소할 수 있다. 다만, 제1호, 제2호 및 제5호에 해당하는 경우에는 특허를 취소하여야 한다. 또한, 제3호 및 제4호의 경우 세관장이 특허를 취소하는 것이 보세화물관리상 매우 불합리하다고 인정되고 관세채권 확보 등에 어려움이 없는 경우에는 특허심사위원회의 사전심사를 거친 후 취소하지 아니할 수 있다. **1**

1. 거짓이나 그 밖의 부정한 방법으로 특허를 받은 경우 **5**
2. 운영인의 결격사유 어느 하나에 해당하게 된 경우. 다만, 운영인의 결격사유 해당하는 자를 임원으로 하는 법인으로서 피성년후견인과 피한정후견인 또는 파산선고를 받고 복권되지 아니한 자에 해당하는 사람을 임원으로 하는 법인이 3개월 이내에 해당 임원을 변경한 경우에는 그렇지 않다. **1**
3. 1년 이내에 3회 이상 물품반입등의 정지처분(과징금 부과처분을 포함)을 받은 경우 **4**
4. 2년 이상 물품의 반입실적이 없어서 세관장이 특허보세구역의 설치 목적을 달성하기 곤란하다고 인정하는 경우 **3**
5. 특허보세구역 운영인 명의대여 금지규정을 위반하여 명의를 대여한 경우 **4**

> 🧑‍🏫 **해설** 반입정지 사유, 특허취소 사유, 효력상실 사유를 명확히 구분하여야 한다.

㉡ 특허취소 등의 경우 의견청취 절차
- 세관장은 물품반입정지(과징금 부과처분을 포함) 또는 특허를 취소하려는 때에는 사전에 해당 보세구역의 운영인에게 통보하여 의견을 청취하는 등 해명할 기회를 주어야 한다.
- 의견청취를 하려는 때에는 의견청취 예정일 10일 전까지 의견청취 예정일 등을 지정하여 해당 보세구역의 운영인에게 서면(과징금 부과 시에는 과징금 부과예정 통지서를 말한다)으로 통지하여야 하다. 이 경우 정당한 사유 없이 의견청취에 응하지 아니할 때에는 의견진술의 기회를 포기한 것으로 본다는 뜻을 명시하여야 한다. **1**

⑤ **과징금 부과** 2

   ㉠ 세관장은 물품반입등의 정지처분이 그 이용자에게 심한 불편을 주거나 공익을 해칠 우려가 있는 경우에는 특허보세구역의 운영인에게 물품반입등의 정지처분을 갈음하여 해당 특허보세구역 운영에 따른 매출액의 100분의 3 이하의 과징금을 부과할 수 있다. 이 경우 특허심사위원회의 사전심사를 거쳐야 한다.

   ㉡ 과징금 납부기한은 납부통지일로부터 20일 이내로 한다. 2

   ㉢ 과징금을 납부하여야 할 자가 납부기한까지 납부하지 아니한 경우 과징금의 징수에 관하여는 제26조(담보 등이 없는 경우의 관세징수)를 준용한다.

관련규정 **특허보세구역의 운영인에 대한 과징금의 부과기준 등**

① 부과하는 과징금의 금액은 기간에 금액을 곱하여 산정한다.
   1. 기간 : 물품반입 등의 정지 일수(1개월은 30일을 기준으로 한다)
   2. 1일당 과징금 금액 : 운영에 따른 연간 매출액의 6천분의 1 1
② 연간 매출액은 다음 각 호의 구분에 따라 산정한다.
   1. 특허보세구역의 운영인이 해당 사업연도 개시일 이전에 특허보세구역의 운영을 시작한 경우 : 직전 3개 사업연도의 평균 매출액(특허보세구역의 운영을 시작한 날부터 직전 사업연도 종료일까지의 기간이 3년 미만인 경우에는 그 시작일부터 그 종료일까지의 매출액을 연평균 매출액으로 환산한 금액)
   2. 특허보세구역의 운영인이 해당 사업연도에 특허보세구역 운영을 시작한 경우 : 특허보세구역의 운영을 시작한 날부터 반입정지 등의 처분사유가 발생한 날까지의 매출액을 연매출액으로 환산한 금액
③ 세관장은 산정된 과징금 금액의 4분의 1의 범위에서 사업규모, 위반행위의 정도 및 위반 횟수 등을 고려하여 그 금액을 가중하거나 감경할 수 있다. 다만, 과징금을 가중하는 경우에는 과징금 총액이 산정된 연간매출액의 100분의 3을 초과할 수 없으며, 반입정지 기간을 감경한 경우에는 과징금을 감경하지 아니한다. 1

---

7. 특허의 효력상실 및 승계 [법 제179조]

① **특허의 효력상실** 1 : 특허보세구역의 설치 · 운영에 관한 특허는 다음 각 호의 어느 하나에 해당하면 그 효력을 상실한다.

   ㉠ 운영인이 특허보세구역을 운영하지 아니하게 된 경우 3

   ㉡ 운영인이 해산하거나 사망한 경우 3

   ㉢ 특허기간이 만료한 경우 3

   ㉣ 특허가 취소된 경우 3

> 👤 **해설** 반입정지 사유, 특허취소 사유, 효력상실 사유를 명확히 구분하여야 한다.

② **승계법인 보고의무** : ①의 ㉠ 및 ①의 ㉡의 경우에는 운영인, 그 상속인, 청산법인 또는 합병·분할·분할합병 후 존속하거나 합병·분할·분할합병으로 설립된 법인("승계법인")은 지체 없이 세관장에게 그 사실을 보고하여야 한다.

③ **특허승계**

㉠ 승계신고
- 특허보세구역의 설치·운영에 관한 특허를 받은 자가 사망하거나 해산한 경우 상속인 또는 승계법인이 계속하여 그 특허보세구역을 운영하려면 피상속인 또는 피승계법인이 사망하거나 해산한 날부터 30일 이내에 특허보세구역 운영 요건을 갖추어 대통령령으로 정하는 바에 따라 세관장에게 신고하여야 한다. **1**
- 운영인의 결격사유에 해당하는 자는 승계신고를 할 수 없다.

㉡ 승계신고 절차
- 특허보세구역의 운영을 계속하고자 하는 상속인 또는 승계법인은 당해 특허보세구역의 종류·명칭 및 소재지를 기재한 특허보세구역승계신고서에 상속인 또는 승계법인을 확인할 수 있는 서류 등을 첨부하여 세관장에게 제출하여야 한다.
- 신고를 받은 세관장은 이를 심사하여 신고일부터 5일 이내에 그 결과를 신고인에게 통보하여야 한다. **1**

④ **특허의제**

㉠ 상속인 또는 승계법인이 ③에 따른 신고를 하였을 때에는 피상속인 또는 피승계법인이 사망하거나 해산한 날부터 신고를 한 날까지의 기간 동안 피상속인 또는 피승계법인의 특허보세구역의 설치·운영에 관한 특허는 상속인 또는 승계법인에 대한 특허로 본다.

㉡ 세관장은 특허승계를 허용하는 경우 보세구역의 특허기간은 피승계 보세구역 특허기간의 잔여기간으로 하여 특허장을 재교부하여야 한다.

8. 특허보세구역 감독 등 [법 제180조] **1**

① 세관장은 특허보세구역의 운영인을 감독한다. **1**
② 세관장은 특허보세구역의 운영인에게 그 설치·운영에 관한 보고를 명하거나 세관공무원에게 특허보세구역의 운영상황을 검사하게 할 수 있다. **3**
③ 세관장은 특허보세구역의 운영에 필요한 시설·기계 및 기구의 설치를 명할 수 있다. **2**
④ 특허보세구역에 반입된 물품이 해당 특허보세구역의 설치 목적에 합당하지 아니한 경우에는 세관장은 해당 물품을 다른 보세구역으로 반출할 것을 명할 수 있다. **2**

제20조(보세구역 운영상황의 보고)

① 특허보세구역의 운영인은 매년 다음 각 호의 사항을 기재한 보세구역 운영상황을 다음 해 2월 말까지 관할세관장에게 보고하여야 한다. **1**

1. 특허 또는 특허기간 갱신 시 구비한 시설요건 등의 변동 여부
2. 임대차기간의 연장 여부(임대시설의 경우에만 해당한다)
3. 종업원명단(보세사를 포함한다)
4. 장치기간 경과화물 보관 상세내역(12월 31일 기준으로 한다)
5. 그 밖에 세관장이 보세구역 등의 운영과 관련하여 필요하다고 인정한 사항

② 보세구역운영상황을 보고받은 세관장은 특허요건 등의 변동 여부, 재고현황 및 장치기간 경과화물 현황의 정확성 여부를 세관에 보관된 서류등과 대조 확인하는 등으로 심사를 하여야 하며, 이상이 있는 경우 고발 의뢰, 시정지시 등 필요한 조치 또는 처분을 하여야 한다.

제21조(보세구역 운영상황 종합점검계획의 수립)

① 세관장은 보세구역 운영상황을 점검하기 위하여 종합점검계획을 수립하여야 한다.

② 세관장은 종합점검을 수행하려는 때에는 화물관리직원으로 구성된 점검반을 편성하되, 필요한 경우에는 조사담당직원 또는 감사담당직원을 포함하여 합동점검반을 편성할 수 있으며, 점검 방법에 대한 사전교육을 충분히 실시하여야 한다.

제22조(보세구역 운영상황의 점검)

① 보세구역운영상황보고를 받은 세관장은 7일 이내의 기간을 정하여 소속공무원으로 하여금 보세구역을 방문하여 운영상황을 실제 점검하도록 하여야 한다. 다만, 세관장은 보세구역운영상황보고를 받지 않더라도 보세구역을 방문하여 운영상황을 점검할 수 있다.

② 세관장은 제1항에 따라 현장확인을 실시하는 때에는 그 보세구역 운영인이 「수출입물류업체에 대한 법규수행능력측정 및 평가관리에 관한 훈령」에 따른 현지점검, 「보세화물관리에 관한 고시」에 따른 현장확인, 「자율관리보세구역운영에 관한 고시」에 따른 정기감사를 생략하거나 통합하여 실시할 수 있다. **1**

③ 세관장은 운영인으로부터 보세구역 운영상황을 보고받고 이를 심사한 결과 보세구역 운영상황이 적정하다고 판단되는 때에는 이로써 현장조사에 갈음할 수 있다.

④ 보세구역운영상황을 실제 점검하는 경우에는 다음 사항에 중점을 두고 확인·점검하여야 한다.

1. 시설규모등 특허요건의 계속유지 여부
2. 소방시설, 전기시설 등의 안전 여부
3. 창고시설이 보세화물안전관리에 적합한지 여부
4. 일일화물반출입사항의 전산입력 여부
5. 전산입력된 재고상황과 실제 보관화물의 대조확인
6. 장치기간 경과화물의 적정보관 여부
7. 제20조에 따른 보세구역운영상황보고의 진위 여부
8. 그 밖에 법 등 관련 규정의 적정이행 여부

⑤ 세관장은 보세구역운영상황에 대한 점검결과 이상이 있는 때에는 즉시 고발 의뢰, 시정 지시 등 필요한 조치를 하여야 하며, 반입정지 및 특허취소요건 해당 여부를 확인하여 필요한 조치를 취하여야 한다.

⑥ 보세구역운영상황을 점검한 세관장은 점검결과와 조치결과를 세관화물정보시스템에 등록하여야 한다.

제23조(특허상황의 보고 등)

① 세관장이 보세구역을 특허한 때에는 세관화물정보시스템에 등록하여야 한다.

② 세관장은 반입정지 기간을 하향조정하거나 과징금을 부과한 때 또는 특허를 취소하지 아니한 때에는 특허심사위원회의 심사결과를 첨부하여 관세청장에게 보고하여야 한다.

9. 특허의 효력상실시 조치 등 [법 제182조]

① **다른 보세구역으로 반출** : 특허보세구역의 설치 · 운영에 관한 특허의 효력이 상실되었을 때에는 운영인이나 그 상속인 또는 승계법인 해당 특허보세구역에 있는 외국물품을 지체 없이 다른 보세구역으로 반출하여야 한다.

② **특허보세구역 및 특허 의제 4** : 특허보세구역의 설치 · 운영에 관한 특허의 효력이 상실되었을 때에는 해당 특허보세구역에 있는 외국물품의 종류와 수량 등을 고려하여 6개월의 범위에서 세관장이 지정하는 기간 동안 그 구역은 특허보세구역으로 보며, 운영인이나 그 상속인 또는 승계법인에 대해서는 해당 구역과 장치물품에 관하여 특허보세구역의 설치 · 운영에 관한 특허가 있는 것으로 본다.

10. 특허장의 게시

① 운영인은 보세구역 내 일정한 장소에 다음 각 호의 사항을 게시하여야 한다.

ㄱ 특허장 2

ㄴ 보관요율(자가용보세창고는 제외) 및 보관규칙 2

ㄷ 화재보험요율 2

ㄹ 자율관리보세구역지정서(자율관리보세구역만 해당)

ㅁ 위험물품장치허가증 등 관계 행정기관의 장의 허가, 승인 또는 등록증(위험물품, 식품류를 보관하는 보세구역에 한정함) 2

② 운영인은 보세구역 입구에 보세창고 간판을 게시하고 민원인출입구, 울타리 등 필요한 장소에 보세구역 물품반출입 주의문 등이 적혀있는 안내문을 게시하여야 한다. 공동보세구역 운영인은 안내문에 운영인별 특허 보세구역을 표시하여야 한다.

02 보세창고

1. 보세창고의 종류

① **목적에 따른 구분**

　㉠ 자가용 보세창고 : 운영인이 소유 및 사용하는 자가화물(제조업체 등이 제조가공에 사용되는 원재료 등) 또는 운송인(화물운송주선업자)의 취급화물 보관을 업으로 하는 보세창고

　㉡ 영업용 보세창고 : 창고료가 목적인 영리목적으로 수출입화물을 보관하는 보세창고

② **특수보세창고의 구분**

　㉠ 위험품전용보세창고

　㉡ 야적전용보세창고

　㉢ 컨테이너전용보세창고

　㉣ 복합물류창고

　㉤ 공동보세창고

　㉥ 액체화물전용보세창고

　※ 수입활어전용보세창고는 특수보세구역에 포함되지 아니한다.

2. 보세창고 [법 제183조]

① **보세창고의 기능 ❸** : 보세창고에는 외국물품이나 통관을 하려는 물품을 장치한다.

> 🧑‍🏫 **해설**
>
> 보세창고는 세관장의 특허를 받은 구역을 말하고, 물품을 장치하는 장소이다. 따라서 외국물품을 이용하여 제조ㆍ가공하거나 건설 등의 작업을 할 수 없으며, 전시ㆍ판매 등도 할 수 없다.

② **내국물품 장치신고**

　㉠ 운영인은 미리 세관장에게 신고를 하고 외국물품이나 통관을 하려는 물품의 장치에 방해되지 않는 범위에서 보세창고에 내국물품을 장치할 수 있다. ❹

　㉡ 다만, 동일한 보세창고에 장치되어 있는 동안 수입신고가 수리된 물품은 신고 없이 계속하여 장치할 수 있다. ❸

③ **내국물품 장치승인** : 운영인은 보세창고에 1년(②의 ㉡에 따른 물품은 6개월) 이상 계속하여 ②에서 규정한 내국물품만을 장치하려면 세관장의 승인을 받아야 한다. ❺

④ **내국물품 관리완화** : ③에 따른 승인을 받은 보세창고에 내국물품만을 장치하는 기간에는 견본품반출 허가규정과 장치기간규정을 적용하지 아니한다.

3. 장치기간이 지난 내국물품 [법제184조]

① **장치기간이 지난 내국물품** : 신고 후 장치된 내국물품으로서 장치기간이 지난 물품은 그 기간이 지난 후 10일 내에 그 운영인의 책임으로 반출하여야 한다. **4**

② **승인받은 내국물품** : 승인 후 장치규정에 따라 승인받은 내국물품도 그 승인기간이 지난 경우에는 ①과 같다.

4. 특허요건

① **영업용보세창고의 특허요건**

㉠ 건물과 부지 : 영업용보세창고의 건물과 부지는 지붕이 있고 주위에 벽을 가진 지상건축물로서 고내면적이 $1,000m^2$ 이상이어야 한다. **3**

심화 📊 **건물과 부지요건 상세규정**

① 지붕이 있고 주위에 벽을 가진 지상건축물로서 고내면적이 $1,000m^2$ 이상이어야 한다. 다만, 다음 각 목에 해당하는 경우 고내면적 산출은 각 목에서 정하는 바에 따른다.

　㉠ 지하층을 포함한 건축물로서 건축물의 용도를 「건축법」상 창고용도로 설계하여 건축허가 및 준공검사를 받고, 화물전용통로 또는 전용승강기 등 화물운반을 위한 적합한 시설을 갖춘 건물일 경우에는 지하층 창고면적을 합산하여 고내면적을 산출한다.

　㉡ 자동화 설비를 갖춘 건축물로서 국제거래상 통상 운송되는 단위 포장 및 중량 화물을 충분히 장치할 수 있는 공간을 구비하고 하중에 견딜 수 있는 견고한 선반(RACK)을 설치한 경우에는 선반의 면적과 통로의 면적을 합산하여 고내면적을 산출한다.

② 컨테이너 트레일러가 주차하고 회차하기에 충분한 부지가 있어야 한다.

③ 건물은 철근 콘크리트, 시멘트, 벽돌 등 내화성 및 방화성이 있고 외부로부터 침입이 어려운 강도를 가진 재료로 구축되어야 한다.

④ 건물의 용도가 「건축법」상 보관하려는 보세화물의 보관에 적합하여야 한다. **1**

⑤ 건물의 바닥은 시멘트 · 콘크리트 · 아스팔트 등으로 하여야 한다.

⑥ 해당 건물과 건물의 주변 및 건물 이외의 하치장에 침수방지를 위한 배수구 또는 배수펌프 등 적정시설이 설치되어 있어야 한다.

⑦ 외부 침입 방지를 위해 담벽이나 철조망 및 조명을 설치하여야 하며, 상시 녹화 및 기록보관이 가능한 감시 장비를 갖추어야 한다(다만, 보안 전문업체와 경비위탁계약을 체결한 경우는 감시 장비를 갖춘 것으로 본다).

⑧ 해당 창고시설을 임차하고 있는 경우, 신청일 현재 잔여 임차기간이 중장기적 사업계획을 추진할 수 있을 만큼 충분하여야 한다. **1**

⑨ 그 밖에 장치한 물품의 종류에 따라 관계 법령에 규정된 시설요건 또는 세관장이 필요하다고 인정되는 시설을 하여야 한다.

ⓒ 내부 화물관리 규정 : 특허신청인은 다음 각 호의 사항을 포함한 내부 화물관리 규정을 작성
하여 세관장에게 제출하여야 하며, 특허기간 중 내부 화물관리 규정을 개정한 경우에도 또
한 같다. **1**
- 내부 화물관리 종합책임자 및 책임체계 **3**
- 화물 반출입 및 보관 절차 **2**
- 대장 기록 체계
- 출입자 통제 및 시설안전관리 **2**
- 세관 보고 사항 및 절차
- 보세화물 취급 직원 교육 방법 **2**
- 내부고발자에 대한 포상과 청렴위반자에 대한 징계 체계 **1**

ⓒ 수출입 물동량 요건 : 특허신청일 전월 기준 최근 1년간 해당시설이 소재하는 세관 관할지
역의 수출입 물동량이 세관장이 정하는 범위 이상이어야 하며, 특허갱신의 경우에는 해당
보세구역의 보세화물 취급 실적이 세관장이 정하는 범위 이상을 유지하여야 한다.

심화 📈

> 세관장은 다음 어느 하나에 해당하는 경우에는 수출입물동량 요건을 적용하지 아니할 수 있다.
> - 법 제179조제3항에 따른 승계신고 대상인 상속인 또는 승계법인
> - 제12조제2항 또는 제3항에 해당하는 경우
> - 국가 산업의 일환으로 조성되는 공항만, 물류단지 **1**
> - 동일세관 관할 내에서 보세창고 소재지를 단순 이동(변경)하는 경우 **1**
> - 수출입안전관리우수공인업체(보세구역운영인) 공인기준에 준하는 요건 등을 본부세관별로 설
>   정 · 운영하는 경우
> - 해당 지역 최초로 특수화물을 장치하기 위한 경우 **1**
> - 기존 보세창고를 인수하는 경우 **1**
> - 집단화 물류시설에 입주하는 경우 **1**
> - 수출입화물의 유통구조 개선 및 물류비 절감 등을 위해 조성된 컨테이너 내륙물류기지(ICD)
> - 「산업입지 및 개발에 관한 법률」 제2조제8호 가목부터 다목에 해당하는 산업단지 내에서 보세
>   창고를 운영하려는 경우

ⓔ 장비설비 요건 : 영업용 보세창고는 화물 반출입, 통관절차 이행 및 화물관리업무를 위하여
필요한 장비와 설비를 갖추어야 한다. **2**

② **특수보세구역의 특허요건**

ⓐ 위험물품전용보세창고
- 지상의 공작물 또는 토지로서 보관하는 위험물품의 종류에 따라 「소방기본법」, 「위험물
  안전관리법」, 「소방시설 설치 및 관리에 관한 법률」, 「소방시설공사업법」, 「총포 · 도검 ·
  화약류 등의 안전관리에 관한 법률」, 「고압가스 안전관리법」이나 그 밖에 관련 법령에

따른 구조 및 시설기준에 적합하여야 하며, 그 적합 여부는 주무관청의 허가서 등으로 판단한다.

- 부지 내에 방화에 필요한 통로와 소화전이나 이를 대신할 소화기구 및 방화용 수리시설을 설치하여야 하며, 그 적합 여부는 소방관서의 확인 결과에 따라 판단한다.
- 옥외에는 「위험물안전관리법 시행령」에서 정하는 위험물품만을 저장할 수 있다.
- 발화 및 폭발성이 높은 화물을 장치하는 구역은 탄약저장소의 예에 준하여 수개소로 구분하여 방화용 토벽이나 방호벽을 설치하여야 한다.
- 위험물품 취급자격자를 채용하여야 한다. **2**
- 「위험물안전관리법」 등 관계 법령으로 정하는 바에 따라 주택가, 주유소, 고압선등으로부터의 안전거리가 유지된 장소에 설치하여야 한다.
- 그 밖에 영업용 보세창고 요건 중 세관장이 필요하다고 인정하는 요건을 갖추어야 한다.

ⓒ 야적전용보세창고 **3** : 야적전용보세창고(창고건물에 부속된 야적장 제외)은 4,500m² 이상의 대지로서 주위의 지면보다 높아야 하며, 침수를 방지할 수 있는 구조와 시설을 갖추어야 한다. 다만, 엔진블록 등 원상태 유출의 우려가 있는 성질의 고철을 장치하는 야적장은 물품을 매몰하거나 그 밖의 방법으로 은닉할 수 없도록 바닥을 단단히 하여야 한다.

ⓒ 컨테이너전용보세창고
- 부지면적은 15,000m² 이상이어야 한다. **4**
- 보세화물을 보관하고 컨테이너 적입화물을 적출하는 화물조작장("CFS")을 설치하여야 하나, CFS 면적은 물동량에 따라 운영인이 자율적으로 결정할 수 있다. **3**
- 건물 및 주변의 시설요건에 관하여는 제10조를 준용한다.
- 컨테이너보세창고에는 컨테이너장치에 지장이 없는 최소한의 면적 범위에서 컨테이너로 반입된 거대·중량 또는 장척화물을 장치할 수 있는 야적장을 설치할 수 있다. **2**
- 컨테이너를 차량에 적재한 상태로 건물에 접속시켜 2대 이상 동시에 개장검사할 수 있는 컨테이너검사장(컨테이너에서 물품을 적출할 수 있는 이동식 컨테이너 검사대를 구비한 경우를 포함)과 컨테이너차량이 2대 이상 동시에 검사대기할 수 있는 장소를 갖추어야 한다. 다만, CFS 일부 컨테이너검사장으로 대체하려는 경우에는 그 시설이 이 호의 기준을 충족하고 보세화물 보관장소와 구분되어야 한다. **2**

ⓒ 액체화물전용보세창고
- 영업용 보세창고의 고내면적(m²)기준을 적용하지 아니하며 세관장이 관할구역 내 액체화물 물동량과 액체화물 전용장치장의 수용능력을 고려하여 보세구역특허가 필요하고 관할구역 내 다른 액체화물전용보세창고와 비교하여 보세구역으로 특허하기에 충분하다고 인정되는 저장용적(m³)을 적용한다. **2**
- 액체화물 성상을 보존하기 위한 필요한 부대시설과 선박으로부터 하역 및 입출고를 위한 배관시설을 갖추어야 한다.

ⓜ 복합물류 보세창고 : 물품 보관시설과 구획을 달리하여 분류 · 재포장 · 상표부착 등에 필요한 시설과 작업장을 갖추어야 하며 수량 단위 화물관리가 가능한 재고관리 시스템을 구비하여야 한다. ■

③ **집단화지역의 특허기준완화 등**

　㉠ 면적기준 완화 : 세관장은 특정보세구역의 위치 또는 규모가 특허요건을 갖추지는 못하였으나 그 위치가 세관 또는 다른 보세구역에 근접(직선거리 300m 이내)한 경우에는 다음 각 호의 면적기준을 적용한다. ■
　　• 영업용보세창고의 경우에는 고내면적이 500m² 이상
　　• 컨테이너전용보세창고의 경우에는 부지면적이 3,000m² 이상

　㉡ 복수특허 : 세관장은 독점에 따른 부작용을 방지하고 수출입화주에 대한 서비스를 향상시키기 위하여 필요한 경우에는 같은 종류의 보세구역을 복수 특허할 수 있다. 다만, 이 경우에는 1개소의 규모가 아래와 같아야 한다.
　　• 영업용보세창고의 경우에는 고내면적이 500m² 이상
　　• 컨테이너전용보세창고의 경우에는 부지면적이 3,000m² 이상

　㉢ 요건 완화 : 세관장은 특정보세구역의 신청이 이 고시에서 정하는 요건을 갖추지 못하였으나, 관세행정 목적에 비추어 보아 특허하는 것이 불가피하다고 판단되고 다음 각 호의 어느 하나에 해당하면 특허할 수 있다.
　　• 위험물품, 항온 · 항습 또는 냉동 · 냉장물, 검역물, 방위산업물품, 체화물품, 조달물품, 활어(활수산물) 등 특수물품을 취급하는 보세구역
　　• 공항만과 공항만배후단지 내 보세구역
　　• 철도역 구내 컨테이너 일시장치를 위한 보세구역
　　•「물류시설의 개발 및 운영에 관한 법률」상의 물류단지 내 보세구역

　㉣ CFS요건 완화 : 그럼에도 불구하고 컨테이너전용보세창고는 CFS를 설치하여야 한다. 다만, 철도역 구내 컨테이너 일시장치를 위한 보세구역 중 통관검사기능을 수행하지 않는 보세구역의 경우에는 CFS가 없어도 특허할 수 있다.

④ **자가용보세창고의 특허요건**

　㉠ 특허요건 : 세관장은 신청인이 자가화물을 장치하려는 경우 자가용보세창고로 특허할 수 있다. 다만, 다음 각 호의 어느 하나에 해당하는 물품으로서 보세화물 감시단속 관련 문제가 있다고 판단하는 경우에는 특허하지 않을 수 있다.
　　• 소량 · 고가물품(귀금속 등)
　　• 고세율 물품(농산물 등)
　　• 제1호 또는 제2호와 유사한 물품
　　• 자가용보세창고 운영인은 위험물품을 장치하고자 하는 경우 허가(승인)를 받고 위험물품 취급자를 채용하여야 한다.

ⓛ 시설요건
- 자가용보세창고(공동보세구역을 포함한다) 운영인은 장치·보관되는 물품의 종류 및 특성에 따라 필요한 면적을 확보하여야 한다.
- 자가용보세창고의 특허요건 중 고내면적을 제외한 시설 및 관리체계는 영업용 보세창고의 기준을 준용한다. **1**

관련규정	영업용보세창고와 자가용보세창고의 비교		
구분	고내면적 기준 **3**	물동량 기준 **2**	보세사 채용기준 **2**
영업용보세창고	○	○	○
자가용보세창고	×	×	○

⑤ **공동보세구역의 특허요건**
　㉠ 개념
- 공동보세구역이라 함은 자가용 보세창고의 일종으로서 1개 장소에 2개 이상업체의 자가 물품을 보관할 수 있는 보세구역을 말한다. **1**
- 공동보세구역을 운영하려는 자는 전체 창고면적 중에서 신청인의 관리면적만을 특허면적으로 하여 특허를 신청하여야 한다. **1**
　㉡ 특허대상 : 세관장은 다음 각 호의 어느 하나에 해당하는 경우에는 자가용보세창고를 공동보세구역으로 특허할 수 있다.
- 2 이상의 수출입업체가 공동으로 자가화물을 보관하려는 경우 **2**
- 정부기관, 공기업, 준정부기관, 그 밖의 공공기관 등이 수입하는 물품을 일괄하여 보관하는 경우 **1**
- 수출입업을 영위할 수 있는 중소기업협동조합에서 회원사의 수입원자재를 수입하여 보관하려는 경우 **3**
- 물류단지를 운영하는 자가 입주업체의 수입품을 일괄하여 보관하는 경우 **2**
- 관광산업진흥 및 외화획득을 위하여 (주)한국관광호텔용품센터가 회원사에 공급할 물품을 일괄 수입하여 보관하는 경우
- 정부 또는 정부투자기관이 관리하는 보관·비축시설에 관련 업체의 수입물품을 일괄 보관하는 경우 **2**
　㉢ 특허요건
- 관세법령 및 특허고시 등 관련 규정에 따른 보세사 채용, 운영인의 자격 등 자가용보세창고의 특허요건을 갖출 것
- 보세화물 반출입 등 통관절차 이행을 위한 시설과 장비 등을 구축할 것
- 장치물품의 종류와 특성에 따른 내부 화물관리 규정을 갖출 것 **1**

- 보세구역 장치물품의 도난, 분실, 멸실 등에 따른 운영인 간의 명확한 책임관계, 보세화물 관리조직, 반출입절차, 보관방법, 출입자 통제, 안전관리 등에 대한 내부 화물관리 규정을 갖출 것

ⓔ 제반규정
- 세관장은 공동보세구역의 운영인별로 관리하는 면적을 구분하여 특허하여야 한다.
- 세관장은 공동보세구역의 특허기간을 가급적 동일하게 부여하여야 한다.
- 세관장은 공동보세구역의 특허장에 전체 창고면적과 운영인별 특허면적을 구분하여 표시하여야 한다.
- 세관장은 해당 보세창고가 공동보세구역임을 알 수 있도록 특허장의 보세구역 명칭에 공동보세구역을 표기하여야 한다.
- 세관장은 공동보세구역의 특허수수료를 운영인별 특허 면적에 따라 구분하여 부과하여야 한다.

⑥ 주요 행정제재
ⓐ 경고처분
- 수용능력을 초과하여 화물보관을 수락한 경우
- 야적대상이 아닌 물품을 야적한 경우
- 관세법등에서 규정한 운영인의 의무를 태만히 한 경우
- 보관화물에 대한 관리소홀로 보세화물의 멸실이 발생한 경우
ⓑ 반입정지처분 : 운영인 또는 그 종업원의 관리소홀로 해당 보세구역에서 밀수행위가 발생한 경우

---

03 보세공장

1. 보세공장 [법 제185조]

① **보세공장의 기능** : 보세공장에서는 외국물품을 원료 또는 재료로 하거나 외국물품과 내국물품을 원료 또는 재료로 하여 제조·가공하거나 그 밖에 이와 비슷한 작업을 할 수 있다. 2

> (해설) **보세공장의 특징**
> - 가공무역의 진흥　　・수출지원　　　　　　　　　・관세환급제도의 보완
> - 통관절차의 간소화　・특정산업 육성 및 기술개발 촉진

② 보세공장원재료

 해설 **보세공장원재료**

보세작업을 통해 생산된 제품이 수출되는 경우 당해 제품의 생산에 소요되는 원재료에 대해서는 관세가 보류되므로 그 보류 범위를 명확히 할 필요가 있는바, 이를 보세공장 원재료의 범위라 한다.

㉠ 보세공장원재료의 범위 : 보세공장에서 보세작업을 하기 위하여 반입되는 원료 또는 재료 ("보세공장원재료")는 다음 각 호의 어느 하나에 해당하는 것을 말한다. 다만, 기계 · 기구 등의 작동 및 유지를 위한 연료, 윤활유 등 제품의 생산 · 수리 · 조립 · 검사 · 포장 및 이와 유사한 작업에 간접적으로 투입되어 소모되는 물품은 제외한다. **4**
  • 해당 보세공장에서 생산하는 제품에 물리적 또는 화학적으로 결합되는 물품 **2**
  • 해당 보세공장에서 생산하는 제품을 제조 · 가공하거나 이와 비슷한 공정에 투입되어 소모되는 물품 **2**
  • 해당 보세공장에서 수리 · 조립 · 검사 · 포장 및 이와 유사한 작업에 직접적으로 투입되는 물품 **3**

 해설 당해 보세공장에서 생산하는 제품의 포장에 직접적으로 투입되는 물품도 원재료의 범위에 해당한다.

㉡ 보세공장원재료의 요건 **2** : 보세공장원재료는 당해 보세공장에서 생산하는 제품에 소요되는 수량("원자재소요량")을 객관적으로 계산할 수 있는 물품이어야 한다.

심화 📊

운영인은 기록하는 원재료별 소요량을 객관적으로 확인할 수 있도록 원재료, 재공품, 제품과 잉여물품에 대한 수급명세를 기록하여야 한다. [고시]

심화 📊 소요량계산서 제출 및 소요량 관리

① 소요량계산서 제출
  ㉠ 세관장은 물품의 성질, 보세작업의 종류 등을 고려하여 감시상 필요하다고 인정되는 때에는 보세공장의 운영인으로 하여금 보세작업으로 생산된 제품에 소요된 원자재소요량을 계산한 서류를 제출하게 할 수 있다.
  ㉡ 세관장은 보세작업을 종료한 물품을 국내로 수입통관 할 때 물품의 성질, 보세작업의 종류, 그 밖의 사유로 원재료소요량 관리가 필요하다고 인정되는 경우에는 운영인으로 하여금 해당 신고물품에 대한 보세공장 원재료실소요량계산서를 작성하여 제출하게 할 수 있다. 이 경우 원재료실소요량은 해당 보세작업 기간에 제품을 생산하는 과정에서 사용한 원재료별 총량으로 산정한다.

② 원재료소요량 관리

         ㉠ 운영인은 보세작업에 의하여 생산된 해당 제품을 생산하는 과정에서 사용한 각각의 원재료의 총량을 기초로 제품 1단위 생산에 소요되는 원재료별 평균 소요량, 원재료별 실소요량 등을 기록·관리하여야 하며, 회계연도 종료 후 3개월 이내에 해당 회계연도에 생산한 제품에 대하여 보세공장원재료실소요량계산서를 작성·보관하여야 한다. 다만, 동종·동질물품으로서 손모율의 차이가 없다고 세관장이 인정하는 경우에는 제품 또는 소요원재료를 통합하여 손모율을 산정할 수 있다.

         ㉡ 원재료 실소요량을 산정하는 데 있어 정상적인 작업공정 중에 발생한 원재료의 손모량 이외에 제조·가공과정 중에 품질검사 등의 목적으로 보세공장 내에서 소모되는 물품, 불량품 생산에 사용된 원재료 등(원재료 자체불량, 천재지변 등으로 발생된 원재료의 손실량, 기계의 고장 등으로 발생한 손실량 등) 잉여물품에 대하여도 소요량으로 인정한다.

③ 내국작업 허가

    ㉠ 내국작업 허가 : 보세공장에서는 세관장의 내국작업 허가를 받지 아니하고는 내국물품만을 원료로 하거나 재료로 하여 제조·가공하거나 그 밖에 이와 비슷한 작업을 할 수 없다. 5

 해설

보세공장의 가동률이 낮아지는 경우와 같이 보세공장에 일시적으로 유휴시설이 발생한 경우에 그 보세공장의 경제성을 고려하여 내국물품만을 원료·재료로 사용하는 내국작업을 예외적으로 허용하고 있다.

심화 | 허가 절차

- 운영인은 보세공장에서 내국작업을 하려는 경우 보세공장 내 내국작업허가신청서를 세관장에게 제출하여야 한다.
- 신청서를 제출받은 세관장은 보세공장의 조업상태 및 보세화물 감시단속상 문제 등을 고려하여 타당하다고 인정되는 경우 내국작업을 허가할 수 있으며, 이때 보세공장의 운영실태, 작업의 성질 및 기간 등을 고려하여 작업기간에 소요될 것으로 예상되는 물품의 품명과 수량을 일괄하여 신고하게 할 수 있다.
- 세관장은 내국작업 허가기간 중 재해, 그 밖에 부득이한 사유로 허가취소, 허가내용 변경, 기간 연장 등이 필요한 경우에는 보세공장 내 내국작업 허가정정(취소) 신청(승인)을 할 수 있다.
- 세관장은 내국작업 허가의 신청을 받은 날부터 10일 이내에 허가 여부를 신청인에게 통지하여야 한다. 1
- 세관장이 내국작업 허가의 신청을 받은 날부터 10일 이내에 신청인에게 허가 여부 또는 민원 처리 관련 법령에 따른 처리기간의 연장을 통지하지 아니하면 그 기간이 끝난 날의 다음 날에 허가한 것으로 본다. 1

ⓛ 내국작업물품 효력 : 허가받은 내국작업 원재료로 반입하는 내국물품의 반입신고는 내국작업허가서로 갈음하며, 이 경우 내국작업으로 제조 · 가공하여 생산된 물품은 내국물품이 된다. **1**

ⓒ 내국작업종료 시 절차 : 운영인은 내국작업을 종료한 경우에는 세관장에게 내국작업종료신고를 하고 내국작업의 허가를 받아 제조 · 가공된 물품과 잉여물품을 지체 없이 보세공장 외로 반출하여야 하며, 반출신고는 내국작업종료신고로 갈음한다. 다만, 보세공장의 보세화물과 구분장치에 필요한 충분한 장치장소가 확보된 경우에는 6개월의 범위 내에서 해당 공장에 계속하여 장치할 수 있다.

ⓔ 일괄허가에 따른 특례 : 내국작업 일괄허가를 받은 경우 내국작업이 끝나기 전에도 내국작업으로 제조 · 가공한 물품의 일부를 보세공장 외로 반출할 수 있다. 이 경우 운영인은 내국작업이 끝나기 전 반출하려는 물품의 품명, 수량 등을 기록 · 관리하여야 하며, 내국작업이 끝난 때에는 해당 반출기록을 첨부하여 세관장에게 내국작업종료신고를 하여야 한다.

④ **업종제한**

ⓐ 보세공장 중 수입하는 물품을 제조 · 가공하는 것을 목적으로 하는 보세공장의 업종은 국내 공급 상황을 고려하여 외국물품의 반입을 제한할 수 있다. **3**

ⓛ 수입물품을 제조 · 가공하는 것을 목적으로 하는 보세공장의 업종은 다음 각 호에 규정된 업종을 제외한 업종으로 한다.

- 국내외 가격차에 상당하는 율로 양허한 농 · 임 · 축산물을 원재료로 하는 물품을 제조 · 가공하는 업종
- 국민보건 또는 환경보전에 지장을 초래하거나 풍속을 해하는 물품을 제조 · 가공하는 업종으로 세관장이 인정하는 업종

⑤ **직접반입 후 수입신고** : 세관장은 수입통관 후 보세공장에서 사용하게 될 물품에 대하여는 보세공장에 직접 반입하여 수입신고를 하게 할 수 있다. **3**

2. 보세공장 설치 · 운영특허

세관장은 다음 각 호를 모두 충족하는 경우에는 보세공장 설치 · 운영특허를 할 수 있다.

① 외국물품 또는 외국물품과 내국물품을 원료로 하거나 재료로 하여 수출 또는 수입하는 물품을 제조 · 가공하거나 수리 · 조립 · 분해 · 검사(원재료 품질검사 등을 포함한다) · 포장 또는 그 밖에 이와 유사한 작업을 하는 것을 목적으로 하는 공장 ⑪

② 수입을 목적으로 하는 물품을 제조 · 가공하는 공장의 경우 관세법에 의해 제한되지 않는 업종

① **특허요건**

ㄱ 시설요건 : 보세공장은 다음 각 호의 시설을 갖추어야 하고, 공장의 규모와 입지적 조건, 등이 보세공장 관리 · 운용에 지장이 없어야 한다.

- 제조 · 가공 또는 그 밖의 보세작업에 필요한 기계시설 및 기구의 비치 ⑪
- 물품검사를 위하여 필요한 측정용 기기와 이에 부수하는 장비의 비치(제조공정 특성상 물품검사가 필요 없거나, 보세공장 외 장소에서 수행하는 경우는 제외)
- 원재료, 제품, 잉여물품, 수입통관 후 사용해야 하는 물품 및 그 밖의 반입물품을 구분하여 안전하게 장치 보관할 수 있는 창고 또는 야적장과 필요한 작업장의 확보
- 소방법령 및 소방관서가 지정하는 방화 및 소방시설의 구비
- 전기사업법령의 규정에 적합한 전기설비 및 전기안전시설의 구비
- 보세화물의 분실과 도난방지를 위한 적절한 시설을 완비하거나 보안전문업체와의 경비위탁계약서를 구비
- 위험물품을 취급하는 보세공장의 경우는 위험물취급요령 및 그 밖의 법령(「화학물질관리법」, 소방 관련 법령, 「고압가스 안전관리법」 등)에서 정한 시설의 완비 및 취급자격자의 상시근무와 위험물품 보세공장 특허지역으로서의 적합한 지역

ㄴ 관리요건 : 보세공장은 보세화물관리를 적정하게 하기 위하여 다음 각 호의 관리요건을 갖추어야 한다.

- 보세화물 관리를 위하여 1명 이상의 보세사를 채용하여야 하며, 단일보세공장의 경우 각 공장별 1명 이상의 보세사를 채용하여 근무하도록 해야 한다. ⑪
- 원자재의 반출입, 제품 제조 · 가공, 제품 반출 및 잉여물품의 처리 등과 관련한 물품관리 체계가 확립되어 있고, 물품관리를 위한 시스템[기업자원관리(ERP) 시스템 등]을 구비하여야 한다. ⑪
- 원자재 등의 부정유출 우려가 없으며, 보세작업의 감시 · 감독에 지장이 없어야 한다. ⑪
- 특허를 갱신하는 경우에는 갱신신청 전의 특허기간 동안 해당 보세공장의 법규수행능력 평가 평균등급이 B등급 이상이어야 한다.

- 물품관리를 위하여 운영인은 보세작업의 종류 및 특수성에 따라 장부 또는 자료보존매체(마이크로필름, 광디스크)를 사용하여 물품을 관리할 수 있으며, 자료보존매체에 따라 보관 · 관리하려는 운영인은 자료보존매체를 확인, 조회할 수 있는 장치를 같이 보관 · 관리하여야 한다. **1**

② 설치 · 운영의 특허

　㉠ 보세공장 설치 · 운영 특허를 받으려는 자는 보세공장설치 · 운영특허신청서에 필요한 서류를 첨부하여 세관장에게 신청하고 보세공장설치 · 운영 특허장을 받아야 한다.

　㉡ 세관장은 신청서를 접수한 후 특허대상, 특허요건(시설요건, 관리요건) 및 특허제한 사유 등 검토의견을 첨부하여 보세공장 특허심사위원회에 심의를 요청하여야 한다.

　㉢ 세관장은 특허심사위원회의 심의결과를 반영하여 보세공장으로 특허하는 것이 타당하다고 인정될 경우에는 특허할 수 있다.

　㉣ 세관장은 신규 보세공장설치 · 운영특허 신청업체가 물품관리체계를 갖추지 못한 것으로 인정되는 경우 6개월 이내의 기간을 정하여 물품관리체계를 갖추는 조건으로 설치 · 운영 특허를 할 수 있다.

　㉤ 세관장은 제조 · 가공 등 작업의 성질상 부득이 보세공장 외에서 일부의 작업(장외작업)을 하여야 하는 경우에도 보세작업의 원재료 손모율이 안정되어 있어 감독에 지장이 없다고 인정될 때에는 보세공장으로 특허할 수 있다.

③ 단일보세공장의 특허 등

　㉠ 단일보세공장 특허 : 2개 이상 근접한 장소에 있는 공장이 동일기업체에 속하며 각 공장 간에 물품관리체계의 통합관리로 반출입 물품관리 및 재고관리에 지장이 없는 경우 다음 각 호의 어느 하나를 충족할 때에는 단일보세공장으로 특허할 수 있다. 다만, 세관관할구역을 달리하는 경우에는 통관절차의 간소화 및 세관업무의 편리를 도모하기 위하여 감시 단속에 지장이 없는 경우에만 관할지 세관과 협의하여 주공장 관할세관에서 특허할 수 있다. **2**

- 제조 · 가공의 공정상 일괄작업에 각 공장이 필요한 경우
- 기존 보세공장으로부터 직선거리 15km 이내에 신규 공장을 증설하는 경우. 다만, 세관장은 세관감시의 단속에 지장이 없는 경우 동일세관 관할구역 내에서는 거리기준을 적용하지 않을 수 있다.

　㉡ 보관창고 증설 : 세관장은 수출입안전관리우수업체인 보세공장 또는 법규수행능력우수업체인 보세공장이 해당 보세공장에 원재료 및 제품 등의 추가 보관이 곤란하다고 인정되고 다음 각 호의 요건을 충족시키는 경우에는 동일 세관 관할구역에 보관창고를 증설하게 할 수 있다.

- 보관창고 : 해당 보세공장 및 동일법인 보세공장의 원재료 및 생산제품을 보관하는 전용창고일 것
- 물품관리 : 보세공장과 보관창고 물품의 통합관리로 반출입 물품관리 및 재고관리에 지장이 없을 것

ⓒ 관할구역을 벗어나는 경우 : ⓛ에도 불구하고 세관장은 감시단속에 지장이 없다고 판단하는 경우 관할구역을 벗어나는 경우에도 보세공장으로부터 직선거리 15Km 이내에 보관창고를 증설하게 할 수 있다. 이때 세관장은 보관창고 관할지 세관장과 협의하여야 하며, 물품관리는 보세공장 관할지 세관장이 수행하는 것을 원칙으로 한다.

④ 특허의 제한

　ⓐ 특허금지 : 다음 각 호의 어느 하나에 해당하는 경우에는 보세공장의 설치 · 운영 특허를 할 수 없다.
　　• 운영인의 결격사유의 어느 하나에 해당되는 자
　　• 관세 및 내국세를 체납하고 있는 자
　　• 위험물품을 취급하는 경우에는 위험물품의 종류에 따라 관계행정기관의 장의 허가나 승인을 받지 아니한 자

　ⓑ 특허제한 : 다음 각 호의 어느 하나에 해당하는 경우에는 보세작업의 종류 및 특수성을 고려하여 설치 · 운영특허를 제한할 수 있다. **1**
　　• 보수작업만을 목적으로 하는 경우(단순 조립작업, 개수작업 등) **2**
　　• 폐기물을 원재료로 하여 제조 · 가공하려는 경우 **3**
　　• 손모율이 불안정한 농 · 수 · 축산물을 원재료로 하여 제조 · 가공하려는 경우 **2**
　　• 보세작업의 전부를 장외작업에 의존할 경우 **4**

⑤ 특허의 상실 및 승계

　ⓐ 세관장은 특허가 상실된 보세공장에 대하여는 지체 없이 재고조사를 실시하고 필요한 조치를 하여야 한다.

　ⓑ 상속인 또는 승계법인이 보세공장의 운영을 계속하려는 때에는 특허보세구역(보세공장)승계신고서에 필요한 서류를 첨부하여 피상속인 또는 피승계법인이 사망하거나 해산한 날부터 30일 이내에 세관장에게 제출하여야 한다. 신고를 받은 세관장은 심사하여 신고일부터 5일 이내에 심사결과를 통보하여야 한다.

　ⓒ 세관장은 특허승계를 허용하는 경우 보세공장의 특허기간은 피승계 보세공장 특허기간의 남은 기간으로 하여 특허장을 재교부하여야 한다.

3. 물품의 반출입 등 제반사항

① 반입대상 물품

　ⓐ 반입대상물품 : 보세공장에서 보세작업을 하기 위하여 반입되는 원료 또는 재료("보세공장원재료")는 보세공장원재료의 범위에 해당하는 물품으로서 세관장에게 설치 · 운영 특허 받은 품목의 제조 · 가공 등에 소요되는 것으로 한정한다.

ⓛ 수입통관 후 사용할 물품 : 수입통관 후 해당 보세공장에서 사용할 기계, 기구, 부분품, 소모품, 견본품, 내국작업 원재료 및 해당 보세공장 부설 연구소에서 사용될 시설기자재 · 원재료 등은 보세공장에 반입할 수 있다. 이 경우 반입된 물품은 반입일부터 30일 이내에 수입 또는 반송신고를 하여야 한다. **1**

ⓒ 반입특례물품 : 다음 각 호의 어느 하나에 해당하는 물품은 보세공장제도의 원활한 운영을 위하여 보세공장에 반입할 수 있다.

- 보세공장에서 제조되어 반출된 제품의 하자보수용 물품 **1**
- 보세공장에서 제조 · 가공하여 반출한 후 하자발생, 불량, 구매자의 인수거절 등으로 인하여 반송된 물품과 하자보수, 성능개선 등 목적으로 보세공장에 재반입되는 물품 **1**
- 해당 보세공장의 생산품목과 동일품목을 보세작업 또는 보수작업을 거쳐 재수출하거나 다른 보세공장에 원재료로 공급할 물품
- 해당 보세공장에서 건조 · 수리되는 선박(항공기)에 적재하고자 하는 선박(항공기)용품 (환급대상물품은 제외) **1**
- 해당 보세공장에서 외국으로 원재료 등을 반출하여 제조 · 가공한 후 국내 보세공장에서 마무리작업, 성능검사, 조립, 재포장, 상표부착의 작업을 하거나 해당 보세공장에 반입 후 양수도 또는 통관절차를 수행하고자 하는 완성품
- 해당 보세공장에서 생산하는 제품의 연구개발을 위하여 해당 보세공장의 시설을 이용하여 연구 · 시험용 제품의 제조 · 가공에 사용하는 원재료
- 보세공장 반입물품 또는 보세공장에서 제조 · 가공한 물품과 세트를 구성하거나 함께 거래되는 물품
- 보세공장 반입물품 또는 보세공장에서 제조 · 가공한 물품에 전용되는 포장 · 운반용품 **1**
- 해당 보세공장의 특허 받은 품목의 제조 · 가공에 소요되는 물품과 동일한 물품으로 위탁가공계약에 의해 보세작업을 위하여 반입되는 타인소유 물품 **1**
- 해당 보세공장에서 제조되어 수출된 물품의 마무리 작업, 유지보수 또는 수리 등을 위해 추가로 수출하는 물품으로서 해당 보세공장에서 보세작업이 필요한 물품
- 수리를 위해 반입되는 선박 또는 항공기에 적재되어 있는 연료

② **물품의 반출입**

ⓐ 반출입신고 : 보세공장에 물품을 반입, 반출하려는 자는 세관장에게 보세공장물품 반출(입)신고(승인)서로 신고하여야 하며 세관장은 보세공장 반입대상 물품인지를 심사하여 반입대상이 아닌 경우에는 다른 보세구역으로 반출을 명하여야 한다.

ⓑ 보세운송물품 반입신고 **2** : 보세운송절차에 따라 반입되는 물품은 즉시 반입신고를 하여야 한다. 이 경우 반입신고는 보세운송 도착보고를 갈음할 수 있다.

ⓒ 환급대상물품 반입신고 : 환급고시에 따른 환급대상물품의 반입신고는 보세사에 의한 반입명세의 기록으로 갈음하며, 국내 반출신고는 환급고시에 따른 반입확인서의 정정 · 취하

승인으로 갈음한다. 다만, 반입확인서의 정정·취하 승인 대상이 아닌 물품의 반출신고는 수입 등의 절차에 따른다. **1**

ⓔ 수입신고 전 잉여물품 반출신고 : 운영인은 잉여물품을 수입신고 전에 즉시 반출하려는 경우에는 보세공장 잉여물품 수입신고전 반출신고서를 제출하여야 하며, 반출신고서를 정정하거나 취하하려는 경우에는 보세공장 잉여물품 수입신고전 반출 정정·취하신청(승인)서를 수입신고수리 전까지 제출하여 세관장의 승인을 받아야 한다. **2**

ⓜ 수출입신고수리물품 반출신고갈음 : 수출 또는 수입의 신고가 수리되어 반출되는 물품의 반출신고는 동 신고의 수리로 갈음하며, 운영인은 보세공장에 반입된 물품에 이상(계약내용과의 상이 포함)이 있는 경우에는 관할세관장에게 물품이상신고를 하여야 한다.

ⓗ 보세공장간 물품반출입 : 운영인은 다음 각 호의 어느 하나에 해당하는 경우에는 보세공장에서 제조·가공·수리 또는 재생한 물품, 원재료와 부산물 등 잉여물품을 보세운송절차에 따라 다른 보세공장으로 반출할 수 있으며, 다른 보세구역으로 반출하는 경우에는 화물관리시스템으로 화물관리번호를 신청한 후「보세운송에 관한 고시」에서 정한 보세운송 절차에 따라 반출할 수 있다. 다만, 제1호부터 제3호까지에 따른 보세공장과 다른 보세공장에는 제조업종의 사업 또는 복합물류 관련 사업(포장·보수·가공 또는 조립 등의 기능을 수행하는 경우)을 하는 자유무역지역 입주기업체와 복합물류보세창고를 포함한다.
- 비축·보관·판매를 위하여 다른 보세구역 또는 보세공장으로 반출하는 경우
- 다른 보세공장의 원재료로 사용하기 위하여 다른 보세공장으로 반출하는 경우 **2**
- 불량, 성능미달 등의 사유로 다른 보세공장으로부터 공급받은 원재료를 원재료 공급 보세공장으로 재반출하는 경우

ⓢ 수출입안전관리우수업체 등 특혜 : 세관장은 운영인이 수출입안전관리우수업체 또는 법규수행능력우수업체에 해당하는 경우에는 화물관리번호의 신청수리를 전산에서 처리하게 할 수 있다. 이 경우 해당 보세공장의 보세구역 부호를 화물관리시스템에 등록하여야 한다.

ⓞ 내국물품 반출입신고 생략
- 이 고시에서 반출입신고를 규정하지 아니한 내국물품에 대한 반출입신고는 생략할 수 있다. 다만, 제품의 제조·가공 등에 소요되는 원재료를 반출입하려는 때에는 그 사실을 기록·관리하여야 한다. **1**
- 내국물품 반출입신고를 접수한 세관장은 반출입신고수리필증을 교부하지 아니한다. **1**

③ 반출입 특례
ⓐ 원재료 원상태 국외반출 : 다음 각 호의 어느 하나에 해당하는 물품은 반입신고 시의 원재료 원상태로 국외반출을 허용할 수 있다.
- 국외에서 제조·가공공정의 일부를 이행하기 위하여 필요한 원재료 **2**
- 보세공장에서 수출한 물품의 하자보수 등 추가적인 제조·가공·수리에 필요한 원재료 **2**
- 보세공장의 해외 현지공장에서 제조·가공·수리 그 밖에 유사한 작업에 사용할 원재료 **3**

- 생산계획 변경, 제조품목의 사양변경 또는 보세작업과정에서 발생하는 잉여 원재료 ❸
- 계약내용과 다른 원재료(다만, 사용신고가 수리된 경우에는 사용신고 당시의 성질이나 형태가 변경되지 아니한 경우에 한한다) ❷
- 임가공을 의뢰한 해외 공급자가 계약수량 변경, 품질검사 등의 사유로 반환을 요구하는 원재료

ⓛ 보세공장 간 반출 : 세관장은 다음 각 호의 어느 하나에 해당하는 사유가 있을 때에는 보세운송절차에 따라 보세공장 간 원재료의 원상태 반출을 허용할 수 있다.
- 동일법인이 2개 이상의 보세공장을 설치·운영특허를 받아 운영하는 경우에 일부 보세공장의 원재료 수급 및 재고관리 등 불가피한 사유로 동일법인 보세공장 간 원재료의 원상태 반출이 타당하다고 인정되는 경우
- 생산제품의 사양 변경, 단종 또는 재고 원재료 중 해당 보세공장의 제조·가공에 지장이 없는 원재료에 대하여 동일 원재료를 사용하는 다른 보세공장 등에 양도하는 것이 타당하다고 인정되는 경우

ⓒ 보세공장 특정사유 원상태수입 : 세관장은 보세공장에서 국내로 수입된 물품의 하자보수, 원재료에 대한 성분 분석, 보세공장 부설연구소의 연구·개발용 원재료의 사용 등 부득이한 사유로 보세공장에 반입신고 또는 사용신고된 원재료를 사용하는 것이 타당하다고 인정하는 경우에는 원재료의 원상태 수입을 허용할 수 있다. ❶

④ **견본품 전시 등을 위한 일시반출** : 세관장은 운영인이 다음 각 호의 어느 하나에 해당하는 사유로 보세공장에서 전시장, 본·지사의 지정장소, 품질검사업체 등의 장소("전시장등")로 물품을 반출하고자 견본품반출허가신청서를 제출하는 경우 6개월의 범위 내에서 이를 허가할 수 있다. ❶
ⓐ 수출상담이나 전시 등을 위하여 필요한 경우
ⓑ 품질검사를 위하여 필요한 경우
ⓒ 연구·시험용 목적을 위하여 필요한 경우

※ 보세공장에서 제조된 선박이나 철도차량, 항공기를 위하여 보세공장 이외의 장소로 반출하여 시운전하고자 하는 때에는 장외작업의 절차를 준용한다. 다만, 각 호의 서류제출을 생략한다.

관련규정　**견본품 일시반출입절차** [고시]

보세공장 견본품 일시반출입절차는 다음 각 호의 규정에 따른다. 다만, 수출상담의 지속 등 부득이한 경우에는 6개월의 범위 내에서 연장하거나, 일시반출 일정 취소 사유가 발생한 경우에는 취하를 승인할 수 있다.
- 견본품은 수출상담, 전시 또는 원자재 등의 품질검사 등을 위하여 세관장이 필요하다고 인정하는 최소한의 물량이어야 한다.
- 반출허가를 받은 견본품은 허가일로부터 5일 이내에 허가받은 전시장등에 반입하여야 한다.
- 견본품을 보세공장에 재반입 하려는 경우에는 세관장에게 해당 물품의 반출허가서 사본을 첨부하여 견본품재반입신고를 하여야 한다.

- 견본품 반출허가를 받아 전시장등으로 반출하거나 보세공장으로 재반입하는 물품의 반출입신고는 동 허가(신고)서로 갈음하고 별도의 보세운송절차를 요하지 아니한다.
- 보세공장과 전시장등이 서로 다른 세관의 관할구역 내에 있는 경우 세관장은 전시장등 관할 세관장에게 필요한 사항에 대한 관리 · 감독을 위탁할 수 있다.

⑤ **물품반입확인서 발급**

　㉠ 환급대상물품 반입확인서 발급 : 보세공장에 반입한 보세공장원재료의 환급대상물품반입확인서의 발급 · 정정 등의 절차는 환급고시에 따르며, 세관장은 환급고시에 따라 반입확인하는 때에는 기록을 확인하거나 관련 자료 또는 반입사실에 대한 보세사의 확인서를 제출하게 할 수 있다.

　㉡ 발급제외대상 : 세관장은 다음 각 호의 어느 하나에 해당하는 물품은 물품반입확인서를 발급하지 아니한다.

- 시험 · 연구용 제품의 생산을 위한 원재료
- 내국작업용 원재료
- 국내로 수입하려는 물품의 제조 · 가공 등에 필요한 원재료 **1**

⑥ **계약내용 상이 물품의 반입** : 위약물품 환급 규정에 따라 보세공장으로부터 수입신고수리된 물품이 계약내용과 달라 보세공장으로 반입하려는 자는 보세공장 계약상이물품 반입신고(승인)서에 다음 각 호의 서류를 첨부하여 세관장에게 제출하여야 한다.

　㉠ 수입신고필증

　㉡ 해당 물품 수입에 관한 계약내용의 증명서류

　㉢ 해당 물품의 품명 · 규격 · 수량 · 가격 및 반입사유를 기재한 사유서

심화 　**심사대상**

보세공장 계약상이물품 반입신고서를 접수한 세관공무원은 제출서류 및 물품검사 등을 통하여 다음 각 호의 사항을 심사하여야 한다.

- 해당 물품이 계약내용과 다른지 여부
- 수입신고 당시의 성질 또는 형태가 변경되지 아니한지 여부
- 수입신고수리일부터 1년 이내에 보세공장에 반입되었는지 여부

---

⑦ **물품반입의 정지 및 과징금의 부과**

　㉠ 반입정지 : 세관장은 다음 각 호의 어느 하나에 해당하는 사유가 발생할 때에는 기간을 정하여 보세공장에 물품반입을 정지시킬 수 있다. 세관장은 이 경우 지체 없이 관세청 전자통관시스템의 해당 보세공장 보세구역부호를 삭제등록하고, 반입정지기간이 경과하는 때 시스템 관리부서로 부호삭제의 해제를 요청하여야 한다.

1. 반입물품에 대한 관세를 납부할 능력이 없다고 인정되는 경우 **1**
2. 해당 시설의 미비 등으로 보세공장 설치 · 운영의 목적을 달성하기 곤란하다고 인정되는 경우 **1**
3. 재고조사결과 자율 소요량 관리가 부적정하다고 인정되는 경우
4. 1년 이상 장기간 계속하여 물품 반출입 실적이 없거나, 6개월 이상 보세작업을 아니하거나, 업체가 부도 또는 극심한 경영난으로 인하여 정상적인 영업활동이 불가능하여 보세공장 설치 · 운영목적을 달성하기 곤란하다고 인정되는 경우
5. 운영인이 최근 1년 내에 3회 이상 경고처분을 받은 경우
6. 본인 또는 그 사용인이 법 또는 법에 따른 명령을 위반한 경우. 다만, 주의 또는 경고처분을 받은 경우는 제외한다.

심화 📈

반입정지의 경우 그 기간은 다음과 같다.
• 제1호, 제2호, 제3호 : 6개월의 범위에서 그 사유가 해소될 때까지
• 제4호, 제5호, 제6호 : 1개월 이내의 기간

ⓛ 과징금의 부과 : 세관장은 물품반입의 정지처분이 그 이용자에게 심한 불편을 주거나 공익을 해칠 우려가 있는 경우에는 과징금을 부과할 수 있으며, 부과절차에 관하여는 「특허보세구역 운영에 관한 고시」를 준용한다.

심화 📈 **물품의 장치 및 관리**

① 구분장치 : 운영인은 다음 각 호의 어느 하나에 해당하는 물품을 각각 구분하여 장치하여야 한다. 다만, 물품을 전산에 의하여 보관 · 관리하는 자동화 보관시설을 갖춘 경우로서 세관장이 보세화물의 감시 단속에 지장이 없다고 인정할 경우에는 그러하지 아니하며, 수입통관 후 사용할 기계 등에 해당하는 물품으로서 해당 사용장소에 장치할 필요가 있는 경우에는 그 장소에 장치할 수 있다.
  ㉠ 보세가공용 원재료 등(물품반입확인서 발급대상물품 포함)
  ㉡ 수입통관 후 사용하여야 하는 외국물품
  ㉢ 보세공장에서 제조 · 가공, 수리된 물품
  ㉣ 보세작업결과 발생한 잉여물품
  ㉤ 내국작업 물품
② 단일보세공장의 경우 : 단일보세공장으로 특허한 경우 주공장 관할지세관(특허세관)장은 공장 및 공정별로 구분하여 보세공장을 관리한다. 다만, 보세공장의 감시감독에 필요하다고 인정되는 경우에는 소재지 관할세관장에게 보세공장 운영실태 등의 업무조사를 의뢰할 수 있다.

심화 📊 **보세공장 외 일시 물품장치 등**

① 보세공장 외 일시 장치

　　㉠ 운영인은 해당 보세공장에 반입하려는 물품과 반입된 물품, 해당 보세공장에서 생산된 재공품 및 제품 중 거대 중량(부피)의 물품 또는 특수보관이 필요한 물품으로서 다른 보세작업의 수행에 지장이 있는 경우에는 세관장의 허가를 받아 해당 물품을 보세공장 외의 장소에 장치("장외일시장치")할 수 있다.

　　㉡ 장외일시장치장소에 반입된 물품은 허가기간이 종료될 때까지 보세공장에 있는 것으로 본다. **1**

> **해설** 　장외작업이 아님에 유의한다.

② 장외장치 기간 : 보세공장 외 일시 물품 장치허가(정정)신청서를 제출받은 세관장은 신청물품이 다른 보세작업의 수행에 지장을 초래하는지 여부와 보세화물의 감시감독에 지장이 있는지 여부를 심사하여 1년 6개월의 범위에서 이를 허가할 수 있다. 다만, 재해 그 밖에 부득이한 사유가 있는 경우에는 세관장의 허가를 받아 장치장소를 변경하거나 1년 6개월의 범위에서 장치기간을 연장할 수 있다.

③ 가능업무 : 장외일시장치 물품은 장외일시장치 장소에 장치한 상태에서 수출입신고, 양수도 또는 폐기처분 등을 할 수 있다. **1**

④ 운영인의 의무

　　㉠ 운영인은 장외일시장치 허가를 받은 물품을 허가일부터 30일 이내에 허가받은 장소에 반입하여야 한다. 이 경우 해당 물품의 반출신고 및 보세운송신고는 장외일시장치허가서로 갈음하며, 허가받은 물품을 장외장치장으로 직접 반입하려는 경우에는 제23조의 규정을 준용한다.

　　㉡ 운영인은 장외일시장치 물품을 보세공장에 반입하는 때에는 세관장에게 보세공장물품 반출(입)신고(승인)서를 제출하여야 한다.

⑤ 허가기간이 경과한 경우 : 세관장은 허가기간이 경과한 물품이 장외일시장치장소에 장치되어 있는 경우에는 해당 물품의 허가받은 운영인으로부터 그 관세를 즉시 징수한다.

⑥ 장외일시장치장소 등록 : 동일한 장외장치 장소에서 반복적으로 ①에 따른 허가를 받고자 하는 운영인은 사전에 장외일시장치 장소를 관할하는 세관장에게 장외일시 장치 장소를 등록(변경하는 경우를 포함)할 수 있다.

심화 📊 **수출·수입 또는 국외반출의 신고**

① 수출입신고 : 보세공장에서 제조·가공한 물품을 운영인이 수출 또는 수입을 하거나 양수한 자가 수출, 수입하려는 경우(보세공장에서 제조·가공하여 외국의 제3자와의 거래관계에 의하여 국내업자가 수출, 수입하는 경우 포함)에는 세관장에게 수출입신고하여야 한다.

② 수입신고대상 : 다음 각 호의 어느 하나에 해당하는 물품은 수입신고를 하여야 하며, 세관장은 필요한 경우 관련 증명자료의 제출을 요구할 수 있다.

　　㉠ 보세공장에서 생산한 제품과 잉여물품 중 국내로 수입하려는 물품

　　㉡ 수입통관 후 보세공장에서 사용할 물품

ⓒ 보세공장으로부터 수입한 물품을 '보세공장에서 제조되어 반출된 제품의 하자보수용 물품' 및 '보세공장에서 제조가공하여 반출한 후 하자발생, 불량, 구매자의 인수거절 등으로 인하여 반송된 물품' 규정에 따라 반입되어 외국물품 또는 환급대상내국물품을 사용하여 수리 후 다시 반출하는 물품 또는 그 대체품 [고시 제12조제3항제1호, 제2호]

ⓔ 해당 보세공장에서 생산하는 제품의 연구개발을 위하여 보세공장 시설을 이용하여 연구용 등 제품의 제조 등에 사용하는 원재료 사용하여 제조·가공된 물품 중 시험·연구용 물품

ⓜ 보세공장에서 국내로 수입된 물품의 하자보수, 원재료에 대한 성분 분석 등 부득이한 사유로 보세공장에 반입신고 또는 사용신고된 원재료를 사용하는 것이 타당하다고 인정되어 원상태 수입이 허용된 원재료로서 세관장이 그 사유와 증명자료 심사결과 타당하다고 인정하는 원재료

③ 신고대상 세관장 : 운영인이 물품을 수출 또는 수입신고하려는 경우에는 해당 물품이 장치된 보세구역을 관할하는 세관장에게 하여야 한다.

④ 원재료 원상태반출물품 수출 : 운영인이 원재료 원상태 반출물품을 국외로 반출하려는 경우에는 일반적인 수출의 절차에 따른다. 다만, 사용신고를 하지 아니한 물품은 「반송절차에 관한 고시」의 규정에 따른다.

⑤ 원료과세 적용물품란 구분신고 : 원료과세 적용물품을 수입하는 경우에는 제품과 원료를 란을 달리하여 신고하여야 한다.

⑥ 수입신고 전 잉여물품 반출의 경우 수입신고

ⓖ 수입신고 전 반출한 잉여물품은 반출신고서를 제출한 날로부터 10일 이내에 수입신고서에 반출신고서, 송품장, 포장명세서, 매매계약서를 첨부하여 세관장에게 수입신고하여야 한다. 이 경우 10일 이내에 반출한 물품을 일괄하여 수입신고 할 수 있다. ❶

ⓛ 운영인은 수입신고가 수리된 경우에는 화물관리시스템으로 제출한 보세공장 잉여물품 수입신고 전 반출신고서 목록을 조회하여 통관이행내역을 등록하여야 한다. 다만, 수입신고 시 즉시반출신고번호를 기재하여 신고하는 경우에는 통관이행내역 등록 절차를 생략할 수 있다.

ⓒ 수입신고 전의 잉여물품 반출과 관련한 즉시반출업체 및 물품의 지정절차 등에 대해서는 「수입통관 사무처리에 관한 고시」를 적용한다.

⑦ 수출신고의 취하

ⓖ 수출신고를 취하하고자 하는 자는 세관장에게 전자문서에 의한 수출신고취하승인신청서를 제출하고 승인을 받아야 한다.

ⓛ 세관장은 수출신고수리물품이 해당 보세공장 이외의 보세구역 또는 다른 세관 관할 보세구역에 장치되어 있는 경우에는 해당 물품이 원보세공장에 재반입된 이후에 신고를 취하하여야 한다.

⑧ 보세운송과 선적관리
  ㉠ 보세운송
    • 보세공장제조물품 보세운송 : 이 고시의 규정에 의하여 보세공장에서 다른 보세구역 또는 다른 보세공장으로 반출하는 물품은 보세운송 승인일로부터 7일 이내에 도착지에 도착하여야 한다. 다만, 부득이한 사유가 있는 경우에는 7일의 범위 내 또는 세관장이 인정하는 기간까지 보세운송기간을 연장할 수 있다. **1**
    • 수출신고수리물품 보세운송 : 보세공장에서 제조 · 가공되어 수출신고수리된 물품은 보세운송절차[수출신고서상의 운송(신고)인 및 운송기간의 기재로써 보세운송신고에 갈음]에 의하여 수출신고수리일로부터 30일 이내에 도착지에 도착하여야 하며, 보세운송기간의 연장은 선(기)적 기간의 연장으로 갈음한다. **1**
    • 수출화물도착 시 절차 : 보세구역 운영인등은 수출물품이 도착한 때에는 운송인으로부터 수출신고수리필증 또는 반출입신고서 사본을 제출받아 도착화물의 이상유무를 확인하고, 이상이 있는 경우에는 즉시 그 사실을 도착지세관의 보세운송담당과에 보고하여야 하며, 보세운송 담당과는 도착물품을 검사하고 이상이 있을 때에는 그 결과를 발송지세관장에게 통보하여야 한다.
    • 화물관리 **1** : 보세구역 운영인은 수출신고수리물품 등의 관리에 있어 수입물품에 준하여 관리하여야 하며, 세관장의 정당한 허가, 승인(보세운송, 적재허가, 재반입명령 등) 없이는 해당 물품의 반출을 허용하여서는 안 된다.
    • 차량이용 : 운영인은 보세공장에서 수출신고수리된 물품을 운송하는 때에는 보세공장 소유의 차량을 이용할 수 있다. 이 경우 사전에 관할세관장에게 보세운송신고자로 등록하여야 한다.
  ㉡ 보세공장 보세운송의 특례
    • 전산수리 : 세관장은 다음 각 호의 어느 하나에 해당하는 물품에 대하여 보세운송신고 수리를 전산에서 처리하게 할 수 있다. 승인받은 운영인은 보세운송물품의 내용과 반출입물품의 내용을 보세사로 하여금 확인하도록 하여야 한다.
      – 동일 법인 보세공장(자유무역지역 입주기업체 및 복합물류보세창고를 포함) 간 반출입 물품
      – 원재료 등 상호 반출입이 빈번한 보세공장(자유무역지역 입주기업체를 포함) 간 반출입 물품
      – FTA형 특별보세공장 반출입 물품
    • 특례적용절차
      – 물품 반출입절차를 이용하려는 운영인은 보세공장 관할지세관장에게 보세공장 보세운송 특례적용 신청(승인)서를 제출하여 세관장의 승인을 받아야 한다.

－신청(승인)서를 접수한 세관장은 해당 보세공장, 복합물류보세창고 및 자유무역지역을 관할하는 세관장과 협의하여 다음 각 호의 사항을 충족하고 보세화물관리에 지장이 없다고 인정하는 경우에는 이를 일괄하여 승인하고 전산시스템에 반출입 해당 보세구역 부호 및 자유무역지역 입주기업체 부호를 등록하여야 한다.

심화 **승인 요건**

① 동일 법인 보세공장(자유무역지역 입주기업체를 포함) 간 반출입 물품
  ㉠ 보세공장, 복합물류보세창고 및 자유무역지역 입주기업체의 물품관리체계상 반출입 물품관리에 지장이 없는 경우
  ㉡ 「관세 등에 대한 담보제공과 정산제도운영에 관한 고시」에 따라 담보제공 생략대상자(담보제공특례자) 또는 신용담보업체(포괄담보제공자)에 해당하는 경우
  ㉢ 자유무역지역 입주기업체 중 제조업종의 사업이나 포장·보수·가공·조립 등 복합물류 관련 사업을 하는 경우
② 원재료 등 상호 반출입이 빈번한 보세공장(자유무역지역 입주기업체를 포함) 간 반출입 물품
  ㉠ 해당 업체 중 어느 하나라도 수출입안전관리우수업체 또는 법규수행능력우수업체인 경우
  ㉡ 최근 3개월의 해당 업체 간 반출입 횟수가 월평균 20회 이상인 경우. 다만, 해당 보세공장(자유무역지역 입주기업체 또는 복합물류보세창고 포함)이 모두 수출입안전관리우수업체인 경우 반출입 횟수와 상관없이 특례를 적용할 수 있다.
  ㉢ 자유무역지역 입주기업체 중 제조업종의 사업이나 포장·보수·가공·조립 등 복합물류 관련 사업을 하는 경우
③ FTA형 특별보세공장 반출입 물품
  ㉠ FTA형 특별보세공장으로 특허받은 경우
  ㉡ FTA형 특별보세공장의 상대 보세공장이 수출입안전관리우수업체 또는 법규수행능력우수업체에 해당하는 경우

• 특례절차 적용 해제 : 세관장은 다음 각 호의 어느 하나에 해당하는 경우에는 보세공장 보세운송 특례절차의 적용을 해제할 수 있다. 다만, '원재료 등 상호 반출입이 빈번한 보세공장간 반출입 물품'의 승인 요건 중 반출입횟수에 관해서는 보세공장 간 반출입 횟수가 최근 3개월의 월평균 10회 미만인 때로 한다.
  －운영인이 보세공장보세운송특례적용정정(해제)신청서를 제출한 때 **1**
  －반입정지처분을 받은 때 **1**
  －수출입안전관리우수업체 또는 법규수행능력우수업체에 해당하지 아니한 때 **1**
  －보세공장 간 반출입 횟수가 최근 3개월의 월평균 10회 미만인 때 **1**
  －FTA형 특별보세공장의 기준에 부합하지 아니할 때 **1**

  ⓒ 수출물품의 선(기)적 관리
    • 보세공장에서 제조·가공되어 수출신고수리된 물품이 신고수리일로부터 30일 이내에 선(기)적 되지 아니한 경우 통관지세관장은 원보세공장에 재반입하도록 하여 신고수리 취하

등 필요한 조치를 하여야 한다. 다만, 선(기)적 일정 변경 등으로 부득이한 사유가 있는 경우에는 연장할 수 있다.

- 선(기)적 기간 연장승인신청은 「수출통관 사무처리에 관한 고시」에 따른 수출통관시스템의 "수출신고 적재기간연장승인신청" 절차에 의하며, 통관지세관장은 신청사유의 타당성을 심사하여 6개월의 범위 내에서 연장승인을 할 수 있다. 이 경우 연장승인을 받고자 하는 물품이 관할지 이외의 보세구역에 장치되어 있는 경우에는 연장승인 대상물품이 장치된 보세구역을 관할하는 세관장에게 물품의 소재 여부를 확인하여 승인하여야 한다. **1**

⑨ 잉여물품의 처리

   ⊙ 잉여물품관리대장

- 운영인은 잉여물품이 발생한 때에는 잉여물품관리대장에 잉여물품의 형태, 품명ㆍ규격, 수량 또는 중량 및 발생사유를 기록하여야 한다. **3**
- 잉여물품을 다른 보세작업에 사용하려는 하는 경우에는 잉여물품관리대장에 그 내용을 기록한 후 사용하여야 한다. **1**

> **관련규정** **잉여물품의 정의 [고시] 2**
>
> "잉여물품"이란 보세작업으로 인하여 발생하는 부산물과 불량품, 제품 생산 중단 등의 사유로 사용하지 않은 원재료와 제품 등을 말하며, 보세공장 반입물품 또는 보세공장에서 제조, 가공한 물품에 전용되는 포장, 운반물품을 포함한다.

   ⓛ 잉여물품 폐기절차

- 잉여물품을 폐기하려는 하는 운영인은 세관장의 승인을 받아야 한다. 이 경우 세관장은 해당 물품의 성질, 폐기장소 및 폐기방법 등을 고려하여 필요하다고 인정되는 경우에는 세관공무원을 입회시킬 수 있다. 다만, 기업의 영업비밀 또는 보안상의 사유로 해당 보세공장의 자체 시설을 이용하여 잉여물품의 원형을 변형하려는 경우에는 별도의 폐기승인 절차 없이 잉여물품 등에 대한 원형변형 작업을 할 수 있으며, 이 경우 운영인은 작업 내역을 자체적으로 기록ㆍ유지하여야 한다. **4**
- 운영인이 승인받은 물품을 폐기할 경우 세관공무원은 폐기물품의 품명, 규격, 수량 등이 현품과 일치하는지 여부를 확인하여야 하며, 폐기를 완료한 운영인은 관련 자료를 첨부하여 세관장에게 폐기완료보고를 하여야 한다. 이 경우 세관장은 폐기 후 잔존물이 실질적인 가치가 있을 때에는 폐기 후의 물품의 성질과 수량에 의하여 관세 등을 징수하여야 한다. **4**
- 운영인은 잉여물품의 폐기장소가 다른 보세공장인 경우에는 보세운송절차에 의하여 다른 보세공장으로 반출하여 폐기하여야 하며, 세관장은 세관공무원의 입회가 필요한 물품으로 폐기장소가 세관관할구역을 달리하는 경우에는 관할지 세관장에게 세관공무원의 입회를 의뢰할 수 있다.

ⓒ 자체폐기대상물품 지정
- 폐기에 있어 세관장은 성실하다고 인정하는 업체 중 폐기 후의 잔존물이 실질적 가치가 없는 물품에 대하여는 업체의 신청을 받아 사전에 자체폐기대상물품으로 지정할 수 있다. **3**

> 🧑‍🏫 **해설** 업체의 신청을 받는 것이지 직권으로 지정할 수 있는 것이 아님에 유의한다.

- 이 경우 폐기수량 확인 및 폐기방법 등에 대하여는 특정폐기물처리업체 등으로부터 폐기물처리완료증명서를 제출받아 보세공장 운영인이 자체적으로 대장관리하도록 하며, 세관장은 재고조사 시에 이를 일괄하여 확인함으로써 폐기신청, 폐기 시 입회확인 및 폐기완료보고 등을 생략하게 할 수 있다.
ⓓ 일회용 포장재 폐기 : 잉여물품이 사용신고 시 따로 신고하지 않는 포장재로서 반복사용하지 않는 물품인 경우에는 해당 원재료의 사용신고수리로써 폐기처분승인을 받은 것으로 본다. 이 경우 폐기에 따른 참관 및 폐기완료보고는 생략한다.
ⓜ 잉여물품의 타소 반출 : 운영인은 잉여물품의 불량 여부 검사 또는 자원재활용을 위한 재생작업 등을 위하여 다른 보세공장이나 보세공장 이외의 장소로 반출하고자 하는 때에는 장외작업 및 다른 보세공장 작업 등 일시보세작업 규정을 준용하여 반출입할 수 있다.
ⓗ 잉여물품 실중량 측정 : 세관장은 잉여물품의 실제 중량을 측정하기 위하여 보세공장 외의 장소로 반출하는 것이 필요하다고 인정되는 경우에는 보세공장 외 일시 물품장치를 준용하여 이를 허가할 수 있다. 이 경우 해당 장소에서 잉여물품의 수입신고가 수리되는 때에는 세관장은 화물관리시스템에 보세공장 외 일시 물품장치 허가승인 목록을 조회하여 통관이행 내역을 등록·관리하여야 한다.

심화 📈

세관장은 잉여물품 즉시반출업체로 지정받은 운영인이 즉시반출물품으로 지정받은 잉여물품을 제9항에 따라 실제 중량을 측정하기 위하여 등록된 장외일시장치장소로 반출하는 경우에 보세공장 외 일시 물품 장치허가(정정)를 전산에서 자동수리할 수 있다.

ⓢ 잉여물품의 수출입
- 운영인이 기록된 잉여물품을 수입신고 전 반출신고, 수입 또는 수출하고자 하는 때에는 보세사가 확인한 잉여물품확인서를 제출하여야 한다. **2**
- 일시적으로 보세사가 확인할 수 없는 부득이한 사유가 있는 운영인은 세관장으로부터 잉여물품확인서를 확인받아 제출하여야 한다. **1**
- 다만, 수입신고 전 즉시반출신고 후 수입신고하는 경우에는 반출일로부터 10일 이내에 수입신고하는 때까지 잉여물품확인서를 제출할 수 있다.

4. 사용신고 등 [법제186조]

① 사용신고

　㉠ 사용신고 및 요건증명
- 운영인은 보세공장에 반입된 물품에 대하여 그 사용 전에 세관장에게 사용신고를 하여야 한다. **3**
- 사용신고를 한 외국물품이 마약, 총기 등 다른 법령에 따라 허가·승인·표시 등 관련법률에 따라 수입요건을 갖출 필요가 있는 물품으로서 관세청장이 정하여 고시하는 물품인 경우에는 세관장에게 그 요건을 갖춘 것임을 증명하여야 한다. **2**

심화 **사용신고 시 첨부서류**

- 사용신고서(수입신고서 양식 사용)
- 수입승인서 또는 이를 갈음하는 서류(필요한 경우에 한정함)
- 송품장
- 선하증권(B/L)·항공화물운송장(AWB) 사본
- 세관장 확인서류(필요한 경우)
- 세관장이 필요하다고 인정하는 서류(내·외국물품혼용작업신청서, 위탁가공계약서 등)

심화 **요건증명 관련 법률**

「마약류관리에관한법률」, 「식물방역법」, 「야생생물 보호 및 관리에 관한 법률」, 「총포·도검·화약류 등의 안전관리에 관한 법률」, 「수산생물질병관리법」, 「가축전염병예방법」, 「폐기물의 국가 간 이동 및 그 처리에 관한 법률」, 「약사법」(오·남용우려 의약품 한정), 「수입식품안전관리특별법」, 「통신비밀보호법」, 「화학물질관리법」(금지물질, 제한물질에 한함), 「방위사업법」, 국민건강보호·사회안전을 위해 긴급한 대응이 필요하여 법률상 수입요건 구비 여부 확인이 필요하다고 세관장이 인정하는 경우 해당 법률

　㉡ 사용신고 생략 : 내국물품은 사용신고를 생략한다.
　㉢ 검사 및 수리 : 사용신고 물품에 대한 검사는 관세청장이 정하는 바에 따르며, 사용신고를 수리한 때에는 세관특수청인을 전자적으로 날인한 신고필증을 교부한다. 다만, 각 호의 사유가 있을 때에는 해당 각 호의 방법으로 교부한다.
- 부득이한 사정으로 신고필증을 전자적으로 교부할 수 없는 경우 : 사용신고서에 세관 특수청인을 직접 찍어서 교부
- 신고물품의 규격수가 50개를 초과하여 전산으로 입력하지 않고 신고서와 신고필증에 상세내용을 별도의 붙임서류로 첨부하여 신고하는 경우 : 세관특수청인을 전자적으로 찍은 신고필증과 붙임서류의 경계면에 신고서 처리담당자의 인장을 찍어서 교부

ⓔ 검사생략 : 검사대상물품 선별에서 검사방법이 수리전분석 또는 수리후분석으로 지정된 경우 사용신고한 물품이 원료과세적용 신청물품이 아닌 경우에는 검사를 생략할 수 있다.

ⓜ 사용신고의 특례
  • 세관장은 수출입안전관리우수업체 또는 법규수행능력 우수업체 보세공장에 대하여 해당 보세공장에서 사용하는 물품의 품목번호(HSK)를 전산시스템에 등록한 경우에는 입항전에 사용신고를 하게 하거나 사용신고수리를 전산에서 처리하게 할 수 있다. 다만, 서류제출대상 또는 검사대상으로 선별된 물품의 경우에는 그렇지 않다.
  • 운영인은 입항 전 사용신고를 「보세화물 입출항 하선 하기 및 적재에 관한 고시」에 따라 화물관리번호가 부여된 이후에 보세공장 관할세관장에게 할 수 있다. 이 경우 입항 전 사용신고 물품의 심사 및 수리는 보세공장 도착 전 사용신고 규정을 준용한다.

② 사용신고 취하 등
  ㉠ 운영인은 보세공장에 반입된 물품 중 수입통관 후 사용해야 할 물품을 운영인의 착오 등으로 사용신고를 한 물품에 대해서는 관할세관장에게 사용신고 취하신청을 할 수 있다.
  ㉡ 세관장은 사용신고 취하신청을 받은 때 해당 물품이 사용신고 당시의 성질과 상태가 변경되지 아니한 경우에만 그 사용신고를 취하할 수 있다.
  ㉢ 세관장은 사용신고 된 물품이 제조공정 등에 투입되어 사용신고 당시의 성질과 상태가 변경된 경우에는 운영인에게 관세 및 가산세를 부과고지하여야 한다.
  ㉣ 사용신고의 취하신청 및 승인 절차는 「수입통관 사무처리에 관한 고시」를 준용한다.

③ 보세공장 도착 전 사용신고
  ㉠ 세관장은 운영인이 보세공장 도착 전 사용신고한 물품 중 검사생략으로 선별된 물품으로서 보세공장 도착 전에 심사 및 결재등록을 하는 경우에는 보세운송 도착이 보고된 때에 전산에 의하여 신고수리할 수 있다.
  ㉡ 세관장은 수출입안전관리우수업체 또는 법규수행능력 우수업체인 보세공장에 대하여 해당 보세공장에서 사용하는 물품의 품목번호(HSK)를 전산시스템에 등록한 경우에는 보세공장 도착 전 사용신고 물품의 심사 및 결재등록을 생략할 수 있다. 다만, 서류제출대상이나 검사대상으로 선별된 물품의 경우에는 그렇지 않다.

5. 보세공장 외 작업 허가 [법제187조]

> 👨‍🏫 **해설** **보세공장 외 작업의 필요성**
>
> • 원가절감 및 생산성 향상 : 여러 공정을 거쳐 하나의 제품을 생산하는 경우 일부공정을 다른 장소에서 하청을 맡겨 행하는 것이 제조원가를 절감하거나 생산성을 향상시킬 수 있다.
> • 특수공정의 이행 : 제조공정이 당해 보세공장에서 수행할 수 없는 특수한 공정인 경우에는 이러한 공정을 보세공장 밖의 다른 장소에서 수행하게 된다.

① 보세공장 외 작업 허가 : 세관장은 가공무역이나 국내산업의 진흥을 위하여 필요한 경우에는 대통령령으로 정하는 바에 따라 기간, 장소, 물품 등을 정하여 해당 보세공장 외에서 보세작업을 허가할 수 있다.

관련규정 **공장 외 작업허가 절차**

① 허가신청 : 장외작업을 하려는 운영인은 세관장에게 장외작업장 등록신청서를 제출하여 장외작업 장소를 등록하고, 임가공계약서 등 임가공계약을 확인할 수 있는 서류 사본 1부를 첨부하여 세관장에게 장외작업허가를 받아야 한다. 이 경우 세관장은 작업에 소요되는 원재료를 부정하게 유출할 우려가 있다고 인정되는 물품 또는 공장에 대하여는 장외작업을 허가하여서는 아니 된다.

② 허가 및 허가기간 : 장외작업허가신청을 받은 세관장은 6개월 이내의 기간과 장소를 정하여 이를 허가할 수 있다. 다만, 다음 각 호의 어느 하나에 해당하는 경우에는 해당 기간이내에서 장외작업을 허가할 수 있다.

ㄱ 임가공계약서 등으로 전체 장외작업의 내용을 미리 알 수 있어 여러 건의 장외작업을 일괄 허가하는 경우 : 1년

ㄴ 제품 1단위를 생산하는 데 장기간 소요되는 물품인 경우 : 2년

ㄷ 포괄허가 : 세관장은 제조공정상 동일한 장소나 다른 장소에서 연속하여 작업수행이 필요하다면 작업기간 동안 생산하는 물품과 소요 원재료를 포괄하여 허가할 수 있다. 이 경우 임가공계약서 등에 작업공정별 작업장소, 작업기간, 생산하는 물품 및 소요원재료가 명시하여야 한다.

③ 포괄허가 : 세관장은 다음 각 호의 어느 하나에 해당하는 경우에는 장외작업 기간 동안 생산하는 물품과 소요 원재료를 포괄하여 장외작업을 허가(별지 제7호의3서식)할 수 있다. 이 경우 임가공계약서 등에 작업공정별 작업장소, 작업기간, 생산하는 물품 및 소요원재료 등이 명시되어 있어야 한다.

ㄱ 제조공정상 동일한 장외작업장에서 연속하여 작업수행이 필요한 경우

ㄴ 장외작업장, 다른 보세공장 및 자유무역지역 간에 한 곳 이상의 장외작업장 등에서 연속하여 작업수행이 필요한 경우

---

④ **장외작업 허가내용 변경** : 운영인은 허가받은 장외작업 내용이 변경된 경우 세관장에게 장외작업 허가정정 신청서를 제출하여 장외작업허가 내용을 정정신청 하여야 한다. 이 경우 업종에 따라 잦은 제작(설계) 변경 등으로 허가내용을 수시로 정정하여야 하는 경우 세관장이 타당하다고 인정하는 경우에 한하여 완료보고 전에 사용된 원재료 실소요량으로 일괄하여 1건으로 정정신청을 할 수 있다.

② **반출 시 검사** : 허가를 한 경우 세관공무원은 해당 물품이 보세공장에서 반출될 때에 이를 검사할 수 있다. **1**

③ **공장 외 작업장에 반입된 외국물품의 효과** : 허가를 받아 지정된 장소("공장 외 작업장")에 반입된 외국물품은 지정된 기간이 만료될 때까지는 보세공장에 있는 것으로 본다. **2**

④ **공장 외 작업장 직접반입** : 보세공장 외 작업허가를 받은 보세작업에 사용될 물품을 관세청장이 정하는 바에 따라 공장 외 작업장에 직접 반입하게 할 수 있다. **2**

심화 📊 원재료의 장외작업장소 직접 반입 [고시]

① 장외작업에 소요되는 물품을 장외작업장소로 직접 반입하려는 경우 운영인은 신청 시 해당 품목에 장외작업장 직접 반입물품임을 표시하여야 한다. 다만, 서면에 의한 장외작업허가신청의 경우 운영인은 신청서 우측 상단에 "장외작업장 직접 반입물품"의 고무도장을 날인하여 세관장의 허가를 받아야 한다.
② 장외작업허가를 받은 물품을 보세운송하려는 자는 보세운송신고서에 다음 각 호에 해당하는 서류를 모두 첨부하여 신고지세관장에게 제출하여야 한다.
  ㉠ 장외작업허가서 사본(자율관리보세공장 물품은 제출 생략)
  ㉡ 적재화물목록 또는 B/L(AWB 포함) 사본
  ㉢ 송품장 사본
③ 운영인은 장외작업장에 원재료가 직접 반입된 때에는 이 고시에 의한 반입신고, 사용신고 등은 보세공장 관할지세관장에게 하여야 한다.

⑤ **완료보고** : 운영인은 허가받은 기간이 끝나는 날부터 5일 이내에 세관장에게 장외작업 완료보고서를 제출하여야 한다. 이 경우 동일장소 또는 동일계약에 의한 여러 건의 장외작업허가를 일괄하여 1건으로 완료보고 할 수 있다.

⑥ **장외작업 기간 및 장소변경 1** : 세관장은 다음 각 호의 어느 하나에 해당하는 경우에는 운영인으로부터 장외작업 기간연장(장소변경) 승인신청을 받아 승인할 수 있다.
  ㉠ 거대중량 또는 원보세공장의 장치공간 부족 등의 사유로 1년의 범위에서 계속하여 장치하려는 경우 **1**
  ㉡ 재해 및 그 밖에 부득이한 사유로 1년의 범위에서 작업기간을 연장하려는 경우
  ㉢ 재해 및 그 밖에 부득이한 사유로 장외작업 장소를 변경하려는 경우

⑦ **즉시징수 ❸** : 지정된 허가기간이 지난 경우 해당 공장외작업장에 허가된 외국물품이나 그 제품이 있을 때에는 해당 물품의 허가를 받은 보세공장의 운영인으로부터 그 관세를 즉시 징수한다.

 해설

세관장은 보세공장 외 작업 허가기간이 지나 공장외작업장에 외국물품이 있을 경우 원보세공장으로 반입토록 명령하는 것이 아니라 즉시 징수한다.

⑧ **장외작업장 물품반입** : 운영인은 원보세공장과 장외작업장 또는 장외작업장과 장외작업장 간의 원재료 및 제품의 이동 시에는 반출입신고 겸 보세운송신고를 생략할 수 있다. 다만 이 경우 운영인은 장외작업절차에 따른 물품 반출입내역을 자체 기록 · 유지하여야 한다.

⑨ **장외작업 허가 시 가능한 업무의 범위 ❶** : 장외작업의 허가를 받아 보세작업한 물품과 그 잉여물품은 장외작업장소에 장치한 상태에서 원보세공장 관할세관으로 수출 · 수입신고, 양수도, 다른 보세구역 또는 자유무역지역 입주기업체로의 반출신고, 폐기신청, 장외일시장치신청을 할 수 있다. 다만, 세관장이 보세화물의 관리 · 감독상 필요하다고 판단하거나 검사대상물품으로 선별한 경우에는 원보세공장으로 반입하여야 하며, 거대중량 등 부득이한 사유로 반입하기 곤란한 물품은 장외작업 장소에서 확인하여야 한다.

⑩ **관리책임 ❶** : 장외작업의 허가를 받은 물품은 원보세공장 관할세관에서 관리한다. 다만, 보세공장과 장외작업장소가 서로 다른 세관의 관할구역에 있어 관리가 어렵다고 인정되는 경우에는 장외작업장소 관할세관장에게 구체적으로 확인할 사항을 통보하여 관리 · 감독을 의뢰할 수 있다.

⑪ **관리 부적절 시 통보** : 장외작업 물품의 관리 · 감독을 의뢰받은 세관장은 해당 작업장의 관리 · 감독과정에서 보세화물의 관리가 부적절하다고 인정되는 경우에는 즉시 장외작업허가 세관장에게 그 사실을 통보하여야 한다.

⑫ **소유차량이용** : 운영인은 장외작업허가를 받은 원재료 및 제품의 운송 시에는 보세운송등록 차량, 원보세공장 또는 장외작업장 소유의 차량을 이용하여야 한다. 이때 원보세공장 또는 장외작업장 소유의 차량을 이용하려는 경우 해당 운영인은 사전에 관할세관장에게 보세운송신고자로 등록하여야 한다.

6. 다른 보세공장 등 일시 보세작업 [고시]

① **일시보세작업허가** : 운영인은 작업공정상 보세작업의 일부를 다른 보세공장 또는 자유무역지역에서 수행하려는 경우에는 세관장에게 다른 보세공장 일시보세작업허가신청을 하여야 한다.

② **기간일괄허가** : 운영인이 전산시스템을 통해 다른 보세공장 일시보세작업허가신청을 하는 경우 세관장은 작업기간 동안 생산하는 물품과 소요 원재료를 일괄하여 1년 이내의 기간을 정하여 이를 허가할 수 있다. 다만, 세관장은 재해 그 밖에 부득이한 사유로 인정되는 경우 다른

보세공장일시보세작업 등 허가신청(승인)서를 제출받아 1년의 범위 내에서 작업기간의 연장을 허가 할 수 있다.

> **해설** 장외작업은 6개월이 원칙이다.

③ **포괄허가** : 세관장은 제조공정상 다른 한 곳 이상의 보세공장이나 자유무역지역에서 연속하여 작업수행이 필요하여 임가공계약서 등에 작업공정별 작업장소, 작업기간, 생산하는 물품 및 소요원재료가 명시되어 있는 경우에는 작업기간 동안 생산하는 물품과 소요 원재료를 포괄하여 허가 할 수 있다. 이 경우 허가받은 물품은 장외작업장과 다른 보세공장 상호 간에 직접 반입할 수 있다.

④ **보세운송절차** : 운영인이 허가받은 물품을 반출입하는 때에는 보세운송절차에 의하여야 한다. 이 경우 세관장은 보세화물의 감시감독을 위하여 반출입 시마다 확인하는 것이 필요한 경우를 제외하고 보세운송신고 및 보고에 대한 수리를 전산으로 처리하게 할 수 있다.

> **해설** 장외작업의 경우 보세운송 생략이 원칙이다.

⑤ **관리책임** : 다른 보세공장 일시보세작업에 소요되는 원재료 중 다른 보세공장 운영인이 사용신고한 물품은 다른 보세공장에서 관리한다.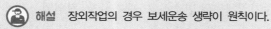

> **해설**
>
> 타 보세공장의 작업인 경우 다른 보세공장에서 관리하는 것이 원칙이나, 만약 장외작업의 경우 원보세공장 관할세관장이 관리주체인 점에 유의한다.

⑥ **직접반입 시 장외작업규정 준용** : 운영인이 최초의 보세작업을 다른 보세공장 또는 자유무역지역의 보세작업을 통하여 수행하려는 경우에는 원재료의 장외작업 장소 직접반입에 관한 규정을 준용하여 처리할 수 있다. 이 경우 보세운송 도착보고 및 반입신고는 다른 보세공장 운영인(자유무역지역은 입주기업체)이 하여야 한다.

⑦ **가능한 업무의 범위** : 운영인은 다른 보세공장 일시보세작업으로 생산한 물품과 잉여물품 등을 다른 보세공장에 장치한 상태에서 수출입신고, 양수도, 다른 보세구역 또는 자유무역지역 입주기업체로의 반출신고, 폐기신청, 장외일시장치신청을 할 수 있다.

⑧ **완료보고** : 운영인은 다른 보세공장 또는 자유무역지역 일시보세작업이 완료된 때에는 관할지 세관장에게 다른 보세공장 일시보세작업 완료보고를 하여야 한다. 이 경우 여러 건의 다른 보세공장 일시보세작업을 일괄하여 1건으로 완료보고할 수 있다.

⑨ **차량이용** : 운영인은 다른 보세공장에 일시보세작업허가를 받은 원재료 및 제품을 운송할 때에는 원보세공장 또는 다른 보세공장(자유무역지역 입주기업체를 포함한다) 소유의 차량을 이용할 수 있다. 이 경우 원보세공장 또는 다른 보세공장 운영인은 사전에 관할세관장에게 보세운송신고자로 등록하여야 한다.

7. 제품과세 [법 제188조] 7

외국물품이나 외국물품과 내국물품을 원료로 하거나 재료로 하여 작업을 하는 경우 그로써 생긴 물품은 외국으로부터 우리나라에 도착한 물품("외국물품")으로 본다. 다만, 대통령령으로 정하는 바에 따라 세관장의 혼용승인을 받고 외국물품과 내국물품을 혼용하는 경우에는 그로써 생긴 제품 중 해당 외국물품의 수량 또는 가격에 상응하는 것은 외국으로부터 우리나라에 도착한 물품으로 본다.

심화 📈 　내외국물품 혼용작업

① 혼용작업 승인 : 내·외국물품 혼용작업을 하고자 하는 자는 보세공장 내·외국물품 혼용작업 신청서에 소요원재료에 대한 상세목록을 첨부하여 세관장의 승인을 받아야 한다. 다만, 세관장이 혼용작업관리에 지장이 없다고 인정한 때에는 주요원재료목록 제출로 상세목록을 갈음할 수 있다.

② 실소요량계산서 제출 : 운영인은 작업한 물품에 대하여 세관장이 요구하는 때에는 원재료실소요량계산서를 세관장에게 제출하여 내·외국물품 혼용비율에 대해 세관장의 확인을 받아야 한다.

③ 동일 물품 승인신청생략 : 세관장은 내·외국물품 혼용작업승인을 받은 물품과 품명 및 규격이 각각 동일하고 손모율에 변동이 없는 동종의 물품을 혼용하는 경우에는 새로운 승인신청을 생략하게 할 수 있다. 1

④ 장외작업 물품 등의 혼용작업 승인신청 : 장외작업 또는 다른 보세공장 일시보세작업 허가를 받아 생산하는 물품의 내·외국물품 혼용작업승인신청은 허가받은 운영인이 원보세공장 관할 세관장에게 신청하여야 한다.

⑤ 혼용작업 승인내역 정정 : 운영인이 내·외국물품 혼용작업 승인내역을 정정하려는 때에는 내·외국물품 혼용작업 정정신청(승인)서를 제출하여 세관장의 승인을 받아야 한다.

---

8. 원료과세 [법 제189조] 2

보세공장에서 제조된 물품을 수입하는 경우 사용신고 전에 미리 세관장에게 해당 물품의 원료인 외국물품에 대한 과세의 적용을 신청한 경우에는 사용신고를 할 때의 그 원료의 성질 및 수량에 따라 관세를 부과한다. 3

 해설　원료과세제도는 제품세율보다 원료세율이 낮은 경우 등 제품과세보다 유리한 경우에 이용한다.

세관장은 대통령령으로 정하는 다음의 기준에 해당하는 보세공장에 대하여는 1년의 범위에서 원료별, 제품별 또는 보세공장 전체에 대하여 원료과세적용신청을 하게 할 수 있다.
① 최근 2년간 생산되어 판매된 물품 중 수출된 물품의 가격 비율이 100분의 50 이상일 것 **3**
② 수출입 안전관리 우수업체로 공인된 업체가 운영할 것

심화

원료과세 적용신청 물품에 대해 FTA 협정관세를 적용받으려는 자는 사용신고를 할 때 해당 원산지와 원산지증명서 구비 여부(Y), 세율란(FTA 관세율)을 기재하여 사용신고하여야 하며, 제품 수입신고를 할 때 협정관세적용신청서와 함께 해당 사용신고서를 첨부하여야 한다. **2**

9. 자율관리 보세공장

심화　자율관리 보세공장

① 자율관리 보세공장 지정요건 및 신청절차 등
  ㉠ 지정 : 세관장은 다음 각 호에 해당하는 경우에 자율관리 보세공장으로 지정할 수 있으며 이 조에서 특별히 정하지 않은 사항은 이 고시의 일반적인 규정을 따른다.
    • 「수출입안전관리우수업체 공인 및 운영에 관한 고시」에서 정한 A등급 이상인 수출입안전관리우수업체인 자
    • 보세공장에 장치된 물품을 관리하는 보세사를 채용한 자
    • 반출입, 제조 · 가공, 재고관리 등 업무처리의 적정성을 확인 · 점검할 수 있는 기업자원관리(ERP)시스템 또는 업무처리시스템에 세관 전용화면을 제공하거나 해당 시스템의 열람 권한을 제공한 자
  ㉡ 점검
    • 세관장은 자율관리 보세공장 지정요건의 적정 여부와 자율관리 보세공장 특례사항을 연 1회 이상 점검하여야 한다. 이 경우 특례사항 정기점검은 「자율관리보세구역 운영에 관한 고시」상 정기감사를 갈음할 수 있으며, 자율관리 보세공장으로 지정받은 당해 연도는 특례사항 점검을 생략할 수 있다.
    • 세관장은 점검결과 위반사항을 적발한 경우 해당 보세공장에 대한 특례의 적용을 잠정 중단하여야 하며, 관세법령이나 이 고시 규정의 위반사항에 해당하는 경우에는 그에 따른 처분을 하여야 한다. 다만, 단순 보고 지연 등 세관장이 경미한 위반사항이라고 판단하는 경우 그러하지 않을 수 있으며, 특례 적용을 중단한 경우 해당 보세공장의 운영인으로부터 개선계획서 등을 제출받아 적정 여부를 심사한 후에 특례를 다시 적용할 수 있다.
② 자율관리 보세공장의 특례 : 세관장은 자율관리 보세공장으로 지정받은 자에게 다음 각 호의 특례를 적용한다.

    ⊙ 보세공장에 반입된 물품(장외작업에 직접 반입된 물품을 포함한다)을 공휴일, 야간 등 개청시간 외에 사용하는 경우 사용 전 사용신고를 공휴일 또는 야간 종료일 다음날까지 사용신고할 수 있다. 다만, 「관세법」제186조 제2항에 따라 사용신고한 외국물품은 제외한다.

    ⓒ 다른 보세공장 일시 보세작업 장소가 자율관리보세공장인 경우 보세운송절차를 생략할 수 있다.

    ⓒ 물품의 반출입을 할 때 동일법인에서 운영하는 자율관리보세공장 간이나, 동일법인에서 운영하는 자율관리보세공장과 자유무역지역 입주기업체 간에는 보세운송절차를 생략할 수 있다. **1**

    ⓔ 사용신고 특례적용을 위한 품목번호(HSK) 등록절차를 생략할 수 있다.

    ⓜ 연 1회 재고조사를 생략할 수 있다. **1**

    ⓗ 해당 보세공장의 특허 목적과 관련 있는 물품은 보세공장에 반입하거나 보세공장으로부터 반출할 수 있다.

    ⓢ 해당 보세공장에서 생산된 수출물품이 무상으로 반출하는 상품의 견품 및 광고용품에 해당되고, 물품 가격이 미화 1만불(FOB기준) 이하인 경우 보세운송절차를 생략할 수 있으며, 보세공장에서 생산된 물품이 장외일시장치장과 장외작업장에서 수출신고되는 경우에도 이와 같다. **1**

    ⓞ 보세공장 장기재고 현황 및 처리계획 보고서의 제출을 생략할 수 있다.

    ⓩ 해당 보세공장의 견본품을 기업부설연구소로 반출할 때 장외작업절차를 준용하게 할 수 있다.

    ⓧ 장외작업 허가 신청 및 장외작업 완료보고서 제출을 생략하게 할 수 있다. 이 경우 보세공장 운영인은 장외작업장을 등록하여야 하며, 이때 세관장으로부터 장외작업 허가를 받은 것으로 본다.

③ 제반규정

    ⊙ 자율관리보세공장은 특례사항에 대한 업무절차 매뉴얼과 물품의 반출입 등 이동내용을 관리할 수 있는 내부통제시스템을 갖추어야 한다.

    ⓒ 사용신고, 물품 반출입 내용 등은 보세사가 자체 기록·유지하고, 기록내용을 매 분기 10일까지 세관에 제출하여야 한다.

10. 특별보세공장 관리

심화 　**특별보세공장 관리**

① 귀금속류 보세공장 : 귀금속류 보세공장 특허 및 운영은 다음 각 호에서 정하는 바에 의하며, 이 조에서 별도로 정하지 않은 사항은 이 고시의 일반적인 규정을 따른다.

    ⊙ 설치·운영특허 : 물품검사를 위한 필요한 측정용 기기와 이에 부수하는 장비 비치, 원재료와 제품을 구분하여 안전하게 장치 보관할 수 있는 창고 또는 금고를 구비하여야 한다.

    ⓒ 물품의 장치 및 관리 : 세관장은 보세화물의 안전을 위하여 필요하다고 판단하는 경우에는 해당 물품, 창고 또는 금고에 세관봉인을 할 수 있다.

    ⓒ 물품의 반출입검사 : 세관장은 전산시스템에 의하여 검사대상으로 선별되지 아니한 물품에 대하여 자체 검사대상선별기준을 따로 정하여 시행할 수 있다.

ⓔ 장외작업 및 다른 보세공장 일시보세작업은 허용하지 아니한다. 다만, 성실업체로서 세관장이 판단하여 감시·단속에 문제가 없다고 인정되는 경우는 이를 허용할 수 있다.

ⓜ 운영인은 원석 등의 절단 작업장과 일반작업장을 분리하여 작업하여야 한다.

ⓗ 세관장은 원재료·제품의 반출입 및 관리방법, 보세작업신고, 보세작업완료보고 등 귀금속류보세공장운영에 필요한 사항에 대하여 내규를 정하여 관세청장의 사전승인을 받아 운영할 수 있다.

② 기내식 보세공장 : 기내식 보세공장의 특허 및 운영은 다음 각 호에서 정하는 바에 의하며, 이 조에서 별도로 정하지 않은 사항은 이 고시의 일반적인 규정을 따른다.

　ⓐ 물품의 장치 및 관리 : 세관장은 보세화물의 안전관리를 위하여 필요하다고 판단하는 때에는 세관봉인과 물품 반출입 시 세관공무원을 입회시킬 수 있다.

　ⓑ 장외작업 및 다른 보세공장 일시보세작업은 허용하지 아니한다.

　ⓒ 세관장은 기내식 보세공장 특성을 고려하여 이 고시에서 규정된 절차의 일부를 생략하는 자체내규를 정하여 사전에 관세청장의 승인을 득한 후 운영할 수 있다.

③ FTA형 특별보세공장

　ⓐ 특허신청 : 중소기업의 범위에 해당하는 자가 다음 각 호의 어느 하나에 해당되는 때에는 FTA형 특별보세 공장으로 특허를 신청할 수 있다. 이 경우 세관장은 내부시스템 등을 통하여 다음 각 호 중 해당사항을 확인하여야 한다.

　　• 업체별 원산지인증수출자로 인증받은 자

　　• 해당 업체 연간 수출실적의 3분의 1 이상을 FTA협정 체결국으로 수출하거나 수출예정인 자

　ⓑ 특혜

　　• 세관장은 FTA형 특별보세공장 물품에 대하여 보세공장의 장치공간 협소 등 세관장이 인정하는 경우 보세공장외 일시 물품장치를 허용할 수 있다.

　　• 세관장은 FTA형 특별보세공장 반입물품에 대하여 입항 전 사용신고 또는 사용신고 수리의 전산처리를 허용할 수 있다.

　　• 세관장은 FTA형 특별보세공장에서 내국작업을 신청하는 경우 유휴시설 등이 아니더라도 보세화물관리에 지장이 없다고 인정되는 경우 이를 허가할 수 있다.

④ 중소기업형 자율관리 보세공장

　ⓐ 지정 : 세관장은 다음 각 호의 어느 하나에 해당하는 자가 보세공장의 특허를 신청하는 경우에는 중소기업형 자율관리 보세공장으로 지정할 수 있으며, 이 조에서 특별히 정하지 않은 사항에 대해서는 이 고시의 일반적인 규정을 적용한다.

　　•「중소기업기본법」에 따른 중소기업

　　• 전년도 해당 공장에서 생산한 물품의 매출액 대비 수출액 비중이 50% 이상인 자(수출액은「대외무역법 시행령」의 "수출실적"을 적용하여 산출한다)

　ⓑ 신청 : 중소기업형 자율관리 보세공장으로 지정받고자 하는 자는 보세공장 설치·운영특허신청서(별지 제1호서식)와 중소기업형 자율관리 보세공장 지정신청서를 제출하여야 한다.

　ⓒ 특허 : 특허신청 및 중소기업형 자율관리 보세공장 지정신청을 받은 세관장은「특허보세구역운영에 관한 고시」를 준용한 자체 보세공장 특허심사 위원회를 구성하여 특허요건의 충족 여부 및 관세행정의 목적에 부합하는지 등을 심의하여야 하며, 심의 결과 타당하다고 인정되는 경우에는 중소기업형 자율관리 보세공장으로 특허할 수 있다. 이 경우 세관장은 보세공장 설치·운영 특허장(별지 제2호서식) 및 중소기업형 자율관리 보세공장 지정서(별지 제1호의5서식)를 교부하여야 한다.

ㄹ 조건부 특허 : 세관장은 중소기업형 자율관리 보세공장 지정을 신청하는 자가 특허요건을 충족하지 못하였으나, 설치 · 운영의 목적이 관세행정 목적에 부합하다고 인정되는 경우에는 일정 기간 내에 동 조건을 구비하는 조건으로 설치 · 운영을 특허 할 수 있다.

ㅁ 특례 : 중소기업형 자율관리 보세공장으로 지정받은 운영인은 다음 각 호의 특례 중 관할 세관장으로부터 특례적용 대상으로 지정받은 작업, 품목, 장소 등에 한하여 특례를 적용 받을 수 있다.

- 제37조제1항제1호부터 제3호까지의 자율관리보세공장 특례
- 보세공장에서 사용하는 원재료의 품목번호(HSK)를 전산시스템에 등록한 경우 사용신고를 전산에서 자동수리
- 전산시스템에 반출입 보세공장의 보세구역 부호를 등록한 경우 제30조의 보세운송신고를 전산에서 자동수리
- 다음 각 목의 어느 하나에 해당하는 경우에는 특허기간 동안 일괄하여 허가 또는 승인을 받은 것으로 간주
  - 장외 일시장치 장소, 사유, 장치물품 등을 사전에 제출한 경우 장외일시장치신청
  - 장외작업 장소, 작업범위, 작업원료, 생산물품 등을 사전에 제출한 경우 장외작업신청
  - 다른 보세공장명, 작업범위, 작업원료, 생산물품 등을 사전에 제출한 경우 다른 보세공장 일시보세작업신청
  - 작업내용, 작업원료 등을 사전에 제출한 경우 내국작업
  - 폐기대상 물품, 폐기방법, 폐기업체 등을 사전에 제출한 경우 잉여물품 자체 폐기대상 지정신청

ㅂ 운영상황 보고 : 중소기업형 자율관리 보세공장으로 지정받은 운영인은 특례적용 사항에 대하여 자체 기록 · 관리하여야 하며, 매월 또는 매 분기가 종료된 다음달 5일까지 중소기업형 자율관리 보세공장 운영상황 보고서(별지 제1호의6서식)를 세관장에 제출하여야 한다.

ㅅ 자율관리 보세공장전환
요건을 갖춘 보세공장 운영인이 중소기업형 자율관리 보세공장으로 전환하고자 하는 때에는 보세공장 제조 · 가공품목(작업종류) 변경(승인)서(별지 제24호서식)와 중소기업형 자율관리 보세공장 지정(변경)신청서(별지 제1호의4서식)를 세관장에게 제출하여야 한다.

11. 재고조사

① 재고조사

ㄱ 보세공장에 대한 재고조사는 서면심사 및 실지조사의 방법으로 회계연도 종료 3개월 이후 연 1회 실시를 원칙으로 한다. **1**

ㄴ 다만, 부정유출의 혐의가 있거나, 설치 · 운영특허가 상실되는 등 세관장이 필요하다고 인정하는 경우에는 수시로 재고 조사할 수 있다. **1**

② 자율점검표 제출

ㄱ 운영인은 회계연도 종료 3개월이 지난 후 15일 이내에 보세공장 반입 원재료 및 제품 등의 관리에 대한 적정여부를 자체 점검하고, 다음 각 호의 사항을 포함하는 자율점검표를 작성

하여 전산시스템으로 전송하거나 관할 세관장에게 서류로 제출하여야 한다. **1**

ⓛ 이 경우 공인회계사가 이 고시에서 정하는 바에 따라 재고조사를 실시하고 작성한 보고서는 자율점검표를 갈음할 수 있다. **1**

관련규정 | **자율점검표 작성사항**

- 보세공장 현황(임원 · 보세사, 관련부서, 생산제품 등) **1**
- 원재료, 재공품, 제품 및 잉여물품 등의 재고관리 방법(반입일 또는 생산일로부터 1년 이상된 장기재고물품의 처리계획 포함) **1**
- 보세공장원재료실소요량계산서(전산기록매체 또는 서면)
- 보세공장 반입물품의 기초재고, 반입/반출량, 기말재고 현황(사용신고 전 원재료, 수입신고 전자본재, 사용신고 후 원재료, 재공품, 제품, 잉여물품을 구분하여 작성하되, 사용신고일 또는 생산일로부터 1년 이상 경과된 원재료 또는 제품의 재고현황은 별도로 구분하여 사용하여 전산시스템으로 제출한다)
- 재고관리 현황을 확인할 수 있는 관련 서류명 및 관리부서
- 보세공장의 법규수행능력 제고를 위한 내부 자율통제체제에 관한 사항
- 그 밖에 보세공장 물품관리와 관련한 참고사항 및 의견

---

③ **자율점검표를 통한 재고조사 갈음** : 세관장은 수출입 안전관리 우수업체, 법규수행능력평가 우수업체 등 보세공장 물품의 관리가 적정하다고 판단되는 보세공장에 대해서는 제출받은 자율점검표 등을 심사하여 그 결과로 재고조사를 갈음할 수 있으며, 그 밖의 보세공장에 대하여 재고조사의 방법을 정하여야 한다.

④ **재고조사 절차** : 세관장은 재고조사 대상으로 정하여진 보세공장에 대하여 재고조사 개시일부터 10일 이전에 물품의 반출입사항, 잉여물품의 처리사항 등 보세공장 물품관리에 필요한 사항이 포함된 제출서류명, 서류제출기한, 재고조사 대상기간, 재고조사기간 등을 기재한 통지서를 운영인에게 송부하여야 하며, 재고조사 개시일부터 서면심사의 경우는 7일 이내, 실지조사의 경우는 10일 내에 완료하여야 한다. 다만, 부득이하게 재고조사기간을 연장하려는 경우에는 7일 이내의 범위에서 연장할 수 있으며, 이미 재고조사가 완료된 "재고조사 대상기간"에 대해서는 부정유출혐의 등의 경우를 제외하고는 반복조사할 수 없다.

⑤ **사전통지생략** : 세관장은 부정유출혐의 등 긴급하게 조사할 필요가 있다고 인정하는 경우에는 사전통지를 생략할 수 있다.

⑥ **실지조사 사유** : 세관장은 정하여진 재고조사의 방법에도 불구하고 관련 자료를 심사한 결과 동 재고조사의 방법이 타당하지 아니하다고 인정되는 경우에는 이를 변경할 수 있다. 다만, 다음 각 호의 어느 하나에 해당되면 실지조사를 하여야 한다.

ⓛ 자율점검표 및 ④의 자료를 제출기한까지 제출하지 않은 경우. 다만, 세관장이 타당하다고 인정하는 경우 제출기한을 연장할 수 있다.

ⓛ 보세화물의 부정유출 우려가 있는 경우

ⓒ 실소요량 관리가 다른 보세공장과 비교하여 불합리한 경우

ⓔ 제출된 자료가 서면조사에 필요한 사항이 기재되지 않아 서면심사가 이루어지기 어려운 경우

ⓜ 설치·운영특허가 상실된 경우(세관장이 실지조사를 생략할 수 있다고 인정한 경우는 제외)

⑦ **합리적인 재고조사방법 적용** : 세관장은 물품의 종류와 작업공정 등을 고려하여 다음 각 호에서 정하는 예시와 같이 합리적인 방법으로 재고조사를 실시할 수 있다.

　ⓐ 전자제품(반도체 제품 등)원재료로서 게르마늄, 실리콘, 골드와이어 등과 같이 미세하고 촉수확인이 불가능한 물품은 포장단위의 조사

　ⓑ 제조기간이 장기간이고 제조공정에 투입된 원재료가 변형되어 수량확인에 기술적인 분석이 필요한 것으로서 부정유출의 우려가 없다고 인정하는 물품(예 선박 및 산업설비 등)은 업체의 작업현황에 따른 합리적인 수량확인 방법으로 조사

　ⓒ 원자재가 다양하고 수량이 많아서 현품수량의 촉수확인이 곤란한 물품에 대하여는 투입되는 재료 중에서 고가품 또는 부정유출의 우려가 있다고 인정되는 주요 물품위주의 발췌조사

⑧ **시정명령 등** : 운영인이 장부기장과 물품관리를 소홀히 하여 재고조사를 실시할 수 없을 때에는 기간을 정하여 그의 시정을 명하고, 지정기간 내 시정이 이루어지지 않는 경우 물품의 반입정지 등에 따른 조치를 할 수 있다.

⑨ **조사결과 조치** : 실지조사결과 물품의 수량이 부족함을 발견하거나 잉여물품을 승인 없이 처분하는 등 관련 법령을 위반한 사실을 발견한 때에는 자체조사 후 통고처분 등 필요한 조치를 하여야 한다. 다만, 「세관공무원의 범칙조사에 관한 훈령」 규정에 해당하는 경우 즉시 조사전담부서로 조사의뢰를 하여야 한다.

12. 물품의 관리감독

① **장부의 비치 및 기장의무** : 보세공장 운영인은 물품의 반출입사항, 잉여물품의 처리사항 등 보세공장물품관리에 필요한 사항이 포함된 장부 또는 자료보존매체(마이크로필름, 광디스크, 기타 전산매체)를 업체특성에 맞게 자율적으로 관리하여야 한다.

② **특허 변경사항의 보고 등**

　ⓐ 보고 또는 신고 및 승인 : 보세공장 운영인은 다음 각 호에 해당하는 사항이 발생하였을 때에는 지체 없이 세관장에게 보고 또는 신청(신고)하여야 하며, 필요시 그 승인을 받아야 한다.

> 1. 폐업 등의 사항 보고·신고
> 2. 업무내용의 변경 사항에 대한 변경 승인신청
> 3. 법인등기 사항의 변경통보
> 4. 수용능력 증감에 관한 사항 승인신청 및 완료 보고
> 5. 운영인이 특허보세구역을 운영하지 아니하게 된 경우 및 특허보세구역(보세공장) 승계신고
> 6. 기타 설치·운영특허 내용 중 변경 사항 신고

ⓛ 등록 및 보고 : 세관장은 다음 각 호에 해당하는 사항이 발생하였을 때에는 지체 없이 그 내용을 화물관리정보시스템에 등록하여야 하며, 제1호의 경우에는 관세청장에게 보고하여야 한다.

> 1. 보세공장 설치 · 운영특허의 취소, 상실, 승계
> 2. 보세공장의 설치 · 운영의 특허 및 기간갱신, 변경사항, 폐업

③ 운영인 및 보세사의 의무 : 운영인 또는 보세사는 다음 각 호의 사항을 확인하거나 기록(전산설비에 의한 기록을 포함한다)하여야 하며 세관공무원이 관계자료의 열람, 제출 및 확인을 요구하는 경우에는 즉시 이에 응하여야 한다.
　　ⓐ 보세운송의 도착 및 화물의 이상유무 확인 ❷
　　ⓑ 보세공장의 원재료보관 · 보세작업 · 제품보관 등 각 단계별 반입과 반출 ❶
　　ⓒ 장외작업물품의 반입과 반출 ❷
　　ⓓ 내국작업허가 물품의 반입과 반출
　　ⓔ 잉여물품의 발생과 반출입 ❶
　　ⓕ 환급고시 규정에 따른 지정된 업체가 공급하는 환급대상 내국물품의 반입 ❶
　　ⓖ 반입대상이 아닌 내국물품의 반출입
　　ⓗ 보세공장 물품의 장치와 보관 ❶
　　ⓘ 그 밖에 이 고시에서 정하는 확인 · 기록 사항 ❶
　※ 운영인은 보세사가 퇴사, 업무정지 등의 사유로 보세사 업무를 수행할 수 없는 경우에는 2개월 이내에 다른 보세사를 채용하여 보세사 업무를 수행하게 하여야 한다.

04　보세전시장

1. 보세전시장 [법 제190조] ❹

보세전시장에서는 박람회, 전람회, 견본품 전시회 등의 운영을 위하여 외국물품을 장치 · 전시하거나 사용할 수 있다.

2. 설치운영의 특허

① 특허대상
　　ⓐ 보세전시장의 특허대상이 될 박람회 등은 주최자, 목적, 회기, 장소, 참가국의 범위, 전시 또는 사용될 외국물품의 종류와 수량, 회장에서 개최될 각종행사의 성질 등 그 규모와 내용으로 보아 해당 박람회 등의 회장을 보세구역으로 하는 것이 타당하다고 세관장이 인정하는

경우에 한정한다. 다만, 외국물품의 판매를 주목적으로 점포 또는 영업장소에서 개인영리 목적으로 이루어지는 전시장은 그렇지 않다.

ⓒ 보세전시장의 운영인은 해당 박람회 등의 주최자 명의로서 하여야 한다. **2**

② **특허장소**

ⓐ 보세전시장으로 특허 받을 수 있는 장소는 해당 박람회 등의 전시장에 한정한다. **2**

ⓑ 세관장은 그 박람회 등의 내용에 따라 전시장 의 일정지역을 한정하거나 전시장의 전부를 보세구역으로 특허할 수 있다.

③ **특허기간**

ⓐ 보세전시장의 특허기간은 해당 박람회 등의 회기와 그 회기의 전후에 박람회 등의 운영을 위한 외국물품의 반입과 반출 등에 필요하다고 인정되는 기간을 고려해서 세관장이 정한다. **4**

ⓑ 부득이한 사유로 특허기간의 연장이 필요하다고 세관장이 인정하는 경우에는 그 기간을 연장할 수 있다.

④ **특허신청**

ⓐ 보세전시장 설치 · 운영의 특허를 받으려는 사람은 특허신청서에 다음 각 호의 서류를 첨부하여 관할 세관장에게 제출하여야 한다.

심화 📈 | **첨부서류**

- 민원인 제출서류
  - 박람회 등의 규모, 내용을 파악할 수 있는 사업계획서 또는 그 밖의 자료
  - 보세구역도면 및 부근위치도
  - 보세전시장 운영업무를 담당하고 있는 임원의 인적사항(성명, 주민등록번호, 주소, 등록기준지)
- 담당공무원 확인사항(민원인 제출 생략) : 법인 등기부 등본

ⓑ 보세전시장 특허신청서에는 보세전시장에서 개최될 박람회 등의 명칭, 소재지, 면적 및 건조물의 구조, 동수, 회장에서 전시 사용될 외국물품의 종류를 기재하여야 한다.

3. 반입절차

① **반입물품의 범위** : 보세전시장에 반입이 허용되는 외국물품의 범위는 다음 각 호의 어느 하나에서 정하는 바와 같다.

ⓐ **건설용품** : 해당 보세전시장에 설치될 전시관, 사무소, 창고, 그 밖의 건조물의 건설유지 또는 철거를 위하여 사용될 물품을 말하며, 여기에는 시멘트, 도료류, 접착제, 볼트, 합판 등의 건축자재와 토목기계, 건축기계, 각종공구 및 이에 사용될 연료나 기계류 등이 포함된다. **1**

ⓑ **업무용품** : 해당 박람회 등의 주최자 또는 출품자가 보세전시장에서 그 업무수행을 위하여 사용할 물품을 말하며 여기에는 사무소 또는 전시관에 비치된 가구, 장식품, 진열용구,

사무용비품 및 소모품 등이 포함된다. **2**

ⓒ 오락용품 : 해당 보세전시장에서 불특정다수의 관람자에게 오락용으로 관람시키거나 사용하게 할 물품을 말하며 영화필름, 슬라이드, 회전목마 등이 포함된다. **2**

ⓔ 전시용품 : 해당 보세전시장에서 전시할 물품을 말한다. **1**

ⓜ 판매용품 : 해당 보세전시장에서 불특정다수의 관람자에게 판매할 것을 목적으로 하는 물품을 말하며, 판매될 물품이 전시할 기계류의 성능실연을 거쳐서 가공·제조되는 것인 때에는 이에 사용될 원료도 포함된다. **3**

ⓗ 증여물품 : 해당 보세전시장에서 불특정다수의 관람자에게 증여할 것을 목적으로 하는 물품을 말하며, 다음과 같은 것이 이에 포함된다. **2**
  • 광고용의 팸플릿(pamphlet), 카탈로그(catalog), 포스터(poster) 또는 이와 유사한 인쇄물
  • 관세가 면제될 진정견본
  • 관세가 면제될 소액 증여품

② **반출입의 신고**

ⓐ 보세전시장에 물품을 반출입하려는 자는 반출입신고를 하여야 한다. 이 경우 보세운송된 물품은 반입 시 세관화물정보시스템의 반입예정정보와 대조 확인 후 반입신고를 전자문서로 제출할 수 있다.

ⓑ 반출입할 때에는 세관공무원을 입회시켜야 한다. 다만, 세관장이 입회할 필요가 없다고 인정할 때에는 예외로 한다. **1**

4. 검사

① **물품검사**

ⓐ 세관장에게 반입신고를 한 외국물품이 보세전시장에 반입된 경우 운영인은 그 물품에 대하여 세관공무원의 검사를 받아야 한다. **2**

ⓑ 세관장은 반입신고된 물품이 반입대상물품에 속하지 않거나 신고내용과 현품이 다를 때에는 그 물품을 지체 없이 다른 보세구역으로 반출할 것을 설영인에게 명할 수 있다. 다만, 그 서로 다른 내용이 경미하고 그 물품이 해당 박람회 등의 운영상 필요한 것이라 인정되면 검사실적에 따라 적격품으로 처리할 수 있다.

② **장치기간** : 보세전시장에 장치된 외국물품의 장치기간은 보세전시장 특허기간과 같다. 다만, 보세전시장에 있는 외국물품을 다른 보세구역으로 반출하였을 때에는 그 물품의 장치기간을 계산할 때 보세전시장 내에 있었던 기간을 산입하지 아니한다.

③ **장치제한** : 세관장은 필요하다고 인정되는 때에는 보세전시장안의 장치물품에 대하여 장치할 장소를 제한하거나 그 사용사항을 조사하거나 운영인으로 하여금 필요한 보고를 하게 할 수 있다. **1**

④ **내국물품 반출입신고** : 보세전시장에서 사용될 내국물품에 대하여는 반출입의 신고를 생략한다. 다만, 그 내국물품이 다음 각 호의 어느 하나에 해당하는 때에는 그러하지 아니한다. 이 경우 내국물품에 대하여 세관장이 해당 내국물품의 장치장소를 제한하거나, 전시 또는 판매행위 등을 제한할 수 있다.

　㉠ 내국물품이 외국에서 생산된 제품으로서 보세전시장에 있는 외국물품과 구별할 필요가 있을 때

　㉡ 내국물품이 인화성 또는 폭발성 물질로서 안전관리상의 조치가 필요할 때

　㉢ 해당 보세전시장에서 개최될 박람회 등의 운영과 관계가 없는 것일 때 **1**

5. 전시, 사용 및 수입

① **전시의 범위** : 보세전시장에서의 외국물품의 전시는 전시의 대상이 될 물품의 성능을 실연하기 위하여 이를 작동시키는 행위를 포함한다.

② **사용의 범위**

　㉠ 당해 외국물품의 성질 또는 수량 및 형상에 변경을 가하는 행위 **3**

　㉡ 당해 박람회의 주최자 · 출품자 및 관람자가 그 보세전시장 안에서 소비하는 행위 **3**

③ **수입신고대상** [고시] : 보세전시장에 반입된 외국물품 중 수입신고수리 후 사용이 가능한 물품은 다음 각 호의 어느 하나에서 정하는 바와 같다. **1**

　㉠ 판매용품 : 보세전시장에서 불특정다수의 관람자에게 판매할 것을 목적으로 하는 물품

　㉡ 오락용품 : 보세전시장에서 불특정다수의 관람자에게 오락용으로 관람케 하거나 사용하게 할 물품 중 유상으로 제공될 물품

　㉢ 증여용품 : 보세전시장에서 불특정다수의 관람자에게 증여할 목적으로 한 물품

④ **수리 전 사용제한** [영] : 불특정 다수의 관람자에게 판매할 것을 목적으로 반입된 판매용 외국물품은 수입신고가 수리되기 전에는 이를 사용하지 못한다. **5**

> ### 관련규정
>
> 기증, 매각 등의 이유로 보세전시장에 있는 외국물품을 국내로 반입하려는 경우에도 수입신고를 하여야 한다. **1**

⑤ **수리 전 인도제한** [영] : 보세전시장에 장치된 전시용 외국물품을 현장에서 직매하는 경우 수입신고가 수리되기 전에는 이를 인도하여서는 안 된다. **2**

⑥ **소액증여품의 면세** : 증여용품 중 관세가 면제되는 물품은 주최자 또는 출품자가 전시장에서 관람자에게 무상으로 제공할 목적으로 수입하고 관람자 1명당 증여품의 가액이 미화 5달러 상당액 이하인 소액물품으로서 세관장이 타당하다고 인정하는 물품에 한정한다. 이 경우 소액 증여품이 전시된 기계류의 성능실연 과정에서 제조되는 것일 때에는 그 제조용 원료도 포함된다. **2**

- 반송 : 박람회 등의 회기가 종료되면 해당 보세전시장에 있는 외국물품은 이를 외국으로 반송하는 것을 원칙으로 하며, 이 경우의 반송절차는 반송절차에 관한 고시를 적용한다. **1**
- 수입 : 기증·매각됨으로써 보세전시장에 있는 외국물품을 국내로 반입하려는 자는 수입신고를 하여야 한다. **1**
- 폐기 : 보세전시장에 있는 외국물품을 폐기하려는 때에는 미리 세관장의 승인을 받아야 한다. 폐기 후의 잔존물이 가치가 있는 때에는 폐기 후의 성질과 수량에 따라 관세를 부과한다. **1**
- 다른 보세구역으로의 반출 : 회기가 종료되고 반송, 수입 또는 폐기 처리되지 아니한 외국물품은 해당 보세전시장의 특허기간에 지체 없이 다른 보세구역으로 반출하여야 한다. **1**

6. 운영인의 의무

① **물품관리 및 설비**

ㄱ 운영인은 보세전시장에 있는 외국물품에 대하여 부정유출방지 또는 안전관리를 위한 세관장의 명령을 준수하고 세관공무원의 지휘를 받아야 한다.

ㄴ 운영인은 인화성 또는 폭발성 물품에 대하여 「소방기본법」 등 관계 법령을 준수하여야 한다.

② **설비명령이행** : 운영인은 보세전시장에서의 외국물품의 관리에 필요한 시설을 설치하거나 물품검사에 필요한 기구를 비치할 것을 내용으로 하는 세관장의 명령이 있을 때에는 즉시 이를 실행하여야 한다.

05 보세건설장

 해설 보세건설장 효과

- 산업시설용 기계류·설비품을 부분품 상태에서 하나하나 수입통관하려면 사무가 너무 번잡하므로 일정규모의 과세단위로 조립한 후 완제품상태로 수입통관하게 함으로써 통관절차가 간소해진다. **1**
- 부분품이나 소재의 관세율보다 조립된 시설물의 관세율이 낮은 경우 또는 시설물이 면세대상인 경우에 조립된 시설물을 기준으로 과세 또는 면세하도록 지원하여 역관세를 시정하는 기능이 있고 보세건설물품은 부가가치세가 면제되므로 세제지원 효과가 있다.
- 공사완료 시까지 과세가 유보되는 효과가 있어 자금부담을 그만큼 덜어준다.

1. 보세건설장 [법 제191조] ②

보세건설장에서는 산업시설의 건설에 사용되는 외국물품인 기계류 설비품이나 공사용 장비를 장치 · 사용하여 해당 건설공사를 할 수 있다.

2. 특허

① **특허신청** : 보세건설장 설치 · 운영의 특허를 받으려는 자는 보세구역 특허신청서와 다음 각 호의 서류를 세관장에게 제출하여야 한다.

심화 | **제출서류**

- 민원인 제출서류
  - 공사계획서(목적, 일정, 투자내역, 건설 후 제조공정도, 수입금액 등 관련 내용 포함)
  - 수입하는 기계류, 설비품 및 공사용 장비명세서(기본계획도, 설비배열도, 장치의 계선도 등)
  - 공사평면도 및 건물배치도
  - 위치도
  - 보세건설장운영과 관계가 있는 임원의 인적사항(성명 등)
- 담당공무원 확인사항(민원인 제출생략)
  - 법인 등기부 등본
  - 국세납세증명서
  - 보세건설장 운영과 관계있는 임원에 대한 신원확인(신원조회)

심화 | **특허의 제한**

관세청장은 관세법법 등 관계법령에서 정하는 보세구역 설치 · 운영특허의 특허결격 사유 이외의 다음 각 호의 어느 하나에 해당하는 경우에는 보세건설장 설치 · 운영 특허를 하지 아니한다.
- 산업시설 공사의 규모, 수입물품의 종류, 수량 등에 비추어 통상의 수입통관 절차를 따르더라도 공사 진행에 지장이 없는 경우
- 기존 시설의 보수 및 개수를 하는 경우. 다만, 중요산업(관세감면 또는 분할납부 업종)으로서 보수 및 개수를 위하여 세관장이 타당하다고 인정되는 경우에는 그렇지 않다.

---

② **특허대상** : 세관장은 다음 각 호의 어느 하나에 해당하는 경우 보세건설장을 특허할 수 있다.
  ㉠ 「산업발전법」에 따른 업종에 해당하는 물품을 수입하는 경우
  ㉡ 중요산업(관세감면 또는 분할납부 업종)으로서 보수 및 개수를 위하여 세관장이 타당하다고 인정하는 경우
  ㉢ 외국인투자지역에 입주하는 외국인투자기업체 ❶
  ㉣ 「산업집적활성화 및 공장설립에 관한 법률」 등에 따른 공업단지입주기업체

ⓜ 「국가첨단전략산업 경쟁력 강화 및 보호에 관한 특별조치법」 "국가첨단전략산업"에 해당하는 경우

ⓗ 상기에 해당하지 않는 경우로서 정상 통관절차를 따르면 장기간이 소요되어 산업시설건설에 지장을 초래한다고 인정되는 산업 또는 기업체

③ **특허의 갱신** : 보세건설장의 특허를 갱신하려는 자는 특허기간 만료 30일 전까지 보세건설장 설치 운영 특허(갱신) 신청서와 다음 각 호의 서류를 세관장에게 제출하여야 한다.

심화 📊	제출서류

- 민원인 제출서류
  - 공사 진행 상황 경과보고서
  - 보세화물 반입현황(수입신고 및 신고수리내역 포함)
  - 보세건설장운영과 관계가 있는 임원의 인적사항(성명 등)
- 담당공무원 확인사항(민원인 제출 생략)
  - 법인등기부등본
  - 국세납세증명서
  - 보세건설장운영과 관계가 있는 임원에 대한 신원확인(신원조회)

④ **특허연장** : 운영인은 건설물품의 반입 지연, 공사지체 등으로 특허기간 내에 건설공사의 완료가 곤란하다고 판단되어 그 기간을 연장하려는 경우 보세건설장 특허기간 연장 신청서와 다음 각 호의 서류를 세관장에게 제출하여야 하며, 신청서류는 우편으로 제출할 수 있다.

ⓐ 공사 진행 경과보고서

ⓑ 건설물품 반입현황

⑤ **수용능력증감**

ⓐ 운영인은 특허면적 등 수용능력을 증감하려면 보세건설장 수용능력 증감 신청(승인)서를 세관장에게 제출하고 승인을 받아야 한다. **1**

ⓑ 운영인은 수용능력 증감공사를 완료한 때에는 지체 없이 그 사실을 세관장에게 통보하여야 한다. **1**

3. 물품 반출입

① **보세건설장 반입물품의 범위 [영]** : 보세건설장에 반입할 수 있는 물품은 외국물품 및 이와 유사한 물품으로서 당해 산업시설의 건설에 필요하다고 세관장이 인정하는 물품에 한한다. **1**

ⓐ 산업시설 건설에 사용되는 외국물품인 기계류 설비품(수입신고 후 사용) **3**

ⓑ 산업시설 건설에 사용되는 외국물품인 공사용 장비(수입신고수리 후 사용) **4**

ⓒ 산업시설에 병설되는 사무소, 의료시설, 식당, 공원, 숙사 등 부대시설을 건설하기 위한 물품(수입신고수리 후 사용) **3**

ⓔ 그 밖에 해당 산업시설 건설의 형편상 필요하다고 인정되는 물품(수입신고수리 후 사용)

심화 📈 　물품의 반출입신고

- 보세건설장에 물품을 반출입하려는 자는 세관장에게 반출입 신고를 하여야 한다. 이 경우 보세운송되어 반입된 물품은 반입 시 세관 화물정보시스템의 반입예정정보와 대조하여 확인한 후 반입신고를 전자문서로 제출할 수 있다.
- 자율관리보세구역으로 지정받은 경우 운영인은 내국물품의 반출입 신고를 생략할 수 있다. 다만, 세관장이 필요하다고 인정하는 때에는 그렇지 않다.
- 반입 또는 반출하고자 할 때에는 세관공무원을 입회시켜야 한다. 다만, 세관장이 입회할 필요가 없다고 인정할 때에는 예외로 한다.

---

② **물품관리** : 운영인은 보세건설장에 반입하는 외국물품에 대하여는 다음 각 호의 사항을 확인할 수 있는 반출입신고서, 수입신고필증 등을 비치하고 반입물품을 관리하여야 한다.

심화 📈 　확인사항

- 해당 물품의 B/L번호 · 품명 · 수량 · 가격, 포장의 종류 · 기호 · 번호 및 개수
- 반입신고 연월일 및 신고번호
- 수입신고 연월일, 수입신고번호, 검사 연월일, 사용 연월일, 수입신고수리 연월일
- 그 밖에 세관장이 필요하다고 인정하는 사항

심화 📈 　특허상실 보세건설장 장치물품의 처리

특허상실 또는 특허기간이 만료된 보세건설장에 장치되어 있는 외국물품은 종류, 수량 등을 고려하여 특허상실 또는 특허기간 만료일로부터 6개월을 초과하지 않는 범위에서 세관장이 정한 기간 내에 다른 보세구역으로 반출하여야 한다. 다만, 보세구역 외 장치 사유가 있을 때에는 신청에 의하여 보세구역 외 장치를 허가할 수 있다.

---

4. 보세건설장 작업 [법 제192조]

① **사용 전 수입신고** [법] : 운영인은 보세건설장에 외국물품을 반입하였을 때에는 사용 전에 해당 물품에 대하여 수입신고를 하고 세관공무원의 검사를 받아야 한다. 다만, 세관공무원이 검사가 필요 없다고 인정하는 경우에는 검사를 하지 아니할 수 있다. **2**

② **건설공사 완료보고** [영] : 보세건설장의 운영인은 수입신고를 한 물품을 사용한 건설공사가 완료된 때에는 지체 없이 이를 세관장에게 보고하여야 한다. **3**

③ 보세건설장 외 작업 허가

   ⊙ 보세건설장외 보세작업의 허가를 받으려는 자는 보세건설장 외 보세작업 신청서와 다음 임가공계약서 사본 1부 등을 세관장에게 제출하여야 한다. **2**

   ⓛ 세관장은 보세작업을 위하여 필요하다고 인정될 때에는 대통령령으로 정하는 바에 따라 기간, 장소, 물품 등을 정하여 해당 보세건설장 외에서의 보세작업을 허가할 수 있다.

   ⓒ 보세건설장 외 보세작업 관련 업무처리절차는 「보세공장 운영에 관한 고시」에서 정하고 있는 절차를 준용하며, 보세건설장 외 보세작업 허가기간에 대해서는 지정여건에 따라 관할 세관장이 정하는 바에 따른다.

   ⓔ 세관장은 재해나 그 밖의 부득이한 사유로 인하여 필요하다고 인정될 때에는 신청을 받아 보세건설장외 보세작업의 기간 또는 장소를 변경할 수 있다.

④ 잉여물품의 처리

   ⊙ 보세건설장 운영인은 보세건설장 작업이 종료한 때에는 수입신고한 물품 중 잉여물품을 세관장에게 보고하여야 한다. **1**

   ⓛ 세관장은 잉여물품에 대하여 관세와 내국세 징수 등 해당 세액을 경정하여야 한다.

5. 보세전시장 제한 [법 제193~194조]

① **반입물품 장치제한** : 세관장은 보세건설장에 반입된 외국물품에 대하여 필요하다고 인정될 때에는 보세건설장 안에서 그 물품을 장치할 장소를 제한하거나 그 사용상황에 관하여 운영인으로 하여금 보고하게 할 수 있다.

② **건설물품의 가동 제한** : 운영인은 보세건설장에서 건설된 시설의 전부 또는 일부를 수입신고가 수리되기 전에 가동할 수 없다. 다만, 세관장의 승인을 받고 시험목적으로 일시 가동한 경우에는 그렇지 않다. **3**

③ **신고수리 전 사용제한 및 외국물품의 통관**

   ⊙ 보세건설장 운영인은 외국물품은 수입신고 후 사용하여야 하며 외국물품은 수입신고수리 전에 사용할 수 없다.

   ⓛ 외국물품의 수입통관은 「수입통관사무처리에 관한 고시」를 준용한다.

06 보세판매장

1. 보세판매장 [법 제196조]

| 관련규정 | 보세판매장의 종류 및 용어의 정의 |

① 외교관면세점이란 외교관 면세규정에 따라 관세의 면제를 받을 수 있는 자에게 판매하는 보세판매장을 말한다. **1**

② 출국장면세점이란 출국장에서 출국인 및 통과여객기(선)에 의한 임시체류인에게 판매하는 보세판매장을 말한다. **4**

③ 입국장면세점이란 외국에서 국내로 입국하는 자에게 물품을 판매할 목적으로 공항, 항만 등의 입국경로에 설치된 보세판매장을 말한다.

④ 시내면세점이란 공항 및 항만의 보세구역 이외의 장소에서 출국인 및 통과여객기(선)에 의한 임시체류인에게 판매하는 보세판매장을 말한다. **2**

⑤ 지정면세점이란 조세특례제한법상의 제주도 여행객 면세점에 대한 간접세 등 특례규정에 따라 제주도 외 국내 다른 지역으로 출도하는 제주도 여행객에게 연간 6회, 면세한도 800불 이하 면세품을 판매할 수 있는 곳을 말한다. **2**

⑥ 판매장이란 판매물품을 실제로 판매하는 장소인 매장과 계단 · 에스컬레이터 · 화장실 · 사무실 등 물품판매와 직접 관련이 없는 공용시설을 말한다. **2**

⑦ 출국장이란 공항 · 항만 보세구역 내에서 출국인 또는 통과여객기(선)에 의한 임시체류인이 항공기 또는 선박을 탑승하기 위하여 대기하는 장소를 말한다. **1**

⑧ 중소 · 중견기업 제품 매장이란 중소기업, 중견기업 및 외국의 법령에 따라 중소기업 또는 중견기업으로 확인받은 업체가 제조 · 가공한 물품을 판매하는 장소를 말한다.

⑨ 입국장이란 공항 · 항만 보세구역 내에서 입국인이 국내로 입국하기 위하여 대기하는 장소를 말한다.

⑩ 운영인이란 세관장으로부터 보세판매장 설치 · 운영 특허를 받은 자를 말한다. **1**

⑪ 출국인이란 「출입국관리법」에 따라 출국하는 내국인 및 외국인을 말한다.

⑫ 입국인이란 「출입국관리법」에 따라 입국하는 내국인 및 외국인을 말한다.

⑬ 외국인이란 다음 각 목의 어느 하나에 해당하는 자를 말한다.
  ㉠ 「출입국관리법」에 따라 대한민국의 국적을 가지지 아니한 자
  ㉡ 「재외동포의 출입국과 법적지위에 관한 법률」에 따른 재외국민으로서 거주지 국가의 영주권(영주권 제도가 없는 국가에서는 영주권에 갈음하는 장기체류 사증)이나 이민사증을 취득한 자 또는 영주할 목적으로 외국에 거주하고 있는 자로서 거주여권(PR)을 소지한 자
  ㉢ 「해외이주법」에 따른 해외이주자로서 해외이주신고확인서 및 「재외국민등록법」에 따른 영주할 목적인 재외국민으로서 재외국민등록부 등본을 소지한 자 또는 「주민등록법」에 따른 재외국민 주민등록증을 소지한 자

⑭ 시설관리권자란 공항 · 항만의 출 · 입국장 시설을 관리하는 자를 말한다.

⑮ 보세판매장 협의단체란 운영인의 공정한 상거래질서와 기업윤리를 자율적으로 확립하고 보세판매장제도의 발전을 위하여 「민법」에 따라 설립된 비영리법인을 말한다. **1**

⑯ 통합물류창고란 보세판매장 협의단체장이 회원사의 원활한 보세화물관리와 물류지원을 위하여 보세판매장의 보관창고와 동일한 기능을 수행하기 위해 설치한 곳을 말한다. **3**

① **보세판매장**

　㉠ 보세판매장의 기능

　　• 보세판매장에서는 다음 각 호의 어느 하나에 해당하는 조건으로 물품을 판매할 수 있다.
　　　– 해당 물품을 외국으로 반출할 것. 다만, 외국으로 반출하지 아니하더라도 대통령령으로 정하는 바에 따라 외국에서 국내로 입국하는 자에게 물품을 인도하는 경우에는 해당 물품을 판매할 수 있음
　　　– 외교관 면세규정에 따라 관세의 면제를 받을 수 있는 자가 해당 물품을 사용할 것

　　• 공항 및 항만 등의 입국경로에 설치된 보세판매장에서는 외국에서 국내로 입국하는 자에게 물품을 판매할 수 있다. **1**

　㉡ 보세판매장 판매 대상 물품 [규칙]

　　• 법 제196조제1항에 따라 외국으로 반출하는 것을 조건으로 보세판매장에서 판매할 수 있는 물품은 다음 각 목의 물품을 제외한 물품으로 한다.
　　　– 법 제234조에 따른 수출입 금지 물품
　　　– 「마약류 관리에 관한 법률」, 「총포·도검·화약류 등의 안전관리에 관한 법률」에 따른 규제대상 물품

　　• 법 제196조제1항에 따라 법 제88조제1항제1호부터 제4호까지에 따라 관세의 면제를 받을 수 있는 자가 사용하는 것을 조건으로 보세판매장에서 판매할 수 있는 물품은 별표 6과 같다.

② **입국장 면세점**

　㉠ 입국장 면세점의 기능 : 공항 및 항만 등의 입국경로에 설치된 보세판매장에서는 외국에서 국내로 입국하는 자에게 물품을 판매할 수 있다.

　㉡ 보세판매장 판매한도 [규칙] : 법 제196조제2항에 따라 설치된 보세판매장의 운영인이 외국에서 국내로 입국하는 사람에게 물품(담배, 술·향수는 제외)을 판매하는 때에는 미화 800달러의 한도에서 판매해야 하며, 담배, 술·향수는 제48조제3항에 따른 별도면세범위에서 판매할 수 있다.

　㉢ 보세판매장 판매 대상 물품 [규칙] : 법 제196조제2항에 따라 설치된 보세판매장에서 판매할 수 있는 물품은 다음 각 목의 물품을 제외한 물품으로 한다.

- 수출입 금지 물품
- 「마약류 관리에 관한 법률」, 「총포·도검·화약류 등의 안전관리에 관한 법률」에 따른 규제대상 물품
- 「가축전염병 예방법」에 따른 지정검역물과 「식물방역법」에 따른 식물검역대상물품
- 「수산생물질병 관리법」에 따른 지정검역물

③ **판매제한** : 세관장은 보세판매장에서 판매할 수 있는 물품의 수량, 장치장소 등을 제한할 수 있다. 다만, 보세판매장에서 판매할 수 있는 물품의 종류, 판매한도는 기획재정부령으로 정한다.

2. 보세판매장 특례 [법 제176조의2]

① **일반 보세판매장의 특허비율** : 세관장은 일반 보세판매장(외교관면세점 이용자 대상 보세판매장 포함)에 특허를 부여하는 경우에 중소기업 및 중견기업으로서 매출액, 자산총액 및 지분 소유나 출자 관계 등이 대통령령으로 정하는 기준에 맞는 기업 중 특허를 받을 수 있는 요건을 갖춘 자(이하 "중소기업등"이라 한다)에게 100분의 30 이상의 특허를 부여하여야 하고, 상호출자제한 기업집단에 속한 기업에 대해 총 특허 수의 100분의 60 이상의 특허를 부여할 수 없다.

② **입국장면세점의 특허비율** : 세관장은 공항, 항만 등의 입국경로에 설치된 보세판매장의 경우에는 중소기업 등에게만 특허를 부여할 수 있다.

③ 기획재정부장관은 매 회계연도 종료 후 4개월 이내에 보세판매장별 매출액을 대통령령으로 정하는 바에 따라 국회 소관 상임위원회에 보고하여야 한다.

> **심화 📊 보세판매장의 신규 특허 수 결정 등**
>
> - 기획재정부장관은 보세판매장 제도운영위원회의 심의·의결을 거쳐 공항 및 항만의 보세구역 외의 장소에 설치되는 보세판매장(이하 "시내보세판매장"이라 한다)의 신규 특허 수를 결정할 수 있다.
> - 보세판매장 제도운영위원회는 다음 각 호의 어느 하나에 해당하면 광역자치단체에 설치되는 중소기업 등(특허비율 적용을 받는 중소중견기업)이 아닌 자에 대해 부여할 수 있는 시내보세판매장의 신규 특허 수를 심의·의결할 수 있다. 이 경우 보세판매장 제도운영위원회는 기존 보세판매장의 특허 수, 최근 3년간 외국인 관광객의 동향 등 시장상황을 고려하여 심의·의결해야 한다.
>   - 광역자치단체별 시내보세판매장 매출액이 전년 대비 2천억원 이상 증가한 경우
>   - 광역자치단체별 외국인 관광객 방문자 수가 전년 대비 20만명 이상 증가한 경우
> - 보세판매장 제도운영위원회는 다음 각 호의 어느 하나에 해당하면 해당 광역자치단체에 설치되는 시내 보세판매장의 신규 특허 수를 심의·의결할 수 있다. 이 경우 보세판매장 제도운영위원회는 기존 보세판매장의 특허 수, 외국인 관광객 수의 증가 추이 등을 고려하여 심의·의결해야 하되, 제2항 각 호의 요건은 적용하지 않는다.
>   - 법 제88조제1항제1호부터 제4호까지의 규정에 따라 관세의 면제를 받을 수 있는 자에게 판매하는 시내보세판매장을 설치하려는 경우

− 올림픽 · 세계육상선수권대회 및 「전시산업발전법 시행령」 제2조제1호에 따른 박람회 등 대규모 국제행사기간 중에 참가하는 임직원, 선수, 회원 및 관광객들의 편의를 위하여 행사장, 경기장 또는 선수촌 주변에 한시적으로 시내보세판매장을 설치할 필요가 있는 경우
− 시내보세판매장이 설치되지 않은 광역자치단체의 장이 중소기업 등이 아닌 자가 시내보세판매장을 설치할 수 있도록 하려는 경우로서 해당 광역자치단체의 장이 시내보세판매장의 설치를 요청하는 경우
− 중소기업 등이 광역자치단체에 시내보세판매장을 설치하려는 경우

③ 특허의 기준

㉠ 특허의 요건 : 보세판매장에 대하여 "관세청장이 정하는 바"란 다음 각 호와 같다.

• 자본금 10억원 이상의 법인일 것. 다만, 같은 법인이 두 곳 이상의 보세판매장을 설치 · 운영하려는 경우 두 번째 보세판매장부터는 추가로 특허장소별로 5억원 이상의 자본금을 보유할 것 **1**

• 장치면적 등 시설요건을 충족할 것. 다만, 한시적으로 시내보세판매장을 설치한 경우에는 예외로 한다.

㉡ 시설요건 : 보세판매장의 판매장과 보관창고의 장치면적 등 시설요건은 다음 각 호와 같다. 보세판매장 특허 신청자는 세관장이 명하는 시설 · 기계 및 기구를 설치해야 하며, 보석류를 판매하려는 때에는 세관감정용 다이아몬드 테스터기 및 보석 현미경 등을 보세판매장에 비치하여야 한다. 다만, 보세판매장에 입점하는 업체가 해당 기기를 비치하는 경우에는 운영인이 별도로 비치하지 않을 수 있다.

• 외교관면세점 : 서울특별시 내에 한하며, 판매장 및 보관창고를 각각 별도로 설치하되 세관장이 보세화물 관리에 적정하다고 인정하는 면적

• 출국장면세점

판매장	출국장의 사정에 따라 보세판매장 특허공고를 할 때 시설관리권자와 사전협의된 장소의 범위 내에서 세관장이 인정하는 면적
보관창고	판매장과 동일 출국장 내에 위치(다만, 세관장이 보세화물의 감시감독에 지장이 없다고 인정하는 경우 공항 · 항만 보안구역에 위치할 수 있다)

• 입국장면세점

판매장	입국장의 사정에 따라 보세판매장 특허공고를 할 때 시설관리권자와 사전 협의된 장소의 범위 내에서 세관장이 인정하는 면적
보관창고	판매장과 동일 입국장내에 위치(다만, 세관장이 보세화물의 감시감독에 지장이 없다고 인정하는 경우 공항 · 항만 보안구역에 위치할 수 있다)

• 시내면세점

서울과 부산지역	판매장 : 496m² 이상, 보관창고 : 165m² 이상
기타 지역	판매장 : 331m² 이상, 보관창고 : 66m² 이상
공통	중소·중견기업 제품 매장 : 매장 면적의 100분의 20 이상 또는 864m² 이상(중소기업 및 중견기업이 운영하는 시내면세점은 매장 면적의 100분의 10 이상 또는 288m² 이상)

3. 특허공고 및 절차

관련규정

특허 신청자는 따른 특허 신청 시 특허신청 수수료 4만 5천원을 납부하여야 한다. **2**

심화 특허공고 및 절차

1. 특허신청의 공고
   ① 공고 : 관세청장은 다음 각 호의 어느 하나에 해당하는 경우 특허신청 공고를 할 수 있다.
      ㉠ 보세판매장 제도운영위원회로부터 시내보세판매장의 신규 특허 수를 통보받은 경우
      ㉡ 공항·항만의 출·입국장을 관할하는 세관장으로부터 특허신청 공고문을 보고받은 경우
   ② 공항만 및 출입국장 시설에 관한 사전협의 : 공항·항만의 출·입국장 시설관리권자가 출·입국장 시설 중 일부를 보세판매장 시설로 임대하려는 때에는 다음 각 호의 사항에 대하여 관할 세관장과 미리 협의하고 그 결과를 반영하여 입찰공고를 하여야 한다. 이 경우 관할세관장은 관세청장의 의견을 들을 수 있다.
      ㉠ 보세판매장 위치와 면적, 사업 개시와 만료 예정일
      ㉡ 특허와 관련되는 임차인 수, 대기업 및 중소·중견기업 수와 위치, 구역별 판매물품
      ㉢ 입찰자격, 특허사업자 후보 선정 방식 등 입찰 공고
      ㉣ 보세화물 감시·단속과 안전성 등을 위해 필요한 세관시설 등
   ③ 출입국장 면세점 추가설치보고 : 공항·항만 출·입국장을 관할하는 세관장은 보세화물 관리에 이상이 없고, 출·입국장 면세점의 추가설치가 필요하다고 인정되는 경우, 사전협의 결과를 반영하여 특허신청 공고문을 작성한 후 이를 관세청장에게 보고하여야 한다.
   ④ 공고내용 : 특허신청 공고를 하는 경우 관세청장은 다음 각 호의 사항을 관세청과 해당 세관의 인터넷 홈페이지 등에 20일 이상 공고하여야 한다.
      ㉠ 특허의 신청 기간과 장소 등 특허의 신청절차에 관한 사항
      ㉡ 특허의 신청자격
      ㉢ 특허장소와 특허기간
      ㉣ 평가기준, 배점
      ㉤ 특허신청서류 작성지침
      ㉥ 특허업체 수, 특허 신청 시 구비서류, 기타 유의사항 등

2. 특허신청 접수
  ① 신청 : 특허 신청자는 특허신청 공고에서 정한 기간 내에 보세판매장 설치·운영 특허 신청
    서에 필요한 서류를 첨부하여 관할 세관장에게 제출하여야 한다.
  ② 접수증 발급 및 마감결과보고
    ㉠ 세관장은 특허신청서류를 접수하는 경우에는 접수증을 특허 신청자에게 발급하여야 하
      며, 신청서 및 서류의 원본 각 1부는 보관하고 나머지는 관세청장에게 제출하여야 한다.
      이 경우 담당 공무원은 신청자가 동의하는 경우 「전자정부법」에서 정하는 행정정보 공동
      이용절차에 따라 신청업체의 법인등기부등본, 납세사실 등을 조회하여야 한다.
    ㉡ 세관장은 특허신청접수 마감 결과를 즉시 관세청장에게 보고하여야 한다.
3. 검토의견서 제출
  ① 검토결과제출 : 특허신청서를 접수한 세관장은 다음 각 호의 사항에 대하여 검토한 후, 그
    결과를 특허 공고 종료일(특허갱신 신청의 경우 신청서 접수일로 한다)로부터 8 근무일 이
    내에 관세청장에게 제출하여야 한다.
    ㉠ 특허의 신청자격을 갖추었는지
    ㉡ 감시업무를 담당할 세관공무원의 확보 등 보세화물 감시·단속에 지장이 없는지
  ② 방문확인 : 세관장은 검토의견서 작성을 위해 특허신청서류에 기재된 보세판매장 예정지역과
    특허 신청자의 소재지를 직접 방문하여 특허신청서류에 대한 사실관계 등을 확인할 수 있다.
  ③ 검토기간연장 : 세관장은 특허 신청자 수 등을 고려할 때 기간 내에 검토의견서 작성이 불가
    능한 경우 관세청장에게 기간연장을 요청할 수 있으며, 관세청장은 최종 사업자선정이 지연
    되지 않는 범위 내에서 이를 승인할 수 있다.

4. 특허심사위원회 구성 및 운영

① 보세판매장 특허심사위원회(법 제176조의3)

보세판매장의 특허에 관한 다음 각 호의 사항을 심의하기 위하여 관세청에 보세판매장 특허심
사위원회를 둔다. **1**

㉠ 보세판매장 특허 신청자의 평가 및 선정

㉡ 특허 갱신의 심사

㉢ 그 밖에 보세판매장 운영에 관한 중요 사항

② 위원의 수

특허심사위원회는 위원장 1명을 포함한 100명 이내의 위원으로 성별을 고려하여 구성하며, 특
허심사위원회의 사무를 처리하기 위하여 간사 1명을 둔다. 간사는 보세판매장 특허업무를 소
관하는 부서의 장이 된다. **1**

제10조(위원 위촉)

1. 관세청장은 시행령 제192조의8제2항에서 정한 자격요건에 적합한 자를 관계기관(중앙행정기관, 연구기관, 전문자격 관련 협회 등)장으로부터 추천을 받거나 전문적 지식이나 경험이 풍부한 자를 지명하는 등의 방법으로 특허심사위원회의 위원으로 위촉한다.
2. 시행령 제192조의8제2항에서 "관세청장이 정하는 평가분야"라 함은 다음 각 호와 같으며, 평가분야별로 25명 내외로 하여 총 100명 이내로 위촉한다.
   ① 특허보세구역 관리 역량
   ② 운영인의 경영 능력
   ③ 관광인프라 등 주변 환경 요소
   ④ 사회환원 및 상생협력 등 경제 · 사회 발전을 위한 기업활동
3. 관세청장은 제1항에 따라 위촉된 분야별 위원의 소속, 직책 및 성명을 인터넷 홈페이지 등을 통하여 공개한다.
4. 관세청장은 특허심사위원회의 위원이 시행령 제192조의8제5항 각 호에 해당하여 해촉하는 경우에는 당해 위원에게 해촉사실을 통보해야 한다.
5. 관세청장은 해촉된 위원의 잔여 임기 및 해당 평가분야의 위촉 위원 수 등을 고려하여 위원을 추가로 위촉할 수 있다.

제11조(심사위원의 선정)

1. 관세청장은 제10조제1항 및 제2항에 따라 평가분야별로 위촉된 위원 중에서 심사위원 후보자를 전산에 의해 무작위로 추출하며, 심사위원 후보자 추출 과정에 경찰관 및 청렴 옴부즈만이 참관하게 할 수 있다.
2. 심사위원 선정을 위한 교섭은 제1항에 따라 추출한 순서대로 진행하고, 다음 각 호에 따른 필요한 인원이 충족되면 교섭이 종료된다.
   ① 법 제176조의3제1항제1호의 경우에는 평가분야별 4~6명
   ② 법 제176조의3제1항제1호의2의 경우에는 평가분야별 4~6명
   ③ 법 제176조의3제1항제2호의 경우에는 10명 이상
3. 관세청장은 제2항에 따라 선정된 심사위원이 시행령 제192조의9제3항 각 호의 어느 하나에 해당하는지 여부를 확인하여야 하고, 해당하지 아니하는 경우 선정이 완료된 것으로 본다.
4. 위원장을 포함한 심사위원은 공정한 평가와 비밀유지 등을 확약하는 '이해관계 자기진단 체크리스트(별지 제3호)' 및 '서약서(별지 제4호)'를 제출하여야 한다.
5. 심사위원 선정업무를 수행하는 담당자 등은 심사위원 명단이 특허심사위원회의 회의가 개최되기 전까지 누설되지 않도록 비밀유지를 철저히 하여야 한다.
6. 관세청장은 제1항부터 제5항까지 및 제12조제2항의 절차를 감사담당관이 수행하게 할 수 있다. 이 경우 감사담당관은 선정 완료된 심사위원의 명단을 특허심사위원회 개최 1일 전에 간사에게 통보한다.

제12조(특허심사위원회 진행)

1. 특허심사위원회의 회의는 심사위원의 과반수 출석으로 개의한다. 다만, 보세판매장 특허신청자의 평가 및 선정, 갱신에 관한 심의를 하는 경우에는 심사위원 과반수 출석과 평가분야별 심사위원 2명 이상의 출석으로 개의한다. 🔳

2. 관세청장은 심사위원들에게 특허심사위원회 회의 개최 3일 전까지 전화 또는 전자우편 등으로 소집 사실을 통보한다. 다만, 비밀유지 등 필요하다고 인정하는 때에는 통보 일정을 조정할 수 있다.

3. 특허심사위원회의 회의는 안건에 따라 대면회의 또는 서면회의로 개최할 수 있다.

제13조(특허심사위원회 심사)

1. 관세청장은 제8조에 따른 검토의견서를 제출받은 날부터 60일 이내에 법 제176조의3에 따른 특허심사위원회의 심의·의결을 받아야 한다. 다만, 특허 만료시기가 집중되는 등 특허심사에 차질이 발생할 우려가 있는 경우에는 심의·의결기한을 60일 이내에서 연장할 수 있다.

2. 특허심사위원회는 사업계획서 등 특허 및 특허갱신 신청서류에 대해 평가기준에 따라 심사하며, 시행령 제192조의3제1항에 따른 특허 요건의 충족 여부에 대해 제8조에 따른 검토의견서도 함께 심의한다.

3. 제2항에 따른 사업계획서 심사는 계량평가 항목과 비계량평가 항목으로 구분하여 실시한다.

4. 위원장은 사업계획서의 충실한 평가를 위하여 특허 신청자에게 위원회에 출석하여 사업계획서를 발표하게 할 수 있다. 이 경우 특허 신청자가 둘 이상인 경우에는 모든 특허 신청자에게 동등한 기회를 부여하여야 한다.

5. 제4항에 따른 사업계획서 발표순서는 추첨에 의하여 정한다.

6. 사업계획서 심사는 세부 평가항목별 심사위원의 최고점과 최저점을 제외한 점수들을 합산하여 평균점수를 부여하는 방법으로 평가한다. 다만, 평가분야별 참석인원이 2명 이하인 경우에는 예외로 하고, 최고점 또는 최저점이 2개 이상일 경우 각 1개만 제외한다.

7. 심사결과 1,000점 만점 기준으로 600점 이상인 특허 신청자 중 고득점 순으로 선정한다. 다만, 동점자가 둘 이상인 경우에는 제5조제4항에 따른 특허신청 공고에 따라 고득점자를 결정한다.

8. 관세청장은 제1항에 따라 특허심사위원회의 의결을 받으면 심사위원의 소속, 직책 및 성명, 특허 신청자의 평가항목별 득점내역을 관세청의 인터넷 홈페이지 등에 공개한다. 탈락한 업체의 평가점수는 해당업체가 별지 제8호서식의 평가항목별 평가점수 공개동의서를 제출하는 경우에 한해 공개가 가능하다.

심화 📈 | **특허 및 특허갱신 여부 결정 등** [고시 제14조]

1. **심의**
   관세청장은 특허심사위원회의 의결을 받은 날부터 10 근무일 이내에 그 결과를 해당 세관장에게 회신하고, 이를 회신받은 세관장은 즉시 특허 또는 특허갱신 신청자에게 개별적으로 그 결과를 통보하여야 한다.

2. **특허장 교부**
   선정된 특허 신청자는 특허심사 시 결정된 영업개시일 30일 전까지 필요한 서류(특허 신청 시 이미 제출한 서류는 제외)를 세관장에게 제출하여야 하며, 세관장은 현장 확인을 통해 보세화물 관리 등에 이상이 없는지를 최종 확인하고 보세판매장 특허장을 교부하여야 한다. 다만, 특허신청자가 영업개시일 30일 전에 관련 서류를 제출하지 못할 타당한 이유가 있는 경우 세관장은 서류제출기간을 연장할 수 있다.

3. 특허취소

특허신청자가 해당서류를 제출하지 않아 영업개시일 전에 보세화물 관리 등을 확인할 수 없는 경우 세관장은 특허심사위원회의 심의·의결을 거쳐 특허 선정을 취소할 수 있다.

4. 영업개시 및 개시일 연장

선정된 신규특허 신청자는 특허신청 공고에서 정한 기간 내에 특허요건을 구비하여 영업을 개시하여야 한다. 다만, 세관장은 선정된 특허 신청자가 영업개시일까지 특허요건을 구비하지 못한 부득이한 사유가 있는 경우에는 30일의 범위에서 영업개시일 연장을 할 수 있으며, 추가 연장이 필요하다고 인정되는 경우 특허심사위원회에서 추가연장 여부 및 영업개시에 필요한 기간의 범위를 심의하여 영업개시일 연장을 할 수 있다.

5. 수용능력증감

선정된 특허 신청자는 특허 신청 시 제출한 판매장 및 보관창고의 도면과 위치도에 따라 영업을 개시하여야 한다. 다만, 세관장이 부득이하다고 인정하는 수용능력 증감에 한하여 세관장의 승인을 받아 변경할 수 있다.

6. 특허장소의 이전

① 보세판매장 운영인은 동일 기초지방자치단체 안에서 특허장소를 이전할 수 있다. 다만, 보세판매장 운영인이 중소·중견기업인 경우 동일 광역자치단체 안에서 특허장소를 이전할 수 있다.

② 서류를 접수한 관할세관장은 접수일부터 8 근무일 이내에 검토의견서를 첨부하여 관세청장에게 제출하여야 한다.

③ 관세청장은 검토의견서를 제출받은 날부터 90일 이내에 특허심사위원회에서 심의·의결 이후 그 결과를 해당 세관에 통보하여야 한다.

5. 특허의 효력 등

① 특허기간

㉠ 보세판매장의 특허기간은 10년의 범위 내(갱신의 경우에는 5년의 범위 내)에서 해당 보세구역의 특허(갱신) 신청기간으로 한다. 다만, 임차시설에서 보세판매장을 운영하거나 국제행사 등을 위하여 한시적으로 특허를 신청하는 경우에는 10년의 범위 내(갱신의 경우에는 5년의 범위 내)에서 해당 임차기간, 한시적 기간 등을 특허기간으로 할 수 있다. 4

㉡ 이 경우 갱신은 두 차례로 한정한다.

㉢ 세관장은 특허 또는 특허갱신 이후 이 고시에서 정하는 기준에 미달하거나 위반되는 사유가 발생한 때에는 이를 시정할 때까지 해당 보세판매장에 물품반입을 정지할 수 있다.

② 특허의 효력상실 및 승계 등

㉠ 보세판매장의 운영을 계속하려는 상속인 또는 승계법인은 보세판매장 승계신고서 및 관련 첨부서류를 구비하여 피상속인 또는 피승계법인이 사망하거나 해산한 날부터 30일 이내에 세관장에게 신고하여야 한다.

㉡ 신고를 받은 세관장은 심사하여 신고일 부터 5 근무일 이내에 심사결과를 통보하여야 한다.

ⓒ 세관장은 특허승계를 허용하는 경우 보세판매장의 특허기간은 피승계 보세판매장 특허기간의 잔여기간으로 하여 특허장을 재교부하여야 한다.

6. 특허의 갱신 ❷

특허를 받은 자는 두 차례에 한정하여 대통령령으로 정하는 바에 따라 특허를 갱신할 수 있다. 이 경우 갱신기간은 한 차례당 5년 이내로 한다.

심화 📈 갱신절차

1. 갱신신청
   보세판매장의 특허 갱신을 받으려는 자는 보세판매장 설치 · 운영 특허 갱신 신청서 및 관련 첨부서류를 구비하여 특허기간 또는 갱신 기간 만료 6개월 전까지 세관장에게 신청하여야 한다. 다만, 보세판매장과 자율관리보세구역 갱신을 통합하여 신청하는 경우에는 별지 제7호서식의 보세판매장 설치 · 운영 특허 갱신 신청서 하단의 자율관리보세구역 갱신 신청란에 갱신 신청 여부를 표시하는 방법으로 자율관리보세구역 갱신 신청을 한 것으로 갈음한다. 이 경우 담당 공무원은 신청자가 동의하는 경우 「전자정부법」에서 정하는 행정정보 공동이용절차에 따라 신청 업체의 법인등기부등본, 납세사실 등을 조회하여야 한다.

2. 갱신안내
   세관장은 보세판매장의 특허를 받은 자에게 특허를 갱신 받으려면 특허기간이 끝나는 날의 6개월 전까지 특허 갱신을 신청하여야 한다는 사실과 갱신절차를 특허기간이 끝나는 날의 7개월 전까지 휴대폰에 의한 문자전송, 전자메일, 팩스, 전화, 문서 등으로 미리 알려야 한다.

3. 갱신승인
   신청서를 접수한 세관장은 검토결과서 사항과 중소기업 및 중견기업의 자격 여부를 확인한 후 이상이 없을 경우 갱신을 승인하고 특허장을 교부하여야 한다.

---

7. 운영인의 의무 및 판매물품 반출입 절차

① 운영인의 의무
   ㉠ 중소 · 중견기업 제품매장 설치 : 시내면세점 운영인은 해당 보세판매장에 매장 면적의 100분의 20 이상 또는 864m² 이상(중소기업 및 중견기업이 운영하는 시내면세점은 매장 면적의 100분의 10 이상 또는 288m² 이상) 중소 · 중견기업 제품 매장을 설치하여야 한다. ❹
   ㉡ 내수판매 금지 : 보세판매장에서 판매하는 물품과 동일 또는 유사한 물품을 수입하여 내수판매를 하지 않아야 한다. ❸
   ㉢ 진열장소 및 면적제한 : 판매물품을 진열 · 판매하는 때에는 상표단위별 진열장소의 면적은 매장면적의 10분의 1을 초과할 수 없다. 다만, 세관장이 보세판매장의 특성 등을 고려하여 따로 인정하는 때는 제외한다. ❶

ⓔ 환율표시 : 운영인이 외화로 표시된 물품을 표시된 외화 이외의 통화로 판매하는 때에는 다음 각 호의 사항을 준수하여야 한다.

- 해당 물품을 판매하는 날의 전일(최종 고시한 날)의 「외국환거래법」에 의한 기준환율 또는 재정환율을 적용 **2**
- 당일 적용하는 환율을 소수점 이하 2자리까지 표시
- 당일 적용환율을 정문입구 또는 구매자가 잘 볼 수 있는 곳(전자상거래에 의한 판매는 인터넷 홈페이지)에 게시

ⓜ 홍보게시판 설치 : 운영인은 다음 각 호의 사항을 팸플릿, 인터넷 홈페이지와 게시판 등을 통하여 홍보하여야 한다. **1**

심화 📈 게시판 홍보사항

- 입국장 인도장에서 인도받을 물품의 구매한도액, 입국장 면세점의 구매한도액 및 면세한도액의 혼동방지 **1**
- 면세점에서 구입한 면세물품의 원칙적인 국내반입 제한(입국장면세점은 제외한다) **1**
- 면세물품의 교환ㆍ환불절차 및 유의사항 **1**
- 현장인도 받은 내국물품의 외국반출 의무 **1**
- 그 밖에 해외통관정보 등 세관장이 홍보할 필요가 있다고 인정하는 사항

심화 📈 게시판 설치개수 기준

게시판은 해당 면세점의 정문, 안내데스크, 계산대, 인기품목 매장 등 구매자들의 눈에 잘 띄는 장소에 다음 각 호의 매장 면적 기준에 따라 설치하여야 한다.
- $2,000m^2$ 초과 : 5개 이상
- $1,000m^2$ 초과 $2,000m^2$ 이하 : 4개 이상
- $100m^2$ 초과 $1,000m^2$ 이하 : 3개 이상
- $100m^2$ 이하 : 1개

ⓑ 판매가격 표시제 준수 : 운영인은 상거래상의 법적, 도의적 책임을 다하여야 하며 판매가격 표시제를 엄수하여야 한다. 다만, 우대고객, 재고상품 등에 대한 할인판매를 하는 경우에는 동등한 고객들에게 공평하게 적용되도록 지침을 작성하여 시행하거나, 할인품목과 할인율을 매장에 게시하고 시행하여야 한다.

ⓢ 업무보고 : 운영인은 해당 월의 보세판매장의 업무사항을 다음 달 7일까지 보세판매장 반출입 물품 관리를 위한 전산시스템("재고관리시스템")을 통하여 세관장에게 보고하여야 한다. **2**

ⓞ 직원관리

- 운영인은 보세판매장에 근무하는 소속직원과 타 법인 등에 소속되어 판매물품의 판촉ㆍ물류ㆍ사무 등을 위하여 근무하는 직원("판촉사원 등")의 월별 현황을 다음 달 7일까지 세관

장에게 보고하여야 한다. 이 경우 판촉사원 등은 운영인의 사용인으로 본다.
- 운영인은 보세판매장에 근무하는 소속직원과 판촉사원 등이 협의단체에서 주관하는 교육을 연 1회 이상(사전에 협의단체장이 교육계획을 관세청장에게 보고한 경우에는 그 계획 범위 내) 이수하도록 하여야 한다. **2**
  ⊗ 신원확인 **1**
  - 운영인이 물품을 판매하는 때에는 구매자의 인적사항을 여권 또는 외국인임을 확인할 수 있는 자료, 그 외 세관장이 인정하는 신원확인방법("여권 등")을 통해 확인해야 한다.

② 판매대상 물품
  ㉠ 보세판매장 종류별 판매가능물품 : 운영인이 보세판매장에서 판매할 수 있는 물품은 다음과 같다.

> **관련규정** **보세판매장별 판매가능 물품**
>
> 1. 외국으로 반출하는 것을 조건으로 보세판매장에서 판매할 수 있는 물품은 다음 각 목의 물품을 제외한 물품으로 한다.
>   ① 수출입 금지 물품
>   ②「마약류 관리에 관한 법률」,「총포·도검·화약류 등의 안전관리에 관한 법률」에 따른 규제대상 물품
> 2. 외교관면세점 : 별표 6에 해당하는 물품
> 3. 입국장면세점에서 판매할 수 있는 물품은 다음 각 목의 물품을 제외한 물품으로 한다.
>   ① 수출입 금지 물품
>   ②「마약류 관리에 관한 법률」,「총포·도검·화약류 등의 안전관리에 관한 법률」에 따른 규제대상 물품
>   ③「가축전염병 예방법」에 따른 지정검역물과「식물방역법」에 따른 식물검역 대상물품
>   ④「수산생물질병 관리법」에 따른 지정검역물

  ㉡ 쿠폰으로 판매하여야 하는 물품 : 출국장면세점은 국산 가전제품 중 여행자의 휴대반출이 곤란하거나 세관장이 필요하다고 인정하는 품목에 대하여는 쿠폰으로 판매할 수 있으며, 쿠폰으로 판매한 상품은 관할세관장이 지정하는 보세구역에 반입하여 수출신고수리 후 선적하여야 한다. **1**

③ 구매자 및 구매총액
  ㉠ 외교관면세점에서는 관세의 면제를 받을 수 있는 주한외교관 및 외국 공관원에 한하여 물품을 판매할 수 있다. **1**
  ㉡ 출국장면세점과 시내면세점에서는 출국인 및 외국으로 출국하는 통과여객기(선)에 의한 임시 체류인에 한하여 물품을 판매할 수 있다.
  ㉢ 입국장면세점에서는 입국인에게 물품을 판매할 수 있다.
  ㉣ 운영인은 입국인에게 미화 800달러 이하의 구매한도 범위 내에서 물품을 판매하여야 한다.

이 경우 술·향수·담배는 별도 면세범위 내에서만 판매할 수 있다. **2**

ⓜ 운영인은 구매자의 출입국 여부 및 구매총액(입국장면세점 운영인에게만 적용한다)을 확인하여야 한다.

ⓗ 시내면세점 운영인은 구매자가 신용카드로 결제하는 경우 「여신전문금융업법」에 따라 본인 명의인지를 확인하여야 한다.

④ **판매용물품의 반입신고 및 반입검사신청**

ㄱ 창고우선반입 : 운영인은 보세판매장 판매용물품을 보관창고(통합물류창고 또는 지정장치장 포함)에 반입한 후 매장으로 반출하여야 한다. 다만, 운영인이 사전에 세관장에게 반입전 판매를 신청한 물품은 판매(주문 또는 결제를 포함한다) 이후에 보세판매장 보관창고에 반입할 수 있다. **1**

ㄴ 반입신고 : 운영인은 보세운송된 물품을 보관창고에 반입하는 때에는 전자문서 방식 또는 반입신고하여야 하며, 보세운송 도착보고는 반입신고로 갈음한다.

ㄷ 반입검사 신청

• 운영인은 보관창고에 반입된 물품을 7 근무일 이내에 관할세관장에게 반입검사를 신청하여야 한다. **1**

• 다만, 부득이한 사유로 같은 기간 내에 반입검사신청을 할 수 없는 때에는 반입검사 신청 기간 연장신청을 해야 하며, 세관장은 연장신청사유 등을 검토하여 10일 이내에서 기간연장을 승인할 수 있다.

심화 **검사신청 방법**

1. **수입통관시스템을 통한 검사신청**

반입검사신청은 운영인 또는 운영인의 위임을 받은 자가 첨부서류 없이 전자문서(수입신고 양식 사용)를 수입통관시스템에 전송하는 방법으로 하여야 한다. 다만, 세관장이 서류제출대상으로 선별한 물품은 반입검사신청서에 다음 각 호의 서류를 첨부하여 관할세관장에게 서류로 제출하여야 한다.

① 반입신고서 사본(물품반입 시 전자문서로 반입신고한 때에는 생략함)
② 매매계약서 또는 물품매도확약서
③ 선하증권 사본
④ 송품장

2. **재고관리시스템을 통한 검사신청**

다음 각 호의 물품(적재화물목록 제출물품 및 재고관리시스템에 의한 보세운송 반입물품을 제외)은 재고관리시스템을 통하여 반입검사를 신청하여야 한다.

① 내국물품
② 양수물품
③ 미인도물품
④ 반품 및 교환물품

ⓔ **검사대상 검사** : 세관장은 서류제출대상 물품 중 검사대상으로 선별된 물품에 대하여 세관공무원으로 하여금 다음 각 호의 사항을 검사·확인하여야 한다. 세관장은 업체의 성실도, 물품의 우범도 등을 고려하여 세관별 수입 C/S 검사비율 범위 내에서 자체 검사비율을 지정하여 운영할 수 있다.

심화 📊 | 검사항목

- 품명, 규격, 수량
- 적용 세번 및 신고가격
- 반입검사신청서 및 첨부서류와 현품과의 상이 여부, 파손 등 하자발생 여부 및 그 사유
- 그 밖에 현품관리에 필요한 사항

심화 📊 | 검사결과통보

세관장이 검사·확인한 때에는 다음 각 호의 어느 하나의 방법으로 확인사항을 통보한다.
- 반입검사신청서에 반입검사신청확인 고무도장을 날인하여 신청인에게 교부
- 관세사가 반입검사신청서 확인을 증명하는 경우에는 세관기재란에 반입검사 P/L 신청확인필증 고무도장과 관세사인장을 날인한 후 교부
- 반입검사신청의 경우 전자문서로 확인사항 통보

ⓜ **영업개시일전 물품반입허용** : 운영인은 「보세판매장 특허에 관한 고시」에 따른 영업개시일 이후 물품을 반입할 수 있다. 다만, 세관장은 영업개시일 전이라도 감시단속에 문제가 없는 경우 보세판매장에 물품 반입을 허용할 수 있다.

⑤ **내국물품의 반출입절차**

ⓐ **내국물품 반입신고** : 운영인이 보세판매장에서 판매하고자 하는 내국물품을 보세판매장에 반입한 때에는 반입검사신청을 하여야 한다. 이 경우 반입신고를 한 것으로 본다.

ⓑ **반입확인서 발급** : 세관장은 환급대상내국물품을 보세판매장에 공급한 자가 「환급고시」에 따라 환급대상내국물품의 보세판매장 반입확인을 신청하는 때에는 반입검사신청의 내용을 확인한 후 환급대상수출물품 반입확인서를 발급하여야 한다.

ⓒ **판매 이외의 사유로 반출하는 경우**

- 운영인이 반입된 내국물품을 변질, 손상, 판매부진, 그 밖에 부득이한 사유로 반출하려는 때에는 해당 물품을 보관창고에 구분하여 장치한 후 세관장에게 판매물품반출승인(신청)서를 제출한 후 승인을 받아 반출하여야 한다.
- 운영인은 반출하는 때에는 재고관리시스템에 반출내역을 신고하여야 하며, 환급대상이 아닌 내국물품을 보관하는 때에는 다른 외국물품 등과 구분하여 보관하여야 한다.

심화 📈 **통합물류창고 등 반출입 물품의 관리**

1. 운영허가

   보세판매장 협의단체의 장이 보세창고 또는 자유무역지역 내 물류창고를 통합물류창고로 운영
   하려는 때에는 관세청장으로부터 허가를 받아야 한다.

2. 반출입관리

   통합물류창고 운영인은 통합물류창고에 반입된 전체 물품의 재고현황을 확인할 수 있도록 반
   출입을 관리하고, 반입검사신청 후의 물품은 각 보세판매장별로 구분하여 관리해야 한다. 다
   만, 물품을 전산에 의하여 보관·관리하는 자동화 보관시설을 갖추고 재고관리가 적정하다고
   세관장이 인정하는 경우에는 각 보세판매장의 물품을 통합하여 보관할 수 있다.

3. 재고관리

   지정보세구역에 물품을 보관한 경우, 화물관리인은 보세판매장 반입물품을 구분하여 재고 관
   리하여야 한다.

4. 보세운송 절차에 의한 반출입

   운영인은 보세운송절차에 의하여 통합물류창고(지정보세구역을 포함)와 보세판매장간에 장치
   된 물품을 반출입하거나, 보세판매장에서 판매된 물품을 통합물류창고에 장치된 같은 물품으
   로 구매자에게 인도할 수 있다. 구매자가 구매한 물품을 국제우편 또는 항공·해상화물로 송부
   를 의뢰하는 경우에도 또한 같다.

5. 통합물류 창고를 활용한 물품공급

   운영인은 통합물류창고를 활용하여 해외 면세점에 물품을 공급하거나 공급한 물품을 재반입할
   수 있다. 이 때 공급 및 재반입 절차는 반송절차와 판매용 물품의 반입절차에 따른다.

⑥ 판매장 진열 및 판매

   ㉠ 구매자 인적사항 기록 : 운영인이 물품을 판매한 때에는 구매자 인적사항 및 판매사항을 전
   산관리하고, 세관에 전자문서로 실시간 전송(시내면세점에서 판매된 물품을 보세운송하는
   경우 보세운송 신고 시)하여야 한다. **4**

   ㉡ 판매대장 기록 : 운영인은 필요한 대장을 판매장에 비치하고 구매자 인적사항 및 판매사항
   을 전산관리하여야 하며, 세관장 요구 시 물품별로 확인이 가능하도록 필요사항을 기록유지
   하여야 한다. 이 경우 판매물품이 내국물품, 현장인도물품 및 보세공장, 자유무역지역으로
   부터 보세운송하여 판매하는 물품인 때에는 구분하여 기록유지하여야 한다.

심화 📈 **필요한 대장**

- 외교관면세점
  - 판매대장
  - 면세통관의뢰서 관리대장
- 출국장면세점, 입국장면세점, 시내면세점
  - 판매대장
  - 구매자 관리대장

ⓒ 이동판매 승인 : 출국장면세점의 판매물품을 이동판매 방식에 의해 판매하려는 경우에는 이동판매대의 설치장소, 설치기한 및 판매품목 등에 관하여 세관장의 승인을 받은 경우에 한한다. **2**

⑦ **외교관면세점의 판매절차**

ⓐ 운영인이 외교관 구매자에게 물품을 판매하는 때에는 외교관 구매자가 법 제88조에 해당하는 자임을 확인한 면세통관신청서를 제출받아야 한다. 다만, 주류와 담배를 판매하려는 때에는 외교부장관이 발행한 면세통관의뢰서를 제출받아야 하며 그 승인 한도 내에서 분할 판매할 수 있다. **1**

ⓑ 운영인은 물품판매 시 접수한 면세통관신청서의 구매 상품란에 상품명세서를 구체적으로 명확하게 기재하고, 외교관 구매자의 확인을 받아 세관공무원에게 제출하여야 한다. 이 경우 면세통관신청서의 제출은 수입신고서로 본다.

ⓒ 운영인은 면세통관신청서의 내용을 면세통관의뢰서 관리대장에 기록하여야 한다.

ⓓ 운영인은 주류와 담배에 대하여 면세통관의뢰서 잔량확인대장에 구매 승인량과 판매량 및 잔량을 기재하여 분기별로 세관공무원의 확인을 받아야 한다.

⑧ **전자상거래에 의한 판매**

ⓐ 판매 : 운영인은 보세판매장의 물품을 전자상거래의 방법에 의하여 판매할 수 있다. 운영인이 물품판매를 하려는 때에는 전자상거래 방법에 의한 보세판매장물품판매신고서에 다음 각 호의 서류를 첨부하여 관할세관장에게 신고하여야 한다. **2**

- 통신판매업신고증 사본
- 전자상거래 이용약관 사본
- 프로그램 개발 및 유지보수 계약서(위탁하는 경우에 한함)
- 사업계획서

ⓑ 구매자 인적사항 기록 및 휴지 등 신고

- 운영인이 전자상거래방법에 의하여 물품을 판매하는 경우에는 구매자의 인적사항을 대장 또는 전산으로 기록하여야 한다.
- 운영인은 신고한 사항을 변경하거나 전자상거래방법에 의한 판매를 휴지, 폐지 또는 재개하려는 때에는 미리 전자상거래방법에 의한 보세판매장 물품 판매 변경 신고서에 관련서류를 첨부하여 세관장에게 신고하여야 한다.

ⓒ 시정명령 및 판매중지 : 세관장은 보세판매장의 전자상거래에 의한 판매방법이 신고한 사항과 다르거나 법규에 위배되는 경우에는 해당 운영인에게 기한을 정하여 시정을 명하여야 하며, 운영인이 기한 내에 시정하지 아니한 때에는 전자상거래방법에 의한 물품판매의 중지를 명할 수 있다.

⑨ 판매물품의 보세운송

　㉠ 인도장 인도

　　• 시내면세점에서 판매한 물품(전자상거래방법에 의한 판매물품 포함)에 대하여는 현품을 판매장에서 인도하지 아니하고 구매자가 서명한 교환권(전자서명에 의한 전자식 교환권 포함)을 발행 · 교부하고, 인도장으로 운송한 후 해당 인도장에서 인도하여야 한다. ②

　　• 다만, 전자식 교환권을 발행한 경우에는 교환권번호를 통보한 후 인도하는 때 여권 등으로 구매자 본인여부를 확인할 수 있다. ①

관련규정　인도장 ①

인도장이란 시내면세점 및 전자상거래에 의하여 판매한 물품을 구매자에게 인도하기 위한 곳이다.
• 출국장 보세구역 내 세관장과 시설관리권자가 협의하여 설치한 장소 ②
• 국제무역선 및 외국여객선박의 선내 ②
• 통관우체국 내 세관통관장소 ①
• 항공화물탁송 보세구역 ②
• 세관장이 지정한 보세구역(자유무역지역 포함) ①
• 입국장 보세구역 내 설치한 장소(입국장 인도장) ①
※ 출국장면세점은 해당되지 아니한다.

　㉡ 내국물품 현장인도 : ㉠에도 불구하고 운영인은 출국하는 외국인이 시내면세점에서 구매한 내국물품(전자상거래방법에 의하여 구매한 내국물품, 세관장이 구매내역 등을 고려하여 현장인도를 제한한 여행자가 구매한 내국물품, 환급대상 내국물품을 제외)을 해당 보세판매장에서 인도받기를 원하는 경우에는 반드시 구매자의 여권과 탑승권 · 전자티켓 등 예약내용을 확인할 수 있는 자료와 현장인도 제한여부를 확인한 후 인도하여야 하며, 운영인은 판매 · 인도 즉시 재고관리시스템을 통하여 내국물품 현장인도 내역을 관할 세관장에게 신고하여야 한다.

　㉢ 외국 원수 등이 구매한 물품 현장인도

　　• 운영인은 특정물품 면세 규정에 따라 우리나라를 방문하는 외국의 원수와 그 가족 및 수행원 기타 이에 준하는 자로서 세관장이 외교관례상 의전이 필요하다고 인정하는 자 등이 시내면세점에서 구입한 물품에 대하여 구매자가 원할 경우 판매장에서 현장 인도할 수 있다. ②

　　• 이 경우 운영인은 판매 즉시 재고관리시스템을 통하여 판매내역을 세관장에게 신고하여야 한다.

　㉣ 인도장으로 보세운송

　　• 운영인은 교환권에 의하여 판매한 물품에 대하여는 반송 및 간이보세운송신고서에 따라 관할지세관장에게 신고 후 수리를 받아 보세운송 신고 건별로 행낭 또는 각종 운반 박스 등에 넣은 후 운영인 책임하에 잠금 또는 봉인을 한 후 인도장으로 보세운송한다.

- 탑승 항공기 또는 선박 출발예정 2시간 전(인도장 관할 세관장이 보세판매장과 인도장의 거리, 교통상태 등을 고려하여 인정하는 경우에는 1시간 전으로 한다)에 도착되도록 한다. 다만, 각종 운반 박스 등으로 포장되어 잠금이 어려운 경우, 봉인만 한 후 운송할 수 있다.

ⓜ 자동신고수리
- 세관장은 보세운송업무의 신속한 처리를 위하여 재고관리시스템에서 자동으로 신고내역을 확인하여 신고수리를 할 수 있으며, 제4항에 의한 운송물품 도착지세관장은 재고관리시스템에 의한 도착확인 및 수리를 하여야 한다.
- 이 경우 제13조제1항에 따라 인도자가 지정된 인도장의 보세운송 도착확인 및 수리 업무는 인도자에게 위탁한다.

ⓗ 판매물품의 인도장 인도 : 출국장면세점 운영인은 전자상거래방법에 의하여 판매한 물품을 인도장에서 인도할 수 있다.

⑩ 인도자 지정 등
ⓞ 인도자 지정 : 인도장에서 판매물품을 구매자에게 인도하는 업무를 담당하려는 자("인도자")는 다음 각 호에 해당하는 자로서 인도장 관할세관장으로부터 지정을 받아야 한다. ❸
- 인도자는 다음 각 목의 어느 하나에 해당하는 자이어야 한다.
  - 보세판매장 협의단체 ❶
  - 관세행정 또는 보세화물관리와 관련 있는 비영리 법인 ❶
- 다음 각 목의 어느 하나에 해당하는 자는 인도자로 지정될 수 없다.
  - 운영인의 결격사유의 어느 하나에 해당 하는 자
  - 관세 및 국세의 체납이 있는 자 ❶

심화 📈 인도자 지정신청

인도자로 지정받고자 하는 자는 지정신청서와 1에서 정하는 서류를 구비하여 세관장에게 인도자 지정신청을 하여야 하며, 세관장은 5년의 범위(타인의 시설을 임차하여 사용하는 경우로서 남은 임차기간이 5년 미만인 경우에는 해당 임차기간) 내에서 기간을 정하여 인도자를 지정하고 그 지정사항을 관세청장에게 보고하여야 한다. 이 경우 인도자의 지정은 화물관리인으로 지정한 것으로 보며, 인도자의 지정기간의 갱신에 대하여는 제2호에 의한다.

1. 지정신청 시 구비서류
   ① 인도장 운영계획서 1부
   ② 채용 보세사 자격증 사본 각 1부
   ③ 그 밖에 세관장이 인도자 지정 및 인도장 관리에 필요하다고 인정하는 서류

2. 지정기간 갱신 및 지정내용 변경
   ① 인도자 지정기간을 갱신하려는 자는 지정기간 만료 30일 전까지 지정신청 시 구비한 서류 중 변경된 내역을 구비하여 세관장에게 지정기간 갱신신청을 하여야 한다.

  ② 세관장은 지정기간 갱신신청이 있을 경우, ①에서 정한 요건을 심사하고 5년의 범위(타인의 시설을 임차하여 사용하는 경우로서 잔여 임차기간이 5년 미만인 경우에는 해당 임차기간) 내에서 기간을 정하여 지정기간의 갱신을 승인할 수 있으며 승인 시는 승인사실을 관세청장에게 보고하여야 한다.

  ③ 인도자는 인도장의 수용능력을 증감하거나 수선 등 시설을 변경하려는 때에는 사전에 관할 세관장에게 그 사유와 함께 신고하여야 한다.

  ⓛ 지정취소 : 세관장은 다음 각 목의 어느 하나에 해당하는 경우 인도자 지정을 취소할 수 있으며 취소한 경우 그 사실을 관세청장에게 보고하여야 한다. 다만, 세관장은 면세물품 인도업무를 원활하게 수행하기 위하여 필요하다고 인정하는 경우 새로운 인도자 지정 시까지 그 지정취소를 보류할 수 있다.

   • 제1항제2호의 결격요건에 해당하는 경우

   • 경고처분을 1년 내에 3회 이상 받은 때 **1**

   • 그 밖의 인도자가 고의 또는 중대한 과실로 법을 위반하거나 관세행정 질서를 문란하게 하여 세관장이 인도자 지정을 취소함이 타당하다고 인정하는 때

   • 그 밖에 인도자가 실제 인도장 업무를 수행하지 않아 지정취소를 요청하는 경우

  ⓒ 임시인도장 지정 : 세관장은 인도장의 수용능력 초과로 추가설치가 필요하거나 공항·항만 출국장 내에서 공간이 협소하여 인도장 설치가 불가능한 경우에는 보세화물 관리와 안전에 이상이 없는 범위 내에서 출국장 인접 보세구역에 한정하여 1년의 범위 내에서 임시인도장을 지정할 수 있다. **1**

⑪ **판매물품의 인도**

 ㉠ 보세사 채용 및 인도보조자 등

  • 인도자는 인도장의 업무량을 고려하여 적정인원의 보세사를 채용하여야 하며 인도업무를 보세사에 위임하여 수행하게 할 수 있다. **3**

  • 인도자는 인도업무를 보조할 직원(이하 "인도보조자"라 한다)을 둘 수 있다.

  • 인도자는 인도자와 인도보조자의 근무시간 및 근무방법을 세관장에게 보고하여야 하며, 세관장은 운영인이 운송한 물품을 인도자에게 인도할 장소를 지정하고 인도자와 인도보조자의 근무 및 물품인도에 관한 사항을 지휘 감독한다. **1**

  • 인도자는 첫 항공편 출발예정시간 1시간 전부터 마지막 항공편이 출발하는 때까지 판매물품 인도업무를 수행할 수 있도록 인도업무를 수행할 보세사 및 인도보조자를 근무 배치하여야 한다.

 ㉡ 보세운송물품 인수인계 등

  • 인도자는 인도장에 보세운송 물품이 도착된 때에 시건과 봉인에 이상이 없는지를 확인한 후 시건을 개봉하고 보세운송 책임자와 인도자가 판매물품 인수인계서를 작성하여 인수인계를 하여야 하며, 세관공무원은 필요한 경우 보세운송 도착물품을 검사할 수 있다.

- 인도자는 물품의 인수를 완료한 때에는 세관공무원에게 이상 유무를 보고하여야 하며, 보세사는 재고관리시스템의 당해 보세운송에 대하여 도착확인 등록을 하여야 한다. **1**

ⓒ 물품인도 : 인도자는 다음 각 호의 정하는 바에 따라 구매자에게 물품을 인도한다.

심화 📈 | 인도방법

- 구매자로부터 교환권을 회수하여야 하며, 구매자의 직접서명(전자서명 포함)을 받고 구매 시의 서명이나 인적사항을 대조 확인하여야 한다.
- 인도자는 인도보조자에게 인도 업무를 위임할 수 있으나 교환권별 구매금액이 여행자휴대품면세 범위 이상인 때에는 인도자가 교환권 여백에 인도확인 서명을 하여야 한다. 다만, 세관장은 인도장의 특성을 고려하여 인도자의 인도방법을 조정할 수 있다.
- 세관장은 품목 및 금액, 구매 선호도 또는 정보분석 등에 의하여 세관공무원의 물품인도 입회대상물품을 지정하여 세관공무원으로 하여금 입회하도록 하여야 한다.
- 인도자는 당일 인도할 물품 중 제3호에 따라 세관장이 지정하는 물품에 대하여는 수시로 세관공무원에게 인도 예상시간을 구두로 통지하여야 한다.
- 인도자는 교환권의 여권번호가 다른 경우에는 세관공무원의 지시에 따라 인도할 수 있다. 이 경우 세관공무원은 출입국사실 등을 조회하여 본인여부 및 고의성 여부 등을 판단하여야 하며, 인도자는 인도 즉시 해당 물품을 판매한 운영인에게 통보하여 해당 물품의 보세운송신고 내용을 정정하도록 하여야 한다. **1**
- 인도자는 인수자가 교환권을 분실한 경우에는 구매자의 성명, 여권번호, 출국편명(출국일) 등 인적사항을 확인한 후, 구매자와 인수자가 동일인임이 확인된 경우에 한해 교환권을 재발행할 수 있다. **1**

ⓓ 교환권 정리보고 : 인도자는 회수된 교환권을 정리하여 세관장에게 보고한 후 매 10일 또는 세관장이 지정한 일자 단위로 판매자에게 송부하여야 한다. **1**

ⓔ 구매물품 국제우편 또는 항공ㆍ해상화물 송부의뢰의 경우 인도절차
- 구매자가 구매한 물품을 국제우편 또는 항공ㆍ해상화물로 송부를 의뢰하는 경우 운영인 또는 보세사는 구매자가 작성한 국제우편 또는 항공ㆍ해상화물 송부의뢰서 3부 중 1부를 구매자에게 교부하고, 2부는 판매물품과 함께 구매자가 지정한 기일 내에 통관우체국 또는 항공ㆍ해상화물 탁송보세구역으로 보세운송하여 세관공무원 입회하에 통관우체국 담당공무원 또는 항공ㆍ해상화물 탁송 보세구역 운영인에게 인도하여야 한다. **1**
- 보세운송 시에는 국제우편 또는 항공ㆍ해상화물송부의뢰서 2부를 보세운송신고서에 첨부하여 신고하여야 하며, 1부는 보세운송 도착지 세관공무원의 확인을 받아 운영인이 보관하여야 한다.

ⓕ 판매물품의 성격
- 보세판매장의 물품은 구매자에게 판매하고 판매내역이 구매자관리대장에 기록되거나 전산처리설비에 저장된 때 반송신고(내국물품의 경우 수출신고)한 것으로 본다.

- 인도장 또는 보세판매장에서 구매자에게 인도하거나 국제우체국 또는 공항 · 항만 보세구역으로 보세운송신고하여 수리된 때 반송신고가 수리된 것으로 본다. 다만, 내국물품의 경우 인도된 때 수출신고가 수리된 것으로 본다.

Ⓢ 통합인도
- 인도자는 구매자의 편의와 원활한 인도업무 수행을 위해 필요하다고 인정되는 경우에는 세관장의 승인을 받아 2개 이상의 보세판매장 판매물품을 하나의 인도장에서 통합하여 인도할 수 있다.
- 이 경우 개별 보세판매장 운영인은 통합인도에 필요한 전산설비와 판매내역을 인도자에게 제공할 수 있다.

심화 📈 보세공장 물품 등의 반출입 절차

- 보세공장 또는 자유무역지역에서 보세판매장에 제품을 판매하기 위하여 운송하는 때에는 보세판매장 관할세관 반입신고서와 판매계약서를 첨부하여 보세운송절차에 의거 운송하여야 한다.
- 보세판매장 판매용 물품 중 보세공장 또는 자유무역지역에서 제조 · 가공된 물품으로서 변질, 손상, 판매부진, 그 밖의 부득이한 사유로 해당 물품을 반출하려는 때에는 해당 물품을 보관창고에 구분하여 장치하고 세관장에게 판매물품반출승인(신청)서를 제출하여 승인을 받아야 한다.
- 운영인은 승인받은 물품을 보세판매장으로부터 반출하는 때에는 재고관리시스템을 통하여 반출내역신고를 하여야 하며, 보세공장 등으로의 보세운송신고는 반출내역신고로 갈음한다.

---

⑫ **보세판매장 간 물품의 양수도시 업무처리절차 등** : 보세판매장에 반입된 판매물품을 양수도 계약에 의해 타 보세판매장으로 양도하고자 할 때에는 보세운송 절차에 의하여 하여야 한다. **1**

심화 📈 제반절차

- 보세운송을 하려는 자는 양수도계약서 사본 1부(재고관리시스템에 의한 경우와 같은 법인 내 보세판매장 간 양수도시 생략)를 첨부하여 양도 · 양수물품 보세운송신고를 하고, 보세운송 신고 수리일부터 7 근무일 이내에 해당 물품을 보세판매장에 반입하고 그 결과를 세관장에게 보고하여야 한다. 다만, 재고관리시스템에 의하여 양수도하는 경우의 보세운송 도착보고는 양수인의 반입검사신청으로 갈음할 수 있다.
- 보세판매장에서 판매한 물품을 구매자가 출국하는 공항 · 항만의 세관으로 보세운송하기 곤란하고 구매자가 출국하는 공항 · 항만의 인근에 같은 법인의 보세판매장이 있는 경우에는 보세판매장 간 해당 물품이 판매된 것으로 보고 출국지 보세판매장의 같은 물품을 인도장으로 보세운송할 수 있다. 이때에 해당 물품을 실제로 판매한 보세판매장에서는 구매자에게 교환권을 발급한 후 세관장의 승인을 받아 교환권의 사본을 팩스 등의 방법에 의거 출국지 보세판매장으로 송부하고 출국지 보세판매장에서는 같은 사본에 따라 판매물품을 인도장으로 보세운송한다.
- 재고관리는 물품을 실제로 판매한 보세판매장에서는 판매되지 않은 것으로 하고 출국지 보세판매장에서는 판매한 것으로 정리하여야 하며 회수한 교환권을 출국지 보세판매장에서 보관하여야 한다.

⑬ 대금영수 : 판매대금은 원화 또는 외화로 영수할 수 있으며, 외화로 영수 하였을 때에는 환율계산에 있어서 단수는 고객에게 유리하게 절사하고 거스름돈이 없을 때에는 원화로 지급하여야 한다.

⑭ 미인도 물품의 처리

    ㉠ 보고 및 운영인인계 : 인도자는 판매물품이 인도장에 반입된 후 5일 이상이 경과하여도 구매자에게 인도되지 않는 때에는 미인도 물품목록을 작성하여 세관장에게 보고하고, 인도자의 입회하에 현품을 행낭 또는 각종 운반용 박스 등에 넣은 후 보세사가 잠금 또는 봉인을 하여 세관장이 지정한 장소에서 해당 물품을 판매한 운영인에게 인계하여야 한다. 다만, 판매취소 등 구매자의 미인수 의사가 명확한 미인도 물품에 대하여는 인도장 반입 후 5일 경과 전이라도 운영인에게 인계할 수 있다. **1**

    ㉡ 보세운송 반입 : 운영인은 인계받은 물품을 해당 보세판매장으로 보세운송신고하고, 보세운송신고수리일로부터 7 근무일 이내에 해당 보세판매장에 반입하고 미인도 물품대장을 기록 · 관리하여야 한다.

    ㉢ 우편송부 : 운영인은 재반입된 미인도 물품에 대하여 지체 없이 제14조제10항제2호 또는 기타의 방법에 의거 구매자의 해외주소를 확인하고 해당 물품을 즉시 우편으로 송부하여야 한다.

    ㉣ 재판매 : 보세판매장에 재반입된 미인도물품은 반입된 날부터 10일이 경과한 후 미인도물품 해제 신청을 거쳐 재판매할 수 있다. 다만, 부패 · 변질 등의 우려가 있거나, 구매자가 구매취소 의사를 표시하였거나, 해당 물품과 같은 물품을 확보할 수 있어 구매자의 물품 인도 요구에 즉시 응할 수 있는 경우에는 반입 즉시 재판매할 수 있다. **1**

⑮ 반품, 분실물 등의 처리

    ㉠ 우편 등으로 교환 · 환불요청받은 경우 : 운영인이 구매자로부터 국제우편 또는 항공 · 해상화물로 판매물품의 교환 · 환불요청을 받은 때에는 국제우편 또는 항공 · 해상화물로 교환 · 환불하여 줄 수 있다. **1**

    ㉡ 구매자가 직접 휴대 입국하여 교환 · 요청한 경우

       • 구매자가 구입물품을 직접 휴대 입국하여 교환 · 환불을 요청한 경우에는 입국 시에 반드시 세관에 휴대품 신고 및 유치(교환 · 환불하려는 물품가격 총액이 여행자휴대품 면세범위 이하인 경우는 제외)한 후 출국장면세점에서 교환 · 환불을 하거나 시내면세점으로 보세운송 후 시내면세점에서 교환 · 환불을 하게 할 수 있다. 다만, 교환된 물품은 제12조제3항을 적용하는 경우를 제외하고는 제12조제1항 및 제4항에 따라 구매자가 출국하는 때 인도장에서 인도되어야 한다.

       • 위의 경우에도 불구하고, 구매자가 구매한 물품을 휴대품감면 규정에 따라 자진신고한 경우에는 해당 물품을 국내에 반입하여 교환 또는 환불할 수 있다.

    ㉢ 입국장 면세점에서 교환 · 환불요청받은 경우 : 운영인이 구매자로부터 입국장 면세점에서

구매한 물품에 대해 교환 또는 환불 요청을 받은 때에 세관의 통관 절차를 거치기 전에는 입국장면세점에서 직접 교환 또는 환불을 하게 할 수 있으며, 통관 절차를 거친 후에는 국내우편 및 택배를 통하여 교환·환불을 할 수 있다.

ⓔ 교환품 처리 : 운영인이 판매물품을 교환하여 준 경우에는 그 반품된 물품은 보세판매장 또는 통합물류창고에 재반입 절차를 취하고 교환하여 주는 물품은 판매절차에 의거 처리하여야 한다. 또한 가격상의 차이가 있는 때에는 그 차액을 병기하여야 하며, 판매물품을 환불하여 준 경우에는 그 반품된 물품은 보세판매장에 재반입 절차를 취하며 반환된 현금은 판매취소로 판매금액에서 차감하여야 한다.

ⓜ 잔여물품의 처리

- 보세판매장 물품이 분실 그 밖의 사유로 현품과 대장상의 수량이 일치하지 아니한 때에는 그 부족 수량을 월간 매출액과 대비하여 상관례상 불가피하다고 인정되는 범위 이내인 때에는 범칙조사 절차 없이 해당세액을 추징하고 재고대장에서 공제 처리한다. **1**
- 다만, 현품부족 사유가 고의가 있다고 인정되는 경우에는 자체 조사 후 통고처분하여야 하며, 위반사항이 고발사유에 해당하는 경우 즉시 조사전담부서로 조사의뢰를 하여야 한다. **1**

⑯ 특허상실에 따른 재고물품의 처리

ⓐ 보세판매장의 설치·운영특허가 상실되었을 때에는 세관장은 즉시 재고조사를 실시하고 현품을 확정하여야 한다. **1**

ⓑ 운영인은 특허가 상실된 때에는 6개월 이내의 범위 내에서 세관장이 정한 기간 내에 재고물품을 판매, 다른 보세판매장에 양도, 외국으로 반출 또는 수입통관절차에 의거 통관하여야 하며, 세관장이 정한 기간이 경과한 때에는 지정장치장 또는 세관장이 지정한 보세구역으로 이고하여야 한다. **3**

ⓒ 지정장치장 또는 세관장이 지정한 보세구역으로 이고한 물품을 운영인이 이고한 날부터 6개월 이내에 타 보세판매장에 양도하지 않거나 외국으로 반출하지 않는 때에는 장치기간 경과물품처리 절차에 의거 처리한다. **2**

⑰ 미판매 재고물품의 처리

ⓐ 반송 또는 폐기 : 운영인은 외국물품을 변질, 고장, 재고과다 그 밖의 유행의 변화에 따라 판매하지 못하는 때에는 다음 각 호의 어느 하나의 방법에 의하여 세관장의 승인을 받아 반송하거나 폐기할 수 있다. **1**

> **심화** 📈
>
> 해당 물품을 반송 또는 폐기한 때에는 재고관리시스템을 통하여 반출내역신고를 하여야 한다.
> - 반송 : 판매물품반출승인(신청)서 제출
> - 폐기 : 재고관리시스템에 의하여 전자문서로 폐기신청

ⓛ 장치기간경과물품처리 절차 : 운영인은 폐기하는 물품의 가치가 상당하여 폐기하는 것이 불합리하다고 판단되는 경우에는 지정장치장 또는 세관장이 지정하는 보세구역으로 보세운송하여 장치기간경과물품처리 절차에 의하여 처리하여 줄 것을 세관장에게 신청할 수 있다. **1**

ⓒ 국내반품
- 운영인은 해당 물품의 공급자가 국내에 소재하는 경우에는 판매물품반출승인(신청)서에 의하여 세관장의 승인을 받아 국내의 공급자에게 해당 물품을 반품할 수 있다. **1**
- 이 경우 반품하는 물품에 대하여 세관화물정보시스템을 통하여 화물관리번호 생성 및 보세운송신고를 하여야 하며, 화물관리번호가 생성된 때에는 해당 물품에 대하여 재고관리시스템에 반출내역신고를 하여야 한다.

8. 업무감독 및 협의단체 등

① 세관장의 업무감독
　ⓐ 판매정보 주기적 분석 : 세관장은 재고관리시스템을 통하여 신고된 판매정보를 주기적으로 분석하여야 하며, 운영인의 규정 위반사항이 발견되는 경우에는 실지조사 등의 방법으로 규정 위반여부를 확인하고 필요한 조치를 하여야 한다.
　ⓑ 자율점검표 제출 : 운영인은 회계연도 종료 3개월이 지난 후 15일 이내에 판매물품 재고관리, 업무사항 등의 관리에 관한 적정여부를 자체 점검하고, 다음 각 호의 사항을 포함하는 자율점검표를 작성하여 세관장에게 제출하여야 한다. 다만, ⑧은 회계연도 종료 4개월이 지난 후 15일 이내 제출한다.

> **심화 📊 ｜ 자율점검표 기재사항**
>
> ① 보세판매장 현황(대표자, 임원, 판촉사원, 매장, 보관창고 등)
> ② 판매물품 재고관리(반출, 반입, 미인도, 양수도 등)
> ③ 구매자 구매한도 및 출국자여부 관리
> ④ 구매자 인적사항 및 판매현황 전산관리(구매대장, 판매대장)
> ⑤ 판매물품 교환권 관리(구매자 직접서명, 인적사항 대조확인 등)
> ⑥ 반출입물품 보세운송관리(인도장, 보세공장, 보세판매장 등)
> ⑦ 반품, 교환, 환불 시 물품관리
> ⑧ 회계감사보고서
> ⑨ 특허신청 공고 시 제출한 사업계획서의 이행현황(사업계획서의 평가항목별 자체점검)과 그 밖의 제재규정에 해당하는 주요항목의 운영 및 관리

　ⓒ 자율점검표로 재고조사 갈음 : 세관장은 제출받은 자율점검표 등의 심사결과 보세판매장 물품관리가 적정하다고 판단되는 경우에는 자율점검표를 반기 1회 재고조사에 갈음할 수 있으며, 그 외의 보세판매장에 대하여는 재고조사를 하여야 한다.

ⓔ 재고조사 : 세관장은 매 반기별로 1회 이상 보세판매장의 판매량, 외국반출현황, 재고량 및 행정제재 규정에 해당하는 각 항목의 운영 실태 및 특허신청 시 제출한 사업계획서의 이행 실적 등에 대하여 조사하여야 하며("재고조사") 세관장이 필요하다고 인정할 때는 재고조사 의 횟수 및 그 항목을 조정하여 조사할 수 있다. 다만, 보세판매장 설치 · 운영 특허 후 결산 기준일이 6개월 미만인 때에는 결산기준일 이후 1개월 이내에 재고조사를 실시한다.

ⓜ 조사기간 : 세관장이 재고조사를 실시하는 때에는 세관의 업무량 등을 고려하여 특정 품목 및 업무사항 등을 지정할 수 있으며, 조사반을 지명하고 7 근무일 이내의 조사기간을 지정 하여 실시하여야 한다.

ⓗ 자료제출요구 : 세관장은 재고조사 시 필요한 경우 보세판매장운영과 관련한 계약서, 판매대 장, 송객수수료 지급내역 등 기타 관계서류를 조사하거나 그 제시 또는 제출을 요구할 수 있다.

ⓢ 「행정조사기본법」 준용 : 재고조사에 관하여는 이 고시에서 따로 정하는 경우를 제외하고 는 「행정조사기본법」 규정을 준용한다.

② **보세사의 임무** : 보세사는 다음 각 호의 사항을 확인하거나 기록 · 관리하여야 한다. 다만, 자율 관리보세구역으로 지정되지 아니한 경우에는 ㉠부터 ㉡까지의 사항은 운영인이 하여야 한다.

㉠ 반입물품의 보관창고 장치 및 보관 **1**

㉡ 보세판매장 물품 반출입 및 미인도 관련 대장의 작성

㉢ 보세운송 물품의 확인 및 이상 보고 및 도착확인 등록 **1**

㉣ 보관창고와 매장간 반출입 물품의 참관 및 확인 **1**

㉤ 보세운송 행낭의 잠금 · 봉인과 이상유무 확인과 이상보고

㉥ 세관봉인대의 잠금 · 봉인 및 관리 **1**

㉦ 그 밖에 보세화물의 관리와 관련하여 세관장이 지시하는 사항

 해설 반입검사 신청한 물품의 검사는 보세판매장에서 근무하는 보세사의 임무가 아니다.

③ **세관장의 보고사항** : 세관장은 다음 각 호의 어느 하나에 해당하는 경우 관세청장에게 그 사실 또는 결과를 보고하여야 한다.

㉠ 「보세판매장 특허에 관한 고시」에 따라 특허 및 특허 갱신한 경우

㉡ 보세판매장 설치 · 운영 특허가 취소 또는 상실된 경우

㉢ 자율점검표로 재고조사를 갈음하여 집행한 경우

1. 설립된 협의단체는 다음 각 호의 업무를 수행할 수 있다. 다만, 보세판매장은 설치·운영을 할 수 없다.
   ① 보세판매장제도 발전을 위한 조사·연구 및 정책제안
   ② 보세판매장 반출입 물품의 물류관리
   ③ 보세판매장 판매물품 인도사업
   ④ 보세판매장 종사 전문인력 양성을 위한 교육사업
   ⑤ 그 밖에 관세청장의 승인을 받은 사업

2. 협의단체의 장은 운영인의 상거래질서에 대하여 다음 사항을 자율적으로 규제하며, 자율규제 사항을 위반하는 행위에 대하여 세관장의 행정처분을 건의할 수 있다.
   ① 국가위신과 이익을 손상하는 행위
   ② 부당한 가격을 받는 행위
   ③ 과당경쟁 또는 부당한 금품을 수수하는 행위
   ④ 그 밖에 거래질서를 문란하게 하거나 보세판매장의 건전한 발전을 저해하는 행위

3. 협의단체의 장은 연간 교육계획을 수립하여 매년 1월 중 관세청장에게 보고하고, 교육이수자에 대한 관리를 하여야 한다.

CHAPTER [04] 종합보세구역

본 장에서는 특허보세구역의 기능을 복합적으로 수행할 수 있는 종합보세구역에 대하여 공부한다. 종합보세구역의 경우 '지정'에 관련된 내용이 빈출되므로 반드시 숙지하여야 하며, 보세화물 반출입과 관련하여 특허보세구역과 차이가 있는 부분을 명확히 아는 것이 중요하다.

1. 종합보세구역의 지정 등 [법 제197조]

 해설 도입배경

외국인 투자유치, 지역의 복합거점화를 지원하기 위해 국제적 수준의 복합물류거점을 확보할 필요가 있으나, 특허보세구역제도는 그 종류에 따라서 서로 다른 하나의 기능만을 수행할 수 있고 2 이상의 특허보세구역 기능을 함께 수행하고자 할 경우 특허절차가 번거롭고 시설요건 등은 운영인에게 과중한 부담이 된다. 또한 특허보세구역 간에도 물품의 반입, 이동 등에 제한이 있다. 따라서 특허보세구역만으로는 한계가 있으므로 종합보세구역제도를 도입한 것이다.

① **종합보세기능 수행** : 종합보세구역에서는 보세창고 · 보세공장 · 보세전시장 · 보세건설장 또는 보세판매장의 기능 중 둘 이상의 기능("종합보세기능")을 수행할 수 있다. **6**

② **지정**

　㉠ 지정 : 관세청장은 직권으로 또는 관계 중앙행정기관의 장이나 지방자치단체의 장, 그 밖에 종합보세구역을 운영하려는 자("지정요청자")의 요청에 따라 무역진흥에의 기여 정도, 외국물품의 반입 · 반출 물량 등을 고려하여 일정한 지역을 종합보세구역으로 지정할 수 있다. **7**

심화 　**종합보세구역의 지정 [고시 제4조]**

1. 종합보세구역은 직권 또는 지정요청자의 요청에 의하여 관세청장이 지정한다.
2. 종합보세구역의 지정을 요청하고자 하는 자는 종합보세구역 지정(변경)요청서에 다음 각 호의 서류를 첨부하여 관세청장에게 제출하여야 한다. 종합보세구역의 지정을 변경하고자 하는 경우에도 또한 같다.
　① 지역의 위치, 경계를 표시한 도면
　② 지역 내 시설물현황 및 시설계획서
　③ 업체입주현황과 지역의 분양 · 임대현황을 포함한 사업계획서

④ 지역의 외국인 투자금액 · 수출금액 또는 외국물품의 반입물량이 제6조의 규정에 의한 기준을 초과함을 증명하는 자료

⑤ 해당 지역에 대한 소유권 기타 사용 · 수익에 관한 권리를 가진 자임을 증명하는 서류

3. 종합보세구역 지정(변경)요청서를 받은 관세청장은 접수한 날로부터 3월 이내에 종합보세구역 지정여부를 결정하여 지정요청자에게 그 결과를 통보하여야 한다.

4. 관세청장이 종합보세구역을 지정한 때에는 종합보세구역의 명칭, 위치 · 소재지 · 면적, 지정목적, 관할세관 및 지정요청한 행정기관명(직권지정인 경우에는 생략한다)을 관보에 게재하여야 한다.

5. 관세청장은 종합보세구역으로 지정된 후 3년이 경과하여도 업체가 입주하지 않거나 종합보세기능의 수행이 중지된 후 3년이 경과한 때에는 해당 장소에 대하여 직권 또는 종합보세구역 지정요청자의 요청에 의하여 해당 지역을 종합보세구역으로부터 제외하여 변경 지정할 수 있다.

심화 **종합보세구역의 지정건의** [고시 제5조]

1. 행정기관의 장 등이 아닌 자가 종합보세구역의 지정을 받고자 하는 때에는 해당 지역의 소재지 · 면적과 제4조제2항 각 호의 서류를 첨부하여 관세청장에게 종합보세구역의 직권 지정을 건의할 수 있다.

2. 지정건의를 하는 자는 해당 지역에 대한 소유권 기타 사용 · 수익에 관한 권리를 가진 자임을 증빙하는 서류를 첨부하여야 한다.

ⓒ 종합보세구역의 지정요건

- 직권지정 또는 행정기관장의 지정요청 : 관세청장은 종합보세구역으로 직권지정하고자 하는 지역 또는 행정기관의 장 등이 종합보세구역으로 지정요청한 지역에 종합보세기능을 수행하기 위하여 입주하였거나 입주할 업체들의 외국인투자금액 · 수출금액 또는 외국물품 반입물량이 다음에 해당하는 경우 해당 지역을 종합보세구역으로 지정할 수 있다.
  - 외국인투자금액이 미화 1천만불 이상
  - 수출금액이 연간 미화 1천만불 이상
  - 외국물품의 반입물량이 월 1천톤 이상
- 개별업체가 지정요청 : 관세청장은 종합보세구역 지정요청자가 개별업체로서 다음에 해당하는 경우 해당 사업장을 종합보세구역으로 지정할 수 있다.
  - 자본금 10억원 이상으로 종합보세기능을 수행하는 경우
  - 수출금액이 연간 미화 300만불 이상으로 종합보세기능을 수행하는 경우 **1**
  - 위 각 호에서 정하는 자본금 또는 수출금액을 충족하는 업체로서 통관을 위한 일시 장치기능과 보관 · 분할 · 병합 · 재포장 · 분배 등 국제물류 촉진기능을 함께 수행하는 경우

③ 종합보세구역의 지정 등 [영]

　　㉠ 지정대상지역 : 종합보세구역은 다음 각 호의 어느 하나에 해당하는 지역으로서 관세청장이 종합보세구역으로 지정할 필요가 있다고 인정하는 지역을 그 지정대상으로 한다. **2**

　　　　• 「외국인투자촉진법」에 의한 외국인투자지역
　　　　• 「산업입지 및 개발에 관한 법률」에 의한 산업단지
　　　　• 「유통산업발전법」에 의한 공동집배송센터
　　　　• 「물류시설의 개발 및 운영에 관한 법률」에 따른 물류단지
　　　　• 기타 종합보세구역으로 지정됨으로써 외국인투자촉진·수출증대 또는 물류촉진 등의 효과가 있을 것으로 예상되는 지역

　　㉡ 지정요청서 제출 : 종합보세구역의 지정을 요청하고자 하는 자("지정요청자")는 다음 각 호의 사항을 기재한 지정요청서에 해당 지역의 도면을 첨부하여 관세청장에게 제출하여야 한다.

　　　　• 해당 지역의 소재지 및 면적
　　　　• 구역 안의 시설물현황 또는 시설계획
　　　　• 사업계획

　　㉢ 직권지정 : 관세청장은 직권으로 종합보세구역을 지정하고자 하는 때에는 관계중앙행정기관의 장 또는 지방자치단체의 장과 협의하여야 한다. **1**

④ 종합보세구역의 예정지역 지정

　　㉠ 요건 : 관세청장은 다음 각 호의 요건을 충족하는 지역에 대하여는 종합보세구역 예정 지역으로 지정할 수 있다.

　　　　• 지정대상지역일 것
　　　　• 3년 이내 해당 지역에 종합보세기능을 수행할 업체가 입주하거나 입주할 가능성이 있다고 관세청장이 인정될 것

　　㉡ 지정기간 : 예정지역의 지정기간은 3년 이내로 하되, 예정지역의 지정기간이 만료되기 전에 관세청장은 종합보세구역으로 지정할 것인지 여부를 결정하여야 한다. 다만, 개발계획의 변경 등으로 지정기간의 연장이 불가피하다고 인정되는 때에는 3년의 범위 내에서 연장할 수 있다. **1**

　　㉢ 예정지역해제 : 관세청장은 종합보세구역 지정여부 결정시 종합보세구역으로 지정하지 아니하기로 결정한 경우에는 그 예정지역의 지정을 즉시 해제하여야 한다.

2. 종합보세사업장의 설치 · 운영에 관한 신고 등 [법 제198조]

① 설치 · 운영신고

　㉠ 종합보세구역에서 종합보세기능을 수행하려는 자는 그 기능을 정하여 세관장에게 종합보세사업장의 설치 · 운영에 관한 신고를 하여야 한다. **6**

> **해설**
>
> 종합보세사업장이란 운영인이 종합보세구역에서 보세창고 · 공장 · 전시장 · 건설장 · 판매장의 기능을 종합적으로 수행할 수 있는 일정한 장소이다. **1**

　㉡ 종합보세사업장의 설치 · 운영에 관한 신고의 절차에 관하여는 영 제188조의 규정을 준용한다. 다만, 관세청장은 종합보세구역의 규모 · 기능 등을 고려하여 첨부서류의 일부를 생략하는 등 설치 · 운영의 신고절차를 간이하게 할 수 있다. [영]

② 결격사유 : 운영인의 결격사유 어느 하나에 해당하는 자는 종합보세사업장의 설치 · 운영에 관한 신고를 할 수 없다.

③ 기능변경신고

　㉠ 종합보세사업장의 운영인은 그가 수행하는 종합보세기능을 변경하려면 세관장에게 이를 신고하여야 한다. **1**

　㉡ 종합보세기능의 변경신고를 하고자 하는 자는 그 변경내용을 기재한 신고서를 세관장에게 제출하여야 한다. [영]

④ 설치 · 운영기간

　㉠ 설치운영기간

　　• 종합보세사업장의 설치 · 운영기간은 운영인이 정하는 기간으로 한다. **3**

　　• 다만, 종합보세사업장의 토지 · 건물 등을 임차한 경우에는 임대차계약기간 만료 15일 전까지 기간 연장된 임대차계약서 또는 시설사용허가서 사본을 제출하는 조건으로 운영인이 정하는 기간으로 한다. **2**

　㉡ 연장신청 : 설치 · 운영기간 이후에도 계속하여 종합보세기능을 수행하고자 할 때에는 설영기간 만료 30일 전까지 설치 · 운영변경신고에 의하여 설치 · 운영기간을 연장하여야 한다. **1**

관련규정	폐업 또는 휴업 **1**

운영인이 종합보세사업장을 폐업하거나 30일 이상 계속하여 휴업하고자 할 때에는 운영인 또는 그 상속인(법인인 경우에는 청산법인 또는 합병 후 존속하거나 합병으로 인하여 설립된 법인)은 세관장에게 즉시 그 사실을 신고(별지 제4호 서식)하여야 하며 다시 개업하고자 할 때에는 서면으로 그 요지를 통지하여야 한다.

3. 종합보세구역에의 물품의 반입 · 반출 등 [법 제199조]

① 반출입신고

    ㉠ 반출입신고

- 종합보세사업장에 물품을 반출입하고자 하는 운영인은 세관장에게 반출입신고를 하여야 한다. **3**
- 이 경우 외국으로부터 도착한 물품 또는 보세운송되어 반입하는 물품에 대하여는 House B/L 단위로 신고하여야 하며, 세관화물정보시스템 반입예정정보와 대조확인하고 전자문서로 반입신고를 하여야 한다. **2**

    ㉡ 전자문서 반출신고 : 화주, 보세운송업자 등으로부터 물품반출요청을 받은 운영인은 세관화물정보시스템의 반출예정정보 또는 반송신고수리필증을 확인한 후 이상이 없는 경우 반출하고 전자문서로 반출신고를 하여야 한다.

> **심화** 📈 **B/L 제시 인도물품의 반출승인**
>
> B/L 제시 인도물품을 반출하고자 하는 자는 화물관리공무원에게 B/L 원본을 제시하여 반출승인을 받아야 한다.

    ㉢ 종합보세기능 간 물품이동 신고생략 : 운영인이 동일 종합보세사업장에서 종합보세기능 간에 물품을 이동하는 경우에는 반출입신고를 하지 아니하며, 동일 종합보세구역 내의 종합보세사업장 간의 물품의 이동에는 보세운송신고를 하지 아니한다. **7**

    ㉣ 신고물품 반출신고생략 : 종합보세구역에 반입된 외국물품이 사용신고 또는 수입신고되어 수리된 경우에는 반출신고를 생략한다. **3**

② 반입물품 확인 등

    ㉠ 보고의무 : 운영인은 반입된 물품이 반입예정 정보와 품명 · 수량이 상이하거나 안보위해물품의 반입, 포장파손, 누출 · 오염 등 물품에 이상이 있는 경우에는 즉시 세관장에게 보고하여야 한다. **1**

> **심화** 📈 **보고결과 조치 등**
>
> ① 보고를 받은 세관장은 사고발생 경위를 확인하여 「관세범칙 등 고발에 관한 시행세칙」 및 「관세범칙 등 통고처분 양정에 관한 시행세칙」에 따라 자체 통고처분 및 조사 전담부서에 고발의뢰하거나 적재화물목록 정정이 필요한 경우에는 「보세화물 입출항 하선하기 및 적재에 관한 고시」에 따른 조치를 하여야 한다.
> ② 소방관련 법령 등에 의한 위험물품 장치허가를 받지 아니한 종합보세사업장 운영인은 화물 반입 시 위험물품 여부를 확인하여야 하며, 위험물품을 발견하였을 때에는 즉시 세관장에게 보고하여야 한다. **1**

ⓛ 재반출금지 : 종합보세사업장에 반입된 보세화물은 특별한 사유가 없는 한 다른 종합보세사업장 또는 보세구역으로 다시 반출할 수 없다. 다만, 다음 각 호에 해당하는 경우에는 그렇지 않다.

- 위험물품 · 보온 · 보냉물품, 검역대상물품 등 특수물품으로서 해당물품의 보관에 적합한 보세구역으로 반출하는 경우
- 보세공장, 보세판매장, 보세건설장, 보세전시장 또는 동 기능을 수행하는 종합보세사업장에 반입하기 위하여 반출하는 경우
- 해당 종합보세사업장의 폐업, 천재지변 등으로 반출하는 경우
- 기타 보세화물의 멸실, 손상방지나 신속통관을 위하여 세관장이 필요하다고 인정하는 경우

③ 내국물품의 경우

ⓐ 간이신고 : 종합보세구역에 반입 · 반출되는 물품이 내국물품인 경우에는 기획재정부령으로 정하는 바에 따른 신고를 생략하거나 간소한 방법으로 반입 · 반출하게 할 수 있다.

ⓛ 내국물품 반출입신고의 생략불가대상 [규칙] : 세관장은 다음 각 호의 1에 해당하지 않는 경우에는 반출입신고를 생략하게 할 수 있다. **1**

- 세관장의 허가를 받고 내국물품만을 원료로 하여 제조 · 가공 등을 하는 경우 그 원료 또는 재료 **1**
- 외국물품과 내국물품의 혼용작업에 소요되는 원재료 **3**
- 보세판매장에서 판매하고자 하는 물품 **3**
- 해당 내국물품이 외국에서 생산된 물품으로서 종합보세구역 안의 외국물품과 구별되는 필요가 있는 물품(보세전시장의 기능을 수행하는 경우에 한한다) **1**

4. 종합보세구역의 판매물품에 대한 관세 등의 환급 [법 제199조의2]

① 외국인 관광객 등 대통령령으로 정하는 자가 종합보세구역에서 구입한 물품을 국외로 반출하는 경우에는 해당 물품을 구입할 때 납부한 관세 및 내국세 등을 환급받을 수 있다.

② "외국인 관광객 등 대통령령으로 정하는 자"란 "외국인 관광객 등"을 말한다. 다만, 다음 각 호의 자를 제외한다.

ⓐ 법인

ⓛ 국내에 주재하는 외교관(이에 준하는 외국공관원을 포함한다) **2**

ⓒ 국내에 주재하는 국제연합군과 미국군의 장병 및 군무원

1. 종합보세구역에서의 물품판매 등 [영]

① 판매물품 신고·납부 : 종합보세구역에서 법 제199조의2의 규정에 의하여 외국인 관광객 등에게 물품을 판매하는 자("판매인")는 관세청장이 정하는 바에 따라 판매물품에 대한 수입 신고 및 신고납부를 하여야 한다.

② 판매확인서 교부 : 판매인은 ①의 규정에 의한 수입신고가 수리된 경우에는 구매자에게 해 당 물품을 인도하되, 국외반출할 목적으로 구매한 외국인 관광객 등에게 판매한 경우에는 물품판매확인서("판매확인서")를 교부하여야 한다.

③ 판매물품 제한 : 관세청장은 종합보세구역의 위치 및 규모 등을 고려하여 판매하는 물품의 종류 및 수량 등을 제한할 수 있다.

2. 외국인 관광객 등에 대한 관세 등의 환급 [영]

① 판매확인서·구매물품 제시 : 외국인 관광객 등이 종합보세구역에서 물품을 구매할 때에 부 담한 관세 등을 환급 또는 송금받고자 하는 경우에는 출국하는 때에 출국항을 관할하는 세관 장("출국항 관할세관장")에게 판매확인서와 구매물품을 함께 제시하여 확인을 받아야 한다.

② 판매확인서 확인인 : 출국항 관할세관장은 ①의 규정에 의하여 외국인 관광객 등이 제시한 판매확인서의 기재사항과 물품의 일치여부를 확인한 후 판매확인서에 확인인을 날인하고, 외국인 관광객 등에게 이를 교부하거나 판매인에게 송부하여야 한다.

③ 환급·송금 : ②의 규정에 의하여 외국인 관광객 등이 판매확인서를 교부받은 때에는 제 216조의6의 규정에 의한 환급창구운영사업자에게 이를 제시하고 환급 또는 송금받을 수 있 다. 다만, 판매인이 ②의 규정에 의하여 판매확인서를 송부받은 경우에는 그 송부받은 날부 터 20일 이내에 외국인 관광객 등이 종합보세구역에서 물품을 구매한 때 부담한 관세 등을 당해 외국인 관광객 등에게 송금하여야 한다.

3. 판매인에 대한 관세 등의 환급 등 [영]

① 판매인에 대한 관세 등의 환급 : 판매인은 법 제199조의2의 규정에 의하여 종합보세구역에 서 관세 및 내국세 등("관세 등")이 포함된 가격으로 물품을 판매한 후 다음 각 호에 해당하는 경우에는 관세 등을 환급받을 수 있다.

㉠ 외국인 관광객 등이 구매한 날부터 3월 이내에 물품을 국외로 반출한 사실이 확인되는 경우

㉡ 판매인이 제216조의4제3항 본문의 규정에 따라 환급창구운영사업자를 통하여 해당 관 세 등을 환급 또는 송금하거나 동항 단서의 규정에 따라 외국인 관광객 등에게 송금한 것 이 확인되는 경우

② 환급신청 : 판매인이 ①의 규정에 의하여 관세 등을 환급받고자 하는 경우에는 다음 각 호의 사항을 기재한 신청서에 제216조의4의 규정에 의하여 세관장이 확인한 판매확인서 및 수입 신고필증 그 밖에 관세 등의 납부사실을 증빙하는 서류와 ① ㉡의 규정에 의한 환급 또는 송 금사실을 증명하는 서류를 첨부하여 해당 종합보세구역을 관할하는 세관장에게 제출하여야 한다.

㉠ 해당 물품의 품명 및 규격

㉡ 해당 물품의 판매연월일 및 판매확인번호

ⓒ 해당 물품의 수입신고연월일 및 수입신고번호
ⓔ 환급받고자 하는 금액
③ 증거서류보관

① 및 ②의 규정에 의하여 환급금을 지급받은 판매인은 외국인 관광객 등에 대하여 환급 또는 송금한 사실과 관련된 증거서류를 5년간 보관하여야 한다.

4. 환급창구운영사업자 [영]
① 환급창구운영사업자 지정운영 : 관세청장은 외국인 관광객 등이 종합보세구역에서 물품을 구입한 때에 납부한 관세 등을 판매인을 대리하여 환급 또는 송금하는 사업을 영위하는 자("환급창구운영사업자")를 지정하여 운영할 수 있다.
② 준용 : ①의 규정에 의한 환급창구운영사업자에 대하여는 「외국인관광객 등에 대한 부가가치세 및 개별소비세 특례규정」을 준용한다.

5. 반출입물품의 범위 등 [법 제200조]

① **수입통관 후 소비 또는 사용** : 종합보세구역에서 소비하거나 사용되는 물품으로서 다음의 물품은 수입통관 후 이를 소비하거나 사용하여야 한다.
ⓐ 제조·가공에 사용되는 시설기계류 및 그 수리용 물품 ❷
ⓑ 연료·윤활유·사무용품 등 제조·가공에 직접적으로 사용되지 않는 물품 ❶

② **장치기간** : 종합보세구역에 반입한 물품의 장치기간은 제한하지 아니한다. 다만, 보세창고의 기능을 수행하는 장소 중에서 관세청장이 수출입물품의 원활한 유통을 촉진하기 위하여 필요하다고 인정하여 지정한 장소에 반입되는 물품의 장치기간은 1년의 범위에서 관세청장이 정하는 기간으로 한다. ❹

③ **반출입제한** : 세관장은 종합보세구역에 반입·반출되는 물품으로 인하여 국가안전, 공공질서, 국민보건 또는 환경보전 등에 지장이 초래되거나 종합보세구역의 지정 목적에 부합되지 않는 물품이 반입·반출되고 있다고 인정될 때에는 해당 물품의 반입·반출을 제한할 수 있다.

6. 운영인의 물품관리 [법 제201조]

① **기능별 구분관리** : 운영인은 종합보세구역에 반입된 물품을 종합보세기능별로 구분하여 관리하여야 한다. ❷

② **매각** : 세관장은 종합보세구역에 장치된 물품 중 제208조제1항 단서에 해당되는 물품은 같은 조에 따라 매각할 수 있다. ❶

③ **기록유지** : 운영인은 종합보세구역에 반입된 물품을 종합보세구역 안에서 이동·사용 또는 처분을 할 때에는 장부 또는 전산처리장치를 이용하여 그 기록을 유지하여야 한다. 이 경우 기획재정부령으로 정하는 물품은 미리 세관장에게 신고하여야 한다.

④ **필요한 사항** : ③에 따른 기록의 방법과 절차 등에 관하여 필요한 사항은 관세청장이 정한다.

⑤ **매각요청** : 운영인은 종합보세구역에 장치된 물품 중 반입한 날부터 6개월 이상의 범위에서 관세청장이 정하는 기간이 지난 외국물품이 다음 각 호의 어느 하나에 해당하는 경우에는 관세청장이 정하여 고시하는 바에 따라 세관장에게 그 외국물품의 매각을 요청할 수 있다.

    ㉠ 화주가 분명하지 아니한 경우

    ㉡ 화주가 부도 또는 파산한 경우

    ㉢ 화주의 주소 · 거소 등 그 소재를 알 수 없는 경우

    ㉣ 화주가 수취를 거절하는 경우

    ㉤ 화주가 거절의 의사표시 없이 수취하지 아니한 경우

⑥ **매각규정 준용** : 매각요청을 받은 장기보관화물의 처리절차는 「보세화물장치기간 및 체화처리에 관한 고시」를 준용한다.

7. 설비의 유지의무 등 [법 제202조]

① **설비유지의무**

    ㉠ 설비유지의무 : 운영인은 대통령령으로 정하는 바에 따라 종합보세기능의 수행에 필요한 시설 및 장비 등을 유지하여야 한다.

    ㉡ 유지설비 : 운영인은 다음 각 호의 시설을 구비하여 유지하여야 하며, 종합보세사업장의 규모와 입지적 조건, 기타 사항을 종합 검토하여 종합보세사업장 관리 · 운영에 지장이 없도록 하여야 한다.

      • 제조 · 가공 · 전시 · 판매 · 건설 및 장치 기타 보세작업에 필요한 기계시설 및 기구

      • 반입 · 반출물품의 관리 및 세관의 업무검사에 필요한 전산설비

      • 소방 · 전기 및 위험물품관리 등에 관한 법령에서 정하는 시설 및 장비

      • 보세화물의 분실과 도난방지를 위한 시설

      • 세관의 물품관리를 위한 검사 장비

    ㉢ 설비보완

      • ㉡의 규정에 의한 설비가 천재 · 지변 기타 불가피한 사유로 일시적으로 기준에 미달하게 된 때에는 종합보세구역의 운영인은 관세청장이 정하는 기간 내에 이를 갖추어야 한다.

      • 세관장은 설치 · 운영신고일부터 3월 이내에 운영인이 설비를 구비하였는지의 여부를 확인하여야 하며, 설비를 구비하지 못한 때에는 기간을 정하여 설비를 구비하도록 명령하거나 물품의 반입정지 또는 기능수행중지를 할 수 있다. 이 경우 시설 및 장비의 구비여부를 확인할 때에는 위험물품취급허가서 등 관계행정기관의 장이 발급한 증빙서류와 대조 확인하여야 한다.

② 보수 · 보세작업 신고 : 종합보세구역에 장치된 물품에 대하여 보수작업을 하거나 종합보세구역 밖에서 보세작업을 하려는 자는 대통령령으로 정하는 바에 따라 세관장에게 신고하여야 한다.

관련규정 **보수작업** [고시]

① 종합보세사업장에서 보수작업을 하고자 하는 자는 보수작업신고서를 세관장에게 제출하여야 한다. 다만, 보수작업 후 즉시 재수출하려는 경우에는 사용신고서에 보수작업물품임을 표시하여 사용신고할 수 있으며 사용신고가 수리되는 경우에는 해당 물품에 대한 보수작업신고를 한 것으로 본다.

② 보수작업의 범위는 다음 각 호의 1에 한하며, HS 품목분류의 변화를 가져오는 것은 보수작업으로 인정하지 아니한다. **2**

　ㄱ 물품의 보존을 위해 필요한 작업(부패, 손상 등을 방지하기 위한 보존작업 등)
　ㄴ 물품의 상품성 향상을 위한 개수작업(포장개선, 라벨표시, 단순절단 등)
　ㄷ 선적 및 보관을 위한 준비작업(성능검사, 선별, 분류, 포장, 용기변경 등)
　ㄹ 단순한 조립작업(간단한 셋팅, 완제품의 특성을 가진 구성요소의 조립 등)
　ㅁ 보세공장운영에 관한 고시 제12조제3항제1호부터 제3호까지 물품의 하자보수작업
　ㅂ 상기와 유사한 작업

③ 보수작업은 종합보세사업장 내의 다른 보세화물에 장애가 되지 않는 범위 내에서 이루어져야 하며, 세관장이 필요하다고 인정하는 경우에는 감시공무원으로 하여금 작업과정을 감독하게 할 수 있다. **2**

④ 보수작업 신고인이 보수작업을 완료한 때에는 보수작업 완료보고서를 세관장에게 제출하여 그 확인을 받아야 한다.

⑤ 보수작업의 완료보고와 동시에 수출하려는 경우에는 수출신고서에 보수작업 완료물품임을 기재하여 수출신고를 할 수 있으며, 이 경우 수출신고가 수리되면 보수작업 완료보고를 하여 세관장의 확인을 받은 것으로 본다.

⑥ 화물관리공무원은 보수작업내용이 포장수량의 분할 또는 합병사항인 경우에는 보수작업 결과를 세관화물정보시스템에 등록하여야 한다.

⑦ 수입될 물품의 보수작업의 재료는 내국물품만을 사용하여야 하며, 외국물품은 수입통관 후 사용하여야 한다. **1**

⑧ 종합보세사업장 운영인이 동일품목을 대상으로 동일한 보수작업을 반복적으로 하려는 경우에는 「보세화물관리에 관한 고시」 포괄보수작업신고 및 완료보고 절차를 준용할 수 있다.

관련규정 **장외 보수작업** [고시] **1**

종합보세사업장 외에서 보수작업을 하고자 하는 자는 3월의 범위 내에서 그 기간 및 장소를 지정하여 장외보수작업신고서를 세관장에게 제출하여야 한다.

③ 준용 : ②에 따라 작업을 하는 경우의 반출검사 등에 관하여는 제187조를 준용한다.

8. 종합보세구역에 대한 세관의 관리 등 [법 제203조]

① **출입통제와 물품검사** : 세관장은 관세채권의 확보, 감시 · 단속 등 종합보세구역을 효율적으로 운영하기 위하여 종합보세구역에 출입하는 인원과 차량 등의 출입을 통제하거나 휴대 또는 운송하는 물품을 검사할 수 있다.

② **기록검사 등** : 세관장은 종합보세구역에 반입 · 반출되는 물품의 반입 · 반출 상황, 그 사용 또는 처분 내용 등을 확인하기 위하여 장부나 전산처리장치를 이용한 기록을 검사 또는 조사할 수 있으며, 운영인으로 하여금 업무실적 등 필요한 사항을 보고하게 할 수 있다.

③ **시설설치요구** : 관세청장은 종합보세구역 안에 있는 외국물품의 감시 · 단속에 필요하다고 인정될 때에는 종합보세구역의 지정요청자에게 보세화물의 불법유출, 분실, 도난방지 등을 위한 시설을 설치할 것을 요구할 수 있다. 이 경우 지정요청자는 특별한 사유가 없으면 이에 따라야 한다.

9. 종합보세구역 지정의 취소 등 [법 제204조]

① **지정취소**
  ㉠ 관세청장은 종합보세구역에 반입 · 반출되는 물량이 감소하거나 그 밖에 대통령령으로 정하는 사유로 종합보세구역을 존속시킬 필요가 없다고 인정될 때에는 종합보세구역의 지정을 취소할 수 있다. ■
  ㉡ "대통령령으로 정하는 사유"란 다음 각 호의 경우를 말한다.
   • 종합보세구역의 지정요청자가 지정취소를 요청한 경우
   • 종합보세구역의 지정요건이 소멸한 경우

② **기능수행중지** : 세관장은 종합보세사업장의 운영인이 다음 각 호의 어느 하나에 해당하는 경우에는 6개월의 범위에서 운영인의 종합보세기능의 수행을 중지시킬 수 있다. ■
  ㉠ 운영인이 설비의 유지의무를 위반한 경우
  ㉡ 운영인이 수행하는 종합보세기능과 관련하여 반입 · 반출되는 물량이 감소하는 경우
  ㉢ 1년 동안 계속하여 외국물품의 반입 · 반출 실적이 없는 경우

③ **폐쇄명령** : 세관장은 종합보세사업장의 운영인이 다음 각 호의 어느 하나에 해당하는 경우에는 그 종합보세사업장의 폐쇄를 명하여야 한다.
  ㉠ 거짓이나 그 밖의 부정한 방법으로 종합보세사업장의 설치 · 운영에 관한 신고를 한 경우
  ㉡ 운영인의 결격사유에 해당하게 된 경우. 다만, 제175조 제8호에 해당하는 경우로서 같은 조 제2호 또는 제3호에 해당하는 사람을 임원으로 하는 법인이 3개월 이내에 해당 임원을 변경한 경우에는 그렇지 않다.
  ㉢ 다른 사람에게 자신의 성명 · 상호를 사용하여 종합보세사업장을 운영하게 한 경우

CHAPTER [05] 수입활어장치장

학·습·전·략 활어장치장의 경우 생소한 내용이나 분량이 많지 않으며 빈출되는 부분이 아니기에 출제된 부분 위주로 선택과 집중을 하는 것이 효율적이다.

1. 용어의 정의

① **활어** : 「관세법」의 별표 관세율표 제0301호에 해당하는 물품으로서 관상용과 양식용(이식용, 시험연구조사용)을 제외한 것을 말한다. **2**
② 활어장치장이란 다음의 장소를 말한다.
　㉠ 활어를 장치하는 보세구역
　㉡ 보세구역이 아닌 장소 중 세관장의 허가를 받아 활어를 장치하는 곳

2. 활어장치장의 시설요건 등

활어장치장은 다음의 요건을 모두 갖추어야 하고, 운영인등은 활어장치장의 수조와 CCTV의 배치도면을 세관장에게 제출하여야 한다. **1**
① **수조외벽** : 각각의 수조가 물리적·영구적으로 분리되는 구조와 재질로 이루어져야 하며, 수조 사이에 활어가 이동할 수 없도록 충분한 높이와 넓이를 갖추어야 한다. **2**
② **CCTV** : 각각의 출입구와 2개의 수조당 1대 이상 설치하여야 하며, 활어의 검량 감시용으로 사용할 수 있는 이동식 CCTV를 1대 이상 보유하여야 한다. 다만, 세관장이 필요하다고 인정하는 경우에는 이를 가감할 수 있다. **3**
③ **조명시설** : 세관장이 CCTV 영상을 통해 수조의 현황을 용이하게 식별할 수 있을 정도의 조명시설을 갖춰야 한다. 다만, 암실에 보관하여야 하는 어종을 장치하는 경우에는 적외선 카메라를 보유하여야 한다. **1**
④ **영상녹화시설** : CCTV 영상을 상시 녹화할 수 있고 녹화된 영상을 30일 이상 보관할 수 있는 감시장비를 보유하여야 한다. **5**
⑤ **냉동·냉장시설** : 폐사어를 장치할 수 있는 냉동·냉장 보관시설을 보유하여야 한다. **2**
⑥ **인터넷망 구축** : 세관장이 CCTV 영상을 인터넷 망을 통해 실시간으로 확인이 가능하도록 조치(**예** CCTV 인터넷망에 접속 권한 등을 부여)하여야 한다. **3**

심화 📊	CCTV의 배치와 관리

- 운영인 등은 사각지대가 없도록 CCTV를 배치하여야 하며, CCTV의 고장 등으로 촬영이 불가능한 수조에는 활어를 장치할 수 없다.
- 운영인 등은 활어장치장 내에 설치된 CCTV의 전원을 차단하거나, 촬영 방향의 이동 또는 촬영에 방해가 되는 물체를 배치하려는 경우에는 사전에 세관장의 승인을 얻어야 한다. **1**
- 운영인 등은 CCTV에 고장이 발생한 때에는 즉시 세관장에게 통보하여야 하며, 통보를 받은 세관장은 기간을 정하여 이를 수리할 것과 장치된 활어를 다른 수조로 이동하거나 다른 CCTV의 방향을 조정하는 등 필요한 조치를 명할 수 있다.
- 운영인 등은 CCTV 녹화 영상을 촬영한 날로 부터 30일 이상 보관하여야 한다.

3. 보세구역 외 장치

① 보세구역 외 장치 허가는 해당 수조의 물을 제거한 후에 신청하여야 한다. 다만, 세관장이 해당 수조에 물이 채워진 상태에서도 수조의 내부를 확인할 수 있다고 인정하는 경우에는 그렇지 않다.

② 보세구역 외 장치장은 세관으로부터 40km 이내에 위치하여야 한다. 다만, 관내 보세창고의 수용능력, 반입물량, 감시단속상의 문제점 등을 고려하여 세관장이 타당하다고 인정하는 경우에는 세관으로부터 80km를 초과하지 않는 범위 내에서 보세구역 외 장치를 허가할 수 있다. **2**

③ 세관장은 해당 보세구역 외 장치장에서 「특허보세구역운영에 관한 고시」 제18조제3항에서 규정한 반입정지의 대상이 되는 사유가 발생한 때에는 이 고시 제15조제2항에서 규정한 기간 동안 보세구역 외 장치의 허가를 하지 아니할 수 있다.

4. 통관지 세관의 지정

활어를 통관할 수 있는 세관은 「수입통관사무처리에 관한 고시」에 따라 관할구역 내 활어장치장이 있는 세관이다.

5. 장치장소의 제한

세관장은 다음 각 호의 어느 하나에 해당하는 경우에는 활어장치장 시설요건에도 불구하고 관할구역 내의 활어를 장치하기 위한 시설이 갖추어진 지정장치장(세관지정 보세창고 포함)에 반입하게 할 수 있다.

① 불합격품인 경우

② 최초 수입건, 부적합 처분 이력이 있었던 건 또는 수출된 활어의 반송품 등 특별한 보관·관리가 필요하다고 인정되는 경우

③ 운영인 등이 세관장의 필요시설 설치명령에 대해 기한 내에 응하지 아니한 경우

④ 그 밖에 세관장이 운영인등의 법규수행능력평가와 활어의 성상 등을 고려하여 우범성이 높다고 판단되는 경우

6. B/L분할 신고 ❷

동일 선박 또는 항공기로 반입된 동일 화주의 활어는 B/L 건별로 수입신고를 하여야 한다. 다만, 검사 또는 검역의 결과 일부 합격 등과 같이 세관장이 분할통관이 필요하다고 인정하는 경우에는 그렇지 않다.

7. 검량

① 세관장은 수입활어의 검량방법 및 절차에 관한 표준을 제정할 수 있다. ❶
② 세관장은 검량과정에서 필요하다고 판단되는 경우에는 운영인등에게 이동식 CCTV의 배치를 요구할 수 있다. ❶
③ 세관장은 다음 각 호의 어느 하나에 해당하는 경우에는 화주 또는 운영인등에게 다시 검량할 것을 요구할 수 있다.
　㉠ ①에서 정하는 방법과 절차에 따르지 않는 경우
　㉡ 검량과정에서 CCTV 영상 전송이 단절된 경우 ❶
　㉢ 활어의 수량과 중량에서 과부족이 현저하다고 의심되는 경우 등 재검량이 필요하다고 판단되는 경우 ❶
④ 불합격품을 폐기 또는 반송하는 때에는 반드시 검량을 실시하여야 한다. ❶

8. 미통관 표식

① 운영인 등은 통관되지 않은 활어가 장치되어 있는 수조에는 이미 통관된 활어와 명확히 구분할 수 있도록 표식을 하여야 한다. ❶
② 미통관 표식은 거친 날 또는 야간에도 CCTV 영상으로 쉽게 식별이 가능한 재질(㉠ 야광판 등)로 하여야 한다.

9. 폐사어의 관리

① 운영인 등은 장치 중인 활어의 전부 또는 일부가 폐사한 경우에는 그 발생 사유와 발생량 등을 지체 없이 세관장에게 통보하고, 폐사어 관리대장에 기록·유지하여야 한다. 다만, 세관장이 인정하는 범위 내에서 폐사가 발생한 경우에는 그러하지 아니할 수 있다. ❶
② 운영인 등은 폐사어를 별도의 냉동·냉장시설에 B/L별로 구분하여 보관하여야 한다. ❸

10. 불합격품의 처리

① 세관장은 불합격품이 발생한 경우 해당 화주에게 불합격 사실을 통보를 받은 날부터 15일 이내에 반송 또는 폐기하도록 명령하여야 한다. **1**

② 세관장은 불합격품이 발생한 경우 운영인등에게 불합격품이 장치된 수조를 봉인하거나 덮개를 설치하는 등 불법유출을 방지하기 위해 필요한 조치를 명령할 수 있다.

11. 활어 운반용 컨테이너 관리

① 세관장은 수입화주가 소유 또는 임대하여 사용하는 활어 운반용 컨테이너(SOC)의 화주명, 컨테이너번호, 컨테이너 도면 등에 관한 사항을 기록·유지하여야 한다.

② 세관장은 X-ray 검색기 등을 통해 매 반기별로 SOC의 은닉공간 및 불법 개조 여부 등을 확인하여야 한다.

MEMO

보세화물관리제도

학·습·전·략

제1절 일반관리에서는 모든 분야가 다 빈출되고 중요한 개념이므로 어느 부분도 소홀히 할 수 없다. 그중에서도 특히 물품의 장치, 보세구역 외 장치의 허가, 물품의 반입·반출, 보수작업, 장치물품의 폐기, 견본품 반출은 거의 매년 기출된다.

제2절 체화관리도 제1절만큼은 아니지만 자주 출제되는 파트이며, 특히 장치기간 매각대상 및 매각절차에 대한 내용은 반드시 숙지하여야 한다.

01 | 일반관리

심화 📊 용어의 정의

이 고시에서 사용하는 용어의 뜻은 다음과 같다.

① 세관지정장치장이란 세관장이 관리하는 시설 또는 세관장이 시설 관리인으로부터 무상사용의 승인을 받은 시설 중 지정장치장으로 지정한 시설을 말한다.

② 운영인이란 특허보세구역 운영인, 지정보세구역 화물관리인, 보세구역외장치의 허가를 받은 자, 검역물품의 관리인을 말한다.

③ 선박회사란 물품을 운송한 선박회사와 항공사를 말한다.

④ 위험물품이란 폭발성, 인화성, 유독성, 부식성, 방사성, 산화성 등의 물질로서 관계 법령에 따라 위험품으로 분류되어 취급이나 관리가 별도로 정해진 물품을 말한다.

⑤ 화물관리 세관공무원이란 통관지원과 또는 화물담당부서의 세관공무원을 말한다.

⑥ 세관화물정보시스템이란 적재화물목록, 적재·하선·하기, 보세운송신고, 보세구역 반출입 등의 자료를 관리하는 세관운영시스템을 말한다.

⑦ 전자문서란 컴퓨터간에 전송 등이 될 수 있도록 하기 위하여 관세청장이 정한 실행지침서에 따라 작성된 전자자료를 말한다.

⑧ B/L제시 인도물품이란 「수입통관사무처리에 관한 고시」에 따른 수입신고 생략물품을 말한다.

⑨ 관리대상화물이란 「관리대상화물 관리에 관한 고시」 제2조제1호에 따른 물품을 말한다.

⑩ 식품류란 「식품위생법」에 따른 식품 및 식품첨가물, 「건강기능식품에 관한 법률」에 따른 건강기능식품, 「축산물가공처리법」에 따른 축산물을 말한다.

1. 물품의 장치 [법 제155조]

① **집중장치** : 외국물품과 내국운송의 신고를 하려는 내국물품은 보세구역이 아닌 장소에 장치할 수 없다. 다만, 다음 각 호의 어느 하나에 해당하는 물품은 그렇지 않다.

> (해설) **해설**　내국운송이란 내국물품을 국제무역선이나 국제무역기로 운송하는 것을 말한다. 1

　㉠ 수출신고가 수리된 물품 3
　㉡ 크기 또는 무게의 과다나 그 밖의 사유로 보세구역에 장치하기 곤란하거나 부적당한 물품
　㉢ 재해나 그 밖의 부득이한 사유로 임시로 장치한 물품 1
　㉣ 검역물품 3
　㉤ 압수물품 4
　㉥ 우편물품 3

관련규정　**보세구역장치물품의 제한 등** [영]

① 보세구역에는 인화질 또는 폭발성의 물품을 장치하지 못한다.
② 보세창고에는 부패할 염려가 있는 물품 또는 살아있는 동식물을 장치하지 못한다.
③ 해당 물품을 장치하기 위하여 특수한 설비를 한 보세구역에 관하여는 상기규정을 적용하지 아니한다.

심화　**보세구역 장치물품 멸실, 도난 또는 분실, 이상신고**

법 제180조(장치물품의 멸실신고)
1. 보세구역 또는 법 제155조제1항 단서의 규정에 의하여 보세구역이 아닌 장소에 장치된 외국물품이 멸실된 때에는 다음 각호의 사항을 기재한 신고서를 세관장에게 제출하여 그 확인을 받아야 한다.
　① 장치장소 및 장치사유
　② 수입물품의 경우 해당 물품을 외국으로부터 운송하여 온 선박 또는 항공기의 명칭 또는 등록기호 · 입항예정연월일 · 선하증권번호 또는 항공화물운송장번호
　③ 해당 물품의 내외국물품별 구분과 품명 · 규격 · 수량 및 가격
　④ 해당 물품의 포장의 종류 · 번호 및 개수
　⑤ 멸실연월일 및 멸실원인
2. 제1항의 규정에 의한 신고는 특허보세구역장치물품인 경우에는 운영인의 명의로, 특허보세구역장치물품이 아닌 경우에는 보관인의 명의로 하여야 한다.

법 제181조(물품의 도난 또는 분실의 신고)
1. 보세구역 또는 법 제155조제1항 단서의 규정에 의하여 보세구역이 아닌 장소에 장치된 물품이 도난당하거나 분실된 때에는 다음 각 호의 사항을 기재한 신고서를 세관장에게 제출하여야 한다.
　① 장치장소 및 장치사유

② 수입물품의 경우 해당 물품을 외국으로부터 운송하여 온 선박 또는 항공기의 명칭 또는 등록
   기호 · 입항예정연월일 · 선하증권번호 또는 항공화물운송장번호
③ 해당 물품의 내외국물품별 구분과 품명 · 규격 · 수량 및 가격
④ 해당 물품의 포장의 종류 · 번호 및 개수
⑤ 도난 또는 분실연월일과 사유

법 제182조(물품이상의 신고)

1. 보세구역 또는 법 제155조제1항 단서의 규정에 의하여 보세구역이 아닌 장소에 장치된 물품에
   이상이 있는 때에는 다음 각호의 사항을 기재한 신고서를 세관장에게 제출하여야 한다.
   ① 장치장소 및 장치사유 **1**
   ② 수입물품의 경우 해당 물품을 외국으로부터 운송하여 온 선박 또는 항공기의 명칭 또는 등록
      기호 · 입항예정연월일 · 선하증권번호 또는 항공화물운송장번호
   ③ 해당 물품의 내외국물품별 구분과 품명 · 규격 · 수량 및 가격 **1**
   ④ 해당 물품의 포장의 종류 · 번호 및 개수 **1**
   ⑤ 발견연월일 **1**
   ⑥ 이상의 원인 및 상태 **1**

② 화물분류기준

　㉠ 장치장소 결정을 위한 화물분류기준 : 입항 전 또는 하선(기) 전에 수입신고나 보세운송신
　　고를 하지 않은 보세화물의 장치장소 결정을 위한 화물분류 기준은 다음 각 호에 따른다.
　　• 선사는 화주 또는 그 위임을 받은 자가 운영인과 협의하여 정하는 장소에 보세화물을 장치
　　　하는 것을 원칙으로 한다. **4**
　　• 화주 또는 그 위임을 받은 자가 장치장소에 대한 별도의 의사표시가 없는 경우에는 다음
　　　각 목에 따른다. **1**

> 1. Master B/L화물은 선사가 선량한 관리자로서 장치장소를 결정한다. **3**
> 2. House B/L화물은 화물운송주선업자가 선량한 관리자로서 선사 및 보세구역 운영인과 협의
>   하여 장치장소를 결정한다. **4**

　　• 장치장소를 정할 때에 화물운송주선업자가 선량한 관리자로서의 의무를 다하지 못할 경
　　　우에는 다음 각 목의 어느 하나를 장치장소로 한다. **1**

> 1. 세관지정장치장
> 2. 세관지정 보세창고

ⓛ 특정물품 장치장소 결정 : ㉠에도 불구하고 다음 각 호의 어느 하나에 해당하는 물품은 해당 각 호에서 정하는 바에 따른다. 세관장은 규정의 운영과 관련하여 화물관리에 안전을 기하고 화물분류업무가 공정하게 이루어지도록 이해관계인을 감독하거나 조정할 수 있다.

• 입항 전 또는 하선(기)전에 수입신고가 되거나 보세운송신고가 된 물품은 보세구역에 반입함이 없이 부두 또는 공항 내에서 보세운송 또는 통관절차와 검사절차를 수행하도록 하여야 한다(이 경우 본 · 부선통관 목적으로 입항 전 수입신고를 한 물품은 본 · 부선 내에서 통관절차와 검사절차를 수행하도록 하여야 한다). **5**

• 위험물품, 보온 · 보냉물품, 검역대상물품, 귀금속 등은 해당 물품을 장치하기에 적합한 요건을 갖춘 보세구역에 장치하여야 하며, 식품류는 별표 4의 보관기준을 갖춘 보세구역에 장치하여야 한다. **5**

관련규정	[별표 4] 보세구역 수입식품류 보관기준		
공통	시설 기준		식품류는 공산품과 분리, 구획하여 보관하여야 한다. 다만, 분리 · 구획보관이 어려울 경우 랩으로 감싸거나 별도 포장하여 다른 공산품 및 분진 등과 교차오염 우려가 없도록 관리하여야 하며, 인체에 유해한 물질과는 반드시 분리하여 보관하여야 한다. **2** ※ 분리(별도의 방), 구획(칸막이, 커튼, Rack 등)
			창고내부 바닥은 콘크리트 등으로 내수처리를 하여야 하고, 물이 고이거나 습기가 차지 않도록 하여야 한다.
			창고내부에는 쥐 · 바퀴 등 해충의 침입 방지를 위한 방충망, 쥐트랩 등 방충 · 방서 시설을 갖추어야 한다. 다만, 전문 방충 · 방서업소와 계약을 체결하여 주기적으로 관리할 경우에는 이를 인정할 수 있다. **2**
			창고내부에서 발생하는 악취 · 유해가스, 먼지, 매연 등을 배출시키는 환기시설을 갖추어야 한다. **1**
			보관온도를 측정할 수 있는 온도계를 비치하여야 한다. **1**
	관리 기준		창고 및 보관시설은 항상 청결하게 관리하여야 한다.
			바닥, 벽면 및 천장과 일정한 거리를 두어 보관하여야 한다. ※ 바닥으로부터 4인치(10.16cm) 이상, 벽으로부터는 18인치(45.72cm) 이상, 천장으로부터 1m 이상 거리를 두고 보관하는 것이 바람직하다.
			온도 상승으로 부패 등 변질 우려가 있는 식품은 서늘한 곳에 보관하여야 한다. **1**
			유통기한이 경과되었거나 부적합 판정을 받은 식품류는 별도의 장소에 보관하거나 명확하게 식별되는 표시를 하여 일반물품과 구별되게 관리하여야 한다. **1**
			보세창고에 반입된 농산물은 검사가 완료될 때 까지 병해충이 퍼지지 않도록 다음 어느 하나의 조치를 하여야 한다(냉장, 냉동, 포장된 식물 제외). • 컨테이너 또는 밀폐형 용기에 넣을 것 • 천막 또는 1.6mm 이하의 망 등으로 완전히 덮을 것 • 그 밖에 병해충이 퍼지는 것을 방지할 수 있는 조치
냉장 냉동	시설 기준		온도유지 및 습도조절을 위한 시설을 갖추어야 한다. **1** • 냉동보관 : 영하 18℃ 이하 • 냉장보관 : 영상 10℃ 이하

- 보세창고, 보세공장, 보세전시장, 보세판매장에 반입할 물품은 특허 시 세관장이 지정한 장치물품의 범위에 해당하는 물품만 해당 보세구역에 장치한다. **4**
- 보세구역외장치의 허가를 받은 물품은 그 허가를 받은 장소에 장치한다. **2**
- 관리대상화물은 「관리대상화물 관리에 관한 고시」 제6조 및 제7조에 따라 장치한다.
- 수입고철(비금속설을 포함)은 고철전용 장치장에 장치하는 것을 원칙으로 한다. **2**
- 컨테이너에 내장된 수입물품의 장치에 대하여는 「컨테이너관리에 관한 고시」를 준용한다.

관련규정	관리대상화물 관리에 관한 고시 제6조, 제7조

제6조(검사대상화물의 하선(기)장소)

① 검색기검사화물, 반입 후 검사화물, 수입신고 후 검사화물 및 감시대상화물의 하선(기)장소는 「보세화물 입출항 하선 하기 및 적재에 관한 고시」에 따라 선사(항공사)가 지정한 장소로 한다.

② 제1항에도 불구하고 검색기검사화물의 경우에는 검사를 마친 경우에만 하선장소에 반입할 수 있으며, 검사 결과 개장검사가 필요하다고 인정되는 경우에는 세관장이 별도로 지정하는 장소를 하선장소로 한다.

③ 즉시검사화물의 하선(기)장소는 「보세화물 입출항 하선하기 및 적재에 관한 고시」에 따라 세관장이 지정한 장소로 한다.

④ 세관장이 제2항 및 제3항에 따라 지정하는 하선(기)장소는 다음 각 호의 순서에 따른다.
　가. 세관지정장치장. 다만, 세관지정장치장이 없거나 검사대상화물이 세관지정장치장의 수용능력을 초과할 것으로 판단되는 경우에는 제2호에 따른 장소
　나. 세관지정 보세창고
　다. 검사대상화물이 위험물품, 냉동·냉장물품 등 특수보관을 요하는 물품이거나 대형화물·다량산물인 경우에는 가. 나.의 규정에도 불구하고 해당 화물을 위한 보관시설이 구비된 장소

제7조(특송물품 등의 장치)

① 특송물품·이사물품등·유치물품 등과 보세판매용물품을 장치할 수 있는 보세구역은 다음 각 호의 어느 하나와 같다.
　1. 특송물품 : 「특송물품 수입통관 사무처리에 관한 고시」에 따라 세관장이 따로 지정한 세관지정장치장
　2. 이사물품등 및 유치물품 등 : 세관지정장치장 또는 세관지정 보세창고
　3. 보세판매용물품 : 세관지정장치장 또는 「보세판매장 운영에 관한 고시」에 따른 보관창고

② 세관지정장치장의 화물관리인과 세관지정 보세창고의 운영인은 관리대상화물을 일반화물과 구분하여 장치하여야 한다.

③ **물품의 반입**

　㉠ 반입의무 : 화물분류기준에 따라 장치장소가 결정된 물품은 하선(기)절차가 완료된 후 해당 보세구역(동물검역소 구내계류을 포함)에 물품을 반입하여야 한다. **3**

ⓛ 파손 등 보고 : 운영인은 반입된 물품이 반입예정 정보와 품명·수량이 상이하거나 안보위 해물품의 반입, 포장파손, 누출, 오염 등으로 이상이 있는 경우에는 반입물품 이상보고서에 필요한 서류를 첨부하여 전자문서로 세관장에게 제출하여야 한다. **2**

> **심화** 📊
>
> 보고를 받은 세관장은 사고발생 경위를 확인하여 자체조사 후 통고처분 등 필요한 조치를 하거나 적재화물목록 정정이 필요한 경우에는「보세화물 입출항 하선 하기 및 적재에 관한 고시」에 따른 조치를 하여야 한다. 다만, 위반사항이 고발사유에 해당하는 경우 즉시 조사전담부서로 고발의뢰 하여야 한다.

ⓒ 위험물품발견 시 보고 : 위험물품 장치허가를 받지 아니한 특허보세구역 운영인 및 지정보 세구역 관리인은 화물 반입 시에 위험물품인지를 확인하여야 하며, 위험물품을 발견하였을 때에는 즉시 세관장에게 보고하여야 한다. **1**

ⓔ 관리대상화물 장치 : 세관장은 관리대상화물을 세관지정장치장에 장치한다. 다만, 보세판 매장 판매용물품은「보세판매장 운영에 관한 고시」에 따라 장치하고, 수출입물품은 공항만 보세구역의 화물적체 해소와 관할 세관 내에 보세창고가 부족하여 화주가 요청하는 경우 세 관장의 승인을 얻어 세관지정장치장에 장치할 수 있으며, 관할 세관 내에 영업용 보세창고 가 없는 경우에는 세관장의 승인 없이 장치할 수 있다. **1**

④ **반출명령**

㉠ 반출명령

- 세관장은 보세구역에 반입된 물품이 보세구역의 수용능력을 초과하여 추가로 물품반입이 곤란하거나, 태풍 등 재해로 인하여 보세화물에 피해의 우려가 있다고 인정될 때 해당 물 품을 다른 보세구역으로 반출하도록 명령할 수 있다. **1**
- 위험물품 발견 시 보고를 받은 세관장은 위험물품을 장치할 수 있는 장소로 즉시 반출명령 하여야 한다.

㉡ 반출명령이행 : 반출명령을 받은 해당 물품의 운송인, 보세구역 운영인 또는 화물관리인은 세관장이 지정한 기간 내에 해당 물품을 다른 보세구역으로 반출하고 그 결과를 세관장에게 보고하여야 한다.

㉢ 반출유예 : 화물반입량의 감소 등 일시적인 사정으로 보세구역의 수용능력이 충분하여 제1 항에 따른 반출이 불필요한 경우에 세관장은 이전 연도 및 해당 연도의 월별, 보세구역별 반 입물량의 증가추이와 수용능력 실태 등을 심사하여 월별, 보세구역별로 일정기준을 정하여 반출 또는 반출유예를 조치할 수 있다.

㉣ 반출불이행 : 세관장은 보세구역 운영인이 반출명령을 이행하지 않은 경우에는 과태료를 부과한다.

2. 보세구역 외 장치의 허가 [법 제156조]

① 보세구역 외 장치허가
  ㉠ 보세구역 외 장치대상 중 '크기 또는 무게의 과다나 그 밖의 사유로 장치하기 곤란하거나 부적당한 물품'에 해당하는 물품을 보세구역이 아닌 장소에 장치하려는 자는 세관장의 허가를 받아야 한다.
  ㉡ 세관장은 허가를 하려는 때에는 그 물품의 관세에 상당하는 담보의 제공, 필요한 시설의 설치 등을 명할 수 있다.

> **해설**
>
> 보세구역이 아닌 장소에 외국물품 및 내국운송의 신고를 받고자 하는 내국물품을 장치하는 것을 말한다. 이를 역외장치 또는 타소장치라 하기도 한다.

② 허가대상 : 보세구역 외 장치 허가는 다음 각 호에 따른다.
  ㉠ 물품이 크기 또는 무게의 과다로 보세구역의 고내에 장치하기 곤란한 물품
  ㉡ 다량의 산물로서 보세구역에 장치 후 다시 운송하는 것이 불합리하다고 인정하는 물품 ❷
  ㉢ 부패, 변질의 우려가 있거나, 부패, 변질하여 다른 물품을 오손할 우려가 있는 물품과 방진, 방습 등 특수보관이 필요한 물품 ❹
  ㉣ 귀중품, 의약품, 살아있는 동·식물 등으로서 보세구역에 장치하는 것이 곤란한 물품
  ㉤ 보세구역이 아닌 검역시행장에 반입할 검역물품 ❶
  ㉥ 보세구역과의 교통이 불편한 지역에 양륙된 물품으로서 보세구역으로 운반하는 것이 불합리한 물품 ❷
  ㉦ 「대외무역관리규정」에 따른 중계무역물품으로서 보수작업이 필요한 경우 시설미비, 장소협소 등의 사유로 인하여 보세구역 내에서 보수 작업이 곤란하고 감시단속상 문제가 없다고 세관장이 인정하는 물품

> **해설** 중계무역물품도 기능보완 등 보수작업을 할 수 있다. ❶

  ㉧ 자가공장 및 시설(용광로 또는 전기로, 압연시설을 말한다)을 갖춘 실수요자가 수입하는 고철 등 물품
  ㉨ 그 밖에 세관장이 보세구역 외 장치를 허가할 필요가 있다고 인정하는 물품

관련규정	허가절차

보세구역 외 장치를 하려는 자는 보세구역 외 장치허가신청서를 전자문서로 다음 각 호의 서류와 함께 세관장에게 제출하여 허가를 받아야 한다. 다만, 전자문서로 제출할 수 없는 자는 보세구역 외 장치허가(신청)서를 세관장에게 제출하여야 한다. 이 경우 보세구역외장치신청서를 접수한 화물관리 세관공무원은 담당과장의 결재를 받은 후 세관화물정보시스템에 허가사항을 등록하고 허가번호를 기재하여 허가서를 교부하여야 한다.

① 송품장 또는 물품매도확약서(Offer sheet)

② B/L사본 또는 B/L사본을 갈음하는 서류

③ 물품을 장치하려는 장소의 도면 및 약도. 다만, 동일화주가 동일 장소에 반복적으로 신청하는 경우에는 생략할 수 있다.

③ 담보

㉠ 담보제공기간 : 세관장은 보세구역 외 장치 허가신청(보세구역 외 장치허가기간 연장의 경우를 포함)을 받은 경우 보세구역 외 장치허가기간에 1개월을 연장한 기간을 담보기간으로 하여 담보제공을 명할 수 있다. **3**

㉡ 담보생략 : 세관장은 보세구역 외 장치허가를 받으려는 물품 또는 업체가 별표3에 해당하는 경우에는 담보제공을 생략하게 할 수 있다(환적화물에 대해서도 이와 같다). 다만, 보세구역 외 장치 허가 시 담보의 제공을 생략 받은 업체가 경영부실 등으로 채권확보가 곤란한 때에는 보세구역 외 장치 허가중인 물품에 대하여 담보를 제공하게 할 수 있다. **1**

관련규정	보세구역 외 장치 담보생략 기준 [고시 별표 3]

구분	내용
물품별	• 제조업체가 수입하는 수출용원자재(농·축·수산물은 제외) **6** • 무세물품(부가가치세 등 부과대상은 제외) **1** • 방위산업용 물품 **2** • 정부용품 **1** • 재수입물품 중 관세가 면제될 것이 확실하다고 세관장이 인정하는 물품 **1**
업체별	• 정부, 정부기관, 지방자치단체, 공기업·준정부기관·그 밖의 공공기관 • 「관세 등에 대한 담보제도 운영에 관한 고시」에 의하여 지정된 신용담보업체, 담보제공 특례자 및 담보제공 생략자 • 그 밖에 관할구역 내의 외국인투자업체, 제조업체로서 세관장이 관세채권 확보에 지장이 없다고 판단하는 업체

㉢ 담보액

• 보세구역 외 장치 담보액은 수입통관 시 실제 납부하여야 할 관세 등 제세 상당액으로 한다. **3**

• 다만, 관세 등 제세의 면제나 감면이 보세구역 외 장치 허가시점에 객관적인 자료로서 확인되지 않은 경우에는 면제나 감면되지 않은 경우의 관세 등 제세 상당액의 담보를 제공하여야 한다.

ⓔ 허가조건
- 세관장이 보세구역 외 장치를 허가하는 때에는 그 장소가 화재, 도난, 침수 등의 피해로부터 안전하게 보관할 수 있고, 세관의 감시업무 수행상 곤란이 없는 장소인지를 제2항에 따라 제출된 도면 등으로 확인하고, 보세화물관리 및 감시업무수행상 필요한 경우 현장확인을 하거나 필요한 시설의 설치 등을 명할 수 있다.
- 위험물품을 보세구역 외 장치하려는 경우 해당 장치장소는 「위험물안전관리법」 등 관련 법령에 따라 허가 등을 받은 장소로서 인근 주민에게 피해를 주지 아니하고 주위 환경을 오염시키지 않는 곳이어야 한다.

④ 보세구역외장치의 허가기간 등
- ㉠ 허가기간 : 보세구역외장치의 허가기간은 6개월의 범위 내에서 세관장이 필요하다고 인정하는 기간으로 정하며, 허가기간이 종료한 때에는 보세구역에 반입하여야 한다. [7]

> **심화 📈**
>
> 보세구역 외 장치허가를 받아 장치한 물품의 장치기간은 세관장이 허가한 기간(연장된 기간을 포함한다)으로 한다.

- ㉡ 기간연장 : 다만, 다음 각 호의 어느 하나에 해당하는 사유가 있는 때에는 세관장은 허가기간을 연장할 수 있으나, 그 기간은 최초의 허가일로부터 관세법상 장치기간을 초과할 수 없다. 기간을 연장하려는 자는 세관장으로부터 승인을 받아야 한다. [1]
  - 동일세관 관할구역 내에 해당 화물을 반입할 보세구역이 없는 경우 [2]
  - 품목분류 사전심사의 지연으로 수입신고할 수 없는 경우 [3]
  - 인지부서의 자체조사, 고발의뢰, 폐기, 공매 · 경매낙찰, 몰수확정, 국고귀속 등의 결정에 따른 조치를 위하여 필요한 경우 [2]
  - 수입요건 · 선적서류 등 수입신고 또는 신고수리 요건을 구비하지 못한 경우 [2]
  - 재해 그 밖에 부득이한 사유로 생산지연 · 반송대기 등 세관장이 인정하는 사유가 있는 경우 [1]
- ㉢ 허가기간 종료 시 : 세관장은 보세구역 외 장치 허가기간이 종료된 때에는 담보기간 동안 보세구역 외 장치허가를 의제할 수 있으며, 이 기간 동안에 장치기간경과물품 처리 절차를 신속히 진행하여야 한다. [2]

⑤ 허가수수료
- ㉠ 허가를 받으려는 자는 기획재정부령으로 정하는 금액과 방법 등에 따라 수수료 1만 8천원을 납부하여야 한다. [4]
- ㉡ 보세구역 외 장치 허가수수료는 허가건수 단위로 징수한다. 이 경우, 동일한 선박으로 수입된 동일화주의 화물을 동일 장소에 반입하는 때에는 1건의 보세구역 외 장치로 허가할 수 있다. [6]

ⓒ 국가 또는 지방자치단체가 수입하거나 협정에 의하여 관세가 면제되는 물품을 수입하는 때에는 장치허가수수료를 면제한다. **3**

ⓔ 보세구역 외 장치허가수수료를 납부하여야 하는 자가 관세청장이 정하는 바에 의하여 이를 따로 납부한 때에는 그 사실을 증명하는 증표를 허가신청서에 첨부하여야 한다. **1**

ⓜ 세관장은 전산처리설비를 이용하여 보세구역 외 장치허가를 신청하는 때에는 허가수수료를 일괄고지하여 납부하게 할 수 있다. **1**

3. 보세구역 물품의 반입 · 반출 [법제157조]

① 반출입신고

ⓐ 보세구역에 물품을 반입하거나 반출하려는 자는 대통령령으로 정하는 바에 따라 세관장에게 신고하여야 한다. **1**

관련규정

보세구역외장치허가를 받은 경우 허가장소에 물품을 반입한 즉시 세관장에게 반입신고를 하여야 한다. **2**

ⓑ 보세구역에 물품을 반입하거나 반출하려는 경우에는 세관장은 세관공무원을 참여시킬 수 있으며, 세관공무원은 해당 물품을 검사할 수 있다. **1**

ⓒ 세관장은 보세구역에 반입할 수 있는 물품의 종류를 제한할 수 있다. **1**

관련규정 영 제176조(물품의 반출입신고)

① 반입신고서 기재사항
물품의 반입신고는 다음 각 호의 사항을 기재한 신고서로 해야 한다.
1. 외국물품(수출신고가 수리된 물품은 제외한다)의 경우
   가. 해당 물품을 외국으로부터 운송하여 온 선박 또는 항공기의 명칭 · 입항일자 · 입항세관 · 적재항
   나. 물품의 반입일시, 선하증권번호 또는 항공화물운송장번호와 화물관리번호
   다. 물품의 품명, 포장의 종류, 반입개수와 장치위치
2. 내국물품(수출신고가 수리된 물품을 포함한다)의 경우
   가. 물품의 반입일시
   나. 물품의 품명, 포장의 종류, 반입개수, 장치위치와 장치기간

② 반출신고서 기재사항
반입신고된 물품의 반출신고는 다음 각 호의 사항을 기재한 신고서에 의하여야 한다.
1. 반출신고번호 · 반출일시 · 반출유형 · 반출근거번호

---

2. 화물관리번호

3. 반출개수 및 반출중량

③ 제출면제·기재사항일부생략

세관장은 다음 각 호의 어느 하나에 해당하는 경우에는 제1항 및 제2항에 따른 신고서의 제출을 면제하거나 기재사항의 일부를 생략하게 할 수 있다.

1. 다음 각 목의 1에 해당하는 서류를 제출하여 반출입하는 경우

가. 적재화물목록

나. 보세운송신고서 사본 또는 수출신고필증

다. 내국물품장치신고서

2. 자율관리보세구역으로 지정받은 자가 제1항제2호의 물품(수입신고가 수리된 물품은 제외한다)에 대하여 장부를 비치하고 반출입사항을 기록관리하는 경우

② 반입확인 및 반입신고

㉠ 반입신고 : 운영인은 하선신고서에 의한 보세화물을 반입 시 세관화물정보시스템의 반입예정정보와 대조확인하고 반입 즉시 반입신고서를 세관장에게 전자문서로 제출하여야 한다. **3**

심화 📈

반입신고 내역을 정정하려는 때에는 반입신고 정정 신청서를 세관장에게 전자문서로 제하고 승인을 받아야 한다.

㉡ 반입신고기준

- 반입신고는 HOUSE B/L 단위로 제출하여야 한다. **4**
- 다만, 하선장소 보세구역에 콘테이너 상태로 반입하는 경우에는 MASTER B/L 단위로 할 수 있다. **2**

㉢ 세관봉인확인

- 운영인은 하선반입되는 물품 중 세관봉인대 봉인물품의 반입 즉시 세관장에게 세관봉인이 이상있는지 등을 보고한다. **1**
- 세관봉인대 봉인물품 반입확인대장에 세관봉인대 확인내역을 기록 관리하여야 한다. 이 경우 세관장은 필요 시 화물관리 세관공무원으로 하여금 직접 세관봉인대가 이상이 있는지를 확인하게 하거나 해당 물품을 검사하게 할 수 있다.

② 보세운송 도착물품 확인
- 이상 없는 경우 : 운영인은 보세운송물품이 도착한 때에는 다음 각 호의 사항을 확인하여 이상이 없는 경우에만 물품을 인수하고, 반입 즉시 반입신고서를 전자문서로 제출하여야 한다. 이 경우 보세운송신고(승인) 건별로 도착일시, 인수자, 차량번호를 기록하여 장부 또는 자료보관 매체(마이크로필름, 광디스크, 기타 전산매체)에 2년간 보관하여야 한다. **1**

> 1. 세관화물정보시스템의 보세운송 예정정보와 현품이 일치하는지 **2**
> 2. 운송차량번호, 컨테이너번호, 컨테이너봉인번호가 세관화물정보시스템의 내역과 일치하는지 **1**
> 3. 컨테이너 봉인(전자봉인)이 파손되었는지 **2**
> 4. 현품이 과부족하거나 포장이 파손되었는지 **2**

- 이상 있는 경우 : 운영인은 내용을 확인한 결과 일치하지 않는 부분이 있거나 포장 또는 봉인이 파손된 경우에는 물품의 인수를 보류하고 즉시 반입물품 이상 보고서를 세관장에게 제출한 후 세관장의 지시에 따라 처리하여야 한다. **1**

⑩ CY에서 CFS로 이동하는 경우 반출입신고 의무 : 컨테이너장치장("CY")에 반입한 물품을 다시 컨테이너 화물조작장("CFS")에 반입한 때에는 CY에서는 반출신고를, CFS에서는 반입신고를 각각 하여야 한다. **3**

⑪ 신고의 갈음
- 동일사업장 내 보세구역 간 장치물품의 이동은 물품반출입신고로 보세운송신고를 갈음할 수 있다. **3**
- 운영인이 보세화물의 실시간 반출입정보를 자동으로 세관화물정보시스템으로 전송하는 경우 이를 반입신고로 갈음하게 할 수 있다.

③ **반출확인 및 반출신고**
㉠ 물품확인 및 반출신고
- 운영인은 수입신고수리 또는 반송신고 수리된 물품의 반출요청을 받은 때에는 세관화물정보시스템의 반출승인정보를 확인한 후 이상이 없는 경우 반출 전에 반출신고서를 전자문서로 제출하여야 한다. **2**
- 다만, 자가용보세창고에 반입되어 수입신고수리된 화물은 반출신고를 생략한다. **3**
- 운영인은 반출신고 내역을 정정하려는 때에는 반출신고 정정 신청서를 세관장에게 전자문서로 제출하고 승인을 받아야 한다. **1**

ⓛ 보세운송 승인된 물품
- 운영인은 보세운송신고 수리된 물품의 반출요청을 받은 때에는 세관화물정보시스템의 반출승인정보와 현품이 일치하는지를 확인한 후 이상이 없는 경우 반출 전에 반출신고서를 전자문서로 제출하여야 한다. **1**
- 다만, 선적지보세구역에 장치된 반송물품을 출항하는 운송수단에 적재하기 위한 경우에 한하여 반송신고필증 확인 후 반출 전에 반출신고서를 전자문서로 제출할 수 있다.

ⓒ 폐기, 공매낙찰, 적재 등 : 운영인은 ⓛ 및 ⓛ 이외에 폐기, 공매낙찰, 적재 등을 위한 물품 반출요청을 받은 때에는 세관화물정보시스템의 반출승인정보를 확인한 후 이상이 없는 경우 반출 전에 반출신고서를 전자문서로 제출하여야 한다.

ⓔ 관세청장 보고 : 운영인은 ⓛ부터 ⓒ까지의 규정에 따라 이상이 있는 경우에는 출고를 보류하고 세관장에게 그 사실을 보고한 후 세관장이 지시에 따라 처리하여야 한다. **2**

ⓜ 신고의 갈음 : 운영인이 보세화물의 실시간 반출입정보를 자동으로 세관화물정보시스템으로 전송하는 경우 이를 반출신고로 갈음하게 할 수 있다.

④ **컨테이너화물의 반출입신고** : 일반적인 반출입신고에도 불구하고 컨테이너보세창고에서 반출입되는 컨테이너화물에 대하여는 컨테이너 단위로 컨테이너 반출입신고서를 세관장에게 전자문서로 제출하여야 한다. **1**

> 🧑 **해설** B/L 단위가 아님에 유의한다.

⑤ **보세창고 내국물품 반출입신고 등**
ⓛ 내국물품 장치원칙 : 운영인이 보세창고의 일정구역에 일정기간 동안 내국물품을 반복적으로 장치하려는 경우 세관장은 외국물품의 장치 및 세관감시단속에 지장이 없다고 인정하는 때에는 보관장소, 내국물품의 종류, 기간 등에 대해 이를 포괄적으로 허용할 수 있다. **1**

> **관련규정** **관세법 제183조제2항**
>
> 운영인은 미리 세관장에게 신고를 하고 제1항에 따른 물품의 장치에 방해되지 않는 범위에서 보세창고에 내국물품을 장치할 수 있다. 다만, 동일한 보세창고에 장치되어 있는 동안 수입신고가 수리된 물품은 신고 없이 계속하여 장치할 수 있다.

ⓛ 신고절차
- 보세창고에 내국물품을 반출입하려는 자는 반출입 전에 내국물품반출입신고서를 세관장에게 전자문서로 제출하여야 하며, 이 경우 반입신고에 대해서는 내국물품장치신고로 갈음한다.

- 반출입신고를 접수한 세관장은 반출입신고 수리필증을 교부하지 아니한다. 다만, 반출입 시 세관공무원을 입회시킬 수 있으며 세관공무원은 해당 물품에 대하여 검사할 수 있다. **1**
- ⓒ 내국물품 장치기간 및 연장 : 내국물품의 장치기간은 1년으로 한다. 다만, 수입신고수리물품의 장치기간은 6개월로 하며, 이 경우 세관장이 필요하다고 인정한 때에는 수입신고수리일부터 1년의 범위에서 반출기간연장승인(신청)서에 따른 세관장의 승인을 받아 그 장치기간을 연장할 수 있다. **1**
- ⓔ 내국물품 계속장치승인
  - 1년 이상 계속하여 내국물품만을 장치하려는 자는 내국물품장치승인(신청)서를 제출하여 세관장의 승인을 받아야 한다. **3**
  - 승인을 얻어 장치하는 물품에 대하여 대장관리 등 기록유지가 되는 경우에는 해당 물품의 반출입신고를 생략하게 할 수 있다.

⑥ **B/L제시 인도물품 반출승인**
- ⓐ 반출승인신청 : B/L제시 인도물품을 반출하려는 자는 화물관리공무원에게 B/L 원본을 제시하여 반출승인을 받아야 한다. **3**
- ⓑ 승인번호 교부 : B/L을 제시받은 화물관리 세관공무원은 B/L제시 인도 대상 물품인지를 확인하고, 세관화물정보시스템에 반출승인사항을 등록한 후 승인번호를 B/L에 기재하여 화주에게 교부하여야 한다.
- ⓒ 반출신고 : 운영인은 세관화물정보시스템의 반출승인정보와 B/L을 확인한 후 물품에 이상이 없는 경우 반출 전에 반출신고서를 전자문서로 제출하여야 한다.

⑦ **선편 국제우편물의 반출입**
- ⓐ 반출신청
  - 통관우체국장은 국제우편물을 보세구역(컨테이너터미널 등)에서 반출하려는 경우에는 국제우편물 보세구역 반출승인(신청)서를 해당 보세구역 관할 세관장에게 제출하여야 한다.
  - 다만, FCL 컨테이너화물로 통관우체국까지 운송하는 국제우편물의 경우에는 국제우편물 보세구역 반출승인신청을 생략할 수 있다. **1**
- ⓑ 세관승인 : 세관장은 반출신청을 받은 물품에 대한 검사가 필요치 않은 경우에는 지체 없이 세관화물정보시스템에 국제우편물 반출사항을 등록한 뒤 국제우편물 보세구역 반출승인(신청)서에 반출승인번호를 기재하여 통관우체국장에게 교부한다.
- ⓒ 물품확인 : 통관우체국장은 반출 신청한 국제우편물이 통관우체국에 도착하였을 때에는 아래 각 호의 사항을 확인하고, 이상이 발견된 경우 지체 없이 용당세관장에게 통보하여야 한다. 통보를 받은 세관장은 담당공무원으로 하여금 그 실태를 조사하게 할 수 있다.

- FCL 컨테이너화물로 운송되는 경우 : 컨테이너번호 및 봉인번호 상이, 봉인파손 등
- 그 밖의 경우 : 포장파손여부, 품명 및 수(중)량의 이상 유무

  ⓐ 권한위탁 : 부산, 용당 및 양산세관의 국제우편물에 대한 보세구역 반출신청 처리업무는 용당세관장이 해당 세관장으로부터 그 권한을 위탁받아 처리한다.

⑧ B/L분할 · 합병

ⓐ B/L을 분할 · 합병하려는 자는 B/L 분할 · 합병 승인신청서를 전자문서로 제출하여 세관장의 승인을 받아야 한다. 다만, B/L분할 · 합병승인신청서를 전자문서로 제출할 수 없는 경우에는 서류제출할 수 있다. **1**

ⓑ B/L분할 · 합병승인신청서를 접수한 화물관리 세관공무원은 결재를 받은 후 승인사항을 세관화물정보시스템에 등록하여야 한다.

⑨ 보세구역 외 장치물품의 반출입

ⓐ 반입신고 : 보세구역 외 장치허가를 받은 자가 그 허가받은 장소에 물품을 반입한 때에는 물품도착 즉시 다음 각 호의 어느 하나에 따라 세관장에게 반입신고를 하여야 한다. **1**
- 자체 전산설비를 갖추고 있는 화주는 자체 시스템에 의하여 반입신고
- 관세사에게 보세운송신고필증(도착보고용)을 제출한 경우에는 관세사 전산시스템에 의하여 반입신고
- 세관장에게 보세운송신고필증을 제출한 경우에는 화물관리 세관공무원이 세관화물정보시스템에 입력하여 반입신고

ⓑ 물품확인 : 반입신고를 받은 화물관리 세관공무원은 포장파손, 품명 · 수량의 상이 등 이상이 있는지를 확인한 후 이상이 있는 경우에는 제5조제3항에 따라 처리하여야 한다.

ⓒ 반출신고 : 보세구역 외 장치장에 반입한 화물 중 수입신고수리된 화물은 반출신고를 생략하며 반송 및 보세운송절차에 따라 반출된 화물은 반출신고를 하여야 한다. **4**

ⓓ 재고조사 : 세관장은 보세구역 외 장치허가를 받은 물품의 안전관리를 위하여 업체의 경영실태를 수시로 파악하여야 하며 반입일로부터 3개월 이내에 통관하지 아니할 때에는 매월 정기적으로 재고조사를 실시하여야 한다. **1**

심화 📈 재고관리 및 확인

1. 재고조사 **1**

운영인은 매 분기별 자체 전산시스템의 재고자료를 출력하여 실제 재고와 이상이 있는지를 확인하여야 하며, 전체 전산재고내역과 현품재고조사 결과를 세관장에게 보고하여야 한다. 다만, 세관장은 법규수행능력 A등급(90점 이상) 운영인 또는 자율관리보세구역으로 지정받은 경우 그 운영인에게는 연 1회 보고하게 할 수 있다.

2. 대조확인
① 운영인으로부터 전산재고 내역과 현품 재고조사 결과를 보고받은 세관장은 이를 세관화물 정보시스템의 재고현황과 대조 확인하여야 하며, 필요하다고 판단되는 때에는 7일 이내의 기간을 정하여 현장에서 이를 확인할 수 있다. **1**
② 세관장은 확인 결과 재고 현황에 이상이 있다고 판단되는 경우에는 그 사유를 밝히는 등 필요한 조치를 취하여야 한다. **1**

3. 현장확인 및 운영상황 점검 같이 실시 **1**
세관장은 현장확인을 실시하는 때에 그 보세구역 운영인이 법규수행능력 A등급(90점 이상)에 해당하는 때에는 「특허보세구역운영에 관한 고시」에 따른 보세구역 운영상황 점검을 같이 실시할 수 있다.

4. 「행정조사기본법」 준용
현장확인에 대하여는 이 고시에서 따로 정하는 경우를 제외하고는 「행정조사기본법」을 준용한다. 다만, 다음 각 호의 어느 하나에 해당하는 때에는 이를 적용하지 않되, 이때에도 조사공무원은 권한을 나타내는 증표를 지니고 이를 조사대상자에게 내보여야 한다.
① 조세, 형사, 행형에 관한 사항
② 세관장이 행정조사를 긴급히 실시하여야 할 필요가 있다고 인정하는 경우

4. 수입신고수리물품의 반출 [법 제157조의2]

① 의의
㉠ 관세청장이 정하는 보세구역에 반입되어 수입신고가 수리된 물품의 화주 또는 반입자는 장치기간에도 불구하고 그 수입신고수리일부터 15일 이내에 해당 물품을 보세구역으로부터 반출하여야 한다. **3**

관련규정

세관장은 화주 또는 반입자가 이를 위반한 경우에는 관세법 제277조에 따라 100만원 이하의 과태료를 부과한다.

㉡ 다만, 외국물품을 장치하는 데에 방해가 되지 않는 것으로 인정되어 세관장으로부터 해당 반출기간의 연장승인을 받았을 때에는 그렇지 않다. **1**

관련규정

시행령 제176조의2(반출기간 연장신청)

② **의무반출대상** : 별표 1의 보세구역에 반입된 물품이 수입신고가 수리된 때에는 그 수리일로부터 15일 이내에 해당 보세구역에서 반출하여야 하며 이를 위반한 경우에는 해당 수입화주를 조사한 후 과태료를 부과한다. 다만, 다음 각 호의 어느 하나에 해당하는 경우로서 반출기간 연장 승인을 받은 경우에는 그렇지 않다. **1**

ㄱ 정부 또는 지방자치단체가 직접 수입하는 물품

ㄴ 정부 또는 지방자치단체에 기증되는 물품

ㄷ 외교관 면세물품 및 SOFA 적용대상 물품

ㄹ 「수입통관사무처리에 관한 고시」 제3장제2절에 따른 간이한 신고대상 물품

ㅁ 원목, 양곡, 사료 등 벌크화물, 그 밖에 세관장이 반출기간연장승인이 필요하다고 인정하는 물품

> **해설**
>
> 「보세화물관리에 관한 고시」 별표 1은 내용이 방대하여 모든 장치장명을 암기하기가 불가능하므로 상대적으로 물동량이 많은 "부산세관, 인천공항세관 김해세관, 용당세관" 관할 장치장이면 주로 해당된다고 이해하고 넘어가길 바란다.

5. 보수작업 [법 제158조]

① **보수작업**

ㄱ 보세구역에 장치된 물품은 그 현상을 유지하기 위하여 필요한 보수작업과 그 성질을 변하지 아니하게 하는 범위에서 포장을 바꾸거나 구분 · 분할 · 합병을 하거나 그 밖의 비슷한 보수작업을 할 수 있다. 이 경우 보세구역에서의 보수작업이 곤란하다고 세관장이 인정할 때에는 기간과 장소를 지정받아 보세구역 밖에서 보수작업을 할 수 있다. **6**

ㄴ 보수작업(예 원산지표시)을 하려는 자는 세관장의 승인을 받아야 한다. **6**

> **관련규정** **승인여부 통지 [절차상의 공통점]**
>
> ① 세관장은 승인의 신청을 받은 날부터 10일 이내에 승인 여부를 신청인에게 통지하여야 한다. **3**
> ② 세관장이 정한 기간 내에 승인 여부 또는 민원 처리 관련 법령에 따른 처리기간의 연장을 신청인에게 통지하지 아니하면 그 기간(민원 처리 관련 법령에 따라 처리기간이 연장 또는 재연장된 경우에는 해당 처리기간을 말한다)이 끝난 날의 다음 날에 승인을 한 것으로 본다.

② **보수작업 대상** : 세관장은 다음 각 호의 어느 하나에 해당하는 사유가 발생한 경우에는 보수작업을 승인할 수 있다.

ㄱ 보세구역에 장치된 물품이 운송도중에 파손되거나 변질되어 시급히 보수하여야 할 필요가 있는 경우

    ⓛ 보세구역에 장치된 물품의 통관을 위하여 개장, 분할구분, 합병, 원산지표시, 그 밖에 이와 유사한 작업을 하려는 경우 **1**

    ⓒ 「대외무역관리규정」에 따른 중계무역물품을 수출하거나 보세판매장에서 판매할 물품을 공급하기 위하여 제품검사, 선별, 기능보완 등 이와 유사한 작업이 필요한 경우

③ **보수작업 승인신청**

    ㉠ 승인신청 : 보세구역에 장치된 물품에 대하여 보수작업을 하려는 자는 별지 보수작업승인(신청)서를 제출하여 세관장의 승인을 받아야 한다. 다만, 세관장은 수입신고 후 원산지 허위표시물품 등으로서 원산지표시 시정요구에 따른 보수작업 신청건에 대하여 자동승인 처리할 수 있다. **2**

관련규정

① 원산지가 표시되지 않은 물품의 원산지 표시 보수작업을 신청받은 세관장은 원산지증명서 또는 원산지증빙서류에 의하여 원산지를 확인한 뒤 이를 승인하여야 한다. **1**
② 보수작업신청, 승인, 작업완료 확인 내역 등록 및 통보는 전자통관시스템에 의하여 할 수 있다. **1**

    ⓛ 포괄승인
- 운영인이 동일 품목을 대상으로 동일한 보수작업을 반복적으로 하려는 경우에 세관장은 외국물품의 장치 및 세관 감시단속에 지장이 없을 때에는 1년 이내의 기간을 정하여 이를 포괄적으로 승인할 수 있다. **5**
- 복합물류보세창고 운영인이 사업계획에 따른 보수작업을 하려는 경우 포괄보수작업승인(신청)서를 제출하여 세관장의 승인을 받아야 한다.

④ **보수작업의 한계**

    ㉠ 보수작업의 한계 : 보수작업의 허용범위는 다음 각 호만 해당되며 관세법 별표 관세율표(HSK 10단위)의 변화를 가져오는 것은 보수작업으로 인정할 수 없다. 다만, 수출이나 반송 과정에서 부패·변질의 우려가 있는 경우 등 세관장이 타당하다고 인정하는 경우에는 그렇지 않다. **2**
- 물품의 보존을 위해 필요한 작업(부패, 손상 등을 방지하기 위한 보존 작업 등)
- 물품의 상품성 향상을 위한 개수작업(포장개선, 라벨표시, 단순절단 등) **1**
- 선적을 위한 준비작업(선별, 분류, 용기변경 등)
- 단순한 조립작업(간단한 세팅, 완제품의 특성을 가진 구성요소의 조립 등) **1**
- 상기와 유사한 작업

    ⓛ 수출입허가 회피방지 : 수출입허가(승인)한 규격과 세번을 합치시키기 위한 작업을 하려는 경우에는 관세청장이 별도로 규정하는 것을 제외하고 이를 보수작업의 범위로 인정할 수 없다.

⑤ **외국물품 의제** : 보수작업으로 외국물품에 부가된 내국물품은 외국물품으로 본다.

⑥ **외국물품 사용금지** : 외국물품은 수입될 물품의 보수작업의 재료로 사용할 수 없다.

⑦ **보수작업의 감독**

ⓐ 감독 : 보수작업은 보세구역 내의 다른 보세화물에 장애되지 않는 범위에서 이루어져야 하며, 세관장은 필요한 경우에 화물관리 세관공무원으로 하여금 작업과정을 감독하게 할 수 있다.

ⓑ 보수작업 완료보고

- 보수작업 신청인이 보수작업을 완료한 경우에는 보수작업 완료보고서를 세관장에게 제출하여 그 확인을 받아야 한다.
- 다만, 포괄보수작업승인을 받은 경우에는 매 월말 기준으로 다음 달 1일에 보수작업 완료보고서를 일괄하여 제출할 수 있으며, 원산지표시 시정요구에 따른 보수작업에 대해서는 「원산지표시제도 운영에 관한 고시」의 보수작업 완료확인 절차를 따른다.

> **관련규정**
>
> 수입자 등은 보수작업을 완료한 경우 세관공무원 또는 보세사의 확인을 받아야 한다. 보수작업을 확인한 세관공무원 등은 보수작업 완료 확인내역을 등록하고 통보하여야 한다. 다만, 보세사가 보수작업 완료 확인내역을 등록 및 통보한 경우 세관공무원은 보세사 확인내역의 적정성을 재확인할 수 있다.

ⓒ 포장분할합병인 경우 : 화물관리 세관공무원은 보수작업내용이 포장수량의 분할이나 합병 사항인 경우에는 보수작업 결과를 세관화물정보시스템에 등록하여야 한다.

6. 해체 · 절단 등의 작업 [법 제159조]

> **해설 해체 절단 등의 작업 의의**
>
> 보세구역장치물품은 보수작업만이 허용되는 것이 원칙이나, 예외적으로 보수작업의 범위를 넘어서는 작업인 원형 변경, 해체 · 절단 등의 작업이 허용된다. 이 작업은 해체용 선박처럼 철의 성분을 회수하여 재활용하기 위한 것 또는 각종 금속성분 등을 회수하여 수입되는 웨이스트와 스크랩 때문에 규정된 것이다. 즉, 각종 웨이스트와 스크랩이 원래의 용도대로 사용할 수 없다고 신고하여 저율의 관세율을 적용받고 통관된 후 신고한 용도 이외의 용도로 사용하여 부정한 방법으로 수입되는 것을 방지하기 위하여 보세구역에서 해체 · 절단 등의 작업을 하여 다른 용도로 사용할 수 없도록 하기 위한 작업이다.

① **해체 · 절단 등의 작업** : 보세구역에 장치된 물품에 대하여는 그 원형을 변경하거나 해체 · 절단 등의 작업을 할 수 있다. 작업을 하려는 자는 세관장의 허가를 받아야 한다.

관련규정

① 세관장은 허가의 신청을 받은 날부터 10일 이내에 허가 여부를 신청인에게 통지하여야 한다. **1**

② 세관장이 통지하기로 정한 기간 내에 허가 여부 또는 민원 처리 관련 법령에 따른 처리기간의 연장을 신청인에게 통지하지 아니하면 그 기간(민원 처리 관련 법령에 따라 처리기간이 연장 또는 재연장된 경우에는 해당 처리기간을 말한다)이 끝난 날의 다음 날에 허가를 한 것으로 본다.

② **작업명령** : 세관장은 수입신고한 물품에 대하여 필요하다고 인정될 때에는 화주 또는 그 위임을 받은 자에게 해체절단작업을 명할 수 있다. **1**

③ **제반규정**

㉠ 작업완료 보고 시는 작업개시 전, 작업 중, 작업종료 상태를 각각 사진으로 촬영하여 작업완료 보고서에 첨부하여야 한다.

㉡ 세관장은 수입고철의 부정유출을 방지하기 위하여 필요한 경우 해체, 절단 등 작업에 전문지식이 있는 자에게 협조를 의뢰할 수 있다.

㉢ 세관장은 작업개시 시와 종료 시 화물관리 세관공무원으로 하여금 그 작업을 확인하기 위하여 수시로 현장을 순찰 감시하도록 하여야 한다.

㉣ 해체, 절단 등의 작업을 할 수 있는 물품의 종류는 관세청장이 정한다. **1**

7. 장치물품의 폐기 [법 제160조]

 해설   장치물품의 폐기 의의

보세구역에 장치된 물품은 필요한 경우 보수작업을 해서라도 그 현상 등을 유지하도록 하고 있고, 부패의 우려가 있는 경우 등에는 매각할 수도 있으나, 이러한 제도에도 불구하고 부패 · 손상 기타의 사유로 인해 보세구역에 장치된 물품이 상업적 가치가 상실 또는 저하되는 경우에 이 제도를 이용하는 것이다.

① **폐기승인**

㉠ 신청에 의한 승인폐기 : 부패 · 손상되거나 그 밖의 사유로 보세구역에 장치된 물품을 폐기하려는 자는 세관장의 승인을 받아야 한다. **7**

심화   폐기신청 및 승인절차

① 보세구역에 장치된 물품을 폐기하려는 자는 폐기승인(신청)서를 세관장에게 제출하여 그 승인을 받아야 한다. 다만, 폐기 신청된 물품 중에서 폐기 후 공해 등을 유발하는 물품의 경우에는 공해방지 시설 등의 요건을 갖춘 후에 폐기하도록 하고, 그 요건을 갖추지 못한 경우에는 이를 반송하도록 하여야 한다.

② 폐기승인서를 접수한 때에는 결재 후 세관화물정보시스템에 승인사항을 등록하고 승인서를 교부하여야 한다.

ⓛ 폐기기준 : 법 부패, 손상, 기타의 사유라 함은 다음 각 호의 어느 하나에 해당하는 경우를 말한다.
- 부패, 변질, 손상, 실용시효의 경과, 물성의 변화 등으로 상품가치를 상실한 경우 **1**
- 상품가치는 있으나 용도가 한정되어 있어 실용가능성이 거의 없는 경우 **1**
- 매각하려 하였으나 매각되지 아니하고 국고귀속의 실익이 없는 경우

② 폐기처리
  ㉠ 세관장은 폐기승인신청이 있는 경우 폐기장소와 폐기방법 등이 적정한지를 심사하여야 한다.
  ㉡ 세관장은 폐기대상물품 및 잔존물이 부정유출의 우려가 있거나 감시단속상 지장이 있는 경우에는 화물관리 세관공무원으로 하여금 이를 감독하게 할 수 있다. 다만, 화물관리 세관공무원은 수입화물정보시스템에서 검사 · 검역불합격 내역을 조회하여 검사 · 검역기관이 폐기입회를 요청하는 경우에는 검사 · 검역기관과 복수입회하도록 하여야 한다.
  ㉢ 폐기승인 신청인은 폐기를 완료한 즉시 폐기완료보고서를 세관장에게 제출하여 그 확인을 받아야 한다. **2**

③ 즉시징수
  ㉠ 보세구역에 장치된 외국물품이 멸실되거나 폐기되었을 때에는 그 운영인이나 보관인으로부터 즉시 그 관세를 징수한다. **2**
  ㉡ 다만, 재해나 그 밖의 부득이한 사유로 멸실된 때와 미리 세관장의 승인을 받아 폐기한 때에는 예외로 한다. **4**

④ 잔존물 과세 : ①에 따른 승인을 받은 외국물품 중 폐기 후에 남아 있는 부분에 대하여는 폐기 후의 성질과 수량에 따라 관세를 부과한다. **6**

⑤ 폐기명령 및 대집행
  ㉠ 폐기명령 : 세관장은 폐기승인신청 규정에도 불구하고 보세구역에 장치된 물품 중 다음 각 호의 어느 하나에 해당하는 것은 화주, 반입자, 화주 또는 반입자의 위임을 받은 자나 「국세기본법」에 따른 제2차 납세의무자("화주 등")에게 이를 반송 또는 폐기할 것을 명하거나 화주 등에게 통고한 후 폐기할 수 있다. 다만, 급박하여 통고할 여유가 없는 경우에는 폐기한 후 즉시 통고하여야 한다. **1**
- 사람의 생명이나 재산에 해를 끼칠 우려가 있는 물품
- 부패하거나 변질된 물품 **1**
- 유효기간이 지난 물품 **1**
- 상품가치가 없어진 물품
- 의약품 등으로서 유효기간이 경과하였거나 성분이 불분명한 경우 **1**
- 위조상품, 모조품, 그 밖의 지식재산권 침해물품 **1**
- 품명미상의 물품으로서 1년이 경과된 물품 **2**

- 검사 · 검역기준 등에 부적합하여 검사 · 검역기관에서 폐기대상 물품으로 결정된 물품 **1**

  ※ 세관장은 이 경우 그 장치기간에 불구하고 화주, 반입자 또는 그 위임을 받은 자에게 1개월의 기간을 정하여 폐기 또는 반송을 명할 수 있다.

> **관련규정** **폐기비용 및 대집행규정**
>
> - 폐기 또는 반송명령을 받은 화주, 반입자 또는 그 위임을 받은 자는 동 물품을 자기비용으로 폐기 또는 반송하여야 한다. **3**
> - 폐기명령을 받은 자가 기간이 경과하여도 이를 폐기 또는 반송하지 아니한 물품 중 폐기하지 않고 방치할 경우 자연 · 생활환경 및 국민보건 등 공익을 해할 것으로 인정된 물품은 세관장이 「행정대집행법」에 따라 보세구역 운영인 또는 화물관리인 등에게 폐기하게 할 수 있다. 다만, 폐기대상물품의 종류, 수량, 폐기비용 등을 고려하여 세관 자체적으로 폐기가 가능하다고 인정되는 물품은 세관장이 폐기할 수 있다. **1**
> - 세관장이 대집행을 하기 위해서는 대집행을 할 시기, 대집행을 하기 위하여 파견하는 집행책임자의 성명과 대집행에 소요되는 비용의 계산에 의한 견적가격 등이 기재된 폐기처분대집행영장을 화주, 반입자 또는 그 위임을 받은 자에게 송부하여 대집행 사실을 통고하여야 한다.
> - 세관장이 대집행을 하는 경우 해당 물품 장치 보세구역 운영인 또는 관리인을 대집행책임자로 지정한다. 이 경우 대집행책임자는 대집행책임자라는 것을 표시한 증표를 휴대하여 대집행 시에 이해관계인에게 제시하여야 한다.
> - 「행정대집행법」에 따라 폐기대집행을 한 세관장은 비용납부명령서를 화주, 반입자 또는 그 위임을 받은 자에게 송부하여 해당 비용의 납부를 명하여야 한다. 이 경우 납기는 15일로 한다. **1**
> - 비용납부명령서를 받은 자가 납기 내에 납부하지 않는 때에는 「국세징수법」에 따라 징수하며, 그 비용을 징수하였을 때에는 국고수입으로 한다. **1**
> - 명령과 통고는 관련 서류를 화주, 반입자 또는 그 위임을 받은 자의 주소지에 송달하되, 우편으로 송부할 때에는 등기우편으로 하여야 하고, 인편으로 보낼 때에는 수령증을 받아야 한다.
> - 화주, 반입자, 그 위임을 받은 자의 주소 및 거소가 불분명하거나 그 밖의 부득이한 사유로 일반적인 송달방법으로 송달이 불가능할 때에는 공시송달하되 송달할 서류와 함께 세관게시판에 공고하여야 한다. 이 경우 공시송달은 공고한 날부터 7일을 경과함으로써 그 효력이 발생한다. **1**
> - 세관장은 예산편성 시 폐기처분 대집행에 소요되는 연간 예상비용을 예산에 계상하여야 하며, 대집행에 소요되는 비용은 해당 예산과목에서 지출한다. **1**
> - 규정하지 아니한 사항에 대하여는 「행정대집행법」, 「국세징수법」 등 관련 규정에 따라 처리한다.

ⓛ 폐기처분
- 폐기를 명할 때 화주나 반입자 또는 그 위임을 받은 자가 불분명하고, 그 물품의 폐기가 급박할 경우에는 세관장은 공고한 후 이를 폐기할 수 있다. **1**
- 폐기처분은 소각(열 에너지화 작업 등으로 소각하는 것을 포함) 또는 매몰 등의 방법으로 처리하여야 한다. **1**

ⓒ 폐기감독
- 세관장은 폐기대상물품이 부정 유출될 우려가 있거나 감시단속이 필요하다고 판단되는 경우에는 세관공무원으로 하여금 이를 감독하게 할 수 있다.

• 폐기처분을 한 자는 그 즉시 보세구역 장치물품 폐기결과보고에 폐기사실을 증명할 수 있는 사진 등의 서류를 첨부하여 세관장에게 제출하여야 한다.

⑥ **공고** : ①에 따른 통고를 할 때 화주 등의 주소나 거소를 알 수 없거나 그 밖의 사유로 통고할 수 없는 경우에는 공고로써 이를 갈음할 수 있다. **1**

⑦ **비용부담** : 세관장이 물품을 폐기하거나 화주 등이 물품을 폐기 또는 반송한 경우 그 비용은 화주 등이 부담한다. **1**

⑧ **멸실 · 도난 · 분실 · 물품이상 신고** [영]

   ㉠ 보세구역 또는 보세구역이 아닌 장소에 장치된 외국물품이 멸실 · 도난 · 분실 · 이상이 있는 때에는 운영인, 화물관리인 또는 보관인은 세관장에게 신고하여 그 확인을 받아야 한다. **4**

   ㉡ 신고는 특허보세구역장치물품인 경우에는 운영인의 명의로, 특허보세구역장치물품이 아닌 경우에는 보관인의 명의로 하여야 한다.

   ㉢ 신고를 받은 화물관리 세관공무원은 신고 내용 및 현품을 확인한 후 결과를 세관화물정보시스템에 등록하여야 한다.

⑨ **폐기대상물품의 재활용**

   ㉠ 재활용 대상 등 : 다음 각 호의 어느 하나에 해당하는 체화를 재활용의 방법으로 폐기하려는 자는 세관장의 승인을 받아야 한다.

     • 폐기명령대상물품 중에서 원상변형, 사료화 또는 퇴비화 작업 등을 통하여 폐기 후 재활용이 가능하다고 세관장이 인정한 경우

     • 그 밖에 세관장이 소각 또는 매몰 등의 방법으로 폐기처분하는 것보다 폐기 후 잔존물을 재활용하는 방법으로 처분하는 것이 효율적이라고 판단하는 경우

   ㉡ 원상변형작업

     • 원상변형작업이란 체화의 해체, 절단, 분쇄와 같이 형상의 변화를 가져오는 작업을 말한다. **1**

     • 원상변형작업 대상물품은 「자원의 절약과 재활용촉진에 관한 법률」에 따라 재활용이 가능한 물품으로 한다. **1**

     • 원상변형작업의 장소는 폐기처분을 신청한 자가 지정한 장소 중 세관장의 승인을 받은 장소로 한다.

   ㉢ 사료화작업

     • 사료화작업이란 체화를 사료제조 시설에서 사료로 제조하는 작업을 말한다. **1**

     • 사료화작업의 대상물품은 사료제조용으로 사용이 가능한 것으로 관련 규정에 따른 검사에서 합격한 물품으로 한다. **1**

- 사료화작업의 장소는 사료 제조업체의 제조시설 중 폐기처분을 신청한 자가 지정한 장소로 하되 세관장의 승인을 받은 장소로 한정한다.

ㄹ 퇴비화작업
- 퇴비화작업이란 체화를 퇴비 제조시설에서 퇴비로 제조하는 작업을 말한다.
- 퇴비화작업의 대상물품은 퇴비제조용으로 사용이 가능한 것으로 「비료관리법」에 따라 농촌진흥청장이 고시한 물품으로 한정한다.
- 퇴비화작업의 장소는 퇴비 제조업체로서 등록된 업체의 제조시설 중 폐기처분을 신청한 자가 지정한 장소로 하되 세관장의 승인을 받은 장소로 한정한다.

8. 견본품 반출 [법 제161조]

> **해설**
>
> 보세구역에 장치한 외국물품은 화주가 상거래 등의 필요한 이유에 의해 또는 통관절차상 세관의 검사를 받기 위하여 견본품으로 반출하는 경우가 있는바, 이를 견본품 반출이라 한다.

① 허가
ㄱ 보세구역에 장치된 외국물품의 전부 또는 일부를 견본품으로 반출하려는 자는 세관장의 허가를 받아야 한다. 국제무역선에서 물품을 하역하기 전에 외국물품의 일부를 견본품으로 반출하려는 경우에도 또한 같다.

> **해설**
>
> 허가만 받으면 충분할 뿐 견본품을 반출입하고자 하는 자는 세관장에게 제세에 해당하는 담보를 제공하는 등의 절차는 불필요하다. **2**

ㄴ 세관장은 견본품반출허가를 하는 경우에는 필요한 최소한의 수량으로 제한하여야 하며, 견본품채취로 인하여 장치물품의 변질, 손상, 가치감소 등으로 관세채권의 확보가 어려운 경우에는 견본품반출 허가를 하지 아니할 수 있다. **5**

심화 📈 허가 여부 통지

- 세관장은 허가의 신청을 받은 날부터 10일 이내에 허가 여부를 신청인에게 통지하여야 한다.
- 세관장이 정한 기간 내에 허가 여부 또는 민원 처리 관련 법령에 따른 처리기간의 연장을 신청인에게 통지하지 아니하면 그 기간(민원 처리 관련 법령에 따라 처리기간이 연장 또는 재연장된 경우에는 해당 처리기간을 말한다)이 끝난 날의 다음 날에 허가를 한 것으로 본다.

② **견본품 채취** : 세관공무원은 보세구역에 반입된 물품 또는 국제무역선에 적재되어 있는 물품에 대하여 검사상 필요하면 그 물품의 일부를 견본품으로 채취할 수 있다.

③ **견본품 반출절차**

    ㉠ 견본품반출허가를 받은 자는 반출기간이 종료되기 전에 해당 물품이 장치되었던 보세구역에 반입하고 견본품재반입보고서를 세관장에게 제출하여야 한다.

    ㉡ 보세구역 운영인 또는 관리인은 견본품반출 허가를 받은 물품이 해당 보세구역에서 반출입될 때에는 견본품반출 허가사항을 확인하고, 견본품반출입 사항을 견본품반출입 대장에 기록관리하여야 한다.

④ **수입신고 · 납부 · 수리의제** : 다음 각 호의 어느 하나에 해당하는 물품이 사용 · 소비된 경우에는 수입신고를 하여 관세를 납부하고 수리된 것으로 본다.

    ㉠ 세관공무원이 채취한 물품

    ㉡ 다른 법률에 따라 실시하는 검사 · 검역 등을 위하여 견본품으로 채취된 물품으로서 세관장의 확인을 받은 물품

> **해설**
>
> 보세구역에서 검역 등의 목적으로 채취하여 사용한 견본품에 대한 비과세. 즉, 검역 등 관계공무원의 검사, 검역 등 공무수행 필요에 의한 채취한 견본품에 대하여 비과세를 적용하여 납세의무자의 부담을 완화하기 위함이다.

02 체화관리

> **해설   매각의 의의**
>
> 보세구역은 외국물품이 일시적으로 장치되는 장소이며 최종적인 도착장소가 아니므로, 장기간에 걸쳐 외국물품이 보세구역에 체화되어 있으면 다른 외국물품이 보세구역을 활용하지 못하게 되는 등 보세구역의 원활한 이용에 방해가 되고 수출입물품의 원활한 물류에 장애가 된다. 또한 장기간 유예하는 것은 조세채권의 확보 측면에서도 바람직하지 않다. 이에 따라 보세구역에 장치되어 있는 외국물품이 장치기간을 경과한 경우에는 보세구역의 효율적 활용과 관세의 징수를 위해 외국물품을 매각하여 매각대금으로 관세에 충당한다.

이 고시에서 사용하는 용어의 뜻은 다음과 같다.

1. "화주"란 다음 각 목에 해당하는 자를 말한다.

　가. 수입화물인 경우 해당 화물의 적재화물목록에 물품수신인으로 기재된 자를 말하며, 물품 수신인란에 "TO ORDER"로 기재된 경우에는 통지처로 기재된 자를 말한다. 다만, 통지처 가 소재불명이거나 소재파악이 불가능한 경우에는 물품수신인을 화주로 본다.

　나. 수출화물인 경우 직수출(A)·완제품수출(C)·본지사관계(D)는 해당 화물의 수출신고서 에 수출자로 기재된 자, 위탁수출(B)은 위탁자로 기재된 자를 말한다.

2. "반입자"란 적재화물목록의 작성책임자로서 「보세화물 입출항 하선하기 및 적재에 관한 고시」 에서 정하는 바에 따라 해당 적재화물목록을 세관장에게 제출한 선박회사, 항공사 및 화물운송 주선업자를 말한다.

3. "위임을 받은 자"란 보세구역에 반입된 보세화물에 대하여 그 처분의 권한을 위임받은 자, 화주 가 도산한 경우는 청산인 또는 청산법인을 말한다.

4. "체화"란 보세구역별 물품의 장치기간이 경과한 물품을 말한다.

1. 장치기간

① 보세구역별 장치기간

　㉠ 지정장치장 반입물품 : 장치기간은 6개월로 한다. 다만, 부산항·인천항·인천공항·김해 공항 항역 내의 지정장치장으로 반입된 물품과 「특송물품 수입통관 사무처리에 관한 고시」 제2조제2호에 해당하는 물품(특송물품)의 장치기간은 2개월로 하며, 세관장이 필요하다고 인정할 때에는 2개월의 범위에서 그 기간을 연장할 수 있다. **6**

　㉡ 보세구역외 장치허가장소 반입물품 : 장치기간은 세관장이 허가한 기간(연장된 기간 포함) 으로 한다. **2**

　㉢ 여행자 또는 승무원 휴대품으로서 유치물품 및 습득물 : 장치기간은 1개월로 하며, 예치물 품의 장치기간은 예치증에 기재된 출국예정시기에 1개월을 가산한 기간으로 한다. 다만, 유 치물품은 화주의 요청이 있거나 세관장이 필요하다고 인정하는 경우 1개월의 범위에서 그 기간을 연장할 수 있다. **7**

　㉣ 보세창고 물품 : 장치기간은 6개월로 하되 세관장이 필요하다고 인정할 때에는 6개월의 범 위에서 그 기간을 연장할 수 있다. 다만, 다음 각 호에 해당하는 물품의 장치기간은 비축에 필요한 기간으로 한다. **2**

　• 정부비축물품 **2**

　• 정부와의 계약이행을 위하여 비축하는 방위산업용품

　• 장기간 비축이 필요한 수출용원재료 및 수출품 보수용 물품

　• 국제물류촉진을 위하여 장기간 장치가 필요한 물품(LME, BWT)으로서 세관장이 인정하 는 물품

보세창고 장치기간 특례

다음 각 호의 어느 하나에 해당하는 물품은 그 구분에 따르며 세관장이 필요하다고 인정할 때에는 2개월의 범위에서 그 기간을 연장할 수 있다. 다만, 비축용 물품의 장치기간을 비축에 필요한 기간으로 한다.
- 인천공항 및 김해공항 항역 내 보세창고(다만, 자가용보세창고는 제외한다) : 2개월
- 부산항 부두 내 보세창고와 부두 밖 컨테이너전용보세창고(CFS를 포함한다) : 2개월
- 인천항 부두 내 보세창고와 부두 밖 컨테이너전용보세창고(CFS를 포함한다) : 2개월

ⓜ 기타 특허보세구역 : 보세공장, 보세전시장, 보세건설장, 보세판매장 반입물품 장치기간은 특허기간으로 한다. **4**

해설 보세창고는 특허기간과 물품의 장치기간이 다른 유일한 보세구역이다.

② **장치기간의 기산**
ⓖ 장치기간 기산일 : 보세구역에 반입된 물품의 장치기간은 해당 보세구역 반입일(여행자 및 승무원 휴대품 통관고시상 반송신고 제한 물품은 반송신고를 할 수 있는 날)을 기준으로 장치기간을 기산한다. 다만, 다음 각 호의 어느 하나에 해당하는 물품은 종전에 산정한 장치기간을 합산한다. **3**
- 장치장소의 특허변경으로 장치기간을 다시 기산하여야 하는 물품 **3**
- 보세운송 승인을 받아 다른 보세구역에 반입하거나 보세구역 간 장치물품을 이동함으로써 장치기간을 다시 기산하여야 하는 경우에는 장치기간이 이미 경과된 물품 **3**
ⓛ 동일 B/L물품 수차에 걸쳐 반입 시 : 동일 B/L물품이 수차에 걸쳐 반입되는 경우에는 그 B/L물품의 반입이 완료된 날부터 장치기간을 기산한다. **4**

2. 매각대상 및 매각절차 [법 제208조]

① **매각대상**
ⓖ 매각대상 : 세관장은 보세구역에 반입한 외국물품의 장치기간이 지나면 그 사실을 공고한 후 해당 물품을 매각할 수 있다. **1**
ⓛ 매각처분 보류대상 : 다만, 다음 각 호의 어느 하나에 해당하는 경우에는 매각처분을 보류할 수 있다. **1**

1. 「관세법」 위반으로 조사 중인 경우 **2**
2. 이의신청, 심판청구, 소송 등 쟁송이 계류 중인 경우 **3**
3. 화주의 의무는 다하였으나 통관지연의 귀책사유가 국가에 있는 경우 **3**
4. 외자에 의한 도입물자로서 「공공차관의 도입 및 관리에 관한 법률 시행령」 및 「외국인투자 촉진법 시행령」에 따라 기획재정부장관 및 산업통상자원부장관의 매각처분 보류요청이 있는 경우
5. 화주의 매각처분 보류요청이 있는 경우
6. 그 밖에 세관장이 필요하다고 인정하는 경우

ⓒ 즉시매각
- 보류대상 제1호~제3호에 따라 매각처분을 보류한 경우에는 보류사유의 해소 여부를 수시로 확인하여 그 사유가 해제된 때에는 즉시 매각처분을 하여야 한다. **2**
- 세관장은 공공차관에 의해 도입된 물품 중 체화된 것에 대하여는 「공공차관의 도입 및 관리에 관한 법률 시행령」과 「외국인투자 촉진법 시행령」에 따라 그 목록을 관세청장을 경유하여 기획재정부장관 및 산업통상자원부장관에게 제출하여야 한다. 세관장은 외자목록 제출일부터 1개월간 매각 및 그 밖의 처분을 보류하며 1개월이 경과할 때까지 기획재정부장관 및 산업통상자원부장관으로부터 보류요구가 없는 물품에 대하여는 즉시 매각 등 필요한 조치를 취한다. **1**

ⓔ 매각처분 보류요청
- 보류승인 : 매각처분을 보류하려는 자는 장치기간 경과물품 매각처분 보류신청(승인)서에 필요한 서류를 첨부하여 세관장에게 제출하고 입찰 전까지 그 승인을 받아야 한다. **3**

🧑 **해설**　보세구역 운영인이 승인을 받는 주체가 아님에 유의한다.

- 승인 : 매각처분 보류요청을 받은 세관장은 수출입 또는 반송할 것이 확실하다고 인정하는 경우에만 4개월의 범위에서 필요한 기간을 정하여 매각처분을 보류할 수 있으며, 매각처분 보류결정을 한 경우에는 세관화물정보시스템에 공매보류등록을 하여야 한다. **5**

심화 📊 **공매담당공무원 의무사항**

1. **공매번호의 부여 및 목록 생성** : 공매담당 공무원은 세관화물정보시스템의 공매예정물품목록 화면에서 공매번호와 공매목록을 생성시킨다.
2. **공매목록의 출력 및 비치** : 공매담당 공무원은 세관화물정보시스템을 통하여 체화공매 예정가격자료, 공매목록, 공매공고목록을 출력하여 사무실에 비치하고 이를 공고하여야 한다.

② **매각 후 공고** : 장치기간이 지난 물품이 ⑤ ⓒ에 해당하는 물품으로서 급박하여 공고할 여유가 없을 때에는 매각한 후 공고할 수 있다. **1**

③ **질권자 · 유치권자** : 매각된 물품의 질권자나 유치권자는 다른 법령에도 불구하고 그 물품을 매수인에게 인도하여야 한다. **1**

④ **매각대행기관** : 세관장은 매각을 할 때 다음 각 호의 어느 하나에 해당하는 경우에는 대통령령으로 정하는 기관("매각대행기관")에 이를 대행하게 할 수 있다.

ㄱ) 신속한 매각을 위하여 사이버몰 등에서 전자문서를 통하여 매각하려는 경우

ㄴ) 매각에 전문지식이 필요한 경우

ㄷ) 그 밖에 특수한 사정이 있어 직접 매각하기에 적당하지 아니하다고 인정되는 경우 **1**

심화 📊 ▎ 매각대행기관 제반규정

1. 매각대행기관 [영]
세관장이 장치기간경과물품의 매각을 대행하게 할 수 있는 기관은 다음 각 호의 기관 · 법인 또는 단체 중에서 관세청장이 지정하는 기관 · 법인 또는 단체("매각대행기관")로 한다.
① 「한국자산관리공사 설립 등에 관한 법률」에 의하여 설립된 한국자산관리공사
② 「한국보훈복지의료공단법」에 의하여 설립된 한국보훈복지의료공단
③ 관세청장이 정하는 기준에 따라 전자문서를 통한 매각을 수행할 수 있는 시설 및 시스템 등을 갖춘 것으로 인정되는 법인 또는 단체

2. 화주 등에 대한 매각대행의 통지 [영]
① 세관장은 법 제208조제4항에 따라 매각을 대행하게 하는 때에는 매각대행의뢰서를 매각대행기관에 송부해야 한다.
② 세관장은 ①의 규정에 의한 매각대행의 사실을 화주 및 물품보관인에게 통지하여야 한다.

3. 세관장 의제
매각대행기관이 매각을 대행하는 경우(매각대금의 잔금처리를 대행하는 경우를 포함한다)에는 매각대행기관의 장을 세관장으로 본다.

4. 매각대행 수수료지급
세관장은 매각대행기관이 매각을 대행하는 경우에는 매각대행에 따른 실비 등을 고려하여 기획재정부령으로 정하는 바에 따라 수수료를 지급할 수 있다.

---

⑤ **매각절차 [고시]**

ㄱ) 공고

- 매각공고 : 세관장은 매각할 때에는 매각 물건, 매각 수량, 매각 예정가격 등을 매각 시작 10일 전에 공고하여야 한다.

- 공고방법 : 매각공고는 공매예정가격산출서를 통보받은 날부터 60일의 기간 내(입찰 전일부터 10일 전)에 소관세관관서의 게시판과 인터넷의 관세청 및 본부세관 홈페이지에 공고하고 필요하면 일간신문에 게재할 수 있다. 세관장은 공매목록을 출력하여 업종별 조합 또는 협회 등에 송부하여 실수요자가 입찰에 참여하도록 홍보하여야 한다.

| 심화 | 공고사항 |

- 매각물품의 표시 및 매각수량
- 매각방법
- 입찰일시 및 장소
- 매각물품의 공람일시 및 장소
- 매각물품의 예정가격(매각물품이 2종 이상으로서 예정가격 표시가 곤란한 경우에는 해당 매각 물품의 공매목록에 표시할 수 있다)
- 입찰참가자의 자격에 관한 사항
- 입찰보증금 납부방법
- 낙찰 시 잔금납입에 관한 사항
- 계약 불이행 시 입찰보증금의 국고귀속에 관한 사항
- 낙찰무효에 관한 사항
- 매각조건
- 「대외무역관리규정」의 원산지표시대상물품의 경우 원산지표시대상물품에 관한 사항 및 원산지 표시방법 등
- 그 밖에 공매집행에 필요하다고 인정되는 사항

ⓛ 긴급공매대상 : 세관장은 다음 각 호의 어느 하나에 해당하는 물품에 대하여는 장치기간 경과 전이라도 공고한 후 매각할 수 있으며, 급박하여 공고할 여유가 없다고 판단되는 경우에는 매각한 후 공고할 수 있다.

1. 살아 있는 동식물 **1**
2. 부패하거나 부패할 우려가 있는 것 **2**
3. 창고나 다른 외국물품에 해를 끼칠 우려가 있는 것
4. 기간이 지나면 사용할 수 없게 되거나 상품가치가 현저히 떨어질 우려가 있는 것 **1**
5. 지정장치장 · 보세창고 · 보세구역외장치장에 반입되어 반입일부터 30일 이내에 수입신고되지 못한 물품으로서 화주의 요청이 있는 물품
6. 관세법에 따른 강제징수, 국세징수법에 따른 강제징수 및 지방세징수법에 따른 체납처분을 위하여 세관장이 압류한 수입물품(외국물품으로 한정)

1. **장기기간 경과 전 화주의 매각요청**

   운영인 등은 ⓒ 1.~4.에 해당하는 물품이 반입된 경우에는 특수시설 또는 환풍이 잘되는 장소에 장치하도록 하여 물품관리를 철저히 하여야 하며 보관관리상 문제가 있다고 판단되는 경우에는 화주나 반입자 또는 그 위임을 받은 자에게 적합한 시설을 갖춘 다른 보세구역으로 이고조치토록 요청하거나 세관장에게 장치기간 경과 전에 매각요청을 하여야 한다.

2. **매각처리요청의 심사 등**

   세관장은 지정장치장ㆍ보세창고ㆍ보세구역외장치장에 반입되어 반입 일부터 30일 이내에 수입신고되지 못한 물품 중 화주가 통관반출할 의사가 없는 것으로 판단되고 장치화물의 품명ㆍ수량ㆍ중량 용적 등을 고려하여 화물관리의 합리적 운영상 신속히 처분할 필요가 있다고 인정되는 물품에 대하여는 반입일부터 30일이 경과하는 즉시 미신고물품 장치기간 경과 전 매각안내서를 화주에게 송부한다.

3. **장치기간 경과 전 매각안내서 송부**

   세관장은 ⓒ 5.에 해당되는 물품을 장치기간 경과 전에 긴급공매하는 경우에는 낙찰자가 「대외무역법」에서 정한 법령의 요건을 구비하는 것을 조건으로 공매한다.

4. **공매목록 작성**

   세관장은 월별로 긴급 공매목록을 작성하여 비치하고 이를 공매업무에 활용토록 한다.

5. **입찰참가제한 등**

   장치기간 경과 전 매각처리 요청을 받은 세관장은 수입화주가 수입제한물품을 악용할 소지가 없는지 등의 여부를 심사하여 결정하여야 하며, 악용할 우려가 있다고 판단되는 경우에는 화주의 입찰참가를 제한하거나 그 밖의 필요한 조치를 취할 수 있다.

심화 📊 유통기한 또는 유효기한 표시물품 신속 공매 등

- 공매예정가격산출서를 통보받은 공매담당과장은 유통기한 또는 유효기한 기재 여부를 즉시 확인하고, 유통기한 또는 유효기한이 남아 있는 물품에 대하여는 그 기한 내에 매각될 수 있도록 신속하게 공매에 회부하여야 한다.
- 공매절차를 진행함에 있어 유통기한 또는 유효기한이 급박하여 공고할 여유가 없을 때에는 매각한 후 공고할 수 있다.
- 공매에서 유찰된 물품 중 유통기한 또는 유효기한이 남아 있는 물품은 즉시 국고귀속 예정 통고를 하고, 검역ㆍ검사를 의뢰하여야 한다.
- 국고귀속 예정 통고 기한이 종료되고 검역ㆍ검사에 합격된 물품은 즉시 제39조에 따른 국고귀속 및 폐기심사위원회의 심사를 거쳐 국고귀속 여부를 결정하고, 국고귀속된 물품은 신속히 위탁판매 등의 조치를 하여야 한다.

ⓒ 공매예정가격의 산출

공매예정가격 산출의뢰	체화·공매담당과장은 체화발생일에 공매예정가격산출 담당과장에게 공매예정 가격산출을 의뢰하여야 한다.
산출 및 통보	공매예정가격산출을 담당하는 과장은 공매예정가격산출을 의뢰받은 날부터 1개 월 이내에 공매예정가격을 산출하여 공매담당과장에게 통보하여야 한다. 다만, 공매예정가격산출 담당공무원이 화주불명·시가조사 불능 등의 사유로 공매예정 가격산출이 지연되는 경우에는 그 지연사유를 담당과장에게 보고한다.
미결점검	공매예정가격산출 담당과장은 공매예정가격산출 미결점검을 매주 월요일 실시하 여 예정가격 산출을 독려하고 특히, 1개월 이내에 처리하지 못할 건에 대하여는 지연사유를 확인하고 처리방법 및 처리기간을 지시하여야 한다. 이 경우 처리기 간의 연장은 10일 이내이어야 하며, 연장기간 내에 예정가격 산출이 곤란한 건 에 대하여는 공매예정가격 산출 심사위원회에서 예정가격을 심의할 수 있다.
공매예정가격 결정	공매예정가격의 산출은 「과세평가 운영에 관한 고시」에서 정하는 바에 따라 산 출하고, 공매예정가격산출서에는 공매대상물품의 품명, 세번(HSK), 규격, 수 량, 원산지, 공매예정가격, 제세, 공매조건, 원산지 표시대상물품 및 표시방법, 유통기한 또는 유효기한(현품에 표시된 경우에만 해당)이 기재되어야 한다.

ⓓ 낙찰자의 결정
- 낙찰자가 낙찰을 포기하거나 절차이행을 하지 않는 경우에 해당 입찰에서 예정가격보다 높은 응찰자가 있는 때에는 차점자 순위에 따라 매각할 수 있다. 다만, 낙찰가격과 차순위 의 응찰가격에 현저한 차이가 있는 때에는 매각하지 아니할 수 있다.
- 동일가격 입찰자가 2명 이상 있을 때에는 즉시 추첨하여 낙찰자를 결정한다.

ⓜ 낙찰취소 : 세관장은 다음 각 호의 어느 하나에 해당하는 사유가 발생한 때에는 해당 낙찰을 취소할 수 있다. 낙찰이 취소된 경우에는 해당 물품에 대한 입찰보증금은 환불하지 아니한 다. 다만, 3. 4.에 해당하는 사유로 낙찰을 취소하거나 그 밖에 낙찰자의 책임으로 돌릴 수 없 는 명백한 사유가 있는 경우에는 환불한다. **2**

> 1. 낙찰자가 지정된 기일까지 대금잔액을 납입하지 않는 경우 **1**
> 2. 낙찰자가 특별한 사유 없이 공매조건을 이행하지 않는 경우 **1**
> 3. 공매낙찰 전에 해당 물품이 수출, 반송 또는 수입신고수리가 된 경우 **1**
> 4. 착오로 인하여 예정가격, 공매조건 등의 결정에 중대하고 명백한 하자가 있는 경우 **1**

ⓑ 낙찰증명서의 발급 : 세관장은 낙찰자가 낙찰조건의 충족 등을 위하여 관련기관에 검사, 추 천, 확인 등에 필요한 낙찰증명서의 발급을 요구할 경우 낙찰증명서를 발급하여야 한다.
ⓢ 공매결과등록 : 세관장은 공매결과 낙찰이 된 경우 세관화물정보시스템의 공매결과등록 화 면을 통하여 낙찰등록을 하여야 한다.

◎ 물품반출
- 체화가 매각처분되어 반출되는 경우 낙찰자는 낙찰대금 수납증명서 사본을 세관장에게 제출하고, 세관장은 세관화물정보시스템의 공매반출승인등록 화면을 통하여 즉시 공매반출승인 등록을 한다.
- 보세구역운영인은 공매물품의 반출신고를 전자신고 등으로 전송하고 세관화물정보시스템을 통하여 공매반출승인을 확인한 후 해당 물품을 낙찰자에게 인도한다.
- 세관장이 수출하거나 외화를 받고 판매하는 조건으로 매각된 물품에 대하여 공매반출승인 등록을 하려는 때에는 반드시 수출신고수리내역 등을 확인하여야 하며, 실제 선적 여부 등에 대하여 사후관리하여야 한다.

ⓩ 매각절차의 중지 : 세관장은 다음 각 호의 어느 하나에 해당하는 사유가 발생된 때에는 매각절차를 중지할 수 있다.
- 매각처분이 공익에 반하는 경우라고 판단되는 경우 🔢
- 이의신청, 심판청구, 소송 등 쟁송이 제기된 경우
- 해당 물품이 이미 통관되었거나 예정가격, 공매조건, 그 밖의 매각절차에 중대한 하자가 발생된 경우 🔢
- 공매공고에 의해 1차 매각절차가 완료된 후, 매각되지 아니한 물품으로서 화주의 요청이 있고, 1개월 내에 수출입 또는 반송할 것이 확실하다고 인정되는 경우 🔢
- 검사ㆍ검역기관에서 검사ㆍ검역기준 등에 부적합 물품으로 판명된 경우 🔢
- 그 밖에 세관장이 필요하다고 인정하는 경우

심화 | **공매물품 등의 전시장 설치**

- 세관장은 공매물품 공람의 편의를 위하여 공매물품전시장(열람실, 상황실 등)을 현실에 적합하도록 설치할 수 있다.
- 전시장에는 공매에 관한 자료를 비치하고 견본품 전시가 가능한 물품은 체화, 몰수 및 국고귀속물품 등으로 구분전시하며 공람 문의 등은 수시로 하게 한다.
- 공매공고 물품에 대한 현품공람은 매각공고를 할 때 정한 일시에 운영인 등의 책임으로 공람 희망자의 주민등록증을 확인한 후 공람하도록 한다.

ⓩ 통합 및 분할공매 : 체화의 매각은 B/L(AIR WAY BILL을 포함한다) 또는 수출입신고 단위를 원칙으로 하되, 세관장은 공매 시행의 편의상 B/L을 통합하거나 분할하여 공매할 수 있다.
ⓣ 부정당한 입찰자의 제재 : 세관장은 공매시행에 있어 「국가를 당사자로 하는 계약에 관한 법률 시행령」에 해당하는 입찰자에 대하여는 해당 입찰의 참가자격을 제한하고 지체 없이 지정정보처리장치에 등록하며 전자통관시스템(전자입찰)에도 등록하여야 한다.

ⓔ 공매일자의 조정
- 동일지역 내의 인접 세관은 다음 각 호의 어느 하나에서 정하는 바에 따라 공매일자 및 공매시간을 상호 조정하여 공매시행이 중복되지 않도록 하여야 한다.

서울지역	서울세관, 구로세관, 김포세관, 인천세관, 수원세관, 성남세관, 안양세관은 서울세관에서 주관하여 조정한다.
부산지역	부산세관, 용당세관, 김해세관, 양산세관은 부산세관에서 주관하여 조정한다.
그 밖의 지역	지역에 따라 세관별로 상호 조정한다.

- 본부세관장은 매각업무의 효율화를 위하여 필요하다고 인정하는 경우 일괄 매각공고 등 산하세관의 매각업무 전반에 관한 사항을 조정하거나 통제할 수 있다.

ⓕ 체화처리 강조기간 설정 : 관세청장은 매년 상 · 하반기 중 각 1개월의 기간을 체화처리 강조기간으로 설정하고, 각 세관장은 그 기간에 다음 각 호의 사항을 처리한다.
- 화주불명 화물의 일제조사 및 적극적인 화주 규명
- 수입화주에 대한 미반출 시 제재사항 등 홍보로 반출 독려
- 예정가격산정 미결에 대한 집중적인 가격자료 수집 및 시가조사 실시 등

3. 통고 [법 제209조]

① **반출통고** : 세관장은 외국물품을 매각하려면 우선적으로 그 화주 등에게 통고일부터 1개월 내에 해당 물품을 수출 · 수입 또는 반송할 것을 통고하여야 한다. **2**

② **반출통고의 주체, 대상 및 내용**
ⓐ 관할세관장의 반출통고 : 보세전시장, 보세건설장, 보세판매장, 보세공장, 보세구역외장치장, 자가용보세창고에 반입한 물품에 대해서는 관할세관장이 화주나 반입자 또는 그 위임을 받은 자("화주 등")에게 반출통고한다. **4**
ⓑ 화물관리인의 반출통고 : 영업용보세창고에 반입한 물품의 반출통고는 보세구역운영인이 화주등에게 하며, 지정장치장에 반입한 물품의 반출통고는 화물관리인이 화주 등에게 하여야 한다. **7**

③ **반출통고의 시기 및 방법**
ⓐ 지정장치장, 보세창고에 반입한 물품 : 반출통고는 장치기간 만료 30일 전까지 하여야 한다. **4**
ⓑ 보세공장, 보세판매장, 보세건설장, 보세전시장, 보세구역외장치장에 반입한 물품 : 반출통고는 보세구역 설영특허기간 만료시점에 반출통고하여야 한다. **1**
ⓒ 장치기간이 2개월 미만인 물품(유치 · 예치물품 등) : 반출통고는 장치기간 만료시점에 하여야 한다. 다만, 유치 또는 예치할 때 매각한다는 것을 통고한 경우에는 생략할 수 있다. **3**

ⓔ 반출통고의 방법 : 반출통고의 방법은 통고서를 등기우편으로 송부하는 방법으로 하며, 다만, 화주 등이 분명하지 않거나 그 소재가 분명하지 않아 반출통고를 할 수 없을 때에는 게시공고로 갈음할 수 있다.

④ **반출통고 목록보고**

ⓐ 통고 후 목록전송

- 보세구역 장치물품에 대해 반출통고를 한 보세구역운영인(지정장치장의 경우 화물관리인)은 반출통고 목록(화주내역과 화물관리번호를 포함한다)을 세관화물정보시스템을 통하여 전자신고 등으로 관할세관장에게 전송하여야 한다.
- 화주내역은 한글로 입력하여야 한다. 다만, 한글로 입력할 수 없는 불가피한 사유가 있는 경우에는 영문 등으로 입력할 수 있다.

ⓑ 화물관리번호가 생성되지 않는 경우 : 보세구역운영인 또는 화물관리인은 여행자 휴대품 등 화물관리번호가 생성되지 않는 보세화물에 대하여는 체화카드를 작성하여 장치기간 만료일부터 5일 이내에 세관장에게 제출하여야 하며, 세관장은 체화카드에 의하여 체화처리를 진행한다.

⑤ **공고** : 화주 등이 분명하지 않거나 그 소재가 분명하지 아니하여 반출통고를 할 수 없을 때에는 게시공고로 이를 갈음할 수 있다. **❶**

4. 매각방법 [법 제210조]

① **매각방법**

ⓐ 매각은 일반경쟁입찰·지명경쟁입찰·수의계약·경매 및 위탁판매의 방법으로 하여야 한다. **❶**
ⓑ 세관장은 매각하려는 때에는 경쟁입찰에 의하는 것을 원칙으로 한다. **❸**

② **경쟁입찰**

ⓐ 경쟁입찰 [법] : 경쟁입찰의 방법으로 매각하려는 경우 매각되지 아니하였을 때에는 5일 이상의 간격을 두어 다시 입찰에 부칠 수 있으며 그 예정가격은 최초 예정가격의 100분의 10 이내의 금액을 입찰에 부칠 때마다 줄일 수 있다. 이 경우에 줄어들 예정가격 이상의 금액을 제시하는 응찰자가 있을 때에는 대통령령으로 정하는 바에 따라 그 응찰자가 제시하는 금액으로 수의계약을 할 수 있다. **❷**
ⓑ 예정가격의 체감 [영] : 예정가격의 체감은 제2회 경쟁입찰 때부터 하되, 그 체감한도액은 최초예정가격의 100분의 50으로 한다. 다만, 관세청장이 정하는 물품을 제외하고는 최초예정가격을 기초로 하여 산출한 세액이하의 금액으로 체감할 수 없다. **❷**

ⓒ 수의계약 체결 [영] : 응찰가격 중 다음 회의 입찰에 체감될 예정가격보다 높은 것이 있는 때에는 응찰가격의 순위에 따라 법 제210조제2항의 규정에 의한 수의계약을 체결한다. 단독 응찰자의 응찰가격이 다음 회의 입찰 시에 체감될 예정가격보다 높은 경우 또는 공매절차가 종료한 물품을 최종 예정가격 이상의 가격으로 매수하려는 자가 있는 때에도 또한 같다.

ⓔ 재입찰 시 예정가격 [영] : ⓒ의 경우 수의계약을 체결하지 못하고 재입찰에 부친 때에는 직전입찰에서의 최고응찰가격을 다음 회의 예정가격으로 한다.

ⓜ 참가제한 [영] : ⓒ의 규정에 의하여 수의계약을 할 수 있는 자로서 그 체결에 응하지 않는 자는 당해 물품에 대한 다음 회 이후의 경쟁입찰에 참가할 수 없다.

③ **경매 · 수의계약**

ㄱ 경매 · 수의계약 : 다음 각 호의 어느 하나에 해당하는 경우에는 경매나 수의계약으로 매각할 수 있다.

- ②에 따라 2회 이상 경쟁입찰에 부쳐도 매각되지 아니한 경우
- 매각물품의 성질 · 형태 · 용도 등을 고려할 때 경쟁입찰의 방법으로 매각할 수 없는 경우

ㄴ 수의계약 대상 : 세관장은 다음 각 호의 어느 하나에 해당하는 경우에만 수의계약 할 수 있다. 수의계약을 할 수 있는 자로서 그 체결에 응하지 않는 자는 해당 물품에 대한 다음 회 이후의 경쟁입찰에 참가할 수 없다.

- 2회 이상 경쟁입찰에 붙여도 매각되지 아니한 경우(단독 응찰한 경우를 포함한다)로서 다음 회의 입찰에 체감될 예정가격 이상의 응찰자가 있을 때 **1**
- 공매절차가 종료된 물품을 국고귀속 예정 통고 전에 최종예정가격 이상의 가격으로 매수하려는 자가 있을 때 **2**
- 부패, 손상, 변질 등의 우려가 있는 물품으로서 즉시 매각되지 아니하면 상품가치가 저하될 우려가 있을 때 **2**
- 1회 공매의 매각예정가격이 50만원 미만인 때 **3**
- 경쟁입찰 방법으로 매각함이 공익에 반하는 때 **2**

④ **위탁판매**

ㄱ 위탁판매 : ③에 따른 방법으로도 매각되지 아니한 물품과 대통령령으로 정하는 물품은 위탁판매의 방법으로 매각할 수 있다. "대통령령으로 정하는 물품"이란 다음 각 호의 어느 하나에 해당하는 물품 중에서 관세청장이 신속한 매각이 필요하다고 인정하여 위탁판매대상으로 지정한 물품을 말한다.

- 부패하거나 부패의 우려가 있는 물품
- 기간경과로 사용할 수 없게 되거나 상품가치가 현저히 감소할 우려가 있는 물품
- 공매하는 경우 매각의 효율성이 저하되거나 공매에 전문지식이 필요하여 직접 공매하기에 부적합한 물품 **1**

ⓛ 위탁판매 시 판매가격 등 [영] : 위탁판매하는 경우 판매가격은 당해 물품의 최종예정가격으로 하고, 위탁판매의 장소 · 방법 · 수수료 기타 필요한 사항은 관세청장이 정한다.

⑤ **과세가격 산출** : ①부터 ④까지에 따라 매각된 물품에 대한 과세가격은 제30조부터 제35조까지의 규정에도 불구하고 ②에 따른 최초예정가격을 기초로 하여 과세가격을 산출한다. 🔟

⑥ **국세징수법 준용** : 매각할 물품의 예정가격의 산출방법과 위탁판매에 관한 사항은 대통령령으로 정하고, 경매절차에 관하여는 「국세징수법」을 준용한다. 🔟

⑦ **매각물품의 예정가격과 과세가격 산출 [영]** : 법 제210조의 규정에 의하여 매각할 물품의 예정가격과 매각된 물품의 과세가격은 기획재정부령으로 정하는 바에 의하여 산출한다.

⑧ **조건부 매각 [영]**

ⓐ **대상** : 법 제210조의 규정에 의하여 매각한 물품으로 다음 각 호의 1에 해당하는 물품은 수출하거나 외화를 받고 판매하는 것을 조건으로 매각한다. 다만, 2.의 물품으로서 관세청장이 필요하다고 인정하는 물품은 주무부장관 또는 주무부장관이 지정하는 기관의 장과 협의하여 수입하는 것을 조건으로 판매할 수 있다.

> 1. 법률에 의하여 수입이 금지된 물품
> 2. 기타 관세청장이 지정하는 물품

심화 🏆 기타 관세청장이 지정하는 물품

- 「대외무역법」에 따라 산업통상자원부장관이 고시한 통합공고 제3조에서 정한 법률에 따라 수입이 금지된 물품
- 「대외무역법」에 따라 고시한 「수출입공고」 별표3에 게기된 수입제한품목
- 쌀 및 관련제품(「통합공고」에 농림축산식품부장관의 수입허가를 받도록 한 품목만 해당)

ⓑ **예외**
- 세관장은 선의의 수입자의 피해를 구제하기 위하여 필요하다고 인정하는 경우에는 '수출입 공고에 게기된 수입제한 품목, 쌀 및 관련제품'에 해당하는 물품에 대하여도 관세청장의 승인을 받아 수입조건으로 공매할 수 있다.
- 관세청장이 이를 승인을 하는 때에는 주무부장관 또는 주무부장관이 지정하는 기관의 장과 협의하여 결정한다.
- 수입조건으로 공매하는 때에는 낙찰자가 물품을 인도받기 전에 해당 물품에 관하여 「통합공고」에서 정한 법령의 요건을 구비하는 것을 조건으로 공매하고, 「대외무역관리규정」의 원산지표시 대상품목의 경우에는 낙찰자가 「원산지표시제도 운영에 관한 고시」에서 정한 원산지표시방법으로 원산지를 표시할 것을 조건으로 공매한다.

심화 📈

다음 수급조절대상 한약재는 한약재 수확시기(10월~12월)를 피하여 공매처분하여야 한다. **1**
강활, 구기자, 당귀, 독활, 두충, 백문동, 목단피, 방풍, 백수오, 백지, 백출, 산수유, 시호, 오미자,
적작약, 백작약, 지황, 창출, 천궁, 천마, 치자, 택사, 하수오, 향부자, 황금, 황기

⑨ **매각대행** [영]

　㉠ 매각대상물품의 인도

> 1. 세관장이 점유하고 있거나 제3자가 보관하고 있는 매각대상물품은 이를 매각대행기관에
>   인도할 수 있다. 이 경우 제3자가 보관하고 있는 물품에 대하여는 그 제3자가 발행하는
>   당해 물품의 보관증을 인도함으로써 이에 갈음할 수 있다.
> 2. 매각대행기관은 1.의 규정에 의하여 물품을 인수한 때에는 인계 · 인수서를 작성하여야 한다.

　㉡ 매각대행의뢰의 철회요구

> 1. 매각대행기관은 매각대행의뢰서를 받은 날부터 2년 이내에 매각되지 아니한 물품이 있
>   는 때에는 세관장에게 당해 물품에 대한 매각대행의뢰의 철회를 요구할 수 있다.
> 2. 세관장은 1.의 규정에 의한 철회요구를 받은 때에는 특별한 사유가 없는 한 이에 응하여
>   야 한다.

　㉢ 매각대행의 세부사항 : 매각대행기관이 대행하는 매각에 관하여 필요한 사항으로서 이 영
　에 정하지 아니한 것은 관세청장이 매각대행기관과 협의하여 정한다.

5. 잔금처리 [법 제211조]

① **잔금처리** : 세관장은 매각대금을 그 매각비용, 관세, 각종 세금의 순으로 충당하고, 잔금이 있을
　때에는 화주에게 교부한다. **4**

② **질권자 · 유치권자** : 매각하는 물품의 질권자나 유치권자는 해당 물품을 매각한 날부터 1개월
　이내에 그 권리를 증명하는 서류를 세관장에게 제출하여야 하며, 매각된 물품을 낙찰자에게 인
　도하여야 한다.

③ **질권자 · 유치권자 교부** : 세관장은 매각된 물품의 질권자나 유치권자가 있고 그 권리를 증명하
　는 서류를 제출한 경우에는 그 잔금을 화주에게 교부하기 전에 그 질권이나 유치권에 의하여
　담보된 채권의 금액을 질권자나 유치권자에게 교부한다.

④ **배분** : ③에 따라 질권자나 유치권자에게 공매대금의 잔금을 교부하는 경우 그 잔금액이 질권
　이나 유치권에 의하여 담보된 채권액보다 적고 교부받을 권리자가 2인 이상인 경우에는 세관
　장은 「민법」이나 그 밖의 법령에 따라 배분할 순위와 금액을 정하여 배분하여야 한다.

⑤ **잔금교부 일시보류** : ①에 따른 잔금의 교부는 관세청장이 정하는 바에 따라 일시 보류할 수 있다.

⑥ **잔금처리 대행** : 매각대행기관이 매각을 대행하는 경우에는 매각대행기관이 매각대금의 잔금 처리를 대행할 수 있다.

6. 국고귀속 [법 제212조]

① **반출통고** : 세관장은 매각되지 아니한 물품(강제징수 및 체납처분을 위하여 세관장이 압류한 수입물품은 제외)에 대하여는 그 물품의 화주 등에게 장치 장소로부터 지체 없이 반출할 것을 통고하여야 한다.

② **국고귀속** : ①의 통고일부터 1개월 내에 해당 물품이 반출되지 않는 경우에는 소유권을 포기한 것으로 보고 이를 국고에 귀속시킬 수 있다.

> **(그림) 해설**
>
> 장치기간이 경과한 외국물품을 공매에 부쳤으나 매각되지 않은 경우 그 물품을 반출할 수 있는 기회를 다시 한 번 부여하고, 그래도 반출되지 않을 때에는 부득이 국민의 사유재산권이 다소 제한되더라도 그 물품의 소유권을 국고에 귀속시킬 수 있다.

관련규정 | **강제징수 및 체납처분을 위하여 세관장이 압류한 수입물품**

① 세관장은 강제징수 및 체납처분을 위하여 세관장이 압류한 수입물품이 제210조에 따른 방법으로 매각되지 아니한 경우에는 납세의무자에게 1개월 이내에 대통령령으로 정하는 유찰물품의 가격에 상당한 금액을 관세 및 체납액(관세·국세·지방세의 체납액을 말한다) 충당금으로 납부하도록 통지하여야 한다.

② 통지를 받은 납세의무자가 그 기한 내에 관세 및 체납액 충당금을 납부하지 아니한 경우에는 같은 항에 따른 유찰물품의 소유권을 포기한 것으로 보고 이를 국고에 귀속시킬 수 있다.

③ **국고귀속 예정 통고**

   ㉠ 세관장은 보세구역 장치기간 경과물품 국고귀속예정통고서를 등기우편으로 발송한다.

   ㉡ 국고귀속 예정 통고를 할 때 수입, 수출 또는 반송통관의 기한은 발송일부터 1개월로 한다.

   ㉢ 화주나 반입자 또는 그 위임을 받은 자가 분명하지 않거나 그 소재가 불명하여 ㉠의 국고귀속 예정 통고를 할 수 없을 때(예 여행자 휴대품으로서 유치된 물품)에는 세관게시판에 게시 공고하여 이를 갈음할 수 있다.

④ **국고귀속 대상물품의 재감정**

   ㉠ 화물담당과장은 국고귀속 예정 통고를 한 물품 중 재감정이 필요하다고 인정되는 물품은 국고귀속 예정 통고 즉시 감정담당과로 재감정을 의뢰하여야 한다.

   ㉡ 재감정 의뢰를 받은 감정담당과장은 의뢰일부터 15일 이내에 재감정 결과를 통보하여야 한다.

⑤ 국고귀속 대상 및 절차

세관장은 몰수품 등에 대하여 관세청장이 정하여 고시하는 범위에서 몰수 또는 국고귀속 전에 발생한 보관료 및 관리비를 지급할 수 있다. **1**

㉠ 세관장은 경쟁입찰, 수의계약, 경매 및 위탁판매의 방법으로 매각되지 아니한 물품을 국고귀속 처리할 수 있다.

㉡ 보세구역에 장치된 물품으로서 화주가 그 소유권을 포기한 물품에 대하여는 매각절차를 생략하고 국고귀속처리할 수 있다. 다만, 동·식물검역대상이나 식품검사대상물품에 대하여는 국고귀속 심사하기 전에 세관에서는 직접 동·식물검역 또는 식품검사를 검역·검사기관에 의뢰하여 불합격된 물품은 국고귀속을 하지 아니한다. **1**

㉢ 화물담당과장은 국고귀속심사일이 확정되는 경우 국고귀속 및 폐기 심사위원회 개최 10일 전에 수탁판매기관에 국고귀속물품 인계 예정 통보를 하여야 한다.

㉣ 국고귀속이 확정된 물품에 대하여는 국고귀속 결정 즉시 국고귀속목록을 작성하여 수탁판매기관에 인계하여야 한다.

㉤ 국고귀속결정에 하자가 있는 경우에는 그 결정을 취소할 수 있다. **1**

⑥ **국고귀속의 보류** : 세관장은 다음 각 호의 어느 하나에 해당하는 물품에 대하여 국고귀속 조치를 보류할 수 있다. **3**

㉠ 국가기관(지방자치단체 포함)에서 수입하는 물품 **1**

㉡ 공기업, 준정부기관, 그밖의 공공기관에서 수입하는 물품으로서 국고귀속 보류요청이 있는 물품 **1**

> 🧑 **해설** 중소기업은 포함되지 아니한다.

㉢ 관세법 위반으로 조사 중인 물품 **2**

㉣ 이의신청, 심판청구, 소송 등 쟁송이 제기된 물품 **1**

㉤ 특수용도에만 한정되어 있는 물품으로서 국고귀속 조치 후에도 공매낙찰 가능성이 없는 물품 **2**

㉥ 국고귀속 조치를 할 경우 인력과 예산부담을 초래하여 국고에 손실이 야기된다고 인정되는 물품 **2**

㉦ 부패, 손상, 실용시효가 경과하는 등 국고귀속의 실익이 없다고 인정되는 물품

㉧ 그 밖에 세관장이 국고귀속을 하지 않는 것이 타당하다고 인정되는 물품

1. 개청시간과 물품취급시간

　세관의 개청시간과 보세구역 및 운수수단의 물품취급시간은 다음 각 호의 구분에 의한다.

　① 세관의 개청시간 및 운송수단의 물품취급시간 :「국가공무원 복무규정」에 의한 공무원의 근무시간. 다만, 항공기 · 선박 등이 상시 입 · 출항하는 등 세관의 업무특성상 필요한 경우에 세관장은 관세청장의 승인을 얻어 부서별로 근무시간을 달리 정할 수 있다.

　② 보세구역의 물품취급시간 : 24시간. 다만, 감시 · 단속을 위하여 필요한 경우 세관장은 그 시간을 제한할 수 있다. **1**

　③ 수출통관물품의 수수료는 수입통관물품의 4분의 1에 상당하는 금액이다.

　④ 수수료는 일정기간별로 일괄하여 납부할 수 있다.

　⑤ 수수료를 계산함에 있어서 관세청장이 정하는 물품의 경우 여러 건의 수출입물품을 1건으로 하여 통관절차 · 보세운송절차 또는 입출항절차를 신청하는 때에는 이를 1건으로 한다.

2. 임시개청 사전통보의무 **1**

　다음의 절차는 작업 전에 세관장에게 미리 통보해야 한다.

　① 통관절차 (수입신고, 수출신고) **2**

　② 보세운송절차 (보세운송신고) **3**

　③ 입항절차 (입항보고) **2**

　④ 출항절차 **1**

　※ 하역신고는 사전에 통보하지 않아도 됨에 유의한다.

3. 임시개청 및 시간 외 물품취급

　세관의 업무시간이 아닌 때에 통관절차를 진행하고자 하는 경우 사전통보는 부득이한 경우를 제외하고는「국가공무원 복무규정」에 의한 공무원의 근무시간 내에 하여야 한다.

　(1) 개청시간 외에 통관절차 · 보세운송절차 또는 입출항절차를 밟고자 하는 자는 사무의 종류 및 시간과 사유를 기재한 통보서를 세관장에게 제출해야 한다. 다만, 신고를 해야 하는 우편물 외의 우편물에 대하여는 그렇지 않다. **1**

　(2) 물품취급시간 외에 물품의 취급을 하려는 자는 다음 각 호의 어느 하나에 해당하는 경우를 제외하고는 통보서를 세관장에게 제출하여야 한다.

　　① 우편물(신고를 하여야 하는 것은 제외한다)을 취급하는 경우 **1**

　　② 통보한 시간 내에 당해 물품의 취급을 하는 경우 **1**

　　③ 보세공장에서 보세작업을 하는 경우. 다만, 감시 · 단속에 지장이 있다고 세관장이 인정할 때에는 예외로 한다. **1**

　　④ 보세전시장 또는 보세건설장에서 전시 · 사용 또는 건설공사를 하는 경우 **1**

　　⑤ 수출신고수리 시 세관의 검사가 생략되는 수출물품을 취급하는 경우 **1**

　　⑥ 항구나 공항에서 하역작업을 하는 경우

　　⑦ 재해, 기타 불가피한 사유로 인하여 당해 물품을 취급하는 경우. 이 경우에는 사후에 경위서를 세관장에게 제출하여 그 확인을 받아야 한다.

　　※ 납부하여야 하는 물품취급시간 외의 물품취급에 관한 수수료는 당해 물품을 취급하는 때에 세관공무원이 참여하는 경우에는 기본수수료 2천원(휴일은 6천원)에 다음 각호의 1에 해당하는 금액을 합한 금액으로 하며, 세관공무원이 참여하지 아니하는 경우에는 기본수수료 2천원(휴일은 6천원)으로 한다.

세관장은 제1호에 해당하는 물품이 제2호의 사유에 해당하는 경우에는 해당 물품을 유치할 수 있다.

1. 유치대상 : 다음 각 목의 어느 하나에 해당하는 물품
   ① 여행자의 휴대품
   ② 우리나라와 외국 간을 왕래하는 운송수단에 종사하는 승무원의 휴대품

2. 유치사유 : 다음 각 목의 어느 하나에 해당하는 경우
   ① 세관장확인대상에 따라 허가 · 승인 · 표시 또는 그 밖의 조건이 갖추어지지 아니한 경우
   ② 제96조제1항제1호와 같은 항 제3호에 따른 관세의 면제 기준을 초과하여 반입하는 물품에 대한 관세를 납부하지 아니한 경우
   ③ 지식재산권을 침해하는 물품을 수출하거나 수입하는 등 이 법에 따른 의무사항을 위반한 경우
   ④ 불법 · 불량 · 사회안전 또는 국민보건을 해칠 우려가 있는 물품으로서 대통령령으로 정하는 경우
   ⑤ 「국세징수법」 또는 「지방세징수법」에 따라 세관장에게 강제징수 또는 체납처분이 위탁된 해당 체납자가 물품을 수입하는 경우

3. 예치 : 유치대상 물품으로서 수입할 의사가 없는 물품은 세관장에게 신고하여 일시 예치시킬 수 있다. 다만, 부패 · 변질 또는 손상의 우려가 있는 물품 등 관세청장이 정하는 물품은 그렇지 않다.

수출입환적화물관리

학 · 습 · 전 · 략 본 장은 분량이 많지만 그에 비해 출제가 많이 이루어지고 있지 않다. 또한 실무를 해보지 않았다면 절차를 이해하기 힘들어서 접근하기가 어렵다. 화물관리절차를 완벽하게 이해하기 어렵다면 우선적으로 중요 표시가 되어 있는 부분을 단편적으로 공부한 후 점차 범위를 넓혀가면서 공부하는 것을 추천한다.
제1절에서는 용어의 정의, 제2절에서는 적재화물목록 정정관련규정, 하선(기)장소 및 물품반입, 제3절에서는 적재신고시기 규정이 중요한 개념이며, 제4절, 제5절, 제6절은 출제가 자주 이루어지지 않고 있다.

01 총칙

1. 정의

이 고시에서 사용하는 용어의 뜻은 다음과 같다.

① "적재화물목록"이란 별표 1의 적재화물목록 작성요령에 따라 작성된 선박 또는 항공기에 적재된 화물의 목록으로 선박회사(이하 "선사"라 한다) 또는 항공사가 Master B/L 또는 Master AWB의 내역을 기재한 마스터적재화물목록과 화물운송주선업자가 House B/L 또는 House AWB 내역을 기재한 하우스적재화물목록을 말한다. **1**

② "적재화물목록 제출의무자"란 국제무역선(기)을 운항하는 선사(그 업무를 대행하는 자를 포함하며, 이하 "운항선사"라 한다), 항공사(그 업무를 대행하는 자를 포함하며, 이하 "운항항공사"라 한다)를 말한다. **2**

③ "적재화물목록 작성책임자"란 다음 각 목의 어느 하나에 해당하는 자를 말한다.

　㉠ 마스터적재화물목록은 운항선사 또는 운항항공사. 다만, 공동배선의 경우에는 선박 또는 항공기의 선복을 용선한 선사(그 업무를 대행하는 자를 포함하며, 이하 "용선선사"라 한다) 또는 공동운항항공사(그 업무를 대행하는 자를 포함한다) **3**

　㉡ 하우스적재화물목록은 화물운송주선업자(그 업무를 대행하는 자를 포함한다. 이하 같다) **3**

④ "하역"이란 화물을 선박 또는 항공기에서 내리는 양륙 작업과 화물을 선박 또는 항공기에 올려싣는 적재 작업을 말한다. **3**

⑤ "하역장소"란 화물을 하역하는 보세구역(「자유무역지역의 지정 및 운영에 관한 법률」에 따른 자유무역지역 입주기업체의 소재지를 포함)을 말한다. 다만, 항만의 경우에는 보세구역이 아닌 부두를 포함한다.

⑥ "하선(기)장소"란 선박 또는 항공기로부터 하역된 화물을 반입할 수 있는 보세구역(「자유무역지역의 지정 및 운영에 관한 법률」에 따른 자유무역지역 입주기업체의 소재지를 포함한다)을 말한다. ❸

> **(해설)**
>
> 다음과 같은 오답선지로 출제된 적이 있다.
> "하선(기)장소"란 화물을 본선(기)에서 내리는 양륙작업과 화물을 본선(기)에 올려 싣는 적재작업을 하는 보세구역을 말한다.

⑦ "Master B/L"이란 선사가 발행한 선하증권 또는 해상화물운송장을 말하며, "Master AWB"이란 항공사가 발행한 항공화물운송장을 말한다. ❶

⑧ "House B/L"이란 화물운송주선업자가 화주에게 발행한 선하증권 또는 해상화물운송장을 말하며, "House AWB"이란 화물운송주선업자가 화주에게 발행한 항공화물운송장을 말한다. ❸

⑨ "벌크화물"이란 일정한 포장용기로 포장되지 않은 상태에서 운송되는 물품으로서 수량관리가 불가능한 물품을 말한다. ❶

⑩ "화물관리번호"란 적재화물목록상의 적재화물목록관리번호(Manifest Reference Number)에 Master B/L일련번호와 House B/L일련번호를 합한 번호를 말한다. "화물관리번호"란 적재화물목록상의 적재화물목록관리번호(Manifest Reference Number)에 Master B/L 또는 Master AWB 일련번호와 House B/L 또는 House AWB 일련번호(House B/L 또는 House AWB이 있는 경우)를 합한 번호를 말한다. ❹

⑪ "검사대상화물"이란 「관리대상화물 관리에 관한 고시」 제3조의 기준에 따라 적재화물목록 등을 심사하여 선별한 화물로서 "검색기검사화물"과 "즉시검사화물"을 말한다.

⑫ "환적화물"이란 국제무역선(기)에 의하여 우리나라에 도착한 외국화물을 외국으로 반출하는 물품으로서 수출입 또는 반송신고대상이 아닌 물품을 말한다. ❸

2. 화물관리기준

화물의 입출항, 하선(기) 및 적재관리는 다음 각 호의 기준에 따른다.
① **포장화물** : 포장 단위
② **벌크화물** : 총중량 단위

1. 적재화물목록제출

① 적재화물목록 제출시기

⊙ 해상
- '입항 전 서류제출 규정'에 따른 적재화물목록 제출의무자는 적재항에서 화물이 선박에 적재되기 24시간 전까지 적재화물목록을 선박 입항예정지 세관장에게 전자문서로 제출하여야 한다.
- 다만, 중국·일본·대만·홍콩·러시아 극동지역 등("근거리 지역")의 경우에는 적재항에서 선박이 출항하기 전까지, 벌크화물의 경우에는 선박이 입항하기 4시간 전까지 제출하여야 한다.

ⓛ 항공
- 적재화물목록 제출의무자는 항공기가 입항하기 4시간 전까지 적재화물목록을 항공기 입항예정지 세관장에게 전자문서로 제출하여야 한다. **1**
- 다만, 근거리 지역의 경우에는 적재항에서 항공기가 출항하기 전까지, 특송화물의 경우에는 항공기가 입항하기 1시간 전까지 제출하여야 한다. **2**
- 공동운항의 경우에는 공동운항항공사가 작성하여 제공한 적재화물목록 자료를 제1항에 따라 운항항공사가 이를 취합하여 세관장에게 제출해야 한다.

ⓒ 공동배선 또는 혼재화물의 취합제출
- 공동배선의 경우에는 용선선사가 작성하여 제공한 적재화물목록 자료를 운항선사가 이를 취합하여 세관장에게 제출해야 한다(선박).
- House B/L 내역이 있는 경우에는 운항선사가 하우스적재화물목록 작성책임자로부터 하우스적재화물목록을 제출받아 최종적으로 이를 취합하여 세관장에게 제출해야 한다(선박, 항공기).

ⓔ 추가제출
- 해상 : 세관장은 적재화물목록 제출 이후 다음 각 호의 어느 하나에 해당하는 경우에는 적재화물목록 또는 적재화물목록 일부를 해당 물품 하선 전까지 추가로 제출하게 할 수 있다.

> 1. 하역계획변경 등으로 공컨테이너 추가 하선이 필요한 경우(다만, 세관근무시간 이외에 하선작업을 하는 경우 하선 후 첫 근무일의 근무시간 종료 시까지 적재화물목록을 추가로 제출하게 할 수 있다) **1**
> 2. 선박의 고장 또는 컨테이너고장 등으로 화물 등의 추가 하선이 필요한 경우
> 3. 냉동물 등이 선상에서 현품확인 후 계약됨에 따라 추가 하선이 필요한 경우
> 4. 그 밖의 부득이한 사유로 추가하선이 필요한 경우

- 항공 : 세관장은 적재화물목록 제출 이후 다음 각 호의 어느 하나에 해당하는 경우에는 적재화물목록 또는 적재화물목록의 일부를 당해물품 하기 전까지 추가로 제출하게 할 수 있다.

> 1. 항공기의 고장 등으로 화물의 추가하기가 필요한 경우
> 2. 그 밖에 부득이한 사유로 화물의 추가하기가 필요한 경우

ⓜ 검사
- 해상 : 세관장은 추가 제출한 적재화물목록에 대하여 감시단속상 필요한 때에는 검사대상으로 선별하여 검사를 실시할 수 있다.
- 항공 : 세관장은 적재화물목록 제출 이후 적재화물목록을 추가하는 경우 추가 제출한 적재화물목록에 대하여 감시단속상 필요한 때에는 검사대상으로 선별하여 검사를 실시할 수 있다.

② **적재화물목록 심사**
ⓐ 해상 : 화물관리 세관공무원이 적재화물목록을 제출받은 때에는 다음 각 호에 해당하는 사항을 심사하여야 한다. 이 경우 적재화물목록 심사는 적재화물목록 기재사항에 관한 형식적 요건에 한하며, 실질적인 요건에 해당하는 기재사항의 오류 여부는 적재화물목록 접수단계에서 이를 심사하지 아니한다.
- 적재화물목록 자료의 취합완료 여부(공동배선의 경우 용선선사별 적재화물목록 누락 여부와 하우스 적재화물목록의 누락 여부를 포함한다)
- 적재화물목록 기재사항의 누락 여부
- 세관의 특별감시가 필요한 우범화물 해당 여부
- 그 밖에 세관장이 필요하다고 인정하는 사항

ⓑ 항공 : 화물관리 세관공무원이 적재화물목록을 제출받은 때에는 다음 각 호의 어느 하나에 해당하는 사항을 심사하여야 한다. 이 경우 심사는 적재화물목록 기재사항에 관한 형식적 요건에 한하며, 실질적인 요건에 해당하는 기재사항의 오류 여부는 적재화물목록 접수단계에서 심사하지 아니한다.
- 적재화물목록자료의 취합완료 여부(혼재화물 적재화물목록의 누락 여부를 포함한다)
- 적재화물목록 기재사항의 누락 여부
- 세관의 특별감시가 필요한 검사대상 화물 해당 여부
- 기타 세관장이 필요하다고 인정하는 사항

③ **적재화물목록 수정 및 취하신고**
ⓐ 해상 : 적재화물목록 제출의무자는 선박 미입항 등의 사유로 제출된 적재화물목록을 취하하려는 때에는 그 사유를 기재한 적재화물목록 취하신청서를 제출하여야 하며, 화물관리 세관공무원은 신청사유가 타당한 경우 해당 적재화물목록을 삭제하여야 한다.

ⓛ 항공 : 적재화물목록 제출의무자는 항공기 미입항 등의 사유로 제출된 적재화물목록을 취하하려는 때에는 그 사유를 기재한 적재화물목록 취하신청서를 세관장에게 제출하여 승인을 받아야 한다.

④ **적재화물목록의 정정신청**

ⓐ 해상과 항공 공통규정 : 정정신청 **1**
  - 적재화물목록 작성책임자는 적재화물목록 제출이 완료된 이후에 그 기재내용의 일부를 정정하려는 때에는 정정사유를 증명할 수 있는 자료를 첨부(세관장이 인정하는 경우 증명자료 제출을 생략할 수 있다)하여 적재화물목록 정정신청서를 서류 또는 전자문서로 제출하여야 한다.
  - 다만, 보세운송으로 보세구역에 반입된 화물은 도착지 보세구역을 관할하는 세관장에게 정정신청을 하여야 한다. 이 경우 수입화주 등은 적재화물목록 작성책임자에게 즉시 정정신청을 요청해야 하고, 적재화물목록 작성책임자는 이에 따라 정정신청을 해야 한다. 다만, 신속 통관을 위하여 필요한 경우 수입화주 등은 적재화물목록 작성책임자에게 정정신청을 요청한 사실 및 정정사유 증명 자료를 첨부하여 적재화물목록 작성책임자 대신 정정신청을 할 수 있다. **2**

ⓑ 해상 : 적재화물목록정정신청은 다음 각 호의 어느 하나에서 정하는 기간 내에 신청할 수 있다. 다만, B/L 양수도 및 B/L 분할·합병의 경우에는 기간을 제한하지 아니한다. **3**
  - 하선결과 보고서 및 반입물품 이상보고서가 제출된 물품 : 보고서 제출일로부터 15일 이내 **4**
  - 특수저장시설에 장치가 필요한 냉동화물 등을 하선과 동시에 컨테이너적입작업을 하는 경우 : 작업완료 다음 날까지(검수 또는 세관 직원확인을 받은 협정서를 첨부) **1**
  - 그 밖의 사유로 적재화물목록을 정정하려는 경우 : 선박 입항일로부터 60일 이내

ⓒ 항공 : 적재화물목록정정신청은 다음 각 호의 어느 하나에서 정하는 기간 내에 신청할 수 있다. 다만, B/L 양수도 및 B/L 분할·합병의 경우에는 기간을 제한하지 아니한다.
  - 하기결과 보고서 및 반입결과 이상보고서가 제출된 물품의 경우에는 보고서 제출일로부터 15일 이내 **2**
  - 기타의 사유로 적재화물목록을 정정하려는 경우에는 항공기 입항일부터 60일 이내 **1**

⑤ **적재화물목록 정정생략**

ⓐ 해상 : 적재화물목록상의 물품과 실제 물품이 다음 각 호의 어느 하나에 해당하는 때에는 적재화물목록 정정신청을 생략할 수 있다.
  - 벌크화물(예 광물, 원유, 곡물, 염, 원피 등)로서 그 중량의 과부족이 5% 이내인 경우 **4**
  - 용적물품(예 원목 등)으로서 그 용적의 과부족이 5% 이내인 경우 **4**
  - 포장파손이 용이한 물품(예 비료, 설탕, 시멘트 등) 및 건습에 따라 중량의 변동이 심한 물품(예 펄프, 고지류 등)으로서 그 중량의 과부족이 5% 이내인 경우 **5**

- 포장단위 물품으로서 중량의 과부족이 10% 이내이고 포장상태에 이상이 없는 경우 **4**
- 적재화물목록 이상사유가 오탈자 등 단순기재오류로 확인되는 경우 **2**
- 별도관리물품 해제승인을 받은 후 반입신고하는 물품

ⓛ 항공 : 적재화물목록상의 물품과 실제 물품이 다음 각 호의 어느 하나에 해당하는 때에는 적재화물목록 정정신청을 생략할 수 있다. **1**
- 포장파손이 용이한 물품으로서 과부족이 5% 이내인 경우
- 중량으로 거래되는 물품 중 건습에 따라 중량의 변동이 심한 물품으로서 그 중량의 과부족이 5% 이내인 경우 **1**
- 포장 단위 물품으로서 중량의 과부족이 10% 이내이고 포장상태에 이상이 없는 경우 **1**
- 적재화물목록 이상사유가 오탈자 등 단순기재오류로 확인되는 경우 **1**

관련규정 | 제32조(하기결과 이상물품에 대한 적용특례) 제3항

적재화물목록 작성책임자는 항공기 운항 사정상 동일 AWB의 물품이 전량 미기적 또는 분할기적된 경우로서 최초 적재화물목록을 제출한 항공기의 입항일로부터 15일 이내에 미기적 되었던 물품이 도착된 경우(후착화물이 적재화물목록에 등재되지 아니하고 도착된 경우로 한정한다)에는 제2항에도 불구하고 후착화물과 병합하여 별도관리 물품 해제 신청서를 세관장에게 제출하여 승인을 받은 후 하기장소에 반입해야 한다. 다만, 세관장이 물품관리에 이상이 없다고 판단하는 경우에는 적재화물목록 정정신청 승인 또는 반입신고 접수 시 시스템에서 자동으로 별도관리 물품 해제를 처리할 수 있다.

심화 | 적재화물목록 직권정정

1. 해상
   화물관리 세관공무원은 하선결과 및 반입 이상 보고된 전자문서 또는 관련 서류로 확인이 가능한 다음 각 호의 어느 하나에 해당하는 경우에는 직권으로 정정할 수 있다. 다만, 보세운송된 화물의 경우에는 해당 보세구역 관할세관 화물관리 세관공무원이 해야 한다.
   ① 제13조에 해당하는 경우
   ② 하선화물의 수량·중량에 대하여 검수(검정)업자가 하선결과 이상 보고를 한 경우 **1**
   ③ 반입화물의 수량·중량에 대한 이상보고가 된 경우

2. 항공
   화물관리 세관공무원은 하선결과 및 반입 이상 보고된 전자문서 또는 관련 서류로 확인이 가능한 다음 각 호의 어느 하나에 해당하는 경우에는 직권으로 정정할 수 있다. 다만, 보세운송된 화물의 경우에는 해당 보세구역 관할세관 화물관리 세관공무원이 하여야 한다.
   ① 제26조에 해당하는 경우
   ② 하기화물의 수량·중량에 대하여 하기결과 보고가 된 경우
   ③ 반입화물의 수량·중량에 대하여 이상보고가 된 경우

2. 하선과 하기

① 하선신고

　㉠ 하선신고 : 운항선사(공동배선의 경우에는 용선선사를 포함한다) 또는 그 위임을 받은 하역업체가 화물을 하선하려는 때에는 Master B/L 단위의 적재화물목록을 기준으로 하역장소와 하선장소를 기재한 하선신고서를 세관장에게 전자문서로 제출하여야 한다. **4**

　㉡ 하선 후 하선신고 : ㉠에도 불구하고 다음 각 호의 어느 하나에 해당하는 경우에는 세관장에게 서류로 하선신고를 할 수 있으며 하선작업 완료 후 다음 날까지 하선신고서를 세관장에게 전자문서로 제출하여야 한다.
- B/L 단위로 구분하여 하선이 가능한 경우 **1**
- 검역을 위하여 분할하선을 하여야 하는 경우
- 입항 전에 수입신고 또는 하선 전에 보세운송신고한 물품으로서 검사대상으로 선별된 물품이 선상검사 후에 하선하여야 하는 경우
- 재난 등 긴급하선하여야 하는 경우

　㉢ 하선장소 : 선사가 물품을 하선할 수 있는 장소는 다음 각 호의 장소로 한정한다. 다만, 부두 내에 보세구역이 없는 세관의 경우에는 관할구역 내 보세구역(보세구역 외 장치허가 장소포함) 중 세관장이 지정하는 장소로 한다. **1**

컨테이너화물	컨테이너를 취급할 수 있는 시설이 있는 부두 내 또는 부두 밖 컨테이너 전용 보세창고("CY"라 하며, CFS 포함) 다만, 부두사정상 컨테이너화물과 산물을 함께 취급하는 부두의 경우에는 보세구역 중 세관장이 지정한 장소 **2**
냉동컨테이너화물	컨테이너화물 하선장소를 준용하되 화주가 냉동컨테이너로부터 화물을 적출하여 반입을 원하는 경우 냉동시설을 갖춘 보세구역 **1**
벌크화물 등 기타화물	부두 내 보세구역 **2**
액체, 분말 등의 형태로 본선에서 탱크, 사일로 등 특수저장시설로 직송되는 물품	해당 저장시설을 갖춘 보세구역 **1**

　㉣ 하선장소 결정 : 선사가 하선장소를 결정하는 때에는 다음의 순서에 따른다.
- 세관장이 밀수방지 등을 위하여 「관리대상화물 관리에 관한 고시」에 따라 검사대상화물로 선별한 화물은 세관장이 지정한 장소
- 입항 전에 수입신고 또는 하선 전에 보세운송신고가 된 물품으로서 검사가 필요하다고 인정하는 물품은 부두 내의 세관장이 지정하는 장소 **1**
- 그 밖의 화물은 제3항에서 지정된 하선장소 중 선사가 지정하는 장소

　㉤ 하선장소 내 구분장치 : 선사가 ㉠부터 ㉣까지의 규정에 따른 하선작업을 할 때에는 다음 각 호의 어느 하나에 해당하는 물품별로 하선작업 계획을 수립하여 하역장소 내에 구분하여 일시 장치하여야 한다.

- 하선장소 내에서 통관할 물품 **1**
- 하선장소 내 컨테이너 화물조작장("CFS") 반입대상물품
- 타 지역으로 보세운송할 물품 **1**
- 세관장이 지정한 장치장에 반입할 검사대상화물
- 냉동 · 냉장물품 **1**
- 위험물품 **1**
- 그 밖에 세관장이 별도로 화물을 분류하도록 지시한 물품

ⓑ 보세운송 차량의 운송 : 하선장소가 부두 밖 보세구역인 경우에는 등록된 보세운송차량으로 운송하여야 한다. 다만, 냉장 또는 냉동화물 등 특수한 경우에는 「보세운송에 관한 고시」 중 임차보세운송 규정을 준용한다. **2**

ⓢ 일시양륙신고 : 선사가 수입 또는 환적 목적이 아닌 외국물품을 하역 작업상의 필요 등에 의하여 일시양륙하려는 경우에는 하선 전에 세관장에게 일시양륙신고를 하여야 한다. 이 경우 입항적재화물목록 제출, 하선신고, 보세화물 반입신고는 일시양륙신고서에 필요 항목을 기재하는 것으로 갈음한다. **1**

ⓞ 재적재신고 : 일시양륙한 외국물품은 동일 선박이 접안한 부두에서 떠나기 전에 일시하역물품 재적재 신고서를 제출하고 적재하여야 한다. 이 경우 출항적재화물목록 제출, 보세화물 반출신고는 일시하역물품 재적재신고서에 필요 항목을 기재하는 것으로 갈음한다.

ⓩ 외국물품 일시양륙 장소 : 외국물품의 일시양륙 장소는 부두 내로 한정한다. 다만, 액체화물을 본선과 보세구역의 저장탱크 사이에 연결된 배관을 통해 일시양륙하는 경우에는 배관과 저장탱크를 양륙장소로 할 수 있다.

ⓩ 절차생략 : 선사는 일시양륙하려는 외국물품이 다음 각 호의 요건을 모두 충족하는 경우에는 상기의 일시양륙신고 및 재적재신고의 절차를 생략할 수 있다.
- 컨테이너화물 또는 전용운반선으로 운송하는 자동차 화물일 것
- 선박안전 및 적재공간 확보 등으로 일시양륙이 불가피할 것
- 선사 및 하역업체가 컨테이너 번호 또는 차대번호, 장치위치, 반출입내역 등을 실시간으로 기록하고 관리할 것
- 출항허가 전까지 본선에 다시 적재할 것

② 하기신고

ⓐ 하기신고 제출 : 항공사가 화물을 하기하려는 때에는 하역장소와 하기장소를 기재한 하기신고서를 세관장에게 제출하여야 한다. 다만, AWB을 추가하는 정정의 경우에는 적재화물목록 정정신청서에 하기장소를 기재하는 것으로 하기신고를 갈음할 수 있다.

ⓑ 하기장소 : 항공사가 물품을 하기할 수 있는 장소는 항공기가 입항한 공항 항역 내 보세구역으로 한정한다.

ⓒ 하기장소 결정 : 항공사가 하기장소를 결정하는 때에는 다음 순서에 따른다.

- 세관장이 밀수 방지 등을 위하여 검사대상화물로 선별한 화물은 세관장이 지정한 장소
- 다음 각 목의 어느 하나에 해당하는 물품은 즉시 반출을 위하여 하역장소로 한다. 다만, 세관장이 계류장 인도대상 물품으로 지정한 물품과 화물의 권리자가 즉시 반출을 요구하는 물품은 하역장소에 반입하지 않고 계류장 내에서 직접 반출할 수 있다.
  - 입항 전 또는 하기장소 반입 전에 수입신고가 수리된 물품 **2**
  - 하기장소 반입 전에 보세운송신고가 수리되었거나 타세관 관할 보세구역으로 보세운송할 물품으로 화물분류가 결정된 물품 **2**
  - 검역대상물품(검역소에서 인수하는 경우) **2**
  - 「수입통관 사무처리에 관한 고시」에 따른 B/L제시인도물품(수입신고생략물품) **2**
  - 그 밖의 물품은 공항 항역 내의 하기장소 중 항공사가 화주 또는 그 위임을 받은 자와 협의하여 정하는 장소. 다만, 화주 또는 그 위임을 받은 자가 장치장소에 대한 별도의 의사표시가 없는 경우에는 항공사가 지정한 장소

ⓔ 하역장소에서 반출 : 하역장소 운영인이 검역대상물품, B/L제시인도물품(수입신고생략물품)을 하역장소에서 반출하려는 때에는 화물인수자로부터 물품인수증 또는 항공화물운송장을 제시받아 화물관리 세관공무원의 확인을 받은 후 인도해야 한다.

ⓜ 하기장소 내 구분 장치 : 항공사가 하기작업을 할 때에는 다음 각 호의 어느 하나에 해당하는 물품별로 하기작업 계획을 수립하여 하역장소 내에 구분하여 일시장치하여야 한다.
- 공항 항역 내 하기장소별로 통관할 물품
- 타 지역으로 보세운송할 물품
- 세관장이 지정한 장치장에 반입할 검사대상화물
- 보냉 · 보온물품
- 위험물품
- 그 밖에 세관장이 별도로 화물을 분류하도록 지시한 물품

ⓑ 하기작업 분류기준 : 하기작업 시의 분류기준은 「보세화물관리에 관한 고시」에서 별도로 정하는 바에 따른다.

ⓢ 보세운송 차량의 운송 : 하기장소가 계류장과 직접 접속하지 않은 보세구역인 경우에는 등록된 보세운송차량으로 운송해야 한다.

③ **하선장소변경** : 하선신고를 한 자가 하선장소반입 전에 하선장소를 변경하려는 때에는 변경내역과 변경사유를 기재한 하선장소 변경신청서를 세관장에게 제출하여 승인을 받아야 한다. **1**

④ **하선신고수리**
  ㉠ 심사 후 수리통보 : 세관장은 하선신고서가 접수된 때에는 하선신고 내용이 적재화물목록과 일치하는지 여부와 하선장소의 적정성 여부 등을 심사한 후 세관화물정보시스템에 하선신고수리사실을 등록하고 신고인, 관련하역업자 및 보세구역 등에 통보하여야 한다. 다만, 세관장은 신속한 화물처리를 위해 시스템에서 자동으로 하선신고를 수리할 수 있다. **1**

ⓛ 하선장소 직권정정

- 세관장은 하선신고서를 심사한 결과 하선장소가 부적정하다고 인정하는 물품과 검사대상 화물로 선별한 물품의 하선장소를 직권으로 정정할 수 있다. 이 경우 세관장은 즉시 신고인, 검수회사 및 세관장이 지정한 하선장소의 운영인에게 세관봉인대 봉인대상물품임을 통보하고, 동 내용을 하선신고 물품 세관봉인대 관리대장에 기록한 후, 세관봉인대 시봉 및 하선장소 반입 시 이상 여부 등을 사후관리하여야 한다.
- 세관장으로부터 세관봉인대 봉인대상물품임을 통보받은 검수회사는 해당 물품의 하역단계에서 세관봉인대를 시봉하고 그 사용내역을 하선물품 세관봉인대 사용목록에 기록 관리한 후, 다음 날까지 세관장에게 시봉내역을 제출하여야 한다. 다만, 세관봉인 물품의 추적감시를 위해 시봉 전에 화물관리번호 및 컨테이너번호별로 세관봉인대 번호를 세관장에게 전자문서로 보고하는 경우에는 세관봉인대 사용목록의 기록관리 및 시봉내역 제출을 생략한다.

⑤ 하선 및 하기결과보고

ⓐ 하선결과보고

하선결과 보고 제출	하선신고를 한 자는 하선결과 물품이 적재화물목록과 상이할 때에는 하선작업 완료 후 다음 날까지 하선결과보고서를 세관장에게 제출하여야 한다. 이 경우 선사와의 계약에 따라 검수(검정)업자가 물품검수(검정)를 한 경우에는 검수(검정)업자가 전자문서로 작성된 하선결과보고서를 세관장에게 제출하여야 한다. ❷
세관장 조치	세관장이 하선결과보고서를 접수한 때에는 필요한 경우 화물관리 세관공무원에게 상이내역 및 그 사유를 조사한 후 적재화물목록 정정 등 필요한 조치를 취하게 할 수 있다.
선사조치	하선결과보고를 한 자는 적재화물목록 작성책임자에게 동 내용을 즉시 통보하여 적재화물목록 정정에 필요한 조치를 취하여야 한다.
이상 유무 확인	선사 또는 검수(검정)업자는 하선결과보고를 함에 있어 세관에 제출된 적재화물목록을 사용하여 그 이상 유무를 확인하여야 하며, 검수업자의 검수대상 범위, 검수방법 및 검수업자의 감독 등에 관하여는 세관장이 정하는 바에 따른다.

ⓑ 하기결과보고

이상보고	항공사(특송화물의 경우에는 특송업체인 화물운송주선업자를 말한다)는 하기결과 물품이 적재화물목록과 상이할 때에는 항공기 입항 다음 날까지 하기결과보고서를 세관장에게 제출해야 한다. 이 경우 추가 제출 화물에 대하여는 하기결과보고를 생략할 수 있다. ❶
세관장 조치	세관장이 하기결과보고서를 접수한 때에는 필요한 경우 화물관리 세관공무원에게 상이내역 및 그 사유를 조사한 후 적재화물목록 정정 등 필요한 조치를 취하게 할 수 있다. 다만, 제26조제1항에 해당하는 경우에는 그렇지 않다.
항공사 조치	항공사는 하기결과보고서를 제출한 때에는 적재화물목록 작성책임자에게 동 내용을 즉시 통보하여 적재화물목록정정에 필요한 조치를 취할 수 있도록 해야 한다.

⑥ 하선 및 하기장소 물품반입

㉠ 하선장소 물품반입

1. 반입기간 : 하선신고를 한 자는 입항일로부터 다음 각 호의 어느 하나에 해당하는 기간 내에 해당물품을 하선장소에 반입하여야 한다. 다만, 부득이한 사유로 지정기한(검색기 검사를 마치고 하선장소에 반입하는 경우에는 지정기한 경과일수를 산출할 때 세관근무 일자가 아닌 일수를 제외) 이내에 반입이 곤란할 때에는 반입지연 사유, 반입예정일자 등을 기재한 하선장소 반입기간 연장승인(신청)서를 세관장에게 제출하여 승인을 받아야 한다. **1**
   ① 컨테이너화물 : 5일 **8**
   ② 원목, 곡물, 원유 등 벌크화물 : 10일 **7**

2. 물품반입신고 : 하선장소를 관리하는 보세구역 운영인은 해당 보세구역을 하선장소로 지정한 물품에 대해 해당 물품의 반입 즉시 House B/L 단위로 세관장에게 물품반입신고를 하여야 하며, 창고 내에 물품이 입고되는 과정에서 실물이 적재화물목록상의 내역과 상이함을 발견하였을 때에는 반입물품 이상보고를 하거나 반입사고화물로 분류하여 신고 하여야 한다. 다만, 다음 각 호의 어느 하나에 해당하는 물품은 Master B/L 단위로 반입신고를 할 수 있다. **2**
   ① Master B/L 단위의 FCL화물 **2**
   ② LCL화물로서 해당 하선장소 내의 CFS 내에서 컨테이너 적출 및 반입작업하지 않는 물품 **4**

3. House B/L 단위 반입신고 : 2. ②의 내용에 따른 LCL화물이 Master B/L 단위로 반입 신고된 후 사정변경 등의 사유로 해당 하선장소의 CFS 내에 컨테이너 적출 및 반입작업을 하려는 때에는 당해 컨테이너의 내장화물 적출 사실을 세관장에게 신고하고 House B/L 단위로 물품반입신고를 하여야 한다. **1**

4. 신고생략 : 입항 전 수입신고수리 또는 하선전보세운송신고수리가 된 물품을 하선과 동 시에 차상반출하는 경우에는 반출입 신고를 생략할 수 있다. **5**

5. 공컨테이너 미반입보고 : 하선장소 보세구역운영인(화물관리인)은 하선기한 내 공컨테 이너가 반입되지 않은 경우 세관장에게 즉시 보고하여야 한다. **4**

6. 미반입사유 조사 : 화물관리 세관공무원은 하선장소 보세구역 운영인으로부터 반입신고 가 있을 때에는 하선신고물품의 전량반입완료 및 반입사고 여부를 확인하고 기한까지 반 입되지 아니한 물품이 있거나 반입사고가 있는 물품에 대하여는 그 사유를 조사한 후 그 결과에 따라 처리한다.

심화 📊 **특송 반입이상물품에 대한 적용특례**

① 하선장소 운영인은 특송물품으로서 반입물품 이상보고서가 제출된 이상화물 중 다음 각 호의 어느 하나에 해당하는 물품은 이상사유가 확인될 때까지 하선장소 내의 일정한 구역에 별도 관 리한다.
   1. 적재화물목록에 등재되지 아니한 물품
   2. 적재화물목록보다 과다하게 반입된 물품
   3. 적재화물목록보다 적게 반입된 물품

② 적재화물목록 작성책임자는 제1항에 따라 별도 관리 중인 물품에 대해 반입물품 이상보고일로 부터 15일 이내에 이상사유를 규명하여 적재화물목록 정정 등의 절차를 거쳐 하선장소에 반입 해야 한다.

③ 적재화물목록 작성책임자는 별도 관리하는 물품이 전량 미선적되거나 동일 적재화물목록의 물 품이 분할선적된 경우로서 최초 적재화물목록을 제출한 선박의 입항일로부터 15일 이내에 미 선적되었던 물품이 도착된 경우(후착화물이 적재화물목록에 등재되지 아니하고 도착된 경우 로 한정한다)에는 제2항에도 불구하고 후착화물과 병합하여 별도관리 물품 해제 신청서를 세 관장에게 제출하여 승인을 받은 후 하선장소에 반입해야 한다. 다만, 세관장이 물품관리에 이 상이 없다고 판단하는 경우에는 적재화물목록 정정신청 승인 또는 반입신고 접수 시 시스템에 서 자동으로 별도관리 물품 해제를 처리할 수 있다.

④ 하선장소 운영인은 제1항 각 호의 물품에 대하여는 적재화물목록 정정 또는 별도관리 해제절차 가 완료된 경우에 한하여 반입신고를 한 후 일반화물과 같이 보관 관리해야 한다.

⑤ 세관장은 제1항 각 호 및 제3항에 따른 별도관리 대상물품에 대해 반입물품 이상보고일로부터 15일이 경과할 때까지 적재화물목록을 정정신청하지 않거나, 입항일로부터 15일 이내 후착화 물과 병합반입하지 않는 경우에는 법 위반여부를 조사 처분한 후 직권으로 적재화물목록을 정 정할 수 있다.

ⓛ 하기장소의 물품반입

1. 반입기간 : 하역장소 보세구역 운영인은 화물분류 완료 후 해당 물품을 지정된 하기장소 보세구역 운영인에게 지체 없이 인계하여야 하며, 해당 물품을 인수받은 운영인은 입항 후 다음날까지 지정된 하기장소에 반입하여야 한다. 다만, 위험물품의 경우에는 지체 없이 하기장 소에 반입하여야 한다. **4**

2. House 단위 반입신고 : 물품을 인수받은 보세구역 운영인은 해당 보세구역을 하기장소 로 지정한 물품에 대해 해당물품의 반입 즉시 House AWB 단위로 세관장에게 물품반입신 고를 하여야 하며, 창고 내에 물품을 입고하는 과정에서 실물이 적재화물목록상의 내역 과 상이함을 발견하였을 때에는 반입물품 이상보고를 하거나 반입사고화물로 분류하여 신고하여야 한다. 다만, House AWB이 없는 화물은 Master AWB 단위로 반입신고를 할 수 있다. **2**

3. 미반입사유 조사 : 화물관리 세관공무원은 하기장소 보세구역 운영인으로부터 반입신고 가 있을 때에는 적재화물목록상 물품의 전량반입완료 및 반입사고 여부를 확인하고 1.에 따른 기한까지 반입되지 아니한 물품이 있거나 반입사고가 있는 물품에 대하여는 그 사 유를 조사한 후 그 결과에 따라 처리한다.

⑦ **잘못 반입된 화물의 처리(선박, 항공기)** : 선사 또는 화물운송주선업자는 입항화물 중 다음 각 호 의 어느 하나에 해당하는 화물의 경우 잘못 반입된 화물로 처리한다. 다만, 해당 물품의 상거래 상의 관행과 수출입관련 공고 등을 종합적으로 검토하여 범칙혐의가 있는 경우는 제외한다. 잘 못 반입된 화물은 적재화물목록을 정정한 후 「환적화물 처리절차에 관한 특례고시」에 따라 처 리한다.

㉠ 수하인 또는 통지처가 제3국의 수입자인 화물을 적재화물목록 작성책임자의 사무착오로 국내 수입화물로 잘못 기재하여 하선한 화물(적재화물목록 작성책임자의 사무착오로 수하인 또는 통지처를 국내 수입자로 잘못 기재한 화물을 포함한다)

　㉡ 적재화물목록에 기재하지 아니하고 하선한 화물 중 화물운송장에 수하인 또는 통지처가 제3국의 수입자인 화물을 하역업자의 사무착오로 잘못 하선한 화물 **1**

　㉢ 적재화물목록에 기재된 수입화물의 수하주가 불분명하고 송하주의 반송요청이 있는 화물

⑧ 하기결과 이상 물품에 대한 적용특례

　㉠ 별도관리 : 운항항공사(특송물품은 하기장소 운영인)는 하기결과보고서가 제출된 이상화물 중 다음 각 호의 어느 하나에 해당하는 물품은 이상사유가 확인될 때까지 하역장소(특송물품은 하기장소) 내의 일정한 구역에 별도 관리한다. **2**

　　• 적재화물목록에 등재되지 아니한 물품
　　• 적재화물목록보다 과다하게 반입된 물품
　　• 적재화물목록보다 적게 반입된 물품

　㉡ 이상사유 규명 : 적재화물목록 제출의무자 또는 작성책임자는 관리 중인 물품에 대해 하기결과 보고일로 부터 15일 이내에 이상사유를 규명하여 적재화물목록정정 등의 절차를 거쳐 하기장소에 반입하여야 한다. **2**

　㉢ 별도관리 물품 해제 : 적재화물목록 작성책임자는 항공기 운항 사정상 동일 AWB의 물품이 전량 미기적 또는 분할기적된 경우로서 최초 적재화물목록을 제출한 항공기의 입항일로부터 15일 이내에 미기적 되었던 물품이 도착된 경우(후착화물이 적재화물목록에 등재되지 아니하고 도착된 경우로 한정한다)에는 후착화물과 병합하여 별도관리 물품 해제 신청서를 세관장에게 제출하여 승인을 받은 후 하기장소에 반입해야 한다. 다만, 세관장이 물품관리에 이상이 없다고 판단하는 경우에는 적재화물목록 정정신청 승인 또는 반입신고 접수 시 시스템에서 자동으로 별도관리 물품 해제를 처리할 수 있다.

　㉣ 이상물품 관리해제 후 반입신고 : 하기장소 보세구역 운영인은 ㉠ 각 호의 물품에 대하여는 적재화물목록정정 또는 별도관리 해제절차가 완료된 경우에 한하여 반입신고를 한 후 일반화물과 같이 보관 관리하여야 한다.

　㉤ 관리대장 비치 및 직권적재화물목록정정 : 세관장은 별도관리 대상물품에 대해 하기결과 보고일로부터 15일이 경과할 때까지 적재화물목록을 정정신청하지 않거나, 입항일로부터 15일 이내 후착화물과 병합반입하지 않는 경우에는 법 위반여부를 조사 처분한 후 직권으로 적재화물목록을 정정할 수 있다. **1**

심화 🔰 **선박용품 등 관리에 관한 고시 주요내용** 1️⃣

1. **적재이행기간** : 선박용품의 적재허가를 받은 자는 허가일로부터 7일 이내에 적재를 완료하여야 한다.

2. **적재이행 의무자**

   ① 선박용품 등의 적재 등은 해당 허가를 받은 자가 직접 이행해야 한다.

   ② 공급자 등은 적재 등 허가 신청이 건당 미화 1만달러(원화표시는 물품 1천만원을 말한다) 이하의 선박용품 등으로서 세관장이 감시단속에 지장이 없다고 인정하는 물품의 경우에는 공급자 중에서 대행업체를 지정하여 적재 등 허가받은 절차를 이행하게 할 수 있다.

3. **조건부 하역 선박용품관리**

   ① 수리업자 등은 조건부 하역한 외국선박용품을 하역일로부터 30일 이내에 해당 선박에 적재하고 세관장에게 완료보고해야 한다. 다만, 세관장이 선박용품의 수리 지연 등 부득이한 사유가 있다고 인정하는 때에는 5월의 범위 내에서 적재 기간을 연장하거나, 같은 선사 소속의 다른 국제무역선에 적재하도록 할 수 있다. 2️⃣

   ② 선박용품 수리업자 및 선박회사(이하 "수리업자 등"이라 한다)가 수리·점검 등을 위하여 외국선박용품을 일시 하선하려는 때에는 별지 제4호서식의 선박용품 하선허가신청서를 관할 세관장에게 제출해야 한다. 이 경우 선박용품 하선신청 및 허가는 법 제158조에 따른 보세구역 외 보수작업의 신청 및 승인으로 본다. 2️⃣

   ③ 수리업자 등은 조건부 하역 대상 선박용품에 대하여 직접 적재 등을 하거나 공급자 중에서 대행업체를 지정하여 선박과 수리업체 간의 운송을 대행하게 할 수 있다. 1️⃣

   ④ 수리업자 등은 제1항에 따라 하선한 선박용품을 재적재기한 내에 적재할 수 없는 때에는 보세구역에 반입해야 한다. 1️⃣

   ⑤ 해당 선박이 입항하지 않거나 부득이한 사유로 조건부 하역 외국선박용품을 외국으로 반출하려는 때에는 보세구역에 반입 후 반송절차에 관한 고시에 따라 처리한다. 1️⃣

4. **완료보고** : 공급자 등은 적재 등을 완료한 때에는 다음날 12시까지 관할 세관장에게 보고해야 한다. 다만, 보고 기한 내에 해당 선박이 출항하는 때에는 출항허가 전까지 보고해야 한다.

5. **용도 외 처분** : 공급자 등 및 수리업자 등은 반입등록한 선박용품 등을 수입반송 또는 공매하는 등 용도 외 처분한 때에는 용도 외 처분한 날로부터 7일 이내에 반입등록한 세관장에게 별지 제12호 서식의 용도 외 처분보고서를 제출해야 한다.

6. **출국대기자에 대한 선박용품의 제공**

   ① 선박회사는 출국심사를 마치거나 우리나라를 경유하여 제3국으로 출발하려는 자("출국대기자")가 선박의 출항이 지연되어 출국대기하는 경우 세관장의 허가를 받아 출국대기자에게 식음료(주류를 제외한다)를 제공할 수 있다.

   ② 선박회사 등은 관할 세관장에게 국제항의 출국장 내 지정보세구역 중에서 출국대기자에게 식음료를 제공할 수 있는 보세구역(이하 "식음료제공구역"이라 한다) 지정을 요청할 수 있다. 1️⃣

7. **수출용 신조선박에 적재하는 선박용품의 관리** : 공급자는 국제무역선으로 운항예정인 신조선박의 건조·검사·점검·시운전 등의 목적을 위하여 부득이 하게 국제무역선의 자격을 취득하기 전의 신조선박에 외국선박용품(소비용품을 제외한다)을 적재할 필요가 있는 경우에는 세관장의 승인을 얻어 해당 선박을 건조하는 보세공장을 장치장소로 하여 전자통관시스템에 등록·관리할 수 있다. 이 경우 「보세공장 운영에 관한 고시」에도 불구하고 선박용품을 보세공장에서 건조 중인 선박에 적재하여 장치할 수 있다. 1️⃣

03 출항화물관리

1. 선적지 보세구역 반입 및 적재신고

① **보세구역 반입**

　㉠ 반입기록관리 : 보세구역 운영인은 수출하려는 물품이 반입된 경우에는 그 내역을 확인할 수 있는 서류(수출신고필증, 송품장, B/L 등)를 받아 화물반출입대장(전산설비를 이용한 기록관리를 포함한다. 이하 같다)에 그 내역을 기록 관리하여야 한다. 다만, 전산으로 수출신고수리내역을 확인한 경우에는 수출신고필증을 받지 아니할 수 있다. **1**

　㉡ 반입신고 갈음 : 수출신고수리물품 또는 수출신고수리를 받으려는 물품의 반입신고는 화물반출입대장(전산설비를 이용한 기록관리를 포함한다)에 기록 관리하는 것으로 갈음한다. 다만, 보세구역에 반입 후 수출신고를 하게 할 수 있는 물품은 관세법 제157조제1항에 따라 세관장에게 반입신고를 해야 한다. **2**

　㉢ 반송물품 반입신고 : 반송물품을 보세구역에 반입하려는 보세구역 운영인은 세관장에게 반입신고를 하여야 한다. 이 경우 반입신고는 보세운송 도착보고를 갈음할 수 있다. **2**

② **보수작업**

　㉠ 승인신청 : 적재지 보세구역(보세구역 외 장치의 허가를 받은 장소를 포함)에 반입한 수출물품을 재포장, 분할, 병합, 교체 등 보수작업하려는 자는 관할세관장에게 수출물품 보수작업승인신청서를 제출하여 승인을 받아야 한다. **3**

　㉡ 변경내역통보 : 보수작업 결과 포장개수의 변동 등 당초의 수출신고수리사항이 변경되는 경우에는 해당 보수작업 승인을 한 세관장이 그 내역을 수출신고수리 세관장에게 통보하여야 한다.

③ **멸실 · 폐기 등의 처리**

　㉠ 폐기승인 : 선적지 보세구역에 반입된 수출물품을 부패 · 손상 등의 사유로 폐기하려는 자는 세관장에게 폐기승인신청서를 제출하여 승인을 받아야 한다. **3**

　㉡ 멸실보고 : 보세구역 운영인은 보세구역에 반입된 화물이 천재지변, 화재 등으로 멸실된 경우에는 즉시 세관장에게 그 사실을 보고하여야 한다.

　㉢ 세관장 통보 : 수출물품에 대하여 멸실신고를 받거나 폐기승인을 한 세관장은 그 내역을 수출신고수리 세관장에게 통보하여야 한다.

④ **보세구역반출**

　㉠ 반출사유 : 적재지 보세구역에 반입된 수출물품은 다음 각 호의 어느 하나에 해당하는 경우에 한정하여 적재지 보세구역으로부터 반출할 수 있다.
　　• 적재예정 선박 또는 항공기에 적재하려는 하는 경우 **1**

- 적재예정 선박 또는 항공기가 변경되거나 해상 또는 항공수송의 상호연계를 위하여 다른 적 재지 세관의 보세구역으로 수출물품을 운송(보세운송을 포함한다. 이하 같다)하려는 경우
- 동일 적재지 세관 내에서 혼재작업을 위해 다른 보세구역으로 수출물품을 운송하려는 경우
- 보수작업과 폐기처리 등을 해당 적재지 보세구역 내에서 수행하기가 곤란하여 다른 장소 로 수출물품을 운송하려는 하는 경우
- 그 밖에 세관장이 적재지 보세구역에서 반출하는 사유가 타당하다고 인정하는 경우

ⓛ 심사 : 수출물품이 보세구역에서 반출되는 경우 보세구역 운영인은 반출사유가 타당한지 여부를 확인하여야 하며 그 내역을 화물반출입대장(전산설비에 의하여 기록관리를 포함)에 기록 관리하여야 한다. **1**

ⓒ 반출신고 갈음 : 수출신고수리물품 또는 수출신고수리를 받으려는 물품의 반출신고는 화물 반출입대장(전산설비를 이용한 기록관리를 포함)에 기록 관리하는 것으로 갈음한다. 다만, 보세구역에 반입한 후 수출신고를 하게 할 수 있는 물품은 관세법 제157조제1항에 따라 세 관장에게 반출신고를 해야 한다. **1**

ⓔ 반송물품 반출신고
- 반송물품을 보세구역에서 반출하려는 보세구역 운영인은 세관장에게 반출신고를 하여야 한다. **1**
- 적재를 위하여 반출하는 경우에는 반출자가 적재권한이 있는 자인지 확인 후 반출하여야 한다.

⑤ **적재신고**

출항(반송물품을 포함)하려는 물품을 선박이나 항공기에 적재하고자 하는 자("적재화물목록 제 출의무자")는 물품을 적재하기 전 적재신고를 하여야 한다. 적재신고는 출항적재화물목록 제출 로 갈음한다. **2**

⑥ **컨테이너 적출입 작업 등** : CY에서의 입출항화물에 대한 컨테이너 적출입 작업은 CFS에서 해 야 한다. 다만, 다음 각 호의 어느 하나에 해당하는 경우에는 그렇지 않다.

ⓐ 냉동화물 등 특수화물을 하선과 동시에 선측에서 컨테이너에 적입하는 작업

ⓑ 컨테이너에 내장된 냉동화물 등 특수화물을 선측에서 적출하여 동시에 적재하는 것이 불가 피한 경우

ⓒ 위험물품 등 특수화물로서 특수시설을 갖춘 장소의 적출입 작업이 불가피한 경우

ⓓ 경유지 보세구역(의왕 ICD 및 김포공항화물터미널에 한함)에서 환적화물 컨테이너 적출입 작업(ULD 작업 포함)을 하는 경우

ⓔ 그 밖에 CFS에서 작업이 곤란하다고 세관장이 인정하는 경우

2. 적재 및 출항

① 적재

㉠ 수리 전 적재금지 : 출항하고자 하는 물품은 적재신고절차(출항 적재화물목록 제출절차)가 수리되기 전에 선박 또는 항공기에 적재할 수 없다. 다만, 내국물품적재허가를 받아 직접 본선에 적재 후 수출신고하려는 물품은 그렇지 않다. **4**

㉡ 적재결과 이상보고

- 선사 또는 항공사는 적재결과 물품이 적재화물목록과 상이할 때에는 적재완료 다음 날까지 적재결과보고서를 작성하여 세관장에게 제출해야 한다. **3**
- 이 경우 선사와의 계약에 따라 검수업자가 물품검수를 한 경우에는 검수업자가 적재결과보고서를 세관장에게 제출해야 한다. **2**

㉢ 일시적재신고

- 선사가 출항 목적이 아닌 하역 작업상의 필요 등에 의하여 보세화물을 일시적재하려는 경우에는 적재 전에 세관장에게 일시적재신고를 하여야 한다. 이 경우 보세화물 반출신고는 일시적재신고서에 필요항목을 기재하는 것으로 갈음한다. **1**
- 일시적재한 화물은 동일 선박이 접안한 부두에서 떠나기 전 일시하역물품 재하선신고서를 제출하고 하선하여야 한다. 이 경우 보세화물반입신고는 일시하역물품 재하선신고서에 필요 항목을 기재하는 것으로 갈음한다. **1**

② 적재화물목록 제출

㉠ 적재화물목록 제출

- 출항허가 시 적재한 물품목록 제출규정에 따라 적재화물목록 제출의무자는 출항지 세관장에게 적재화물목록을 제출해야 한다. **1**

㉡ 제출시기 : 적재화물목록은 물품이 적재지 공항만 내(부두외곽 컨테이너 장치장 포함) 장치된 후 제출해야 하며, 제출시기는 다음 각 호의 어느 하나와 같다.

- 해상화물 : 해상화물은 해당물품을 선박에 적재하기 24시간 전까지 제출하여야 하며, 근거리 지역의 경우에는 해당물품을 선박에 적재하기 전까지 제출하되 선박이 출항하기 30분 전까지 최종 마감하여 제출하여야 한다. 다만, 적재하려는 물품이 다음 각 목의 어느 하나에 해당하는 경우에는 출항하기 전까지, 「수출통관 사무처리에 관한 고시」 중 선상 수출신고에 해당하는 물품의 경우에는 출항 다음 날 자정까지 제출할 수 있다. **6**
  - 벌크화물
  - 환적화물, 공컨테이너 **2**
  - 그 밖에 적재 24시간 전까지 제출하기 곤란하다고 세관장이 인정하는 물품
- 항공화물 : 항공화물은 해당물품을 항공기에 적재하기 전까지 제출하여야 하며, 항공기가 출항하기 30분 전까지 최종 마감하여 제출하여야 한다. **2**

- 물품목록 삭제 · 정정 : 선박 또는 항공기의 안전운행, 적재계획 변경 등으로 물품을 예정대로 적재하지 못하거나 항만의 컨테이너터미널(부두 포함) 또는 공항의 화물터미널에서 B/L상의 중 · 수량을 확정하는 경우에는 선박 또는 항공기의 출항한 다음 날 18시까지 한 차례만 물품목록의 일부를 삭제하거나 물품목록의 해당항목을 정정할 수 있다. **1**
  - ⓒ 공동배선의 경우 : 공동배선의 경우에 운항 선사 또는 항공사는 용선 선사 또는 공동운항 항공사가 작성하여 제공한 적재화물목록 자료를 취합하여 세관장에게 제출해야 한다. **1**
  - ⓔ 혼재화물의 경우 : 화물운송주선업자가 집하 · 운송의뢰하는 화물의 경우 선사 또는 항공사는 화물운송주선업자가 작성하여 제공한 하우스적재화물목록을 최종적으로 취합하여 세관장에게 제출해야 한다. **1**

심화 📊 | 물품목록 서식 및 작성방법

- 해상출항 : 선사가 발행한 Master B/L 단위의 적재화물목록
- 해상출항 : 화물운송주선업자가 발행한 House B/L 단위의 혼재화물적재화물목록
- 항공출항 : 항공사가 발행한 Master AWB 단위의 적재화물목록
- 항공출항 : 화물운송 주선업자가 발행한 House AWB 단위의 적재화물목록

---

③ **적재화물목록 제출수리**

- ㉠ 적재신고 수리 : 세관장은 적재화물목록을 제출한 물품에 대하여 전산시스템으로 수출검사 대상 여부를 확인 후 자동으로 수리하되, 수출신고사항과의 이상유무 등에 대하여 세관공무원의 확인이 필요하다고 판단되는 물품은 선별하여 확인할 수 있다.
- ㉡ 선별물품 검사 후 적재 : 적재화물목록 제출의무자는 적재화물목록을 제출한 물품 중 수출검사대상으로 선별된 물품이 있는지 확인하고, 선별된 물품이 있는 경우 세관공무원의 검사를 받은 후 적재하여야 한다. **1**
- ㉢ 물품확인 적극 협조 : 물품확인은 「수출통관 사무처리에 관한 고시」에 따르고, 화주 · 적재화물목록 제출의무자 및 하역업체 등은 세관공무원의 물품확인에 적극 협조해야 한다.

④ **적재화물목록의 정정신청**

- ㉠ 정정신청
  - 적재화물목록 제출의무자 또는 작성책임자가 그 기재내용의 일부를 정정하려는 때에는 적재화물목록정정신청서를 출항지 세관장에게 제출하여 승인을 받아야 한다. 이 경우 세관장은 필요한 경우 그 정정사유를 증명할 수 있는 자료를 문서로 요구할 수 있다.
- ㉡ 정정신청 기한 : 적재화물목록정정신청은 해당 출항물품을 적재한 선박, 항공기가 출항한 날로부터 다음 각 호에서 정하는 기간 내에 하여야 한다.
  - 해상화물 : 90일 **5**
  - 항공화물 : 60일 **4**

ⓒ 정정승인 : 적재화물목록 정정신청서를 접수한 화물관리 세관공무원은 심사결과 정정하려
는 내역이 관련 증명서류에 근거하여 출항한 물품의 내역과 일치하고 그 정정사유가 타당하
다고 인정되는 때에는 적재화물목록 정정신청 사항을 승인해야 한다. 다만, 신속한 업무처
리를 위해 시스템에서 자동심사하여 승인할 수 있다.

ⓔ 적재화물목록의 정정신청 생략 : 적재화물목록상의 물품과 실제 출항물품의 내역을 비교하
여 다음 각 호의 어느 하나가 상이한 때에는 적재화물목록정정신청을 생략하고 관련 근거서
류에 따라 화물관리 세관공무원은 직권으로 정정할 수 있다.
- 용적
- 포장화물의 경우 중량(벌크화물은 제외)

04 환적화물관리

1. 정의

이 고시에서 사용하는 용어의 뜻은 다음과 같다.

① "환적"이란 동일한 세관관할 구역 안에서 입항하는 운송수단에서 출항하는 운송수단으로 물품
을 옮겨 싣는 것을 말한다. **3**

② "복합환적"이란 입항하는 운송수단의 물품을 다른 세관의 관할구역으로 운송하여 출항하는 운
송수단으로 옮겨 싣는 것(같은 세관의 관할구역에서 물품을 선박에서 항공기로 또는 항공기에
서 선박으로 옮겨 싣는 것을 포함한다)을 말한다. **7**

③ "내국환적운송"이란 최초 입항지에서 운송수단을 국제무역선(기)으로 변경하여 국내 국제항
간 보세화물 또는 내국물품인 공컨테이너를 운송하는 것을 말한다. **2**

④ "복합일관운송화물"이란 자동차에 적재한 상태로 해상 및 육로를 일관하여 운송하는 물품을 말
한다. **1**

2. 하선신고 등

① **일시양륙신고 갈음** : 선사, 항공사 또는 그 위임을 받은 하역업체가 환적화물을 하선 또는 하기
하려는 때에는 「보세화물 입출항 하선 하기 및 적재에 관한 고시」에 따라 하선 또는 하기신고서
를 세관장에게 제출해야 한다.

해설　환적화물과 일시양륙물품의 비교

환적화물은 국내 보세구역에 일시보관 후 국외로 반출되는 화물인 반면 일시양륙물품은 국내 보세구역에 반입함이 없이 우리나라를 통과하는 화물을 의미한다.

② **환적물품 장치장소** : 환적화물을 하선 또는 하기하여 장치할 수 있는 장소는 다음 각 호와 같다. 하기의 ⓒ 사유의 경우 반입자는 반입장소 및 반입사유 등을 세관장에게 신고하여야 한다.

　　㉠ 「보세화물 입출항 하선하기 및 적재에 관한 고시」에 따라 세관장이 하선 또는 하기장소로 지정한 보세구역(「자유무역지역의 지정 및 운영에 관한 법률」에 따른 자유무역지역 입주기업체를 포함)

　　ⓒ 국경출입차량으로 운송하는 화물의 경우에는 해당 통관장 또는 통관역을 관할하는 세관장이 하역장소로 지정한 보세구역

　　ⓒ 보세화물의 형상, 반입자의 신용도 등을 고려하여 세관장이 필요하다고 인정하는 경우에는 하선 또는 하기장소가 아닌 보세구역(보세구역 외 장치허가를 받은 장소를 포함한다)

③ **하선(하기)장소 반입기간**

　　㉠ 하선(하기)물품은 「보세화물 입출항 하선 하기 및 적재에 관한 고시」에서 정한 기간 내에 하선(하기)장소에 반입하여야 한다.

　　ⓒ ㉠에도 불구하고 항공기에서 양륙하여 동일 공항 내에서 입항 후 10일의 범위에서 세관장이 정하는 기간 이내에 다른 항공기로 환적하려는 경우(위험물품은 제외한다)에는 하기장소에 반입하지 않고 계류장 내 세관장이 지정하는 장소에 일시보관하였다가 출항하는 항공기에 적재할 수 있다. 다만, 세관장이 필요하다고 인정하는 경우에는 10일의 범위에서 그 기간을 연장할 수 있다.

3. 반출입신고

① **환적화물 반출입신고** : 보세구역 운영인은 환적화물을 반출입할 때 반입예정정보 또는 반출승인정보와 물품의 상이 여부를 확인한 후 세관장에게 반입 즉시 반입신고를 하고, 반출 전에 반출신고를 해야 한다.

② **House B/L 단위신고** : 보세구역 운영인이 반출입신고를 하려는 때에는 House B/L 단위의 전자문서로 하여야 한다. 다만, 다음 각 호의 어느 하나에 해당하는 경우에는 그 구분에 따른다.

　　㉠ 컨테이너보세창고에서 컨테이너 단위로 반출입되는 환적화물 : 컨테이너 단위

　　ⓒ 공항 내 화물터미널에서 Master B/L단위로 반출입되는 환적화물 : Master B/L 단위 **❶**

　　ⓒ 제7조제1항제2호다목에 따라 보세운송하여 Master B/L 단위로 반출입되는 환적화물 : Master B/L 단위

③ **동일터미널 항공환적화물 절차간소화** : 세관장은 하기장소가 공항 화물터미널이면서 다른 보세구역 등으로 반출하지 않고 동일 터미널에서 보관하였다가 출항하는 항공기에 적재하는 화물로서 운영인이 환적화물의 반출입 사항을 반출입대장(전산설비에 의한 기록관리를 포함)에 기록 관리하는 경우에는 입출항 적재화물목록을 제출하는 것으로 반출입신고를 갈음할 수 있다.

④ **장치기간 경과물품** : 보세구역 운영인은 장치기간이 경과한 환적화물에 대해 「보세화물 장치기간 및 체화관리에 관한 고시」에서 정한 규정에 따라 반출통고해야 한다. **1**

4. 환적신고 등

① **환적신고** : 물품을 환적하려는 자가 컨테이너 적출입 작업(환적화물에 수출물품 또는 다른 환적화물을 추가로 적입하는 것을 포함한다)을 하려는 때에는 적출입 내역을 기재한 환적신고서를 적출입작업 전까지 컨테이너 적출입작업 예정지를 관할하는 세관장에게 제출해야 한다.

② **환적화물 컨테이너 적출입 작업** : ①의 ㉠에 따른 환적화물의 컨테이너 적출입 작업은 해당 컨테이너 보세창고(CY)의 컨테이너 조작장(CFS) 또는 공항 내 보세구역에서 하여야 한다. 다만, 다음 각 호의 어느 하나에 해당하는 경우에는 그렇지 않다. **1**

㉠ 냉동화물 등 특수화물을 하선과 동시에 선측에서 컨테이너에 적입하는 작업

㉡ 컨테이너에 내장된 냉동화물 등 특수화물을 선측에서 적출하여 동시에 선적하는 것이 불가피한 경우

㉢ 위험물품 등 특수화물로서 특수시설을 갖춘 장소에서만 적출입 작업이 가능한 경우

㉣ 경유지 보세구역(의왕 ICD 및 김포공항 화물터미널의 경우에만 해당한다)에서 환적화물 컨테이너(항공기용 탑재용기를 포함한다)에 적출입 작업을 하는 경우

㉤ 그 밖에 컨테이너 조작장(CFS)에서 작업이 곤란하다고 세관장이 인정하는 경우

③ **작업상태 확인** : 세관장은 ①의 ㉠에 따른 환적신고를 받은 때에는 화물관리 세관공무원으로 하여금 해당 물품에 대한 작업상태를 확인하게 할 수 있다.

5. 보세운송

① **보세운송신고** : 환적화물을 보세운송하려는 자는 입항 선박 또는 항공기의 House B/L 단위로 세관장에게 보세운송 신고를 하여야 한다. 다만, 다음 각 호의 어느 하나에 해당하는 경우에는 그렇지 않다. **2**

㉠ 선박을 통해 입항지에 반입된 화물을 공항으로 운송한 후 외국으로 반출하려는 환적화물(보세운송목적지가 공항항역 내 1개 이상인 경우를 포함한다)은 모선단위 1건으로 일괄하여 신고할 수 있다. **1**

㉡ 다음 각 목의 어느 하나에 해당하는 화물은 Master B/L 단위로 신고할 수 있다.

• 단일화주의 FCL화물

- 컨테이너에서 적출하지 아니하고 동일한 목적지로 보세운송하는 LCL화물 **1**
- 체신관서가 「우편법」 및 「우정사업 운영에 관한 특례법」에 따라 AEO인 보세운송업자와 위탁운송 계약을 체결하고, 항공으로 반입된 환적 화물을 경유지 없이 통관우체국에서 부두 내 보세구역으로 보세운송하거나 해상으로 반입된 환적 화물을 경유지 없이 부두 내 보세구역에서 통관우체국으로 보세운송하는 경우

② **보세운송 목적지**

　　㉠ 보세운송의 목적지는 물품을 적재하려는 항만이나 공한의 하선 또는 하기장소로 한정한다. **2**

　　㉡ 다만, 컨테이너 적출입 작업 및 보수작업이 필요한 경우 등 세관장이 필요하다고 인정하는 경우에는 그렇지 않다.

③ **도착지 운영인 확인** : 보세운송 물품이 컨테이너화물(LCL화물을 포함)인 경우에는 최초 도착지 보세구역 운영인(보세사를 포함)의 확인을 받아 컨테이너를 개장해야 한다. **3**

④ **환적화물 보세운송 특례 보세구역지정** : 세관장은 다음의 어느 하나에 해당하는 관할 내 보세구역 중 환적 물동량, 감시단속상 문제점 등을 종합적으로 검토하여 환적화물 보세운송 특례 보세구역을 지정할 수 있다.

　　㉠ 부두 내 보세구역

　　㉡ 부두 밖 컨테이너 보세장치장(ODCY)

　　㉢ 하선장소 중 「수출입안전관리우수업체 공인 및 운영에 관한 고시」에 따른 AEO 공인업체 또는 법규수행능력 우수업체

⑤ **반출신고서로 보세운송신고 갈음**

　　㉠ 보세운송 특례 보세구역 간 운송물품에 대하여는 보세구역 운영인이 반출신고서에 보세운송업자와 목적지를 기재하는 것으로 보세운송신고(승인)를 갈음할 수 있다. **1**

　　㉡ 이 경우 보세운송 목적지가 변경되면 보세구역 운영인 또는 보세운송업자는 목적지를 정정신고하여야 한다.

⑥ **직접보세운송** : 화주 및 화물에 대한 권리를 가진 선사 또는 화물운송주선업자(이하 "화주 등"이라 한다)가 환적화물을 직접 운송하려는 경우에는 세관장에게 제세 등에 해당하는 담보를 제공하여야 한다. 다만, 세관장은 환적화물을 운송하는 업체가 간이보세운송업체로 지정된 경우에는 담보제공을 생략하게 할 수 있다.

6. 복합일관운송 환적절차

① **복합일관운송 환적화물** : 복합일관운송 환적화물은 적재화물목록에 보세운송인과 목적지를 기재하여 제출하는 것으로 보세운송신고(승인)를 갈음할 수 있다. **2**

　　㉠ 선박으로 반입한 화물을 공항으로 운송하여 반출하는 물품 **1**

　　㉡ 항공기로 반입한 화물을 항만으로 운송하여 반출하는 물품 **1**

ⓒ 선박 또는 항공기로 반입한 화물을 차량 또는 철도로 반출하는 물품 **1**

ⓔ 차량 또는 철도로 반입한 화물을 항만 또는 공항으로 운송하여 선박 또는 항공기로 반출하는 물품

ⓜ 항공기로 반입한 화물을 다른 공항으로 운송하여 반출하는 물품 **2**

 해설

선박으로 반입한 화물을 다른 항만으로 운송하여 반출하는 물품은 복합일관운송 환적화물에 해당되지 아니한다.

② 복합일괄운송 환적절차

ⓐ 보세운송절차 간소화 : 복합일관운송 환적화물을 보세운송하려는 화주 등은 최초 입항지 세관장에게 House B/L 단위로 운송업체(화주 등이 직접 운송하는 경우에는 해당 화주 등을 말한다)와 반출 예정지 보세구역을 적재화물목록에 기재하여 신고하여야 한다. **3**

ⓑ 복합일괄운송 환적화물 보세운송신고 : ⓐ에 따라 복합일관운송 환적화물을 운송하려는 경우 운송인은 적재화물목록 사본을 소지하고 보세구역 운영인 등에게 제시한 후 화물을 인계인수하여야 하며, 보세구역 운영인은 화물의 이상 여부를 확인한 후 세관장에게 반출입신고를 하여야 한다. **2**

ⓒ 차량적재상태로 수입신고 된 물품특례 : 세관장은 ⓑ 규정에도 불구하고 「일시수출입하는 차량통관에 관한 고시」에 따라 복합일관운송화물을 적재한 차량의 수입신고가 수리된 때에는 복합일관운송화물을 하선장소에 반입하지 아니하고 해당 차량으로 보세운송하게 할 수 있으며, 복합일관운송화물을 적재한 차량의 재수출신고가 수리된 때에는 복합일관운송화물을 선적지 보세구역에 반입하지 아니하고 출항하는 선박에 직접 적재하게 할 수 있다.

③ 복합일괄운송 환적화물 운송기한

ⓐ 복합일관운송 환적화물의 운송기한은 하선신고일부터 7일로 한다. **4**

ⓑ 복합환적화물 운송신고한 물품을 기한 내에 운송하지 않는 경우에는 입항지 세관장에게 복합환적화물 운송신고를 취하해야 한다. 이 경우 적재화물목록에 기재된 해당 물품의 반출예정지 보세구역을 최초 입항지(입경지) 보세구역으로 변경하는 것으로 취하를 갈음할 수 있다.

7. 내국환적운송

① **대상** : 국내 국제항 간 국제무역선으로 화물을 운송할 수 있는 경우는 다음 각 호의 어느 하나와 같다.

ⓐ 우리나라로 수입하려는 외국물품으로서 최초 입항지에서 선하증권(항공화물운송장 포함)에 기재된 최종 목적지로 운송하려는 화물 **2**

ⓑ 환적화물 **3**

ⓒ 수출신고가 수리된 물품 **3**

② 내국물품인 공컨테이너 **3**

> **해설** 반송화물, 압수물품은 해당되지 아니한다.

② **신고** : 화물을 운송하려는 자는 적재 및 하선하려는 화물의 명세를 세관장에게 신고하여야 한다. 이 경우, 세관신고를 적재화물목록 제출로 갈음할 수 있다. **1**

8. 보수작업

① 세관장은 환적화물이 다음 각 호의 어느 하나에 해당하는 경우에는 보수작업을 승인할 수 있다. **1**

> **심화** 📈 | **환적화물 보수작업대상**
>
> • 보세구역에 장치된 물품이 운송 중에 파손 또는 변질되어 긴급하게 보수하여야 할 필요가 있는 경우
> • 보세구역에 장치된 물품의 효율적인 운송 등을 위하여 개장, 분할구분, 합병, 원산지표시나 그 밖에 이와 유사한 작업을 하려는 경우
> • 종합보세구역에 장치된 석유제품의 품질보정작업(첨가제, 식별제 또는 착색제를 혼합하거나 그 석유제품과 동일한 유종의 석유제품을 혼합하는 방법으로 품질기준에 맞도록 보정하는 작업을 말한다)을 하려는 경우

② 보수작업 신청인 보수작업승인(신청)서를 세관장에게 제출하고 그 승인을 받아야 한다.
③ 보수작업 신청인이 보수작업을 완료한 때에는 보수작업 완료보고서를 세관장에게 제출하고 그 확인을 받아야 한다. **1**

9. 적재 **1**

① 환적화물을 외국으로 반출하기 위하여 출항지에서 적재하려는 선사 또는 항공사는 입항할 때 제출한 화물정보와 비교하여 컨테이너봉인번호 상이 등 이상이 있는 경우 적재결과 이상보고서를 선박 출항 전까지 세관장에게 제출하여야 한다.
② 다만, 선사와 계약을 체결하여 검수(검정)업자가 물품을 검수 또는 검정한 경우에는 검수(검정)업자가 세관장에게 이를 제출할 수 있다.

> **심화** 📈 | **비가공증명서 발급**
>
> • 세관장은 보세구역(자유무역지역을 포함한다)에 일시장치된 환적화물이 하역, 재선적, 운송을 위하여 필요한 작업 또는 그 밖에 정상상태를 유지하기 위한 작업 등을 제외한 추가적인 가공을 하지 않고 국외로 반출될 경우 비가공증명서를 발급할 수 있다.

- 비가공증명서를 발급받으려는 자는 보세구역운영인 또는 자유무역지역 입주기업체가 발행하는 다음 각 호의 사항을 기재한 일시장치 확인서와 별지 제5호서식의 비가공증명 신청서를 세관장에게 제출해야 한다. 다만, 세관장은 보세구역에 반입하지 아니하고 선박 간에 화물을 환적하는 경우에는 일시장치 확인서의 제출을 생략할 수 있다.
  1. 일시장치 장소 **2**
  2. 화물관리번호 **1**
  3. B/L(AWB)번호 **2**
  4. 반입일자 **1**
  5. 품명, 반입중량, 수량 **1**
  6. 해당화물이 하역, 재선적, 운송을 위한 작업과 그 밖에 정상상태를 유지하기 위한 작업 외의 가공을 하지 않았다는 사실 확인 **1**
- 세관장은 신청을 받은 때에는 규정 충족 여부, 환적신고 여부와 「관세법 시행규칙」에 따른 직접운송원칙을 준용하여 심사하여야 하며, 사실의 확인·조사 등이 필요한 때에는 관계 서류의 제출을 요구하거나 물품을 검사할 수 있다.

05 운수기관

1. 선사부호 신고

① 우리나라에 국제무역선을 운항하는 선사는 최초 입항지 세관장에게 선박회사부호 신고서를 제출하여 영문자 4자리의 선사부호를 신고하여야 한다. **1**
② 선사가 부호를 신고하는 때에는 이미 다른 선사가 사용하고 있는 부호와 중복되지 않도록 신고하여야 한다.
③ 세관장이 선사로부터 선사부호신고를 접수한 때에는 이미 신고된 타선사의 부호와 중복되는지 여부를 심사하여 수리한 즉시 선사부호를 시스템에 등록하여야 한다.

2. 항공사부호 신고

우리나라에 국제무역기를 운항하는 항공사는 항공사부호 신고서를 제출하여 국제항공운송협회(IATA)에 등록된 영문자 2자리의 항공사부호를 세관장에게 신고하여야 한다.

3. 적재화물목록의 작성 및 제출자격 **2**

적재화물목록의 작성 및 제출은 업체부호를 신고한 선사 또는 항공사나 「화물운송주선업자 등록 및 관리에 관한 고시」에 따라 업체부호를 등록한 화물운송주선업자가 하여야 한다.

4. 운수기관 등의 의무

① **적재화물목록 등 자료제출** : 적재화물목록 제출의무자로서의 선사, 항공사 등 운수기관은 적재화물목록 등 자료제출의 의무를 성실히 이행하여야 하며, 적재화물목록자료를 취합할 때에는 제48조에서 정한 사항을 확인하여야 한다.

② **취합 적재화물목록 자료제공** : 적재화물목록 제출의무자로서의 선사, 항공사 등은 공항 또는 부두 내에서의 물류신속화와 신속통관 등을 위하여 수출입화주, 보세운송업자 또는 보세구역 운영인, 부두운영공사 등 이해관계자에게 취합된 적재화물목록 자료와 하선(기) 작업계획에 관한 자료 등을 세관장이 정하는 바에 따라 성실히 제공하여야 한다. **1**

③ **적재화물목록 작성원칙**

ㄱ 선사, 항공사 및 화물운송주선업자는 적재화물목록 작성책임자로서 적재물품과 부합되게 적재화물목록을 작성하여 세관장에게 제출하여야 한다. **1**

ㄴ 화물운송주선업자는 혼재화물 적재화물목록을 작성하여 적재화물목록 제출규정에서 정하는 바에 따라 세관장에게 제출하여야 한다. **2**

 해설

화물운송주선업자는 작성한 혼재화물적재화물목록을 직접 세관에 제출하는 것이 아닌, 보세화물 입출항 하선하기 및 적재에 관한 고시에 따라 제출한다.

관련규정	화물운송주선업자 등록 및 등록취소 등

1. 등록
   (1) 등록
      ① 화물운송주선업자의 등록을 하려는 자는 화물운송주선업자 등록(갱신) 신청서를 통관지 세관장에게 제출하여야 하며, 신청서는 우편 및 전자우편으로 제출할 수 있다. **1**
      ② 화물운송주선업자의 등록을 갱신하려는 자는 기간만료 1개월 전까지 신청하여야 한다. **1**
      ③ 화물운송주선업자의 등록을 한 자는 등록사항에 변동이 생긴 때에는 그 변동사유가 발생한 날부터 60일 이내에 변동신고하여야 한다. **1**
   (2) 등록요건 등 제규정
      ① 화물운송주선업자는 혼재적재화물목록 제출을 위한 전산설비를 갖추어야 한다. **4**
      ② 등록기간은 3년으로 하며, 갱신할 수 있다. **4**
      ③ 등록사항의 변경이 발생한 경우에는 통관지 세관장에게 신고하여야 한다. **2**
      ④ 화물운송주선업자 등록이 취소된 후 2년이 지났을 것 **3**
      ⑤ 「물류정책기본법」에 따른 국제물류주선업의 등록을 하였을 것 **3**
      ⑥ 관세 및 국세의 체납이 없을 것 **3**

⑦ 자본금 3억원 이상을 보유한 법인(법인이 아닌 경우에는 자산평가액이 6억원 이상)일 것 **3**

⑧ 관세법상 결격사유 어느 하나에 해당하지 않을 것 **2**

2. 등록취소

① 물류정책기본법에 따른 등록이 취소된 경우 화물운송주선업자 등록을 취소할 수 있다.

② 관세 및 국세를 체납하고 이를 납부할 가능성이 없는 것으로 세관장이 인정하는 경우 화물운송주선업자 등록을 취소할 수 있다.

③ 세관장은 화물운송주선업자가 거짓이나 그 밖의 부정한 방법으로 등록했거나 관세법상 결격사유 어느 하나에 해당하는 경우에는 등록을 취소하여야 한다. **1**

④ 화물운송주선업자가 최근 1년 이내에 3회 이상 업무정비처분을 받은 경우 등록을 취소할 수 있다.

⑤ 세관장은 화물운송주선업자에 대하여 등록취소 또는 업무정지를 하려는 때에는 사전에 화물운송주선업자에게 통보하여 의견을 청취하여야 한다. **2**

⑥ 세관장은 화물운송주선업자에 대하여 행정제재를 한 경우에는 즉시 세관 화물정보시스템에 등록하여야 하며, 등록취소를 한 경우에는 관세청장에게 보고하여야 한다.

⑦ 화물운송주선업자 또는 그 임원이 그 업무와 관련하여 「관세법」 또는 「관세법」에 의한 세관장 명령사항을 위반한 경우 **2**

3. 제반규정

① 화물운송주선업자란 보세화물을 취급하려는 자로서 다른 법령에 따라 화물운송의 주선을 업으로 하는 자를 말한다. **2**

② 세관장은 등록된 화물운송주선업자의 본사 등에 대하여 매년 단위로 자체계획을 수립하여 등록사항의 변동 여부 등에 대한 업무점검을 할 수 있다. **2**

③ 화물운송주선업자에 대한 등록취소 또는 업무정지를 하려는 경우 청문을 실시한다. 추가적으로 세관장은 업무정지 또는 등록취소를 하려는 경우 세관장(본부세관은 국장)을 위원장으로 하는 5명 이상의 위원회를 구성하여 심의한 후 결정하여야 한다. **1**

④ 다른 사람에게 자기의 성명 또는 상호를 사용하여 영업을 하게 할 수 없다. **1**

⑤ 화물운송주선업자는 화물운송주선업과 관련하여 세관장이 제9조에 따라 업무점검을 하는 경우 업무실적, 등록사항 변경, 업무에 종사하는 자의 인적사항 등 영업 관련 사항을 보고해야 한다.

⑥ 화물운송주선업자는 적재물품이 운송의뢰를 받은 물품과 일치하지 않거나 위조화폐, 마약 등 수출입금지물품 또는 제한물품을 확인한 때에는 지체없이 세관장에게 신고하여야 한다. **1**

④ **금지물품 확인보고** : 적재화물목록 작성책임자로서의 선사, 항공사 및 화물운송주선업자는 적재물품이 운송의뢰받은 물품과 일치하지 않거나 마약, 총기류 등 국내에 수출입이 금지되는 물품으로 확인된 때에는 그 사실을 세관장에게 지체 없이 보고(신고)하여야 한다. **4**

5. 운수기관 등의 변동신고

① **변동신고** : 세관장에게 신고한 선사, 항공사는 신고사항에 변동이 생긴 때에는 운수기관 등의 변동신고서를 작성하여 지체 없이 신고지 관할세관장에게 신고하여야 한다.

② **확인 후 수리** : 세관장이 변동신고서를 접수한 때에는 변동사항을 확인한 후 이상이 없는 경우에는 이를 즉시 수리하고 세관화물정보시스템에 등록하여야 한다.

6. 적재화물목록 오류검증

세관장은 적재화물목록 제출의무자가 전자문서로 제출한 적재화물목록의 신고내용에 대하여 오류검증을 할 수 있다. **1**

06 보칙

1. 세관의 관할구역

이 고시에 따른 보세화물의 입출항, 하선(기) 및 적재에 관한 업무는 해당 화물이 장치 또는 취급되는 장소를 관할하는 세관장이 이를 담당한다.

> **심화**
>
> 화물취급에 관한 세관업무 중 다음 각 호의 어느 하나에 해당하는 업무에 대하여는 용당세관의 업무는 부산세관장이, 창원세관의 업무(진해항 제외)는 마산세관장이, 용당세관의 업무는 평택세관장이 해당 세관장으로부터 그 권한을 위탁받아 관리한다.
> • 적재화물목록의 접수와 관련된 업무
> • 하선신고의 접수와 관련된 업무
> • 하선장소에서의 보세운송에 관한 업무
> • 환적화물과 잘못 반입된 화물 등 환적허가에 관한 업무
> • 그 밖에 관세청장이 지정하는 업무

2. 운영규정

① 세관장은 보세화물의 입출항, 하선(기) 및 적재관리와 관련하여 이 고시에서 특별히 정하지 아니한 것은 자체실정에 맞게 세관내규를 제정하여 운영할 수 있다.

② 세관장이 운영규정에 관한 세관내규를 제정하려는 때에는 관세청장의 승인을 받아야 한다.

CHAPTER [03] 보세운송제도

학·습·전·략

본 장에서는 상대적으로 모든 파트에서 골고루 출제가 이루어지고 있으며 앞선 챕터 02 보다는 내용이나 절차를 이해하기 어렵지 않기 때문에 포기하는 부분 없이 챙겨가야 하는 챕터이다. 보세운송신고인, 보세운송기간, 간이보세운송업자의 혜택, 보세운송승인대상, 보세운송 목적지 변경 등 관리규정, 보세운송업자의 행정제재와 관련된 내용이 자주 출제되고 있다.

01 총칙

1. 보세운송구간 [법 제213조] **1**

외국물품은 다음 각 호의 장소 간에 한정하여 외국물품 그대로 운송할 수 있다. 다만, 수출신고가 수리된 물품은 해당 물품이 장치된 장소에서 다음 각 호의 장소로 운송할 수 있다.

① 국제항
② 보세구역 **1**
③ 보세구역 외 장치허가를 받은 장소 **1**
④ 세관관서
⑤ 통관역
⑥ 통관장
⑦ 통관우체국 **1**
⑧ 자유무역지역 **1**

2. 보세운송신고 · 승인 [법 제213조]

보세운송을 하려는 자는 관세청장이 정하는 바에 따라 세관장에게 보세운송의 신고를 하여야 한다. 다만, 물품의 감시 등을 위하여 필요하다고 인정하여 대통령령으로 정하는 경우에는 세관장의 승인을 받아야 한다.

3. 보세운송신고인

① 신고인 : 보세운송의 신고 또는 승인신청을 할 수 있는 자는 다음 각 호와 같다.
  ㉠ 화주. 다만, 전매된 경우에는 그 취득자, 환적화물의 경우에는 그 화물에 대한 권리를 가진 자 **2**
  ㉡ 「관세법」에 따라 등록한 보세운송업자 **3**
  ㉢ 관세사 등 **2**

② **신고세관** : 보세운송신고 또는 승인신청은 보세운송하려는 화물이 장치되어 있거나 입항예정인 보세구역을 관할하는 세관("발송지세관") 또는 보세운송 물품의 도착지보세구역을 관할하는 세관("도착지세관")의 장에게 한다.

4. 보세운송 목적지 **1**

보세운송 하는 물품의 목적지는 법 제213조제1항에 따른 지역(보세운송구간지역) 또는 자유무역지역으로서 해당 물품을 장치할 수 있는 곳이어야 한다.

5. 보세운송 절차를 요하지 않는 물품

① **대상** : 다음 각 호의 어느 하나에 해당하는 물품은 보세운송 절차를 요하지 아니한다.
　㉠ 「우편법」에 따라 체신관서의 관리하에 운송되는 물품 **3**
　㉡ 「검역법」 등에 따라 검역관서가 인수하여 검역소 구내계류장 또는 검역시행 장소로 운송하는 검역대상 물품 **3**
　㉢ 국가기관에 의하여 운송되는 압수물품 **2**

② **검역대상물품 인수절차** : 검역대상물품을 인수하는 자는 인수증에 B/L 사본 및 보세구역 외 장치허가서 사본(동물검역소구내계류장으로 운송하는 물품은 제외)을 첨부하여 제출하여야 하며, 화물관리공무원은 그 내용을 세관화물정보시스템에 등록하여야 한다.

6. 보세운송물품의 폐기 및 멸실처리

① **폐기승인신청** : 보세운송 중에 있는 물품이 부패, 변질, 손상, 그 밖의 사유로 상품가치를 상실하였을 때에는 보세운송물품 폐기승인(신청)서를 보세운송 신고지세관장 또는 도착지세관장에게 제출하여 그 승인을 얻어 폐기할 수 있다.
② **멸실신고** : 보세운송 중에 있는 물품이 재해 그 밖에 부득이한 사유로 소실, 유실, 증발(도난 및 분실물품은 제외) 등으로 멸실되었을 경우에는 보세운송물품 멸실신고서에 경찰 또는 소방관서장이 발행한 사실확인증명서를 첨부하여 보세운송 신고지세관장에게 제출하여야 한다. **1**
③ **관세징수면제** : 절차를 밟아 처리된 폐기 또는 멸실물품에 대하여는 정해진 관세를 징수하지 아니한다. 다만, 폐기 후 잔존물이 있는 경우에는 그 관세를 징수한다.

7. 보세운송기간

보세운송물품은 신고수리(승인)일로부터 다음 각 호의 어느 하나에 정하는 기간까지 목적지에 도착 하여야 한다. 다만, 세관장은 선박 또는 항공기 입항 전에 보세운송신고를 하는 때에는 입항예정일 및 하선(기)장소 반입기간을 고려하여 5일 이내의 기간을 추가할 수 있다. **2**

① 해상화물 : 10일 **4**

② 항공화물 : 5일 **5**

관련규정	보세운송기간 경과 시의 관세징수

신고를 하거나 승인을 받아 보세운송하는 외국물품이 지정된 기간 내에 목적지에 도착하지 아니한 경우에는 즉시 그 관세를 징수한다. 다만, 해당 물품이 재해나 그 밖의 부득이한 사유로 망실되었거나 미리 세관장의 승인을 받아 그 물품을 폐기하였을 때에는 그렇지 않다.

02 보세운송업자

1. 보세운송업자의 등록

① 등록업무의 위탁

ㄱ 세관장은 보세운송업자의 등록에 관한 업무(등록의 취소에 관한 업무를 제외)를 사단법인 한국관세물류협회의 장에게 위탁한다.

ㄴ 관세물류협회의 장은 위탁받은 업무를 효율적으로 수행하기 위하여 필요한 규정을 제정하거나 개정하려는 때에는 관세청장의 사전승인을 받아 시행한다.

② 등록요건

ㄱ 등록요건 : 보세운송업자의 등록요건은 다음과 같다.
- 「화물자동차운수사업법」에 따른 화물자동차운송사업의 허가를 받은 자
- 「해운법」에 따른 해상화물운송사업의 등록을 마친 자 **1**
- 「항공법」에 따른 항공운송사업의 면허를 받은 자 **1**

> 🧑 **해설** '법인인 경우 자본금 2억원 이상일 것'이 오답선지로 출제된 바 있다.

ㄴ 결격사유 : 다음 각 호의 어느 하나에 해당하는 자는 보세운송업자로 등록할 수 없다.
- 운영인의 결격사유 어느 하나에 해당하는 자 **1**
- 보세운송업자의 등록이 취소된 자로서 취소일로부터 2년이 경과되지 아니한 자 **1**
- 관세 및 국세의 체납이 있는 자 **1**

③ 등록신청

    ㉠ 신청절차 : 보세운송업자의 등록을 하려는 자는 보세운송업자(영업소)등록(갱신, 설치)신청서에 다음 각 호의 서류를 첨부하여 관세물류협회의 장에게 제출하여야 한다.

- 법인등기부 등본(개인사업자는 사업자등록증 사본)
- 등록요건에 해당하는 허가증, 등록증, 또는 면허증 사본
- 보유장비명세서 및 보유를 증명할 수 있는 서류
- 납세증명서

    ㉡ 등록유효기간 : 보세운송업자의 등록의 유효기간은 3년으로 하며 갱신할 수 있다. **1**

심화 📊 **처리기간 및 등록증 교부**

① 관세물류협회의 장이 보세운송업자등록(갱신)신청서를 접수한 때에는 신청대장에 즉시 기록한 후 민원사무처리기준표의 처리기한인 10일 이내에 처리하여야 하며, 그 기간까지 처리할 수 없는 경우에는 그 사유를 민원인에게 통보하여야 한다.

② 관세물류협회의 장은 보세운송업자(영업소)등록(갱신, 설치)신청서를 접수한 때에는 등록요건에 해당하는지를 확인한 후 보세운송업자등록증을 신청인에게 교부한다.

③ 관세물류협회의 장이 보세운송업자 등록증을 교부한 때에는 즉시 전자문서로 보세운송업자 관할세관장에게 보고하여야 한다.

---

④ **갱신신청**

    ㉠ 보세운송업자의 등록을 갱신하려는 자는 기간만료 1개월 전까지 보세운송업자(영업소)등록(갱신, 설치)신청서에 필요서류를 첨부하여 관세물류협회의 장에게 제출하여야 한다. 다만, 변동이 없는 서류는 제출을 생략한다. **1**

    ㉡ 관세물류협회의 장은 등록갱신 대상 보세운송업자에게 등록의 유효기간이 끝나는 날의 2개월 전까지 등록 유효기간이 끝나는 날의 1개월 전까지 등록 갱신을 신청하여야 한다는 사실과 등록 갱신 절차를 적은 사전안내문을 휴대폰에 의한 문자전송, 전자메일, 팩스, 전화, 문서 등으로 발송하여야 한다.

⑤ **등록상실** : 보세운송업자가 다음 각 호의 어느 하나에 해당하는 때에는 보세운송업자 등록의 효력이 상실된다.

    ㉠ 보세운송업을 폐업한 때 **1**

    ㉡ 보세운송업자가 사망하거나 법인이 해산된 때 **1**

    ㉢ 등록기간이 만료된 때 **1**

    ㉣ 등록이 취소된 때 **1**

2. 일반간이보세운송업자 [법 제220조]

① **간이보세운송** : 세관장은 보세운송을 하려는 물품의 성질과 형태, 보세운송업자의 신용도 등을 고려하여 관세청장이 정하는 바에 따라 보세운송업자나 물품을 지정하여 다음 각 호의 조치를 할 수 있다. 일반간이보세운송업자와 특정물품간이보세운송업자로 구분한다. **1**
  ㉠ 신고절차의 간소화 **2**
  ㉡ 보세운송물품 검사의 생략 **2**
  ㉢ 담보 제공의 면제 **3**

> **해설** 간이보세운송의 경우에도 보세운송 도착보고는 생략되지 아니하며, 과태료 또한 경감되지 아니한다.

② **지정요건** : 세관장은 등록한 보세운송업자 중 다음 각 호의 요건을 모두 갖춘 자에 대하여는 보세운송물품의 검사생략 및 담보제공의 면제를 받을 수 있는 자("일반간이보세운송업자")로 지정할 수 있다.
  ㉠ 자본금이 1억원 이상인 법인 **1**
  ㉡ 5천만원 이상의 인·허가 보증보험에 가입한 자이거나, 담보(부동산은 제외)를 5천만원 이상 제공한 자. 다만, 다음 각 목의 요건을 모두 갖춘 일반간이보세운송업자 2인 이상의 연대보증으로 담보를 갈음할 수 있다. **1**
    • 일반간이보세운송업자로 지정된 날로부터 2년이 경과한 자
    • 이 법의 규정 또는 명령을 위반하여 처벌받은 사실이 없거나, 위반사항이 경미하여 세관장이 감시단속상 문제가 없다고 인정하는 자 또는 처벌종료 또는 집행유예 기간이 만료된 후 5년이 경과한 자
    • 총 보증액이 1억 5천만원을 초과하지 않은 자
  ㉢ 「수출입안전관리우수업체 공인 및 운영에 관한 고시」에 따라 공인된 수출입안전관리우수업체(AEO : Authorized Economic Operator) 또는 직전 법규수행능력평가 B등급 이상인 법인. 다만, 일반간이보세운송업자 지정 신청을 하려는 업체가 직전 연도 법규수행능력평가를 받지 않은 경우에는 지정신청 전에 세관장에게 법규수행능력평가를 요청할 수 있다. **1**

③ **지정신청**
  ㉠ 일반간이보세운송업자로 지정을 받으려는 자는 간이보세운송업자지정(갱신)신청서에 필요한 서류를 첨부하여 본사 소재지 관할세관장에게 제출하여야 한다.
  ㉡ 일반간이보세운송업자 지정기간은 3년으로 하되 갱신할 수 있다. 다만, 그 지정기간은 보세운송업자의 등록기간 범위에서 한다. **2**

④ **갱신신청** : 일반간이보세운송업자 지정을 갱신하려는 자는 지정기간 만료 15일 전까지 간이보세운송업자지정(갱신)신청서에 지정신청서류와 종전의 지정서를 첨부하여 세관장에게 제출하여야 한다. 다만, 첨부서류 중 종전 지정신청 시의 첨부서류와 내용이 같은 서류는 제출을 생략한다. **1**

⑤ **지정**

 ㉠ 세관장이 간이보세운송업자 지정 또는 갱신신청서를 접수한 때에는 지정요건을 충족하였는지를 확인하여 간이보세운송업자지정대장에 등재한 후 간이보세운송업자지정서를 신청인에게 교부한다.

 ㉡ 세관장은 간이보세운송업자를 지정한 때에는 즉시 세관화물정보시스템에 지정사항을 입력하고 관세물류협회의 장에게 전자문서로 통보하여야 한다.

⑥ **지정의 소멸** : 간이보세운송업자에게 다음 각 호의 어느 하나에 해당하는 사유가 발생한 때에는 그 지정의 효력이 소멸된다.

 ㉠ 지정기간이 만료되었을 때

 ㉡ 지정이 취소되었을 때

 ㉢ 제12조에 따라 보세운송업자의 등록이 상실되었을 때

3. 특정물품간이보세운송업자

① **지정요건**

 ㉠ 일반요건 : 세관장은 등록한 보세운송업자 중 다음 각 호의 요건을 갖춘 자에 대하여는 「관리대상화물 관리에 관한 고시」 규정에 의한 검사대상화물 등 특정 물품을 보세운송할 수 있는 자("특정물품간이보세운송업자")로 지정할 수 있다. **1**

  • 자본금 3억원 이상인 법인 **3**

  • 2억원 이상의 인ㆍ허가 보증보험에 가입한 자이거나 법 제24조에 따른 담보(부동산은 제외)를 2억원 이상 제공한 자 **2**

  • 유개화물자동차 10대 이상과 트랙터 10대 이상 보유한 자 **2**

  • 임원 중 관세사가 1명 이상 재직하고 있는 업체 **2**

 ㉡ 익산 귀금속보세공장 : 익산시 소재 귀금속보세공장에서 수출입하는 귀금속 등을 조합에서 직접 운송하려는 경우에는 금고 등을 시설한 특수제작 차량 1대 이상을 보유하여야 하며, 이 경우 세관장은 해당 조합을 특정물품간이보세운송업자로 지정할 수 있다.

② **지정신청**

 ㉠ 신청절차 : 특정물품간이보세운송업자로 지정을 받으려는 자는 간이보세운송업자 지정(갱신)신청서에 필요한 서류를 첨부하여 본사소재지 관할세관장에게 제출하여야 한다.

1. 민원인 제출서류
   가. 2억원 상당액 이상의 담보제공서류(제18조제1항 해당자만 첨부한다)
2. 담당공무원 확인사항(민원인 제출생략)
   가. 법인등기부등본   나. 보유장비현황   다. 관세사자격 현황

  ⓛ 지정기간 : 특정물품간이보세운송업자의 지정기간은 3년으로 하되 갱신할 수 있다. 다만, 그 지정기간은 보세운송업자의 등록기간 범위에서 한다. **1**

③ **갱신신청** : 특정물품간이보세운송업자가 그 지정을 갱신하려는 때에는 지정기간 만료 15일 전까지 간이보세운송업자 지정(갱신)신청서에 필요한 서류를 첨부하여 세관장에게 제출하여야 한다. 다만, 첨부서류 중 종전 지정(갱신)신청 시와 변동이 없는 서류는 제출을 생략할 수 있다.

④ **지정**
  ㉠ 세관장은 간이보세운송업자를 지정 또는 갱신하려는 때에는 지정요건과 그 밖에 필요한 사항을 종합 검토하여 밀수방지를 위한 감시단속상 문제점이 없다고 인정할 때에는 관세청장의 사전승인을 받아 특정물품간이보세운송업자로 지정할 수 있다.
  ㉡ 세관장이 특정물품간이보세운송업자를 지정한 때에는 간이보세운송업자의 지정절차를 준용하여 처리한다.

⑤ **지정의 소멸** : 특정물품간이보세운송업자에게 다음 각 호의 어느 하나에 해당하는 사유가 발생한 때에는 그 지정의 효력이 소멸된다.
  ㉠ 지정기간이 만료되었을 때
  ㉡ 지정이 취소되었을 때 **1**
  ㉢ 제12조에 따라 보세운송업자의 등록이 상실되었을 때

⑥ **업무범위**
  ㉠ 보세운송가능 물품 : 특정물품간이보세운송업자가 보세운송할 수 있는 물품은 다음 각 호와 같다.

1. 보세운송 승인기준 규정의 물품 중 세관지정장치장 등 세관장이 지정한 보세구역으로 운송하는 물품
   ① 귀석 · 반귀석 · 귀금속 · 한약재 · 의약품 · 향로 등 부피가 작고 고가인 물품 **2**
   ② 불법 수출입의 방지 등을 위하여 세관장이 검사대상 화물로 선별한 물품 중 검사하지 아니한 물품
2. 그 밖에 화주 또는 화물에 대하여 권리를 가진 자가 보세운송을 의뢰한 물품

  ㉡ 물품의 관리의무 : 특정물품간이보세운송업자가 상기 ㉠ 제1호의 물품을 운송하려는 경우에는 유개차 또는 이에 준하는 시봉조치를 한 후 운송하여야 하며, 내국물품과 혼적하여 운송하여서는 아니 된다.

03 수입보세운송

1. 보세운송 신고

① **신고대상** : 보세운송하려는 수입화물 중 다음의 어느 하나에 해당하는 물품은 세관장에게 신고하여야 한다.

　㉠ 보세운송 승인대상에 해당되지 않는 물품 **2**

　㉡ 특정물품간이보세운송업자가 「관리대상화물 관리에 관한 고시」에 따른 검사대상 화물을 하선(기)장소에서 최초 보세운송하려는 물품

　㉢ 항공사가 국제항 간 입항적재화물목록 단위로 일괄하여 항공기로 보세운송하려는 물품 **1**

　㉣ 간이보세운송업자가 보세운송 승인대상 중 특정물품을 운송하는 경우로서 별도의 서류제출이 필요 없다고 인정되는 물품

　㉤ 「관세 등에 대한 담보제공과 정산제도 운영에 관한 고시」에 따른 신용담보업체 또는 포괄담보제공업체인 화주가 자기명의로 보세운송 신고하는 물품 **1**

② **신고시기** : 보세운송 신고를 하려는 자는 「보세화물 입출항 하선 하기 및 적재에 관한 고시」에 따라 화물관리번호가 부여된 이후에 할 수 있다. **1**

심화 　보세운송 신고

① 수입물품을 보세운송하려는 자는 전자문서로 작성한 보세운송 신고서를 세관화물정보시스템에 전송하여야 한다. 다만, 전자문서 전송이 불가능하여 서류로만 제출된 경우 화물관리공무원이 그 내역을 세관화물정보시스템에 등록하여야 한다.

② ①에 따라 보세운송 신고를 한 자는 보세운송 시 사용할 운송수단에 대하여 보세구역 출발 전까지 발송지세관장 또는 도착지세관장에게 운송수단 배차예정내역신고서를 제출(철도 · 선박 · 항공 제외)하여야 한다. 이때, 한 건의 보세운송에 대하여 복수의 운송수단을 이용할 경우 복수의 운송수단을 함께 기재하여 신고할 수 있다.

③ 배차예정내역신고를 한 자가 사용할 운송수단을 변경하려는 경우에는 보세구역 출발 전까지 ②에 따라 다시 신고하여야 한다.

④ 보세운송 신고를 한 자는 보세구역 출발 이후 차량고장 또는 예상치 못한 기타사정 등으로 운송수단이 변경되는 경우 해당 사정이 발생한 때로부터 다음날까지 사유를 기재하여 다시 신고하여야 한다.

⑤ ①에도 불구하고 항공사가 국내 국제항 간에 항공기로 보세운송하려는 경우의 보세운송 신고서는 발송지세관에 전자문서로 출항적재화물목록을 제출하는 것으로 갈음할 수 있다. 이 경우 출항적재화물목록은 보세운송 물품을 적재한 항공기의 출항 전에 제출하여야 한다.

⑥ 보세운송 신고는 입항선박 또는 항공기별 House B/L 단위로 신고하여야 한다. 다만, 다음의 어느 하나에 해당하는 경우에는 그렇지 않다.

㉠ 보세운송하려는 물품이 동일한 보세구역으로부터 동일한 도착지로 운송되는 경우에는 1건으로 일괄하여 신고할 수 있다. 다만, 관세청장이 정하는 기준에 따른 법규준수도가 높은 보세운송업자는 동일한 관할 세관 내 여러 도착지 보세구역으로 운송하는 경우에도 1건으로 일괄하여 신고할 수 있다.

㉡ 단일화주의 FCL화물, LCL화물 중 컨테이너에서 적출하지 아니한 상태로 보세운송하는 경우에는 Master B/L 단위로 신고할 수 있다.

㉢ 해상화물 중 하선 장소에서 다음 입항지의 운송구역 내 1개 이상의 영업용 보세구역으로 보세운송하는 경우에는 모선 단위 1건으로 일괄하여 신고할 수 있다.

입항지	운송구역
부산항	부산세관, 용당세관, 양산세관 관할구역
인천항	인천세관, 안산세관 관할구역(인천광역시 지역에 한정)
마산항	마산세관, 창원세관 관할구역

심화 ⅱ 보세운송 심사

보세운송 신고서를 접수한 화물관리공무원은 다음 사항을 심사하여야 한다.
- 적재화물목록상의 화물관리번호, B/L번호, 품명, 개수 등과 신고내용이 일치하는지 여부
- 보세운송 신고인의 적격 여부
- 보세운송 신고물품이 적재화물목록상에 이상이 있는 물품인지 여부
- 보세운송하려는 물품이 영 제226조제3항 각 호에 따른 승인대상 물품에 해당하는지 여부
- 보세운송 기간이 합당한지 여부
- 보세운송도착지가 「보세화물 관리에 관한 고시」 제4조에 따른 화물분류기준에 적합한 장소인지 여부
- 담보제공이 필요한 물품에 대하여는 담보제공 여부
- 그 밖에 세관장이 필요하다고 인정하는 사항

심화 ⅱ 보세운송 물품검사

- 세관장은 보세운송 신고한 물품의 감시단속을 위하여 필요하다고 인정하면 발송지세관 또는 도착지세관에서 다음 각 호의 어느 하나에 해당하는 검사방법으로 화물관리공무원이 검사하게 할 수 있으며, 검사대상물품은 관세청장이 별도로 지시한 기준에 따라 선별한다. 다만, 도착지세관 검사는 발송지세관장이 제3호에 해당하는 검사방법으로 지정하고 그 검사지정사유를 세관화물 정보시스템에 등록해야 한다. **1**
  - 검색기검사
  - 세관봉인부착. 다만, 신고물품이 자율관리 보세구역에서 출발하는 경우, 보세사가 보세운송 신고물품에 세관봉인을 시봉할 수 있으며, 이 경우 즉시 시봉내역을 전자문서로 세관장에게 제출하여야 한다.

- −개장검사
- −모바일 보세운송 검사(모바일 보세운송 앱을 활용하여 물품의 출발과 도착을 확인)
- 세관장은 검사대상물품과 검사방법을 지정한 경우, 그 내역을 즉시 해당 보세운송 신고인 및 보세구역운영인(자유무역지역의 입주기업체 및 보세구역외장치허가를 받은 자를 포함) 또는 화물관리인에게 통보하여야 하며, 통보를 받은 보세운송 신고인 등은 세관공무원의 검사와 관련하여 검사장소와 장비의 확보, 작업인부 배치 등 편의를 제공하여야 한다.
- 세관장은 물품검사 시 신고인 또는 화주의 입회가 필요하거나, 신고인 또는 화주로부터 입회요청을 받은 때에는 검사에 입회하게 할 수 있다. **1**
- 세관장은 개장검사를 실시한 경우, 그 결과를 세관화물정보시스템에 등록하여야 하며, 이상화물이 발견되었을 때에는 인지한 부서에서 즉시 자체조사와 통고처분 등 적절한 조치를 취하여야 한다. 이때 「관세범칙 등에 대한 통고처분 및 고발에 관한 시행세칙」 별표 1에서 고발하도록 정한 경우에는 즉시 조사전담부서로 고발의뢰하여야 한다. 다만, 이상이 없는 것으로 나타난 경우에는 신속한 보세운송을 위하여 필요한 조치를 하여야 한다. **1**

심화 📊 | 보세운송 신고 수리

- 화물관리공무원은 보세운송 신고사항을 심사한 후 신고내용이 타당한 때에는 즉시 세관화물정보시스템에 수리등록을 하고 신고자, 발송지세관장 또는 도착지세관장, 발송지 및 도착지보세구역운영인에게 수리사실을 통보하여야 하고, 신고내용이 타당하지 아니한 경우에는 세관화물정보시스템에 타당하지 않은 사유와 함께 수리거부로 등록하고 신고자에게 통보하여야 한다.
- 세관장은 보세운송업무의 신속한 처리를 위하여 세관화물정보시스템에서 자동으로 신고내역을 확인하여 신고ㆍ수리하고 통보를 하게 할 수 있다.
- 보세운송 신고 수리통보를 받은 신고자는 신고에 관한 자료를 2년간 보관하여야 하고, 마이크로필름ㆍ광디스크 등 자료전달매체에 의하여 보관할 수 있다.

심화 📊 | 보세운송 신고의 취하 등

- 보세운송 신고인이 세관에 보세운송 신고서를 제출한 후에 부득이한 사유로 취하 또는 부분취하(일괄 보세운송 신고 시)를 하려는 경우에는 보세운송 신고(승인신청)항목 변경승인(신청)서(항목변경신청서라고 한다)를 작성하여 서류 또는 전자문서로 제출하여야 하며, 이 경우 화물관리공무원은 신고인에게 신청사유를 증명할 수 있는 자료를 요구할 수 있다.
- 항목변경신청서를 접수한 화물관리공무원은 신청사유와 관련 증명자료내역 등을 심사 후 그 결과에 따라 세관화물정보시스템에 승인 또는 기각으로 등록하고, 보세운송 신고인에게 그 내역을 전자문서로 통보하여야 한다.
- 보세운송 신고서가 세관에 신고 또는 수리된 후, 화물관리공무원이 신고 또는 수리내용을 수정할 필요가 있는 경우에는 세관화물관리정보시스템에 수정내용을 등록하고 수정할 수 있으며, 이 경우 보세운송 신고인에게 그 내역을 전자문서로 통보하여야 한다.

2. 보세운송승인

① 승인대상물품

ⓒ 보세운송승인대상 [영] : 보세운송의 승인을 얻어야 하는 경우는 다음의 어느 하나에 해당하는 물품을 운송하려는 경우를 말한다.

1. 보세운송된 물품 중 다른 보세구역 등으로 재보세운송하고자 하는 물품 ❷
2. 「검역법」·「식물방역법」·「가축전염병예방법」 등에 따라 검역을 요하는 물품 ❷
3. 「위험물안전관리법」에 따른 위험물품 ❷
4. 「화학물질관리법」에 따른 유해화학물질
5. 비금속설 ❶
6. 화물이 국내에 도착된 후 최초로 보세구역에 반입된 날부터 30일이 경과한 물품 ❷
7. 통관이 보류되거나 수입신고수리가 불가능한 물품 ❶
8. 보세구역 외 장치허가를 받은 장소로 운송하는 물품
9. 귀석·반귀석·귀금속·한약재·의약품·향료 등과 같이 부피가 작고 고가인 물품 ❶
10. 화주 또는 화물에 대한 권리를 가진 자가 직접 보세운송하는 물품 ❷
11. 통관지가 제한되는 물품(해체용 선박, 활어, 중고자동차 등 특정 물품) ❷
12. 적재화물목록상 동일한 화주의 선하증권 단위의 물품을 분할하여 보세운송하는 경우 그 물품
13. 불법 수출입의 방지 등을 위하여 세관장이 지정한 물품
14. 법 및 법에 의한 세관장의 명령을 위반하여 관세범으로 조사를 받고 있거나 기소되어 확정판결을 기다리고 있는 보세운송업자등이 운송하는 물품

심화 | **승인기준**

상기 ⓒ의 1~8, 13의 물품에 대한 승인기준은 다음 각 호와 같다.

① 보세운송된 물품 중 다른 보세구역 등으로 재보세운송하려는 물품은 보세공장, 보세전시장, 보세건설장, 보세판매장, 자가용보세창고에 반입하여야 할 경우 등 세관장이 부득이 하다고 인정하는 경우에만 할 수 있다. ❶

② 「검역법」·「식물방역법」·「가축전염병예방법」 등에 따라 검역이 필요한 물품은 정해진 조치를 마쳤거나 보세구역(보세구역 외 장치 허가를 받은 장소를 포함한다)으로 지정받은 검역시행장으로 운송하는 경우에만 할 수 있다.

③ 「위험물안전관리법」에 따른 위험물, 「유해화학물질관리법」에 따른 유해화학물질은 도착지가 관계 법령에 따라 해당 물품을 취급할 수 있는 경우에만 할 수 있다.

④ 비금속설은 다음 각 목의 어느 하나에 해당하는 경우에만 할 수 있다.

ⓒ 도착지가 비금속설만을 전용으로 장치하는 영업용 보세창고로서 간이보세운송업자가 승인 신청하는 경우

ⓒ 도착지가 실화주의 자가용 보세창고로서 비금속설을 처리할 수 있는 용광로 또는 압연시설을 갖추고 있고 간이보세운송업자가 보세운송 승인신청을 하는 경우 ❶

ⓒ 도착지가 비금속설을 장치할 수 있도록 보세구역 외 장치허가를 받은 장소로서 간이보세운송업자가 승인신청하는 경우

ⓓ 컨테이너로 운송하는 경우로서 보세화물 관리상 문제가 없다고 세관장이 인정하는 경우

⑤ 화물이 국내에 도착한 후 최초로 보세구역에 반입된 날부터 30일이 경과한 물품은 다음 각 목의 어느 하나에 해당하는 경우에만 할 수 있다.

ⓐ 통관지가 제한되는 물품으로서 통관지세관 관할구역 내 보세구역으로 운송하는 물품

ⓑ 보세공장, 보세건설장, 보세전시장 등 특수보세구역으로 반입하여야 할 필요가 있는 물품

ⓒ 그 밖에 세관장이 보세운송이 부득이 하다고 인정하는 물품

⑥ 통관이 보류되거나 수입신고수리를 할 수 없는 물품은 반송을 위하여 선적지 하선장소로 보세운송하는 경우에만 할 수 있다.

⑦ 통관지가 제한되는 물품은 「수입통관 사무처리에 관한 고시」에 따른 통관지 세관으로 보세운송하는 경우에만 할 수 있다.

⑧ 귀석 · 반귀석 · 귀금속 · 한약재 · 의약품 · 향료 등 부피가 작고 고가인 물품은 수출물품 제조용 원재료 또는 세관장이 지정한 보세구역으로 운송하는 물품에만 할 수 있다. 이 경우 다음 각 목의 어느 하나에 해당하는 업체가 운송하여야 한다.

ⓐ 특정물품간이보세운송업자

ⓑ 수출입안전관리우수업체(AEO인증업체) 또는 일반간이보세운송업자. 다만, 금고 등 안전시설을 갖춘 유개차량에 운전자 이외의 안전요원이 탑승하여야 하며, 내국물품과 혼적하여서는 아니 된다.

⑨ 불법 수출입의 방지 등을 위하여 세관장이 「관리대상화물 관리에 관한 고시」에 따라 검사대상 화물로 선별한 물품 중 검사하지 아니한 물품은 운송목적지가 세관장이 지정한 보세구역인 경우에만 할 수 있다.

ⓛ 보세운송 승인제외 : 승인기준에 타당하지 아니한 물품과 수출입금지품에 대하여는 보세운송 승인을 하지 않는다.

ⓜ 일괄 보세운송물품 재보세운송 : 세관장은 항공사가 국제항 간 입항적재화물목록 단위로 일괄하여 항공기로 보세운송하려는 물품을 재보세운송하려는 경우에는 입항지에서의 최초 보세운송과 동일하게 인정하여 처리할 수 있다.

ⓝ 심사 후 수리대상 분류 : 세관장은 보세운송 신고대상으로 된 물품은 보세운송 신고 심사 후 수리대상으로 분류하고 세관화물정보시스템을 이용하여 심사하여야 한다.

② 승인신청

ⓞ 신청방법 : 물품을 보세운송하려는 자는 전자문서로 작성한 보세운송 승인신청서와 다음 서류를 세관화물정보시스템에 전송하여야 한다. 다만 전자문서 전송이 불가능하여 서류로만 제출된 경우 화물관리공무원이 그 내역을 세관화물정보시스템에 등록하여야 한다.

- 송품장(제34조 단서에 해당되는 물품은 제외한다)
- 담보제공서류(담보제공대상 물품에만 해당된다)
- 검역증(검역대상 물품에만 해당된다)
- 보세운송 도착지를 심사할 수 있는 서류. 다만, 세관화물정보시스템에서 도착지의 확인이 가능한 경우에는 제출을 생략하게 할 수 있다.
- 그 밖에 세관장이 보세운송 승인을 위하여 필요한 서류

    ⓛ 배차예정내역신고서 제출 : 보세운송 승인신청을 한 자는 운송수단 배차예정내역신고서를 제출하여야 한다.

    ⓒ 승인신청 시기 : 보세운송승인신청은 물품이 하선(기)장소에 반입된 후에 할 수 있다. 다만, 양륙과 동시에 차상 반출할 물품의 경우에는 입항 후에 하선(기)장소로 반입되기 이전이라도 보세운송승인신청을 할 수 있다.

③ 승인심사

    ㉠ 심사사항 : 보세운송 승인신청서를 접수한 화물관리공무원은 세관화물정보시스템에 전송된 내역과 대조한 후에 다음 사항을 심사하여야 한다.

- 승인신청 첨부서류 구비 여부
- 신청인이 보세운송업자인 경우 등록된 보세운송업자인지 여부
- 보세운송 기간이 적당한지 여부
- 보세운송 도착지가 적정한지 여부
- 담보제공이 필요한 물품에 대하여는 담보제공 여부
- 검사의 필요성 여부
- 가산세 부과대상 여부
- 그 밖에 세관장이 보세운송승인에 필요하다고 인정되는 사항

    ⓒ 승인거부사유 : 세관장은 심사결과 보세운송의 승인을 신청한 물품이 다음의 어느 하나에 해당하는 경우에는 보세운송 승인을 할 수 없다.
- 보세운송 승인요건에 위배되는 경우 ▣
- 그 밖에 세관장이 화물의 감시단속상 보세운송을 제한할 필요가 있는 경우

    ⓒ 담보제공 : 세관장은 관세채권 확보를 위하여 보세운송의 승인을 신청한 물품에 대하여는 관세 및 제세 상당액을 담보로 제공하게 하여야 한다. 다만, 다음의 어느 하나에 해당하는 경우에는 그렇지 않다.

- 무세 또는 관세가 면제될 것이 확실하다고 인정하는 물품 **2**
- 자율관리 보세구역으로 지정된 보세공장에 반입하는 물품 **2**
- 보세운송 신고(승인신청)하는 화주가 「관세 등에 대한 담보제공과 정산제도 운영에 관한 고시」에 따른 담보제공 생략자, 담보제공 특례자 또는 포괄담보제공업체로서 담보한도액 범위인 경우이거나 이미 담보를 제공한 물품 **1**
- 간이보세운송업자가 보세운송의 승인을 신청한 물품 **1**

> **해설** 자유무역지역 입주업체가 반입하는 물품은 담보제공 면제할 수 있는 물품이 아님에 유의한다.

ⓔ 물품검사

세관장은 보세운송의 승인을 신청한 물품에 대하여 감시단속을 위하여 필요하다고 인정할 때에는 보세운송 신고 물품검사규정을 준용하여 검사를 할 수 있다.

ⓜ 보세운송 승인
- 승인 및 승인내역 통보 : 세관장은 보세운송승인신청서의 심사 및 검사결과 이상이 없을 때에는 즉시 세관화물정보시스템에 승인등록을 한 후 발송지세관장 또는 도착지세관장, 발송지 및 도착지 보세구역 운영인에게 승인내역을 통보하여야 한다.
- 자료보관기간 : 보세운송 승인신청인은 신청에 관한 자료를 2년간 보관하여야 하고, 마이크로필름 · 광디스크 등 자료전달매체에 의하여 보관할 수 있다. **1**
- 운송통로제한 : 세관장은 보세운송을 승인한 물품의 감시단속을 위하여 필요하다고 인정하면 운송통로를 제한할 수 있다. **1**

3. 보세운송 관리

① 보세운송수단

ⓐ 보세운송업체의 운송수단 이용 **1** : 보세운송업자가 보세운송을 하려는 경우에는 등록된 자기가 보유한 운송수단 또는 등록된 다른 보세운송업자의 운송수단(관련법령에 따라 화물자동차운송사업 등의 자격을 갖춘 보세운송업자로 한정)으로 운송하여야 한다. 다만, 보세운송물품을 철도차량으로 운송하는 경우에는 그렇지 않다.

ⓑ 임차보세운송
- ⓐ에도 불구하고 냉장 또는 냉동화물 등 특수한 경우에는 사전에 세관장의 승인을 얻어 일반업체의 운송수단으로 운송할 수 있으며, 일반업체의 운송수단으로 보세운송(임차보세운송)을 하려는 자는 1년의 임차기간 범위 내에서 보세운송수단 임차승인(신청)서를 전자문서 또는 서류로 관할지 또는 신고지세관장에게 제출하여야 한다. **1**
- 승인신청을 받은 세관장은 신청사유가 타당하다고 인정하면 이를 승인하고 신청인에게 전자문서 또는 서류로 통보하여야 한다.

ⓒ 출발지에서 보세운송수단 등록여부 확인 : 출발지 보세구역운영인 또는 화물관리인은 보세운송업자가 운송하는 경우 보세운송수단의 등록 여부를 확인한 후 물품을 반출하여야 한다. **1**

ⓔ 복수의 운송수단 이용의 경우 : 한 건의 보세운송에 대하여 복수의 운송수단을 이용할 경우 보세운송 신고 또는 승인신청 시에 복수의 운송수단을 함께 기재하여 신고 또는 승인신청할 수 있다.

ⓜ 운송수단 변경
- 보세운송 신고인(또는 승인신청인)이 보세운송 신고 또는 승인신청 후 운송수단을 변경하려는 경우 이를 신청한 세관장에게 전자문서 또는 서류로 제출하여야 한다. **1**
- 승인신청을 받은 세관장은 신청사유가 타당하다고 인정하면 이를 승인하고 신청인, 발송지세관장 또는 도착지세관장, 출발지 및 도착지 보세구역 운영인에게 전자문서로 통보하여야 한다.

② 보세운송 목적지 등 변경
ⓐ 변경승인신청 : 보세운송인이 보세운송목적지 또는 경유지를 변경하려는 경우 보세운송신고(승인신청)항목변경승인(신청)서를 발송지세관장 또는 도착지세관장에게 전자서류 또는 서류로 제출하여 승인을 받아야 한다. **4**
ⓑ 변경승인 : 승인신청을 받은 세관장은 목적지 또는 경유지 변경사유가 부득이하고 변경하려는 목적지 또는 경유지가 신고대상 및 승인기준에 따른 장소에 합당할 때에 한하여 이를 승인하고 신청인, 발송지세관장 또는 도착지세관장, 출발지 및 도착지 보세구역 운영인에게 전자문서로 통보하여야 한다.

③ 보세운송 기간 연장
ⓐ 기간연장 승인신청 : 재해, 차량사고, 도착지 창고사정 등 그 밖에 부득이한 사유로 보세운송 기간을 연장할 필요가 있을 때에는 보세운송인은 발송지세관장 또는 도착지세관장에게 보세운송신고(승인신청)항목변경승인서를 전자문서 또는 서류로 제출하여야 한다. **1**

ⓑ 기간연장 승인
- 항목변경신청서를 접수한 세관장은 신청사유가 타당하다고 인정될 때에 한하여 세관장이 필요하다고 인정하는 범위에서 이를 승인하고 신청인, 발송지세관장 또는 도착지세관장, 출발지 및 도착지 보세구역 운영인에게 전자문서로 통보하여야 한다.
- 세관장은 담당공무원으로 하여금 재해, 차량 사고 현장 또는 창고 사정 등을 확인하게 할 수 있다.

④ 보세운송 경유지 신고
ⓐ 신고 및 승인신청 시 경유지 기재 : 보세운송인은 보세운송 도중 운송수단을 변경하기 위하여 경유지를 거치는 경우에는 보세운송 신고 또는 승인신청 시에 이를 함께 기재하여 신고 또는 승인신청하여야 한다. **1**

ⓒ 경유지 제한 : 경유지는 보세구역으로 한정한다. 다만, 보세구역이 없는 공항만을 거쳐 운송되는 경우로서 세관장이 부득이하다고 인정하면 그렇지 않다.

ⓒ 작업제한 : 보세구역 경유지에서는 보세운송물품의 개장, 분리, 합병 등의 작업을 할 수 없다. **3**

⑤ **보세운송물품 도착**

ⓐ 기간 내 도착의무 : 보세운송인은 물품을 보세운송 기간 내에 도착지에 도착시켜야 한다.

ⓑ 물품인계 : 보세운송인은 물품이 도착지에 도착한 때 지체없이 B/L번호 및 컨테이너번호(컨테이너화물인 경우)를 보세구역 운영인 또는 화물관리인에게 제시하고 물품을 인계하여야 한다. 다만, 보세구역 운영인 또는 화물관리인이 요구하는 경우 보세운송신고필증 · 승인서(사본 가능)를 제시하여야 한다. **2**

ⓒ 운영인 확인사항 및 자료보관 : 도착지 보세구역 운영인 또는 화물관리인은 다음의 사항을 확인한 후 보세운송신고 또는 승인 건별로 도착일시, 인수자, 차량번호를 기록하여 장부 또는 자료보존매체(마이크로필름, 광디스크, 기타 전산매체)에 2년간 보관하여야 한다. **1**

• 등록된 보세운송수단으로서 세관 화물정보시스템의 운송수단 정보와 일치하는지
• 신고지세관장으로부터 통보받은 보세운송 반입예정 정보와 현품이 일치하는지

ⓓ 도착지 보세구역 반입신고

• 도착지 보세구역 운영인 또는 화물관리인은 보세운송된 물품을 인수하였을 때에는 즉시 세관화물정보시스템에 반입신고를 하여야 한다. **1**
• 다만, 보세운송 도착과 동시에 수입신고가 수리된 물품은 보세구역에 입고시키지 않은 상태에서 물품을 화주에게 즉시 인도하고 반 · 출입신고를 동시에 하여야 한다. **1**

ⓔ 이상보고

• 도착지 보세구역 운영인 또는 화물관리인은 도착된 보세운송물품에 과부족이 있거나 컨테이너 또는 유개차의 봉인파손, 봉인번호 상이, 포장파손, 미등록 운송수단 확인 등 이상이 발견된 경우에는 지체 없이 세관장에게 보고하여야 한다. **1**
• 보세운송 도착화물에 대한 이상보고를 받은 세관장은 담당공무원으로 하여금 실태를 조사하게 할 수 있다. **1**

ⓕ 도착보고

• 보세운송의 신고를 하거나 승인을 받은 자는 해당 물품이 운송목적지에 도착하였을 때에는 도착지세관장에게 보고하여야 한다.
• 보세운송물품 도착보고는 보세구역운영인의 반입신고로 갈음한다. **1**
• 다만, 발송지세관 검사대상으로 지정된 경우 보세운송 신고인 또는 보세운송 승인 신청인은 도착 즉시 운영인에게 도착물품의 이상 여부를 확인받은 후 그 결과를 세관화물정보시스템에 전송하여야 하며 도착지세관 검사지정건은 검사 후 그 결과를 화물 담당 공무원이 세관화물정보시스템에 등록해야 한다. **1**

- 운송인은 도착보고 시 전자문서 전송이 불가능한 경우에는 도착지 보세구역 운영인이 기명 날인한 보세운송 신고필증 또는 보세운송승인서를 제출할 수 있으며, 이 경우 화물관리공무 원은 세관봉인 이상 유무 등을 확인 후 내역을 세관화물정보시스템에 등록하여야 한다.

Ⓢ 도착보고의 갈음 : 항공사가 국내 국제항 간에 항공기로 보세운송의 경우 보세운송물품 도착 보고는 도착지세관에 전자문서로 입항적재화물목록을 제출하는 것으로 갈음할 수 있다. **2**

Ⓞ 도착지세관의 조치 : 도착지세관 화물담당공무원은 세관화물관리시스템에서 보세운송 기 간이 경과한 도착보고 예정목록을 확인하여 도착이 되었는지 등 필요한 조치를 취하여야 한다.

⑥ **도착관리**

㉠ 신고지세관장에게 이상내역 통보 : 도착지세관장은 조사한 결과 도착물품에 이상이 있는 경우에는 즉시 신고지세관장에게 이상 내역을 통보하여야 한다.

㉡ 신고지세관장 조치 : 신고지세관장은 매일 세관화물정보시스템을 조회하여 보세운송 기간 내에 전량 반입신고가 없는 미착물품과 도착지세관장으로 부터 이상내역을 통보받은 물품 에 대하여는 사실을 확인하는 조사를 한 후 처벌, 관세추징 등의 조치를 취하고 그 결과를 세관화물정보시스템에 등록하여야 한다.

⑦ **담보해제**

㉠ 보세운송 승인신청 시에 담보를 제공한 자가 보세운송을 완료한 때에는 세관장에게 담보해 제신청서를 제출하여 담보해제를 신청하여야 한다.

㉡ 담보해제 신청을 받은 세관장은 도착이 되었는지를 조회하고 이상이 없을 때에는 즉시 제공 된 담보를 해제한다.

4. 보세운송특례

① **집단화지역 내의 보세운송특례** : 세관장은 다음의 장소 내에서 운송되는 물품에 대하여는 보세 운송절차를 생략할 수 있다.

㉠ 내륙컨테이너기지 등 관할보세구역에 위치한 집단화지역 내

㉡ 관할 보세구역과 타 세관이 관할하는 보세구역에 걸쳐서 위치한 동일한 집단화지역 내

② **송유관을 통한 보세운송특례** : 송유관을 통해 운송하는 석유제품 및 석유화학제품에 대하여는 보세운송절차를 생략할 수 있다. **2**

③ **보세운송특례 대상의 지정**

㉠ 세관장은 보세운송특례 보세구역을 지정하려는 경우에는 감시단속상 문제점 등을 종합 검 토하여 지정하여야 한다.

㉡ 관할세관 내 보세운송특례 대상 보세구역에 대하여 별도 담보를 징수하지 아니한다.

관리대상화물(검사대상화물)의 보세운송

검사대상화물·특송물품 및 이사물품 등의 보세운송 절차는「보세운송에 관한 고시」에서 정하는 바에 따른다. 즉시검사화물의 보세운송은 다음의 어느 하나에 해당하는 경우에 한한다.
- 진공포장 화물 등 특수한 장소에서만 개장이 불가피하여 해당 장소로 운송하려는 경우 **1**
- 「검역법」·「식물방역법」·「가축전염병예방법」·「위험물안전관리법」·「화학물질관리법」등 관련 법규에 따라 지정된 보세구역으로 운송하여야 하는 경우 **1**
- 화주가 원거리에 소재하고 있어 검사대상화물 검사 시 입회가 어려운 경우로서 세관장이 필요하다고 인정하는 경우 **1**
- 그 밖에 세관장이 상기에 준하는 사유가 있다고 인정하는 경우
- 검사결과 적재화물목록 정정·보수작업 대상 등 범칙조사 대상이 아닌 경우로서 보세화물 관리에 문제가 없다고 세관장이 인정하는 경우 **2**

04　수출보세운송

1. 수출(반송)물품 보세운송 적용범위

① 수출신고가 수리된 물품은 관세청장이 따로 정하는 것을 제외하고는 보세운송 절차를 생략한다. 다만, 다음의 어느 하나에 해당하는 물품은 그렇지 않다. **1**

　㉠「반송 절차에 관한 고시」에 따라 외국으로 반출하는 물품 **1**

　㉡ 보세전시장에서 전시 후 반송되는 물품 **1**

　㉢ 보세판매장에서 판매 후 반송되는 물품 **1**

　㉣ 여행자 휴대품 중 반송되는 물품

　㉤ 보세공장 및 자유무역지역에서 제조·가공하여 수출하는 물품

　㉥ 수출조건으로 판매된 몰수품 또는 국고에 귀속된 물품 **1**

② ①에도 불구하고 선박법에 따라 국제무역선의 국내항 간 허가를 받은 경우에 한하여 수출화주가 효율적인 선적 관리를 위해 국제무역선으로 수출신고가 수리된 물품을 운송(동일국제항 내)하고자 할 때에는 보세운송하게 할 수 있다.

- 반송 절차 고시에 따라 외국으로 반출하는 물품 및 보세전시장에서 전시 후 반송되는 물품의 보세운송절차는 「반송 절차에 관한 고시」에서 정하는 바에 따른다.
- 보세판매장에서 판매 후 반송되는 물품의 보세운송 절차는 「보세판매장 운영에 관한 고시」에서 정하는 바에 따른다.
- 여행자 휴대품 중 반송되는 물품의 보세운송 절차는 「여행자 및 승무원 휴대품 통관에 관한 고시」에서 정하는 바에 따른다. **1**
- 보세공장 및 자유무역지역에서 제조·가공하여 수출하는 물품의 보세운송 절차는 「보세공장 운영에 관한 고시」와 「자유무역지역 반·출입물품의 관리에 관한 고시」에서 정하는 바에 따른다.
- 수출조건으로 판매된 몰수품 또는 국고 귀속된 물품에 대한 보세운송절차는 「몰수품 및 국고귀속물품 관리에 관한 시행세칙」에서 정하는 바에 따른다.
- 해당 고시 또는 세칙에 규정되지 아니한 사항은 「반송 절차에 관한 고시」 및 이 고시 규정을 준용한다.
- 제46조제2항의 물품에 대한 보세운송신고와 도착보고는 수출화주 또는 관세사가 세관화물정보시스템에서 신고(보고)하고, 담보제공은 생략한다.

- 적용범위 : 하기의 규정들은 최초 수입 시 B/L(AWB)이 없거나 물품의 특성상 세관화물정보시스템에 의한 전산처리가 불가능한 물품 중 다른 고시 등에 보세운송 규정이 없는 물품의 보세운송 처리 시 적용한다.
- 보세운송 승인신청 : '기타물품' 해당되는 물품을 보세운송하려는 자는 물품이 출발지 보세구역에 반입된 후 보세운송승인신청서에 제32조제1항의 서류를 첨부하여 세관장에게 제출하여야 한다. 다만, 김해 – 대구공항 간 운항하는 내국항공기를 전용으로 이용하여 출입국하는 여행자의 기탁화물(휴대품을 포함한다)은 항공사가 세관장에게 기탁화물의 목록을 제출함으로써 보세운송승인 신청을 갈음한다.

2. 보세운송 승인

① 보세운송승인

- ㉠ 승인 : 세관장은 보세운송승인신청서의 심사 및 현품 검사결과 이상이 없을 때에는 즉시 승인하고 보세운송대장에 승인번호를 부여하여야 하며, 보세운송승인서(신청인용, 반입신고용) 2부를 신청인에게 교부하여야 한다. 다만, 김해 – 대구공항 간 내국항공기를 전용으로 이용하여 출입국하는 여행자의 기탁화물(휴대품 포함)은 항공사가 제출하는 기탁화물의 목록을 세관장이 접수함으로써 보세운송승인에 갈음한다.
- ㉡ 운송통로제한 : 세관장은 ㉠에 따라 보세운송승인을 하는 경우에 보세운송물품에 대한 감시단속을 위하여 필요하다고 인정하면 운송통로를 제한할 수 있다.

② 보세운송물품 도착

    ㉠ 기간 내 도착의무 : 보세운송인은 물품을 보세운송 기간 내에 도착지에 도착시켜야 한다.

    ㉡ 물품인계 : 보세운송인이 물품을 도착지에 도착시킨 때에는 지체 없이 보세운송승인서 2부 (신청인용, 반입신고용)를 도착지 보세구역운영인 또는 화물관리인에게 제시하고 물품을 인계하여야 한다. ❷

    ㉢ 운영인 확인사항 등 : 도착지 보세구역운영인 또는 화물관리인은 보세운송승인서와 현품을 대조 확인한 후 보세운송승인서에 도착일시와 인수자를 기명날인하여 1부는 보세운송인에게 반환하고 반입신고용 1부는 세관장에게 팩스 또는 서면으로 다음 날 세관 근무시간에 제출하여야 한다.

    ㉣ 이상보고

      • 도착지 보세구역 운영인 또는 화물관리인은 도착된 보세운송물품에 과부족이 있거나 컨테이너 또는 유개차의 봉인파손, 포장파손 등 이상이 발견된 경우에는 지체 없이 세관장에게 보고하여야 한다. ❶

      • 보고를 받은 세관장은 담당공무원으로 하여금 그 실태를 조사하게 할 수 있다.

    ㉤ 도착보고

      • 보세운송물품 도착보고는 보세구역 운영인의 보세운송승인서(반입신고용) 제출로 갈음한다.

      • 김해 – 대구공항 간 운항하는 내국항공기를 전용으로 이용하여 출입국하는 여행자의 기탁화물 보세운송물품 도착보고는 항공사가 도착지 세관장에게 기탁화물에 대한 목록제출로 갈음한다.

③ 도착관리

    ㉠ 도착지세관장은 보세구역 운영인으로부터 보세운송물품에 대한 도착보고를 받으면 발송지세관장이 통보한 보세운송목록과 대조하여 도착이 되었는지를 확인하여야 한다.

    ㉡ 도착지세관장은 보세운송물품이 보세운송 기간이 경과할 때까지 도착보고가 없거나, 보세운송 기간이 경과하여 도착한 경우 또는 도착된 물품에 이상이 있을 때에는 즉시 발송지세관장에게 통보하여야 하며, 발송지세관장은 내역을 확인한 후 필요한 조치를 하여야 한다.

제4조(반송인)

반송은 적하목록, 선하증권(B/L), 항공화물상환증(AWB)상의 수하인 또는 해당 물품의 화주(해당 물품의 처분권리를 취득한 자를 포함한다)가 할 수 있다. **1**

제6조(반송심사)

① 세관장은 반송신고물품에 대하여 다음 각 호에 해당하는 사항을 심사한다.
  1. 반송요건에 적합한지 여부
  2. 법 제234조 또는 법 제235조에 따라 수출입이 금지되는지 여부
  3. 대외무역법령 및 그 밖의 법령에 따른 조건의 구비여부
  4. 통관보류물품 등 수입신고된 물품의 경우 그 신고의 취하여부 **1**
  5. 그 밖의 반송물품의 통관을 위하여 필요한 사항

제10조(보세운송신고)

① 반송물품에 대한 보세운송 신고는 보세운송업자의 명의로 하여야 한다. **1**
② 반송물품의 보세운송은 이 고시에서 정하는 것을 제외하고는 「보세운송에 관한 고시」 제3장의 수입보세운송 규정을 준용한다.
③ 반송물품의 보세운송기간은 7일로 지정한다. 다만, 세관장은 부득이한 사유로 보세운송 신고인으로부터 보세운송기간 연장승인 신청이 있는 경우에는 물품의 성질, 중량, 운송수단, 운송거리 등을 고려하여 보세운송 기간연장을 승인할 수 있다. **1**
④ 활어, 냉장 또는 냉동화물 등 특수한 경우에는 사전에 세관장의 승인을 얻어 보세운송 업체가 아닌 일반업체의 운수수단으로 보세운송할 수 있다.

제11조(적재확인) **1**

반송신고수리 세관장은 반송신고수리물품이 수리일로부터 30일을 경과하였을 때에는 적재여부를 확인하여 적재되지 아니한 경우에는 국외반출 또는 취하하도록 기간을 정하여 법 제263조에 따른 명령을 하여야 한다.

1. 보세운송업자의 의무

① 명의대여 등의 금지

㉠ 보세운송업자는 이 고시에 따라 등록된 다른 보세운송업자 또는 등록되지 아니한 자로 하여 금 유상 또는 무상으로 자기의 명의를 사용하여 영업소 설치 등 보세운송업을 경영하게 할 수 없다. 이 경우 보세운송업자가 다른 보세운송업자 또는 보세운송업자로 등록되지 아니한 자에 대하여 보세운송업과 관련되는 지시를 하는 경우에도 또한 같다.

㉡ 보세운송업자는 유상 또는 무상으로 다른 보세운송업자의 명의를 사용하여 보세운송업을 경영할 수 없다. 이 경우 보세운송업자가 다른 보세운송업자로부터 보세운송업과 관련되는 지시를 받는 경우에도 또한 같다.

㉢ 보세운송업자로 등록되지 아니한 자는 유상 또는 무상으로 보세운송업자의 명의를 사용하여 보세운송업을 경영할 수 없다. 이 경우 보세운송업자로 등록되지 아니한 자가 보세운송업자로부터 보세운송업과 관련되는 지시를 받는 경우에도 또한 같다.

② 양도 · 양수와 법인의 합병 등 등록사항 변경 신고의무

㉠ 보세운송업자가 관계 법령에 따른 인가를 받아 운송사업을 양도 · 양수하거나 법인을 합병한 때 또는 대표자 성명, 주소지 등이 변경된 때에는 즉시 관세물류협회의 장(간이보세운송업자로 지정한 세관장을 포함한다)에게 보세운송업자 등록사항 변경신고서에 따라 신고하여야 한다.

㉡ 관세물류협회의 장은 보세운송업자의 대표자 또는 주소지 변경, 양도 · 양수 및 법인의 합병 등 등록사항에 변동이 발생하였을 때에는 그 사실을 즉시 관세청 보세운송시스템에 등록하여야 한다.

㉢ 세관장은 간이보세운송업자 지정사항 변경신고를 받은 경우에는 즉시 세관화물정보시스템에 등록하여야 한다.

③ 영업소 설치 등 신고의무

㉠ 보세운송업자가 본사 이외에 영업소를 설치한 때에는 관세물류협회의 장에게 보세운송업자(영업소)등록(갱신 · 설치)신청서에 영업소 소재지, 책임자 등을 기재하여 영업소 설치신고를 하여야 한다.

㉡ 보세운송업자는 영업소를 폐업하거나 휴업, 변경하였을 때에는 즉시 관세물류협회의 장에게 보세운송업자 등록사항 변경신고서에 따라 신고하여야 한다.

2. 세관장의 관리 감독 등

① 세관장의 업무감독

㉠ 세관장은 관할 내 보세운송업자의 본사 또는 영업소에 대하여 매 2년 단위로 정기점검을 통하여 업무에 대한 지도·감독을 할 수 있다. 다만, 보세운송업자의 업무량을 고려하여 그 기간을 조정할 수 있으며 필요시에는 수시로 업무점검을 실시할 수 있다.

㉡ 정기점검(업무점검을 포함한다)은 근무일 7일 이내에 종료해야 한다. 다만, 부득이하게 업무점검 기간을 연장해야 할 필요가 있는 경우에는 7일 이내의 범위에서 연장할 수 있다.

㉢ 세관장이 보세운송업자에 대하여 업무점검을 실시한 때에는 월별로 취합하여 관세청장에게 보고하여야 한다.

② 행정제재

㉠ 행정제재 : 세관장은 보세운송업자 또는 그 임원, 직원, 사용인이 업무와 관련하여 "보세운송업자 등 명의대여 등 금지", "밀수출입죄", "관세포탈죄 등", "미수범 등", "밀수품 취득죄 등"의 규정 위반한 경우에는 별표 1에 따라 행정제재를 할 수 있다. 다만, 관세행정 발전에 기여하였거나 관세행정 업무와 관련하여 관세청장 이상의 표창을 수상한 자로서 관세채권 확보에 어려움이 없는 경우 기준일수의 50% 이내에서 업무정지 기간을 하향 조정할 수 있다(다만, 최소 업무정지기간은 5일 이상). **1**

심화 | **[별표 1] 보세운송업자에 대한 행정제재 기준**

위반내용	제재내용
• 운영인의 결격사유에 해당하는 경우 • 「화물자동차운수사업법」 등에 의하여 등록(면허 등 영업자격)이 취소된 때 • 보세운송업자가 보세운송업무와 관련으로 처벌을 받은 때 • 명의대여 금지규정 위반으로 보세운송업자 등록 후 누적하여 3회 이상 업무정지 처분을 받은 보세운송업자가 명의대여 금지규정을 위반한 때	등록취소
보세운송업자 또는 임원이 보세운송업무와 관련으로 관세법을 위반한 때 **2**	업무정지 1차 : 20일 2차 : 40일 3차 : 60일
• 보세운송업자의 직원·사용인이 보세운송업무와 관련으로 관세법을 위반한 때 **1** • 보세운송업자가 명의대여 금지규정을 위반한 때 **2**	업무정지 1차 : 10일 2차 : 20일 3차 : 30일
화물자동차운수사업법령 등의 관련 법령에 의하여 사업정지를 받은 때 **1**	업무정지 해당기간

※ 1차, 2차, 3차의 적용은 동일한 항목에 분류된 위반행위를 같이 적용
※ 제재기준의 1차, 2차, 3차 적용은 위반일을 기준으로 최근 1년의 기간으로 산정

ⓛ 질서문란 행위의 경우 조치 : 세관장은 보세운송업자 또는 임원, 직원, 사용인이 관세행정 질
　　서문란 행위를 한 경우 별표 2에 따라 자동수리배제 및 검사강화 등의 조치를 하여야 한다.

심화 📈 **[별표 2] 관세행정 질서문란 행위에 대한 자동수리 배제 및 검사강화 등 제재기준**

위반내용	제재내용	
	처분내용	검사비율
갱신을 기간 내에 아니한 때	5일	1일 평균 5% 이내
• 보고의무(서류, 장부 제출 명령)를 위반한 때 • 보세운송승인대상물품을 보세운송 신고로 한 때 • 지정된 보세운송통로를 이행하지 아니한 때 • 의무를 태만히 하거나, 세관장 명령을 위반한 때 • 등록사항을 변경신고하지 아니한 때 • 기타 관세행정질서를 문란하게 한 때	1차 : 경고 2차 : 5일 3차 : 10일	1일 평균 10% 이내
• 보세운송도착보고를 정당한 사유 없이 하지 않은 때 • 보세운송 기간 내에 물품을 정당한 사유 없이 도착시키지 아니한 때 • 임차보세운송 관련사항을 위반한 때 • 미등록 보세운송수단으로 보세운송을 한 때 또는 하고자 한 때 • 운송수단 신고를 허위로 한 때 • 목적지 또는 경유지 보세구역 이외의 장소로 운송하였거나 운송을 지시한 때	1차 : 5일 2차 : 10일 3차 : 20일	1일 평균 15% 이내
보세운송 신고(승인신청)를 하지 않거나 허위로 한 때	1차 : 10일 2차 : 20일 3차 : 30일	1일 평균 20% 이내

※ 검사비율은 세관장이 업무량을 고려하여 1/2범위 내에서 조정 가능
※ 1차, 2차, 3차의 적용은 동일한 제재 항목에 분류된 위반행위를 같이 적용
※ 제재기준의 1차, 2차, 3차 적용은 위반일을 기준으로 최근 1년의 기간으로 산정

ⓒ 심의 : 세관장은 행정제재를 하려는 경우 세관장 또는 국장을 위원장으로 하는 5인 이상의
　　위원회를 구성하여 심의한 후 결정하여야 하며, 업무정지 기간을 하향 조정한 경우에는 위
　　원회의 심의결과를 첨부하여 관세청장에게 보고하여야 한다.

③ **보세운송업자의 등록취소**
　ⓐ 등록취소사유 : 세관장은 보세운송업자가 다음의 어느 하나에 해당하는 때에는 그 등록을
　　취소할 수 있다. **2**
　　• 보세운송업자 등록요건에 결격사유가 발생한 때
　　• 관세 등 국세를 체납하고 납부할 가능성이 없는 것으로 세관장이 인정하는 때
　　• 보세운송업무 정지처분을 받은 자가 등록기간 중에 3회 이상 업무정지 처분을 받은 때

1. 등록요건

보세운송업자의 등록요건은 다음과 같다.

① 「화물자동차운수사업법」에 따른 화물자동차운송사업의 허가를 받은 자 **1**

② 「해운법」에 따른 해상화물운송사업의 등록을 마친 자

③ 「항공법」에 따른 항공운송사업의 면허를 받은 자

2. 결격사유

다음의 어느 하나에 해당하는 자는 보세운송업자로 등록할 수 없다.

① 운영인의 결격사유 어느 하나에 해당하는 자 **1**

② 보세운송업자의 등록이 취소된 자로서 취소일로부터 2년이 경과되지 아니한 자

③ 관세 및 국세의 체납이 있는 자

3. 운영인의 결격사유 [법]

다음의 어느 하나에 해당하는 자는 특허보세구역을 설치·운영할 수 없다. 다만, ⑥에 해당하는 자의 경우에는 그 특허가 취소된 해당 특허보세구역을 제외한 기존의 다른 특허를 받은 특허보세구역에 한정하여 설치·운영할 수 있다.

① 미성년자

② 피성년후견인과 피한정후견인

③ 파산선고를 받고 복권되지 아니한 자

④ 이 법을 위반하여 징역형의 실형을 선고받고 그 집행이 끝나거나(집행이 끝난 것으로 보는 경우를 포함한다) 면제된 후 2년이 지나지 아니한 자

⑤ 이 법을 위반하여 징역형의 집행유예를 선고받고 그 유예기간 중에 있는 자

⑥ 특허보세구역의 설치·운영에 관한 특허가 취소된 후 2년이 지나지 아니한 자

⑦ 관세법 규정에 의해 벌금형 또는 통고처분을 받은 자로서 그 벌금형을 선고받거나 통고처분을 이행한 후 2년이 지나지 아니한 자. 다만, 양벌규정에 따라 처벌된 개인 또는 법인은 제외한다.

⑧ 상기의 해당하는 자를 임원(해당 보세구역의 운영업무를 직접 담당하거나 이를 감독하는 자로 한정)으로 하는 법인

ⓛ 취소 절차 : 세관장이 보세운송업자의 등록을 취소한 때에는 즉시 세관화물정보시스템에 입력한 후 관세청장에게 보고하고 해당 보세운송업자 및 관세물류협회의 장에게 서류 또는 전자문서로 통보하여야 한다.

④ 간이보세운송업자 지정취소

㉠ 세관장은 간이보세운송업자가 다음의 요건에 해당하는 때에는 지정을 취소할 수 있다.

• 간이보세운송업자의 지정요건에 결격사유가 발생한 때

• 간이보세운송업자 지정기간 중 업무정지 처분을 2회 이상 받은 때 **1**

• 간이보세운송업자 지정기간 중 영업실적이 극히 적어 간이보세운송업자 지정이 불필요하다고 세관장이 인정하는 때 **1**

ⓒ 세관장이 보세운송업자에 대하여 행정제재, 등록취소의 처분을 하려는 때에는 이해관계자의 의견을 청취하여야 한다. **1**

⑤ **관계서류의 보관** : 한국관세물류협회장은 보세운송업자 등록에 관한 서류를 5년간 보관하여야한다. **1**

⑥ **전산처리 설비의 이용**

ⓐ 보세운송업자는 이 고시에 따른 보세운송 신고, 보세운송승인신청 등의 업무를 관세청장이정하는 시기에 전산처리 설비를 이용하여 전자신고 등으로 처리하여야 한다.

ⓑ 전산처리 설비를 이용하여 전자신고 등으로 업무를 할 때의 전자문서의 법적효력, 첨부서류의 생략 등 그 밖에 필요한 사항은 국가관세 종합정보망 구축 및 운영 규정을 준용한다.

MEMO

자율관리 및 관세벌칙

 2014년~2023년 총 10회 보세사 기출문제 분석자료

- **1** 시험에 한 번 출제됨
- **2** 시험에 두 번 출제됨
- **3** 시험에 세 번 출제됨
- **4** 시험에 네 번 출제됨
- **5** 시험에 다섯 번 출제됨
- **6** 시험에 여섯 번 출제됨
- **7** 시험에 일곱 번 출제됨
- **8** 시험에 여덟 번 출제됨
- **9** 시험에 아홉 번 출제됨
- **10** 시험에 열 번 출제됨

관세법 벌칙 및 조사와 처분

본 장은 관세법상 벌칙 및 조사와 처분에 대한 내용으로 제1과목을 충분히 이해하여야 공부하기 수월하다. 또한, 한정된 범위에서 가장 많은 출제가 이루어지고 있는 파트이기에 공부효율이 가장 좋은 장이라고 볼 수 있다.

교사범·방조범·미수범·예비범에 대한 내용은 매년 출제되고 있기에 반드시 숙지하여야 하며 그 외에 밀수입죄·관세포탈죄·밀수품 취득죄 등의 죄목별 처벌내용, 징역과 벌금의 병과, 과태료의 성격, 양벌규정, 통고처분, 고발 등의 개념이 최다빈출되고 있다.

🧑‍🏫 해설   관세행정벌 용어정리

- 관세행정형벌 : 관세법상 의무위반에 대한 제재로서 형법상 형명이 있는 형벌을 과하는 것을 말한다. 즉, 관세법상 법 268조의2부터 276조까지의 규정이 해당한다. 관세법상 특별한 규정이 없는 것은 형법총칙이 적용된다.
- 관세행정질서벌 : 관세법상 의무위반에 대한 제재이지만 형법에 형명이 없는 벌. 즉 과태료를 과하는 경우로서 「관세법」 제277조가 이에 해당한다.
- 관세범 : 관세범이란 이 법 또는 이 법에 의한 명령에 위배하는 행위로서 이 법에 의하여 형사처벌 또는 통고처분되는 것을 말한다.
- 관세범에 대한 형의 종류
  - 형법상에는 9종의 형이 규정되어 있으나, 「관세법」에서는 징역 · 벌금 · 몰수의 3종의 형을 규정하고 있다. 🔲
  - 또한, 특정 관세범에 대하여는 관세법상 처벌보다 무겁게 하도록 규정하고 있는 「특정범죄 가중처벌 등에 관한 법률」에서도 관세범에 대하여 벌금이나 무기징역까지 규정하고 있다.

---

1. 전자문서 위조 · 변조죄 등 [법 제268조2]

① **전자문서위변조죄** : 국가관세종합정보시스템이나 전자문서중계사업자의 전산처리설비에 기록된 전자문서 등 관련 정보를 위조 또는 변조하거나 위조 또는 변조된 정보를 행사한 자는 1년 이상 10년 이하의 징역 또는 1억원 이하의 벌금에 처한다. 🔲

② **전자문서 관련 범죄** : 다음의 어느 하나에 해당하는 자는 5년 이하의 징역 또는 5천만원 이하의 벌금에 처한다.

㉠ 관세청장의 지정을 받지 아니하고 전자문서중계업무를 행한 자 🔲

㉡ 국가관세종합정보시스템 또는 전자문서중계사업자의 전산처리 설비에 기록된 전자문서 등 관련 정보를 훼손하거나 그 비밀을 침해한 자

㉢ 업무상 알게 된 전자문서 등 관련 정보에 관한 비밀을 누설하거나 도용한 한국관세정보원 또는 전자문서중계사업자의 임직원 또는 임직원이었던 사람

2. 밀수출입죄 [법 제269조]

① **금지품 수출입죄** : 수출입 금지물품을 수출하거나 수입한 자는 7년 이하의 징역 또는 7천만원 이하의 벌금에 처한다.

> **관련규정** **수출입금지품의 정의**
>
> 다음의 어느 하나에 해당하는 물품은 수출하거나 수입할 수 없다.
> - 헌법질서를 문란하게 하거나 공공의 안녕질서 또는 풍속을 해치는 서적 · 간행물 · 도화, 영화 · 음반 · 비디오물 · 조각물 또는 그 밖에 이에 준하는 물품
> - 정부의 기밀을 누설하거나 첩보활동에 사용되는 물품
> - 화폐 · 채권이나 그 밖의 유가증권의 위조품 · 변조품 또는 모조품

② **밀수입죄** : 다음의 어느 하나에 해당하는 자는 5년 이하의 징역 또는 관세액의 10배와 물품원가 중 높은 금액 이하에 상당하는 벌금에 처한다.

　㉠ 수입신고(입항전수입신고 포함)를 하지 아니하고 물품을 수입한 자. 다만, 수입신고 전 즉시 반출신고를 한 자는 제외한다.

　㉡ 수입신고(입항전수입신고 포함)를 하였으나 해당 수입물품과 다른 물품으로 신고하여 수입한 자

> **해설** 밀수입죄의 경우 관세가 무세인 경우에도 성립한다.

> **해설**
>
> 중국에서 의류 3,000점을 인천 소재 보세창고에 반입한 후, 수입신고하지 아니하고 무단으로 시중에 판매한 경우 밀수입죄에 해당한다.

③ **밀수출죄** : 다음의 어느 하나에 해당하는 자는 3년 이하의 징역 또는 물품원가 이하에 상당하는 벌금에 처한다.

　㉠ 수출신고를 하지 아니하고 물품을 수출하거나 반송한 자

　㉡ 수출신고를 하였으나 해당 수출물품 또는 반송물품과 다른 물품으로 신고하여 수출하거나 반송한 자

> **관련규정** **특례규정의 적용**
>
> 미수범(제271조) 등의 규정이 적용되며, 징역과 벌금의 병과(제275조) 규정이 적용된다. 또한, 법 제269조에 해당하는 물품의 경우에는 몰수와 추징(제282조) 규정이 적용된다.

3. 관세포탈죄 등 [법 제270조]

① **관세포탈죄 등** : 수입신고를 한 자(구매대행업자를 포함) 중 다음의 어느 하나에 해당하는 자는
3년 이하의 징역 또는 포탈한 관세액의 5배와 물품원가 중 높은 금액 이하에 상당하는 벌금에
처한다. 이 경우 ㉠의 물품원가는 전체 물품 중 포탈한 세액의 전체 세액에 대한 비율에 해당하
는 물품만의 원가로 한다. **2**

  ㉠ 세액결정에 영향을 미치기 위하여 과세가격 또는 관세율 등을 거짓으로 신고하거나 신고하
    지 아니하고 수입한 자(구매대행업자를 포함) **3**

  ㉡ 세액결정에 영향을 미치기 위하여 거짓으로 서류를 갖추어 품목분류 사전심사 · 재심사를
    신청한 자

  ㉢ 법령에 따라 수입이 제한된 사항을 회피할 목적으로 부분품으로 수입하거나 주요 특성을 갖
    춘 미완성 · 불완전한 물품이나 완제품을 부분품으로 분할하여 수입한 자 **1**

> **관련규정**
>
> • 관세포탈죄는 관세가 부과되는 유세품에 한정되며 무세품은 범죄의 객체가 될 수 없다. **2**
> • 관세포탈죄는 특정범죄 가중처벌 등에 관한 법률에 의한 처벌대상이다. **1**
> • 고의범이므로 관세를 포탈한다는 인식을 하고 의사가 있어야 한다. **1**

② **부정수입죄** : 수입신고를 한 자 중 법령에 따라 수입에 필요한 허가 · 승인 · 추천 · 증명 또는
그 밖의 조건을 갖추지 않거나 부정한 방법으로 갖추어 수입한 자는 3년 이하의 징역 또는 3천
만원 이하의 벌금에 처한다. **3**

> **해설**
>
> 관세법상의 수입신고를 하였으며 관세수입의 감소도 초래하지 않았으나, 무역관계법령 등이 요구하고 있는
> 수출입 관련 의무를 위반함으로써 통관질서를 문란하게 하기 때문에 처벌하는 것이다.

③ **부정수출죄** : 수출신고를 한 자 중 법령에 따라 수출에 필요한 허가 · 승인 · 추천 · 증명 또는
그 밖의 조건을 갖추지 않거나 부정한 방법으로 갖추어 수출한 자는 1년 이하의 징역 또는 2천
만원 이하의 벌금에 처한다. **2**

④ **부정감면죄** : 부정한 방법으로 관세를 감면받거나 관세를 감면받은 물품에 대한 관세의 징수를
면탈한 자는 3년 이하의 징역에 처하거나, 감면받거나 면탈한 관세액의 5배 이하에 상당하는
벌금에 처한다.

⑤ **부정환급죄** : 부정한 방법으로 관세를 환급받은 자는 3년 이하의 징역 또는 환급받은 세액의
5배 이하에 상당하는 벌금에 처한다. 이 경우 세관장은 부정한 방법으로 환급받은 세액을 즉시
징수한다. **1**

4. 가격조작죄 [법 제270조의2]

다음의 신청 또는 신고를 할 때 부당하게 재물이나 재산상 이득을 취득하거나 제3자로 하여금 이를 취득하게 할 목적으로 물품의 가격을 조작하여 신청 또는 신고한 자는 2년 이하의 징역 또는 물품원가와 5천만원 중 높은 금액 이하의 벌금에 처한다.

① 보정신청
② 수정신고
③ 수출ㆍ수입ㆍ반송신고
④ 입항전수입신고

> 🧑 **해설** 경정청구는 가격조작죄로 처벌할 수 없음에 유의한다.

5. 미수범 등 [법 제271조]

① **교사범 및 방조범** : 정황을 알면서 밀수출입죄(금지품수출입죄 포함) 및 관세포탈죄 등(부정수입죄ㆍ부정수출죄ㆍ부정감면죄ㆍ부정환급죄 포함)에 따른 행위를 교사하거나 방조한 자는 정범에 준하여 처벌한다.

② **미수범 및 예비범** : 전자문서위조ㆍ변조죄, 밀수출입죄(금지품수출입죄 포함) 및 관세포탈죄 등(부정수입죄, 부정수출죄, 부정감면죄, 부정환급죄 포함)의 미수범은 본죄에 준하여 처벌하고, 죄를 범할 목적으로 예비를 한 자는 본죄의 2분의 1을 감경하여 처벌한다.

> 🧑 **해설**
>
> 「형법」 총칙은 타 법령에 정한 죄에 적용한다. 다만, 법령에 특별한 규정이 있는 때에는 예외로 한다. 즉, 교사범, 종범, 예비범, 미수범 등의 처벌에 대하여는 「관세법」의 규정을 적용한다.

관련규정 **교사, 방조, 미수, 예비에 관한 처벌**

구분	교사자	방조자	미수범	예비범	징역벌금병과	양벌규정
전자문서 위변조죄	–	–	본죄에 준함	본죄 1/2 감경	–	
밀수출입죄	정범에 준함	정범에 준함	본죄에 준함	본죄 1/2 감경	○ (미수범 포함)	
관세포탈죄 등	정범에 준함	정범에 준함	본죄에 준함	본죄 1/2 감경	○ (미수범 포함)	○
가격조작죄	–	–	–	–	○ (미수범 포함)	
밀수품 취득죄	–	–	본죄에 준함	본죄 1/2 감경	○ (미수범 포함)	

> 🧑 **해설** 강제징수면탈죄가 오답선지로 자주 등장한다.

6. 밀수전용 운반기구의 몰수 [법 제272조]

밀수입의 죄에 전용되는 선박 · 자동차나 그 밖의 운반기구는 소유자가 범죄에 사용된다는 정황을 알고 있고, 다음의 어느 하나에 해당하는 경우에는 몰수한다.
① 범죄물품을 적재하거나 적재하려고 한 경우
② 검거를 기피하기 위하여 권한 있는 공무원의 정지명령을 받고도 정지하지 않거나 적재된 범죄 물품을 해상에서 투기 · 파괴 또는 훼손한 경우
③ 범죄물품을 해상에서 인수 또는 취득하거나 인수 또는 취득하려고 한 경우
④ 범죄물품을 운반한 경우

7. 범죄에 사용된 물품의 몰수 [법 제273조]

> 👤 **해설** 관세포탈죄 물품은 몰수 대상이 아님에 유의한다.

① **특수가공물품의 몰수** : 금지품수출입죄 및 밀수출입죄에 사용하기 위하여 특수한 가공을 한 물품 은 누구의 소유이든지 몰수하거나 효용을 소멸시킨다.
② **다른 물품의 몰수** : 금지품수출입죄 및 밀수출입죄에 해당하는 물품이 다른 물품 중에 포함되어 있는 경우 그 물품이 범인의 소유일 때에는 다른 물품도 몰수할 수 있다.

8. 밀수품 취득죄 등 [법 제274조]

> 👤 **해설**
>
> 밀수품 취득죄 등은 법 제269조의 밀수출입죄와 법 제270조의 부정수출입죄에 해당하는 물품을 취득 · 양 도 · 운반 · 보관 · 알선 · 감정을 한 경우에 성립하는 범죄이다. 이를 관세장물죄라고 하기도 한다. 즉 밀수품 취득죄 등이 성립되기 위해서는 본죄인 법 제269조 밀수출입죄와 법 제270조 부정수출입죄가 먼저 성립되어 야 한다.

① **밀수품취득죄** : 다음의 어느 하나에 해당되는 물품을 취득 · 양도 · 운반 · 보관 또는 알선하거나 감정한 자는 3년 이하의 징역 또는 물품원가 이하에 상당하는 벌금에 처한다. ⑧
　㉠ 금지품수출입죄 또는 밀수출입죄에 해당되는 물품 ⑧
　㉡ 법령에 따라 수입이 제한된 사항을 회피할 목적으로 부분품으로 수입하거나 주요 특성을 갖 춘 미완성 · 불완전한 물품이나 완제품을 부분품으로 분할하여 수입한 물품 ②
　㉢ 부정수출입죄에 해당하는 물품 ⑧

② **미수범 및 예비범** : ①에 규정된 죄의 미수범은 본죄에 준하여 처벌하며, 죄를 범할 목적으로 예비를 한 자는 본죄의 2분의 1을 감경하여 처벌한다. **2**

9. 징역과 벌금의 병과 [법 제275조]

밀수출입죄(금지품수출입죄 포함), 관세포탈죄 등(부정수입죄 · 부정수출죄 · 부정감면죄 · 부정환급죄 포함), 가격조작죄, 밀수품 취득죄, 그 미수범은 정상에 따라 징역과 벌금을 병과할 수 있다. **4**

10. 강제징수면탈죄 등 [법 제275조의2]

① **강제징수면탈죄** : 납세의무자 또는 납세의무자의 재산을 점유하는 자가 강제징수를 면탈할 목적 또는 면탈하게 할 목적으로 재산을 은닉 · 탈루하거나 거짓 계약을 하였을 때에는 3년 이하의 징역 또는 3천만원 이하의 벌금에 처한다. **1**

② **보관물건 은닉죄 등** : 압수물건의 보관자 또는 「국세징수법」에 따른 압류물건의 보관자가 보관한 물건을 은닉 · 탈루, 손괴 또는 소비하였을 때에도 3년 이하의 징역 또는 3천만원 이하의 벌금에 처한다. **2**

③ **방조자 등** : 사정을 알고도 이를 방조하거나 거짓 계약을 승낙한 자는 2년 이하의 징역 또는 2천만원 이하의 벌금에 처한다. **1**

11. 명의대여행위죄 [법 제275조의3]

관세(세관장이 징수하는 내국세 등을 포함한다)의 회피 또는 강제집행의 면탈을 목적으로 하거나 재산상 이득을 취할 목적으로 다음 각 호의 행위를 한 자는 1년 이하의 징역 또는 1천만원 이하의 벌금에 처한다.
① 타인에게 자신의 명의를 사용하여 제38조에 따른 납세신고를 하도록 허락한 자
② 타인의 명의를 사용하여 제38조에 따른 납세신고를 한 자

12. 허위신고죄 등 [법 제276조]

 해설

허위신고죄는 각종 의무위반에 관한 죄를 일괄하여 규정하고 있는바, 이 죄는 다른 관세범과는 달리 밀수품·부정수출입물품의 수출입 또는 관세수입의 감소와 같은 부정적 결과가 실제로 발생하지 않음에도 불구하고 처벌하는 것으로서 형식범이라는 공통점이 있는 것이다. 이의 범죄는 벌금형으로만 처벌하도록 하는 것이 특징이다. **1**

① **물품원가 또는 2천만원 중 높은 금액 이하의 벌금** : 다음의 어느 하나에 해당하는 자는 물품원가 또는 2천만원 중 높은 금액 이하의 벌금에 처한다.

ⓐ 종합보세사업장의 설치·운영에 관한 신고를 하지 아니하고 종합보세기능을 수행한 자 **2**

ⓑ 세관장의 중지조치 또는 같은 조 제3항에 따른 세관장의 폐쇄 명령을 위반하여 종합보세기능을 수행한 자

ⓒ 보세구역 반입명령에 대하여 반입대상 물품의 전부 또는 일부를 반입하지 아니한 자 **4**

ⓓ 수출입반송신고를 할 때 신고사항을 신고하지 않거나 허위신고를 한 자

ⓔ 보정신청 또는 수정신고를 할 때 제241조제1항에 따른 사항을 허위로 신청하거나 신고한 자

ⓕ 수입신고수리 전 반출금지 규정을 위반한 자

② **2천만원 이하의 벌금** : 다음의 어느 하나에 해당되는 자는 2천만원 이하의 벌금에 처한다. 다만, 과실로 ⓑ, ⓒ 또는 ⓔ에 해당하게 된 경우에는 300만원 이하의 벌금에 처한다.

ⓐ 부정한 방법으로 적재화물목록을 작성하였거나 제출한 자 **4**

ⓑ 신고서류 보관기간을 위반한자·재수출감면물품을 승인 없이 용도 외의 다른 용도로 사용하거나 사용한 자·다른 법령 등에 따른 감면물품을 확인 없이 무단양도한 자·국제항이 아닌 지역에 허가 없이 출입한 자·출항허가 시 적재물품 목록제출 규정을 위반한 자·국경출입차량의 관세통로 경유 및 통관역이나 통관장에 정차의무 위반한 자·보세운송업자 등록규정 위반한 자·보세화물 취급 신고규정 위반자 **1**

ⓒ 용도세율 규정 위반한 자·외교관용 물품 등 면세 양수자·재수출의무 무단사용자·관세감면물품 사후관리 규정 위반한 자

ⓓ 특허보세구역의 설치·운영에 관한 특허를 받지 아니하고 특허보세구역을 운영한 자 **1**

ⓔ 세관장의 의무이행 요구를 이행하지 아니한 자 **1**

ⓕ 자율심사 결과를 거짓으로 작성하여 제출한 자

ⓖ 거짓이나 부정한 방법으로 특허받은 경우·특허보세구역 운영인 명의대여 금지규정 위반·거짓이나 부정한 방법으로 보세운송업자 등을 등록한 경우 **1**

③ **1천만원 이하의 벌금** : 다음의 어느 하나에 해당하는 자는 1천만원 이하의 벌금에 처한다. 다만, 과실로 ⓐ 또는 ⓑ의 규정에 해당하게 된 경우에는 200만원 이하의 벌금에 처한다.

ⓐ 입항보고를 거짓으로 하거나 출항허가를 거짓으로 받은 자

ⓒ 입항보고, 출항허가 규정을 위반한 자 등

ⓒ 부정한 방법으로 신고필증을 발급받은 자

ⓒ 세관장 또는 세관공무원의 물품 또는 운송수단 등에 대한 검사 등의 조치를 거부 또는 방해한 자

④ **500만원 이하의 벌금** : 보세사의 자격을 갖춘 사람이 보세사로 근무하려면 해당 보세구역을 관할하는 세관장에게 등록하여야 하는데 이 규정을 위반한 자는 500만원 이하의 벌금에 처한다. **3**

13. 과태료 [법 제277조]

해설

- **과태료 개요**
  - 과태료는 행정기관의 입장에서는 행정적 판단에 의하여 직접 부과되고, 복잡한 사법적 절차를 거치지 않고 신속한 절차에 의하여 부과한다.
  - 위반자의 입장에서는 복잡한 절차나 전과의 우려 없이 처벌을 받을 수 있고 행정형벌에 비하여 상대적으로 가벼운 제재수단이라는 점에서 비범죄화 취지에도 부합한다.
- **형법 총칙의 배제** **2**
  - 형법상의 형벌이 아닌 과태료를 부과하는 관세질서벌에 대하여는 형법 총칙이나 형법이론이 적용되지 않는 금전벌이다.
  - 관세법상의 의무위반에 대한 제재로서 형법상에 형명이 없는 과태료를 부과하는 것이며 관세질서벌이라고도 한다.
- **양벌규정의 비적용** : 과태료를 부과하는 관세질서벌에 대하여는 관세법상의 양벌규정은 적용되지 아니한다.

① **1억 원 이하의 과태료** **1**

㉠ 세관장으로부터 수입물품 과세자료를 요구받은 특수관계에 있는 자가 천재지변 등의 정당한 사유 없이 자료 제출을 요구받은 날부터 60일 이내에 자료를 제출하지 않거나 거짓의 자료를 제출하는 경우에는 1억 원 이하의 과태료를 부과한다.

㉡ ㉠에 따른 과태료를 부과받고도 자료를 제출하지 않거나 거짓의 자료를 시정하여 제출하지 않는 경우에는 미제출된 자료를 제출하도록 요구하거나 거짓의 자료를 시정하여 제출하도록 요구할 수 있다. 이를 위반한 자에게는 2억원 이하의 과태료를 부과한다.

② **5천만원 이하의 과태료** : 다음 각 호의 어느 하나에 해당하는 자에게는 5천만원 이하의 과태료를 부과한다. 다만, 과실로 ㉡에 해당하게 된 경우에는 400만원 이하의 과태료를 부과한다.

㉠ 세관공무원의 질문에 대하여 거짓의 진술을 하거나 그 직무의 집행을 거부 또는 기피한 자

㉡ 관세청장 또는 세관장의 조치를 위반하거나 검사를 거부·방해 또는 기피한 자

㉢ 서류의 제출·보고 또는 그 밖에 필요한 사항에 관한 명령을 이행하지 아니하거나 거짓의 보고를 한 자

㉣ 세관공무원의 자료 또는 물품의 제시요구 또는 제출요구를 거부한 자

③ **1천만원 이하의 과태료** : 다음의 어느 하나에 해당하는 자에게는 1천만원 이하의 과태료를 부과한다.

　㉠ 임시 외국 정박 또는 착륙의 보고의무를 위반한 자

　㉡ 선박(항공기)용품, 국제무역선(기) 판매물품 하역 또는 환적 시 허가받을 의무를 위반한 자 **1**

　㉢ 국경출입도로차량의 운전자가 해당 도로차량이 국경을 출입할 수 있음을 증명하는 서류를 발급받을 의무를 위반한 자

　㉣ 외국물품과 내국운송신고를 하고자 하는 내국물품의 장치규정을 위반한 자

　㉤ 거대중량 보세화물 보세구역 외 장치 시 허가받을 의무를 위반한 자

　㉥ 보세구역에서의 해체절단 등의 작업 시 허가받을 의무, 부패 등의 사유로 장치물품 폐기 시 승인의무, 견본품 반출 시 허가받을 의무를 위반한 자 **1**

　㉦ 보세공장(종합보세구역)에 반입된 외국물품에 대한 사용신고 의무를 위반한 자

　㉧ 보세건설장(종합보세구역)에 반입된 외국물품의 사용 전 수입신고의무를 위반한 자

　㉨ 종합보세구역에서 소비·사용되는 물품에 대한 소비사용 전 수입통관 해야 할 의무를 위반한 자

　㉩ 종합보세구역에서 소비·사용되는 물품에 대한 수입통관 의무를 위반한 자

　㉪ 조난물품 운송 시 승인받거나 신고할 의무를 위반한 자

　㉫ 상설영업장을 갖추고 외국생산물품을 판매하는 자가 자료비치의무를 위반한 경우

　㉬ 공장 또는 건설장 외 작업 시 허가를 받지 아니한 자 **1**

　㉭ 종합보세구역 외 보세작업 시 신고할 의무를 위반하여 신고를 하지 아니하고 보세공장·보세건설장·종합보세구역 또는 지정공장 외의 장소에서 작업한 자 **1**

④ **500만원 이하의 과태료** : 다음의 어느 하나에 해당하는 자에게는 500만원 이하의 과태료를 부과한다.

　㉠ 유통이력을 신고하지 않거나 거짓으로 신고한 자 **2**

　㉡ 유통이력 신고대상물품의 장부기록 자료를 보관하지 아니한 자 **1**

　㉢ 관세청장이 정하는 장소에 반입하지 아니하고 수출의 신고를 한 자 **1**

　㉣ 한국관세정보원 또는 이와 유사한 명칭을 사용한 자

⑤ **200만원 이하의 과태료** : 다음의 어느 하나에 해당하는 자에게는 200만원 이하의 과태료를 부과한다.

　㉠ 특허보세구역의 특허사항을 위반한 운영인 **5**

　㉡ 다음의 어느 하나에 해당하는 자

　　• 자율심사결과 제출의무를 위반한 자

　　• 용도세율 적용 시 승인의무를 위반한 자

　　• 분할납부 승인받은 자가 용도변경 또는 양도 시 승인받을 의무를 위반한 자

　　• 보세구역에 물품 반·출입 시 신고의무를 위반한 자 **1**

- 보수작업 시 승인받을 의무 및 보수작업 재료로 외국물품 사용금지 규정을 위반한 자 **1**
- 지정 장치장 화물관리비용 요율에 대하여 승인받을 의무를 위반한 자
- 보세건설장 또는 종합보세구역에서 건설된 시설에 대한 수입신고수리 전 가동제한 규정을 위반한 자 **2**
- 종합보세기능 변경 시 신고의무를 위반한 자
- 종합보세구역 물품 반입 또는 반출 시 신고의무를 위반한 자
- 종합보세기능 수행에 필요한 시설 및 자비 등의 유지의무를 위반한 자
- 보세운송 신고 또는 승인신청의 명의규정을 위반한 자
- 보세운송·조난물품 운송·내국운송 도착보고 및 기간준수의무를 위반한 자 **1**
- 내국물품을 국제무역선(기)로 운송 시 신고의무를 위반한 자
- 보세운송업자 보고 및 서류제출 명령이행의무를 위반한 자
- 선사·항공사 및 업무대행업자 중요변경사항 신고의무를 위반한 자
- 수출신고수리물품 적재기간의무를 위반한 자

ⓒ 용도세율 적용물품, 외교관용 물품 등의 면세 적용물품 중 양수제한물품, 세율불균형물품의 면세, 학술연구용품의 감면세, 종교용품 등의 면세, 특정물품의 면세, 환경오염방지물품 등에 대한 감면세 적용물품, 다른 법령 등에 따른 감면 적용물품을 사후관리기간 내에 타 용도로 사용하거나 양도제한 규정 재수출면세 적용물품을 재수출기간 내에 타 용도로 사용하거나 양도제한 규정을 위반한 자 중 해당 물품을 직접 수입한 경우 관세를 감면받을 수 있고 수입자와 동일한 용도에 사용하려는 자에게 양도한 자

ⓔ 입항보고 규정, 선박회사 또는 항공사의 입항 전 여객명부 등 서류제출 규정 또는 선박회사 또는 항공사가 승객예약자료 열람 또는 제출요구에 응할 의무를 위반한 자 중 과실로 여객명부 또는 승객예약자료를 제출하지 아니한 자

ⓜ 다음의 어느 하나에 해당하는 관세청장 또는 세관장의 명령을 위반한 자
- 보세구역 장치물품 해체·절단 등 명령
- 특허보세구역·종합보세구역 운영에 필요한 시설·기계·기구 설치명령
- 보세판매장 판매물품·장치장소 등 제한조치, 세관장 보세운송·조난물품 운송·내국운송의 통로 제한조치 위반
- 화물운송주선업자·선박회사·항공사에 대한 보고명령
- 통관표지 첨부명령
- 상설영업장의 판매인 또는 그 밖의 관계인에 대한 보고명령

ⓗ 운송수단의 물품취급시간이 아닌 때에 물품취급 시의 사전통보의무를 위반하여 운송수단에서 물품을 취급한 자

ⓢ 보세구역에 물품을 반입하지 아니하고 거지승로 반입신고를 한 자 **1**

⑥ **100만원 이하의 과태료** : 다음의 어느 하나에 해당하는 자에게는 100만원 이하의 과태료를 부과한다.

　㉠ 적재물품과 일치하지 않는 적재화물목록을 작성하였거나 제출한 자. 다만, 다음의 어느 하나에 해당하는 자가 투입 및 봉인한 것이어서 적재화물목록을 제출한 자가 해당 적재물품의 내용을 확인하는 것이 불가능한 경우에는 해당 적재화물목록을 제출한 자는 제외한다.
　　• 부정한 방법으로 적재화물목록을 작성하였거나 제출한 자
　　• 적재물품을 수출한 자
　　• 다른 선박회사 · 항공사 및 화물운송주선업자

　㉡ 신고서류 보관기간을 위반하여 신고필증을 보관하지 아니한 자

　㉢ 잠정가격신고에 대한 확정가격신고를 정해진 기간 내에 하지 아니한 자

　㉣ 다음의 사항을 위반한 자
　　• 관세의 분할납부를 승인받은 법인이 합병 · 분할 · 분할합병 또는 해산을 하거나 파산선고를 받은 경우 또는 관세의 분할납부를 승인받은 자가 파산선고를 받은 경우의 사유에 대한 신고의무
　　• 용도세율을 적용받거나 관세의 감면 또는 분할납부를 승인받은 자의 해당 조건 이행 여부 확인 시 필요서류 제출의무
　　• 재해나 그 밖의 부득이한 사유로 인한 국제항출입 등에 대한 면책이유 신고의무 · 재해 등 사유 종료 시 경과보고의무
　　• 해당 운송수단의 여객 · 승무원 또는 운전자가 아닌 자가 타려는 경우 신고의무
　　• 관세청장이 정하는 보세구역에 반입되어 수입신고가 수리된 물품에 대한 수입신고수리일부터 15일 이내 반출의무
　　• 물품취급자 세관장 명령 준수 의무 및 세관공무원 지휘를 받아야 하는 의무
　　• 운영인이 특허보세구역을 운영하지 아니하게 되는 경우 등의 사실보고의무
　　• 특허보세구역 효력상실 시 또는 종합보세구역 지정취소 시 해당 보세구역에 있는 외국물품을 타 보세구역으로 반출하여야 하는 의무
　　• 내국물 보세창고 장치 시 신고 또는 승인받을 의무
　　• 장치기간이 경과한 보세창고 · 종합보세구역에 장치한 내국물품 반출의무
　　• 보세공장 또는 종합보세구역에서 내국작업을 하는 경우 허가받을 의무
　　• 수출 · 수입 · 반송신고 시 서류제출을 생략하게 하거나 수입신고수리 후에 서류를 제출하게 하는 경우로서 세관장의 자료 제시 또는 제출 요청을 따라야 하는 의무
　　• 탁송품 운송업자의 사실과 다른 통관목록 제출금지 규정

　㉤ 보세구역 장치물품 또는 유치 · 예치물품에 따른 세관장의 명령을 이행하지 아니한 자

ⓑ 다음의 세관장의 명령이나 보완조치를 이행하지 아니한 자
- 특허보세구역 또는 종합보세구역 장치물품에 대한 세관장의 물품반출명령 **1**
- 수출 · 수입 · 반송에 대한 신고서 또는 제출서류에 대한 세관장의 보완요구

ⓢ 다음 세관장의 감독 · 검사 · 보고지시 등을 따르지 아니한 자
- 세관장의 특허보세구역 또는 종합보세구역 운영인에 대한 감독 · 특허보세구역 또는 제조 · 수리공장 운영인에 대한 보고명령 또는 운영사항 검사규정
- 보세건설장 또는 종합보세구역 반입물품에 대한 세관장의 장치장소 제한 또는 상황보고지시
- 종합보세구역에 대한 세관장의 장부나 전산처리장치를 이용한 기록검사 또는 조사 및 업무보고지시

⑦ **과태료의 부과징수 등**
ⓐ 과태료는 세관장이 부과 · 징수한다. 즉, 형벌이 아니며 일종의 행정처분이다. **3**
ⓑ 과태료 처분에 불복하는 당사자는 과태료 부과 통지를 받은 날부터 60일 이내에 해당 행정청에 서면으로 이의제기를 할 수 있다. **1**
ⓒ 과태료 처분 시에는 일정요건을 충족할 경우 금액 감경을 할 수 있다. **2**
ⓓ 15일 간 구두 또는 서면으로 의견제출의 기회를 주어야 한다. **1**
ⓔ 과태료 처분에 불복하는 자는 그 처분의 고지를 받은 날부터 60일 내에 이의를 제기할 수 있다. **1**
ⓕ 과태료 처분에 이의제기가 있을 경우 관할법원은 「비송사건절차법」에 의한 과태료 재판을 한다. **2**
ⓖ 과태료는 관세행정질서를 문란케 하는 행위에 대한 제재로 과하여지는 것으로 「관세법」과 「질서위반행위규제법」을 적용한다. **1**
ⓗ 「질서위반행위규제법」에는 질서위반행위가 종료된 날부터 5년이 경과한 경우에는 해당 질서위반행위에 대하여 과태료를 부과할 수 없다. **2**
ⓘ 「질서위반행위규제법」에서 행위자가 행정법규상 의무위반을 하지 않기 위하여 최선의 노력을 하였다면 과태료를 부과할 수 없다. **1**
ⓙ 하나의 행위가 2 이상의 질서위반행위에 해당하면 각 질서위반행위에 대하여 정한 과태료 중 가장 중한 것을 부과한다. **2**
ⓚ 과태료는 법률에 근거가 있어야 하고, 부과절차 또한 법률에 의거해야 한다. **1**

14. 형법 적용의 일부배제 [법 제278조]

이 법에 따른 벌칙에 위반되는 행위를 한 자에게는 「형법」 중 벌금 경합에 관한 제한가중규정을 적용하지 아니한다. **1**

15. 양벌규정 [법 제279조]

 해설

1. 양벌규정은 사용인 등의 행위로 인한 이익이 업무주체에 귀속되고, 사용인 등은 업무주체의 지휘 · 감독을 받는 입장에 있으므로 사용인 등의 위법행위에 대한 업무주체의 과실책임을 인정함으로써 업무주체의 감독의무를 부여하여 범죄를 미연에 방지하려는 데 목적이 있다.
2. 양벌규정이란 형벌법규를 직접 위반한 행위자를 벌하는 외에 그 행위자와 일정한 관계를 맺고 있는 다른 법인이나 사람도 함께 처벌하는 규정을 말한다.

① **양벌 규정** : 법인의 대표자나 법인 또는 개인의 대리인, 사용인, 그 밖의 종업원이 그 법인 또는 개인의 업무에 관하여 제11장에서 규정한 벌칙(제277조의 과태료는 제외한다)에 해당하는 위반행위를 하면 행위자를 벌하는 외에 그 법인 또는 개인에게도 해당 조문의 벌금형을 과한다. 다만, 법인 또는 개인이 위반행위를 방지하기 위하여 해당 업무에 관하여 상당한 주의와 감독을 게을리하지 아니한 경우에는 그렇지 않다. **6**

관련규정   **몰수와 추징의 적용**

행위자로부터 몰수 또는 추징을 할 경우 개인 및 법인을 범인으로 본다.

② **개인의 범위** : ①에서 개인은 다음의 어느 하나에 해당하는 사람으로 한정한다. **1**

　㉠ 특허보세구역 또는 종합보세사업장의 운영인 **5**

　㉡ 수출(「수출용원재료에 대한 관세 등 환급에 관한 특례법」에 따른 수출 등을 포함)·수입 또는 운송을 업으로 하는 사람 **4**

　㉢ 관세사 **4**

　㉣ 국제항 안에서 물품 및 용역의 공급을 업으로 하는 사람 **4**

　㉤ 전자문서중계사업자

> **해설**　보세사, 지정 장치장 화물관리인은 개인의 범위에 포함되지 아니한다.

16. 몰수 · 추징 [법 제282조]

> **해설**
> • 몰수란 범죄행위에 제공하였거나 범죄로 인해 생긴 물건에 대한 사회적 유통을 억제하고, 범죄로 인한 재산적 이익을 회수하기 위하여 소유권을 박탈하는 재산형이다. **1**
> • 주형에 부과하여 과하는 것이 원칙이나, 예외적으로 몰수만으로 과할 수 있고 몰수불능일 때에는 가액을 추징한다.

① **수출입금지품** : 금지품수출입죄(죄를 저지를 목적으로 예비를 한 자를 포함)에 해당하는 경우에는 물품을 몰수한다. **4**

② **범인이 소유하거나 점유하는 물품** : 밀수출입죄 또는 밀수품취득죄의 경우(죄를 저지를 목적으로 예비를 한 자를 포함)에는 범인이 소유하거나 점유하는 그 물품을 몰수한다. 다만, 밀수입죄의 경우로서 다음의 어느 하나에 해당하는 물품은 몰수하지 아니할 수 있다. **4**

　㉠ 보세구역에 반입신고를 한 후 반입한 외국물품 **2**

　㉡ 세관장의 허가를 받아 보세구역이 아닌 장소에 장치한 외국물품 **2**

　㉢ 「폐기물관리법」에 따른 폐기물

　㉣ 그 밖에 몰수의 실익이 없는 물품으로서 대통령령으로 정하는 물품 **1**

③ **추징**

　㉠ 몰수할 물품의 전부 또는 일부를 몰수할 수 없을 때에는 그 몰수할 수 없는 물품의 범칙 당시의 국내도매가격에 상당한 금액을 범인으로부터 추징한다. **4**

　㉡ 다만, 밀수품취득죄 중 밀수입죄 물품을 감정한 자는 제외한다. **2**

관련규정	「관세법 시행령」 제266조(국내도매가격)

법 제282조제3항에서 "국내도매가격"이라 함은 도매업자가 수입물품을 무역업자로부터 매수하여 국내도매시장에서 공정한 거래방법에 의하여 공개적으로 판매하는 가격을 말한다.

④ **개인 및 법인에 대한 몰수와 추징 적용** : 양벌규정의 개인 및 법인은 몰수와 추징 규정을 적용할 때에는 이를 범인으로 본다.

17. 조사와 처분

> 🧑‍🏫 **해설** **「형사소송법」과의 관계**
> • 관세범 또한 형사범이므로 형사 절차를 거쳐 국가형벌권이 실현되는 것이나, 관세범의 조사와 처분을 세관공무원이 전담하도록 함으로써 통상의 형사 절차인 「형사소송법」에 대한 특례를 규정하고 있다.
> • 관세범은 내용이 극히 복잡하고 기술적이므로 관세에 관한 전문지식과 경험이 풍부한 세관공무원이 1차로 조사를 전담하는 것이 적합하기 때문이다. 「관세법」에는 관세범칙사건의 조사에서 고발에 이르기까지 특별 절차를 규정하고 있다.
> • 관세범에 대해서는 이 법에 특별한 규정이 있는 것을 제외하고는 「형사소송법」을 준용한다.

① **관세범** [법 제289조]

ⓐ 관세범
- 법에서 관세범이란 이 법 또는 이 법에 따른 명령을 위반하는 행위로서 법에 따라 형사처벌되거나 통고처분되는 것을 말한다. ②
- 관세범에 관한 조사 · 처분은 세관공무원이 한다. ②
- 세관공무원은 관세범에 대하여 사법경찰관리의 직무를 수행할 자와 직무범위에 관한 법률이 정하는 바에 의하여 사법경찰관리의 직무를 행한다. ①

> 🧑‍🏫 **해설** 「관세법」에 의한 사법경찰관리의 직무를 행하는 것이 아님에 유의하여야 한다.

- 관세범에 관한 서류는 인편 또는 등기우편으로 송달한다.
- 경찰, 검찰 등 다른 기관이 관세범에 관한 사건을 발견하거나 피의자를 체포하였을 때에는 즉시 세관공무원에 인계하여야 한다. ③

ⓑ 조사
- 세관공무원은 관세범이 있다고 인정할 때에는 범인, 범죄사실 및 증거를 조사하여야 한다. ①
- 세관공무원이 피의자를 조사하였을 때에는 조서를 작성해야 한다. 다만, 현행범 조사 등 긴급한 경우에는 주요 내용을 적은 서면으로 조서를 대신할 수 있다. ①
- 관세범의 현행범인이 그 장소에 있을 때에는 누구든지 체포할 수 있다. ①
- 이 법에 따라 수색 · 압수를 할 때에는 관할 지방법원 판사의 영장을 받아야 한다. 다만, 긴급한 경우에는 사후에 영장을 발급받아야 한다.

- 소유자 · 점유자 또는 보관자가 임의로 제출한 물품이나 남겨 둔 물품은 영장 없이 압수할 수 있다. **1**
- 해 진 후부터 해 뜨기 전까지는 검증 · 수색 또는 압수를 할 수 없다. 다만, 현행범인 경우에는 그러하지 아니하다. 이미 시작한 검증 · 수색 또는 압수는 계속할 수 있다. **1**

② **공소의 요건 [법 제284조] 3**

㉠ 관세범에 관한 사건에 대하여 관세청장이나 세관장의 고발이 없으면 검사는 공소를 제기할 수 없다.

 해설 공소란 검사가 법원에 특정 형사사건의 재판을 청구하는 것을 말한다.

㉡ 다른 기관이 관세범에 관한 사건을 발견하거나 피의자를 체포하였을 때에는 즉시 관세청이나 세관에 인계하여야 한다. **1**

③ **압수물품**

㉠ 압수

- 세관공무원은 관세범 조사에 의하여 발견한 물품이 범죄의 사실을 증명하기에 충분하거나 몰수하여야 하는 것으로 인정될 때에는 이를 압수할 수 있다. 압수물품은 편의에 따라 소지자나 시 · 군 · 읍 · 면사무소에 보관시킬 수 있다. **1**
- 세관장은 압수된 물품에 대하여 그 압수일부터 6개월 이내에 해당 물품의 소유자 및 범인을 알 수 없는 경우에는 해당 물품을 유실물로 간주하여 유실물 공고를 하여야 한다. **1**
- 공고일부터 1년이 지나도 소유자 및 범인을 알 수 없는 경우에는 해당 물품은 국고에 귀속된다. **1**

㉡ 매각 : 관세청장이나 세관장은 압수물품이 다음의 어느 하나에 해당하는 경우에는 피의자나 관계인에게 통고한 후 매각하여 그 대금을 보관하거나 공탁할 수 있다. 다만, 통고할 여유가 없을 때에는 매각한 후 통고하여야 한다. **2**

- 부패 또는 손상되거나 그 밖에 사용할 수 있는 기간이 지날 우려가 있는 경우 **1**
- 보관하기가 극히 불편하다고 인정되는 경우 **1**
- 처분이 지연되면 상품가치가 크게 떨어질 우려가 있는 경우 **1**
- 피의자나 관계인이 매각을 요청하는 경우 **1**

㉢ 폐기 : 관세청장이나 세관장은 압수물품 중 다음의 어느 하나에 해당하는 것은 피의자나 관계인에게 통고한 후 폐기할 수 있다. 다만, 통고할 여유가 없을 때에는 폐기한 후 즉시 통고하여야 한다. **5**

- 사람의 생명이나 재산을 해칠 우려가 있는 것
- 부패하거나 변질된 것
- 유효기간이 지난 것

- 상품가치가 없어진 것

㉣ 반환
- 관세청장이나 세관장이 몰수하지 아니할 때에는 압수물품이나 환가대금을 반환하여야 한다.
- 세관장은 반환된 물품에 대하여 관세가 미납된 경우에 반환받을 자로부터 해당 관세를 징수한 후에 반환하여야 한다.
- 반환받을 자의 주소 및 거소가 분명하지 않아 반환할 수 없을 때에는 요지를 공고하여야 한다.
- 6개월이 지날 때까지 반환청구가 없는 경우 물품이나 환가대금을 국고에 귀속시킬 수 있다.

④ 통고처분 [법 제311조]

> (🧑) 해설
>
> - 통고처분은 관세범을 처벌하는 조치이지만 행정처분이며 사법기관의 재판이 아니므로, 벌금·몰수 또는 추징이라는 형벌 그 자체를 과하는 것이 아니라 그에 상당하는 금액을 납부하는 것을 통고하여 알려주는 것이다. 따라서, 통고처분을 강제적으로 이행시키는 수단은 강구되어 있지 않다. **2**
> - 통고처분은 관세범의 특수성을 고려하여 전문지식을 가진 세관공무원의 조사결과에 의하여 관세업무를 직접 담당하는 관세청장이나 세관장이 신속한 처리를 하게 함으로써 번거로운 사법적 절차에 비하여 시간과 비용 등을 절약하면서 징벌의 효과를 충분히 거둘 수 있고, 벌과금의 조기징수도 달성할 수 있다는 취지가 있다.

㉠ 통고 : 관세청장이나 세관장은 관세범을 조사한 결과 범죄의 확증을 얻었을 때에는 대통령령으로 정하는 바에 따라 대상이 되는 자에게 이유를 구체적으로 밝히고 다음에 해당하는 금액이나 물품을 납부할 것을 통고할 수 있다. **5**
- 벌금에 상당하는 금액(해당 벌금 최고액의 100분의 30으로 한다) **4**
- 몰수에 해당하는 물품
- 추징금에 해당하는 금액

심화 📈 | 통고처분의 금액 **1**

- 관세청장이나 세관장은 관세범이 조사를 방해하거나 증거물을 은닉·인멸·훼손한 경우 등 관세청장이 정하여 고시하는 사유에 해당하는 경우에는 벌금에 상당하는 금액의 100분의 50 범위에서 관세청장이 정하여 고시하는 비율에 따라 그 금액을 늘릴 수 있다. **2**
- 관세청장이나 세관장은 관세범이 조사 중 해당 사건의 부족세액을 자진하여 납부한 경우, 심신미약자인 경우 또는 자수한 경우 등 관세청장이 정하여 고시하는 사유에 해당하는 경우에는 벌금에 상당하는 금액의 100분의 50 범위에서 관세청장이 정하여 고시하는 비율에 따라 그 금액을 줄일 수 있다.
- 관세범이 상기 사유에 2가지 이상 해당하는 경우에는 각각의 비율을 합산하되, 합산한 비율이 100분의 50을 초과하는 경우에는 100분의 50으로 한다.

ⓛ 예납 : 관세청장이나 세관장은 ⓥ에 따른 통고처분을 받는 자가 벌금이나 추징금에 상당한 금액을 예납하려는 경우에는 이를 예납시킬 수 있다. **1**

ⓒ 통고서 작성 : 통고처분을 할 때에는 통고서를 작성하여야 하고, 통고처분의 고지는 통고서를 송달하는 방법으로 하여야 한다.
- 처분을 받을 자의 성명, 나이, 성별, 직업 및 주소 **1**
- 벌금에 상당한 금액, 몰수에 해당하는 물품 또는 추징금에 상당한 금액 **1**
- 범죄사실 **1**
- 적용 법조문 **1**
- 이행 장소 **1**
- 통고처분 연월일 **1**

ⓓ 이행기간 : 관세범인이 통고서의 송달을 받았을 때에는 그 날부터 15일 이내에 이를 이행하여야 한다. **2**

ⓔ 통고처분의 효과
- 통고가 있는 때에는 공소의 시효는 정지된다. **7**
- 통고처분을 이행하면 관세징수권의 소멸시효가 중단된다. **3**

> **해설**
>
> 통고처분의 효력은 통고서가 상대방에게 도달되어야 효력이 발생하며, 도달일이 공소시효의 정지나 관세징수권 소멸시효의 중단 사유 발생일이 된다.

ⓗ 통고처분 이행의 효과(일사부재리) : 동일 사건에 대하여 다시 처벌을 받지 아니한다. **6**

ⓘ 통고처분 불이행 : 관세범인이 이행기간 이내에 이행하지 아니하였을 때에는 관세청장이나 세관장은 즉시 고발하여야 한다. 다만, 15일이 지난 후 고발이 되기 전에 통고처분을 이행한 경우에는 그렇지 않다. **5**

관련규정 **통고처분 불이행 외 고발사유**

- 즉시 고발 [법 제312조] **5**
관세청장이나 세관장은 범죄의 정상이 징역형에 처해질 것으로 인정될 때에는 통고처분 규정에도 불구하고 즉시 고발하여야 한다.
- 무자력 고발 [법 제318조] **8**
관세청장이나 세관장은 다음의 어느 하나의 경우에는 즉시 고발하여야 한다.
  - 관세범인이 통고를 이행할 수 있는 자금능력이 없다고 인정되는 경우
  - 관세범인의 주소 및 거소가 분명하지 않거나 그 밖의 사유로 통고를 하기 곤란하다고 인정되는 경우
- 관세범으로 「특정범죄 가중처벌 등에 관한 법률」을 위반한 경우 **1**

ⓞ 통고처분 면제 : 관세청장이나 세관장은 통고처분 대상자의 연령과 환경, 법 위반의 동기와 결과, 범칙금 부담능력과 그 밖에 정상을 고려하여 관세범칙조사 심의위원회의 심의 · 의결을 거쳐 통고처분을 면제할 수 있다. 이 경우 관세청장이나 세관장은 관세범칙조사 심의위원회의 심의 · 의결 결과를 따라야 한다. **2**

ⓩ 통고처분 면제요건 : 통고처분 면제는 다음의 요건을 모두 갖춘 관세범을 대상으로 한다.
- 벌금에 상당하는 금액이 30만원 이하일 것
- 몰수에 해당하는 물품의 가액과 추징금에 해당하는 금액을 합한 금액이 100만원 이하일 것

자율관리제도

학·습·전·략 본 장은 '보세사'라는 직업의 근간이 되는 자율관리보세구역 제도와 보세사 제도가 중점이 되므로 보세사 수험생이라면 눈여겨 보아야 하며 출제되는 부분이 반복적으로 재출제가 되고 있어서 수험 목적상으로 공부 효율이 좋은 장이다. 중요한 개념으로는 자율관리보세구역 지정과 혜택, 보세사의 의무, 보세사 징계의 개념이 빈출되고 있다.

1. 자율관리보세구역

① 자율관리보세구역 지정

ㄱ 자율관리보세구역

- 자율관리보세구역이란 보세구역 중 물품의 관리 및 세관감시에 지장이 없다고 인정하여 관세청장이 정하는 바에 따라 세관장이 지정하는 보세구역을 말한다. **4**
- 자율관리보세구역의 관리에 관하여 필요한 사항은 관세청장이 정한다. **1**

ㄴ 지정요건 : 자율관리보세구역은 다음의 사항을 충족하고 운영인 등의 법규수행능력이 우수하여 보세구역 자율관리에 지장이 없어야 한다. **5**

- 일반 자율관리보세구역
  - 보세화물관리를 위한 보세사 채용 **2**
  - 화물의 반·출입, 재고관리 등 실시간 물품관리가 가능한 전산시스템(WMS, ERP) 구비 **6**
- 우수 자율관리보세구역
  - 보세화물관리를 위한 보세사 채용 **2**
  - 화물의 반·출입, 재고관리 등 실시간 물품관리가 가능한 전산시스템(WMS, ERP) 구비
  - 「종합인증우수업체 공인 및 관리업무에 관한 고시」에 해당하는 종합인증 우수업체 **3**
  - 보세공장의 경우 「보세공장 운영에 관한 고시」에 따라 수출신고금액 비중이 50% 이상이고 시스템(기업자원관리 등)이 갖춰질 것 **2**

ㄷ 지정신청 및 갱신

- 자율관리보세구역으로 지정을 받으려는 사람은 자율관리보세구역 지정신청서(보세사 등록증 등 첨부)를 세관장에게 제출하여야 하며, 신청서류는 우편 또는 FAX 등 정보통신망 등을 이용하여 제출할 수 있다. **4**
- 신청을 받은 세관장은 지정요건(보세사 채용여부 등)을 검토하여 보세화물관리 및 세관감시·감독에 지장이 없다고 판단되는 경우 해당 보세구역의 특허기간을 지정기간으로 하여 자율관리보세구역을 지정하고 자율관리보세구역 지정서를 교부하여야 한다. **2**

- 보세구역 운영인 등이 자율관리보세구역 지정기간을 갱신하려는 때에는 지정기간이 만료되기 1개월 전까지 세관장에게 지정신청 서식으로 자율관리보세구역 갱신 신청을 하여야 한다. 다만, 특허의 갱신과 자율관리보세구역 갱신을 통합하여 신청한 경우에는 특허보세구역 설치 · 운영 특허(갱신)신청서 하단의 자율관리보세구역 갱신 신청란에 갱신 신청 여부를 표시하는 방법으로써 자율관리보세구역 갱신 신청을 한 것으로 갈음한다. 이때, 자율관리보세구역 갱신 심사기간은 특허보세구역 갱신 심사기간에 따른다. **3**
- 세관장은 자율관리보세구역 운영인 등에게 다음의 사항을 지정기간 만료 2개월 전에 문서, 전자메일, 전화, 휴대폰 문자전송 방법 등으로 미리 알려야 한다. **2**
  - 지정기간 만료 1개월 전까지 갱신 신청을 하여야 한다는 사실
  - 갱신절차

㉣ 지정취소 : 세관장은 다음의 경우 자율관리보세구역의 지정을 취소할 수 있으며 이 경우 해당 보세구역의 운영인 등에게 통보하여야 한다.
- 장치물품에 대한 관세를 납부할 자금능력이 없다고 인정되는 경우 **4**
- 본인이나 그 사용인이 이 법 또는 이 법에 따른 명령을 위반한 경우 **4**
- 시설의 미비 등으로 특허보세구역의 설치 목적을 달성하기 곤란하다고 인정되는 경우 **1**
- 보세사가 아닌 자에게 보세화물관리 등 보세사의 업무를 수행하게 한 경우. 다만, 업무대행자를 지정하여 사전에 세관장에게 신고한 경우에는 보세사가 아닌 자도 보세사 이탈 시 보세사 업무를 수행할 수 있다. **5**
- 자율관리보세구역 지정요건을 충족하지 못한 경우 **2**
- 그 밖에 보세화물을 자율적으로 관리할 능력이 없거나 부적당하다고 세관장이 인정하는 경우 **5**

 해설

상기 규정 외에 보세사가 해고되어 업무를 수행할 수 없는 경우에 2개월 이내에 다른 보세사를 채용하지 않는 경우도 지정취소사유에 해당된다. **5**

심화 | 지정취소 시 의견청취

① 세관장은 자율관리보세구역의 지정을 취소하려는 때에는 미리 해당 운영인 등의 의견을 청취하는 등 기회를 주어야 한다. **1**
② 세관장이 의견청취를 할 때에는 의견청취 예정일 10일 전까지 의견청취 예정일 등을 지정하여 당해 보세구역의 운영인 등에게 서면으로 통지하여야 한다. 이 경우 통지서에는 정당한 사유 없이 의견청취에 응하지 아니할 때에는 의견진술의 기회를 포기하는 것으로 본다는 뜻을 명시하여야 한다. **1**
③ 통지를 받은 해당 운영인 등 또는 대리인은 지정된 날에 출석하여 의견을 진술하거나 지정된 날까지 서면으로 의견을 제출할 수 있다.
④ 해당 보세구역의 운영인 등 또는 대리인이 출석하여 의견을 진술한 때에는 세관공무원은 요지를 서면으로 작성하여 출석자 본인으로 하여금 이를 확인하게 한 후 서명날인하게 하여야 한다. **1**

② **자율관리보세구역 혜택** : 자율관리보세구역에 장치한 물품에 대하여는 반·출입 시 세관공무원의 참여 및 관세청장이 정하는 아래의 절차를 생략한다. **1**

  ㉠ 절차생략 등 : 세관장은 절차생략 등의 업무에 대하여는 자율관리보세구역 지정서에 명기하고, 보세사로 하여금 수행하게 하여야 한다.

  • 일반 자율관리보세구역

    − 내국물품 반·출입신고 면제 : 자율관리보세구역으로 지정받은 자가 내국물품(수입신고가 수리된 물품은 제외한다)에 대한 장부를 비치하고 반·출입사항을 기록 및 관리하는 경우 반·출입 신고서 제출을 면제하거나 기재사항 일부를 생략하게 할 수 있다. **5**

    − 보수작업 승인생략 : 「식품위생법」, 「건강기능식품에 관한 법률」 및 「축산물 위생관리법」, 「의료기기법」, 「약사법」, 「화장품법」 및 「전기용품 및 생활용품 안전관리법」에 따른 표시작업(원산지표시 제외)과 벌크화물의 사일로(silo)적입을 위한 포장제거작업의 경우 보수작업 신청(승인) 생략 **7**

    − 재고조사 및 보고의무 완화 : 「보세화물 관리에 관한 고시」에 따른 재고조사 및 보고의무를 분기별 1회에서 연 1회로 완화 **5**

 해설 완화의 의미이지 생략이 아님을 유의한다.

    − 보세구역 운영상황 점검생략 : 「특허보세구역 운영에 관한 고시」에 따라 보세구역 운영상황보고를 받은 세관장은 소속공무원으로 하여금 보세구역을 방문하여 운영상황을 점검하도록 하여야 한다. 자율관리보세구역의 경우 보세구역 운영상황의 점검이 생략된다. **7**

    − 수입신고 전 확인승인 생략 : 「보세화물 관리에 관한 고시」에 따라 화주는 장치물품을 수입신고 이전에 확인할 때에 수입신고 전 물품확인승인(신청)서를 제출하여 세관장의 승인을 받아야 한다. 자율관리보세구역의 경우 장치물품의 수입신고 전 확인신청(승인)을 생략한다. **6**

  • 우수 자율관리보세구역

    − 일반 자율관리보세구역 절차생략 일체

    − 「보세공장 운영에 관한 고시」 따른 자율관리보세공장 특례 적용

    − 「보세공장 운영에 관한 고시」에 따른 보관창고 증설을 단일보세공장 소재지 관할구역 내의 장소에도 허용 **1**

  ㉡ 절차생략 등의 정지

  • 세관장은 자율관리보세구역 운영인 등이 다음 각 호의 어느 하나에 해당하는 경우에는 기간을 정하여 절차생략 등을 정지할 수 있다. **1**

    − 보세사가 해고 또는 취업정지 등의 사유로 업무를 수행할 수 없는 경우 : 보세사 채용 시까지 **4**

    − 운영인 등이 경고처분을 1년에 3회 이상 받은 경우 : 1개월 이내의 기간 **4**

- 세관장은 절차생략 등을 정지하는 기간 동안 자율관리보세구역에 위탁되거나 생략된 업무는 세관공무원이 직접 관리한다. **2**

  © 운영인의 의무 : 운영인 등은 자율관리보세구역의 운영과 관련하여 다음의 사항을 준수하여야 한다.

- 운영인 등은 보세사가 아닌 자에게 보세화물관리 등 보세사의 업무를 수행하게 하여서는 아니 된다. 다만, 업무대행자를 지정하여 사전에 세관장에게 신고한 경우에는 보세사가 아닌 자도 보세사가 이탈 시 보세사 업무를 수행할 수 있다. 업무대행자가 수행한 업무에 대해서는 운영인이 책임진다. **4**
- 운영인 등은 당해 보세구역에 작업이 있을 때는 보세사를 상주 근무하게 하여야 하며 보세사를 채용, 해고 또는 교체하였을 때에는 세관장에게 즉시 통보하여야 한다. **5**
- 보세사가 해고 또는 취업정지 등의 사유로 업무를 수행할 수 없는 경우에는 2개월 이내에 다른 보세사를 채용하여 근무하게 하여야 한다. **4**
- 운영인 등은 절차생략 등에 따른 물품 반·출입 상황 등을 보세사로 하여금 기록·관리하게 하여야 한다. **5**
- 운영인 등은 해당 보세구역 반·출입 물품과 관련한 생산, 판매, 수입 및 수출 등에 관한 세관공무원의 자료 요구 또는 현장 확인 시에 협조하여야 한다. **4**
- 자율관리보세구역의 운영인은 보세구역에서 반·출입된 화물에 대한 장부를 2년간 그 보세구역에 비치·보관하여야 한다. **4**

③ **자율관리보세구역에 대한 감독**

  ③ 자율점검 : 운영인은 회계연도 종료 3개월이 지난 후 15일 이내에 자율관리 보세구역 운영 등의 적정 여부를 자체점검하고, 다음의 사항을 포함하는 자율점검표를 작성하여 세관장에게 제출하여야 한다. 다만, 운영인이 자율점검표를 「특허보세구역운영에 관한 고시」의 보세구역 운영상황 및 「보세화물 관리에 관한 고시」의 재고조사 결과와 함께 제출하려는 경우, 자율점검표를 다음 해 2월 말까지 제출할 수 있다. **4**

- 자율관리 보세구역 지정요건 충족 여부 **1**
- 관세청장이 정하는 절차생략 준수 여부 **1**
- 운영인 등의 의무사항 준수 여부 **1**

  © 정기감사

- 세관장은 제출받은 자율점검표 등의 심사결과 자율관리 보세구역 운영 관리가 적정하다고 판단되는 경우에는 자율점검표를 해당 연도 정기감사에 갈음하여 생략할 수 있으며, 자율점검표 미제출·제출기한 미준수 등의 사유에 해당하는 자율관리 보세구역에 대하여는 정기감사를 하여야 한다. **2**
- 세관장은 자율관리보세구역의 운영실태 및 보세사의 관계 법령 이행 여부 등을 확인하기 위하여 별도의 감사반을 편성(외부 민간위원을 포함할 수 있다)하고 7일 이내의 기간을 설정하여 연 1회 정기감사를 실시하여야 한다. **3**

• 세관장은 감사 결과 이상이 있을 경우에는 시정명령 등 필요한 조치를 하고 결과를 관세청장에게 보고하여야 한다. **1**

2. 보세사 제도의 운영

① 보세사

ㄱ 보세사 자격

① 운영인의 결격사유의 어느 하나에 해당하지 않는 사람으로서 보세화물의 관리업무에 관한 시험(보세사 시험)에 합격한 사람은 보세사의 자격이 있다. **1**
② 그럼에도 불구하고 일반직공무원으로 5년 이상 관세행정에 종사한 경력이 있는 사람이 ①의 보세사 시험에 응시하는 경우에는 시험 과목 수의 2분의 1을 넘지 않는 범위에서 대통령령으로 정하는 과목을 면제한다. 다만, 다음의 어느 하나에 해당하는 사람은 면제하지 아니한다. **1**
• 탄핵이나 징계처분에 따라 그 직에서 파면되거나 해임된 자
• 강등 또는 정직처분을 받은 후 2년이 지나지 아니한 자
③ 보세사로 근무하려면 해당 보세구역을 관할하는 세관장에게 등록하여야 한다. **3**

ㄴ 자격 등록 취소 : 세관장은 등록을 한 사람이 다음 각 호의 어느 하나에 해당하는 경우에는 등록의 취소, 6개월 이내의 업무정지, 견책 또는 그 밖에 필요한 조치를 할 수 있다. 다만, ① 및 ②에 해당하면 등록을 취소하여야 한다. **1**

① 운영인의 결격사유(제1호부터 제7호) 중 어느 하나에 해당하게 된 경우 **3**
② 사망한 경우
③ 이 법이나 이 법에 따른 명령을 위반한 경우 **2**

ㄷ 응시자격정지 : 관세청장은 다음의 어느 하나에 해당하는 사람에 대하여는 해당 시험을 정지시키거나 무효로 하고, 그 처분이 있는 날부터 5년간 시험 응시자격을 정지한다.
• 부정한 방법으로 시험에 응시한 사람
• 시험에서 부정한 행위를 한 사람

ㄹ 보세사의 의무 : 보세사는 다음 각호의 사항과 세관장의 업무감독에 관련된 명령을 준수하여야 하고 세관공무원의 지휘를 받아야 한다. **1**
• 보세사는 다른 업무를 겸임할 수 없다. 다만, 영업용 보세창고가 아닌 경우 보세화물 관리에 지장이 없는 범위 내에서 다른 업무를 겸임할 수 있다. **10**
• 해당 보세구역에 작업이 있는 시간에는 상주하여야 한다. 다만, 영업용 보세창고의 경우에는 세관 개청 시간과 해당 보세구역 내의 작업이 있는 시간에 상주하여야 한다. **5**

해설 세관 개청 시간이 지난 야간에도 보세구역 내 작업이 있는 경우 보세사를 작업시간에 상주시켜야 한다.

- 직무와 관련하여 부당한 금품을 수수하거나 알선·중개하여서는 아니된다. **1**
- 보세사는 자기명의를 타인에게 대여하여 그 명의를 사용하게 하여서는 아니된다. **2**
- 보세사는 보세구역내에 장치된 화물의 관리와 관련하여 법령 및 화물관계 제반규정과 자율관리보세구역 관리에 관한 규정을 항상 숙지하고 이를 준수하여야 한다. **1**

  ⓜ 보세사의 직무

    보세사의 직무는 다음과 같다.

- 보세화물 및 내국물품의 반입 또는 반출에 대한 참관 및 확인 **5**
- 보세구역 안에 장치된 물품의 관리 및 취급에 대한 참관 및 확인 **3**
- 보세구역출입문의 개폐 및 열쇠 관리의 감독 **2**
- 보세구역의 출입자 관리에 대한 감독 **3**
- 견본품의 반출 및 회수 **3**
- 기타 보세화물의 관리를 위하여 필요한 업무로서 관세청장이 정하는 업무

관련규정 | **관세청장이 정하는 보세사의 직무**

- 보수작업과 화주의 수입신고전 장치물품확인시 입회·감독 **4**
- 세관봉인대의 시봉 및 관리 **3**
- 환적화물 컨테이너 적출입 시 입회·감독 **5**
- 다음 각 항목의 비치대장 작성과 확인. 다만, 전산신고 등으로 관리되는 경우에는 생략할 수 있다.
  - 내국물품 반·출입 관리대장 **1**
  - 보수작업 관리대장
  - 환적화물 컨테이너적출입 관리대장
  - 장치물품 수입신고 전 확인대장
  - 세관봉인대 관리대장
  - 그 밖에 보세화물 관련 규정에서 보세사의 직무로 정한 각종 대장

---

② **보세사 자격증 교부 및 등록**

  ㉠ 자격증 교부

- 보세사 시험에 합격한 자가 사람이 보세사 자격증을 교부받고자 할 때에는 '보세사 자격증 교부 신청서'와 같은 자격을 증명하는 서류를 첨부하여 관세청장에게 제출하여야 한다.
- 보세사 자격증 교부 신청을 받은 관세청장은 결격사유 해당 여부를 확인한 후 관세청 전자통관시스템에 자격증 교부 내역을 등록하고 신청을 한 사람에게 '보세사 자격증'을 교부한다.

  ㉡ 등록 절차

- 보세사 등록을 신청하고자 하는 사람은 보세사 등록 신청서에 입사예정 증명서 또는 재직 확인 증명서를 첨부하여 한국관세물류협회장에게 등록 신청하여야 한다. **3**

- 보세사 등록 신청을 받은 한국관세물류협회장은 결격사유 해당 여부를 확인한 후 보세사 등록대장에 기재하고 보세사 등록증을 신청인에게 교부한 후 세관장에게 등록 사실을 통보하여야 한다.

보세사자격증을 교부받은 사람이 분실 등으로 재발급 받고자 하는 경우에는 별지 "보세사자격증 교부(재교부)신청서"에 재발급사유서를 첨부하여 관세청장에게 신청하여야 한다. **1**

ⓒ 등록 취소 : 세관장은 보세사가 다음의 어느 하나에 해당하는 때에는 등록을 취소하고, 사실을 전산에 등록하여야 한다. 등록이 취소된 사람은 그 취소된 날로부터 2년 이내에 다시 등록하지 못한다. **2**
  - 보세사 자격규정에 따른 등록취소 사유에 해당하는 때(상기 ①의 ⓛ)
  - 보세구역운영인 또는 등록 보세사로부터 보세사의 퇴사·해임·교체통보 등을 받은 때 **1**
  - 등록 취소의 징계처분을 받은 경우

③ **보세사 징계**
  ⓐ 징계처분대상 **1**
    - 세관장은 보세사가 관세법이나 이 법에 따른 명령을 위반한 경우와 다음 각 호의 어느 하나에 해당한 때에는 보세사징계위원회의 의결에 따라 징계처분을 한다. **3**

보세사의 징계에 관한 사항을 심의·의결하기 위하여 세관에 보세사징계위원회를 둔다. **1**

    − 보세사의 직무 또는 의무를 이행하지 않는 경우 **2**
    − 경고처분을 받은 보세사가 1년 이내에 다시 경고처분을 받는 경우 **4**

 해설

세관장은 보세사에게 등록취소를 하거나 징계처분(경고처분)을 하였을 때에는 한국관세물류협회장에게 통보하여야 한다. **1**

    − 보세사의 직무를 보세사가 아닌 사람이 수행하게 한 경우 **1**
    − 기타 법규 또는 세관장의 명령에 위반하는 경우 **1**

심화 | **징계의결 요구 및 회의기간**

  ① 세관장은 보세사가 제14조제1항 각호에 해당하는 것으로 인정될 때에는 지체 없이 위원회에 해당 보세사에 대한 징계의결을 요구하여야 한다. **1**
  ② 위원회는 세관장으로부터 징계의결의 요구가 있을 때에는 그 요구를 받은 날로부터 30일 이내에 의결하여야 한다. **1**

- 보세사 징계위원회의 의결통고를 받은 세관장은 해당 보세사에 대하여 징계처분을 행하고 징계의결서를 첨부하여 본인 및 한국관세물류협회장에게 통보하여야 한다. **1**

© 징계유형 : 징계는 다음의 3종으로 한다. 다만, 연간 6월의 범위 내 업무정지를 2회 받으면 등록을 취소하여야 한다. **3**
- 견책 **2**
- 6월의 범위 이내 업무정지 **3**
- 등록취소 **1**

> 해설 경고처분은 징계처분이 아님에 유의한다.

④ **보세사의 의무 및 벌칙**

㉠ 보세사의 명의대여 등의 금지 [법]
- 보세사는 다른 사람에게 자신의 성명·상호를 사용하여 보세사 업무를 하게 하거나 그 자격증 또는 등록증을 빌려주어서는 아니 된다.
- 누구든지 다른 사람의 성명·상호를 사용하여 보세사의 업무를 수행하거나 자격증 또는 등록증을 빌려서는 아니 된다.
- 누구든지 제1항 또는 제2항의 행위를 알선해서는 아니 된다.

㉡ 보세사의 의무 [법]
- 보세사는 이 법과 이 법에 따른 명령을 준수하여야 하며, 그 직무를 성실하고 공정하게 수행하여야 한다. **1**
- 보세사는 품위를 손상하는 행위를 하여서는 아니 된다.
- 보세사는 직무를 수행할 때 고의로 진실을 감추거나 거짓 진술을 하여서는 아니 된다.

㉢ 금품 제공 등의 금지 [법] : 보세사는 다음 각 호의 행위를 하여서는 아니 된다. **1**
- 공무원에게 금품이나 향응을 제공하는 행위 또는 그 제공을 약속하는 행위
- 공무원에게 금품이나 향응을 제공하는 행위 또는 그 제공을 약속하는 행위를 알선하는 행위

㉣ 보세사의 명의대여죄 등 [법] : 다음 각 호의 어느 하나에 해당하는 자는 1년 이하의 징역 또는 1천만원 이하의 벌금에 처한다. **1**
- 다른 사람에게 자신의 성명·상호를 사용하여 보세사 업무를 수행하게 하거나 자격증 또는 등록증을 빌려준 자 **2**
- 다른 사람의 성명·상호를 사용하여 보세사의 업무를 수행하거나 자격증 또는 등록증을 빌린 자 **1**
- 보세사의 명의대여금지 규정을 위반하여 자격증 또는 등록증을 빌려주거나 빌리는 행위를 알선한 자 **1**

3. 법규수행능력평가제도

① 용어의 정의

ⓐ "수출입물류업체"란 화물관리인, 특허보세구역 운영인, 종합보세사업장 운영인, 보세운송업자·화물운송주선업자, 항공사·선박회사와 「자유무역지역의 지정 및 운영에 관한 법률」에 따른 입주기업체를 말한다. 다만, 「수출입안전관리우수업체 공인 및 운영에 관한 고시」에 따라 종합인증우수업체로 공인된 업체는 제외한다. **4**

ⓑ "법규수행능력"이란 수출입물류업체가 관세법규 등에서 정하는 사항을 준수한 정도를 측정한 점수를 말한다. **2**

ⓒ "통합법규수행능력"이란 개별 수출입물류업체의 측정점수와 물류공급망으로 연관된 전체 수출입물류업체의 측정점수를 반영하여 산출한 점수를 말한다. **2**

ⓓ "내부자율통제시스템"이란 수출입물류업체가 관세법령 등에서 정하는 보세화물취급업무를 수행하기 위한 일련의 처리절차, 내부통제절차 등을 갖춘 자체시스템을 말한다. **2**

ⓔ "세관장"이란 수출입물류업체의 영업장소를 관할하는 세관장을 말한다.

ⓕ "점검요원"이란 이 훈령에서 정하는 법규수행능력 측정 및 평가관련 사항의 점검·확인·평가관리 등을 수행하기 위하여 세관화물부서에 편성된 점검반의 구성원을 말한다.

ⓖ "평가미이행업체"란 법규수행능력 평가항목 자율점검표를 세관장에게 제출하지 아니한 업체를 말한다. **2**

ⓗ "법규수행능력측정 및 평가관리시스템(법규수행능력 평가시스템)"이란 수출입물류업체에 대한 세관절차의 법규 이행 정도를 확인하기 위한 평가항목의 등록, 측정, 평가 등을 하는 전산시스템을 말한다. **1**

② 업무범위 : 법규수행능력 측정 및 평가업무의 범위는 다음과 같다.

ⓐ 「관세법」, 「자유무역지역의 지정 및 운영에 관한 법률」에서 규정하고 있는 보세화물취급에 관한 사항

ⓑ 관세청장이 정하는 적재화물목록작성 및 제출, 관리대상화물의 선별과 검사, 반·출입신고, 보세운송 신고 등 보세화물관리에 관한 사항

ⓒ 기타 보세화물취급의 적정성 확인 등 의무이행에 관한 사항

③ 내부자율통제시스템 구축

ⓐ 내부자율통제를 위한 표준매뉴얼의 작성 및 비치 : 세관장은 수출입물류업체가 내부자율통제시스템에서 정하는 분야별 항목을 참고하여 업체 자체 실정에 맞는 단계별 업무처리절차, 내부통제절차, 업무처리 전산화, 시설·장비의 구비 등 내부자율통제를 위한 표준매뉴얼을 작성하고 비치하도록 하여야 한다.

ⓑ 표준매뉴얼 제작 및 배포 : 세관장은 ⓐ의 규정에 따라 수출입물류업체가 작성하여 비치한 내부자율통제를 위한 표준매뉴얼의 적정성 여부를 확인한 결과 세관 및 수출입물류업체의

특성상 통일된 표준매뉴얼이 필요하다고 판단하는 때에는 자체 실정에 맞는 표준매뉴얼을 제작하여 수출입물류업체에 배포할 수 있다.

④ 내부자율통제시스템에 포함하여야 할 사항

ㄱ 내부자율통제시스템을 철저히 운영하여 법규수행능력을 향상시키기 위한 사항

ㄴ 소속직원이 보세화물 취급과정에서 밀수 등 불법행위에 가담하는 것을 적극 방지하기 위한 사항

ㄷ 설비, 장비가 밀수 등 불법행위에 이용되는 것을 사전에 예방하기 위한 사항

ㄹ 세관과의 긴밀한 협조를 통해 자율적인 법규수행능력 향상에 필요한 사항

ㅁ 보세화물의 안전관리 및 물류 신속화를 위한 사항

해설

내부 경영수입 극대화를 위한 업무프로세스 혁신 방안 또는 투명성 제고를 위한 사항 등은 포함하여야 할 사항이 아니다.

심화 **내부자율통제시스템 가이드라인 제반규정**

1. 내부자율통제시스템의 목적
   수출입물류업체는 관세 등 제세가 유보된 보세화물을 취급하므로 관세법령 준수와 선량한 관리자로서 주의를 다하여야 하며, 보세화물을 신속·안전하게 관리하기 위하여 업체 스스로 내부자율통제시스템을 작성 및 비치해야 함

2. 보세화물 취급에 필요한 조직운영
   수출입물류업체는 운영인, 임원, 담당직원 등 필요한 조직을 갖추고, 내부자율통제시스템을 운영하여야 함

3. 보세화물을 신속·안전하게 처리할 수 있는 장비 구비
   보세화물의 상하차작업 등에 필요한 시설·장비, 반·출입신고, 적재화물목록 제출, 보세운송신고 등을 신속·안전하게 할 수 있는 전산시스템 등의 장비를 구비하여야 함

4. 보세화물 취급 관련 보고 및 정보제공
   ① 보세화물 취급 과정에서 이상한 물품, 동태 이상자 등을 발견했을 때는 즉시 관할세관에 보고하여야 함
   ② 보세화물 취급 과정에서 수집한 정보 중 세관에 필요하다고 판단된 정보는 즉시 관할세관에 제공하여야 함
   ③ 관할세관의 정기 및 수시점검에서 지적된 사항에 대하여 즉시 시정조치하고 그 결과를 보고하여야 함

심화 **법규수행능력 평가항목에 대한 점검**

1. 점검반 편성 및 운영

① 세관장은 법규수행능력 점검반에 적재화물목록, 보세운송, 보세화물 등 해당 분야의 전문지식을 보유한 세관공무원이 균형 있게 배치될 수 있도록 편성하여야 하며, 점검의 효율성과 투명성 확보를 위해 필요한 경우 관세사 또는 보세사 등 외부전문가를 점검반원으로 편성할 수 있다.

② 점검반 편성인원은 화물주무를 반장으로 하고, 반원 3인 이상으로 구성하는 것을 원칙으로 한다. 다만, 세관공무원 및 점검대상 업체 수 등을 고려하여 편성인원을 조정하여 운영할 수 있다.

2. 점검계획의 사전통지와 자율점검

① 세관장은 법규수행능력 점검대상 수출입물류업체에 대하여 서면(현지)점검 개시 7일 전까지 법규수행능력 점검통지서와 관세청장이 별도로 정하는 법규수행능력 평가항목 자율점검표를 송부하여야 한다. 다만, 점검일정상 불가피한 경우에는 유선으로 통보하고 서면(현지) 점검 시에 동 통지서를 교부할 수 있다.

② 세관장이 제1항의 규정에 따라 수출입물류업체에 사전통지를 한 때에는 사전통지를 받은 날부터 3일 이내에 업체가 자율적으로 점검하고 법규수행능력 평가항목 자율점검표를 작성하여 점검반에게 이를 제출할 수 있도록 하여야 한다.

3. 점검 및 결과조치 🚹

① 법규수행능력 평가대상 수출입물류업체에 대한 점검은 서면점검을 원칙으로 한다. 다만, 수출입물류업체의 업무특성상 현지점검의 필요성이 있다고 판단되는 때에는 7일 이내의 기간을 정하여 현지점검을 실시할 수 있다. 세관장이 현지점검을 실시한 때에는 자율관리보세구역운영에 관한 고시 제10호에 따른 자율관리보세구역에 대한 감독을 생략할 수 있다.

② 점검 결과 수출입물류업체가 보세화물을 취급함에 있어서 내부자율통시스템이 지정기준에 미달하거나 시설장비 등의 부족으로 보세화물취급에 지장이 있다고 판단하는 때에는 다음과 같이 시정을 명하고 이행기간을 정하여 시정조치 내용을 보고하게 할 수 있다.

　㉠ 위반 내용이 경미한 경우 : 현지시정

　㉡ 보세화물 취급에 지장이 초래될 우려가 있거나 있는 경우 : 서면으로 시정 내용과 기간을 정하여 이행 요구

심화 **법규수행능력 측정 및 평가**

1. 등급부여

① 세관장은 수출입물류업체의 법규수행능력에 따라 세관절차상의 위임·위탁범위를 정하기 위하여 산출된 점수를 기준으로 수출입물류업체에 다음과 같이 등급을 부여하여야 한다.

　㉠ 90점 이상인 업체는 A등급

　㉡ 80이상 90점 미만인 업체는 B등급

　㉢ 70이상 80점 미만인 업체는 C등급

　㉣ 70점 미만인 업체는 D등급(종전 규정에 의한 D~F등급은 현행 D등급으로 본다)

　㉤ 평가미이행업체는 E등급

② 관세청장은 수출입물류업체별 점수와 등급에 따른 편차를 고려하여 수출입물류업체별로 등급별 점수를 재조정할 수 있다.

③ 세관장은 법규수행능력에 따른 수출입물류업체의 점수별 등급에 따라 수출입물류업체에 세관 절차상의 편의제도 이용을 제한할 수 있다.

2. 평가관리
① 구분관리 : 세관장이 점수의 산출 및 등급화를 한 수출입물류업체는 다음과 같이 구분하여 관리한다.
　　㉠ 선박회사 및 항공사
　　㉡ 화물운송주선업자
　　㉢ 보세운송업체
　　㉣ 보세구역(지정 장치장, 보세창고, 보세공장, 보세판매장, 종합보세구역, 보세건설장)
　　㉤ 자유무역지역 입주기업체
② 등급별 업체관리 : 세관장은 부여된 업체별 등급을 다음과 같이 구분하여 관리한다.
　　㉠ A등급인 업체는 법규수행능력 우수업체
　　㉡ B, C등급인 업체는 법규수행능력 양호업체
　　㉢ D등급인 업체는 법규수행능력 개선이행업체
　　㉣ E등급인 업체는 법규수행능력 평가미이행업체

3. 평가의 주기와 평가항목의 등록
① 세관장이 법규수행능력 평가시스템에 의하여 수출입물류업체의 법규수행능력을 평가할 수 있는 주기는 연 1회를 원칙으로 한다. **1**
② 신규업체가 법규수행능력평가를 요청할 때에는 다음의 기준을 충족하는 경우 평가를 실시할 수 있다.
　　㉠ 보세구역, 자유무역지역 : 설립 후 6개월 경과 **1**
　　㉡ 운송사, 선사, 항공사, 포워더 : 세관신고 250건 이상 **1**
③ 평가이행업체 또는 평가미이행업체가 추가 평가를 요청하는 때에는 세관장이 타당하다고 인정하는 경우에 한하여 연 1회의 추가 평가를 실시할 수 있다.
④ 추가 평가를 실시하여 등급이 조정된 경우에는 조정된 등급에 따라 관리하되, 추가 평가 결과는 평가 결과 통보일 이후부터 적용한다.
⑤ 일반적인 평가주기에 불구하고 평가항목 중에서 행정제재, 표창의 수상, 안보위해물품의 적발실적 등은 사유 발생 즉시 법규수행능력 평가시스템에 등록하여야 한다.

심화 📊　　**법규수행능력에 따른 관리원칙**

1. 업체별 등급에 따른 관리
① 세관장은 법규수행능력우수업체에 대하여는 다음과 같은 우대 등의 조치를 취할 수 있다.
　　㉠ 세관장 권한의 대폭적 위탁 **1**
　　㉡ 관세 등에 대한 담보제공의 면제 **1**
　　㉢ 보세화물에 대한 재고조사 면제 등 자율관리 확대 **1**
　　㉣ 화물C/S에 의한 검사비율의 축소 및 검사권한 위탁 **1**
　　㉤ 기타 관세청장이 정하는 사항

② 세관장은 D등급(개선이행업체)부터 E등급(평가미이행업체)에 해당하는 업체에 대하여 다음에서 정하고 있는 관세행정상 편의제도의 이용을 제한할 수 있다.
    ⊙ 보세운송 신고 · 적재화물목록정정 · 사용신고 자동수리
    ⓛ 관리대상화물 선별 또는 보세판매장 반입검사 완화
    ⓒ 보세공장 등의 재고조사
    ⓔ 보세화물 반 · 출입 정정 시 자동수리
    ⓜ 기타 관세청장이 정하는 사항

2. 개선이행계획 권고 등

① 세관장은 수출입물류업체에 대한 법규수행능력 평가 결과가 D등급에 해당하는 경우에는 법규수행능력 향상을 위한 개선이행계획서를 평가 결과 통지서를 받은 날부터 1월 이내에 제출하도록 하고 법규수행능력 평가시스템에 이를 등록하여 이행 여부를 관리하여야 한다.

② 세관 화물담당부서 점검요원은 D등급에 해당하는 업체에 대해 개선이행사항 완료기간까지 업무지도와 점검을 실시하여야 한다.

③ 세관장이 개선이행계획서를 제출받은 경우 개선이행계획서상 목표일이 경과된 후 1월 이내에 재평가를 실시하고 평가 결과 법규수행능력이 개선된 경우 등급을 상향조정하여 조정된 등급에 따라 관리한다.

④ 세관장이 개선이행계획서를 자율적으로 제출한 업체 또는 권고한 업체가 개선을 불이행하는 등 개선의 여지가 없다고 판단하는 경우에는 중점관리대상업체로 지정하여야 한다.

3. 중점관리대상업체 등에 대한 처리원칙

① 세관장은 중점관리대상업체와 E등급업체에 대해 조속한 기간 내에 업체 자력으로 법규수행능력을 향상시킬 수 있도록 특별 관리하여야 한다.

② 세관장은 특별 관리하는 기간 동안 기존의 법규수행능력보다 악화되는 등 개선의 여지가 없고, 보세화물에 대한 관세 등의 채권 확보에 지장이 있다고 판단하는 경우에는 중점관리대상업체에 대해 담보를 제공하게 하거나 세관절차의 배제 또는 보세화물취급과 관련한 고시 등에서 정하는 바에 따라 세관장이 예고 후 일정기간 업무정지 등의 조치를 취할 수 있다.

③ 세관장이 상기 조치를 취하는 경우에는 관세청장에게 즉시 보고하여야 한다.

4. 통합법규수행능력 평가대상

① 세관장은 법규수행능력 평가시스템에 등록하여 측정한 수출입물류업체를 대상으로 통합법규수행능력을 평가하여야 한다. 다만, 수출입물류업체 중 관세법상 선박회사, 항공사는 통합법규수행능력 평가에서 제외한다.

② 통합법규수행능력 점수는 다음과 같이 산출한다.
    ⊙ 법규수행능력 측정 및 평가시스템의 평가점수의 산출에 따른 해당 수출입물류업체의 점수 : 80%
    ⓛ 법규수행능력 측정 및 평가시스템의 평가점수의 산출에 따른 수출입물류업체와 관련된 전체 수출입물류업체의 평균점수 : 20%

③ 통합법규수행능력 평가업체에 대한 등급 부여 및 관리 절차에 대하여는 법규수행능력 측정 및 평가의 절차를 준용하며, 통합법규수행능력 평가 결과는 다음에서 정하는 화물의 이동단계별 위험관리에 활용할 수 있다.
    ⊙ 관리대상화물 선별 · 검사

    ⓛ 보세운송화물 선별 · 검사

    ⓒ 보세구역 종합관리시스템과 연계한 보세구역 순찰 · 점검

    ⓔ 수출입업체별 통관관리기준

    ⓜ 적재화물목록 정정심사 등 관세청장 또는 세관장이 정하는 사항

CHAPTER [03] 자유무역지역제도

학·습·전·략 본 장에서는 우선적으로 자유무역지역이 보세구역과 다른 성격의 지역임을 이해하여야 한다. 그로 인하여 둘 간의 공통점보다는 제도운영상 차이점이 주로 출제되는 편이다. 다른 장과 같이 반복적으로 빈출되는 개념은 없는 편으로 골고루 출제가 되고 있어 수험목적상 준비하기가 까다로운 편이다. 따라서 깊게 공부하기보다는 넓고 얕게 공부하여 선택과 집중을 하는 편이 좋다.

1. 제도 개요

① 자유무역지역 관련 용어의 정의

- "자유무역지역"이란 「관세법」, 「대외무역법」 등 관계 법률에 대한 특례와 지원을 통하여 자유로운 제조·물류·유통 및 무역활동 등을 보장하기 위한 지역으로서 지정된 지역을 말한다. **1**
- "입주기업체"란 자유무역지역 입주 자격을 갖춘 자로서 입주계약을 체결한 자를 말한다.
- "지원업체"란 입주기업체의 사업을 지원하는 업종의 사업을 하는 자로서 입주계약을 체결한 자를 말한다.
- "외국인투자기업"이란 「외국인투자 촉진법」에 따른 외국인투자자가 출자한 기업이나 출연한 비영리법인으로 외국인투자가 제한되는 업종에 해당하지 않는 업종을 경영하는 기업을 말한다.
- "공장"이란 「산업집적활성화 및 공장설립에 관한 법률」에 따른 공장을 말한다.
- "관세영역"이란 자유무역지역 외의 국내지역을 말한다. **1**
- "지식서비스산업"이란 「산업발전법」에 따른 지식서비스산업을 말한다.
- "반출입신고"란 물품을 자유무역지역 입주기업체에서 반출하거나 자유무역지역 입주기업체로 반입하기 위한 신고로서 「관세법」 제157조에 따른 신고를 말한다. **3**
- "국외반출신고"란 외국물품 등을 자유무역지역에서 국외로 반출하기 위한 신고를 말한다. **4**
- "잉여물품"이란 제조가공작업 등으로 인하여 발생하는 부산물과 불량품, 제품생산 중단 등의 사유로 사용하지 않는 원재료와 제품(제조물품의 전용 포장재, 운반용품을 포함) 등을 말한다. **4**
- "관세 등"이란 관세, 부가가치세, 임시수입부가세, 주세, 개별소비세, 교통·에너지·환경세, 농어촌특별세 또는 교육세를 말한다. **1**
- "수입"이란 「관세법」 제2조제1호에 따른 수입을 말한다. **1**
- "수출"이란 「관세법」 제2조제2호에 따른 수출을 말한다. **1**

- "외국물품"이란 「관세법」 제2조제4호에 따른 외국물품을 말한다. **1**
- "내국물품"이란 「관세법」 제2조제5호에 따른 내국물품을 말한다.

② 다른 법률과의 관계

ㄱ 자유무역지역에서는 자유무역지역의 지정 및 운영에 관한 법률에 규정된 사항을 제외하고는 「관세법」을 적용하지 아니한다. 다만, 다음 각 호의 어느 하나에 해당하는 경우에는 그렇지 않다. **1**
- 자유무역지역에 물품 반출입을 효율적으로 관리하기 위한 통제시설이 설치되어 있지 아니한 경우에는 그렇지 않다. **1**
- 입출항 및 하역 절차 등 통관을 위하여 필수적인 절차가 이 법에 규정되어 있지 아니한 경우
- 물품의 통관에 관하여 이 법보다 「관세법」을 적용하는 것이 입주기업체에 유리한 경우 **1**

> **관련규정** 자유무역지역 지정 및 운영에 관한 법률의 적용
>
> - 자유무역지역 안의 외국물품 등을 관세영역으로 반출하는 경우에는 「자유무역지역의 지정 및 운영에 관한 법률」에 규정된 사항을 제외하고는 「관세법」을 적용한다. **1**
> - 자유무역지역에 반·출입되는 모든 물품이 「자유무역지역법」의 적용대상이 되며, 자유무역지역에서 단순 가공 등을 한 물품과 「관세법」에 의하여 세관절차를 거친 후 반·출입신고 없이 자유무역지역을 단순 경유하는 물품도 적용대상이다.
> - 자유무역지역에 반입하기 이전의 입출항관리와 적재화물목록의 제출 등은 「관세법」의 적용을 받는다.

ㄴ 입주기업체 중 외국인투자기업에 대하여는 다음 각 호의 법률을 적용하지 아니한다.
- 「고용상 연령차별금지 및 고령자고용촉진에 관한 법률」 **2**
- 「국가유공자 등 예우 및 지원에 관한 법률」, 「보훈보상대상자 지원에 관한 법률」, 「5·18민주유공자예우에 관한 법률」, 「특수임무유공자 예우 및 단체설립에 관한 법률」
- 「장애인고용촉진 및 직업재활법」 **2**

ㄷ 자유무역지역의 지정 및 운영에 관하여 「경제자유구역의 지정 및 운영에 관한 특별법」에 이 법과 다른 규정이 있는 경우에는 이 법을 우선하여 적용한다. **2**

2. 자유무역지역의 지정 등

① 지정

ㄱ 중앙행정기관의 장이나 시·도지사는 산업통상자원부장관에게 자유무역지역의 지정을 요청할 수 있다.

ㄴ 산업통상자원부장관은 지정이 요청된 지역의 실정과 지정의 필요성 및 지정 요건을 검토한 후 기획재정부장관, 국토교통부장관 등 관계 중앙행정기관의 장과 협의하여 자유무역지역을 지정한다. 다만, 자유무역지역 예정지역으로 지정된 지역의 전부 또는 일부를 자유무역지역으로 지정하려는 경우에는 관계 중앙행정기관의 장과 협의를 거치지 아니할 수 있다.

ⓒ 산업통상자원부장관은 자유무역지역을 지정하였을 때에는 그 지역의 위치 · 경계 · 면적과 그 밖에 대통령령으로 정하는 사항을 고시하고, 내용을 지체 없이 관계 중앙행정기관의 장 및 시 · 도지사에게 통지하여야 한다.

ⓒ 통지를 받은 시 · 도지사는 내용을 14일 이상 일반인이 열람할 수 있게 하여야 한다.

② **지정 요건** : 자유무역지역은 다음의 요건을 모두 갖춘 지역에 대하여 지정한다.

ㄱ 기본요건 및 화물처리능력 : 다음 각 목의 어느 하나에 해당하는 지역으로서 화물 처리능력 등 대통령령으로 정하는 기준에 적합할 것

- 「산업입지 및 개발에 관한 법률」에 따른 산업단지

심화 📈

공항 또는 항만에 인접하여 화물을 국외의 반출 · 반입하기 쉬운 지역일 것

- 「공항시설법」공항 및 배후지

심화 📈 │ **화물처리능력**

- 연간 30만톤 이상의 화물을 처리할 수 있고, 정기적인 국제 항로가 개설되어 있을 것
- 물류터미널 등 항공화물의 보관, 전시, 분류 등에 사용할 수 있는 지역 및 배후지의 면적이 30만 제곱미터 이상이고, 배후지는 해당 공항과 접하여 있거나 전용도로 등으로 연결되어 있어 공항 과의 물품 이동이 자유로운 지역으로서 화물의 보관, 포장, 혼합, 수선, 가공 등 공항의 물류기능 을 보완할 수 있을 것

- 「물류시설의 개발 및 운영에 관한 법률」에 따른 물류터미널 및 물류단지

관련규정 │ **화물처리능력**

- 연간 1천만 톤 이상의 화물을 처리할 수 있는 시설이나 설비를 갖추고 있을 것
- 반입물량의 100분의 50 이상이 외국으로부터 반입되고, 외국으로부터 반입된 물량의 100분의 20 이상이 국외로 반출되거나 반출될 것으로 예상될 것
- 물류단지 또는 물류터미널의 면적이 50만제곱미터 이상일 것 **1**

- 「항만법」에 따른 항만 및 배후지

- 연간 1천만톤 이상의 화물을 처리할 수 있고, 정기적인 국제 컨테이너선박 항로가 개설되어 있을 것
- 3만톤 급 이상의 컨테이너선박용 전용부두가 있을 것
- 「항만법 시행령」 별표 1에 따른 육상구역의 면적 및 배후지의 면적이 50만제곱미터 이상이고, 배후지는 해당 항만과 접하여 있거나 전용도로 등으로 연결되어 있어 항만과의 물품 이동이 자유로운 지역으로서 화물의 보관, 포장, 혼합, 수선, 가공 등 항만의 물류기능을 보완할 수 있을 것

ⓒ 사회간접자본시설 확보요건 : 도로 등 사회간접자본시설이 충분히 확보되어 있거나 확보될 수 있을 것

ⓒ 통제시설 요건 : 물품의 반입 · 반출을 효율적으로 관리하기 위하여 필요한 시설로서 대통령령으로 정하는 다음의 시설(통제시설)이 설치되어 있거나 통제시설의 설치계획이 확정되어 있을 것

관련규정 통제시설의 설치 등 ③

① 관리권자는 관세청장과 협의를 거쳐 자유무역지역에 통제시설을 설치하고, 그 운영시기를 공고하여야 하며 관리권자는 통제시설을 유지 · 관리하여야 한다. 자유무역지역을 출입하는 사람 및 자동차에 대한 기록을 산업통상자원부령으로 정하는 방법(90일 동안)으로 관리하여야 하고 세관장이 출입기록을 요청하는 경우 특별한 사유가 없으면 이에 따라야 한다.
② 관세청장은 통제시설의 보수 또는 확충이 필요하다고 인정할 때에는 관리권자에게 통제시설의 보수 또는 확충을 요청할 수 있다.

- 담장, 출입문, 경비초소 또는 그 밖에 외국물품의 불법유출 및 도난을 방지하기 위해 필요한 시설로서 관세청장이 정하여 고시하는 면적, 위치 등에 관한 기준을 충족하는 시설
- 반입물품 및 반출물품을 검사하기 위한 검사장으로서 관세청장이 정하여 고시하는 면적, 위치 등에 관한 기준을 충족하는 시설

관련규정 관세청장이 정하여 고시하는 면적, 위치 등에 관한 기준

- 외곽울타리 및 외국물품의 불법유출 · 도난방지를 위한 과학감시장비 ②
- 감시종합상황실과 화물차량통제소 ②
- 다음의 요건을 충족하는 세관검사장 ①
  - 물품의 장치장소, 출입문 등을 고려하여 해당 자유무역지역 내 최적의 동선을 확보할 수 있는 장소에 설치하되, 차량의 출입 및 회차 등이 자유롭도록 충분한 면적을 확보하여야 한다. ①
  - 검사장은 컨테이너트레일러를 부착한 차량이 3대 이상 동시에 접속하여 검사할 수 있는 규모인 400m² 이상의 검사대, 검사물품 보관창고 등 검사를 용이하게 할 수 있는 시설을 갖추어야 한다. ①

> － 컨테이너화물을 취급하는 자유무역지역의 경우 컨테이너검색기 설치에 필요한 최소면적인 10,000m²를 따로 확보하여야 한다.
> • 세관공무원이 24시간 상주근무에 필요한 사무실 및 편의시설 **2**

③ 자유무역지역 변경 등

　　㉠ 자유무역지역의 지정을 요청한 중앙행정기관의 장 또는 시 · 도지사는 자유무역지역의 운영을 위하여 필요한 경우에는 산업통상자원부장관에게 자유무역지역의 위치 · 경계 또는 면적의 변경을 요청할 수 있다.

　　㉡ 산업통상자원부장관은 자유무역지역의 지정 사유가 없어졌다고 인정하거나 관계 중앙행정기관의 장 또는 시 · 도지사로부터 지정해제 요청을 받은 경우에는 자유무역지역의 지정을 해제할 수 있다.

　　㉢ 자유무역지역의 변경 또는 지정해제에 관하여는 요건 검토 후 관계 중앙행정기관장과 협의해야 한다. 다만, 자유무역지역을 변경하는 경우로서 면적의 일부 변경 등 대통령령으로 정하는 경미한 사항의 변경에 관하여는 제4조제3항 본문을 준용하지 아니한다.

④ 자유무역지역 예정지역의 지정 등

　　㉠ 산업통상자원부장관은 중앙행정기관의 장 또는 시 · 도지사의 요청에 따라 제5조제1호 각목의 어느 하나에 해당하는 지역(그 예정지를 포함한다)을 자유무역지역 예정지역으로 지정할 수 있다.

　　㉡ 예정지역의 지정을 요청한 중앙행정기관의 장 또는 시 · 도지사는 필요한 경우 산업통상자원부장관에게 그 예정지역의 위치 · 경계 또는 면적의 변경을 요청할 수 있다.

　　㉢ 예정지역의 지정기간은 3년 이내로 한다. 다만, 산업통상자원부장관은 해당 예정지역에 대한 개발계획의 변경 등으로 지정기간의 연장이 불가피하다고 인정하는 경우에는 3년의 범위에서 지정기간을 연장할 수 있다.

　　㉣ 산업통상자원부장관은 예정지역의 지정기간이 만료되기 전에 자유무역지역으로 지정할 것인지 여부를 결정하여야 한다.

　　㉤ 산업통상자원부장관은 자유무역지역으로 지정하지 아니하기로 결정한 경우에는 예정지역의 지정을 즉시 해제하여야 한다.

3. 자유무역지역의 관리 및 입주

① 관리권자

　　㉠ 자유무역지역의 구분별 관리권자("관리권자")는 다음과 같다.

　　　• 산업단지 : 산업통상자원부장관 **1**

　　　• 공항 및 배후지 : 국토교통부장관 **1**

- 물류터미널 및 물류단지 : 국토교통부장관 **1**
- 항만 및 배후지 : 해양수산부장관 **1**

  ⓛ 관리권자는 자유무역지역의 관리에 관한 다음의 업무를 수행한다.
- 입주기업체 및 지원업체의 사업활동 지원
- 공공시설의 유지 및 관리
- 각종 지원시설의 설치 및 운영
- 그 밖에 자유무역지역의 관리 또는 운영에 관한 업무

② **구분**

  ㉠ 관리권자는 관리업무를 효율적으로 운영하기 위하여 자유무역지역을 생산시설지구, 지식서비스시설지구, 물류시설지구, 지원시설지구, 공공시설지구, 교육·훈련시설지구로 구분할 수 있다. **2**

  ㉡ 관리권자는 법 제9조에 따라 자유무역지역의 지구를 구분하였을 때에는 이를 인터넷 홈페이지에 게시하는 등 효과적인 방법으로 공고하여야 한다.

③ **입주 자격** : 자유무역지역에 입주할 수 있는 자는 다음의 어느 하나에 해당하는 자로 한다.

  ㉠ 수출 주목적 제조업종 **2**
- 수출을 주목적으로 하는 제조업종의 사업을 하려는 자로서 수출 비중 등이 대통령령으로 정하는 기준을 충족하는 자. 이 경우 「수출용 원재료에 대한 관세 등 환급에 관한 특례법」 제3조에 따른 수출용원재료의 공급을 주목적으로 하는 제조업종의 사업을 하려는 자로서 해당 공급을 수출로 보아 그 수출 비중 등이 대통령령으로 정하는 기준을 충족하는 자를 포함한다.

관련규정	대통령령으로 정하는 기준

입주계약 신청일(입주기업체의 경우에는 영업일 현재를 말한다)부터 과거 3년의 기간 중 총매출액 대비 수출액 비중이 다음 각 호의 구분에 따른 기준을 충족하는 기간이 연속하여 1년 이상인 자를 말한다.

1. 「산업발전법」에 따른 첨단기술을 활용하는 제품·서비스나 같은 항에 따른 첨단제품을 생산하는 사업을 경영하는 경우 : 다음 각 목의 구분에 따른 기준
   ① 중소기업인 경우 : 100분의 20 이상
   ② 중소기업이 아닌 경우 : 100분의 30 이상
2. 제1호에 해당하지 않는 경우 : 다음 각 목의 구분에 따른 기준
   ① 중소기업인 경우 : 100분의 30 이상
   ② 중견기업인 경우 : 100분의 40 이상
   ③ 중소기업 및 중견기업이 아닌 경우 : 100분의 50 이상

- 수출을 주목적으로 하려는 국내복귀기업(「해외진출기업의 국내복귀 지원에 관한 법률」 제7조에 따라 지원대상 국내복귀기업으로 선정된 기업을 말한다)으로서 복귀 이전 총매출액 대비 대한민국으로의 수출액을 제외한 매출액의 비중 등이 대통령령으로 정하는 기준을 충족하는 자

| 관련규정 | 대통령령으로 정하는 기준 |

입주계약 신청일부터 과거 3년의 기간 중 총매출액 대비 대한민국으로의 수출액을 제외한 매출액이 100분의 30(중소기업의 경우에는 100분의 20으로 한다) 이상인 기간이 연속하여 1년 이상인 자를 말한다.

ⓛ 제조·지식서비스 외국인투자기업 : 제조업종 또는 지식서비스산업에 해당하는 업종(ⓡ부터 ⓗ까지의 규정에 해당하는 업종은 제외한다)의 사업을 하려는 외국인투자기업으로서 외국인투자비중 및 수출비중 등이 대통령령으로 정하는 기준을 충족하는 자. 다만, 국내 산업 구조의 고도화와 국제경쟁력 강화를 위하여 대통령령으로 정하는 업종에 해당하는 외국인투자기업에 대하여는 수출비중을 적용하지 아니한다. 2

| 관련규정 | 대통령령으로 정하는 기준 |

- 투자금액이 1억 원 이상일 것 등 외국인투자의 기준을 충족하는 자. 다만, 입주계약을 체결한 후 신주발행 등으로 국내자본이 증가하여 요건을 충족하지 아니하게 되는 경우에도 외국인투자의 기준을 충족하는 것으로 본다.
- 입주계약 신청일부터 과거 3년의 기간 중 총매출액 대비 수출액이 100분의 30(지식서비스산업의 경우에는 100분의 5) 이상인 기간이 연속하여 1년 이상인 자

| 관련규정 | 대통령령으로 정하는 업종 |

신성장 동력 산업에 속하는 사업으로서 외국인투자금액이 미화 100만 달러 이상인 경우를 말한다.

ⓒ 수출비중 높은 지식서비스산업 : 지식서비스산업에 해당하는 업종(ⓡ부터 ⓗ까지의 규정에 해당하는 업종은 제외한다)의 사업을 하려는 자로서 수출비중 등이 대통령령으로 정하는 기준을 충족하는 자

| 관련규정 | 대통령령으로 정하는 기준 |

입주계약 신청일부터 과거 3년의 기간 중 총매출액 대비 수출액이 100분의 5 이상인 기간이 연속하여 1년 이상인 자를 말한다.

ⓔ 수출입거래 주목적인 도매업종 : 수출입거래를 주목적으로 하는 도매업종의 사업을 하려는
  자로서 수출입거래 비중 등이 대통령령으로 정하는 기준을 충족하는 자 **2**

> **관련규정** **대통령령으로 정하는 기준**
>
> 입주계약 신청일부터 과거 3년의 기간 중 총매출액 대비 수출입거래 비중이 100분의 50(중소기업
> 의 경우에는 100분의 30, 중견기업의 경우에는 100분의 40) 이상인 기간이 연속하여 1년 이상인
> 자를 말한다.

ⓜ 하역 · 운송 등 사업 : 물품의 하역 · 운송 · 보관 · 전시 또는 그 밖에 대통령령으로 정하는
  사업을 하려는 자 **3**

> **관련규정** **대통령령으로 정하는 사업**
>
> • 국제운송주선 · 국제선박거래, 포장 · 보수 · 가공 또는 조립하는 사업 등 복합물류 관련 사업
> • 선박 또는 항공기(선박 또는 항공기의 운영에 필요한 장비를 포함한다)의 수리 · 정비 및 조립업
>   등 국제물류 관련 사업
> • 연료, 식수, 선식 및 기내식 등 선박 또는 항공기 용품의 공급업
> • 물류시설 관련 개발업 및 임대업

ⓗ 입주기업체사업 지원업종 : 입주기업체의 사업을 지원하는 업종으로서 대통령령으로 정하
  는 업종의 사업을 하려는 자 **2**

> **관련규정** **대통령령으로 정하는 업종**
>
> 금융업, 보험업, 통관업, 세무업, 회계업, 해운중개업, 해운대리점업, 선박대여업 및 선박관리업,
> 항만용역업, 교육 · 훈련업, 유류판매업, 폐기물의 수집 · 운반 및 처리업, 정보처리업, 음식점업,
> 식품판매업, 숙박업, 목욕장업, 세탁업, 이용업 및 미용업, 그 밖에 입주기업체의 사업을 지원하는
> 업종으로서 자유무역지역 운영지침에서 정하는 업종

ⓢ 공공기관 : 대통령령으로 정하는 공공기관

> **관련규정** **대통령령으로 정하는 공공기관**
>
> 지방자치단체 및 지방자치단체가 전액 출자 · 출연한 법인, 국민연금공단, 국민건강보험공단, 한
> 국무역보험공사, 한국공항공사, 인천국제공항공사, 항만공사, 한국철도공사

◎ 국가기관

관리권자는 자유무역지역에 입주하려는 자가 입주 자격을 갖춘 경우에도 「관세법」에 따라 국내외 가격 차에 상당하는 율로 양허한 농림축산물("양허관세품목")을 원재료로 하는 물품을 제조·가공하는 업종의 사업을 하려는 자의 입주를 제한하여야 한다. 다만, 원재료 및 원재료를 제조·가공한 물품을 전량 국외로 반출하는 경우에는 입주를 제한하지 아니할 수 있다. **1**

④ **입주요건의 완화** : 관리권자는 제조업 또는 지식서비스산업에 해당하는 업종의 사업을 하려는 자가 요건을 갖추지 아니한 경우에도 국제물류의 원활화와 지역개발 및 수출촉진 등을 위하여 필요하다고 인정하여 산업통상자원부령으로 정하는 경우에는 산업통상자원부장관과 협의를 거쳐 자유무역지역에 입주하게 할 수 있다.

⑤ **입주계약**

　㉠ 입주계약

　　• 자유무역지역에 입주하여 사업을 하려는 자는 관리권자와 입주계약을 체결하여야 한다. 입주계약을 변경하려는 경우에도 또한 같다.

　　• 입주계약을 체결할 때에 관리권자는 다음의 어느 하나에 해당하는 자와 우선적으로 입주계약을 체결할 수 있다.

　　　－외국인투자기업 **1**

　　　－「조세특례제한법」에 따른 국내산업구조의 고도화와 국제경쟁력 강화에 긴요한 신성장 동력산업 기술을 수반하는 사업을 하는 자

　　　－수출을 주목적으로 하는 사업을 하려는 자 **1**

　　• 관리권자는 입주계약을 체결하는 경우에는 입주 목적 달성을 위하여 필요한 조건을 붙일 수 있다. 조건은 공공의 이익을 증진하기 위하여 필요한 최소한도에 한하여야 하며, 부당한 의무를 부과하여서는 아니 된다.

　　• 입주계약을 체결할 때 농림축산물을 원재료로 하는 제조업종·가공업종의 사업을 하려는 자는 다음 각 호의 물품관리체계를 갖추고 그 자유무역지역을 관할하는 세관장과 사전 협의를 하여야 한다.

　　　－물품의 반출입 및 재고관리 전산시스템 구축

　　　－「관세법」에 따른 보세사 채용 **2**

　　　－원재료의 수량을 객관적으로 계산할 수 있는 증빙자료 제출

　㉡ 결격사유 : 다음의 어느 하나에 해당하는 자는 입주계약을 체결할 수 없다.

　　• 피성년후견인 **1**

　　• 「자유무역지역법」 또는 「관세법」(예 밀수입죄)을 위반하여 징역형의 실형을 선고받고 집행이 끝나거나(집행이 끝난 것으로 보는 경우를 포함) 집행이 면제된 날부터 2년이 지나지 아니한 사람 **1**

- 「자유무역지역법」 또는 「관세법」을 위반하여 징역형의 집행유예를 선고받고 유예기간 중에 있는 사람 **①**
- 벌금형 또는 통고처분을 받은 자로서 벌금형 또는 통고처분을 이행한 후 2년이 지나지 아니한 자. 다만, 양벌규정에 의해 처벌된 법인 또는 개인은 제외한다. **①**
- 관세 또는 내국세를 체납한 자 **②**
- 상기 결격사유에 해당하는 사람을 임원(해당 법인의 자유무역지역의 운영업무를 직접 담당하거나 이를 감독하는 사람으로 한정)으로 하는 법인 **①**
- 법에 따라 입주계약이 해지(피성년후견인에 해당하여 입주계약이 해지된 경우는 제외한다)된 후 2년이 지나지 아니한 자 **②**

ⓒ 입주계약 체결 등의 통보 : 관리권자는 입주계약(변경계약을 포함한다)을 체결하거나 입주계약을 해지한 경우에는 대통령령으로 정하는 바에 따라 자유무역지역 관할 세관장에게 통보하여야 한다.

ⓔ 입주계약의 해지 등
- 관리권자는 입주기업체 또는 지원업체(입주기업체 등)가 부정한 방법으로 입주계약을 체결한 경우에는 입주계약을 해지하여야 한다.
- 관리권자는 입주기업체 등이 다음의 어느 하나에 해당하는 경우에는 입주계약을 해지할 수 있다. 다만, ① 및 ②의 경우 관리권자가 시정을 명한 후 산업통상자원부령으로 정하는 기간 이내에 입주기업체 등이 이를 이행하는 때에는 그렇지 않다.

> ① 입주 자격을 상실한 경우
> ② 입주계약을 체결한 사업 외의 사업을 한 경우
> ③ 입주계약을 체결할 때 부여된 조건을 이행하지 아니한 경우
> ④ 결격사유에 해당하게 된 경우(법인의 임원 중 결격사유에 해당하는 사람이 있는 경우 3개월 이내에 교체하여 임명하는 경우는 제외)
> ⑤ 폐업한 경우

- 입주계약이 해지된 자는 해지 당시의 수출 또는 수입 계약에 대한 이행업무 및 산업통상자원부령으로 정하는 잔무 처리업무를 제외하고는 사업을 즉시 중지하여야 한다.
- 입주계약이 해지된 자는 외국물품, 자유무역지역 안으로 반입신고를 한 내국물품, 관세영역에서 자유무역지역 안으로 공급한 물품의 종류 및 수량 등을 고려하여 6개월의 범위에서 자유무역지역을 관할하는 세관장이 정하는 기간 이내에 잔여 외국물품 등을 자유무역지역 밖으로 반출하거나 다른 입주기업체에 양도하여야 한다.
- 입주계약이 해지된 자는 자유무역지역에 소유하는 토지나 공장ㆍ건축물 또는 그 밖의 시설(공장 등)을 대통령령으로 정하는 바에 따라 다른 입주기업체나 입주 자격이 있는 제3자에게 양도하여야 한다.

- 다음의 어느 하나에 해당하는 경우 해당 토지 또는 공장 등을 처분하여야 한다.
  - 양도되지 아니한 토지 또는 공장 등을 처분하는 경우
  - 공장설립 등의 완료신고 전에 입주계약이 해지된 경우
  - 사업개시의 신고 전에 입주계약이 해지된 경우
- 자유무역지역 밖으로 반출되거나 다른 입주기업체에 양도되지 아니한 외국물품 등의 처리에 관하여는 「관세법」 제208조부터 제212조(매각규정)까지의 규정을 준용한다.

심화 📊 입주기업체에 대한 관리

① 자유무역지역 입주기업체는 자유무역지역에서 외국물품 등을 취급하려는 경우 관할 세관장에게 입주기업체관리부호 발급 신청을 하여야 한다. **1**

② 세관장은 외국물품 등을 적정하게 관리할 수 있다고 인정하는 경우 입주기업체관리부호를 부여할 수 있으며 이를 관세청 전자통관시스템에 등록하여야 한다. 이때 세관장은 입주기업체 관리대장에 입주내역 등을 기록하여 관리하여야 한다.

③ 세관장은 관리권자로부터 입주계약변경을 통보받은 경우 통보받은 사항을 입주기업체 관리대장에 기록유지하고, 변경사항을 관세청 전자통관시스템에 등록하여야 한다.

④ 세관장은 관리권자로부터 입주계약해지를 통보받은 경우 지체 없이 재고조사를 실시하고, 6개월 이내의 기간을 정하여 외국물품 등을 자유무역지역 밖으로 반출하거나 다른 입주기업체에 양도하도록 통보하여야 한다. 이 경우 세관장이 정하는 기간에 대하여는 해당 업체와 그 물품에 대하여 입주가 계속되는 것으로 본다. **1**

⑤ 세관장은 입주계약과 관련한 다음 각 호의 서류를 관리권자에게 제출하도록 요청할 수 있다.
  1. 사업계획서
  2. 법 제10조제1항 각 호의 어느 하나에 해당함을 증명하는 서류
  3. 사업장의 경계를 표시한 위치도와 시설물 배치도
  4. 그 밖에 물품관리에 필요하다고 인정하여 세관장이 정하는 서류

⑥ 세관장은 다음 각 호의 사유가 있는 경우 지체 없이 해당 입주기업체의 관리부호를 삭제하거나 변경하여야 한다. 다만, 제3호의 경우 입주기업체가 1년의 유예기간 동안 법규수행능력을 B등급 이상으로 개선한 경우에는 그러하지 아니한다.
  1. 입주계약이 해지되고 제4항에 따라 세관장이 정한 기간이 경과한 경우 : 부호 삭제
  2. 2년 이상 외국물품 등의 반입실적이 없어 입주기업체관리부호가 필요하지 않다고 인정하는 경우: 부호 삭제 **1**
  3. 품목단위 재고관리 입주기업체가 「수출입물류업체에 대한 법규수행능력측정 및 평가관리에 관한 훈령」에 따른 법규수행능력 평가결과 C등급 이하를 부여받은 경우 : 별표 1의 자유무역지역 업종별 고유번호를 77 또는 75로 변경

⑦ 해당 입주기업체의 관리부호를 삭제하는 경우에는 입주기업체의 의견을 미리 청취하여야 한다. **1**

⑧ 세관장은 입주기업체관리부호 부여 시 입주기업체의 보세화물 적정 관리 여부를 판단하기 위해 관할 자유무역지역의 특성을 고려하여 자체 심사기준을 정하여 운영할 수 있다. **1**

⑥ 입주업체의 지원

　　㉠ 조세상 지원

- 관세의 과세보류 : 자유무역지역에 기계, 기구, 원재료 등을 반입하는 경우 관세 등의 납부대상에서 제외되어 바로 입주사업에 공할 수 있다.
- 국내 반입 내국물품에 대한 간접세면제 또는 관세 환급 : 입주기업체가 반입신고를 한 내국물품에 대하여는 「주세법」, 「개별소비세법」 또는 「교통·에너지·환경세법」에 따라 수출하거나 「수출용원재료에 대한 관세 등 환급에 관한 특례법」에 따라 수출 또는 공급하는 것으로 보아 관세 등을 면제하거나 환급한다.
- 부가가치세 영세율 적용
    - 입주기업체가 반입신고를 한 내국물품에 대해서는 「부가가치세법」에 따라 수출에 해당하는 것으로 보아 영세율을 적용한다.
    - 자유무역지역에서 입주기업체 간에 공급하거나 제공하는 외국물품 등과 용역에 대하여는 부가가치세의 영세율을 적용한다. **1**
- 예정지역에서의 관세 등의 면제 : 예정지역 또는 「관세법」을 적용받는 자유무역지역에서 입주기업체가 건물 및 공장을 건축하기 위하여 외국에서 반입하는 시설재에 대하여는 관세 등을 면제한다.
- 법인세 등 조세감면 : 외국인투자기업인 입주기업체에 대하여는 「조세특례제한법」에서 정하는 바에 따라 법인세·소득세·취득세·등록면허세·재산세·종합토지세 등의 조세를 감면할 수 있다. **1**

　　㉡ 교통유발부담금의 면제 : 입주기업체의 공장 등에 대하여는 「도시교통정비 촉진법」에 따른 교통유발부담금을 면제한다. **1**

　　㉢ 입주기업체의 기술개발활동 지원 등

- 국가나 지방자치단체는 자유무역지역에 있는 입주기업체의 기술개발활동 및 인력양성을 촉진하기 위하여 필요한 자금을 지원할 수 있다. **1**
- 국가나 지방자치단체는 자유무역지역에 있는 입주기업체의 사업을 지원하기 위하여 입주기업체에 임대하는 공장 등의 유지·보수와 의료시설·교육시설·주택 등 각종 기반시설의 확충에 노력하여야 하며, 그에 필요한 자금을 지원할 수 있다.

　　㉣ 임대료의 감면 등

- 관리권자 또는 지방자치단체의 장은 자유무역지역에 입주한 비수도권 국내복귀기업(「외국인투자 촉진법」 제2조제9호의2에 따른 비수도권 국내복귀기업을 말한다. 이하 이 조에서 같다) 또는 외국인투자기업을 「외국인투자 촉진법」에 따른 외국인투자지역에 입주한 비수도권 국내복귀기업 또는 외국인투자기업으로 보아 임대료를 감면할 수 있다.
- 관리권자 또는 지방자치단체의 장은 「조세특례제한법」에 따른 국내산업구조의 고도화와 국제경쟁력 강화에 긴요한 신성장동력산업 기술을 수반하는 사업을 하는 외국인투자기업에 대하여는 제1항에 따른 감면 외에 추가로 임대료를 감면할 수 있다.

ⓜ 토지 또는 공장 등 매입대금의 납부연기 및 분할납부
- 관리권자는 자유무역지역에 있는 국가가 소유하는 토지 또는 공장 등을 매각할 때에 매입자가 매입대금을 한꺼번에 내는 것이 곤란하다고 인정하는 경우에는 「국유재산법」에도 불구하고 대통령령으로 정하는 바에 따라 납부기한을 연장하거나 분할납부하게 할 수 있다.
- 지방자치단체의 장은 자유무역지역에 있는 지방자치단체가 소유하는 토지 또는 공장 등을 매각할 때에 매입자가 매입대금을 한꺼번에 내는 것이 곤란하다고 인정하는 경우에는 「공유재산 및 물품 관리법」에도 불구하고 조례로 정하는 바에 따라 납부기한을 연장하거나 분할납부하게 할 수 있다.

ⓗ 물품관리 자율화
- 자유무역지역에서는 입주업체 간 물품이동 및 보수작업에 대한 세관신고를 생략한다.

> **해설**
>
> 자유무역지역 입주업체의 제조과정과 입주업체 간에 유통되는 물품은 일반보세구역에 비하여 절차가 간소화되어 자율에 의하여 화물관리가 이루어진다.

- 자유무역지역에 반입한 물품에 대해서는 장치기간의 제한을 두지 않는다. 다만, 자유무역지역 중 공항 또는 항만으로서 관세청장이 지정하는 지역(물류신속화 지역)은 3월의 장치기간이 있다. ❸

⑦ 입주업체 관리 ❶
ⓐ 입주기업체에 부여하는 업체관리부호(장치장소 부호를 겸한다)는 「관세법」상 보세구역부호 또는 장치장부호와 같은 기능을 한다.
ⓑ 자유무역지역에서는 입주기업체 간 물품이동 및 보수작업 등에 대한 세관신고를 생략한다. ❶
ⓒ 자유무역지역에 반입한 물품에 대하여는 원칙적으로 장치기간의 제한을 두지 아니한다. ❶
ⓓ 자유무역지역 중 공항 또는 항만으로서 관세청장이 지정하는 지역은 3개월의 장치기간이 있다. ❶
ⓔ 자유무역지역 입주기업체는 자유무역지역에서 외국물품등을 취급하려는 경우 관할 세관장에게 입주기업체관리부호 발급 신청을 하여야 한다.
ⓕ 세관장은 외국물품등을 적정하게 관리할 수 있다고 인정하는 경우 입주기업체관리부호를 부여할 수 있으며 이를 관세청 전자통관시스템에 등록하여야 한다. 이때 세관장은 입주기업체 관리대장에 입주내역 등을 기록하여 관리하여야 한다.

4. 자유무역지역 물품의 반·출입 및 관리 등

① 물품의 반입 또는 수입

　⊙ 반입신고대상 : 다음의 어느 하나에 해당하는 물품을 자유무역지역 안으로 반입하려는 자는 관세청장이 정하는 바에 따라 세관장에게 반입신고를 하여야 한다.

> **관련규정**
>
> 입주기업체가 수용능력을 초과하여 반입한 물품은 다른 보세구역으로 반출하도록 한다.

- 외국물품. 다만 「관세법」 제241조에 따른 수출신고("수출신고")가 수리된 물품으로서 관세청장이 정하는 자료를 제출하는 물품을 제외한다.
- 입주기업체가 자유무역지역에서 사용 또는 소비하려는 내국물품 중 관세 등의 면제 또는 환급의 적용을 받으려는 물품으로서 다음의 어느 하나에 해당하는 물품
  - 기계, 기구, 설비 및 장비와 그 부분품
  - 원재료, 윤활유, 사무용컴퓨터 및 건축자재
  - 그 밖에 사업목적을 달성하는 데에 필요하다고 인정하여 관세청장이 정하는 물품
- 「부가가치세법」상 비거주자 등이 국외반출을 목적으로 자유무역지역에 보관하려는 내국물품 중 영세율 적용을 받으려는 물품으로서 다음의 요건을 모두 갖춘 물품
  - 국내사업자와 직접 계약에 따라 공급받을 것
  - 대금은 외국환은행을 통하여 원화로 지급할 것
  - 비거주자 등이 지정하는 입주기업체에게 인도할 것

　⊙ 내국물품 확인서 발급

- 세관장은 반입신고를 하지 아니하고 자유무역지역 안으로 반입된 내국물품에 대하여 물품을 반입한 자가 신청한 경우에는 내국물품 확인서를 발급할 수 있다. **3**
- 이 경우 내국물품 확인서의 발급절차와 그 밖에 필요한 사항은 관세청장이 정하여 고시한다.

　ⓒ 반입 시 수입신고 대상 : 다음의 어느 하나에 해당하는 경우 반입을 하려는 자는 관세법상 수입신고를 하고 관세 등을 내야 한다.

- 입주기업체 외의 자가 외국물품을 자유무역지역 안으로 반입하려는 경우 **3**
- 특정입주자격을 갖춘 입주기업체가 자유무역지역에서 사용 또는 소비하기 위하여 외국물품을 자유무역지역 안으로 반입하려는 경우. 다만, 다음의 어느 하나에 해당하는 외국물품을 반입하는 경우는 제외한다.
  - 기계, 기구, 설비 및 장비와 그 부분품 **1**
  - 원재료(입주기업체가 수입신고하려는 원재료 제외), 윤활유, 사무용컴퓨터 및 건축자재 **2**
  - 그 밖에 사업목적을 달성하는 데에 필요하다고 인정하여 관세청장이 정하는 물품 **1**

- 특정입주자격을 갖춘 입주기업체가 자유무역지역에서 자기가 직접 사용 또는 소비하기 위하여 외국물품(사업목적을 달성하는 데에 필요한 물품은 제외)을 자유무역지역 안으로 반입하려는 경우

② 반출 시 수입통관절차 대상 : 다음의 어느 하나에 해당하는 경우 반출을 하려는 자는 수입 신고를 하고 관세 등을 내야 한다. **2**
- 자유무역지역에서 외국물품 등의 전부 또는 일부를 원재료로 하여 제조 · 가공 · 조립 · 보수 등의 과정을 거친 후 물품을 관세영역으로 반출하려는 경우 **1**
- 외국물품등을 자유무역지역에서 원상태 그대로 관세영역으로 반출하려는 경우

⑩ 반출금지
- 국외반출 목적으로 자유무역지역에 보관하려는 내국물품 중 영세율을 적용받으려는 물품은 자유무역지역에서 관세영역으로 반출해서는 아니 된다.
- 원재료 및 원재료를 제조 · 가공한 물품을 전량 국외로 반출하는 조건으로 반입한 원재료 및 원재료를 제조 · 가공한 물품은 자유무역지역에서 관세영역으로 반출해서는 아니 된다.

심화 📈 **사용 및 소비신고 등**

입주기업체가 자유무역지역에 반입된 외국물품 중 다음의 각 목에 해당하는 물품 등 대통령령으로 정하는 물품을 자유무역지역에서 사용 또는 소비하려는 경우에는 그 사용 또는 소비 전에 세관장에게 사용 · 소비신고를 하여야 한다. 이 경우 세관공무원은 물품을 검사할 수 있다.
- 기계, 기구, 설비 및 장비와 그 부분품
- 원재료(입주기업체가 수입신고하려는 원재료 제외), 윤활유, 사무용컴퓨터 및 건축자재
- 그 밖에 사업목적을 달성하는 데에 필요하다고 인정하여 관세청장이 정하는 물품

---

② **외국물품의 반입절차**

㉠ 외국물품의 반입신고 : 외국물품을 자유무역지역으로 반입하려는 자는 관세청 전자통관시스템을 통하여 세관장에게 반입신고를 하여야 한다.

관련규정 **사용소비신고** **1**

- "사용소비신고"란 외국물품을 고유한 사업의 목적 또는 용도에 사용 또는 소비하기 위하여 수입신고서 서식으로 신고하는 것을 말한다. **2**
- 입주기업체가 외국원재료를 반입하여 수입신고 및 관세부과 보류 상태에서 제조 · 가공 등 작업을 할 수 있도록 관할 세관장에게 신청하는 절차이다.
- 사용신고수리물품을 관세영역으로 반출할 경우 수입신고를 해야 한다.
- 사용된 내국원재료는 외국으로부터 우리나라에 도착된 외국물품으로 보아 관세 등을 부과한다.
- 자유무역지역 입주기업체가 반입하는 기계, 기구, 설비 및 장비와 부분품은 사용소비신고 대상이다.

① 입주기업체가 자유무역지역에 반입한 외국물품을 자유무역지역에서 사용 또는 소비하려는 경우에는 그 사용 또는 소비 전에 세관장에게 사용소비신고를 하여야 한다.

② 사용소비신고를 하여야 하는 물품은 입주기업체가 해당 사업의 목적을 달성하는데 필요한 물품으로 한다.

③ 입주기업체는 자유무역지역에 물품이 도착하기 전에 사용소비신고를 할 수 있다.

④ 세관장은 도착 전 사용소비신고한 물품이 검사대상으로 선별되지 않은 경우 자유무역지역에 반입한 때 신고수리한다. 다만, 검사대상으로 선별된 경우에는 그 검사가 종료된 후에 수리한다.

⑤ 사용ㆍ소비의 신고, 신고한 사항의 정정, 심사 및 사용소비신고필증의 교부, 사용소비신고의 취하에 관한 사항은 「수입통관 사무처리에 관한 고시」의 수입신고서 처리 절차를 준용한다. 이때 "수입신고"는 "사용소비신고"로 한다.

⑥ 세관장은 사용소비신고의 심사와 관련하여 수출입 안전관리 우수업체로 공인받은 입주기업체가 사용하는 원재료의 품목번호(HSK)를 전산시스템에 등록한 경우 「수입통관 사무처리에 관한 고시」의 전자통관심사 규정을 준용하여 처리할 수 있다.

⑦ 세관장은 다음 각 호의 요건을 모두 충족하는 제조업체에 대해 반입된 원재료를 공휴일 또는 야간 등 세관 개청시간 외에 먼저 사용ㆍ소비하고 다음 정상근무일에 사용소비신고하게 할 수 있다. 이때 해당 입주기업체는 공휴일 또는 야간에 사용ㆍ소비한 물품에 대해 보세사가 자체 기록ㆍ유지하고 기록내용을 매분기 5일까지 세관에 제출하여야 한다.

1. A등급 이상인 수출입 안전관리 우수업체인 자
2. 해당 입주기업체에 장치된 물품을 관리하는 보세사를 채용한 자
3. 전년도 해당 공장에서 생산한 물품에 대한 국외반출신고금액 비중이 50% 이상인 자 또는 전년도 국외반출신고금액이 미화 1천만달러 이상인 자
4. 반출입, 제조ㆍ가공, 재고관리 등 업무처리의 적정성을 확인ㆍ점검할 수 있는 기업자원관리(ERP)시스템 또는 업무처리시스템에 세관 전용화면을 제공하거나 해당 시스템의 열람 권한을 제공한 자

⑧ ①에도 불구하고 자유무역지역에서 사용소비신고가 수리된 물품과 「관세법」에 따라 사용신고 또는 B/L분할ㆍ합병포괄신고가 수리된 물품이 자유무역지역 입주기업체로 반입되는 경우 반입신고를 사용소비신고에 갈음할 수 있다. 사용소비신고가 수리된 물품 등이 화물관리번호를 생성하여 반입되는 경우에도 이와 같다.

ⓛ 반입신고 단위

- 반입신고는 House B/L 단위로 하여야 하며, 하선(또는 하기)장소로 지정된 입주기업체에 컨테이너 상태로 반입하는 경우에는 Master B/L 단위로 신고할 수 있다. **2**
- 다만, 컨테이너보관창고(CY)에서 반ㆍ출입되는 컨테이너화물에 대하여는 컨테이너 단위로 반입신고하여야 한다.

- 하선신고를 한 자는 컨테이너화물을 입항 후 5일 이내에 하선장소에 반입하여야 한다. **4**
- 원목, 곡물, 원유 등 벌크화물은 10일 이내에 하선 장소에 반입하여야 한다. **1**

ⓒ 보세운송 반입물품 : 보세운송에 의하여 자유무역지역으로 반입되는 외국화물의 보세운송 도착보고는 반입신고로 갈음한다. 다만, 「보세운송에 관한 고시」에 따른 세관 검사대상인 경우에는 같은 고시 제41조제7항의 규정을 준용한다. **3**

관련규정 　보세운송고시 제41조 제7항

보세운송물품 도착보고는 보세구역운영인의 반입신고로 갈음한다. 다만, 발송지 세관 검사대상으로 지정된 경우 보세운송신고인 또는 보세운송 승인 신청인은 도착 즉시 운영인에게 도착물품의 이상여부를 확인받은 후 그 결과를 세관화물정보시스템에 전송해야 하며, 도착지 세관 검사지정 건은 검사후 그 결과를 화물담당공무원이 세관화물정보시스템에 등록해야 한다.

ⓓ 선박(항공기)용품 등의 반입 : 국제무역선(기)에서 사용되는 선박(항공기)용품 및 그 밖의 수리용 물품을 일시적으로 자유무역지역에 반입하려는 자는 「선박(항공기)용품 및 선(기)내 판매용품의 하역 등에 관한 고시」에서 규정한 하선(기)절차를 준용하여야 한다. 이 경우 허가는 신고로 보며, 반입신고는 생략한다. **1**

해설　내국물품 반출규정의 비교

구분	보세창고	자유무역지역
반출의무	1년이 경과한 물품은 10일 내에 운영인 책임으로 반출	없음
국내반출절차	없음	내국물품 반입증명서류 제출
국외반출절차	수출신고 후 반출	수출신고 후 반출

관련규정　자유무역지역 국외반출 신고 시 유형별 준용규정 1

유형	준용규정
• 제조, 가공, 사용 · 소비신고한 물품 • 전자상거래 국제물류센터에서 사용 · 소비신고한 물품	수출통관 사무처리에 관한 고시
단순 반송 또는 통관 보류되어 국외로 반출하는 물품	반송절차에 관한 고시
다른 운송수단으로 환적하는 물품	환적화물 처리절차에 관한 특례 고시
국제무역선에 선박용품의 공급	선박(항공기)용품 및 선(기)내 판매용품의 하역 등에 관한 고시

③ 국외로의 반출 및 수출

   ㉠ 반출신고 : 외국물품 등을 자유무역지역에서 국외로 반출(국제무역선(기)에 대한 공급을 포함)하려는 자는 대통령령으로 정하는 바에 따라 세관장에게 국외반출신고하여야 한다. 다만, 외국물품으로서 반입신고 생략 대상 중 어느 하나에 해당하는 물품으로서 출항적재화물목록을 제출하는 물품에 대하여는 그렇지 않다. **1**

   ㉡ 수출신고 : 외국물품 등이 아닌 물품을 자유무역지역에서 국외로 반출하려는 자는 수출신고를 하여야 한다. **1**

④ 내국물품의 반출 확인

   ㉠ 내국물품 반입증명서류 제출 : 외국물품 등이 아닌 내국물품을 자유무역지역에서 관세영역으로 반출하려는 자는 내국물품 확인서, 세금계산서 등 내국물품으로 반입된 사실을 증명하는 서류(내국물품반입증명서류)를 세관장에게 제출하여야 한다. 다만, 보세판매장 통합물류창고에서 내국물품의 반출입사항을 관세청 전자통관시스템에 실시간 전송하는 경우에는 제출을 생략할 수 있다. **5**

관련규정   **내국물품반입증명서류**

- 내국물품 반입확인서 **1**
- 수출신고가 취하·각하되거나 수출신고수리가 취소된 물품인 경우에는 증빙서류 **1**
- 내국물품 원재료 사용승인을 받은 물품인 경우에는 내국물품원재료사용승인서 **1**
- 수입신고수리된 물품은 수입신고필증. 다만 관세청 전자통관시스템으로 반출신고한 물품은 제출 생략 **1**
- 그 밖에 세금계산서 등 내국물품으로 반입된 사실을 입증할 수 있는 서류

관련규정   **내국물품의 반출 확인 생략 물품 등**

- 출입차량
- 출입자의 휴대품 **1**
- 자유무역지역에서 사용 또는 소비하기 위하여 반입된 사무용 소모품, 음식료품, 담배, 유류 및 후생복리용 소모품 등으로 관세영역으로부터 반입되었음이 확인된 물품 **1**
- 세관장이 타당하다고 인정하는 작업에 필요한 용구로서 출입자가 휴대하여 반입하는 물품
- 출입자가 상시 휴대하여 사용하는 개인용 물품으로서 기호품, 신변장식용품, 취미용품 그 밖에 세관장이 타당하다고 인정하는 물품

   ㉡ 내국물품 반출목록신고서 : 내국물품을 반출하려는 자는 관세청장이 정하는 내국물품 반출목록신고서를 세관장에게 제출하는 것으로 내국물품 반입증명서류의 제출을 갈음할 수 있다. 다만, 세관장이 내국물품 반입증명서류의 제출을 요구하는 경우에는 이에 따라야 한다. 내국물품 반출목록신고서를 전자문서로 제출하기 곤란한 경우에는 서류로 제출할 수 있으며, 세

관공무원은 반출하는 내국물품에 대하여 검사 또는 확인할 수 있다. **2**

ⓒ 서류보관 : 내국물품을 반출하려는 자는 같은 항에 따른 내국물품 반출목록신고서를 제출한 날부터 5년 이내의 범위에서 대통령령으로 정하는 기간(2년) 동안 내국물품 반입증명서류를 보관하여야 한다. **2**

ⓔ 과태료 : 내국물품 반입증명서류를 제출하지 아니하고 반출하였을 경우 200만원 이하의 과태료 부과 대상이다. **1**

⑤ **외국물품등의 일시 반출**

ⓐ 허가 : 자유무역지역에 반입된 외국물품등이 다음 각 호의 어느 하나에 해당하는 경우로서 관세영역으로 일시반출하려는 자는 세관장의 허가를 받아야 한다. **2**

• 수리, 전시, 검사, 중량, 측정 또는 불가피한 포장작업 등이 필요한 경우

• 관세영역의 물품을 무상으로 수리하는 경우(다만, 소모품 등 일시반출 후 재반입이 곤란한 물품은 제외)

ⓑ 반출기간 : 세관장은 반출허가를 할 때는 6개월의 범위에서 기간을 정해야 하며 반출목적을 고려하여 물품의 수량 및 장소 등을 제한할 수 있다. **1**

ⓒ 재반입 : 일시반출허가를 받은 자는 반출기간이 종료되기 전에 자유무역지역으로 해당 물품을 재반입하고, 일시반출허가서 사본을 첨부하여 재반입신고를 하여야 한다. 다만, 수출상담이 지속되거나 그밖에 부득이한 사유로 일시반출기간을 연장하려는 때에는 기간이 만료되기 전에 세관장에게 일시반출기간연장신청을 하여야 하며, 세관장은 6개월의 범위에서 연장승인을 할 수 있다. **1**

ⓓ 폐기대상 자율관리 : 수리를 목적으로 관세영역으로 일시 반출된 물품이 구성품의 일부나 전부가 교체된 경우 수리된 물품과 교체된 물품 모두 자유무역지역으로 재반입하여야 하고 교체된 물품은 잉여물품으로 관리하여야 한다. 다만, 교체된 물품이 실질적 가치가 없다고 세관장이 인정하는 경우에는 재반입하지 않고 폐기처분하게 할 수 있다.

ⓔ 일시반출허가서 등으로 보세운송절차 갈음 : 일시반출허가를 받아 반출하거나 재반입하는 물품의 반·출입신고는 일시반출허가서나 재반입신고서로 갈음하며 따로 보세운송절차를 거칠 필요가 없다. **2**

⑥ **역외작업**

ⓐ 개요

• 입주기업체는 외국물품등(외국으로부터 직접 반출장소에 반입하려는 물품을 포함)을 가공 또는 보수하기 위하여 관세영역으로 반출하려는 경우에는 가공 또는 보수 작업(역외작업)의 범위, 반출기간, 대상물품, 반출장소를 정하여 세관장에게 신고하여야 한다. 다만, 원재료 및 원재료를 제조·가공한 물품을 전량 국외로 반출하는 것을 조건으로 입주한 입주기업체는 역외작업을 할 수 없다. **3**

• 세관장은 신고가 이 법에 적합하게 이루어졌을 때에는 이를 지체 없이 수리하여야 한다.

- 준용되는「관세법」에 따라 관세등을 징수하는 물품에 대한 과세물건 확정의 시기는 신고 수리가 된 때로 한다.
- ⓛ 역외작업의 범위 : 역외작업의 범위는 해당 입주기업체가 전년도에 원자재를 가공하여 수출한 금액의 100분의 60 이내로 한다. 다만, 전년도 수출실적이 없거나 수출실적이 크게 증가되는 등의 사유로 전년도에 수출한 금액을 적용하는 것이 적합하지 아니하다고 인정되는 경우 역외작업의 범위는 다음과 같다. ❶
  - 해당 연도에 사업을 시작하여 전년도 수출실적이 없는 경우 : 사업을 시작한 날부터 반출신고한 날까지의 기간 중 수출실적이 가장 많은 달의 수출실적금액을 연간으로 환산한 금액의 100분의 60 이내. 다만, 사업개시 이후 최초로 수출주문을 받은 경우에는 해당 수출주문량의 금액을 월평균 수출실적으로 보아 연간으로 환산한 금액의 100분의 60 이내로 한다.
  - 반출신고한 달의 수출주문량의 금액이 전년도 월평균 수출액보다 100분의 150 이상 증가한 경우 : 반출신고한 달의 수출주문량의 금액을 월평균 수출실적으로 보아 연간으로 환산한 금액의 100분의 60 이내
  - 전년도에 천재지변 등 불가피한 사유로 수출실적이 100분의 50 이하로 감소한 경우 : 해당 사유가 발생한 직전 달부터 과거 1년간 수출한 금액의 100분의 60 이내
- ⓒ 역외작업 대상물품 : 원자재 또는 원자재의 제조·가공에 전용되는 시설재(금형을 포함)만 해당한다. ❷
- ⓔ 역외작업 반출장소 : 역외작업의 반출장소는 역외작업 수탁업체의 공장 또는 그에 부속된 가공장소로 한다. ❷
- ⓜ 역외작업의 반출기간
  - 원자재 : 1년 이내 ❶
  - 시설재 : 같은 품목에 대하여 입주기업체와 역외작업 수탁업체 간에 체결된 계약기간의 범위로 하되, 3년을 초과할 수 없다. 다만, 세관장은 역외작업이 계약기간 내에 끝나지 않는 등 부득이한 사유로 반출기간을 연장할 필요가 있다고 인정할 때에는 3년의 범위에서 기간을 연장할 수 있다. ❶
- ⓗ 수입신고 및 관세납부 : 입주기업체가 역외작업에 의하여 가공 또는 보수된 물품을 반출장소에서 반출장소 외의 관세영역으로 반출하려는 경우에는 수입신고를 하고 관세 등을 납부하여야 한다.
- ⓢ 국외반출 및 수출신고 : 입주기업체가 역외작업에 의하여 가공 또는 보수된 물품을 반출장소에서 국외로 직접 반출하려는 경우에는 국외로의 반출 및 수출신고를 하여야 한다.
- ⓞ 폐품 처분신고 : 입주기업체가 역외작업의 공정에서 발생한 폐품을 처분하려는 경우에는 세관장에게 신고하여야 한다.
- ⓩ 역외작업 절차
  - 역외작업을 하려는 자는 역외작업신고를 하여야 한다.

- 역외작업신고를 한 자는 역외작업이 완료된 경우에 사실을 세관장에게 보고하고, 역외작업기간이 만료되기 전에 가공된 물품, 사용하지 아니한 원재료 및 폐품(부산물을 포함)을 자유무역지역으로 다시 반입하여야 한다. 다만, 다음의 어느 하나에 해당하는 물품으로서 미리 세관장에게 신고한 경우에는 그렇지 않다. **1**
  - 가공된 물품을 역외작업장소에서 직접 수출하거나 국내에 판매하기 위하여 세관장에게 국외반출신고 또는 수입신고한 물품
  - 역외작업공정에서 생긴 폐품(부산물을 포함한다)으로서 세관장에게 제16조제6항에 따른 처분신고를 한 물품
- 제조공정상 동일한 역외작업장에서 연속하여 작업수행이 필요하거나 둘 이상의 역외작업장 간 연속하여 작업수행이 필요한 경우 역외작업을 하려는 자는 역외작업포괄신고를 할수 있다. 이 경우 필요서류를 제출하여야 하고, 역외작업계약서 등에 작업공정별 작업장소, 작업기간, 생산하는 물품 및 소요원재료 등이 명시되어 있어야 한다.

⑦ 보세운송
  ㉠ 보세운송장소 : 외국물품 등은 자유무역지역과 다른 자유무역지역 또는 관세법상 보세운송이 가능한 구역 간에 한정하여 보세운송할 수 있다. **1**

ⓛ 보세운송 기간

- 외국물품 등을 자유무역지역에서 다른 자유무역지역 또는 관세법에 따른 장치장소로 보세운송하려는 경우에는 「보세운송에 관한 고시」를 준용한다. 일반 해상화물의 보세운송 기간은 10일(항공화물 5일, 반송화물 7일)이다. **1**
- 다만, 자유무역지역에서 제조ㆍ가공한 물품인 경우 보세운송 기간을 7일로 하며 7일 이내의 범위에서 연장할 수 있다. **3**

ⓒ 반ㆍ출입신고로 보세운송신고 갈음

- 동일 자유무역지역 내 입주기업체 간에 외국물품등을 이동하려는 때에는 관세청 전자통관시스템에 의한 반ㆍ출입신고로 보세운송신고를 갈음할 수 있다. **2**
- 다만, 관세청 전자통관시스템에 의한 반ㆍ출입신고가 곤란한 업체는 입주기업체 간에 체결된 계약서 등을 제출하여 세관공무원의 확인을 받은 후 이동할 수 있다.

ⓡ 국외반출물품 등의 보세운송 및 선ㆍ기적

- 국외반출신고가 수리된 물품을 선적하기 위하여 보세운송하는 경우에는 수출신고서 서식을 사용하여 보세운송신고할 수 있다. **2**
- 보세운송 기간은 신고수리일부터 30일 이내로 하며, 선(기)적은 국외반출신고가 수리된 날부터 30일 이내에 선(기)적하여야 한다. 다만, 세관장은 재해ㆍ선(기)적 일정 변경 등 부득이한 사유로 별지 제11호 서식에 의하여 기간 연장의 신청이 있는 때에는 6개월의 범위에서 그 기간을 연장할 수 있다. **2**
- 기간에 선(기)적 되지 않은 경우 자유무역지역 관할지 세관장은 국외반출신고가 수리된 물품을 자유무역지역으로 재반입하게 한 후 국외반출신고수리 취소 등 필요한 조치를 취하여야 한다.

⑧ 장치기간 및 매각

 해설

자유무역지역에 반입된 물품에 대하여는 원칙적으로 장치기간에 대한 제한이 없으나, 예외적으로 부산항, 인천항 및 인천공항의 자유무역지역 중 관세청장이 정한 지역(주로 부두지역, 공항화물터미널)에 대하여는 물류 신속을 위하여 장치기간을 3개월로 적용하여 제한적으로 적용하고 있고, 동 지역에서 수입신고수리된 물품은 수리일로부터 15일 이내에 반출하도록 하여, 공항만지역의 물류적체를 해소하도록 하고 있다. **2**

ⓗ 장치기간 적용지역 : 수입신고수리물품을 15일 이내에 반출하여야 하는 지역과 관세법에 따른 장치기간이 적용되는 지역은 다음 표와 같다. **2**

공항만	적용지역
부산항	대한통운부산 컨테이너터미널, 부산 신항만터미널, 부산신항 국제터미널, 한진해운 신항만터미널, 부산신항 다목적터미널, 현대부산 신항만터미널, ㈜비엔씨티
인천항	인천항 내항 제1부두 내지 제8부두, 남항컨테이너부두
인천공항	화물터미널

ⓛ 매각대상
- 상기 물류신속화 지역반입물품으로 반입일로부터 3개월이 경과한 물품 **2**

> **관련규정**
>
> 장치기간에 제한이 없는 다음의 물품은 매각대상이 아니다.
> - 기계, 기구, 설비 및 장비와 부분품
> - 원재료, 윤활유, 사무용 컴퓨터 및 건축자재
> - 그 밖에 사업목적을 달성하는 데 필요하다고 인정하여 관세청장이 정하는 물품

- 물류신속화 이외의 자유무역지역에 반입된 물품으로서 6개월이 지난 외국물품에 대하여 입주업체가 화주불명 등으로 세관장에게 매각을 요청하는 물품 **1**

ⓒ 매각요청 : 입주기업체는 반입한 날부터 6개월이 지난 외국물품이 다음의 어느 하나에 해당하는 경우에는 세관장에게 외국물품의 매각을 요청할 수 있다. **2**
- 화주가 분명하지 아니한 경우 **2**
- 화주가 부도 또는 파산한 경우 **1**
- 화주의 주소 · 거소 등 그 소재를 알 수 없는 경우 **1**
- 화주가 수취를 거절하는 경우 **1**
- 화주가 거절의 의사표시 없이 수취하지 않는 경우

> **해설** 물품 가치의 현저한 하락이 예상되는 경우는 매각요청할 수 있는 경우가 아님에 유의한다.

ⓔ 반출통고 : 입주기업체는 세관장에게 매각을 요청하는 경우 화주, 반입자 또는 위임을 받은 자에게 외국물품의 반출통고를 해야 하며, 반출통고 후 30일이 경과한 후에 매각을 요청할 수 있다. **5**

> **해설** 매각절차에 관하여는 「관세법」을 준용한다. **1**

ⓜ 증명서류제출 : 매각을 요청하는 경우에는 반입신고서, 반출통고서, 그 밖에 매각요청사유를 입증하기 위한 증명자료를 제출해야 하며, 세관장은 입주기업체가 증명서류를 제출하지 않거나 매각요청사유에 해당하지 않는 경우에는 매각 요청을 승인하지 않을 수 있다.

⑨ **물품의 폐기**
ⓐ 폐기대상 : 세관장은 자유무역지역에 있는 물품 중 다음의 어느 하나에 해당하는 물품에 대하여는 화주 및 반입자와 위임을 받은 자(화주등)에게 국외 반출 또는 폐기를 명하거나 화주등에게 미리 통보한 후 직접 이를 폐기할 수 있다. 다만, 화주등에게 통보할 시간적 여유가 없는 특별한 사정이 있을 때에는 물품을 폐기한 후 지체 없이 화주등에게 통보하여야 한다. **2**

1) 사람의 생명이나 재산에 해를 끼칠 우려가 있는 물품
2) 부패 또는 변질된 물품
3) 유효기간이 지난 물품 **1**

관련규정　유효기간이 지난 물품의 의미

1. 실용시효가 경과되었거나 상품가치를 상실한 물품 **1**
2. 의약품 등으로서 유효기간이 만료되었거나 성분이 불분명한 경우 **1**

---

4) 1)부터 3)까지의 규정에 준하는 물품으로서 관세청장이 정하여 고시하는 물품

관련규정　관세청장이 정하여 고시하는 물품

- 위조상품, 모조품, 그밖에 지식재산권 침해물품 **1**
- 품명미상의 물품으로서 반입 후 1년이 지난 물품 **2**
- 검사ㆍ검역기준 등에 부적합하여 검사ㆍ검역기관에서 폐기대상으로 결정된 물품

ⓒ 폐기공고 : 세관장은 통보를 할 때에 화주 등의 주소 또는 거소를 알 수 없거나 그 밖의 부득이한 사유로 통보를 할 수 없는 경우에는 대통령령으로 정하는 바에 따라 공고로써 통보를 갈음할 수 있다. **1**

ⓒ 비용부담 : 화주 등이 물품을 국외로 반출하거나 폐기한 경우 또는 세관장이 폐기한 경우 그 비용은 화주 등이 부담한다. **1**

관련규정

폐기 후 경제적 가치가 있는 잔존물은 관세 등을 납부한 후 국내로 수입할 수 있다. **1**

ⓔ 대집행 : 폐기명령을 받은 자가 기간이 지나도 이를 폐기하지 않을 때에는 제3자에게 폐기하게 하여야 한다. 다만, 세관 자체적으로 폐기가 가능하다고 인정되는 물품은 세관장이 직접 폐기할 수 있다.

ⓜ 폐기결과보고
- 폐기명령을 받은 화주 등이 그 물품을 폐기하려면 미리 품명ㆍ규격ㆍ수량 및 가격, 화주의 성명, 폐기일시 및 방법을 세관장에게 통보하여야 한다. **1**
- 폐기하려는 자는 폐기하려는 날의 3일 전까지 폐기예정통보를 하고, 폐기한 날부터 3일 이내에 폐기결과보고를 하여야 한다.

⑩ 반입정지 등

㉠ 반입정지 사유 : 세관장은 다음의 어느 하나에 해당하는 경우에는 대통령령으로 정하는 바에 따라 6개월의 범위에서 해당 입주기업체에 대하여 자유무역지역으로의 물품반입을 정지시킬 수 있다.

- 수입신고 및 관세 등의 납부를 하지 아니하고 외국물품을 사용·소비하기 위하여 자유무역지역 안으로 반입한 경우 **1**
- 수입신고 및 관세 등의 납부를 하지 아니하고 외국물품등을 자유무역지역에서 관세영역으로 반출한 경우 **3**

> **해설** 외국물품 등을 자유무역지역에서 관세영역으로 반출하려는 경우 수입신고를 하고 관세 등을 내야 한다.

- 전량 국외반출을 조건으로 반입한 원재료 및 원재료를 제조·가공한 물품을 자유무역지역에서 관세영역으로 반출한 경우
- 사용·소비신고를 하고 사용 또는 소비해야 하는 물품을 사용·소비 신고를 하지 아니하고 물품을 사용·소비한 경우
- 국외 반출신고 시 법령에 따라 국외 반출에 필요한 허가·승인·추천·증명 또는 그 밖의 조건을 구비하지 않거나 부정한 방법으로 구비한 경우 **2**
- 역외작업 물품의 반출신고 및 관세 등의 납부의무를 위반한 경우
- 재고 기록 등의 의무를 위반한 경우 **1**
- 정당한 사유 없이 조사를 거부·방해 또는 기피하거나 자료제출을 거부한 경우 **2**
- 「관세법」 제269조, 제270조, 제270조의2, 제271조(제268조의2의 미수범과 제268조의2의 죄를 저지를 목적으로 그 예비를 한 자는 제외) 및 제274조에 따른 위반사유에 해당하는 경우

㉡ 과징금

- 의의 : 세관장은 물품반입의 정지처분이 이용자에게 심한 불편을 주거나 공익을 해칠 우려가 있는 경우에는 입주기업체에 대하여 물품반입의 정지처분을 갈음하여 해당 입주기업체 운영에 따른 매출액의 100분의 3 이하의 과징금을 부과할 수 있다.
- 과징금 부과기준 : 과징금 금액은 기간에 금액을 곱하여 산정한다.
  - 기간 : 세관장이 결정한 물품반입의 정지 일수
  - 1일당 과징금 금액 : 해당 자유무역지역의 사업에 따른 연간 매출액의 6천분의 1에 상당하는 금액

- 입주기업체가 물품반입정지의 처분사유가 발생한 날이 속하는 사업연도 개시일 이전에 자유무역지역의 사업을 시작한 경우 : 직전 3개 사업연도의 연평균 매출액(자유무역지역의 사업을 시작한 날부터 직전 사업연도 종료일까지의 기간이 3년 미만인 경우에는 사업 시작일부터 직전 사업연도 종료일까지의 매출액을 연평균 매출액으로 환산한 금액)
- 입주기업체가 물품반입정지의 처분사유가 발생한 날이 속하는 사업연도에 자유무역지역의 사업을 시작한 경우 : 자유무역지역의 사업을 시작한 날부터 물품반입정지의 처분사유가 발생한 날까지의 매출액을 연매출액으로 환산한 금액

- 과징금의 납부 : 세관장은 위반행위를 한 자에게 과징금을 부과하려는 경우에는 위반행위의 종별과 해당 과징금의 금액을 명시하여 이를 납부할 것을 서면 또는 전자문서로 통지하여야 한다. 통지를 받은 자는 납부통지일부터 20일 이내에 과징금을 세관장이 지정하는 수납기관에 납부하여야 한다.
- 과징금 징수 : 과징금을 납부하여야 할 자가 납부기한까지 납부하지 아니한 경우 과징금의 징수에 관하여는 국세 강제징수의 예에 따라 징수한다.

⑪ 물품의 반입 · 반출의 금지 등

　㉠ 반 · 출입 금지 : 누구든지 「관세법」 제234조 각 호의 어느 하나에 해당하는 물품을 자유무역지역 안으로 반입하거나 자유무역지역 밖으로 반출할 수 없다.

관련규정 「관세법」 제234조(수출입의 금지)

다음의 어느 하나에 해당하는 물품은 수출하거나 수입할 수 없다.
- 헌법질서를 문란하게 하거나 공공의 안녕질서 또는 풍속을 해치는 서적 · 간행물 · 도화, 영화 · 음반 · 비디오물 · 조각물 또는 그 밖에 이에 준하는 물품 **2**
- 정부의 기밀을 누설하거나 첩보활동에 사용되는 물품 **1**
- 화폐 · 채권이나 그 밖의 유가증권의 위조품 · 변조품 또는 모조품 **2**

　㉡ 반 · 출입 제한 : 물품세관장은 국민보건 또는 환경보전에 지장을 초래하는 물품이나 그 밖에 대통령령으로 정하는 다음의 물품에 대하여는 자유무역지역 안으로의 반입과 자유무역지역 밖으로의 반출을 제한할 수 있다.
- 사업장폐기물 등 폐기물 **2**
- 총기 등 불법무기류 **1**
- 마약류 **1**
- 「상표법」에 따른 상표권 또는 「저작권법」에 따른 저작권을 침해하는 물품 **1**
- 상기 물품과 유사한 물품으로서 관세청장이 정하여 고시하는 물품

ⓒ 반·출입제한물품 등 보고 : 입주기업체는 다음의 어느 하나에 해당하는 물품이 반입되는 경우 즉시 세관장에게 보고하여야 한다.
- 법 제41조 및 영 제29조에 따른 반·출입 제한 대상인 경우

- 반입예정정보와 품명, 수량이 다르거나 포장파손, 누출, 오염 등 물품에 이상이 있는 경우 **2**
- 자유무역지역에 반·출입되는 외국물품의 원산지가 허위표시된 경우 **2**
- 자유무역지역에 반·출입되는 물품이 영 제29조에 따른 상표권 및 저작권을 침해하는 물품인 경우

⑫ 재고기록
ⓒ 재고기록물품 : 입주기업체는 다음의 물품에 대하여 관세청장이 정하여 고시하는 바에 따라 품명, 규격, 수량, 가격, 보수작업의 내용 등 재고관리에 필요한 사항을 기록·관리하여야 한다.
- 자유무역지역 안으로 반입한 물품 **1**
- 자유무역지역에서 사용·소비하거나 생산한 물품 **2**
- 자유무역지역으로부터 반출한 물품 **1**
- 외국물품등을 폐기한 후에 남는 경제적 가치를 가진 물품 **2**
- 외국물품
- 관세 등의 면제 또는 환급, 부가가치세 영세율 적용대상 내국물품 **1**
- 제조·가공물품 수입통관 시 과세표준 공제를 받기 위해 내국물품이 원재료 사용승인을 받은 물품 **1**

 해설 관세영역으로부터 반입이 확인된 유류, 전기, 가스는 재고관리대상 물품이 아니다.

ⓛ 재고기록생략물품 : 관세청장이 정하여 고시하는 금액 이하의 물품 등 대통령령으로 정하는 다음의 물품에 대하여는 그렇지 않다.

- 해당 물품의 가격이 관세청장이 고시하는 금액 이하인 물품[징수금액의 최저한(1만원)]
- 내국물품의 확인 생략물품

> **관련규정** **내국물품의 확인생략물품**
>
> - 출입차량 **2**
> - 출입자의 휴대품 **1**
> - 그 밖에 자유무역지역에서 사용하거나 소비하려는 소비재 또는 소모품
>   - 자유무역지역에서 사용 또는 소비하기 위하여 반입된 사무용 소모품, 음식료품, 담배 유류(전기ㆍ가스를 포함한다) 및 후생복리용 소모품 등으로 관세영역으로부터 반입되었음이 확인된 물품
>   - 세관장이 타당하다고 인정하는 직업에 필요한 용구로서 출입자가 휴대하여 반입하는 물품 **2**
>   - 출입자가 상시 휴대하여 사용하는 개인용 물품으로서 기호품, 신변장식용품, 취미용품 그 밖에 세관장이 타당하다고 인정하는 물품

- 내용연수가 지나 경제적 가치를 상실한 물품으로서 관세법상 징수금액의 최저한(1만원)에 해당하는 물품 **1**

ⓒ 내국물품 구분관리 : 입주기업체는 재고기록 대상물품이 입주기업체가 자유무역지역에서 사용 또는 소비하려는 다음의 내국물품에 해당하는 경우에는 물품에 대한 재고관리에 필요한 사항을 다른 물품과 구분하여 기록ㆍ관리하여야 한다.

- 기계, 기구, 설비 및 장비와 그 부분품
- 원재료, 윤활유, 사무용컴퓨터 및 건축자재
- 그 밖에 사업목적을 달성하는 데에 필요하다고 인정하여 관세청장이 정하는 물품

ⓓ 재고기록관리 : 입주기업체는 재고내역 기록 시 다음 각 호의 사항을 장부 또는 자료보존매체(마이크로필름, 광디스크, 그 밖의 전산매체)를 통하여 기록 유지할 수 있다. **1**

- 반입내역 : 내ㆍ외국물품의 구분, 반입일자, 반입근거(반입신고번호ㆍ화물관리번호ㆍ환급대상물품반입확인신청번호ㆍ공급자 등)
- 반출내역 : 내ㆍ외국물품의 구분, 반출일자, 반출근거(수출신고번호ㆍ수입신고번호ㆍ보세운송 신고번호ㆍ반출신고번호ㆍ화물관리번호 등), 품명, 규격, 수량 또는 중량, 단가, 가격 등
- 제조공정별 원재료 등 사용 또는 소비 내역 : 내ㆍ외국물품의 구분, 품명, 규격, 수량 또는 중량, 반입일자, 사용 또는 소비일자, 재고수량 또는 중량 등
- 제품 및 잉여물품 내역 : 생산(발생)일자, 품명, 규격, 수량 또는 중량
- 역외작업물품 내역 : 신고번호, 신고일자, 반ㆍ출입일자 및 반ㆍ출입 내역(직반ㆍ출입 내역 포함), 품명, 규격, 수량 또는 중량, 가격, 역외작업장소, 역외작업완료일자 등

- 부가가치 물류활동 작업내역 : 반입물품의 보관 외에 보수작업 등의 부가가치 물류활동을 하는 경우에는 화물관리번호별 관련 작업내역 및 작업일자 등
- 폐기 및 잔존물 내역
- 보수작업내역

관련규정

입주기업체가 수출입거래 도매업종과 물류업체인 경우는 반입내역 및 반출내역만을 기록·관리하는 방식으로 재고를 관리할 수 있다. **1**

ⓜ 서류의 보관 : 입주기업체가 물품관리를 위하여 5년간 보관하여야 할 서류는 다음과 같다. **1**
- 수입신고필증(수입신고서 서식에 따른 반입신고서 포함), 수입거래 및 지식재산권 거래 관련 계약서 등
- 국외반출신고필증, 수출신고필증 및 가격결정 관련자료
- 재고기록에 관한 장부 또는 자료보존매체
- 실소요량 관련자료

ⓗ 입주기업체의 재고관리 상황의 조사
- 조사 : 세관장은 재고관리의 이행 여부를 확인하기 위하여 소속 공무원으로 하여금 입주기업체에 대하여 조사를 하게 할 수 있다. 이 경우 조사를 하는 공무원은 권한을 표시하는 증표를 지니고 이를 관계인에게 보여주어야 한다.
- 자료제출 요구 : 세관장은 입주기업체에 대하여 조사에 필요한 회계장부, 원재료 및 제품의 관리대장, 그 밖에 필요한 자료의 제출을 요구할 수 있다.
- 조사거부금지 : 입주기업체는 정당한 사유 없이 조사를 거부·방해 또는 기피하거나 자료 제출을 거부하여서는 아니 된다.
- 조사방법과 시기 : 재고조사는 서면심사 또는 실지조사의 방법으로 회계연도 종료 3월 이후 연 1회 실시를 원칙으로 한다. 다만, 원재료 등의 부정유출 혐의가 있는 등 세관장이 필요하다고 인정하는 경우에는 수시로 재고조사를 할 수 있다.
- 자체점검 : 입주기업체는 회계연도 종료 3개월이 경과한 후 15일 이내에 입주기업체의 반·출입물품의 관리에 대한 적정여부를 자체 점검하고 다음의 사항을 포함하는 자율점검표 또는 공인회계사가 이 고시에서 정하는 바에 따라 재고조사를 실시하고 작성한 보고서를 관할 세관장에게 제출하여야 한다. **2**
  - 원재료, 재공품, 제품 및 잉여물품 등의 재고관리 방법
  - 제품별 원재료 실소요량 계산서(전산기록매체 또는 서면)
  - 반입물품의 기초재고, 반입·반출량, 기말재고현황(수입신고제외대상인 기계·기구·설비 및 장비와 그 부분품 등을 구분하여 작성)
  - 재고관리현황을 확인할 수 있는 관련 서류명 및 관리부서
  - 그 밖에 물품관리와 관련한 참고사항 및 의견

- 자율점검표로 재고조사 갈음 : 세관장은 제출받은 자율점검표 등의 심사결과 물품의 관리가 적정하다고 판단되는 입주기업체에 대하여 자율점검표 제출로 재고조사를 갈음할 수 있으며, 그 외의 입주기업체에 대하여 재고조사의 방법을 정하여야 한다.
- 재고조사 통지 : 세관장은 재고조사 대상으로 정하여진 입주기업체에 대하여 재고조사 개시일부터 10일 이전에 통지서를 입주기업체에게 송부하여야 하며, 재고조사 개시일부터 서면심사인 경우는 7일 이내, 실지조사인 경우는 10일 이내에 완료하여야 한다. 다만, 부득이하게 재고조사기간을 연장하려는 경우에는 7일 이내의 범위에서 연장할 수 있으며, 이미 재고조사가 완료된 재고조사 대상기간에 대해서는 부정유출혐의 등의 경우를 제외하고는 반복 조사할 수 없다.
- 실지조사 : 세관장은 자율점검표 제출 방식의 재고조사 방법이 타당하지 아니하다고 인정되는 경우에는 이를 변경할 수 있다. 다만, 다음의 어느 하나에 해당하는 경우에는 실지조사하여야 한다.
  - 제2항의 자율점검표 및 제4항의 자료를 제출기한까지 제출하지 않은 경우
  - 외국물품 등의 부정유출 우려가 있는 경우
  - 실소요량관리가 다른 입주기업체와 비교하여 불합리한 경우
  - 제출된 자료가 서면조사에 필요한 사항이 기재되지 않아 서면심사가 이루어지기 어려운 경우
  - 입주기업체의 입주계약이 해지된 경우(세관장이 실지조사를 생략할 수 있다고 인정한 경우는 제외)
- 재고조사 결과 : 세관장은 조사를 한 결과 외국물품 등의 재고가 부족한 경우에는 다음에 해당하는 날을 과세물건 확정시기 및 적용 법령 시기로 보아 입주기업체로부터 그에 해당하는 관세 등을 지체 없이 징수하여야 한다(다만, 분실신고를 한 물품이 자유무역지역에 있는 것이 확인되는 경우 또는 재해나 그 밖의 부득이한 사유로 물품이 멸실된 경우에는 그렇지 않다).
  - 외국물품이 반입된 상태에서 분실된 경우 : 해당 물품을 반입한 날
  - 외국물품 등을 제조 또는 가공 등을 한 경우 : 제조 또는 가공 등을 한 날
- 자료제공요청 : 관리권자는 자유무역지역의 효율적인 관리·운영을 위하여 필요한 경우에는 대통령령으로 정하는 바에 따라 관세청장에게 입주기업체의 물품 반입·반출실적에 대한 자료의 제공을 요청할 수 있다.

⑬ 내국물품 원재료 사용승인 및 과세표준 공제
  ㉠ 개요 : 자유무역지역에서 외국물품 등의 전부 또는 일부를 원재료로 하여 제조, 가공 등의 과정을 거친 후 그 물품을 관세영역으로 반출하려는 경우 반출되는 물품은 외국으로부터 우리나라에 도착된 외국물품으로 보아 관세 등을 부과한다.

ⓛ 과세표준 공제 : 이 경우 반입신고를 하지 아니한 내국물품을 대통령령으로 정하는 바에 따라 세관장의 승인을 받아 원재료로 사용하였을 때에는 그 내국물품의 수량 또는 가격을 제조ㆍ가공ㆍ조립ㆍ보수한 물품의 과세표준에서 공제한다.

ⓒ 원재료의 범위 : 법 제44조 후단에 따른 원재료란 「관세법 시행령」 제199조제1항 각 호의 어느 하나에 해당하는 내국물품으로서 제조ㆍ가공 또는 보수의 성질, 공정 등에 비추어 품명, 규격별 수량 및 소요량이 확인될 수 있는 것으로 한다.

관련규정 | **「관세법」 제199조(보세공장원재료의 범위 등)제1항**

법 제185조에 따라 보세공장에서 보세작업을 하기 위하여 반입되는 원료 또는 재료(보세공장원재료)는 다음 각 호의 어느 하나에 해당하는 것을 말한다. 다만, 기계ㆍ기구 등의 작동 및 유지를 위한 연료, 윤활유 등 제품의 생산ㆍ수리ㆍ조립ㆍ검사ㆍ포장 및 이와 유사한 작업에 간접적으로 투입되어 소모되는 물품은 제외한다.
1. 당해 보세공장에서 생산하는 제품에 물리적 또는 화학적으로 결합되는 물품
2. 해당 보세공장에서 생산하는 제품을 제조ㆍ가공하거나 이와 비슷한 공정에 투입되어 소모되는 물품
3. 해당 보세공장에서 수리ㆍ조립ㆍ검사ㆍ포장 및 이와 유사한 작업에 직접적으로 투입되는 물품

ⓡ 내국물품 원재료 사용승인절차
- 내국물품을 원재료로 사용하기 위한 승인을 받으려는 자는 신청서를 세관장에게 제출하여야 한다.
- 세관장은 승인을 하는 경우 원재료로 사용하려는 내국물품의 품명 및 규격이 같고 소요량이 일정한 경우에는 일정 기간의 소요량을 일괄하여 승인할 수 있다.

ⓜ 기준 : 세관장은 관세의 과세표준에서 공제할 내국물품의 수량 또는 가격을 산정하는 경우에는 해당 물품을 반입한 날이나 내국물품 확인서를 발급받은 날을 기준으로 하여야 한다.

관련규정 | **특허보세구역과 자유무역지역의 비교**

구분	특허보세구역	자유무역지역
관리권자	세관장	중앙행정기관 장
장치기간	있음	원칙적으로 없음 예외적인 경우 존재
예정지역	없음	3년 내 지정 가능
보세사제도 **1**	자율관리보세구역의 경우 채용의무 있음	채용의무 없음
보수작업 절차	승인	원칙적으로 자율작업 예외적으로 승인
내국물품 반입	반입신고	원칙적으로 반입신고의무 없음
내국물품 반출	신고의무 없음	내국물품확인서 등 반입사실입증서류 제출

- 관리권자는 입주계약을 해지하려면 청문을 하여야 한다.
- 세관장이 물품 반입정지를 하려면 청문을 하여야 한다.

심화 📊 　전자상거래 국제물류센터의 운영 등 (고시)

법 제2조(정의)

7. "전자상거래 국제물류센터"란 세관장으로부터 입주기업체 관리부호를 부여받아 국경 간 전자상거래 물품을 고객주문에 맞춰 품목별로 분류 · 보관 · 재포장 후 배송을 하는 물류센터를 말한다.
8. "상품코드"란 자유무역지역 입주기업체에 반입되는 물품의 재고관리를 위하여 최소 모델규격 단위별로 자체 부여한 고유값을 말한다.
9. "품목단위 반출입신고"란 사용소비신고가 수리된 물품, 내국물품 등 화물관리번호가 없는 물품에 대해 품목단위로 반출입내역을 세관장에게 신고하는 것을 말한다.

제38조(전자상거래 국제물류센터 운영기준)

① 전자상거래 국제물류센터를 운영하고자 하는 자는 수출입 안전관리 우수업체(AEO) 또는 법규수행능력평가 우수업체이어야 한다. 다만, 신규업체가 신청하는 경우 세관장은 신청업체의 전자상거래 국제물류 유치 실적 또는 계획을 고려하여 조건부로 운영하게 할 수 있다.
② 입주기업체는 재고관리시스템, 시설 및 내부통제 등 별표 8의 화물관리역량 평가기준을 충족하여야 한다. **1**

제40조(품목단위 반출입신고)

① 입주기업체는 전자상거래 국제물류센터에 반입된 물품의 포장을 해체하여 상품코드별로 분할 · 보관하려는 경우 물품의 포장을 해체하기 전에 사용소비신고를 하고 품목단위 반출입신고서를 제출하여야 한다. 이때 사용소비신고는 B/L단위로 반입된 외국물품에 한한다.
② 입주기업체는 상품코드별로 분할 · 보관된 물품을 전자상거래 국제물류센터에서 반출하려는 경우 물품 반출 전에 품목단위 반출입신고서를 제출하여야 한다.

제41조(물품의 반출)

① 입주기업체가 전자상거래 국제물류센터에 반입된 물품을 해외 구매자에게 발송하려는 경우 물품 반출 전에 국외반출신고 또는 수출신고를 하여야 하며, 관세영역으로 반출하려는 경우에는 물품 반출 전에 수입신고를 하여야 한다. **1**
② 내국물품만을 수출신고할 경우 수출신고서상의 수출대행자 및 수출화주를 물품공급자 등 국내사업자로 할 수 있다.
③ 전자상거래 국제물류센터 반입물품을 수입신고하려는 경우 해당 물품의 납부세액이 「관세법」상 징수금액의 최저한 미만이 되도록 물품을 분할하여 수입신고할 수 없다.
④ 입주기업체가 유통기한 · 사용기한 경과, 변질, 재고과다 등의 사유로 해당 물품의 공급자 등에게 반송하려는 경우에는 일반 보세화물의 반송절차를 따른다.

제42조(특송 · 우편물품 반입 등)

① 통관절차를 거치기 전에 주문이 취소되어 수입신고할 수 없는 특송 · 우편물품은 보세운송절차를 거쳐 전자상거래 국제물류센터로 반입할 수 있다. 다만, 동일 자유무역지역 내에서 물품이 이동하는 경우에는 보세운송절차를 생략할 수 있다.

② 해외로 배송된 물품이 반품된 경우 해당 물품은 보세운송절차에 따라 전자상거래 국제물류센터에 재반입할 수 있다.

제43조(재고관리 등)

① 전자상거래 국제물류센터에 반입되는 모든 판매용 물품은 재고관리시스템에 의해 상품코드별로 관리하여야 하며, 관세청 전자통관시스템과 연계되어 실시간 품목단위 반출입신고와 재고관리가 가능하여야 한다. **1**

② 입주기업체는 B/L단위 관리물품과 품목단위 관리물품을 구분 장치하여야 하며, 재고관리시스템에 의해 물품별 통관진행상황 등 실시간 재고현황을 관리할 수 있어야 한다.

③ 전자상거래 국제물류센터에서 사용소비신고 후 분할 · 합병 등의 방식으로 재고관리할 수 있는 물품은 해외 구매자 또는 국내 사업자에게 판매할 물품으로 한다.

④ 입주기업체는 전자상거래 국제물류센터 반입물품에 대해 연간 재고조사 외 회계연도 반기 자체 재고조사를 실시하고 이상유무 등 재고조사 결과를 세관장에게 보고하여야 한다.

⑤ 세관장은 재고 이상이 발생한 경우 재고 불일치 사유를 조사한 후 해당 세액 추징 등 적정한 조치를 취하여야 한다.

MEMO

수출입
안전관리

 2014년~2023년 총 10회 보세사 기출문제 분석자료

1 시험에 한 번 출제됨
2 시험에 두 번 출제됨
3 시험에 세 번 출제됨
4 시험에 네 번 출제됨
5 시험에 다섯 번 출제됨
6 시험에 여섯 번 출제됨
7 시험에 일곱 번 출제됨
8 시험에 여덟 번 출제됨
9 시험에 아홉 번 출제됨
10 시험에 열 번 출제됨

운송수단

본 장은 우리나라의 항만감시체제와 운송수단, 입출항 및 하역절차 등을 공부한다. 즉 제1과목 제5장의 통관절차가 개시되기 이전의 절차를 공부하는 것이므로, 본 장을 공부한 후 다시 제1 과목 제5장 통관절차를 복습하는 것도 유기적으로 공부할 수 있는 방법이다.
중요한 개념으로 국제항의 지정, 입항보고, 물품의 하역, 선박(항공기)용품 적재, 관세통로 등이 특히 많은 부분에서 빈출되고 있다. 그러나 관리대상화물에 관한 고시의 경우 빈출되는 개념이 있기보다는 여러 군데에서 전반적으로 출제가 되고 있어 완벽하게 학습하기보다는 넓고 얕게 공부하여 선택·집중하는 전략이 필요하다.

01 국제항

> 😊 **해설** **항만감시체제**
>
> • 우리나라의 항만감시체제는 이전 부두별 24시간 세관공무원 상시(고정)근무체제에서 기동감시체제(기동순찰체제 : 주 감시소에만 상시 근무)로 바뀌었다.
> • 2003년부터 전국 주요 항만에 CCTV를 설치해 전 부두를 24시간 감시할 수 있는 감시종합상황실을 운영하는 동시에 2010년부터는 감시종합상황실을 중심으로 하는 영상기동감시체계를 구축·운영하고 있다.
> • 해외여행자의 입국 전에 우범 여부를 선별할 수 있는 여행자정보사전확인제도(APIS)를 운영 중이다.

1. 국제항의 지정 등 [법 제133조]

> 😊 **해설**
>
> 관세를 납부하여야 할 수입물품이 수입신고되기 전에 일반물품과 섞이지 않고 분리되어 관리되도록 통제하는 첫 번째 단계로서 수입물품이 우리나라 관세영역 중 통제가 가능한 지정된 장소를 통해서만 반입되도록 하는 것이다.

① 국제항의 지정
  ㉠ 국제항은 대통령령으로 지정한다. **5**
  ㉡ 현재 국제항으로 지정된 항구는 25개, 공항은 8개가 있다. **1**

관련규정	국제항 [5]
항구	인천항, 부산항, 마산항, 여수항, 목포항, 군산항, 제주항, 동해·묵호항, 울산항, 통영항, 삼천포항, 장승포항, 포항항, 장항항, 옥포항, 광양항, 평택·당진항, 대산항, 삼척항, 진해항, 완도항, 속초항, 고현항, 경인항, 보령항
공항	인천공항, 김포공항, 김해공항, 제주공항, 청주공항, 대구공항, 무안공항, 양양공항

 해설　서귀포항과 옥계항, 광주공항, 대변항은 국제항이 아니다.

② **국제항의 특징**

    ㉠ 국제무역선(기)의 입출항이 자유롭다. **1**

    ㉡ 수출입통관을 관리·감독하는 세관이 상주하고 있다. **2**

    ㉢ 보세구역이 지정되어 있고 보세운송 관련 시설이 완비되어 있어 물품의 보관·운송이 용이하다. **2**

    ㉣ 국제항은 각종 시설이 잘 정비되어 있어 물품의 적재, 하역, 환적이 용이하다. **3**

    ㉤ 「관세법」에 의한 출입허가수수료가 부과되지 않는 등 입출항에 행정적 편의성을 갖추었다. **3**

③ **지정요건** : 국제항의 지정요건은 다음 각 호와 같다.

    ㉠ 「선박의 입항 및 출항 등에 관한 법률」 또는 「공항시설법」에 의하여 국제무역선(기)이 항상 입·출항할 수 있을 것 **1**

    ㉡ 국내선과 구분되는 국제선 전용통로 및 그 밖에 출입국업무를 처리하는 행정기관의 업무수행에 필요한 인력·시설·장비를 확보할 수 있을 것 **1**

    ㉢ 공항 및 항구의 여객 수 또는 화물량 등에 관한 다음 각 목의 구분에 따른 기준을 갖출 것

      • 공항의 경우 : 정기여객기가 주 6회 이상 입항하거나 입항할 것으로 예상되거나 여객기로 입국하는 여객수가 연간 4만명 이상일 것 **1**

      • 항구의 경우 : 국제무역선인 5천톤 급 이상의 선박이 연간 50회 이상 입항하거나 입항할 것으로 예상될 것 **2**

관련규정	

관세청장 또는 관계 행정기관의 장은 국제항이 제1항에 따른 지정요건을 갖추지 못하여 업무수행 등에 상당한 지장을 준다고 판단하는 경우에는 기획재정부장관에게 그 사실을 보고해야 한다. 이 경우 기획재정부장관은 관세청장 또는 국제항시설의 관리기관의 장과 국제항에 대한 현장점검을 할 수 있다. **1**

2. 국제항 등에의 출입 [법 제134조]

① 국제항 등에의 출입

ⓐ 국제무역선이나 국제무역기는 국제항에 한정하여 운항할 수 있다. **3**

ⓑ 다만, 대통령령으로 정하는 바에 따라 국제항이 아닌 지역에 대한 출입의 허가를 받은 경우에는 그렇지 않다. **5**

관련규정

① 세관장은 국제항이 아닌 지역에 대한 출입허가의 신청을 받은 날부터 10일 이내에 허가 여부를 신청인에게 통지하여야 한다. **1**

② 국제항이 아닌 지역에 대한 출입의 허가를 받으려는 자는 신청서를 해당 지역을 관할하는 세관장에게 제출해야 한다. 다만, 국제무역선 또는 국제무역기 항행의 편의도모나 그 밖의 특별한 사정이 있는 경우에는 다른 세관장에게 제출할 수 있다. **1**

---

② 국제항이 아닌 지역에 대한 허가수수료 : 수수료의 총액은 50만원을 초과하지 못한다. **3**

심화 수수료

구분	출입 횟수 기준	적용 무게 기준	수수료
국제무역선	1회	해당 선박의 순톤수 1톤 **1**	100원
국제무역기	1회	해당 항공기의 자체 무게 1톤	1,200원 **1**

심화 허가수수료 면제사유

- 법령의 규정에 의하여 강제로 입항하는 경우 **1**
- 급병환자, 항해 중 발견한 밀항자, 항해 중 구조한 조난자·조난선박·조난화물 등의 하역 또는 인도를 위하여 일시 입항하는 경우 **1**
- 위험물품·오염물품 기타 이에 준하는 물품의 취급, 유조선의 청소 또는 가스 발생 선박의 가스 제거작업을 위하여 법령 또는 권한 있는 행정관청이 정하는 일정한 장소에 입항하는 경우 **2**
- 국제항의 협소 등 입항 여건을 고려하여 관세청장이 정하는 일정한 장소에 입항하는 경우 **2**

02 | 선박과 항공기

제1관 | 입출항절차

1. 입항절차 [법 제135조]

① 입항보고

ㄱ 국제무역선이나 국제무역기가 국제항(출입허가를 받은 지역을 포함한다)에 입항하였을 때에는 선장이나 기장은 대통령령으로 정하는 사항이 적힌 선박용품 또는 항공기용품의 목록, 여객명부, 승무원명부, 승무원 휴대품목록과 적재화물목록을 첨부하여 지체 없이 세관장에게 입항보고를 하여야 하며, 국제무역선은 선박국적증서와 최종 출발항의 출항면장이나 이를 갈음할 서류를 제시하여야 한다. **4**

ㄴ 다만, 세관장은 감시ㆍ단속에 지장이 없다고 인정될 때에는 선박용품 또는 항공기용품의 목록이나 승무원 휴대품목록의 첨부를 생략하게 할 수 있다. **1**

② 입항 전 적재화물목록 등 제출

ㄱ 세관장은 신속한 입항 및 통관절차의 이행과 효율적인 감시ㆍ단속을 위하여 필요할 때에는 관세청장이 정하는 바에 따라 입항하는 해당 선박 또는 항공기가 소속된 선박회사 또는 항공사(업무를 대행하는 자를 포함)로 하여금 ①에 따른 여객명부ㆍ적재화물목록 등을 입항하기 전에 제출하게 할 수 있다. **2**

ㄴ 다만, 화물운송주선업자(탁송품 운송업자로 한정)로서 대통령령으로 정하는 요건을 갖춘 자가 작성한 적재화물목록은 관세청장이 정하는 바에 따라 해당 화물운송주선업자로 하여금 제출하게 할 수 있다. **1**

> **심화** 📊 **적재화물목록을 제출할 수 있는 화물운송주선업자**
> • 수출입안전관리우수업체로 공인된 업체
> • 안전관리기준 준수도 측정ㆍ평가결과가 우수한 자
> • 기획재정부령으로 정하는 화물운송 주선 실적 기준을 충족하는 자

③ 입항보고서 제출시기

ㄱ 국제무역선 **1**

• 선장 등은 선박이 입항하기 24시간 전까지 제4조에 따른 입항예정(최초)보고서를 세관장에게 제출하여야 한다. 다만, 직전 출항국가 출항부터 입항까지 운항 소요시간이 24시간 이하인 경우에는 직전 출항국가에서 출항하는 즉시 입항예정(최초)보고서를 제출하여야 한다.

- 입항예정(최초)보고를 한 선장 등은 선박이 입항하여 부두에 접안하기 전까지 또는 해상에 정박하기 전까지 입항예정 보고한 내용을 근거로 하여 최종입항보고서를 제출하여야 한다.
- 선장 등은 입항 전에 제출하는 여객명부를 선박 입항 30분 전까지 세관장에게 제출하여야 한다.

ⓒ 국제무역기 : 기장 등은 입항보고서를 입항 즉시 제출하여야 한다. 다만, 입항 전에 제출하는 여객명부는 항공기 입항 30분 전까지 세관장에게 제출하여야 한다. **1**

2. 출항절차 [법 제136조]

① **출항허가** : 국제무역선이나 국제무역기가 국제항을 출항하려면 선장이나 기장은 출항하기 전에 세관장에게 출항허가를 받아야 한다. **4**

관련규정	**출항허가 신청서 기재사항 1**

- 항공기의 종류
- 여객의 수(여객이 국내 체류 시 구입한 물품내역은 제외)
- 목적지
- 적재물품의 톤수

② **적재물품목록 제출**

㉠ 선장이나 기장은 출항허가를 받으려면 국제항에서 적재한 물품의 목록을 제출하여야 한다. **1**

ⓒ 다만, 세관장이 출항절차를 신속하게 진행하기 위하여 필요하다고 인정하여 출항허가 후 7일의 범위에서 따로 기간을 정하는 경우에는 그 기간 내에 목록을 제출할 수 있다. **1**

③ **출항허가 신청서 제출시기**

㉠ 국제무역선 : 선장 등은 선박이 출항하기 12시간 전까지 출항예정(최초)허가신청서를 제출하여야 한다. 다만, 입항 후 12시간 이내에 출항하려는 선박은 출항하기 3시간 전까지 이를 제출하여야 한다.

ⓒ 국제무역기 : 기장 등은 출항허가신청서를 항공기가 이륙하기 전까지 세관장에게 제출하여야 한다.

3. 간이 입출항절차 [법 제137조]

① **입항한 때부터 24시간 이내 출항하는 경우** : 국제무역선이나 국제무역기가 국제항에 입항하여 물품(선박용품 또는 항공기용품과 승무원의 휴대품은 제외한다)을 하역하지 아니하고 입항한 때부터 24시간 이내에 출항하는 경우 세관장은 적재화물목록, 선박용품 또는 항공기용품의 목록, 여객명부, 승무원명부, 승무원 휴대품목록 또는 적재물품의 목록의 제출을 생략하게 할 수 있다. **2**

② **다시 다른 국제항에 입항하는 경우** : 세관장은 국제무역선이나 국제무역기가 국제항에 입항하여 입항절차를 마친 후 다시 우리나라의 다른 국제항에 입항할 때에는 ①을 준용하여 서류제출의 생략 등 간소한 절차로 입출항하게 할 수 있다. **4**

심화 📊 **승객예약자료 [법 제137조의2]**

1. 승객예약자료 요청

세관장은 다음 각 호의 어느 하나에 해당하는 업무를 수행하기 위하여 필요한 경우 입항하거나 출항하는 선박 또는 항공기가 소속된 선박회사 또는 항공사가 운영하는 예약정보시스템의 승객예약자료를 정보통신망을 통하여 열람하거나 기획재정부령으로 정하는 시한 내에 제출하여 줄 것을 선박회사 또는 항공사에 요청할 수 있다. 이 경우 해당 선박회사 또는 항공사는 이에 따라야 한다. **1**

① 수출입금지물품을 수출입한 자 또는 수출입하려는 자에 대한 검사업무

② 수출입반송 신고규정을 위반하여 다음 어느 하나의 물품을 수출입하거나 반송하려는 자에 대한 검사업무
- 「마약류관리에 관한 법률」에 따른 마약류
- 「총포 · 도검 · 화약류 등의 안전관리에 관한 법률」에 따른 총포 · 도검 · 화약류 · 분사기 · 전자충격기 및 석궁

2. 승객예약자료

- 국적, 성명, 생년월일, 여권번호 및 예약번호
- 주소 및 전화번호
- 예약 및 탑승수속 시점 **1**
- 항공권 또는 승선표의 번호 · 발권일 · 발권도시 및 대금결제방법
- 여행경로 및 여행사 **1**
- 동반탑승자 및 좌석번호 **2**
- 수하물 자료 **1**
- 항공사 또는 선박회사의 회원으로 가입한 경우 회원번호 및 등급과 승객주문정보

3. 열람가능권한 **1**

제공받은 승객예약자료를 열람할 수 있는 사람은 관세청장이 지정하는 세관공무원으로 한정한다.

4. 승객예약자료의 제출시한 **1**

① 출항하는 선박 또는 항공기의 경우 : 출항 후 3시간 이내

② 입항하는 선박 또는 항공기의 경우 : 입항 1시간 전까지. 다만, 운항예정시간이 3시간 이내인 경우에는 입항 30분 전까지 할 수 있다.

- 국제항출입, 입출항절차, 하역규정은 재해나 그 밖의 부득이한 사유에 의한 경우에는 적용하지 아니한다.
- 이 경우 선장이나 기장은 지체 없이 이유를 세관공무원이나 경찰공무원(세관공무원이 없는 경우로 한정한다)에게 신고하여야 한다.
- 신고를 받은 경찰공무원은 지체 없이 내용을 세관공무원에게 통보하여야 한다.
- 선장이나 기장은 재해나 그 밖의 부득이한 사유가 종료되었을 때에는 지체 없이 세관장에게 경과를 보고하여야 한다. 🔳

재해나 그 밖의 부득이한 사유로 국내운항선이나 국내운항기가 외국에 임시 정박 또는 착륙하고 우리나라로 되돌아왔을 때에는 선장이나 기장은 지체 없이 사실을 세관장에게 보고하여야 하며, 외국에서 적재한 물품이 있을 때에는 목록을 제출하여야 한다. 🔳

제2관 물품의 하역

1. 물품의 하역 [법 제140조]

 해설

하역이라 함은 화물을 국제무역선에서 양륙하여 하선장소에 반입하는 하선작업과 화물을 국제무역선에 옮겨놓는 적재작업을 말한다. 🔳

① **하역시기** : 국제무역선이나 국제무역기는 입항절차를 마친 후가 아니면 물품을 하역하거나 환적할 수 없다. 다만, 세관장의 허가를 받은 경우에는 그렇지 않다. 🔳

② **하역의 절차** : 국제무역선이나 국제무역기에 물품을 하역하려면 세관장에게 신고하고 현장에서 세관공무원의 확인을 받아야 한다. 다만, 세관공무원이 확인할 필요가 없다고 인정하는 경우에는 그렇지 않다. 🔳

③ **하역통로·기간 제한** : 세관장은 감시·단속을 위하여 필요할 때에는 물품을 하역하는 장소 및 통로(하역통로)와 기간을 제한할 수 있다. 🔳

④ **내·외국물품 적재** : 국제무역선이나 국제무역기에는 내국물품을 적재할 수 없으며 국내운항선이나 국내운항기에는 외국물품을 적재할 수 없다. 다만, 세관장의 허가를 받았을 때에는 그렇지 않다. 🔳

⑤ 세관장은 ②에 따라 신고된 물품이 폐기물·화학물질 등 관세청장이 관계 중앙행정기관의 장과 협의하여 고시하는 물품으로서 하역 장소 및 통로, 기간을 제한하는 방법으로는 사회안전 또는 국민보건 피해를 방지하기 어렵다고 인정되는 경우에는 하역을 제한하고, 적절한 조치 또는 반송을 명할 수 있다.

2. 외국물품의 일시양륙 등 [법 제141조]

다음 각 호의 어느 하나에 해당하는 행위를 하려면 세관장에게 신고를 하고, 현장에서 세관공무원의 확인을 받아야 한다. 다만, 관세청장이 감시·단속에 지장이 없다고 인정하여 따로 정하는 경우에는 간소한 방법으로 신고 또는 확인하거나 이를 생략하게 할 수 있다. 🔲
① 외국물품을 운송수단으로부터 일시적으로 육지에 내려 놓으려는 경우 🔲
② 해당 운송수단의 여객·승무원 또는 운전자가 아닌 자가 타려는 경우 🔳
③ 외국물품을 적재한 운송수단에서 다른 운송수단으로 물품을 환적 또는 복합환적하거나 사람을 이동시키는 경우 🔲

3. 항외 하역 [법 제142조] 🔳

국제무역선이 국제항의 바깥에서 물품을 하역하거나 환적하려는 경우에는 선장은 세관장의 허가를 받아야 한다. 선장은 허가를 받으려면 기획재정부령으로 정하는 바에 따라 허가수수료를 납부하여야 한다.

4. 선박용품 및 항공기용품의 하역 등 [법 제143조]

① **선박(항공기)용품 하역·환적 허가** : 다음의 어느 하나에 해당하는 물품을 국제무역선 또는 국제무역기 또는 「원양산업발전법」에 따른 조업에 사용되는 선박(이하 "원양어선") 하역하거나 환적하려면 세관장의 허가를 받아야 하며, 하역 또는 환적허가의 내용대로 하역하거나 환적하여야 한다. 🔳
  ㉠ 선박용품 또는 항공기용품
  ㉡ 국제무역선 또는 국제무역기 안에서 판매하는 물품
  ㉢ 「원양산업발전법」에 따라 해양수산부장관의 허가·승인 또는 지정을 받은 자가 조업하는 원양어선에 무상으로 송부하기 위하여 반출하는 물품으로서 해양수산부장관이 확인한 물품

② **외국물품의 적재** : 선박용품 등의 물품이 외국으로부터 우리나라에 도착한 외국물품일 때에는 보세구역으로부터 국제무역선 또는 국제무역기 또는 원양어선에 적재하는 경우에만 외국물품을 그대로 적재할 수 있다. 🔳

③ 선박(항공기)용품 등의 범위 : 선박용품 등의 종류와 수량은 선박이나 항공기의 종류, 톤수 또는 무게, 항행일수 또는 운행일수, 여객과 승무원 · 선원의 수 등을 고려하여 세관장이 타당하다고 인정하는 범위이어야 한다. **2**

> **관련규정** **선박용품**
>
> 선박용품이란 음료, 식품, 연료, 소모품, 밧줄, 수리용 예비부분품 및 부속품, 집기, 그 밖에 이와 유사한 물품으로서 해당 선박에서만 사용되는 것을 말한다. **3**

> **관련규정** **선박(항공기)용품 및 용업공급업 등 용어의 정의**
>
> • "항만용역업"이란 다음 각 목의 행위를 행하는 업을 말한다. **1**
>   - 통선으로 본선과 육지간의 연락을 중계하는 행위
>   - 본선경비 또는 본선의 이안 및 접안을 보조하기 위하여 줄잡이 역무를 제공하는 행위
>   - 선박청소(유창청소업 제외) · 오물제거 · 소독 · 폐물수집 및 운반 · 화물고정 · 칠 등 하는 행위
>   - 선박에서 사용하는 맑은 물을 공급하는 행위
> • "물품공급업"이란 국제무역선(기)에 선박(항공기)용품을 공급(판매)하는 업을 말한다. **1**
> • "선박연료공급업"이란 국제무역선의 운항에 필요한 연료유를 공급(판매)하는 업을 말한다. **1**
> • "감정업"이란 선적화물 및 선박(부선을 포함한다)에 관련된 증명 · 조사 · 감정을 하는 업을 말한다.
> • "검량업"이란 선적화물을 싣거나 내릴 때 그 화물의 용적 또는 중량을 계산하거나 증명하는 업을 말한다.
> • "검수업"이란 선적화물을 적하 또는 양하하는 경우에 그 화물의 개수의 계산 또는 인도 · 인수의 증명을 하는 업을 말한다. **1**
> • "예선업"이란 예인선으로 선박을 끌어당기거나 밀어서 이안 · 접안 · 계류를 보조하는 업을 말한다. **1**
> • "선박내판매품"이란 여객선에서 여행자 및 승무원에게 판매되는 물품을 말한다. **1**

④ 즉시징수 : 외국물품이 하역 또는 환적허가의 내용대로 운송수단에 적재되지 아니한 경우에는 해당 허가를 받은 자로부터 즉시 관세를 징수한다. 다만, 다음의 어느 하나에 해당하는 경우에는 그렇지 않다. **2**
  ㉠ 세관장이 지정한 기간 내에 그 물품이 다시 보세구역에 반입된 경우 **1**
  ㉡ 재해나 그 밖의 부득이한 사유로 멸실된 경우 **1**
  ㉢ 미리 세관장의 승인을 받고 폐기한 경우

⑤ 선박(항공기)용품의 반 · 출입 및 하역
  ㉠ 공급자 등이 외국 선박용품 등을 보세구역에 반입한 때에는 관할지 세관장에게 별지 제1호 서식의 반입등록서를 제출하여야 한다. 다만, 공급자 등이 하선완료보고 하였거나 보세운송하여 도착보고한 물품은 반입등록한 것으로 갈음한다. **2**
  ㉡ 공급자 등이 외국물품인 선박용품 등의 적재 등 허가를 받고자 하는 때에는 해당 국제무역선이 정박한 지역의 관할 세관장에게 적재허가신청서를 제출하여야 한다. **1**

ⓒ 선박회사(대리점 포함)는 자사 소속 국제무역선에 한정하여 선박용품 등을 직접 적재 등을 하거나 보세운송할 수 있다. 다만, 선박회사는 공급자 중에서 대행업체를 지정하여 절차를 이행하게 할 수 있다. **1**

ⓔ 보세운송 신고인은 선박용품등이 목적지에 도착한 때에는 보세구역운영인의 입회하에 인수자에게 인계하여야 하며, 인수자는 물품을 인수하는 즉시 도착지 세관장에게 도착보고를 하여야 한다. **1**

ⓜ 선박용품 등의 하선허가를 받은 자는 허가일로부터 7일 이내에 하선허가를 받은 물품을 보세구역에 반입하여야 한다. **1**

관련규정 | **선박용품 등 관리에 관한 고시 주요내용**

- 선박용품 등의 적재 등은 해당 허가를 받은 자가 직접 이행해야 한다. **1**
- 선박용품 등의 적재 · 환적 허가를 받은 자는 허가일로부터 7일 이내에 적재 등을 완료해야 한다. 다만, 1회 항행일수가 7일 이내인 국제무역선은 해당 항차의 출항허가 전까지 그 절차를 완료해야 한다.
- 공급자 등은 적재 등을 완료한 때에는 다음날 12시까지 관할 세관장에게 보고하여야 한다. 다만, 보고 기한 내에 해당 선박이 출항하는 때에는 출항허가 전까지 보고하여야 한다. **1**
- 선박용품 보세운송기간은 보세운송신고수리(승인)일로부터 15일 이내에서 실제 운송에 필요한 기간으로 한다. 다만, 세관장은 그 사유가 타당하다고 인정하는 경우에는 15일 이내에서 한 번만 연장승인 할 수 있다. **2**

심화 | **국제무역선의 국내운항선으로의 전환 등**

1. 국제무역선의 국내운항선으로의 전환 등 [법 제144조] **4**
   ① 국제무역선 또는 국제무역기를 국내운항선 또는 국내운항기로 전환하거나, 국내운항선 또는 국내운항기를 국제무역선 또는 국제무역기로 전환하려면 선장이나 기장은 세관장의 승인을 받아야 한다.
   ② 국제무역선의 국내운항선으로의 전환신청이 있는 때에는 세관장은 당해 선박 또는 항공기에 적재되어 있는 물품을 검사할 수 있다.
   ③ 폐선 또는 감축 예정인 국제무역선은 국내운항선 전환신청서를 세관장에게 제출하여 승인을 받아야 한다.
   ④ 국제항이 아닌 지역에 대한 출입의 허가를 받으려는 자는 신청서를 해당 지역을 관할하는 세관장에게 제출해야 한다. 다만, 국제무역선 또는 국제무역기 항행의 편의도모나 그 밖의 특별한 사정이 있는 경우에는 다른 세관장에게 제출할 수 있다. **1**

2. 그 밖의 선박 또는 항공기 [법 제146조]
   ① 그 밖의 선박 또는 항공기 : 다음의 어느 하나에 해당하는 선박이나 항공기는 국제무역선이나 국제무역기에 관한 규정을 준용한다. 다만, 대통령령으로 정하는 선박 및 항공기에 대하여는 그렇지 않다.
      ㉠ 국제무역선 또는 국제무역기 외의 선박이나 항공기로서 외국에 운항하는 선박 또는 항공기

ⓛ 외국을 왕래하는 여행자와 제241조제2항제1호의 물품을 전용으로 운송하기 위하여 국내에서만 운항하는 항공기(환승전용국내운항기)
② 환승전용국내운항기 : ①에도 불구하고 환승전용국내운항기에 대해서는 제143조제2항은 적용하지 아니하며 효율적인 통관 및 감시·단속을 위하여 필요한 사항은 대통령령으로 따로 정할 수 있다.
③ "대통령령으로 정하는 선박 및 항공기"(절차생략)
  ㉠ 군함 및 군용기 **1**
  ㉡ 국가원수 또는 정부를 대표하는 외교사절이 전용하는 선박 또는 항공기 **1**

3. 국경하천을 운항하는 선박 [법 제147조]

국경하천만을 운항하는 내국선박에 대하여는 국제무역선에 관한 규정을 적용하지 아니한다.

심화 📈 **국제무역선의 승선신고 처리절차**

① 승무원 가족의 승선기간은 해당 항구에서 승선과 하선을 하는 때에는 선박의 정박기간 이내이다.
② 선박용품의 주문을 받기 위한 승선 등 그 목적이 불합리한 방문인 경우에는 승선을 제한할 수 있다.
③ 상시승선(신고)증의 유효기간은 발급일로부터 3년으로 한다.
④ 선박용품의 하역 및 용역을 제공하기 위하여 선박용품 적재 등 허가(신청)서에 승선자 명단을 기재하여 허가를 받은 경우에는 승선신고를 한 것으로 갈음한다.
⑤ 업체가 휴업 또는 폐업한 때에는 즉시 발급한 세관장에게 상시승선(신고)증을 반납해야 한다.

심화 📈 **항공기용품 등 관리에 관한 고시**

제3조(반입등록)
① 공급자 등은 외국물품을 용품으로 보세구역에 반입한 때에는 즉시 관할지 세관장에게 외국용품 반입등록서를 전자문서로 제출해야 한다. **1**
② 제1항에도 불구하고 다음 각 호의 어느 하나에 해당하는 경우에는 반입등록 한 것으로 갈음한다.
  1. 하기허가를 받은 경우
  2. 보세운송승인을 받은 경우
③ 공급자 등이 용품을 반입등록 하는 때에는 품목번호를 전자통관시스템에 등록해야 한다.

제5조(용품의 적재 신청 등)
① 국제무역기에 용품을 적재하고자 하는 공급자 등은 적재 전에 국제무역기의 계류장을 관할하는 세관장에게 항공편별로 구분하여 외국용품 적재허가(신청)서 또는 내국용품 적재허가(신청)서를 제출해야 한다. 다만, 세관장이 항공기내판매품(외국물품에 한정한다) 등 항공편별 적재내역 관리가 필요하다고 인정되는 용품 이외의 용품은 적재내역을 일별 또는 월별로 취합하여 신청하게 할 수 있다.
② 제1항 단서에 따라 월별로 적재내역을 취합하여 신청할 수 있는 용품은 다음 각 호와 같다. 이 경우 공급자 등은 전월 실제 적재한 수량을 다음 달 7일까지 보고해야 한다. **1**

1. 내국항공기용품
2. 엔진오일, 기내식 등 항공기에서 소비되거나 사용되어 재사용이 불가능한 외국항공기용품
3. 기물, 식자재 용기, 세탁물 등 반복적으로 사용하는 외국항공기용품 **1**

③ 제1항에 따라 일별 또는 월별로 적재신청을 하는 경우에 공급자 등은 자체 전산시스템을 통해 항공편별 적재내역을 관리해야 하며 세관공무원의 제출요구가 있을 때에는 즉시 제출해야 한다.

④ 공급자 등은 국내운항 후 국제무역기로 자격전환 하여 외국으로 출항예정인 국내운항기에 대해서 사전에 국내운항 출발 국제항에서 제1항에 따른 적재허가 신청을 할 수 있다. 다만, 이 경우 항공편별로 적재신청을 하여야 하며, 국내 운항구간의 보세운송 절차는 적재허가로 갈음한다.

⑤ 제4항에 따라 적재허가를 받은 용품을 국내운항 간 항공사 자체적으로 봉인하고 다른 내국물품과 구분하여 운송하여야 하며, 국제선 출항 이후에 봉인해제하여 사용할 수 있다.

⑥ 공급자 등이 제4항에 따른 적재허가 신청을 하는 경우에는 「선박(항공기)용품 및 용역공급업 등의 등록에 관한 고시」 제4조제1항에도 불구하고 국제선 출발공항 관할 세관장에 대한 영업 등록을 생략할 수 있다.

제15조(용품의 용도외 처분)

공급자 등이 외국용품을 다음 각 호의 어느 하나의 사유로 용도외 처분한 때에는 용도외 처분한 날로부터 7일 이내에 반입등록한 세관장에게 용품의 용도외 처분보고서를 제출해야 한다.
1. 수입신고가 수리된 때
2. 반송신고가 수리된 때 **1**
3. 매각된 때
4. 멸실된 때
5. 항공기 내 판매품을 교환한 때
6. 그 밖에 이와 유사한 행위가 발생한 때

제16조(용품의 양도 및 양수 보고)

① 용품의 양도 및 양수는 물품공급업 또는 항공기 내 판매업으로 등록된 자에 한하여 할 수 있다. 다만, 제3조제1항에 따른 반입등록이 되지 않고 화물관리번호 단위로 관리되고 있는 용품은 일반 수입업자 등에게도 양도·양수할 수 있다. **1**

② 용품을 양도하려는 자는 보세운송수리(신고)서를 제출하여 승인을 받고 보세운송신고일로부터 7일 이내에 해당 물품을 도착지 보세창고에 반입하고 보세운송도착보고 및 반입등록 해야 한다. 다만, 전자통관시스템에 따라 보세운송신고를 한 경우에는 보세운송도착보고 및 반입등록 한 것으로 갈음한다.

③ 제2항에 따라 용품을 양도한 자는 보세운송 신고일로부터 7일 이내에 반입등록한 세관장에게 별지 제12호서식의 용품의 양도양수보고서를 제출해야 한다.

1. 관세통로 [법 제148조]

① **경유 및 정차** : 국경출입차량은 관세통로를 경유하여야 하며, 통관역이나 통관장에 정차하여야 한다. **3**

② **관세통로 지정** : 관세통로는 육상국경으로부터 통관역에 이르는 철도와 육상국경으로부터 통관장에 이르는 육로 또는 수로 중에서 세관장이 지정한다. **4**

③ **통관역 지정** : 통관역은 국외와 연결되고 국경에 근접한 철도역 중에서 관세청장이 지정한다. **4**

> 👤 **해설** 통관역은 군사분계선과 전혀 관련이 없다는 점에 유의한다.

④ **통관장 지정 4** : 통관장은 관세통로에 접속한 장소 중에서 세관장이 지정한다.

2. 국경출입차량의 도착절차 [법 제149조]

① **도착보고** : 국경출입차량이 통관역이나 통관장에 도착하면 통관역장이나 도로차량(선박 · 철도차량 또는 항공기가 아닌 운송수단을 말한다)의 운전자는 차량용품목록 · 여객명부 · 승무원명부 및 승무원 휴대품목록과 관세청장이 정하는 적재화물목록을 첨부하여 지체 없이 세관장에게 도착보고를 하여야 하며, 최종 출발지의 출발허가서 또는 이를 갈음하는 서류를 제시하여야 한다. 다만, 세관장은 감시 · 단속에 지장이 없다고 인정될 때에는 차량용품목록이나 승무원 휴대품목록의 첨부를 생략하게 할 수 있다.

② **도착 전 적재화물목록 등 제출** : 세관장은 신속한 입국 및 통관절차의 이행과 효율적인 감시 · 단속을 위하여 필요한 경우에는 관세청장이 정하는 바에 따라 도착하는 해당 차량이 소속된 회사(업무를 대행하는 자를 포함한다)로 하여금 ①에 따른 여객명부 · 적재화물목록 등을 도착하기 전에 제출하게 할 수 있다. **1**

③ **사증** : ①에도 불구하고 모래 · 자갈 등이나 골재, 석탄 · 흑연 등의 광물을 일정 기간에 일정량으로 나누어 반복적으로 운송하는 데에 사용되는 도로차량의 운전자는 사증을 받는 것으로 도착보고를 대신할 수 있다. 다만, 최종 도착보고의 경우는 제외한다. 사증을 받는 것으로 도착보고를 대신하는 도로차량의 운전자는 최종 도착보고를 할 때에 ①에 따른 서류를 한꺼번에 제출하여야 한다.

3. 국경출입차량의 출발절차 [법 제150조]

① **출발보고 및 출발허가** : 국경출입차량이 통관역이나 통관장을 출발하려면 통관역장이나 도로차량의 운전자는 출발하기 전에 세관장에게 출발보고를 하고 출발허가를 받아야 한다. **3**

② **적재물품목록 제출** : 통관역장이나 도로차량의 운전자는 ①에 따른 허가를 받으려면 통관역 또는 통관장에서 적재한 물품의 목록을 제출하여야 한다.

③ **사증** : ①에도 불구하고 대통령령으로 정하는 물품을 일정 기간에 일정량으로 나누어 반복적으로 운송하는 데에 사용되는 도로차량의 운전자는 사증을 받는 것으로 출발보고 및 출발허가를 대신할 수 있다. 다만, 최초 출발보고와 최초 출발허가의 경우는 제외한다. 도로차량을 운행하려는 자는 기획재정부령으로 정하는 바에 따라 미리 세관장에게 신고하여야 한다.

4. 물품의 하역 등 [법 제151조]

통관역이나 통관장에서 외국물품을 차량에 하역하려는 자는 세관장에게 신고를 하고, 현장에서 세관공무원의 확인을 받아야 한다. 다만, 세관공무원이 확인할 필요가 없다고 인정할 때에는 그렇지 않다.

5. 국경출입차량의 국내운행차량으로의 전환 등 [법 제151조의2]

국경출입차량을 국내에서만 운행하는 차량(국내운행차량)으로 전환하거나 국내운행차량을 국경출입차량으로 전환하려는 경우에는 통관역장 또는 도로차량의 운전자는 세관장의 승인을 받아야 한다.

6. 도로차량의 국경출입 [법 제152조]

① **국경출입증명서류 발급** : 국경을 출입하려는 도로차량의 운전자는 해당 도로차량이 국경을 출입할 수 있음을 증명하는 서류를 세관장으로부터 발급받아야 한다. **1**

② **사증 발급** : 국경을 출입하는 도로차량의 운전자는 출입할 때마다 ①에 따른 서류를 세관공무원에게 제시하고 사증을 받아야 한다. 이 경우 전자적인 방법으로 서류의 제시 및 사증 발급을 대신할 수 있다. 사증을 받으려는 자는 기획재정부령으로 정하는 바에 따라 수수료(400원)를 납부하여야 한다.

---

04 관리대상화물 관리에 관한 고시

1. 용어 정의

① "관리대상화물"이란 세관장이 지정한 보세구역 등에 감시·단속 등의 목적으로 장치하거나 검사 등을 실시하는 화물로서 다음의 어느 하나에 해당하는 물품을 말한다. **2**

　㉠ 세관장이 입항보고서 및 적재화물목록을 심사하여 선별한 검사대상화물(검색기검사화물, 즉시검사화물, 반입후검사화물 및 수입신고후검사화물) 및 감시대상화물[하선(기)감시화물 및 운송추적감시화물]

ⓛ 특송물품 **1**

ⓒ 이사자와 단기체류자가 반입하는 이사물품(이사물품 등) **1**

ⓓ 유치물품 및 예치물품(유치물품 등) **1**

ⓔ 보세판매장 판매용 물품(보세판매용물품. 외국물품만 말한다) **1**

> **🧑 해설**
>
> 관리대상화물은 국가안보, 사회 안전, 환경보호, 불법, 부정무역방지 등을 위하여 세관의 정밀검사 및 관리가 요구되는 화물을 말하며 관리대상화물에는 검색기검사화물 및 즉시검사화물, 특급탁송물품, 이사물품, 여행자의 유치물품, 보세판매용 물품이 있다. **1**

② "검색기"란 X−ray 등을 이용하여 컨테이너 등의 내장물품의 내용을 확인하는 과학검색장비를 말한다.

③ "검색기검사화물"이란 세관장이 선별한 검사대상화물 중 검색기로 검사를 실시하는 화물을 말한다. **2**

④ "즉시검사화물"이란 세관장이 선별한 검사대상화물 중 검색기검사를 하지 않고 바로 개장검사를 실시하는 화물을 말한다. **3**

⑤ "반입후검사화물"이란 세관장이 선별한 검사대상화물 중 하선(기)장소 또는 장치예정장소에서 이동식검색기로 검사하거나 컨테이너적출 시 검사하는 화물을 말한다. **3**

⑥ "수입신고후검사화물"이란 세관장이 선별한 검사대상화물 중 수입검사대상으로 선별할 수 있도록 관련부서에 통보하는 화물을 말한다. **1**

⑦ "하선(기)감시화물"이란 세관장이 선별하여 부두 또는 계류장 내에서 하역과정을 감시하거나 하역즉시 검사하는 화물(공컨테이너를 포함한다)을 말한다. **2**

⑧ "운송추적감시화물"이란 세관장이 선별한 감시대상화물 중 하선(기)장소 또는 장치예정장소까지 추적·감시하는 화물을 말한다. **2**

⑨ "세관지정 장치장"이란 「보세화물 관리에 관한 고시」에 따른 시설을 말한다.

⑩ "세관지정 보세창고 등"이란 세관장이 관할구역 내 영업용보세창고 또는 관리부호를 부여받은 자유무역지역 내 입주기업체의 소재지 중에서 화물의 감시·단속이 용이한 곳으로 관리대상화물 등을 장치하거나 검사하기 위하여 지정한 장소를 말한다.

⑪ "컨테이너 중량측정기"란 검색기 검사장소에 설치된 계측기를 통하여 컨테이너 운송차량 및 해당 차량에 적재된 컨테이너 화물 등의 중량을 측정하는 장비를 말한다.

2. 검사 또는 감시대상화물 선별

① **선별기준** : 세관장은 운항선사나 항공사가 제출한 적재화물목록을 심사하여 관세청장이 별도 시달한 기준에 따라 감시단속상 검사 또는 감시가 필요하다고 인정하는 화물을 검사대상화물 또는 감시대상화물로 선별한다. 그럼에도 불구하고 다량의 LCL화물 등 검사대상화물 또는

감시대상화물을 효율적으로 선별·검사·감시하기 위하여 자체 실정에 맞는 내규를 따로 제정할 수 있다.

② **환적화물의 검사대상화물** : 세관장은 환적화물에 대하여 총기류 등 위해물품·마약류·수출입금지품·밀수품과 대외무역법 및 상표법 위반물품 등과 관련된 정보가 있거나 세관장이 밀수단속을 위해 필요하다고 인정하는 경우 검사대상화물 또는 감시대상화물로 선별하여 검사 또는 감시할 수 있다.

③ **검색기검사대상화물** : 세관장이 검색기검사화물로 선별하여 검사하는 화물은 다음의 어느 하나와 같다.

　㉠ 총기류·도검류 등 위해물품을 은닉할 가능성이 있는 화물 🔳

　㉡ 물품 특성상 내부에 밀수품을 은닉할 가능성이 있는 화물 🔳

　㉢ 실제와 다른 품명으로 수입할 가능성이 있는 화물 🔳

　㉣ 수(중)량 차이의 가능성이 있는 화물

　㉤ 그 밖에 세관장이 검색기검사가 필요하다고 인정하는 화물 🔳

④ **즉시검사화물**

　㉠ 세관장이 즉시검사화물로 선별하여 검사하는 화물은 다음의 어느 하나와 같다.

　　• 실제와 다른 품명으로 수입할 가능성이 있는 화물로서 「컨테이너 관리에 관한 고시」에서 정한 LCL 컨테이너화물 등 검색기검사로 우범성 판단이 곤란한 화물

　　• 수(중)량 차이의 가능성이 있는 화물

　　• 반송 후 재수입되는 컨테이너 화물로 밀수입 등이 의심되는 화물 🔳

　　• 그 밖에 세관장이 즉시검사가 필요하다고 인정하는 화물

　㉡ 검색기가 설치되지 않은 세관장은 즉시검사화물 선별대상이 아닌 검색기검사화물 대상을 즉시검사화물로 선별하여 검사할 수 있다.

⑤ **반입후검사화물** : 세관장이 반입후검사화물로 선별하여 검사하는 화물은 다음의 어느 하나와 같다.

　㉠ 우범성이 높다고 판단하는 화물로 검사대상으로 선별되지 않은 화물

　㉡ 검사결과 반입 후 검사가 필요하다고 인정되는 화물

　㉢ 하선(기)감시결과 컨테이너 화물로 봉인번호가 상이하거나 봉인이 훼손되는 등 밀수가 의심되는 화물

　㉣ 그 밖에 세관장이 반입 후 검사가 필요하다고 인정하는 화물

⑥ **수입신고후검사화물** : 세관장이 수입신고후검사화물로 선별하여 검사하는 화물은 다음의 어느 하나와 같다.

　㉠ 운송추적감시화물로 선별된 화물이 CY에서 수입통관 되는 경우

　㉡ 그 밖에 세관장이 수입신고 후 검사가 필요하다고 인정하는 화물

⑦ **하선(기)감시화물** : 세관장이 하선(기)감시화물로 선박 또는 항공기 단위로 선별하여 감시하는 화물은 다음의 어느 하나와 같다.

　㉠ 우범성이 있다고 판단되는 선박 또는 항공기로 운송하는 화물 및 공컨테이너

　㉡ 하선(기)작업 중 부두(계류장)에서 세관에 신고 없이 화물 반출이 우려되는 화물

　㉢ 그 밖에 세관장이 하선(기)감시가 필요하다고 인정하는 화물

⑧ **운송추적감시대상화물** : 세관장이 운송추적감시 대상화물로 선별하여 감시하는 화물은 다음의 어느 하나와 같다.

　㉠ 선별된 검사대상화물 중 운송도중 다른 화물로 바꿔치기 우려가 있는 화물

　㉡ 입항 후 부두 또는 계류장 밖 보세구역으로 하선(기)운송 또는 보세운송되는 화물 중 감시가 필요하다고 인정되는 화물

　㉢ 그 밖에 세관장이 운송추적감시가 필요하다고 인정하는 화물

관련규정 | 장치장소

1. 검사대상화물의 하선(기)장소
   ① 검색기검사화물, 반입 후 검사화물, 수입신고 후 검사화물 및 감시대상화물의 하선(기)장소는 「보세화물 입출항 하선(기)적재 고시」에 따라 선사(항공사)가 지정한 장소로 한다.
   ② 검색기검사화물의 경우에는 검사를 마친 경우에만 하선장소에 반입할 수 있으며, 검사 결과 개장검사가 필요하다고 인정되는 경우에는 세관장이 별도로 지정하는 장소를 하선장소로 한다. **1**
   ③ 즉시검사화물의 하선(기)장소는 「보세화물 입출항 하선(기)적재 고시」에 따라 세관장이 지정한 장소로 한다.
   ④ 세관장이 지정하는 하선(기)장소는 다음 각 호의 순서에 따른다. **1**
   　㉠ 세관지정 장치장. 다만, 세관지정 장치장이 없거나 검사대상화물이 세관지정 장치장의 수용능력을 초과할 것으로 판단되는 경우에는 ㉡에 따른 장소
   　㉡ 세관지정 보세창고등
   　㉢ 검사대상화물이 위험물품, 냉동·냉장물품 등 특수보관을 요하는 물품이거나 대형화물·다량산물인 경우에는 상기 규정에도 불구하고 해당 화물을 위한 보관시설이 구비된 장소

2. 특송물품 등의 장치
   ① 특송물품·이사물품·유치물품 등과 보세판매용물품을 장치할 수 있는 보세구역은 다음 어느 하나와 같다.
   　㉠ 특송물품 : 「특송물품 수입통관 사무처리 고시」에 따라 세관장이 따로 지정한 세관지정 장치장
   　㉡ 이사물품 및 유치물품 등 : 세관지정 장치장 또는 세관지정 보세창고등
   　㉢ 보세판매용물품 : 세관지정 장치장 또는 「보세판매장 운영고시」에 따른 보관창고
   ② 세관지정 장치장의 화물관리인과 세관지정 보세창고의 운영인은 관리대상화물을 일반화물과 구분하여 장치해야 한다. **1**

3. 관리절차

① **검사대상화물 또는 감시대상화물의 관리절차** : 세관장은 하선(기)장소의 위치와 검색기의 검사화물량 등을 고려하여 검사대상화물 또는 감시대상화물을 선별하고, 해당 화물의 선별내역을 관세행정정보시스템에 입력하여야 한다.

> **관련규정**
>
> 세관장은 검사대상화물 또는 감시대상화물에 대하여 적재화물목록 심사가 완료된 때에 적재화물목록제출자에게 검사대상 또는 중량측정 대상으로 선별된 사실, 하선(기)장소, 검색기 검사장소 등 검사대상화물 반입지시서를 전자문서로 통보해야 한다. **1**

② **검사대상화물 또는 감시대상화물의 검사 및 조치**

    ㉠ **이상 없는 경우** : 세관장은 검색기검사를 실시한 결과 이상이 없는 것으로 판단한 경우에는 그 결과를 관세행정정보시스템에 등록하고 해당 화물이 「보세화물 입출항 하선 하기 및 적재에 관한 고시」에 따른 하선장소로 신속히 이동될 수 있도록 조치하여야 한다. **1**

    ㉡ **이상 있는 경우** : 세관장은 검색기검사를 실시한 결과 개장검사가 필요하다고 인정한 화물과 즉시검사화물에 대하여 하선(기) 장소에서 개장검사를 실시한다. **1**

    ㉢ **검사방법 변경** : 세관장은 다음의 어느 하나에 해당하는 경우에 한하여 검사방법을 변경할 수 있다.

- 검색기검사 결과 개장검사가 필요하다고 인정되어 즉시검사화물로 변경하는 경우
- 검색기검사화물로 선별한 화물을 검색기 고장 등의 사유로 즉시검사화물로 변경하는 경우 **1**
- 화주의 요청으로 검색기검사화물을 즉시검사화물로 변경하는 경우 **1**
- 하선(기)감시화물에 대하여 운송추적감시 또는 검사대상화물로 지정할 필요가 있다고 인정되는 경우 **1**
- 즉시검사화물로 선별된 화물이 위험물품, 냉동·냉장물 등 특수보관을 요하는 물품이거나 대형화물 또는 다량산물 등의 사유로 해당 화물을 위한 보관시설 등이 구비된 장소에서 개장검사를 하기 위해 반입후검사화물로 변경하는 경우

    ㉣ **검사 후 조치** : 세관장은 검사대상화물 또는 감시대상화물에 대하여 검사 또는 감시를 실시한 경우에는 그 결과를 관세행정정보시스템에 등록하여야 하며, 이상화물이 발견되었을 때에는 즉시 자체조사 후 통고처분, 고발의뢰 등 적절한 조치를 취하여야 한다. 다만, 이상이 없는 것으로 확인된 경우에는 신속한 통관을 위하여 필요한 조치를 하여야 한다.

> **심화** 📈 **합동검사반 구성 및 운영**
>
> 세관장은 효율적인 검사업무 수행 및 신속한 밀수단속 업무처리를 위하여 필요하다고 인정하는 경우 화물, 감시, 통관, 조사 등 각 업무분야의 전문가로 합동검사반을 구성하여 운영할 수 있다.

ⓜ 검사 참석 및 서류 제출

- 세관장은 개장검사를 실시할 때 화주 또는 화주로부터 권한을 위임받은 자의 참석이 필요하다고 인정하거나 이들로부터 참석요청을 받은 때에는 이들이 검사에 참석할 수 있도록 검사일시 · 검사장소 · 참석가능시간 등을 통보하여야 한다.
- 세관장은 검사참석 통보를 하여도 검사일시에 화주 또는 화주로부터 권한을 위임받은 자가 참석하지 않은 때에는 화물관리인 또는 운영인이나 그 대리인의 참석하에 검사를 실시할 수 있다. **2**
- 세관장은 개장검사를 실시하는 화물에 대하여 효율적인 검사업무 수행을 위하여 필요한 경우 화주 또는 화주로부터 권한을 위임받은 자에게 송품장, 상세포장명세서, B/L(AWB) 사본을 제출하게 할 수 있다. **1**

4. 검사대상화물의 해제 등

① 검사대상화물의 해제

ⓐ 해제신청 : 화주 또는 화주로부터 권한을 위임받은 자는 선별된 검사대상화물 또는 감시대상화물이 다음의 어느 하나에 해당하는 경우 세관장에게 검사대상화물의 해제를 신청할 수 있으며 신청서류는 우편, FAX, 전자우편으로 제출할 수 있다.

- 원자재(수출, 내수용 포함) 및 시설재인 경우 **3**
- 보세공장, 보세건설장, 보세전시장, 보세판매장 및 전자상거래 국제물류센터에 반입하는 물품인 경우 **3**
- 학술연구용 실험기자재이거나 실험용품인 경우 **3**
- 그 밖에 세관장이 상기에 준하는 사유가 있다고 인정하는 경우

> 🧑‍🏫 **해설** 국가, 지방자치단체가 수입하는 물품은 해당되지 않음에 유의한다.

ⓑ 해제 : 세관장은 검사대상화물 또는 감시대상화물의 해제신청을 접수한 경우 해제신청의 사유 등이 타당하고 우범성이 없다고 인정되는 때에는 검사대상화물 또는 감시대상화물 지정을 해체할 수 있다.

ⓒ 직권해제 : 세관장은 검사대상화물 또는 감시대상화물 중 다음 각 호의 어느 하나에 해당하는 화물로서 우범성이 없거나 검사 또는 감시의 실익이 적다고 판단되는 경우 검사대상화물 또는 감시대상화물의 지정을 직권으로 해제할 수 있다.

- 등록사유(검사착안사항)와 관련 없는 물품 **1**
- 수출입 안전관리 우수업체(수입업체)가 수입하는 물품 **1**
- 국가(지방자치단체)가 수입하는 물품 또는 SOFA 관련 물품 **2**
- 이사물품 등 해당 고시에서 정하는 검사절차 · 검사방법에 따라서 처리되는 물품
- 그 밖에 세관장이 우범성이 없거나 검사 또는 감시의 실익이 적다고 인정하는 화물 **1**

ⓔ 조치완료 후 해제 : 세관장은 검사대상화물 또는 감시대상화물을 검사한 결과 적재화물목록 정정, 보수작업 대상 등 해당 조치사항이 완료된 경우 검사대상화물 또는 감시대상화물의 지정을 해제할 수 있다. 검사대상화물 또는 감시대상화물의 해제를 결정한 경우에는 사유를 관세행정정보시스템에 등록하여야 한다.

② 보세운송

㉠ 절차 및 즉시검사화물의 보세운송대상 : 검사대상화물·특송물품 및 이사물품 등의 보세운송 절차는 「보세운송에 관한 고시」에서 정하는 바에 따른다. 유치물품 등과 보세판매용물품의 보세운송 절차는 각 해당 고시에서 정하는 바에 의한다. 다만, 즉시검사화물의 보세운송은 다음의 어느 하나에 해당하는 경우에 한한다.

• 진공포장 화물 등 특수한 장소에서만 개장이 불가피하여 해당 장소로 운송하려는 경우
• 「검역법」·「식물방역법」·「가축전염병예방법」·「위험물안전관리법」·「화학물질관리법」 등 관련 법규에 따라 지정된 보세구역으로 운송하여야 하는 경우
• 화주가 원거리에 소재하고 있어 검사대상화물 검사 시 참석이 어려운 경우로서 세관장이 필요하다고 인정하는 경우
• 그 밖에 세관장이 상기 세 사유에 준하는 사유가 있다고 인정하는 경우
• 검사결과 적재화물목록 정정·보수작업 대상 등 범칙조사 대상이 아닌 경우로서 보세화물 관리에 문제가 없다고 세관장이 인정하는 경우

㉡ 보세운송업자 등의 등록 및 보고 : 다음의 보세운송업자 등은 대통령령으로 정하는 바에 따라 관세청장이나 세관장에게 등록하여야 한다.

• 보세운송업자 **1**
• 보세화물을 취급하려는 자로서 다른 법령에 따라 화물운송의 주선을 업으로 하는 자(화물운송주선업자) **1**
• 국제무역선·국제무역기 또는 국경출입차량에 물품을 하역하는 것을 업으로 하는 자 **2**
• 국제무역선·국제무역기 또는 국경출입차량에 다음의 어느 하나에 해당하는 물품 등을 공급하는 것을 업으로 하는 자 **1**
  − 선박용품
  − 항공기용품
  − 차량용품
  − 선박·항공기 또는 철도차량 안에서 판매할 물품
  − 용역
• 국제항 안에 있는 보세구역에서 물품이나 용역을 제공하는 것을 업으로 하는 자 **1**
• 국제무역선·국제무역기 또는 국경출입차량을 이용하여 상업서류나 그 밖의 견본품 등을 송달하는 것을 업으로 하는 자

- 구매대행업자 중 대통령령으로 정하는 자(「전자상거래 등에서의 소비자보호에 관한 법률」 제12조제1항에 따라 통신판매업자로 신고한 자로서 직전 연도 구매대행한 수입물품의 총 물품가격이 10억원 이상인 자를 말한다.)

> **해설** 특허보세구역 운영인은 대상이 아님에 유의한다.

ⓒ 보세운송업자 등의 행정제재 : 세관장은 보세운송업자 등이 다음의 어느 하나에 해당하는 경우에는 등록의 취소, 6개월의 범위에서의 업무정지 또는 그 밖에 필요한 조치를 할 수 있다. 다만, 가 및 나에 해당하는 경우에는 등록을 취소하여야 한다.

> 가. 거짓이나 그 밖의 부정한 방법으로 등록을 한 경우
> 나. 운영인의 결격사유 어느 하나에 해당하는 경우
> 다. 「항만운송사업법」 등 관련 법령에 따라 면허·허가·지정·등록 등이 취소되거나 사업정지처분을 받은 경우
> 라. 보세운송업자 등(임직원 및 사용인을 포함한다)이 보세운송업자 등의 업무와 관련하여 이 법이나 이 법에 따른 명령을 위반한 경우
> 마. 보세운송업자 등의 명의대여 등의 금지 규정을 위반한 경우
> 바. 보세운송업자 등(임직원 및 사용인을 포함한다)이 보세운송업자 등의 업무와 관련하여 「개별소비세법」 또는 「교통·에너지·환경세법」에 따른 과태료를 부과받은 경우

관련규정

세관장은 ⓒ에 따른 업무정지가 그 이용자에게 심한 불편을 주거나 공익을 해칠 우려가 있을 경우에는 보세운송업자 등에게 업무정지처분을 갈음하여 해당 업무 유지에 따른 매출액의 100분의 3 이하의 과징금을 부과할 수 있다. 이 경우 매출액 산정, 과징금의 금액 및 과징금의 납부기한 등에 관하여 필요한 사항은 대통령령으로 정한다.

심화 테러 관련 용어

1. "테러"란 국가·지방자치단체 또는 외국 정부(외국 지방자치단체와 조약 또는 그 밖의 국제적인 협약에 따라 설립된 국제기구를 포함한다)의 권한행사를 방해하거나 의무 없는 일을 하게 할 목적 또는 공중을 협박할 목적으로 하는 다음 각 목의 행위를 말한다.
   가. 사람을 살해하거나 사람의 신체를 상해하여 생명에 대한 위험을 발생하게 하는 행위 또는 사람을 체포·감금·약취·유인하거나 인질로 삼는 행위
   나. 항공기와 관련된 다음 각각의 어느 하나에 해당하는 행위
      1) 운항 중인 항공기를 추락시키거나 전복·파괴하는 행위, 그 밖에 운항 중인 항공기의 안전을 해칠 만한 손괴를 가하는 행위
      2) 폭행이나 협박, 그 밖의 방법으로 운항중인 항공기를 강탈하거나 항공기의 운항을 강제하는 행위

3) 항공기의 운항과 관련된 항공시설을 손괴하거나 조작을 방해하여 항공기의 안전운항에 위해를 가하는 행위

다. 선박 또는 해상구조물과 관련된 다음 각각의 어느 하나에 해당하는 행위

　　1) 운항 중인 선박 또는 해상구조물을 파괴하거나, 그 안전을 위태롭게 할 만한 정도의 손상을 가하는 행위

　　2) 폭행이나 협박, 그 밖의 방법으로 운항 중인 선박 또는 해상구조물을 강탈하거나 선박운항을 강제하는 행위

　　3) 운항 중인 선박의 안전을 위태롭게 하기 위하여 그 선박 운항과 관련된 기기·시설을 파괴하거나 중대한 손상을 가하거나 기능장애 상태를 야기하는 행위

라. 사망·중상해 또는 중대한 물적 손상을 유발하도록 제작되거나 그러한 위력을 가진 생화학·폭발성·소이성 무기나 장치를 다음 각각의 어느 하나에 해당하는 차량 또는 시설에 배치하거나 폭발시키거나 그 밖의 방법으로 이를 사용하는 행위

　　1) 기차·전차·자동차 등 사람 또는 물건의 운송에 이용되는 차량으로서 공중이 이용하는 차량

　　2) 1)에 해당하는 차량의 운행을 위하여 이용되는 시설 또는 도로, 공원, 역, 그 밖에 공중이 이용하는 시설

　　3) 전기나 가스를 공급하기 위한 시설, 공중의 음용수를 공급하는 수도, 전기통신을 이용하기 위한 시설 및 그 밖의 시설로서 공용으로 제공되거나 공중이 이용하는 시설

　　4) 석유, 가연성 가스, 석탄, 그 밖의 연료 등의 원료가 되는 물질을 제조 또는 정제하거나 연료로 만들기 위하여 처리·수송 또는 저장하는 시설

　　5) 공중이 출입할 수 있는 건조물·항공기·선박으로서 1)부터 4)까지에 해당하는 것을 제외한 시설

마. 핵물질, 방사성물질 또는 원자력시설과 관련된 다음 각각의 어느 하나에 해당하는 행위

　　1) 원자로를 파괴하여 사람의 생명·신체 또는 재산을 해하거나 그 밖에 공공의 안전을 위태롭게 하는 행위

　　2) 방사성물질 등과 원자로 및 관계 시설, 핵연료주기시설 또는 방사선발생장치를 부당하게 조작하여 사람의 생명이나 신체에 위험을 가하는 행위

　　3) 핵물질을 수수·소지·소유·보관·사용·운반·개조·처분 또는 분산하는 행위

　　4) 핵물질이나 원자력시설을 파괴·손상 또는 원인을 제공하거나 원자력시설의 정상적인 운전을 방해하여 방사성물질을 배출하거나 방사선을 노출하는 행위

2. "테러단체"란 국제연합(UN)이 지정한 테러단체를 말한다.

3. "테러위험인물"이란 테러단체의 조직원이거나 테러단체 선전, 테러자금 모금·기부, 그 밖에 테러 예비·음모·선전·선동을 하였거나 하였다고 의심할 상당한 이유가 있는 사람을 말한다.

4. "외국인테러전투원"이란 테러를 실행·계획·준비하거나 테러에 참가할 목적으로 국적국이 아닌 국가의 테러단체에 가입하거나 가입하기 위하여 이동 또는 이동을 시도하는 내국인·외국인을 말한다.

5. "테러자금"이란 「공중 등 협박목적 및 대량살상무기확산을 위한 자금조달행위의 금지에 관한 법률」 제2조제1호에 따른 공중 등 협박목적을 위한 자금을 말한다.

6. "대테러활동"이란 제1호의 테러 관련 정보의 수집, 테러위험인물의 관리, 테러에 이용될 수 있는 위험물질 등 테러수단의 안전관리, 인원·시설·장비의 보호, 국제행사의 안전 확보, 테러위협에의 대응 및 무력진압 등 테러 예방과 대응에 관한 제반 활동을 말한다.

7. "관계기관"이란 대테러활동을 수행하는 국가기관, 지방자치단체, 그 밖에 대통령령으로 정하는 기관을 말한다.
8. "대테러조사"란 대테러활동에 필요한 정보나 자료를 수집하기 위하여 현장조사 · 문서열람 · 시료채취 등을 하거나 조사대상자에게 자료제출 및 진술을 요구하는 활동을 말한다.

심화 📈 테러위해물품 발견 시 행동요령

- 물품을 흔들거나 떨어뜨리지 않는다. **2**
- 화물이 개봉되어 의심스러운 물질이 발견된 경우에는 주변을 차단하는 등 안전조치를 취한다. **1**
- 물품을 개봉하지 말고 가까운 세관에 신고하고 경찰, 보건당국에도 신고한다. **1**
- 의심되는 물품의 냄새를 맡지 않는다. **2**
- 가루를 발견한 경우에는 물품을 밀봉된 비닐백에 별도 보관하여 관계 당국에 인계한다. **2**
- 피부에 접촉하였을 경우에는 접촉 부위를 비누와 물로 세척한다. **1**
- 사제폭탄 이용 우편물의 경우 즉시 그 장소를 떠나서 119에 신고하도록 한다. **1**
- 총기도검류는 원상태로 보존 후 경찰서 등에 신고한다. **1**
- 화생방물질이 묻었으면 흐르는 물에 씻되 피부를 문지르거나 긁지 않는다. **1**
- 창문을 닫고 우편물 개봉 장소를 즉시 떠난다. **1**

심화 📈 「위해물품 보고 및 포상에 관한 훈령」

제2조(용어의 정의)
1. "위해물품"이란 다음 각 목의 어느 하나에 해당하는 물품을 말한다.
   가. 「총포 · 도검 · 화약류 등의 안전관리에 관한 법률」에서 정한 총포, 도검, 화약 등 물품
   나. 핵물질, 방사성 물질, 고위험성 병원체, 생물테러 병원체, 도난 · 전용위험물질 등으로 별표 2에서 정한 테러악용 우려 지정물질
   다. 기타 테러에 악용되거나 사회 안전을 위협할 수 있다고 판단되는 물품
2. "확인"이란 위해물품의 소지자가 위해물품의 소지 사실을 자진신고하거나 서면 등으로 사전에 세관에 통보한 경우에 세관공무원이 위해물품을 현장에서 인지하는 것을 말한다.
3. "적발"이란 위해물품의 소지자가 위해물품의 소지 사실을 자진신고 하지 않았거나 세관에 사전 통보 없이 위해물품을 반 · 출입하는 것을 세관공무원이 현장에서 인지하는 것을 말한다.

제3조(확인보고)
① 업무 수행 중 위해물품을 확인한 세관공무원은 확인 즉시 별지 제1호서식의 위해물품보고서를 작성하여 전자통관시스템에 등록하여야 한다.
② 제1항에 따른 확인 결과 신고된 물품과 다른 물품 또는 신고되지 않은 물품이 있는 경우에는 적절한 조치가 이루어질 때까지 해당 물품을 세관에 유치하거나 통관을 보류하여야 한다. 다만, 밀반 · 출입의 의도가 있다고 판단되는 경우에는 제2조제3호에 따른 "적발"로 본다.

제4조(적발보고)

① 업무 수행 중 위해물품을 적발한 세관공무원은 적발 즉시 별지 제1호서식의 위해물품보고서에 적발물품의 사진을 첨부하여 전자통관시스템에 등록하여야 한다. 다만, 적발물품이 다음 각 호의 어느 하나에 해당하는 경우에는 우선 관세국경감시과장에게 전화로 적발내역을 보고한 후 사후조치하여야 한다.

  1. 총기류

  2. 폭발물

  3. 실탄류(공포탄은 제외한다)

  4. 별표 2에서 정한 물질

  5. 기타 사안이 중대하여 즉각적인 보고가 필요하다고 판단되는 경우

② 적발물품이 제1항 각 호의 어느 하나에 해당하는 경우에는 적발일로부터 5일 이내에 제9조에 따른 합동조사의 결과보고서(합동조사를 실시하지 않은 경우에는 제외한다) 및 별지 제2호 서식의 위해물품적발내역상세보고서를 작성하여 관세청장에게 공문으로 보고하여야 한다.

제5조(보고의 생략)

다음 각 호의 어느 하나에 해당하는 위해물품에 대하여는 제3조 및 제4조에 따른 보고를 생략한다.

1. 세관에 수출입신고한 물품(신고내역이 위해물품임을 확인할 수 있도록 품명 또는 세번이 명확히 신고된 경우에 한한다)

2. 「대한민국과 아메리카합중국 간의 상호방위조약 제4조에 의한 시설과 구역 및 대한민국에서의 합중국군대의 지위에 관한 협정의 실시에 따른 관세법 등의 임시특례에 관한 법률」에 해당하는 자가 미군 통관장교의 확인을 받아 수출입하는 물품

3. 선박용 또는 외항선원이 소지한 위해물품 중 입항수속 시 선박 내에 시봉조치하고 출항 시 반출하는 물품

4. 항공기 보안승무원이 소지한 총포 중 입항 후 기내에 시봉조치하거나 사전 보안기관의 확인을 받아 반·출입하는 물품

심화 밀수 등 신고자 포상에 관한 훈령

제2조(정의)

이 훈령에서 사용하는 용어의 뜻은 다음과 같다.

1. "신고"란 민간인 등이 제4조에 따른 포상의 대상에 해당하는 행위를 인편(人便), 구두, 전화, 인터넷 및 팩스 등을 통하여 관세청이나 세관에 알리는 행위를 말한다. **1**

3. "위해물품"이란 총포류, 실탄류 및 화약·폭약류 및 도검류 등 별표 3에서 규정하고 있는 물품을 말한다. **1**

4. "위변조화폐 등"이란 위조 또는 변조된 화폐, 유가증권, 여권, 주민등록증, 외국인등록증, 운전면허증, 신용카드, 학위증 등 각종 증명서 및 공공기관 도장 등을 말한다.

6. "국고수입액"이란 해당 사건과 직접 관련된 벌금, 몰수판매대금 또는 몰수에 갈음하는 추징금, 부족세액 추징금, 과징금, 과태료 등 실제 국고납부액의 합계를 말한다.

제4조(포상의 대상)

세관장 등은 다음 각 호의 어느 하나에 해당하는 사람에게(외국인을 포함한다. 이하 같다) 포상한다. 다만, 신고자가 해당사건의 피검거자일 경우는 포상하지 않는다.

1. 「관세법」 제268조의2, 제269조, 제270조, 제270조의2, 제271조, 제274조, 제275조의2, 제275조의3 및 제276조에 해당하는 관세범을 밀수신고센터에 신고한 사람. 다만, 피신고자를 조사한 결과 관세범에 해당하지 않더라도 피신고자로부터 관세 및 내국세 등을 추가 징수한 경우는 포함한다.

2. 관세행정 업무와 관련하여 다음 각 목의 어느 하나에 해당하는 자를 밀수신고센터에 신고한 자
   가. 「자유무역지역의 지정 및 운영에 관한 법률」 제56조, 제57조, 제59조 및 제65조에 해당하는 자
   나. 「마약류관리에 관한 법률」을 위반한 자
   다. 지식재산권을 침해한 자
   라. 「대외무역법」을 위반한 자 및 「대외무역법」 제33조에 따른 원산지 표시대상물품과 관련된 「농수산물의 원산지 표시 등에 관한 법률」을 위반한자
   마. 「외국환거래법」을 위반한 자
   바. 「특정경제범죄 가중처벌 등에 관한 법률」 제4조를 위반한 자
   사. 「수출용 원재료에 대한 관세 등 환급에 관한 특례법」 제23조제1항 · 제2항에 해당하는 자. 다만, 피신고자를 조사한 결과 범칙혐의가 없어도 피신고자로부터 관세 및 내국세 등을 추가 징수한 경우는 포함한다.
   아. 「범죄수익은닉의 규제 및 처벌 등에 관한 법률」을 위반한 자
   자. 위해물품 불법 수출입사범
   차. 위변조화폐 등 불법 수출입사범
   카. 「자유무역협정의 이행을 위한 관세법의 특례에 관한 법률」을 위반한 자
   타. 불공정무역행위 조사 및 산업피해 구제에 관한 법률」을 위반한 자
   파. 「수입식품안전관리 특별법」, 「식품위생법」, 「약사법」, 「건강기능식품에 관한 법률」, 「화장품법」 및 「의료기기법」을 위반한 자

3. 세관장 등이 관세행정의 개선이나 발전에 특별한 공로가 있다고 인정하는 자

AEO 제도

학·습·전·략

본 장에서는 수출입안전관리 공인제도에 대하여 공부한다. 타 과목과 내용적으로 연계되는 부분이 없는 과목이다. 절차나 흐름에 집중하는 것보다는 AEO의 취지와 목적에 대하여 이해를 한 후 세부적인 AEO 기준들을 꼼꼼하게 암기하는 것이 필요하다.

자주 빈출되는 개념으로는 AEO의 도입배경 · 등급구분 · 신청 · 공인 및 심의위원회의 역할, 공인신청 기각, 공인유효기간, 관리책임자, 기업상담전문관, AEO 혜택적용정지가 있으며 AEO의 세부적인 공인기준은 내용이 방대하여 현실적으로 모두 공부하는 것은 어려우므로 빈출되는 부분과 이론적 · 실무적으로 중요하다고 판단되는 부분만을 골라서 공부하여야 한다.

01　AEO 제도 개요

1. 의의 및 효과

① 의의 : AEO(Authorized Economic Operator)란 세계관세기구의 수출입공급망 안전관리 기준 및 법규준수 기준을 충족하여 자국의 관세당국으로부터 공인받은 업체를 의미한다. **1**

② 효과

　㉠ 테러, 마약 등 불법 물품의 국내 반입 차단 **1**

　㉡ AEO 공인 기업은 이미지 상승으로 국제경쟁력을 제고하여 거래선 확보 용이 **2**

　㉢ AEO 공인 기업은 관세행정상 혜택으로 수출경쟁력이 향상 **1**

　㉣ 민관협력관계 구축으로 수출입 물품에 대한 선제적 위험관리 **1**

　㉤ 비관세장벽 해소, 사회 안전과 국민건강 보호, 국제사회와의 약속 이행 및 동참 **3**

　㉥ 기업의 자율적 위험관리로 관세행정의 효율성을 도모 **1**

> **해설** AEO 제도는 관세장벽을 해소하기 위해 도입하는 제도가 아님에 유의한다. **1**

2. 도입 배경

① AEO 제도는 2001년 발생한 9.11테러 이후 미국이 공급망에 대한 보안을 강화하기 위해 도입한 무역안전 조치를 국제관세기구(WCO) 차원에서 수용하고 전체 회원국이 채택하면서 등장하였다. **②**

② AEO 제도는 ①에 의하여 2005년 6월 WCO 총회에서 만장일치로 채택된 국제규범 SAFE Framework에서 규정하고 있는 민관협력 프로그램이며, 우리나라는 「관세법」에서 AEO 제도를 규정하고 있다. **④**

③ 국제무역의 안전과 원활화를 위한 국제관세기구의 표준규범(SAFE Framework)은 크게 "세관과 세관 간 협력(Pillar1)"과 "세관과 민간과의 협력(Pillar2)"이라고 하는 2개의 큰 축으로 구성되어 있다. **①**

④ AEO 제도는 세계관세기구(WCO) 국제규범(SAFE Framework)의 구조를 고려할 때 "세관과 민간 간 협력(Philar2)"의 핵심에 해당된다. **②**

⑤ AEO 제도는 AEO 공인을 위한 신청·심사·심의 관련 제반절차를 모두 포괄하는 개념이다. **①**

3. 제도특징

① **안전관리** : 수출입통관업무 처리의 신속성에 중점을 두었으나, AEO 제도는 신속성뿐만 아니라 법규 준수 및 안전관리를 동시에 추구하고 있다. **①**

② **기업 중심 위험관리** : 개별 수출입물품 중심으로 위험도를 관리하였으나, AEO 제도는 수출입 주체인 기업을 중심으로 위험관리가 이루어진다. **①**

③ **세관영역 국외확장** : 국내 세관영역과 수입물품의 관리에만 중점을 두었으나, AEO 제도는 수입물품뿐만 아니라 수출물품 정보를 국외 세관영역(수입국)과 공유하는 듯 세관의 영역을 확장하여 관리가 이루어진다. **①**

④ **수출입공급망 통합관리** : 특정 통관시점 및 단계에서만 수출입물품의 위험관리가 이루어졌으나, AEO 제도는 수출입공급망 전 과정에 대한 통합관리를 지향하고 있다. **①**

⑤ **법규준수도 제고** : 자율적인 내부통제체제 강화를 위한 법규준수도 제고를 지향한다. **①**

4. 우리나라 AEO 제도의 특징

① **기업심사제도 통합** : AEO 공인기업은 관세조사(기업심사)에서 제외되며, AEO 공인갱신을 위한 종합심사만 통과하면 되는 혜택이 주어진다.

② **내부통제시스템 구축지원**
　　㉠ 우리나라 정부는 자율적 법규준수능력 향상을 위해 내부통제시스템 구축을 지원함으로써 세관과 민간기업간 파트너십을 구축하고 있다.

ⓒ AEO는 민·관 협력을 기반으로 하는 법규준수 및 수출입안전관리 제도이다. **1**

ⓔ AEO 제도는 업체에 대한 세관의 일방적 통제에 의한 관리(Enforced Compliance) 방식에서, 업체와 협력을 통해 업체 스스로 법규준수도를 높이는 관리(Informed Compliance) 방식으로 전환되었다. **2**

③ **공인공급망(ASC)의 개념 구체화** : 수출입에 관련되는 모든 구성원이 AEO 공인을 받은 경우 별도의 우대혜택을 제공하고 있다.

5. 국가별 AEO 제도

시행범위의 경우 한국·미국·EU는 수출입 모두를 관리대상으로 하나, 뉴질랜드는 수출 중심이며, 시행분야의 경우 한국·EU는 안전관리와 법규 준수의 조화를 강조하나 미국·요르단 등은 안전·보안 분야를 강조하는 차이점이 있다.

① **미국 C−TPAT제도 2**

ⓐ C−TPAT은 2002년 9.11 테러 등 위해물품의 국내 유입을 차단하기 위해 법적 근거 없이 민관협력의 자발적 프로그램으로서 출발한 제도로 향후 WCO를 통해 AEO 제도의 토대가 되었다.

ⓑ 수출 프로세스 부문과 원활화 분야는 프로그램 운영 대상에서 제외하고 수입 프로세스와 안전 분야만을 강조하고 있는 것이 특징이다.

② **EU AEO 제도**

ⓐ EU는 2008년 1월부터 AEO 제도를 시행하였고, 우리나라와는 아직 상호인정협정(MRA)이 체결되지 않았다. **1**

ⓑ AEO C(신속한 통관절차), AEO S(안전), AEO F(신속한 통관절차와 안전) 등 목적에 따라 유형을 구분하여 인증을 부여하는 방식을 채택하고 있다. **1**

③ **중국 MCME 제도** : 중국은 5등급 기업분류제도인 기업신용관리제도를 시행하여 A, B, C, D, AA등급으로 기업을 분류하고 있다.

④ **일본 특례인정업자 제도 1**

ⓐ 2011년에 우리나라와 AEO 상호인정협정을 체결하였다.

ⓑ 법규준수체계를 갖춘 기업에 특례를 인정하던 제도를 개선하여 2002년부터 특례인정업자 제도라고 하는 AEO 제도를 도입하였다.

ⓒ AEO 공인을 받은 보세운송업자에게는 보세구역 화물 도착 전 신고 및 허가, 보세창고업자에게는 장치장 허가 수수료 면제 등 공인 당사자별로 혜택이 달리 부여되고 있다.

⑤ 뉴질랜드 SES 제도

⑥ 캐나다 PIP 제도

⑧ 싱가포르 STP 제도

6. 상호인정협정(MRA)

① **개요** : 관세청장은 다른 국가의 수출입안전관리우수공인업체에 대하여 상호 조건에 따라 통관절차상의 혜택을 제공할 수 있다. 즉, 한국에서 AEO 공인을 받은 기업은 상호인정협정국에서 자국의 AEO 공인업체에 부여하는 혜택과 동일한 혜택을 부여받을 수 있다. ❷

② **MRA 체결 절차** ❹
   ㉠ 공인기준 상호비교(1:1 방식으로 양국 세부기준을 문구 등 세밀히 비교)
   ㉡ 상호방문 합동실사(공인업체 방문 및 공인심사 적정성 심사, 현장심사 참관)
   ㉢ 상호인정 운영절차 논의(특혜 부여 수준, 정보교환 방법 등에 대한 논의)
   ㉣ 최고정책결정자 서명(상호인정협정문 작성, 세관당국 간 상호인정서 서명 및 발표)

③ **MRA 체결국가** : 캐나다, 싱가폴, 미국, 일본, 뉴질랜드, 중국, 홍콩, 멕시코, 터키, 이스라엘, 도미니카공화국, 인도, 대만, 태국, 호주, 아랍에미리트(UAE), 말레이시아, 페루, 우루과이, 카자흐스탄, 몽골, 인도네시아(202년 2월 기준 22개국) ❸

관련규정	관세법상 수출입안전관리 우수업체 공인제도

1. 제255조의2(수출입 안전관리 우수업체의 공인)
   ① 관세청장은 수출입물품의 제조·운송·보관 또는 통관 등 무역과 관련된 자가 시설, 서류관리, 직원 교육 등에서 이 법 또는「자유무역협정의 이행을 위한 관세법의 특례에 관한 법률」등 수출입에 관련된 법령의 준수 여부, 재무 건전성 등 대통령령으로 정하는 안전 관리기준을 충족하는 경우 수출입 안전관리 우수업체로 공인할 수 있다.
   ② 관세청장은 제1항에 따른 공인을 받기 위하여 심사를 요청한 자에 대하여 대통령령으로 정하는 바에 따라 심사하여야 한다.
   ③ 제2항에 따른 심사를 요청하려는 자는 제출서류의 적정성, 개별 안전관리 기준의 충족 여부 등 관세청장이 정하여 고시하는 사항에 대하여 미리 관세청장에게 예비심사를 요청할 수 있다.

④ 관세청장은 제3항에 따른 예비심사를 요청한 자에게 예비심사 결과를 통보하여야 하고, 제2항에 따른 심사를 하는 경우 예비심사 결과를 고려하여야 한다.

⑤ 제1항에 따른 공인의 유효기간은 5년으로 하며, 대통령령으로 정하는 바에 따라 공인을 갱신할 수 있다.

⑥ 제1항부터 제5항까지에서 규정한 사항 외에 수출입 안전관리 우수업체의 공인에 필요한 사항은 대통령령으로 정한다.

2. 제255조의3(수출입 안전관리 우수업체에 대한 혜택 등)

① 관세청장은 제255조의2에 따라 수출입 안전관리 우수업체로 공인된 업체(이하 "수출입안전관리우수업체"라 한다)에 통관절차 및 관세행정상의 혜택으로서 대통령령으로 정하는 사항을 제공할 수 있다.

> **관련규정**
> **영 제259조의4(수출입안전관리우수업체에 대한 혜택 등) 제1항**
> ① "대통령령으로 정하는 사항"이란 수출입물품에 대한 검사 완화나 수출입신고 및 관세납부 절차 간소화 등의 사항을 말한다.

② 관세청장은 다른 국가의 수출입 안전관리 우수업체에 상호 조건에 따라 제1항에 따른 혜택을 제공할 수 있다.

③ 관세청장은 수출입안전관리우수업체가 제255조의 제2항에 따른 자율평가결과를 보고하지 않는 등 대통령령으로 정하는 사유에 해당하는 경우 6개월의 범위에서 제1항에 따른 혜택의 전부 또는 일부를 정지할 수 있다.

> **관련규정**
> **영 제259조의4(수출입안전관리우수업체에 대한 혜택 등) 제3항**
> "대통령령으로 정하는 사유"란 다음 각 호의 어느 하나에 해당하는 경우를 말한다.
> 1. 수출입안전관리우수업체가 자율평가 결과를 보고하지 않은 경우
> 2. 수출입안전관리우수업체가 변동사항 보고를 하지 않은 경우
> 3. 수출입안전관리우수업체(대표자 및 지정된 관리책임자를 포함한다)가 법 또는 「자유무역협정의 이행을 위한 관세법의 특례에 관한 법률」, 「대외무역법」, 「외국환거래법」, 「수출용 원재료에 대한 관세 등 환급에 관한 특례법」 등 수출입과 관련된 법령을 위반한 경우
> 4. 수출입안전관리우수업체가 소속 직원에게 안전관리기준에 관한 교육을 실시하지 않는 등 관세청장이 수출입안전관리우수업체에 제공하는 혜택을 정지할 필요가 있다고 인정하여 고시하는 경우

④ 관세청장은 제3항에 따른 사유에 해당하는 업체에 그 사유의 시정을 명할 수 있다.

3. 제255조의4(수출입안전관리우수업체에 대한 사후관리)

① 관세청장은 수출입안전관리우수업체가 제255조의 제1항에 따른 안전관리 기준을 충족하는지를 주기적으로 확인하여야 한다. **1**

② 관세청장은 수출입안전관리 우수업체에 제1항에 따른 기준의 충족 여부를 자율적으로 평가하도록 하여 대통령령으로 정하는 바에 따라 그 결과를 보고하게 할 수 있다.

영 제259조의5(수출입안전관리우수업체에 대한 사후관리 등)

① 수출입안전관리우수업체는 법 제255조의4제2항에 따라 안전관리기준의 충족 여부를 평가·보고하는 관리책임자를 지정해야 한다.

② 수출입안전관리우수업체는 충족 여부를 매년 자율적으로 평가하여 그 결과를 해당 업체가 수출입안전관리우수업체로 공인된 날이 속하는 달의 다음 달 15일까지 관세청장에게 보고해야 한다. 다만, 공인의 갱신을 신청한 경우로서 공인의 유효기간이 끝나는 날이 속한 연도에 실시해야 하는 경우의 평가는 생략할 수 있다.

③ 수출입안전관리우수업체가 양도, 양수, 분할 또는 합병하거나 그 밖에 관세청장이 정하여 고시하는 변동사항이 발생한 경우에는 그 변동사항이 발생한 날부터 30일 이내에 그 사항을 관세청장에게 보고하여야 한다. 다만, 그 변동사항이 수출입안전관리우수업체의 유지에 중대한 영향을 미치는 경우로서 관세청장이 정하여 고시하는 사항에 해당하는 경우에는 지체 없이 그 사항을 보고하여야 한다. ▣

④ 제1항부터 제3항까지에서 규정한 사항 외에 수출입안전관리우수업체의 확인 및 보고에 필요한 세부사항은 관세청장이 정하여 고시한다.

4. 제255조의5(수출입안전관리우수업체의 공인 취소)

관세청장은 수출입안전관리우수업체가 다음 각 호의 어느 하나에 해당하는 경우에는 공인을 취소할 수 있다. 다만, 제1호에 해당하는 경우에는 공인을 취소하여야 한다.

① 거짓이나 그 밖의 부정한 방법으로 공인을 받거나 공인을 갱신받은 경우

② 수출입안전관리우수업체가 양도, 양수, 분할 또는 합병 등으로 공인 당시의 업체와 동일하지 아니하다고 관세청장이 판단하는 경우

③ 제255조의2제1항에 따른 안전관리 기준을 충족 하지 못하는 경우

④ 제255조의3제3항에 따른 정지 처분을 공인의 유효기간 동안 5회 이상 받은 경우

⑤ 제 255조의3제4항에 따른 시정명령을 정당한 사유 없이 이행하지 아니한 경우

⑥ 그 밖에 수출입 관련 법령을 위반한 경우로서 대통령령으로 정하는 경우

영 제259조의5(수출입안전관리우수업체에 대한 사후관리 등) 제3항

③ "대통령령으로 정하는 경우"란 수출입안전관리우수업체(대표자 및 지정된 관리책임자를 포함)가 다음 각 호의 어느 하나에 해당하는 경우를 말한다. 다만, 양벌규정에 따라 처벌받은 경우는 제외한다.

1. 법 제268조의2(전자문서 위조·변조죄 등), 제269조(밀수출입죄), 제270조(관세포탈죄 등), 제270조의2(가격조작죄), 제271조(미수범 등), 제274조(밀수품의 취득죄 등) 및 제275조의2부터 제275조의4(강제징수면탈죄 등, 명의대여행위죄 등, 보세사의 명의대여죄 등)까지의 규정에 따라 벌금형 이상의 형을 선고받거나 통고처분을 받은 경우

2. 법 제276조(허위신고죄 등)에 따라 벌금형의 선고를 받은 경우

3. 「자유무역협정의 이행을 위한 관세법의 특례에 관한 법률」, 「대외무역법」, 「외국환거래법」, 「수출용 원재료에 대한 관세 등 환급에 관한 특례법」 등 수출입과 관련된 법령을 위반하여 벌금형 이상의 형을 선고받은 경우

4. 「관세사법」에 따라 벌금형 이상의 형을 선고받거나 통고처분을 받은 경우

5. 제255조의6(수출입안전관리우수업체의 공인 관련 지원사업)

　관세청장은 「중소기업기본법」 제2조에 따른 중소기업 중 수출입물품의 제조 · 운송 · 보관 또는 통관 등 무역과 관련된 기업을 대상으로 수출입안전관 리우수업체로 공인을 받거나 유지하는 데에 필요한 상담 · 교육 등의 지원사업을 할 수 있다.

6. 제255조의7(수출입 안전관리 기준 준수도의 측정 · 평가)

　① 관세청장은 수출입안전관리우수업체로 공인받기 위한 신청 여부와 관계없이 수출입물품의 제조 · 운송 · 보관 또는 통관 등 무역과 관련된 자 중 대통령령으로 정하는 자를 대상으로 제255조의2제1항에 따른 안전관리 기준을 준수하는 정도를 대통령령으로 정하는 절차에 따라 측정 · 평가할 수 있다. **2**

　② 관세청장은 ①에 따른 측정 · 평가 대상자에 대한 지원 · 관리를 위하여 같은 항에 따라 측정 · 평가한 결과를 대통령령으로 정하는 바에 따라 활용할 수 있다. **1**

02　수출입안전관리우수업체 공인 및 관리 업무에 관한 고시

1. 용어의 정의

이 고시에서 사용하는 용어의 뜻은 다음과 같다.

① "공인부문"이란 수출입물품의 제조 · 운송 · 보관 또는 통관 등 무역과 관련된 자 중에서 수출입안전관리우수업체 공인의 대상이 되는 부문을 말한다.

관련규정　공인부문
수출입안전관리우수업체(AEO)로 공인을 신청할 수 있는 자는 다음과 같다. • 수출자(수출부문), 수입자(수입부문) **2** • 통관업을 하는 자(관세사부문) **2** • 운영인 또는 지정 장치장의 화물을 관리하는 자(보세구역운영인부문) **1** • 보세운송업자(보세운송업부문), 화물운송주선업자(화물운송주선업부문) **5** • 하역업자(하역업부문), 선박회사(선박회사부문), 항공사(항공사부문) **3** • 상기 업무를 행하는 자유무역지역 입주기업체

② "공인기준"이란 「관세법」에 따라 관세청장이 수출입안전관리우수업체를 공인할 때에 심사하는 법규준수, 내부통제시스템, 재무건전성 및 안전관리 기준을 말한다. **3**

③ "법규준수도"란 관세청장이 수출입물품의 제조 · 운송 · 보관 또는 통관 등 무역과 관련된 자를 대상으로 「관세법」 등 수출입 관련 법령의 준수 정도 등을 「통합 법규준수도 평가와 운영에 관한 고시」에 따라 측정한 점수를 말한다.

④ "공인심사"란 관세청장이 수출입안전관리우수업체로 공인을 받고자 신청한 업체가 공인기준을 충족하는지 등(수입부문은 통관적법성 적정 여부를 포함한다)을 심사하는 것을 말한다.

⑤ "종합심사"란 관세청장이 수출입안전관리우수업체 공인의 갱신을 신청한 업체가 공인기준을 충족하는지 등(수입부문은 통관적법성 적정 여부를 포함한다)을 심사하는 것을 말한다.

⑥ "예비심사"란 공인 또는 종합심사를 신청하기 전에 업체가 희망하여 관세청장이 공인을 신청할 때에 준비하여야 하는 서류의 종류와 내용을 안내하고, 공인기준 중에서 일부를 정해서 업체의 수출입 관리 현황이 이를 충족하는지를 검증하는 등 예비적으로 심사하는 것을 말한다.

⑦ "서류심사"란 관세청장이 공인 또는 종합심사를 할 때에 업체로부터 서류나 장부 등을 제출받아 서면으로 심사하는 것을 말한다.

⑧ "현장심사"란 관세청장이 공인 또는 종합심사를 할 때에 업체의 본사, 사업장 및 거래업체를 방문하여 심사하는 것을 말한다.

⑨ "관리책임자"란 수출입안전관리우수업체의 직원으로서 해당 업체가 공인기준과 통관적법성을 충족하는지를 관리하기 위하여 제16조에 따라 지정한 사람을 말한다.

⑩ "기업상담전문관"이란 관세청 및 세관 소속 공무원으로서 관세청장이 수출입안전관리우수업체가 공인기준과 통관적법성을 충족하는지를 점검하고 지원하기 위하여 제21조에 따라 지정한 사람을 말한다.

2. 공인 기준, 등급 및 절차 등

① 공인기준

　㉠ 공인기준 : 수출입안전관리우수업체의 공인기준은 다음과 같이 구분하며, 세부 내용은 별표 1과 같다. 다만, 관세청장은 중소 수출기업이 공인기준을 충족하는지를 심사할 때에는 평가방법을 달리 적용할 수 있다.

　　• 법규준수 : 법, 「자유무역협정의 이행을 위한 관세법의 특례에 관한 법률」, 「대외무역법」 및 「외국환거래법」 등 수출입 관련 법령을 성실하게 준수하였을 것

> 🧑 해설
>
> 법규준수는 신청인 및 신청업체의 법규 위반 내역과 관세청에서 측정하는 법규준수도 점수 평가가 포함된다. [1]

　　• 내부통제시스템 : 수출입신고 등의 적정성을 유지하기 위한 기업의 영업활동, 신고 자료의 흐름 및 회계처리 등과 관련하여 부서 간 상호 의사소통 및 통제 체제를 갖출 것 [3]

- 재무건전성 : 관세 등 영업활동과 관련한 세금을 체납하지 않는 등 재무 건전성을 갖출 것 **1**
- 안전관리 : 수출입물품의 안전한 관리를 확보할 수 있는 거래업체, 운송수단, 출입통제, 인사, 취급절차, 시설과 장비, 정보기술 및 교육 · 훈련체계를 갖출 것 **2**

ⓛ 공인기준점수 : 수출입안전관리우수업체로 공인을 받기 위해서는 공인기준 중에서 필수적인 기준을 충족하고, 다음의 요건을 모두 충족하여야 한다.
- 법규준수도가 80점 이상일 것. 다만, 중소 수출기업은 심의위원회를 개최하는 날을 기준으로 직전 2개 분기 연속으로 해당 분기 단위의 법규준수도가 80점 이상인 경우도 충족한 것으로 본다. **3**
- 내부통제시스템 기준의 평가점수가 80점 이상일 것 **3**
- 재무건전성 기준을 충족할 것
- 안전관리 기준 중에서 충족이 권고되는 기준의 평가점수가 70점 이상일 것 **2**

② 공인등급
ⓐ 등급 구분
- 관세청장은 공인등급별 기준에 따라 출입 안전관리 우수업체 심의위원회 심의를 거쳐 공인등급을 결정한다. **1**

> - A등급 : 법규준수도가 80점 이상인 업체 **1**
> - AA등급 : 법규준수도가 90점 이상인 업체 **2**
> - AAA등급 : 종합심사를 받은 업체 중에서 법규준수도가 95점 이상이고, 다음의 어느 하나에 해당하는 업체 **6**

관련규정 | **다음 각 목의 어느 하나에 해당하는 업체 1**

1. 수출입 안전관리와 관련하여 다른 업체에 확대하여 적용할 수 있는 우수사례가 있는 업체. 이 경우 해당 우수사례는 공인등급을 상향할 때에 한 번만 유효하다. **1**
2. 중소기업이 수출입 안전관리 우수업체로 공인을 받는데 지원한 실적이 우수한 업체

- 수출입안전관리우수업체가 관세청장의 공인등급 결정에 이의가 있는 경우에는 세관장을 통해 관세청장에게 재심의를 요청할 수 있다.

ⓑ 공인등급우대 : 관세청장은 ⓐ에도 불구하고 업체가 다음의 어느 하나에 해당하는 경우에는 공인등급을 결정할 때에 우대할 수 있다.
- 수입물품의 과세가격 결정방법에 대해서 관세청장의 사전심사를 받은 경우
- 「자유무역협정의 이행을 위한 관세법의 특례에 대한 법률」에 따라 관세청장 또는 세관장으로부터 원산지인증수출자로 인증을 받은 경우
- AEO 공인부문에 해당하는 거래업체 중에서 수출입안전관리우수업체의 비율이 높은 경우
- 그 밖에 심의위원회에서 인정한 경우

③ 공인등급의 조정 절차

　　㉠ 공인등급 조정신청 : 관세청장은 수출입안전관리우수업체가 4개 분기 연속으로 제5조제1항에 따른 공인등급별 기준을 충족하는 경우에는 공인등급의 조정 신청을 받아 상향할 수 있다. 다만, 수출입안전관리우수업체가 갱신이 아닌 때에 공인등급의 조정을 신청하려는 경우에는 공인의 유효기간이 1년 이상 남아 있어야 한다. 🖐

　　㉡ 등급결정 : 관세청장은 필요한 경우에 서류 확인 등 간소한 방법으로 수출입안전관리우수업체가 공인등급별 기준을 충족하는지를 확인할 수 있으며, 관세청장은 수출입안전관리우수업체가 해당 공인등급별 기준을 충족하지 못하거나 「수출입신고 오류방지에 관한 고시」에 따라 신고인이 2분기 연속 오류점수 및 오류점수비율 이상을 기록하여 주의 조치를 받은 경우 등에는 공인등급을 낮출 수 있다. 🖐

④ 공인신청

　　㉠ 신청서 제출 : 신청업체는 수출입안전관리우수업체 공인심사 신청서에 다음의 서류를 첨부하여 전자문서로 관세청장에게 제출하여야 한다. 다만, 첨부서류 중에서 「전자정부법」에 따라 행정기관 간 공동이용이 가능한 서류는 신청인이 정보의 확인에 동의하는 경우에는 제출을 생략할 수 있다. 🖐

심화 📊　첨부서류

- 공인기준을 충족하는지를 자체적으로 평가한 수출입 관리현황 자체평가표(법규준수도를 제외한다) 🖐
- 수출입 관리현황 설명서와 그 증빙서류 🖐
- 사업자등록증 사본
- 법인등기부등본 🖐
- 대표자 및 관리책임자의 인적사항 명세서 🖐
- 수출입 안전관리와 관련한 우수사례(우수사례가 있는 경우에만 해당한다)
- 지정된 교육기관이 발행한 관리책임자 교육이수 확인서. 다만, 관리책임자의 교체, 사업장 추가 등 불가피한 경우에는 현장심사를 시작하는 날까지 제출할 수 있다. 🖐
- 상호인정의 혜택 관련 영문 정보
- 신청일을 기준으로 최근 2년 이내에 세관장으로부터 관세조사를 받은 경우에 관세조사 결과통지서(수입부문에만 해당). 다만, 해당 관세조사가 진행 중인 경우에는 관세조사 계획통지서 🖐

　　㉡ 신청단위

- 신청업체가 공인을 신청할 때에는 법인 단위(개인사업자를 포함한다)로 신청하여야 한다. 첨부서류는 각 사업장별로 구분하여 작성하여야 한다. 🖐
- 다만, 첨부서류 중에서 사업장별로 중복되는 사항은 한꺼번에 작성하여 제출할 수 있다. 🖐

ⓒ 신청각하 : 관세청장은 신청업체가 ㉠에 따라 공인심사를 신청하였을 때에 다음의 어느 하나에 해당하는 경우에는 그 신청을 각하한다.
- 신청 시 제출하여야 하는 첨부서류를 제출하지 않은 경우 ②
- 공인부문별 공인기준 중에서 법규준수 기준(공인기준 일련번호 1.1.1부터 1.1.4까지만 해당)을 충족하지 못한 경우
- 공인부문별 공인기준 중에서 재무건전성 기준(공인기준 일련번호 3.1.1에만 해당)을 충족하지 못한 경우(囫 지방세의 체납이 있는 경우) ①
- 법인 단위 법규준수도가 70점 미만(중소 수출기업은 60점 미만)인 경우. 다만, 관세조사로 인하여 법규준수도 점수가 하락한 경우에는 그렇지 않다. ③

ⓔ 공인신청의 취하 : 신청업체는 공인신청을 스스로 취하하고자 할 때에는 공인심사 취하신청서를 작성하여 관세청장에게 제출하여야 한다. 관세청장은 취하를 접수하였을 때에는 해당 업체에게 제출된 서류를 반환하거나 동의를 받아 폐기하여야 한다.

⑤ 공인심사
ⓐ 구분 : 관세청장은 신청업체를 대상으로 공인심사를 할 때에는 서류심사와 현장심사(방문심사)의 순으로 구분하여 실시한다. 관세청장은 공인심사를 할 때에 통관적법성 검증과 관련하여 신청업체에게 오류 정보를 제공하거나 신청업체의 사업장을 방문하여 심사할 수 있다. ②

관련규정	공인신청 및 심사절차 ②
	예비심사 → 공인신청 → 서류심사 → 현장심사 → 종합심사

ⓑ 예비심사
- 신청업체는 공인 또는 종합심사를 신청하기 전에 제출 서류의 적정성 등에 관하여 사전 확인을 받고자 예비심사를 희망하는 경우에는 예비심사 신청서를 관세청장에게 제출하여야 한다. ③
- 관세청장은 예비심사를 「수출입안전관리우수업체 심사업무 수탁기관의 지정과 운영에 관한 고시」에 따라 지정된 기관에 위탁할 수 있다. ①

(1) 예비심사 신청서 접수 **1**

관세평가분류원장은 예비심사 신청서를 접수하고, 수탁기관에 해당 신청서와 관련서류를 이관한다. 수탁기관은 예비심사 신청업체에 연락하여 심사대상·범위, 면담일정·장소 등을 협의하여야 한다.

(2) 예비심사 방법 **1**

수탁기관은 예비심사를 할 때에 서류심사 방식으로 수행한다. 다만, 신청업체가 원하는 경우에는 신청업체의 사업장을 직접 방문하여 수행할 수 있다.

(3) 예비심사 결과 보고 및 통지 **1**

공인기준 일부에 대한 예시적 검증 결과, 그 밖에 수출입 안전관리 우수업체 공인과 관련하여 참고할 사항을 포함한 예비심사 결과보고서를 관세평가분류원장에게 제출하여야 한다.

관세평가분류원장은 제1항에 따라 제출한 내용을 검토한 후 신청업체에게 별지 제2호서식의 예비심사 결과 통지서를 송부하여야 한다.

- 관세청장은 중소 수출기업이 예비심사를 신청한 경우에는 다른 신청업체에 우선하여 예비심사를 할 수 있다. **2**
- 심사를 위탁받은 기관은 예비심사 신청서를 접수한 날부터 20일 이내에 심사를 마치고, 결과를 관세청장에게 제출하여야 한다.
- 관세청장은 예비심사 결과의 적정성을 확인하고 신청업체에게 예비심사 결과를 통보하여야 한다.

ⓒ 서류심사

- 관세청장은 공인심사 신청서를 접수한 날부터 60일 이내에 서류심사를 마쳐야 한다. **4**
- 관세청장은 신청업체가 제출한 서류를 통해서 공인기준을 충족하는지를 확인하기 어려운 경우에는 30일의 범위 내에서 신청업체에게 보완을 요구할 수 있다. 이 경우 관세청장은 보완을 요구할 사항을 가급적 한꺼번에 요구하여야 하며, 보완기간은 심사기간에 포함하지 아니한다. **1**
- 관세청장은 보완 요구서를 송부하기 전에 신청업체의 요청이 있을 때에는 해당 업체의 의견을 듣거나 업체에게 소명할 수 있는 기회를 줄 수 있다. **1**
- 신청업체는 그럼에도 불구하고 천재지변, 주요 사업장의 이전, 법인의 양도, 양수, 분할 및 합병 등 부득이한 사유로 보완에 장시간이 걸리는 경우에는 보완기간의 연장을 신청할 수 있다. 이 경우 관세청장은 보완기간을 모두 합하여 180일을 넘지 않는 범위 내에서 보완기간을 연장할 수 있다. **1**
- 관세청장은 서류심사를 「수출입안전관리우수업체 심사업무 수탁기관의 지정과 운영에 관한 고시」에 따라 지정된 기관에 위탁할 수 있다.

ㄹ 현장심사

 해설

현장심사는 증거자료 및 확인 등을 통하여 신청인이 제출한 서류 및 자료가 수출입관리 현황과 일치하는지 여부를 심사하는 것이다. **1**

- 현장심사 계획통지서 송부
  - 관세청장은 서류심사가 완료된 업체에 대해서 직원 면담, 시설 점검 및 거래업체 확인 등으로 수출입관리현황이 신청업체가 제출한 자료와 일치하는지 등 현장심사를 실시한다. **2**
  - 관세청장은 서류심사를 마친 날부터 30일 이내에 현장심사 계획 통지서를 신청업체에게 송부하여야 한다. 이 경우 관세청장은 현장심사를 시작하기 최소 10일 전까지 계획을 통지하여야 한다. **1**
- 심사일정 변경통지 : 관세청장은 부득이한 사유로 심사 일정을 변경하려는 경우에는 현장심사를 시작하기 5일 전까지 변경된 일정을 통지할 수 있다.
- 심사기간 : 관세청장은 현장심사를 시작한 날부터 60일 이내에 심사를 마쳐야 하며, 신청업체의 사업장을 직접 방문하는 기간은 15일 이내로 한다. 심사대상 사업장이 여러 곳인 경우에 관세청장은 효율적인 심사를 위하여 일부 사업장을 선택하여 심사하는 등 탄력적으로 심사할 수 있다. **2**
- 방문기간연장 : 관세청장은 신청업체의 사업장을 직접 방문하는 기간을 연장하고자 할 때에는 연장하는 사유와 연장된 기간을 신청업체에게 미리 통보하여야 한다. 이 경우 업체를 방문할 수 있는 기간은 모두 합하여 30일을 넘을 수 없다.
- 부득이한 사유 발생 시 : 관세청장은 현장심사를 시작하기 전이나 시작한 후에 업체에게 부득이한 사유가 발생하여 정상적인 심사가 어렵다고 판단되는 경우에는 최소한의 기간을 정하여 현장심사를 연기하거나 중지할 수 있다. 이 경우 관세청장은 부득이한 사유가 해소된 경우에는 빠른 시일 내에 현장심사를 재개하여야 한다.
- 현장심사 중단 : 관세청장은 신청업체의 수출입 관리현황이 공인기준에 현저히 충족하지 못하거나, 신청업체가 자료를 제출하지 않는 등 협조하지 않아 현장심사 진행이 불가능하다고 판단되는 경우에는 현장심사를 중단하고, 공인심사 신청의 기각 등 필요한 조치를 할 수 있다.

현장심사 중단사유

관세평가분류원장은 신청업체가 다음 각 호의 어느 하나에 해당하는 경우에는 공인운영고시 제9조제7항에 따라 관세청장의 승인을 받고 현장심사 중단 통지서에 따라 현장심사를 중단할 수 있다. 이 경우 공인신청 기각, 공인취소, 혜택 정지, 관세조사 전환 등 필요한 조치를 하거나, 관세청장에게 건의할 수 있다.

1. 신청업체의 수출입 관리현황이 공인기준을 현저히 충족하지 못하여 심사를 계속하더라도 기간 내에 공인기준을 충족할 가능성이 없는 것으로 판단되는 경우 **1**
2. 심사를 고의적으로 지연하는 경우 **1**
3. 심사를 방해하는 경우
4. 요구한 자료(통관적법성 관련 자료 제출 요구를 포함한다)를 제출하지 않거나 거짓자료를 제출한 경우

- 거래업체 현장심사 : 관세청장은 필요한 경우에 신청업체의 국내 또는 해외 거래업체를 현장심사할 수 있다. 이 경우 심사절차 및 기간은 신청업체에 준하여 적용한다.
- 통지 : 관세청장은 현장심사를 종료하였을 때에는 그 결과를 신청업체에게 통지하여야 한다.

ⓜ 심사의 일부 생략 등
- 심사 일부 생략 : 관세청장은 국제선박보안증서를 발급받은 국제항해선박소유자와 항만시설적합확인서를 발급받은 항만시설소유자에 대하여 해양수산부장관으로부터 세부 심사내용을 제공받아 확인한 결과, 공인기준을 충족한 부분에 대해서는 심사를 생략할 수 있다. **2**
- 심사 간소화 : 관세청장은 중소 수출기업의 수출규모 및 법규준수도 점수 등을 고려하여 내부통제시스템 기준 중에서 위험평가 부분에 대한 공인심사를 간소하게 할 수 있다. **1**

ⓗ 공인 및 공인의 유보
- 공인 : 관세청장은 현장심사를 마친 후 심의위원회의 심의를 거쳐 공인기준을 충족한 업체를 수출입안전관리우수업체로 공인하고 수출입안전관리우수업체 증서를 발급한다. **2**

수출입안전관리우수업체 심의위원회 심의사항

관세청에 수출입안전관리우수업체 심의위원회를 두며, 수출입안전관리우수업체 심의위원회 심의사항은 다음과 같다.
- 수출입안전관리우수업체의 공인 및 갱신 **4**
- 수출입안전관리우수업체의 공인등급 조정 **5**
- 공인과 갱신을 유보하는 업체의 지정 **3**
- 공인과 갱신을 유보한 업체의 공인심사 및 종합심사의 신청 기각 **1**
- 수출입안전관리우수업체 공인의 취소 **3**
- 그 밖에 관세청장이 수출입안전관리우수업체 제도의 운영 등에 관하여 심의위원회에 부치는 사항

해설 특례적용 중단의 경우 심의사항이 아니다.

- 공인 유보 : 관세청장은 신청업체가 다음의 어느 하나에 해당하는 경우에는 심의위원회의 심의를 거쳐 공인을 유보할 수 있다.
  - 신청업체가 나머지 공인기준은 모두 충족하였으나, 법규준수도 점수 기준을 충족하지 못한 경우 ❸
  - 신청업체가 수입하는 물품의 과세가격 결정방법이나 품목분류 및 원산지 결정에 이견이 있음에도 불구하고 법에 따른 사전심사를 신청하지 않은 경우(수입부문에만 해당한다) ❷
  - 신청업체가 별표 1의 공인부문별 공인기준 중에서 법규준수(공인기준 일련번호 1.1.1부터 1.1.4까지에만 해당)의 결격에 해당하는 형사 및 사법절차가 진행 중인 경우 ❶
  - 신청업체가 사회적 물의 등을 일으켰으나 해당 사안이 공인의 결격에 해당하는지를 판단하는 데 추가적으로 사실을 확인하거나 심의를 위한 충분한 법리검토가 필요한 경우 ❷
  - 그 밖에 심의위원회에서 공인의 유보가 필요하다고 인정하는 경우 ❶
- 개선계획 및 개선완료보고서 제출 : 공인이 유보된 업체는 그 결정을 받은 날로부터 30일 이내에 관세청장에게 공인기준준수개선계획서를 제출하고 그 제출한 날로부터 180일 내에 공인기준준수개선완료보고서를 제출하여야 한다. ❶
- 개선계획서 제출 생략 : 관세청장은 공인기준을 충족하지 못한 사항이 경미한 경우에는 공인이 유보된 업체에게 공인기준준수개선계획서 제출을 생략하고, 바로 공인기준준수개선완료보고서를 제출하게 할 수 있다.

Ⓢ 공인유보업체에 대한 재심사 등
- 공인유보업체는 공인기준 준수 개선을 완료하는 등 공인의 유보 사유가 해소된 경우에 관세청장에게 공인기준 충족 여부에 대한 재심사를 신청할 수 있다.
- 재심사의 범위는 공인을 유보한 사유로 인하여 심의를 유보한 범위에 한정한다. 다만, 관세청장이 다른 공인기준에 대해 심사할 필요가 있다고 인정하는 경우에는 심사 범위를 확대할 수 있다.
- 관세청장은 재심사를 신청한 날로부터 60일 이내에 마쳐야 하며, 재심사의 절차에 관하여 현장심사 규정을 준용한다. 이 경우 관세청장은 서면심사 등 간소한 방식으로 재심사할 수 있다. ❷

Ⓞ 공인신청의 기각 : 관세청장은 신청업체가 다음의 어느 하나에 해당하는 경우에는 공인신청을 기각할 수 있다.
- 서류심사 또는 현장심사 결과, 공인기준을 충족하지 못하였으며 보완 요구의 실익이 없는 경우 ❺
- 공인심사를 할 때에 제출한 자료가 거짓으로 작성된 경우 ❺

- 관세청장이 보완을 요구하였으나, 천재지변 등 특별한 사유 없이 보완 요구기간 내에 보완하지 않거나(통관적법성 검증과 관련한 자료제출 및 보완 요구도 포함) 보완을 하였음에도 불구하고 공인기준을 충족하지 못한 경우
- 신청업체가 공인부문별 공인기준 중에서 법규준수의 결격에 해당하는 형사 및 사법절차의 진행이 현장심사를 마친 날로부터 1년을 넘어서도 확정되지 않고 계속 진행되는 경우. 다만, 이 경우 최소한 1심 판결이 유죄로 선고되어야 한다.
- 공인기준 준수 개선 계획을 제출하지 않거나, 공인기준 준수 개선 완료 보고를 하지 않은 경우
- 공인유보업체를 재심사한 결과, 공인기준을 충족하지 못한 것으로 확인된 경우
- 공인신청 후 신청업체의 법규준수도 점수가 70점 미만(중소 수출기업은 60점 미만)으로 하락한 경우 ⑤
- 교육이수 확인서를 제출하지 않은 경우 ①

ⓧ 공인의 유효기간
- 수출입안전관리우수업체 공인의 유효기간은 증서상의 발급한 날로부터 5년으로 한다. ⑧
- 종합심사가 진행 중이거나 종합심사에 따른 공인의 갱신 전에 유효기간이 끝나는 경우에도 해당 공인은 유효한 것으로 본다. 다만, 다음 어느 하나에 해당하는 경우에는 그 사유가 발생한 날에 공인의 유효기간이 끝나는 것으로 본다. ③
  - 신청업체가 종합심사 신청을 철회하는 경우
  - 종합심사 신청이 각하 또는 기각되는 경우

> 👤 **해설**
> 종합심사 실시 중 또는 종합심사에 의한 공인 갱신 전에 유효기간이 만료하는 경우에도 통관절차 등의 특례는 새로운 증서가 교부되는 날까지 적용한다.

- 종합심사에 따라 갱신된 공인의 유효기간은 기존 공인의 유효기간이 끝나는 날의 다음 날부터 시작한다. ④

> 👤 **해설** 당초 유효기간 만료일부터 시작하는 것이 아님에 유의한다.

- 관세청장이 공인의 유효기간 중에 공인등급을 조정하는 경우에 공인의 유효기간은 조정 전의 유효기간으로 한다. ③

관련규정	유효기간 갱신신청

- 수출입 안전관리 우수 공인업체 공인을 갱신하려는 자는 공인의 유효기간이 끝나는 날의 6개월 전까지 신청서를 제출하여야 한다. ①
- 관세청장은 공인을 받은 자에게 해당 공인의 유효기간이 끝나는 날의 7개월 전까지 휴대폰에 의한 문자전송, 전자메일, 팩스 등으로 갱신 신청을 해야 한다는 사실을 알려야 한다. ①

ⓒ 통관절차 등의 혜택
- 관세청장은 수출입안전관리우수업체에게 별표 2의 통관절차 등의 혜택을 제공할 수 있다.
- 관세청장은 입항부터 하역, 운송, 보관, 수입신고 등 일련의 통관절차에 관련된 수출입안전관리우수업체에 대해서는 추가적인 혜택을 제공할 수 있다.
- 관세청장이 정한 다른 고시·훈령·예규·공고의 규정이 이 조의 규정과 상충되는 때에는 이 고시의 규정을 우선하여 적용한다. 다만, 수출입안전관리우수업체에게 이익이 되는 규정 또는 해당 업체가 요청하는 경우에는 그렇지 않다.

[별표 2] 혜택

공인혜택은 모든 부문에 공통적으로 적용되는 혜택과 각 부문별로 제공되는 혜택으로 구분된다.

모든 부문	• 법규위반 시 행정형벌 보다 통고처분, 과태료 등 행정질서벌 등 우선 고려 **3** • 기획심사, 법인심사 제외 **2** ※ 현행범, 중대·명백한 위법정보가 있는 경우 본부세관 종합심사부서와 협의하에 심사 가능 **2** • 과태료 경감 ※ 적용 시점은 과태료 부과 시점 **4** • 여행자 검사대상 선별 제외 • 국제공항 입출국 시 전용검사대를 이용한 법무부 입출국 심사 • 국제공항 출국 시 승무원전용통로를 이용한 보안검색 • 국제공항 입출국 시 CIP라운지 이용 • 중소기업 병역지정업체 추천 시 5점 가산 **1** • 통고처분금액의 경감 **1** • 외국환 검사 제외 **1** ※ 현행범, 중대·명백한 위법정보가 있는 경우 본부세관 종합심사부서와 협의하에 검사 가능 • 전산감사 확인사항 기업상담전문관을 통해 시정 **1** • 기업 ERP에 의한 수출입 및 화물 신고 **1** • 오류에 대한 제제 경감 **2**
수출입 부문 (공통)	• 수출입화물 선별검사 시 우선검사 • 「보세공장 운영에 관한 고시」에 따른 관할지세관 화물담당부서의 재고조사 생략
수출 부문	• 수출신고 서류제출대상 선별 제외(수출 P/L) - 현행 서류제출 비율에서 우측 공인등급에 따른 비율만큼 추가 경감 • 수출물품의 검사대상 선별 제외 - 무작위(Random)선별은 제외대상 아님 • 환급서류제출 및 환급 전 심사 제외 - 무작위(Random)선별은 제외대상 아님 • 환급지세관 환급심사부서에서의 건별 환급심사 제외 - 수입신고세액의 감액경정 등에 따른 이중환급액 추징을 위한 선별 건은 제외대상 아님 • 환급제증명서 P/L발급 • 원산지증명서 자동발급

수출 부문	• 환급대상수출물품 반입확인 시 서류제출 및 검사 제외
	• 물품공급 후 반입확인서 발급업체 지정 배제 요건 비적용
	• 적재화물목록사전제출 특례(출항 후 다음 날 세관근무 시까지)
	  −수출화물이 비컨테이너화물에 해당할 것
	  −수출화물이 전용선박에 적재될 것
	  −수출화물이 적재과정에서 세관 감시단속상 문제가 없을 것
	• 원산지증명서 발급기관의 심사생략
	• 원산지증명서 자율발급
	• 관세청과 무역보험공사 간 MOU에 근거, 무역보험공사의 수출신용 보증 한도 우대
	  −MOU 해지 시 혜택 자동 실효
	• 관세청과 기업은행 간 MOU에 근거, 기업은행 자금융자관련 금리 우대
	  −MOU 해지 시 혜택 자동 실효

수입 부문	• 관리대상화물의 지정 해제
	  −무작위(Random)선별은 제외대상 아님
	  −MRA 체결에 따른 혜택은 A등급 기준으로 적용함
	• 검사대상화물 반입 허용
	• 수입신고 서류제출대상 선별 제외(수입 P/L)
	• 수입물품의 검사대상 선별 제외
	  −무작위(Random)선별은 제외대상 아님
	  −MRA 체결에 따른 혜택은 A등급 기준으로 적용함
	• 월별납부, 월별보정
	• 사전세액심사 제외
	• 통관지세관 납세심사부서에서의 건별 보정심사 제외
	• 관세감면물품 자율사후관리
	• 관세법상 건별 사후납부를 위한 담보 제공
	• 관세법상 월별납부를 위한 담보 제공
	• 보세공장 동일 세관관할 구역 내 보관창고 증설, 원료과세 포괄적용 신청
	• 보세공장 보세구역 반출 시 화물관리번호 신청 전산수리
	• 보세공장 원재료의 입항 전 사용신고 및 사용신고 수리를 전산처리
	• 보세공장 도착 전 사용신고 물품 심사생략
	  −서류제출 및 검사대상으로 선별된 경우는 제외
	• 보세공장 물품의 보세운송 특례, 보세공장의 보세운송 신고를 전산처리
	• 보세공장 자율관리보세공장 지정 및 특례, 설치·운영특허 취소, 반입정지 등 처분 시 경감
	• 전자통관심사
	• 원산지 표시 검사 필요 시 기업상담전문관이 검사 수행
	  −위반사항 및 위반금액이 과한 경우 등은 원산지 표시 검사부서에서 수행
	• 세관장확인물품 중 일부물품 세관장확인 생략
	• AM 활동에 의한 수정·보정의 경우, 법규준수도 감정 미반영
	• AM 활동에 의한 수정·보정의 경우, 수정수입세금계산서 발급허용

관세사	• 정정방법 하향조정 −공인등급별 비율만큼 서면심사→화면심사, 화면심사→자율정정으로 하향 • 제증명서 P/L발급 • 관세사, 관세법인 및 통관취급법인의 등록 갱신 시 첨부서류 제출 생략

관세사	• 수출입안전관리우수업체가 관세사무소 확장 시 동 사무소 수출입안전관리우수업체 잠정 공인 　－확장사무소 관세사의 최근 2년간 법규준수 점수가 기준 이상일 경우에 한함
보세구역 운영인	• 특허 갱신기간 연장 **1** 　－공인 수출입업체의 자가용 보세창고의 경우에도 동일혜택 적용 • 특허 갱신 시 본부세관 특허심사위원회 심사생략 및 해당세관에서 자체 심사 　－공인 수출입업체의 자가용 보세창고의 경우에도 동일혜택 적용 • 분기별 자체 재고조사 후 연 1회 세관장에게 보고 • 자율관리보세구역 운영인 이상의 혜택(제10조에 따른 정기감사 생략 등) • 반입정지 기간을 50% 범위 내에서 하향조정 가능 **1**
보세운송업	• 일반간이보세운송업자의 혜택 적용 • 특정물품 보세운송 승인 　－귀석, 반귀석, 귀금속, 한약재, 의약품 등과 같이 부피가 작고 고가인 물품에 대한 운송승인 • 보세운송 신고사항 심사 시 자동수리비율 상향 조정, 정기점검을 3년으로 완화 • 재보세운송 허용(단, 정당한 사유가 있고 수입업체와 운송업체 모두 AEO인 경우에 한함) • 관할세관 내 여러 보세구역 도착 시 1건으로 일괄신고
선사	선박 출무검색 생략
화물운송 주선업자	업무점검 생략

심화 📶 **통관절차 특례사항 5**

적용 부문	특례기준	수출입안전관리우수업체		
		A	AA	AAA
모든 부문	과태료 경감	20%	30%	50%
	통고처분 금액경감	15%	30%	50%
	여행자정보 사전확인제도 운영에 관한 훈령에 따른 여행자 검사 대상 선별 제외	대표자, 총괄책임자	대표자, 총괄책임자	대표자, 총괄책임자
	국제공항 입출국시 전용검사대를 이용한 법무부 입출국 심사	대표자	대표자	대표자, 총괄책임자
보세 구역 운영인	특허 갱신기간 연장	6년	8년	10년
	반입정지 기간을 50% 범위에서 하향조정 가능	－	○	○
	특허보세구역 운영에 관한 고시 제7조에 따른 특허 갱신 시 본부세관 특허심사위원회 심사생략 및 해당 세관에서 자체 심사	○	○	○
	보세화물관리에 관한 고시 제16조에 따른 분기별 자체 재고조사 후 연 1회 세관장에게 보고	○	○	○

3. 사후관리 및 종합심사

① 관리책임자의 지정 및 역할

    ㉠ 관리책임자의 지정 : 수출입안전관리 우수업체는 다음에 해당하는 관리책임자를 지정·운영하여야 한다. **4**

        • 총괄책임자 1명 : 수출입안전관리를 총괄하며, 의사결정권한이 있는 대표자 또는 임원 **1**

        • 수출입관리책임자 : 수출입물품의 제조, 운송, 보관, 통관, 반·출입 및 적출입 등과 관련된 주요 절차를 담당하는 부서장 또는 직원 **2**

    ㉡ 관리책임자의 업무 : 관리책임자는 다음에 해당하는 업무를 담당한다. **5**

        • 수출입 관리현황 설명서 작성, 정기 자체평가, 변동사항 보고, 공인 또는 종합심사 수감 등 공인기준 준수관련 업무 **1**

        • 직원에 대한 수출입 안전관리 교육 **2**

        • 정보 교환, 회의 참석 등 수출입 안전관리 관련 관세청 및 세관과의 협업 **1**

        • 세액 등 통관적법성 준수 관리 **1**

        • 그 밖에 업체의 법규준수 향상을 위한 활동

    ㉢ 관리책임자의 자격요건

공인부문	자격 요건
수출입업체·화물운송주선업·보세운송·하역업·보세구역운영인	• 수출입 관련 업무에 3년 이상 근무한 사람(다만, 중소 수출기업은 1년 이상) **2** • 보세사 자격이 있는 사람(보세구역운영인 부문에 해당) **5**
관세사	수출입 통관 업무를 3년 이상 담당한 관세사 **1**
선박회사	• 「국제항해선박 및 항만시설의 보안에 관한 법률」에 따라 보안책임자로 지정된 사람 • 수출입 관련 업무에 3년 이상 근무한 사람
항공사	• 「항공보안법」에 따라 보안책임자로 지정된 사람 • 수출입 관련 업무에 3년 이상 근무한 사람

② 관리책임자 교육 등

구분	교육 내용
공인 전 교육	• 무역안전과 원활화를 위한 국제 규범 및 국내외 제도 **1** • 수출입안전관리우수업체 제도와 필요성 **1** • 법규준수 및 수출입 안전관리를 위한 내부통제시스템 **1** • 수출입안전관리우수업체 공인기준의 세부내용 **1** • 수출입안전관리우수업체 공인 신청 시 사전 점검항목 및 주의사항
공인 후 교육	• 무역안전과 원활화를 위한 국제 규범 및 국내외 제도의 흐름과 변화 • 법규준수 및 수출입 안전관리를 위한 관리책임자의 역할 • 수출입안전관리우수업체의 공인 유지를 위한 효율적인 사후관리 방법 • 정기 자체 평가 및 종합심사 대비를 위한 준수사항 **1**

○ 공인 전 교육 : 수출입관리책임자는 16시간 이상. 다만, 공인 전 교육의 유효기간은 해당 교육을 받은 날로부터 5년임 [8]
○ 공인 후 교육
  • 매 2년마다 총괄책임자는 4시간 이상, 수출입관리책임자는 8시간 이상(처음 교육은 공인일자를 기준으로 1년 이내 받아야 함) [7]
  • 다만, 관리책임자가 변경된 경우에는 변경된 날로부터 180일 이내에 해당 교육을 받아야 함. 관세청장은 관리책임자가 공인 후 아래의 교육을 받지 않았을 때에는 다음 차수의 교육을 받도록 권고하여야 함 [3]

심화 **교육시간 인정 예외 [1]**

> 관세청장은 관리책임자가 관세청장이 별도로 지정하는 수출입안전관리우수업체 제도관련 행사 등에 참석하거나 교육내용이 포함된 「국제항해선박 및 항만시설의 보안에 관한 법률」에 따라 실시되는 교육을 받은 경우에는 해당 교육시간을 인정할 수 있다.

③ 변동사항 보고
  ○ 변동사항 보고 : 수출입안전관리우수업체는 다음의 어느 하나에 해당하는 사실이 발생한 경우에는 사실이 발생한 날로부터 30일 이내에 수출입 관리현황 변동사항 보고서를 작성하여 관세청장에게 보고하여야 한다. 다만, 변동사항이 범칙행위, 부도 등 공인유지에 중대한 영향을 미치는 경우에는 지체 없이 보고하여야 한다. [6]
  • 양도, 양수, 분할 및 합병 등으로 인한 법적 지위의 변경 [5]
  • 대표자, 수출입 관련 업무 담당 임원 및 관리책임자의 변경 [5]
  • 소재지 이전, 사업장의 신설 · 증설 · 확장 · 축소 · 폐쇄 등 [3]
  • 사업내용의 변경 또는 추가 [3]
  • 화재, 침수, 도난, 불법유출 등 수출입화물 안전관리와 관련한 특이사항 [1]

해설 매출액의 증감은 보고사항이 아니다.

  ○ 점검 및 현장방문 : 변동보고를 받은 관세청장은 법적지위 등이 변경된 이후에도 기업의 동일성이 유지되는지와 공인기준을 충족하는지 등을 점검하여야 하며, 필요한 경우에는 현장을 방문하여야 한다.
  ○ 공인기준준수개선 요구 : 관세청장은 점검 결과, 수출입안전관리우수업체가 공인기준을 충족하지 못하거나 법규준수도의 하락으로 공인등급의 하향 조정이 예상되는 경우에는 공인기준 준수 개선을 요구하여야 한다. [1]

ⓔ 준수개선계획 제출 및 완료보고 제출 : 수출입안전관리우수업체는 요구를 받은 날로부터 30일 이내에 관세청장에게 공인기준 준수개선계획을 제출하고, 그 제출일로부터 90일 이내에 개선완료보고서를 제출하여야 한다. **1**

ⓜ 준수개선계획 제출 생략 : 관세청장은 공인기준을 충족하지 못한 사항이 경미한 경우에는 공인기준 준수개선계획의 제출을 생략하고, 해당 요구를 받은 날로부터 30일 이내에 공인기준 준수개선완료보고서를 제출하게 할 수 있다. **1**

ⓗ 조치 : 관세청장은 공인기준 준수개선완료보고서를 검토한 후 공인등급의 조정, 공인의 취소, 공인의 유보, 공인신청의 기각, 혜택의 정지 등 필요한 조치를 할 수 있다. **1**

④ 정기 자체평가

㉠ 자체평가 및 결과 제출
- 수출입안전관리우수업체는 매년 공인일자가 속하는 달에 정기 자체평가서에 따라 공인기준을 충족하는지를 자체적으로 점검하고 다음 달 15일까지 관세청장에게 그 결과를 제출하여야 한다. **6**
- 다만, 수출입안전관리우수업체가 여러 공인부문에 걸쳐 공인을 받은 경우에는 공인일자가 가장 빠른 공인부문을 기준으로 자체평가서를 함께 제출할 수 있다. **3**

㉡ 자체평가 생략
- 관세청장은 수출입안전관리우수업체가 종합심사를 신청한 경우에는 공인의 유효기간이 끝나는 날이 속하는 연도에 실시하는 정기 자체평가를 생략하게 할 수 있다. **3**
- 다만, 수출입안전관리우수업체가 종합심사 신청을 취하하는 경우에는 당초 기한 또는 종합심사를 취하한 날의 다음 달 15일까지 정기 자체평가서를 관세청장에게 제출하여야 한다.

㉢ 자체평가서 심사 : 수출입안전관리우수업체는 자체평가서를 다음의 어느 하나에 해당하는 자(해당 업체에 소속된 자 제외)에게 확인을 받아야 한다. 다만, 중소기업은 수출입 관련 업무에 1년 이상 근무한 경력이 있고 교육을 받은 해당 업체 소속 관리책임자의 확인을 받을 수 있다. **3**
- 관세청장이 지정한 비영리법인 **1**
- 수출입안전관리우수업체 공인을 받은 관세사무소 또는 관세법인·통관취급법인 등에 소속된 자로서 최근 5년 이내에 교육을 받은 관세사 **1**
- 관세청장 또는 교육기관이 시행하는 수출입안전관리우수업체 제도 교육을 최근 5년 이내에 35시간 이상을 받은 관세사 **1**
- 수출입안전관리우수업체로 공인을 받은 보세구역운영인 등에 소속된 자로서 최근 5년 이내에 교육을 받은 보세사(보세구역운영인부문에 한정) **1**
- 관세청장 또는 교육기관이 시행하는 수출입안전관리우수업체 제도 교육과정을 최근 5년 이내에 35시간 이상 받은 보세사(보세구역운영인부문에 한정)

ⓔ 공인기준 충족 여부 확인 및 조치
- 관세청장은 정기 자체평가서 및 확인서에 대해서 공인기준을 충족하는지를 확인할 경우에는 확인자에게 관련 자료를 요청하거나, 수출입안전관리우수업체의 사업장 등을 방문하여 확인할 수 있다. **2**
- 관세청장은 확인 결과, 수출입안전관리우수업체가 공인기준을 충족하지 못하거나 법규준수도가 하락하여 공인등급의 하향 조정이 예상되는 경우에 공인기준 준수 개선을 요구하여야 한다. **1**

⑤ 종합심사
ⓐ 신청 시기
- 수출입안전관리우수업체는 공인을 갱신하고자 할 때에는 공인의 유효기간이 끝나기 6개월 전까지 수출입안전관리우수업체 종합심사 신청서와 자체평가표 등 서류를 첨부하여 관세청장에게 전자문서로 제출하여야 한다. **7**
- 이 경우 관세청장은 원활한 종합심사를 운영하기 위해 수출입안전관리우수업체에게 공인의 유효기간이 끝나기 1년 전부터 종합심사를 신청하게 할 수 있다. **1**

ⓑ 공인일자가 다른 경우
- 수출입안전관리우수업체가 여러 공인부문에서 걸쳐 공인을 받은 경우에는 공인일자가 가장 빠른 공인부문을 기준으로 종합심사를 함께 신청할 수 있다. **3**
- 이 경우 관세청장은 수출입안전관리우수업체의 동의를 받아 공인부문별 유효기간을 공인일자가 가장 빠른 공인부문의 유효기간에 일치시킬 수 있다.

ⓒ 심사 실시 : 관세청장은 신청업체를 대상으로 종합심사를 할 때에는 수출입안전관리우수업체의 공인부문별로 서류심사와 현장심사의 순으로 구분하여 실시한다. **4**

ⓓ 심사의 범위 : 종합심사의 범위는 별표 1의 공인기준과 통관적법성 검증과 관련하여 다음의 사항을 포함할 수 있다.
- 수출입업체 : 통관적법성 확인대상 분야(법규 준수와 관련된 과세가격, 품목분류, 원산지, 환급, 감면, 외환, 보세화물 관리, 사후관리 및 통관요건에 대한 세관장 확인업무 등) **1**
- 관세사 : 법 및 「관세사법」과 그 밖에 관세사 직무 관련 법령에 따른 수출입신고와 관련 자료의 작성 · 관리상의 적정성
- 기타 업체 : 법과 그 밖에 공인부문별 수출입 관련 법령에 따른 세관신고 · 화물관리 등의 적정성

ⓔ 현장심사 시 : 관세청장은 종합심사 중 현장심사를 할 때에 통관적법성 검증을 위하여 수출입안전관리우수업체의 사업장을 직접 방문하는 기간은 방문을 시작한 날로부터 15일 이내로 한다. 이 경우 수출입안전관리우수업체가 중소기업인 경우에는 서면심사 등 간소한 방식으로 검증할 수 있다. **1**

⑥ 종합심사 결과의 처리 등

　　㉠ 관세청장은 수출입안전관리우수업체에 대한 종합심사 결과, 갱신 및 갱신의 유보, 갱신유
　　　　보업체 등에 대한 재심사, 종합심사 신청의 기각과 관련하여서는 공인 및 공인 유보 규정,
　　　　공인유보업체에 대한 재심사 등, 공인신청의 기각 규정을 준용한다.

> **해설**
>
> 관세청장은 종합심사 결과 수출입안전관리우수업체가 공인기준을 충족하지 못한 것으로 확인된 경우에는 공
> 인을 취소하여야 한다. [1]

　　㉡ 관세청장은 종합심사 결과, 수출입안전관리우수업체가 공인기준을 충족하지 못하거나 법
　　　　규준수도의 하락으로 공인등급의 하향 조정이 예상되는 경우에는 현장심사 결과를 보고한
　　　　날에 공인기준 준수 개선을 요구하여야 한다. [1]

> **심화** 「수출입안전관리우수업체 공인 및 운영에 관한 고시」
>
> 제17조제4항 내지 제6항
> ④ 수출입안전관리우수업체는 요구를 받은 날로부터 30일 이내에 관세청장에게 공인기준 준수개
> 　선계획을 제출하고, 그 제출일로부터 90일 이내에 개선완료보고서를 제출하여야 한다. [1]
> ⑤ 관세청장은 공인기준을 충족하지 못한 사항이 경미한 경우에는 공인기준 준수개선계획의 제출
> 　을 생략하고, 해당 요구를 받은 날로부터 30일 이내에 공인기준 준수개선완료보고서를 제출하
> 　게 할 수 있다.
> ⑥ 관세청장은 공인기준 준수개선완료보고서를 검토한 후 공인등급의 조정, 공인의 취소, 공인의
> 　유보, 공인신청의 기각, 혜택의 정지 등 필요한 조치를 할 수 있다.

　　㉢ 세관장은 종합심사 결과 수출입안전관리우수업체가 납부하였거나 납부하여야 할 세액에 과
　　　　부족이 있음을 안 때에는 「납세업무 처리에 관한 고시」에 따라 해당 업체에게 보정을 신청
　　　　하도록 통지하거나 경정 등 필요한 조치를 하여야 한다. [1]

⑦ 기업상담전문관의 지정 · 운영

　　㉠ 기업상담전문관 지정 · 운영 : 관세청장은 수출입안전관리우수업체가 공인기준과 통관적
　　　　법성을 충족하는지를 점검하고 지원하기 위하여 업체별로 기업상담전문관(AM ： Account
　　　　Manager)을 지정 · 운영한다. [2]

> **해설**
>
> • 기업상담전문관은 수출입안전관리우수업체의 내부통제시스템을 개선하고 법규준수도를 제고하기 위하여
> 　지정된 관세청 소속 공무원을 의미한다. [2]
> • 기업상담전문관은 수출입안전관리우수업체 공인 및 운영에 관한 고시에서 정하는 자격요건을 갖춘 자 중에
> 　서 전문지식, 실무경험, 청렴도 등을 고려하여 관세청장이 지정한다. [1]

ⓛ 기업상담전문관의 업무 : 기업상담전문관은 수출입안전관리우수업체에 대하여 다음의 업무를 담당한다. 이 경우 기업상담전문관은 원활한 업무 수행을 위해서 수출입안전관리우수업체에게 자료를 요구하거나 해당 업체의 사업장 등을 방문할 수 있다.
- 공인기준을 충족하는지에 대한 주기적 확인 ❸
- 공인기준 준수개선계획의 이행 확인 ❷
- 수입신고에 대한 보정심사 등 관세행정 신고사항에 대한 수정·정정 및 결과의 기록 유지 ❷
- 변동사항, 정기 자체평가, 세관협력도의 확인 및 점검 ❷
- 법규준수 향상을 위한 정보 제공 및 상담·자문 ❶
- 기업 프로파일 관리 ❶

관련규정

기업상담전문관은 수출입안전관리우수업체의 공인등급 조정이 필요한 경우 이를 심의하는 수출입안전관리우수업체 심의위원회에 위원 자격으로 참여할 권한이 없다. ❶

ⓒ 보완요구 : 기업상담전문관은 수출입안전관리우수업체가 공인기준(법규준수도 제외)을 충족하지 못하거나 분기단위 법규준수도가 최근 2분기 연속으로 해당 업체의 공인등급별 기준 아래로 떨어진 경우에 공인기준준수개선을 요구하여야 한다. 이 경우 그 절차에 관하여 제17조제4항부터 제6항까지를 준용한다. ❶

심화 「수출입안전관리우수업체 공인 및 운영에 관한 고시」

제17조제4항~제6항
④ 수출입안전관리우수업체는 요구를 받은 날로부터 30일 이내에 관세청장에게 공인기준 준수개선계획을 제출하고, 그 제출일로부터 90일 이내에 개선완료보고서를 제출하여야 한다.
⑤ 관세청장은 공인기준을 충족하지 못한 사항이 경미한 경우에는 공인기준 준수개선계획의 제출을 생략하고, 해당 요구를 받은 날로부터 30일 이내에 공인기준 준수개선완료보고서를 제출하게 할 수 있다.
⑥ 관세청장은 공인기준 준수개선완료보고서를 검토한 후 공인등급의 조정, 공인의 취소, 공인의 유보, 공인신청의 기각, 혜택의 정지 등 필요한 조치를 할 수 있다.

4. 국가 간 상호인정

① 국가 간 수출입안전관리우수업체의 상호인정
ⓐ 관세청장은 세계관세기구의 무역안전과 원활화를 위한 표준틀(WCO SAFE FRAMEWORK OF STANDARDS)을 적용하고 있는 다른 나라의 관세당국과 상호인정약정(MRA : Mutual Recognition Arrangement)을 체결할 수 있다.

ⓛ 관세청장은 다음의 절차에 따라 상호인정약정(Mutual Recognition Arrangement)을 체결하며, 다른 나라의 관세당국과 협의하여 탄력적으로 조정할 수 있다. **1**
- 공인기준의 상호 비교
- 상호방문 합동 공인심사
- 상호인정약정의 혜택 및 정보교환 등 운영절차 마련
- 관세당국 최고책임자 간 서명

② 상호인정에 따른 혜택 및 이행점검 등
　㉠ 관세청장은 다른 나라 관세당국과 상호인정약정을 체결한 경우에 상대국 통관절차상에서 우리나라의 수출입안전관리우수업체가 혜택을 받게 하거나, 우리나라의 통관절차상에서 상대국의 수출입안전관리우수업체에게 혜택을 제공할 수 있다. 이 경우 혜택의 제공기간은 양국 관세당국에서 부여한 수출입안전관리우수업체 공인의 유효기간으로 한다. **1**
　㉡ 혜택의 적용을 위해서 우리나라의 수출입안전관리우수업체는 상호인정약정별로 정해진 방법에 따른 조치사항을 이행하여야 하며, 상대국의 수출입안전관리우수업체와 거래하는 우리나라 수출입업체는 해당업체의 공인번호를 연계한 해외거래처부호를 전자통관시스템을 통하여 등록하거나 등록 여부를 확인하여야 한다. **1**
　㉢ 관세청장은 상대국의 수출입안전관리우수업체의 공인이 취소된 경우에는 제1항에 따라 제공된 혜택 제공을 즉시 중단하여야 한다.
　㉣ 관세청장은 상호인정약정의 혜택 점검, 이행 절차 개선, 제도 설명 등을 위해 상대국 관세당국과 이행협의를 실시할 수 있다. **1**

5. 보칙

① 공인표지의 사용
　㉠ 수출입안전관리우수업체는 공인의 유효기간 동안 관세청장이 정한 공인표지를 서류 또는 홍보물 등에 표시할 수 있다. 이 경우 수출입안전관리우수업체는 관세청장이 정한 공인표지를 임의로 변경하여서는 아니 된다. **1**
　㉡ 수출입안전관리우수업체가 아닌 자가 ㉠에 따른 공인표지를 사용하고자 할 때에는 관세청장에게 사전 승인을 받아야 한다. **1**
　※ 공인표지는 1개의 기본디자인과, 3개의 응용디자인으로 구분된다.

② 혜택 적용의 정지(특례 정지) : 관세청장은 수출입안전관리우수업체(대표자 및 관리책임자를 포함)가 다음 각 호의 어느 하나에 해당하는 경우에는 6개월의 범위 내에서 혜택의 전부 또는 일부의 적용을 정지할 수 있다. 이 경우 관세청장은 수출입안전관리우수업체에게 시정을 명령하거나 개선을 권고할 수 있다.

⊙ 수출입 관련 법령의 위반과 관련하여 다음의 어느 하나에 해당하는 경우. 다만, 처벌의 확정 여부를 구분하지 않는다. **1**

> **심화** 📊 **다음 각 목의 어느 하나에 해당하는 경우**
>
> • 「자유무역협정의 이행을 위한 관세법의 특례에 대한 법률」, 「대외무역법」, 「외국환거래법」, 「수출용 원재료에 대한 관세 등 환급에 관한 특례법」 등 관세법이 아닌 수출입 관련 법령을 위반하여 벌금형이 규정된 조항에 따라 벌금을 선고받거나 통고처분을 받은 경우 또는 징역형이 규정된 조항에 따라 통고처분을 받은 경우
> • 허위신고 죄 등에 의해 통고처분을 받은 경우 **1**
> • 수출입 관련 법령의 양벌규정에 따라 벌금 또는 통고처분을 받은 경우 **2**

ⓛ 정당한 사유 없이 변동사항(**예** 관리책임자 변경)을 보고하지 않거나 정기 자체평가서를 제출기한으로부터 1개월 이내에 제출하지 아니한 경우 **6**

ⓒ 공인의 유효기간 중에 보완(**예** 개선계획제출)요구를 3회 이상 받은 경우 **5**

ⓔ 교육을 받도록 권고받은 이후에 특별한 사유 없이 교육을 받지 않은 경우 **3**

ⓜ 공인을 유보한 경우. 다만, 공인의 유보 사유가 경미하다고 판단되는 경우에는 혜택을 부여할 수 있다. **2**

③ **공인의 취소** : 관세청장은 수출입안전관리우수업체(대표자 및 관리책임자를 포함)가 다음의 어느 하나에 해당하는 경우에는 즉시 혜택의 적용을 중단하고 청문 및 공인취소 절차를 진행한다. 공인의 취소를 결정한 경우에는 해당 결정을 한 날에 공인의 유효기간이 끝나는 것으로 본다. **2**

⊙ 수출입 관련 법령의 위반과 관련하여 다음의 어느 하나에 해당하는 경우. 다만, 각 법령의 양벌규정에 따라 처벌된 개인 또는 법인은 제외한다.

> **관련규정** **다음의 어느 하나에 해당하는 경우**
>
> • 전자문서위변조죄, 밀수출입죄, 관세포탈죄, 가격조작죄(미수범 포함), 밀수품의 취득죄, 강제징수면탈죄, 타인에 대한 명의대여죄(명의대여행위죄 등)에 따라 벌금형 이상을 선고받거나 통고처분을 이행한 경우 **4**
> • 허위신고죄 규정에 따라 벌금형을 선고받은 경우 **2**
> • 「자유무역협정의 이행을 위한 관세법의 특례에 관한 법류」, 「대외무역법」, 「외국환거래법」, 「수출용 원재료에 대한 관세 등 환급에 관한 특례법」 등 「관세법」이 아닌 수출입 관련 법령을 위반하여 징역형이 규정된 조항에 따라 벌금형 이상을 선고받은 경우 **1**
> • 「관세사법」에 따른 결격사유에 해당하거나 벌금형 이상을 선고받은 경우(관세사부문으로 한정)
> • 특허의 효력이 상실된 경우(보세구역 운영인 부문으로 한정) **1**

ⓛ 공인신청, 서류심사, 현장심사, 변동사항 보고, 정기 자체평가, 종합심사와 관련하여 거짓 자료를 제출한 경우 **5**

ⓒ 공인기준 준수 개선 또는 자료 제출을 요구(통관적법성 관련 자료 제출 요구를 포함)하였으나 정당한 사유 없이 이행하지 않거나 이행하였음에도 공인기준을 충족하지 못한 것으로 판단되는 경우 **3**

ⓔ 양도, 양수, 분할 및 합병 등으로 처음에 공인한 수출입안전관리우수업체와 동일하지 않다고 판단되는 경우 **2**

ⓜ 특례정지 처분에 따른 관세청장의 시정요구 또는 개선 권고사항을 특별한 사유 없이 이행하지 않는 경우 **1**

ⓗ 공인의 유효기간 내에 혜택 적용의 정지 처분을 5회 이상 받은 경우 **3**

ⓢ 수출입안전관리우수업체가 증서를 반납하는 경우 **4**

> 👤 **해설** 운영인의 결격사유는 취소사유가 아님에 유의한다. **1**

④ **청문 등**

ⓐ 관세청장은 수출입안전관리우수업체 공인을 취소하려는 때에는 사전에 해당 업체의 의견을 청취하는 등 해명할 수 있는 기회를 주어야 한다. **1**

ⓑ 의견을 청취하려는 때에는 의견 청취 예정일 10일 전까지 해당 업체에게 의견 청취 계획을 서면으로 통지하여야 하며 수출입안전관리우수업체가 정당한 사유 없이 의견 청취에 응하지 아니한 때에는 의견 진술을 포기한 것으로 본다. **1**

ⓒ 통지를 받은 수출입안전관리우수업체의 대표 또는 대리인은 지정된 날에 출석하여 의견을 진술하거나 지정된 날까지 서면으로 의견을 제출할 수 있다. **1**

ⓔ 해당 수출입안전관리우수업체의 대표 또는 대리인이 출석하여 의견을 진술한 때에는 담당 공무원은 요지를 서면으로 작성하여 출석자로 하여금 확인하게 한 후 서명 날인하게 하여야 한다. **2**

ⓜ 관세청장이 수출입안전관리우수업체에 대한 공인을 취소하려는 때에는 심의위원회의 심의를 거쳐야 한다. 다만, 수출입안전관리우수업체가 증서를 반납하는 경우 즉시 공인을 취소할 수 있다. **1**

⑤ **수출입 안전관리 우수업체 카드**

ⓐ 관세청장은 통관절차 등의 혜택을 효과적으로 제공하기 위하여 수출입 안전관리 우수업체의 대표자 또는 총괄책임자를 대상으로 수출입안전관리우수업체 카드를 발급할 수 있다. **1**

ⓑ 수출입 안전관리 우수업체는 카드를 발급받기 위해서 전자통관시스템을 통하여 전자문서로 카드 발급을 신청하여야 한다.

ⓒ 수출입 안전관리 우수업체는 공인이 취소된 경우에 지체 없이 관세청장에게 증서를 반납하여야 한다. **2**

※ AEO 세부공인기준의 경우 2023년 개정으로 시험범위에서 제외되었음

토 마 토 패 스 　 보 세 사 　 3 주 　 완 성 　 기 본 서

실전
모의고사

[실전모의고사 1회]

1과목 수출입통관절차

01 관세의 성격에 대한 설명으로 틀린 것은?

가. 관세는 법률 또는 조약에 의하여 강제적으로 부과 · 징수된다.

나. 관세는 재정수입 조달을 목적으로 한다.

다. 관세는 납세의무자와 담세자가 일치하는 직접세에 해당한다.

라. 관세는 관세영역을 전제로 한다.

마. 관세의 부과징수의 주체는 국가이다.

02 내국물품에 대한 설명으로 틀린 것은?

가. 우리나라에 있는 물품으로서 외국물품이 아닌 것

나. 우리나라의 선박 등이 공해에서 채집하거나 포획한 수산물 등

다. 입항 전 수입신고가 된 물품

라. 수입신고수리 전 반출승인을 받아 반출된 물품

마. 수입신고 전 즉시 반출신고를 하고 반출된 물품

03 납부고지서 송달 방법으로 틀린 것은?

가. 관세 납부고지서는 납세의무자에게 직접 발급할 수 있다.

나. 관세 납부고지서는 인편, 우편의 방법으로 송달할 수 있다.

다. 관세 납부고지서는 인편, 우편의 송달방법을 사용할 수 없을 경우에 한하여 전자송달의 방법으로 송달할 수 있다.

라. 세관장은 관세의 납세의무자의 주소, 거소, 영업소 또는 사무소가 모두 분명하지 아니하여 관세의 납부고지서를 송달할 수 없을 때에는 해당 세관의 게시판이나 그 밖의 적당한 장소에 납부고지사항을 공시할 수 있다.

마. 납부고지사항을 공시하였을 때에는 공시일부터 14일이 지나면 관세의 납세의무자에게 납부고지서가 송달된 것으로 본다.

04 관세에 관한 설명으로 옳지 않은 것은?

가. 관세의 과세표준은 수입물품의 가격 또는 수량으로 한다.

나. 종가세란 수입물품의 가격을 과세표준으로 하는 관세이다.

다. 종량세란 수입품의 개수, 용적, 면적, 중량 등의 일정한 단위 수량을 과세표준으로 하여 부과되는 관세이다.

라. 종량세의 장점은 세액 산출이 쉽고, 수출국에 따라 세액에 변화가 크다.

마. 종량세의 단점은 물가변동에 따른 세율적용이 불가능하고, 관세의 공평을 기할 수 없으며, 나라마다 계량단위가 동일하지 않아 적용하는 데 어려움이 있다.

05 관세평가상 가산요소에 관한 설명으로 틀린 것은?

가. 구매자가 부담하는 수수료와 중개료(다만, 구매수수료는 제외한다)

나. 해당 수입물품과 동일체로 취급되는 용기의 비용과 해당 수입물품의 포장에 드는 노무비와 자재비로서 구매자가 부담하는 비용

다. 구매자가 해당 수입물품의 생산 및 수출거래를 위하여 대통령령으로 정하는 물품 및 용역을 정상가격으로 판매한 경우에는 그 물품 및 용역의 가격

라. 해당 수입물품을 수입한 후 전매, 처분 또는 사용하여 생긴 수입금액 중 판매자에게 직접 또는 간접으로 귀속되는 금액

마. 특허권, 실용신안권 디자인권, 상표권 및 이와 유사한 권리를 사용하는 대가로 지급하는 것으로서 대통령령으로 정하는 바에 따라 산출된 금액

06 과세물건 확정시기에 관한 설명으로 틀린 것은?

가. 관세는 수입신고를 하는 때의 물품의 성질과 그 수량에 따라 부과한다.

나. 보세구역장치물품이 멸실되거나 폐기되어 관세를 징수하는 물품은 해당 물품이 멸실되거나 폐기된 때 부과한다.

다. 도난물품 또는 분실물품은 해당 물품의 도난신고 또는 분실신고를 확인한 때 부과한다.

라. 이 법에 따라 매각되는 물품은 해당 물품이 매각된 때 부과한다.

마. 우편으로 수입되는 물품(일반수입신고대상 우편물은 제외한다)은 통관우체국에 도착한 때 부과한다.

07 납세의무자에 대한 설명으로 틀린 것은?

가. 보세구역의 장치물품을 도난하거나 분실한 경우 : 운영인 또는 화주

나. 보세운송물품의 장치물품을 도난하거나 분실한 경우 : 보세운송을 신고하거나 승인을 받은
자

다. 우편으로 수입되는 물품인 경우 : 그 수취인

라. 보세구역에 장치된 외국물품이 멸실되거나 폐기되어 관세를 징수하는 물품인 경우 : 운영인
또는 보관인

마. 보수작업을 승인받고 보세구역 밖에서 보수작업을 하는 경우로서 지정기간이 경과하여 관세
를 징수하는 물품인 경우 : 보세구역 밖에서 하는 보수작업을 승인받은 자

08 관세부과권 제척기간에 대한 설명으로 틀린 것은?

가. 관세는 해당 관세를 부과할 수 있는 날부터 5년이 지나면 부과할 수 없다.

나. 수입신고한 날의 다음 날을 관세를 부과할 수 있는 날로 한다.

다. 보세건설장에 반입된 외국물품의 경우에는 건설공사완료보고를 한 날과 특허기간이 만료되
는 날 중 늦게 도래한 날의 다음 날을 관세를 부가할 수 있는 날로 한다.

라. 과다환급 또는 부정환급 등의 사유로 관세를 징수하는 경우에는 환급한 날의 다음 날로 한다.

마. 잠정가격을 신고한 후 확정된 가격을 신고한 경우에는 확정된 가격을 신고한 날의 다음 날로
한다.

09 다음 중 관세징수권 소멸시효 중단사유가 아닌 것은?

가. 〈23년도 선지 일부 변경〉　　　　나. 교부청구

다. 경정처분　　　　　　　　　　　라. 압류

마. 수정신고

10 과세전통지 생략대상이 아닌 것은?

가. 통지하려는 날부터 3개월 이내에 관세부과의 제척기간이 만료되는 경우

나. 재수출기간 내에 수출하지 아니하거나 또는 용도외 사용금지 규정을 위반하여 감면된 관세를
징수하는 경우

다. 수입신고수리 후에 세액을 심사하는 경우로서 그 결과에 따라 부족세액을 징수하는 경우

라. 잠정가격으로 가격신고를 한 납세의무자가 확정가격을 신고한 경우

마. 관세포탈죄로 고발되어 포탈세액을 징수하는 경우

11 원산지증명서 제출생략대상으로 옳은 것은?

가. 세관장이 물품의 종류 · 성질 · 형상 또는 그 상표 · 생산국명 · 제조자 등에 의하여 원산지를 확인할 수 있는 물품

나. 우편물(수입신고대상 우편물에 해당하는 것을 포함한다)

다. 과세가격이 200불 이하인 물품

라. 개인에게 유상으로 송부된 탁송품 · 별송품 또는 여행자의 휴대품

마. 기타 세관장이 관계행정기관의 장과 협의하여 정하는 물품

12 수출입금지물품을 모두 고른 것은?

① 정부의 기밀을 누설하거나 첩보활동에 사용되는 물품
② 달러 위조품
③ 헌법질서를 문란하게 하는 간행물
④ 풍속을 해치는 도화

가. ①, ②, ③, ④   나. ③, ④

다. ①, ③   라. ①, ②, ③

마. ①, ②, ④

13 통관물품 및 통관절차의 제한에 대한 설명으로 틀린 것은?

가. 귀석과 반귀석은 서울, 인천, 김해공항, 전주세관 익산세관비즈니스센터, 인천공항우편, 용당세관 부산국제우편세과비즈니스센터에서만 통관할 수 있다.

나. 고철은 수입물품의 입항지 세관, 관할지 세관장이 인정하는 고철창고가 있는 내륙지 세관에서만 통관할 수 있다. 다만, 고철화작업의 특례를 적용받는 실수요자 관할세관에서도 통관할 수 있다.

다. 수산물(HS 0302, 0303, 0305. 단, 0305는 염수장한 것을 제외한다)은 수입물품의 입항지 세관, 보세구역으로 지정받은 냉장 · 냉동창고가 있는 내륙지세관에서 통관할 수 있다. 다만, 수출용원자재는 관할지 세관장이 인정하는 냉장 · 냉동시설이 있는 수산물제조 · 가공업체 관할세관에서도 통관할 수 있다.

라. 쌀(HS 1006.20호, 1006.30호 해당물품)은 부산, 인천, 평택직할, 군산, 목포, 동해, 울산, 광양, 마산세관에서 통관할 수 있다.

마. 중고 승용차는 서울, 인천, 용당, 마산, 부산, 평택세관에서 통관할 수 있다.

14 보세구역 반입명령 대상으로 틀린 것은?

가. 지식재산권을 침해한 경우

나. 품질 등의 표시(표지의 부착을 포함한다)가 적법하게 표시되지 아니하였거나 수출입신고 수리 당시와 다르게 표시되어 있는 경우

다. 원산지 표시가 적법하게 표시되지 아니하였거나 수출입신고수리 당시와 다르게 표시되어 있는 경우

라. 세관장이 문서로서 이행할 것을 요구한 다른 법령상 의무를 이행하지 아니한 경우

마. 수출신고가 수리되어 외국으로 반출된 물품

15 신고지연 가산세 면제대상으로 옳은 것을 모두 고른 것은?

① 정부 또는 지방자치단체가 직접 수입하는 물품
② 정부 또는 지방장치단체에 기증되는 물품
③ 환적화물
④ 여행자휴대품
⑤ 수출용원재료

가. ①, ③, ⑤   나. ②, ④

다. ①. ③. ④, ⑤   라. ①, ②, ③, ④

마. ①, ②, ③, ④, ⑤

16 다음 빈칸에 들어갈 단어로 알맞은 것은?

수입하거나 반송하려는 물품을 지정장치장 또는 보세창고에 반입하거나 보세구역이 아닌 장소에 장치한 자는 그 반입일 또는 장치일부터 (   ) 이내(관세청장이 정하는 바에 따라 반송방법이 제한된 물품은 관세청장이 정하는 바에 따라 반송신고를 할 수 있는 날부터 30일 이내)에 수입 또는 반송신고를 하여야 한다.

가. 15일   나. 30일

다. 45일   라. 60일

마. 90일

17 수입의 의제가 아닌 것은?

가. 「관세법」에 따라 매각공고된 물품

나. 「관세법」에 따른 통고처분으로 납부된 물품

다. 「관세법」에 따라 몰수된 물품

라. 몰수를 갈음하여 추징된 물품

마. 법령에 따라 국고에 귀속된 물품

18 다음 빈칸에 들어갈 단어로 옳은 것은?

전기·유류, 가스, 용수를 그 물품의 특성으로 인하여 전선이나 배관 등 대통령령으로 정하는 시설 또는 장치 등을 이용하여 수출·수입 또는 반송하는 자는 (   )을 단위로 하여 다음 달 (   )까지 신고하여야 한다.

가. 1개월, 10일

나. 2개월, 10일

다. 1개월, 15일

라. 2개월, 15일

마. 3개월, 15일

19 수입신고인으로 틀린 것은?

가. 화주

나. 관세사

다. 통관취급법인

라. 관세법인

마. 완제품공급자

20 입항전수입신고에 대한 설명으로 틀린 것은?

가. 수입하려는 물품의 신속한 통관이 필요할 때에는 해당 물품을 적재한 선박이나 항공기가 입항하기 전에 수입신고를 할 수 있다.

나. 입항전수입신고가 된 물품은 우리나라에 도착한 것으로 본다.

다. 출항부터 입항까지의 기간이 단기간인 경우 등 당해 선박 등이 출항한 후에 신고하는 것이 곤란하다고 인정되어 출항하기 전에 신고하게 할 필요가 있는 때에는 관세청장이 정하는 바에 따라 그 신고시기를 조정할 수 있다.

라. 검사대상으로 결정된 물품은 수입신고를 한 세관의 관할 보세구역(보세구역이 아닌 장소에 장치하는 경우 그 장소를 포함한다)에 반입되어야 한다.

마. 수입신고수리되는 때와 우리나라에 도착하는 때의 물품의 성질과 수량이 달라지는 물품으로서 관세청장이 정하는 물품은 우리나라에 도착된 후에 수입신고하여야 한다.

21 특수형태수출 종류로 틀린 것은?

가. 선상수출신고

나. 현지 수출 어패류 신고

다. 보세공장 수출신고

라. 원양수산물 신고

마. 잠정수량신고, 잠정가격신고 대상물품의 수출신고

22 신고의 취하에 대한 설명으로 틀린 것은?

가. 신고는 정당한 이유가 있는 경우에만 세관장의 허가를 받아 취하할 수 있다.

나. 수입 및 반송의 신고는 운송수단, 관세통로, 하역통로 또는 이 법에 규정된 장치 장소에서 물품을 반출한 후에는 취하할 수 없다.

다. 수입계약 내용과 상이한 물품, 오송물품, 변실 및 손상물품 등을 해외공급자 등에게 반송하기로 한 경우에는 수입신고취하를 승인할 수 있다.

라. 수출 · 수입 또는 반송의 신고를 수리한 후 신고의 취하를 승인한 때에는 신고수리의 효력이 상실된다.

마. 통관보류, 통관요건 불합격, 수입금지물품 등의 사유로 반송하거나 폐기하려는 경우에는 수입신고취하를 승인할 수 있다.

23 다음 빈칸에 들어갈 단어로 옳은 것은?

수출신고가 수리된 물품은 수출신고가 수리된 날부터 (   ) 이내에 운송수단에 적재하여야 한다. 다만, 기획재정부령으로 정하는 바에 따라 (   )의 범위에서 적재기간의 연장(   )을 받은 것은 그러하지 아니하다.

가. 30일, 1년, 허가

나. 60일, 2년, 허가

다. 30일, 2년, 승인

라. 60일, 1년, 승인

마. 30일, 1년, 승인

24 관세법상 납세의무자의 권리로서 틀린 것은?

가. 관세조사의 경우 조력을 받을 권리
나. 납세자의 성실성을 추정받을 권리
다. 관세조사 사전통지를 받을 권리
라. 관세조사 결과통지를 받을 권리
마. 고액상습체납자의 명단을 공개할 권리

25 수출입통관에 관한 설명으로 틀린 것은?

가. 세관장은 다른 법령에 따라 수입 후 특정한 용도로 사용하여야 하는 등의 의무가 부가되어 있는 물품에 대하여는 문서로써 해당 의무를 이행할 것을 요구할 수 있다.
나. 세관장은 관세 보전을 위하여 필요하다고 인정할 때에는 대통령령으로 정하는 바에 따라 관세 보전을 위하여 수입하는 물품에 통관표지를 첨부할 것을 명할 수 있다.
다. 수출물품에 대한 원산지 결정기준이 수입국의 원산지 결정기준과 다른 경우에는 수출국의 원산지 결정기준을 따를 수 있다.
라. 세관장은 원산지증명서가 발급된 물품을 수입하는 국가의 권한 있는 기관으로부터 원산지증명서 및 원산지증명서확인자료의 진위 여부, 정확성 등의 확인을 요청받은 경우 등 필요하다고 인정되는 경우에는 서면조사 또는 현지조사를 할 수 있다.
마. 상업적 목적이 아닌 개인용도에 사용하기 위한 여행자휴대품으로서 소량으로 수출입되는 물품은 관세법상 지식재산권의 보호대상이 아니다.

2과목 | **보세구역관리**

---

01 다음 빈칸에 들어갈 단어로 가장 적절한 것은?

> 관세법에서는 유·무세의 구분 없이 모든 외국물품을 보세의 대상으로 하고 있는 점으로 보아 보세라 함은 외국물품의 (   )의 상태라 할 수 있다.

가. 수입신고 전   나. 수입신고수리 전
다. 수입신고 후   라. 수입신고수리 후
마. 수입 후

02 지정보세구역에 대한 설명으로 틀린 것은?

가. 지정보세구역은 이용자 모두의 공동이용 장소라는 점에서 공익성을 갖고 있으므로 장치기간을 비교적 짧게 설정함으로써 물류처리를 촉진하고 체화를 방지하고자 한다.

나. 세관장은 공항시설 또는 항만시설을 관리하는 법인이 소유하거나 관리하는 토지·건물 또는 그 밖의 시설(토지 등)을 지정보세구역으로 지정할 수 있다.

다. 세관장은 해당 세관장이 관리하지 아니하는 토지 등을 지정보세구역으로 지정하려면 해당 토지 등의 소유자나 관리자의 동의를 받아야 한다. 이 경우 세관장은 임차료 등을 지급할 수 있다.

라. 세관장은 수출입물량이 감소하거나 그 밖의 사유로 지정보세구역의 전부 또는 일부를 보세구역으로 존속시킬 필요가 없어졌다고 인정될 때에는 그 지정을 취소하여야 한다.

마. 지정보세구역의 지정을 받은 토지 등의 소유자나 관리자는 해당 건물 또는 그 밖의 시설의 개축·이전·철거나 그 밖의 공사를 하려면 세관장에게 허가를 받아야 한다.

03 특허보세구역에 관한 설명으로 다음 빈칸에 들어갈 단어로 옳은 것은?

> • 특허보세구역을 설치·운영하려는 자는 (   )의 특허를 받아야 한다. 기존의 특허를 갱신하려는 경우에도 또한 같다.
> • 특허갱신신청인은 특허기간 만료 (   ) 전까지 특허갱신신청서에 운영인의 자격을 증명하는 서류와 보세구역 운영에 필요한 시설 및 장비의 구비서류를 구비하여 세관장에게 제출하여야 한다.

가. 관세청장, 1개월　　　　　　　　　　나. 세관장, 1개월
다. 관세청장, 10일　　　　　　　　　　라. 세관장, 10일
마. 세관장, 15일

04 세관검사장에 대한 설명으로 틀린 것은?

가. 세관검사장은 통관하려는 물품을 검사하기 위한 장소로서 세관장이 지정하는 지역으로 한다.

나. 세관청사, 국제공항의 휴대품 검사장 등이 세관검사장으로 지정된다.

다. 세관장은 관세청장이 정하는 바에 따라 검사를 받을 물품의 전부 또는 일부를 세관검사장에 반입하여 검사할 수 있다.

라. 세관검사장에 반입되는 물품의 채취·운반 등에 필요한 비용은 화주가 부담한다.

마. 세관검사장 지정의 유효기간은 5년이다.

05 운영인의 결격사유로 틀린 것은?

가. 미성년자
나. 피성년후견인과 피한정후견인
다. 파산선고를 받고 복권되지 아니한 자
라. 이 법을 위반하여 징역형의 실형을 선고받고 그 집행이 끝나거나 면제된 후 2년이 지나지 아니한 자
마. 이 법을 위반하여 징역형의 집행유예를 선고받고 그 유예기간이 끝난 자

06 특허보세구역 운영인의 보고의무에 대한 설명으로 틀린 것은?

가. 운영인 결격사유 및 특허효력상실의 사유가 발생한 때에는 지체 없이 세관장에게 보고하여야 한다.
나. 보세구역에 종사하는 직원을 채용하거나 면직한 때에는 지체 없이 세관장에게 보고하여야 한다.
다. 보세구역의 건물, 시설 등에 관하여 소방서 등 행정관청으로부터 시정명령을 받은 때에는 지체 없이 세관장에게 보고하여야 한다.
라. 보세구역에 장치한 물품이 선적서류, 보세운송신고필증 또는 포장 등에 표기된 물품과 상이한 사실을 발견한 때에는 지체 없이 세관장에게 보고하여야 한다.
마. 보세창고의 보관요율을 인상시킨 때에는 지체 없이 세관장에게 보고하여야 한다.

07 다음 빈칸에 들어갈 단어로 옳은 것은?

> (   )이 정하는 보세구역에 반입되어 수입신고가 수리된 물품의 화주 또는 반입자는 장치기간 규정에도 불구하고 그 (   )부터 (   ) 이내에 해당 물품을 보세구역으로부터 반출하여야 한다. 다만, 외국물품을 장치하는 데에 방해가 되지 아니한 것으로 인정되어 세관장으로부터 해당 반출기간의 연장승인을 받았을 때에는 그러하지 아니하다.

가. 세관장, 수입신고수리일, 15일
나. 관세청장, 수입신고수리일, 15일
다. 세관장, 수입신고일, 10일
라. 관세청장, 수입신고수리일, 10일
마. 세관장, 수입신고일, 15일

08 특허보세구역 특허취소사유로 틀린 것은?

가. 거짓이나 그 밖의 부정한 방법으로 특허를 받은 경우

나. 운영인의 결격사유 중 어느 하나에 해당하게 된 경우

다. 1년 이내에 3회 이상 물품반입 등의 정지처분(과징금 부과처분을 포함)을 받은 경우

라. 운영인 또는 그 종업원이 합법가장 밀수를 인지하고도 세관장에게 보고하지 아니하고 보관 또는 반출한 경우

마. 특허보세구역 운영인 명의대여 금지규정을 위반하여 명의를 대여한 경우

09 특허보세구역 특허효력상실 사유로 틀린 것은?

가. 운영인이 해산하거나 사망한 경우

나. 특허기간이 만료한 경우

다. 특허가 취소된 경우

라. 운영인이 특허보세구역을 운영하지 아니하게 된 경우

마. 운영인이 최근 1년 동안 3회 이상 경고처분을 받은 경우

10 보세구역 특허장의 게시사항으로 틀린 것은?

가. 화재보험요율

나. 보관요율(자가용보세창고만 해당) 및 보관규칙

다. 특허장

라. 자율관리보세구역지정서(자율관리보세구역만 해당)

마. 위험물품장치허가증 등 관계 행정기관의 장의 허가, 승인 또는 등록증(위험물, 식품류 보세구역에 해당)

11 영업용보세창고 건물과 부지의 특허요건으로 틀린 것은?

가. 지붕이 있고 주위에 벽을 가진 지상건축물로서 고내면적이 $1,000m^2$ 이상이어야 한다.

나. 컨테이너 트레일러가 주차하고 회차하기에 충분한 부지가 있어야 한다.

다. 건물의 바닥은 지면보다 낮아야 하며, 시멘트 · 콘크리트 · 아스팔트 등으로 하여야 한다.

라. 해당 창고시설을 임차하고 있는 경우, 신청일 현재 잔여 임차기간이 중장기적 사업계획을 추진할 수 있을 만큼 충분하여야 한다.

마. 건물은 철근 콘크리트, 시멘트, 벽돌 등 내화성 및 방화성이 있고 외부로부터 침입이 어려운 강도를 가진 재료로 구축되어야 한다.

12 보세공장 원재료의 범위에 포함되지 않는 것은?

가. 제품의 생산작업에 간접적으로 투입되는 물품

나. 해당 보세공장에서 생산하는 제품에 물리적으로 결합되는 물품

다. 해당 보세공장에서 생산하는 제품을 제조 · 가공하거나 이와 비슷한 공정에 투입되어 소모되는 물품

라. 보세공장에서 생산하는 제품의 포장에 직접적으로 투입되는 물품

마. 해당 보세공장에서 생산하는 제품에 화학적으로 결합되는 물품

13 보세공장 잉여물품의 처리에 관한 설명으로 틀린 것은?

가. 화주는 잉여물품이 발생한 때에는 잉여물품관리대장에 잉여물품의 형태, 품명 · 규격, 수량 또는 중량 및 발생사유를 기록하여야 한다.

나. 잉여물품을 다른 보세작업에 사용하려는 경우에는 잉여물품관리대장에 그 내용을 기록한 후 사용하여야 한다.

다. 폐기에 있어 세관장은 성실하다고 인정하는 업체 중 폐기 후의 잔존물이 실질적 가치가 없는 물품에 대하여는 업체의 신청을 받아 사전에 자체폐기대상물품으로 지정할 수 있다.

라. 운영인이 기록된 잉여물품을 수입신고 전 반출신고, 수입 또는 수출하고자 하는 때에는 보세사가 확인한 잉여물품확인서를 제출하여야 한다.

마. 세관장은 잉여물품의 실제 중량을 측정하기 위하여 보세공장 외의 장소로 반출하는 것이 필요하다고 인정되는 경우에는 보세공장 외 일시 물품장치 규정을 준용하여 이를 허가할 수 있다.

14 보세공장 재고조사에 관한 설명으로 틀린 것은?

가. 보세공장에 대한 재고조사는 서면심사 및 실지조사의 방법으로 회계연도 종료 6개월 이후 연 1회 실시를 원칙으로 한다.

나. 부정유출의 혐의가 있거나, 설치 · 운영특허가 상실되는 등 세관장이 필요하다고 인정하는 경우에는 수시로 재고 조사할 수 있다.

다. 공인회계사가 이 고시에서 정하는 바에 따라 재고조사를 실시하고 작성한 보고서는 자율점검표를 갈음할 수 있다.

라. 전자제품(반도체 제품 등)원재료로서 게르마니움, 실리콘, 골드와이어 등과 같이 미세하고 촉수확인이 불가능한 물품은 포장단위의 조사를 할 수 있다.

마. 실지조사결과 물품의 수량이 부족함을 발견하거나 잉여물품을 승인 없이 처분하는 등 관련법령을 위반한 사실을 발견한 때에는 자체조사 후 통고처분 등 필요한 조치를 하여야 한다.

15 보세공장 운영인 및 보세사의 의무에 대한 설명으로 틀린 것은?

가. 보세운송의 도착 및 화물의 이상유무 확인

나. 환급고시 규정에 따른 지정된 업체가 공급하는 환급대상이 아닌 내국물품의 반입

다. 보세공장의 원재료보관 · 보세작업 · 제품보관 등 각 단계별 반입과 반출

라. 반입대상이 아닌 내국물품의 반출입

마. 보세공장 물품의 장치와 보관

16 보세전시장 반입물품에 대한 설명으로 틀린 것은?

가. 보세전시장에서 불특정다수의 관람자에게 판매할 것을 목적으로 하는 물품은 수입신고수리 후 사용이 가능하다.

나. 보세전시장에서 불특정다수의 관람자에게 증여할 목적으로 한 물품은 수입신고수리 후 사용이 가능하다.

다. 보세전시장에 장치된 전시용 외국물품을 현장에서 직매하는 경우 수입신고가 수리되기 전에는 이를 인도하여서는 아니된다.

라. 증여용품 중 관세가 면제되는 물품은 주최자 또는 출품자가 전시장에서 관람자에게 무상으로 제공할 목적으로 수입하고 관람자 1명당 증여품의 가액이 미화 5달러 상당액 이하인 소액물품으로서 세관장이 타당하다고 인정하는 물품에 한정한다.

마. 보세전시장에서 불특정다수의 관람자에게 오락용으로 관람케 하거나 사용하게 할 물품 중 유상으로 제공될 물품은 수입신고수리 전에 사용가능하다.

17 보세건설장 작업에 대한 설명으로 틀린 것은?

가. 운영인은 보세건설장에 외국물품을 반입하였을 때에는 사용 전에 해당 물품에 대하여 수입신고를 하고 세관공무원의 검사를 받아야 한다.

나. 보세건설장의 운영인은 수입신고를 한 물품을 사용한 건설공사가 완료된 때에는 지체없이 이를 세관장에게 보고하여야 한다.

다. 보세건설장 외 보세작업의 승인을 받으려는 자는 보세건설장 외 보세작업 신청서와 다음 임가공계약서 사본 1부 등을 세관장에게 제출하여야 한다.

라. 세관장은 재해나 그 밖의 부득이한 사유로 인하여 필요하다고 인정될 때에는 신청을 받아 보세건설장 외 보세작업의 기간 또는 장소를 변경할 수 있다.

마. 운영인은 보세건설장에서 건설된 시설의 전부 또는 일부를 수입신고가 수리되기 전에 가동할 수 없다. 다만, 세관장의 승인을 받고 시험목적으로 일시 가동한 경우에는 그러하지 아니하다.

18 다음 빈칸에 들어갈 단어로 옳은 것은? 〈23년 개정으로 문제 변경〉

> 특허를 받은 자는 (   )에 한정하여 대통령령으로 정하는 바에 따라 특허를 갱신할 수 있다. 이 경우 갱신기간은 한 차례당 (   )년 이내로 한다.

가. 두 차례, 3년   나. 두 차례, 5년
다. 두 차례, 10년   라. 세 차례, 5년
마. 세 차례, 10년

19 다음 빈칸에 들어갈 단어로 옳은 것은?

> 인도자는 판매물품이 인도장에 반입된 후 (   ) 이상이 경과하여도 구매자에게 인도되지 아니하는 때에는 미인도 물품목록을 작성하여 세관장에게 보고하고, 인도자의 입회하에 현품을 행낭 또는 각종 운반용 박스 등에 넣은 후 보세사가 시건 또는 봉인을 하여 세관장이 지정한 장소에서 해당 물품을 판매한 운영인에게 인계하여야 한다.

가. 3일   나. 5일
다. 7일   라. 10일
마. 15일

20 종합보세구역 운영인의 물품관리에 대한 설명으로 틀린 것은?

가. 운영인은 종합보세구역에 반입된 물품을 일관적으로 통합하여 관리하여야 한다.
나. 운영인은 종합보세구역에 반입된 물품을 종합보세구역 안에서 이동·사용 또는 처분을 할 때에는 장부 또는 전산처리장치를 이용하여 그 기록을 유지하여야 한다.
다. 운영인은 종합보세구역에 장치된 물품 중 반입한 날부터 6개월 이상의 범위에서 관세청장이 정하는 기간이 지난 외국물품이 화주가 분명하지 아니한 경우 관세청장이 정하여 고시하는 바에 따라 세관장에게 그 외국물품의 매각을 요청할 수 있다.
라. 운영인은 대통령령으로 정하는 바에 따라 종합보세기능의 수행에 필요한 시설 및 장비 등을 유지하여야 한다.
마. 운영인은 세관의 물품관리를 위한 검사 장비를 구비하여 유지하여야 한다.

21 다음 빈칸에 들어갈 설명으로 옳은 것은?

> (   )은 직권으로 또는 관계 중앙행정기관의 장이나 지방자치단체의 장, 그 밖에 종합보세구역을 운영하려는 자(지정요청자)의 요청에 따라 무역진흥에의 기여 정도, 외국물품의 반입·반출 물량 등을 고려하여 일정한 지역을 종합보세구역으로 (   )할 수 있다.

가. 관세청장, 지정   나. 세관장, 지정
다. 관세청장, 특허   라. 세관장, 특허
마. 관세청장, 등록

22 다음 빈칸에 들어갈 단어로 옳은 것은?

> • 종합보세구역에서 종합보세기능을 수행하려는 자는 그 기능을 정하여 (   )에게 종합보세사업장의 설치·운영에 관한 신고를 하여야 한다.
> • 종합보세사업장의 운영인은 그가 수행하는 종합보세기능을 변경하려면 (   )에게 이를 신고하여야 한다.

가. 관세청장, 관세청장   나. 관세청장, 세관장
다. 세관장, 관세청장   라. 세관장, 세관장
마. 관세청장, 기획재정부장관

23 종합보세구역에서 내국물품 반출입신고의 생략이 불가한 대상으로 틀린 것은?

가. 세관장의 허가를 받고 내국물품만을 원료로 하여 제조·가공 등을 하는 경우 그 원료 또는 재료
나. 외국물품과 내국물품의 혼용작업에 소요되는 원재료
다. 보세판매장에서 판매하고자 하는 물품
라. 당해 내국물품이 외국에서 생산된 물품으로서 종합보세구역안의 외국물품과 구별되는 필요가 있는 물품(보세전시장의 기능을 수행하는 경우에 한한다)
마. 보세전시장에서 전시하고자 하는 물품

24 보세판매장의 재고물품의 처리방법에 대한 설명으로 틀린 것은?

가. 보세판매장의 설치·운영특허가 상실되었을 때에는 세관장은 즉시 재고조사를 실시하고 현품을 확정하여야 한다.

나. 운영인은 특허가 상실된 때에는 6개월 이내의 범위 내에서 세관장이 정한 기간 내에 재고물품을 판매, 다른 보세판매장에 양도, 외국으로 반출 또는 수입통관절차에 의거 통관하여야 하며, 세관장이 정한 기간이 경과한 때에는 지정장치장 또는 세관장이 지정한 보세구역으로 이고하여야 한다.

다. 지정장치장 또는 세관장이 지정한 보세구역으로 이고한 물품을 운영인이 이고한 날부터 3개월 이내에 타 보세판매장에 양도하지 않거나 외국으로 반출하지 아니하는 때에는 장치기간경과물품 처리 절차에 의거하여 처리한다.

라. 운영인은 외국물품을 변질, 고장, 재고과다 그 밖의 유행의 변화에 따라 판매하지 못하는 때에는 세관장의 승인을 받아 반송하거나 폐기할 수 있다.

마. 운영인은 폐기하는 물품의 가치가 상당하여 폐기하는 것이 불합리하다고 판단되는 경우에는 지정장치장 또는 세관장이 지정하는 보세구역으로 보세운송하여 장치기간경과물품 처리 절차에 의하여 처리하여 줄 것을 세관장에게 신청할 수 있다.

25 활어장치장 시설요건으로 틀린 것은?

가. 수조외벽 : 각각의 수조가 물리적·영구적으로 분리되는 구조와 재질로 이루어 져야 하며, 수조 사이에 활어가 이동할 수 없도록 충분한 높이와 넓이를 갖추어야 한다.

나. CCTV : 각각의 출입구와 2개의 수조당 2대 이상 설치하여야 하며, 활어의 검량 감시용으로 사용할 수 있는 이동식 CCTV를 1대 이상 보유하여야 한다. 다만, 세관장이 필요하다고 인정하는 경우에는 이를 가감할 수 있다.

다. 조명시설 : 세관장이 CCTV 영상을 통해 수조의 현황을 용이하게 식별할 수 있을 정도의 조명시설을 갖춰야 한다. 다만, 암실에 보관하여야 하는 어종을 장치하는 경우에는 적외선 카메라를 보유하여야 한다.

라. 영상녹화시설 : CCTV 영상을 상시 녹화할 수 있고 녹화된 영상을 30일 이상 보관할 수 있는 감시장비를 보유하여야 한다.

마. 냉동·냉장시설 : 폐사어를 장치할 수 있는 냉동·냉장 보관시설을 보유하여야 한다.

01 보세구역이 아닌 장소에 장치할 수 있는 물품이 아닌 것은?

　가. 우편물품
　나. 압수물품
　다. 검역물품
　라. 재해나 그 밖의 부득이한 사유로 임시로 장치한 물품
　마. 수출신고된 물품

02 보세구역 수입식품류 보관기준으로 틀린 것은?

　가. 식품류는 공산품과 분리, 구획하여 보관하여야 한다. 다만, 분리, 구획보관이 어려울 경우 랩으로 감싸거나 별도 포장하여 다른 공산품 및 분진 등과 교차오염 우려가 없도록 관리하여야 하며, 인체에 유해한 물질은 보세구역에서 반출명령을 하여야 한다.
　나. 창고내부에는 쥐·바퀴 등 해충의 침입 방지를 위한 방충망, 쥐트랩 등 방충·방서 시설을 갖추어야 한다.
　다. 유통기한이 경과되었거나 부적합 판정을 받은 식품류는 별도의 장소에 보관하거나 명확하게 식별되는 표시를 하여 일반물품과 구별되게 관리하여야 한다.
　라. 온도유지 및 습도조절을 위한 시설을 갖추어야 한다.
　마. 보관온도를 측정할 수 있는 온도계를 비치하여야 한다.

03 보세구역 외 장치의 허가대상으로 틀린 것은?

　가. 「대외무역관리규정」에 따른 중계무역물품으로서 보수작업이 필요한 경우 시설미비, 장소협소 등의 사유로 인하여 보세구역내에서 보수 작업이 곤란하고 감시단속상 문제가 없다고 세관장이 인정하는 물품
　나. 보세구역과의 교통이 불편한 지역에 양륙된 물품으로서 보세구역으로 운반하는 것이 불합리한 물품
　다. 보세구역이 아닌 검역시행장에 반입할 검역물품
　라. 귀중품, 의약품, 살아있는 동·식물 등으로서 보세구역에 장치하는 것이 곤란한 물품
　마. 자가공장 및 시설(용광로 또는 전기로, 압연시설을 말한다)을 갖추지 못한 실수요자가 수입하는 고철 등 물품

04 보세화물 물품반입 관련 규정으로 틀린 것은?

가. 화물분류기준에 따라 장치장소가 결정된 물품은 하선(기)절차가 완료된 후 해당 보세구역에 물품을 반입하여야 한다.

나. 운영인은 반입된 물품이 반입예정 정보와 품명·수량이 상이하거나 안보위해물품의 반입, 포장파손, 누출, 오염 등으로 이상이 있는 경우에는 반입물품 이상보고서에 필요한 서류를 첨부하여 전자문서로 세관장에게 제출하여야 한다.

다. 위험물 장치허가를 받지 아니한 특허보세구역 운영인 및 지정보세구역 관리인은 화물 반입 시에 위험물 인지를 확인하여야 하며, 위험물을 발견하였을 때에는 즉시 세관장에게 보고하여야 한다.

라. 세관장은 관리대상화물을 보세창고에 장치한다.

마. 보세판매장 판매용물품은 「보세판매장운영에 관한 고시」에 따라 장치하고, 수출입물품은 공항만 보세구역의 화물적체 해소와 관할 세관 내에 보세창고가 부족하여 화주가 요청하는 경우 세관장의 승인을 얻어 세관지정장치장에 장치할 수 있으며, 관할 세관 내에 영업용 보세창고가 없는 경우에는 세관장의 승인 없이 장치할 수 있다.

05 보세구역 외 장치기간 허가수수료에 대한 설명으로 옳은 것은?

가. 허가를 받으려는 자는 기획재정부령으로 정하는 금액과 방법 등에 따라 수수료 4만 5천원을 납부하여야 한다.

나. 보세구역 외 장치 허가수수료는 House B/L 단위로 징수한다.

다. 동일한 선박으로 수입된 동일화주의 화물을 둘 이상의 장소에 반입하는 때에는 1건의 보세구역 외 장치로 허가할 수 있다.

라. 국가 또는 지방자치단체가 수입하거나 협정에 의하여 관세가 면제되는 물품을 수입하는 때에는 장치허가수수료를 경감한다.

마. 보세구역 외 장치허가수수료를 납부하여야 하는 자가 관세청장이 정하는 바에 의하여 이를 따로 납부한 때에는 그 사실을 증명하는 증표를 허가신청서에 첨부하여야 한다.

06 보세구역물품의 반출입관련 규정으로 틀린 것은?

가. 반입신고는 HOUSE B/L단위로 제출하여야 한다.

나. 하선장소 보세구역에 컨테이너 상태로 반입하는 경우에는 MASTER B/L 단위로 할 수 있다.

다. 운영인은 하선반입되는 물품 중 세관봉인대 봉인물품의 반입 즉시 세관장에게 세관봉인이 이상있는지 등을 보고한다.

라. 관세청장은 보세구역에 반입할 수 있는 물품의 종류를 제한할 수 있다.

마. 보세구역에 물품을 반입하거나 반출하려는 경우에는 세관장은 세관공무원을 참여시킬 수 있으며, 세관공무원은 해당 물품을 검사할 수 있다.

07 보세화물 반출확인 및 반출신고에 대한 설명으로 틀린 것은?

가. 운영인은 수입신고수리 또는 반송신고 수리된 물품의 반출요청을 받은 때에는 세관화물정보시스템의 반출승인정보를 확인한 후 이상이 없는 경우 반출 전에 반출신고서를 전자문서로 제출하여야 한다.

나. 영업용 보세창고에 반입되어 수입신고수리된 화물은 반출신고를 생략한다.

다. 운영인은 반출신고 내역을 정정하려는 때에는 반출신고 정정 신청서를 세관장에게 전자문서로 제출하고 승인을 받아야 한다.

라. 운영인은 보세운송신고수리된 물품의 반출요청을 받은 때에는 세관화물정보시스템의 반출승인정보와 현품이 일치하는지를 확인한 후 이상이 없는 경우 반출 전에 반출신고서를 전자문서로 제출하여야 한다.

마. 운영인은 이상이 있는 경우에는 출고를 보류하고 세관장에게 그 사실을 보고한 후 세관장이 지시에 따라 처리하여야 한다.

08 다음은 수입신고수리물품의 반출에 관한 설명으로 빈칸에 들어갈 단어로 옳은 것은?

> 관세청장이 정하는 보세구역에 반입되어 수입신고가 수리된 물품의 화주 또는 반입자는 장치기간에도 불구하고 그 수입신고수리일부터 (   ) 이내에 해당 물품을 보세구역으로부터 반출하여야 한다. 다만, 외국물품을 장치하는 데에 방해가 되지 아니하는 것으로 인정되어 세관장으로부터 해당 반출기간의 연장(   )을 받았을 때에는 그러하지 아니하다.

가. 7일, 승인　　　　　　　　　　　　나. 15일, 승인

다. 30일, 승인　　　　　　　　　　　라. 15일, 허가

마. 30일, 허가

09 보수작업에 대한 설명으로 틀린 것은?

가. 복합물류보세창고 운영인이 사업계획에 따른 보수작업을 하려는 경우 포괄보수작업승인(신청)서를 제출하여 세관장의 승인을 받아야 한다.

나. 수출입허가(승인)한 규격과 세번을 합치시키기 위한 작업을 하려는 경우에는 관세청장이 별도로 규정하는 것을 제외하고 이를 보수작업의 범위로 인정할 수 있다.

다. 보수작업으로 외국물품에 부가된 내국물품은 외국물품으로 본다.

라. 외국물품은 수입될 물품의 보수작업의 재료로 사용할 수 없다.

마. 보수작업 신청인이 보수작업을 완료한 경우에는 보수작업 완료보고서를 세관장에게 제출하여 그 확인을 받아야 한다.

10 해체절단 등의 작업에 대한 설명으로 틀린 것은?

가. 보세구역장치물품은 보수작업만이 허용되는 것이 원칙이나, 예외적으로 보수작업의 범위를 넘어서는 작업인 원형변경, 해체·절단 등의 작업이 허용된다.

나. 보세구역에 장치된 물품에 대하여는 그 원형을 변경하거나 해체·절단 등의 작업을 할 수 있다. 작업을 하려는 자는 세관장의 승인을 받아야 한다.

다. 세관장은 수입신고한 물품에 대하여 필요하다고 인정될 때에는 화주 또는 그 위임을 받은 자에게 해체·절단 등의 작업을 명할 수 있다.

라. 작업완료 보고 시는 작업개시 전, 작업 중, 작업종료 상태를 각각 사진으로 촬영하여 작업완료 보고서에 첨부하여야 한다.

마. 세관장은 수입고철의 부정유출을 방지하기 위하여 필요한 경우 해체, 절단 등 작업에 전문지식이 있는 자에게 협조를 의뢰할 수 있다.

11 특허보세구역의 특허요건으로 틀린 것은?

가. 체납된 관세 및 내국세가 없을 것

나. 관세청장이 정하는 바에 따라 보세화물의 보관·판매 및 관리에 필요한 자본금·수출입규모·구매수요·장치면적 등에 관한 요건을 갖출 것

다. 자본금 3억원 이상일 것

라. 위험물품을 장치·제조·전시 또는 판매하는 경우에는 위험물품의 종류에 따라 관계행정기관의 장의 허가 또는 승인 등을 받을 것

마. 운영인의 결격사유에 해당하지 않을 것

12 보세구역 폐기대상물품의 재활용에 관한 설명으로 틀린 것은?

가. 원상변형작업이란 체화의 해체, 절단, 분쇄와 같이 형상의 변화를 가져오는 작업을 말한다.

나. 원상변형작업 대상물품은 「자원의 절약과 재활용촉진에 관한 법률」에 따라 재활용이 불가능한 물품으로 한다.

다. 사료화작업이란 체화를 사료제조 시설에서 사료로 제조하는 작업을 말한다.

라. 사료화작업의 대상물품은 사료제조용으로 사용이 가능한 것으로 관련 규정에 따른 검사에서 합격한 물품으로 한다.

마. 퇴비화작업이란 체화를 퇴비 제조시설에서 퇴비로 제조하는 작업을 말한다.

13 보세구역 장치기간에 관한 설명으로 틀린 것은?

가. 지정장치장 반입물품 장치기간은 6개월로 한다. 부산항 · 인천항 · 인천공항 · 김해공항 항역 내의 지정장치장으로 반입된 물품의 장치기간은 2개월로 하며, 세관장이 필요하다고 인정할 때에는 1개월의 범위에서 그 기간을 연장할 수 있다.

나. 보세구역 외 장치허가장소 반입물품 장치기간은 세관장이 허가한 기간(연장된 기간 포함)으로 한다.

다. 여행자 또는 승무원 휴대품으로서 유치물품 및 습득물 장치기간은 1개월로 하며, 예치물품의 장치기간은 예치증에 기재된 출국예정시기에 1개월을 가산한 기간으로 한다. 다만, 유치물품은 화주의 요청이 있거나 세관장이 필요하다고 인정하는 경우 1개월의 범위에서 그 기간을 연장할 수 있다.

라. 보세창고 물품 장치기간은 6개월로 하되 세관장이 필요하다고 인정할 때에는 6개월의 범위에서 그 기간을 연장할 수 있다.

마. 보세공장, 보세전시장, 보세건설장, 보세판매장 반입물품 장치기간은 특허기간으로 한다.

14 장치기간 경과물품 매각처분 보류대상으로 틀린 것은?

가. 운영인의 매각처분 보류요청이 있는 경우

나. 외자에 의한 도입물자로서 「공공차관의 도입 및 관리에 관한 법률 시행령」 및 「외국인투자촉진법 시행령」에 따라 기획재정부장관 및 산업통상자원부장관의 매각처분 보류요청이 있는 경우

다. 화주의 의무는 다하였으나 통관지연의 귀책사유가 국가에 있는 경우

라. 이의신청, 심판청구, 소송 등 쟁송이 계류 중인 경우

마. 「관세법」 위반으로 조사 중인 경우

15 보세구역 장치기간 경과 전이라도 공고한 후 매각할 수 있는 긴급공매대상이 아닌 것은?

가. 살아있는 동식물

나. 부패하거나 부패할 우려가 있는 것

다. 창고나 다른 외국물품에 해를 끼칠 우려가 있는 것

라. 기간이 지나면 사용할 수 없게 되거나 상품가치가 현저히 떨어진 것

마. 지정장치장·보세창고·보세구역외장치장에 반입되어 반입일부터 30일 이내에 수입신고되지 못한 물품으로서 화주의 요청이 있는 물품

16 체화물품 매각방법에 대한 설명으로 틀린 것은?

가. 매각은 일반경쟁입찰·지명경쟁입찰·수의계약·경매 및 위탁판매의 방법으로 하여야 한다.

나. 세관장은 매각하려는 때에는 경쟁입찰에 의하는 것을 원칙으로 한다.

다. 예정가격의 체감은 제2회 경쟁입찰 때부터 하되, 그 체감한도액은 최초예정가격의 100분의 50으로 한다.

라. 매각된 물품에 대한 과세가격은 제30조부터 제35조까지의 규정에도 불구하고 최종예정가격을 기초로 하여 과세가격을 산출한다.

마. 매각할 물품의 예정가격의 산출방법과 위탁판매에 관한 사항은 대통령령으로 정하고, 경매절차에 관하여는 「국세징수법」을 준용한다.

17 국고귀속 조치를 보류할 수 있는 대상이 아닌 것은?

가. 국가기관(지방자치단체 포함)에서 수입하는 물품

나. 공기업, 준정부기관, 중소기업에서 수입하는 물품으로서 국고귀속 보류요청이 있는 물품

다. 관세법 위반으로 조사 중인 물품

라. 부패, 손상, 실용시효가 경과하는 등 국고귀속의 실익이 없다고 인정되는 물품

마. 특수용도에만 한정되어 있는 물품으로서 국고귀속 조치 후에도 공매낙찰 가능성이 없는 물품

18 수출입 환적화물관리 관련 용어로 틀린 것은?

가. "적재화물목록 제출의무자"란 국제무역선(기)을 운항하는 선박회사 및 항공사를 말한다.

나. 〈법률 개정으로 선지 삭제〉

다. "하역"이란 화물을 본선(기)에서 내리는 양륙 작업만을 말한다.

라. "하선(기)장소"란 선박 또는 항공기로부터 하역된 화물을 반입할 수 있는 보세구역을 말한다.

마. "화물관리번호"란 적재화물목록상의 적재화물목록관리번호(Manifest Reference Number)에 Master B/L 또는 Master AWB 일련번호와 House B/L 또는 House AWB 일련번호(House B/L 또는 House AWB이 있는 경우)를 합한 번호를 말한다. 〈법률 개정으로 선지 변경〉

19 항공입항화물 적재화물목록 정정생략 대상에 대한 설명으로 옳은 것은?

가. 포장파손이 용이한 물품으로서 과부족이 10% 이내인 경우

나. 중량으로 거래되는 물품 중 건습에 따라 중량의 변동이 심한 물품으로서 그 중량의 과부족이 5% 이내인 경우

다. 〈법률 개정으로 선지 삭제〉

라. 포장단위 물품으로서 중량의 과부족이 5% 이내이고 포장상태에 이상이 없는 경우

마. 적재화물목록 이상사유가 단순기재오류 등으로 확인되는 경우

20 하선장소 물품반입에 대한 설명으로 틀린 것은?

가. 컨테이너화물은 입항일로부터 5일 내에 해당물품을 하선장소에 반입하여야 한다. 〈법률 개정으로 선지 변경〉

나. 원목, 곡물, 원유 등 벌크화물은 입항일로부터 10일 내에 해당물품을 하선장소에 반입하여야 한다.

다. 하선장소를 관리하는 보세구역 운영인은 해당 보세구역을 하선장소로 지정한 물품에 한해 해당 물품의 반입 즉시 House B/L 단위로 세관장에게 물품반입신고를 하여야 한다.

라. LCL 화물로서 해당 하선장소 내의 CFS 내에서 컨테이너 적출 및 반입작업하는 물품은 Master B/L 단위로 반입신고를 할 수 있다.

마. 입항전수입신고수리 또는 하선전보세운송신고수리가 된 물품을 하선과 동시에 차상반출하는 경우에는 반출입 신고를 생략할 수 있다.

21 수출물품 적재에 관한 설명으로 틀린 것은?

가. 수출하고자 하는 물품은 적재신고가 수리되기 전에 선박 또는 항공기에 적재할 수 없다. 선사 또는 항공사는 적재결과 물품이 적재화물목록과 상이할 때에는 적재완료 다음 날까지 적재결과이상보고서를 작성하여 세관장에게 제출하여야 한다.

나. 선사와의 계약에 따라 검수업자가 물품검수를 한 경우에는 검수업자가 적재결과이상보고서를 세관장에게 제출하여야 한다.

다. 세관근무시간 이외의 적재작업으로 당일보고가 곤란한 때에는 30일 이내에 이를 보고하여야 한다.

라. 선사가 출항 목적이 아닌 하역 작업상의 필요 등에 의하여 보세화물을 일시적재하려는 경우에는 적재 전에 세관장에게 일시적재 신고를 하여야 한다. 이 경우 보세화물 반출신고는 일시적재신고서에 필요항목을 기재하는 것으로 갈음한다.

마. 일시적재한 화물은 동일 선박이 접안한 부두에서 떠나기 전 일시하역물품 재하선 신고서를 제출하고 하선하여야 한다. 이 경우 보세화물반입신고는 일시하역물품 재하선 신고서에 필요항목을 기재하는 것으로 갈음한다.

22 환적화물의 보세운송에 대한 설명으로 틀린 것은?

가. 환적화물을 보세운송하려는 자는 입항 선박 또는 항공기의 House B/L 단위로 세관장에게 보세운송 신고를 하여야 한다.

나. 선박을 통해 입항지에 반입된 화물을 공항으로 운송한 후 외국으로 반출하려는 환적화물은 Master B/L 1건으로 일괄하여 신고할 수 있다.

다. 컨테이너에서 적출하지 아니하고 동일한 목적지로 보세운송하는 LCL 화물은 Master B/L 단위로 신고할 수 있다.

라. 단일화주의 FCL 화물은 Mastet B/L 단위로 신고할 수 있다.

마. 보세운송의 목적지는 물품을 적재하려는 항만이나 공항의 하선 또는 하기장소로 한정한다.
〈23년 개정으로 선지 일부 수정〉

23 화물운송주선업자의 등록과 관련한 설명 중 틀린 것은?

가. 화물운송주선업자는 혼재적재화물목록 제출을 위한 전산설비를 갖추어야 한다.

나. 등록사항의 변경이 발생한 경우에는 통관지세관장에게 신고하여야 한다.

다. 등록기간은 2년으로 하며 갱신할 수 있다.

라. 세관장은 화물운송주선업자가 거짓이나 그 밖의 부정한 방법으로 등록한 경우에는 등록을 취소하여야 한다.

마. 세관장은 화물운송주선업자에 대하여 등록취소 또는 업무정지를 하려는 때에는 사전에 화물운송주선업자에게 통보하여 의견을 청취하여야 한다.

24 보세운송기간을 순서대로 나타낸 것으로 옳은 것은?

> 보세운송물품은 신고수리(승인)일로부터 다음 각 호의 어느 하나에 정하는 기간까지 목적지에 도착하여야 한다. 다만, 세관장은 선박 또는 항공기 입항 전에 보세운송신고를 하는 때에는 입항예정일 및 하선(기)장소 반입기간을 고려하여 5일 이내의 기간을 추가할 수 있다.
> • 해상화물 : (   )
> • 항공화물 : (   )

가. 10일, 10일 　　　　　　　　나. 10일, 5일

다. 5일, 10일 　　　　　　　　　라. 7일, 5일

마. 5일, 7일

25 보세운송승인 대상이 아닌 것은?

가. 보세운송된 물품 중 다른 보세구역 등으로 재보세운송하고자 하는 물품

나. 「검역법」·「식물방역법」·「가축전염병예방법」 등에 따라 검역을 요하는 물품

다. 화물이 국내에 도착된 후 최초로 보세구역에 반입된 날부터 15일이 경과한 물품

라. 통관이 보류되거나 수입신고수리가 불가능한 물품

마. 화주 또는 화물에 대한 권리를 가진 자가 직접 보세운송하는 물품

4과목　자율관리 및 관세벌칙

---

01 관세법상 벌칙에 관한 설명으로 틀린 것은?

가. 관세법상 특별한 규정이 없는 것은 형법총칙이 적용된다.

나. 관세범이라 함은 이 법 또는 이 법에 의한 명령에 위배하는 행위로서 이 법에 의하여 형사처벌 또는 통고처분되는 것을 말한다.

다. 관세법에서는 징역·벌금의 2종의 형을 규정하고 있다.

라. 관세범에 대하여는 관세법상 처벌보다 그 처벌을 무겁게 하도록 규정하고 있는 특정범죄가중처벌 등에 관한 법률에서도 관세범에 대하여 벌금이나 무기징역까지 규정하고 있다.

마. 관세행정형벌이란 관세법상 의무위반에 대한 제재로서 형법상 형명이 있는 형벌을 과하는 것을 말한다.

02 관세법상 미수범에 대한 설명으로 틀린 것은?

가. 전자문서위변조죄의 미수범은 본죄에 준하여 처벌한다.

나. 밀수품취득죄의 미수범은 본죄에 준하여 처벌한다.

다. 관세포탈죄의 미수범은 본죄에 준하여 처벌한다.

라. 밀수출죄의 미수범은 본죄에 준하여 처벌한다.

마. 가격조작죄의 미수범은 본죄에 준하여 처벌한다.

03 관세법상 징역과 벌금을 병과할 수 있는 죄가 아닌 것은?

가. 밀수입죄

나. 관세포탈죄

다. 가격조작죄

라. 밀수품 취득죄

마. 전자문서 위변조죄

04 다음은 금지품 수출입죄에 대한 설명으로 빈칸에 들어갈 숫자로 옳은 것은?

수출입 금지물품을 수출하거나 수입한 자는 (   ) 이하의 징역 또는 (   ) 이하의 벌금에 처한다.

가. 1년, 1억원

나. 5년, 3천만원

다. 7년, 7천만원

라. 5년, 7천만원

마. 1년, 3천만원

05 관세포탈죄에 대한 설명으로 틀린 것은?

가. 입항전수입신고를 한 자 중 세액결정에 영향을 미치기 위하여 과세가격 또는 관세율 등을 거짓으로 신고하거나 신고하지 아니하고 수입한 자는 관세포탈죄에 해당한다.

나. 수입신고를 한 자 중 세액결정에 영향을 미치기 위하여 거짓으로 서류를 갖추어 품목분류 사전심사·재심사를 신청한 자는 관세포탈죄에 해당한다.

다. 수입신고를 하지 않은 자 중 법령에 따라 수입이 제한된 사항을 회피할 목적으로 부분품으로 수입하거나 주요 특성을 갖춘 미완성·불완전한 물품이나 완제품을 부분품으로 분할하여 수입한 자는 관세포탈죄에 해당한다.

라. 관세포탈죄는 관세가 부과되는 유세품에 한정되며 무세품은 범죄의 객체가 될 수 없다.

마. 3년 이하의 징역 또는 포탈한 관세액의 5배와 물품원가 중 높은 금액 이하에 상당하는 벌금에 처한다.

06 다음 빈칸에 들어갈 숫자를 모두 더한 값은?

> • 부정한 방법으로 관세를 감면받거나 관세를 감면받은 물품에 대한 관세의 징수를 면탈한 자는 (　)년 이하의 징역에 처하거나, 감면받거나 면탈한 관세액의 (　)배 이하에 상당하는 벌금에 처한다.
> • 부정한 방법으로 관세를 환급받은 자는 (　)년 이하의 징역 또는 환급받은 세액의 (　)배 이하에 상당하는 벌금에 처한다. 이 경우 세관장은 부정한 방법으로 환급받은 세액을 즉시 징수한다.

가. 10　　　　　　　　　　　　　나. 12
다. 14　　　　　　　　　　　　　라. 16
마. 18

07 밀수전용 운반기구의 몰수 대상에 대한 내용으로 틀린 것은?

가. 범죄물품을 적재하거나 적재하려고 한 경우
나. 권한 있는 공무원의 정지명령을 받고 정지한 경우
다. 적재된 범죄물품을 해상에서 투기·파괴 또는 훼손한 경우
라. 범죄물품을 해상에서 인수 또는 취득하거나 인수 또는 취득하려고 한 경우
마. 범죄물품을 운반한 경우

08 다음 빈칸에 들어갈 숫자로 옳은 것은?

> • 납세의무자 또는 납세의무자의 재산을 점유하는 자가 강제징수를 면탈할 목적 또는 면탈하게 할 목적으로 그 재산을 은닉·탈루하거나 거짓 계약을 하였을 때에는 (　)년 이하의 징역 또는 3천만원 이하의 벌금에 처한다.
> • 압수물건의 보관자 또는 「국세징수법」에 따른 압류물건의 보관자가 그 보관한 물건을 은닉·탈루, 손괴 또는 소비하였을 때에도 3년 이하의 징역 또는 (　)천만원 이하의 벌금에 처한다.

가. 1, 3　　　　　　　　　　　　나. 3, 1
다. 1, 1　　　　　　　　　　　　라. 3, 3
마. 3, 5

09 다음 중 과태료 대상이 아닌 행위는?

가. 보세구역에서의 해체절단 등의 작업 시 허가받을 의무를 위반한 자

나. 공장 또는 건설장 외 작업 시 허가를 받지 아니한 자

다. 〈법률 개정으로 선지 삭제〉

라. 보세건설장 또는 종합보세구역에서 건설된 시설에 대한 수입신고수리 전 가동제한 규정을 위반한 자

마. 유통이력을 신고하지 아니하거나 거짓으로 신고한 자

10 양벌규정상 개인의 범위에 포함되지 않는 것은?

가. 특허보세구역 또는 종합보세사업장의 운영인

나. 수출(「수출용원재료에 대한 관세 등 환급에 관한 특례법」에 따른 수출등을 제외)·수입 또는 운송을 업으로 하는 사람

다. 관세사

라. 국제항 안에서 물품 및 용역의 공급을 업으로 하는 사람

마. 전자문서중계사업자

11 관세범에 대한 설명으로 틀린 것은?

가. 관세범이란 이 법 또는 이 법에 따른 명령을 위반하는 행위로서 이 법에 따라 형사처벌되거나 통고처분되는 것을 말한다.

나. 관세범에 대해서는 이 법에 특별한 규정이 있는 것을 제외하고는 형사소송법을 준용한다.

다. 관세범에 관한 조사·처분은 세관공무원이 한다.

라. 세관공무원은 관세범에 대하여 사법경찰관리의 직무를 수행할 자와 그 직무범위에 관한 법률이 정하는 바에 의하여 사법경찰관리의 직무를 행한다.

마. 경찰, 검찰 등 다른 기관이 관세범에 관한 사건을 발견하거나 피의자를 체포하였을 때에는 7일 이내에 세관공무원에 인계하여야 한다.

12 압수물품 매각대상으로 틀린 것은?

가. 부패 또는 손상되거나 그 밖에 사용할 수 있는 기간이 지날 우려가 있는 경우

나. 보관하기가 극히 불편하다고 인정되는 경우

다. 관세청장이 매각이 필요하다고 인정하는 물품

라. 피의자나 관계인이 매각을 요청하는 경우

마. 처분이 지연되면 상품가치가 크게 떨어질 우려가 있는 경우

13 통고처분에 대한 설명으로 틀린 것은?

가. 관세청장이나 세관장은 관세범을 조사한 결과 범죄의 확증을 얻었을 때에는 그 대상이 되는 자에게 그 이유를 구체적으로 밝히고 통고할 수 있다.

나. 관세범인이 통고서의 송달을 받았을 때에는 그 날부터 15일 이내에 이를 이행하여야 한다.

다. 통고가 있는 때에는 공소의 시효는 중단된다.

라. 통고처분을 이행하면 관세징수권의 소멸시효가 중단된다.

마. 통고처분을 강제적으로 이행시키는 수단은 강구되어 있지 않다.

14 자율관리보세구역 지정에 관한 설명으로 틀린 것은?

가. 자율관리보세구역이란 보세구역 중 물품의 관리 및 세관감시에 지장이 없다고 인정하여 관세청장이 지정하는 보세구역을 말한다.

나. 자율관리보세구역의 관리에 관하여 필요한 사항은 관세청장이 정한다.

다. 자율관리보세구역은 다음 각 호의 사항을 충족하고 운영인 등의 법규수행능력이 우수하여 보세구역 자율관리에 지장이 없어야 한다.

라. 일반자율관리보세구역의 경우 보세화물관리를 위한 보세사를 채용하여야 한다.

마. 일반자율관리보세구역의 경우 화물의 반출입, 재고관리 등 실시간 물품관리가 가능한 전산시스템(WMS, ERP)이 구비되어야 한다.

15 자율관리보세구역 지정취소 사유로 틀린 것은?

가. 보세화물을 자율적으로 관리할 능력이 없거나 부적당하다고 세관장이 인정하는 경우

나. 보세사가 아닌 자에게 보세화물관리 등 보세사의 업무를 수행하게 한 경우. 다만, 업무대행자를 지정하여 사후에 세관장에게 승인받은 경우에는 보세사가 아닌 자도 보세사가 이탈 시 보세사 업무를 수행할 수 있다.

다. 해당 시설의 미비 등으로 특허보세구역의 설치 목적을 달성하기 곤란하다고 인정되는 경우

라. 본인이나 그 사용인이 이 법 또는 이 법에 따른 명령을 위반한 경우

마. 장치물품에 대한 관세를 납부할 자금능력이 없다고 인정되는 경우

16 자율관리보세구역의 운영인 의무로 틀린 것은?

가. 자율관리보세구역의 운영인은 보세구역에서 반출입된 화물에 대한 장부를 2년간 그 보세구역에 비치, 보관하여야 한다.

나. 운영인 등은 해당 보세구역 반출입 물품과 관련한 생산, 판매, 수입 및 수출 등에 관한 세관공무원의 자료요구 또는 현장 확인 시에 협조하여야 한다.

다. 보세사가 해고 또는 취업정지 등의 사유로 업무를 수행할 수 없는 경우에는 1개월 이내에 다른 보세사를 채용하여 근무하게 하여야 한다.

라. 운영인 등은 당해 보세구역에 작업이 있을 때는 보세사를 상주근무하게 하여야 하며 보세사를 채용, 해고 또는 교체하였을 때에는 세관장에게 즉시 통보하여야 한다.

마. 운영인 등은 보세사가 아닌 자에게 보세화물관리 등 보세사의 업무를 수행하게 하여서는 아니 된다.

17 보세사의 의무로 틀린 것은?

가. 보세사는 세관공무원의 지휘를 받아야 하며 원칙적으로 다른 업무를 겸임할 수 없다.

나. 예외적으로 자가용 보세창고가 아닌 경우 보세화물 관리에 지장이 없는 범위 내에서 다른 업무를 겸임할 수 있다.

다. 해당 보세구역에 작업이 있는 시간에는 상주하여야 한다.

라. 영업용 보세창고의 경우에는 세관개청시간과 해당 보세구역 내의 작업이 있는 시간에 상주하여야 한다.

마. 보세사는 보세구역 내에 장치된 화물의 관리와 관련하여 법령 및 화물관계 제반규정과 자율관리보세구역 관리에 관한 규정을 항상 숙지하고 이를 준수하여야 한다.

18 보세사의 징계처분에 대한 내용으로 틀린 것은?

가. 세관장은 보세사가 「관세법」이나 이 법에 따른 명령을 위반한 경우 등에 해당하는 경우 보세사징계위원회의 의결에 따라 징계처분을 한다.

나. 보세사의 직무 또는 의무를 이행하지 아니하는 경우

다. 기타 법규 또는 세관장의 명령에 위반하는 경우

라. 보세사의 직무를 보세사가 아닌 사람이 수행하게 한 경우

마. 경고처분을 받은 보세사가 6개월 내에 다시 경고 처분을 받는 경우

19 자유무역지역 관련 용어의 정의로 틀린 것은?

가. "자유무역지역"이란 「관세법」, 「대외무역법」 등 관계 법률에 대한 특례와 지원을 통하여 자유로운 제조·물류·유통 및 무역활동 등을 보장하기 위한 지역으로서 지정된 지역을 말한다.

나. "관세영역"이란 자유무역지역과 국내지역을 말한다.

다. 〈법률 개정으로 선지 삭제〉

라. "잉여물품"이란 제조가공작업으로 인하여 발생하는 부산물과 불량품, 제품생산 중단 등의 사유로 사용하지 아니하는 원재료와 제품(제조물품의 전용 포장재, 운반용품을 포함) 등을 말한다.

마. "반입신고"란 물품을 자유무역지역으로 반입하기 위한 신고이다.

20 자유무역지역 입주업체에 대한 지원내용으로 틀린 것은?

가. 자유무역지역에 기계, 기구, 원재료 등을 반입하는 경우 관세감면 및 분할납부를 적용해줌으로써 관세부담을 감소시켜 입주사업에 공할 수 있다.

나. 예정지역 또는 「관세법」을 적용받는 자유무역지역에서 입주기업체가 건물 및 공장을 건축하기 위하여 외국에서 반입하는 시설재에 대하여는 관세 등을 면제한다.

다. 자유무역지역에서 입주기업체 간에 공급하거나 제공하는 외국물품등과 용역에 대하여는 부가가치세의 영세율을 적용한다.

라. 입주기업체가 반입신고를 한 내국물품에 대해서는 「부가가치세법」에 따라 수출에 해당하는 것으로 보아 영세율을 적용한다.

마. 입주기업체가 반입신고를 한 내국물품에 대하여는 「주세법」, 「개별소비세법」 또는 「교통·에너지·환경세법」에 따라 수출하거나 「수출용원재료에 대한 관세 등 환급에 관한 특례법」에 따라 수출 또는 공급하는 것으로 보아 관세 등을 면제하거나 환급한다.

21 자유무역지역의 내국물품 반입증명서류로 틀린 것은?

가. 내국물품 반입확인서

나. 수출신고가 취하·각하되거나 수출신고수리가 취소된 물품인 경우에는 그 증빙서류

다. 내국물품 원재료 사용승인을 받은 물품인 경우에는 내국물품원재료사용승인서

라. 수입신고수리된 물품은 수입신고필증. 다만 관세청 전자통관시스템으로 반출신고한 물품은 수입신고필증 사본

마. 그 밖에 세금계산서 등 내국물품으로 반입된 사실을 입증할 수 있는 서류

22 특허보세구역과 자유무역지역의 차이점에 대한 설명으로 틀린 것은?

구분	특허보세구역	자유무역지역
(가) 관리권자	세관장	중앙행정기관 장
(나) 장치기간	있음	원칙적으로 없음, 예외적인 경우 존재
(다) 예정지역	3년 내 지정 가능	없음
(라) 보세사제도	자율관리보세구역의 경우 채용의무 있음	채용의무 없음
(마) 보수작업 절차	승인	원칙적으로 자율작업, 예외적으로 승인

23 자유무역지역 입주업체에 대한 지원내용으로 틀린 것은?

가. 외국인투자기업인 입주기업체에 대하여는 「조세특례제한법」에서 정하는 바에 따라 법인세, 소득세, 취득세, 등록면허세, 재산세, 종합토지세 등의 조세를 감면할 수 있다.

나. 입주기업체의 공장 등에 대하여는 「도시교통정비 촉진법」에 따른 교통유발부담금을 인하한다.

다. 국가나 지방자치단체는 자유무역지역에 있는 입주기업체의 기술개발활동 및 인력양성을 촉진하기 위하여 필요한 자금을 지원할 수 있다.

라. 관리권자 또는 지방자치단체의 장은 자유무역지역에 입주한 외국인투자기업을 「외국인투자 촉진법」에 따른 외국인투자지역에 입주한 외국인투자기업으로 보아 임대료를 감면할 수 있다.

마. 관리권자는 자유무역지역에 있는 국가가 소유하는 토지 또는 공장 등을 매각할 때에 매입자가 매입대금을 한꺼번에 내는 것이 곤란하다고 인정하는 경우에는 「국유재산법」에도 불구하고 대통령령으로 정하는 바에 따라 납부기한을 연장하거나 분할납부하게 할 수 있다.

24 자유무역지역의 보세운송 관련 규정으로 틀린 것은?

가. 외국물품 등은 자유무역지역과 다른 자유무역지역 또는 「관세법」상 보세운송이 가능한 구역 간에 한정하여 보세운송할 수 있다.

나. 외국물품 등을 자유무역지역에서 다른 자유무역지역 또는 관세법에 따른 장치장소로 보세운송 하려는 경우에는 「보세운송에 관한 고시」를 준용한다. 일반 해상화물의 보세운송기간은 10일(항공화물 3일, 반송화물 7일)이다.

다. 자유무역지역에서 제조·가공한 물품인 경우 보세운송기간을 7일로 하며 7일 이내의 범위에서 연장할 수 있다.

라. 동일 자유무역지역 내 입주기업체 간에 외국물품 등을 이동하려는 때에는 세관 수출입화물시스템에 의한 반출입신고로 보세운송신고를 갈음할 수 있다.

마. 관세청 전자통관시스템에 의한 반출입신고가 곤란한 업체는 입주기업체 간에 체결된 계약서 등을 제출하여 세관공무원의 확인을 받은 후 이동할 수 있다.

25 자유무역지역 입주기업체가 재고기록하여야 하는 물품으로 틀린 것은?

가. 제조·가공물품 수입통관 시 과세표준 공제를 받기 위해 내국물품이 원재료 사용승인을 받은 물품

나. 관세 등의 면제 또는 환급, 부가가치세 영세율 적용대상 내국물품

다. 외국물품 등을 폐기한 후에 남는 경제적 가치를 상실한 물품

라. 자유무역지역으로부터 반출한 물품

마. 자유무역지역에서 사용·소비하거나 생산한 물품

5과목	수출입안전관리

01 우리나라의 국제항에 대한 설명으로 틀린 것은?

가. 우리나라의 항만감시 체제는 이전 부두별 24시간 세관공무원 상시근무체제에서 기동감시체제로 바뀌었다.

나. 국제항은 관세를 납부하여야 할 수입물품이 수입신고되기 전에 일반물품과 섞이지 않고 분리되어 관리되도록 통제하는 첫 번째 단계이다.

다. 국제항은 대통령령으로 지정한다.

라. 관세법에 의한 출입허가수수료가 저렴한 편이다.

마. 수출입통관을 관리·감독하는 세관이 상주하고 있다.

02 국제항에 관련한 내용으로 틀린 것은?

가. 국제항이 아닌 지역에 출입하려는 자는 허가를 받아야 한다.

나. 국제항은 국내선과 구분되는 국제선 전용통로 및 그 밖에 출입국업무를 처리하는 행정기관의 업무수행에 필요한 인력·시설·장비를 확보할 수 있어야 한다.

다. 국제항은 「선박의 입항 및 출항 등에 관한 법률」 또는 「공항시설법」에 의하여 국제무역선(기)이 항상 입출항할 수 있어야 한다.

라. 국제항이 아닌 지역에 대한 출입허가수수료의 총액은 100만원을 초과하지 못한다.

마. 국제항 중 항구의 경우에는 국제무역선인 5천톤급 이상의 선박이 연간 50회 이상 입항하거나 입항할 것으로 예상되어야 한다.

03 출항절차에 대한 설명으로 틀린 것은?

가. 국제무역선이나 국제무역기가 국제항을 출항하려면 선장이나 기장은 출항하기 전에 세관장에게 출항허가를 받아야 한다.

나. 선장이나 기장은 출항허가를 받으려면 여객명부를 제출하여야 한다.

다. 세관장이 출항절차를 신속하게 진행하기 위하여 필요하다고 인정하여 출항허가 후 7일의 범위에서 따로 기간을 정하는 경우에는 그 기간 내에 그 목록을 제출할 수 있다.

라. 출항허가 신청서에는 항공기의 종류, 여객의 수, 목적지, 적재물품의 톤수를 기재하여야 한다.

마. 선장 등은 선박이 출항하기 12시간 전까지 출항예정(최초)허가신청서를 제출하여야 한다.

04 다음은 외국물품의 일시양륙에 관한 설명으로 빈칸에 들어갈 단어로 옳은 것은?

> 외국물품을 운송수단으로부터 일시적으로 육지에 내려 놓으려는 행위 등을 하려면 세관장에게 (   )을(를) 하고, 현장에서 세관공무원의 확인을 받아야 한다. 다만, 관세청장이 감시·단속에 지장이 없다고 인정하여 따로 정하는 경우에는 간소한 방법으로 신고 또는 확인하거나 이를 생략하게 할 수 있다.

가. 등록

나. 보고

다. 신고

라. 신청

마. 허가신청

05 선박(항공기)용품의 반출입 및 하역에 대한 설명으로 틀린 것은?

가. 공급자 등이 외국 선박용품 등을 보세구역에 반입한 때에는 관할지 세관장에게 반입등록서를 제출하여야 한다.

나. 공급자 등이 외국물품인 선박용품 등의 적재 등 허가를 받고자 하는 때에는 해당 국제무역선이 정박한 지역의 관할 세관장에게 적재허가신청서를 제출하여야 한다.

다. 선박회사는 자사 소속 국제무역선에 한정하여 선박용품 등을 직접 적재 등을 하거나 보세운송할 수 있다. 다만, 선박회사는 공급자 중에서 대행업체를 지정하여 그 절차를 이행하게 할 수 있다.

라. 보세운송신고인은 선박용품 등이 목적지에 도착한 때에는 보세구역운영인의 입회하에 인수자에게 인계하여야 하며, 인수자는 물품을 인수하는 즉시 도착지 세관장에게 도착보고를 하여야 한다.

마. 선박용품 등의 하선허가를 받은 자는 허가일로부터 3일 이내에 하선허가 받은 물품을 보세구역에 반입하여야 한다.

06 관리대상화물 관리에 관한 고시상 용어의 정의로서 틀린 것은?

가. "검색기검사화물"이란 세관장이 선별한 검사대상화물 중 검색기로 검사를 실시하는 화물을 말한다.

나. "즉시검사화물"이란 세관장이 선별한 검사대상화물 중 검색기검사를 한 후 바로 개장검사를 실시하는 화물을 말한다.

다. "반입후검사화물"이란 세관장이 선별한 검사대상화물 중 하선(기)장소 또는 장치예정장소에서 이동식검색기로 검사하거나 컨테이너적출 시 검사하는 화물을 말한다.

라. "하선(기)감시화물"이란 세관장이 선별하여 부두 또는 계류장 내에서 하역과정을 감시하거나 하역즉시 검사하는 화물(공컨테이너를 포함한다)을 말한다.

마. "세관지정 보세창고"란 세관장이 관할구역 내 영업용보세창고 중에서 화물의 감시 · 단속이 용이한 곳으로 관리대상화물 등을 장치하거나 검사하기 위하여 지정한 보세창고를 말한다.

07 세관장이 검사방법을 변경할 수 있는 사유로 틀린 것은?

가. 즉시검사화물로 선별된 화물이 위험물, 냉동 · 냉장물 등 특수보관을 요하는 물품이거나 대형화물 또는 다량산물 등의 사유로 해당 화물을 위한 보관시설 등이 구비된 장소에서 개장검사를 하기 위해 반입 후 검사화물로 변경하는 경우

나. 하선(기)감시화물에 대하여 운송추적감시 또는 검사대상화물로 지정할 필요가 있다고 인정되는 경우

다. 운영인의 요청으로 검색기검사화물을 즉시검사화물로 변경하는 경우

라. 검색기검사화물로 선별한 화물을 검색기 고장 등의 사유로 즉시검사화물로 변경하는 경우

마. 검색기검사 결과 개장검사가 필요하다고 인정되어 즉시검사화물로 변경하는 경우

08 검사대상화물 세관장 직권해제 대상이 아닌 것은?

가. 등록사유와 관련 없는 물품

나. 「수출입안전관리우수업체 공인 및 운영에 관한 고시」에 따라 종합인증우수업체(수입업체)가 수입하는 물품

다. 국가(지방자치단체)가 수입하는 물품 또는 SOFA 관련 물품

라. 이사물품 등 해당 고시에서 정하는 검사절차 · 검사방법에 따라서 처리되는 물품

마. 그 밖에 관세청장이 우범성이 없거나 검사의 실익이 적다고 판단되는 화물

09 테러위해물품 발견 시 행동요령으로 틀린 것은?

가. 화물이 개봉되어 의심스러운 물질이 발견된 경우에는 화물을 다시 밀폐한 후 주변을 차단하는 등 안전조치를 취한다.

나. 의심되는 물품의 냄새를 맡지 않는다.

다. 피부에 접촉하였을 경우에는 접촉부위를 비누와 물로 세척한다.

라. 총기도검류의 경우에는 원상태로 보존 후 경찰서 등에 신고한다.

마. 창문을 닫고 우편물 개봉장소를 즉시 떠난다.

10 AEO 도입배경으로 틀린 것은?

가. AEO 제도는 2001년 발생한 9.11테러 이후 미국이 공급망에 대한 보안을 강화하기 위해 도입한 무역안전 조치를 국제관세기구(WCO) 차원에서 수용하고 전체 회원국이 채택하면서 등장하였다.

나. AEO 제도는 2005년 6월 WCO 총회에서 만장일치로 채택된 국제규범 SAFE Framework에서 규정하고 있는 민관협력 프로그램이며 우리나라는 관세법에서 AEO 제도를 규정하고 있다.

다. 국제무역의 안전과 원활화를 위한 국제관세기구의 표준규범(SAFE FRAMEWORK)은 크게 "세관과 세관 간 협력(Pillar1)"과 "세관과 민간과의 협력(Pillar2)"이라고 하는 2개의 큰 축으로 구성되어 있다.

라. AEO 제도는 세계관세기구(WCO) 국제규범(SAFE Framework)의 구조를 고려할 때 "세관과 세관 간 협력(Pillar1)"의 핵심에 해당된다.

마. AEO 제도는 AEO 공인을 위한 신청, 심사, 심의 관련 제반절차를 모두 포괄하는 개념이다.

11 MRA 체결절차 순서로 옳은 것은?

| ① 상호방문 합동실사 | ② 상호인정 운영절차 논의 |
| ③ 공인기준 상호비교 | ④ 최고정책결정자 서명 |

가. ③ → ② → ① → ④   나. ② → ① → ③ → ④

다. ③ → ① → ② → ④   라. ① → ② → ③ → ④

마. ① → ③ → ② → ④

12 공인기준에 대한 설명으로 틀린 것은?

가. 법규준수 : 법, 「자유무역협정의 이행을 위한 관세법의 특례에 관한 법률」, 「대외무역법」 및 「외국환거래법」 등 수출입 관련 법령을 성실하게 준수하였을 것

나. 내부통제시스템 : 수출입신고 등의 적정성을 유지하기 위한 기업의 영업활동, 신고 자료의 흐름 및 회계처리 등과 관련하여 부서 간 상호 의사소통 및 통제 체제를 갖출 것

다. 재무건전성 : 관세 등 영업활동과 관련한 세금을 체납하지 않는 등 재무 건전성을 갖출 것

라. 안전관리 : 수출입물품의 안전한 관리를 확보할 수 있는 거래업체, 운송수단, 출입통제, 인사, 취급절차, 시설과 장비, 정보기술 및 교육·훈련체계를 갖출 것

마. 세관장은 중소 수출기업이 공인기준을 충족하는지를 심사할 때에는 평가방법을 달리 적용할 수 있음

13 다음은 AEO 공인등급 조정신청에 대한 설명으로 빈칸에 들어갈 단어로 옳은 것은?

관세청장은 수출입안전관리우수업체가 (   )개 분기 연속으로 공인등급별 기준을 충족하는 경우에는 공인등급의 조정 신청을 받아 상향할 수 있다. 다만, 수출입안전관리우수업체가 갱신이 아닌 때에 공인등급의 조정을 신청하고자 하는 경우에는 공인의 유효기간이 (   )년 이상 남아 있어야 한다.

가. 2, 2   나. 4, 2

다. 8, 2   라. 2, 1

마. 4, 1

14 AEO 심사의 순서로 옳은 것은?

가. 공인신청 → 예비심사 → 서류심사 → 종합심사 → 현장심사

나. 예비심사 → 공인신청 → 서류심사 → 현장심사 → 종합심사

다. 공인신청 → 예비심사 → 현장심사 → 서류심사 → 종합심사

라. 예비심사 → 공인신청 → 현장심사 → 서류심사 → 종합심사

마. 공인신청 → 예비심사 → 서류심사 → 현장심사 → 종합심사

15 AEO 서류심사와 현장심사에 대한 설명으로 틀린 것은?

가. 관세청장은 공인심사 신청서를 접수한 날로부터 60일 이내에 서류심사를 마쳐야 한다.

나. 신청업체는 천재지변, 주요 사업장의 이전, 법인의 양도, 양수, 분할 및 합병 등 부득이한 사유로 보완에 장시간이 걸리는 경우에는 서류심사에 대한 보완기간의 연장을 신청할 수 있다. 이 경우 관세청장은 서류보완기간을 모두 합하여 180일을 넘지 않는 범위 내에서 보완기간을 연장할 수 있다.

다. 관세청장은 서류심사가 완료된 업체에 대해서 직원 면담, 시설 점검 및 거래업체 확인 등으로 수출입관리현황이 신청업체가 제출한 자료와 일치하는지 등 현장심사를 실시한다.

라. 관세청장은 서류심사를 마친 날로부터 30일 이내에 현장심사 계획 통지서를 신청업체에게 송부하여야 한다.

마. 관세청장은 현장심사를 시작한 날로부터 30일 이내에 그 심사를 마쳐야 한다.

16 AEO 공인과 관련된 내용으로 틀린 것은?

가. 관세청장은 현장심사를 마친 후 심의위원회의 심의를 거쳐 공인기준을 충족한 업체를 수출입안전관리우수업체로 공인하고 수출입안전관리우수업체 증서를 발급한다.

나. 관세청장은 신청업체가 나머지 공인기준은 모두 충족하였으나, 법규준수도 점수 기준을 충족하지 못한 경우에는 심의위원회의 심의를 거쳐 공인을 유보할 수 있다.

다. 공인이 유보된 업체는 그 결정을 받은 날로부터 30일 이내에 관세청장에게 공인기준 준수 개선 계획서를 제출하고 그 제출한 날로부터 180일 내에 공인기준 준수 개선 완료 보고서를 제출하여야 한다.

라. 공인유보업체는 공인기준 준수 개선을 완료하는 등 공인의 유보 사유가 해소된 경우에 관세청장에게 공인기준 충족 여부에 대한 재심사를 신청할 수 있다.

마. 관세청장은 재심사를 그 신청한 날로부터 30일 이내에 마쳐야 하며, 재심사의 절차에 관하여 현장심사 규정을 준용한다. 이 경우 관세청장은 서면심사 등 간소한 방식으로 재심사할 수 있다.

17 AEO 공인유효기간에 관한 설명으로 틀린 것은?

가. 수출입안전관리우수업체 공인의 유효기간은 증서상의 발급한 날로부터 5년으로 한다.

나. 종합심사가 진행 중이거나 종합심사에 따른 공인의 갱신 전에 유효기간이 끝나는 경우에도 해당 공인은 유효한 것으로 본다.

다. 신청업체가 종합심사 신청을 철회하는 경우 그 철회일에 공인의 유효기간이 끝나는 것으로 본다.

라. 종합심사에 따라 갱신된 공인의 유효기간은 기존 공인의 유효기간이 끝나는 날부터 시작한다.

마. 관세청장이 공인의 유효기간 중에 공인등급을 조정하는 경우에 공인의 유효기간은 조정 전의 유효기간으로 한다.

18 AEO 관리책임자의 업무로 틀린 것은?

가. 수출입 관리현황 설명서 작성, 정기 자체평가, 변동사항 보고, 공인 또는 종합심사 수감 등 공인기준 준수관련 업무

나. 직원에 대한 수출입 안전관리 교육

다. 정보 교환, 회의 참석 등 수출입 안전관리 관련 관세청 및 세관과의 협업

라. 세액 등 통관적법성 준수 관리 및 기획심사수행

마. 그 밖에 업체의 법규준수 향상을 위한 활동

19 AEO 관리책임자 교육에 대한 설명으로 틀린 것은?

가. 수출입안전관리우수업체 제도와 필요성 등이 공인 전 교육 내용이다.

나. 정기 자체 평가 및 종합심사 대비를 위한 준수사항 등이 공인 후 교육 내용이다.

다. 공인 전 교육의 경우 수출입관리책임자는 16시간 이상 이수해야 한다. 다만, 공인 전 교육의 유효기간은 해당 교육을 받은 날로부터 5년이다.

라. 공인 후 매년마다 총괄책임자는 4시간 이상, 수출입관리책임자는 8시간 이상 교육을 받아야 한다.

마. 관리책임자가 변경된 경우에는 변경된 날로부터 180일 이내에 해당 교육을 받아야 한다.

20 AEO 준수개선계획제출과 관련하여 다음 빈칸에 들어갈 단어로 옳은 것은?

> 수출입안전관리우수업체는 요구를 받은 날로부터 (   ) 이내에 관세청장에게 공인기준 준수 개선 계획을 제출하고, 그 제출일로부터 (   ) 이내에 개선 완료 보고서를 제출하여야 한다.

가. 30일, 60일　　　　　　　　　　　　나. 60일, 60일
다. 30일, 90일　　　　　　　　　　　　라. 60일, 90일
마. 90일, 90일

21 AEO 자체평가서를 확인할 수 있는 자에 대한 설명으로 틀린 것은?

가. 관세청장이 지정한 비영리법인
나. 수출입안전관리우수업체 공인을 받은 관세사무소 또는 관세법인·통관취급법인 등에 소속된 자로서 최근 5년 이내에 교육을 받은 관세사
다. 관세청장 또는 교육기관이 시행하는 수출입안전관리우수업체 제도 교육을 최근 5년 이내에 35시간 이상을 받은 관세사
라. 수출입안전관리우수업체로 공인을 받은 보세구역운영인 등에 소속된 자로서 최근 5년 이내에 교육을 받은 보세사(보세구역운영인부문에 한정)
마. 관세청장 또는 교육기관이 시행하는 수출입안전관리우수업체 제도 교육과정을 최근 5년 이내에 35시간 이상 받은 보세사(모든 부문)

22 기업상담전문관의 업무로 틀린 것은?

가. 기업 프로파일 관리
나. 변동사항, 정기 자체평가서 작성 및 확인
다. 수입신고에 대한 보정심사 등 관세행정 신고사항에 대한 수정, 정정 및 그 결과의 기록유지
라. 공인기준 준수 개선 계획의 이행 확인
마. 공인기준을 충족하는지에 대한 주기적 확인

23 AEO 운영인부문 공인기준 중 법규준수에 대한 내용으로 틀린 것은? 〈2023년 시험범위 변경으로 해당 문제 시험범위 아님〉

가. 신청업체와 신청인(관리책임자 포함)이 운영인의 결격사유에 해당하지 않아야 한다.

나. 신청업체와 신청인(관리책임자 포함)이 법 제268조의2(전자문서 위조변조죄 등)를 위반하여 벌금형 또는 통고처분을 받은 사실이 있는 경우에는 벌금형을 선고받거나 통고처분을 이행한 후 2년이 경과하여야 한다.

다. 신청업체와 신청인(관리책임자 포함)이 법령을 위반하여 벌칙조항 중 징역형이 규정된 조항에 따라 벌금형 이상을 선고받은 사실이 있는 경우에는 징역형 종료 또는 벌금형 선고 후 2년이 경과하거나 집행유예 기간이 만료된 지 2년이 경과하여야 한다.

라. 신청업체와 신청인(관리책임자 포함)이 「관세법」 제276조에 따라 벌금형 선고를 받은 사실이 있는 경우에는 벌금형 선고 후 2년이 경과하여야 한다.

마. 신청업체는 통합법규준수도시스템 또는 현장심사를 통하여 측정한 관세행정 법규준수도가 수출입안전관리우수업체 공인기준(80점이며 평가점수는 매 분기 관세청 전자통관시스템인 UNIPASS를 통하여 확인가능)을 충족하여야 한다.

24 AEO 운영인부문 공인기준 중 내부통제시스템 기준에 대한 내용으로 틀린 것은? 〈2023년 시험범위 변경으로 해당 문제 시험범위 아님〉

가. 위험평가 결과에 대한 관리대책을 수립하는 절차를 마련하여야 한다.

나. 수출입물품의 보관내역과 이와 관련된 보관 수수료 등을 추적할 수 있는 운영체계를 구축하고 세관장으로부터 요청받을 경우 운영체계에 접근을 허용하여야 한다.

다. 법규준수와 안전관리 업무에 대한 정보가 관련 부서에 공유되도록 하여야 한다.

라. 내부통제활동에 대하여 주기적(12개월을 초과할 수 없음)으로 평가하는 절차를 마련하여야 한다.

마. 수출입안전관리우수업체 공인이 없는 거래업체에게 안전관리기준을 충족하였는지 여부를 문서나 전자적인 방법으로 표시하도록 요구하여야 한다.

25 AEO 운영인부문 공인기준 중 안전관리 기준에 대한 내용으로 틀린 것은? 〈2023년 시험범위 변경으로 해당 문제 시험범위 아님〉

가. 채용예정자의 입사지원 정보에 대한 진위 여부를 채용 전에 확인하여야 한다.

나. 수출입물품의 운송, 취급, 보관, 반출입과 관련된 절차를 준수하기 위해 비인가된 물품과 사람의 접근을 통제하는 안전관리조치를 하여야 한다.

다. 세관직원 등이 검사를 위하여 컨테이너를 개장한 경우에는 검사 종료 시 즉시 재봉인하여야 한다.

라. 수출입물품의 보관내역과 이와 관련된 보관 수수료 등을 추적할 수 있는 운영체계를 구축하고 세관장으로부터 요청받을 경우 운영체계에 접근을 허용하여야 한다.

마. 컴퓨터시스템의 암호를 주기적으로 변경하고, 개별적으로 할당된 계정을 사용하도록 하여야 하며 정보기술 관리정책, 절차 및 표준을 마련하여야 한다.

[실전모의고사 2회]

| 1과목 | 수출입통관절차 |

01 외국물품에 대한 설명으로 틀린 것은?

가. 외국의 선박 등이 공해(외국의 영해가 아닌 경제수역을 포함)에서 채집하거나 포획한 수산물
나. 외국으로부터 우리나라에 도착한 물품으로서 수입신고가 수리되기 전의 것
다. 보수작업의 재료로 외국물품에 부가된 내국물품
라. 보세공장에서 외국물품과 함께 원재료로 혼용하여 사용된 내국물품
마. 수출신고된 물품

02 법 적용의 원칙에 대한 설명으로 틀린 것은?

가. 이 법을 해석하고 적용할 때에는 과세의 형평과 해당 조항의 합목적성에 비추어 납세자의 재산권을 부당하게 침해하지 아니하도록 하여야 한다.
나. 이 법의 해석이나 관세행정의 관행이 일반적으로 납세자에게 받아들여지지 않은 경우에는 그 해석이나 관행에 따른 행위 또는 계산은 정당한 것으로 보며, 새로운 해석이나 관행에 따라 소급하여 과세되지 아니한다.
다. 납세자가 그 의무를 이행할 때에는 신의에 따라 성실하게 하여야 한다.
라. 세관공무원은 그 재량으로 직무를 수행할 때에는 과세의 형평과 이 법의 목적에 비추어 일반적으로 타당하다고 인정되는 한계를 엄수하여야 한다.
마. 세관공무원이 그 직무를 수행할 때에도 신의에 따라 성실하게 하여야 한다.

03 신고서류의 보관기간으로 올바른 것은?

가. 지식재산권의 거래에 관련된 계약서 또는 이에 갈음하는 서류 : 해당 신고에 대한 수리일부터 3년
나. 적재화물목록에 관한 자료 : 해당 신고에 대한 수리일부터 2년
다. 반송신고필증 : 해당 신고에 대한 수리일부터 5년
라. 보세화물반출입에 관한 자료 : 해당 신고에 대한 수리일부터 3년
마. 보세운송에 관한 자료 : 해당 신고에 대한 수리일부터 3년

04 관세평가상 공제요소가 아닌 것은?

가. 수입 후에 하는 해당 수입물품의 건설, 설치, 조립, 정비, 유지 또는 해당 수입물품에 관한 기술지원에 필요한 비용

나. 수입항에 도착한 후 해당 수입물품을 운송하는 데에 필요한 운임, 보험료와 그 밖에 운송과 관련되는 비용

다. 우리나라에서 해당 수입물품에 부과된 관세 등의 세금과 그 밖의 공과금

라. 연불조건의 수입인 경우에는 해당 수입물품에 대한 연불이자

마. 해당 수입물품을 수입한 후 전매, 처분 또는 사용하여 생긴 수입금액 중 판매자에게 직접 또는 간접으로 귀속되는 금액

05 납세의무자에 대한 설명으로 틀린 것은?

가. 수입신고를 한 물품인 경우에는 그 물품을 수입신고하는 때의 화주가 관세의 납세의무자가 된다.

나. 수입을 위탁받아 수입업체가 대행수입한 물품인 경우 : 그 물품의 수입을 위탁한 자

다. 수입을 위탁받아 수입업체가 대행수입한 물품이 아닌 경우 : 대통령령으로 정하는 상업서류 (B/L, AWB)에 적힌 물품발송인

라. 수입물품을 수입신고 전에 양도한 경우 : 그 양수인

마. 화주와 특별납세의무자가 경합할 경우 : 특별납세의무자로 규정된 자를 납세의무자로 한다.

06 세율에 관한 설명으로 틀린 것은?

가. 관세율은 조세법률주의에 따라 법률로 정하는 것이 원칙이다.

나. 현행 관세율표상 품목 분류체계는 HS국제협약의 규범 대상인 6단위를 기본으로 한다.

다. 관세율표는 부, 류, 호, 소호로 구성되어 있다.

라. 우리나라에서는 8자리까지 사용하여 HSK라 한다.

마. 관세율을 적용하려면 먼저 품목분류번호를 확인하여야 한다.

07 제척기간에 대한 설명으로 옳은 것은?

가. 관세 과세가격과 국세 정상가격의 조정 신청에 대한 결정통지가 있는 경우 : 1년

나. 「관세법」에 따른 경정청구가 있는 경우 : 1년

다. 「행정소송법」에 따른 소송에 대한 판결이 있은 경우 : 6개월

라. 압수물품의 반환결정이 있은 경우 : 1년

마. 이 법과 「자유무역협정의 이행을 위한 관세법의 특례에 관한 법률」 및 조약 · 협정 등이 정하는 바에 따라 양허세율의 적용 여부 및 세액 등을 확정하기 위하여 원산지증명서를 발급한 국가의 세관이나 그 밖에 발급권한이 있는 기관에게 원산지증명서 및 원산지증명서확인자료의 진위 여부, 정확성 등의 확인을 요청하여 회신을 받은 경우 : 2개월

08 관세의 세액변경방법으로 틀린 것은?

가. 납세의무자는 납세신고한 세액을 납부하기 전에 그 세액이 과부족하다는 것을 알게 되었을 때에는 납세신고한 세액을 정정할 수 있다. 이 경우 납부기한은 정정신고한 날의 다음 날로 한다.

나. 납세의무자는 신고납부한 세액이 부족하다는 것을 알게 되거나 세액산출의 기초가 되는 과세가격 또는 품목분류 등에 오류가 있는 것을 알게 되었을 때에는 신고납부한 날부터 6개월 이내(보정기간)에 대통령령으로 정하는 바에 따라 해당 세액을 보정하여 줄 것을 세관장에게 신청할 수 있다.

다. 납세의무자는 신고납부한 세액이 부족한 경우에는 대통령령으로 정하는 바에 따라 수정신고(보정기간이 지난 날부터 제척기간이 끝나기 전까지로 한정한다)를 할 수 있다. 이 경우 납세의무자는 수정신고한 날의 다음 날까지 해당 관세를 납부하여야 한다. 이 경우 가산세를 부과한다.

라. 납세의무자는 신고납부한 세액이 과다한 것을 알게 되었을 때에는 최초로 납세신고를 한 날부터 5년 이내에 대통령령으로 정하는 바에 따라 신고한 세액의 경정을 세관장에게 청구할 수 있다.

마. 세관장은 경정의 청구를 받은 날부터 2개월 이내에 세액을 경정하거나 경정하여야 할 이유가 없다는 뜻을 그 청구를 한 자에게 통지하여야 한다.

09 관세법에 따라 수입물품을 통관할 때 세관장이 확인하여야 하는 확인사항 관련 법률이 아닌 것은?

가. 「농수산생명자원의 보존 · 관리 및 이용에 관한 법률」

나. 「농약관리법」

다. 「먹는물관리법」

라. 「화장품법」

마. 「화학물질관리법」

10 원산지표시에 관한 내용으로 틀린 것은?

가. 원산지 표시가 법령에서 정하는 기준과 방법에 부합되지 아니하게 표시된 경우 통관을 허용하여서는 아니 된다.

나. 관세청장은 일시적으로 육지에 내려지거나 다른 운송수단으로 환적 또는 복합환적되는 외국물품 중 원산지를 우리나라로 허위 표시한 물품은 유치할 수 있다.

다. 원산지 표시가 부정한 방법으로 사실과 다르게 표시된 경우 통관을 허용하여서는 아니 된다.

라. 세관장은 물품의 품질 등을 사실과 다르게 표시한 물품 또는 품질 등을 오인할 수 있도록 표시하거나 오인할 수 있는 표지를 붙인 물품으로서 「부정경쟁방지 및 영업비밀보호에 관한 법률」, 「식품위생법」, 「산업표준화법」 등 품질 등의 표시에 관한 법령을 위반한 물품에 대하여는 통관을 허용하여서는 아니 된다.

마. 원산지 표시가 되어 있지 아니한 경우 통관을 허용하여서는 아니 된다.

11 원산지확인요청 및 조사에 관한 설명으로 틀린 것은?

가. 관세청장은 원산지증명서를 발급한 국가의 세관이나 그 밖에 발급권한이 있는 기관(외국세관 등)에 제출된 원산지증명서 및 원산지증명서확인자료의 진위 여부, 정확성 등의 확인을 요청할 수 있다.

나. 세관장의 확인요청은 해당 물품의 수입신고가 수리된 이후에 하여야 하며, 세관장은 확인을 요청한 사실 및 회신 내용과 그에 따른 결정 내용을 수입자에게 통보하여야 한다.

다. 세관장은 원산지증명서가 발급된 물품을 수입하는 국가의 권한 있는 기관으로부터 원산지증명서 및 원산지증명서확인자료의 진위 여부, 정확성 등의 확인을 요청받은 경우 등 필요하다고 인정되는 경우에는 서면조사 또는 현지조사를 할 수 있다.

라. 세관장에게 신고한 원산지가 실제 원산지와 다른 것으로 확인된 경우 관세특혜를 부여하지 아니할 수 있다

마. 외국세관 등이 기획재정부령으로 정한 기간 이내에 그 결과를 회신하지 아니한 경우 관세특혜를 부여하지 아니할 수 있다.

12 관세법상 지식재산권 보호대상으로 틀린 것은?

가. 「상표법」에 따라 설정등록된 상표권

나. 「저작권법」에 따른 저작권과 저작인접권

다. 「특허법」에 따라 설정등록된 특허권

라. 「식물신품종 보호법」에 따라 설정등록된 품종보호권

마. 「지리적표시법」에 따라 설정등록된 지리적표시권 또는 지리적표시

13 다음 중 통관보류 사유가 아닌 것은?

가. 「관세법」에 따른 의무사항을 위반하거나 국민보건 등을 해칠 우려가 있는 경우

나. 제출서류 등이 갖추어지지 아니하여 보완이 필요한 경우

다. 수출입물품에 대한 안전성 검사가 필요한 경우

라. 수출·수입 또는 반송에 관한 신고서의 기재사항에 보완이 필요한 경우

마. 「국세기본법」에 따라 세관장에게 강제징수가 위탁된 해당 체납자가 수입하는 경우

14 수입으로 보지 아니하는 소비 또는 사용 대상으로 틀린 것은?

가. 「관세법」에서 인정하는 바에 따라 소비하거나 사용하는 경우

나. 여행자가 휴대품을 운송수단 또는 관세통로에서 소비하거나 사용하는 경우

다. 선박용품·항공기용품 또는 차량용품을 세관장이 정하는 지정보세구역에서 「출입국관리법」에 따라 출국심사를 마치거나 우리나라에 입국하지 아니하고 우리나라를 경유하여 제3국으로 출발하려는 자에게 제공하여 그 용도에 따라 소비하거나 사용하는 경우

라. 선박용품·항공기용품 또는 차량용품을 운송수단 안에서 그 용도에 따라 소비하거나 사용하는 경우

마. 체신관서가 수취인에게 내준 우편물

15 간이수출신고 대상으로 틀린 것은?

가. 유해 및 유골

나. 외교행낭으로 반출되는 물품

다. 외국원수 등이 반출하는 물품

라. 신문, 뉴스취재 필름, 녹음테이프 등 언론기관 보도용품

마. 환급대상이 아닌 물품가격 FOB 1,000만원 이하의 물품

16 수입 또는 반송신고지연 가산세에 대한 설명으로 틀린 것은?

가. 신고기한이 경과한 날부터 20일 내에 신고 : 과세가격의 1천분의 5의 금액을 가산세로 징수한다.

나. 신고기한이 경과한 날부터 50일 내에 신고 : 과세가격의 1천분의 10의 금액을 가산세로 징수한다.

다. 신고기한이 경과한 날부터 80일 내에 신고 : 과세가격의 1천분의 15의 금액을 가산세로 징수한다.

라. 그 외의 경우 : 과세가격의 1천분의 5의 금액을 가산세로 징수한다.

마. 가산세액은 500만원을 초과할 수 없다.

17 다음 빈칸에 들어갈 단어로 올바른 것은?

> 세관장은 다음 각 호의 어느 하나에 해당하는 경우에는 해당 물품에 대하여 (   )에 가산세를 징수한다.
> ① 여행자나 승무원이 휴대품(면세대상은 제외)을 신고하지 아니하여 과세하는 경우 : 100분의 (   )[반복적으로 자진신고를 하지 아니하는 경우 등 대통령령으로 정하는 사유에 해당하는 경우에는 100분의 (   )]
> ② 우리나라로 거주를 이전하기 위하여 입국하는 자가 입국할 때에 수입하는 이사물품(면세대상은 제외)을 신고하지 아니하여 과세하는 경우 : 100분의 (   )

가. 납부할 관세, 40, 20, 60   나. 납부할 세액, 20, 60, 40
다. 납부할 세액, 40, 60, 20   라. 납부할 관세, 20, 60, 40
마. 납부할 관세, 40, 60, 20

18 B/L 분할신고에 대한 설명 중 틀린 것은?

가. 수입신고는 B/L 1건에 대하여 수입신고서 1건을 원칙으로 한다.
나. 분할된 물품의 납부세액이 징수금액 최저한인 1만원 미만이 되는 경우 B/L을 분할하여 신고할 수 있다.
다. 신고물품 중 일부만 통관이 허용되고 일부는 통관이 보류되는 경우 B/L 분할신고 및 수리를 할 수 있다.
라. 검사, 검역 결과 일부는 합격되고 일부는 불합격된 경우이거나 일부만 검사, 검역 신청하여 통관하려는 경우 B/L 분할신고 및 수리를 할 수 있다.
마. 일괄사후납부 적용, 비적용 물품을 구분하여 신고하려는 경우 B/L 분할신고 및 수리를 할 수 있다.

19 다음 빈칸에 들어갈 단어로 올바른 것은?

> 입항전수입신고는 당해 물품을 적재한 선박 또는 항공기가 그 물품을 적재한 항구 또는 공항에서 출항하여 우리나라에 입항하기 (   ) 전(항공기의 경우 (   ) 전)부터 할 수 있다.

가. 3일, 1일   나. 3일, 2일
다. 3일, 5일   라. 5일, 1일
마. 5일, 3일

20 다음 빈칸에 들어갈 용어로 올바른 것은?

> 수출하려는 자는 해당 물품이 장치된 (   )에게 수출신고를 하여야 한다. 다만,
> 특수형태의 수출인 경우에는 해당 규정을 따른다.

가. 주사무소를 관할하는 세관장
나. 사업장을 관할하는 세관장
다. 적재지를 관할하는 세관장
라. 물품소재지를 관할하는 세관장
마. 관세청장

21 수출·수입 또는 반송의 신고를 하는 자가 제출하여야 하는 서류로 틀린 것은?

가. 과세가격결정자료   나. 선하증권 사본
다. 포장명세서   라. 송품장
마. 원재료투입명세서

22 다음 중 신고의 각하사유로 틀린 것은?

가. 폐기, 공매 및 경매낙찰, 몰수확정, 국고귀속이 결정된 경우
나. 출항전신고나 입항전신고의 요건을 갖추지 아니한 경우
다. 출항전신고나 입항전신고한 화물이 도착한 경우
라. 수입신고의 형식적 요건을 갖추지 못한 경우
마. 신고가 부정한 방법으로 신고되었을 경우

23 외교관면세 양수제한 물품으로 틀린 것은?

가. 자동차   나. 항공기
다. 피아노   라. 전자오르간 및 파이프오르간
마. 엽총

24 다음 설명에 올바른 관세법상 불복청구의 종류는?

> • 권리 또는 이익을 침해당한 자가 불복하는 사유를 적어 그 처분을 하였거나 하였어야 할 세관장
>   을 경유하여 관세청장에게 한다.
> • 심사기간은 청구를 받은 날로부터 90일 이내이다.

가. 이의신청
나. 심사청구
다. 심판청구
라. 행정소송
마. 과세전 적부심사

25 수출입통관에 관한 설명으로 틀린 것은?

가. 수입의 신고는 해당 물품을 적재한 선박이나 항공기가 입항된 후에만 할 수 있다.

나. 반송의 신고는 해당 물품이 이 법에 따른 장치 장소에서 반출된 경우에만 할 수 있다.

다. 밀수출 등 불법행위가 발생할 우려가 높거나 감시단속을 위하여 필요하다고 인정하여 대통령
령으로 정하는 물품은 관세청장이 정하는 장소에 반입한 후 수출의 신고를 하게 할 수 있다.

라. 수입하려는 물품의 신속한 통관이 필요할 때에는 해당 물품을 적재한 선박이나 항공기가 입항
하기 전에 수입신고를 할 수 있다.

마. 세관공무원은 수출·수입 또는 반송하려는 물품에 대하여 검사를 할 수 있다.

2과목 | **보세구역관리**

---

01 특허보세구역 종류로 틀린 것은?

가. 지정장치장
나. 보세전시장
다. 보세건설장
라. 보세판매장
마. 자가용 보세창고

02 지정장치장에 관한 다음 설명의 빈칸에 들어갈 단어로 옳은 것은?

> • 지정장치장은 통관을 하려는 물품을 일시 장치하기 위한 장소로서 (   )이 지정하는 구역으로 한다.
> • 지정장치장에 물품을 장치하는 기간은 (   )의 범위에서 (   )이 정한다. 다만, 관세청장이 정하는 기준에 따라 세관장은 3개월의 범위에서 그 기간을 연장할 수 있다.

가. 관세청장, 6개월, 세관장　　　　　　　　나. 세관장, 6개월, 관세청장

다. 관세청장, 1년, 세관장　　　　　　　　　라. 세관장, 1년, 관세청장

마. 세관장 6개월, 세관장

03 지정장치장 물품에 대한 보관책임에 대한 설명으로 틀린 것은?

가. 지정장치장에 반입한 물품은 화주 또는 반입자가 그 보관의 책임을 진다.

나. 세관장은 지정장치장의 질서유지와 화물의 안전관리를 위하여 필요하다고 인정할 때에는 화주를 갈음하여 보관의 책임을 지는 화물관리인을 지정할 수 있다. 다만, 세관장이 관리하는 시설이 아닌 경우에는 세관장은 해당 시설의 소유자나 관리자와 협의하여 화물관리인을 지정하여야 한다.

다. 보관의 책임은 장치된 외국물품의 멸실 및 승인에 의한 폐기가 되었을 때 그 관세의 납부 책임을 부담하는 보관인의 책임과 해당 화물의 보관과 관련한 하역 · 재포장 및 경비 등을 수행하는 책임으로 한다.

라. 화물관리인 지정의 유효기간은 5년(대통령령) 이내로 한다.

마. 지정장치장의 화물관리인은 징수한 비용 중 세관설비 사용료에 해당하는 금액을 관세청장에게 납부하여야 한다.

04 운영인의 결격사유로 틀린 것은?

가. 「관세법」 규정에 의해 벌금형 또는 통고처분을 받은 자로서 그 벌금형을 선고받거나 통고처분을 이행한 후 2년이 지나지 아니한 자(양벌규정에 따라 처벌된 개인 또는 법인 포함)

나. 특허보세구역의 설치 · 운영에 관한 특허가 취소된 후 2년이 지나지 아니한 자

다. 이 법을 위반하여 징역형의 집행유예를 선고받고 그 유예기간 중에 있는 자

라. 파산선고를 받고 복권되지 아니한 자

마. 상기의 해당하는 자를 임원(해당 보세구역의 운영업무를 직접 담당하거나 이를 감독하는 자로 한정)으로 하는 법인

05 특허보세구역 특허수수료에 관한 설명으로 틀린 것은?

가. 특허보세구역의 설치 · 운영에 관한 특허를 받으려는 자, 특허보세구역을 설치 · 운영하는 자, 이미 받은 특허를 갱신하려는 자는 기획재정부령으로 정하는 바에 따라 수수료를 납부하여야 한다.

나. 특허수수료를 계산하는 데 기준이 되는 특허보세구역의 연면적은 특허보세구역의 설치 · 운영에 관한 특허가 있은 날의 상태에 의하되, 특허보세구역의 연면적이 변경된 때에는 그 변경된 날이 속하는 분기의 다음 분기 첫째 달 1일의 상태에 의한다.

다. 특허수수료는 분기 단위로 매분기 말까지 다음 분기분을 납부하되, 특허보세구역의 설치 · 운영에 관한 특허가 있은 날이 속하는 분기분의 수수료는 이를 면제한다. 이 경우 운영인이 원하는 때에는 1년 단위로 일괄하여 미리 납부할 수 있다.

라. 특허보세구역의 연면적이 수수료 납부 후에 변경된 경우 납부하여야 하는 특허수수료의 금액이 증가한 때에는 변경된 날부터 5일 내에 그 증가분을 납부하여야 하고, 납부하여야 하는 특허수수료의 금액이 감소한 때에는 그 감소분을 다음 분기 이후에 납부하는 수수료의 금액에서 공제한다.

마. 특허보세구역의 휴지 또는 폐지의 경우에는 당해 특허보세구역안에 외국물품이 없는 때에 한하여 그 다음 분기의 특허수수료를 면제한다. 다만, 휴지 또는 폐지를 한 날이 속하는 분기분의 특허수수료는 환급한다.

06 특허보세구역에 대한 다음 설명의 빈칸에 들어갈 단어로 올바른 것은?

• 특허보세구역의 운영인이 그 장치물품의 종류를 변경하거나 그 특허작업의 종류 또는 작업의 원재료를 변경하고자 하는 때에는 그 사유를 기재한 신청서를 (   )에게 제출하여 그 승인을 얻어야 한다.

• 특허보세구역의 운영인이 법인인 경우에 그 등기사항을 변경한 때에는 지체 없이 그 요지를 (   )에게 통보하여야 한다.

가. 관세청장, 관세청장　　　　　　　　나. 관세청장, 세관장

다. 세관장, 관세청장　　　　　　　　　라. 세관장, 세관장

마. 세관장, 화주

07 특허보세구역 반입정지사유로 틀린 것은?

가. 해당 시설의 미비 등으로 특허보세구역의 설치 목적을 달성하기 곤란하다고 인정되는 경우

나. 운영인이 최근 1년 동안 3회 이상 경고처분을 받은 때

다. 2년 이상 물품의 반입실적이 없어서 세관장이 특허보세구역의 설치 목적을 달성하기 곤란하다고 인정하는 경우

라. 운영인 또는 그 종업원의 관리소홀로 해당 보세구역에서 밀수행위가 발생한 때

마. 장치물품에 대한 관세를 납부할 자금능력이 없다고 인정되는 경우

08 특허보세구역 물품반입 등의 정지처분이 그 이용자에게 심한 불편을 주거나 공익을 해칠 우려가 있는 경우에는 특허보세구역의 운영인에게 물품반입 등의 정지처분을 갈음하여 과징금을 부과할 수 있는데, 과징금에 대한 설명으로 틀린 것은?

가. 1일당 과징금 금액은 운영에 따른 연간 매출액의 6천분의 1이다.

나. 세관장은 산정된 과징금 금액의 4분의 1의 범위에서 사업규모, 위반행위의 정도 및 위반횟수 등을 고려하여 그 금액을 가중하거나 감경할 수 있다.

다. 반입정지 기간을 감경한 경우에는 과징금을 감경하지 아니한다.

라. 과징금 납부기한은 납부통지일로부터 20일 이내로 한다.

마. 〈법률 개정으로 선지 삭제〉

09 특허보세구역 감독에 관한 설명으로 틀린 것은?

가. 세관장은 특허보세구역의 운영인을 감독한다.

나. 특허보세구역에 반입된 물품이 해당 특허보세구역의 설치 목적에 합당하지 아니한 경우에는 세관장은 보세구역을 폐쇄조치할 수 있다.

다. 세관장은 특허보세구역의 운영에 필요한 시설·기계 및 기구의 설치를 명할 수 있다

라. 세관장은 세관공무원에게 특허보세구역의 운영상황을 검사하게 할 수 있다.

마. 세관장은 특허보세구역의 운영인에게 그 설치·운영에 관한 보고를 명할 수 있다.

10 보세창고에 관한 설명으로 틀린 것은?

가. 보세창고에는 외국물품이나 통관을 하려는 물품을 장치한다.

나. 신고 후 장치된 내국물품으로서 장치기간이 지난 물품은 그 기간이 지난 후 15일 내에 그 운영인의 책임으로 반출하여야 한다.

다. 영업용 보세창고는 창고료가 목적인 영리목적으로 수출입화물을 보관하는 보세창고를 의미한다.

라. 동일한 보세창고에 장치되어 있는 동안 수입신고가 수리된 물품은 신고 없이 계속하여 장치할 수 있다.

마. 운영인은 미리 세관장에게 신고를 하고 외국물품이나 통관을 하려는 물품의 장치에 방해되지 아니하는 범위에서 보세창고에 내국물품을 장치할 수 있다.

11 공동보세구역 특허대상으로 틀린 것은?

가. 정부기관, 공기업, 준정부기관, 그 밖의 공공기관 등이 수입하는 물품을 일괄하여 보관하는 경우

나. 수출입업을 영위할 수 있는 중소기업협동조합에서 회원사의 수입원자재를 수입하여 보관하려는 경우

다. 3 이상의 수출입업체가 공동으로 자가화물을 보관하려는 경우

라. 물류단지를 운영하는 자가 입주업체의 수입품을 일괄하여 보관하는 경우

마. 관광산업진흥 및 외화획득을 위하여 (주)한국관광호텔용품센타가 회원사에 공급할 물품을 일괄 수입하여 보관하는 경우

12 보세공장 원재료의 범위에 포함되지 않는 것은?

가. 제품의 생산작업에 간접적으로 투입되는 물품

나. 해당 보세공장에서 생산하는 제품에 물리적으로 결합되는 물품

다. 해당 보세공장에서 생산하는 제품을 제조·가공하거나 이와 비슷한 공정에 투입되어 소모되는 물품

라. 보세공장에서 생산하는 제품의 포장에 직접적으로 투입되는 물품

마. 해당 보세공장에서 생산하는 제품에 화학적으로 결합되는 물품

13 보세공장 특허제한 사유로 틀린 것은?

　가. 단순조립작업만을 목적으로 하는 경우
　나. 개수작업만을 목적으로 하는 경우
　다. 보세작업의 전부를 장외작업에 의존할 경우
　라. 손모율이 안정적인 농·수·축산물을 원재료로 하여 제조·가공하려는 경우
　마. 폐기물을 원재료로 하여 제조·가공하려는 경우

14 보세공장 외 작업허가에 관한 설명으로 틀린 것은?

　가. 세관장은 가공무역이나 국내산업의 진흥을 위하여 필요한 경우에는 대통령령으로 정하는 바에 따라 기간, 장소, 물품 등을 정하여 해당 보세공장 외에서 보세작업을 허가할 수 있다.
　나. 허가를 한 경우 세관공무원은 해당 물품이 보세공장에서 반출될 때에 이를 검사할 수 있다.
　다. 허가를 받아 지정된 장소(공장외작업장)는 보세공장으로 의제한다.
　라. 보세공장 외 작업허가를 받은 보세작업에 사용될 물품을 관세청장이 정하는 바에 따라 공장외작업장에 직접 반입하게 할 수 있다.
　마. 지정된 허가기간이 지난 경우 해당 공장외작업장에 허가된 외국물품이나 그 제품이 있을 때에는 해당 물품의 허가를 받은 보세공장의 운영인으로부터 그 관세를 즉시 징수한다.

15 보세전시장에 대한 설명으로 틀린 것은?

　가. 보세전시장의 운영인은 해당 박람회 등의 주최자 명의로서 하여야 한다.
　나. 보세전시장으로 특허받을 수 있는 장소는 해당 박람회 등의 전시장에 한정한다.
　다. 세관장은 그 박람회 등의 내용에 따라 전시장의 일정지역을 한정하거나 전시장의 전부를 보세구역으로 특허할 수 있다.
　라. 보세전시장의 특허기간은 해당 박람회 등의 회기와 그 회기의 전후에 박람회 등의 운영을 위한 외국물품의 반입과 반출 등에 필요하다고 인정되는 기간을 고려해서 세관장이 정한다.
　마. 보세전시장에 장치된 외국물품의 장치기간은 보세전시장 특허기간과 같다. 다만, 보세전시장에 있는 외국물품을 다른 보세구역으로 반출하였을 때에는 그 물품의 장치기간을 계산할 때 보세전시장 내에 있었던 기간을 산입한다.

16 보세건설장 반입물품에 대한 설명으로 틀린 것은?

가. 산업시설 건설에 사용되는 외국물품인 기계류 설비품은 수입신고수리 후 사용하여야 한다.

나. 산업시설 건설에 사용되는 외국물품인 공사용 장비는 수입신고수리 후 사용하여야 한다.

다. 산업시설에 병설되는 사무소, 의료시설, 식당, 공원, 숙사 등 부대시설을 건설하기 위한 물품은 수입신고수리 후 사용하여야 한다.

라. 보세건설장에 물품을 반출입하려는 자는 세관장에게 반출입신고를 하여야 한다.

마. 그 밖의 해당 산업시설 건설의 형편상 필요하다고 인정되는 물품은 수입신고수리 후 사용하여야 한다.

17 보세판매장 관련 용어의 설명으로 틀린 것은?

가. 출국장면세점이란 출국장에서 출국인 및 통과여객기(선)에 의한 임시체류인에게 판매하는 보세판매장을 말한다.

나. 시내면세점이란 공항 및 항만의 보세구역 이외의 장소에서 출국인 및 통과여객기(선)에 의한 임시체류인에게 판매하는 보세판매장을 말한다.

다. 지정면세점이란 조세특례제한법상의 제주도여행객 면세점에 대한 간접세 등 특례규정에 따라 제주도 외 국내 다른 지역으로 출도하는 제주도 여행객에게 연간 2회, 면세한도 800불 이하 면세품을 판매할 수 있는 곳을 말한다.

라. 통합물류창고란 보세판매장 협의단체장이 회원사의 원활한 보세화물관리와 물류지원을 위하여 보세판매장의 보관창고와 동일한 기능을 수행하기 위해 설치한 곳을 말한다.

마. 출국장이란 공항·항만 보세구역 내에서 출국인 또는 통과여객기(선)에 의한 임시체류인이 항공기 또는 선박을 탑승하기 위하여 대기하는 장소를 말한다.

18 보세판매장 운영인의 의무로 틀린 것은?

가. 보세판매장에서 판매하는 물품과 동일 또는 유사한 물품을 수입하여 내수판매를 하지 않아야 한다.

나. 판매물품을 진열·판매하는 때에는 상표 단위별 진열장소의 면적은 매장면적의 10분의 1을 초과할 수 없다.

다. 운영인이 외화로 표시된 물품을 표시된 외화 이외의 통화로 판매하는 때에는 해당 물품을 판매하는 날의 「외국환거래법」에 의한 기준환율 또는 재정환율을 적용하여야 한다.

라. 운영인은 팜플렛, 인터넷 홈페이지와 게시판 등을 통하여 구매한도액 등을 홍보하여야 한다.

마. 운영인은 해당 월의 보세판매장의 업무사항을 다음 달 7일까지 보세판매장 반출입물품 관리를 위한 전산시스템(재고관리시스템)을 통하여 세관장에게 보고하여야 한다.

19 보세판매장 관련 반품, 분실물 등의 처리에 관한 설명으로 틀린 것은?

가. 운영인이 구매자로부터 국제우편 또는 항공 · 해상화물로 판매물품의 교환 · 환불요청을 받은 때에는 국제우편 또는 항공 · 해상화물로 교환 · 환불하여 줄 수 있다.

나. 구매자가 구입물품을 직접 휴대 입국하여 교환 · 환불을 요청한 경우에는 입국 시에 반드시 세관에 휴대품 신고 및 유치한 후 출국장면세점에서 교환 · 환불을 하거나 시내면세점으로 보세운송 후 시내면세점에서 교환 · 환불을 하게 할 수 있다.

다. 운영인이 구매자로부터 입국장면세점에서 구매한 물품에 대해 교환 또는 환불 요청을 받은 때에 세관의 통관 절차를 거치기 전에는 입국장면세점에서 직접 교환 또는 환불을 하게 할 수 있으며, 통관 절차를 거친 후에는 국내우편 및 택배를 통하여 교환 · 환불을 할 수 있다.

라. 운영인이 판매물품을 교환하여 준 경우에는 그 반품된 물품은 보세판매장에 재반입 절차를 취하고 교환하여 주는 물품은 판매절차에 의거 처리하여야 한다.

마. 보세판매장 물품이 분실 혹은 그 밖의 사유로 현품과 대장상의 수량이 일치하지 아니한 때에는 그 부족 수량을 월간 매출액과 대비하여 상관례상 불가피하다고 인정되는 범위 이내인 때에는 범칙조사 절차 없이 재고대장에서 공제 처리하고, 해당 세액을 별도로 추징하지는 아니한다.

20 보세판매장의 보세사의 임무에 대한 설명으로 틀린 것은?

가. 반입물품의 보관창고 장치 및 보관

나. 보세판매장 물품 반출입 및 미인도 관련 대장의 작성

다. 보세운송 행낭의 시건 및 봉인과 이상유무 확인 및 이상보고

라. 세관봉인대의 시봉 및 관리

마. 보관창고와 매장 간 반출입 물품의 검사 및 조사

21 종합보세구역 지정대상지역으로 틀린 것은?

가. 「외국인투자촉진법」에 의한 외국인투자지역

나. 「산업입지 및 개발에 관한 법률」에 의한 산업단지

다. 「공동집배송센터 발전법」에 의한 공동집배송센터

라. 「물류시설의 개발 및 운영에 관한 법률」에 따른 물류단

마. 기타 종합보세구역으로 지정됨으로써 외국인투자촉진 · 수출증대 또는 물류촉진 등의 효과가 있을 것으로 예상되는 지역

22 종합보세구역에의 반출입신고에 대한 설명으로 틀린 것은?

가. 종합보세사업장에 물품을 반출입하고자 하는 운영인은 세관장에게 반출입신고를 하여야한다.

나. 외국으로부터 도착한 물품 또는 보세운송되어 반입하는 물품에 대하여는 House B/L 단위로 신고하여야 하며, 세관화물정보시스템 반입예정정보와 대조확인하고 전자문서로 반입신고를 하여야 한다.

다. 화주, 보세운송업자 등으로부터 물품반출요청을 받은 운영인은 세관화물정보시스템의 반출 예정정보 또는 반송신고수리필증을 확인한 후 이상이 없는 경우 반출하고 전자문서로 반출신고를 하여야 한다.

라. 운영인이 동일 종합보세사업장에서 종합보세기능 간에 물품을 이동하는 경우에는 반출입신고절차를 간소화할 수 있으며, 동일 종합보세구역 내의 종합보세사업장 간의 물품의 이동에는 보세운송신고를 하지 아니한다.

마. 종합보세구역에 반입된 외국물품이 사용신고 또는 수입신고되어 수리된 경우에는 반출신고를 생략한다.

23 다음 빈칸에 들어갈 단어로 올바른 것은?

> 종합보세구역에 반입한 물품의 장치기간은 제한하지 아니한다. 다만, 보세창고의 기능을 수행하는 장소 중에서 관세청장이 수출입물품의 원활한 유통을 촉진하기 위하여 필요하다고 인정하여 지정한 장소에 반입되는 물품의 장치기간은 (   )의 범위에서 관세청장이 정하는 기간으로 한다.

가. 30일
나. 3개월
다. 6개월
라. 1년
마. 2년

24 수입활어장치장에 대한 다음 설명의 빈칸에 들어갈 단어로 올바른 것은?

> 활어란 「관세법」의 별표 관세율표 제(   )호에 해당하는 물품으로서 관상용과 양식용(이식용, 시험연구조사용)을 제외한 것을 말한다.

가. 0301
나. 0302
다. 0303
라. 0304
마. 0305

25 수입활어장치장과 관련한 설명으로 틀린 것은?

가. 보세구역 외 장치 허가는 해당 수조의 물을 제거한 후에 신청하여야 한다.

나. 보세구역 외 장치장은 세관으로부터 40km 이내에 위치하여야 한다.

다. 관내 보세창고의 수용능력, 반입물량, 감시단속상의 문제점 등을 고려하여 세관장이 타당하다고 인정하는 경우에는 세관으로부터 60km를 초과하지 아니하는 범위 내에서 보세구역 외 장치를 허가할 수 있다.

라. 동일 선박 또는 항공기로 반입된 동일 화주의 활어는 B/L 건별로 수입신고를 하여야 한다.

마. 불합격품을 폐기 또는 반송하는 때에는 반드시 검량을 실시하여야 한다.

3과목	보세화물관리

01 보세화물의 장치장소 결정을 위한 화물분류 기준으로 틀린 것은?

가. 선사는 화주 또는 그 위임을 받은 자가 운영인과 협의하여 정하는 장소에 보세화물을 장치하는 것을 원칙으로 한다.

나. 화주 또는 그 위임을 받은 자가 장치장소에 대한 별도의 의사표시가 없는 경우 Master B/L 화물은 선사가 선량한 관리자로서 장치장소를 결정한다.

다. 화주 또는 그 위임을 받은 자가 장치장소에 대한 별도의 의사표시가 없는 경우 House B/L 화물은 화물운송주선업자가 선량한 관리자로서 선사 및 보세구역 운영인과 협의하여 장치장소를 결정한다.

라. 장치장소를 정할 때에 화물운송주선업자가 선량한 관리자로서의 의무를 다하지 못할 경우 세관지정장치장을 장치장소로 할 수 있다.

마. 장치장소를 정할 때에 화물운송주선업자가 선량한 관리자로서의 의무를 다하지 못할 경우 운영인지정 보세창고를 장치장소로 할 수 있다.

02 보세구역 외 장치 허가기간 연장대상이 아닌 것은?

가. 수입요건·선적서류 등 수입신고 또는 신고수리 요건을 구비하지 못한 경우

나. 인지부서의 자체조사, 고발의뢰, 폐기, 공매·경매낙찰, 몰수확정, 국고귀속 등의 결정에 따른 조치를 위하여 필요한 경우

다. 품목분류 사전심사의 지연으로 수입신고할 수 없는 경우

라. 동일세관 관할구역 내에 해당 화물을 반입할 보세구역이 없는 경우

마. 다량의 벌크화물로서 보세구역에 장치 후 다시 운송하는 것이 불합리하다고 인정하는 물품

03 보세구역 외 장치의 허가에 관한 내용으로 틀린 것은?

가. 보세구역 외 장치대상 중 '크기 또는 무게의 과다나 그 밖의 사유로 장치하기 곤란하거나 부적당한 물품'에 해당하는 물품을 보세구역이 아닌 장소에 장치하려는 자는 세관장의 허가를 받아야 한다.

나. 역외장치 또는 타소장치라 하기도 한다.

다. 세관장은 허가를 하려는 때에는 그 물품의 관세에 상당하는 담보의 제공, 필요한 시설의 설치 등을 명할 수 있다.

라. 세관장은 보세구역 외 장치 허가신청을 받은 경우 보세구역 외 장치 허가기간을 담보기간으로 하여 담보제공을 명할 수 있다.

마. 보세구역 외 장치 담보액은 수입통관 시 실제 납부하여야 할 관세 등 제세 상당액으로 한다.

04 보세화물 장치장소결정과 관련하여 틀린 것은?

가. 입항 전 또는 하선(기) 전에 수입신고가 되거나 보세운송신고가 된 물품은 보세구역에 반입하여 보세운송 또는 통관절차와 검사절차를 수행하도록 하여야 한다.

나. 위험물, 보온 · 보냉물품, 검역대상물품, 귀금속 등은 해당 물품을 장치하기에 적합한 요건을 갖춘 보세구역에 장치하여야 한다.

다. 보세창고, 보세공장, 보세전시장, 보세판매장에 반입할 물품은 특허 시 세관장이 지정한 장치물품의 범위에 해당하는 물품만 해당 보세구역에 장치한다.

라. 보세구역외장치의 허가를 받은 물품은 그 허가를 받은 장소에 장치한다.

마. 관리대상화물은 「관리대상화물 관리에 관한 고시」에 따라 장치한다.

05 보세구역물품의 반출입관련 규정으로 틀린 것은?

가. 보세구역에 물품을 반입하거나 반출하려는 자는 대통령령으로 정하는 바에 따라 세관장에게 신고하여야 한다.

나. 보세구역에 물품을 반입하거나 반출하려는 경우에는 세관장은 세관공무원을 참여시킬 수 있으며, 세관공무원은 해당 물품을 검사할 수 있다.

다. 세관장은 보세구역에 반입할 수 있는 물품의 종류를 제한할 수 있다.

라. 운영인은 하선신고서에 의한 보세화물 반입 시 세관화물정보시스템의 반입예정정보와 대조 확인하고 반입 후 1일 이내에 반입신고서를 세관장에게 전자문서로 제출하여야 한다.

마. 반입신고 내역을 정정하려는 때에는 반입신고정정신청서를 세관장에게 전자문서로 제출하고 승인을 받아야 한다.

06 보세운송 물품 도착 시 운영인의 확인 관련 규정으로 틀린 것은?

가. 운영인은 세관화물정보시스템의 보세운송예정정보와 현품이 일치하는지 확인하여야 한다.

나. 운영인은 컨테이너봉인(전자봉인)이 파손되었는지 확인하여야 한다.

다. 운영인은 현품이 과부족하거나 포장이 파손되었는지 확인하여야 한다.

라. 운영인은 컨테이너차량기사 연락처, 컨테이너봉인번호가 세관화물정보시스템의 내역과 일치하는지 확인하여야 한다.

마. 운영인은 운송차량번호가 세관화물정보시스템의 내역과 일치하는지 확인하여야 한다.

07 보세창고 내국물품 반출입신고에 대한 설명으로 틀린 것은?

가. 운영인이 보세창고의 일정구역에 일정기간 동안 내국물품을 반복적으로 장치하려는 경우 세관장은 외국물품의 장치 및 세관감시단속에 지장이 없다고 인정하는 때에는 보관장소, 내국물품의 종류, 기간 등에 대해 이를 포괄적으로 허용할 수 있다.

나. 보세창고에 내국물품을 반출입하려는 자는 반출입 전에 내국물품반출입신고서를 세관장에게 전자문서로 제출하여야 하며, 이 경우 반입신고에 대해서는 내국물품장치신고로 갈음한다.

다. 반출입신고를 접수한 세관장은 반출입신고수리필증을 교부한다.

라. 내국물품의 장치기간은 1년으로 한다.

마. 1년 이상 계속하여 내국물품만을 장치하려는 자는 내국물품장치승인(신청)서를 제출하여 세관장의 승인을 받아야 한다.

08 보수작업에 대한 설명으로 틀린 것은?

가. 보세구역에 장치된 물품이 운송도중에 파손되거나 변질되어 시급히 보수하여야 할 필요가 있는 경우 보수작업을 할 수 있다.

나. 운영인이 동일 품목을 대상으로 동일한 보수작업을 반복적으로 하려는 경우에 세관장은 외국물품의 장치 및 세관 감시단속에 지장이 없을 때에는 6개월 이내의 기간을 정하여 이를 포괄적으로 승인할 수 있다.

다. 보수작업을 하려는 자는 세관장의 승인을 받아야 한다.

라. 보세구역에서의 보수작업이 곤란하다고 세관장이 인정할 때에는 기간과 장소를 지정받아 보세구역 밖에서 보수작업을 할 수 있다.

마. 보세구역에 장치된 물품은 그 현상을 유지하기 위하여 필요한 보수작업과 그 성질을 변하지 아니하게 하는 범위에서 포장을 바꾸거나 구분 · 분할 · 합병을 하거나 그 밖의 비슷한 보수작업을 할 수 있다.

09 보수작업의 한계를 설명한 것으로 틀린 것은?

가. 손상 등을 방지하기 위한 보존작업은 보수작업의 허용범위이다.

나. 물품의 상품성 향상을 위한 개수작업은 보수작업의 허용범위이다.

다. 수출이나 반송 과정에서 부패ㆍ변질의 우려가 있는 경우 등 세관장이 타당하다고 인정하는 경우에도 관세율표(HSK 10단위)의 변화를 가져오는 것은 보수작업으로 인정할 수 없다.

라. 완제품의 특성을 가진 구성요소의 조립은 보수작업의 허용범위이다.

마. 선적을 위한 준비작업은 보수작업의 허용범위이다.

10 보세구역 장치물품 폐기에 관한 설명으로 틀린 것은?

가. 부패ㆍ손상되거나 그 밖의 사유로 보세구역에 장치된 물품을 폐기하려는 자는 세관장의 승인을 받아야 한다.

나. 폐기승인 신청인은 폐기를 완료한 즉시 폐기완료보고서를 세관장에게 제출하여 그 확인을 받아야 한다.

다. 보세구역에 장치된 외국물품이 멸실되거나 폐기되었을 때에는 그 운영인이나 보관인으로부터 즉시 그 관세를 징수한다.

라. 재해나 그 밖의 부득이한 사유로 멸실된 때와 미리 세관장의 승인을 받아 폐기한 때에는 관세를 징수하지 아니한다.

마. 승인을 받은 외국물품 중 폐기된 부분에 대하여는 그 성질과 수량에 따라 관세를 부과한다.

11 폐기대상 보세구역 장치물품이 아닌 것은?

가. 부패하거나 변질된 물품

나. 유효기간이 지난 물품

다. 상품가치가 없어진 물품

라. 품명미상의 물품으로서 6개월이 경과된 물품

마. 검사ㆍ검역기준 등에 부적합하여 검사ㆍ검역기관에서 폐기대상 물품으로 결정된 물품

12 보세구역의 견본품 반출에 관련한 규정으로 틀린 것은?

가. 보세구역에 장치된 외국물품의 전부 또는 일부를 견본품으로 반출하려는 자는 세관장의 허가를 받아야 한다.

나. 세관장은 견본품반출허가를 하는 경우에는 필요한 최소한의 수량으로 제한하여야 하며, 견본품채취로 인하여 장치물품의 변질, 손상, 가치감소 등으로 관세채권의 확보가 어려운 경우에는 견본품반출 허가를 하지 아니할 수 있다.

다. 세관공무원은 보세구역에 반입된 물품에 대하여 검사상 필요하면 그 물품의 일부를 견본품으로 채취할 수 있다.

라. 보세구역 운영인 또는 관리인은 견본품반출 허가를 받은 물품이 해당 보세구역에서 반출입될 때에는 견본품반출 허가사항을 확인하고, 견본품반출입 사항을 견본품반출입대장에 기록관리하여야 한다.

마. 운영인이 채취한 물품이 사용 · 소비된 경우에는 수입신고를 하여 관세를 납부하고 수리된 것으로 본다.

13 보세구역 장치기간 기산일에 대한 설명으로 틀린 것은?

가. 보세구역에 반입된 물품의 장치기간은 해당 보세구역 반입일을 기준으로 장치기간을 기산한다.

나. 여행자 및 승무원 휴대품 통관고시상 반송신고 제한 물품은 반송신고를 할 수 있는 날을 기준으로 장치기간을 기산한다.

다. 보세운송 승인을 받아 다른 보세구역에 반입하거나 보세구역 간 장치물품을 이동함으로써 장치기간을 다시 기산하여야 하는 경우에는 장치기간이 이미 경과된 물품은 종전에 산정한 장치기간을 합산한다.

라. 장치장소의 특허변경으로 장치기간을 다시 기산하여야 하는 물품은 특허변경 이후 장치기간을 새로 기산한다.

마. 동일 B/L 물품이 수차에 걸쳐 반입되는 경우에는 그 B/L 물품의 반입이 완료된 날부터 장치기간을 기산한다.

14 지정장치장의 반입물품의 장치기간은 6개월로 한다. 다만, 특정 항역 내의 지정장치장으로 반입된 물품의 장치기간은 2개월로 한다. 다음 중 2개월이 아닌 곳은?

가. 부산항   나. 인천항

다. 인천공항   라. 김해공항

마. 제주공항

15 반출통고에 관한 설명으로 틀린 것은?

가. 외국물품을 매각하려면 우선적으로 통고일부터 1개월 내에 해당 물품을 수출·수입 또는 반송할 것을 통고하여야 한다.

나. 보세전시장, 보세건설장, 보세판매장, 보세공장, 보세구역외장치장, 자가용보세창고에 반입한 물품에 대해서는 관할세관장이 화주나 반입자 또는 그 위임을 받은 자(화주 등)에게 반출통고한다.

다. 영업용보세창고에 반입한 물품의 반출통고는 보세구역운영인이 화주 등에게 하며, 지정장치장에 반입한 물품의 반출통고는 세관공무원이 화주 등에게 하여야 한다.

라. 지정장치장, 보세창고에 반입한 물품의 반출통고는 장치기간 만료 30일 전까지 하여야 한다.

마. 장치기간이 2개월 미만인 물품(유치·예치물품 등)의 반출통고는 장치기간 만료시점에 하여야 한다.

16 보세구역 체화물품 매각 시 잔금처리 순서로 올바른 것은?

가. 관세 → 매각비용 → 각종 세금

나. 매각비용 → 관세 → 각종 세금

다. 각종 세금 → 매각비용 → 관세

라. 각종 세금 → 관세 → 매각비용

마. 매각비용 → 각종 세금 → 관세

17 보세운송의 목적지가 될 수 없는 지역은?

가. 자유무역지역

나. 국제항

다. 경제자유구역

라. 보세구역

마. 세관

18 보세구역 반입된 물품의 대한 규제사항으로 틀린 것은?

가. 보수작업 – 승인

나. 물품 폐기 – 승인

다. 장치물품 멸실 – 세관장 승인

라. 해체절단 – 허가

마. 견본품 반출 – 허가

19 하선장소에 대한 설명으로 틀린 것은?

가. 컨테이너화물 : 컨테이너를 취급할 수 있는 시설이 있는 부두 내 또는 부두 밖 컨테이너 전용 보세창고

나. 냉동컨테이너화물 : 컨테이너화물 하선장소를 준용하되 화주가 냉동컨테이너로부터 화물을 적출하여 반입을 원하는 경우 냉동시설을 갖춘 보세구역

다. 벌크화물 등 기타화물 : 부두 밖 보세구역

라. 액체, 분말 등의 형태로 본선에서 탱크, 사이로 등 특수저장시설로 직송되는 물품 : 해당 저장 시설을 갖춘 보세구역

마. 부두 내에 보세구역이 없는 세관의 경우에는 관할구역 내 보세구역(보세구역 외 장치허가 장 소포함) 중 세관장이 지정하는 장소

20 다음 빈칸에 들어갈 단어로 올바른 것은?

해상화물은 해당물품을 선박에 적재하기 (　　) 전까지 제출하여야 한다. 근거리 지역의 경우에는 해당물품을 선박에 적재하기 전까지 제출하되 선박이 출항하기 (　　) 전까지 최종 마감하여 제출 하여야 한다. 다만, 벌크화물 등의 경우에는 출항하기 전까지,「수출통관 사무처리에 관한 고시」 중 선상 수출신고에 해당하는 물품의 경우에는 출항 다음 날 (　　)까지 제출할 수 있다.

가. 24시간, 30분, 24시　　　　　　　나. 12시간, 30분, 24시

다. 24시간, 1시간, 12시　　　　　　　라. 24시간, 30분, 12시

마. 12시간, 1시간, 24시

21 다음에서 설명하는 개념으로 옳은 것은?

입항하는 운송수단의 물품을 다른 세관의 관할구역으로 운송하여 출항하는 운송수단으로 옮겨 싣 는 것을 말한다.

가. 환적　　　　　　　　　　　　　　나. 복합환적

다. 내국환적운송　　　　　　　　　　라. 복합일관운송화물

마. 복합운송

22 국내 국제항 간 국제무역선으로 화물을 운송할 수 있는 경우가 아닌 것은?

가. 반송화물

나. 내국물품인 공컨테이너

다. 수출화물

라. 환적화물

마. 우리나라로 수입하려는 외국물품으로서 최초 입항지에서 선하증권에 기재된 최종 목적지로 운송하려는 화물

23 보세운송신고인으로 틀린 것은?

가. 전매된 경우에는 그 취득자

나. 환적화물의 경우에는 그 화물에 대한 권리를 가진 자

다. 「관세법」에 따라 등록한 보세운송업자

라. 운영인

마. 관세법인

24 일반간이보세운송업자에 대한 설명으로 틀린 것은?

가. 세관장은 보세운송을 하려는 물품의 성질과 형태, 보세운송업자의 신용도 등을 고려하여 보세운송업자나 물품을 지정하여 신고절차의 간소화 등의 조치를 취할 수 있다.

나. 일반간이보세운송업자 지정기간은 2년으로 하되 갱신할 수 있다. 다만, 그 지정기간은 보세운송업자의 등록기간 범위에서 한다.

다. 일반간이보세운송업자 지정을 갱신하려는 자는 지정기간 만료 15일 전까지 간이보세운송업자 지정(갱신)신청서에 지정신청서류와 종전의 지정서를 첨부하여 세관장에게 제출하여야 한다.

라. 세관장은 간이보세운송업자를 지정한 때에는 즉시 세관화물정보시스템에 지정사항을 입력하고 관세물류협회의 장에게 전자문서로 통보하여야 한다.

마. 지정기간이 만료되었을 때 그 지정의 효력이 소멸된다.

25 다음 중 보세운송 절차를 생략할 수 없는 대상이 아닌 것은?

가. 보세전시장에서 전시 후 반송되는 물품

나. 보세판매장에서 판매 후 반송되는 물품

다. 보세공장 및 자유무역지역에서 제조·가공하여 수출하는 물품

라. 수출조건으로 판매된 몰수품 또는 국고귀속된 물품

마. 수출신고가 수리된 물품

01 관세법상교사범과 방조범에 대한 설명으로 틀린 것은?

　가. 전자문서위변조죄의 교사자는 정범에 준하여 처벌한다.

　나. 밀수출입죄의 교사자는 정범에 준하여 처벌한다.

　다. 관세포탈죄의 교사자는 정범에 준하여 처벌한다.

　라. 밀수출입죄의 방조자는 정범에 준하여 처벌한다.

　마. 관세포탈죄의 방조자는 정범에 준하여 처벌한다.

02 관세법상 예비범에 대한 설명으로 틀린 것은?

　가. 전자문서위변조죄의 예비범은 1/2을 감경하여 처벌한다.

　나. 밀수품취득죄의 예비범은 1/2을 감경하여 처벌한다.

　다. 관세포탈죄의 예비범은 1/2을 감경하여 처벌한다.

　라. 밀수출죄의 예비범은 1/2을 감경하여 처벌한다.

　마. 가격조작죄의 예비범은 1/2을 감경하여 처벌한다.

03 다음 빈칸에 들어갈 숫자를 모두 더한 것으로 올바른 것은?

> 국가관세종합정보시스템이나 전자문서중계사업자의 전산처리설비에 기록된 전자문서 등 관련 정보를 위조 또는 변조하거나 위조 또는 변조된 정보를 행사한 자는 (　)년 이상 (　)년 이하의 징역 또는 (　)억원 이하의 벌금에 처한다.

　가. 8　　　　　　　　　　　　　나. 10

　다. 12　　　　　　　　　　　　라. 14

　마. 16

04 밀수입죄에 대한 설명으로 틀린 것은?

가. 밀수입죄의 경우 관세가 무세인 경우에도 성립한다.

나. 수입신고(입항 전 수입신고 포함)를 하지 아니하고 물품을 수입한 자는 밀수입죄에 해당한다.

다. 수입신고(입항 전 수입신고 포함)를 하였으나 해당 수입물품과 다른 물품으로 신고하여 수입한 자는 밀수입죄에 해당한다.

라. 일본에서 해산물 5,000톤을 인천 소재 보세창고에 반입한 후, 수입신고하지 아니하고 무단으로 시중에 판매한 경우 밀수입죄에 해당된다.

마. 밀수입죄에 해당하는 경우 5년 이하의 징역 또는 관세액의 10배와 물품원가 중 낮은 금액에 상당하는 벌금에 처한다.

05 다음 빈칸의 숫자를 모두 더한 값은?

- 수입신고를 한 자 중 법령에 따라 수입에 필요한 허가·승인·추천·증명 또는 그 밖의 조건을 갖추지 아니하거나 부정한 방법으로 갖추어 수입한 자는 (   )년 이하의 징역 또는 (   )천만원 이하의 벌금에 처한다.
- 수출신고를 한 자 중 법령에 따라 수출에 필요한 허가·승인·추천·증명 또는 그 밖의 조건을 갖추지 아니하거나 부정한 방법으로 갖추어 수출한 자는 (   )년 이하의 징역 또는 (   )천만원 이하의 벌금에 처한다.

가. 5 　　　　　　　　　　　　 나. 7

다. 9 　　　　　　　　　　　　 라. 11

마. 13

06 가격조작죄의 대상이 되는 신청 또는 신고로 틀린 것은?

가. 보정신청 　　　　　　　　 나. 반송신고

다. 입항전수입신고 　　　　　 라. 수정신고

마. 경정청구

07 밀수품취득죄에 대한 설명으로 틀린 것은?

가. 관세장물죄라고 하기도 한다.

나. 밀수품취득죄 등이 성립되기 위해서는 본죄인 밀수입죄와 정수입죄가 먼저 성립되어야 한다.

다. 밀수품을 취득 또는 알선한 경우 밀수품취득죄에 해당한다.

라. 수출입금지품을 감정한 경우 밀수품취득죄에 해당한다.

마. 부정감면물품을 운반한 경우 밀수품취득죄에 해당한다.

08 다음 중 과태료 대상인 행위는?

가. 종합보세사업장의 설치·운영에 관한 신고를 하지 아니하고 종합보세기능을 수행한 자

나. 보세구역 반입명령에 대하여 반입대상 물품의 전부 또는 일부를 반입하지 아니한 자

다. 부정한 방법으로 적재화물목록을 작성하였거나 제출한 자

라. 세관장의 의무 이행 요구를 이행하지 아니한 자

마. 선박(항공기)용품, 국제무역선(기) 판매물품 하역 또는 환적 시 허가받을 의무를 위반한 자

09 과태료에 대한 설명으로 틀린 것은?

가. 과태료는 세관장이 부과·징수한다.

나. 과태료 처분 시에는 일정요건을 충족할 경우 금액 감경을 할 수 있다.

다. 과태료 처분에 이의제기가 있을 경우 관할법원은 「비송사건절차법」에 의한 과태료 재판을 한다.

라. 「질서위반행위규제법」에 따르면 질서위반행위가 종료된 날부터 3년이 경과한 경우에는 해당 질서위반행위에 대하여 과태료를 부과할 수 없다.

마. 하나의 행위가 2 이상의 질서위반행위에 해당하면 각 질서위반행위에 대하여 정한 과태료 중 가장 중한 것을 부과한다.

10 관세법상 몰수와 추징에 관한 설명으로 틀린 것은?

가. 몰수란 범죄행위에 제공하였거나 범죄로 인해 생긴 물건에 대한 사회적 유통을 억제하고, 범죄로 인한 재산적 이익을 회수하기 위하여 그 소유권을 박탈하는 재산형이다.

나. 금지품수출입죄에 해당하는 경우에는 그 물품을 몰수할 수 있다.

다. 밀수출입죄 또는 밀수품취득죄의 경우에는 범인이 소유하거나 점유하는 그 물품을 몰수한다.

라. 몰수할 물품의 전부 또는 일부를 몰수할 수 없을 때에는 그 몰수할 수 없는 물품의 범칙 당시의 국내도매가격에 상당한 금액을 범인으로부터 추징한다.

마. 밀수품취득죄 중 밀수입죄 물품을 감정한 자는 제외한다.

11 다음 빈칸에 들어갈 단어로 적절한 것은?

관세범에 관한 사건에 대하여는 관세청장이나 세관장의 (　　)이(가) 없으면 검사는 공소를 제기할 수 없다.

가. 고소　　　　　　　　　　　　　나. 고발

다. 공소제기　　　　　　　　　　　라. 허가

마. 승인

12 압수물품 폐기대상으로 틀린 것은?

가. 부패하거나 변질된 것

나. 유효기간이 지난 것

다. 상품가치가 없어진 것

라. 처분이 지연되면 상품가치가 크게 떨어질 우려가 있는 경우

마. 사람의 생명이나 재산을 해칠 우려가 있는 것

13 관세법상 고발에 대한 설명으로 틀린 것은?

가. 관세범인이 통고 이행기간 이내에 이행하지 아니하였을 때에는 관세청장이나 세관장은 즉시 고발하여야 한다.

나. 관세청장이나 세관장은 범죄의 정상이 벌금형에 처해질 것으로 인정될 때에는 통고처분 규정 에도 불구하고 즉시 고발하여야 한다.

다. 관세범인이 통고를 이행할 수 있는 자금능력이 없다고 인정되는 경우 즉시 고발하여야 한다.

라. 관세범인의 주소 및 거소가 분명하지 아니하거나 그 밖의 사유로 통고를 하기 곤란하다고 인 정되는 경우 즉시 고발하여야 한다.

마. 통고처분을 이행한 경우 동일 사건에 대하여는 고발되지 아니한다.

14 자율관리보세구역 지정신청 및 갱신에 대한 설명으로 틀린 것은?

가. 자율관리보세구역으로 지정을 받으려는 사람은 자율관리보세구역지정신청서(보세사 등록증 등 첨부)를 세관장에게 제출하여야 한다.

나. 지정권자는 보세화물관리 및 세관 감시감독에 지장이 없다고 판단되는 경우 특허기간과 별도 로 지정기간을 설정하여 자율관리보세구역을 지정한다.

다. 보세구역 운영인 등이 자율관리보세구역 지정기간을 갱신하려는 때에는 지정기간이 만료되 기 1개월 전까지 자율관리보세구역갱신신청을 하여야 한다.

라. 자율관리보세구역 갱신 심사기간은 특허보세구역 갱신 심사기간에 따른다.

마. 자율관리보세구역 운영인 등에게 관련된 사항을 지정기간 만료 2개월 전에 문서, 전자메일, 전화, 휴대폰 문자전송 방법 등으로 미리 알려야 한다.

15 일반자율관리보세구역의 혜택으로 틀린 것은?

가. 「보세화물 관리에 관한 고시」에 따라 화주는 장치물품을 수입신고 이전에 확인할 때에 수입신고전물품확인승인(신청)서를 제출하여 세관장의 승인을 받아야 한다. 자율관리보세구역의 경우 장치물품의 수입신고전확인신청을 생략한다.

나. 「특허보세구역 운영에 관한 고시」따라 보세구역운영상황보고를 받은 세관장은 소속공무원으로 하여금 보세구역을 방문하여 운영상황을 점검하도록 하여야 한다. 자율관리보세구역의 경우 보세구역 운영상황의 점검이 생략된다.

다. 「보세공장 운영에 관한 고시」에 따른 보관창고 증설을 단일보세공장 소재지 관할구역 내의 장소에도 허용한다.

라. 「식품위생법」, 「건강기능식품에 관한 법률」 등에 따른 표시작업(원산지표시 제외)과 벌크화물의 사일로 적입을 위한 포장제거작업의 경우 보수작업신청(승인)을 생략한다.

마. 자율관리보세구역으로 지정받은 자가 내국물품에 대한 장부를 비치하고 반출입사항을 기록 및 관리하는 경우 반출입신고서 제출을 면제하거나 기재사항 일부를 생략하게 할 수 있다.

16 자율관리보세구역에 대한 감독과 관련한 다음 설명의 다음 빈칸에 들어갈 단어로 올바른 것은?

세관장은 자율관리보세구역의 운영실태 및 보세사의 관계법령 이행 여부 등을 확인하기 위하여 별도의 감사반을 편성(외부 민간위원을 포함할 수 있다)하고 (　　　) 이내의 기간을 설정하여 연 (　　　) 정기감사를 실시하여야 한다.

가. 7일, 1회　　　　　　　　　　　　나. 10일, 1회
다. 15일, 1회　　　　　　　　　　　　라. 7일, 2회
마. 7일, 2회

17 보세사의 직무가 아닌 것은?

가. 보세화물 및 내국물품의 반입 또는 반출에 대한 참관 및 확인
나. 견본품의 채취 및 검사
다. 세관봉인대의 시봉 및 관리
라. 환적화물 컨테이너 적출입 시 입회 · 감독
마. 보수작업과 화주의 수입신고전장치물품확인 시 입회 · 감독

18 법규수행능력평가제도의 용어의 정의상 틀린 것은?

가. "수출입물류업체"란 화물관리인, 특허보세구역 운영인, 종합보세사업장 운영인, 보세운송업자 · 화물운송주선업자, 항공사 · 선박회사와 「자유무역지역의 지정 및 운영에 관한 법률」에 따른 입주기업체를 말한다. 다만, 「수출입안전관리우수업체 공인 및 운영에 관한 고시」에 따라 종합인증우수업체로 공인된 업체는 제외한다.

나. "법규수행능력"이란 수출입물류업체가 관세법규 등에서 정하는 사항을 준수한 정도를 측정한 점수를 말한다.

다. "내부자율통제시스템"이란 수출입물류업체가 관세법령 등에서 정하는 보세화물취급업무를 수행하기 위한 일련의 처리절차, 내부통제절차 등을 갖춘 자체시스템을 말한다.

라. "평가미이행업체"란 법규수행능력 평가항목 자율점검표를 세관장에게 제출하지 아니한 업체를 말한다.

마. "점검요원"이란 이 훈령에서 정하는 법규수행능력 측정 및 평가관련 사항의 점검 · 확인 · 평가관리 등을 수행하기 위하여 세관심사부서에 편성된 점검반의 구성원을 말한다.

19 자유무역지역 입주계약을 체결할 수 없는 자에 대한 설명으로 틀린 것은?

가. 법에 따라 입주계약이 해지된 후 2년이 지나지 아니한 자

나. 관세 또는 내국세를 체납한 자

다. 벌금형 또는 통고처분을 받은 자로서 그 벌금형 또는 통고처분을 이행한 후 2년이 지나지 아니한 자

라. 「자유무역지역법」 또는 「관세법」을 위반하여 징역형의 집행유예를 선고받고 그 유예기간 중에 있는 사람

마. 「자유무역지역법」 또는 「관세법」(예 밀수입죄)을 위반하여 징역형의 실형을 선고받고 그 집행이 끝난 지 3년이 지나지 아니하거나 집행이 면제된 날부터 3년이 지나지 아니한 사람

20 '수입이 제한된 사항을 회피할 목적으로 부분품으로 수입하거나 주요 특성을 갖춘 미완성 불완전한 물품이나 완제품을 부분품으로 분할하여 수입한 자'에 대한 처벌조항으로 옳은 것은?

가. 밀수입죄

나. 관세포탈죄 등

다. 부정수입죄

라. 허위신고죄

마. 과태료

21 자유무역지역 입주업체 관리에 관한 내용으로 틀린 것은?

가. 자유무역지역에서는 입주기업체 간 물품이동 및 보수작업 등에 대한 세관신고를 생략한다.

나. 자유무역지역에 반입한 물품에 대하여는 원칙적으로 장치기간의 제한을 두지 아니한다.

다. 자유무역지역 중 공항 또는 항만으로서 관세청장이 지정하는 지역은 2개월의 장치기간이 있다.

라. 세관장은 관리권자로부터 입주계약사항을 통보받은 경우 동 사항을 입주기업체 관리대장에 기록하고, 물품관리를 위하여 필요하다고 인정되는 경우 업체관리 부호를 부여하여 관세청 전자통관시스템에 등록하여야 한다.

마. 입주기업체에 부여하는 "업체관리부호"는 관세법상 "보세구역부호 또는 장치장부호"와 같은 기능을 한다.

22 자유무역지역의 외국물품 반입에 관련된 설명으로 틀린 것은?

가. 반입신고는 Master B/L 단위로 하여야 하며, 하선장소로 지정된 입주기업체에 컨테이너 상태로 반입하는 경우에는 House B/L 단위로 신고할 수 있다.

나. 컨테이너보관창고(CY)에서 반출입되는 컨테이너화물에 대하여는 컨테이너 단위로 반입신고 하여야 한다.

다. 하선신고를 한 자는 컨테이너화물을 입항 후 5일 이내에 하선장소에 반입하여야 한다. 〈법률 개정으로 선지 변경〉

라. 원목, 곡물, 원유 등 벌크화물은 10일 이내에 하선장소에 반입하여야 한다.

마. 보세운송에 의하여 자유무역지역으로 반입되는 외국화물의 보세운송도착보고는 반입신고로 갈음하며, 보세운송기간에 하여야 한다.

23 자유무역지역의 역외작업에 대한 설명으로 틀린 것은?

가. 입주기업체는 외국물품등을 가공 또는 보수하기 위하여 관세영역으로 반출하려는 경우에는 그 가공 또는 보수 작업의 범위, 반출기간, 대상물품, 반출장소를 정하여 세관장에게 신고하 여야 한다.

나. 준용되는 「관세법」에 따라 관세등을 징수하는 물품에 대한 과세물건 확정의 시기는 신고 수리 가 있은 때로 한다.

다. 역외작업의 범위는 해당 입주기업체가 전년도에 원자재를 가공하여 수출한 금액의 100분의 50 이내로 한다.

라. 역외작업 대상물품은 원자재 또는 원자재의 제조 · 가공에 전용되는 시설재(금형을 포함)만 해당한다.

마. 역외작업의 반출장소는 역외작업 수탁업체의 공장 또는 그에 부속된 가공장소로 한다.

24 자유무역지역의 매각 관련 규정으로 틀린 것은?

가. 자유무역지역에 반입된 물품에 대하여는 원칙적으로는 장치기간에 대한 제한이 없다.

나. 입주기업체는 반입한 날부터 3개월이 지난 외국물품에 대해 화주가 수취를 거절하는 경우에 세관장에게 그 외국물품의 매각을 요청할 수 있다.

다. 입주기업체는 세관장에게 매각을 요청하는 경우 화주, 반입자 또는 그 위임을 받은 자에게 외국물품의 반출통고를 해야 하며, 반출통고 후 30일이 경과한 후에 매각을 요청할 수 있다.

라. 매각을 요청하는 경우에는 반입신고서, 반출통고서, 그 밖에 매각 요청 사유를 입증하기 위한 증명자료를 제출해야 한다.

마. 세관장은 입주기업체가 증명서류를 제출하지 않거나 매각 요청 사유에 해당하지 않는 경우에는 매각 요청을 승인하지 않을 수 있다.

25 자유무역지역 입주기업체의 재고관리상황조사에 관한 다음 설명의 빈칸에 들어갈 단어로 옳은 것은?

> 입주기업체는 회계연도 종료 (   )이 경과한 후 (   ) 이내에 입주기업체의 반출입물품의 관리에 대한 적정 여부를 자체 점검하고 원재료, 재공품, 제품 및 잉여물품 등의 재고관리 방법 등의 사항을 포함하는 자율점검표 또는 공인회계사가 이 고시에서 정하는 바에 따라 재고조사를 실시하고 작성한 보고서를 관할 세관장에게 제출하여야 한다.

가. 1개월, 15일　　　　　　　　나. 2개월, 15일

다. 3개월, 15일　　　　　　　　라. 1개월, 10일

마. 2개월, 10일

5과목 | 수출입안전관리

---

01 다음 중 국제항으로 지정되어 있지 않은 곳은?

가. 마산항　　　　　　　　　　나. 묵호항

다. 양양공항　　　　　　　　　라. 광주공항

마. 보령항

02 입항보고 시 첨부하여야 하는 서류가 아닌 것은?

가. 선박용품 또는 항공기용품의 목록   나. 여객명부

다. 승무원명부   라. 여객 휴대품목록

마. 적재화물목록

03 물품의 하역에 관한 설명으로 틀린 것은?

가. 하역이라 함은 화물을 국제무역선에서 양륙하여 하선장소에 반입하는 하선작업과 화물을 국제무역선에 옮겨놓는 적재작업을 말한다.

나. 국제무역선이나 국제무역기는 입항절차를 마친 후가 아니면 물품을 하역하거나 환적할 수 없다. 다만, 세관장의 허가를 받은 경우에는 그러하지 아니하다.

다. 국제무역선이나 국제무역기에 물품을 하역하거나 환적하려면 세관장에게 신고하고 현장에서 세관공무원의 확인을 받아야 한다. 다만, 세관공무원이 확인할 필요가 없다고 인정하는 경우에는 그러하지 아니하다.

라. 관세청장은 감시ㆍ단속을 위하여 필요할 때에는 물품을 하역하는 장소 및 통로와 기간을 제한할 수 있다.

마. 국제무역선이나 국제무역기에는 내국물품을 적재할 수 없으며 국내운항선이나 국내운항기에는 외국물품을 적재할 수 없다. 다만, 세관장의 허가를 받았을 때에는 그러하지 아니하다.

04 선박(항공기)용품의 하역 관련한 설명으로 틀린 것은?

가. 선박용품 또는 항공기용품을 국제무역선 또는 국제무역기에 하역하거나 환적하려면 세관장의 허가를 받아야 하며, 하역 또는 환적허가의 내용대로 하역하거나 환적하여야 한다.

나. 선박용품 등의 물품이 외국으로부터 우리나라에 도착한 외국물품일 때에는 보세구역으로부터 국제무역선 또는 국제무역기에 적재하는 경우에만 그 외국물품을 그대로 적재할 수 있다. 선박용품 등의 종류와 수량은 선박이나 항공기의 종류, 톤수 또는 무게, 항행일수 또는 운행일수, 여객과 승무원의 수 등을 고려하여 세관장이 타당하다고 인정하는 범위이어야 한다.

다. 선박용품이란 음료, 식품, 연료, 소모품, 밧줄, 수리용 예비부분품 및 부속품, 집기, 그 밖에 이와 유사한 물품으로서 해당 선박에서만 사용되는 것을 말한다.

라. 선박(항공기)용품을 미리 세관장의 승인을 받고 폐기한 경우에는 관세를 징수하지 아니한다.

마. 외국물품인 선박용품 또는 항공기용품이 하역 또는 환적허가의 내용대로 운송수단에 적재되지 아니한 경우 세관장이 지정한 기간 내에 그 물품이 다시 보세구역에 반입된 경우 허가를 받은 자로부터 즉시 그 관세를 징수한다.

05 관세통로에 관한 설명으로 틀린 것은?

가. 국경출입차량은 관세통로를 경유하여야 한다.

나. 국경출입차량은 통관역이나 통관장에 정차하여야 한다.

다. 관세통로는 육상국경으로부터 통관역에 이르는 철도와 육상국경으로부터 통관장에 이르는 육로 또는 수로 중에서 세관장이 지정한다.

라. 통관역은 국외와 연결되고 국경에 근접한 철도역 중에서 세관장이 지정한다.

마. 통관장은 관세통로에 접속한 장소 중에서 세관장이 지정한다.

06 검색기검사대상화물 선별대상이 아닌 것은?

가. 물품 특성상 내부에 밀수품을 은닉할 가능성이 있는 화물

나. 총기류 · 도검류 등 위해물품을 은닉할 가능성이 있는 화물

다. 반송 후 재수입되는 컨테이너화물로 밀수입 등이 의심되는 화물

라. 실제와 다른 품명으로 수입할 가능성이 있는 화물

마. 그 밖에 세관장이 검색기검사가 필요하다고 인정하는 화물

07 검사대상화물 해제신청대상이 아닌 것은?

가. 원자재 및 시설재인 경우

나. 보세공장에 반입하는 물품인 경우

다. 학술연구용 실험기자재이거나 실험용품인 경우

라. 지정장치장에 반입하는 물품인 경우

마. 보세판매장에 반입하는 물품인 경우

08 테러위해물품 발견 시 행동요령으로 틀린 것은?

가. 물품을 흔들거나 떨어뜨리지 않는다.

나. 물품을 개봉하여 확인한 후 가까운 세관에 신고하고 경찰, 보건당국에도 신고한다.

다. 가루를 발견한 경우에는 물품을 밀봉된 비닐백에 별도 보관하여 관계 당국에 인계한다.

라. 사제폭탄 이용 우편물을 발견하면 즉시 그 장소를 떠나서 119에 신고하도록 한다.

마. 화생방물질이 묻었으면 흐르는 물에 씻되 피부를 문지르거나 긁지 않는다.

09 AEO의 효과로 틀린 것은?

가. 테러, 마약 등 불법 물품의 국내 반입 차단

나. AEO 공인 기업은 이미지 상승으로 국제경쟁력을 제고하여 거래선 확보가 용이

다. 비관세장벽 해소, 사회 안전과 국민건강 보호, 국제사회와의 약속 이행 및 동참

라. 기업의 자율적 위험관리로 관세행정의 효율성을 도모

마. AEO 공인 기업은 관세감면혜택으로 수출경쟁력이 향상됨

10 AEO 제도 특징으로 틀린 것은?

가. 수출입통관업무 처리의 신속성에 중점을 두었으나, AEO 제도는 신속성뿐만 아니라 법규준수 및 안전관리를 동시에 추구하고 있다.

나. 수출입 주체인 기업을 중심으로 위험관리가 이루어졌었으나, AEO 제도는 개별 수출입물품을 중심으로 위험도를 집중 관리한다.

다. 국내 세관 영역과 수입물품의 관리에만 중점을 두었으나, AEO 제도는 수입물품뿐만 아니라 수출물품 정보를 국외 세관영역(수입국)과 공유하는 듯 세관의 영역을 확장하여 관리가 이루어진다.

라. 특정 통관 시점 및 단계에서만 수출입물품의 위험관리가 이루어졌으나, AEO 제도는 수출입 공급망 전 과정에 대한 통합관리를 지향하고 있다.

마. 자율적인 내부통제체제 강화를 위한 법규준수도 제고를 지향한다.

11 다음 중 MRA 체결국가가 아닌 것은?

가. 도미니카공화국

나. 인도

다. 페루

라. 말레이시아

마. 이탈리아

12 AEO 등급 구분으로 틀린 것은?

가. 관세청장은 공인등급별 기준에 따라 출입 안전관리 우수업체 심의위원회 심의를 거쳐 공인등급을 결정한다.

나. A등급은 법규준수도가 80점 이상이어야 한다.

다. AA등급은 법규준수도가 90점 이상이어야 한다.

라. AAA등급은 종합심사를 받은 업체 중에서 법규준수도가 95점 이상이며 수출입 안전관리와 관련하여 다른 업체에 확대하여 적용할 수 있는 우수사례가 있는 업체이다. 이 경우 해당 우수사례는 공인등급을 상향할 때에 한 번만 유효하다.

마. 수출입안전관리우수업체가 관세청장의 공인등급 결정에 이의가 있는 경우에는 세관장에게 재심의를 요청할 수 있다.

13 AEO 공인신청과 관련한 설명으로 틀린 것은?

가. 신청업체는 수출입안전관리우수업체공인심사신청서를 첨부서류와 함께 전자문서로 관세청
   장에게 제출하여야 한다.

나. 신청업체가 공인을 신청할 때에는 사업장 단위(개인사업자를 포함한다)로 신청하여야 한다.
   첨부서류는 각 사업장별로 구분하여 작성하여야 한다.

다. 첨부서류 중에서 사업장별로 중복되는 사항은 한꺼번에 작성하여 제출할 수 있다.

라. 관세청장은 법인단위 법규준수도가 70점 미만(중소 수출기업은 60점 미만)인 경우 신청을 각
   하한다.

마. 신청업체는 공인신청을 스스로 취하하고자 할 때에는 공인심사취하신청서를 작성하여 관세
   청장에게 제출하여야 한다.

14 AEO 예비심사에 대한 설명으로 틀린 것은?

가. 신청업체는 공인신청 후 서류심사 전에 제출 서류의 적정성 등에 관하여 사전 확인을 받고자
   예비심사를 희망하는 경우에는 예비심사신청서를 관세청장에게 제출하여야 한다.

나. 관세청장은 예비심사를 「수출입안전관리우수업체 심사업무 수탁기관의 지정과 운영에 관한
   고시」에 따라 지정된 기관에 위탁할 수 있다.

다. 관세청장은 중소 수출기업이 예비심사를 신청한 경우에는 다른 신청업체에 우선하여 예비심
   사를 할 수 있다.

라. 심사를 위탁받은 기관은 예비심사신청서를 접수한 날로부터 20일 이내에 심사를 마치고, 그
   결과를 관세청장에게 제출하여야 한다.

마. 관세청장은 예비심사 결과의 적정성을 확인하고 신청업체에게 예비심사 결과를 통보하여야
   한다.

15 수출입안전관리우수업체 심의위원회 심의사항으로 틀린 것은?

가. 수출입안전관리우수업체의 공인

나. 수출입안전관리우수업체의 특례적용 중단

다. 수출입안전관리우수업체의 공인등급 조정

라. 공인과 갱신을 유보하는 업체의 지정

마. 수출입안전관리우수업체 공인의 취소

16 AEO 공인신청 기각 대상으로 틀린 것은?

가. 공인신청 후 신청업체의 법규준수도 점수가 80점 미만(중소 수출기업은 70점 미만)으로 하락한 경우

나. 공인유보업체를 재심사한 결과, 공인기준을 충족하지 못한 것으로 확인된 경우

다. 관세청장이 보완을 요구하였으나, 천재지변 등 특별한 사유 없이 보완 요구기간 내에 보완하지 아니하거나 보완을 하였음에도 불구하고 공인기준을 충족하지 못한 경우

라. 공인심사를 할 때에 제출한 자료가 거짓으로 작성된 경우

마. 서류심사 또는 현장심사 결과, 공인기준을 충족하지 못하였으며 보완 요구의 실익이 없는 경우

17 수출입안전관리우수업체의 공인기준으로 틀린 것은?

가. 법규준수

나. 내부통제시스템

다. 재무건전성

라. 전략관리

마. 안전관리

18 AEO의 모든 공인분야에 적용되는 혜택으로 틀린 것은?

가. 법규위반 시 행정형벌을 적용 제외하고 통고처분, 과태료 등 행정질서벌을 적용

나. 기획심사, 법인심사 제외

다. 과태료의 경감

라. 통고처분금액의 경감

마. 외국환 검사 제외

19 AEO 변동사항 중 즉시 보고하여야 하는 사항은?

가. 양도, 양수, 분할 및 합병 등으로 인한 법적 지위의 변경

나. 대표자, 수출입 관련 업무 담당 임원 및 관리책임자의 변경

다. 변동사항이 범칙행위, 부도 등 공인 유지에 중대한 영향을 미치는 경우

라. 소재지 이전, 사업장의 신설·증설·확장·축소·폐쇄 등

마. 화재, 침수, 도난, 불법유출 등 수출입화물 안전관리와 관련한 특이사항

20 AEO 정기자체평가와 관련하여 틀린 것은?

가. 수출입안전관리우수업체는 매년 공인일자가 속하는 달에 정기자체평가서에 따라 공인기준을 충족하는지를 자체적으로 점검하고 다음 달 15일까지 관세청장에게 그 결과를 제출하여야 한다.

나. 수출입안전관리우수업체가 여러 공인부문에 걸쳐 공인을 받은 경우에는 공인일자가 가장 늦게 도래하는 공인부문을 기준으로 자체평가서를 함께 제출할 수 있다.

다. 관세청장은 수출입안전관리우수업체가 종합심사를 신청한 경우에는 공인의 유효기간이 끝나는 날이 속하는 연도에 실시하는 정기자체평가를 생략하게 할 수 있다.

라. 수출입안전관리우수업체가 종합심사 신청을 취하하는 경우에는 당초 기한 또는 종합심사를 취하한 날의 다음 달 15일까지 정기자체평가서를 관세청장에게 제출하여야 한다.

마. 관세청장은 정기자체평가서 및 확인서에 대해서 공인기준을 충족하는지를 확인할 경우에는 확인자에게 관련 자료를 요청하거나, 수출입안전관리우수업체의 사업장 등을 방문하여 확인할 수 있다.

21 종합심사에 대한 설명으로 틀린 것은?

가. 수출입안전관리우수업체는 공인을 갱신하고자 할 때에는 공인의 유효기간이 끝나기 2개월 전까지 수출입안전관리우수업체 종합심사 신청서와 자체평가표 등 서류를 첨부하여 관세청장에게 전자문서로 제출하여야 한다.

나. 세청장은 원활한 종합심사를 운영하기 위해 수출입안전관리우수업체에게 공인의 유효기간이 끝나기 1년 전부터 종합심사를 신청하게 할 수 있다.

다. 수출입안전관리우수업체가 여러 공인부문에 걸쳐 공인을 받은 경우에는 공인일자가 가장 빠른 공인부문을 기준으로 종합심사를 함께 신청할 수 있다.

라. 관세청장은 수출입안전관리우수업체의 동의를 받아 공인부문별 유효기간을 공인일자가 가장 빠른 공인부문의 유효기간에 일치시킬 수 있다.

마. 관세청장은 신청업체를 대상으로 종합심사를 할 때에는 수출입안전관리우수업체의 공인부문별로 서류심사와 현장심사의 순으로 구분하여 실시한다.

22 AEO 혜택적용을 정지할 수 있는 사유에 대한 설명으로 틀린 것은?

가. 출입 관련 법령의 양벌규정에 따라 벌금 또는 통고처분을 받은 경우

나. 정당한 사유 없이 변동사항을 보고하지 않거나 정기자체평가서를 제출기한으로부터 15일 이내에 제출하지 아니한 경우

다. 공인의 유효기간 중에 보완요구를 3회 이상 받은 경우

라. 교육을 받도록 권고받은 이후에 특별한 사유 없이 교육을 받지 않은 경우

마. 공인을 유보한 경우

23 AEO 운영인부문 공인기준 중 내부통제시스템에 대한 내용으로 틀린 것은? 〈2023년 시험범위 변경으로 해당 문제 시험범위 아님〉

가. 최고경영자의 법규 준수와 안전관리에 대한 경영방침 및 세부목표를 수립(문서화)하여야 한다.

나. 법규 준수와 안전관리를 위한 조직과 인력을 확보하여야 한다.

다. 관세행정 관련 활동에 적극 참여하여야 한다.

라. 인정받을 수 있는 수출입물품 취급 관련 자격증으로는 관세사, 보세사, 물류관리사, 유통관리사가 있다.

마. 청렴성을 유지하기 위하여 윤리경영방침을 마련하고, 내부고발제도 등 부정방지 프로그램을 활성화하여야 한다.

24 AEO 운영인부문 공인기준 중 안전관리기준에 대한 내용으로 틀린 것은? 〈2023년 시험범위 변경으로 해당 문제 시험범위 아님〉

가. 컨테이너와 트레일러 등의 이상 여부를 확인하고, 손상된 컨테이너와 트레일러 등을 식별하여 세관장 및 관련 외국 관세당국에 보고하는 절차를 마련하여야 한다.

나. 물품보관장소 및 컨테이너와 트레일러 등에 대하여 주기적으로 점검(30일을 초과할 수 없음)하는 절차를 마련하여야 한다.

다. 직원을 식별하고, 접근을 통제하기 위하여 직원식별시스템을 마련하고, 회사 관리자를 지정하여 직원, 방문자, 납품업자를 식별하는 표식의 발급과 회수를 관리하여야 한다.

라. 접근통제구역을 설정하고, 직원별로 직무수행 범위에 따라 접근 가능 구역과 권한을 구분하여야 하며, 접근통제장치를 발급, 회수, 변경하는 절차를 마련하여야 한다.

마. 선박에서 밀항자 등을 발견하였을 경우에는 운영인에게 즉시 보고하여야 한다.

25 AEO 운영인부문 공인기준 중 시설과 장비관리기준에 대한 설명으로 틀린 것은? 〈2023년 시험범위 변경으로 해당 문제 시험범위 아님〉

가. 물품취급 및 보관시설 주변을 둘러싸는 울타리를 설치하여야 한다.

나. 사람과 차량이 출입하는 출입구에 인력을 배치하거나 감시하고, 적절한 출입과 안전관리를 위하여 출입구를 최소한으로 유지하여야 한다.

다. 운영인은 감시카메라를 설치한 경우 24시간 작동되도록 하고 녹화자료를 최소 60일 이상 보관하여야 한다.

라. 출입구, 물품 취급 및 보관시설, 울타리, 주차지역을 포함한 시설 내외부에 적절한 조명을 설치하여야 한다.

마. 운영인은 건물에 대해 최소 월 1회 이상 주기적으로 검사하고 그 내역을 기록 · 유지하여야 한다.

07

실전모의고사
정답 및 해설

실전모의고사 1회 정답 및 해설
실전모의고사 2회 정답 및 해설

1과목 ㅣ 수출입통관절차																			
01	다	02	다	03	다	04	라	05	다	06	다	07	가	08	다	09	마	10	다
11	가	12	가	13	다	14	마	15	마	16	나	17	가	18	가	19	마	20	마
21	다	22	가	23	마	24	마	25	다										

01 정답 ㅣ 다
해설 ㅣ 관세는 납세의무자와 담세자가 일치하지 않는 간접세에 해당한다.

02 정답 ㅣ 다
해설 ㅣ 입항 전 수입신고가 수리된 물품을 내국물품이라 한다.

03 정답 ㅣ 다
해설 ㅣ 관세 납부고지서의 송달은 납세의무자에게 직접 발급하는 경우를 제외하고는 인편, 우편 또는 전자송달의 방법으로
한다.

04 정답 ㅣ 라
해설 ㅣ 종량세의 장점은 세액 산출이 쉽고, 수출국에 따라 세액에 변화가 없다는 것이다.

05 정답 ㅣ 다
해설 ㅣ 구매자가 해당 수입물품의 생산 및 수출거래를 위하여 대통령령으로 정하는 물품(재료, 구성요소, 부분품 등) 및
용역을 무료 또는 인하된 가격으로 직접 또는 간접으로 공급한 경우에는 그 물품 및 용역의 가격 또는 인하차액을
해당 수입물품의 총 생산량 등 대통령령으로 정하는 요소를 고려하여 적절히 배분한 금액이다.

06 정답 ㅣ 다
해설 ㅣ 도난물품 또는 분실물품은 해당 물품이 도난되거나 분실된 때 부과한다.

07 정답 ㅣ 가
해설 ㅣ 보세구역의 장치물품을 도난하거나 분실한 경우 그 운영인 또는 화물관리인이 관세의 납세의무자가 된다.

08 정답 ㅣ 다
해설 ㅣ 보세건설장에 반입된 외국물품의 경우에는 다음의 날 중 먼저 도래한 날의 다음 날을 관세를 부과할 수 있는 날로
한다.
① 건설공사완료보고를 한 날
② 특허기간이 만료되는 날

09 정답 I 마

해설 I **관세징수권 소멸시효의 중단**

관세징수권의 소멸시효는 다음 각 호의 어느 하나에 해당하는 사유로 중단된다.

① 납부고지

② 경정처분

③ 납세독촉

④ 통고처분

⑤ 고발

⑥ 「특정범죄 가중처벌 등에 관한 법률」제16조에 따른 공소제기

⑦ 교부청구

⑧ 압류

10 정답 I 다

해설 I '수입신고 수리 전에 세액을 심사하는 경우로서 그 결과에 따라 부족세액을 징수하는 경우'가 옳은 표현이다.

11 정답 I 가

해설 I **원산지증명서 제출 및 생략**

이 법, 조약, 협정 등에 따라 원산지 확인이 필요한 물품을 수입하는 자는 해당 물품의 원산지를 증명하는 서류(원산지 증명서)를 제출하여야 한다. 다만, 대통령령으로 정하는 다음의 물품의 경우에는 그러하지 아니하다.

① 세관장이 물품의 종류 · 성질 · 형상 또는 그 상표 · 생산국명 · 제조자 등에 의하여 원산지를 확인할 수 있는 물품

② 우편물(수입신고대상 우편물에 해당하는 것을 제외한다)

③ 과세가격이 15만원 이하인 물품

④ 개인에게 무상으로 송부된 탁송품 · 별송품 또는 여행자의 휴대품

⑤ 기타 관세청장이 관계행정기관의 장과 협의하여 정하는 물품

12 정답 I 가

해설 I **「관세법」 제234조(수출입의 금지)**

다음 각 호의 어느 하나에 해당하는 물품은 수출하거나 수입할 수 없다.

① 헌법질서를 문란하게 하거나 공공의 안녕질서 또는 풍속을 해치는 서적 · 간행물 · 도화, 영화 · 음반 · 비디오물 · 조각물 또는 그 밖에 이에 준하는 물품

② 정부의 기밀을 누설하거나 첩보활동에 사용되는 물품

③ 화폐 · 채권이나 그 밖의 유가증권의 위조품 · 변조품 또는 모조품

13 정답 I 다

해설 I 수산물(HS 0302, 0303, 0305. 단, 0305는 염수장한 것에 한함)은 수입물품의 입항지 세관, 보세구역으로 지정받은 냉장 · 냉동창고가 있는 내륙지세관에서 통관할 수 있다. 다만, 수출용원자재는 관할지 세관장이 인정하는 냉장 · 냉동시설이 있는 수산물제조 · 가공업체 관할세관에서도 통관할 수 있다.

14 정답 I 마

해설 I **「관세법」 제238조(보세구역 반입명령)**

관세청장이나 세관장은 다음 각 호의 어느 하나에 해당하는 물품으로서 이 법에 따른 의무사항을 위반하거나 국민보건 등을 해칠 우려가 있는 물품은 대통령령으로 정하는 바에 따라 이를 보세구역으로 반입할 것을 명할 수 있다.

1. 수출신고가 수리되어 외국으로 반출되기 전에 있는 물품

2. 수입신고가 수리되어 반출된 물품

15 정답 | 마

해설 | 모두 신고지연가산세 면제대상이다.

16 정답 | 나

해설 | 수입하거나 반송하려는 물품을 지정장치장 또는 보세창고에 반입하거나 보세구역이 아닌 장소에 장치한 자는 그 반입일 또는 장치일부터 30일 이내(관세청장이 정하는 바에 따라 반송방법이 제한된 물품은 관세청장이 정하는 바에 따라 반송신고를 할 수 있는 날부터 30일 이내)에 수입 또는 반송신고를 하여야 한다.

17 정답 | 가

해설 | 매각공고가 아닌 매각된 물품이 그 대상이다.

18 정답 | 가

해설 | 전기·유류, 가스, 용수를 그 물품의 특성으로 인하여 전선이나 배관 등 대통령령으로 정하는 시설 또는 장치 등을 이용하여 수출·수입 또는 반송하는 자는 1개월을 단위로 하여 다음 달 10일까지 신고하여야 한다.

19 정답 | 마

해설 | 수입신고인에 완제품공급자는 해당하지 않는다.

20 정답 | 마

해설 | '수입신고하는 때와 우리나라에 도착하는 때의 물품의 성질과 수량이 달라지는 물품으로서 관세청장이 정하는 물품'이 올바른 표현이다.

21 정답 | 다

해설 | 보세판매장 수출신고가 올바른 표현이다.

22 정답 | 가

해설 | 신고는 정당한 이유가 있는 경우에만 세관장의 승인을 받아 취하할 수 있다.

23 정답 | 마

해설 | 수출신고가 수리된 물품은 수출신고가 수리된 날부터 30일 이내에 운송수단에 적재하여야 한다. 다만, 기획재정부령으로 정하는 바에 따라 1년의 범위에서 적재기간의 연장승인을 받은 것은 그러하지 아니하다.

24 정답 | 마

해설 | 고액상습체납자 명단공개는 납세자의 권리가 아니다.

25 정답 | 다

해설 | 수출물품에 대한 원산지 결정기준이 수입국의 원산지 결정기준과 다른 경우에는 수입국의 원산지 결정기준을 따를 수 있다.

01	나	02	마	03	나	04	마	05	마	06	마	07	나	08	라	09	마	10	나
11	다	12	가	13	가	14	가	15	나	16	마	17	다	18	나	19	나	20	가
21	가	22	라	23	마	24	다	25	나										

01 정답 | 나
해설 | 「관세법」에서는 유 · 무세의 구분 없이 모든 외국물품을 보세의 대상으로 하고 있는 점으로 보아 보세라 함은 외국물품의 수입신고수리 전의 상태라 할 수 있다.

02 정답 | 마
해설 | **「관세법」 제168조(지정보세구역의 처분)**
지정보세구역의 지정을 받은 토지 등의 소유자나 관리자는 다음 각 호의 어느 하나에 해당하는 행위를 하려면 미리 세관장과 협의하여야 한다. 다만, 해당 행위가 지정보세구역으로서의 사용에 지장을 주지 아니하거나 지정보세구역으로 지정된 토지 등의 소유자가 국가 또는 지방자치단체인 경우에는 그러하지 아니하다. 세관장은 협의에 대하여 정당한 이유 없이 이를 거부하여서는 아니 된다.
1. 해당 토지 등의 양도, 교환, 임대 또는 그 밖의 처분이나 그 용도의 변경
2. 해당 토지에 대한 공사나 해당 토지 안에 건물 또는 그 밖의 시설의 신축
3. 해당 건물 또는 그 밖의 시설의 개축 · 이전 · 철거나 그 밖의 공사

03 정답 | 나
해설 | • 특허보세구역을 설치 · 운영하려는 자는 세관장의 특허를 받아야 한다. 기존의 특허를 갱신하려는 경우에도 또한 같다.
• 특허갱신신청인은 특허기간 만료 1개월 전까지 특허갱신신청서에 운영인의 자격을 증명하는 서류와 보세구역 운영에 필요한 시설 및 장비의 구비서류를 구비하여 세관장에게 제출하여야 한다.

04 정답 | 마
해설 | 세관검사장의 유효기간은 규정되어 있지 않다.

05 정답 | 마
해설 | '이 법을 위반하여 징역형의 집행유예를 선고받고 그 유예기간 중에 있는 자'가 올바른 표현이다.

06 정답 | 마
해설 | 보세창고의 보관요율을 변경한 경우에는 보고의무가 없다.

07 정답 | 나
해설 | 관세청장이 정하는 보세구역에 반입되어 수입신고가 수리된 물품의 화주 또는 반입자는 장치기간 규정에도 불구하고 그 수입신고수리일부터 15일 이내에 해당 물품을 보세구역으로부터 반출하여야 한다. 다만, 외국물품을 장치하는 데에 방해가 되지 아니한 것으로 인정되어 세관장으로부터 해당 반출기간의 연장승인을 받았을 때에는 그러하지 아니하다.

08 정답 | 라
해설 | '라'의 경우 반입정지사유이다.

09 정답 | 마

해설 | '마'의 경우 특허보세구역 반입정지사유이다.

10 정답 | 나

해설 | '보관요율(자가용보세창고는 제외한다) 및 보관규칙'이 올바른 표현이다.

11 정답 | 다

해설 | 건물의 바닥은 지면보다 높아야 하며, 시멘트·콘크리트·아스팔트 등으로 하여야 한다.

12 정답 | 가

해설 | 「관세법 시행령」 제199조(보세공장원재료의 범위)

보세공장에서 보세작업을 하기 위하여 반입되는 원료 또는 재료("보세공장원재료")는 다음 각 호의 어느 하나에 해당하는 것을 말한다. 다만, 기계·기구 등의 작동 및 유지를 위한 연료, 윤활유 등 제품의 생산·수리·조립·검사·포장 및 이와 유사한 작업에 간접적으로 투입되어 소모되는 물품은 제외한다.

1. 당해 보세공장에서 생산하는 제품에 물리적 또는 화학적으로 결합되는 물품
2. 해당 보세공장에서 생산하는 제품을 제조·가공하거나 이와 비슷한 공정에 투입되어 소모되는 물품
3. 해당 보세공장에서 수리·조립·검사·포장 및 이와 유사한 작업에 직접적으로 투입되는 물품

13 정답 | 가

해설 | 운영인은 잉여물품이 발생한 때에는 잉여물품관리대장에 잉여물품의 형태, 품명·규격, 수량 또는 중량 및 발생사유를 기록하여야 한다.

14 정답 | 가

해설 | 보세공장에 대한 재고조사는 서면심사 및 실지조사의 방법으로 회계연도 종료 3개월 이후 연 1회 실시를 원칙으로 한다.

15 정답 | 나

해설 | '환급고시 규정에 따른 지정된 업체가 공급하는 환급대상인 내국물품의 반입'이 올바른 표현이다.

16 정답 | 마

해설 | 보세전시장에서 불특정다수의 관람자에게 오락용으로 관람케 하거나 사용하게 할 물품 중 유상으로 제공될 물품은 수입신고수리 후에 사용이 가능하다.

17 정답 | 다

해설 | 보세건설장 외 보세작업의 허가를 받으려는 자는 보세건설장 외 보세작업 신청서와 다음 임가공계약서 사본 1부 등을 세관장에게 제출하여야 한다.

18 정답 | 나

해설 | 특허를 받은 자는 두 차례에 한정하여 대통령령으로 정하는 바에 따라 특허를 갱신할 수 있다. 이 경우 갱신기간은 한 차례당 5년 이내로 한다.

19 정답 | 나

해설 | 인도자는 판매물품이 인도장에 반입된 후 5일 이상이 경과하여도 구매자에게 인도되지 아니하는 때에는 미인도 물품목록을 작성하여 세관장에게 보고하고, 인도자의 입회하에 현품을 행낭 또는 각종 운반용 박스 등에 넣은 후 보세사가 시건 또는 봉인을 하여 세관장이 지정한 장소에서 해당 물품을 판매한 운영인에게 인계하여야 한다.

20 정답 | 가

해설 | 운영인은 종합보세구역에 반입된 물품을 종합보세기능별로 구분하여 관리하여야 한다.

21 정답 | 가

해설 | 관세청장은 직권으로 또는 관계 중앙행정기관의 장이나 지방자치단체의 장, 그 밖에 종합보세구역을 운영하려는 자("지정요청자")의 요청에 따라 무역진흥에의 기여 정도, 외국물품의 반입 · 반출 물량 등을 고려하여 일정한 지역을 종합보세구역으로 지정할 수 있다.

22 정답 | 라

해설 | • 종합보세구역에서 종합보세기능을 수행하려는 자는 그 기능을 정하여 세관장에게 종합보세사업장의 설치 · 운영에 관한 신고를 하여야 한다.
　　　• 종합보세사업장의 운영인은 그가 수행하는 종합보세기능을 변경하려면 세관장에게 이를 신고하여야 한다.

23 정답 | 마

해설 | **「관세법 시행규칙」 제70조(내국물품 반입신고의 생략)**

세관장은 다음 각 호의 1에 해당하지 아니하는 경우에는 반출입신고를 생략하게 할 수 있다.

① 세관장의 허가를 받고 내국물품만을 원료로 하여 제조 · 가공 등을 하는 경우 그 원료 또는 재료

② 외국물품과 내국물품의 혼용작업에 소요되는 원재료

③ 보세판매장에서 판매하고자 하는 물품

④ 당해 내국물품이 외국에서 생산된 물품으로서 종합보세구역안의 외국물품과 구별되는 필요가 있는 물품(보세전시장의 기능을 수행하는 경우에 한한다)

24 정답 | 다

해설 | 지정장치장 또는 세관장이 지정한 보세구역으로 이고한 물품을 운영인이 이고한 날부터 6개월 이내에 타 보세판매장에 양도하지 않거나 외국으로 반출하지 아니하는 때에는 장치기간경과물품처리 절차에 의거하여 처리한다.

25 정답 | 나

해설 | CCTV는 각각의 출입구와 2개의 수조당 1대 이상 설치하여야 하며, 활어의 검량 감시용으로 사용할 수 있는 이동식 CCTV를 1대 이상 보유하여야 한다. 다만, 세관장이 필요하다고 인정하는 경우에는 이를 가감할 수 있다.

3과목 | 보세화물관리																			
01	마	02	가	03	마	04	라	05	마	06	라	07	나	08	나	09	나	10	나
11	다	12	나	13	가	14	가	15	라	16	라	17	나	18	다	19	마	20	라
21	다	22	나	23	다	24	나	25	다										

01 정답 | 마

해설 | '수출신고가 수리된 물품'이 올바른 표현이다.

02 정답 | 가

해설 | 식품류는 공산품과 분리, 구획하여 보관하여야 한다. 다만, 분리, 구획보관이 어려울 경우 랩으로 감싸거나 별도 포장하여 다른 공산품 및 분진 등과 교차오염 우려가 없도록 관리하여야 하며, 인체에 유해한 물질과는 반드시 분리하여 보관하여야 한다.

03 정답 | 마

해설 | '자가공장 및 시설(용광로 또는 전기로, 압연시설을 말한다)을 갖춘 실수요자가 수입하는 고철 등 물품'가 올바른 표현이다.

04 정답 | 라

해설 | **관리대상화물 장치**

세관장은 관리대상화물을 세관지정장치장에 장치한다. 다만, 보세판매장 판매용물품은 「보세판매장운영에 관한 고시」에 따라 장치하고, 수출입물품은 공항만 보세구역의 화물적체 해소와 관할 세관 내에 보세창고가 부족하여 화주가 요청하는 경우 세관장의 승인을 얻어 세관지정장치장에 장치할 수 있으며, 관할 세관 내에 영업용 보세창고가 없는 경우에는 세관장의 승인 없이 장치할 수 있다.

05 정답 | 마

해설 | 가. 허가를 받으려는 자는 기획재정부령으로 정하는 금액과 방법 등에 따라 수수료 1만 8천원을 납부하여야 한다.
나. 보세구역 외 장치허가수수료는 허가건수 단위로 징수한다.
다. 동일한 선박으로 수입된 동일화주의 화물을 동일장소에 반입하는 때에는 1건의 보세구역 외 장치로 허가할 수 있다.
라. 국가 또는 지방자치단체가 수입하거나 협정에 의하여 관세가 면제되는 물품을 수입하는 때에는 장치허가수수료를 면제한다.

06 정답 | 라

해설 | 세관장은 보세구역에 반입할 수 있는 물품의 종류를 제한할 수 있다.

07 정답 | 나

해설 | 자가용 보세창고에 반입되어 수입신고수리된 화물은 반출신고를 생략한다.

08 정답 | 나

해설 | 관세청장이 정하는 보세구역에 반입되어 수입신고가 수리된 물품의 화주 또는 반입자는 장치기간에도 불구하고 그 수입신고수리일부터 15일 이내에 해당 물품을 보세구역으로부터 반출하여야 한다. 다만, 외국물품을 장치하는 데에 방해가 되지 아니하는 것으로 인정되어 세관장으로부터 해당 반출기간의 연장승인을 받았을 때에는 그러하지 아니하다.

09 정답 | 나

해설 | 수출입허가(승인)한 규격과 세번을 합치시키기 위한 작업을 하려는 경우에는 관세청장이 별도로 규정하는 것을 제외하고 이를 보수작업의 범위로 인정할 수 없다.

10 정답 | 나

해설 | 보세구역에 장치된 물품에 대하여는 그 원형을 변경하거나 해체 · 절단 등의 작업을 할 수 있다. 작업을 하려는 자는 세관장의 허가를 받아야 한다.

11 정답 | 다

해설 | 자본금 2억원 이상의 법인이거나 특허를 받으려는 토지 및 건물(2억원 이상)을 소유하고 있는 개인이 특허보세구역 운영인의 요건이다.

12 정답 | 나

해설 | 원상변형작업 대상물품은 「자원의 절약과 재활용촉진에 관한 법률」에 따라 재활용이 가능한 물품으로 한다.

13 정답 | 가

해설 | 가. 지정장치장 반입물품 장치기간은 6개월로 한다. 부산항·인천항·인천공항·김해공항 항역 내의 지정장치장으로 반입된 물품의 장치기간은 2개월로 하며, 세관장이 필요하다고 인정할 때에는 2개월의 범위에서 그 기간을 연장할 수 있다.

　나. 보세구역 외 장치허가장소 반입물품 장치기간은 세관장이 허가한 기간(연장된 기간 포함)으로 한다.

　다. 여행자 또는 승무원 휴대품으로서 유치물품 및 습득물 장치기간은 1개월로 하며, 예치물품의 장치기간은 예치증에 기재된 출국예정시기에 1개월을 가산한 기간으로 한다. 다만, 유치물품은 화주의 요청이 있거나 세관장이 필요하다고 인정하는 경우 1개월의 범위에서 그 기간을 연장할 수 있다.

　라. 보세창고 물품 장치기간은 6개월로 하되 세관장이 필요하다고 인정할 때에는 6개월의 범위에서 그 기간을 연장할 수 있다.

14 정답 | 가

해설 | '화주의 매각처분 보류요청이 있는 경우'가 올바른 표현이다.

15 정답 | 라

해설 | '기간이 지나면 사용할 수 없게 되거나 상품가치가 현저히 떨어질 우려가 있는 것'이 올바른 표현이다.

16 정답 | 라

해설 | 매각된 물품에 대한 과세가격은 제30조부터 제35조까지의 규정에도 불구하고 최초예정가격을 기초로 하여 과세가격을 산출한다.

17 정답 | 나

해설 | '공기업, 준정부기관, 그밖의 공공기관에서 수입하는 물품으로서 국고귀속 보류요청이 있는 물품'이 올바른 표현이다.

18 정답 | 다

해설 | "하역"이란 화물을 선박 또는 항공기에서 내리는 양륙 작업과 화물을 선박 또는 항공기에 올려 싣는 적재 작업을 말한다. 〈법률 개정으로 선지 변경〉

19 정답 | 마

해설 | 가. 포장파손이 용이한 물품으로서 과부족이 5% 이내인 경우

　나. 중량으로 거래되는 물품 중 건습에 따라 중량의 변동이 심한 물품으로서 그 중량의 과부족이 5% 이내인 경우

　다. 〈법률 개정으로 선지 삭제〉

　라. 포장단위 물품으로서 중량의 과부족이 10% 이내이고 포장상태에 이상이 없는 경우

　마. 적재화물목록 이상사유가 단순기재오류 등으로 확인되는 경우

20 정답 | 라

해설 | LCL 화물로서 해당 하선장소 내의 CFS 내에서 컨테이너 적출 및 반입작업하지 아니하는 물품은 Master B/L 단위로 반입신고를 할 수 있다.

21 정답 | 다

해설 | 세관근무시간 이외의 적재작업으로 당일보고가 곤란한 때에는 다음 날 12시까지 이를 보고하여야 한다.

22 정답 | 나

해설 | 선박을 통해 입항지에 반입된 화물을 공항으로 운송한 후 외국으로 반출하려는 환적화물은 모선 단위 1건으로 일괄하여 신고할 수 있다.

23 정답 | 다

해설 | 등록기간은 3년으로 하며 갱신할 수 있다.

24 정답 | 나

해설 | 보세운송물품은 신고수리(승인)일로부터 다음 각 호의 어느 하나에 정하는 기간까지 목적지에 도착하여야 한다. 다만, 세관장은 선박 또는 항공기 입항 전에 보세운송신고를 하는 때에는 입항예정일 및 하선(기)장소 반입기간을 고려하여 5일 이내의 기간을 추가할 수 있다.
1. 해상화물 : 10일
2. 항공화물 : 5일

25 정답 | 다

해설 | '화물이 국내에 도착된 후 최초로 보세구역에 반입된 날부터 30일이 경과한 물품'이 옳은 표현이다.

4과목	자율관리 및 관세벌칙																		
01	다	02	마	03	마	04	다	05	다	06	라	07	나	08	라	09	정답없음	10	나
11	마	12	다	13	다	14	가	15	나	16	다	17	나	18	마	19	나	20	가
21	라	22	다	23	나	24	나	25	다										

01 정답 | 다

해설 | 「관세법」에서는 징역 · 벌금 · 몰수의 3종의 형을 규정하고 있다.

02 정답 | 마

해설 | 해당 규정은 존재하지 아니한다.

03 정답 | 마

해설 | 전자문서 위변조죄는 징역과 벌금을 병과할 수 없다.

04 정답 | 다

해설 | 수출입 금지물품을 수출하거나 수입한 자는 7년 이하의 징역 또는 7천만원 이하의 벌금에 처한다.

05 정답 | 다

해설 | 관세포탈죄는 수입신고를 한 자를 대상으로 한다.

06 정답 | 라
　해설 | • 부정한 방법으로 관세를 감면받거나 관세를 감면받은 물품에 대한 관세의 징수를 면탈한 자는 3년 이하의 징역에
　　　　 처하거나, 감면받거나 면탈한 관세액의 5배 이하에 상당하는 벌금에 처한다.
　　　　• 부정한 방법으로 관세를 환급받은 자는 3년 이하의 징역 또는 환급받은 세액의 5배 이하에 상당하는 벌금에 처한다.
　　　　 이 경우 세관장은 부정한 방법으로 환급받은 세액을 즉시 징수한다.
　　　　 따라서 숫자를 모두 더하면 3 + 5 + 3 + 5 = 16이다.

07 정답 | 나
　해설 | 「관세법」 제272조(밀수 전용 운반기구의 몰수)
　　　　 밀수입의 죄에 전용되는 선박 · 자동차나 그 밖의 운반기구는 그 소유자가 범죄에 사용된다는 정황을 알고 있고,
　　　　 다음 각 호의 어느 하나에 해당하는 경우에는 몰수한다.
　　　　 1. 범죄물품을 적재하거나 적재하려고 한 경우
　　　　 2. 검거를 기피하기 위하여 권한 있는 공무원의 정지명령을 받고도 정지하지 아니하거나 적재된 범죄물품을 해상에서
　　　　　　투기 · 파괴 또는 훼손한 경우
　　　　 3. 범죄물품을 해상에서 인수 또는 취득하거나 인수 또는 취득하려고 한 경우
　　　　 4. 범죄물품을 운반한 경우

08 정답 | 라
　해설 | • 납세의무자 또는 납세의무자의 재산을 점유하는 자가 강제징수를 면탈할 목적 또는 면탈하게 할 목적으로 그
　　　　 재산을 은닉 · 탈루하거나 거짓 계약을 하였을 때에는 3년 이하의 징역 또는 3천만원 이하의 벌금에 처한다.
　　　　• 압수물건의 보관자 또는 「국세징수법」에 따른 압류물건의 보관자가 그 보관한 물건을 은닉 · 탈루, 손괴 또는
　　　　 소비하였을 때에도 3년 이하의 징역 또는 3천만원 이하의 벌금에 처한다.

09 정답 | 정답 없음(기존정답 : 다)
　해설 | ※ 법률 개정으로 인해 정답 없음

10 정답 | 나
　해설 | '수출(「수출용원재료에 대한 관세 등 환급에 관한 특례법」에 따른 수출등을 포함) · 수입 또는 운송을 업으로 하는
　　　　 사람'이 올바른 표현이다.

11 정답 | 마
　해설 | 「관세법」 제303조(압수와 보관)
　　　　 경찰, 검찰 등 다른 기관이 관세범에 관한 사건을 발견하거나 피의자를 체포하였을 때에는 즉시 세관공무원에 인계하
　　　　 여야 한다.

12 정답 | 다
　해설 | 관세청장이나 세관장은 압수품이 다음의 어느 하나에 해당하는 경우에는 피의자나 관계인에게 통고한 후 매각하여
　　　　 그 대금을 보관하거나 공탁할 수 있다. 다만, 통고할 여유가 없을 때에는 매각한 후 통고하여야 한다.
　　　　 ① 부패 또는 손상되거나 그 밖에 사용할 수 있는 기간이 지날 우려가 있는 경우
　　　　 ② 보관하기가 극히 불편하다고 인정되는 경우
　　　　 ③ 처분이 지연되면 상품가치가 크게 떨어질 우려가 있는 경우
　　　　 ④ 피의자나 관계인이 매각을 요청하는 경우

13 정답 | 다

해설 | 통고가 있는 때에는 공소의 시효는 정지된다.

14 정답 | 가

해설 | 자율관리보세구역이란 보세구역 중 물품의 관리 및 세관감시에 지장이 없다고 인정하여 관세청장이 정하는 바에 따라 세관장이 지정하는 보세구역을 말한다.

15 정답 | 나

해설 | 보세사가 아닌 자에게 보세화물관리 등 보세사의 업무를 수행하게 한 경우. 다만, 업무대행자를 지정하여 사전에 세관장에게 신고한 경우에는 보세사가 아닌 자도 보세사가 이탈 시 보세사 업무를 수행할 수 있다.

16 정답 | 다

해설 | 보세사가 해고 또는 취업정지 등의 사유로 업무를 수행할 수 없는 경우에는 2개월 이내에 다른 보세사를 채용하여 근무하게 하여야 한다.

17 정답 | 나

해설 | 보세사는 다른 업무를 겸임할 수 없다. 다만, 영업용 보세창고가 아닌 경우 보세화물 관리에 지장이 없는 범위 내에서 다른 업무를 겸임할 수 있다.

18 정답 | 마

해설 | '경고처분을 받은 보세사가 1년 내에 다시 경고 처분을 받는 경우'가 올바른 표현이다.

19 정답 | 나

해설 | "관세영역"이란 자유무역지역 외의 국내지역을 말한다.

20 정답 | 가

해설 | 자유무역지역에 기계, 기구, 원재료 등을 반입하는 경우 관세 등의 납부대상에서 제외되어 바로 입주사업에 공할 수 있다.

21 정답 | 라

해설 | 수입신고수리된 물품은 수입신고필증. 다만 관세청 전자통관시스템으로 반출신고한 물품은 제출 생략

22 구분	특허보세구역	자유무역지역
(다) 예정지역	없음	3년 내 지정 가능

23 정답 | 나

해설 | 입주기업체의 공장등에 대하여는 「도시교통정비 촉진법」에 따른 교통유발부담금을 면제한다.

24 정답 | 나

해설 | 외국물품 등을 자유무역지역에서 다른 자유무역지역 또는 관세법에 따른 장치장소로 보세운송 하려는 경우에는 「보세운송에 관한 고시」를 준용한다. 일반 해상화물의 보세운송기간은 10일(항공화물 5일, 반송화물 7일)이다.

25 정답 | 다

해설 | '외국물품 등을 폐기한 후에 남는 경제적 가치를 가진 물품'이 올바른 표현이다.

5과목	수출입안전관리																			
01	라	02	라	03	나	04	다	05	마	06	나	07	다	08	마	09	가	10	라
11	다	12	마	13	마	14	나	15	마	16	마	17	라	18	라	19	라	20	다
21	마	22	나	23	다	24	마	25	라										

01 정답 | 라

해설 | 관세법에 의한 출입허가수수료가 부과되지 않는 등 입출항에 행정적 편의성을 갖추었다.

02 정답 | 라

해설 | 국제항이 아닌 지역에 대한 출입허가수수료의 총액은 50만원을 초과하지 못한다.

03 정답 | 나

해설 | 선장이나 기장은 출항허가를 받으려면 그 국제항에서 적재한 물품의 목록을 제출하여야 한다.

04 정답 | 다

해설 | 외국물품을 운송수단으로부터 일시적으로 육지에 내려 놓으려는 행위 등을 하려면 세관장에게 신고를 하고, 현장에서 세관공무원의 확인을 받아야 한다. 다만, 관세청장이 감시 · 단속에 지장이 없다고 인정하여 따로 정하는 경우에는 간소한 방법으로 신고 또는 확인하거나 이를 생략하게 할 수 있다.

05 정답 | 마

해설 | 선박용품 등의 하선허가를 받은 자는 허가일로부터 7일 이내에 하선허가 받은 물품을 보세구역에 반입하여야 한다.

06 정답 | 나

해설 | "즉시검사화물"이란 세관장이 선별한 검사대상화물 중 검색기검사를 하지 않고 바로 개장검사를 실시하는 화물을 말한다.

07 정답 | 다

해설 | '화주의 요청으로 검색기검사화물을 즉시검사화물로 변경하는 경우'가 올바른 표현이다.

08 정답 | 마

해설 | '그 밖에 세관장이 우범성이 없거나 검사의 실익이 적다고 판단되는 화물'이 올바른 표현이다.

09 정답 | 가

해설 | 화물이 개봉되어 의심스러운 물질이 발견된 경우에는 주변을 차단하는 등 안전조치를 취한다.

10 정답 | 라

해설 | AEO 제도는 세계관세기구(WCO) 국제규범(SAFE Framework)의 구조를 고려할 때 "세관과 민간 간 협력(Philar2)"의 핵심에 해당된다.

11 정답 | 다

해설 | **MRA 체결절차**

③ 공인기준 상호비교 : 1 : 1 방식으로 양국 세부기준을 문구 등 세밀히 비교

① 상호방문 합동실사 : 공인업체 방문 및 공인심사 적정성 심사, 현장심사 참관

② 상호인정 운영절차 논의 : 특혜부여수준, 정보교환 방법 등에 대한 논의

④ 최고정책결정자 서명 : 상호인정협정문 작성, 세관당국 간 상호인정서 서명 및 발표

12 정답 | 마

해설 | 관세청장은 중소 수출기업이 공인기준을 충족하는지를 심사할 때에는 평가방법을 달리 적용할 수 있다.

13 정답 | 마

해설 | 관세청장은 수출입안전관리우수업체가 4개 분기 연속으로 제5조제1항에 따른 공인등급별 기준을 충족하는 경우에는 공인등급의 조정 신청을 받아 상향할 수 있다. 다만, 수출입안전관리우수업체가 갱신이 아닌 때에 공인등급의 조정을 신청하고자 하는 경우에는 공인의 유효기간이 1년 이상 남아 있어야 한다.

14 정답 | 나

해설 | **공인신청 및 심사절차**

예비심사 → 공인신청 → 서류심사 → 현장심사 → 종합심사

15 정답 | 마

해설 | 관세청장은 현장심사를 시작한 날로부터 60일 이내에 그 심사를 마쳐야 한다.

16 정답 | 마

해설 | 관세청장은 재심사를 그 신청한 날로부터 60일 이내에 마쳐야 하며, 재심사의 절차에 관하여 현장심사 규정을 준용한다. 이 경우 관세청장은 서면심사 등 간소한 방식으로 재심사할 수 있다.

17 정답 | 라

해설 | 종합심사에 따라 갱신된 공인의 유효기간은 기존 공인의 유효기간이 끝나는 날의 다음 날부터 시작한다.

18 정답 | 라

해설 | 기획심사수행의 주체는 세관이며, AEO 업체의 경우 기획심사를 진행하지 않는다.

19 정답 | 라

해설 | 공인 후 매 2년마다 총괄책임자는 4시간 이상, 수출입관리책임자는 8시간 이상(처음 교육은 공인일자를 기준으로 1년 이내 받아야 함) 교육을 받는다.

20 정답 | 다

해설 | 수출입안전관리우수업체는 요구를 받은 날로부터 30일 이내에 관세청장에게 공인기준 준수 개선 계획을 제출하고, 그 제출일로부터 90일 이내에 개선 완료 보고서를 제출하여야 한다.

21 정답 | 마

해설 | '관세청장 또는 교육기관이 시행하는 수출입안전관리우수업체 제도 교육과정을 최근 5년 이내에 35시간 이상 받은 보세사(보세구역운영인부문에 한정)'이 올바른 표현이다.

22 정답 | 나

해설 | 기업상담전문관은 자체평가서를 확인할 뿐 작성하지 않는다.

23 정답 | 다

해설 | 신청업체와 신청인(관리책임자 포함)이 법령을 위반하여 벌칙조항 중 징역형이 규정된 조항에 따라 벌금형 이상을 선고받은 사실이 있는 경우에는 징역형 종료 또는 벌금형 선고 후 2년이 경과하거나 집행유예 기간이 만료되어야 한다.

24 정답 | 마

해설 | '마'의 경우 안전관리 기준이다.

25 정답 | 라

해설 | '라'의 경우 내부통제시스템 기준이다.

1과목	수출입통관절차																		
01	마	02	나	03	나	04	마	05	다	06	라	07	라	08	가	09	가	10	나
11	가	12	마	13	마	14	마	15	마	16	마	17	다	18	나	19	라	20	라
21	마	22	다	23	나	24	나	25	나										

01 정답 | 마
해설 | 수출신고가 수리된 물품이 올바른 표현이다.

02 정답 | 나
해설 | 이 법의 해석이나 관세행정의 관행이 일반적으로 납세자에게 받아들여진 후에는 그 해석이나 관행에 따른 행위 또는 계산은 정당한 것으로 보며, 새로운 해석이나 관행에 따라 소급하여 과세되지 아니한다.

03 정답 | 나
해설 | **신고서류의 보관기간**
① 다음의 어느 하나에 해당하는 서류 : 해당 신고에 대한 수리일부터 5년
    ㉠ 수입신고필증
    ㉡ 수입거래관련 계약서 또는 이에 갈음하는 서류
    ㉢ 지식재산권의 거래에 관련된 계약서 또는 이에 갈음하는 서류
    ㉣ 수입물품 가격결정에 관한 자료
② 다음의 어느 하나에 해당하는 서류 : 해당 신고에 대한 수리일부터 3년
    ㉠ 수출신고필증
    ㉡ 반송신고필증
    ㉢ 수출물품 · 반송물품 가격결정에 관한 자료
    ㉣ 수출거래 · 반송거래 관련 계약서 또는 이에 갈음하는 서류
③ 다음의 어느 하나에 해당하는 서류 : 당해 신고에 대한 수리일부터 2년
    ㉠ 보세화물반출입에 관한 자료
    ㉡ 적재화물목록에 관한 자료
    ㉢ 보세운송에 관한 자료

04 정답 | 마
해설 | '마'의 경우 가산요소이다.

05 정답 | 다
해설 | 수입을 위탁받아 수입업체가 대행수입한 물품이 아닌 경우 : 대통령령으로 정하는 상업서류(B/L, AWB)에 적힌 물품수신인

06 정답 | 라

해설 | 우리나라에서는 10자리까지 사용하여 HSK라 한다.

07 정답 | 라

해설 | 가. 관세 과세가격과 국세 정상가격의 조정 신청에 대한 결정통지가 있는 경우 : 2개월
　　　나. 「관세법」에 따른 경정청구가 있는 경우 : 2개월
　　　다. 「행정소송법」에 따른 소송에 대한 판결이 있은 경우 : 1년
　　　마. 이 법과 「자유무역협정의 이행을 위한 관세법의 특례에 관한 법률」 및 조약 · 협정 등이 정하는 바에 따라 양허세율의 적용 여부 및 세액 등을 확정하기 위하여 원산지증명서를 발급한 국가의 세관이나 그 밖에 발급권한이 있는 기관에게 원산지증명서 및 원산지증명서확인자료의 진위 여부, 정확성 등의 확인을 요청하여 회신을 받은 경우 : 1년

08 정답 | 가

해설 | 납세의무자는 납세신고한 세액을 납부하기 전에 그 세액이 과부족하다는 것을 알게 되었을 때에는 납세신고한 세액을 정정할 수 있다. 이 경우 납부기한은 당초 납부기한으로 한다.

09 정답 | 가

해설 | '가'는 수출물품확인대상이다.

공통확인대상 (9가지)	가축전염병 예방법, 남북교류협력에 관한 법률, 마약류에 관한 법률, 방위사업법, 야생생물 보호 및 관리에 관한 법률, 외국환거래법, 원자력안전법, 총포 · 도검 · 화약류 등의 안전관리에 관한 법률, 폐기물의 국가간 이동 및 그 처리에 관한 법률
수출물품확인대상(11가지)	문화재보호법, 농수산생명자원의 보존 · 관리 및 이용에 관한 법률
수입물품확인대상(35가지)	전기용품 및 생활용품 안전 관리법, 감염병의 예방 및 관리에 관한 법률, 계량에 관한 법률, 고압가스 안전관리법, 농약관리법, 먹는물관리법, 목재의 지속가능한 이용에 관한 법률, 비료관리법, 사료관리법, 산업안전보건법, 석면안전관리법, 수산생물질병 관리법, 수입식품안전관리 특별법, 식물방역법, 약사법, 어린이제품 안전 특별법, 오존층 보호를 위한 특정물질의 제조규제 등에 관한 법률, 위생용품관리법, 의료기기법, 인체조직안전 및 관리 등에 관한 법률, 전파법, 종자산업법, 통신비밀보호법, 화장품법, 화학무기 · 생물무기의 금지와 특정화학물질 · 생 물작용제 등의 제조 · 수출입 규제 등에 관한 법률, 화학물질관리법

10 정답 | 나

해설 | 세관장은 일시적으로 육지에 내려지거나 다른 운송수단으로 환적 또는 복합환적되는 외국물품 중 원산지를 우리나라로 허위 표시한 물품은 유치할 수 있다.

11 정답 | 가

해설 | 세관장은 원산지증명서를 발급한 국가의 세관이나 그 밖에 발급권한이 있는 기관(외국세관 등)에 제출된 원산지증명서 및 원산지증명서확인자료의 진위 여부, 정확성 등의 확인을 요청할 수 있다.

12 정답 | 마

해설 | **보호대상**

다음의 어느 하나에 해당하는 지식재산권을 침해하는 물품은 수출하거나 수입할 수 없다.

① 「상표법」에 따라 설정등록된 상표권
② 「저작권법」에 따른 저작권과 저작인접권(저작권 등)
③ 「식물신품종 보호법」에 따라 설정등록된 품종보호권
④ 「농산물 품질관리법」 또는 「수산물품질관리법」에 따라 등록되거나 조약ㆍ협정 등에 따라 보호대상으로 지정된 지리적표시권 또는 지리적표시(지리적표시권 등)
⑤ 「특허법」에 따라 설정등록된 특허권
⑥ 「디자인보호법」에 따라 설정등록된 디자인권

13 정답 | 마

해설 | '「국세징수법」 및 「지방세징수법」에 따라 세관장에게 강제징수 또는 체납처분이 위탁된 해당 체납자가 수입하는 경우'가 올바른 표현이다.

14 정답 | 마

해설 | '마'의 경우 수입의 의제 대상이다.

15 정답 | 마

해설 | 환급대상이 아닌 물품가격 FOB 200만원 이하의 물품이 그 대상이다.

16 정답 | 마

해설 | '그 외의 경우 : 과세가격의 1천분의 20'이 올바른 표현이다.

17 정답 | 다

해설 | **미신고가산세**

세관장은 다음의 어느 하나에 해당하는 경우에는 해당 물품에 대하여 납부할 세액(관세 및 내국세를 포함)에 가산세를 징수한다.

① 여행자나 승무원이 휴대품(면세대상은 제외)을 신고하지 아니하여 과세하는 경우 : 100분의 40(반복적으로 자진신고를 하지 아니하는 경우 등 대통령령으로 정하는 사유에 해당하는 경우에는 100분의 60)
② 우리나라로 거주를 이전하기 위하여 입국하는 자가 입국할 때에 수입하는 이사물품(면세대상은 제외)을 신고하지 아니하여 과세하는 경우 : 100분의 20

18 정답 | 나

해설 | 분할된 물품의 납부세액이 징수금액 최저한인 1만원 미만이 되는 경우에는 B/L을 분할하여 신고할 수 없다.

19 정답 | 라

해설 | 수입신고는 당해 물품을 적재한 선박 또는 항공기가 그 물품을 적재한 항구 또는 공항에서 출항하여 우리나라에 입항하기 5일 전(항공기의 경우 1일 전)부터 할 수 있다.

20 정답 | 라

해설 | 수출하려는 자는 해당 물품이 장치된 물품소재지를 관할하는 세관장에게 수출신고를 하여야 한다. 다만, 특수형태의 수출인 경우에는 해당 규정을 따른다.

21 정답 | 마
　　해설 | **서류제출**
　　　　수출 · 수입 또는 반송의 신고를 하는 자는 과세가격결정자료 외에 대통령령으로 정하는 다음의 서류를 제출하여야
　　　　한다.
　　　　가. 선하증권 사본 또는 항공화물운송장 사본
　　　　나. 원산지증명서(원산지증명서 제출대상인 경우로 한정한다)
　　　　다. 기타 참고서류(송품장, 포장명세서 등)

22 정답 | 다
　　해설 | '출항전신고나 입항전신고한 화물이 도착하지 아니한 경우'가 올바른 표현이다.

23 정답 | 나
　　해설 | 항공기가 아닌 '선박'이 해당된다.

24 정답 | 나
　　해설 | 제시된 설명은 심사청구에 대한 설명이다.

25 정답 | 나
　　해설 | 반송의 신고는 해당 물품이 이 법에 따른 장치 장소에 있는 경우에만 할 수 있다.

2과목	보세구역관리																			
01	가	02	나	03	마	04	가	05	마	06	라	07	다	08	정답 없음	09	나	10	나
11	다	12	가	13	라	14	다	15	마	16	가	17	다	18	다	19	마	20	마
21	다	22	라	23	라	24	가	25	다										

01 정답 | 가
　　해설 | 보세구역은 지정보세구역 · 특허보세구역 및 종합보세구역으로 구분하고, 지정보세구역은 지정장치장 및 세관검사
　　　　장으로 구분하며, 특허보세구역은 보세창고 · 보세공장 · 보세전시장 · 보세건설장 및 보세판매장으로 구분한다.

02 정답 | 나
　　해설 | • 지정장치장은 통관을 하려는 물품을 일시 장치하기 위한 장소로서 세관장이 지정하는 구역으로 한다.
　　　　• 지정장치장에 물품을 장치하는 기간은 6개월의 범위에서 관세청장이 정한다. 다만, 관세청장이 정하는 기준에
　　　　　따라 세관장은 3개월의 범위에서 그 기간을 연장할 수 있다.

03 정답 | 마
　　해설 | 지정장치장의 화물관리인은 징수한 비용 중 세관설비 사용료에 해당하는 금액을 세관장에게 납부하여야 한다.

04 정답 | 가
　　해설 | 「관세법」 규정에 의해 벌금형 또는 통고처분을 받은 자로서 그 벌금형을 선고받거나 통고처분을 이행한 후 2년이
　　　　지나지 아니한 자. 다만, 양벌규정에 따라 처벌된 개인 또는 법인은 제외한다.

05 정답 | 마

해설 | 특허보세구역의 휴지 또는 폐지의 경우에는 당해 특허보세구역 안에 외국물품이 없는 때에 한하여 그 다음 분기의 특허수수료를 면제한다. 다만, 휴지 또는 폐지를 한 날이 속하는 분기분의 특허수수료는 이를 환급하지 아니한다.

06 정답 | 라

해설 | • 특허보세구역의 운영인이 그 장치물품의 종류를 변경하거나 그 특허작업의 종류 또는 작업의 원재료를 변경하고자 하는 때에는 그 사유를 기재한 신청서를 세관장에게 제출하여 그 승인을 얻어야 한다.
　　　• 특허보세구역의 운영인이 법인인 경우에 그 등기사항을 변경한 때에는 지체 없이 그 요지를 세관장에게 통보하여야 한다.

07 정답 | 다

해설 | '다'의 경우 특허취소사유이다.

08 정답 | 정답 없음

해설 | ※ 법률 개정으로 해당 문제 정답 없음

09 정답 | 나

해설 | 특허보세구역에 반입된 물품이 해당 특허보세구역의 설치 목적에 합당하지 아니한 경우에는 세관장은 해당 물품을 다른 보세구역으로 반출할 것을 명할 수 있다.

10 정답 | 나

해설 | 신고 후 장치된 내국물품으로서 장치기간이 지난 물품은 그 기간이 지난 후 10일 내에 그 운영인의 책임으로 반출하여야 한다.

11 정답 | 다

해설 | '2 이상의 수출입업체가 공동으로 자가화물을 보관하려는 경우'가 올바른 표현이다.

12 정답 | 가

해설 | 보세공장에서 보세작업을 하기 위하여 반입되는 원료 또는 재료(보세공장원재료)에서 기계 · 기구 등의 작동 및 유지를 위한 연료, 윤활유 등 제품의 생산 · 수리 · 조립 · 검사 · 포장 및 이와 유사한 작업에 간접적으로 투입되어 소모되는 물품은 제외한다.

13 정답 | 라

해설 | '손모율이 불안정한 농 · 수 · 축산물을 원재료로 하여 제조 · 가공하려는 경우'가 올바른 표현이다.

14 정답 | 다

해설 | 허가를 받아 지정된 장소(공장외작업장)에 반입된 외국물품은 지정된 기간이 만료될 때까지는 보세공장에 있는 것으로 본다.

15 정답 | 마

해설 | 보세전시장에 장치된 외국물품의 장치기간은 보세전시장 특허기간과 같다. 다만, 보세전시장에 있는 외국물품을 다른 보세구역으로 반출하였을 때에는 그 물품의 장치기간을 계산할 때 보세전시장 내에 있었던 기간을 산입하지 아니한다.

16 정답 | 가

해설 | 산업시설 건설에 사용되는 외국물품인 기계류 설비품은 수입신고 후 사용하여야 한다.

17 정답 | 다

해설 | 지정면세점이란 조세특례제한법상의 제주도여행객 면세점에 대한 간접세 등 특례규정에 따라 제주도 외 국내 다른 지역으로 출도하는 제주도 여행객에게 연간 6회, 면세한도 800불 이하 면세품을 판매할 수 있는 곳을 말한다.

18 정답 | 다

해설 | 운영인이 외화로 표시된 물품을 표시된 외화 이외의 통화로 판매하는 때에는 해당 물품을 판매하는 날의 전일의 「외국환거래법」에 의한 기준환율 또는 재정환율을 적용하여야 한다.

19 정답 | 마

해설 | 보세판매장 물품이 분실 혹은 그 밖의 사유로 현품과 대장상의 수량이 일치하지 아니한 때에는 그 부족 수량을 월간 매출액과 대비하여 상관례상 불가피하다고 인정되는 범위 이내인 때에는 범칙조사 절차 없이 해당 세액을 추징하고 재고대장에서 공제 처리한다.

20 정답 | 마

해설 | '보관창고와 매장 간 반출입 물품의 참관 및 확인'이 올바른 표현이다.

21 정답 | 다

해설 | '「유통산업발전법」에 의한 공동집배송센터'가 올바른 표현이다.

22 정답 | 라

해설 | 운영인이 동일 종합보세사업장에서 종합보세기능 간에 물품을 이동하는 경우에는 반출입신고를 하지 아니하며, 동일 종합보세구역 내의 종합보세사업장 간의 물품의 이동에는 보세운송신고를 하지 아니한다.

23 정답 | 라

해설 | 종합보세구역에 반입한 물품의 장치기간은 제한하지 아니한다. 다만, 보세창고의 기능을 수행하는 장소 중에서 관세청장이 수출입물품의 원활한 유통을 촉진하기 위하여 필요하다고 인정하여 지정한 장소에 반입되는 물품의 장치기간은 1년의 범위에서 관세청장이 정하는 기간으로 한다.

24 정답 | 가

해설 | 활어란 「관세법」의 별표 관세율표 제0301호에 해당하는 물품으로서 관상용과 양식용(이식용, 시험연구조사용)을 제외한 것을 말한다.

25 정답 | 다

해설 | 관내 보세창고의 수용능력, 반입물량, 감시단속상의 문제점 등을 고려하여 세관장이 타당하다고 인정하는 경우에는 세관으로부터 80km를 초과하지 아니하는 범위 내에서 보세구역 외 장치를 허가할 수 있다.

01 정답 \| 마

해설 \| '운영인지점 보세창고'가 아니라 '세관지정 보세창고'가 올바른 표현이다.

02 정답 \| 마

해설 \| '마'의 경우 장치 허가대상이며 연장대상이 아니다.

03 정답 \| 라

해설 \| 세관장은 보세구역 외 장치 허가신청을 받은 경우 보세구역 외 장치 허가기간에 1개월을 연장한 기간을 담보기간으로 하여 담보제공을 명할 수 있다.

04 정답 \| 가

해설 \| 입항 전 또는 하선(기) 전에 수입신고가 되거나 보세운송신고가 된 물품은 보세구역에 반입함이 없이 부두 또는 공항 내에서 보세운송 또는 통관절차와 검사절차를 수행하도록 하여야 한다.

05 정답 \| 라

해설 \| 운영인은 하선신고서에 의한 보세화물 반입 시 세관화물정보시스템의 반입예정정보와 대조확인하고 반입 즉시 반입신고서를 세관장에게 전자문서로 제출하여야 한다.

06 정답 \| 라

해설 \| 운영인은 컨테이너번호, 컨테이너봉인번호가 세관화물정보시스템의 내역과 일치하는지 확인하여야 한다.

07 정답 \| 다

해설 \| 반출입신고를 접수한 세관장은 반출입신고수리필증을 교부하지 아니한다.

08 정답 \| 나

해설 \| 운영인이 동일 품목을 대상으로 동일한 보수작업을 반복적으로 하려는 경우에 세관장은 외국물품의 장치 및 세관 감시단속에 지장이 없을 때에는 1년 이내의 기간을 정하여 이를 포괄적으로 승인할 수 있다.

09 정답 \| 다

해설 \| 「관세법」 별표 관세율표(HSK 10단위)의 변화를 가져오는 것은 보수작업으로 인정할 수 없다. 다만, 수출이나 반송 과정에서 부패·변질의 우려가 있는 경우 등 세관장이 타당하다고 인정하는 경우에는 그러하지 아니하다.

10 정답 \| 마

해설 \| 승인을 받은 외국물품 중 폐기 후에 남아 있는 부분에 대하여는 폐기 후의 성질과 수량에 따라 관세를 부과한다.

11 정답 \| 라

해설 \| '품명미상의 물품으로서 1년이 경과된 물품'이 올바른 표현이다.

12 정답 | 마

해설 | 세관공무원이 채취한 물품이 사용·소비된 경우에는 수입신고를 하여 관세를 납부하고 수리된 것으로 본다.

13 정답 | 라

해설 | 보세구역에 반입된 물품의 장치기간은 해당 보세구역 반입일(여행자 및 승무원 휴대품 통관고시상 반송신고 제한 물품은 반송신고를 할 수 있는 날)을 기준으로 장치기간을 기산한다. 다만, 다음 각 호의 어느 하나에 해당하는 물품은 종전에 산정한 장치기간을 합산한다.
1. 장치장소의 특허변경으로 장치기간을 다시 기산하여야 하는 물품
2. 보세운송 승인을 받아 다른 보세구역에 반입하거나 보세구역 간 장치물품을 이동함으로써 장치기간을 다시 기산하여야 하는 경우에는 장치기간이 이미 경과된 물품

14 정답 | 마

해설 | 제주공항은 규정되어 있지 아니하다.

15 정답 | 다

해설 | 영업용보세창고에 반입한 물품의 반출통고는 보세구역운영인이 화주 등에게 하며, 지정장치장에 반입한 물품의 반출통고는 화물관리인이 화주 등에게 하여야 한다.

16 정답 | 나

해설 | 세관장은 매각대금을 그 매각비용, 관세, 각종 세금의 순으로 충당하고, 잔금이 있을 때에는 화주에게 교부한다.

17 정답 | 다

해설 | 경제자유구역은 보세운송의 목적지가 될 수 없다.

18 정답 | 다

해설 | 멸실된 경우 '신고'하여야 한다.

19 정답 | 다

해설 | '벌크화물 등 기타화물 : 부두 내 보세구역'이 올바른 표현이다.

20 정답 | 가

해설 | 해상화물은 해당물품을 선박에 적재하기 24시간 전까지 제출하여야 한다. 근거리 지역의 경우에는 해당물품을 선박에 적재하기 전까지 제출하되 선박이 출항하기 30분 전까지 최종 마감하여 제출하여야 한다. 다만, 벌크화물 등의 경우에는 출항하기 전까지, 「수출통관 사무처리에 관한 고시」 중 선상 수출신고에 해당하는 물품의 경우에는 출항 다음 날 24시까지 제출할 수 있다.
※ 출항 익일 24시간＝출항 다음 날 지정

21 정답 | 나

해설 | '복합환적'이란 입항하는 운송수단의 물품을 다른 세관의 관할구역으로 운송하여 출항하는 운송수단으로 옮겨 싣는 것을 말한다.

22 정답 | 가

해설 | 반송화물은 해당되지 아니한다.

23 정답 | 라

해설 | 보세운송의 신고 또는 승인신청을 할 수 있는 자는 다음 각 호와 같다.

    1. 화주. 다만, 전매된 경우에는 그 취득자, 환적화물의 경우에는 그 화물에 대한 권리를 가진 자

    2. 「관세법」에 따라 등록한 보세운송업자

    3. 관세사등

24 정답 | 나

해설 | 일반간이보세운송업자 지정기간은 3년으로 하되 갱신할 수 있다. 다만, 그 지정기간은 보세운송업자의 등록기간 범위에서 한다.

25 정답 | 마

해설 | 수출신고가 수리된 물품은 보세운송 절차를 생략한다. 다만, 다음 각 호의 어느 하나에 해당하는 물품은 그러하지 아니하다.

    1. 「반송 절차에 관한 고시」에 따라 외국으로 반출하는 물품

    2. 보세전시장에서 전시 후 반송되는 물품

    3. 보세판매장에서 판매 후 반송되는 물품

    4. 여행자 휴대품 중 반송되는 물품

    5. 보세공장 및 자유무역지역에서 제조ㆍ가공하여 수출하는 물품

    6. 수출조건으로 판매된 몰수품 또는 국고귀속된 물품

4과목	자율관리 및 관세벌칙																		
01	가	02	마	03	다	04	마	05	다	06	마	07	마	08	마	09	라	10	나
11	나	12	라	13	나	14	나	15	다	16	가	17	나	18	마	19	마	20	나
21	다	22	가	23	다	24	나	25	다										

01 정답 | 가

해설 | 해당 규정은 존재하지 아니한다.

02 정답 | 마

해설 | 해당 규정은 존재하지 아니한다.

03 정답 | 다

해설 | **전자문서위변조죄**

국가관세종합정보시스템이나 전자문서중계사업자의 전산처리설비에 기록된 전자문서 등 관련 정보를 위조 또는 변조하거나 위조 또는 변조된 정보를 행사한 자는 1년 이상 10년 이하의 징역 또는 1억원 이하의 벌금에 처한다.

04 정답 | 마

해설 | 5년 이하의 징역 또는 관세액의 10배와 물품원가 중 높은 금액 이하에 상당하는 벌금에 처한다.

05 정답 | 다

해설 | • 수입신고를 한 자 중 법령에 따라 수입에 필요한 허가 · 승인 · 추천 · 증명 또는 그 밖의 조건을 갖추지 아니하거나 부정한 방법으로 갖추어 수입한 자는 3년 이하의 징역 또는 3천만원 이하의 벌금에 처한다.

　　• 수출신고를 한 자 중 법령에 따라 수출에 필요한 허가 · 승인 · 추천 · 증명 또는 그 밖의 조건을 갖추지 아니하거나 부정한 방법으로 갖추어 수출한 자는 1년 이하의 징역 또는 2천만원 이하의 벌금에 처한다.

06 정답 | 마

해설 | 「관세법」 제270조의2(가격조작죄)

다음 각 호의 신청 또는 신고를 할 때 부당하게 재물이나 재산상 이득을 취득하거나 제3자로 하여금 이를 취득하게 할 목적으로 물품의 가격을 조작하여 신청 또는 신고한 자는 2년 이하의 징역 또는 물품원가와 5천만원 중 높은 금액 이하의 벌금에 처한다.

1. 보정신청
2. 수정신고
3. 수출 · 수입 · 반송신고
4. 입항전수입신고

07 정답 | 마

해설 | 부정감면, 부정환급 물품은 본죄의 객체가 되지 아니한다.

08 정답 | 마

해설 | '마'의 경우 과태료 대상이며 '가, 나, 다, 라'의 경우 별금 대상이다.

09 정답 | 라

해설 | 「질서위반행위규제법」에 따르면 질서위반행위가 종료된 날부터 5년이 경과한 경우에는 해당 질서위반행위에 대하여 과태료를 부과할 수 없다.

10 정답 | 나

해설 | '금지품수출입죄에 해당하는 경우에는 그 물품을 몰수한다.'가 올바른 표현이다.

11 정답 | 나

해설 | 관세범에 관한 사건에 대하여는 관세청장이나 세관장의 고발이 없으면 검사는 공소를 제기할 수 없다.

12 정답 | 라

해설 | '라'의 경우 압수물품 매각대상이다.

13 정답 | 나

해설 | 관세청장이나 세관장은 범죄의 정상이 징역형에 처해질 것으로 인정될 때에는 통고처분 규정에도 불구하고 즉시 고발하여야 한다.

14 정답 | 나

해설 | 신청을 받은 세관장은 지정요건(보세사 채용 여부 등)을 검토하여 보세화물관리 및 세관 감시감독에 지장이 없다고 판단되는 경우 해당 보세구역의 특허기간을 지정기간으로 하여 자율관리보세구역을 지정하고 자율관리보세구역 지정서를 교부하여야 한다.

15 정답 I 다

해설 I '다'의 경우 우수자율관리보세구역의 혜택이다.

16 정답 I 가

해설 I 세관장은 자율관리보세구역의 운영실태 및 보세사의 관계법령 이행 여부 등을 확인하기 위하여 별도의 감사반을 편성(외부 민간위원을 포함할 수 있다)하고 7일 이내의 기간을 설정하여 연 1회 정기감사를 실시하여야 한다.

17 정답 I 나

해설 I '견본품의 반출 및 회수'가 올바른 표현이다.

18 정답 I 마

해설 I "점검요원"이란 이 훈령에서 정하는 법규수행능력 측정 및 평가관련 사항의 점검 · 확인 · 평가관리 등을 수행하기 위하여 세관화물부서에 편성된 점검반의 구성원을 말한다.

19 정답 I 마

해설 I 「자유무역지역법」 또는 「관세법」(例 밀수입죄)을 위반하여 징역형의 실형을 선고받고 그 집행이 끝나거나(집행이 끝난 것으로 보는 경우를 포함) 집행이 면제된 날부터 2년이 지나지 아니한 사람

20 정답 I 나

해설 I 관세포탈죄 등에 대한 설명이다.

21 정답 I 다

해설 I 자유무역지역 중 공항 또는 항만으로서 관세청장이 지정하는 지역은 3개월의 장치기간이 있다.

22 정답 I 가

해설 I 반입신고는 House B/L 단위로 하여야 하며, 하선장소로 지정된 입주기업체에 컨테이너 상태로 반입하는 경우에는 Master B/L 단위로 신고할 수 있다.

23 정답 I 다

해설 I 역외작업의 범위는 해당 입주기업체가 전년도에 원자재를 가공하여 수출한 금액의 100분의 60 이내로 한다.

24 정답 I 나

해설 I 입주기업체는 반입한 날부터 6개월이 지난 외국물품에 대해 화주가 수취를 거절하는 경우에 세관장에게 그 외국물품의 매각을 요청할 수 있다.

25 정답 I 다

해설 I 입주기업체는 회계연도 종료 3개월이 경과한 후 15일 이내에 입주기업체의 반출입물품의 관리에 대한 적정 여부를 자체 점검하고 원재료, 재공품, 제품 및 잉여물품 등의 재고관리 방법 등의 사항을 포함하는 자율점검표 또는 공인회계사가 이 고시에서 정하는 바에 따라 재고조사를 실시하고 작성한 보고서를 관할 세관장에게 제출하여야 한다.

01 정답 | 라
해설 | 광주공항은 국제항이 아니다.

02 정답 | 라
해설 | 국제무역선이나 국제무역기가 국제항(출입허가를 받은 지역을 포함한다)에 입항하였을 때에는 선장이나 기장은 대통령령으로 정하는 사항이 적힌 선박용품 또는 항공기용품의 목록, 여객명부, 승무원명부, 승무원 휴대품목록과 적재화물목록을 첨부하여 지체 없이 세관장에게 입항보고를 하여야 하며, 국제무역선은 선박국적증서와 최종 출발항의 출항면장이나 이를 갈음할 서류를 제시하여야 한다.

03 정답 | 라
해설 | 세관장은 감시·단속을 위하여 필요할 때에는 물품을 하역하는 장소 및 통로(하역통로)와 기간을 제한할 수 있다.

04 정답 | 마
해설 | 외국물품인 선박용품 또는 항공기용품과 국제무역선 또는 국제무역기 안에서 판매할 물품이 하역 또는 환적허가의 내용대로 운송수단에 적재되지 아니한 경우에는 해당 허가를 받은 자로부터 즉시 그 관세를 징수한다. 다만, 다음 각 호의 어느 하나에 해당하는 경우에는 그러하지 아니하다.
1. 세관장이 지정한 기간 내에 그 물품이 다시 보세구역에 반입된 경우
2. 재해나 그 밖의 부득이한 사유로 멸실된 경우
3. 미리 세관장의 승인을 받고 폐기한 경우

05 정답 | 라
해설 | 통관역은 국외와 연결되고 국경에 근접한 철도역 중에서 관세청장이 지정한다.

06 정답 | 다
해설 | '다'의 경우 즉시검사화물이다.

07 정답 | 라
해설 | 화주 또는 화주로부터 권한을 위임받은 자는 선별된 검사대상화물 또는 감시대상화물이 다음 각 호의 어느 하나에 해당하는 경우 세관장에게 검사대상화물의 해제를 신청할 수 있으며, 신청서류는 우편, FAX, 전자우편으로 제출할 수 있다.
1. 원자재(수출, 내수용 포함) 및 시설재인 경우
2. 보세공장, 보세건설장, 보세전시장, 보세판매장에 반입하는 물품인 경우
3. 학술연구용 실험기자재이거나 실험용품인 경우
4. 그 밖에 세관장이 상기에 준하는 사유가 있다고 인정하는 경우

08 정답 | 나
해설 | 물품을 개봉하지 말고 가까운 세관에 신고하고 경찰, 보건당국에도 신고한다.

PART 07

실전모의고사 정답 및 해설

09 정답 | 마

해설 | AEO는 관세감면혜택이 없다.

10 정답 | 나

해설 | 개별 수출입물품 중심으로 위험도를 관리하였으나, AEO 제도는 수출입 주체인 기업을 중심으로 위험관리가 이루어진다.

11 정답 | 마

해설 | MRA 체결국가
① 캐나다 ② 싱가폴 ③ 미국 ④ 일본 ⑤ 뉴질랜드 ⑥ 중국 ⑦ 홍콩 ⑧ 멕시코 ⑨ 터키 ⑩ 이스라엘 ⑪ 도미니카공화국 ⑫ 인도 ⑬ 대만 ⑭ 태국 ⑮ 호주 ⑯ 아랍에미리트(UAE) ⑰ 말레이시아 ⑱ 페루 ⑲ 우루과이 ⑳ 카자흐스탄 ㉑ 몽골

12 정답 | 마

해설 | 수출입안전관리우수업체가 관세청장의 공인등급 결정에 이의가 있는 경우에는 세관장을 통해 관세청장에게 재심의를 요청할 수 있다.

13 정답 | 나

해설 | 신청업체가 공인을 신청할 때에는 법인 단위(개인사업자를 포함한다)로 신청하여야 한다. 첨부서류는 각 사업장별로 구분하여 작성하여야 한다.

14 정답 | 가

해설 | 신청업체는 공인 또는 종합심사를 신청하기 전에 제출 서류의 적정성 등에 관하여 사전 확인을 받고자 예비심사를 희망하는 경우에는 예비심사신청서를 관세청장에게 제출하여야 한다.

15 정답 | 나

해설 | 특례적용 중단의 경우 심의사항이 아니다.

16 정답 | 가

해설 | '공인신청 후 신청업체의 법규준수도 점수가 70점 미만(중소 수출기업은 60점 미만)으로 하락한 경우'가 올바른 표현이다.

17 정답 | 라

해설 | 전략관리는 공인기준이 아니다.

18 정답 | 가

해설 | 법규위반 시 행정형벌보다 통고처분, 과태료 등 행정질서벌 등을 우선 고려하는 것이다.

19 정답 | 다

해설 | 수출입안전관리우수업체는 변동사항이 발생한 경우에는 그 사실이 발생한 날로부터 30일 이내에 수출입 관리현황 변동사항 보고서를 작성하여 관세청장에게 보고하여야 한다. 다만, 변동사항이 범칙행위, 부도 등 공인 유지에 중대한 영향을 미치는 경우에는 지체 없이 보고하여야 한다.

20 정답 | 나

해설 | 수출입안전관리우수업체가 여러 공인부문에 걸쳐 공인을 받은 경우에는 공인일자가 가장 빠른 공인부문을 기준으로 자체평가서를 함께 제출할 수 있다.

21 정답 | 가

해설 | 수출입안전관리우수업체는 공인을 갱신하고자 할 때에는 공인의 유효기간이 끝나기 6개월 전까지 수출입안전관리우수업체 종합심사 신청서와 자체평가표 등 서류를 첨부하여 관세청장에게 전자문서로 제출하여야 한다.

22 정답 | 나

해설 | 정당한 사유 없이 변동사항(예 관리책임자 변경)을 보고하지 않거나 정기자체평가서를 제출기한으로부터 1개월 이내에 제출하지 아니한 경우

23 정답 | 라

해설 | 수출입물품 취급 관련 자격증으로는 관세사, 보세사, 물류관리사, IATA Diploma가 있다.

24 정답 | 마

해설 | 선박에서 밀항자 등을 발견하였을 경우에는 세관장에게 즉시 보고하여야 한다.

25 정답 | 다

해설 | 운영인은 감시카메라를 설치한 경우 24시간 작동되도록 하고 녹화자료를 최소 30일 이상 보관하여야 한다.

MEMO

MEMO

01 증권경제전문 토마토TV가 만든 교육브랜드

토마토패스는 24시간 증권경제 방송 토마토TV · 인터넷 종합언론사 뉴스토마토 등을 계열사로
보유한 토마토그룹에서 출발한 금융전문 교육브랜드 입니다.
경제 · 금융 · 증권 분야에서 쌓은 경험과 전략을 바탕으로 최고의 금융교육 서비스를 제공하고 있으며
현재 무역 · 회계 · 부동산 자격증 분야로 영역을 확장하여 괄목할만한 성과를 내고 있습니다.

뉴스토마토	Tomato tv	토마토 증권통	e Tomato
www.newstomato.com	tv.etomato.com	stocktong.io	www.etomato.com
싱싱한 정보, 건강한 뉴스	24시간 증권경제 전문방송	가장 쉽고 빠른 증권투자!	맛있는 증권정보

02 차별화된 고품질 방송강의

토마토 TV의 방송제작 장비 및 인력을 활용하여 다른 업체와는 차별화된 고품질 방송강의를 선보입니다.
터치스크린을 이용한 전자칠판, 핵심내용을 알기 쉽게 정리한 강의 PPT,
선명한 강의 화질 등 으로 수험생들의 학습능력 향상과 수강 편의를 제공해 드립니다.

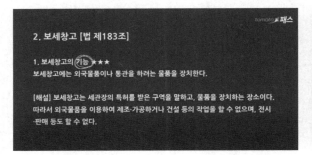

03 최신 출제경향을 반영한 효율적 학습구성

토마토패스에서는 해당 자격증의 특징에 맞는 커리큘럼을 구성합니다.
기본서의 자세한 해설을 통해 꼼꼼한 이해를 돕는 정규이론반(기본서 해설강의) · 핵심이론을 배우고
실전문제에 바로 적용해보는 이론 + 문제풀이 종합형 핵심종합반 · 실전감각을 익히는
출제 예상 문제풀이반 · 시험 직전 휘발성 강한 핵심 항목만 훑어주는 마무리특강까지!
여러분의 합격을 위해 최대한의 효율을 추구하겠습니다.

정규이론반　　핵심종합반　　문제풀이반　　마무리특강

04 가장 빠른 1:1 수강생 학습 지원

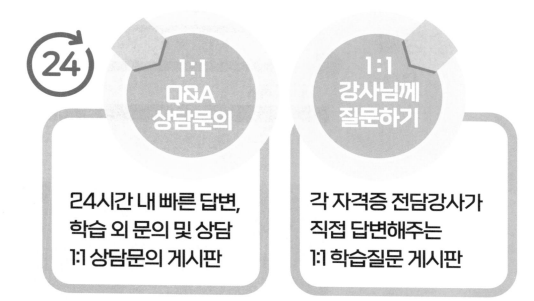

토마토패스에서는 가장 빠른 학습지원 및 피드백을 위해 다음과 같이 1:1 게시판을 운영하고 있습니다.
· Q&A 상담문의 (1:1) ㅣ 학습 외 문의 및 상담 게시판, 24시간 이내 조치 후 답변을 원칙으로 함 (영업일 기준)
· 강사님께 질문하기(1:1) ㅣ 학습 질문이 생기면 즉시 활용 가능, 각 자격증 전담강사가 직접 답변하는 시스템
이 외 자격증 별 강사님과 함께하는 오픈카톡 스터디, 네이버 카페 운영 등 수강생 편리에 최적화된
수강 환경 제공을 위해 최선을 다하고 있습니다.

05 100% 리얼 후기로 인증하는 수강생 만족도

●●●●● 96.4 ●●●●●

2020 하반기 수강후기 별점 기준 (100으로 환산)

토마토패스는 결제한 과목에 대해서만 수강후기를 작성할 수 있으며,
합격후기의 경우 합격증 첨부 방식을 통해 100% 실제 구매자 및 합격자의 후기를 받고 있습니다.
합격선배들의 생생한 수강후기와 만족도를 토마토패스 홈페이지 수강후기 게시판에서 만나보세요!
또한 푸짐한 상품이 준비된 합격후기 작성 이벤트가 상시로 진행되고 있으니,
지금 이 교재로 공부하고 계신 예비합격자분들의 합격 스토리도 들려주시기 바랍니다.

강의 수강 방법
PC

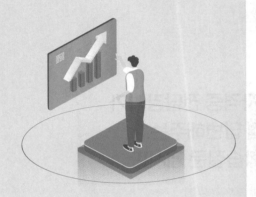

02 회원가입 후 자격증 선택

· 회원가입시 본인명의 휴대폰 번호와 비밀번호 등록
· 자격증은 홈페이지 중앙 카테고리 별로 분류되어 있음

03 원하는 과정 선택 후 '자세히 보기' 클릭

04 상세안내 확인 후 '수강신청' 클릭하여 결제

· 결제방식 [무통장입금(가상계좌) / 실시간 계좌이체 / 카드 결제] 선택 가능

05 결제 후 '나의 강의실' 입장

06 '학습하기' 클릭

07 강좌 '재생' 클릭

· IMG Tech 사의 Zone player 설치 필수
· 재생 버튼 클릭시 설치 창 자동 팝업

강의 수강 방법 모바일

탭 · 아이패드 · 아이폰 · 안드로이드 가능

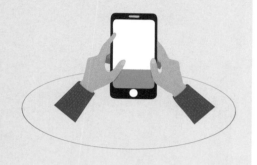

01 토마토패스 모바일 페이지 접속

WEB · 안드로이드 인터넷, ios safari에서
www.tomatopass.com 으로 접속하거나

 Samsung Internet (삼성 인터넷)

 Safari (사파리)

APP · 구글 플레이 스토어 혹은 App store에서
합격통 혹은 토마토패스 검색 후 설치

 Google Play Store

 앱스토어   *tomato*패스 합격통

02 존플레이어 설치 (버전 1.0)

· 구글 플레이 스토어 혹은 App store에서 '존플레이어' 검색 후 버전 1.0 으로 설치
(***2.0 다운로드시 호환 불가)

03 토마토패스로 접속 후 로그인

04 좌측 👤아이콘 클릭 후
'나의 강의실' 클릭

05 강좌 '재생' 버튼 클릭

· 기능소개
과정공지사항 : 해당 과정 공지사항 확인
강사님께 질문하기 : 1:1 학습질문 게시판
Q&A 상담문의 : 1:1 학습외 질문 게시판
재생 : 스트리밍, 데이터 소요량 높음, 수강 최적화
다운로드 : 기기 내 저장, 강좌 수강 시 데이터 소요량 적음
PDF : 강의 PPT 다운로드 가능

👤   **토마토패스**   ☰

금융투자자격증	은행/보험자격증	FPSB/국제자격증	회계/세무지

나의 강의실

과정공지사항	강사님께 질문하기
학습자료실	Q&A 상담문의

과정명	증권투자권유대행인 핵심종합반	
수강기간	2021-08-23 ~ 2022-08-23	
최초 수강일	2021-08-23	
최근 수강일		2021-09-09
진도율	77.0%	

강의명	재생	다운로드	진도율	PDF
1 강 금융투자상품01	▶	⬇	0%	📄
2 강 금융투자상품02	▶	⬇	100%	📄
3 강 금융투자상품03	▶	⬇	100%	📄
4 강 유가증권시장, 코스닥시장01	▶	⬇	94%	📄
5 강 유가증권시장, 코스닥시장02	▶	⬇	71%	📄
6 강 유가증권시장, 코스닥시장03	▶	⬇	0%	📄
7 강 채권시장01	▶	⬇	96%	📄
8 강 채권시장02	▶	⬇	0%	📄
9 강 기타 증권시장	▶	⬇	93%	📄

토마토패스
보세사 3주 완성 기본서

—

초 판 발 행	2020년 05월 20일
개정3판1쇄	2024년 05월 20일
편 저 자	변달수
발 행 인	정용수
발 행 처	(주)예문아카이브
주 소	서울시 마포구 동교로 18길 10 2층
T E L	02) 2038-7597
F A X	031) 955-0660
등 록 번 호	제2016-000240호
정 가	32,000원

홈페이지 http://www.yeamoonedu.com

I S B N   979-11-6386-280-2   [13320]

최신 유체역학 문제풀이

△ 인피니티 컨설팅

신채식 저작집 Ⓥ

宋代 皇帝權 研究

申採湜 著

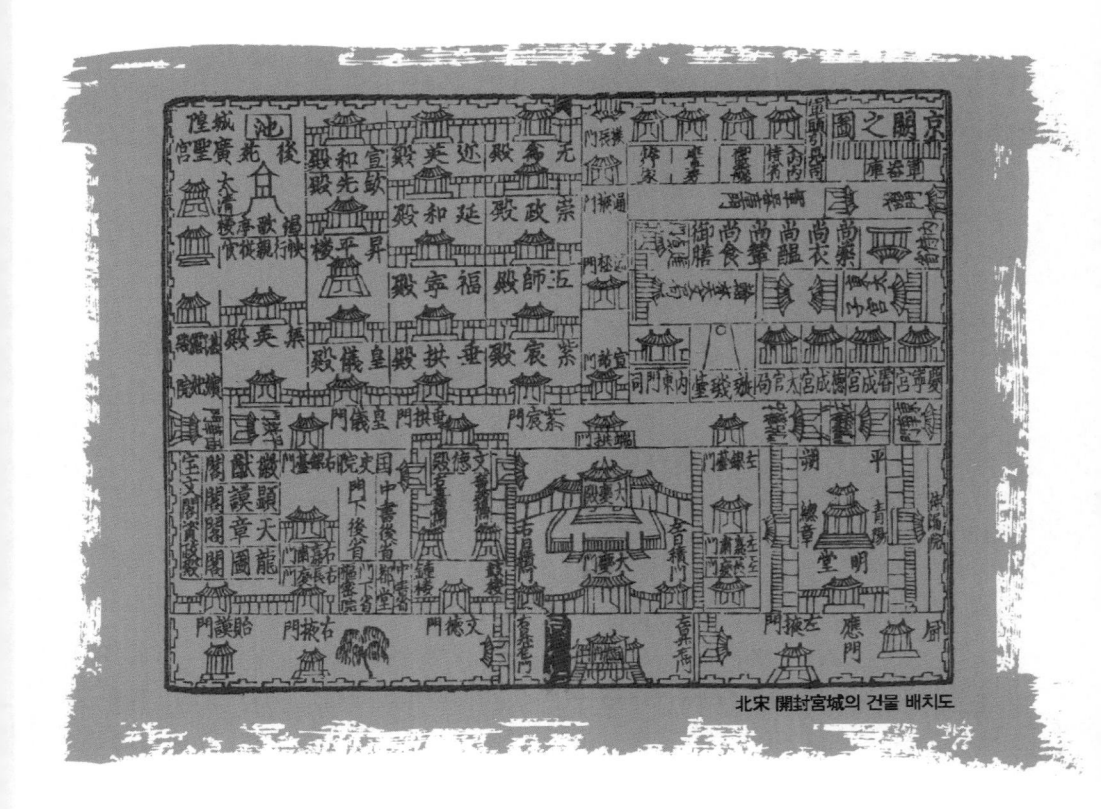

北宋 開封宮城의 건물 배치도

한국학술정보㈜

|宋代(北宋) 皇帝의 肖像|

① 太祖 趙匡胤(927-976)
　　재위기간(960-976)

② 太宗 趙光義(939-997)
　　재위기간(976-997)

③ 眞宗 趙恒 (968-1022)
　　재위기간(997-1022)

④ 仁宗 趙禎(1010-1063)
　　재위기간(1022-1063)

⑤ 英宗 趙曙(1032-1067)
　재위기간(1063-1067)

⑥ 神宗 趙頊(1048-1085)
　재위기간(1067-1085)

⑦ 哲宗 趙煦(1076-1100)
　재위기간(1085-1100)

⑧ 徽宗 趙佶(1082-1135)
　재위기간(1100-1125)

⑨ 欽宗 趙桓(1100-1161)
재위기간(1125-1127)

宋代 皇帝 系圖

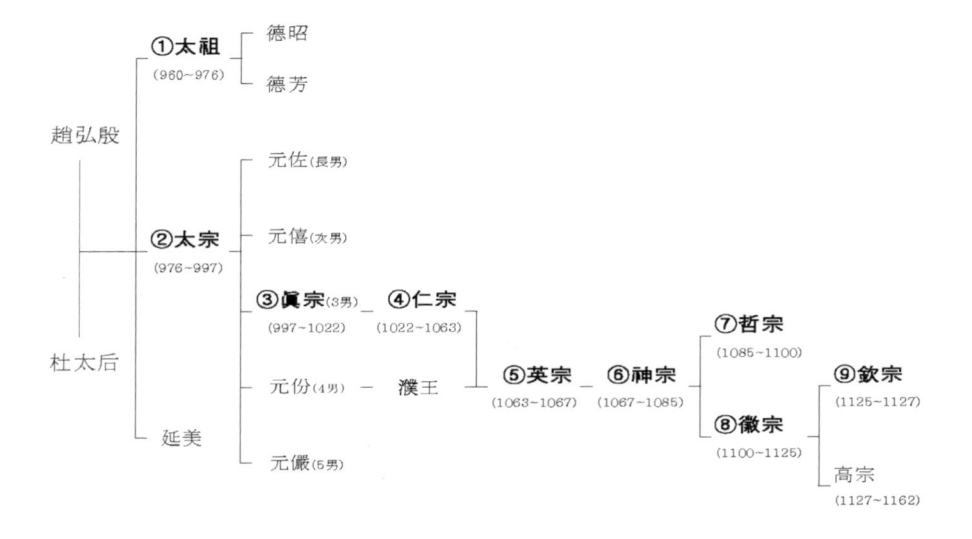

北宋時代의 皇帝 일람

皇帝	연령(生存기간)	在位기간	등극 시 나이	先皇과의 관계
太祖	50세(927-976)	16년(960-976)	33	
太宗	59세(939-997)	22년(976-997)	37	太祖의 弟
眞宗	55세(968-1022)	25년(997-1022)	30	太宗의 第3子
仁宗	54세(1010-1063)	41년(1022-1063)	13	眞宗의 第6子
英宗	36세(1032-1067)	5년(1063-1067)	32	仁宗의 從弟의 13子
神宗	38세(1048-1085)	19년(1067-1085)	20	英宗의 長子
哲宗	25세(1076-1100)	15년(1085-1100)	10	神宗의 第6子
徽宗	54세(1082-1135)	25년(1100-1125)	19	神宗의 第11子
欽宗	62세(1100-1161)	2년(1125-1127)	26	徽宗의 長子

이 책을 내면서

대학에서 정년을 맞이한 것이 엊그제 같은데 어느덧 古稀를 훌쩍 넘기고 八旬을 바라보게 되었다. 세월의 빠름을 실감하고 있다. 대학을 떠날 때, 정년사에서 두 가지 소망을 피력하였다. 하나는 건강이고, 다른 하나는 평생의 업으로 생각하고 있던 공부를 계속할 수 있었으면 하는 바람이었다. 다행히 10년이 지난 지금 이 두 가지가 모두 이루어졌으니 더 바랄 것이 없다.

필자가 60년대에 東洋史에 뜻을 두고 대학원에서 공부를 하면서 宋代 관료제를 연구영역으로 정한 후 어느새 50년이 지나갔다. 지금 생각하면 한편으로는 무모하고 다른 한편으로는 용기 있는 도전이라 생각된다. 사실 60년대 한국의 동양사 연구 환경은 열악하기 그지없었다. 지금 우리 사회의 학문적 발전이나 중국과의 교류관계를 볼 때, 필자가 공부하던 당시의 학문적 환경은 마치 호롱불을 켜놓고 두메산골에서 독학을 하는 것과 같다고 생각된다. 그 후 일본 東京大學에서 연구를 하게 된 것은 필자의 학문 발전에 도움을 주었고 宋代의 관료제와 황제권에 대한 생각을 깊고 넓게 하는 계기가 되었다.

이 책을 출판하게 된 것은 필자로서는 대단히 기쁜 일이 아닐 수 없다. 먼저 생각할 수 있는 것은 이 나이에도 글을 쓸 수 있다는 육체적 건강과 정신력에 감사한다.

인간의 노후생활에서 중요한 것이 건강이고 그 건강을 유지하기 위하여 사람들이 노력하지만 필자의 건강비결은 육체적 단련을 하고

아울러 정신적 운동으로 책을 읽는 것이다. 읽은 책을 정리하여 저서로 출판한다는 것은 그 위에 바랄 것이 없는 복이 아닐 수 없다.

필자는 이 책을 쓰면서 조심스러운 마음을 가지고 있다. 별로 재주도 없는 사람이 국내외 동양사학계의 정설로 되어 있는 宋代「군주독재체제설」에 의문을 제기하고 宋代「군주독재군주제설」에 대한 선학들의 연구에 비판을 가하는 학문적 자세에 대한 조심스러운 마음이다. 이러한 생각은 나의 오랜 학문적 의문에서 나온 결과라 하겠다. 나의 생각이 학계에서 비판되고 이에 대한 연구자들의 관심과 노력이 계속되었으면 하는 바람이 용기를 주었다.

宋代 황제의 독재체제설에 대한 비판적 연구가 최근에 중국과 日本학계에서도 제기되고 있다. 역사의 연구는 제도상의 내용과 역사적 실체가 다를 수 있고 역사를 보는 시각에 따라 어제의 定說이 오늘은 바뀔 수 있는 개연성은 항상 존재한다. 그래서 역사는 다시 쓰여진다고들 한다.

필자가 宋代史를 공부하는 과정에서 宋代의 문헌에 나타나는 내용과 역사적 실체와는 거리가 있음을 늘 생각하여 왔다. 역사를 공부하는 중요한 일 중의 하나가 역사적 실체와 문헌에 보이는 내용 사이에 존재하는 갭을 좁혀 역사적 실체를 구명하는 일이라고 생각한다. 宋代「군주독재체제설」에 대한 비판적 문제제기도 이와 같은 생각에서 비롯된 것이다. 宋代 황제의 권력에 대한 연구는 관제상의 내용과 황제

권의 실상을 상호보완적 관계에서 다루어야 그 실체를 정확히 알 수 있다고 생각한다. 황제 권력은 제도적 뒷받침과 함께 그 권력을 행사하는 황제의 性向이나 황제주변에 있는 인물, 즉 관료를 비롯해서 황후나 황태후, 환관과 종친 등 수많은 요소가 황제권과 밀착되어 있다.

권력이란 그 속성상 권력을 행사하는 황제의 국정장악능력이 무엇보다 중요하다. 그러나 宋代의 황제는 太祖·太宗을 제외하면 황제의 국정장악능력은 독재군주에 훨씬 미치지 못한다. 이런 면에서 宋代 황제권력은 독재적이라고 말하기는 어렵다. 더욱이 宋代 황제를 살피는 데는 그 이전 시대나 그 이후 시대의 황제와 비교 검토하는 연구 방법도 중요한 것이라고 생각한다.

필자의 이와 같은 문제제기로 역대 中國 帝王의 권력구조나 宋代 군주독재체제에 대해 관심을 가지고 있는 연구자들이 先學들의 연구 업적을 토대로 하여 새로운 시각에서 중국사를 검토하는 연구풍토가 조성되었으면 하는 바람이 크다.

이 책을 내는 데 많은 분의 도움을 받았다. 먼저 현재의 경제적 여건 속에서 전문서적을 출판한다는 것은 출판사로서는 어려운 일이다. 그럼에도 불구하고 선뜻 이 책을 출판해준 한국학술정보(주) 채종준 사장의 후의에 감사한다. 또한 이 책의 시작에서부터 마무리 작업까지 원고의 정리와 컴퓨터 작업, 그리고 제책의 디자인에 이르기까지 세심한 노력을 아끼지 않은 사랑하는 제자 경성대학교의 金俊權 교수에게

심심한 고마움을 표한다.

　이 책의 출판에 의하여 宋代「군주독재체제설」에 대한 새로운 연구와 관심이 학계에 상정되기를 바란다. 아울러 이 책에 대한 관심과 학계의 비판을 바라면서 同學諸賢의 솔직한 지도를 바라는 마음 간절하다.

2010년 3월
九里 仁昌 書齊에서
申 採 湜　씀

- 목 차 -

제2장 宋代 중앙집권적 황제체제의 성립

제3장 宋代 중앙집권적 황제권의 실상

제4장 宋代 황제의 성품과 정무처리

제5장 宋代의 당쟁과 황제권

제6장 10-13세기 동아시아 국제관계의 변화와 황제권

序論. 宋代 황제권의 실상

I. 宋代 「군주독재체제설」에 대한 의문

본인은 오랫동안 宋代 官僚制(송대 관료제)를 공부해 오면서 아직
도 큰 의문을 가지고 있다. 그것은 학계의 定說(정설)로 되어있는 宋
代「君主獨裁體制說」(군주독재체제설)에 대한 의문이다.[1]

널리 알려져 있는 바와 같이 宋代는 황제권이 강화되어 군주의 독
재체제가 확립되었다는 것은 中國을 비롯하여 日本學界에서 일찍부
터 先學들의 연구에 의하여 정설로 되어있다. 선학들의 이와 같은 주
장에 대해 연구자들이 대체로 이를 받아들이면서 宋代 「군주독재체

---

1) 拙著, 『宋代 官僚制研究』, 三英社, 1981.
　　同개정판 한국 학술정보(주), 2007.
　　同, 『東아사상의 王權』(공저), 한울아카데미, 1996.

제설」은 현재 동양사학계에 움직일 수 없는 定說이 되었다.

그러나 학계의 이와 같은 주장에 대해 본인은 宋代의 황제체제가 독재적 절대군주체제로 보기에는 여러 가지 문제가 있다고 생각하여 왔다.

秦(진)의 始皇帝(시황제)가 황제체제를 구축한 이래 淸末(청말)까지 각 시대의 황제체제를 전체적으로 비교 검토해 볼 때 결코 宋代의 황제체제가 君主 군주독재체제라는데 선뜻 수긍이 가지 않는 것이다. 중국의 역사에서 專制君主(獨裁君主)의 전형으로 알려진 황제들의 일반적인 특징은 대내정치에서 과감한 改革(개혁)을 이루고 관료사회를 완벽하게 장악하여 정치개혁과 大土木事業(대토목사업)을 수행하고, 대외적으로는 막강한 군사력을 동원하여 對外遠征(대외원정)을 단행하는 것이 일반적 현상이다. 국정의 장악능력, 그리고 대토목사업과 대외원정은 군주의 절대권력이 뒷받침되지 못하면 불가능한 일이다.

秦始皇帝(진시황제)나 漢武帝(한무제), 隋煬帝(수양제)와 唐太宗(당태종), 明太祖(명태조)와 永樂帝(영락제), 그리고 淸(청)의 康熙帝(강희제)와 雍正帝(옹정제)와 같은 절대 권력을 가지고 동아시아 세계를 재패한 황제는 宋代의 어느 군주에서도 찾아볼 수 없다.

宋代의 「군주독재체제설」을 내세우는 학자들의 주장에 의하면 위와 같은 황제들(시황제, 한무제, 수양제, 당태종 등)은 제도가 이들 황제의 독재체제를 뒷받침한 것이 아니라 황제 개개인의 독자적 능력에 의해 君主獨裁 권력을 행사한 것이라고 주장하고 있다. 그에 비해 宋代는 그 이전과 달리 군주 독재체제를 뒷받침하는 제도적 장치가 마련되어 宋代의 황제권이 독재체제라는 것이다. 그러나 본인은 이와 같은 주장에 대해 다음과 같은 생각에서 「宋代군주독재체제설」

에 대한 의문을 제기한다.

1)「군주독재체제」는 특별히 宋代에서 완성된 것은 아니다

중국의 중앙관제는 그 변천과정에서 皇帝權(황제권)과 宰相權(재상권)이 서로 대립과 견제의 力學作用(역학작용)을 되풀이하면서 변천되었다. 이 과정에서 항상 황제권이 재상권을 제압하는 특징을 가지고 내려왔다. 따라서 宋代의 군주독재체제도 이러한 중국역대 중앙관제의 변천과정에서 나타난 황제권 강화의 일환에 불과한 것이다.

춘추전국시대를 통일한 진시황제의 군현제적 황제지배체제는 물론이고, 漢初의 郡國制度로 인한 吳·楚七國의 난을 수습한 漢武帝의 독재군주체제도 황제권강화에 그 초점이 놓여져 있다. 한무제에 의한 군주독재체제를 보면 먼저 그는 군국제를 버리고 군현제를 강화하는 과정에서 지방에 존재하던 봉건제후세력을 철저히 제압하였다. 무제는 秦과 漢나라 초기의 三公(丞相·太尉·御使大夫)체제를 황제의 독재체제를 위해 尙書체제로 개편하였다. 즉, 三公중에서 국정을 총괄하는 丞相의 권한을 축소하여 황제로부터 소외시키고 그 대신 황제의 수족과 같은 비서기관인 尙書나 中書를 중용하고 그들을 통해 황제의 독재권을 행사하였다. 이러한 무제의 중앙집권화정책은 제도적으로 황제의 독재지배체제를 확립한 것이다.

다음, 위진남북조의 분열시대를 통일한 隋나라 文帝의 당면과제는 황제권강화를 위한 중앙집권체제의 확립에 있었다. 그는 남북조의 관제를 계승하면서도 三省체제를 강화하였으니 內史省·門下省·尙書省이 그것이다. 이와 함께 남북조시대의 州·郡·縣의 3층구조로 되어있던 지방조직을 폐지하여 州·郡 2층구조로 개편하였다. 이에 따라 지금까지 郡의 太守가 장악하고 있던 정치와 군사권이 중앙으로

회수되었다. 이와 함께 남북조시대의 관리추천제도인 九品官人法(九品中正制)을 폐지하여 중앙에서 인재를 시험에 의해서 등용하는 選擧制(科擧制)를 실시하였다.

秦·漢 이래의 중국관제는 唐나라 三省六部체제로 완성되었다. 唐의 三省六部체제는 황제권과 재상권의 力學關係의 변천과정에서 나타난 제도적 발전이다. 다시 말해 三省六部체제는 종래의 황제의 비서기관적 성격에서 벗어나서 중앙행정의 중추기관으로 발전한 것이다. 이러한 배경에는 황제에 의한 중앙집권적인 독재체제를 강화하려는 의지가 이미 隋代에 나타났고 唐代에 계승·발전된 것이다. 唐의 三省체제는 국가정책(王命)을 기안하는 中書省, 이를 심의하는 門下省, 그리고 정책을 실시하는 尙書省체제로 정리되었다. 門下省은 귀족적인 기관으로 귀족계급의 이익을 대표하였으며 封駁(봉박)이라는 거부권을 행사할 수 있었기 때문에 황제권이 귀족세력에 의해 제한되었다.

그러나 귀족에 의하여 제한된 三省체제는 唐의 후기에 들어와서 황제권력이 신장되는 방향으로 변화하였다. 즉, 황제권을 제한하고 있던 封駁權(봉박권)을 가지고 있던 門下省이 中書省에 흡수되었고, 中書省의 장관을 재상이라 하여 그 명칭을 同中書門下平章事, 또는 平章事로 격하시켰다. 이는 황제에게 가까운 中書省이 門下·尙書 兩省을 합병한 것으로써 황제는 귀족이 장악하고 있는 門下省의 거부권에서 벗어나 직접 조칙을 발동할 수 있는 장치를 갖춘 것이다. 이와 같은 唐의 三省체제는 五代에 들어와 변질되면서 宋의 중앙관제로 계승되었다.

따라서 중국역대의 중앙관제에서 나타나는 특징은 분열시대를 통일하여 통일제국을 완성한 창업군주나 절대적 독재권을 행사한 황제

들은 다같이 독재체제를 강화하는 방향으로 관제를 뜯어고쳤다. 그러므로 宋代에 들어와서 군주독재체제를 강화하게 된 원인도 분열시대를 수습하려는 역대 창업군주의 독재체제 강화노력과 일맥상통하는 것으로 특별히 宋代에 와서 官制上「군주독재체제」를 마련하여 이를 강화한 것은 아니다.

2) 宋代의 관제는 五代에 변형된 관제를 계승한 것이다

宋代의 관제는「황제독재체제」를 뒷받침하기 위하여 宋이 건국하면서 새로 마련한 제도가 아니다. 그것은 五代의 諸王들이 편의적으로 唐의 제도를 변형하여 사용하던 것을 宋이 그대로 계승한 것에 불과하다. 예컨대 군주독재체제강화를 비롯하여 樞密院, 三司, 禁軍體制 등에서 그 사실을 확인할 수 있다.

宋代의「군주독재체제설」을 내세우는 이론적 근거는 唐의 三省六部체제가 宋代에 와서 황제권을 제도적으로 보완하기 위하여 독재체제로 확립하였다는 것이다. 그리하여 宋代의 황제체제는 唐代보다 제도적으로 황제권이 강화되고 재상권이 약화되어 군주독재체제가 확립되었다는 주장이다.

宋代의 황제권은 唐의 三省六部제도가 해체되어 中書門下省으로 통합되고 그 장관을 복수로 임명하고 그 아래 정치를 총괄하는 차관급인 參知政事(참지정사)를 임명함으로서 재상권이 분산되고 그 권한이 약화되어 황제권이 강화되었다는 주장이다. 또한 군사를 담당한 추밀원과 황제권력의 상징이라고 할 수 있는 禁軍(금군)과 재정을 담당한 三司가 황제 직속기관으로 황권을 뒷받침하였기 때문에 唐과는 달리 황권이 강화되었다는 것이다. 이러한 중앙집권체제의 근간은 唐代의 제도가 宋代로 이어진 것이라고 보았다. 그러나 이러한 주장

은 사실과 맞지 않는다. 왜냐하면 宋代의 관제는 唐의 제도가 아닌 五代 관제를 계승한 것이기 때문이다.

　그 위에 관제상에 보이는 황제권의 제도적 내용과 실제로 황제와 신하에 의하여 운영된 황제권의 역사적 실상과의 차이는 크다. 宋代의 「군주독재체제설」을 생각할 때, 황제가 절대적 권력을 가지고 관료를 지배하고 인민의 생사여탈권을 행사한 절대적 군주는 아니다. 단지 唐代와 비교하여 제도상 황제가 최후의 형식적 결제를 한다. 이러한 宋代 황제의 권한행사가 구중궁궐에서 고위관료만을 상대로 하던 唐의 황제와 비교하면 宋代황제의 업무는 확실히 다양한 면이 있다. 이것이 宋代의 「군주독재체제설」의 이론적 배경이 되고 있다.

　그러나 독재정치란 제도적인 문제임과 동시에 황제의 능력의 문제이기도 하다. 그리고 제도적 내용과 권력이 행사된 실상과는 상당히 큰 거리가 있다. 관제상의 내용을 지나치게 강조하다 보면 역사적 실상이 제도의 뒷면으로 가려지는 일이 中國史, 특히 제도사에는 많다. 역사적 실체를 정확히 파악하기 위해서는 제도의 그늘에 가려진 역사적 실상을 바르게 이해하는 일이 역사 연구자의 중요한 임무이다.

　관제상에 보이는 내용은 역사적 실체와는 항상 많은 간격이 있기 마련이다. 특히 황제권의 문제에 있어서는 이것이 아주 심하다.

3) 황제권과 宰相權(相權)은 분리시켜 생각할 수 없다

　宋代 황제권의 「독재체재설」의 논거는 재상권과 황제권을 대립시켜 二分法的으로 비교하여 주장하는 데서 비롯되었다. 황제권이 강하면 재상권은 약하고 반대로 재상권이 강하면 황제권은 약하다는 政治力學的 二分法 논리이다. 宋代는 제도적으로 보아도 臣權이 약화되지 않았다. 宋初에 唐의 三省體制가 中書門下省으로 통합되고 재상을

복수로 설치하여 행정권을 장악하도록 하였다. 그리고 재상 아래 참 지정사를 두어 행정을 분산시켰기 때문에 재상권이 약화된 것은 사 실이다. 그러나 樞密院이 군사를 담당하면서 그 장관인 추밀사의 권 한은 대단히 강하였고 또한 三司가 재정을 담당하면서 중앙정부의 중요한 권력기관이 되었다. 실질적으로 三司는 唐代의 尙書省에 비유 될 정도로 그 업무는 중요하였고 이에 따라 三司의 장관인 三司使의 권한 또한 크게 강화되었다. 따라서 재상의 권한은 약화되었지만 文 官으로 임명한 樞密使나 三司使의 권한은 唐代보다 훨씬 강화되었기 때문에 宋代의 臣權(相權이 아닌)이 약화되었다고 보기는 어렵다.

진시황제가 周代(주대)의 봉건제도를 버리고 군현제도로써 황제독 재체제를 구축한 것은 황제와 관료의 긴밀한 관계를 전제로 한 것이 다. 황제와 관료는 마치 새의 양날개처럼 서로 떼어놓을 수 없는 긴 밀한 관계인 것과 같다. 국가를 몸체로 하고 황제의 수족처럼 움직이 는 관료가 있어야 황제는 그 권한을 행사할 수가 있다. 관료 또한 황 제권을 배경으로 하여야만 그 힘을 발휘할 수가 있다. 관료가 없는 황제를 생각할 수 없고, 황제권이 뒷받침되지 않는 관료체제란 역사 적으로 존재하지 않았다.

그러므로 황제권과 재상권은 비교대상이 아니라 상호 보완적인 위 치에 있는 것이다. 재상권이 약화되었기 때문에 황제권이 강화되었다 고 하는 논리는 황제권이라고 하는 복잡하면서도 다양성을 지닌 권 력구조를 단순히 양자를 비교하는 것으로 황제권을 재단하는 것은 황제권의 구조적 측면에서 볼 때 문제가 있다. 또한 황제권과 재상권 의 권력구조는 인간관계를 중심으로 성립되기 때문에 쉽게 그 권력 의 경중을 잴 수 없다. 더욱이 황제권의 독재성을 논할 때 관료제도 에 나타나고 있는 제도적 측면을 가지고 宋代「군주독재체제설」을

주장하는 것은 지나치게 제도에 얽매인 논단이 아닌가 생각한다.

　황제권의 성격은 그 역사적 전통성과 상징성으로 인하여 정치적 제도와 이외의 초월성을 가지고 있다. 그러므로 황제권을 재상권과 같은 위치에 놓고 비교하는 것은 자칫 황제권의 참모습을 흐리게 할 위험성을 갖게 된다.

4) 宋代의 文治主義는 황제권을 약화시켰다

　宋太祖가 문치주의를 채택한 것은 唐末·五代의 武人支配體制(무인지배체제)를 억제하기 위한 정책수단이었고, 이것으로 節度使(절도사)의 무장해제에 성공하고, 송의 중앙집권적 황제권 강화에 일단 성공하였다.

　그러나 太祖·太宗의 문치주의 정책은 이후 宋一代를 통하여 「祖宗之法」(조종지법)으로 정착되면서 文弱으로 인한 군사력의 약화를 가져오게 되었다. 太祖·太宗 이후의 황제들과 士大夫文臣(사대부문신)관료들은 宋初의 문치주의를 組宗之法으로 받들면서 동아시아 국제 정세의 변화에는 별로 관심을 갖지 않고 文弱(문약)에 빠지게 되었다. 황제권의 절대권력은 군사력과 밀접한 관계가 있다. 군사력이 뒷받침되지 못하는 황제권이란 이빨 없는 사자와 같은 허약한 존재이다.

　송태조의 문치주의 정책은 五代의 무인체제를 종식시키는데 성공하였고, 宋初의 황제권 강화에 기여한 바가 크다. 그러나 북방민족의 압박에 대비하여 군사력을 강화하는 것이 마치 「祖宗之法」을 파괴하는 반역적 행동으로 매도되면서 문신관료체제는 더욱 氣勝(기승)하여 황제권을 약화시켰다.

　여기에는 士大夫 문신관료들이 武官(무관)을 멸시하면서 자신의

권익을 확보하려는 보이지 않는 정권지배욕도 한 몫을 하였다.

宋代의 문신관료가 국가 최대의 중요 현안인 북방민족에 대한 대비책을 내어놓은 일은 거의 없다. 격심한 당쟁의 중심 주제는 반대를 위한 반대이고 공리공담으로 일관한 것도 문치주의 결과가 가져온 폐단이다. 이러한 폐단은 국정문란을 초래하여 황제권을 약화시켰다고 본다.

5) 宋代의 정치는 士大夫 관료정치이다

宋代「君主獨裁體制說」(군주독재체제설)을 주장하는 학자들은 宋代에는 士大夫 사회가 발전되었고 이들 士大夫는 科擧試驗(과거시험)을 통하여 관료가 되어 황제의 충실한 手足이 되었다고 주장하고 있다. 宋代는 唐代의 貴族體制(귀족체제)가 무너지고 士大夫 서민사회가 형성되어 唐代보다 서민사회의 발전을 가져온 것이 사실이다. 宋代의 士大夫는 사회 경제적 발전과 더불어 그들의 사회적 신분이 향상되었다. 뿐만 아니라 讀書人(독서인)으로서 科擧시험을 통하여 관료로 진출하면서 지배세력으로 사회적 지위를 공고히 다져나갔다.

이렇게 관료로 출세한 宋代의 士大夫 관료들은 황제에 대해서 분명히 양면성을 지니고 있다.

하나는 황제의 충실한 門生으로 충성을 다하는 면이고 다른 한편에서는 관료로서 천하를 통치한다는 강한 治者意識(치자의식)이다. 宋代의 士大夫 관료들은 끊임없이 황제권에 대하여 비판적 입장을 갖고 자기의 목소리를 높여 나갔다. 唐代의 귀족사회는 門閥(문벌)을 기반으로 하는 出生成分(출생성분)이 인간의 사회적 지위를 결정하였다. 그러나 문벌이 사라진 宋代의 士大夫는 문벌과 관계없이 자신의 능력에 따라 사회적 지위를 향상시켜 나갔다. 때문에 자기 힘으로

과거시험에 합격하고 관료로 출세한데 대해 강한 자부심과 엘리트의
식을 가지고 있다. 그리하여 과거시험에서 자신을 선발해준 황제에
충성을 바친다는 생각과 함께 自手成家(자수성가)한 관료로서 國政
(국정)을 책임진다는 治者意識(치자의식) 또한 강하였다.

종래 宋代「군주독재체제설」을 내세우는 학자들의 주장에서는 士
大夫관료의 입장을 치자의식보다는 황제의 지배를 받는 被治者意識
을 강조하면서「군주독재체제설」을 주장하였다. 그러나 宋代의 士大
夫관료는 독서를 통하여 과거시험에 합격하고 관인으로 출세하였고
아울러 敎養人(교양인)으로서의 높은 긍지와 함께 天下를 다스린다
는 치자의식을 갖게 되었다.

그 위에 사회의 지배계층을 놓고 볼 때, 唐代의 귀족이 차지하는
지배계층과 宋代 士大夫가 차지하는 사회적 지배계층 비율은 비교가
되지 않는다. 다시 말해, 宋代 士大夫의 지배계층으로써의 비율이 唐
代보다 훨씬 높다. 이런 의미에서 唐代보다 宋代가 서민의 자유가 확
대된 시대라고 할 수 있다. 역사의 발전을「자유의 확대」라고 볼 때
宋代는 唐代보다 자유인이 확대된 시대이다. 따라서 이렇게 확대된
士大夫관료계층의 지도자로써의 의식은 황제권에 대한 비판세력으로
발전하면서 황제권을 제어하였다. 그리하여 宋代 士大夫는 실질적으
로 황제권을 여러 면에서 제한하고 이것이 황제권을 약화시킨 원인
이 되기도 한다.

6) 宋代의 황제는 그들의 인간성(성품)에서 독재군주가 아니다

宋代의 황제권을 검토함에 있어서 황제 개개인이 가지고 있는 人
間性(인간성)에 대하여 관심을 가져 보았다. 왜냐하면 황제의 인간적
성품은 그의 정치능력과 국정운영에 절대적 영향을 미치고 국가정책

과 밀접한 관련을 갖기 때문이다. 황제의 인간성은 즉위 초기에 가장 확실하게 나타난다. 즉위 초에 관료의 인사권을 비롯하여 先代로부터 개혁할 필요가 있는 국정의 현안문제를 과감하게 개혁하면서 국정방향을 소신을 가지고 집행하는 국정장악능력은 황제의 개인적 품성과 관계가 깊다.

성격적으로 과단성이 있고 섬세한 정치 감각을 발휘하면서 국정을 운영할 때 대부분의 황제는 커다란 치적을 올리게 된다. 황제의 과감한 치적이 후세에 비난을 받는다 해도 대담한 용기와 과단성, 그리고 추진력과 주관성이 있는 황제는 등극 초기에 국가통치의 기본방향이 뚜렷이 나타난다.

그러나 宋一代의 황제는 태조·태종을 제외하면 어느 황제에서도 이러한 강력한 성품을 지닌 제왕을 찾아 볼 수 없다. 겁이 많고 소심한 眞宗, 어려서(13살) 즉위하고 어질고 착하며, 신하의 의견에 잘 따르고 劉太后(유태후)의 垂簾聽政(수렴청정)에 빛을 보지 못하다가 親政(친정)에 들어선 예절바른 仁宗, 변칙적으로 황위를 계승하고 병약하여 在位 4년 동안 濮議論爭(복의논쟁)에 시달리다가 황제권을 제대로 발휘해보지도 못하고 短命으로 붕어한 英宗, 그리고 靑年氣銳(청년기예)한 황제로 강한 의지력을 가진 촉망되던 神宗도 신·구법당의 당파싸움에 휘말려 개혁을 완성하지 못하고 37세로 요절하였다.

10세에 등극하고 섬세하면서 신경질적이며 스케일이 적고 高太皇太后(英宗皇后)의 수렴정치와 신하들에게 이용당하여 신구당쟁을 더욱 격화시킨 哲宗이나 사치와 방탕으로 국정을 파면으로 몰아넣은 풍류황제 徽宗 등 宋一代의 황제들은 독재권을 행사하기에는 인간성에서 부족함이 많다. 이로 미루어볼 때 宋代「군주독재체재설」은 수긍하기 어렵다.

7) 宋代 당쟁의 격화는 황제권의 취약성을 의미한다

중국역사상 宋代처럼 黨爭(당쟁)이 치열한 시대도 드물다. 皇帝권력의 구조적 특징을 놓고 생각할 때 당쟁이 치열한 시대는 대체로 황제권이 취약한 시대였다.

황제권과 당쟁관계는 反比例(반비례)하는 것이 중국황제 권력구조의 특색이다. 중국 역대의 절대적 군주독재체제하에서는 당쟁의 자취는 찾아볼 수 없다. 그것은 신하들에 의한 당파싸움은 황제권력과 밀접한 관계가 있기 때문이다. 독재군주가 지배하는 시대에는 관료가 작당하여 당쟁을 일으키는 정치형태는 용납되지 않는다. 절대군주가 신하들의 당파싸움을 묵인하지 않을 뿐만 아니라 관료 또한 독재군주하에서는 그의 위력에 눌려 감히 당쟁을 벌일 수 있는 정치환경을 만들 수 없기 때문이다.

秦始皇帝(진시황제)나 漢武帝(한무제), 唐太宗, 明의 太祖와 永樂帝시대, 그리고 淸의 康熙(강희), 擁正(옹정)의 독재군주 치하에서는 당쟁의 역사를 찾아볼 수 없는 것은 이들 절대군주가 권신의 등장을 용납하지 않고 신하들이 작당하여 당쟁을 일으키는 일은 그 자체가 황제권에 대한 도전으로 간주하였기 때문이다.

이와는 반대로 황제권이 쇠락하면 어떤 형태로든 당쟁은 나타나게 된다. 前漢(전한)시대 武帝의 절대정치가 막을 내리면서 鹽鐵(염철)의 전매제도를 둘러싼 염철논쟁이 시작되었고, 後漢末에 황제권이 외척과 환관에 의해 농단되면서 黨錮(당고)의 禁(금)이 나타나 後漢멸망의 원인으로 작용하였다. 唐代의 귀족과 과거관료간의 당파싸움으로 유명한 李·牛의 당쟁도 安史의 난이후 황제권이 절도사와 환관에 의해 농락되면서 치열하게 전개되어 결국 五代군벌시대를 초래하였다. 明의 神宗시대 東林派와 非東林派의 당쟁도 神宗의 용렬한 황

제권이 그 원인을 제공하여 明의 멸망원인이 되었다. 宋代의 당쟁도 황제권의 취약함에서 그 원인을 찾을 수 있다. 중국역대의 왕조와 같이 宋의 당쟁 또한 北宋멸망의 원인이 되었다. 宋代를 군주독재체제로 볼 수 없는 것은 황제권을 당쟁과 결부시켜 생각할 때 더욱 뚜렷해진다.

8) 宋代는 황제권의 약화로 북방민족(遼·金·元)의 침략을 받았다

宋代의 황제권을 생각할 때 특히 대외관계를 무시할 수 없다. 唐帝國(당제국)은 무력을 기반으로 황제권력을 강화하여 六都護府(육도호부)를 설치하고 동아시아 세계의 朝貢册封體制(조공책봉체제)를 구축하였다. 그러나 당 후기에 이르러 황제권이 약화되면서 宦官과 지방의 軍閥(節度使)이 등장하고 황제권은 환관과 軍閥(군벌)에 의해서 농락되었다. 이러한 황제권의 약화는 唐末·五代의 지방분권적 節度使體制(절도사체제)로 바뀌면서 황제권이 크게 훼손되었다.

宋太祖 趙匡胤(조광윤)은 이러한 절도사체제를 종식시키기 위해 중앙집권적 황제권 강화에 힘을 기울여 일단 성공하였다. 그러나 송태조의 이러한 노력은 唐末·五代 이래 절도사체제로 약화된 황제권을 원상으로 회복시키는 데는 성공하였다. 다시 말하면, 唐末·五代의 지방분권적 절도사체제를 중앙집권적 文臣官僚體制(문신관료체제)로 전환하면서 황제지배체제를 제자리로 복원한 것이다.

宋의 역대황제들은 여기에서 그치지 않고 더 나아가 황제권을 더욱 강화하여 독재군주체제를 구축해야 하는 역사적 필연성에 직면하고 있었다. 그것은 일찍이 중국 역사에 없던 征服王朝(遼·金·元)의 출현에 대비하여 中原에 있던 漢族의 宋朝가 이를 방어해야 할 중대한 국면에 처해 있었기 때문이다. 북으로부터 내려오는 이들 정복왕

조의 압박을 차단하고, 唐과 같이 동아시아국제질서의 주도권을 잡아 동아세계를 이끌어나갈 정치·문화적 책임이 宋의 황제들에게 부여되고 있었다.

그러나 불행히도 宋代의 황제들은 아무도 이와 같은 국제질서를 구축하지 못하였다. 동아시아 국제질서의 주도권은 거란과 여진, 몽골족에게 내어주고, 그들에게 歲幣(세폐)와 歲賜(세사)라는 명목으로 朝貢(조공) 아닌 朝貢을 바치면서 북방민족의 압박에 시달리는 힘없는 황제로 전락하였다. 이러한 결과 중국역사상 그 유래가 없는 徽宗(휘종)과 欽宗(흠종), 두 황제가 이민족의 포로가 되어 만주의 五國城(오국성)에서 비운을 맞이하였다.

국토의 절반을 金에게 빼앗기고, 다시 전국토를 몽골족에게 정복당한 후, 漢族이 그들의 지배 하에서 240여년 가까이 정복된 것은 宋代의 문치주의결과 황제권이 취약한데 그 원인이 있다. 이로써 宋代의 황제를 독재 군주로 볼 수 없으며 따라서 宋代는 「군주독재체제」가 아니라는 사실이 입증된다.

9) 宋代의 국가체제는 帝國(제국)체제가 아니다

세계사의 발전과정을 볼 때 국가의 발전은 초기 都市(도시)국가에서 시작하여 領土(영토)국가로 확대되고, 다시 民族(민족)국가로 전개되었다. 이 민족국가가 한 단계 더 발전되면 통일제국이 되는 것이다. 세계역사에서 秦·漢帝國이나 고대 동방의 페르시아제국, 그리스의 알렉산더제국, 로마제국 등은 그 대표적인 세계적 통일제국이다. 이렇게 세계사적 역사발전의 관점에서 巨視的(거시적)으로 宋代 황제 독재체제를 검토하여 볼 때 국가 체제상 宋代를 통일제국으로 볼 수 없다. 또한 서양 근세의 절대주의 시대의 절대군주와 계몽주의 시

대의 계몽군주와 비교해도 宋代황제가 절대권력을 행사하였는가에
대해서는 납득할 수 없다.

이와 함께 중국 역사상에 秦(진)·漢(한)帝國, 隋(수)·唐(당)帝
國, 그리고 明(명)·淸(청)帝國 등에서 제국이란 용어를 사용하고 있
으나, 宋帝國(송제국)이란 말은 역사적 용어로 사용되지 않고 있다.

帝國은 국내를 통일한 후 대외원정을 통하여 국토가 크게 확대되
는 나라와 그 나라를 다스리는 황제의 절대적 권력을 배경으로 하는
국가를 가리키는 말이다. 제국은 국가의 영토가 확대되고 대외적으로
문물이 교류되며, 대내적으로는 제도가 완비되는 시대의 국가를 가리
킨다. 이 경우의 황제를 절대군주라 할 수 있다. 페르시아 제국, 알렉
산더제국, 로마제국과 같이 대외원정과 영토의 확장, 그리고 문물의
교류를 이룩한 황제들에게 독제적(전재적) 帝國皇帝(제국황제)의 명
칭이 부여되는 것이다. 이렇게 볼 때 宋代의 황제 중 이에 해당되는
帝王은 없다. 따라서 宋代 황제의 독재체제는 세계사의 절대군주체제
와 비교해 보아도 군주독재체제는 아니다.

宋代의 황제권을 검토함에 있어서는 단순하게 제도상에 보이는 내
용을 가지고 재상권과 비교하는 微視的(미시적) 방법이 아니라 세계
사에 등장하는 절대군주와 그리고 중국 역 대의 황제와 총체적으로
비교·검토하는 巨視的(거시적) 방법으로 이를 살피어야 한다.

中國史(중국사)에 등장하는 황제 가운데 황제독재권을 구사한 황
제와 宋代의 황제를 비교하여 이를 총체적으로 하고 검토해야 할 필
요가 있다. 宋代의 황제독재권을 논할 때 다른 시대의 황제권력과 비
교를 해야지, 宋代의 관제상에 나타나있는 내용만 가지고 唐代와 비
교하여 재상권이 약화되고 皇權(황권)이 제도적으로 강화된 면을 내
세워 상대적으로 宋代 황제권이 절대적이라고 주장하는 이론에는 선

뜻 동의하기 어렵다.

10) 宋代 「군주독재체제설」은 세계사적 역사발전단계설에 연계 시킨 것이다

중국사의 시대구분론에서 「宋代近世論」(송대근세론)은 日本學界에서 일찍부터 제기되어 왔다. 세계사의 발전단계를 古代奴隷制社會(고대노예제사회), 中世封建社會(중세봉건사회), 그리고 近世市民社會(근세시민사회)로 시대구분하여 서양에서는 중세 봉건사회가 근세 시민사회로 발전하였다는 시대구분이론을 제기하였다. 특히 서양 근세시민사회의 정치적 특징으로 절대군주가 출현하고 민족국가를 수립하여 서양 근세사회의 정치적 발판을 마련하였다는 것이다.

서양근세 절대군주의 대표적 제왕으로 「짐이 국가다」라고 선언한 루이 14세를 꼽는다. 서양의 근세사회는 영국·프랑스·독일·러시아를 비롯하여 절대군주의 등장과 함께 시작되었다.

중국의 역사도 종래의 아시아적 停滯論(정체론)에서 탈피하여 중국자체의 자율적 역사발전론을 주장하면서 「宋代근세론」이 제기되었다. 그리하여 「宋代近世論」과 함께 宋代 「군주독재체제설」이 제창되었다. 서양의 역사발전 모델을 중국사에 대입할 때, 宋代 「군주독재체제설」은 불가피한 역사발전 이론이다. 宋代의 화약·나침반·인쇄기술의 발달은 서양근세 과학문명의 발달과 비교될 수 있고, 宋代 新儒學(신유학)(朱子學)의 발전은 어떤 의미에서는 서양의 宗敎改革(종교개혁)과 비유될 수 있다는 주장이 있다. 여기에 정치적으로 서양근세 절대왕정의 절대군주제에 비유될 수 있는 이론으로 내세운 것이 宋代 「군주독재체제설」이라 생각된다.

그러나 宋代의 관제가 외면상 군주권을 강화하였다는 측면을 가지

고 宋代「군주 독재체제설」을 내세우기에는 宋代 황제의 황제권은
서양근세의 절대군주에 비할 때 너무나 허약하다. 宋代의 어느 황제
에서도 서양 근세의 절대군주와 비유될 수 있는 군주는 없다. 황제권
은 그 권력을 행사할 때 권력의 위력이 발휘되는 것이다. 宋代 황제
중 절대권을 행사한 사람은 太祖·太宗을 제외하면 아무도 없다. 따
라서 宋代「군주 독재체제설」은 「宋代근세론」과 결부시킨 시대구분
론에서 생각할 때에도 그 타당성이 부족하다.

Ⅱ. 宋代「군주독재체제설」과 이에 대한 학계의 비판

1) 宋代「군주독재체제설」과「宋代近世論」

宋代「군주독재체제설」을 주장하여 그것이 동양사학계의 定說이
된 것은 오래전 일이다.

중국학계에서는 錢穆(전목)이 1942년에 宋代의「군주독재체제설」
을 제창하였다.[2] 錢穆씨의 宋代「군주독재체제설」은 宋代의 군주권
이 강화되었고 이에 비해 相權(宰相權)이 약화되었다는 주장이다. 중
국학계는 이를 정설로 받아들여 일반화되었다.

日本학계에서도 宋代가 군주독재시대였다고 하는 설이 제기된 것
은 오래된 일이다. 內藤湖南을 비롯하여 宮崎市定, 그리고 佐伯 富
등 이른바, 京都學派로 불리어지는 京都대학을 중심으로 하는 연구자
들에 의하여 제창되어 왔다.[3]

---

2) 錢穆「論宋代相權」,『中國文化研究彙刊』2,
　　1942년. 蔣復璁「論宋代 一個國策的檢討」『大陸雜誌』第9卷 7期. 1954년
　　趙鐵寒「關於宋代强幹弱枝 國策的管見」『大陸雜誌』第9卷8期 1985년
3) 內藤湖南,「槪括的唐宋時代觀」,『歷史と地理』9-5, 1922년.

그런데 宋代 「군주독재체제설」은 「宋代近世說」과 맞물려 학계의 주목을 받게 되었다. 內藤虎次郎(湖南)은 「槪括的 唐宋時代觀」에서 唐宋時代사이에 중국역사상 커다란 分期를 설정하여 宋代이후를 近世로 時代區分하였다. 이러한 湖南의 宋代近世說은 그의 저서 『中國近世史』(1947)의 제1장 「近世의 意義」에서 보다 체계적으로 제시되고 있다.

內藤의 이러한 時代區分論(시대구분론)은 정치적으로는 唐代까지의 中世를 귀족정치시대로 보았고 宋이후를 군주독재정치시대로 파악하였다. 이러한 時代區分論은 많은 비판과 문제제기를 거치면서 京都大學을 중심으로 연구자에 의해 계승되고 唐宋變革論(당송변혁론)으로 발전하면서 일본학계, 특히 京都대학의 역사이론으로 정착되었다.

이에 대해 東京대학의 前田直典은 「동아시아에 있어서 고대의 종말」이란 논문을 발표하여 동아시아(중국, 한국, 일본)의 고대의 종말은 10세기에서부터 13세기로 잡고 있다.4) 즉, 唐末까지를 중국의 고대로 설정하고 宋이후를 중세라고 하여 內藤의「宋代近世說」을 부정하였다.

宋代를 近世로 볼 것인가, 中世로 설정할 것인가에 대한 차이점은 있어도 唐宋間(당송간)에는 中國역사상 커다란 분기가 존재한다는 견해는 일치되고 있다. 宋代 近世說은 內藤에 이어 경도대학의 宮崎市定 佐伯富 등에 계승되고 이들에 의하여 宋代 「君主獨裁體制說」로

宮崎市定『東洋的 近世』敎育タイムス社 1950년. 佐伯 富『王 安石』이밖에도 개설서로써는 周滕吉之『中國의 歷史』5 講談社, 愛宕松男『世界의 歷史』11 河出書房新社, 栗原益男『中國의 歷史』6 敎養文庫 등에서 군주독재체제를 기술하고 있다. 일본의 동양사학계의 二大 主流로써 宋代史에 관한 역사관점에서는 시각을 달리하고 있는 이른바 京都學派와 歷研派는 「宋代군주독재체제설」에 대해서만은 그 의견이 일치하고 있다.
4) 前田直典, 「東ァジァに 於ける 古代의 終末」『史學雜誌』卷 50. 1939

발전되었다. 한편 前田直典의 宋代 中世說은 仁井田陞 周藤吉之 등의 연구와 관련되어 宋代史 연구는 中國史 연구의 초점이 되어 학계의 관심과 연구성과를 가져왔다.

宋代 「君主獨裁體制說」을 내세운 宮崎市定은 宋왕조의 역사는 中國 역사상 近世國家(宋·元·明·淸)의 근본적인 표준이 된다고 보았다. 그리하여 宋代를 「近世國家의 原型」이란 관점에서 생각하고 宋代는 西洋의 近世國家(근세국가)와 같이 君主獨裁政治(군주독재정치) 또는 중앙집권적 관료체제로 규정하면서 宋代 「君主獨裁體制說」(군주독재체제설)을 주장하였다.[5]

內藤湖南의 「宋代近世說」은 宮崎市定에 의하여 다시 계승되어 宋代「君主獨裁體制說」로 확립되었고 佐伯 富 등 京都대학을 중심으로 한 연구자들의 의욕적인 연구로 더욱 발전되었다. 이들의 연구는 宋代를 군주독재정치가 출현한 시대로 파악하면서 君主獨裁體制下의 官制, 官僚(관료)의 성격, 士大夫의 구조적 특징, 그리고 皇帝와 官僚와의 관계 등 군주독재체제에 초점을 맞추면서 연구를 진행하여 왔다. 그리하여 宋代를 唐代의 귀족체제와 비교하여볼 때 정치·경제·문화 등 제반에 걸쳐 군주독재체제가 확실하게 정착되었다는 결론에 도달하였다.

2) 宋代 「군주독재체제설」에 대한 비판

이와 같은 中國 및 日本學界의 宋代 「군주독재체제설」에 대해 최근 이를 비판하는 연구가 있다.[6]

---

5) 岩波全書 『中國史』 下 近世史 참조.
6) 王瑞來, 「論宋代相權」, 『歷史硏究』2, 1985년 「論宋代皇權」, 『歷史硏究』11, 1989및 「宋代의 皇帝權과 士大夫政治」, 『汲古書院』 1995년.

王瑞來는「論宋代相權」에서 재상권력을 검토하였다. 여기에서 종래의 군주독재체제설에서 재상권은 약하다고 하는 견해에 대해 여러가지 치밀한 분석을 하였다. 그리하여 宋初의 황제가 군주독재체제를 갖추게 된 것은 唐末 五代이래의「君弱臣强」(군약신강)상태를 바꾸기 위해 군주독재체제 방책을 채용한 것이라고 하였다. 다른 한편에서는 宋朝의 여러 제도규정을 분석하면서 그는 두 가지 시각에서 종래 주장하여오던 宋代는 군주독재체제이고 재상권이 약화되었다는 주장을 비판하고 있다. 즉, 그는 靜態的(정태적) 制度規程(제도규정)을 철저히 분석하고 이를 바탕으로 動態的(동태적) 역사사실에 중점을 두고 재상권이 약하고 황제권이 강하다는 학계의 주장을 비판한 것이다. 즉, 宰相(재상)과 參知政事(참지정사)와의 관계, 宰相과 軍事權(군사권)·財政權(재정권)·人事權(인사권) 및 宰相의 臺諫(대간)장악, 그리고 宰相의 皇權에 대한 制約(제약) 등의 재문제를 검토한 결과 종래의 군주독재체제설과 전혀 정반대의 결론을 얻게 되었다는 것이다.

여기에서 王氏는 宋代는 재상권이 강하고 황제권은 오히려 실질적 권력이 점차 약해졌다는 주장을 하고 있다.[7] 그리고 그는 다시「論宋代皇權」을 발표하여 唐末 五代의 정치적 혼란에 의해 황제권의 神聖性(신성성)이 碎波(쇄파)된 사실이 이 시대의 황제권에 어떤 영향을 주었는가에 대해 사상사적 시각에서 분석하였다. 이어 황권이 실제적으로 정치운영상에 당하고 있는 制約과 황제의 自己認識(자기인식)에 대해 실증적으로 고찰하였다. 또한 宋代 士大夫가 등장한 시대 배경이 황권변천에 미친 영향을 검토하고 있다.

이러한 王氏의 연구에 대해 富田孔明은 宋代는 재상권이 강했다는

---

7) 王瑞來「論宋代相權」『歷史研究』2. 1985

王氏의 의견에 찬성하면서도 皇權 또한 강하다고 비판하였다.8)

이에 대해 王氏는 다시 相權은 어떤 의미에서는 皇權과 상대적으로 提議된 것이므로 양자는 밀접한 관계가 있고 皇權문제는 복잡한 문제라는 사실을 확인하고 있다

그 후 王氏는 「宋代의 皇帝權力과 士大夫政治」를 출간하였다. 여기에서 眞宗시대를 중심으로 황제와 재상간의 관계를 심도있게 연구한 결과, 宋代가 군주독재체제라기보다는 황제와 재상은 상호의존적 관계이고 황제권보다 재상권이 오히려 신장되었다고 주장하였다. 그는 眞宗시대의 재상권 신장으로 인한 정치형태를 宰輔專政(재보전정)으로 규정하면서 宋代「군주독재체제설」을 부정하였다. 9)

王氏의 연구는 뚜렷한 문제의식과 치밀한 사료분석과 비판을 통해 宋代의 相權과 皇權을 분석적으로 추구한 수준 높은 연구이다.

그러나 王氏의 연구가 宋代의 황제권력이 독재적이냐, 그렇지 않느냐의 문제를 단순히 宋代의 황제권과 재상권을 대비하여 결론을 유도한 한계성에 문제가 있다.

宋代의 황제권은 2천 여년간 지속되어 온 중국의 황제체제 속에서 그 독재성여부가 비교·검토되어야 할 문제이다. 다시 말하면, 皇帝權力의 독재성여부는 다른 시대 황제의 權力과 비교해서 살필 때 그 권력의 크고 적음을 저울질 할 수 있는 것이다.

또한 황제권은 그 역사적 전통성과 국가적 상징성으로 인해 제도와는 관계가 먼 어떤 초월성을 가지고 있다. 따라서 皇權을 相權과 비교하여 권력의 실체를 구명한다는 것은 지나치게 미시적 방법이

---

8) 富田孔明 「宋代の皇權と相權の關係に關する考察」 - 王瑞來 「論宋代相權への批判をもとに」 - 『龍谷史壇』99-100호, 1989
9) 王瑞來 『宋代の皇帝權力と士大夫政治』제2장 總說

아닌가 생각된다. 그러나 宋代의 皇帝權을 성격이 다른 宰相權과 비교하여 宋代「군주 독재체제설」을 제기한 日本이나 中國學界의 문제의식에 대한 비판을 가한 王氏의 주장은 높이 평가되어야할 것이다.

황제권을 실제 행사 하는 것은 황제이기 때문에 이들 황제가 그 권한을 행사하는 데에 재상뿐만 아니라 그를 둘러싼 여러 집단과 重層(중층)적으로 얽혀있다. 이렇게 중층적 관계를 총체적으로 분석 할 때 비로소 황제 권력의 실상이 파악되는 것이다. 宋代의 황제들은 幼君(유군)이 등극하여 太皇太后가 섭정을 하거나, 또는 황제가 유약하기 때문에 황제권이 제대로 행사되지 못하였다.

또한 宋代 황제권을 논할 때 대외관계를 연계시키지 않을 수 없다. 宋代의 황제권은 唐代와 같이 東아시아 질서를 주도하던 조공책봉체제를 구축하지 못하였고 이민족에게 굴욕적인 맹약을 체결하면서 황제권이 굴절되었다. 따라서 宋代의 황제권은 대내적인 면과 대외적인 면을 동시에 놓고 이를 검토해야 할 문제이다.

제 1 장
중국 皇帝지배체제의 성립과 皇帝權

2천 여년간 지속된 중국의 황제지배체제는 세계 역사상 그 유래가 없다. 황제지배체제가 성립된 이후 각 왕조에서 제도적인 보완이 있기는 하였지만, 근본적으로 황제지배체제라는 국가체제는 바뀌지 않았다. 1912년 淸朝의 멸망으로 황제지배체제가 공화정으로 바뀌면서 막을 내리게 되었다.

秦始皇帝(진시황제)에 의해 마련된 황제지배체제는 사상적으로 법가주의를 기반으로 출발하였다. 秦은 통일 후 불과 15년만에 멸망하여 황제지배체제는 위기를 맞이하는 듯하였다. 진시황제는 춘추전국시대의 封建王制(봉건왕제)를 버리고 황제지배체제로 춘추전국시대의 분열을 수습하여 중국을 통일하는 데는 성공하였다. 그러나 황제체제에 의한 秦의 통일제국이 15년 만에 막을 내린 것은 분명히 황제체제가 안고 있는 취약성이 아닐 수 없다.

진시황제의 사망이후 漢(한)나라가 건국되는 10여년 동안의 내란과정에서 황제지배체제는 어려운 시련을 겪게 되었다. 그리하여 漢나라 초기에는 秦의 군현제적 황제체제를 보완하여 봉건제와 군현제를 절충한 郡國制(군국제)로 漢의 국가체제를 정비하였다. 그러나 군국제는 吳楚七國(오초칠국)의 난을 겪으면서 봉건제가 안고 있는 지방분권적 국가체제로는 중국천하를 통치하는 데는 적합하지 않다는 사실이 다시 한 번 증명되었다. 결국 漢武帝에 의해 秦始皇帝가 마련한 군현제적 황제지배체제의 완성을 보게 되었다.

국가체제는 황제지배체제로 하고, 사상적 통치원리는 儒家主義(유교주의)를 채택하면서 法家的 지배체제의 취약성이 漢武帝에 의해 보완된 것이다.

한무제에 의한 유가주의는 진시황제가 채택한 법가주의와는 사상적으로 상반된다. 그러나 國體는 황제지배체제로 하고, 통치원리는 유가주의를 채택한 데서 秦의 황제지배체제는 國家體制와 통치원리의 상호보완으로 황제체제로 정착되면서 이후 2천 년간 중국의 통치체제로 자리를 잡게 되었다.

제1절 황제지배체제의 등장과 황제권

I. 秦始皇帝(진시황제)의 통일제국과 황제지배체제

1) 秦始皇帝(진시황제)와 황제지배체제

秦의 始皇帝는 춘추전국시대 500여년의 분열시대를 끝맺고 중국최초의 통일제국을 완성하였다(BC. 221). 천하를 통일한 始皇帝의 통일정책은 그 기본방향을 법가주의에 두고 중앙집권적 황제지배체제를 채택하였다. 始皇帝는 황제지배체제를 구축하기 위해 周代 이래 통용되어 오던 封建的 王制를 버리고 관리를 지방에 파견하여 다스리는 郡縣制的(군현제적) 황제지배체제로 통치의 근간으로 삼았다.[1)

군현제는 진시황제에 의하여 처음으로 실시된 정치체제는 아니다. 춘추전국시대 종법질서가 해체됨에 따라 춘추말기에서 전국초기에 이미 郡縣制(군현제)가 각국에서 부분적으로 실시되었고 시황제는 이것을 전국에 확대하여 완성한 것이다. 그는 전국을 36郡으로 나누고 郡 아래 縣을 두고 그 장관인 郡守(군수)와 縣令(현령)을 파견하여 통치하였다. 황제가 임명한 이들 지방관은 황제의 수족처럼 황제명령을 따르게 되어 여기에서 秦나라의 황제지배체제가 완성되었다.

---

1) 『史記』卷 6 秦始皇帝本紀 6 秦始皇26년條에 의하면 六國을 통일한 진시황제는 신하들로 하여금 군현제와 봉건제의 장단점을 의론케 하였다. 丞相(승상)인 王綰(왕관)은 封建論을 주장하였으나, 廷尉(정위) 李斯(이사)는 춘추·전국의 혼란이 봉건제에 그 원인이 있음을 들어 군현제를 내세우자 결국 시황제가 군현제를 채택하였다.

2) 秦始皇帝에 의한 황제통치의 기본틀

秦의 통일제국은 불과 15년간(B.C. 221~B.C. 206) 계속되었다. 시황제는 동방순행 중 河北省 沙丘(사구)에서 50세를 일기로 병사하였다(B.C. 210). 시황제가 사망하자 진나라는 곧 와해되었다. 그러나 통일의 역사적 의의는 매우 중요하며 시황제가 마련한 황제체제는 이후 중국 역대왕조의 국가체제로 계승되어 통치의 기본 틀로 정착되었다.

황제체제는 진의 시황제에서 시작되어 淸나라가 망할 때까지(1912) 2천여 년 간 계속되고 한 번도 중단된 일이 없다. 이와 함께 황제지배체제의 근간이 되는 군현제의 완성도 중요한 역사적 의미를 갖는다. 진나라가 周代(주대)의 봉건제도를 버리고 관료제를 기본으로 하는 군현제를 채택하여 중앙집권적 전제군주체제를 확립한 것은 국가통치방법의 발전이라고 하겠다. 왜냐하면 혈연을 기반으로 한 氏族的 封建體制(씨족적 봉건체제)는 지방분권적인 성격으로 인하여 帝國 통치는 말할 것도 없고 조그마한 도시국가를 통치하는데도 문제가 있는 제도이다. 황제지배체제가 2천여 년 간이나 지속될 수 있었던 중요한 원인도 바로 군현제적 관료지배체제가 뒷받침한데서 비롯된다.

시황제가 이룩한 황제지배체제는 중국 역대 전제군주들이 이를 계승하여 국가통치의 기본 틀(定型)로 사용하면서도 시황제에 대한 평가는 폭군의 대명사처럼 부정적으로 평가하고 있다. 이러한 부정적인 평가는 漢代 이후 유가주의자에 의해서 마련된 비판이지만 시황제를 철저히 비판한 이들 유가주의 통치자들도 시황제가 마련한 황제지배체제는 중앙행정제도를 비롯하여 군현제도와 대외원정, 호화로운 궁정의 조영, 토목사업, 그리고 왕위계승 등에서 그대로 답습되고 있다.

3) 始皇帝에 의한 皇帝 칭호

중국에서 황제칭호를 자세히 기록한 것은 『史記』(사기) 秦始皇帝本紀(진시황제 본기)이다.[2] 이에 의하면 전국시대 6국을 통일한 秦王은 正尉(정위)·丞相(승상)·御史(어사)에게 황제의 명칭을 논의케 하였다. 이들은 秦王(始皇帝)의 위대한 업적은 五帝도 따르지 못하는 古今未有한 일이고, 거기에 합당한 칭호로서는 太皇을 건의하였다. 天皇, 地皇, 太皇의 三皇은 고대로부터 전해왔는데 그중에서도 人間界를 초월한 神靈(신령)을 지배하는 태황이 가장 위대하다고 보았기 때문이다. 그러나 시황제는 皇帝라고 하는 칭호를 쓸 것을 명하였다. 그것은 시황제의 업적이 三皇 보다 뛰어나고 공로는 五帝도 따르지 못한다는 뜻이 담겨져 있다.

이와 함께 諡號(시호)를 폐지하고 始皇帝를 시작으로 이후 그의 자손은 世數로 하여 二世 三世로부터 萬世에 이르도록 하였다. 이상 황제 출현에서 주목되는 바는 황제라는 칭호는 천하를 통일하여 미증유의 지배를 실현한 군주에 대한 새로운 칭호이고 종래 사용하던 王 또는 天子로서는 군주의 성격을 표현할 수 없으며 황제칭호 선택의 기준은 인간세계를 초월한 신령의 세계에서 명칭을 구한 것이다.

이렇게 始皇帝가 처음으로 정한 황제의 칭호는 天神, 地神을 통합하는 우주의 최고의 神인 泰皇과 중국 전설상에 나타나는 五帝를 합한 것이다. 始皇帝는 스스로를 우주와 인간세계를 지배하는 神의 지위에 올려놓은 것이다. 황제로부터 나가는 명령 이외에는 일체의 권위가 인정되지 않는다. 통일제국이 한 사람의 황제에게 臣從하지 않으면 안 된다고 하는 것이 황제지배체제의 원칙이다. 焚書坑儒(분서

---

2) 同上揭書 同年條

갱유)라고 하는 철저한 사상탄압과 전국토에 걸친 郡縣制(군현제)의
실시는 바로 국토가 황제의 直轄地(직할지)라는 인식 아래 황제가
임명한 관료가 직접 모든 인민을 지배하는 체제가 곧 始皇帝가 추구
한 황제지배체제이다. 그리하여 이러한 원칙에 의한 국가통치는 이후
중국황제체제의 근간을 이루었다. 秦始皇帝에 의해 단행된 만리장성
과 아방궁의 대토목 사업은 황제의 절대적 권력에 의한 국가 경영의
대표적 단면이라고 하겠다.

4) 황제 출현의 사상적 배경

시황제가 천하를 통일하면서 가장 영향을 받은 사상가는 韓非子
(한비자)이다. 한비자는 荀子(순자)의 문하에서 공부를 하고 유가의
禮 존중의 학을 버리고 革命法術(혁명법술)과 富國强兵策(부국강병
책)을 주장하였다. 진시황제는 『韓非子』를 읽고 감격하여 「과인이 한
비자를 직접 만나 그와 함께 생활할 수 있다면 죽어도 한이 없다」라
고 할 정도로 흠모하였다. 한비자가 주장하는 혁명법술은 君權을 강
화하고 부국강병을 추진하여 6국을 통일한 진시황제의 생각과 부합
된다.

한비자가 내세우는 법가사상이 목적하는 바는 君主권력의 강화이
고 君主권력의 강화를 위해서는 法과 術을 존중하는 것이다. 法이란
君主의 명령이고 術이란 그 명령을 실행하는 수단이다. 君主의 명령
에 의하여 백관, 서민의 행동을 규율하고 그것에 대하여 상벌을 분명
하게 하는 것이 法이다. 적임자를 뽑아서 관료로 삼고 그의 치적을
사찰하여 보상과 처벌을 행하는 것이 術이다. 君主는 이 法과 術을
운영하면서 군권을 강화하고 그것에 의하여 부국강병이 이루어진다
고 하는 것이다. 국가는 法과 術을 자유로 실시할 수 있는 君主가 절

대적 권의를 가져야 하며 어떤 권위도 君主권을 제한해서는 안 된다고 보았다. 이와 같이 제한되지 않는 절대자로서의 君主야말로 법가의 이상으로 생각하는 君主의 실상이고 그와 같은 君主에 의하여 천하는 통일된다고 한비자는 보았다.

君主에 의하여 시행되는 法과 術은 무제한적 절대적인 것이고 그것을 시행하는 君主는 우주의 주재자, 道의 체현자로서 무제한적 절대적 존재가 된다. 따라서 이와 같은 법가의 君主론에는 그 근저에 노장적인 무위자연 사상이 강하게 섞여있다. 여기에 법가의 사상과 도가의 사상의 相關性을 인정할 수 있는 것이다.

II. 황제권력의 상징

1) 황제 권력과 玉璽(옥새)의 권위

진시황 이전에는 옥새제도가 나타나지 아니하고 군주의 권위는 宗廟(종묘)의 祭器(제기)나 청동제의 솥(鼎)으로 표현되었다. 옥새제도는 진시황제에 의하여 시작되어[3] 이후 漢代에 그 제도적인 완성을 이루어 운영되었다.

玉璽(옥새)는 황제의 절대적 권위를 상징하는 것이다. 황제의 詔制(조제)가 법적으로 효력을 발휘하기 위해서는 옥새로 날인해야 한다. 특히 황제의 왕위계승을 합법화하는데 는 先帝의 영전이나 高廟(고묘;太祖의 묘)에서 옥새를 인수하여야만 皇帝位를 계승하는 정통성을

---

3) 秦代의 玉璽(옥새)제도에 대해서는『史記』卷 6, 秦始皇本紀에 '令子嬰齋, 當廟見受玉璽'란 기사가 있고, 시황제 사망시 中車府令 趙高가 符璽의 일을 관장하는 지위에 있으면서 황제의 遺詔를 옥새를 가지고 위조하여 장남 扶蘇 대신 次子 胡亥를 제위에 오르게 하였다는 기록이 있다.

인정받고 황제의 권위를 발휘할 수 있게 된다.

그런데 황제의 옥새는 그 印文에 의하여 여섯 종류로 구분된다. 이를 皇帝六璽(황제육새)[4]라고 하며, 이들 六璽(육새)의 용도는 각기 다른 바가 있었다. 秦代의 옥새내용은 불분명하였으나, 한대의 옥새는 皇帝行璽(황제행새)는 일반서무에 사용되고, 皇帝之璽(황제지새)는 제후왕에게 글을 보낼 경우, 皇帝信璽는 發兵 및 대신을 부를 때, 天子行璽(천자행새)는 외국에게 황제의 명을 내리는 경우, 天子之璽(천자지새)는 천지신을 제사할 경우 등에 사용되었으며, 天子信璽(천자신새)는 그 사용처가 확실하지 않다. 여기에서 皇帝와 天子가 새겨진 印文의 용도가 각기 다르다. 황제가 들어간 3璽는 국내정치에 사용된 것으로 王侯 이하의 신하에 대해서 절대자인 황제로서 군림함을 의미하는 것이다. 이에 대해 천자가 새겨진 3璽는 蠻夷(만이) 및 祭祀(제사)를 위해 사용된 것이며, 국내정치를 위해서 사용되지 않았다. 따라서 황제는 만이와 천지신에 대하여 천자로서 군림한다는 뜻이 내포되어 있음을 살필 수가 있다. 수·당 시대에는 천자가 들어간 옥새 대신 受命璽(수명새) 또는 受命寶(수명보)가 새로 제작되었는데, 그것은 封禪(봉선) 및 제사에 사용하였다.

이처럼 황제옥새는 황제로서의 기능과 천자로서의 기능을 구분하고 있었다. 즉, 황제는 국내정치상에서 군주로서의 지위와 권위를 나타낸 것이고, 천자는 주변국가에 대한 중국 황제(천자)의 권위를 나타냄과 동시에 군주로서 천지신을 제사할 경우의 권위를 나타내는 것이다. 이렇게 볼 때 중국의 옥새는 大權을 계승하는 황제의 정통성과 함께 天命을 받드는 천자의 권위와 정치의 首長으로서 황제의 절

---

4) 玉璽의 印文 내용은 ① 皇帝行璽 ② 皇帝之璽 ③ 皇帝信璽 ④ 天子行璽 ⑤ 天子之璽 ⑥ 天子信璽의 여섯 종류가 있다. 이 밖에 傳國之璽가 있다.

대권을 상징하는 것이다.

2) 황제의 거대한 궁전 및 왕릉과 황제의 권위

진시황제가 후세에 모범을 보인 또 하나의 황제 권위가 있다. 그것은 황제의 절대적 권위를 상징하는 阿房宮(아방궁)의 조영이다. 阿房宮(아방궁)은 불행히도 項羽(항우)가 수도 咸陽(함양)에 쳐들어갔을 때 진시황제의 권위를 말살하기 위해 불질러 태워버렸다. 그 규모의 장대함에 대하여 『史記』의 項羽 본기에는 궁전이 석달 열흘(백일간) 불탔다고 하니 그 규모를 상상할 수 있다. 시황제의 이와 같은 대규모의 궁전 조영은 그 후 역대왕조가 모방하였고 지금 北京에 있는 紫禁城(자금성)의 규모는 단독 궁전으로서는 세계 다른 나라에서 그 예를 찾아볼 수가 없다.

또한 황제의 권위를 나타내는 조영물로는 皇陵(황능)을 들 수 있다. 중국에서는 사람이 죽은 후에 들어갈 묘지를 미리 정하는 풍습이 전국시대로부터 성행하였다. 死者가 묘지 안에서 생전과 같이 생활할 수 있는 일상용품이 그대로 묘지에 부장되었다. 서민의 경우에는 상당한 비용이 드는데 황제에 있어서는 황제권위를 그대로 나타내기 위해 거대한 왕능을 조성하였다.

秦始皇帝는 죽기 전에 거대한 驪山陵(여산능)을 조영하였다. 이것은 전제군주의 절대적 권위를 과시한 것이다. 漢武帝 또한 茂陵(무능)을 축성하였는데, 그 규모의 거대함이 秦始皇帝의 여산능에는 미치지 못하였지만, 무능을 둘러싼 신도시를 건설하고 능묘를 정하였다. 이와 함께 능묘 주변의 鄕(향)을 縣(현)으로 승격시키고 각지로부터 茂陵의 신도시에 백성들을 이주시키는 徙民정책을 실시하였다. 장안에서 서북쪽으로 40킬로미터 지점에 건설된 신도시는 武帝때 27만

명의 인구가 생활하는 거대도시라고 한다. 이와 같은 능묘의 조영은 이후 중국 역대왕조에 계승되었는데, 明나라 神宗황제의 거대한 묘역 또한 전시대를 본딴 그 대표적 예라고 하겠다.

3) 萬里長城(만리장성)의 수축과 始皇帝의 권위

만리장성은 춘추전국시대 이래 각국에서 북방민족의 남침에 대비하여 부분적으로 쌓아놓은 장성이다. 始皇帝는 각국에서 부분적으로 수축한 만리장성을 전부 연결하여 완성하였다.

始皇帝에 의한 만리장성 수축은 황제의 절대권력이 없이는 불가능한 일이다. 따라서 황제권과 대토목사업은 밀접한 관계를 가지면서 이후 중국역대의 전제군주들이 토목공사를 거침없이 진행하였다. 그 대표적인 예가 수나라 양제에 의한 대운하공사를 들 수가 있다.

4) 진시황제의 지방순행과 황제권력

천하를 통일한 시황제는 전국시대로부터 六國이 가지고 있던 문화적 전통과 그들의 사회관습을 통일제국에 맞추어 이를 통합하였다. 그 대표적인 예가 법가주의에 의한 유가주의 탄압으로 나타난 분서갱유이고, 또한 도량형과 문자의 통일, 그리고 車軌(차궤)와 화폐의 통일 등을 들 수 있다.

이러한 始皇帝의 통일정책에 대하여 각국의 백성들은 숨을 죽이면서 이에 암묵적으로 순응하는 듯이 보였다. 始皇帝는 六國民의 절대적 복종과 황제의 권위를 지방민들에게 과시하기 위하여 자주 전국을 巡幸(순행)하였다. 그 규모가 얼마나 장대하였는가에 대해서는 『史記』에 자세히 기록되어 있다. 始皇帝의 巡幸하는 모습을 숨어서 본

楚나라 項羽(항우)는 「참으로 대단하다. 내가 저자를 취할 것이다.」[5]라고 말하였고, 한나라 劉邦(유방)은 「참으로 장관이다. 남자로 태어나서 한번쯤 해볼 만한 일이다.」[6]라고 감탄하였다.

　이를 미루어볼 때에 秦始皇帝(진시황제)가 지방 순행하는 규모와 전후좌우로 옹위하는 군사력의 장대함이 대단하였음을 알 수 있다. 이것은 秦始皇帝가 황제권력의 실상을 백성들에게 과시함으로써 황제의 절대권을 직접 내보인 것이다. 이와 같은 시황제의 巡幸은 중국 역대 황제들이 본받았고, 그것이 결국 황제 절대권력을 백성에게 직접 알림으로써 황제의 권위를 만백성으로 하여금 인정하도록 한 것이다.

---

5) 『史記』卷7 項羽本紀
6) 『史記』卷漢8 高祖本紀

제2절 漢代 황제지배체제의 완성

Ⅰ. 漢代 儒家的(유가적) 皇帝觀(황제관)의 성립

法家사상에 기반을 둔 시황제의 황제체제에 대하여 儒家는 이를 반대하여 始皇帝로부터 탄압을 받고 焚書坑儒(분서갱유)를 당하였다.

儒家의 君主思想은 王道論(왕도론)이다. 그것은 有德(유덕)한 君子가 天命(천명), 즉 上帝(상제)의 명을 받아 인민을 지배하는 德治(덕치)이다. 上帝와 군주는 분리되는 것이며 황제와 上帝가 동일시되는 시황제의 皇帝觀을 유가는 비판하였다. 儒家는 無道(무도)의 군주가 나타나면 天命은 그로부터 떠나고 다른 유덕자에게 옮겨간다고 하는 孟子의 革命思想(혁명사상)을 기본으로 하고 있다. 儒家는 秦의 황제지배체제에서 소외되었고 법가를 비난하였기 때문에 분서갱유의 화를 입기도 하였다. 그러나 한나라 무제에 의하여 유교가 국교화 되면서 황제지배체제를 새로 설정하게 된 것이다.

秦을 계승한 漢은 秦에서 마련된 황제의 기틀은 유지하면서 그 대신 법가적 皇帝觀(황제관)은 버리고 유가적 황제관을 마련하였다. 漢初 황제관의 사상적 변화는 文帝에 의해서 나타났다. 즉, 文帝는 즉위 2년에 조칙을 내려「군주의 지위는 天으로부터 주어진 것이고 만약 不德(부덕)한 정치를 하면 天災地變(천재지변)으로 나타나며 천하의 정치적 책임은 모두 군주에 있다」고 선언하였다. 황제가 天에 대해서 말한 것은 이것이 처음으로 여기에서 나타난 군주관은 황제권위의 원천을 天에 구하고 천자는 天의 명을 받아 만민을 다스리는 것이며 천자는 天에 대하여 정치 책임을 지는 것이다. 이러한 군주관

은 천자사상의 부활이고 황제를 上帝와 동일시하는 진시황제의 황제관과는 다르다. 황제는 천명을 두려워하고 만민을 부양하고 다스려야 되며 황제는 자기의 不德(부덕)을 두려워하며 종묘의 위령, 先帝(선제)의 有德(유덕)에 의하여 자신의 몸을 보전하는 아주 작은 존재로 자각된 것이다.

이와 같은 君主觀은 漢代의 대표적 儒家인 賈誼(가의)사상에 잘 나타나 있고 그의 「過秦論(과진론)」에서 이를 설명하고 있다. 즉, 그는 秦의 실정은 천자의 덕이 백성에게 미치지 못한데 있다고 하였다. 따라서 賈誼의 군주관은 황제사상을 기본으로 한 것이다.

儒家로서 처음으로 황제를 해석하고 그것을 天子관계로 설명한 것은 漢武帝시대의 董仲舒(동중서)이다. 그는 『春秋繁露』(춘추번로)에서 황제는 「天地, 陰陽, 四時, 日月星辰, 山川人倫에 통하며 德이 천지에 가득한 자를 황제라고 칭하였다. 하늘이 황제를 도우니 하늘의 아들, 즉 天子라고 칭한다.」[7] 라고 하였다. 황제의 덕은 절대적인 것이고 어떤 것에도 제약되지 않고 자연의 法理 그 자체라고 황제를 上帝와 同一視하였다. 동중서는 황제의 절대성과 天子의 天에 대한 종속성은 모순되지 않고 일치하고 天의 아들인 천자도 그의 덕이 천지에 떨칠 때 절대성을 지니는 것이라고 해석하였다. 동중서는 황제의 절대성을 天命사상에 접근시킨 것이다.

이렇게 漢代에 와서 儒家가 황제를 儒家사상에 포섭하고 황제권력이 그것을 인정하였을 때 儒家의 사상은 국가의 교리로서의 권위를

―――――――――――――

7) 董仲舒는 『春秋繁露』에서 天人相應說과 함께 陰陽五行을 내세워 인간행위와 역사적 사건과의 관계가 밀접한 것으로 설명하고 있다. 이는 후에 참위설〔예언설〕로 발전하여 왕망이 전한을 찬탈하는 사상적 근거가 되었다. 뿐만 아니라 유교의 비과학적 신비주의 사상으로 이어져, 중국의 과학발전을 저해하는 원인이 되기도 하였다.

갖기 시작하였다. 이른바 유교의 國敎化가 그것이다. 이와 동시에 前漢왕조의 멸망, 王莽(왕망)의 찬탈에 길을 열어주었다. 황제가 上帝로서 절대자인 한해서는 다른 어떤 자도 그를 제약할 수 없고 이른바 혁명사상과는 무관한 것이었다. 그러나 황제의 실체가 天子인 경우 그것은 하늘의 자식이고 上帝에 종속되는 것이고 그의 德의 유무에 의하여 天命은 개혁되는 것이다. 따라서 황제가 天命사상에 종속되면 혁명은 현실문제가 된다. 따라서 유가사상을 국교로 정한 漢代에는 왕망찬탈의 길을 혁명사상으로 열어주었고 이후 역대왕조의 왕위찬탈에 이용되었다.

II. 황제지배체제하의 통치체제와 관료구조

진시황제가 마련한 중앙집권적 황제지배체제의 가장 중심이 되는 관료구조는 중앙집권적 군현제도이다. 儒家(유가)들이 이상으로 내세운 국가체제는 封建制度(봉건제도)이다. 그러나 봉건제도는 춘추전국시대를 겪으면서 더 이상 통일제국의 국가관리조직으로는 부적당함이 입증되어 군현제도가 도입한 것이다. 儒家主義(유가주의)를 통치이념으로 채택한 한나라에서 법가들이 내세우는 군현제도를 가지고 국가를 다스리게 된 것은 역사적 필연이라 하겠다. 이후 관리를 임명하여 지방을 다스리는 군현제도는 淸나라가 망할 때까지 2000여 년 동안 지속되었다.

군현제도하의 관료조직은 황제를 최고 정점으로 하는 秦의 중앙관제에 잘 나타나 있다. 정무를 담당한 丞相(승상)이 재상의 역할을 맡고, 감찰임무를 맡은 御史大夫(어사大夫)와 군사업무를 관장한 太尉

(태위)가 있어 정치·감찰·군사의 삼권이 분립되었다. 이를 三公이라 하며, 직제상으로 볼 때에 승상은 황제를 보좌하며 백관을 총괄하는 최고수반이고, 어士大夫와 태위는 승상을 도와 정무를 수행하도록 되어 있다. 三公 아래 九卿이 설치되어 중요한 국무를 분담하였다.

지방 관제를 전국에 36郡을 설치하고 郡도 중앙과 같이 행정·감찰·군사를 분립시켰다. 중앙에서 파견된 郡의 최고장관은 郡守(군수) 또는 太守(태수)가 행정을 맡고 郡尉(군위)가 병역 및 군사권을 장악하였다. 郡에 侍御史(시어사)를 파견하여 지방행정을 감찰하였다. 郡 아래 縣을 두었고 장관에 縣令(현령) 또는 縣長(현장)이 있고 감찰관인 縣丞(현승)과 군무를 담당하는 縣尉(현위)가 있다. 縣의 수는 대략 1,400정도로 추산된다.

한편 황제 권력의 기본이 되는 군사제도는 징병제를 채택하고 있다. 국민의 과반수가 농경에 종사하였고, 나머지 반은 병역에 충원되었는데, 23세부터 군복무가 시작되었으나 필요에 따라 징병연령을 15세로 내리기도 하였다. 특히 전투력을 강화하기 위하여 전쟁에 공로가 있는 자에게 작위를 주어 군사력을 강화하였다.

Ⅲ. 漢武帝(한무제)와 황제지배체제 완성

진의 시황제에 의하여 성립된 황제지배체제는 漢初의 郡國制(군국제) 실시로 吳楚七國亂(오초칠국의 난)의 진통을 겪고 무제 때 완성되었다.

武帝에 의한 황제지배체제의 성격은 정치적으로는 중앙집권적 전제군주체제의 완성이며, 문화적으로는 儒學(유학)을 官學化(관학화)

함으로써 전제군주 지배체제의 사상적인 이념으로 만들었다. 이러한 무제의 사상정책은 진의 시황제가 유가와의 사상적 마찰을 분서갱유로 처리한 정책과는 차원이 다른 文化主義 통치술이라 하겠다. 이리하여 유가사상을 배경으로 中華에 군림하는 皇帝로서 주변의 미개한 夷狄(이적)을 中華天子의 赤字(적자)로서 儒敎(유교)로 동화시켜야 한다는 황제지배체제의 세계관을 확립하였다.

무제는 황제를 상징하는 年號制(연호제)8)를 처음으로 제정하였다 (B.C. 140). 또 이와 함께 天子는 하늘의 뜻을 잘 살펴야 하기 때문에 天象(천상)의 변화를 관찰하기 위해 天文曆法(천문역법)은 황제의 지배하에 두었다. 진나라의 曆法은 10月이 그 해의 첫달이었으나 무제 때에 와서 비로소 음력 正月을 歲首(세수)로 하였다(B.C. 104).

무제의 중앙집권화 정책은 제도적으로 황제의 전제지배체제를 완성한 것이다. 이것은 진의 시황제가 다 이루지 못한 황제체제를 武帝 一代를 거치면서 황제를 정점으로 한 중앙집권체제가 제도적으로 확립되었다는 점에서 그 역사성이 높다고 할 수 있다.

武帝는 결국 현실적으로 법가적 황제지배체제에다 유가적 통치이념을 접목시킴으로써 중국의 황제지배체제를 정치와 사상면에서 완성시키었다. 따라서 武帝가 국가를 통치하는 기본목표를 법가적 富國强兵主義(부국강병주의)에 두고, 국가를 다스려 나가는 유능한 인재의 등용기준은 유교적 교육을 받은 인재로 충원한 조처는 제국 통치기술면에서 秦始皇帝 보다 한 단계 위라고 하겠다. 그리하여 이후의

---

8) 武帝가 처음 사용한 연호는 建元이다. 그는 재위 54年 동안에 10회의 改元을 하였다. 처음 6回는 6年마다 한 번씩 바꾸었으니 建元에 이어 元光·元朔·元狩·元鼎·元封이고, 그 후부터는 4年에 한 번씩 개원하였다. 太初·天漢·太始·征和·後元이 그것이다. 1皇帝 1年號制가 채택된 것은 明代 이후부터이다.

역대왕조에서도 武帝의 이와 같은 방침이 채택되면서 국가통치의 기본이념으로 발전되어 나갔다. 이는 바로 창업은 馬上(武力)에서 가능하나 守成은 禮樂(文治)으로 비로소 달성된다고 주장한 高祖시대의 陸賈(육가)의 통치철학이 武帝에 의하여 확인되고 제도적으로 완비된 것이다. 따라서 法家的 皇帝支配體制(법가적 황제지배체제)와 儒家的 統治理念(유가적 통치이념)사이의 균형이 마련되면서 법가에 의하여 파괴된 유가사상이 무제에 이르러 사상계의 왕좌적 지위를 누리게 되었다.

제3절 중국역대 관제의 변천과 황제권

Ⅰ. 역대 관제 변천의 성격

秦·漢의 황제체제가 성립된 이후 황제권을 뒷받침하기 위하여 황제를 정점으로 한 관료조직이 마련되었다. 그런데 이러한 관료제도는 각 시대에 따라 변천되었다. 관료제도의 변천은 대체로 황제권을 강화할 목적으로 진행되었다. 따라서 중국역대의 관료조직의 변천사는 황제권을 강화하기 위한 수단으로 진행되었다.

秦·漢 이래의 중국관제는 당의 三省六部체제로 완성되었고, 이는 다시 宋이후에 변천되면서 명·청의 관제로 발전되었다. 그런데 중국의 중앙관제는 그 변천과정에서 皇帝權과 宰相權이 서로 대립과 견제의 역학 작용을 되풀이하면서 변천되었고, 이 과정에서 항상 황제권이 재상권을 제압하면서 발전하고 있다.

처음 진·한의 三公(丞相, 太尉, 御史大夫)제도는 한대에 궁정 안에 있던 황제측근의 비서기관인 尚書에 눌려 그 기능을 점차 상실하였다. 尚書는 본래 少府에 속하여 있던 황제 개인의 비서로 그 長이 尚書令이었다. 武帝 때 그 권한이 커지고 이후 후한시대에 최고행정기관으로 발전하였다. 그러나 상서의 권한이 비대해지자 황제는 자기 심복으로 이용할 수 있는 사적 비서기관을 다시 설치하게 되었다. 이것이 삼국의 魏(위)나라에서 그 권한이 크게 신장된 中書와 門下이다.9) 중서는 삼국시대 이후 한대의 尚書를 제치고 다시 황제의 측

---

9) 中書省도 그 기원은 秦·漢시대의 少府에 소속된 속관이었으나 조조가 위왕에 봉해지면서 秘書令을 설치하고 다시 위가 건국되면서 中書令으로 개

근 비서관이 되어 皇帝의 詔令을 관장하였다.

Ⅱ. 唐의 三省六部체제와 황제권

1) 唐代 귀족체제와 三省六部제도

唐의 삼성육부제는 황제권과 재상권의 力學關係(역학관계)의 변천 과정에서 나타난 제도로[10] 삼성육부체제는 황제의 개인비서관적인 성격에서 벗어나서 중앙행정의 중추기관으로 발전하게 된 것이다. 물론 이러한 배경에는 황제에 의한 중앙집권적인 전제체제를 강화하려는 의지가 수나라에 이어 당대에도 계속되면서 삼성육부체제로 완성된 것이다.

唐의 3省은 국가정책 (王命)을 기안하는 중서성, 이를 심의하는 문하성, 그리고 정책을 실시하는 상서성을 말한다.[11] 문하성은 귀족계급의 이익을 대표하였으며, 封駁(봉박)이라는 거부권이 있어서 중서에서 입안된 국가정책이 귀족의 이익과 어긋나는 경우에는 이를 거부하여 중서성에 되돌려 보내는 권한을 행사하였다. 이로써 당대 황제권이 귀족권에 의하여 상당히 제한되고 있음을 알 수 있다. 일단 문하성을 통과한 황제의 조칙은 상서성으로 넘어가 실시되었다.

상서성 아래 6部(吏·戶·禮·兵·刑·工)가 있고 육부 장관인 尙

명하여 그 권한이 커지게 되었다.

10) 唐의 三省은 梁·陳과 北魏의 五省(中書, 門下, 尙書, 內史, 秘書), 隋의 6省制度를 계승한 것이다. 6部도 北周의 制度를 이어 받은 것이다.

11) 중서성의 장관을 中書令이라 하고 門下省의 장관을 侍中, 상서성의 장관을 尙書令이라 하였다. 상서령과 문하시중이 재상의 역할을 담당하였다. 상서성의 長官(尙書令)은 보통 결원이 되는 경우가 많아서 차관인 左右僕射(복야)가 그 권한을 대행하였다.

書가 각기 정무를 분담하여 황제의 조칙을 실천에 옮겨 나갔다.

그런데 唐의 三省 체제는 국정의 운영상 몇 가지 문제를 안고 있다. 먼저 국가정책(王命)의 기안에 황제와 중서령만이 국무를 논의할 뿐 행정부처간에 긴밀한 연락통로가 없다는 점이다. 唐의 삼성체제가 安·史의 난 이후 거의 행정력을 발휘하지 못하고 환관과 권신의 괴뢰와 같은 지위로 전락하면서 중서성과 문하성이 중서문화성으로 통합되었는데, 이것이 바로 중앙행정 조직상의 모순점에서 나타난 결과라 하겠다. 다음으로 삼성제도는 운영상에서 문하성의 封駁權(봉박권: 거부권)으로 황제의 권한이 상당히 제한당하였다. 이는 唐의 황제가 중국역사상 신하들에 의해 수난을 많이 겪게 되는 중요한 원인이 되었고, 이에 따라 唐의 정치가 계속해서 불안정하게 전개된 것이다. 또한 상서성에 소속된 吏部가 관리의 인사권을 쥐고 있기 때문에 그 권한이 크고 문벌귀족이 吏部尚書에 임명되어, 그 임무는 中書令이나 門下侍中보다 행정·인사권에 강한 권한을 행사하게 되었으므로 귀족의 관직독점이 유리하였다.

2) 唐 後期 中書·門下省의 통합

唐의 三省체제는 이미 唐 후기에 오면 皇帝權을 강화하고 宰相權을 약화시킬 목적으로 中書省과 門下省이 통합되었다. 宋代의 同中書門下平章事의 전 단계가 이미 唐후기에 관제상에 그 명칭이 나타나고 있다. 즉,

唐의 후기에는 三省제도상에서 황제 권력이 신장되는 방향으로 나가고 있었다.[12] 즉, 황제권을 제한하고 封駁權(拒否權)을 쥐고 있던

---

12) 처음 재상은 문하성의 장관인 侍中이 맡아 국정을 논의하였고 논의 장소를 政事堂(정사당)이라 하였다. 뒤에 政事堂은 中書省으로 옮기고 이를

문하성이 중서성에 흡수되었고, 문하시중대신 중서성의 장관을 재상으로 하여 명칭을 同中書門下平章事 또는 同平章事로 격하시키고, 6部의 장관(上書)을 여기에 예속시켰다. 이는 황제에게 가까운 중서성이 門下, 尙書 2성으로 통합된 것이다. 황제는 귀족이 장악하고 있던 문하성의 봉박권(거부권)에서 벗어나 직접 조칙을 발동할 수 있는 장치를 갖추게 된 것이다. 이는 唐의 후기에 귀족세력이 붕괴되는 사회적 현상이 제도상에 그대로 반영된 것이다. 이와 같은 조처는 唐末 五代에도 계속되고 宋代에 실추된 황제권을 강화하여 문치주의 중앙집권체제를 수립하려는 정책으로 발전하였다. 宋代의 중앙집권적 황제독재통치체제의 구조적 雛形(추형)은 이미 唐의 후반기에 이루어졌다는 연구주장이 있다.13)

Ⅲ. 宋代 中書門下體制(중서문하체제)

이와 같이 변천된 唐의 三省체제는 五代를 거치면서 해체되고 宋代에 와서 중앙집권체제를 강화할 목적으로 唐후기의 中書門下體制가 도입되었다. 송의 문신관료체제와 중앙집권적 황제체제는 唐末五代의 그것을 계승하였는데 관료제도에서 확실하게 나타나고 있다. 즉,

중앙관제는 당의 中書省과 門下省을 합쳐 중서문하성이라고 고쳐 행정만을 담당케 하고 그 대신 樞密院(추밀원)을 두어 군사권을 장악하게 하였으며, 三司로 하여금 塩鐵(염철) 度支(탁지), 戶部(호부)를 관장하여 국가의 재정권을 맡게 하였다. 그리고 당의 재상인 門下

中書門下라고 개칭하였다.
13) 松本保宣「唐代後半期における 延英殿の 機能について」『立命館文學』516. 1990 참조.

侍中을 同中書門下平章事(동중서문하평장사)로 격을 낮추고 부재상 격인 參知政事(참지정사)를 두어 재상의 행정 업무를 분산시켰다.

宋代에는 宰相이라 할 때는 中書의 同平章事를 가리키며 1人내지 3人을 두는 경우도 있다. 그 아래 보통 2人의 參知政事를 두는데 執政이라 한다. 宰相과 執政을 합하여 宰執이라 부르고 이밖에 군사를 맡은 樞密使와 樞密副使를 宰執에 포함하는 경우도 있다.

Ⅳ. 明太祖의 군주독재체제 확립

몽골세력을 몰아내고 明을 세운 太祖가 직면한 시급한 문제는 몽골족에 의해 파괴된 漢族문화를 부흥하는 일과 元末이래 계속된 농민반란으로 황폐화된 농촌사회를 재건하는 것이었다. 이를 추진하기 위해서는 황제의 강력한 독제체제가 필요하다고 판단하였다. 더욱이 元代 이래 지방분권화 경향이 강한 통치체제에서 과감히 벗어나 한 민족에 걸맞는 대제국을 세우려는 이상을 실현하기 위해서도 황제독재체제가 절대로 필요하였다.

太祖는 중앙의 중서성에 설치된 平章政事(평장정사)와 參知政事(참지정사)를 폐하고 이듬해 通政使司(통정사사)를 따로 설치하여 내외의 章奏를 중서성을 거치지 않고 직접 황제에게 上奏시킴으로써 중서성의 기능을 약화시키고 황제권을 강화하였다.14) 이와 함께 元代 이래 지방행정의 중심부로 민정과 군정을 총괄하던 行中書省(행중서성)을 폐지하고 그 대신 布政使司(포정사사)를 두어 민정만을

---

14) 黃宗羲는 『明夷待訪錄』卷4 置相條에서 明代의 정치가 극도로 타락한 것은 독재군주정치에 그 원인이 있다고 하였다. 그의 皇帝觀에 의하면 「天下가 主人이고 天子는 客에 지나지 않는다」고 역설하였다.

담당하게 하여 황제에 직속시켰다. 이는 지방분권적인 성격이 강한 行中書省이 지방에서 세력화하는 것을 막고 중서성의 기능을 축소시켜 元대의 지방분권적 행정체제에서 중앙집권적 황제체제로 전환시키기 위한 개혁이었다.

이러한 제도적인 황제전제체제와 아울러 개국공신과 지방에 세력을 가지고 있던 地主, 그리고 인민의 정신적 존경의 대상인 학자들에 대한 혹독한 감시와 탄압을 시작하고 이들을 처형하였다. 이는 중국 역사상 가장 혹독한 독재군주의 전형으로 꼽히고 있다.[15]

태조의 이와 같은 옥사사건에는 관료뿐만 아니라 강남지방의 대지주·토호세력도 연좌되어 처형되었다. 이는 明초기의 관료세력과 강남지주집단을 숙청하여 황제독재권을 강화하려는 정치적 목적에서 단행된 무서운 숙청작업이다. 이 사건을 계기로 중서성이 폐지되고 재상을 두지 않았으며, 6부가 직접 황제직속기관으로 편입되었다. 이는 宰相制度가 사라지고 황제가 정무를 총괄하는 절대군주체제를 완성한 것이다.[16]

---

15) 全淳東『明王朝成立史硏究』(개신출판사. 2000년) 제2절 明初의 지배기구에서 홍무7년(1374)에 文字(문자)의 獄을 일으켜 명대 최고의 詩人 高啓, 그리고 吳中四傑로 유명한 楊基, 張羽, 徐墳을 숙청하고, 이어 홍무13년(1380)에 胡惟庸을 반역으로 몰아 대대적인 獄事를 일으켰다. 이 사건에 연루되어 처형된 자가 1만5천여 명에 이르는 대옥사 사건이다. 그 후 홍무 23년(1390)에 제2차 호유용옥사를 일으켜 개국공신 李善長일족을 주살하면서 이에 연루된 공신과 地主層 1만5천 여명을 또 다시 처형하였다. 그리고 3년 후에는 다시 藍玉(남옥)의 모반사건을 조작하여 역시 수많은 공신과 관료 및 지주계층이 처형되니 여기에 연루되어 적몰된 자가 1만 5천여만명에 달하였다. 명태조에 의해서 희생된 자는 4만5천 여명에 이른다.

16) 黃宗羲는『明夷待訪錄』卷4, 置相條에서 明代에 환관의 발호와 權臣의 전횡이 계속되면서 皇帝의 좋은 정치가 없었던 것은 太祖가 宰相(丞相)제도를 폐지한데 원인이 있다고 하였다(『明夷待訪錄』卷4, 置相條 참조).

明태조는 황제독재권을 강화할 목적으로 中書省을 폐지하고 6부를 황제에 직속시켰다. 이와 아울러 황제를 보좌하는 輔官(보관)을 설치한 후 이를 殿閣大學士(내각대학사)로 개편하였다. 이들은 국무에 참여하지 않고 다만 황제의 비서기관으로 자문에 응하였다. 이들의 지위도 正五品을 넘지 않도록 하여 權臣의 출현을 억제하려 하였다. 그러나 태조의 이와 같은 臣權의 억제와 황제권 강화 노력에도 불구하고 大學士의 정치참여와 용렬한 황제의 등장으로 내각대신과 환관세력이 정치를 좌우하면서 황제권의 문란을 가져왔다.

V. 淸朝 군주독재체제의 완성

1) 淸朝의 漢人통치기술

東아시아 역사상 전 중국을 지배한 이민족은 몽골족의 元제국과 만주족의 淸이 있다. 몽골이 전 중국을 지배하기까지는 73년의 시간을 요하였다. 칭기스칸이 몽골제국을 건국하고(1206), 세조 쿠빌라이칸이 南宋을 멸망(1279)시키기까지 소요된 기간이 73년이다.

이에 비해 누루하치가 後金을 세우고(1616) 明朝를 접수(1644)한 기간은 28년이다. 이 동안에 淸은 전중국을 정복하는데 성공하였다. 물론 여기에는 李自成의 반란군에 의해 이미 明은 멸망한 것이 몽골에 저항한 南宋과는 그 성격이 다르다. 그러나 몽골의 한인지배는 색목인을 앞세운 강압적인 무력통치였으나 청의 항인지배는 한인을 앞세워 한인을 통치하는 이른바, 以漢制漢策(이한제한책)이라는 고도의 통치기술이다. 後金으로 시작한 淸이 만주에서 북경에 들어갈 때 解放軍(해방군)으로 자처하면서 한인의 환영을 받고 입성한 것은 고도

의 정치기술이다. 이러한 통치감각은 이후 淸朝의 한인통치에 그대로 나타나고 있다. 淸이 건국할 당시의 만주족의 총인구는 대략 100여만 정도에 불과하고 여기에서 징발하여 전선에 투입된 滿洲八旗兵(만주 팔기병)은 17만명 내외로 잡고 있다. 이와 같은 소수의 만주족이 그들 보다 문화수준이 높은 1억에 가까운 한인을 300년 가까이 통치한 예는 세계역사상 유례를 찾기 어렵다.

다음으로 淸은 明의 독제 정치체제를 표면상 그대로 계승하였으나 그 내면을 보면 淸만의 독특한 통치기술을 찾을 수 있다. 우선 옹정제에 의한 皇太子密建法(황태자밀건법)이다. 옹정제는 先皇 康熙帝(강희제)의 황태자 옹립 실패를 교훈으로 황제가 사망할 때까지 황태자를 정하지 않았다. 이 제도는 淸代의 유능한 황제를 옹립하는데 중요한 몫을 하였다. 明代의 황제가 암울한데 비해 청대에 유능한 황제의 등극을 가능하게 하여 기술적으로 한인을 통치할 수 있게 한 제도이다.

또한 軍機處(군기처)의 설치로 황제독재체제를 강화할 수 있었다. 군기처의 설치로 황제의 政令은 군기처를 통하여 직접 관료에게 전달되고 관료는 上官을 통하지 않고 직접 자기 의견을 황제에게 上奏(상주)할 수 있었다. 따라서 明代처럼 중간에 환관이 개입할 여지가 없어졌다. 淸代는 환관과 외척이 정치에 전혀 개입하지 못한 것도 황제권력의 절대성에 원인한다. 이와 함께 만주인과 한인을 同數로 倂用한 것도 청조의 높은 통치능력이다. 淸은 믿을 수 있는 만주인을 요직에 두고 그를 견제하면서 유능한 한인을 행정에 기용함으로써 만주인과 한인을 발판을 삼아 한인으로써 한인을 다스리는 以漢制漢(이한제한)제도 또한 뛰어난 통치기술이다.

2) 淸朝의 황제독재체제

청조의 성공적인 중국통치는 제도상 두가지 측면에서 그 성격이 뚜렷이 나타나고 있다. 하나는 康熙(강희)·雍正(옹정)·乾隆帝(건융제) 3대 130년간에 황제지배체제의 확립과 이를 기반으로 하는 효과적인 行政執行을 들 수 있고, 다른 하나는 정복왕조로서의 淸朝가 對漢人政策에 있어서 보다 다양한 통치력을 구사하였다는 점을 들 수 있겠다. 제도상에 보이는 청조의 황제지배체제는 중앙관제와 지방관제에서 잘 나타나 있다.

淸의 중앙관제는 入關 직후(1644)에는 明의 제도를 답습하였으나 그 내용상에서는 황제권의 강화에 뚜렷한 특성을 보이고 있다. 명대의 內閣制(내각제)는 內閣首輔(내각수보)의 권한이 강력하여 황제권이 약화되는 현상이 계속되었기 때문에 청에서는 내각이 행정실권을 장악하지 못하도록 하였다. 이에 따라서 내각에는 4名의 대학사를 두었다. 만주인 2人 한인 2人으로 민족균형을 취하면서도 수석대학사는 만주인으로 하였다.

청조의 황제독재체제는 雍正帝(世宗) 때에 이르러 확립되었다. 제도적으로 의정왕대신회의가 없어지고 軍機處와 奏摺(주접)제도가 이에 대신하면서 황제권을 강화시켜 나갔다. 주접제도는 강희제 때 지방의 행정사정을 정확하게 파악하여 황제에게 보고서를 올리도록 하고 중앙의 京官도 상주를 하도록 한데서 유래했다. 그러나 강희 시대의 주접제도는 비공식적인 것이었으나 옹정제가 즉위한 후 모든 지방관으로 하여금 의무적으로 정확한 보고서를 정기적으로 황제에게 올리도록 하여 황제가 지방행정을 바르고 철저히 파악할 수 있도록 눈과 귀의 역할을 하였다.

제4절 중국 왕조의 반복적 흥망 구조

Ⅰ. 東아시아 세계의 易姓革命(역성혁명)과 황제권

중국을 통일한 秦王은 始皇帝라고 자칭하고 秦의 황제체제가 萬世로 계속될 것을 도모하였다. 그러나 秦은 통일된지 15년 만에 멸망하였다. 처음 陳勝(진승)과 吳廣(오광)이 농민반란을 일으켰을 때 「王侯將相(왕후장상)이 어찌 別種이 있으리오.」라고 한 말은 제왕이 되는대는 문벌이나 가문이 따로 있지 않고 힘(무력)이 있으면 누구라도 황제가 될 수 있다는 생각에서 나온 것이다. 이후 역대왕조에서 농민반란은 황제권에 대한 강한 도전세력으로 등장하게 되었다.

농민 반란세력 이외에도 황제권은 끊임없는 도전을 받았다. 예컨대 漢·唐시대의 外戚(외척), 宦官(환관), 唐末·五代의 군벌, 宋代의 북방민족의 침략, 明代의 환관, 권신 등이 그것이다. 易姓革命(역성혁명)으로 끊임없는 왕조교체가 진행되면서도 황제체제는 폐지되지 않고 皇帝에 의한 통치는 계속되었다.

東아시아 세계의 각국에서는 日本을 제외하고 易姓革命에 의한 왕조의 교체가 계속되었다. 그럴 때마다 중국의 황제지배체제의 틀을 가져왔다. 한국의 경우에는 新羅(신라)에서 高麗(고려)로, 그리고 高麗에서 다시 朝鮮으로 국가가 교체될 때, 왕조교체의 원인을 군왕의 도덕성과 국가경영의 실패를 내세워 王建(왕건)과 李成桂(이성계)에 의한 武力革命(무력혁명)이 성공하였다. 일본의 경우는 황제는 정치에 관여하지 않는 대신 神聖不可侵(신성불가침)의 권위와 정신적인 상징으로써 정치에 관여하지 않는 대신 역성혁명도 없이 萬歲一統

(만세일통)으로 이어져 왔다.

역성혁명의 이론적 근거는 孟子의 民本主義(민본주의)와 革命思想(혁명사상)에 있다. 황제가 天道를 따르지 않고 無道하면 天命을 잃게 되고 이에 따라 백성은 왕조를 타도하는 혁명을 일으킬 수 있다는 이론이다.

始皇帝는 중앙집권적 황제체제를 수립하고 謚號(시호)제도를 폐지하였다. 이것은 시황제 개인의 주관적인 의지로 만들어진 것이다. 당시의 백성들 눈에는 시황제는 단지 覇權(패권)을 다투는 6국의 승자로 일국의 王에 지나지 않고 天帝와 같은 신성하고 신비적인 존재라고는 생각지 않았다. 陳勝·吳廣이 반란을 일으킬 때 「王侯將相(왕후장상)이 어찌 別種이 있으리오.17)」라고 한 말은 황제의 지위는 본래 태어날 때부터 주어진 것이 아니라 황제는 누구라도 빼앗아 차지할 수 있다는 생각에서 나온 것이다.

皇帝를 天子라고 한 것은 皇位의 합법과 정통을 증명하고 天命에 따라 천하를 다스린다는 뜻이지, 皇帝에게 神의 신분을 준 것은 아니다. 역대 왕조의 초대 皇帝는 국가 경영을 위한 지배자라는 상징성을 가지고 있다. 그 후계자는 창업 皇帝에 비해 실질적인 권력을 가지고 내치에 힘을 기울여 守成의 군주가 된다.

그러나 중대한 실책을 저지르면 비난되고 皇位도 찬탈되는 목표가 되기도 하였다. 天下를 취하고 천하를 잘 다스리면 天命에 따르는 것이고 천하는 그의 연호를 따른다. 역사상 수많은 농민 반란이 일어나고 그 규모가 커지면 국호를 세우고 皇帝가 되려는 사람은 백성의 지지를 확보하는 방책을 취한다. 중국의 皇帝는 天命을 국가수립의 명분으로 내세웠다. 따라서 皇帝는 그가 지니고 있는 권력이 아니라

---

17) 『史記』卷48, 「陳涉世家」

그가 가지고 있는 신분과 지위를 수반하는 거대한 상징성에 있다. 중국사회의 황제는 이와 같은 最高 至上의 상징적 지위를 유지할 수 있는가, 그렇지 못하느냐에 따라 왕조의 성패가 좌우되었다.

Ⅱ. 開國(개국)의 名君과 亡國의 暗君

중국의 史書에는 暗君(암군)과 名君(명군)의 이야기가 많다. 암군으로서는 夏나라의 桀王(걸왕)과 殷나라의 紂王(주왕)을 일컬어 桀紂(걸주)라고 하여 폭군의 대명사처럼 부르고 있다. 이와 반대로 전설적인 名君으로서는 堯·舜·禹(요·순·우)를 꼽는다.

그런데 역사적 인물평가에서는 전통적으로 儒敎史觀(유교사관)이 前王朝의 결점을 나열하면서 新王朝 창립의 당위성을 강조한다. 그 대표적인 예로써 隋煬帝(수양제)와 唐太宗이 있다. 유교주의 역사가에 의해서 양제의 결점과 약점을 과장하여 서술하고 이와 반대로 唐太宗에 대해서는 장점만을 부각시키고 있다. 唐太宗 때 찬술된 『貞觀政要』(정관정요)가 좋은 본보기이다.

『貞觀政要』의 君道篇에 唐太宗이 신하들에게 名君과 暗君의 차이가 무엇인가 물었다. 이에 대해 魏徵(위징)은 「군주가 명군이 될 수 있는 이유는 많은 사람들의 말을 잘 듣는 兼聽(겸청)에 있고 암군이 되는 것은 한쪽 사람의 말만을 믿는 偏信(편신)에 있는 것입니다. 秦나라 2세 황제 胡亥(호해)는 구중궁궐 깊은 곳에 있으면서 옳은 신하들은 멀리하고 宦官 趙高만을 偏信하였기 때문에 반란이 일어나기까지 국정을 살필 수 있는 정보를 전혀 갖지 못하였다. 수나라 양제는 虞世基(虞世南의 兄)를 偏信하여 사방에서 반란이 일어났음을 알

지 못하였습니다. 때문에 군주는 반드시 兼聽하여 아랫사람들의 말을 잘 듣지 않으면 안 된다. 그러기 위해서는 측근 신하가 군주를 에워쌀 수 없게 하여야만 下情이 上達되는 것입니다.」하였다. 겸청을 하면 忠臣을 얻을 수 있으나 편신으로는 奸臣의 농단을 불러와 국가는 망하게 된다는 이치를 강조한 것이다.

군주정치의 요체는 아랫사람의 의견을 잘 듣는 것이고 나쁜 정치는 한 쪽의 의견만을 盲信하는 것이다. 이것이 『貞觀政要』에 담겨져 있는 帝王學(제왕학)의 주제이다.

『貞觀政要』에 또 다른 유명한 이야기가 있다. 정관10년(636)에 太宗은 측근 신하에게 「제왕의 業에서 創業(창업)과 守成(수성) 어느 쪽이 더 어려운가」라고 물었다. 이에 대해 房玄齡(방현령)은 「천하가 어지럽고 群雄(군웅)이 활거할 때에 공격해야 항복하고 싸움에 계속해서 이기지 않으면 나라를 세울 수 없으니 창업이 더 어렵습니다.」라고 답하였다. 이에 대해 魏徵(위징)은 「諸王이 궐기하였을 때는 천하가 반드시 쇠란할 때이며 완강한 적을 토벌하면 민중은 기꺼이 그들을 추대함으로써 자연히 천명과 민중이 그의 掌中(장중)에 들어오고 나라를 창업하는 것은 그리 곤란한 일은 아닙니다. 그러나 천하가 평정된 후 사람들의 마음은 안정을 바라고 있는데 오히려 徭役(요역)이 과중하면, 나라의 쇠퇴는 언제나 여기에 원인하는 것이니 이점에서 본다면 創業보다는 守成이 더 힘든 일입니다.」라고 대답하였다. 이에 대해 太宗은,

「房玄齡은 일찍이 나를 따라서 천하를 평정하고 여러 가지 어려움을 겪고 구사일생으로 살아남았기 때문에 創業의 어려움을 잘 체험하고 있다. 魏徵은 나와 같이 나라의 평화를 지키기 위하여 노력을 하였기 때문에 국가통치의 어려움을 알고 있어서 守成의 곤란함을

말한 것이다. 지금은 創業의 곤란한 시대는 가고 守成의 어려움이 닥치고 있으니 다같이 신중하게 처리해나가야 할 것이다.」

이것은 創業의 중요성과 守成의 어려움을 함께 피력한 것이다. 진시황제가 천하를 통일하여 대제국을 건설하였으나 2세황제 胡亥가 守成을 그르쳤기 때문에 진나라는 통일된 지 불과 15년 만에 멸망하였다. 수나라도 위진 남북조를 통일하여 대제국을 건설하였지만 수양제가 과도한 요역과 運河(운하)공사로 백성이 피폐하고 고구려 원정의 실패로 守成을 그르쳤기 때문에 수나라는 30여 년만에 멸망한 것이다.

Ⅲ. 皇帝지배체제하의 皇帝와 臣下의 관계

漢의 高祖(劉邦)(유방)가 項羽(항우)를 물리치고 漢나라를 건국한 후 洛陽(낙양)의 南宮에서 臣下들과 酒宴을 베푸는 자리에서 臣下들에게,

「내가 천하를 차지하고 項羽가 천하를 잃은 원인이 어디에 있는가.」라고 말하면서 臣下들에게 허심탄회하게 답하라고 하였다. 이에 대해 高起(고기)와 王陵(왕릉)이 말하기를

「폐하는 오만하며 상대를 바보 취급하는 경우가 있고 그 대신 項羽는 정이 많고 부하를 사랑합니다. 그러나 폐하는 都城(도성)과 領地(영지)를 점령하면 신하들에게 아끼지 않고 나누어주고 혼자 차지하는 경우는 없으나 項羽는 그렇지 않았습니다. 이 때문에 項羽는 천하를 잃고 폐하께서 천하를 얻은 것입니다.」라고 답하였다. 이에 대해 高祖가 말하기를 「너희는 하나는 알고 둘은 모른다. 나는 지혜로

말하면 張良에 미치지 못하고 민생안정과 군수물자 확보와 조달에 있어서는 蕭何(소하)를 따르지 못하며 백만대군을 마음껏 지휘하여 승리로 이끄는 데 있어서는 韓信에게 결코 미치지 못한다. 그러나 이들 세 사람의 人傑(인걸)을 내가 마음껏 부릴 수 있었기에 천하를 차지한 것이다. 項羽에게는 范增(범증)과 같은 人傑(인걸)이 있었지만 그는 이 人傑 한 사람도 제대로 부리지 못해 결국 나에게 무릎을 꿇고 천하를 내어준 것이다.」[18] 라고 말하였다.

이 일화는 황제와 신하와의 관계를 바르게 설명한 것이다. 황제가 신하를 어떻게 부리느냐에 따라 천하를 얻을 수도 있고, 천하를 잃을 수도 있다는 말이다. 동양적 황제지배체제하에서 황제와 신하와의 관계는 고대로부터 밀접하게 얽혀 내려왔고 양자의 관계는 皇帝權이 臣權(신권)을 어떻게 다루느냐에 따라 국가 존폐가 좌우된다는 예시이다.

Ⅳ. 중국역대 왕조 초창기의 변칙적 황위계승

1) 중국 역대 왕조의 황위계승 성격

황제를 정점으로 한 전제국가체제하에서 황위계승이 어떻게 진행되느냐에 따라 新皇帝가 등극한 이후 황제권의 力學關係(역학관계)가 큰 영향을 받게 된다. 창업초기의 황위계승은 국가의 존립과 밀접한 관계가 있다. 황위계승이 적장자 상속의 원칙에 의해 아무런 문제가 없이 계승이 되었다 해도 새 황제의 등극 이후에 새황제를 둘러싸고 황제권력은 복잡하게 변화되는 것이 일반적인 현상이다. 그런데

---

18) 『史記』 卷 8 漢高祖本紀

황위계승이 제 3자의 힘을 빌려 등극하였을 때에는 새황제와 제 3세력과의 역학관계는 다변적 구조변화를 가져오게 마련이다.

周代의 宗法制度(종법제도)가 중국의 가족제도로 정착되고 유교에 의한 장자상속제도가 고정되면서 황위계승도 적장자 상속을 원칙으로 하고 있다. 그러나 이상하리만큼 이와 같은 원칙은 중국 역대의 황위상속에서는 지켜지지 않았다. 황위계승을 둘러싼 종친 간의 분쟁과 권신·환관의 싸움 또한 치열한 바가 있다. 중국 역대의 황위계승 분쟁은 그 유형을 몇 가지로 나눌 수가 있다.

먼저 창업과 관련된 대권 싸움이다. 이는 대체로 창업에 공로가 큰 세력(장자가 아닌)이 창업군주(太祖·高祖)로부터 강압적인 방법으로 황위를 빼앗아 계승하는 경우이다. 그 대표적인 예가 隋나라 양제(文帝의 次子), 唐의 太宗(高祖의 次子), 玄宗(睿宗의 第三子), 北宋의 太宗(太祖의 弟), 明의 永樂帝(太祖의 第四子) 등이다. 그리고 淸의 太宗(太祖의 第八子)과 康熙(太宗의 第三子), 雍正帝(康熙의 第四子)도 이런 유형은 아니나 황제의 유언과 관계없이 제위에 올랐다. 이들에게 공통된 특징은 개국에 공로가 크고 유능한 통치자의 능력을 갖추고 있으나 장자가 아니기 때문에 황위계승의 서열에서 밀려나 있다. 따라서 그들의 황위계승은 힘에 의한 변칙적인 방법을 동원하였기 때문에 정통성에 상당한 문제가 있다. 그러나 일단 제위에 오르면 그와 같은 문제를 일거에 제거하였을 뿐만 아니라 보다 강력한 통치력을 발휘하여 제국통치에 큰 업적을 남겨놓았다.

다음 유형으로는 황제계승 싸움은 황위계승자와는 전혀 관계가 없이 궁중 내부의 권력쟁탈의 일환으로 전개되고 있음을 살필 수가 있다. 이 경우 종친 간의 싸움과 외척·환관·관료의 이해관계가 중요하게 작용하고 있다. 그 대표적인 예로써 진의 始皇帝의 임종시에 환

관 趙高(조고)와 丞相(승상) 李斯(이사)가 공모하여 황제의 유서를
위조하여 장남 扶蘇(부소)를 자결케 하고 차자 胡亥(호해)를 제위에
앉힌 것이 좋은 예이다. 漢初 呂后(여후)에 의한 두 사람의 少帝(恭
과 弘)의 즉위와 다시 周勃에 의한 呂氏 일족의 제거와 文帝의 옹립
을 들 수가 있다. 이 밖에 唐代 후기의 환관세력에 의한 황제의 폐립
은 중국 역사상 그 예를 찾아 볼 수 없는 황제권의 유린으로 門生天
子란 말이 나오게 되었다.[19] 宋·明·淸대의 황제위 계승에 나타나
는 공통적인 현상은 대부분 태조의 長子가 황위를 계승하지 못하고
있다는 사실이다.

2) 秦始皇帝가 胡亥(호해)에게 잘못 황위계승

진시황제는 장남 扶蘇(부소)가 분서갱유를 반대하고 시황제의 가
혹한 법가주의정책을 비판하자 그를 장군 몽염이 있는 변방으로 추
방하고 어리석은 차남 胡亥를 태자로 세웠다. 이는 황위계승을 잘못
한 것이고 秦의 멸망을 가져오게 된 원인이 되었다. 이러한 예는 비
단 진시황제뿐만 아니라 중국역대의 국가창업과 황위계승이 끊임없
이 일어나는 본보기가 되기도 하였다.

시황제는 동방순행 중 하북성 沙丘에서 50세를 일기로 병사하였다
(B.C. 210). 그는 임종 때 胡亥에게 황위계승의 잘못을 알고 다시 장
남 扶蘇에게 황위계승 유언을 남겼다. 그러나 환관 趙高와 재상 李斯
가 공모하여 시황제의 유언을 조작한 후 어리석은 차남 胡亥를 그대
로 왕위에 올려놓고(2세 황제) 정치를 마음대로 하자 각지에서 반란
이 일어나 秦의 멸망을 가져왔다.[20]

---

19) 『二十二史箚記』 卷 20, 唐宦官之禍.
20) 『史記』 卷 6 秦始皇帝本紀

창업군주가 다음 황제를 누구에게 계승시키느냐 하는 문제는 이후 중국 역대 왕조의 황위계승과 황제권에 있어서 밀접한 관계를 갖게 된다. 뿐만 아니라 그것은 국가존망과도 깊은 연관을 갖는다는 사실을 시황제의 예에서 알 수 있다.

3) 漢高祖의 황위계승 갈등

漢高祖(劉邦)는 아들이 많았지만 皇后 呂氏와의 사이에는 아들이 한 사람뿐이었으니 이가 태자 劉盈(惠帝)이다. 이때 유영의 나이는 6세이고 漢高祖는 秦始皇帝의 선례를 거울삼아 일찍 그를 태자로 책봉한 것이다. 후에 高祖는 유영을 태자에서 폐하고 그가 총애하던 戚(척)부인이 낳은 아들 如意(여의)를 태자로 세우려 하였다.

그러나 궁중내부에 강력한 세력을 이미 형성하고 있던 叔孫通(숙손통) 등 呂皇后세력의 반대에 부딪혀 결국 뜻을 이루지 못하였다. 황제권이 황위계승에서 그 권한을 행사하지 못하고 자신이 지명한 인물을 황태자로 옹립할 수 없는 좋은 예라 하겠다. 그리하여 고조가 죽은 후, 여후가 낳은 아들이 황위를 계속하였는데 이가 惠帝(혜제)이다.

고조가 죽은 후(B.C. 195) 장자 惠帝(혜제)가 즉위하였으나 병약하여 정사를 돌볼 수 없게 되자 고조의 황후 呂后가 실권을 장악하여 呂氏一族의 전횡이 시작되었다.[21] 이리하여 한 왕조는 위기를 맞이하였으나 여후가 사망(B.C. 180)하자 한의 개국공신과 장군들이 모의하여 여씨일족을 주살하고 새로 문제(B.C. 180~157)를 옹립하여 한나라의 守成을 달성할 수 있었다.

---

21) 『史記』 卷 8 漢高祖本紀 및 卷 9 呂太后本紀

4) 漢武帝와 황태자의 갈등

한무제 때에도 황위계승을 둘러싼 황제와 태자의 분쟁이 일어났다. 武帝는 秦始皇帝가 太子(胡亥)를 잘못 선정한 전례를 감안하여 武帝가 29살 때 衛황후가 출산한 장남을 태자로 책봉하였다. 그러나 武帝의 長壽로 太子는 37세가 될 때까지 황제위에 나가지 못하였다. 어렸을 때, 衛太子를 총애하였고, 태자는 어려서부터 총명하고 학문을 열심히 연마하였고, 성인이 되자 온후하고 인정이 많았다. 이것이 절대군주 武帝의 마음에는 오히려 유약하게 느껴졌다. 유교사상에 영향을 받은 太子는 武帝의 침략주의 정책에 항상 반대의견을 상주하여 武帝의 心氣를 거스르는 일이 있었다.

征和2년(B.C 91)에 총애하던 愛妃(趙夫人)이 皇子 弗陵을 출산하자 武帝는 크게 기뻐하고 대대적인 탄생축하연을 열었다. 이에 대해 衛皇后와 성년이 된 황태자는 커다란 불안감을 갖지 않을 수 없었다. 이리하여 궁정 내에서는 武帝를 둘러싸고 衛太子파와 新皇子파의 대립과 분쟁이 일어났다. 新皇子파의 우두머리인 간신 江充의 농간으로 武帝와 太子사이에는 갈등이 깊어지고 마침내 武帝군사와 太子군사가 장안성에서 5일 간의 전쟁을 벌이고 수만 명의 사상자를 내었다. 결국 皇太子군이 패하여 태자 및 衛황후는 자살하고 漢武帝의 권위에 큰 상처를 가져다주었다.

漢武帝는 70세를 일기로 사망할 때, 8세의 어린 昭帝에게 황위를 물려주었는데 이는 武帝이후의 정치적 혼란과 외척세력의 등장을 가져오는 원인이 되었다.

5) 後漢 光武帝(광무제)의 태자폐위

後漢의 光武帝는 즉위2년(서기26)에 皇后 郭氏가 낳은 아들 劉彊(유강)을 태자로 책봉하였다. 그러나 2년 후에 陰氏(음씨)가 아들을 낳으니 이가 劉莊(유장)이다. 그는 총명하여 10살 때 『春秋』(춘추)를 통달하여 光武帝의 사랑을 받았다. 건무17년(서기41)에 郭황후가 폐위되고 2년후에 황태자 유강도 폐위하여 동해왕으로 축출하고 陰황후가 낳은 유장을 태자로 삼았다. 이때 유장의 나이는 열여섯이었다.[22]

유장은 성장하면서 光武帝를 도와 정사를 함께 의논하였는데, 복잡하거나 결정을 하기 어려운 사건을 다룰 때마다 민첩하게 좋은 의견을 光武帝에게 올렸기 때문에 중국역사상 父皇을 만족시킨 소수의 태자 가운데 한 사람으로 꼽힌다. 그는 28세에 즉위하였으니 後漢의 明帝로 後漢왕조의 기틀을 마련한 명군으로 꼽힌다.[23]

6) 隋煬帝(수양제)의 황위계승과 隋의 멸망

수나라 文帝는 처음 장남 楊勇(양용)을 세자로 책봉하였다. 그러나 세자로 책봉된 양용은 성년이 되자 마음대로 행동하고 女色을 탐하였기 때문에 황제의 신임을 잃게 되었다. 그 반면에 그의 동생 楊廣(隋煬帝)은 고조의 둘째 아들로 어려서는 명민하였으나 성년이 된 후 형을 무고하여 모친의 지지를 받았다. 그는 겉으로 어질고 효성스러운 행동을 하여 父皇의 신임을 받고 황태자가 되었다.(서기 600년) 그러나 이러한 양광의 행동은 가식된 것으로 그가 황제로 직위한 후의 행동을 보면 태자시절의 양광의 행동과는 전혀 다른 바가 있다.[24]

---

22) 『後漢書』卷 1下 光武帝本紀 下
23) 同上 孝明帝本紀

수양제는 형님으로부터 태자의 자리를 빼앗았을 뿐만 아니라 형을 살해하고 부친 文帝까지도 독살하였다는 설이 있다. 수나라의 황위계승도 장남 양용이 계승하지 못하고 차남 양광이 왕위를 계승한 것이 수나라 멸망의 원인이 되었다.

7) 당나라 초기의 황위계승 분쟁

高祖(고조) 李淵(이연)은 처음 태자를 장남 建成(건성)으로 하였다. 고종은 태자에게 조정의 정무를 결정하는 일을 맡겨보았다. 태자가 일을 잘 처리하는 것을 보고 그가 장차 훌륭한 제왕이 될 것으로 생각하였다. 그러나 성년이 되자 이건성은 방탕한 생활로 빠져들었다.

한편 차남 世民(당태종)은 당의 건국에 큰 공을 쌓았고 강력한 군사력을 가지고 있었다. 그리하여 世民은 玄武門에서 군사정변을 일으켜(626) 형 建成과 아우 元吉을 살해하고 고조로부터 강제로 황제위를 빼앗아 즉위하니 이가 唐의 태종이다.[25]

당나라의 황위계승 갈등은 태종시대에도 계속되었다. 당태종은 똑똑한 여러 아들을 제껴 놓고 자신의 마음에 드는 유약한 高宗에게 황위를 물려줌으로서 則天武后(측천무후)와 韋后(위후)의 난을 가져오게 되었다. 이러한 변칙적 황위계승은 당왕조의 국가발전에 장애가 되었으며 女禍(여화)를 불러오게 하였다.[26]

8) 明의 황위계승과 永樂帝의 등장

明太祖(洪武帝) 朱元章(주원장)이 죽자(1398) 장자에게 황위를 물

---

24) 『隋書』 卷3 煬帝本紀
25) 『舊唐書』 卷1 高祖紀 및 同 卷2 太宗紀
26) 『二十二史箚記』 卷19 唐女禍

려주었으나 그가 일찍 죽고 어린 惠帝(혜제)가 즉위하였다. 그러나 太祖의 분봉정책으로 지방에 세력을 가지고 있던 북경의 燕王(영락제)이 조카인 혜제를 몰아내고 靖難(정난)의 변을 일으켰다.(1401) 이 황위싸움은 4년에 걸쳐 치열한 내란으로 번졌으나 결국 남경을 함락시키고 영락제가 황위에 즉위하였다. 이때 남경의 궁전이 불에 탔고, 혜제의 행방은 알 수 없다. 영락제는 南京을 버리고 北京으로 천도하여 명나라의 통치기반을 공고히 하였지만 정난의 변으로 인한 황위계승 싸움은 명초의 위기를 가져오기도 하였다.27)

9) 淸의 황위계승을 위한 太子密建法(태자밀건법)

전 중국을 지배한 청나라의 황위계승에도 분란은 없지 않았다. 청의 康熙帝(강희제)는 世祖의 第三子로 중국 역사상 드물게 보는 名君이지만 황태자를 임명하는 데는 어려움을 겪었다. 그는 처음에 장남을 태자로 일찍 임명하였다. 그러나 태자를 일찍 임명하는 것은 한나라 무제 때의 예와 같이 궁중 안에는 태자세력이 커지면서 황제와 태자세력간의 알륵이 일어나게 되었다. 뿐만 아니라 황태자를 일찍 임명하는 것은 태자로 하여금 다음 황위가 자신에게 돌아온다는 확신을 가지고 방탕한 생활을 하게 된다. 康熙帝는 이러한 장남의 잘못을 알고 그를 서인으로 쫓아냈으나 불쌍히 여겨 다시 궁으로 불러들여 황태자로 임명하였다. 그러나 장남의 행동은 여전히 변함이 없고 황제의 자질이 없다는 것을 알게 되면서 결국 다시 서인으로 몰아냈다.

康熙帝는 재위 60여 년 동안에 결국 태자를 세우지 못하고 붕어하였다. 죽기 직전에 14번째 아들을 황태자로 지명하였다는 전설이 있

---

27) 『明史 紀事本末』 卷15 및 卷18

다. 이 전설의 사실여부는 확실치 않으나 결국 강희황제를 계승한 사람은 4번째 아들 雍正帝이다.[28]

雍正帝(옹정제)는 청나라뿐만 아니라 중국역대의 황위계승의 악순환을 방지하기 위하여 太子密建法을 창안하였다. 중국 역사상 황태자는 불초한 인물이 많았다. 그 중에서도 황태자가 되기 전에는 총명하여 君臣의 기대를 받던 인물도 일단 황태자가 되면 태자 수업을 게을리하고 방탕한 생활로 빠져드는 경우가 많았다. 또 야심이 있는 관료는 황태자가 장차 황제위에 오르게 된다는 것을 가상하여 황태자를 무조건 추종하거나 아부하기도 한다. 그 결과 황태자는 마음에 허영심과 사치심이 생겨 제왕수업을 게을리하게 된다. 훌륭한 황제가 방탕한 황태자 때문에 속을 태우는 예는 역사상 흔하다. 따라서 황태자를 일찍이 정하는 것은 좋은 제도가 아니다. 그렇다고 해서 황태자를 세우지 않으면 황제가 돌연히 사망하면 황위계승분쟁이 일어날 수가 있다. 옹정제는 이러한 황태자의 문제점을 시정하기 위해 새로 만든 제도가 太子密建法이다.

太子密建法(태자밀건법)은 황위 계승자(태자)를 비밀로 세우는 법으로서, 황제 재임 중에 다음 황제의 이름을 상자 속에 밀봉하여 乾淸宮(건청궁)의 황제 玉座(옥좌) 위에 걸려있는 正大光明(정대광명)의 액자 뒤에 보관하는 제도이다. 태자들에게도 다음 황제는 太子密建法에 의하여 황위가 계속된다는 것을 알려주고 누가 황위를 계속할지는 비밀로 부쳤기 때문에 액자 속에 보관되어 있는 황태자가 잘못을 지지르면 언제라도 바로 황태자의 자리를 교체한다는 경고를 태자들에게 알려 주었다.[29]

---

28) 『淸史稿』 卷6 및 卷9 聖祖紀. 同 9 및 10 世宗紀

29) 宮崎市定, 『雍正帝』 『アジア史 論考』上卷 所收에서 중국역사상 가장

雍正帝(옹정제)의 태자 密建法에 의하여 청조는 중국 역사상 뛰어
난 황제가 즉위하였을 뿐만 아니라 황위계승을 둘러싼 분쟁도 없었
고 이민족으로서 한족을 300여 년 동안 무난히 통치할 수 있는 중요
한 계기가 되었다.

전형적인 독재군주로 청나라 옹정제를 들고 있다.

제 2 장
宋代 중앙집권적 황제체제의 성립

　　宋代의 중앙집권적 황제지배체제는 宋의 건국과 동시에 갑자기 나타난 것이 아니다. 중국 역사상 분열시대를 통일한 왕조는 새로운 왕조를 효과적으로 지배하기 위한 수단으로 강력한 군주독재지배체제를 구축하였다. 예를 들면, 春秋·戰國(춘추·전국)시대를 통일한 秦나라와 이를 계승한 漢의 중앙집권적 황제지배체제, 그리고 魏晉南北朝(위진남북조)시대의 분열을 수습하고 중국을 다시 통일한 隋·唐제국도 강력한 황제지배체제를 구축하고 통일제국을 완성하였다. 분열시대를 통일한 왕조는 국가체제를 중앙집권적 황제독재체제로 재조직하는 것이 일반적인 현상이다.

　　唐末·五代의 분열시대를 통일한 宋도 진·한시대나 수·당시대와 같이 강력한 황제독제체제를 구축하는 것은 당연한 역사적 추세라 하겠다. 宋을 건국한 태조와 태종은 당말·五代 이래 땅에 떨어진 황제권을 회복하는 일이 당면한 중요한 과제로 생각하였다. 그러나 태조·태종에 의한 중앙집권적 황제체제의 강화는 황제권을 회복하는 데는 성공하였지만 그 이후의 황제들은 황제권을 더욱 발전시켜 나가지 못하였으니 여기에 宋代 황제권은 위축될 수밖에 없었다.

　　宋代의 중앙집권적 황제지배체제의 성립배경을 이해하기 위해서는 宋과 五代의 연속성을 검토해야 한다. 五代와 宋의 연속성 검토를 위한 접근방법으로 五代와 宋代의 官制의 비교, 그리고 五代의 고위관료와 宋初의 관료의 연속성에 초점을 맞추어 검토한다. 宋初의 고위관료는 건국초기 宋의 국정운영을 추진하는데 큰 역할을 하였다. 따라서 宋의 건국초기의 고위관료의 분석을 통하여 이들이 태조·태종대의 황제권을 어떻게 뒷받침하였는가를 살피는데 초점을 맞추어 보

았다.

　宋代의 관제는 唐代의 그것을 계승하였다고 서술되어 있으나, 唐代
의 관제는 五代에 와서 상당 부분 변질되었고 변질된 五代의 관제를
宋이 계승하였기 때문에 宋代의 관제는 제도상에 기록된 내용과 역
사적 실상과는 상당한 차이가 있다. 따라서 관제 내용을 가지고 宋代
황제 독재체제설을 주장하는 데는 문제가 있는 것이다.

제1절 五代와 宋代의 연속성

Ⅰ. 宋代 士大夫는 五代를 암흑시대로 부정

1) 중국 역대왕조의 전 왕조에 대한 비판과 부정

중국의 역사에서는 새로운 왕조가 건국하면 대체로 前왕조의 失政을 부각시키고 전 왕조에 대한 잘못을 강조하면서 新왕조의 건국 명분을 찾는다. 이리하여 전 왕조에 대한 평가는 대체로 부정적이다. 秦(진)에 대한 漢(한)왕조의 평가나 隋(수)에 대한 唐(당)왕조의 부정적인 평가가 그 대표적 예라 하겠다.

그런데 秦·漢의 경우나 隋·唐의 예에서는 전 왕조의 창업주나 守成의 제왕 개인에 대한 부정적 평가로 일관하고 있다. 예컨대 漢나라에서는 秦始皇帝(진시황제)를, 그리고 唐에서는 隋煬帝(수양제)에 대해 극단적으로 부정하면서 평가절하하고 있다.

그러나 宋의 五代에 대한 부정적 평가는 五代의 제왕이나 관료는 물론이고 五代의 전시대를 철저하게 부정하면서 五代의 시대상을 암흑시대로 비판하고 있다. 대표적인 宋代의 歷史家(역사가)로서는 『新五代史』를 쓴 歐陽脩(구양수)와 『資治通鑑』(자치통감)의 저자 司馬光(사마광)을 꼽을 수 있다.

특히 이와 같이 宋代의 歷史家들이 五代를 극단적으로 부정하는 배경에는 宋代와 五代는 시대성격이 다르고 또한 五代의 군벌체제와 宋代의 문신관료체제는 구조적으로 서로 다른 시대성격에서 그 원인을 찾을 수 있다. 宋代의 歷史家뿐만 아니라 宋代의 文人이나 士大夫

관료들도 宋代가 五代를 계승한 것이 아니고 唐나라를 계승한 것으로 간주하고 있다. 예컨대 「唐宋時代」라든가 「唐宋八大家」 등의 用語에서 마치 宋이 五代를 뛰어넘어 唐나라에 연속된 것처럼 표현하고 있다. 이것은 역사적 실체를 왜곡하는 것이다. 왜냐하면 五代와 宋代는 시간적인 계속성과 함께 공간적인 연속성을 가지고 있다. 그 위에 인간적인 면에서도 宋太祖 趙匡胤(조광윤)을 위시하여 北宋 초기의 고위관료는 물론이고 지방의 하급관리에 이르기까지 대부분 五代 관료들이 그대로 宋初의 국정에 참여하였기 때문이다.

따라서 宋代 士大夫관료의 五代 부정은 전왕조의 否定이라고 하는 성격을 한 차원 뛰어넘어 前王朝 뿐만 아니라 前時代(五代)를 통틀어 부정하면서 五代와 宋代는 아무런 관계가 없는 단절된 역사로 왜곡해 놓았다. 이와 같은 宋代 士大夫관료들의 五代왜곡은 五代를 의리와 염치가 없고 사회적으로 타락된 시대풍조로 격하하는 것이 바로 宋나라 건국의 명분을 찾고 宋代의 時代相이 五代와 다른 참신한 文人의 시대성격으로 격상시키려는 강한 뜻이 담겨져 있다.

이와 같이 五代를 부정하는 데서 나타나는 역사서술은 그 내용이 실제의 역사적 사실과는 많이 다르다. 이러한 현상을 놓고 생각할 때 宋代「君主獨裁體制說」(군주독재체제설)도 왜곡된 역사적 실상을 바탕으로 제기된 면이 없지 않다. 앞으로 宋代史 연구를 위해서는 새로운 역사인식과 좌표설정이 필요한 원인이 바로 여기에 있다.

다시 강조하지만, 五代의 무인집권체제와 宋의 문신관료체제는 정치·사회구조상에서 서로 다른 면이 많다. 皇帝를 섬기는 관료의 윤리관에서도 차이성이 있다. 宋代 士大夫의 五代에 대한 부정적 시각으로 五代와 宋代는 마치 시대적으로 커다란 단층이 있는 것처럼 인식되고 있다. 또한 五代와 宋代는 처음부터 본질적으로 서로 다른 이

질성을 지니고 있는 것처럼 생각하기 쉽다. 그러나 五代와 宋代는 人間 · 空間 · 時間的인 계속성을 부인할 수는 없다.[1]

五代의 관행이 유사하게 전개된 것이 송의 건국을 가져온 陳橋驛政變(진교역정변)이다. 진교역정변은 後梁(후량) 이래 흔히 자행된 왕조 찬탈을 위해 군벌에 의해 강행된 역성혁명이다. 진교역정변은 北漢 토벌을 떠날 때부터 송태조 趙匡胤(조광윤)집단에 의해 치밀하게 계획된 정변이다. 그럼에도 불구하고 宋代의 기록에서는 한결같이 趙匡胤은 술에 취해 그 사실을 전혀 몰랐다고 적고 있다. 이러한 宋代의 역사기록은 바로 송의 건국은 五代에 흔히 자행되고 있던 역성혁명과는 그 성격이 다른 것으로 미화하여 五代와 宋의 차별성을 강조하려는데 그 원인이 있었다. 진교역정변에 대한 의혹이 아직도 풀리지 않고 있는 원인도 여기에 있다.이러한 의혹은 진교역정변 뿐 아니라 太宗의 왕위 계승을 비롯한 宋代의 다른 사실에서도 흔히 볼 수 있는 의혹이다.

2) 宋代 史書의 五代 歪曲(왜곡)

五代의 正史로는 『舊五代史』(구오대사)(150권)과 『新五代史』(74권)이 있다. 『舊五代史』는 太祖의 開寶(개보)6년(973)에 勅命(칙명)을 받아 史官 薛居正(설거정)이 편찬한 것으로 五代 各 왕조의 실록을 그대로 채록하였고, 편찬형식도 종래 正史체제를 그대로 따른 것으로 편찬기간은 일년동안에 완성되었다.[2]

歐陽脩(구양수)가 편찬한 『新五代史』는 唐宋八大家의 한 사람인

---

1) 拙著 앞의 『宋代官僚制研究』 第2章 第1節. 1.「五代와 宋代史의 연속성」 참조
2) 內藤虎次郎 『支那史學史』九 宋代に於ける史學の進展 p.251 『新舊五代史』 清水弘文堂 書房 1967 참조

구양수가 私撰(사찬)한 역사서로 『五代史記』라고도 한다. 『新五代史』
는 정확한 편찬연대는 알 수 없지만 대체로 구양수가 31세되던 때로
부터 48세가 되는 시기에 편찬하였다고 전한다. 구양수는 잘 알려지
고 있는 바와 같이 仁宗의 경력시대의 정치개혁에 앞장서서 보수파
관료를 小人으로 몰아붙인 新進氣銳(신진기예)의 혁신적 인물로 유
명한 朋黨論(붕당론)을 내세워 보수파 관료를 비판하였다. 이 책은
그가 정치와 사회에 대하여 개혁의 열정을 가지고 있었던 관계로 이
책의 論贊(논찬)에는 五代를 암후시대로 하여 반드시 嗚呼(오호)라고
개탄하는 탄식어로 시작하였기 때문에 嗚呼史(오호사)라고도 한다.

구양수는 이 책을 亂世(난세)의 역사책이라고 하였다. 그는 철저하
게 五代를 武人전행의 난세로 부정하여 인륜과 예절질서가 파괴되고
염치가 없는 암흑시대로 개탄하였다. 때문에 중국 史書에는 그 예가
없는 주관적 논찬으로 역사의 객관성을 왜곡시켜 놓았다. 『新五代史』
는 구양수가 생존하고 있을 당시에는 출판되지 못하고 그가 죽은 후,
天子가 이 책이 있다는 사실을 알고 이를 출간하여 관찬서에 넣게 되
었다.[3] 이 책은 이미 당시에 비판을 받고 있었다. 吳縝(오진)은 『五代
史記纂誤』(오대사기찬오)를 지었고 王安石도 이 책이 義理에 합치되
지 않는다고 상주하고 있다.[4]

淸의 역사가 章學誠(장학성)은 『新五代史』를 弔祭哀挽(조제애만)
의 문집에 지나지 않는다고 혹평하였다.[5] 『新五代史』는 『春秋』(춘
추)의 필법을 따르고 있다. 『新五代史』가 나온 직후 司馬光(사마광)
이 지은 『資治通鑑』(자치통감)이 출간되었는데 그 서술방법이 구양

---

3) 前揭 『支那史學史』 「新舊五代史」 참조
4) 앞의 책 참조
5) 竺沙雅章 著 『宋の太祖と太宗』 p.17 憫嘆の書 「新五代史」 淸水書院 1975 참조

수와 같은 입장을 취하고 있고 五代를 歐陽脩처럼 암흑시대로 부정
하고 있다. 특히 五代의 여러 왕조에 대한 평가가 『舊五代史』와 『新
五代史』가 확연히 다르다. 『新五代史』에서는 五代를 부정한 나머지
後梁(후량)왕조에 대한 서술이 잘못되어 있다. 後梁에 대한 이와 같
은 평가는 역사적 사실과는 맞지 않는다. 後梁의 朱全忠(주전충)은
백성을 위하여 조세를 감면하고 농촌을 부흥시켰으며 재난의 구제사
업을 적극적으로 행하면서 농업을 진흥하고 良吏(양리)를 임용하는
등 선정을 베푼 면도 적지 않다. 그러나 구양수는 이와 같은 사실을
『新五代史』에서는 기술하지 않고 있다. 뿐만 아니라 후량정치에서 수
도 변경을 개발하고 법전을 정비하는 등 내정에 힘을 기울여 그의
치적은 볼만한 부분이 많았으나 이것 역시 극단적으로 貶下(폄하)한
것은 宋代 역사가의 五代부정의 좋은 사례라 하겠다.

3) 宋의 首都(수도) 汴京(변경)의 역사적 성격

宋의 首都 변경은 五代 後梁(후량)의 太祖 朱全忠(주전충)이 중국
역사상 처음으로 이곳에 도읍을 정하였다. 처음 朱全忠은 唐末에 長
安에서 洛陽으로 천도하였다.[6) 그후 朱全忠은 後梁을 건국하고(907)
자신의 군사적 근거지인 汴州(변주)를 開封府(개봉부)로 승격시켜
이곳을 수도로 정하고 東都(동도)라 하였다.[7) 그리고 洛陽(낙양)은
西都(서도)라 하였는데 백관들은 開封이 불편하다고 하였고 朱全忠
도 전통적인 古都(고도)인 洛陽에 머물기도 하였다. 그는 그곳에서
병상에 있을 때 아들 朱友珪(주우규)에게 살해되었고 朱友珪는 다시
東京馬步軍 都指揮使(동경마보군 도지휘사)이던 朱友貞(주우정)의

---

6) 『資治通鑑』 卷264 天佑元年 正月 丁巳條
7) 『舊五代史』 卷3 梁太祖本紀 開平元年 4月 戊辰條

급습을 받고 자살하였다. 朱友貞이 제위에 올랐는데 이가 後梁의 末帝(말제)이다. 그는 洛陽을 버리고 開封을 수도로 하였고 후당시대에는 다시 낙양을 수도로 하였으나[8] 宋에서는 後周(후주)에 이어 개봉을 수도로 하였다. 宋의 天下통일은 開封(개봉)을 중심으로 운하망을 이용하여 경제적 번영이 통일의 밑거름이 되었다.

宋 이전 중국 역대왕조의 도읍지는 長安(秦·전한·唐) 아니면 洛陽(후한)으로 이 두 곳을 제압하면 전 중국에 군림할 수 있다는 것이 중국 고대의 일반적 현상이었다. 項羽(항우)가 그의 군사참모 范曾(범증)의 건의를 묵살하고 함양을 버리고 江南의 彭城(팽성)으로 내려갈 때 범증은 그가 천하대세를 보지 못하는 좁은 안목의 소유자라 비판하였다. 項羽(항우)가 유방에게 패한 결정적 원인은 秦의 수도 함양을 버렸기 때문으로 보는 史家가 많다.

후량이 開封(汴京)을 도읍지로 잡은 것은 올바른 수도 선택으로 그것은 10세기에 이르러 중국의 경제적 발전과 관계가 있기 때문이다. 변경은 화북과 강남을 연결하는 대운하와 황하가 맞닿는 지점이다. 남북조 이래 강남의 개발이 진행되고 唐代에 오면 강남지방은 화북지방보다 경제적 우위를 차지하게 된다. 강남에서 생산된 물자는 운하를 거쳐 변경으로 운반되고 여기에서 육지로 옮겨져 다시 황하를 거슬러 올라가 長安으로 들어간다. 당나라 수도 長安은 인구 백만을 헤아리는 국제도시로써 이곳의 식량은 주로 강남지방에서 수송된

---

8) 久保田和男 『宋代開封の研究』第1部 第1章 p.23 「五代宋初の首都問題」汲古書院 2007참조.
  後唐(후당)의 莊宗(장종)(李存勗)은 開封을 汴州로 격하시키고 洛陽으로 도읍을 옮겼다. 그러나 洛陽은 水運(수운)의 불편으로 경제적 어려움을 겪게 되었다. 後晉의 高祖(石慶瑭)(석경당)은 건국직후 수도를 開封으로 옮기고 東京 開封府라 하였다. 이후 開封의 국도로서의 지위는 확고하게 되고 後周의 世宗도 開封을 도읍으로 정하였다.

미곡에 의존하였다.

따라서 변경은 강남물자가 운하를 통하여 이곳에 도착한 후, 다시 육지로 이양하는 물류 중심지이다. 그런데 강남의 물자와 황하가 만나는 변경에 도읍을 정하는 일이 경제적으로 편리하기 때문에 후량은 이곳에 도읍을 정한 것이다. 그리하여 五代의 여러 왕조들도 후당을 제외하면 모두 이곳에 도읍하였고 변경은 북송시대의 수도로써 인구 백만을 헤아리는 거대한 도시로 발전하였다.

한편 太祖는 죽기 직전의 開寶(개보)9년(976) 4월에 洛陽으로 천도할 것을 생각하였다. 그 원인은 개봉부가 북방민족(거란)의 남침에 대비하기에는 지리적 조건이 불리하다는 것을 생각하여 洛陽천도를 결심한 것이다. 그러나 이에 대해 起居郎(기거랑) 李符(이부)는 洛陽천도의 八難(팔난)을 上奏(상주)하여 그 불가함을 내세웠다.[9] 이에 대해 太祖는 이를 듣지 않고 洛陽천도를 강행하려 하였으나 이때 晉王(太宗)이 切諫(절간)하며 반대하니 太祖가 답하기를,

「내가 천도를 생각한 것은 다름이 아니라 山河의 勝함에 의거하여 冗兵을 줄이고 周·漢의 故事에 따라 천하를 安敎하려는 것이다.」 晉王(太宗)은 「정치는 德에 있지, 險에 있지 않다」고 하니, 마침내 晉王의 뜻을 따라 천도를 포기하였다. 그러나 백년이 지나지 않아 천하의 民力이 소진될 것을 예측한 것은 바로 宋代 禁軍(금군)의 증가로 국가재정이 파탄에 이르게 되었고 또한 개봉이 지세의 불리함에 의하여 靖康(정강)의 變(변)이 일어날 것을 宋初에 太祖 스스로가 이를 예단한 것이다.[10]

---

9) 長編 卷17 開寶9년 4월 條에 八難의 내용이 있다. 즉, 洛陽은 京邑凋弊하고 宮闕不足, 郊廟未修, 百官不備, 畿內民困, 軍食不充, 壁壘未設, 千乘萬騎, 盛夏難從行을 열거하였다.

10) 宮崎市定 『アジア史研究』卷1 (同朋舍 1957) 「讀史箚記」p.445. (7) 五代の

五代이후 長安과 洛陽(낙양)은 수도가 되지 못하고 지방도시로 전락하였다. 宋이 國都(국도)를 변경에 정한 것도 五代의 제도를 계승한 것과 같은 역사적 의미를 갖는다. 다만, 변경은 북방민족의 남침에 대하여 이를 방어할 수 있는 군사적 요지가 아닌 것이 큰 결점이다. 이로 인해 北宋이 북방민족의 끊임없는 시달림을 받게 되고 마침내 靖康(정강)의 변을 당하게 되었다.

Ⅱ. 五代의 皇帝와 文臣·武臣과의 정치力學관계

1) 五代왕조의 문신관료체제

五代의 각왕조에서는 황제권을 강화하려는 노력이 추진되었고 이때 文臣의 역할은 중요하였다. 이러한 황제권 강화 노력은 宋代의 중앙집권적 문신관료체제 발전에 직접 관련이 있다.

五代의 화북 왕조를 창건한 절도사들은 왕조를 수립하기까지에는 그들의 무인집단을 최대한으로 동원한다. 그러나 일단 제위에 오르면 국내의 질서는 문신관료의 힘을 빌리지 않으면 안 되었다. 이러한 점에서는 五代도 다른 시대와 별 차이가 없다. 『資治通鑑』(자치통감)에 亂을 진정하는 데는 武臣(무신)을 동원하고 理致(이치)를 가지고 나라를 다스리는 데는 文吏를 선발한다.[11]란 말은 天復 2년 3월에 河東節度使(하동절도사) 李克用(이극용)에게 올린 그의 掌書記(장서기) 李襲吉(이습길)의 獻議略文(헌의약문)이다. 유교주의적인 통치이념으로 널리 인용되는 「馬上에서 천하를 얻을 수 있으나 馬上에서

國都 참조.

11) 『資治通鑑』卷 263, 天復 2年 3月 丁卯條.

천하를 다스리지 못한다.」[12] 라는 陸賈(육가)의 이론과 유사하다. 이는 漢代 이래 문신관료에 의한 국가통치의 필연성을 역설한 것이며 五代의 무인체제하에서도 그대로 적용된 것이다. 五代는 예의 도덕보다는 군사력으로 모든 문제를 해결하려 하였다. 그러나 일단 국가를 창업하면 무력만으로는 국가통치가 불가능함을 인식하였으니 여기에 창업자(황제)와 문신관료의 깊은 관계설정이 마련되어야 하는 역사적 배경이 있다.

2) 宋代 문신관료체제의 성립배경

宋의 文治主義(문치주의)는 사실상 五代에 이미 마련된 것이다. 송태조(조광윤)는 문치주의를 추진하는 과정에서 趙普(조보)에게 황제의 지위를 영속적으로 안정시키고 중앙집권화를 추진시키려면 藩鎭(번진)기구를 해체하든가 그것이 불가능하면 그들을 황제의 권한 속에 직속시키는 강력한 장치가 필요하다고 역설하였다.

황제권력의 중앙집권화를 위한 支柱(지주)로서 황제 직속의 禁軍(금군)을 정비 강화하여 이들로 하여금 번진군사력을 약화시킬 것이 요구되었다. 번진의 해체작업은 後唐시대로부터 서서히 시도되었다. 즉, 치안과 捕盜(포도)를 목적으로 중앙에서 巡檢使(순검사)를 파견하고 파견된 순검사는 대부분이 황제 측근의 인물로 임명하였다. 이와 같은 순검사의 파견은 번진내에 중앙의 치안경찰권이 침투하게 되고, 이에 따라서 황제권의 지방에로의 확대가 가능하게 되었으니 이는 바로 중앙집권화를 추진하는 기초가 된 것이다.[13]

한편 五代의 文官은 武人과는 대조적인 면을 지니고 있다. 대세에

---

12)『漢書』卷 43, 列傳 13 陸賈傳
13) 羽生建一,「五代 巡檢使に ついて」,『東方學』29 참조.

순응한다던가 이 왕조, 저 왕조를 섬기는 무절제성에서는 武人의 태도와 다를 바가 없으나 황제권의 강화라고 하는 면에서는 무인과는 정반대의 입장을 취하였다. 즉,

五代의 武臣은 황제권에 대하여 지방분권적인 遠心的 傾向(원심적 경향)이 강한데 반하여 화북 五代의 文臣은 무신에 비하여 황제권력에 대한 중앙집권적인 求心的(구심적) 경향이 강하였다.[14] 또 그들은 법과 전통을 수호한다는 사명감을 가지고 행동함으로써 무신의 폭력을 견제하고, 자기의 지위를 공고히 하려고 하였다. 황제는 이와 같은 문신을 비호함으로써 유덕자로 인정받고 이에 의하여 황제의 위치를 공고히 할 수가 있었다. 이와 함께 문신관료는 황제권에 대해 원심적 경향을 보이고 있는 무신을 억제하고 황제권을 강화하려고 노력하는 황제의 입장과 이해관계가 일치하고 있다. 이리하여 황제의 비호를 받아 문신의 지위는 점차로 강화되었다.

이러한 상황 아래에서 다음과 같은 주목할 사태가 五代에 이미 전개되고 있었다. 즉 唐末期(당말기) 이래로 거의 무신에 의하여 독점되어 왔던 節度使(절도사), 防禦使(방어사), 團練使(단련사), 刺史(자사) 등의 文臣職(무신직)에 후당의 明宗 이후에 문신으로 간주될 수 있는 인물이 임명되고 있는 사례를 『新‧舊五代史』에서 24명, 『宋史』의 열전에서 52명을 찾아낼 수가 있다.[15] 이와 함께 북송의 초기에 등장하는 문신 중에서도 唐朝 및 화북 五代의 문신, 즉 절도사의 幕職官(막직관), 縣令(현령), 主簿(주부) 등 지방문신의 자손이 압도적으로 많이 실려 있는데, 이는 五代의 절도사체제 아래에서도 문신들

---

14) 四川正夫, 「華北五代王朝の 文臣官僚」, 『東洋文化研究所紀要』卷 27 및 同, 「華北五代 王朝の 文臣と 武臣」, 『仁井田陞博士追悼論文集』, 「前近代アジの法と社會」 所收 참조.
15) 西川正夫, 前揭 「華北五代王朝の 文臣官僚」참조.

이 그들의 정치 사회적 기반을 유지하고 있음을 증명하는 것이다. 이
와 같은 사실은 비록 그들의 지위가 고위직은 아니라 해도 무인지배
하에서의 행정실무는 역시 문신관료에 의하여 운영되고 있음을 실증
하여 주는 것이다. 이러한 五代的 현상은 宋代의 문치주의를 열어주
는 중요한 배경이 되고 있다.[16]

3) 五代 武人의 친분관계와 天子 옹립

당왕조의 귀족관료를 정권의 중추에서 몰아내고 자립한 절도사의
무력기반을 이루는 것은 牙軍(아군) 또는 親軍(친군)이다. 이들은 절
도사의 元從兵士(원종병사) 또는 임지의 군사에서 선발되었거나 각
지에서 모집된 자들로서 사병적 집단을 형성하여 절도사 병력의 중
핵을 이루게 되었다.[17] 이들 牙軍(아군)의 출신을 보면 牙校·牙吏
·鄕豪(향호)·농민·상인·罪人·群盜(군도)·廝養(칙양)·傭保(용
보)·從僕(종복) 등 다양하며 이들 아군에서 中門使 이하 都虞候(도
우후)와 鎭將(진장)이 출현하고 다시 그로부터 절도사와 중앙정부의
고관으로 출세하고 이들 가운데서 황제가 나온다.[18] 출세한 무인들
은 권력을 획득하고 이를 유지하기 위해서는 새로운 인적 관계를 모
색하지 않을 수 없으며, 여기에서 새로 모색된 것이 바로 私的(사적)
결합관계라 하겠다.

절도사를 정점으로 하고 중층적으로 형성되는 무인집단을 유지하
기 위한 사적 결합관계의 가장 안정적인 인간관계가 혈연에 의한 것

---

16) 拙著 앞의 「宋代官僚制研究」제 2장 제 1절 Ⅲ. 「五代武人지배하의 文臣관
료」 참조.
17) 周藤吉之,「五代節度使의 支配體制」,『宋代經濟史研究』(東京大學校出版會, 1962)
참조.
18) 同上 「五代節度使의 牙軍에 關한 一考察」,『東洋文化研究所紀要』2 참조.

이다. 그러나 혈연에만 의존할 경우 그 범위는 극히 제한적이며 소규모에 그치는 것이기 때문에 절도사들은 이를 확대하기 위하여 혈연관계를 擬制(의제)하였다. 즉, 주종관계를 보다 긴밀히 연결시키는 방안으로 혈연관계를 의제함으로써 가부장권을 발휘하게 되고 지배자로서의 입장을 강화하려 한 것이다. 다시 말하면 절도사 자신이 의제적 父(假父)가 되고 유능한 인물을 뽑아서 의제적 子(假子)로 하는 假父子關係(가부자관계)에 의한 혈연적 결합을 모색하기에 이른 것이다.19)

後梁(후량)의 朱全忠(주전충)을 비롯하여 화북 五代 왕조의 절도사 출신의 諸王들은 다수의 假子(가자)를 거느리고 있었으니 이극용의 假子는 100여명에 달하고 李存勖(이존욱), 李嗣源(이사원)은 물론이고 前蜀(전촉)의 王建(왕건)도 120명의 假子를 거느리고 있었다.20) 뿐만 아니라 지방의 절도사인 鳳翔節度使(봉상절도사) 李茂貞(이무정), 許州節度使(허주절도사) 馮行襲(풍행습) 등도 모두 假子를 다수 거늘임으로써 혈연관계에 의한 가부장권을 확대하여 자신의 권력체제를 유지하는 중추를 만들어 놓았다.21)

그러나 假子(義兒)의 假父(가부)에 대한 의리는 일대에 限하고 假父가 죽고 나서 假父의 實子가 제위를 계승하면 의아적인 의무는 사라지고 무력을 배경으로 하여 다른 强者에게 접근하게 된다. 이와 함께 절도사는 지금까지의 假子的(가자적) 성격을 벗어나서 새로히 자

---

19) 栗原益男, 「唐五代の 假父子的 結合の 性格 -藩帥的 支配權力との 關聯について-」, 『史學雜誌』62-6, 同 「唐末五代における 武人と 革命」, 『東洋學報』38-4 참조.

20) 『舊五代史』 및 『新五代史』 義兒傳.

21) 『舊五代史』卷132, 『新五代史』卷40, 李茂貞傳 및 『舊五代史』卷15, 『新五代史』卷42, 馮行襲傳.

신의 假子를 강화하는 방향으로 권력체계를 바꾸게 되고, 이렇게 되면 황제위를 넘보게 되며 義兒(의아)의 추대라는 형식을 빌어 제위에 오르게 되니 五代정변의 순환적 반복성이 여기에서 유래하고 있다.

그 구체적인 실례를 보면 후량을 넘어트린 李克用(이극용)·李存勗(이존욱) 부자집단의 후당왕조는 後梁의 朱全忠과는 밀접한 사적 관계에 있었고, 後晋의 石敬瑭(석경당), 後漢의 劉知遠(유지원), 後周의 郭威(곽위) 등은 모두가 서로 긴밀한 사적 관계에 있었다. 이들 왕조창건자의 상호관계를 보면 後唐의 명종 李嗣源(이사원)은 이극용 부자와는 주종관계에 있었고, 다시 석경당은 李嗣源과, 劉知遠(유지원)은 석경당과, 그리고 郭威(곽위)는 劉知遠과, 趙匡胤은 郭威, 柴榮(자영)과 私的인 주종관계에 있었다. 이렇게 보면 이극용 부자에서 송태조 趙匡胤(조광윤)에 이르기까지 五代 화북왕조의 왕조교체에 나타나는 특징적인 사실은 사적으로 결합된 주종관계가 系譜的(개보적)으로 관통하고 있고, 이러한 계보적 주종관계를 이어가고 있는 元從家臣集團(원종가신집단)으로부터 왕조건설자가 등장하고 있다는 사실을 분명하게 파악할 수 있다.

이와 같은 실례는 후주의 세종 밑에서 散指揮都虞侯(산지휘도우후)로 충성을 바쳤던 羅彦瓌(나언양)이 陳橋驛(진교역)정변에 가담하고 太祖(趙匡胤)를 옹위하여 還都한 후 後周의 재상 范質(범질)을 위협하여, 「우리 무리에게는 主가 없으니 지금 반드시 천자를 세워야 한다.」[22)]

라고 하여 범질로 하여금 階下에 내려서서 趙匡胤을 새로운 황제로 받들게 하여 정변을 성공시킨 사실에서도 엿볼 수가 있다. 羅彦瓌의 이와 같은 행동은 후주와 송조에 대해서는 그 성격이 정반대의

---

22) 『宋史』卷 250, 列傳 9 羅彦瓌.

의미를 갖는다. 그리고 이러한 군사행동의 원리 위에 행해지는 천자 옹립의 정치·군사적 행위는 五代에 천자폐립의 악순환을 반복할 뿐 이었다. 또한 유교주의적인 도덕성의 결여가 바로 송조의 새로운 윤 리관의 탄생을 가져오는 역사적 배경이 된 것이다. 이러한 면에서 五 代와 宋代는 시대정신적인 차원에서 상이한 면을 지니고 있으나 반 복되는 정변의 정치적 순환과정은 서로 연관성을 지니고 있다.

五代에 유교적 도덕가치가 결여된 무인집단이 당말 이래 국가권력 의 중심부에서 활약하였고 이들에 의한 무인시대를 전개시키면서도 이를 서양중세의 봉건적 騎士道나 일본의 德川時代의 武士道와 같은 사회 안정의 도덕적 가치기준을 설정하는 시대정신을 찾지 못하고 끝내 방황하다가 마침내는 문인관료집단에게 정치의 주도권을 양보 하여 송대 중앙집권적 문신관료체제를 탄생시킨 것은 五代무인체제 의 한계가 아닐 수 없다. 23)

4) 五代 武人체제하의 皇帝權 강화

宋代와 五代는 정치구조적으로 이질성을 지니고 있으나 다른 면으 로 볼 때, 동질성도 갖추고 있다. 그것은 五代 武人체제하에서도 중 앙집권적 황제권의 강화를 위한 정치적 노력과 함께 그 필요성이 여 러 면에서 나타나고 있다는 점을 들 수 있겠다.

먼저 安史(안사)의 亂(난)과 黃巢(황소)의 亂을 거치면서 황폐화 된 사회 안정을 바라는 열망이 武人들 사이에서도 대두되기 시작하 였다. 그것은 권력을 장악한 군벌들이 사회적 안정이 있어야만 그들 의 정치적 목적을 달성할 수 있기 때문이었다.

---

23) 拙著 前揭『宋代官僚制硏究』제2장 제1절 Ⅳ.「중앙집권적 황제권강화와 文 臣관료」참고.

　다음으로 황제권 강화 노력은 사회적 측면에서도 나타나고 있다. 唐代의 귀족체제가 붕괴되면서 새롭게 농촌사회의 지배계층으로 등장한 형세호는 농촌을 장악하기 위해서 농촌사회의 안정이 필수적이었다. 이른바 地主佃戶制(지주전호제)를 근간으로 하는 形勢戶(형세호) 세력은 宋代의 士大夫 계층으로 발전하였는데 그들은 이미 五代에 그 경제적 기반을 마련하고 사회적 안정을 꾀하고 있다. 형세호는 그들의 농촌안정을 보장할 수 있는 강력한 정치세력을 원하였고 절도사들도이 지방 경제를 장악하고 있는 이들 형세호집단과 서로 긴밀한 정치 사회적 관계가 절대로 필요하였다. 여기에서 五代절도사들도 武人과 지방의 형세호세력 간에는 필요에 의해서 사회 안정을 위한 강력한 국가권력의 등장을 모색하게 되었다.

　그리고 五代 節度使(절도사) 체제하에서의 문신관료의 입장을 보면 그들은 武人들과는 달리 황제측근에서 황제권의 강화를 바라는 중앙집권적 경향이 뚜렷하다. 이와 같은 경향은 결국 文臣이 황제를 중심으로 하는 구심적 경향으로 나타나고 武人의 지방분권적 원심경향과는 다른 성격을 나타낸 것이다. 宋代 중앙집권적 문신관료체제의 뿌리는 여기에서 찾을 수 있다.

　또한 중앙집권적 황제지배체제의 출현요구는 대외적인 문제를 빼놓을 수 없다. 五代의 혼란을 틈타서 북방에서 일어난 거란족은 계속해서 중원을 압박하고 이들의 압박에 시달리던 한족은 민족적으로 강력한 중앙집권체제를 원하였다. 거란의 남침에 대해서 이를 방어하고 군사력을 강화하기 위해서 황제권의 강화와 무력의 증강이 요구되었다. 이를 반영하여 後周(후주)에서 중앙집권적 통일국가 체제가 나타나게 되었고 그것을 완성시킬 수 있는 인물이 바로 後周의 世宗(세종) 紫榮(시영)이다. 그는 五代시대에 보기 드문 영주로서 그가

추진한 황제권 강화정책과 절도사 세력의 억제, 그리고 군사력 강화를 위한 禁軍制度(금군제도)의 강화 등은 통일 국가를 향한 중요한 정책이었다. 그러나 불행히도 그는 37세의 젊은 나이로 병사하고 나이 어린 아들, 恭帝(공제)가 등극하면서 중앙집권적 황제권 강화는 宋代에 그 숙제를 넘기게 되었다.

제2절 宋의 건국 – 陳橋驛 정변의 五代的 성격

Ⅰ. 陳橋驛(진교역) 정변의 정치적 의미

1) 陳橋驛 정변의 五代的 관행

趙翼(조익)은 『二十二史箚記』(이십이사차기) 에서 「五代의 諸帝가 모두 군사들의 옹립에 의하여 황제위에 으르고 있다」[24]는 사실을 고증하고 있다. 이와 같은 하극상의 풍조를 지배하는 사회적 윤리관의 기본은 어디에 근거를 두고 있는 것인가를 살피는 것은 송조의 건국과 직접 관계가 있는 문제이다. 그것은 송의 건국 자체가 五代에서 유행하고 있던 정변의 방식을 본따서 趙匡胤(太祖)집단의 군사적 정변에 의하여 달성되었기 때문이다. 太祖의 宋朝 건국 방식을 보아도 종래의 흔히 있던 禪讓(선양)의 형식이 아니라 五代에 빈번하게 일어났던 兵變(병변)을 그대로 답습하고 있다. 따라서 宋朝의 출발은 결코 五代의 사회상과 다른 특수한 역사적 전개에 의한 것이 아니라 五代의 諸帝가 무력에 의하여 전 왕조를 찬탈하고 병사들의 옹립에 의하여 황제위에 오른 일반화된 방법을 그대로 채택한 정치군사적 성격과 같다.

趙翼(조익)은 唐中期(당중기)부터 병사가 天子를 옹립하는 제도적 뿌리를 『新·舊唐書』의 藩鎭傳(번진전)에서 찾고 있다. 즉, 河朔諸鎭(하삭제진)의 지방절도사가 사망하면 조정에서 中使를 파견하여 군사들이 옹립하고자 하는 자를 旋節節度使(선절절도사)로 임명한 데

---

24) 『二十二史箚記』 卷 21, 五代諸帝多由軍士擁立條

서 비롯되고 있다고 보았다. 이와 같은 군사에 의한 절도사의 옹립풍
조는 五代에는 더욱 일반화하여 마침내 병사가 절도사를 廢立(폐립)
하는 것이 마치 어린아이 장난처럼 되었다.[25] 따라서 조정에서 군사
의 눈치를 보아 임명한 자는 10명 중 5-6명이며 군중에서 옹립한
자가 10명 중 3-4명의 상태가 되어[26], 군졸이 藩鎭(번진)을 옹립하
는 풍조는 마침내 帝王옹립에까지 확대되는 사회 풍조로 변했다는
것이다.

五代에 군졸에 옹립되어 황제가 된 인물은 後唐(후당)의 明宗(명
종)(李嗣源 이사원), 廢帝(폐제)(李從珂 이종하), 後周(후주)의 太祖
(태조)(郭威 곽위), 宋 太祖(趙匡胤) 등을 꼽을 수가 있고, 친히 전
왕조를 찬탈한 것은 後梁(후량)의 太祖(朱全忠), 後唐(후당)의 莊宗
(장종)(李存勗 이존욱), 後晉(후진)의 高祖(石敬瑭), 後漢의 高祖(劉
知遠 유지원)가 있다. 이들은 옹립과 찬탈에 성공한 경우이나 정변이
不發(불발)로 그친 예도 적지 아니하였으니[27] 下剋上(하극상)의 황

---

25) 軍士에 의한 節度使擁立은 『新·舊唐書』의 藩鎭傳에 散見되며 대표적 예
    는 다음과 같다.
    ① 黃巢의 亂時 武寧節度使 支詳이 時溥을 파견하여 赴亂할 때 軍士들
       이 支詳을 廢하고 時溥을 擁立하여 留後로 삼음(新·舊唐書 時溥傳).
    ② 靑州의 王敬武 卒하자 三軍이 그 子 師範을 옹립하여 留後로 함(王師
       範傳). 夏州의 李思諫 卒하자 軍中 그 子(彝)를 留後로 옹립함. 義務
       節度使 王處存 卒하자 軍中에서 그 子 郜를 옹립하여 留後로 함.
    ③ 李克用은 康君立 등을 大同軍防禦使로 옹립하고 朱瑄은 本州留後에
       옹립.
    ④ 天雄軍절도사 樂彦貞과 그 子 從訓은 軍士에게 살해되고 羅弘信이
       옹립되어 留後가 됨(羅弘信傳).
    ⑤ 軍將 楊仁晸이 옹립에 반대하다 살해되자 趙在禮 할 수 없이 軍士에
       옹립됨.
26) 『二十二史箚記』卷 21에「計諸鎭由朝命 徐拜禮 十之五六 由軍中推者 十之
    三四 藩鎭旣由兵士 擁立其勢遂及於帝王 亦風會所必至也」라 있다.

제옹립풍조는 五代의 일반화된 시대조류라고 하겠다.

陳橋驛 政變(진교역 정변) 당시 將士의 옹립으로 帝位에 오른 趙匡胤은 무장들에게 던진 첫마디가 「너희들이 나를 천자로 만든 것은 자신의 부귀를 탐하여 옹립한 것이 아닌가.」[28]

라고 말한 것은 바로 趙匡胤의 황제옹립과 宋의 건국이 그 정치적 대의명분이 결여된 무장들의 이해관계에 얽힌 역사적 악순환이 진교역 병변에서도 그대로 반복되고 있음을 지적한 말이다.

송의 건국을 가져온 진교역정변은 五代的 兵變(병변)과 다를바 없는 武將(무장)들의 병란이 성공한 것이다. 그러나 그 방법은 五代的 兵變(병변)의 형식을 취하였으나 그 목적은 五代的 王朝 교체의 악순환을 끊고 새로운 시대를 여는 치밀한 정치적 목적을 가지고 출발하였다. 여기에 진교역정변이 지니고 있는 여러 가지 疑案(의안)이 숨겨져 있다.[29]

宋의 國號(국호)는 趙匡胤이 처음 歸德軍節度使(귀덕군절도사)로 임명된 宋州(河南·商丘縣)(상구현)의 지명을 따온 것이다.

2) 陳橋驛(진교역) 정변과 宋의 건국

960년 宋의 太祖 趙匡胤軍團(조광윤 군단)에 의해 단행된 陳橋驛[30] 정변은 송의 건국과 동시에 唐末·五代의 무인체제를 종식시키고 宋

---

27) 擁立이 성공하지 못한 예로 楊光遠(『新五代史』 51 襍傳, 『舊五代史』 97 晋書) 符彦饒(『舊五代史』 91, 『新五代史』 25 符彦饒傳) 등이 있다.

28) 『宋史』卷 1, 太祖本紀 및 『二十二史箚記』卷 21, 五代諸帝 多由軍士擁立條

29) 拙稿 앞의 『宋代官僚制研究』第2章 第2節 1. 「陳橋驛政變의疑案」1981 및 拙稿 「陳橋驛政變의疑案」 및 『宋遼金元史研究』第2號 1998 참조.

30) 陳橋驛은 後周와 北宋의 首都 汴京(開封府)으로부터 東北으로 40里에 位置한 交通의 要地인 小鎭이다. 現在는 河南省 祥符縣에 屬해 있다(嘉慶 重修一統志(臺北 商務印書館影印).

代 문신관료체제의 개막을 알리는 역사적 사건이다. 그런데 이렇게 중요성을 갖는 진교역정변의 전후과정에 대해서는 많은 의혹이 제기되어 왔다.

康熙 시대의 擧人(賜進士)이며 淸代六家의 한사람으로 시문에 뛰어난 査愼行(사신행)(號 初白)[31]은 「千秋의 疑案을 간직한 陳橋驛, 黃袍 한 번 걸쳐 罷兵을 이루었네」[32]

라고 이 정변이 천추의 의안(의혹이 있는 사안)이라고 읊고 있다. 그러나 이에 대해 趙翼(조익)은 진교역정변은 결코 새로운 것이 아니라 五代에 흔히 군사에 의해 자행되던 황제옹립의 한 예에 불과하다는 사실을 고증을 통해 밝혀 놓았다.[33] 이보다 앞서 明代(명대)의 敖英(오영)도 진교역정변에서 조광윤에게 黃袍加身(황포가신)을 한 사안을 들어 황제의 상징인 황포가 常物(상물)이 아니므로 이를 陳橋驛(진교역)에서 갑자기 마련할 수 없기 때문에 사전에 준비(預謀)된 병란[34]이라고 하여 이 정변의 사전 계획성을 지적하였다.

그러나 진교역정변은 무인체제를 극복하고 宋代문신관료체제를 형성하는 계기를 마련하였다 점에서 五代의 군사병변과는 다른 역사적 의미를 갖고 있다. 다시 말해 五代의 武人시대와는 다른 宋代의 문신 관료시대를 가져왔다는 결과로서 이 정변은 五代에 유행하던 군사에 의한 황제옹립과는 성격이 다르다. 이런 차별성으로 인해 진교역정변의 주체들이 이 정변을 보다 미화하고 宋의 건국, 특히 太祖 趙匡胤을 五代武人과는 다른 성격으로 윤색하기 위해 이 정변을 재구성하여 윤색하였다. 이 과정에서 많은 의혹을 낳게 된 것이라고 생각한다.

---

31) 『淸史稿』 卷 489, 淸史列傳 卷 71, 査愼行 「千秋疑案陳橋驛 一著黃袍便罷兵」.
32) 『二十二史箚記』 卷 21, 五代諸帝多由軍士擁立條.
33) 『同上揭書』.
34) 敖英, 『綠雪亭雜言』 續說郛 第 20, '黃袍不是尋常物 誰言軍中偶得之'

일찍이 鄧廣銘도 이 정변은 거짓말을 완벽하게 진실인 것처럼 꾸미기 위해 많은 사학자들이 여러 곳에서 粉飾(분식)하여 후세인에게 은폐하려는 의도가 있었고 정변의 주모자는 조광윤 본인이라고 논증하였다.[35] 진교역 정변이 사전에 치밀하게 계획되었다는 사실은 아래와 같은 몇가지 점에서 이를 확인할 수 있다.

3) 趙匡胤(조광윤)집단의 출병명분

송건국의 도화선이 되는 진교역정변의 원인을 제공한 거란 남침에 대해서는 남침 사실여부는 물론이고 남침제보에 대해서도 검토할 충분한 이유가 있다. 왜냐하면 鎭州(진주) 및 定州(완주)에서 거란군의 남침에 관한 馳奏(치주)가 없었다면 조광윤 군단의 출병은 없었을 것이고 따라서 진교역에서의 병란도 일어나지 않았으며 조광윤을 황제로 옹립하는 대사건도 없었을 것이기 때문이다. 물론 그 후의 어느 시점에서 정변이 어떤 형태로든 발발하였을 개연성은 충분히 있었으나 960년 1월 4일의 창업은 불가능하였을 것이다.

이렇게 볼 때에 五代에 자행된 병사에 의한 조광윤 옹립은 후주

---

35) 鄧廣銘, 「陳橋兵變黃袍加身故事考釋」(『鄧廣銘學術論著自選集』 首都師範大學出版社, 1964. 10. (原載 『眞理雜誌』 第1卷 第1期. 1944年 1月)에서 兵變의 主謀者는 ① 趙匡胤 本人으로서 事前에 치밀한 計劃을 가지고 幕後에서 조정하였거나 아니면 ② 太祖의 皇位를 동생 太宗에게 물려준 것으로 보아 事件의 主謀者는 太宗(趙匡義)그리고 趙普 및 一般將兵으로 가정하고 있다.
方豪, 『宋史』(臺北, 華岡叢書, 民國 43年) 16-19쪽에서는 豫謀(예모)를 計策한 者는 太祖 本人이라 하였다. 汪伯琴은 「宋初二帝傳位問題的剖析」, 『大陸雜誌』 第32卷 10期(民國 55年 5月 15-22)에서 일을 成事시킨 자는 太宗, 趙普 두 사람이라 하였고 蔣復璁, 「宋代一個國策的檢討」, 『大陸雜誌』 第9卷 7期 (民國 43年 10月)에서 陳橋驛 政變이 預謀에 의해 이루어진 것이 확실하다고 주장하였다.

世宗의 붕어, 幼帝(유제), 恭帝(공제)의 등극으로 조광윤의 황제옹립을 위한 제일, 제이 단계가 갖추어졌고 제삼단계의 군사행동을 기다리고 있었다. 世宗이 붕어한 959년 6월 19일에서 진교역정변이 일어난 960년 1월 4일까지의 약 6개월간의 후주정권의 운명은 그 이전의 五代 각 왕조가 처한 경우와 유사하였다. 이러한 정치적 현상에서 병사들에 의한 황제옹립의 구실을 제공하는 거란남침의 제보는 이상하게도 960년 春正月 辛丑朔(정월 초하루)에 북변의 鎭州와 定州로부터 전달되었고 후주 恭帝의 명에 의해 趙匡胤 군단의 군사 출동이 이루어졌다.

먼저 960년 거란의 남침 사실에 대한 기록을 보면 송조 역사의 첫 장은 太祖 建隆원년(960) 춘정월 辛丑朔條(신축삭조)의 기록에서 鎭州와 定州에서 띄운 제보에 대해 각 사료마다 약간의 차이를 보인다. 『續資治通鑑長編』(속자치통감장편)의 기록에서는 「契丹이 쳐들어오고(入侵) 여기에 北漢兵이 土門의 東쪽으로부터 내려와 契丹軍(거란군)에 합세하였다.」[36]고 있다.

이에 대해 司馬光은 다른 각도에서 이를 기술하였다. 즉, 鎭州와 定州에서 거란의 남침 사실을 알려왔고 또 상주하기를 契丹이 北漢과 합세하여 쳐들어온다.[37]라 하여 거란과 북한의 군사 행동을 같은 시점으로 동등하게 놓고 있다. 東都事略에서는 「太原(北漢)의 劉承鈞(二代王)이 契丹과 結盟(결맹)하여 入寇(입구)하다.」[38] 로 되어 있다.

이것은 거란남침에 대한 宋측의 기록인데 이 당시 거란의 국내 사정을 보면 도저히 남침을 감행할 수 없는 사정이다. 『遼史』의 穆宗本

---

36) 『續資治通鑑長編』(이하 『長編』이라 약함) 建隆元年春正月 辛丑條
37) 『涑水紀聞』 卷 1, 建隆元年 丁月辛丑朔 鎭定奏 契丹與北漢合勢入寇
38) 『東都事略』 卷 1, 顯德七年 春正月 辛丑朔 鎭定馳驛上言 太原劉承鈞 結契
　　丹入寇

紀 應曆 10년(960) 春正月條에는 군사동원이나 남침에 대한 기록이 전혀 없고 그 전년(959)의 10월과 12월 사이에도 남침기록이 전혀 없다. 그럴 수밖에 없는 것이 穆宗의 應曆(응력) 9년(959)은 거란에게는 참으로 어려운 시기였다. 그것은 後周 世宗이 大梁(대량)을 출발하여 滄州(창주)(河北省 滄縣東)로부터 後周·遼의 전선인 益津關(익진관)(河北省 覇縣), 瓦橋關(와교관)(河北省 雄縣, 南易水上), 淤口關 등 3관을 빼앗고 다시 5월에는 일찍이 후진이 거란에게 할양한 燕雲(연운) 16州 가운데 瀛州(영주), 莫州(막주) 등 2주를 회복하는 대승을 올렸고 그 여세를 몰아 幽州(유주)를 공략하였다. 거란의 穆宗(목종)은 이러한 위급한 상황에 당하여 南京에 군사를 出兵하여 독려하는 다급한 상황이었다. 後周 世宗이 붕어하기 이전에는 거란과 북한에 대해 後周쪽에서 계속 공세를 취하여 三關을 함락하였고 이 때에 거란은 심각한 타격을 입고 민심 또한 흉흉할 정도였다.

『遼史』(요사)에서는 世宗의 사망으로 지금까지 후주와 대치하고 있던 南京留守(남경유수) 蕭思溫(소사온)이 班師(반사)하였다는 기록이 있다. 만약 거란이 지금까지 후주의 강력한 공세를 극복하고 반전의 기회를 노렸다면 그것은 後周 世宗의 사망시점(6월 19일) 이후에 대거남침을 감행할 좋은 기회를 얻은 셈이 된다. 그러나 그보다 육개월여나 지난 후에 남침을 단행하였다는 것은 시기적으로 납득하기 어렵다. 따라서 무모한 남침을 감행하였다는 송 측의 기록보다는 班師(반사)하였다는 『遼史』蕭思溫傳이 오히려 신빙성이 간다.

Ⅱ. 陳橋驛 정변의 새로운 名分

1) 宋太祖(趙匡胤)의 醉臥(취와)문제

진교역정변의 전개 과정에서 宋太祖(趙匡胤)가 정변의 핵심에 있지 않고 醉臥(술에 취해 잠든)[39] 상태에서 본인의 뜻과는 관계없이 정변이 진행된 것으로 기술되어 있다. 가장 문제가 되는 것이 조광윤이 정변의 계획 사실을 모르고 술에 취해 있었다는 점이다. 이것은 도저히 이해가 되지 않는다. 송태조 趙匡胤은 宋代史의 중요한 고비마다 술과 깊은 연관을 가지고 있다.

먼저 진교역정변 당시 술에 취해 잠들어있어서 부하 장병들이 정변을 일으키는 사실을 전혀 알지 못하고 아침에 깨어나서 보니 황포가 걸쳐져 황제로 등극하였다는 일이고

다음으로 杯酒釋兵(배주석병)으로 절도사의 무장을 해제하고 문치주의 기틀을 다진 것이고 그리고 술에 취해서 돌연히 사망함으로서 황제위가 그 동생 趙匡義(太宗)에게 돌아간 사건 등이다. 조광윤이 술에 취해서 잠들어 있었다는 사실에 대해 가장 분명하게 기술하고 있는 것은 李燾(이도)의 『續資治通鑑長編』[40]이다. 司馬光의 『涑水紀聞』(속수기문)에는 술에 대한 이야기가 없고 장사들이 조광윤이 묵고 있는 陳橋驛舍(진교역사)의 문 앞에 돌입했을 때 그는 아직 起寢(기침)을 하지 않았다고 있다.[41] 또한『宋史』太祖本紀에서도 술에 대해서는 언급되어 있지 않다.[42] 다만 조광윤이 알지 못하는 (잠든)

---

39) 『長編』卷 1 建隆元年 正月辛丑朔條.
40) 『長編』卷 1, 太祖醉臥 初不省.
41) 『涑水紀聞』卷 1, 甲辰, 將士皆擐甲執兵仗 集于驛門讙譟 突入驛門 太祖尙未起.
42) 『『宋史』』卷 1, 太祖本紀. 夜五鼓 軍士集驛門 宜言策第點檢爲天子 或止之

사이에 정변이 진행되고 있었음을 강조하고 있다. 여기에서 관심이 가는 부분은 진교역에 도착한 정월 초삼일 밤의 趙匡胤의 동태 파악 이 확실하지 않을 뿐만 아니라 그나마도 조금씩 차이가 있다.

2) 진교역 정변에 대한 역사기록

진교역정변이 모의되고 그것이 실행에 옮겨질 때까지 조광윤은 그 사실을 알지 못하고 있었다는 것이 현존하는 역사기록 내용의 대부 분이다. 다만 그가 醉臥(취와)상태에 있었다. 그렇지 않고 잠들고 있 었으나 아직 起寢(기침)을 하지 않은 상태였다. 그것도 아니면 제삼 의 상태에 있었다. 등등 여러 가지 기록상의 차이가 있고 이에 따라 의문을 갖게 된다. 북송시대 이후 남송시대까지 太祖의 그 당시 상태 를 대체로 醉臥로 간주하고 이에 따라 千秋疑案(천추의안)으로 남게 되었다.

조광윤 군단이 진교역에 주둔한 建隆元年 정월초삼일의 오후로부 터 병변이 일어나는 이튿날 새벽까지, 조광윤을 둘러싼 군부핵심인물 의 동태에 대해 어떤 연유인지 기록이 거의 없다. 진교역 정변이 갖 는 역사적 중요성에 비추어 볼 때 정변을 전후로 긴박하게 돌아가는 한 몇 시간 동안의 숨 막히는 사건전개 내막에 대해서 상세하게 기 록하는 것이 당연한데 기록을 남겨놓지 않았다. 몇 사람의 예하부대 장병에 의해 병변이 모의되고 실천되는 순간에도 조광윤은 그 사실 을 알지 못한 채 술에 취한 상태에 있었다. 더욱이 거란의 남침을 방 어하기 위해 출동하는 부대의 최고 사령관이 술에 만취되어 주변에 서 어떠한 일이 일어나고 있었다는 사실 자체를 전혀 모르는 채 잠

衆不聽 遲明逼寢所 太宗入曰 太祖起

들고 있었다는 것은 상식적으로 납득할 수 없는 일이다.

이와는 대조적으로 後周 世宗의 病沒(병몰)(959년 6월)로부터 정변이 일어난 960년 정월 초 2일 밤까지 사회 각계각층에서 정변 가능성을 예측하고 있었다. 정변 직전에도 조광윤을 황제로 추대하려는 움직임이 분명하게 나타나 조광윤 자신도 그 사실에 당혹감과 함께 대책을 강구하고 있다는 내용은 역사적 사실로 기술되어 있다.

또한 後周 世宗이 959년 6월에 병몰하고 7세의 恭帝(공제)가 황제 위에 오른 것은 조익이 고증하고 있듯이 五代에 흔한 정변과 왕조교체의 가능성이 이미 나타나고 있다고 보겠다. 뿐만 아니라 조광윤은 後周 世宗 휘하에서 戰功(전공)을 세웠고 군사행정을 장악한 지 이미 6년이 되었다.[43] 그 위에 사병은 물론이고 고위무관에 이르기까지 그에게 인망이 쏠렸고 이렇게 내외의 민심이 집중되고 있는 상태에서 後周 世宗의 급서와 7세의 幼帝 등극은 五代의 절도사 출신 조광윤으로서는 후주를 탈취하여 신왕조 건설의 야심을 가질 수 있는 충분조건이 조성되었다고 판단된다.[44] 그럼에도 진교역정변이 조광윤이 술에 취해 자고 있는 상태(醉臥)에서 본인의 뜻과는 무관하게 정변이 진행되었다고 한 것은 많은 의혹을 남기는 원인이 되고 있다.

3) 陳橋驛(진교역)정변은 치밀하게 계획된 兵亂(병란)

중국의 王朝 건국사에서 술에 취한 상태에서 깨어나 보니 황제가 되어 있었다는 일화는 그 예를 찾을 수 없다. 이는 五代 병란에 의한

---

43) 『長編』卷 1, 太祖 建隆元年 春正月 辛丑朔條
44) 『長編』卷 1, 太祖 建隆元年 春正月 辛丑朔條, 太祖自殿前都虞侯 再遷都點檢, 掌軍政凡六年, 士卒服其恩威, 數從世宗征伐, 浒立大功, 人望固已歸之. 於是, 主少國疑, 中外始有推戴之議

왕조의 창업 과정과는 달리 禪讓(선양)형식의 유교적 도덕 가치에 맞추어 미화시킨 것이다. 王莽(왕망)의 前漢 찬탈에서 시작되는 중국 역대 왕조교체의 이중성에서 보건대 진교역정변도 조광윤을 군사병란과는 관계없는 醉臥(취와)상태에 놓아둔 것은 전왕조를 찬탈할 의사가 조광윤에게는 없었다는 유교적 선양방식을 援用한 것이다.

960년 춘정월 朔에 거란남침과 조광윤출병은 정변조건을 완전하게 갖추고 있었으며 이러한 정변 가능성에 대한 근거는 여러 곳에 나타나고 있다. 그럼에도 진교역정변에 대한 상세한 내용이 없는 것은 의도적으로 그 사실을 은폐하려는 음모가 있었던 것으로 생각된다. 왜냐하면 중국 王朝史의 일반적 서술 형식은 비록 왕조 찬탈이 군사적 행동에 의한 것이든 아니면 선양형식이 되었든 간에 왕조 교체에 관해서는 자세히 기술하는 것이 『史記』 이래 正史 太祖 본기의 서술형식이다. 비록 서술 내용이 사실과 다르게 창업을 극도로 미화한 것일지라도 새로운 왕조 창업에 관한 역사적 기록은 상당한 양에 달한다.

그런데 宋太祖의 건국 과정(진교역정변)에 대해서는 조광윤의 醉臥(취와)와 부하들의 강요에 의한 황제옹립이라는 五代的 방식을 강조하면서 그 사실만을 부각시켜 놓은 것은 이를 儒家的 禪讓方式(유교적 선양방식)에다 牽强附會(견강부회)한 것으로 해석이 된다.45)

---

45) 趙翼은 中國歷代 王朝創業 過程에서 隋文帝가 天下를 얻은 것보다 쉽게 나라를 세운 例는 없다고 하였다(『二十二史箚記』 卷 15. 陳橋驛 政變이 歷史 記錄대로 라면 隋文帝보다 宋太祖의 得天下가 더 쉬운 것으로 생각된다. 앞에서도 지적한 바와 같이 趙翼은 陳橋驛兵變을 五代에 흔한 兵亂의 한 例에 지나지 않는 것으로 그 意味를 가볍게 보고 있다.(『同書』 五代諸帝多由軍士擁立條)

제3절 宋代 官制는 五代 官制를 계승

I.『宋史』職官志(직관지)의 「宋承唐制」의 문제점

　宋代의 사료 가운데는 송의 제도가 당나라의 그것을 계승하였다고 하는 표현이 많다. 즉 「宋承唐制」(송승당제)가 그것이다. 특히 관료 조직의 기본이 되는 직관지의 내용을 보면, 송의 관제가 마치 당나라 제도를 계승한 것처럼 서술하고 있으나 이것은 사실과 맞지 않는다.

　唐의 귀족체제를 파괴한 것은 후량이다. 후량의 태조 朱全忠은 唐의 哀帝 天佑2년(905) 6月에 황하의 강가 白馬驛(백마역)(현재 하남성 滑縣)에서 당나라 재상 裵摳(배구) 등 30여 명의 고위 관료를 하룻밤 사이에 모두 살해하여 水葬시켜 후량 건국에 방해되는 자를 제거하였다. 역사상 이를 白馬의 禍(화)라 한다.[46] 처형된 고위관료의 죄목은 朋黨(붕당)에 연루된 자, 귀족가문 고위직으로 정치를 어지럽힌 자, 그리고 後梁정권에 협조하지 않은 사실 등이다. 이로써 唐나라 조정은 실제로 정치를 담당할 수 있는 고위관직이 모두 처형되어 공백상태가 되었다. 이것은 당나라의 황제권을 제약하던 귀족세력의 몰락을 의미하는 역사적 사건이다.

　2년 후 朱全忠은 당나라 哀帝(昭帝)로부터 선양의 형식으로 唐을 멸하고 후량을 건국하였다(907). 건국과 함께 朱全忠은 당나라 황제

---

46)『資治通鑑』卷265 天佑2년 6月 戊子 朔條에 左僕射 裵摳 獨孤損, 右僕射 崔遠, 吏部尙書 同平章事 陸扆, 工部尙書 王溥, 趙崇, 兵部侍郞 王贊 등 조정대신 30명을 살해하였다. 그리고 이와 연루되어 처형된 고위관료는 100여 명에 이른다.

권을 농단하던 환관을 제거하였다. 여기에서 당 왕조의 황제권을 유린하던 암적 존재인 귀족세력과 환관세력이 깨끗이 정리된 것이다.

후량 다음에 오는 後唐정권은 국호와 같이 唐나라를 복원하려는 보수정권이었다. 後唐의 明宗(李嗣源)은 중앙의 요직에 당왕조의 귀족출신을 등용하려고 唐代의 문벌귀족의 후손을 전국적으로 찾아보았으나 후량시대에 대부분 숙청되었기 때문에 당왕조의 귀족이나 문벌가문의 후손은 거의 전멸상태가 되었다.

또한 朱全忠은 唐의 法典을 改削(개삭)하였다. 즉, 開平4년(910)에 太常卿(태상경), 李燕(이연) 등이 『大梁新定格式律令』(대량신정격식율령)이란 법령서를 편찬하여[47] 이를 반포하였다. 이 律令書는 망실되어 현재는 알 수 없으나 後唐의 莊宗(李存勗)은 당의 律令格式(율령격식)을 부활하려고 당나라 法典을 구하였으나 御史臺(어사대)가 상주하기를 지금 조정에 소장되어 있는 형법서는 모두가 후량에서 改削(개삭)한것 뿐이다. 그것은 후량이 각 도에 명을 내려 당나라 법전을 몰수하여 불태워 버렸기 때문이라고 하였다.

후량의 법전은 唐의 귀족체제의 법전을 새로운 시대에 맞도록 뜯어 고친 것이고, 특히 당나라의 법전을 몰수하여 불태운 것은 새왕조(후량)의 법질서를 수립하려는 의지를 나타낸 것이다. 여기에서 唐의 귀족체제와 함께 귀족체제를 뒷받침하던 법전도 소멸된 것이다. 따라서 唐의 귀족사회는 율령체제와 함께 후량에 의해 철저하게 파괴되었고, 당나라의 三省六部體制(삼성육부체제)는 唐末 · 五代를 거치면서 해체되었다. 특히 五代의 절도사체제하에서는 당대의 중앙관제나

---

47) 同 上揭書 卷267 開平4년 12월 庚午條 및 『五代會要』에 의하면, 『大梁新定格式律』이라고 되어있고, 그 내용을 보면 式 20권, 格 10권, 律并目錄 13권, 律疏 30권으로 모두 103권으로 구성되어 있다.

지방제도가 맞지 않기 때문에 五代의 여러 나라들은 수시로 편리한 대로 당나라 제도를 뜯어고쳐서 절도사체제에 맞도록 변경하였다.

唐의 체제를 정리한 五代의 관제를 계승한 것이 바로 宋이다. 따라서 宋의 역사기록에 보이는 「宋承唐制」는 역사적 사실에 맞지 않으며 오히려 「宋承五代」라고 바꿔야 하는 것이 사실에 부합되는 것이다. 宋初의 관제는 五代의 관제를 계승하였고 五代의 관제는 당나라 관제를 계승·변형하였기 때문에 결국 송의 관제는 당제를 계승하였다기보다는 五代에 변형된 제도를 가져온 것이다.

唐나라의 三省六部體制는 五代를 거쳐 宋初에 이르는 동안 실제적으로 거의 해체되었고 다만 그 겉모양만 남아있을 뿐이었다. 다시 말하면 唐의 삼성육부체제는 내용은 없어지고 그 부서의 외관만을 남기고 있기 때문에 빈껍데기만 있고 알맹이는 없는 형편이 되었고 거기에는 五代에 필요한 새로운 조직으로 채워졌다.[48] 이것은 무엇을 의미하는가. 결국 당의 귀족체제가 五代를 거치면서 무너지고 五代 군벌시대에 알맞는 내용으로 채워졌고 그것이 그대로 宋代에도 계속되어 내려온 것이다.

Ⅱ. 五代 및 宋代의 관제내용

1) 唐의 三省六部해체와 五代의 관제

五代는 당나라의 귀족제도를 없애고 절도사체제로 바뀌면서 당의 三省六部체제도 외형만 남게 되고 황제 주변에는 정책을 결정하기

---

48) 宮崎市定, 「宋代官制序說-宋史職官志をいかに讀むべきか-」佐伯富編 『宋史 職官志索引』(京都大學東洋史研究會, 1963) 所收. 참조

위하여 새로운 정부 조직이 나타나게 되었다.

우선 중앙행정기구가 唐의 三省六部체제로부터 中書와 門下省이 합쳐진 체제로 변화되었고, 다음으로 군사권을 총괄하는 당의 兵部 대신 樞密院(추밀원)이 강화되어 군사권을 장악하게 되었다. 또한 국가재정 업무를 담당하던 戸部가 三司로 변형되었다.

이와 같은 五代의 관제변형에서 특히 주목이 가는 것은 추밀원이다. 이것은 『唐六典』에는 없던 기구로 당대의 환관이 실권을 장악하면서 중앙정부와 황제 사이의 연락기관으로서 처음에는 별로 중요한 관청이 아니었다. 그러나 五代 군벌시대에 환관으로부터 따로 독립하여 군벌의 참모본부와 같은 의미를 갖게 되고 軍政을 담당하는 기관이 되었다. 民政(민정)을 담당하는 中書와 나란히 東府, 西府라 하여 兩府(양부)라고 칭하면서 송초에 그대로 계속되면서 중요한 정무기관으로 발전하였다. 추밀원에는 장관으로 추밀사, 부장관으로 추밀부사가 있고 이들도 執政(집정)이라 칭하였다. 추밀원의 중요한 업무는 군사권과 함께 상급 무관에 대한 인사였다.

三司는 鹽鐵(염철), 度支(탁지), 戸府(호부)를 말하는데, 唐에서는 六部의 하나인 戸府 아래에 있던 미미한 기관이다. 그러나 唐나라 후기에서 五代에 걸쳐 三司의 직무는 그 중요성이 더하여졌고 송초에 이르면 그 기구는 더욱 확대되었다. 그것은 경제가 발달하면서 三司가 경제 문제를 처리하는 일이 많아졌기 때문에 당나라 尚書省에 필적하는 기구가 된 것이다. 실제로 宋代에는 정치는 경제를 중심으로 하여 운영되었기 때문에 이 三司가 중앙정부의 핵심적인 위치를 차지하게 되었다.

끝으로 중요한 것이 翰林學士院(한림학사원)이다. 翰林院(한림원)도 『唐六典』에는 등재되지 않은 기관이었다. 그러나 황제의 詔勅(조

칙)을 기초하는 일을 담당하였으므로 문필에 뛰어난 학사로 임명하였고 황제의 顧問(고문)에도 응하였다. 宋初에는 內相이라 하였고, 선임학사는 承旨라고 하여 宰執(재집)으로 승진하는 중요한 지위이다. 또한 한림학사는 淸要(청요)의 직책이라 하여 三司使 보다 존경되었다.

이상 同平章事(동평장사)로부터 兩制(양제)에 이르는 여러 기관은 모두 『唐六典』에는 실려있지 않고 五代에 이르러 임시적으로 만든 기관이 송초에 그대로 계승된 것이다.

이와 같은 여러 기구는 唐의 三省六部체제가 五代를 거치면서 해체되고 宋初에 이르러 변형된 내용이다. 그 구체적인 내용을 검토하면 다음과 같다.

2) 唐의 三省六部체제에서 宋의 中書門下체제

宋代 중앙행정조직의 최고기관으로서는 政務機關(정무기관)으로 中書가 있고 軍事機關(군사기관)으로 樞密院(추밀원)이 있으며 財政機關(재정기관)으로 三司가 있어서 정치·군사·재정을 총괄하였다.[49] 中書의 長官을 同中書門下平章事(略하여 同平章事)라 하는데 1명을 두지 않고 2명 내지 3명을 두었다. 宋의 中書는 唐代의 三省 가운데 中書省(중서성)과 門下省(문하성)을 통합하여 궁중에다 설치한 것으로 唐代와는 비교도 안될 정도로 中書의 지위는 낮아졌고 담당하는 政務(정무)도 그 권한이 축소되었 다.[50] 同平章事 아래 執政

---

49) 『宋史』卷 161, 志114, 職官 1(以下『宋史』職官志라 略함).

50) 宋代「군주독재체제설」을 주장하는 학자는 이러한 중앙기구의 통폐합이 재상권을 약화시키고, 반면에 황제권이 강화되어 宋의 군주독재체제가 성립되었다고 보고 있다.

(집정)으로 부재상에 해당하는 參知政事(참지정사)를 乾德(건덕) 2년(964)에 처음으로 설치하여 副相의 임무를 맡기었고 開寶 6년에 가서 宰相과 같이 國務를 논의할 수 있게 하였는데, 참지정사의 업무는 정치 전반에 걸쳐 폭이 넓다. 이는 宋代의 행정 기구상의 특색이기도 하며 참지정사 역시 2명 내지 3명의 복수제를 채택하고 있는데, 이와같은 행정의 최고관료를 복수제로 한 것은 행정권의 분산을 꾀하여 臣權이 약화시키려는 의도가 작용하였다.

그러나 이것은 五代의 절도사체제를 宋代의 문신관료체제로 전환시키기 위한 행정기구의 제도적 내용으로 이 제도만을 가지고 황제권이 강화되었고, 재상권이 약화되었다고 보는 것은 역사적 실체를 정확하게 파악하지 못한 것이다.

한편 同中書門下平章事나 參知政事, 知樞密院事와 같이 官職(관직)의 명칭에 事를 붙이는 것은 관료의 格을 國務(국무)장관이나 政務(정무)官僚라기보다는 事務官僚(사무관료)로서의 성격을 의미하는 것이다. 이는 관료로서의 格이 떨어졌다기보다는 직책의 실질적인 업무내용을 관제상에 표기한 것이다. 이와 아울러 宋代의 중앙관료 및 지방관료의 업무에 있어서는 경제적 업무가 唐代보다 많이 증가하였다.

다시 말해 『宋史』職官志에 서술된 「宋承唐制」(송승당제)라는 구절이 반복되고 있지만 이것은 중국역대 왕조에서 새로운 왕조가 前王朝 역사를 편찬할 때 나타나는 일반적 경향으로 그 실질적 사실과 부합되지 않는 것이다. 따라서 唐制를 계승하였다는 것은 역사편찬의 서술형식일 뿐, 실제의 내용과 부합되지 않는 것이다. 51) 이로써 唐代 행정의 최고기관으로서의 三省은 宋代에 오면 그 지위도 낮아졌을 뿐만 아니라 관료조직상에 있어서의 업무도 축소되었음을 알 수

---

51) 『宋史』職官志

가 있다.

宋代 군주독재설을 주장하는 논거는 唐의 관제와 宋의 그것을 비교하여 宋代의 황제권이 강화되었다고 하는 것이다.

3) 唐의 兵部체제에서 五代 및 宋의 樞密院체제

樞密院(추밀원)은 唐代에는 환관이 實職(실직)을 장악하고 있었으나 『唐六典』에는 오르지 못할 정도의 미미한 기구였다. 그러나 五代의 절도사체제에 宦官으로부터 독립하여 군사의 중요업무를 총괄하는 政務機關(정무기관)으로 발전하였다.[52] 五代의 추밀원은 주로 軍政을 맡았고 民政을 장악하는 中書와 양립하여 東府와 西府로서 兩制라 불리우고 宋初에 이르면 二府로 호칭되었다.[53]

추밀원의 장관을 추밀사, 차관을 추밀부사라 하여 執政(집정)이라 하였다. 宋의 太祖때에는 추밀사와 추밀부사만이 있었으나 太宗 때에 추밀원의 기구가 확대되면서 장관을 知樞密院事(지추밀원사)라 하였다.[54] 추밀원의 장관이나 차관은 太祖代의 부분적인 예를 제외하면 거의가 文臣官僚로 임명하고 있는데 軍政의 중추부에 해당하는 추밀원의 관료를 文臣으로 임용하였다는 사실도 文治主義 관료체제의 특징이다.

4) 五代의 禁軍(금군)강화책

황제권력의 기반인 禁軍강화책도 宋의 건국이전에 이미 五代의 여러 황제들이 이를 적극적으로 시도하였고, 宋代의 중앙집권적 군주권

---

52) 『二十二史箚記』卷 22, 五代樞密使之權最重條.
53) 『宋史』職官志, 樞密院條.
54) 同上.

강화의 가장 뚜렷한 조처는 절도사의 군사력을 약화시키고 황제권력을 강화할 목적에서 단행된 금군의 강화정책이다. 이 금군강화정책은 宋에서 그대로 계승되었다.

五代 각 왕조의 금군강화정책의 특색을 보면

먼저 五代에서는 새왕조가 들어서면, 황제권의 안정을 목표로 중앙집권화를 추진하였다. 여기에는 두 가지 방법을 모색하였다. 하나는 절도사를 정점으로 하는 藩鎭(번진)기구를 해체하거나 그것이 불가능하면 중앙의 황제권력을 가지고 절도사체제를 구속하는 장치를 마련하는 일이다. 다른 하나는 황제권의 중심이 될 수 있는 황제직속의 금군을 강화하여 절도사보다 우세한 군사력을 유지하는 일이다.

五代에 금군을 강화하여 중앙집권화를 꾀한 황제는 後唐의 明宗에서 시작되었다. 그는 추밀사 石敬瑭(석경당)의 건의를 받아들여 920년에 금군강화책을 추진하였다. 즉, 기병군단과 보병군단으로 편성된 황제측근의 侍衛馬步軍(시위마보군)을 설치하고 금군부서로서 시위사를 두었다. 그 후 後唐의 莊宗(李存勖)은 절도사 가운데 유능한 자를 중앙으로 추천하도록 하여 중앙군의 강화를 추진하였다.

後晋의 高祖(石慶瑭)는 後唐末의 내분에서 각지의 절도사가 황제를 배신한 것을 감안하여 假父子(가부자)관계에 의존하여 황제권을 유지한다는 것은 어렵다고 판단하여 금군강화정책을 적극 추진하였다. 그가 范延光을 비롯한 유력 절도사의 반란을 진압할 수 있었던 것은 강화된 금군을 활용할 수 있었기 때문이다.

後周 世宗(柴榮)은 五代에서 가장 강력한 금군강화책을 실시하였다.

세종의 금군개혁은 거란과의 高平戰에서 황제 측근의 금군시위군이 괴멸한 데 큰 충격을 받고 군사의 정예주의를 원칙으로 하는 금군개혁을 단행한 것이다. 그는 병사는 숫자가 아니라 정예부대여야

전투에 이길 수 있다고 생각하였기 때문에 노병의 정리를 감행하였
다. 그러나 이들 노병은 전왕조로부터 내려오는 용병이기 때문에 쉽
사리 도태시키는 것은 병사의 사기에 영향을 주고 황제권력의 기반
인 금군의 지지를 상실할 위험성도 있었다. 그러나 그는 금군개혁에
착수하여 우선 금군병사에 총점검을 명하여 在京禁軍(재경금군)을
世宗이 몸소 점검에 나서 정예병만을 남기고 노병과 愉劫(유겁)한
자를 도태시켰다. 이와 함께 전국적으로 용감한 자를 모집하여 금군
에 편입시켰다. 각지에서 모여든 금군응모자를 世宗이 스스로 사열할
정도로 금군강화에 주의를 기울였다. 이와 같은 금군강화 이외에 절
도사휘하의 병사들 중에 우수한 자를 금군에 편입시키기도 하여 절
도사에 대한 세종의 군사력지배력을 강화하였다.

또한 世宗은 무기제조의 숙련공을 중앙에 집중시키는 정책을 취하
니 禁軍의 정예화와 그들이 가지고 있는 무기의 우수화로 인하여 五
代의 정권가운데 최강의 금군을 유지할 수 있게 되었다. 이와 같은
금군강화책은 황제권의 강화에 직접 연계되면서 절도사의 군사력을
능가하게 되었다. 금군의 군사력강화는 금군전반에 걸친 것이지만,
특히 금군가운데서도 중점을 둔 부대는 황제친위사단인 殿前軍(전전
군)이다. 각 부대의 금군을 사열하면서 무예에 뛰어난 자를 전전군에
재배치하였다. 이러한 전전군강화의 명을 받아 이를 실행에 옮긴 책
임자가 바로 殿前軍都虞候(전전군도우후) 조광윤(송태조)이다.

宋을 건국한 태조(조광윤)의 금군강화책은 후주 世宗시대의 금군
강화책을 그대로 계승한 것이다. 趙匡胤이 진교역정변으로 宋을 건국
할 수 있었던 군사력은 후주의 금군 중에서도 최정예부대의 총사령
관인 殿前軍都虞候(전전군도우후)의 요직을 차지하고 있었기 때문에
가능하였다.

五代 禁軍(금군)조직의 내용을 보면, 禁軍 總帥(총수)로는 侍衛馬步軍 都指揮使(시위마보군 도지휘사)를 두었고, 그 아래 기병군단을 통솔하는 시위마군도지휘사와 보병군단을 통솔하는 시위보군도지휘사가 있다. 또 금군전체의 軍紀를 장악하는 侍衛馬步軍都虞候(시위마보군도우후)가 있고 이들의 총수가 금군의 최고사령관이다. 이들은 後晋이후 필수적으로 어느 지역의 절도사를 겸임하고 있었으므로 그들은 강력한 힘을 유지하게 되었다.

後晋의 出帝(石重貴)를 옹립할 때, 景延廣(경연광)은 지방의 절도사를 겸임하고 있었고, 그는 후에 후한 고조(유지원)의 뒤를 이어 후진의 유일한 금군 총수로 임명되었다. 유지원은 후진의 금군 총수를 역임한 후, 태원절도사로 진출하고 석경당시대의 금군 총수가 되었다.

後周의 태조 郭威(곽위)가 아직 후주를 세우기 이전에 절도사의 권력을 약화시킬 목적으로 절도사와 사적 결합관계를 맺어서 절도사의 권력기반이 되고 있던 元從集團(원종집단)에 제약을 가하였다. 이를 위해 절도사가 舊任地에서 새로운 임지로 이동할 때는 隨從者(수종자)를 데리고 가는 것이 唐代이래 계속되 내려온 관례였다. 그러나 唐末(843)의 칙령에는 軍將과 신변호위자를 포함하여 60인을 넘지 못하도록 규정하였다. 이들 隨從者(수종자)를 원종집단이라 하였다.

黃巢(황소)의 반란이후, 唐末에서 五代에 걸쳐 절도사 지배하의 군단에는 元從, 또는 元隨集團(원수집단)이 점차로 증가하였다. 원종은 소수의 원종자에서 군단으로 확대된 것이다. 이들이 절도사의 권력기반이 되었고 또한 용병이기 때문에 절도사의 일반병사와 다를 바가 없었다. 그리하여 절도사와 사적인 주종관계를 가지고 있었으나 절도사로부터 토지와 인민의 세습적 지배를 인정받을 수 있는 영지는 주어지지 않았다. 元從은 절도사의 사적 추종자이기 때문에 왕조의 공

적인 병사는 아니고 따라서 그들의 급여도 국가재정에서 지출되지
아니하였다. 元從집단과 금군의 군사적 성격차이는 여기에 있다.

五代의 금군은 왕조가 교체될 때마다 해체되고 새왕조에서 다시
조직되는 것이 아니다. 전왕조의 금군이 그대로 신왕조에 계승되고
절도사와 마찬가지로 금군의 병사도 군인으로서의 생활을 유지해나
가는 일종의 용병이다. 그들은 병역의 복무연안도 없었기 때문에 후
주의 세종시대에 들어오면 쓸모없는 老兵이 다수를 차지하고 있었다.

5) 唐의 戶部에서 五代및 宋의 三司체제

宋代에는 財政을 장악하는 三司의 기능이 강화되고 있는 것도 관
제상의 특성이다. 三司의 장관을 三司使, 차관은 三司副使라 하는데
三司는 外的으로 부르는 명칭으로서 司內에서는 三部라 하고 鹽鐵
(염철)·度支(탁지)·戶部(호부)의 3부로 나누어지고 각 部에 副使
1명, 判官 3명을 두었다. 본래 三司는 唐代의 6部中 戶部의 支店과
같고 度支部와 戶部는 6部의 한 부서인 戶部尚書(호부상서) 밑에 소
속되는 分局의 명칭으로 여기에 鹽鐵(염철)이 추가되어 三司가 된
것이다.

唐末·五代에 樞密使(추밀사)와 함께 三司의 업무는 중요시되고
그 지위는 執政에 준할 정도이다. 이에 소속되는 기관도 증설되어 宋
初에는 방대한 기구로 확대되어 경제문제는 거의 三司에서 처리할
정도로 발전하였다.[55] 그리하여 宋代의 三司는 행정기능으로 보면
唐代의 尚書省에 비교될 정도로 그 권한과 업무가 확대되었다.[56] 이

---

55) 『宋史』職官志, 三司使條
56) 周藤吉之,「北宋に おける 三司の興廢」, 『宋代史研究』(東洋文庫 1969)所收,
    참조.

는 산업의 발전에 따른 경제규모의 확대로 이를 관할하는 三司의 업무도 자연히 증가하였기 때문이다. 따라서 중앙정부기구 가운데서 三司의 위치는 행정의 중심적인 역할을 담당하게 되고 그 밖의 기관은 그 비중이 약화되었다. 3部 가운데 염철부는 전매업을 담당하였으니 唐의 중기 이후 소금을 전매하고 鑛業과 茶를 통제하였으므로 상품에 소비세를 부과하여 그 수입에 의하여 국가재정을 유지하게 되었다. 재정지출에는 軍費가 가장 중대하였기 때문에 武器의 제조까지도 이곳에서 관장하였다. 탁지부는 정부의 지출 가운데 문무관료에 대한 봉급과 錢穀衣料(전곡의료)와 교통기관의 정비업무 등을 맡았으며, 戶部는 주로 兩稅法(양세법) 및 술의 전매이익금 등의 수익금을 장악하였다.[57)

Ⅲ. 元豊官制(원풍관제)개혁의 의미

북송 후기 神宗의 원풍연간(1078-1085)에 신법의 개혁과 함께 관제도 바뀌었다. 이것이 원풍의 관제개혁이다. 원풍의 관제개혁은 唐末·五代를 거쳐 宋初에 이르기까지 해체되었던 당의 三省六部체제를 복원하려는데 개혁의 뜻이 있다. 다시 말해 唐의 三省六部조직은 五代 및 宋初에 해체되어 宋初로부터 神宗의 원풍 초까지는 五代의 관제를 계승하였다. 그러나 神宗의 원풍 3년에서 5년에 걸쳐 관제를 개혁했는데 그 중요한 내용은 당나라 제도로 복귀하는 것이었다. 원풍 관제개혁의 주안점은 다음과 같다.[58)

먼저 三司의 정리다. 三司는 앞에서도 말한바와 같이 宋代에 와서 唐代

---

57) 周藤吉之「北宋の三司の性格 -節度使體制と關聯させて-」위 책 참조.
58) 拙著. 앞의 『宋代官僚制研究』제4장 제2절 Ⅲ. 「元豊의 관제개혁」참조.

의 尙書에 비교할 정도로 중요하고 그 기관이 팽창되었다. 宋代의 三
司는 경제가 발전한 宋의 새로운 사회에 대응하고 경제 정책을 용이
하게 수행하기 위해 마련된 기구이다. 그러나 원풍 신관제에서는 三
司의 업무는 모두 戶部로 이관되었다.

또한, 宋代 관제 가운데 주목되는 곳이 樞密院(추밀원)이다. 추밀
원은 唐代에는 황제의 명령을 내각이나 그 밖의 기관에 전달하는 기
구로 환관이 맡고 있었는데 주로 군사적 기밀을 담당하였다. 그런데
五代의 절도사체제하에서 군사 업무가 중요시되면서 그 기구는 더욱
확대되고 이것이 宋代에 이르러 중요한 군사조직으로 발전하였다.

원풍의 관제개혁에서는 추밀원이 『唐六典』에 없었기 때문에 폐지
하여야 한다는 의견이 있었으나 神宗은 그것이 「祖宗之法」이라는 이
유로 존속시킬 것을 명하였다. 다만 그 기구를 축소시켰다. 이와 같
이 추밀원의 존속을 예외로 한다면 다른 기구는 모두가 唐代의 三省
六部 조직으로 환원되었다. 그러나 원풍관제는 외형적으로는 唐代처
럼 일목요연하게 조직이 정비되었으나 실제로는 각 부에서 맡는 사
무가 균형을 잡지 못하였고 또 六部 간에도 복잡한 문제가 중복되면
서 그 후 여러 번 다시 개정을 보게 되었다.

원풍관제는 唐의 三省六部 체제를 그대로 도입하였으나 실제로는
唐나라의 그것과는 차이가 있다. 우선 三省이 사실상 합하여진 것이
다. 건물은 문하성과 중서성, 상서도성이 있고 별도로 문하중서이성
은 후성이라고 칭하여지고 부속기관이 설치되었으나 그 내용은 唐의
제도와는 차이가 있다.

또한 원풍관제가 唐의 제도와 다른 점은 고급 문관의 인사가 兩府,
특히 中書에 집중되었다는 점이다. 唐나라 三省六部체제에서는 인사
권은 대부분 吏部에서 장악하였고 재상도 이것을 어떻게 할 수 없었

다. 그러나 宋代에 황제의 측근인 侍從官(시종관)의 인원을 늘리고
그들의 진퇴는 대부분 中書에서 결정하였는데 이것이 원풍관제에서
도 그대로 유지되었다. 또한 원풍관제에서는 종래 추밀원에서 장악하
고 있던 武官의 인사가 中書로 이관된 것도 주의할만한 일이다. 이것
은 宋의 문치주의가 철저하게 강화되었다는 것을 의미하는 것이다.
특히 추밀사, 추밀부사는 문관으로 임명하였다.

제4절 宋初 고위관료의 성격과 황제권

I. 宋이전의 왕조교체와 새왕조의 인사정책

중국역대에 왕조가 교체될 때에는 전왕조의 관료를 일단 정리하고 새왕조에서는 새로운 인물을 등용하는 것이 일반적 현상이다.

후한을 멸한 魏(위)에서는 尙書(상서) 陳群(진군)의 건의에 의하여 漢代의 鄕擧里選制(향거리선제)를 패하고 九品官人法(九品中正制)을 실시하였다(220년). 이 법을 실시하게 된 동기는 後漢의 관리를 九品으로 나누어 그들을 정리하여 선별하려는데 그 목적이 있었다. 뿐만 아니라 後漢시대의 鄕擧里選(향거리선)제도는 외척이나 환관세력이 관료의 인사권에 개입하였기 때문에 극도로 문란하여 이를 바로잡으려는 뜻도 있었다. 九品官人法은 위진남북조시대를 거치면서 지방의 호족들에 의해 관직이 독점되는 결과를 가져오게 되었다.

隋의 文帝는 중국을 통일하면서 호족의 관직독점에 이용되었던 추천에 의한 九品官人法(구품관인법)을 폐지하고 참신한 인재를 시험에 의해 선발하려는 選擧制(선거제) 科擧制(과거제)를 실시하였다.(595년) 과거제는 당나라에서 제도적으로 보완되어 이후 중국의 관리등용제도로 청대까지 계속되었다.

한편, 唐을 멸한 後梁(후량)의 朱全忠은 후량건국 직전에 唐나라의 재상 裵樞(배구)를 비롯한 30여 명의 고위관료를 황하강가의 白馬驛(백마역)에서 참수하여 황하에 수장하였다. 역사상 白馬의 禍(화)라고 한다. 이는 朱全忠이 唐을 멸하고 새로운 왕조건설을 위해 방해가 되는 唐의 고위관료를 일소하는 잔인한 인사정리이다. 후량시대에 唐

의 귀족은 대부분 제거되고 五代의 武人체제가 시작되었다.

이와 같이 중국역사에서는 왕조가 바뀔 때마다 전왕조의 관리를 정리하고 새왕조에서는 새로운 인물을 선발하는 것이 일반화되어 왔다. 그러나 宋代에는 이러한 인사조처를 취하지 않고 五代의 고위관료를 중앙에서 임용하였고 지방에서도 五代의 지방관이 그대로 宋의 국정을 담당하였다. 특히 강남지방의 10국에 관여하였던 고위직관료와 지방관이 宋朝 창업관료로 활동한 것은 宋代의 인사정책의 특색이라 하겠다.59)

새왕조가 들어서면 창업군주들은 신왕조의 중추적 인물을 대체로 자신의 복심인물로 고위관직을 채우는 것이 중국역대의 관례인데 宋朝는 중앙집권적 문치주의정책을 채택한 것 이외에는 인사정책에서도 五代의 문관을 그대로 임용하였다. 宋朝와 五代의 연속성이 인사면에서도 그대로 반영되고 있음을 알 수 있다.

五代를 계승한 宋初의 황제권을 뒷받침하는 관료의 성격은 황제권을 이해하는데 매우 중요하다. 또한 건국초기의 국가의 성격과 정책을 이해하는데도 국초의 관료인사는 중요한 의미를 갖는다. 그것은 창업군주와 그를 보좌한 관료집단은 서로 밀접한 관계가 있기 때문이다.

宋初(太祖)의 관료분석을 통하여 황제권과 관료와의 관계를 살펴보겠다. 宋初의 국가운영을 담당한 관료집단의 성격을 파악하고, 이들 관료집단은 황제권을 어떻게 뒷받침하였는가를 살피는 일은 건국초기 宋의 황제권의 성격을 이해하는데 매우 중요한 것이다.

---

59) 拙著 위의 『宋代官僚制研究』제3장 「宋初官僚의분석과성격」三英社 1982년

Ⅱ. 宋初 관료의 五代的 성격

宋初에 국가를 정비하는 과정에서 太祖시대와 太宗시대의 고위관료를 분석해보면 이들은 대부분이 五代의 문신관료 출신이라는 사실이 확인되고 있다. 따라서 宋初의 인물은 五代 출신자가 중앙의 고위관리직은 물론이고 지방의 하급관직에 이르기까지 그대로 송의 정권에 참여하고 있음을 확인할 수 있다. 그러므로 五代와 宋代는 인물면에서도 연속성을 가지고 있다. 이를 통하여 송의 문신관료체제는 이미 五代에서 그 체제가 구체적으로 마련되고 있음을 알 수가 있다.

宋代, 특히 太祖·太宗 兩代의 고위직관료가 차지하는 정치·사회사적 의미는 중요하다. 왕조가 바뀌어도 五代的 잔재를 청산하고 宋代 문치주의를 추진하는데 있어서 여전히 五代의 관료들이 주도적 역할을 담당하고 있다는 정치적 의의를 알 수 있다. 또 새로이 등장하는 宋朝 士大夫官僚사회의 기반을 마련하는 중추적 역할을 이들 五代관료가 담당하였다는 사회사적 의의를 과소평가할 수 없다.

중국사의 새로운 장을 여는 10세기의 초반에서부터 후반에 걸치는 변혁기에 정치 사회적으로 중요한 위치에 놓여있던 宋初 고위관료에 대하여 그들의 출신지, 생존기간, 家系, 出仕 등 경력 전반을 『宋史』列傳을 중심으로 분석하는 일은 이 시대의 시대상을 파악하는데 필요한 일이다. 여기에서 분석하는 관료의 범위는 『皇宋十朝綱要』[60]의 太祖·太宗代의 권두에 표시된 재상, 참지정사, 추밀원의 관료(使·副·知院事·同知院事·簽書院事), 三司使, 學士, 中書舍人에 한정하였다.[61]

---

60) 『皇宋十朝綱要』卷 1, 太祖 및 卷 2, 太宗.
61) 拙著, 위 『宋代官僚制研究』 제3장 「宋初관료의분석과성격」

Ⅲ. 太祖代 고위관료의 분석

1) 太祖代의 宰相(재상)과 參知政事(참지정사)

『皇宋十朝綱要』(황성십조강요)(卷1)에 의하면 太祖(960-976)의 고위관료는 재상 6명, 참지정사 4명, 추밀사 5명, 추밀부사 5명, 삼사사 8명, 학사 8명, 중서사인 10명, 어사중승 3명 등 모두 49명이다. 그러나 동일인물이 중복되면서 관직을 거치고 있기 때문에 중복되는 인물 13명을 한사람으로 계산하면 실제의 인물은 모두 26명이다. 이들 26명을 太祖대의 중심적 고위관료로 보고 『皇宋十朝綱要』에 나타난 관위순서에 따라서 분석하여 보겠다. 단 무인이 중심을 이루고 있는 使相 33명은 제외하였다.

태조대의 재상은 范質(범질), 王溥(왕부), 魏仁浦(위인포), 趙普(조보), 沈義倫(심의륜) 등 5명이며 참지정사는 (薛居正), 呂餘慶(여여경), 劉熙古(유희고), 盧多遜(노다손) 등 4명이다 [괄호 속의 인물은 중복된 자]. 태조(960-976) 16년 동안에 관료의 정상에서 국정을 처리한 인물은 위 9명이다.

먼저 그 가계를 열전에서 정리하여 보면 다음과 같다.[62]

이들 9명의 경력에 보이는 중요한 사실은 이들이 한결같이 五代에서 文官職을 얻어 관료생활을 시작하고 있다는 점이다. 이로서 宋初의 고위관료의 대부분이 五代 이래의 관료직에 있던 자라고 하는 사

---

62) 靑山定雄「宋代に 於ける 四川官僚の 系譜に ついての 一考察」(『和田博士古稀記念論叢』1961년)
　　「宋代に 於ける 華北官僚の 系譜に ついて(一), (二), (三)」『聖心女子大學論叢』21, 25, 1963년, 1965년)(中央大學校 文學部紀要 12, 1997년) 참조.
　　「宋代に 於ける 華南官僚の 系譜に ついて」(『中央大學校文學部紀要』13, 1969년)

실을 재확인 할 수가 있다. 이 가운데 4대에 걸쳐 관직을 역임한 자
가 1명(범질), 3대가 4명(왕부, 위인포, 설거정, 유희고), 나머지 4명
은 2대에 걸쳐 관료생활을 하고 있는데, 이와 같은 사실도 五代의 관
료가 三轉四轉(삼전사전)하는 일반적인 현상과 일치하는 점이라 하
겠다.

그런데 이들의 관직출발을 검토하여 보면 후주의 진사출신인 노다
손의 경우를 제외한다면 과거에 합격하였거나 그렇지 않거나를 막론
하고 모두가 절도사 밑에서 추관이나 從事(종사)·牙職(아직)·判官
(판관)을 시작으로 하고 있다. 특히 節度從事(절도종사)가 가장 많이
나타나고 있고 그들이 節度從事 때의 절도사가 후에 황제위에 오르
게 된 예가 많은데, 이는 이들이 청년기에 절도사에 그 능력을 인정
받아 자신의 직접 상관인 절도사의 출세에 따라서 그들의 지위도 향
상되었을 것이 분명하다. 또한 이들이 五代 말의 관직을 보면 후주의
재상이 3명(범질, 왕부, 위인포) 學士職이 3명(설거정, 심의윤, 여여
경)이 있으며, 이밖에 集賢殿修撰(집현전수찬) 1명(노다손), 절도사
의 判官, 掌書記(장서기)가 각각 1명이다. 이로 볼 때에 태조대의 재
상의 3분의 2가 五代에 있어서 이미 문신관료로서의 기반을 구축하
고 있었음을 알 수가 있다.

2) 太祖代의 樞密使·副使·三司使

태조대의 樞密使(추밀사)는 (魏仁浦), 吳延祚(오연조), (趙普), 李
崇矩(이숭구), 趙玭(조체) 등 5명이며 同副使(동부사)는 (趙普), 李
處耘(이처운), 王仁瞻(왕인섬), (沈義倫), 楚昭輔(초소보) 등 5명이며
三司使(삼사사)는 張美 (薛居正), (李崇矩), 趙玭(조빈), (沈義倫),
(楚昭輔), (呂餘慶), 張澹(장담), (王仁瞻) 등 9명이다.[63) [( ) 속

의 인물은 앞서의 宰相·參政 또는 다른 관직과 중복되는 자로서 그의 최고 관직에서만 다루었다.] 따라서 중복된 자를 제외하고 9명만을 분석한다.

이들의 계보와 출신을 보면 父의 성명과 관직이 보이는 것은 무인출신의 曹彬(조빈)과 李處耘(이처운) 뿐으로 다 같이 부친이 무인출신이다.64) 조체는 晉 天福 중에 納粟으로 集賢小使가 되었으니 가정이 비교적 부유한 출신이다.65) 이 3명을 제외하면 열전에 그들의 父(부)·祖(조)의 명칭이 보이지 않는다. 과거의 진사에 합격한 것은 張澹(장담)뿐이고66) 吳延祚(오연조), 王仁瞻(왕인섬), 李崇矩(이숭구), 楚昭輔(초소보), 張美(장미) 등은 五代의 관료에서 흔히 볼 수 있는 바와 같이 가문의 도움 없이 자신의 才幹(재간)에 의하여 출세한 인물들이다. 즉, 오연조는 周祖 郭威(곽위)의 신임을 받아 親校로 출발하였고,67) 왕인섬은 절도사 劉詞(유사)의 신임을 받았고 후에 유사가 사망할 때에 중앙에 추천하고 다시 趙匡胤이 그들 帳下(장하)에 초청하였다.68) 이숭구는 都校(도교) 史弘肇(사홍지)에게 인정받아 親吏(친리)로 출발하였다.69) 張美(장미)와 楚昭輔(초소보)는 다 같이 재정관료의 소질을 인정받아 출세한 인물이다.70) 五代의 무장들 가운데는 특히 이와 같은 군사·재정방면에 뛰어난 인물을 그

---

63) 『皇宋十朝綱要』卷 1에는 8人으로 되어 있으나 『長編』卷 17 開寶 9年 3月朝 및 『宋史』 王仁瞻傳에 의하면 權判留司三司 兼知開封府王仁瞻으로 兼職하고 있어서 三司使 1人을 추가하였다.
64) 『宋史』권 257, 李處耘傳 및 『宋史』권 258, 曹彬傳
65) 『宋史』권 257 曹玭傳
66) 『宋史』권 269, 張澹傳
67) 『宋史』권 257, 吳延祚傳
68) 『宋史』권 257, 王仁瞻傳
69) 『宋史』권 257, 李崇矩傳
70) 『宋史』권 257 楚昭輔傳 및 『宋史』권 259 張美田

들의 帳下(장하)에 두어 정무처리에 도움을 받고자 한 것은 흔히 있는 예이다.

3) 太祖代의 學士와 舍人(사인)

太祖代의 학사는 陶穀(도곡), 寶儼(두엄), 寶儀(두의), 王著(왕저), 李昉(이방), 扈蒙(호몽), 歐陽洞(구양형), (盧多遜) 등 8명이며, 중서사인은 (扈蒙), 趙逢, 王瑩, (盧多遜), (張澹), 高錫, (王著), 王祐, (李昉), 李穆 등 10명이다.

우선 이들에 대한 인적 사항은 太祖代대의 학사와 중서사인은 陶穀과 王祐 그리고 열전에 없는 王瑩을 제외하면 모두 五代의 진사과 합격자이다. 그런데 도곡의 경우에는 10살에 屬文할 수 있었고 起家하여 校書郎에 임명되고 있는 사실로 보아 진사과에 합격할 수 있는 능력을 갖추고 있다.[71] 王祐는 詞章과 문학으로 이름을 얻고 辟召되어 觀察支使가 되었으니 五代에 文名을 떨치고 있었다.[72]

太祖代대의 학사나 중서사인이 대부분 五代의 진사과 합격자라고 하는 사실은 매우 중요한 의미를 지니는 것이다. 이는 宋代의 문치주의적 기반을 형성하는데 五代의 진사출신을 기용하고 있다는 사실은 문치주의적 기반이 五代의 문신관료에 의하여 기틀이 마련되었음을 직접적으로 나타내주고 있는 동시에 문신관료체제의 뿌리는 이미 五代 後晉의 天福년간(936-943)이나 後漢의 乾祐년간(948-950)에 간접적이나마 그 기반을 마련하고 있다. 왜냐하면 이들의 진사합격시기가 대부분 이 때에 집중되어 있기 때문이다.

따라서 五代의 절도사체제에서 宋代의 문신관료체제로의 전환은

---

71)『宋史』卷 269, 列傳 28, 陶穀傳.
72)『宋史』卷 269, 列傳 28, 王祐傳.

결코 宋太祖의 중앙집권적 문신관료체제의 채택으로 갑자기 성립된
것은 아니며 이는 五代에서 서서히 기반조성이 시작되어 宋代에 와
서 열매를 맺은 것이다. 이를 더욱 확실하게 뒷받침하여 주는 것이
이들의 중요경력이다. 즉, 進士科에 합격하여 釋褐하는 초기의 관직
은 절도사나 관찰사의 從事나 判官, 支使 등 막직에 나가고 있지만
이들이 문신관료로서의 능력을 인정받아 중앙의 요직에 임용되어 御
史中丞(어사중승)·知制誥(지제고)·翰林學士(한림학사)등 문신관료
로서는 五代에도 顯貴(현귀)하게 여기는 館職(관지)과 學士職을 거
치고 있다. 五代 제왕조의 조칙을 기초하는 것은 학사와 사인이 하였
고 後晋 이후에는 주로 지제고가 이를 담당하였다. 後晋시대에 학사
가 폐지된 시기를 제외하면 內制(내제)는 學士에 의하여, 外制는 舍
人과 知制誥에 의하여 분담되었다.

그러나 五代 군벌의 할거와 항쟁 그리고 거란의 남침은 화북지방
을 병난으로 몰아넣었고 군벌천자는 重武輕文(중무경문)의 정책을
취하였으므로 국정은 樞密院(추밀원)에 의하여 전단되는 경향을 나
타내어 문신출신의 재상은 경시되었다.[73] 따라서 문신관료인 학사가
국정에 깊이 관여하는 일은 드문 일이다. 그러나 학사는 博學能文(박
학능무)에 의하여 발탁되었으므로 貢擧(공거)나 撰述(찬술)의 업무
에 종사하였고 군벌시대라고 하나 문신관료의 활동은 사회 각 방면
에 걸쳐 폭넓게 전개되었으며 학사에서 재상에 제수된 문신관료는
상당히 많이 보이고 있다.[74] 따라서 문신관료는 그들의 관직의 고하

---

73) 『資治通鑑』卷 282 後晋天福 4年 4月條
74) 『新·舊五代史』 및 『宋史』의 列傳에 의하여 學士에서 宰相에 除授된 자
    를 보면 다음과 같다. 馮道(後唐 天成 2年), 趙鳳(天成 4年), 劉昫(後唐長
    興 4年), 姚顗(後唐 淸泰元年), 馬胤 孫(淸泰 3年), 桑維翰(後晋 天福元
    年), 李崧(天福 2年), 張礪(後晋 開運 4年), 竇貞固(後漢 天福 12年), 李

에 불구하고 군벌과 밀착되어서 중앙과 지방에 있어서의 행정관료로
서의 능력을 발휘하면서 그 기반을 조성하여 나가고 있었다.

실제로 五代에 관료의 출사경향은 이미 무관보다는 문관을 택하는
경향이 두드러지게 나타나고 있는데 趙逢(조봉)은 그의 父가 절도사
인 劉守光(유수광)의 牙校(아교)로서 무직을 지니고 있었고 趙逢도
처음에는 巡檢官(순검관)으로 武職(무직)에 나아갔으나 이를 싫어하
고 進士科에 응시하여 文職을 택하고 있으며,[75] 竇儀(두의)·竇儼
(두엄) 형제가 후주의 廣順初에 함께 한림학사로 拜命된데 대하여
당시의 사람들이 이를 영광이라고 부러워하고[76] 있는 것을 볼 때 절
도사체제하에 있어서의 문신관료의 사회적 위치는 점차고 자리를 잡
고 있다고 보아야 하겠다.

그런데, 太祖代의 학사나 중서사인을 五代의 진사합격자로 임용하
고 있는 것은 이후의 宋代 문신관료제의 운영상에 있어서도 영향을
주었다. 즉, 五代에서는 학사는 반드시 진사출신자로 임명한 것은 아
니나,[77] 太祖代에 와서 학사나 중서사인은 대부분 五代의 진사출신자
로 채우고 있는 것은 太祖의 독서인우대책의 출발로 보아야 하겠고,
宋代의 문신관료체제의 기본을 엿볼 수 있다. 『宋史』열전의 論評에서
도 五代 진사합격자를 宋代에 학사로 등용한 것은 송의 문신관료제
형성의 올바른 인물기용이었다고 다음과 같이 논하고 있다. 즉,

唐代 이래로 翰林直學士와 中書舍人은 訓辭(훈사)를 관장하고 功
德을 頌宣하고 闕失을 箴諫하고 文墨의 職에 전념하게 되었다. 宋이

濤(天福 12年), 范質(後周 廣順元年), 王溥(後周 顯德元年).

75) 『宋史』卷 270, 列傳 29, 趙逢.

76) 『宋史』卷 270, 列傳 22, 竇儼.

77) 山本隆義『앞의 책』, 297쪽 註 20)에 의하면 五代의 草制擔當者 75名 중
에서 登第者는 36名으로 꼽고 있다.

홍하고 또한 詞藻(사조)를 뽑는 것으로서 그 선발을 준비하였다. 이를테면 (陶)穀의 才雋과 (王)著의 敏達함과 (張)澹의 治績과 (高)錫의 策慮와 (高)冕의 敦質은 볼만하다.[78]

이리하여 五代의 학사출신인 陶穀(도곡)의 재주와 王著(왕저)의 민첩함과 張澹(장섬)의 정치적 수완, 高錫(고석)의 政策思慮(정책사려), 그리고 高冕(고만)의 敦質(돈질)함을 인정하여 宋初에 이들을 기용한 것은 볼만 하다고 하였다. 宋의 문치주의는 이와 같은 五代의 문관에 의하여 그 기틀이 마련되었다고 볼 수 있다.

4) 宋初 고위관료와 五代관료와의 관계

宋初 고위관료 분석에서 주목되는 사실은 宋初 관료의 五代와의 연속성 문제이다. 그것은 태조대의 고위관료는 한사람의 예외도 없이 모두가 五代에서 仕官하여 관료로서의 경력을 지니고 있고 다시 宋初에 들어와서도 고위관료로서 활약하고 있다는 사실 때문이다.

종래의 역사적 인식으로서는 五代와 宋代는 그 시대적 성격으로 인하여 전혀 이질적인 단절시대로 파악되어 왔으나, 太祖·太宗代의 고위관료의 분석을 통하여 宋初의 문치주의적 중앙집권체제의 구축은 새로운 인물에 의하여 추진된 것이 아니라 五代의 관료에 의하여 달성되었음을 알 수 있다. 따라서 五代와 宋代는 시대성의 상이함에도 불구하고 뚜렷한 연속성을 지니는 것으로 볼 수 있다. 이들 五代관료가 그대로 宋初의 관료집단을 형성하고 있다는 사실은 대단히 중요한 의미를 갖는다. 왜냐하면 이로써 송조는 관료체제상에서 볼 때에 五代의 계속이라는 사실을 입증할 수가 있고 또한 송조의 중앙

---

78) 『宋史』卷 269, 列傳 28 史論.

집권적 문신관료체제의 형성은 宋初에 갑자기 이루어진 것이 아니라 이미 그 전에 서서히 형성되어 내려온 연속성으로 파악할 수 있기 때문이다.

『宋史』열전의 卷249에서 卷275까지 실린 인물을 宋初의 관료로 파악된다. 이 부분은『宋史』열전의 초반부에 해당하며 이곳에 실려 있는 인물의 이력상의 공통점은 한결 같이 화북 五代왕조의 관료 경력을 지니고 있다는 사실이다.

宋初의 관료는 五代에서 출발하여 관료생활을 하였고, 다시 宋初에 까지 계속하고 있다는 사실을 인식할 수가 있다. 그런데 이와 같은 사실은 비단 宋初의 고위관료에 국한하는 사실만은 아니다. 송사 열전의 초반부에 실려 있는 宋初의 관료들의 경력을 읽어 보면 무관이나 무관을 가릴 것 없이 모두가 五代로부터 관직을 지니고 있다.

『宋史』의 일반열전에 실려 있는 인물은 宋代의 국정에 중요한 작용을 한 관료가 대부분을 차지하고 있고, 따라서 그들의 宋代史에 미친 영향은 중요하다고 간주되는데 이들의 관료로서의 출발지점이 五代에서 비롯되고 있다는 사실은 宋初의 관료의 성격을 파악하는데 중요한 의미를 갖게 하는 것이다. 더구나 이들의 出仕 시기를 보면 後唐 明宗의 長興年間, 혹은 後晉의 高祖 天福년간과 出帝의 開運년간, 後漢의 隱帝 乾祐년간 등의 진사 출신자가 많고 이를 기점으로 하여 왕조의 교체에 구애됨이 없이 시대에 편승하여 관직을 맡고 있고 宋初에 와서도 고위직에 계속하여 승진하고 있음을 알 수가 있다. 따라서 북송조 초기의 문신에는 華北五代 왕조에 出仕하고 계속하여 북송조에 관료가 된 자가 많은데 그들 가운데는 五代의 진사출신자가 많고 그들의 대부분은 당대의 고관과는 관계가 없는 신흥계층 출신자이다. 이와 같이 신흥계층 출신자가 많이 五代의 진사과에 합격

하고 있는 사실은 五代를 전란의 시대 또는 文臣無力의 시대라고 단정하는 통설은 宋代 士大夫의 잘못된 五代觀(오대관)에서 비롯된 것이다.

제 3 장
宋代 중앙집권적 황제권의 실상

宋代가 「君主獨裁體制」(군주독재체제)인가. 아니면 중국역대 통일 왕조의 창업초기에 나타나고 있는 전제적 권력구조의 일반적 현상인 가의 문제를 해명하는 일은 그리 어려운 것이 아니다.

그것은 宋代도 秦·漢·隋·唐·明·淸代와 같이 혼란과 분열시대 를 종식시키고 국가창업을 이룩하였기 때문에 강력한 황제권을 가지 고 통일작업에 나설 수밖에 없었다. 특히 唐末 五代를 거치면서 환관 과 군벌에 의해 실추된 황제권의 복원은 이미 五代 여러 왕조에서 추진되었으나 성공을 보지 못하였다. 이것을 宋의 太祖와 太宗은 문 치주의 중앙집권체제를 추진하여 열매를 맺게 되었다.

다음으로 생각할 수 있는 것이 제도적인 측면이다. 宋代의 군주권 이 唐代의 그것에 비해 제도적으로 강화되었다고 한다. 제도사적 면 에서 생각할 때 宋代의 황제권이 강화된 것은 사실이다. 그러나 이것 은 역사적 실상은 아니다. 역사적 실상과 제도상에서 나타나고 있는 내용과는 차이가 있음을 생각할 때 제도상에 보이는 황제권은 사실 과 다르다.

宋代의 황제권이 唐代에 비해 제도적으로 완비되었다고 해도 황제 권을 행사하는 황제의 권력 장악능력이 떨어지면 황제권력은 사실상 무력한 것이다. 宋代는 황위계승이 제대로 진행되지 못하였고 그 위 에 어린 황제의 등극으로 황태후의 수렴정치가 행하여졌다. 그리하여 황권은 심각하게 타격을 입고 훼손되었다.

또한 황제를 둘러싼 관료와 황제와의 정치적 관계를 생각해보았다. 황제를 둘러싼 궁정내의 인간관계에서 나타나는 황제의 정무처리능 력, 황제 권력을 뒷받침하고 있는 관료제도의 내용 그리고 그러한 제

도가 관제상에 나타난 내용과 역사적 실체와의 차별성을 살펴나갔다.

　宋代는 士大夫사회이다. 士大夫官僚와 皇帝와의 관계는 宋代 士大夫사회의 출현으로 士大夫 관료가 皇帝權을 강화하는데 중요한 역할을 하였다고 하나, 실제에 있어서는 그렇지 못하였다. 그것은 士大夫官僚에 의해 皇帝權이 여러 면에서 제한을 받은 사실을 살펴볼 때, 그 실체가 분명해진다.

제1절 宋代의 황제권과 「군주독재체제설」

Ⅰ. 宋代황제권과 군주독재체제 문제

1) 송대 군주독재체제의 성격

皇帝權(황제권)이란 무엇인가. 이에 대한 대답은 쉽지 않다. 중국의 황제권은 황제지배체제와 함께 오랜 역사를 가지고 내려왔기 때문에 복잡하고 다양하여 쉽게 말하기는 어렵다. 황제권의 성격과 권력구조는 왕조에 따라 다르고 같은 왕조라 하더라도 황제에 따라 그 권력이 각기 달랐다.

宮崎市定 교수는 宋代를 근세로 규정하면서 중국근세의 특징을 「정치적으로는 독재군주제의 확립이고, 사회적으로는 사대부계급의 제패」라고 하였다. 天子의 門生으로서의 관료적 자각과 사회상의 특권계급인 士大夫的 意識은 쉽사리 조화를 이룰 수 없는 것인데도 天子의 門生이란 자각은 公職(공직)으로써의 官僚意識(관료의식) 외에 극히 소승적인 奴婢的 官僕意識(노비적 관복의식)의 일면이 있고 여기에서 비로소 군주독재체제와 사대부계급과의 접촉제휴가 가능하였다고 보고 있다.[79]

그러나 여기에서 宋代가 과연 군주독재체제인가에 대한 의문과 함께 士大夫官僚가 충실한 황제의 門生으로써 被治者的(피치자적)인 奴婢的家僕意識(노비적가복의식)을 가지고 政界에서 활동하였는가에 대

---

[79] 宮崎市定 「宋代の士風」史學雜誌 第62編 第2호, 1953 (『アジア史研究』第4 1975 所收) 참조

해서는 의문을 갖지 않을 수 없다.

종래 宋代史硏究에 있어서 唐宋變革論(당송변혁론)을 배경으로 宋代士大夫社會論(송대사대부사회론)과 宋代近世論(송대근세론), 그리고 宋代君主獨裁體制說(송대군주독재체제설)은 모두 宋代史를 연구하는 後學들에게는 참으로 참신하고도 매력적인 문제의식이 아닐 수 없고 이것으로 인해 宋代史는 日本學界는 물론이고, 中國 및 歐美學界에서도 주목받는 시대로 부각되어 왔다. 그러나 여기에서 문제가 되는 것은, 宋代 君主獨裁體制를 宋代의 실질적 황제권과 결부시켜 생각할 때 파생되는 복잡한 문제로 인해 쉽게 납득할 수 없다는 점이다. 이와 아울러 士大夫官僚가 天子의 충실한 公僕意識을 가진 門生으로서 실제적 정치에 임하였는가에 대한 의문도 쉽게 지울 수가 없다.

宋代 「君主獨裁體制說」과 관료의 天子門生說에 대한 문제를 검토하기 위하여 다음과 같은 시각으로 이를 재조명해보고자 한다.

황제의 권력이란, 서로 비교·검토하는데 따라서 그 무게가 달라질 수 있다. 宋代의 황제권을 단순히 제도적 측면만을 가지고는 그 실상을 제대로 파악하기 어렵다. 그것은 제도에 보이는 황제권력은 실제로 행사된 황제권과는 많은 차이가 있기 때문이다.

본인은 宋代 황제권을 검토하고 사대부관료의 성격을 규명하기 위해 두 가지 방향에서 생각해 보았다. 하나는 巨視的(거시적) 접근방법이고, 다른 하나는 微視的(미시적) 방법이다. 巨視的 방법이란, 중국 역사에서 절대권을 행사한 독제군주(전제군주)와 宋代의 군주를 비교하는 방법이다. 다시 말해, 중국 역대의 황제 가운데 절대적 황제권을 행사한 황제들과 宋代의 황제를 비교해보는 일이다. 비교방법으로는, 황제가 그 권력을 행사하는 여러 과정에 나타나는 국정장악

의 실체를 파악하는 것이다. 거시적 황제권의 파악에서 쉽게 알 수 있는 것이 대내적으로는 국정의 추진능력, 정치개혁, 大土木工事, 그리고 황제의 權威(권위)에 대한 신하들의 두려움 등등이다. 대외적으로는, 대외원정과 주변국가에 대한 册封(책봉)과 朝貢(조공)체제 등을 들 수 있다.[80] 이러한 관점에서 宋 이전의 절대군주와 宋代의 황제를 비교해볼 때 과연 宋代의 황제가 절대권을 행사한 독재군주이고 나아가 宋代「君主獨裁體制說」(군주독재체제설)이 설득력을 가지고 있겠느냐 하는 점이다.

微視的 접근방법으로는 宋代의 중앙관제에 보이는 독재군주제도에 대한 내용을 검토하고 아울러 황제의 性品과 관료와의 관계, 그리고 宋代 士大夫사회의 특색과 황제권과의 관계, 宋代의 당쟁과 황제권, 그리고 수렴청정과 황제권 등을 검토하여 보았다.

宋代가 관제상에서 군주독재체제가 마련되었다 해도 독재권을 행사하는 황제의 人物됨이 독재권행사에 적합하지 아니하여 황제의 행정 장악능력이 부족하면, 제도가 완벽한 독재체제라고 해도 그것은 역사적 실상과는 무관한 制度集에 불과하다. 庸君, 幼君, 暗君의 경우 황제권이 제대로 행사되지 못한다. 이 경우 황제권은 황제 이외의 權臣이나 太皇太后, 外戚, 宦官에 의해 변칙적으로 행사된다. 제도가 아무리 완벽해도 그 제도를 운영하는 인물(皇帝)이 제도에 마련된 권한을 제대로 행사하지 못한다면 결국 황제권은 有名無實(유명무실)할 수밖에 없다.

---

80) 申採湜「朝貢册封體制와 韓中關係」 고구려재단 제2차 국제학술회의 2004년 7월.

2) 황제권에 대한 제도상의 내용과 역사적 실체

宋代에 들어와서 제도적으로 군주독재체제가 완비되었고 그래서 宋代는 군주독재체제가 성립되었다고 보는 宋代「君主獨裁體制說」은 宋代황제의 실체적 모습과는 거리가 있다. 宋代 황제권을 唐代와 비교할 때 제도적 면에서 강화된 내용이 적지 않다. 그러나 이와 같은 황제권 강화는 宋代에서 시작된 것이 아니고 이미 五代 각 왕조에서 반복적으로 시도되어 왔고 그것이 宋에 이르러 결실을 본 것이다. 宋은 唐末 五代의 武人체제를 극복하기 위해 文臣관료체제를 채택하였다. 이 과정에서 황제권을 강화하기 위해 제도적인 장치가 마련되어 중앙집권체제가 성립된 것이다.

따라서 宋代의 군주권 강화는 시대적인 필요에서 제도가 보완된 것이다. 唐末·五代를 거쳐 절도사 체제에 의한 지방분권적 사회혼란을 수습하기 위한 시대적 요구에 부응하여 중앙집권적 황제체제가 나타나게 되었고 여기에 문신관료체제에 의한 황제권 강화로 五代의 혼란을 수습한 것이다. 송 왕조의 출현은 唐末 이래의 절도사체제에 의한 혼란을 극복하고 사회 안정을 바라는 시대적 요구에 부응하여 등장한 것이다. 절도사체제를 극복하고 훼손된 황제권을 회복하기 위해 마련된 것이 중앙집권적 황제체제의 강화이다.

이렇게 볼 때에 宋代 황제권이 군주독재체제로 진행된 것은 중국 역대 통일王朝에서 흔히 나타나고 있는 역사적 산물이기도 하다. 그러나 이러한 역사적 산물은 일단 무인체제를 정리하고 문신관료체제가 확립되면서 황제전제체제는 점차 퇴색하기 시작하였다. 따라서 宋代는 제도상에서도 군주독재체제라고 보기 어렵다. 황제 또한 독재군주라고 하기에는 太祖와 太宗을 제외하면 그 이후의 황제들은 나이가 어리거나 범용한 황제에 지나지 않는다.

唐·宋의 제도를 비교해보자. 唐과 宋의 관제내용의 변천을 보면, 확연히 달라진 바가 있다. 즉, 唐의 三省제도의 내용은 中書省에서 詔勅을 起草하고 門下省에서 심의한 후 尚書省에 내려 보내 실시하였다. 門下省의 심의과정에서 封駁權(봉박권)이 주어져 황제권을 제한하였다. 이러한 唐의 三省제도가 宋에 이르러 제도적으로 바뀌어졌다. 즉, 唐의 三省체제가 宋代에 와서는 中書門下省으로 통합되고 모든 詔令은 中書門下에서 심의하고 이후 한림학사에 명하여 이를 기초토록 하였다. 南宋의 朱熹가 말한 바와 같이 「君은 制命(제명)을 가지고 職으로 삼지만은 그러나 이를 반드시 대신과 謀議(급모의)한 후 給舍(급사)에게 參하여 僉議(첨의)한 후 公議의 所在를 구한 연후에 王廷에 돌린 후 황제의 명령을 내려 실시토록 하였다.」[81] 라고 있다.

仁宗황제도 무릇 國事는 필히 대신과 僉議(첨의)한 후 비로소 詔勅을 내린다고 하였다. 이를 볼 때 황제의 政令은 제도의 起草에서 頒布에 이르기까지 전과정이 황제가 중요한 역할을 하는 경우는 없다. 대부분은 최후의 반포단계에 들어간 시점에서 「押印」(압인)하는 역할을 할 뿐이다. 황제는 구체적 政務를 처리하지 않았고 실제적인 권력을 발휘하는 일도 없다. 황제의 지위와 상징성이 커다란 영향을 가지고 皇帝名義로 천하에 호령하는 것이다. 전통중국의 황제가 가지고 있는 이러한 특성은 정치집단에 충분히 이용되고 있다.[82]

이렇게 볼 때에 宋代의 황제권은 제도적인 면에서도 독재체제로 보기 어렵다. 더욱이 幼帝(仁宗·哲宗)와 병약한 英宗, 그리고 풍류황

---

81) 山堂先生『群書考索別集』卷18 人臣門
82) 王瑞來『宋代の皇帝權力と士大夫政治』「第2章 總說 第2節 派閥政治下の臺諫」참조.

제 휘종 등에 의한 황제권은 제대로 행사되지 못하고 代理人(太皇太后)에게 권력이 넘어가는 변칙적 황권으로 전락하였다.

3) 宋代 황제체제는 중국역대 국가체제의 계승

전근대적 중국의 황제지배체제는 곧 국가체제(國體)이고 동시에 통치체제(政體)이다. 秦의 시황제가 周代의 封建制(봉건제)를 버리고 郡縣制的(군현제적) 황제지배체제로써 국가지배체제의 기본틀을 마련한 것은 국체와 정체를 하나로 묶어놓은 기본틀이다. 황제지배체제라는 국체와 관료로써 국가를 통치하는 군현제적 정치체제는 처음부터 양자가 떨어질 수 없는 일체적 성격을 지니고 있었다. 황제지배체제의 국체가 무너진 것은 淸이 멸망하고 共和政이 들어서서 비로소 국체가 바뀌어진 것이다.

宋代에도 이러한 국체를 계승한 것이다. 다시 말해, 宋代의 황제지배체제(군주독재체제)는 秦·漢·隋·唐시대의 국체를 그대로 계승한 것이고 宋代에 와서 국체를 바꾸어 군주독재체제를 새로 마련한 것은 아니다. 다만 唐末·五代를 거치면서 황제지배체제가 군벌과 환관에 의해 훼손된 부분을 정비하기 위해 强幹弱枝(강간약지)정책을 채택한 것이다.[83] 宋代는 절도사에 의한 지방분권적인 정치체제를 중앙집권적인 정치체제로 바꾸어 군벌에 의한 혼란을 종식시켰다. 만약 宋代를 「군주독재체제」라고 말할 수 있다면 그것은 五代의 지방분권적 절도사체제를 종래의 중앙집권적 황제지배체제로 되돌려놓은 상태의 정치체제를 의미하는 것이다. 따라서 시황제가 마련한 皇帝에 의한 국가체제(國體)는 宋代에 와서도 아무런 변함이 없는 것이다.

---

83) 蔣復璁「宋代 一個 國策的檢討」『大陸雜誌』第 9卷 7期 1956.

중국역사에서는 황제지배체제가 몇 번의 위기를 겪었다. 첫 번째 위기는 황제지배체제를 수립한 秦나라가 단명으로 멸망하였을 때의 위기이다. 그래서 漢나라 초기에는 다시 봉건제와 군현제를 절충한 郡國制(군국제)를 채택하였다. 그러나 封建制의 모순은 漢初에 일어난 吳·楚등 7국의 난으로 드러났고 한무제는 군국제를 버리고 군현제적 황제지배체제로 환원하였다.

두 번째 위기는 위진남북조시대의 호족 및 귀족사회가 황제지배체제를 위협한 일이다. 이를 극복하기 위해 隋·唐시대에는 강력한 황제독재체제를 구축하였다. 그리고 황제지배체제의 근간이 되는 관료의 임용제도를 지방호족이 官吏후보자를 추천하는 九品官人法을 버리고 시험으로 채용하는 選擧制(科擧制)를 마련하였다. 宋代의 과거제가 唐代의 그것과 다르다고 하지만 시험에 의해 관리를 선발한다는 기본구조는 唐의 것을 宋이 가져온 것이다.

세 번째 황제체제의 위기는 唐末·五代의 환관과 절도사에 의한 황제권의 유린이다. 이때가 중국역사상 황제지배체제의 최대의 위기시대라고 볼 수 있다. 이를 극복하여 황제지배체제를 제자리로 돌려놓은 것이 宋의 중앙집권적 문치주의 관료지배체제이다.

宋代의 중앙집권적 문신관료체제를 「군주독재체제」적 측면에서 생각할 때 황제권이 유린되던 五代에 비하면 확실히 황제지배체제가 강화된 것이 사실이다. 그러나 황제지배체제라고 하는 전통적인 국가체제는 宋代에 와서도 그대로 계승되었다. 다만 五代에 비하여 강화되었을 뿐이다.

五代의 군벌이 병사들의 옹립에 의해 황제가 되어도 그는 새로운 국가체제를 마련하지 못하고 전통적인 황제지배체제로써 황권을 강화하려 하였다. 宋을 건국한 太祖 趙匡胤(조광윤)의 중앙집권체제 강

화정책도 五代 帝王의 황제권강화의 연장선상의 정치체제이다. 五代 절도사출신의 帝王들이 황제체제라는 국가체제를 새로운 다른 체제로 바꾸지 못하고 그대로 황제지배체제를 계승하였고 宋을 건국한 趙匡胤도 이것을 그대로 답습한 것이다. 중국의 황제지배체제는 국가체제이고, 이 국체를 움직이는 원동력이 황제이며 이것이 宋代의 황제권이다.

宋代의 황권은 군주독재체제가 아니라 執政(집정)집단과 연합된 권력이란 연구가 있다. 이러한 권력구조를 宰輔專政(재보전정)이라고 하였다. 宰輔專政 형태에서는 황제도 같은 지배시스템의 구성원의 한 사람으로 보았다. 그리하여 宰輔集團과 연결된 황제권은 유력한 황제권이고, 반대로 재보집단과 연결되지 못한 황제권은 고립된 무력한 황제권으로 논단하고 있다.[84]

4) 皇帝權의 절대성과 그 성격

황제의 절대 권력이 제한받지 않고 집행될 수 있는 상태를 가상할 때에 절대 권력을 행사하기 위해서는 황제 개인의 능력과 함께 이러한 권한을 행사할 수 있는 제도적 장치가 마련되어야 가능하다. 그러나 황제의 절대권을 제한하는 요소들이 宋 이전에 존재하였고, 宋 이후에도 물론 있다. 宋 이전에는 사회적으로 귀족계급을 비롯하여 궁중 세력(외척·환관), 그리고 군벌세력이고 宋代에는 士大夫 관료집단이라 하겠다.

중국 역사상 君臣間의 인간관계가 황제 중심적 사상으로 정리되면서 황제독재체제가 수립된 것은 秦·漢시대에 비롯되었다. 특히 漢代

---

84) 王瑞來 앞의 『宋代の 皇帝權力と 士大夫政治』p.9 序章.(3) 宰輔專政참조

유가사상을 바탕으로 한 황제 지배체제의 사상적 근거를 마련한 董仲舒(동중서)의 天人相關說(천인상관설)에 의하면 황제는 도덕성에서 至高의 존재이며 이러한 절대성을 天으로부터 부여받아 국가질서의 주재자로서의 위치를 얻게 된 것으로 보았다. 그러나 宋代의 황제는 현실적으로 이와 같은 이상에 합치되지 않을 뿐 아니라 士大夫관료들의 皇帝觀도 그 이전과는 다르다.

황제가 관료를 거느리고 행정을 수행하는 데는 두 가지의 유형을 상정시킬 수가 있다.

하나는 황제 자신의 행정능력의 탁월성에 의하여 황제권을 유감없이 행사하는 경우이다. 이 경우에는 제도적인 장치는 그다지 문제가 되지 않는다. 이때의 관료는 유능한 황제의 지시를 받아 國政(국정)을 추진하면 된다. 다른 하나는 황제 자신의 행정능력은 말할 것도 없고, 도덕성이나 인간성에 있어서도 凡人(범인)에 미치지 못하는 경우를 생각할 수 있다. 이 경우 황제 독재권은 제도적인 뒷받침을 받고 있으므로 그 권한을 행사하는 것은 다른 집단(관료·외척·환관 기타)에 의해서 이루어진다. 이때에는 대체로 유능하거나 현명한 집단이 통치권을 행사하는 일은 드물다. 宋이전의 예에서 흔히 볼 수 있고, 宋代의 황제권에서도 이와 같은 유형이 잘 나타나고 있다.

5) 宋代 皇帝權과 臣下의 입장

한편, 宋代의 臣下에는 두 가지 입장이 있다. 천하인민을 다스린다고 하는 治者의 입장이고, 다른 하나는 황제의 지배를 받는다고 하는 被治者(피치자)의 입장이다.

宋代「군주독재체제설」을 주장하는 학자들에 의해 신하의 위치를 被治者의 입장이라는 점이 강조되어왔다. 그러나 宋代 황제권의 실상

을 볼 때 황제권은 강하지 못하고 士大夫 관료가 강성하였기 때문에
관료의 입장은 被治者보다는 治者의 입장이 더 강하였다.

宋代의 士大夫관료는 황제의 충실한 門生으로서의 입장과 사회적
인 특권계층으로서의 강한 자부심을 가지고 있는 관료의식으로 양립
되어 있다. 이러한 양면성은 쉽게 일치점에 도달할 수 없었으니 여기
에 황제와 관료는 대립과 갈등, 박해와 반발이 계속되었다.

그럼에도 불구하고 宋代 士大夫관료들의 天子門生으로서의 자각은
관료의식 이외의 극히 소승적인 家業의식도 작용하였고 결국 여기에
서 군주와 士大夫계층 간의 제휴는 어느 정도 가능하였다고 보겠다.

이와 같은 君臣의 관계는 비단 관료에 한한 것만은 아니고, 황제의
親子(친자) 내지는 친족에게도 그대로 적용되는 경우가 허다하다. 황
제체제 아래에서는 모든 인간관계는 먼저 君과 臣의 관계에 귀일한
다. 天子의 형제나 붕우도 군신관계 앞에서는 그 가치를 상실한다.
이러한 가치를 인정하지 않는 집단과 군주사이의 갈등이 결국 역사
의 비극을 가져왔다.

중국의 전제군주 가운데서 특히 唐太宗, 宋太宗, 明永樂帝(명영락
제), 淸雍正帝(청옹정제) 등은 형제나 조카 등 일가에게 가혹하게 대
한 것은 유교적 孝悌관념에 의한 가족제도로 본다면 人倫에 벗어나
는 것이다. 그러나 이미 황제위에 나가면 가족적인 질서(인륜)는 존
재할 수 없다. 하늘의 뜻을 받드는 절대자로서 天命(천명)을 집행하
는 대리자의 위치에 서는 것이기 때문에 황제의 형제라도 모두가 황
제의 일개 신하에 불과하다. 그런데 황제위에 나가지 못한 황제의 형
제들은 天命에 의한 天倫보다는 人倫에 의한 효제의 관념으로 황제
를 대하게 되므로 여기에 형제간의 대립과 갈등이 일어나는 것은 곧
人倫과 天倫(천륜)의 상극현상에서 빚어진 결과라 하겠다.

Ⅱ. 宋代 군주독재체제와 士大夫 官僚

1) 황제 지배체제의 역사성

황제권은 국가의 규모에 따라 달라진다. 殷·周시대의 도시국가나 영토국가 상태의 군주는 지방분권적 봉건체제를 가지고도 국가통치가 가능하였다. 그러나 춘추전국시대를 거치면서 사회경제적 규모가 커지고 영토의 확대에 따라 통치권력은 강력한 절대적 방향으로 진행되었다. 秦이 춘추전국시대 5백 여년의 분열을 통일하여 통일제국을 수립한 후 전 중국을 통치하기 위해서는 영토국가를 통치하던 봉건제도로는 통일제국을 효율적으로 통치할 수 없다고 판단하였다. 그리하여 봉건을 버리고 군현제도에 의한 강력한 황제 지배체제를 채택한 것이다. 이것은 어쩌면 역사적 필연성이라고 하겠다.

秦始皇帝(진시황제)가 마련한 황제 지배체제는 이후 중국의 통일제국은 물론이고 분열시대(삼국시대, 위진 남북조시대, 당말 五代)에도 그대로 유지되었다. 그것은 황제 지배체제에 대신 할 국가체제를 찾지 못했기 때문이다. 결국 1912년 淸이 멸망하고 중화민국이 수립되어 비로소 황제체제가 그 막을 내리게 되었다.

중국의 황제권은 시대에 따라 다르고 왕조에 따라서도 달랐다. 같은 왕조 안에서도 창업 초기의 창업군주(太祖·高祖)때와 守成의 군주(太宗), 그리고 왕조의 후기나 말기에 가면 황제권도 달라진다. 그것은 국가가 처한 여러 가지 당면 문제와 황제 개개인의 국정 장악능력과 왕조의 지배환경이나 시대변화에 따라 황제권도 수시로 달라지기 때문이다.

2) 宋代 황제지배체제와 士大夫 文臣관료

宋代의 중앙집권적 문신관료체제는 唐의 귀족사회가 붕괴되고 唐末·五代의 사회적 혼란속에서 새로 등장한 지방의 形勢戶(형세호)를 기반으로 한 士大夫 서민사회위에 성립된 체제이다. 宋代의 황제권력은 이러한 사대부 서민사회를 기반으로 그 권력행사가 가능하였다. 따라서 宋代의 황제권은 士大夫관료와 그 궤도를 같이 하면서 그 힘을 발휘할 수 있었다.

宋代의 士大夫는 科擧시험을 통하여 황제의 중추 기반인 관료로 진출하면서 士大夫 문신관료체제를 구축하였다. 관료는 황제권력과 대립하기도 하고 때로는 협력하면서 士大夫의 자기이익을 추구해나갔다. 중국 역사상 그 유래를 찾아볼 수 없는 宋代의 당쟁은 국가이익에 앞서 士大夫 관료들이 자기 권익을 우선으로 생각하면서 전개된 권력 싸움이다. 歐陽脩(구양수)가 그의 朋黨論(붕당론)에서 집단의 私的 이익을 우선으로 하는 당은 小人의 黨(당)이고 국가 이익과 公的 이익을 앞세우는 것은 君子의 당으로 규정하였다. 그러나 이 경우에 어느 것이 사적 이익이고 어느 것이 공적 이익인지는 분간하기 어렵다.

그런데 宋代 「군주독재체제설」을 주장하고 宋代 황제독재체제를 강조해온 연구자들은 宋代의 황제권이 士大夫와의 결합을 초월하는 독자적 권력기반을 갖추고 있고 이러한 독자적 기반은 宋代의 문신관료체제를 기반으로 하여 구축된 전제적 권력이라고 주장하고 있다. 그리고 宋代의 황제권력은 본래 士大夫가 만들어 올린 제도적 초월성을 가지고 있기 때문에 宋代 황제권력은 그 이전 시대에 비하여 독재적이며 절대적 황제권이라고 내세우고 있다.

그러나 宋代의 士大夫가 과거시험을 통하여 官人의 지위를 갖게

되면 황제의 충실한 門生으로 만족하지 않고 士大夫사회의 이익에 힘을 기울인다. 다시 말해, 과거시험에 합격하여 관료로 진출하면 관료로서의 행동은 두 가지 형태로 나타난다. 하나는 국가(황제)에 대한 공적인 일을 하는 관료로서의 길이고 다른 하나는 가문이나 士大夫 집단의 이익을 대변하는 사적인 길이다. 이 두 가지 일이 서로 이해관계가 일치되는 경우에는 마찰이 없지만은 서로가 반대 입장을 갖게 되면 관료의 입장은 결국 士大夫 권익을 대변하는 사적 방향으로 선회하게 된다.

宋代의 당쟁은 단순한 관료들의 국가정책에 대한 찬반논쟁이 아니다. 士大夫 관료가 자기 권익을 내세운 자기이익 보존차원의 권력투쟁이다. 당쟁싸움에서 밀리면 그들이 쌓아올린 그간의 모든 노력이 수포로 돌아간다는 절박한 위기의식 속에서 당쟁은 한층 격화된 것이다. 士大夫의 이익과 무관한 英宗시대의 濮議(복의)문제만 해도 관료 상호간의 자기주장이 첨예하게 대립되면서 황권의 훼손을 가져왔다. 복의논쟁의 주제를 보면 찬성파와 반대파가 내세우고 있는 주장은 국가의 현안문제나 정치사회적 개혁문제와는 아무런 관계가 없는 空理空論(공리공론)이다. 그럼에도 불구하고 극한적인 대립과 끈질긴 당쟁으로 전개된 것은 자기 주장이 반대파에게 밀리는 것은 곧 정치적인 패배를 의미하는 것이고, 그것은 정계에서 축출되는 결과를 가져오게 된다.

淸의 고증학자 顧炎武(고염무)는 『宋名臣言行錄』(송명신언행록)을 인용하여 宋代 士大夫의 士風이 진작되었다고 주장하고 있으나 『宋名臣言行錄』은 士大夫 관료들의 좋은 면만을 강조한 교과서적인 내용물로 실제 宋代 士風은 그리 진작되지 못하였다는 주장이 있다.[85]

---

85) 宮崎市定「宋代の士風」『アジア史 研究』第四 p.140 所收 同朋舍 1957 참조.

3) 宋代의 황제권과 權臣(권신)

宋代 황제와 권신관계를 보면 宋代 군주독제체제설이 사실과 다르다는 것을 확인할 수 있다. 양자는 서로 긴밀한 관계를 가지고 국정을 운영하고 있고, 宋이전의 독재군주 하에서는 상상하기 어려운 權臣의 極諫(극간)이 서슴없이 上奏(상주)되어도 황제는 이에 대해 心氣가 불편하지만 臣下를 처단한 일은 드물다.

또한 宋代는 중국 역대의 어느 왕조보다 권신의 활약과 전횡이 많은 시대이다. 그런데 권신이 권력을 가지고 皇帝를 폐위한 일은 없다. 그것은 사대부사회가 튼튼한 사회기반을 조성하여 놓았기 때문에 권신이나 외척이 황제자리를 넘볼 수 없게 되었다. 특히 사대부관료의 정치적 힘이 강하고 산업생산의 비약적 발전과 宋學을 비롯한 문화수준의 발전을 배경으로 도시문화의 발달이 그 이전시대와 전혀 다른 면을 가지고 있었기 때문이다. 그리고 재상이나 집권세력 상호간의 강한 견제관계도 외척이나 환관이 황권을 넘겨볼 수 없었다. 그밖에 과거시험을 통하여 同門·同年의식, 그리고 관료상호간의 혼인을 통한 인척관계를 형성하여 한쪽이 절대 권력을 행사할 수 없는 人脈형성이 중요한 원인으로 작용하였다.

이와 함께 士大夫社會의 발전으로 士大夫관료는 강한 治者의식을 가지고 國政의 담당자로서의 자부심이 있었기 때문에 權臣 한 사람에게 권력이 집중되는 것을 용납하지 않았다. 또 宋代는 중국역사상 드물게 言路(언로)가 열려 있어 職位가 낮은 下級관리라고 해도 宰相을 극론으로 탄핵하는 예가 많다. 일단 탄핵을 당한 權臣에 대해 皇帝는 그의 직위를 해임하여 지방관으로 내려 보냄으로서 權臣一人의 전횡이 성립되기 어려웠다.

宋代의 권신을 유형별로 나누면 세 부류로 파악된다. 강한 治者의

식과 함께 公을 앞세우고 국가와 인민을 위해 자신의 관직은 물론 때로는 목숨의 위험을 감수하면서도 황제에게 極諫(극간)하는 忠臣의 류이다. 이와는 반대로 겉으로는 公論(공론)과 名分을 내세우지만 실제로는 자신의 출세와 일가의 영달을 도모하는 佞臣(영신)부류이다. 또 다른 류는 충신도 간신의 류도 아닌 현실주의적이며 時勢에 영합하는 유형이다. 宋代 관료의 대부분은 이러한 현실주의 관료가 차지하고 있고 충신과 영신은 그리 많지 않다.

그런데 宋代의 정치가 혼란에 빠지고 당쟁이 격화되면서 國政이 어렵게 진행된 것은 황제권이 충신보다는 佞臣(영신)을 곁에 두고 이들의 요구를 수용하면서 간사한 인물이 황제의 측근에서 정치를 어지럽혔기 때문이다. 특히 宋代의 황제권은 이들 佞臣(영신)들에 의해 농락되기도 하였으나 臺諫(대간)의 탄핵을 받으면 皇帝는 지금까지 총애하던 권신을 물리칠 수밖에 없었다. 宋代의 황제권은 이러한 세부류의 관료집단과 황제권이 서로 얽히면서 국정을 펼쳐나가는 구조적 특색을 가지고 있다.[86]

---

86) 南宋시대에도 권신의 전횡은 극심하였다. 즉 고종시대의 呂頤浩(여이호), 秦檜(진회), 광종때의 韓侂冑(한탁주), 英宗대의 史彌遠(사이원), 그리고 남송 말의 賈似道(가사도)가 대표적 권신이라 하겠다.

제2절 宋代 황제권의 구조적 특성

I. 士大夫 계층의 등장과 황제권

唐·宋사회의 변혁으로 위진남북조 이래 사회의 지배계층으로 확고한 지위를 유지하여 내려오던 귀족계층은 몰락하였다. 그 대신 士大夫 서민계층이 귀족계층에 대신하여 지배계층으로 등장하였다.

위진남북조시대 九品官人法에 의하여 호족이 지배하던 관료사회는 唐代에 와서는 시험에 의하여 관료를 선발하는 科擧制(과거제)로 바뀌기는 하였으나 唐代의 과거시험은 관료후보 자격시험이지, 宋代처럼 관료선발 시험은 아니다. 그리하여 唐代에는 일반서민의 官界진출은 거의 막혀 있었다. 요행이 과거시험에 합격한다 해도 관료로 임용되는 것은 문벌이 없이는 거의 불가능하였다. 李太白이 과거시험에는 합격하였어도 관료로 임용되지 못하고 4년여 동안 초야에서 고생한 것은 그 좋은 예라 하겠다.

그러나 문벌이 사라진 宋代는 士大夫가 사회지배계층으로 출세한 사회이다. 宋代 士大夫가 그들의 정치사회적 위치를 강화시킬 수 있었던 원인은 다음과 같은 몇 가지 이유에서이다.

먼저 唐代까지는 귀족사회이기 때문에 가문의 세습으로 일반인의 사회적 신분상승은 거의 불가능하였다. 그러나 唐末 五代의 사회변동으로 문벌귀족이 몰락하면서 서민 士大夫가 지배계층으로 올라서게 되었다. 이들은 지방에서 경제적 기반을 착실히 마련하여 地主가 되고 形勢戶(형세호)로 사회경제적 기틀을 잡아 나갔다. 그들은 五代와 宋代에 와서 과거시험을 통하여 子弟들을 官人으로 출세시켰다.

士大夫 서민은 과거시험을 통해 官人으로 출세하게 되면 그들의 사회적 신분은 상승된다. 家門과 門閥(문벌)을 중시하던 위진남북조 시대와 唐代의 귀족사회는 본인의 능력이 아니라 문벌이 그들의 사회적 지위를 보장하여 주었다. 그러나 宋代의 士大夫는 자기능력으로 立身出世(자수성가)하여 自手成家가 가능하였다. 때문에 그들의 자존과 긍지는 문벌사회의 그것과는 비교가 되지 않을 정도로 강하였다. 이에 따라 일단 과거시험을 통하여 士大夫가 官人으로 출세하면 강한 엘리트의식과 함께 백성을 다스린다는 강한 治者의식을 스스로 갖게 된다.

다음으로 宋代는 산업생산의 비약적인 발전으로 경제가 안정되면서 관료들의 경제력은 그 이전에 비해 훨씬 높아졌다. 관료의 봉록은 그들의 생활을 뒷받침하기에 충분하지 못하였지만 일단 관료가 되면 그에 수반되는 여러 가지 사회 경제적 특전을 누릴 수가 있고 여기에서 막대한 경제적 이익이 뒤따르게 된다. 「知縣(지현) 三年에 三代가 足하다.」는 속담은 宋이후 관료의 특권으로 인한 官人의 경제이득을 표현한 말이다. 지방의 知縣벼슬을 3년만 해도 그 子孫들이 三代에 걸쳐 풍족하게 살 수 있는 富를 축적할 수 있다는 속담이다.

이와 함께 士大夫관료는 讀書人으로서 높은 교양을 스스로 갖추고 과거시험 과목이 주로 詩文과 유교경전이기 때문에 그들은 수준 높은 유교지식과 詩文에 뛰어난 문학작품을 창작하면서 문인으로서의 긍지와 교양인으로서의 자존의식이 높아졌다. 唐宋八大家를 비롯한 유명한 문인과 사상가가 宋代에 배출된 것은 과거시험에서 유교경전과 시문을 중시한 결과이기도 하다. 宋代의 士大夫관료가 관직의 高下와 老少에 구애받지 않고 황제에게 거침없이 上奏문을 올릴 수 있었던 것은 그들이 가지고 있는 수준높은 作文실력과 流麗(유려)한

詩文, 그리고 士大夫 관료의 신분상승이 가져다 준 강한 자부심을 바탕으로 가능하였다.

송대의 황제들은 이와 같이 교양이 있고 유교경전에 해박한 실력을 갖추고 士大夫官人을 상대로 정치를 펴나가야만 하였다.

Ⅱ. 중국역대의 황제체제와 宋代 황제권

宋代의 역사를 황제권에 초점을 맞추고 생각할 때 다음과 같은 몇 가지 사실에 주목이 간다.

먼저 宋代 황제권력은 秦나라나 隋나라와는 다르다. 즉 秦·隋의 통일제국은 국토를 통일하여 황제지배체제를 성립시키는 기반을 마련하였으나 황제지배체제의 완성은 그 다음 왕조인 漢·唐에게 넘겨주고 있다. 唐末·五代의 절도사에 의한 무인지배체제는 확실히 중국의 황제 지배체제의 위기이고 동시에 황제지배체제 대신 새로운 국가체제를 모색할 수 있는 기회의 시대였다.

五代의 군벌체제는 서양 중세처럼 봉건사회로 발전되어 황제 지배체제를 끝내고 새로운 국가체제를 마련하여 황제체제와는 다른 새로운 정치질서를 열 수 있는 기회였다. 그러나 五代의 군벌세력은 서양 중세의 기사집단처럼 자체적인 새로운 통치체제를 마련하지 못하고 宋代의 황제지배체제의 길을 열어주었다. 그리하여 宋代에 와서 황제권의 강화에 의한 중앙집권체제를 수립하고 모병제인 禁軍(금군)체제와 科擧制度(과거제도)에 의한 文臣관료를 배경으로 황제권이 강화되면서 五代的 武人지배체제를 청산하는데 성공하였다. 중국사에서 秦·漢 시대를 황제 지배체제의 성립기라 한다면 隋·唐시대를 율령

제도의 완비에 의한 황제지배체제의 완성기라 하겠다.

역사적으로 秦·漢 제국이나 隋·唐제국, 그리고 明·淸제국 등에서는 제국이라는 역사용어를 사용하지만 송 제국이란 역사인식은 없다. 그것은 宋의 국가체제나 황제권을 볼 때 제국이란 용어가 사용될 수 없기 때문이다. 제국이란 본래 영토적 개념으로 국가의 통일과 국토의 확장, 대외원정, 그리고 조공책봉체제가 뒤따라야하는 것이다. 宋代의 중앙집권체제는 황제권이 유린당한 五代 군벌체제를 정리하기 위해 나타난 역사적 산물이다.

宋도 춘추전국을 통일한 秦·漢제국이나 남북조를 통일한 隋· 唐 또는 元제국을 몰아낸 明나라처럼 唐末·五代의 혼란을 극복하여 중앙집권적 문신관료체제를 수립한 것까지는 秦·漢제국이나 隋·唐제국과 그 성격이 비슷하다. 그러나 宋의 문치주의정책은 文弱(문약)을 가져와 북방의 거란과 金의 압박에 시달리게 되면서 宋의 황제권은 제국의 雄貌(웅모)를 발휘하지 못하였다. 여기에 宋代 황제권의 한계가 있다.

다음으로 생각할 수 있는 것이, 宋·明·淸代는 황제권력 면에서 몇 가지 공통적인 특징을 지니고 있다. 그것은 이들 왕조의 창업 당시의 시대적 상황이 비슷하고 국가체제를 유지하기 위해서는 황제지배체제를 강화하여야 하는 역사적 필연성에 직면하고 있었다는 사실이다. 다시 말하면 宋이 唐末· 五代의 지방분권적 무인체제(절도사체제)를 청산하고 거란의 남침을 저지하기 위해서는 강력한 중앙집권적 전제군주체제를 필요로 한 것과 같이 明도 중국 역사상 처음으로 이민족(몽골)왕조인 元나라의 잔재를 청산하고 몽골족에 의하여 파괴된 한문화의 부흥이라는 역사적 사명을 추진하기 위해서는 강력한 황제권이 요구되었다.

한편 淸朝의 경우에는 처음부터 강력한 군사력을 배경으로 출현한
왕조이고 문화수준이 높고 자존심이 강한 漢族을 통치하여야 한다는
통치기술상의 어려움 때문에 중앙집권적 전제군주의 지배체제를 더
욱 필요로 하였다. 그 위에 明代의 부패하고 무능력한 황제들의 실정
이 崇禎帝(숭정제)의 비극으로 끝난 역사적 현실을 직접 목격하였고
같은 이민족 왕조인 元에 의한 중국통치의 비능률성을 감안하여 황
제 전제체제를 더욱 강화해야 하는 역사적 필연성에 직면해 있었다.
淸의 군주독제체제가 중국역사상 가장 강력하였던 정치사회적 배경
은 여기에 있다.

Ⅲ. 宋代 황제의 短命과 황제권의 약화

황제의 제위기간이나 수명은 황제권력과 밀접한 관련이 있다. 제위
기간이 길고 長壽(장수)를 누린 황제는 황제로서의 능력을 충분히
발휘하면서 군주독재체제를 강화한 반면, 短命으로 요절하여 제위기
간이 짧으면 황제권은 위축되고 굴절현상을 나타낸다.[87] 宋代의 황
제는 불행하게도 대부분 短命하였다. 이에 따라, 황제권은 떨치지 못
하였고 군주독재체제는 빛을 보지 못하였다. 이러한 현상은 황제뿐만
아니라 황실내부에서도 나타나고 있다.

宋皇室의 太祖 一代와 太宗代 그리고 眞宗代의 직계 家族數(가족
수)는 모두 합해 28명으로, 이 중에 夭死한 4명과 年齡未詳者(연령미

---

87) 중국역사상 황제독재체제가 가장 발전한 시대를 淸代의 聖祖(康熙), 世宗
(雍正), 高宗(建隆)의 3대 133년(1662-1795)간을 꼽고 있다. 이에 비하면
宋代의 英宗4년, 神宗16년, 철종15년의 재위기간 35년(1063-1099)은 그 4분
의1에도 미치지 못하고 있다. 이는 宋代 皇帝權의 취약성과 관계가 많다.

상자) 1명을 제외한 나머지 23명의 평균연령은 41세이다. 宋代 상류 사회의 평균연령이 62세인 것과 비교하면 상당히 낮은 편이다. 만일 정상사망자 4명과 정신적인 충격으로 병에 걸렸거나 자살한 사람 7명을 제외하면 나머지 12명의 평균연령은 35세가 된다.[88]

北宋皇帝의 수명은 太祖가 50세, 太宗이 59세, 眞宗이 55세, 仁宗이 54세, 英宗이 36세, 神宗이 37세, 哲宗이 25세로 金에게 포로로 잡혀간 徽宗(휘종)과 欽宗(흠종)을 제외하고 평균 45세이다. 50세에 죽은 太祖는 그래도 北宋皇帝들의 평균 생존연령으로 볼 때 삶을 오래 누린 편이었다.

송대 황제의 이러한 단명은 황제권과 밀접한 관계가 있다. 북송시대의 정치가 난마와 같이 얽혀지면서 황후의 수렴정치, 그리고 극심한 당쟁과 관료의 파벌싸움으로 시종하면서 대외문제에 손을 쓰지 못한 원인이 황제의 夭死와 幼君의 등극과 밀접하게 얽히면서 전개되었다.

IV. 宋代의 황제권과 文臣관료

중국 역대 왕조에서는 수많은 황제가 등장하고 이들 황제 중에는 절대권을 행사한 제왕도 있고 그렇지 못한 황제도 적지 않다. 그런데 宋代 이후로부터 황제의 절대권이 강화되어 明·淸代에 더욱 발전하였다고 보는 것이 일반적인 견해이다. 宋代를 황제지배체제에서 하나의 분기점으로 생각하면서 宋 이전 시대에 비해 황제권이 강화된 것

---

88) 太宗의 제3子 元侃을 제외한 나머지 11명의 평균연령은 33세이다. 眞宗역시 55세에 中風으로 病死하였고 마지막 2년간은 황제권 행사를 못했다.

은 황제권을 제한하는 계층(호족·귀족 등)이 宋代로부터는 사라졌기 때문이라고 보는 시각도 있다.

황제가 그의 권한을 행사하기 위한 대상은 인민이며 황제의 인민 지배는 宋이전에는 호족이나 귀족 등이 막강한 힘을 가지고 황제와 인민의 중간에 존재하여 황제의 직접 인민 지배를 불가능하게 만들었다. 그러나 唐末·五代의 사회적 변혁으로 황제권을 제한하던 이들 귀족 계층이 사라진 대신 宋代는 士大夫 계층이 과거시험을 통하여 官人으로 출세하여 정치일선에 나서게 되었다. 宋代의 정치를 士大夫 관료정치라고 하는 것은 여기에 원인한다.

황제권의 강화를 위해서는 황제의 통치를 제한하는 여러 요소를 제도적으로 어떻게 제거하느냐에 달려 있다. 위진·남북조 시대에는 호족(귀족) 계층의 세력이 발달하여 지방 분권적인 경향이 뚜렷하였다. 따라서 황제가 인민을 직접 지배하는 데 장애가 된 것이 지방에 세력을 가지고 있던 이들 호족(귀족) 세력이다. 唐代에는 남북조이래의 이들 호족 세력이 과거제도를 통하여 중앙의 관직과 밀접히 관련되면서 관료적 귀족계층으로 변모하였으나 이들 귀족계층은 황제권을 제한하는 데 한 몫을 하고 있다. 계층적으로 볼 때에 남북조나 唐代에서는 귀족계층이, 唐末·五代는 군벌(절도사)이 황제권을 제한하였다. 황제권을 제한하는 이와 같은 계층 이외에 궁중 내부에 또 다른 집단이 있었으니 외척과 환관 세력이다. 이는 漢代와 唐代의 역사에서 잘 입증되고 있다. 황제의 절대권이 인민에게까지 미치기 위해서는 황제의 수족으로 움직일 수 있는 장치가 필요한데 이것이 관료집단이다.

宋代 이후의 황제 지배체제를 구조적으로 뒷받침한 것이 이들 士大夫 관료계층이다. 이들은 남북조의 호족이나 당대의 귀족집단과는

그 성격을 달리하고 있다. 호족이나 귀족은 그들의 계층적 세력기반이 황제로부터 주어진 것이 아니다. 後漢(후한)이후 남북조시대를 거치면서 문벌을 형성하여 지방의 土豪(토호)세력으로 경제력을 키워나갔다. 호족이나 귀족계층의 계층적 이해관계는 때로는 황제와 상충되는 경우가 많고 이 경우 황제는 호족이나 귀족의 눈치를 살피지 않을 수 없었고 호족(귀족) 또한 황제권력을 외면하기 어려웠다.

그러나 宋代의 관료집단은 士大夫계층이 과거시험을 통하여 정계에 진출하였고 이들은 唐代의 귀족보다 개인적인 능력이 뛰어났다. 귀족의 신분은 문벌에 의한 出生原理에 의한 것이지만, 宋代 士大夫 官人은 자기능력에 의해 신분상승을 이룬 自手成家型이기 때문에 당대의 귀족보다 훨씬 자존심과 自意識(자의식)이 강하고 정치적 이해관계에 민감하다. 宋代의 士大夫관료는 한편으로는 황제권에 대한 협력자이지만 다른 한편에서는 황제권에 대한 비판세력으로서 그들의 정치적 발언권은 唐代의 귀족계층보다 훨씬 강하였다. 이들이 정치일선에서 행동하면서 황제권은 士大夫관료에 의해 여러 면에서 제한되었다. 宋代의 정치를 枝梧(지오)의 함정에 빠뜨린 극심한 당쟁도 士大夫의 자기권익을 위한 강한 정치적 발언권이 가져다준 결과이다.

V. 宋代 士大夫관료의 통치의식과 황제권

1) 宋代 과거합격자의 확대와 士大夫의 官界진출

宋이 건국하고 새로운 정치환경이 시작된 太祖 및 太宗시대에 士大夫문신관료들은 자신들이 정치의 담당자라고 하는 기본적인 정치의식을 생각하게 되었다. 이와 같은 정치의식 속에서 황제에 의한 적

주적인 과거시험 확대로 유능한 인재가 정치무대에 들어서게 되었다.
전근대적 농업사회에서 인구비율이 많지 않은 지식인을 宋은 文治主
義정책으로 이들을 관료로 등용하여 통치기반을 넓혀 나간 것이다.
家門에 관계없이 士大夫 서민을 관료로 등용함으로서 열심히 책을
읽고 과거시험에 합격하면 그것이 곧 지배계층으로 나가는 첩경이
되는 문신관료체제가 바로 宋代의 사회지배구조이다.

이와 같은 지배구조는 太宗의 태평흥국2년(977)이후, 과거시험 규
모를 확대하고 동시에 殿試(전시)를 제도화하면서 그 기틀이 마련되
었다. 과거시험을 통하여 官人이 된 士大夫관료는 자기를 뽑아준 국
가(황제)에 대해 한편으로는 天子門生이란 의식을 가지고 있었고 다
른 한편으로는 황제를 받들고 천하를 다스린다는 강한 治者의식도
있었다. 관료가 직무에 정진하는 행위는 조정에 대한 강한 報恩意識
(보은의식)이다. 가난한 집안에서 태어난 서민들로서는 국가가 그들
에게 내린 은혜의 수익자이기도 하다.

이리하여 士大夫관료는 국가의 중요한 정책에 대하여 강한 발언권
을 행사하고 동시에 권력추구에 힘을 기울였다. 이러한 士大夫관료의
정치지향적 성향이 결국 宋代 당쟁의 격화를 가져온 한 원인이 되기
도 하였다.

2) 宋代 士大夫 官僚의 治者意識(치자의식)

중국은 고대로부터 유가주의가 사회규범이 되었고 漢武帝(한무제)
에 의하여 儒家가 국교로 채택되면서 국가통치이념으로 정착되었다.
유가에서 내세우는 「修身齊家治國平天下」(수신제가치국평천하)는 지
식인이 지향하는 강한 사회적 책임의식을 표현한 말이다. 그러나 이
러한 지식인의 책임의식은 정치를 맡아 天下에 自任하고 관료로서

백성을 다스릴 때 가능한 일이다. 귀족이 사회의 지배계층으로 굴림하고 있는 한, 지식인이 官人으로 나아가 治國平天下를 실천에 옮기는 일은 불가능하였다.

그러나 宋代는 士大夫가 실력만 있으면 관료로 출세할 수 있는 길이 열렸다. 과거시험을 통하여 일단 官界에 나가면 그들의 생각은 강한 治者의식으로 바뀌어 나간다. 宋代 士大夫관료의 정치의식은 황제의 지배를 받는 被治者의 입장과 이와는 반대로 천하를 다스린다는 治者의식으로 구분된다. 특히 宋代 「군주독재체제설」을 주장하는 학자들은 관료의 입장을 治者의식보다는 황제의 지배를 받는 被治者의식이 강하다고 주장한다.[89]

그러나 宋代 士大夫관료들은 사회경제적 발전과 천하를 다스린다는 강한 자부심에서 그들은 황제의 지배를 받는 관료가 아니라 황제와 더불어 천하를 다스린다는 강한 치자의식을 가지고 있다. 황제와 함께 천하를 다스린다는 의식은 宋代 士大夫관료가 가지고 있는 공통된 정치의식이다.

宋代 士大夫官僚의 대표적 인물 중의 한 사람인 范仲淹(범중엄)은 士大夫官僚는 무엇보다도 天下를 먼저 생각해야 한다는 강한 治者의식을 주장하고 있다. 즉, 그의 「先天下之憂而憂 後天下之樂而樂」이란 말에서 天下를 다스리는 위치에 있는 士大夫官僚는 天下의 걱정스러운 일과 天下의 즐거운 일 중에 먼저 天下의 걱정되는 일을 걱정하고 天下의 기쁜 일은 온 백성이 기뻐한 연후에 기뻐해야 한다는 治者意識을 강조하였다.[90] 廟堂(묘당)의 높은 곳(朝廷)에 있으면서 먼

---

89) 佐伯 富 『中國史硏究』第2 「宋朝執權官僚制의 成立 獨裁政治의 出現 2. 獨裁制下의 官制, (4) 官僚의 性格」 참조
90) 『范文正公集』 卷7 岳陽樓記

저 그 백성을 근심하고 江河의 먼 곳(在野)에 있으면서 그 군주를
생각한다는 士大夫官僚의 뚜렷한 治者의식을 강조한 말이다.[91]

神宗시대의 재상 文彦博은 熙寧4년 3월에 王安石의 新法실시에 반
대하면서 「祖宗之法이 모두 잘 갖추어져 있으므로 更張(改革)할 필
요가 없고 改革을 하면 人心을 잃게 되는 것입니다.」라고 하니 이에
대해 神宗이 말하기를 「法制를 更張하는 일은 士大夫들이 진실로 그
것을 不悅하나 그러나 백성들에게는 아무런 불편한 바가 없는 것이
다.」라고 하니 문언박이 이에 대해서 다시 반론하기를 「士大夫와 더
불어 천하를 다스리는 것이지 (爲與士大夫治天下), 백성과 더불어 천
하를 다스리는 것은 아닙니다 (非與百姓治天下也).」라고 반박하였
다.[92] 與士大夫治天下라고 한 文彦博의 말은 이 시대 士大夫의 자존
심과 긍지를 나타내는 생각일 뿐만 아니라 황제의 통치에 중요한 협
력자는 우리들 士大夫라고 하는 강한 치자의식을 바탕으로 하여 황
제의 주의를 환기시키려고 한 것이다. 이 말속에는 宋代의 士大夫는
황제와의 군신관계를 종래의 절대군주와 신하와의 종속관계가 아니
라 사대부사회가 발전한 宋代에서 황제와 대등한 위치에서 서로 협
력하는 군신관계임을 반영한 것이다.

3) 宋代 士大夫 官僚의 통치자세

士大夫 政治는 士大夫를 주역으로 한 文臣官僚政治(문신관료정치)
이다. 宋代의 시대적 특징은 士大夫가 독립적인 계층 혹은 세력을 가
지고 성장을 한 시대이기도 하다. 때문에 이 시대를 中國의 근세의
시작으로 보는 학자도 있다. 宋代에 科擧를 통하여 정계에 들어온 士

---

91) 同上
92) 『續資治通鑑長編』卷221.(이하『長編』이라 약함) 熙寧4년 3월 戊午條

大夫관료가 중앙에서부터 지방에 이르기까지 모든 정치를 지배하게
되었다.

그런데 이들 士大夫의 정치형태는 서로 다른 두 가지의 양면성이
있다. 하나는 공적인 방향으로서 국가를 위해 자기를 희생하고 황제
에게 충성을 바치는 길이다. 宋代 士大夫官僚의 정신적 이상론으로
얘기되는 范仲淹의 국가에 대한 충성심은 여기에 해당된다.[93] 范仲
淹의 岳陽樓記(악용루기)에 나오는 말, 즉

「모름지기 士大夫官僚는 天下가 근심하기 이전에 앞서 근심하고
天下가 기뻐한 뒤에 기뻐한다」는 士大夫官僚의 治者意識이다.

다른 한 면은 私的인 방향으로서 자신의 이익과 士大夫 전체의 이
익을 위하여 행동하는 길이다. 따라서 宋代의 관료는 范仲淹과 같은
순수한 국가관을 가지고 있는가하면, 다른 한편으로는 자신의 권력과
이익을 추구하는데 전력을 다하는 관료가 있다. 이 양자가 서로 대립
하고 논쟁을 벌일 때 君子・小人論이 제기되면서 宋代의 격심한 당
쟁을 가져왔다. 이때 士大夫官人들은 자기편을 君子라 하고 상대방을
小人輩(소인배)로 매도하는 극단적인 파벌정치형태로 갈라져 격심한
당쟁을 전개하였다.

宋代를 「군주독재체제」라고 볼 수 없는 것은 이와 같은 士大夫 관
료의 파벌싸움 와중에 황제권력이 아무런 작용을 하지 못하고 있다
는데서도 황제권의 실체를 살필 수 있다. 宋代는 士大夫 사회가 발전
하면서 정치 무대에서의 士大夫관료의 발언권이 강화되고 관료들간
의 지역간 파벌 싸움과 보수와 혁신 논쟁으로 대립하면서 당쟁이 치
열해진 것은 바로 士大夫의 정치적 立地가 그만큼 강화된 결과이다.
이러한 士大夫의 정치형태는 황제의 독재체제에 긍정적 작용보다는

---

93) 拙稿「宋 范仲淹의 文敎改革策」『歷史敎育』13. 1970

부정적 작용이 훨씬 강화하였다. 왜냐하면 宋代의 황제는 태조·태종을 제외하면 士大夫의 파벌싸움이나 당쟁에 아무런 힘을 발휘하지 못하고 대세에 떠밀리는 무능한 황제권이였기 때문이다. 따라서 황제는 정치무대의 주역이라기보다는 士大夫관료와 정치를 협의하는 상대적 권력자라고 할 수 있다.

황제는 개인으로서는 관리를 파면시킬 수 있을지 모르나 士大夫관료 전체에 대항할 힘은 없다. 실제로 宋代의 황제가 조정의 士大夫관료와 결합하지 않고는 宰相이나 執政大臣을 파면하는 일은 불가능에 가깝다. 때문에 皇帝는 협력적 태도로 士大夫관료와 함께 천하를 다스리지 않으면 안 되었다.

太祖시대의 趙普, 太宗代의 寇準 그리고 眞宗時代의 王欽諾 丁謂 仁宗代의 呂夔筒 韓琦 范仲淹 神宗代의 王安石 司馬光

휘종代의 蔡京 등의 權臣의 세력이 나타난 것은 황제권이 뒷받침한 결과이다.

제3절 宋代 士大夫 官僚의 皇帝權 인식

I. 宋代 관료의 황제관

1) 范仲淹의 皇帝觀과 臣下論

宋代의 士大夫 관료는 그 이전시대와는 다른 새로운 황제에 대한 인식을 가지고 있었다. 이와 같은 인식은 唐宋사회의 변혁으로 귀족 계층 대신 士大夫가 사회의 지배계층으로 등장하면서 황제와 더불어 천하를 다스린다는 강한 治者의식에서 나온 것이다.

사대부관료들, 특히 臺諫(대간)들이 황제의 언행을 제약하고 皇權 을 간섭하는 일은 황제 본인에게 충성을 바치고 존경을 나타내는 태 도와는 별개의 문제이다. 그것은 제도적으로 황권에 대한 사대부의 자기주장이라고 할 수 있다. 사대부관료들은 국가의 이익, 왕조의 안 부, 천하의 흥망문제 등 모두가 황제권과 직접 관계가 된다고 생각하 였다. 함부로 황제의 뜻에 따른다고 하는 것은 어리석은 충성심으로 美德이 아니고 아첨하는 길이라고 보았다.94) 국가이익을 위하여 天 子를 좌우하는 행위야말로 큰 충성이다. 이와 같은 인식 자체는 이미 이념적으로 황제권력을 약화시켜놓았다. 황권문제에 관한 사대부의 옳고 그름을 결정지은 것이다.

사대부들에게 상징적 의미를 가지고 있는 황제에게 공순하는 것은 별개의 자세이고 그것은 결코 무조건 무원칙적인 것이 아니다. 사대 부가 군주를 책하고 군주에게 諫하는 일은 군주를 위하고 국가에 충

---

94) 『宋史』 卷265 呂蒙正傳에 臣不欲用媚道 妄隨人意以害國事라고 하였다.

성을 다하는 것이다. 宋代 范仲淹, 歐陽脩, 王安石, 司馬光 등 수많은
사대부관료가 이와 같은 입장을 가지고 있었다.

그 대표적인 예를 宋代 士大夫 官僚의 표본이라 할 수 있는 范仲
淹(범중엄)과 歐陽脩(구양수), 司馬光(사마광)의 예에서 찾을 수 있다.

范仲淹에 의하면 황제는 聖人이 아니라 보통의 인간과 같고 잘못
을 범할 수도 있다. 때문에 신하는 끊임없이 황제를 諫하는 것이 君
道를 바로 잡는 것이라고 주장하였다. 范仲淹은 황제가 신하의 좋은
의견을 받아들여야 한다. 그 전형으로서 堯·舜과 같은 聖王도 신하
의 뜻을 따랐으니 이를 聖德(성덕)이라고 칭송한다. 황제가 聖德을
원한다면 자기고집을 버리고 신하의 의견에 따르지 않으면 안 된다
는 것이다.

范仲淹은 宋왕조가 건국 이래 내려오는 조정의 전통으로「황제의
잘못을 비판하는 것은 신하의 도리이고 임금 앞에서 政爭을 하는 것
은 나라를 위함이고 詔令(조령)이 내릴 때마다 옳지 못함이 있으면
극력 논의하고 伏奏(복주)로 이를 바로잡아야 하며 황제의 詔書(조
서)에 잘못이 있으면 그것을 고쳐야 하는 것이 신하의 도리」[95]라 하
였다. 范仲淹은 관료생활 중에 여러 번 황제의 잘못을 諫하여 핍박을
받기도 하였다.[96]

范仲淹은 皇帝權力論(황제권력론)에서「天子의 일상은 道에 있지,
權에 있지 않다.」[97]라고 하여 유교주의 德治를 강조하였다. 이때의
權은 常道에 대한 權道를 말하는 것이다. 權은 便宜(편의), 權謀(권
모), 權力과 같은 의미를 지니는 것이다. 군주가 나아가야 할 길은

---

95)『范文正公集』卷15,「潤州謝上表」
96) 王瑞來 앞의『宋代皇帝權力の士大夫政治』p.453,「宋代士大夫の精神世界の
   一側面 ― 范仲淹を中心に ― 」참조.
97) 同上『范文正公集』卷15,「潤州謝上表」

무도하고 암우한 군주가 되지 않는 일이다. 그리하여 군주의 권력은 道에 따르는 것이고 君의 道는 엄격한 범주 속에서 그것을 지키는 일이라고 보았다.[98] 군주의 권력은 관료의 인사권을 장악하는 일이고 군주의 인사권도 淸要의 직 또는 중요한 인물을 선발하는 일에 한정하였다. 황제가 관료를 선발 할 때는 군신과 세상여론의 찬성을 얻어야 하고, 여러 신하의 비판과 감독을 받아야 한다고 주장하였다.[99]

宋代에서는 황제권이 취약한데 반해 재상 및 집정집단의 권력(재상권)은 일찍이 볼 수 없을 정도로 강화되었음을 알 수 있다.[100] 그러나 황제권과 재상권의 균형에서 황제권이 강하면 군주의 전제정치가 될 폐해가 나타나고, 반대로 재상권이 강하면 권신독재에 빠질 염려가 있기 때문에 이러한 두 경향은 모두 왕조의 안정에 불리하다. 때문에 천하를 다스린다고 자임하는 士大夫는 이러한 경향에 민감하고 그들은 이 두 경향의 발생을 방지하려 노력하였다.

范仲淹의 황권과 신권에 관한 생각은 淸代의 역사가 黃宗羲의 사상 속에서도 찾을 수 있다.[101] 범중엄은 황제권과 재상권에 대한 구체적인 예를 진종시대의 재상 寇準의 경우를 들고 있다. 즉,

「寇萊公이 當國함에 진종을 澶淵(전연)으로 나아가게 하고 능히 황제를 좌우하기를 태산과 같이 하였다. 그리하여 戎狄(융적)을 물리치고 종사를 지키니 天下가 이를 大忠이라고 일컬었다.」[102]고 평가

---

98) 范文正公文集 卷5 易義 天子之常也在於道不在於權
99) 同上 卷5. 千官百闕豈能獨選必委之輔弼推淸要之職雄劇之任不可輕授於人僉諧之外更加親選
100) 王瑞來, 앞의 『宋代の 皇帝權力と 士大夫政治』 p.3 序章 참조.
101) 黃宗羲는 『明夷待訪錄』「原君」편에서 명대의 정치가 중국역사상 가장 타락한 원인은 군주독재체제에 있다고 주장하였다. 그의 황제관은 「天下가 주인이고 天子는 客에 지나지 않는다」고 보았다.

하였다. 이것은 澶淵의 맹약 후에 王欽若(왕흠약)이 寇準을 譖言(참언)하여 「眞宗이 寇準에 의하여 澶州城의 인질이 되었다.」라고 폄하한 것과는 정반대의 생각이다. 王欽若은 구준이 황제를 인질로 하여 거란에 도박을 걸었다고 구준을 譖言하였다.[103] 그러나 范仲淹은 진종황제를 좌우한 寇準의 행동을 大忠이라고 높이 평가하고 이와 같은 范仲淹의 견해는 국가를 위해 재상이 황제를 좌우할 수 있어야 한다는 宋代 士大夫 官僚의 皇帝觀을 잘 나타낸 말이다.

2) 歐陽脩의 君主論

宋代 士大夫의 皇帝權(君主權)을 살피는데 歐陽脩의 君主論도 중요한 의미를 갖는다. 그것은 그가 『新五代史』를 편찬한 宋代 대표적 역사가이고, 또한 唐宋八大家의 한 사람인 文豪이며 아울러 개혁의지를 가지고 慶曆의 개혁을 추진한 정치가로서 宋代 士大夫官僚의 대표적 人物이기 때문이다.

歐陽脩의 君主論의 특색은 君主가 바른 정치를 하기 위해서는 백성의 뜻을 헤아리고 인민의 여론을 바르게 청취해야 한다는 점을 강조하고 있다. 올바른 인재등용과 민중의 소리에 귀를 기울여 인민의 정치여론을 국정에 바르게 반영해야 한다는 민중정치를 강조하고 있다. 그 내용을 보면 다음과 같다.

먼저 歐陽脩의 君主論은 爲君難論(임금이 되는 어려움)을 내세우고 있다.[104] 그의 爲君難論(위군난론)은 『論語』의 子路편에 「君이 되는 것은 어렵고 臣이 되는 것은 쉽지 않다」에 근거하여 君主의 어

---

102) 『范文正公文集』 卷7, 「楊文公輿眞贊」에 '寇萊公當國, 眞傺有澶淵之幸, 而能左右天子, 如山不動, 却戎狄, 保宗社 天下謂之大忠'이라고 있다.
103) 『長編』 卷62, 景德三年二月丁酉條, 참조.
104) 『歐陽文忠公集』 居士集 卷17.

려움은 用人과 聽言(청언)의 어려움에서 비롯된다. 用人之難(용인지난)은 인재임용의 중요성을 들고 있다. 人材임용이 중요한 것은 등용한 人材를 신용하고 그에게 일체를 맡겨 그 능력을 발현시키는 일이다. 군주는 인물을 국가시책의 필요에 의하여 백성의 지지를 받고 있는 人材를 채용하고 그에게 전폭적인 신뢰를 주어 정치를 담당시켜야 한다는 것이다. 여기에서 주목되는 것은 用人之難의 기본조건으로 백성의 지지를 중요하게 생각하였다는 점이다.

다음으로 歐陽修는 聽言之難(청언지난)을 들고 있다.[105] 巧言(교언)이 군주의 귀에 들어가기 쉽고 忠言이 군주의 귀에 거슬린다는 점과 함께 군주가 충분히 주의를 기울여 채용한 정책도 실패하는 경우가 있다. 이와는 반대로 채용할 수 없다고 생각한 정책이 오히려 성공을 거두는 경우를 들고 있다. 이 경우도 기발한 의견을 채용하기보다는 사람들이 지지하는 원숙한 의견에 쫓으면 실패는 미연에 방지할 수 있다는 것이다. 인재등용에는 백성들의 지지를 판단의 기준으로 삼아야 한다는 것이다. 여기서 말하는 백성들의 지지라는 것은 여론을 의미하였다.

歐陽修는 경력 3년(1043)년에 시작되는 慶曆의 개혁때 諫官으로 참여하였다. 이때 개혁을 위한 많은 상주문을 올렸는데 여론을 중시해야 한다는 주장이 많다. 그가 말하는 여론이란 公論, 公儀 淸議 物議 등의 용어로 표현하고 있다.[106] 국가가 긴급한 때 무능한 관리를 제거해야 하는 것이 천하의 공론이라 하였다. 歐陽脩는 范仲淹을 樞密副使로부터 국정전반을 담당하는 中書의 요직으로 바꿀 것을 청언하였다. 이 上奏文에서 지금 국가가 긴급한 때 무능한 인물은 제거

---

105) 『歐陽文忠公集』居士集 卷17
106) 小林廣義 앞의 「濮議小考」 참조.

하는 일이 天下의 公論에 부합되는 것이므로 宰相인 王擧正은 자신의 능력을 점검하여 范仲淹보다 떨어진다고 自覺한다면 사직하는 것이 公議에 부합하는 행동이라고 주장하였다.107) 또 歐陽修는 前재상 呂夷簡(여이간)이 퇴임 후에도 정치에 관여하고 있는데 이것은 공론에 맞지 않고 국가를 잘못 인도한다고 걱정하면서 呂夷簡의 上奏를 금하는 조치를 취해야한다고 進言하고 있다.108)

여론이 군주의 정책에 바르게 반영되기 위해서는 몇 가지 조건이 필요한데 歐陽修의 朋黨論(붕당론)은 경력3년(1043)에 이 문제를 조정에 제출한 것이다.109)

歐陽修는 君子의 붕당은 군주에게 세상의 바른 것을 알려주고 군주에게 바른 人材를 천거하고 또한 군주에게 세상의 동향을 일깨우는 올바른 역을 하는 것이다. 그 결과 국가는 잘 다스려진다. 만약 君子의 붕당이 붕당으로서만 끝나고 조정으로부터 버림을 받으면 군주는 臣民의 동향에서 고립되고 그 판단이 바르게 나갈 수 없고 국가는 멸망으로 접어든다고 하였다.

3) 司馬光의 君主論

司馬光(사마광)도 여론을 중시한다는 점에서는 구양수와 입장을 같이하고 있는데 그의 주장은 원풍 8년(1085년)의 上奏文에 보인다.

그는 皇帝는 人民의 動向을 察知(찰지)하는 것이 정치안정에 필요불가결한 일이라고 주장하였다. 그 예로 王安石의 新法은 일부 관료들의 의견만이 神宗에게 전달되어 그 결과, 王安石일파의 恣意的(자

---

107) 『歐陽文忠公集』奏議集 卷2 論王擧正范仲淹等箚子.
108) 同上 卷 4.
109) 同上 卷 17.

의적) 개혁이 되었고 천하의 여론을 新法에 담지 못한 것이라고 비판하였다. 英宗시대의 濮議(복의)논쟁도 中書 측의 皇考주장은 선왕의 大典을 살피지 않고 천하의 公議를 무시한 결과라고 하였다.110)

司馬光에는 군주론은 없으나 公明論(공명론)에서 군주에 대한 분명한 입장을 내세우고 있다. 그는 公明論에서 정치의 요체는 군주의 인재발탁과 임용에 있다. 군주가 賢者를 알지 못하면 현자가 없는 것과 같고, 알고 있어도 등용하지 않으면 알지 못하는 것과 같다. 등용해도 신뢰하여 능력을 발휘시키지 못하면 등용하지 않는바와 같은 것이라 하였다.111)

司馬光에 의하면 춘추시대 제나라와의 管仲(관중), 한나라 초기의 陳平과 韓信, 삼국시대의 諸葛孔明(제갈공명), 五胡16국 시대 前秦의 王猛 등 역사상 저명한 인물들도 그들을 군주가 등용하여 대우하지 않았다면 이름도 알 수 없이 세상에 묻혔을 것이라고 하였다.

司馬光의 朋黨論가운데 군주론을 보면 過唐論(과당론)이 유명하다. 唐나라의 멸망원인은 黃巢(황소), 朱溫 및 환관에 있지 않고 牛僧孺(우승유)·李宗閔(이종민)과 李德裕(이덕유)의 당파(붕당)싸움에 있다고 하였다. 그는 붕당문제는 당나라에 국한하지 않고 역사상 어느 시대에도 있다. 요·순과 같은 성인천자 시대에도 존재한다. 따라서 국가의 존망은 붕당, 그 자체에 있는 것이 아니라 붕당문제에 대처하는 군주가 현명한가 암우한가에 달려 있다고 하였다. 이덕유와 우승유의 붕당 싸움도 文宗에게 문제가 있는 것이다. 요컨대 당나라 멸망원인은 文宗의 암우함에 있는 것이지, 李·牛의 붕당이 唐나라를 멸망시킨 직접적인 죄는 아니라는 주장이다.

---

110) 『長編』 卷205 治平2年 6月 甲寅條
111) 司馬文正公 傳家集 卷46 乞開言路箚子 元豊8年 3月 30日.

歐陽修와 司馬光의 군주와 국가관에서는 차이를 찾을 수 있다. 歐
陽修는 정치 운영의 근저에 여론을 중시하고 군주는 그 여론에 등을
돌리지 않는 정치를 해야 한다하였다. 군주에게 요구되는 至公性(지
공성)도 여론과 떨어지지 않는 것이 중요한 것이라고 주장하였다. 歐
陽脩가 仁宗의 慶曆개혁 당시에도 관료의 여론을 정치에 반영하려고
노력한 점은 그의 여론 중시론과 관료정치와의 관련성을 강조한 좋
은 예이다.

司馬光은 여론의 중요성을 주장하고 있어도 그의 군주론은 여론
중시라는 주장과 직접적으로 결부되어 있지는 않다. 여론을 무시하는
것은 아니지만 여론문제와는 별도로 군주 독자의 판단에 정치 운영
의 요체를 구하고 있다. 군주의 권력은 때로는 초월적인 것이기 때문
에 군주의 판단이 국가의 흥망과 직결된다고 보았다.

士大夫관료가 황제를 비롯한 국가를 위하여 충성을 바치는 것은
황제 개인에 대한 충성이라기보다 국가를 대표하는 황제에 대한 충
성이다. 특히 황제와 국가를 구별하고 있는데 주목된다. 황제의 입장
에서 보면 황제는 곧 국가이나 士大夫의 입장에서는 반드시 그런 것
은 아니다. 歐陽脩의 국가관은 皇帝機關說(황제기관설)이라 한다면,
皇帝權의 절대성을 주장하는 司馬光의 국가관은 황제에 의한 國家主
義說(국가주의설)로 볼 수 있을 것이다.112)

또한 황제권과 재상권의 균형에 대해서 황제권이 너무 강하면 군
주전제의 폐해가 나타나고 반대로 재상권이 너무 강하면 권신독재가
될 위험이 있다. 이 두 경향은 항상 왕조의 안정에 해가 되며 士大夫
는 이 두 가지 경향에 대해 대단히 민감하다는 것이다. 그들은 늘 君
權과 臣權의 균형를 유지하고 두 가지 균형이 잘 유지되도록 노력해

---

112) 小林廣義 앞의 「濮議小考」참조

야 한다고 주장하였다.

4) 王安石의 宋代 皇帝평가

神宗은 王安石에게 질문하기를 「先祖 대대로의 황제가 천하를 보존하여 백년 동안 큰 변동이 없었는데 태평세월을 맞이하게 된 이유는 무엇인가.」라고 묻자 王安石은 이에 대해 즉석대답은 피하고 그 후에 다시 글로써 의견을 올렸다.[113] 즉,

태조 황제는 독자적 총명함이 있고 백성의 眞情과 虛僞를 잘 살피고 신하를 지휘하고 일을 맡길 때에는 그 사람이 가지고 있는 힘을 발휘하도록 하고 업무를 시행하는 데 그 직무를 장려토록 하였습니다. 때문에 장수들을 다루고 군사를 잘 훈련시켜 밖으로는 이민족을 막고 안으로는 국내를 평정할 수가 있었습니다. 또 무거운 세금을 덜게 하고 형벌을 폐하고 횡폭한 藩鎭(번진)을 없애고 탐욕스러운 관리를 벌주고 스스로 節儉(절검)하여 천하에 모범을 보였고 政令을 발포할 때는 백성의 복지를 먼저 생각하였습니다.

太宗은 才知와 무력을 사용하여 국가를 잘 계승하였습니다. 진종황제는 겸허하며 혜택을 깊이 나눔으로서 대세를 유지하였습니다. 仁宗과 英宗의 시대에 이르러서도 失德(실덕)이 없었으므로 여기에 백년 통치에 이르러서도 천하가 무사한 원인입니다. 특히 재위기간이 긴 仁宗에 대하여 仁宗은 함부로 役務(역무)를 일으키거나 사람을 사형에 처하지 않고 재판에서도 가능한 한 인명을 구제하려 하였고 役人의 횡포를 가장 증오하였습니다. 또 이민족에게는 財貨를 나누어주고 兵力을 증가하지 않았습니다. 그 때문에 監司(감사)로부터 주현에 이

---

113) 小野寺郁夫 著 『王安石』p.78 「神宗의 卽位」 人物往來社 1967. 참조

르기까지 포악하고 잔혹한 일이 없고 함부로 징발하여 인민을 고통
받게 하는 일도 없었습니다. 또 西夏가 복종한 후에는 이민족이 소동
을 일으키지 않고 변경지대의 부모처자가 전쟁에서 죽는 일을 면하
게 하고 중국내지의 백성은 평화로운 생활을 즐길 수가 있었습니다.
형벌이 공평하게 행하여지고 공적은 무겁게 보상되었고 諫官(간관)
과 어사를 채용하는 데 있어서는 공평을 기하였고 널리 인재를 등용
하였습니다라고 仁宗을 仁君이라 평하고 있다.114)

왕안석은 신종 이전의 황제를 이와 같이 긍정적으로 평가하고 있
으나 그가 인종황제에게 올린 「萬言書」에서는 사회전반에 어두운 그
림자가 드리우고 있고 이것은 인종황제의 타성에 빠진 정치에 원인
한다고 주장하고 있다.

Ⅱ. 宋代 皇帝權에 대한 제도적 제한

1) 言路에 의한 황제권 제한

宋代는 臺諫(대간)의 言路활동이 활발하였다. 본래 御使(어사)와
諫官(간관)은 言路官 으로 宋代에는 이를 臺諫이라 하였다. 仁宗시대
후기로부터 臺諫이 서로 명성을 다투는 氣風(기풍)이 言路에 그대로
반영되면서 諫爭(간쟁)이 치열하여 이것이 仁宗시대의 慶曆(경력)의
黨議(당의), 英宗시대의 濮議(복의)논쟁, 그리고 神宗시대의 新舊黨
爭(신구당쟁)으로 계속되어 당파싸움이 치열하게 전개되어 나갔다.

이와 함께 宋代는 황제권에 대한 제도적 제한장치가 그 이전시대
보다 다방면에 걸쳐 나타나고 있다. 특히 士大夫관료의 上言풍습이

---

114) 同上 참조.

활발하고 上書하는 내용도 황제권에 대해 직접적이고 극단적인 용어를 사용하는 이른바 極諫(극간), 直諫(직간)을 서슴없이 주장하여 황제권에 대해 강한 비판을 서슴지 않고 있다. 이러한 직간·극간의 풍조는 士大夫 관료들이 국가와 황제에 대해 大忠을 한다는 의식으로 발전되어 사대부관료의 머릿속을 지배하게 되었다.

宋이전에는 이러한 극간의 예는 드물고 따라서 宋代의 언론은 중국 역사상 가장 강력한 것이다. 이와 같은 宋代 士大夫 官僚의 극단적인 황제비판은 그들의 강한 治者의식에서 나온 것이고 이는 士大夫 官僚들이 황제에게 충성을 바치고 존경을 표하는 태도와는 별개의 문제이다.

士大夫 官僚는 국가의 이익, 왕조의 안부, 그리고 천하의 흥망이 황제개인의 권력보다도 훨씬 중요하다고 생각하였다. 관료가 국가나 황제를 위하여 서슴없이 자신의 주장을 피력하여도 황제가 그들에 대하여 처벌하는 일은 드물고 파면이나 지방관으로 좌천시키는데 그치고 있다. 宋이전의 관료가 황제에게 이러한 극간을 한다면 그의 목숨은 유지될 수 없었을 것이다. 그러나 宋代에 황제가 極諫(극간)하는 관료를 처단한 예는 드물다. 여기에서도 宋代의 황제와 臣權(신권)의 관계를 살필 수 있다.

宋代 士大夫 관료의 의식 속에는 관료가 皇帝의 뜻에 무조건 따르는 것은 어리석은 행동이고 그것은 결코 士大夫가 취할 자세는 아니고 아첨하는 길이라고 비난 되었다.115) 국가 이익을 위하여 황제권을 좌우하는 행위야말로 大忠이라 생각하였다. 이와 같은 인식 자체는 이미 이념상 皇帝 권력을 약화시켜 놓았고 황제권에 대해 士大夫 사회가 어떻게 처신하는 것이 옳은 가의 기준을 결정지은 것이다.

---

115) 『宋史』卷265,「呂蒙正傳」, '臣不欲用媚道妄隨人意, 以害國事'

士大夫가 皇帝에게 거침없는 비판을 가하는 일은 바로 국가를 사
랑하는 큰 틀에서 나온 것이고, 그것은 결코 무원칙적인 것이 아니다.
士大夫가 君主를 책하고 君主를 諫하는 일은 君主를 사랑하고 충성
을 다하는 행동이다. 寇準, 范仲淹, 歐陽脩, 王安石 司馬光 등 수많은
士大夫관료가 이와 같은 입장을 가지고 황제를 대하였다.

2) 士大夫 관료의 비판에 대한 皇帝의 자세

臣下들의 諫言(간언)에 가장 귀를 기울이고 臣下의 뜻에 따라 정
치를 행한 대표적 황제가 4대 仁宗이다. 仁宗은 宋一代의 名君으로
국가정책을 결정하는데 자신의 뜻보다는 신하들의 의견을 존중하였
다. 그리하여 모든 정무는 公議(公論)에 붙이고 재상으로 하여금 이
를 행하도록 하였다. 만약 황제의 어떤 결정에 대해 신하가 그것을
옳지 않다고 하여 臺諫(대간)에서 그 잘못을 상주할 때 황제는 자신
의 뜻을 굽히고 이에 따랐다.[116]

때로는 황제도 재상 및 관료들과 언쟁을 하는 경우가 있지만 대체
로 황제는 본심과는 달리 관료들의 주장에 따르는 경우가 많다. 宋代
의 황제들이 이와 같은 행동을 취하고 여론의 압력에 의해 제한을
받고 좋은 황제가 되려고 노력하였다.

仁宗은 天道 또는 王道에 따라 정치를 하려 하였고, 士大夫 관료들
도 그것을 강조하고 황제권을 제한하였다. 仁宗은 모든 정무는 공의
에 붙이고 재상으로 하여금 행하도록 하였다. 천하가 불편하다고 판
단되면 그 잘못을 대간이 논할 때 황제는 스스로 이를 바로잡으려고
노력하였다.[117] 仁宗은 정무를 의식적으로 재상들에게 양보하려고

---

116) 『龜山先生語錄』卷3
117) 『龜山先生語錄』卷3,

한 것이 분명하다. 이것을 가지고 당시의 臣下들은 仁宗을 정치에 관여않는 황제라고 평가하기도 하였다. 仁宗의 王道에 대한 생각은 侍讀, 侍講, 學士 등의 영향이 크다.

3) 유교적 이념에 의한 황제권 제한

중국의 역대황제는 대부분 절대권을 행사하지 못하였다. 황제의 권력에 대해서 고대로부터 여러 가지 제한이 가하여졌기 때문이다. 그 구체적인 예를 보자.

먼저, 天을 들 수 있다. 전통중국의 皇帝는 天子라고 한다. 즉 하늘(天)의 자식으로 황제 지위는 하늘로부터 주어진 것이다. 天의 명을 대신하여 백성을 다스리는 것이다. 한나라 董仲舒(동중서)는 皇權天授說(황권천수설)을 내세웠다. 동중서는 황제권을 신비스럽게 격상시키는데 큰 몫을 하였다. 그리하여 최고 지상의 皇帝를 만들어 세운 것이다. 돈중서의 天命論은 한대에 皇帝制度가 완성되면서 황제권을 제한할 목적으로 原始儒家의 天道觀을 기초로 그것을 보충 발전시켜 시세에 순응시킨 것이다.

전통중국의 皇帝가 진심으로 천명을 믿었는가 그렇지 않은가는 별개로 하고 그들은 확실히 天命에 의하여 합법적인 지위를 확립하였다. 하늘을 두려워한다는 것은 사람을 두려워하는 것이다. 官僚와 인민은 하늘의 이름을 빌려서 天命을 革命하기도 하였다.

다음으로 道이다. 道란 넓은 뜻의 사회규범이며 인간이 지켜나가야 할 도리이다. 道德 혹은 道理와 같다. 전통중국의 사상가들의 皇權理論을 보면 儒家, 道家를 불문하고 모두 임금으로서의 道를 강조하고 있다. 이른바 임금으로서의 道는 군주로서 당연히 갖추어야 할 도덕이다. 이 도덕은 군주를 위하여 정해진 행동 준칙이다. 그것은 皇帝

를 특정한 규범속으로 몰아넣는 것이기도 하다. 皇帝는 천하에 군림하지만 그의 권력은 제한되어 있고 자기 마음대로 휘두를 수는 없다. 皇帝의 일거일동은 皇帝의 道에서 정해놓은 규범 안에서 행동하여야 하며 한계를 넘어설 수는 없다. 帝王의 德은 천지에 중심이 되고 도덕을 가지고 행하는 일이다.

君主에게 최악의 죄명은 無道이다. 만약 皇帝가 無道에 이르면 그의 정치생명은 끝나는 것이다. 이때에 無道의 君主는 群臣으로부터 폐위되고 새로운 군주가 세워진다.

끝으로 法을 들 수가 있다. 道가 예의적 유연성을 지니는 規範이라면, 法은 강제적이며 융통성이 없는 규범이다. 최고 지상의 皇帝도 그가 반포한 법령과 정책을 지키지 않으면 안 된다.

宋代 官僚士大夫에게는 분명히 法은 황제권보다 더 무거운 것으로 보았다. 人治와 法治 사이에 君臣은 여러 가지 모순을 지니고 있다. 皇帝는 늘 유아독존적인 특수한 신분으로 법의 제약을 면하려고 하고, 관료士大夫는 法을 가지고 황제의 행위를 제한하려고 하였다. 法은 관료士大夫가 황제권을 제압하는 중요한 무기의 하나이다. 법의 배후에는 道의 지지가 있다. 皇帝는 無道의 군주가 안 되기 위해 법을 지키지 않으면 안 된다.

여기에서 말하는 法이라는 것은 단순히 法律, 法令을 가리킬 뿐만 아니라 여러 가지 制度, 規定 그리고 先例를 포함하고 있다. 일단, 제도가 확립되고 先例가 형성되면 마치 움직이기 시작한 거대한 마차와 같이 하나의 慣性을 지니게 된다. 宋一代에 절대적 권위를 가지고 있던 「祖宗之法」도 先代로부터 쌓여모인 관례이다.

제4절 황제권과 한림학사의 관계

Ⅰ. 宋代 翰林學士(한림학사)의 조직과 성격

1) 宋代 한림학사 조직

漢代에는 문서의 기초를 주로 작성하는 尙書郎이 있었다. 그러나 당나라 玄宗 때에 한림학사라고 하는 명칭이 처음으로 나타난다. 宋代의 한림학사 제도는 五代와 같이 唐代의 제도를 계승하였다.

宋代의 한림학사는 內制, 즉 황제의 조칙을 직접 기초하는 직책을 말한다. 이와는 달리, 황제의 조칙을 기초한다 해도 그 조칙이 직접 황제의 명령이 아니고 재상을 통하여 황제의 명령을 간접적으로 받아서 기초하는 것을 外制라 하는데 이때는 知制誥(지제고)가 이 일을 맡는다. 본래 이 업무는 中書舍人이 관장하였으나 宋初에 이르러 한림원에 소속된 知制誥가 맡게 된 것이다. 內制와 外制를 합하여 兩制라고 한다. 知制誥아래 지위가 낮은 直學士(직학사), 翰林權直(한림권직), 學士院權直 등이 있다.[118]

한림학사와 지제고는 황제의 서기관이지만, 특별히 황제에게 經書(경서)를 강의하는 講官(강관)으로써 翰林侍讀學士(한림시독학사), 翰林侍講學士가 宋初에 설치되었다. 경력이 짧아서 學士라고 칭할 수 없는 경우에는 崇政殿說使(숭정전세사)라 칭하였다.

학사는 6명으로 구성되어 있고, 국가에 大除拜(대제배)가 있으면 황제께서 內東門의 小殿에 나아가 內侍를 보내어 학사를 불러 召對

---

118) 山本隆義『中國政治制度の硏究』同朋舍 1968년 p.298 第十章 宋代 참조.

(소대)를 내리고 秘旨(비지)를 친히 내린다. 對를 마치면 학사는 院에 돌아가고 내시가 원문을 닫고 출입을 금지시킨다. 밤이 깊어지면 制詔(제조)를 베껴서 진입하고 새벽에 白麻(백마)를 내린다. 이를 閤門使(합문사)가 中書에 전하면, 중서는 中書舍人에게 선독하도록 한다. 그 밖의 除授(제수) 및 御札(어찰)은 황제께서 小殿에 나가지 않고 학사에게 내리고 다만 御寶(어보)를 사용하여 중서의 熟狀을 봉하고 내시를 보내어 학사원에 전달하고 원문을 닫는다. 勅書나 德恩은 곧바로 중서에 서리를 보내어 본원에 가지고 가서 전하고 이리하여 내시가 院을 닫는 것은 제수를 같다.

院은 宣徽院(선휘원)의 북쪽에 있다. 무릇 他官이 원에 근무할 경우 아직 학사에 제수 받지 못하면 이를 直院이라고 한다. 학사가 모두 궐석이 되면 다른 관이 잠정적으로 원중의 문서를 집행하고 이것을 權直(권직)이라고 하였다. 侍讀 侍講은 봄, 가을 두 번에 걸쳐 延義閣(연의각)을 열고 經史를 가지고 와서 侍講侍讀을 행한다. 평상시에는 황제의 고문에 응대하는 일을 대비하고 만약 황제의 敎旨를 정리하고 틀린 곳이 있으면 곧바로 논주하여 바로잡는다. 무릇 궁중에서 사용하는 文詞(는 모두 이곳에서 장악한다. 황제가 行幸할 때에 시종하고, 고문에 대비하며 獻納(헌납)이 있으면 곧바로 대책을 청하고 이어 班을 분리한다. 무릇 이 일을 상주할 때는 榜子(방자)를 사용한다. 三省이나 추밀원에 關白(관백)하는 것은 단지 諮報(자보)를 사용하고 이름은 달지 않는다.[119]

---

119) 『宋史』 卷162 職官志 翰林學士院 條

2) 한림학사의 성격

이상을 정리해볼 때에 한림학사는 황제의 기밀을 담당하는 비서관이다. 국내에서 일어나는 모든 공문은 한림학사에 의하여 기초되었다. 그러나 수동적으로 서류를 작성하는 것이 아니라 受詔(수조)한 황제의 지시가 부적당한 곳이 있으면 황제의 지시라 해도 論奏(논주)하여 貼正(첩정)할 권한이 있었다. 또 한림학사는 황제의 조칙을 기초할 뿐만 아니라 황제의 諮問(자문)에 대비하고 顧問(고문)역할도 하였다. 진종시대의 한림학사는 거의 당시의 유명한 문인으로 구성되었다.[120]

일반적으로 한림학사가 되는 길은 먼저 지제고에 임명되고 그로부터 한림학사로 승진하는 것이다. 원풍의 관제개혁 후, 외제가 하는 일이 중서사인이 관장하게 되었는데 이것은 황제의 조령을 기초하는 직장이 부분적으로 정부의 통제아래 들어갔음을 의미한다.

宋代에는 知制誥가 된다는 것은 단순히 황제의 근신이라고 하는 의미뿐만 아니고 그의 재능과 문학적인 수준이 士大夫 계층에게 인정되어 士大夫 엘리트의 핵심 속에 들어 갈 수 있음을 의미한다. 지제고와 한림학사는 士大夫계층의 지도층자리에 올라서 있는 것이다. 황제는 이러한 文士를 이용할 뿐만 아니라 깊은 존경심을 가지고 있다. 太宗이 「학사의 직은 淸要貴重하고 타관과 비할 바가 아니다. 짐은 늘 이들과 함께 정무를 보지 못함을 애석하게 생각한다」고 하였다. 문인에 대하여 황제는 늘 관용의 태도를 가지고 있었다. 따라서 황제와 士大夫 계층의 양쪽지지를 받고 있는 지제고 한림학사가 정계의 상층부로 오르고 정신적 권위에서 정치적 권위를 향하여 출발

---

120) 王瑞來 앞의 책, 『宋代の 皇帝權力と 士大夫政治』 p.411 第8章 「皇帝の 代辯者か - 眞宗朝の 翰林學士を 中心に-」 참조.

하는 일은 매우 용이하였다.

Ⅱ. 한림학사의 殿試(전시) 주관

1) 한림학사의 殿試주관 의미

宋代의 황제권을 말할 때, 황제가 친히 과거시험의 殿試를 장악하여 우수한 관료를 선발하고 이들이 황제체제를 뒷받침하게 되었다.

과거시험은 隋·唐에서 시작되어 宋代에 이르러 완성되었는데 宋代가 唐代와 다른 점은 唐에서는 과거시험 합격이 官人으로 나가는 자격시험인데 반해, 宋代는 과거시험 합격이 곧바로 관료가 되는 것이기 때문에 唐나라와는 그 성격이 다르다. 또 황제가 직접 시험보는 殿試(전시)를 실시하여 최종적으로 합격시키고 관료는 자기를 뽑아준 황제에 대하여 天子의 門生이라는 생각을 갖기도 한다. 그러나 이것은 어디까지나 제도적인 殿試 내용이지, 실질적으로 전시를 운영한 것은 이와는 다르고 전시와 황제권과는 상당한 거리가 있다. 다시 말해, 전시를 관할한 것은 황제라기보다는 황제가 임명한 한림학사나 지제고가 전적으로 이를 담당하였다.

殿試(전시)를 집행한 것은 한림학사와 지제고이다. 물론 이들이 황제의 명에 의하여 전시를 주관하지만 선발된 인물들은 황제의 뜻과는 관계없이 殿試를 주관한 한림학사들에 의하여 결정되었다. 따라서 과거에 합격한 수험자들은 자신을 뽑아준 이들 시험관인 한림학사나 지제고, 즉 知貢擧(지공고)에 대하여 존경하며 평생 그들의 門生 또는 제자로 자칭하면서 이들을 받들고 존경하였다.

한림학사가 과거시험의 전시를 주재함으로써 객관적으로는 그들의

세력을 확대할 수 있는 절호의 기회를 갖게 되는것이다. 파벌정치의 특징이 활발한 宋代에 과거합격자가 일체가 되어 서로 同年이라고 칭하면서 정계에서 서로 도와 나갔다. 뿐만 아니라 그들을 발탁하여 준 한림학사를 중심으로 결합하면서 정치투쟁을 전개하여 파벌을 조성하게 된다.

한림학사의 이와 같은 세력 배경과 본래 그들이 가지고 있던 문단의 지위 그리고 황제의 곁에 있다고 하는 존귀감. 이러한 여러 요인을 합하여 자연적으로 그들은 士大夫 계층의 정신적인 대표자가 되었다. 그들의 활동에 대하여 황제도 재상도 경시할 수 없었다.

당시 사람들은 지제고 및 한림학사가 되는 일을 지극히 중요하게 생각하였다. 太宗때 張泊가 한림학사가 되었는데 太宗은 이에 대해「학사의 직은 귀중하니 타관과 비교할 바가 아니다. 짐은 늘 이들과 함께하지 못함을 애석하게 생각한다.」[121]고 하였다.

권력의 구조로 본다면 재상은 관료의 최고의 직이라 하겠는데, 정신적 지위에서 본다면 한림학사는 사대부관료와 문인들의 정점에 있다고 하겠다.

2) 宋代 한림학사와 황제와의 인간관계

한림학사는 중앙정부의 어떤 부서에도 소속되지 않고 황제 개인에 소속된 독립적인 서기기관이다. 때문에 한림학사는 직접 황제의 명령을 받기 때문에 執政集團(집정집단)이 주재하는 정부와는 불가분의 관계를 갖게 된다. 제도적으로 宰相(재상)의 任免(임면)은 직접 황제의 지시를 받지만은 그 밖의 모든 정무는 中書에서 입안하여 熟狀

---

121)『宋史』卷 267 列傳26 張泊傳

(숙장)한 후, 詔令制勅(조령제칙)에 따라서 한림학사가 皇命의 起草
(기초)를 맡게 된다.

皇帝(황제)와 中書(중서), 그리고 樞密院(추밀원) 사이에 빈번하게
公文이 오고간다. 이와 같은 公文의 왕래 과정에서 한림학사는 구중
궁궐에 있는 황제와 정부사이를 소통하는 파이프역할을 하게 되었
다.[122]

궁정에 있는 황제는 지위가 높고 권력은 중요하며 최고지상이지만,
실제로는 인간으로서 매우 고독하고 사람의 따뜻한 정을 느끼지 못
하며 흉금을 털어놓을 친구도 없다. 역사상 끊임없이 반복되어 온 환
관 및 외척이 권력을 제멋대로 휘두른 사태는 어떤 의미에서는 황제
의 고독감에 의하여 나타난 현상이다. 황제는 신뢰할 수 있는 복심부
하를 필요로 하고 있다. 적어도 황제는 고독할 때는 곁에 있는 이들
을 상대로 대화를 구할 것이다. 황제가 그들의 육친에 대해서는 본능
적으로 경계심을 갖지마는 외척을 임용하면 외척들이 정사에 지나치
게 관여할 위험도 있다. 그 때문에 황제는 자연히 士大夫 가운데 친
구와 복심을 구하게 된다.

고독한 황제에게 학식이 해박한 지식이 있는 상대는 조정의 정사
를 알 수 있는 안목이었다. 따라서 士大夫관료에게는 황태자시기부터
유학적 도덕교육을 계승하고 황제에게 재교육을 행할 수 있는 기회
가 된다. 황제는 이와 같은 사대부관료와 밀접한 관계를 가지면서 그
들을 떨쳐버릴 수 없고 황제가 지방을 순행할 때마다 한림학사, 시독
시강, 추밀직학사까지 다함께 따라나섰다.

한림학사는 황제에게 접근할 수 있는 특수한 신분과 유리한 조건

---

122) 王瑞來 앞의 책 p.419 8章 3節「翰林學士と皇帝および執政集團との關係」
　　　참조.

을 이용하여 늘 자신의 의견을 황제에게 전하고 황제의 언행을 좌우
하기도 하였다. 한림학사는 역사를 강술할 뿐만 아니라 현실정치를
의논하고 임무를 평가하기도 하였다.

　전제적인 황제는 개별적으로 관료를 파면할 수는 있으나 관료층
전체에 대항할 힘은 없다. 따라서 할 수 없이 士大夫들의 의견을 존
중할 수밖에 없다. 한림학사는 재상의 실제권력을 어느 정도 견제하
는 경우도 있다. 이러한 사실은 황제의 입장에서 보면 황제권의 연장
이지만 중앙정치의 전 국면에서 본다면 황제와 재상의 양극사이에
한림학사라는 제 삼극의 역할을 담당한다. 따라서 한림학사의 출현으
로 권력의 상호제약을 통하여 또 하나의 증가된 권력층이 나타난 것
으로 볼 수 있다. 한림학사는 중요한 지위에 있고 실제로 그들은 職
(직)은 없지만 막강한 실권을 가지고는 있다.

제5절 북송후기 황제권의 쇠락과 권문층의 발호

I. 北宋代 形勢戶(형세호) 官人층의 출현

1) 북송시대 형세호 계층의 형성배경

北宋시대 士大夫계층의 기반은 지방에서 경제력을 쌓아올린 形勢戶(형세호)들이다. 형세호 세력은 이미 五代에 기본적 형태를 갖추었다. 五代는 절도사체제이고, 국가권력은 절도사세력에 의하여 편성되고 운영되었으며 정치주체는 절도사이며 藩鎭(번진)이었다. 그러나 藩鎭지배체제의 말단, 즉 鎭의 지배자인 鎭將(진장)은 번진의 복심장교(무인)와 지방토호의 두 계통으로 구성되어 있다. 따라서 번진체제는 군사집단과 토호세력의 연합권력적 성격을 지니고 있다. 토호층의 기반은 향촌사회의 경제력을 바탕으로 한 실질적인 실력자이고 지역사회의 지배자였다. 그런데 五代가 끝나고 宋의 전국과 문치주의 정책으로 절도사 세력이 제거되어 군사집단은 자취를 감추었으나 토호세력은 여전히 지방경제를 장악하면서 막강한 경제력을 가지고 宋代에도 계속 유지되었다. 이러한 토호층이 宋代에 와서 形勢戶(형세호)의 版籍(판적)에 등록되고 형세호로서 일반民戶와 구별되었다.123) 그러나 제도적으로 이들이 특별대우를 받았는지에 대해서는 확실하지 않다.

---

123) 寺地 遵『南宋初期政治史硏究』p.40 제 1장 2.「北宋における政治勢力とその變動」溪水社 1988 참조.

2) 形勢戶출신 官人層의 성격

이들 在地有力 地主層인 토호층은 宋初에 와서 처음부터 정치에 직접 관여한 상태는 아니었다. 토호를 모체로 하여 나타난 지주출신 관료군과 여기에서 파생된 官戶는 宋代 정치무대의 주역이다. 이들은 정치과정의 중요한 구성자이며 宋代 士大夫 정치의 핵심 담당자였던 士大夫관료의 기반에 해당된다.124)

그리고 관호층(지주출신) 관료들에게 부여된 특권, 그리고 그들이 이루어 놓은 역할과 위치 등을 검토할 때 무엇보다도 이들 계층은 정치와 긴밀한 관계를 갖고 정치세력으로 발전하였고 국가 또한 이들을 의도적으로 관인층으로 육성하여 편성한 계층이다. 이에 비하면 지방의 토호층은 唐의 균전제도 붕괴이후 균전농민을 흡수하는 과정에서 자연발생적으로 서서히 나타났고 그들은 권력과의 관계는 그다지 긴밀하지 못하였다. 이에 비해 지방의 관호층은 정치권력과 밀착되어 宋初권력의 핵심으로 등장한 官戶 계층이다.

이와 같은 계층이 새로운 신흥계층으로 대두하고 사회적으로 일정한 위치를 차지하게 되는 데는 宋의 文治주의정책과 이를 뒷받침한 太宗의 과거시험 합격자의 확대가 큰 계기가 되었다. 太宗의 과거시험 개혁내용은 합격자의 확대로 官人의 대량육성과 解額制(해액제)의 도입을 들 수 있다.

---

124) 周藤吉之, 『宋代官僚制と大土地所有』, 『社會構成史體系』第8回配本, 東京, 日本評論社, 1950.
高頻林, 「宋代의 支配階級 － 官僚階級과 形勢戶를 중심으로」, 『慶北史學』4, 1982.
柳田節子, 『宋元鄕村制の硏究』, 「宋代鄕村の下等戶について」, 東京, 創文社, 1986(1957 原刊).
同「宋代形勢戶の構成」, 同上(1968 原刊).

3) 太宗代의 과거제확대와 官戶의 발전

太祖시대 18년 동안 進士科, 諸科를 모두 합하여 합계 402명의 합격자가 나왔다. 그러나 太宗시대는 27년 동안에 합계 4685명이라는 대량 합격자를 배출하였고 3대 진종시대에는 25년 동안에 5092명으로 과거시험에 의한 관인의 대량채용정책이 정착되었다.[125] 이것은 五代의 무인 권력체제를 청산하고 宋代 文臣관료체제를 정착시키는 기반을 구축한 것이다.

송대과거제도에서 해액제가 갖는 의미는 대단히 크다. 解額制(해액제)의 내용을 보면 각 州의 해시(解試)의 합격자의 정원(해액)을 정하는 방식으로 仁宗시대에 완성되었다. 예컨대 수도 개봉부에는 최고 300명, 변경의 熙州에는 한 사람, 지방의 인구 비율과, 수험자 수, 그리고 지방의 중요도에 따라 해액이 결정되었다. 해액제도는 송 정권에 대단히 중요한 공헌을 하였다. 즉 이러한 해액방식에 의하여 결과적으로 과거시험을 통하여 전 지역의 대표자를 중앙에 모아들이는 역할이 가능하였다. 지역의 대표자는 지역 유력자, 또는 재지 지주층을 대표하는 인물로 재지 지주층의 여론을 중앙의 권력중심에 연결시키게 되고 또 중앙정권에서 본다면 과거제도를 매개로 하여 전국 지주층을 정권의 기반으로 재편성하게 하는 이중효과를 얻게 된 것이다. 해액제를 통하여 士大夫층은 출신지역의 여론을 중앙에 전달하고 대변하는 일이 그 중요한 임무가 되었다.

太宗시대의 과거개혁으로 과거제는 五代 이후의 재지 지주층, 토호층을 송 정권에 재편성하는 제도로 발전시켜 지방 유력층을 중앙 권력 중심부에 참여시키는 방식이 되었다. 이리하여 송 정권은 천하의

---

125) 荒木敏一 『宋代科擧制度硏究』p.450 附篇「宋代科擧登第者數及び 壯元名表」참조

부귀를 함께하고 황제는 士大夫와 더불어 천하를 다스리게 되면서 과거시험을 통한 官人의 사회적 지위를 인정하고 관인을 탄생시킨 일족을 官戶로 규정하여 특권을 부여하였다. 이렇게 볼 때 北宋정권은 과거를 통해 올라온 官戶층에게 특권을 주고 그들을 宋代의 새로운 지배계층으로 재편성할 수 있게 되었다. 전국의 유력지주 토호는 황제와 정치를 함께 하고 천하의 부귀를 함께 가질 수 있게 된 셈이다.

관호 지주 관료층은 그들의 子弟가 대대로 과거에 합격된다는 보증이 없는 상태에서 특권과 우월성을 유지하는 방법으로 자녀의 혼인에 의한 유력 관호와의 결합을 통하여 명문가문이 되고 또 蔭補(음보)제도에 의하여 起家하고 관호의 특권을 계승할 수 있었다.126) 그러나 이와 같은 관호층이 자신의 특권과 우월성을 유지하기 위하여 모체였던 在地 地主 土豪層(재지 지주 토호층)과 분리되는 경향이 북송 중기에 보이기 시작하였다. 여기에는 王安石의 新法개혁과 神宗사망이 그 중요한 계기를 제공하였다.

4) 北宋시대 形勢戶 계층의 통계구조

北宋중기(1060-1080연대)의 계층구조에 대한 통계상의 연구가 있다. 즉,王曾瑜는 북송 중기의 통치계급과 피통치 계급의 구성을 숫자로 추정하였다.127) 여기에는 물론 통계상 여러 가지 문제가 있으나 주목할 만 한 점은 11세기 후기의 중국 사회를 크게 볼 때 통치계층

---

126) 拙稿「北宋時代 蔭補制度研究」『歷史學報』第42. 1969
127) 王曾瑜「宋朝階級結構槪述」,『社會科學戰線』, 1979. 4期 歷史學에 의하면, 官戶는 2만, 형세호는 40만 내지 50만, 鄕村上戶는 100만 내지 300만 호, 그리고 도시 坊郭上戶 등이 통치계급을 구성한다고 보았고, 피통치계급은 鄕村下戶가 750만 내지 900만. 客戶가 500만, 그리고 방곽하호로 구성되어 있다고 하였다.

과 피통치계층으로 그 계층이 뚜렷이 구분되어 있다는 점과 특히 통치계급에서 토지소유의 高低, 특권의 有無, 생산형태, 경영형태에서 그 성격을 달리하는 계층이 함께 병렬되어 지배계급을 편성하고 있었다는 점이다.[128]

宋代의 官戶層(관호호)의 특징은 이들이 과거제도의 확대에 따라 국가권력의 혜택을 입고 인위적으로 육성되어 편성된 계층임에 틀림없다. 당말·五代의 在地土豪層(形勢戶)가 송조가 실시한 과거 선발시험에 응모하여 통치집단의 구성원이 되고 그들에게 특권이 부여되면서 官戶로 발전하였다. 역사적 과정에서 당말·五代의 형세호가 과거시험, 기타방법으로 국정에 참여하여 官人이 되고 官戶의 지위를 갖게 되면서 이들이 宋代 관호층의 母體(모체)가 된 것이다. 북송시대의 정치주체는 五代 이래의 形勢戶階層(형세호계층), 그리고 宋代에 와서 형세호층을 모체로 하여 과거시험을 매개로 하여 성장하여 나타난 官戶 혹은 지주출신 관인층이다. 이들은 다시 北宋후기 王安石의 개혁 이후 관호층에서 성장한 權門層(권문층)으로 변질되어 나갔다.

II. 神宗의 사망과 권문층의 발호

1) 神宗 사망의 정치·사회적 의미

北宋중기 이래 사회 경제적으로 누적되어온 제반문제를 의욕적으로 개혁하려 한 神宗의 돌연한 사망은 북송후기 정치와 사회적으로

---

128) 寺地 遵 앞의 『南宋初期政治史硏究』p.40 「北宋における政治勢力とその 變動」참조.

커다란 타격을 주었다. 그것은 먼저 어린 철종과 풍류황제 휘종의 등극으로 황제권의 쇠락을 촉진하였고 이러한 황제권 쇠락을 이용하여 사회적으로는 북송사회의 부패를 촉진시킨 부패권문층의 출현을 가져오는 계기가 되었다.

정치적으로 神宗이 사망하고 나이어린(10세) 철종의 등극은 황제권의 급속한 몰락을 초래하였다. 그 위에 高태후의 수렴정치로 神宗에 의해 추진되어 오던 신법의 개혁정치는 구법당에 의해 하루아침에 중단되었다. 뿐만 아니라 구법당과 신법당의 격렬한 당쟁으로 정치는 표류하면서 정치권력은 부패하고 부패한 정권은 정치에 미숙한 고태후의 수렴정치가 사회적으로 권문세력가의 발호를 가져오게 만들었다.

北宋시대 초·중기의 관호층이 북송후기에 오면 권문층으로 그 성격이 변모한다. 그것은 北宋初·中期의 官戶가 후기에 실추된 황제권력을 등에 업고 타락된 정치세력으로 급성장하여 권문층으로 변질되었기 때문이다. 부패한 이들 권문층은 관호 지주출신 관료층에서 분화되어 나와 지방의 土豪層(토호층)이나 官戶層(관호층)과 대립하면서 이들을 압도하고 정치주체로 급성장한 계층이다.

북송시대의 과거시험을 매개로 출현한 지방지주출신 관료들이 북송 중기이후 특권유지를 하면서 본래 지역에 거주하고 있던 士人層(사인층)에서 다시 분화하여 형성된 것이 북송 말기 권문층이다. 이들이 북송 말 권문층으로 대두하게 된 집적 동기는 王安石의 신법과정의 신구세력의 대립과 신종황제의 사망을 들 수 있다.

王安石 개혁은 11세기 후기에 행하여진 宋代 정치·사회·경제사상 획기적 개혁이다. 王安石 개혁의 근본이념은 理財에 두었다. 군주와 관료가 천하의 貨幣(화폐)와 財貨(재화)의 운영을 통제함으로써

겸병세력을 억제하고 부국강병을 실천하는 일이었다. 王安石은 황제는 국가 최고기구이고 황제와 관료집단과의 관계는 공적 입장에서 관리의 사리사욕행위를 엄격하게 통제하여야만 국가가 바로 선다고 생각하였다. 그러나 실제로 王安石 휘하에 있던 신법 추진관료들은 王安石의 이러한 이상에는 관심이 없고 특권과 이권을 추구하는 자가 많았다.[129) 王安石의 정치는 황제에 의한 경제통제를 강화하고 관료의 도덕제고를 신법개혁의 중요한 열쇠로 삼고 있었다. 이점에서 볼 때 王安石은 신법추진 관료들로부터 완전히 배신당한 셈이다.

예컨대 왕안석이 가장 신뢰하던 참지정사 呂惠卿(여혜경)은 그의 복심인 秀州, 華亭縣의 知事에게 몰래 지령을 내려 그 지방의 富民으로부터 錢 四千貫을 긁어모아 田地를 구입시키고 그 땅의 장원관리를 위해 그 지역의 縣官(현관)을 사역한 사실을 들 수 있다.[130) 이것은 여혜경이 국가권력을 이용하여 田地의 매입뿐만 아니라 더 나아가 구입한 전지관리에 이르기까지 이중적 부패를 저질렀음을 확인할 수 있다. 南宋初의 劉才邵는 이렇게 官人이 公權力을 배경으로 한 致富方式을 「倚法營私」(의법영사)[131)라고 비난하고 있다.

왕안석의 개혁은 황제의 一元的 경제운영을 목적으로 한 국가통제 개혁이었다. 그러나 신법을 담당한 부패한 관료가 王安石의 뜻과는 다르게 개혁과정에서 신법의 법 집행과 운영을 기화로 富를 획득할 수 있는 기회를 잡고 재산을 모으면서 개혁을 반대하는 보수 관료와 다를 바가 없는 처신을 하였다. 이 과정에서 신종의 사망은 신법개혁은 물론, 황제권의 굴절을 초래하면서 북송후기의 부패한 권문발호의

---

129) 東 一夫『王安石新法の 研究』p.348 제2편 제4절 1項「王安石と呂惠卿」 참조.
130) 寺地 遵 앞의『南宋初期政治史研究』p.50 (4) 北宋期の政治主體 참조.
131)『建炎以來繫年要錄』卷171 昭興26년 2월 癸酉朔條

길을 터주었다.132)

2) 황제권의 쇠퇴와 권문층의 발호

북송 말기 권문층의 발호는 신종황제의 돌연한 사망과 밀접한 관계가 있다. 신종의 사망과 나이어린 철종의 등극. 그리고 高태후의 수렴정치와 풍류황제 휘종의 등장은 皇權의 완전한 쇠락을 의미한다. 동시에 쇠락한 황권을 대신하여 부패한 권문집단이 국정을 마음대로 운영하면서 철저히 부패하였다. 李光은 이들 권문층을 탄핵하여,

「동남지방의 재산은 권문인 朱勔(주면)이 다 차지하고 서북지방의 재산은 李彦(이언)이 독점하여 이로 인하여 백성들이 고통 받고 있다. 천하의 재물은 권신 蔡京(채경), 王黼(왕보)에 의하여 고갈되었다. 명분은 應奉(응봉)(천자에 대한 봉사)을 내세우고 있으나 그 실은 국가의 재물이 모두 그들의 私室에 들어간다. 公家(政府)에 반년의 저축이 없고 백성에게는 열흘 먹을 재물이 없다.」133) 라고 비난하였다. 북송후기의 권력을 장악한 재상 蔡京을 중심으로 王黼(왕보), 童貫(동관), 그리고 강남지방의 부호, 朱勔(주면) 등을 주요 구성 집단으로 하는 蔡京일당은 북송말기의 가장 대표적 부패타락한 권문층이다.

휘종시대는 신법당과 구법당의 당쟁과정에서 신법당을 자칭한 蔡京을 중심으로 한 관료가 북송말기 휘종시대의 정치를 담당하였으므로 휘종시대는 이러한 신법당의 승리에 의한 독재정치로 이해되고 있다. 그러나 이들은 왕안석의 신법개혁이념과는 전혀 맞지 않는 타락된 도당에 불과하다. 따라서 이들은 신종시대의 왕안석집단과는 전

---

132) 寺地 遵 앞의 책 p.51 (4) 北宋期の政治主體 참조.
133) 『歷代名臣奏議』 卷182, 「李光齊論奏面劄子」.

혀 다른 부패 정치세력이었다. 이들 북송말기의 신법당은 당시에 있어서는 물론이고 후세에서도 王安石과 동일한 부류로 놓고 비난되고 있으나 이는 근본적으로 잘못된 판단이다.

이들 북송말기 권문층의 특색은 첫째로, 철저한 「倚法營私」(의법영사)에 의한 富의 축적이다. 이것은 국가권력을 등에 엎고 국가권력을 발동하여 개인의 재산을 축적한 것이다. 이러한 불법적인 재산축적은 황제권이 철저하게 상실된데 그 원인이 있다.

다음으로 북송후기 권문층의 특색은 巨財性에 있다. 예컨대 강남의 富를 「應奉(응봉)에 가탁하여 지방관을 위협하고 자기 집 私家에 들여놓았다. 朱勔(주면)은 房緡錢(방민전)이 하루에 數百貫, 租課(조과)의 歲收는 百萬斗[134]로써 그의 재산은 田地 30만 畝이다. 또 왕보는 정강원년 정월에 관직을 박탈당할 때 저택에서 몰수된 재산을 보면 金銀寶貨가 億萬을 헤아렸는데 絹 7천여필, 錢 3천여만貫이라고 전하고 있다. 이러한 사례는 北宋후기의 권문층의 여러 집단에서 보이고 있는 실상이다.

이러한 권문집단에 항의하는 반란은 東南 6州 52縣을 휩쓴 方臘(방랍)의 起義(기의)이다. 방랍의 난이 내세운 旗幟(기치)는 朱勔(주면)의 살해와 관리 및 公使人을 보면 반드시 죽인다는 목표였다. 이러한 反권문집단 및 反官人 항거반란이 북송정권을 위협하였다.

北宋후기에는 권력을 이용하여 등장한 권문집단과 在地土豪層, 그리고 향당을 배경으로 한 官人層의 3중 집단이 동시에 병존하고 있었다.[135] 그런데 北宋후기 권문집단은 재지토호층과의 마찰을 일으키고 다시 향당을 배경으로 하는 관인층과의 대립을 확대시켜 나갔

---

134) 同上
135) 寺地 遵 앞의 책 p.51 「北宋期の政治主體」참조

다. 이것은 北宋후기의 지배계급 내부가 국가권력을 배경으로 하여 나타난 3층 계층으로 분열 항쟁하는 실질적인 모습이다. 북송 말에 황제권의 쇠락을 틈타서 지배계급 내부의 존재형태와 역사적 배경을 달리 하는 3중 계층이 동시에 병존하면서 서로 내부갈등을 반복하고 있다.

北宋후기에서부터 南宋초기의 정치과정은 황제권의 쇠퇴로 인하여 이들 3층 계층과 정치주체와의 대립과 갈등구조에 의하여 정치사회적 혼란은 더한층 가중되었고 거기에 金의 대거남침으로 北宋정권은 몰락하게 되었다. 南宋시대가 열리면서 다시 피난지주와 토착지주의 대립과정이 전개된다. 北宋 정권은 이와 같은 내부대립과 모순속에서 황제권력은 힘을 잃은 채, 사회적 개혁이나 對金방어정책은 수립할 수가 없고 士大夫관료층의 파벌싸움으로 국정은 마비되었다.

宋代의 초중기에 황제를 둘러싼 권신집단의 형성과 파벌싸움은 흔히 볼 수 있다. 그러나 이와 같이 사리사욕으로 재산을 모은 권문층은 북송 후기에 처음으로 나타났고 이는 황제권력의 굴절현상과 깊은 관계가 있다. 이러한 권문집단에 항의하여 일어난 농민의 반란으로 인해 북송정권은 金의 침입이 아니어도 스스로 붕괴될 위험요인은 다분히 가지고 있었다. 金의 남침은 이러한 내부 대립과 모순을 지니고 있는 북송정권을 너무나 쉽게 무너뜨릴 수가 있었다.

이민족에 의한 통일정권의 완전한 멸망은 중국역사상 북송에서 처음 시작된 일이다. 북송의 멸망은 안으로는 황제권의 쇠퇴와 권력지배층의 부패, 그리고 밖으로는 정복왕조의 등장으로 나타난 다층적인 요인이 가져다준 역사적 결과라 하겠다.

제 4 장
宋代 황제의 성품과 정무처리

宋代 황제권력의 실상을 파악하기 위한 방법으로 宋代 황제의 인간성(성품)을 살펴보아야 한다. 그것은 황제권과 황제가 타고난 인간성(성품)과는 밀접한 관계가 있기 때문이다.

宋代 황제의 인간성은 태조나 태종을 제외하면 특성을 지닌 황제가 없다. 개국 황제인 태조는 성품이 대담하고 결단력과 추진력이 강하다. 신하들에 대해서는 파격적으로 대우하고 부정한 행위에 대해서는 엄격하게 형벌을 내렸다. 한편으로 그는 소탈한 성격을 가지고 있었다.

태종은 형(태조)에 비해 신경이 가늘고 조심성이 많다. 그래서 일을 추진하는데는 깊이 생각하고 독제성이 강하며 비밀이 많아서 신하를 의심하고 속마음을 잘 드러내지 않았다. 성격이 잔인한 면도 있어서 자신의 황제권을 위협하는 위험 인물은 과감히 제거하였다.

다음 진종황제는 모든 일에 조심하고 겁이 많아서 일을 적극적으로 추진하지 못하였다. 4대 仁宗황제는 13세에 등극하여 황태후의 수렴청정의 그늘에서 유년기를 보내어 성격 형성에 여러 가지 문제가 많았다. 그러나 宋一代의 名君으로 알려진 것은 국정을 결정하는데 독단으로 처리하는 일이 없고, 항상 신하의 의견을 존중하여 정하였기 때문이다. 5대 英宗황제는 병약한 몸으로 재위 4년 동안에 황제권을 발휘할 기회도 없었다. 6대 神宗황제는 과감성과 추진력, 그리고 개혁의지가 강하였다. 그러나 신법실시 과정에서 보수적 士大夫관료의 반대를 극복하지 못한 것이 그의 성격의 한계이다. 다음 철종은 10세에 즉위하여 25세에 요절하였다. 그의 동생인 휘종은 방탕하고 사치스러운 성격으로 국정을 파탄으로 몰고 갔으며 결국 亡國皇帝

(망국황제)로 금나라에 잡혀가 그곳에서 사망한 비운의 제왕이다.

이렇게 볼 때 북송의 황제는 태조와 태종을 제외하면 황제독재권을 행사 하기에는 성격적 결함이 너무 많다.

제1절 太祖의 성격과 통일 정책

I. 太祖의 출신과 성품

1) 태조의 先祖와 출생

『宋史』太祖本紀(태조본기)에 의하면 태조 趙匡胤(조광윤)의 조상은 涿郡(탁군)출신이다. 탁군은 현재의 하북성 탁현으로 漢代이래 景勝(경승) 제일의 명소이고 교통의 요지이다. 역대 왕조가 동북지방을 경략할 때는 반드시 이곳을 거쳐서 나아갔다.

조광윤의 조상에 대해서는 『宋史』에 비교적 자세히 있다.[1]

조광윤의 부친 趙弘殷(조홍은)은 용감하고 무예에 뛰어난 武人이다. 일찍이 鎭州(진주)군벌 王鎔(왕용) 휘하에 있었으나 진주군벌이 쇠퇴한 후, 山西군벌 李存勗(이존욱)에게 그 용맹을 인정받아 친위대의 무장으로 발탁되었다. 後漢 隱帝(후한 은제)때 王景崇(왕경숭)이 반란을 일으키자 조홍은이 정벌군에 가담하여 공을 세워 護營都指揮使(호영도지휘사)로 승진하였다. 후주시대 각 곳의 지휘사를 거쳐 남당 토벌당시 侍衛親軍(시위친군)의 馬軍副都指揮使(마보군도지휘사)가 되었다.

조홍은의 경력은 진주군벌의 병사로 시작하여 후당의 금군으로, 그리고 후진, 후한, 후주의 4왕조를 거쳐 금군의 지휘관으로 승진하기

---

1) 『宋史』권 1 太祖本紀에 趙匡胤의 4代祖는 趙朓(조조)이다. 唐代에 永淸·文安·幽都의 현령을 역임하였다. 이 3현은 모두 涿縣(탁현)에 가까운 지역이다. 증조부 趙珽(조정)은 幽州의 藩鎭 속관으로 兼御使中丞을 역임하고, 조부 趙敬(조경)은 營州 徑州 刺史를 지냈다.

까지 자기 힘으로 출세한 무장이다. 그는 출세하기 훨씬 전에 하북지
방 定州 호족의 딸 杜氏와 결혼하였다. 그가 杜氏와 결혼하게 된 인
연에 대하여 宋代의 수필기록에는 다음과 같이 전해오고 있다. 즉,

어느 겨울날 조홍은이 길을 가다가 杜家莊(두가장)의 문 앞에서
눈을 피하고 있을 때, 그 집 하인이 그를 집안으로 안내하여 음식대
접을 받았다. 이때 집주인 杜爽(두상)이 그의 관상을 보고 귀인이 될
상임을 알고 長女를 그에게 출가시켰다고 있다. 두 사람 사이에 3남
3녀가 탄생하였는데, 장남(光濟)은 일찍 죽고 차남 광윤(宋太祖), 삼
남 匡義(宋太宗)를 두었다. 4남 廷美와 5남 匡贊(광찬)은 杜씨 소생
이 아니다.

태조 趙匡胤은 後唐의 天成2년(927) 2월 16일에 당시의 수도 洛陽
의 夾馬營(협마영)에서 태어났다. 협마영은 甲馬營(갑마영)이라고도
하며, 금군의 군영이다. 당나라 후기에는 군벌 편제에 협마도라는 부
대가 있었고, 후량에서도 금군의 협마부대가 있었다.

2) 史書에 보이는 趙匡胤(조광윤)의 성격

조광윤에 대한 역사적 기록은 『宋史』의 太祖本紀를 비롯하여 많은
역사물이 있다. 史書에서는 太祖(趙匡胤)의 인간성에 대해 聰明豁達
(총명활달), 神武英斷(신무영단), 寬仁多恕(관인다서), 孝心友愛(효심
우애) 등의 표현을 하고 있다.[2]

太祖의 용모는 方面大耳하여 얼굴은 사각으로 넓고 커다란 귀(福
耳)를 가지고 있는 용모로써 중국역대 皇帝중에 뛰어난 威容(위용)
을 갖추고 있는 인물이다.

---

2) 『宋史本紀』卷1 太祖條에 後唐 天成二年 生於洛陽夾馬營 容貌雄偉器度豁
如 識者知非其常人이라고 있다.

　조광윤은 어려서 일반가정의 아이들과 같이 서당에 가서 공부를
하였고 그의 스승은 辛文甫(신문보)이다. 조광윤이 천자가 된 후에
신문보를 불러서 관직을 주었는데 호북성 房州 知事로 임명하여 어
릴 적 스승님에 대한 은혜를 보답하였다. 신문보 이외에 자기 집 앞
에 陳선생이 생도를 가르치고 있었는데 부친은 광윤을 그 서당에도
보내어 陳선생에게 배우도록 하였으나 너무 엄격한 교육방침 때문에
조광윤은 陳선생을 그다지 좋아하지 않았다고 한다.

　청년이 된 조광윤에 대해서는 도량이 넓고 큰 인물로 성장할 것이
라고 전하고 있다. 그는 무술에 뛰어나서 활을 잘 쏘고 말도 잘 탔다.
처음 그는 직업을 구하기 위하여 각지의 군벌을 찾아 다녔다. 호북성
復州의 군벌 王彦超(왕언초)의 군영에 이르렀을 때, 왕언초는 그에게
약간의 노자돈을 주고 쫓아버렸다. 조광윤이 천자가 된 후에 왕언초
를 초대하여 酒宴(주연)을 베푸는 자리에서,

　「왜 그때 나를 고용하지 않고 쫓아냈는가.」라고 물으니 왕언초가
말하기를 「그때 나는 일개 지방관에 지나지 않았습니다. 그러한 지방
관의 조그마한 祀杓(사표)속에 神龍(신용)을 가두어둘 수 있겠습니
까. 만약 그때 폐하를 제가 거두어 드렸다면 오늘날의 폐하는 없었을
것입니다.」라고 대답하니 태조가 크게 웃었다고 한다.

　왕언초로부터 쫓겨난 趙匡胤은 호북성 隨州(수주)에 있던 董宗本
(동종본) 휘하에 들어갔으나 뜻이 맞지 않아 그곳을 떠났다. 그 후
襄陽(양양)의 寺院에 유명한 승려가 그를 보고 말하기를 북쪽으로
가면 귀한 사람을 만나고 일자리를 얻을 수 있을 것이라고 하였다.
그때 郭威(곽위)(후주의 태조)가 병사를 모집하고 있었는데 거기에
응모하여 그 휘하에 들어갔다. 그 후 柴榮(후주의 세종)에게 발탁되
어 개봉부 소속의 馬直軍使에 임용되었다. 이리하여 그는 황제 휘하

의 중앙군의 무장이 되었다. 柴榮(시영)의 신임을 얻게 된 것은 장차
宋을 건국할 수 있는 터전을 마련한 것이다. 앞서 왕언초가 말한 바
와 같이 그가 만약 호북의 작은 군벌에 몸을 맡기고 있었다면 송의
창업은 불가능하였을 것이다.

태조는 결단력이 있고 대인관계에 관대하고 효심이 많았다. 또한
智謀가 뛰어나고 엄숙하며 말수가 적고, 글 읽는 것을 좋아하여 軍中
(군중)에서도 손에서 책을 놓지 않았다고 있다.

황제가 된 후에는 밤에 微行(미행)을 했다거나 일을 잘못 판결한
경우 오랫동안 심난해 하는 모습, 또는 동생 태종이 병에 걸렸을 때
직접 치료해 주며 함께 고통스러워 하였다는 일화도 있다.

宋태조의 성격에 대해서는 중국의 소설과 武勇傳『飛龍記』와 연극
등에 많이 등장한다. 그의 인품에 대해서는 豪放하고 寬容하며 의리
가 있고 약한 자를 도와주는 인물로 묘사하고 있다. 또한 그가 술을
대단히 즐기는 豪酒家(호주가)로 알려져 있다.

趙匡胤(조광윤)은 武人이었으나 독서를 즐겼다. 그가 후주 세종을
따라 江淮(지금의 淮河유역)을 평정할 때 어떤 자가 후주 세종에게
밀고하기를, 조광윤이 몇 대의 수레에 몰래 물건을 실어 나르는데 그
것이 모두 재물이라고 하였다. 세종이 사람을 보내서 조사하니 수레
에는 몇 천 권의 책이 있을 뿐이었다. 세종이 그에게,

「너는 장수인데 책이 무슨 소용이 있느냐」고 물었다. 조광윤이

「저는 폐하에게 좋은 계책을 드리기 위해 책을 많이 읽고 견식을
쌓을 수밖에 없습니다.」라고 대답하였다.

趙匡胤은 황제가 된 후에도 문인을 중용하였다. 그는 어려운 문제
에 봉착하여 재상 趙普(조보)에게 물었으나 조보가 답하지 못하자
다시 학사 陶穀(도곡)·竇儀(두의)에게 질문하니 이들이 정확하게

대답하자 趙匡胤은

「앞으로 재상은 반드시 문인을 등용할 것이다」3)라고 하였다. 「藝組革命하여 먼저 文吏를 登用하여 武臣의 權을 박탈하였다. 宋代의 尙文의 端은 여기에 根本한다.」4)

宋代 문치주의 정책은 태조의 독서생활과 관계가 깊다. 趙匡胤은 문신과 장수들에게 책을 많이 읽어 부족한 점을 채우라고 격려하니 조보 또한 그 격려를 받고 손에서 책을 놓지 않게 되었다고 한다.5)

태조는 사람을 등용함에 그들의 과거를 묻지 않았다. 그의 인재등용정책은 실력이 있고 재능이 뛰어난 인물위주로 선발하였다. 또 자신도 수시로 백관들을 주의 깊게 살피고 그들의 장점과 재능을 기록하여 두었다가 관직에 빈자리가 날 때면 그 기록을 보고 인물을 선택하여 등용하였다. 이러한 그의 국정운영 방침은 신하들로 하여금 열심히 정무에 임하고 자기의 수준을 높이도록 노력하게 만드는 결과를 가져왔다. 태조는 특히 후주의 유족에 대해 관대한 대우를 하였는데, 이는 태조의 관대한 성격과 밀접한 관계가 있다.6)

그러나 태조는 관료사회의 기강을 바로잡아 나가는 과정에서 嚴刑主義(엄형주의)를 채택하기도 하였다. 『宋史』 太祖本紀에는 전쟁 중에 큰 실수 또는 不忠과 不法, 殺人罪(살인죄) 등에 대해서는 棄市刑(기시형)이나 斬刑(참형), 杖殺刑(장살형)을 적용하고, 특히 관료의 뇌물수수죄는 처벌을 엄하게 하여 太祖 末年까지도 贓吏(장리)를 엄형으로 다스리고 있다. 이와 같은 엄형주의는 五代 사회에 만연되어 내려오던 관료사회의 弊風(폐풍)을 바로 잡으려는 의도에서 채택된

---

3) 『宋史』卷1 太祖本紀
4) 『宋史』卷339 文苑傳序
5) 『宋史』卷256 列傳15 趙普
6) 『二十二史箚記』卷25 宋待後周之厚條

것이다. 뇌물을 받은 대부분의 관료들을 棄市(기시)라는 重刑(중형)을 채택한 것은 특히 五代의 贓吏(장리)의 악습을 宋代에서는 철저히 제거하려는 강한 통치자의 성격이 담겨져 있다.[7] 이는 五代에 널리 유행하던 관료의 부패를 척결하기 위한 정책이다. 五代 관료사회는 특히 부패한 贓吏(장리)가 만연하였는데 태조는 宋代관료기강을 바로세우기 위해 장리처단을 위선적으로 추진한 것이다.

3) 태조의 豪酒(호주)

태조의 성격 일면을 살피는데 그의 豪酒(호주)를 빼놓을 수 없다. 『宋史』本紀에는 그의 성격을 가리켜 器度豁如(기도활여)하고 豪放豁達(호방활달)이라고 표현하고 있다. 이것은 그의 성품이 활달함을 가리키는 것이며 이러한 호탕한 성격은 술과 관계가 있다. 태조는 술을 대단히 애호하고 스스로도 술은 하늘이 내린 美祿이라고도 칭하고 宴會에 나가 밤새도록 술을 마시면서 즐겁게 환담을 하였으나 후회한 적이 없다고 할 정도로 술을 즐겼다.

태조의 술에 얽힌 일화는 많다. 陳橋驛 政變(진교역 정변)에서는 술에 취해서 군사들이 병란을 일으키는 것을 몰랐고 宋을 건국한 후에 절도사의 무장을 해제할 때 술좌석에서 杯酒釋兵(배주석병)으로 절도사의 무장을 해제하였고, 신하들이 술좌석에서 실수를 해도 너그럽게 이를 대하였다. 태조가 사망할 때도 술에 만취하여 突然死(돌연사)하였다는 사건 등이 태조의 술에 얽힌 이야기들이다.

태조의 이러한 豪酒(호주)의 일면에는 또 다른 그의 성격이 있다. 그것은 그가 황제로 즉위한 후에도 혼자서 수도 開封의 거리를 걸으

---

7) 同上 卷24. 宋初嚴懲贓吏條

면서 민정을 시찰하는 일이 때때로 있었다. 侍從이 이를 만류하여 황
제는 경솔하게 외출하면 위험하다고 간하였지 만은 황제가 된 것은
하늘의 뜻에 의한 것이기 때문에 누가 나를 해하겠는가라고 태연하
게 대답하였다.

태조가 밤중에 자주 찾아간 곳은 재상 趙普(조보)의 집이었다. 방
문할 때는 예고없이 갑자기 찾아 갔기 때문에 趙普는 궁정에서 집으
로 돌아온 후에도 의관을 벗지 않고 태조가 돌연 방문할 것을 기다
릴 정도였다.

이와 같은 태조의 夜半微行(야반미행)을 王夫之는 『宋論』에서 어
리석은 행동이라고 비판하고 있다.[8] 그러나 태조의 호탕한 성격은
술좌석에서 국가의 대사를 결정하였는데 이것은 그의 야성적인 성격
을 잘 나타낸 것이다. 반면에 술을 좋아하는 사람들의 일반적 현상은
술의 힘을 빌려서 중요한 문제를 결정하고 자신의 정신적 약함을 달
래려고 하는 면이 있는데 태조역시 자기의 마음을 술에 의지한 경우
가 많다. 태조는 나라를 창업하고 황제권을 강화하여 五代의 혼란을
수습한 인물이지만은 동생 태종과 같이 절대군주로서의 자신있는 행
동을 하지 못하고 국가의 중요정책은 재상 趙普(조보)와 상의하는
일이 많았다. 밤중에도 정신적 고독을 조보와 함께 시간을 가짐으로
써 정신적 위로를 받았다.

4) 太祖의 성격과 後周에 대한 관용정책

태조의 성격이 宋初의 여러 정책에 그대로 반영되었는데 그의 寬
刑(관형)정책과 嚴刑(엄형)정책에서 잘 나타나 있다.

---

8) 『宋論』卷1 太祖

관형의 대표적 예가 전왕조 후주에 대한 관용주의정책으로 후주의 후손들을 厚待하였음을 들 수 있다. 중국역대왕조에서는 전왕조의 왕족이나 朝臣에 대해서는 가혹한 처벌을 내리는 것이 일반적이다. 後梁의 태조(주전충)가 唐의 왕족과 대신을 살해하여 白馬河에 수장한 것은 그 좋은 예이다. 그러나 태조 조광윤은 宋을 건국한 후, 후주의 恭帝 및 符태후를 西宮에 옮기고 제호를 鄭王으로 하고 부태후는 周태후로 대접하였다. 또 후주의 六廟(육묘)를 西京에 만들고 후주의 宗正 郭玘(곽기)로 하여금 제사를 올리도록 하였다. 개보6년에 후주의 공제(정왕)가 죽자 태조는 소복발해하고 10일간 輟朝(철조)하고 후주 세조의 慶陵(경능) 곁에 안장한 후, 順陵이라 하였다. 태조의 이러한 후주에 대한 극진한 대우는 宋一代에 걸쳐 계속되었다. 이는 태조의 넓은 도량이 가져온 관대한 정책이라 하겠다.[9]

5) 송태조의 불확실한 성격

이상과 같이 『宋史』를 비롯한 史書에서는 太祖(趙匡胤)의 인간성에 대해 聰明豁達(총명활달), 神武英斷(신무영단), 寬仁多恕(관인다서), 孝心友愛(효심우애) 등의 표현을 하고 있다.[10] 이것은 太祖의 성품을 미화한 것으로 이러한 史書의 내용은 태조뿐만 아니라 이후 宋代의 역대 황제의 성품에 대한 일반적 서술형식이다.

그러나 창업군주로서의 太祖의 성품에는 실제로 여러 가지 불확실한 점이 많다. 일반적으로 中國역대의 창업군주의 성격적 특징은 과단성과 냉혹성, 그리고 과감한 자신감을 들 수가 있다. 그런데 太祖

---

9) 『二十二史箚記』 卷25 宋待周後之厚條 참조.
10) 『宋史本紀』 卷1 太祖條에 後唐 天成二年 生於洛陽夾馬營 容貌雄偉器度豁如 識者知非其常人이라고 있다.

의 성격에는 이러한 면모가 확실하게 드러나 있지 않고, 관대하며 好
酒家이고 결단력이 부족한 면모를 여러 곳에서 살필 수가 있다. 몇
가지 예를 들면 다음과 같다.

먼저 宋의 건국에 얽힌 일화를 꼽을 수 있다. 960년 진교역정변이
일어났을 당시 조광윤은 술에 취하여 신하들이 일으킨 정변사실을
모르고 있었다고 전한다. 中國역사상 창업군주가 국가를 일으킬 때
당사자인 太祖가 그 사실을 알지 못하고 醉臥(취와)상태에 있었다는
예는 宋이전에도 없고 宋이후에도 없는 일이다. 물론 이러한 일화를
그대로 신뢰하기는 어려운 일이고 이것이 千秋의 疑案(의안)으로 아
직도 수수께끼로 남아있는 것은 바로 太祖의 성격과 관계가 깊다고
생각된다. 적극적으로 혁명을 주도하고 신하들을 지휘하여 창업을 이
끌어나가지 못한 성격의 일면을 보여주는 것이 아닌가 생각된다.

다음으로 太祖의 성격의 일면을 살필 수 있는 것이 宋을 건국한
후 절도사들의 무장을 해제하는 이른바 杯酒釋兵(배주석병)사건이다.
잘 알려진 바와 같이 太祖는 어느 날 절도사들을 불러모아놓고 그들
이 반역을 일으키지 않을까 불안한 마음을 설명하면서 잠이 오지 않
는다고 절도사들에게 호소하였다. 이에 대해 절도사들은 태조의 뜻을
알고 스스로 무장을 해제하고 지방으로 내려가 중앙집권적 문치주의
를 달성할 수 있게 길을 열어주었다. 여기에서도 太祖는 자신의 불안
한 마음과 신하들이 정변을 일으키지 않을까 전전긍긍하는 모습으로
묘사되고 있다. 이것은 趙匡胤(조광윤)의 자신감과 과감성이 부족한
면이 아닌가 한다.

또한 太祖는 건국 후에 야밤에 자주 宮밖으로 나가 微行(미행)을
하고 宰相 趙普(조보)의 자택을 찾아가서 大事를 의논하였다. 이것은
절대군주답지 못한 행위라고 王夫之는 비판하고 있다.[11] 太祖의 중

요한 정책, 즉 진교역정변, 배주석병, 문치주의정책, 先南後北策 등 중요국사를 趙普와 그리고 동생 趙光義(太宗)의 건의에 의하여 결정된 사실은 太祖의 성격이 결단력이나 과감성에서 부족한 바가 아닌가 생각된다.

특히 세자책봉을 하지 않고 사망한 사실은 太祖의 성격과 밀접한 관계가 있다. 太祖에게는 성장한 두 아들(덕방·덕소)이 있었으나 그들을 太子로 책봉하지 않고 돌연 사망하였다. 中國역사상 창업군주가 자기아들에게 帝位를 물려주지 않고 세자책봉을 미루어둔 채 사망하여 황제위가 동생에게 내려간 역사적 사실은 드물다. 따라서 세자책봉 문제를 보아도 太祖의 성격은 적극적인 면이 부족하다고 생각된다.[12]

太祖의 술에 얽힌 일화는 대단히 많다. 진교역정변 당시 술에 취해 있었고 절도사의 무장을 해제할 당시에 杯酒釋兵(배주석병), 그리고 太祖의 돌연한 사망과 술과의 관계 등을 생각해볼 때 太祖와 얽혀있는 중대한 역사적 사건이 술과 밀접한 관계가 있는 것을 보면 그는 지성적 정치가라기보다는 감성적 성격의 인물이라 하겠다. 따라서 太祖가 문치주의 군주독재체제를 구축한 皇帝로 평가되고 있으나 동생 太宗처럼 절대군주로서 자신 있는 행동이 부족하고 국정을 과감하게 추진하지 못한 점으로 미루어볼 때 그의 성격은 너그럽고 관대하여 독재군주로 보기에는 문제가 많다.

---

11) 『宋論』卷1 太祖
12) 宮崎市定은 宋太祖를 日本戰國時代를 통일한 豊臣秀吉에 비유하고 後周의 世宗은 織田信長, 그리고 宋太宗을 德川家康에 비교하고 있다.(宮崎市定 앞의 『アジア史研究』 第1「北宋史槪說」) p.228 참조. 그러나 太祖의 성품은 豊臣과는 일치하지 않는 면이 많다.

6) 太祖시대의 명신 趙普와 皇帝權

태조시대의 명신으로 趙普(조보)를 들 수 있다. 조보는 태조를 도와 권력을 올바른 방향으로 행사하고 송을 창업하는데 힘을 기울였기 때문에 五代의 혼란을 종식시키고 문치주의 송조의 중앙집권체제를 구축하는데 중요한 역할을 하였다.

宋을 건국하는 진교역 정변에서부터 절도사의 무장해제를 단행한 「杯酒釋兵」(배주석병), 그리고 대외정책의 우선순위에서 「先南後北」정책 등을 채택하는데 조보가 관여하고 있다.

조보는 幽州의 薊(계)지방(하북성) 출신으로 그의 부친 趙廻(조회)는 조보의 소년시절에 거란의 남침을 피하여 일족을 데리고 洛陽으로 피난을 내려왔다. 조보는 성격이 沈厚誇言(침후과언)하였다. 그의 뛰어난 인물됨을 알고 있었던 낙양의 호족 魏氏가 그의 딸을 조보와 결혼시킨 일화는 조보의 사람됨을 알 수 있다.

後周 世宗의 치세 초기에는 永興軍 절도사 劉詞(유사)의 從事가 되었다. 유사가 사망할 때 병상에서 조보를 조정에 추천하였고 다시 재상 范質(범질)의 추천에 의하여 趙匡胤 휘하의 군사 判官이 되었다. 조보와 趙匡胤과의 첫 만남이다. 태조는 조보를 대면하였을 때 그의 인물이 奇하다고 생각하였고 조보가 뛰어난 인물임을 직감한 것이다. 그 후 조광윤은 조보에 대하여 절대적 신뢰를 하고 渭州절도사가 되었을 때 조보를 節度推官(절도추관)으로 중용하였다. 이어서 宗州로 그 직을 옮겼을 때 그를 節度掌書記(절도장서기)에 임명하였다.

태조의 부친 趙弘殷(조홍은)이 南唐공략에 참전하여 西軍副都指揮使(서군도지휘사)로 종군할 때 전쟁 중에 병을 얻게 되자 조보는 헌신적으로 조홍은의 병을 간호하게 되었다. 이것이 한층 조보와 조광윤의 관계를 두텁게 만드는 계기가 되었다.

趙普가 송의 건국 공신으로서 큰 역할을 담당한 일중에는 특히 태조의 문치주의를 적극 지원하고 중앙집권 체제를 강화한 일이다. 즉 强幹弱枝(강간약지) 정책을 실천에 옮긴 일이다. 또 태조에게 북한정벌을 뒤로 미루고 먼저 강남의 여러 나라를 토평하는 것이 득책이라는 先南後北策을 들 수가 있다.

태조와 조보사이에는 많은 일화가 전해오고 있다. 태조는 밤에 몰래 宮을 빠져나와 도성을 혼자 미행하는 일이 많았고 이때 찾아가는 집이 조보의 사저이다. 조보는 太祖가 밤에 아무 예고도 없이 자주 찾아오기 때문에 집에 돌아와서도 옷을 벗지 않고 긴장하면서 대기하고 있었다. 눈이 많이 오는 밤에 조보는 이런 눈 오는 날에는 설마 태조가 찾아오리라고 생각하지 않고 편안히 잠을 청하려 하는데 돌연히 태조의 방문을 받았다.

당황한 조보가 「이렇게 눈이 많이 오는데 어인 일로 오셨습니까.」라고 묻자 북한과 남당의 어느 쪽을 먼저 정벌해야 하느냐는 대외정책을 묻자 조보는 先南後北 정책을 건의하였다고 한다.

太宗 즉위 초에 조보는 金匱豫盟(금궤예맹) 사건을 太宗에게 상주하였다.[13] 太宗은 이를 크게 기뻐하고 조보를 司徒 겸 侍中으로 발탁하였다. 太宗이 조보에게 「그대는 학문을 별로 하지 않았는데도 태조, 그리고 지금까지 고관에 올라간 것은 무슨 까닭인가」라고 물으니 조보가 대답하기를 「신이 읽은 책은 『論語』뿐입니다. 절반을 가지고 태조를 섬겨 천하를 평정하였고 아직 『논어』의 반은 사용하지 않고 있기 때문에 폐하를 도와 태평을 이룰 수 있을 것입니다」라고 말한 것은 유명한 일화이다.

---

13) 梁鍾國 「北宋初 三代疑案의 내용과 성격 - 太祖, 太宗의 帝位繼承문제와 관련하여」-『宋遼金元史硏究』제 3. 1999 참조

Ⅱ. 太祖의 중앙집권적 문치주의정책

1) 태조의 절도사 무장해제

송태조는 건국 후 2년이 되는 건융2년 7월에 절도사의 무장해제를 단행하였다. 그는 황제의 보위에 올랐으나 五代와 같이 절도사들이 자신처럼 부하들에게 옹립되어 황제위에 오를 것에 대해 심각하게 고민하고 있었다. 그 자신이 군사력으로 후주를 빼앗았는데 다른 장수들이 같은 방식으로 그를 물리칠까 걱정이 되었다. 그는 절도사의 무장해제를 단행하기 위하여 殿前都占檢(전전도점검)직을 폐지하고 「杯酒釋兵」(배주석병)으로 절도사의 병권을 회수하였다.[14] 어느 날 금군장군 石守信 등을 불러서 후화원에서 태조가 연회를 베풀어 그들을 대접하였다. 술이 세 순배 돌자 태조는 일부러 수심이 가득 찬 얼굴로 입을 열었다.

「과인은 여러분의 힘이 아니었으면 오늘의 황제가 될 수 없었소. 여러분들의 공로와 은혜를 잊을 수가 없소. 그러나 황제가 되고난 후에는 차라리 일개 지방을 다스리는 절도사가 훨씬 낫다는 생각이 부쩍 드니, 나도 왜 그런지 모르겠소. 밤마다 불안하고 매사에 즐거움이 없소.」 石守信 등이 황급히 그 연고를 물으니 태조가 말하기를 「확실한 것은 아니지만, 누군들 황제가 되고 싶지 않겠는가.」 石守信 등은 이 말을 듣자 놀라 어쩔 줄 모르면서 분연히 말하였다. 「폐하, 어찌하여 그런 말씀을 하시나이까. 천명이 이미 내려졌는데 누가 감히 모반을 꿈꾸겠습니까.」 이에 태조가 단호히 말하기를[15]

---

14) 『宋史』 卷1, 太祖本紀. 및 『續資治通鑑長編』(이하 『長編』이라 略함) 卷2 乾隆 2年7月 庚午條
15) 『宋史』 卷1, 太祖本紀.

「그렇지 않소. 그대들이 비록 두 마음을 가지지 않았다 하더라도, 그대들의 부하가 충동질하면 어쩌겠소. 느닷없이 뒤에서 황포를 걸쳐 준다면 어쩔 수 없어 모반을 하지 않을 수 없을 것이오.」 여러 장수 들은 이 말을 듣자 모두 놀라 자리에서 일어나 엎드려 조아리면서 태조에게 어떻게 하였으면 좋을까 방도를 물었다. 그때 태조는 마음 속에 있는 자기의견을 피력하였다.

「인생은 눈 깜짝할 사이에 지나가는 법. 부귀영화도 잠깐일 뿐이 오. 진정한 즐거움은 평생을 편하게 지내고 자손들을 굶기지 않고 행 복하게 살도록 하는 것이오. 여러분들은 조용히 병권(兵權)을 내놓고 지방에 내려가 좋은 땅과 집을 사고 자손들을 안돈시키는 일이요. 과 인이 여러분 가문과 혼인을 한다면 군신 사이에 의심이 없어지고 위 아래로는 서로 안심할 수 있으니 이 아니 좋겠소.」여러 장수들은 태 조의 심중을 헤아리고 물러나와 병을 핑계로 兵權을 반납하였다. 태 조는 기뻐하며 그들을 지방절도사로 내려 보냈다.

태조는 몇 잔의 술로 손쉽게 금위군의 지휘권을 회수할 수 있었는 데 이는 뛰어난 정치수완으로 전해오고 있다.

태조는 지방관의 권한을 약화시키기 위하여 직속 문관을 파견하여 州郡의 장관을 맡게 하고 통제하기 어렵던 절도사를 정리하였다. 또 지방의 州에 장관인 知州를 두고 이를 감독하는 관료로 通判을 설치 하여 양자가 서로 견제하도록 하여 지방장관들의 권력을 약화시켰다. 그리고 轉運使(전운사)를 설치하여 지방의 재정을 관리하게 하고 각 주의 稅收는 정상적인 경비지출 이외에 나머지는 모두 京師로 올려 보내게 하고 지방에는 남기지 못하게 하였다. 이리하여 중앙의 재정 수입이 증가하였을 뿐만 아니라 지방에서 중앙에 대항할 재정적 여 유를 가질 수 없게 하였다. 태조는 禁軍(금군)강화책을 써서 지방의

군인 가운데서 정예병을 뽑아 중앙의 금군에 귀속시킴으로써 중앙군을 강화하였다.

2) 太祖의 성격과 대외정책

宋초기에 지배한 지역은 黃河·淮河유역 일대에 불과하였다. 송의 북방에는 北漢과 契丹이, 그리고 서쪽으로 後蜀이 있었다. 남쪽에도 南唐·吳越·荊南·南漢 등 여러 나라가 분립하고 있었다. 각 국은 독립적인 세력을 가지고 있었으나, 송조의 정세를 살피는 형국이었다.

태조와 재상 조보는 아주 중요한 대화를 나누었다. 즉,

「나는 먼저 北漢의 도읍 太原을 공격하고자 한다.」하니 조보는 아래와 같이 말하였다.

「北漢은 契丹의 후원을 받고 있으므로 공격한다면 해만 되고 이득이 없습니다. 설사 北漢을 멸망시키고 독자적으로 契丹의 강대한 압력을 감당하려 하신다면 北漢을 놓아두고 북한으로 하여금 契丹을 방어토록 함이 선책 입니다. 그보다는 역량을 집중하여 남방 여러 나라를 멸망시킨 다음에 다시 북방에 힘을 기울이기만 못하나이다.」 조보의 말은 태조로 하여금 최종적으로 「先南後北」·「先易後難」의 전략방침을 정하도록 한 것이다.[16]

이리하여 통일을 위한 군사활동은 강남지방의 南平國(荊南)과 楚國(초국)(湖南)의 평정으로부터 시작되었다. 江南을 정복한 후 항복한 王들을 관용으로 대하고 罪囚(죄수)를 감형 또는 석방하고, 租稅(조세)를 감면시키며 兵士의 歸農을 허락하였다. 뿐만 아니라 그곳의 지방통치는 五代의 관리를 그대로 활용토록 허락하였다. 이러한 점령

---

16) 同上『宋史』, 卷3, 太祖本紀.

정책은 그 후의 諸國 平定에 그대로 적용하였다. 다만 四川地方의 後蜀 정벌 때에는 王全斌(왕전빈)이 이끈 점령군의 착취로 四川民衆의 고통이 심하다는 호소도 있어서 使臣을 파견해 실태를 조사시키고 王全斌의 죄를 문책하여 파면하였다.[17] 이후 南唐정복 시에는 인민에게 잔학한 행위를 못하도록 總大將(총대장)인 曹彬(조빈)에게 지시하였다. 그 결과 宋의 南唐支配는 순조롭게 진행되어 四川과 같은 혼란은 일어나지 않았다. 한편, 南唐 征服(정복)으로 南中國에는 浙江(절강)지역의 吳越(오월)과 福建의 陳洪進 정권만 남았으나 이들은 자립할 수 있는 國勢를 지니지 못하였다.

太祖의 관대한 성품은 吳越王 錢俶(전숙)이 來朝했을 때 宰相 이하 모든 사람들이 錢俶을 억류시키고 그 땅을 取할 것을 청했으나 太祖는 듣지 않고 그를 귀국시켰다. 그가 귀국할 때 그의 억류를 상소한 群臣들의 글 數十 통을 동봉해 보내며 도중에 읽어보도록 했다. 전숙이 그것을 읽고 두려움을 느껴 江南이 평정되자 스스로 영토를 바칠 결심을 하였다.[18] 吳越王 전숙에 대한 이러한 대우는 太祖의 과감하면서도 대담한 성품이 그대로 반영된 것이다.

開寶 2年(969) 2月에 北漢 조정에서 왕위계승의 분쟁이 일어나자 태조는 北漢을 親征하였으나 北漢은 遼(契丹)와 연합하여 대항하였으므로 장기전에 접어들었기 때문에 철군하였다.[19]

---

17) 『『宋史』, 卷3, 本紀 論贊條.
18) 『宋史』, 卷3, 本紀 第3, 太祖 3, 贊曰條.
19) 당시의 撤軍은 太常博士 李光贊의 上言으로 宰相 趙普의 뜻에 따라 이루어졌다. 程光裕, 『宋太祖對遼戰爭考』(臺灣商務印書館, 1972) 참조.

Ⅲ. 太祖의 洛陽 遷都論(천도론)

太祖는 만년에 洛陽으로 천도할 계획을 세웠다.[20] 즉, 開寶9년 (976) 4월에 太祖가 낙양으로 천도할 뜻을 가지고 그것을 의논토록 하였다.[21] 태조의 낙양천도 이유로는 태조가 낙양에서 태어났고 그곳의 土風을 좋아하여 천도의 뜻을 가지고 있었다. 이때, 起居郞 李符(이부)가 上書하여 낙양천도 八不可論을 개진하였다. 즉,

낙양이 이미 퇴락하였고, 궁궐이 없으며, 郊廟(교묘)가 마련되지 못하고, 百官이 갖추어져 있지 않고, 畿內의 백성이 곤궁하며, 軍糧이 충분하지 못하고, 성벽이 정비되지 않고, 황제가 그곳에 기거하기에는 기후가 너무 무덥다는 여덟 가지를 上書하였다. 그러나 태조는 그 것에 따르지 않고 이미 祀事를 마치고 그곳에 머물고자 하니, 群臣들이 더 이상 諫하지 못하였다. 이때 鐵騎左右廂指揮使(철기좌우상지휘사) 李懷忠(이회충)이 아뢰기를, 「東京(開封)은 汴渠(변거)의 漕運(조운)이 있고 해마다 江淮의 미곡이 운하를 통하여 數百萬 斗에 이릅니다. 都下의 兵數 또한 十萬에 이르고 그들의 給料가 충족합니다. 폐하가 이곳에 있으면 장차 편안함을 얻을 수 있고 또한 府庫重兵이 모두 大梁(開封)에 있으니 근본의 안정됨이 이미 오래 되었습니다. 함부로 천도하려고 한다면 臣은 진실로 그 편리함을 찾지 못할 것입니다.」라고 하였으나 태조는 이도 듣지 아니하였다.

이때, 晉王(태종)이 말하기를, 「천도는 옳지 않습니다.」 라고 하니, 태조가 말하기를 「河南(開封)에 수도를 정한 것이 오래되지 않았으니 마땅히 낙양으로 천도할 수 있다.」라고 하니, 진왕(태종)이 머리

---

20) 宮崎市定 『アジア史 研究』第1 讀史箚記 p.445 「五代の國都」 참조.
21) 『長編』卷17 開寶9년4月條

를 조아리면서 切諫(절간)하였다. 태조가 말하기를, 「내가 장차 서쪽으로 도읍을 옮기려고 하는 것은 다른 뜻에 있지 않고 山河의 勝氣(승기)에 의지하여 冗兵(용병)을 없애고 周·漢의 故事에 따라 天下를 安頓시키려는데 있을 따름이다.」진왕(태종)이 다시 말하기를, 「정치는 덕에 있는 것이지 산하의 험준함에 있지 않습니다.」라고 말하면서, 밖으로 나왔다. 이때 태조가 좌우를 돌아보며 말하기를, 「진왕(태종)의 말이 참으로 옳다. 지금 그의 말을 쫓으려 한다. 그러나 開封에 도읍을 하고 있으면 백년이 지나지 않아 천하의 民力이 다할 것이다.」라 하였다.

이 사실에 의하면 태조의 천도 뜻은 지정학적 뜻에 있는 것 같다. 즉, 태조가 천도를 하고자 한 본뜻이 산하의 험준함에 의해 개봉이 수비하기에 어렵고 낙양이 수비하기에 좋다고 판단한 것이다. 다만 개봉의 운하이점을 잘 알지 못한 것이다. 그러나 태조의 말과 같이 백년이 지나지 않아 民力이 다할 것이라고 판단한 것은 宋의 대외관계로 볼 때, 적중한 말이라고 생각된다. 왜냐하면 宋은 거란의 끊임없는 침략에 의하여 지정학적으로 수도 경비가 어려워졌고, 다음 태종 이후 禁軍이 해마다 증가하여 국가재정을 어렵게 하여 民力을 소진한 결과를 가져왔기 때문이다. 실제로 宋의 수도 개봉은 그 지리적 위치가 사통팔달로 열려있어서 방어하기에는 극히 어려운 자연적인 조건을 가지고 있고, 長安이나 洛陽에 비하면 외민족의 침략을 막아내기 힘든 지역성을 가지고 있다. 때문에 태조의 서도천도는 이러한 면을 고려한 것이 아닌가 생각된다.

宋의 遷都論(천도론)은 진종시대에 거란의 남침을 당하여 王欽若(왕흠약)이 강남으로 천도할 것을 주장하였고, 陣堯廋(진요수)의 촉지방천도 주장도 있었다. 그러나 이 당시의 천도론은 거란의 남침을

당한 위급한 상태를 모면하기 위한 천도론으로 寇準(구준)에 의하여
저지되었다.

제2절 太宗의 황위 계승과 중앙집권국가의 완성

I. 太宗 황위계승의 정치사적 의미

五代의 잦은 왕조 교체는 宋의 건국으로 일단 종식되었다. 그런데 宋朝 3백여 년간의 정치적 안정을 이룩할 수 있었던 것은 太宗의 공이 크다. 그 이유는 다음 몇 가지로 정리할 수가 있다.

먼저, 太宗이 태조에 이어 황위를 계승할 순번은 객관적으로 볼 때 그리 확실한 것은 아니었다. 물론 형님인 태조 趙匡胤(조광윤)을 도와 진교역정변을 성공적으로 완수하여 송을 건국하는데 공로가 있기는 하지만 그것은 황위 계승이라고 하는 권력승계 문제에서는 반드시 플러스 작용만을 하는 것은 아니다. 중국 역대의 창업 군주들이 국가 창건에 공이 큰 왕자나 측근들을 왕조 수립 이후에 냉혹하게 제거하는 것을 보아도 太宗의 황위계승은 순탄할 수 없는 것이다. 더욱이 태조는 송을 건국한지 17년간 재위하여 국가의 기틀을 든든하게 마련하였고 그 위에 성장한 태조의 적자(덕소, 덕방)가 태조 곁에 있는 상황에서 쉽사리 황위를 동생에게 물려줄 가능성은 상식적으로 볼 때 희박하다.

그래서 태조의 피살설, 金櫃預盟(금궤예맹)설 등 太宗의 황위 계승과 연계된 의혹이 아직도 풀리지 않고 있는 것은 이러한 일련의 역사적 실상을 말해주고 있는 것이다. 태조의 돌발적 사망과 황태자 지위에 있지 않은 상태에서 太宗 스스로 「自立」하여 황위에 오른 것은 宋의 건국초기의 정치적 안정을 위하여 대단히 다행한 일이 아닐 수 없다.

다음으로 생각할 수 있는 것이 創業(창업) 못지않게 守成의 중요함에서 太宗의 황위계승은 중요한 정치적 의미를 갖는다. 중국 역대 왕조에서 성공적인 창업이 잘못된 守成으로 인하여 단명으로 멸망한 예는 수없이 많다. 진시황제가 천하를 통일하여 통일 제국을 완성하였으나 장남 扶蘇(부소)를 제끼고 어리석은 胡亥(호해)를 태자로 삼은 것이 좋은 예라 하겠다. 위진 남북조의 360여 년간의 분열시대를 통일한 수나라 문제가 양제에게 守成의 대업을 맡긴 것도 수나라의 단명을 가져온 원인이다. 특히 五代의 각 왕조에서 보이는 창업과 守成의 變轉(변전)은 왕조의 단명에 중요한 작용을 하였다. 宋의 전 왕조인 後周의 世宗이 죽고 넷째아들인 7세의 恭帝(공제)가 즉위한 것도 後周가 단명한 원인이 되었다.

世宗은 五代의 여러 황제 가운데 걸출한 제왕으로 37세로 요절하지 않았다면 五代의 혼란은 후주 세종에 의하여 통일이 완성되었을 것이다. 그러나 후주는 세종의 사망과 후계자를 잘못 세웠기 때문에 곧바로 멸망하였다.

宋 太宗의 황위 계승은 일종의 小革命[22]이다. 太宗이 차지하는 宋代 정치사적 의미는 중요하다. 그것은 宋朝 300여 년의 기틀이 太宗 시대에 와서 완성되었다는 점을 꼽을 수 있기 때문이다. 중앙집권적 문치주의 정책과 절도사 제거에 의한 집권국가의 기반은 태조에 의해 구축되었다. 그러나 이러한 골격을 구체적으로 제도화하여 실천해 나간 것은 太宗의 과감한 정책 추진에 힘입은 바가 크다. 그 예로써 태평흥국 2년의 과거시험 합격자의 대폭 확대는 宋代 士大夫 관료정치를 위한 인적 자원의 원천을 마련한 것이다. 사실 태조와 太宗 초기의 宋代 정치를 담당한 관료는 중앙과 지방을 가릴 것 없이 모두

---

22) 宮崎市定「宋の太祖 被弑說について」『東洋史學硏究』 9권4호 1945참조.

가 五代의 관리들이 그대로 임용되어 국가를 운영하였다. 宋은 새로
창건되었으나 나라를 운영하는 인적 구성은 대체할 인적자원이 마련
되지 못하였기 때문에 화북 五代 왕조의 옛 관료들을 그대로 임용한
것이다.[23] 태평흥국 2년에 근신들의 반대를 물리치고 進士科와 諸科
의 합격자를 태조시대의 173명에 비해 거의 8배에 가까운 1368명으
로 확대하여 선발한 것은 士大夫 출신의 讀書人(독서인)을 기반으로
한 宋代 文臣 관료사회의 기틀을 다진 것으로 그 의미는 대단히 중
요하다.

II. 太宗의 황위계승 의혹

1) 宋初의 변칙적 황위계승

중국의 역사에서 황위계승이 순탄하게 진행된 경우는 드물다. 유교
적 윤리관에 의한 적장자 황위계승 또한 흔하지 않다. 이러한 현상은
황제권력을 둘러싼 여러 집단의 인적관계가 복잡하게 얽혀져 궁정
내부는 물론이고 다음 황제의 등극에 의한 관료집단의 이해관계가
예민하게 작용한데서 그 원인이 있다. 황위계승은 立太子문제에서부
터 복잡하게 전개된다. 太子로 선정된 皇太子가 폐위되어 서민으로
쫓겨나는 경우도 드물지 않다.

宋代는 특히 立太子와 황위계승에서 변칙적 현상이 많고 이에 따
라 皇帝權力(황제권력)이 굴절되면서 皇權이 위축되기도 하였다. 여
기에서 변칙적이란 말은 정상적인 황위계승이 아닌 돌발적 현상, 예
측하지 못한 사태, 그리고 皇帝位를 계승하기에 적절치 못한 인물이

---

23) 拙著, 앞의 『宋代官僚制研究』 p.77. 第3章「宋初관료의분석과성격」

등극하는 경우를 말한다. 이러한 皇位계승의 변칙적 현상은 皇帝位에 올라간 황제의 통치에 그대로 반영된다. 그리하여 國政(국정)을 올바른 방향으로 이끌지 못하기도 하고 先代에서부터 내려오던 국정의 현안문제를 과감하게 추진 못하는 경우가 흔하다.

2) 태조의 돌연한 사망에 얽힌 의혹

송태조 趙匡胤(조광윤)은 976년 10월 癸丑(20일)에 萬世殿에서 향년 50세로 돌연 붕어하였다. 그러나 태조의 사망에 대해서는 의혹이 많다. 우선 사망날짜에 대해서 李燾(이도)는『續資治通鑑長編』(속자치통감장편)에서 10월 壬子(19일)四鼓 (오전 2시경)에 붕어하였다고 기록하고 있다. 그러나『宋史』에서는 太祖의 사망은 10월 癸丑(20일)로 되어 있어 여기에 하루의 차이가 있다.[24]

태조의 돌연한 사망날짜와 사망 시간은 10월 壬子(19일)의 저녁에서 다음날 癸丑(20일) 새벽 四鼓, 즉 오전 2시경이다. 正史인『宋史』에서는 10월 癸丑(20일) 저녁이라고 한 것은 문제가 되며 여기서부터 의혹이 제기되고 있다.『宋史』의 太祖本紀는 다음 太宗시대에 여러 번 수정하였는데 이때 金櫃預盟(금궤예맹)설과 함께 태조의 사망 날짜를 癸丑日로 수정하였다는 주장이 있다.

太祖의 돌연한 사망을 가장 먼저 발견한 것은 환관 伺盧(사노)로 태조의 침전을 지키던 侍寢者(시침자)이다. 그는 太祖의 사망 사실을 급히 태조의 황후(宋 皇后)에게 알렸다.[25] 이때 宋 皇后는 환관 王

---

24) 太祖의 사망 날짜에 대해서는 宮崎市定은『長編』의 壬子(19일)가 맞는다고 하였다. 앞의 논문 宮崎市定,「宋の太祖被殺說について」참조.

25) 湘山野錄 蔡僚 直筆 및『續湘山野錄』〔『宋史』料筆記叢刊,『湘山野錄 續錄 玉壺淸話』(北京: 中華書局, 1984)〕梁鍾國 앞의「北宋初 三大疑案의 내용과 성격」참조.

繼恩(왕계은)을 불러 둘째 아들 德芳(덕방)을 급히 모셔오라고 명하
였다. 太祖에게는 일찍이 네 사람의 아들이 있었다. 장남 德秀와 삼
남 德林(덕림)은 일찍 죽고 차남 德昭(26세)와 사남 德芳(18세)이
생존해 있었다. 동생도 두 사람 있었으니 光義(후의 太宗 38세)와 廷
美(30세)이다. 德昭의 모친은 최초의 皇后인 賀氏이고 德芳의 모친은
분명하지 않다. 宋皇后가 세 번째 皇后가 된 것은 開寶6年(973)으로
宋后는 德芳의 친모는 아니다. 그럼에도 宋后가 무엇 때문에 형 德昭
를 제치고 동생 德芳을 불러오게 하였는지는 알 수 없다. 아마도 성
인이 된 덕소보다는 덕방에게 마음이 더 쏠린 것이 아닌가 한다.[26]

그런데 宋皇后의 명을 받고 나간 환관 왕계은이 德芳에게 가지 않
고 光義(太宗)에게로 가서 그를 데리고 屍身이 있는 침전으로 闖入
(틈입, 뛰어들어옴)하였다.[27] 宋皇后는 환관 왕계은이 덕방을 데려올
줄 알았는데 光義가 나타난 것을 보고 크게 놀라 말하기를「우리 모
자의 목숨은 모두 官家에게 맡기겠습니다.」라고 하니 光義(太宗)는
눈물을 흘리며「함께 부귀를 누릴 수 있을 테니 염려하지마세요」라
하였다. 太祖의 사망발표는 공식적으로 이튿날(癸丑)로 되어 있다.[28]

太祖가 사망한 19일(壬子)로부터 다음날 20일(癸丑) 새벽 두 시까
지에 전개된 긴박한 궁정내의 사정에 대해서 이를 알리는 역사적인
기록은 전혀 없다. 이것이 오히려 太祖 사망에 대한 많은 의혹을 가

---

26) 竺沙雅章『宋の太祖と太宗』p.136「太宗自立」(淸水書院 1975年) 참조.
27) 太祖의 사망과 太宗의 皇位계승 참고문헌은 다음과 같다.
　　吳天墀,「燭影斧聲傳疑」,『史學季刊』(1940), 1-2, 鄧廣銘,「宋太祖太宗皇位
　　授受問題辨析」,『鄧廣銘治史總稿』(北京大學出版社, 1997). 汪伯琴 宋初 二
　　帝傳位問題的剖析『宋遼金元史研究論集』第三集 三册. 張其凡 宋太宗論『宋
　　遼金元史』三期 1987. 王育濟 金櫃之盟眞僞考『宋遼金元史』六期 1993년.
　　李裕民,「揭刊斧聲燭影之謎」, 復印報刊資料,『宋療金元史』, 1988年 第5期.
28) 梁鍾國 앞의「北宋初 三大疑案」참조.

져온 원인이 되기도 한다.

또한 太祖의 돌발적인 사망원인에 대해서도 구구한 의혹이 제기되어 왔다.[29] 우선 자연적인 사망설로 원래 술을 좋아하는 太祖가 만취하여 자다가 돌연사 하였다는 주장이다. 太宗시대에 편찬된 역사서나 宋代 역사가들도 대체로 이 설을 받아들이고 있다. 그러나 北宋一代에는 太宗의 자손들이 황제위에 있었으므로 이와 같은 自然死說(자연사설)에 대해서 아무도 이의를 제기하지 않았다.

다음으로 太祖의 사망은 동생 太宗에 의해 피살되었다는 주장이다. 이에 대한 기록은 野史에 주로 있지만은 확실하게 단정하기는 어렵다. 다만 太宗이 황위에 오른 후 취한 여러 가지 조처가 이러한 의문을 사실로 믿게 만든 부분이 있다. 의혹의 초점은 燭影斧聲(촉영부성)에 있다. 이것은 燭影, 즉 촛불이 어른거리는 방안에서 누군가가 斧(도끼)를 꺼내어 소리를 지르고 휘둘렀다는 사건이다. 太祖가 柱斧를 휘두른 것인가, 아니면 동생 太宗이 柱斧를 가지고 형을 가해한 것인가의 의문이다.[30]

3) 太宗의 自立的 황위계승

太宗의 황위계승에 얽혀 있는 일화 가운데 金匱豫盟(금궤예맹) 전설이 있다. 太祖와 太宗의 親母인 杜太后(두태후)가 北宋 건국 다음해인 建隆 2年 6月의 임종하기 직전에 帝位繼承問題(제위계승문제)와 관련하여 남겼다고 하는 遺言(유언)이다. 이에 대해 『長編』에서 太祖

---

29) 宮崎市定 앞의 「宋太祖被殺說について」참조.
30) 北宋시대의 僧 文瑩의 수필집 『湘山野錄』 續篇에 있는 내용을 『長編』 卷17에서는 이를 抄錄하여 본문에 싣고 다시 註에 『蔡諲直筆』, 王偶俪의 『建隆遺事』등을 인용하고 있다. 梁鐘國 앞의 논문참조

와 太宗條에 金匱豫盟과 관련된 사실을 적어 놓고 있다.[31] 즉, 병이
든 太后가 太祖에게 天下를 얻게 된 까닭을 묻자 太祖는 祖考와 太
后의 餘慶(여경)이라 대답했는데, 이에 대해 太后는 그렇지 않다고
하면서

　「네가 나라를 세우게 된 참된 이유는 柴氏(後周 世宗)가 幼兒를
天下의 主人으로 삼아 群心이 따르지 않은 때문이다.」라고 말하고,
이어서 「너(太祖)와 光義는 모두 내가 낳았으니 너(태조)는 후에 당
연히 汝弟(太宗)에게 황위를 傳位해야 한다」고 말하니 太祖도 이에
찬성하였다는 것이다. 이 황위계승서약에는 趙普 한 사람이 참석하였
고 光義(太宗)는 이 자리에 있지 않아 사실을 알지 못하고 있었다.
그리하여 이 사실을 趙普로 하여금 그 내용을 기록 하여 金匱(금제)
에 넣고 은밀히 보관시켰다는 것이다.

　이 일화에 대해서도 論難(논란)이 분분하다. 그 이유는 상식적으로
宋이 건국한지 불과 2년 밖에 되지 않았는데 다음 황위계승문제가
나올 수 없다는 주장이다. 또한 杜太后가 임종을 앞두고 황위계승을
이야기하면서 太祖에게 황위는 아우에게 물려주어야한다는 유언도
쉽사리 납득할 수 없다. 더욱이 금궤예맹에 대한 비밀을 털어놓은 시
점이 太宗이 즉위한 후 6년이 지난 太平興國六年(981)에 이르러 조
보가 태종에게 알려주어 太宗이 비로소 그 사실을 알게 되었다는 것
도 의문점으로 남는다. 이 해는 太祖의 아들 德芳이 죽고 최후로 황

---

31) 『長編』, 卷2, 太祖 建隆 2年 6月甲午條
　　金匱豫盟은 司馬光의 『涑水紀文』에 실려있고, 근본사료인 『太祖實錄』과
　　이를 바탕으로 편찬된 『兩朝國史』에도 기록되어 있었다 한다. 다만, 第一
　　次 사료인 『太祖實錄(舊錄)』에는 이 이야기는 등재되지 않고 第二次의
　　이른바 新錄에 처음으로 보인다고 『長編』의 註에 기록되어 있다. 金匱豫
　　盟이 의심되는 원인이 여기에 있다.
　　竺沙雅章 앞의 『宋の 太祖と 太宗』「千古の 疑案」참조.

위계승할 자격을 가진 末弟 廷美가 추방된 해이다. 太宗의 황위계승
自立을 정당화하려는 계략적인 정치극으로 보는 견해가 많다. 太宗시
대의 이러한 여러 가지 정치적 사건들이 太祖의 사망의혹과 그리고
太宗의 황위계승에 대한 의문을 더욱 증폭시키고 있다.

Ⅲ. 宋初 三大疑案(의안)과 『太祖實錄』의 改削(개삭)

1) 太宗에 의한 『太祖實錄』(태조실록)의 개삭

宋太祖의 事蹟은 건국초기부터 그가 붕어할 때까지 의혹에 쌓여있
는 사건이 많다. 陳橋驛(진교역)정변, 燭影斧聲(촉영부성), 金櫃豫盟
(금궤예맹) 등 후세의 역사가는 물론이고 그 당시 사람들 사이에도
여러 가지 의문과 추측을 갖게 하였다. 이것은 국가를 창업한 당시의
사적으로서는 매우 드문 일이다. 이와 같은 의혹의 첫째 원인은 太祖
에 대한 근본사서인 『太祖實錄』의 기사가 불분명한데 그 원인이 있다.
實錄은 황제일대의 역사기록이고 그 황제가 죽은 후 궁정의 史館
에서 현황제의 칙령을 받아 편찬하는 것이 일반적인 예이다. 實錄이
란 「사실을 있는 그대로 기록」하는 것이다. 그러나 실제로는 전황제
를 계승한 새황제의 뜻에 맞지 않는 부분은 삭제하거나 현재의 황제
를 美化하기 위하여 사실을 왜곡하는 경우가 있다.[32]

---

32) 宋代는 『太祖實錄』이외에 많은 國史가 편찬되었다. 眞宗의 大中祥符 9년
2월12일에 王旦 등이 찬수한 『國朝國史』(太祖 太宗) 120권이 있고 그 내
용은 本紀6권 志55권 列傳59권으로 구성되었다. 이 책은 현재 전해오지
않고 있다. 다음 仁宗의 天聖8년 6월11일에 呂夷簡 등이 찬수한 『三朝國
史』(太祖 太宗 眞宗) 150권이 있는데 本紀10권 志 60권 列傳80권으로 구
성되어 있다. 이 책은 『續資治通鑑長編』 등에 인용되고 있다. 그 후, 神
宗의 元豊5년 6월 甲辰에 王珪등이 찬수한 『兩朝國史』(仁宗 英宗) 120권

太宗의 황위계승이 小革命이라고 할 정도로 돌발적인 사건이기 때문에 『太祖實錄』(태조실록)의 편찬에도 여러 가지 문제가 있었다. 太宗시대에 편찬된 『太祖實錄』은 우여곡절을 거듭하면서 太宗으로부터 眞宗시대에 이르기까지 3회에 걸쳐 편찬된 것이다. 즉, 太祖의 사망 2년 후 太平興國 3년(978) 正月에 한림학사 李昉 등에게 명하여 편찬이 시작되어 同 5년 9월에 『太祖實錄』 50권이 완성되어 皇帝(太宗)에게 올렸다. 이것이 최초의 實錄으로 『長編』에서 말하는 舊錄(구록) 또는 前錄(전록)이다.[33] 그러나 이 實錄 내용을 보고 太宗은 사실에 맞지 않고 내용에서 脫漏(탈루)가 많다는 점을 지적하여 改修를 명하였다.

그리하여 淳化 5년(994)에 太宗은 李志, 張洎 등에게 명하여 『太祖實錄』과는 별도로 太祖國史의 편찬을 명하였다. 그리고 太宗은 『太祖實錄』50卷을 궁중에 가져와서 스스로 기사의 내용을 添削(첨삭)하였다. 淳化 5년에 시작된 국사편찬사업은 편찬관에게 임명된 李志가 병으로 史官의 직을 사임하고 宋白, 張洎 등이 이 일을 계속하였다. 太宗은 그들에게 칙명을 내려 太祖시대의 공신자손과 그들의 친척 혹

이다. 본기5권 志45권 열전70권으로 되어 있다. 휘종의 崇寧3년 8月甲辰에 蔡京 鄧洵등이 찬수한 『神宗正史』 120권이 있다. 이는 신법당이 찬수하였기 때문에 남송에서는 별로 인용되지 않는다. 南宋의 孝宗 淳熙7년 12월12일에 李燾 등이 찬수한 『四朝國史』(神宗 哲宗 徽宗 欽宗) 180권이 있다.

이상의 國史편찬은 찬수자가 宰相 등 고위관료이기 때문에 太祖 太宗시대의 역사적 사실은 太宗에게 불리한 기록은 국사에 누락시켰을 가능성이 있다.

周藤吉之『宋代史研究』p.513「宋朝國史の編纂と國史列傳」—『宋史』との關聯に於いて—東洋文庫 1969 참조

33) 이에 대해 李燾는 『長編』卷44. 咸平2年 6月 丁巳條에서 監修國史 李沆이 『太祖實錄』50卷을 편찬하였다고 記述하고 있다.

은 太祖時代의 古事를 잘 알고 있는 사람들로부터 太祖일대의 역사
적 사실을 잘 收合하여 틀림이 없도록 국사편찬을 하도록 지시하였
다. 4개월에 걸쳐 『太祖紀』一卷만이 進呈되었다.[34) 그 후 張洎는 참
지정사가 되었기 때문에 수년이 지나도 국사는 완성되지 못하였다.
이리하여 太宗은 太祖時代의 정사편찬에 이상할 정도로 열성을 나타
냈지만 만족스러운 책은 완성을 보지 못하였다.

다음 眞宗初 咸平元年(999)에 『太宗實錄』이 완성되었고 그 이듬해
『太祖實錄』의 重修가 행하여졌다. 이것이 第二次本으로 『長編』에서
말하는 新錄이다.

新舊兩本의 기사가 서로 다른 점에 대해서 『長編』에서 注記하고
있다. 즉, 舊錄에 없는 金櫃豫盟이 新錄에는 추가되어 있다. 또 陳橋
驛정변에서 黃袍를 입은 太祖가 開封으로 향하여 출발할 때 여러 장
수들에게 약탈을 하지 못하도록 명하였는데 舊錄에서는 太祖 스스로
가 이 명령을 내렸다고 있다. 그러나 新錄에서는 光義(太宗)가 太祖
의 말 앞에 서서 약탈을 금지하도록 太祖에게 청하였다는 기사가 첨
가되어 있다. 이것은 분명히 太宗을 미화하기 위한 내용추가로 볼 수
있다.

太宗時代의 史官들로서는 太祖時代의 國史를 편찬하는데 관여하는
것은 대단히 위험하고 겁나는 일이다. 太宗에게 불리한 역사적 사실
을 있는 그대로 기술한다는 것은 잘못하면 太宗의 노여움을 살 위험
성이 있기 때문이다. 그 좋은 예로 濠州知事 范果가 『太祖實錄』重修
官으로 임명되면서 그 업무의 어려움을 고민한 나머지 병을 얻어 사

---

34) 『玉海』 淳化太祖紀에 의하면 淳化5년 10월 丙午에 翰林學士 張洎 등이 『重
　　修太祖紀』 10卷을 太宗에게 올렸다. 이 책에는 朱書와 黑書로 表書하여
　　皇帝의 聖問을 받들고 史官이 採撫한 것은 다시 朱書로 하여 구분하였다.
　　周藤吉之 『宋代史研究』1. p.516 「太祖國史」(東洋文庫 1969) 참조.

망한 일이다. 또 王禹稱은 사실을 있는 그대로 썼기 때문에 太宗의
미움을 사서 추방되었다. 그는 太宗이 『太祖實錄』을 편찬할 때 脫漏
(탈루)시키거나 삭제한 역사적 사실 十餘件을 모아두었는데 李燾는
『長編』에서 이 十餘件을 모은 책을 『建隆遺事』라 하여 인용하고 있
다. 그러나 이 『建隆遺事』는 그 내용에 상호 모순되는 점과 허위사
실이 많고 문장 또한 鄙俗(비속)하기 때문에 왕우칭의 저서가 아니
라는 주장도 있다.[35]

重修된 『太祖實錄』이 완성된 후 舊錄은 天子(太宗)의 명으로 史館
에 회수되었다. 第三次의 편찬은 眞宗의 大中祥符 9년(1016)에 행하
여졌다. 이 당시 편찬목적은 『太宗實錄』과 기사의 내용을 조정하는데
있었고 新錄과의 내용상 큰 변화는 없었다. 한편 張泊 등에 의하여
완성을 보지 못한 『太祖國史』도 咸平中에 宋白 등이 다시 착수하였
으나 완성되지 못하고 神宗의 元豊年間(1078-1085)에 曾鞏(증공)이
담당하였는데 이것도 『太祖紀敍論』일편으로 그치고 있다.

이상과 같이 『太祖實錄』은 太宗 스스로 添削(첨삭)하고 太宗의 마
음에 들지 않는 내용은 고치도록 하였다. 특히 金櫃豫盟(금궤예맹)은
창작된 것으로 太宗의 皇位계승을 정당화하려는데 그 목적이 있다.
그러나 太宗의 이와 같은 역사의 曲筆改削(곡필개삭)에도 불구하고
사실을 완전히 은폐하지는 못하였다. 오히려 이러한 改削(개삭) 결과
의혹을 더욱 증폭시키고 말았다. 그것은 당시의 지식인들이 官撰史書
에 기재되지 못한 수많은 일화를 野史나 수필로 적어놓았기 때문이
다. 『建隆遺事』 『談苑』 『湘山野錄』 『涑水紀聞』 등이 그 좋은 예이다.
宋初의 역사적 사실에 여러 의혹이 많은 것은 太宗에 의한 『太祖實
錄』改削에 그 중요한 원인이 있다.

---

35) 竺沙雅章 앞의 『宋의 太祖와 太宗』 p.143 「實錄의 書きかえ」 참조.

2) 李燾(이도)의 『續資治通鑑長編』과 宋初역사의 실상

李燾의 『續資治通鑑長編』(속자치통감장편)이 北宋時代史 硏究에 必讀의 史書라는 것은 새삼스럽게 말할 필요도 없다. 특히 의혹이 많은 宋初(太祖·太宗시대)의 의문을 밝히는데 이 책은 중요한 역할을 하고 있다. 李燾는 『續資治通鑑長編』을 편찬하게 된 동기를 다음과 같이 적고 있다. 즉,

그는 北宋의 故事를 조사하는 과정에서 그 당시의 士大夫의 著述에는 實錄과 正史(國史)를 참조하지 않고 제각기 자기 주장을 기술하고 예민하고도 중요한 국가문제에 대해서는 그것을 紛錯하였기 때문에 신용하기 어려운 점이 많아서 이를 한스럽게 여겨 長編을 편찬하게 되었다고 하였다. 특히 그 가운데서도 太祖가 後周의 恭帝로부터 讓位를 받게 된 경위와 太宗이 太祖의 뒤를 이어 즉위하게 된 내용, 그리고 太宗이 太祖의 여러 아들을 박해하여 자살하게 만든 일, 眞宗시대의 景德연간의 역사적 사실과 仁宗시대 慶曆연간의 사건, 그리고 仁宗이 英宗을 황태자로 세운 일, 英宗의 부친 濮王(복왕)을 皇帝로 追尊한 사건, 神宗시대의 新法실시와 新舊法堂의 싸움, 그리고 哲宗초기 宣仁太皇太后 高氏가 舊法을 부흥한 일 등의 아주 중요한 사건들이 모두 그 내용을 찬술자기 자기 입장에서 다르게 적고 있다는 점을 열거하고 있다.

여기에서 李燾는 발분하여 토론을 거듭하고 衆議를 하나로 모아 그것을 정리하였다. 먼저 太祖의 建隆원년(960)에서부터 開寶9년(976)에 이르는 17년 간의 역사를 17권으로 정리하였다. 이어서 北宋의 관제를 연구하여 『皇朝公卿百官表』를 지었고 이를 계기로 北宋시대의 官制를 조사해본 결과 그 당시의 士大夫가 믿고 있었던 역사내용에 誤謬(오류)가 많다는 사실을 다시 확인하였다. 그리하여 그는

역대의 實錄과 正史, 즉 三朝(太祖·太宗·眞宗)國史, 兩朝(仁宗·英宗)國史, 神宗國史, 哲宗國史 등은 구할 수가 없어 참조하지 못하고 다만 實錄과 正史 및 당시의 故事 및 逸話 등을 정확히 대조하여 北宋時代의 역사서를 편찬하고 여러 가지 異論이 분분한 내용을 통일하고자 하였다. 이 가운데서도 太祖시대의 역사를 밝힌 17권의 長編 내용은 宋初의 의혹이 많은 역사를 상당 부분 바로잡아 놓았다. 그리하여 長編은 實錄과 正史에 의하여 편찬된 실증적인 北宋時代의 사실을 분명하게 밝히려고 특히 힘을 기울인 것이다.[36]

李燾의 『續資治通鑑長編』은 그의 神道碑에 의하면 南宋의 乾道4년 (1168) 尙書禮部員外郞(상서예부원외랑) 겸 國史院編修官(국사원편수관)에 재직하고 있었을 때에 완성되었다고 적고 있다.

Ⅳ. 太宗의 深謀英斷(심모영단)한 性品과 황제권

『宋史』의 太宗本紀에는 그의 성품을 沈謀英斷하다고 표현하고 있다. 이는 그의 용의주도하고 침착한 성품, 그리고 과감성과 함께 음모가 많은 성품을 표현한 말이다.[37]

太祖와 太宗은 형제간이지만 성격상 여러 가지 면에서 대조적이다. 太祖의 豪酒(호주)에 비해, 太宗은 술을 좋아하지 않았다. 幼少시대의 太宗은 혼자 있는 것을 좋아하였고 讀書와 好學에 열중하였다. 독

---

36) 周藤吉之 앞의 『宋代史硏究』 p.469 「南宋の李燾と 續資治通鑑長編の成立」 참조.

37) 『宋史』 卷4 太宗本紀에 帝幼不群 與他兒戱皆畏服 及長隆準龍顔 望之 知 爲大人儼如也 性嗜好라 있고, 또 『太宗本紀』 卷5 贊曰에 帝深謀英斷 帝 以慈儉爲寶 服瀚濯之衣 毁奇巧之器 迲女樂之獻 悟略遊之非 絶遠物抑符瑞 日晏亡息이라 하여 그의 근검절약성을 잘 표현하고 있다.

서량도 놀라울 정도로 많아서 『太平御覽』(태평어람) 일천 권을 上進하자 그것을 1년 만에 독파한 것을 보아도 알 수 있다. 해가 짧고 추운 겨울에는 宰相들이 옥채를 생각하여 하루에 세권 만을 읽도록 권하기도 하였다. 그러나 太宗은 본래 독서가 즐겁고 책을 읽는 요령을 충분히 알고 있었기 때문에 開卷하여 유익한 부분을 결코 생략하는 일이 없었다. 때문에 萬卷의 書를 읽었다는 것도 결코 거짓은 아니었다.

그러나 太宗의 인간성은 냉혹함과 深謀함이 여러 곳에서 잘 나타나고 있다.

太祖의 사망이후 조카(太祖의 子) 德昭와 德芳, 그리고 동생 廷美를 박해하여 죽게 하였다. 이는 太宗이 황제권에 걸림돌이 되는 인물을 잔인하게 처벌한 그의 성격과 관계가 있다. 중국역사에서는 황제권에 대한 도전세력은 관료나 친족을 불문하고 제거하는 일이 흔한데 태종도 이를 실행에 옮긴 것이다.

처음 德昭(덕소)를 절도사와 군왕으로 봉하고 태종이 遼를 정벌할 때 德昭를 幽州로 출정시켰다. 高梁河전투에서 宋군이 대패하고 태종은 단신으로 도망하여 행방을 알 수 없었다. 이때 德昭를 황제로 옹립하려는 모의가 있었으나 후에 태종이 살아서 돌아오자 이 일은 수포로 돌아갔다. 후에 이 사실을 알고 太宗은 마음을 크게 상하였다. 首都로 돌아온 뒤 태종은 이번 북벌에서 北漢을 평정하였으나 高梁河전투 실패를 구실로 장병들에게 상을 내리지 않았다. 이에 장병들은 불만이 분분하였다. 그리하여 德昭는 太宗에게 遼와의 高梁河전투는 실패하였지만 北漢을 평정하였으니 마땅히 공이 있는 장수들에게 상을 주자고 하였다. 태종은 덕소의 이러한 주장에 화를 내면서,

「네가 황제가 된 후 상을 내려도 늦지 않다.」라고 하니, 德昭는 太宗의 분노에 찬 이 말을 듣고 눈물을 흘리며 물러 나왔다. 태종의 이

말은 분명히 덕소가 황제의 자리를 빼앗을 것이라는 의구심이 담겨
있는 한 마디였다. 德昭는 차츰 신변의 위협을 느꼈으며 또 부모가
돌아가시고 형제 2명도 보호하지 못하였으므로 이로 인한 심적 고민
을 가지고 귀가 후 곧 자결하였다.[38] 2년 후 그 아우 德芳은 영문
모르게 사망하였다. 이리하여 태종의 황위를 넘볼 위험 인물 2명을
제거하였고 다시 동생 廷美도 房州로 추방하여 憤死(분사)하게 만들
었다.

　『宋史』. 太宗本紀의 論贊에서 太宗代의 政治에서 네 가지 문제점을
지적하고 있다. 즉 太祖가 죽은 뒤 해를 넘기지 않고 改元한 것. 太
宗의 동생 廷美의 貶死. 그리고 德昭의 自殺 및 太后(太祖의 皇后)의
喪을 치르지 않은 것은 後世人들의 비난을 받지 않을 수 없다는 것
이다.[39]

　太宗이 親族에게 잔인한 핍박을 가한 것은 두 가지 뜻이 있다. 하
나는 皇帝權의 安定을 위해서는 친족조차도 과감히 정리한다는 뜻이
고, 또 다른 면은 太宗정권은 太祖에 이어 五代의 혼란을 수습하고
安定을 이룩하였는데 太宗代에 다시 皇位계승싸움이 일어나면 宋朝
의 安定이 위험할 수 있다는 배려에서 행한 것이다. 五代의 皇帝權
不安은 모두가 창업군주 다음에 오는 守成 皇帝의 용렬함과 幼主에
서 비롯된 것을 太宗은 잘 알고 있었기 때문에 皇帝權안정에 위험세
력을 과감히 정리한 것이다.

　사실 宋朝의 安定은 太宗의 이와 같은 과감한 皇帝權 안정화 정책
으로 宋朝 三百年의 기반이 마련된 것이다. 廷美가 죽은 뒤 태종은
廷美가 원래 유모인 陳國부인 耿(경)씨의 아들이지, 자기와 同母인

---

38) 『宋史』卷4, 太宗本紀. 太平興國4.年 8月 甲戌條
39) 『宋史』卷5. 太宗本紀 2, 贊曰條

杜태후의 소생이 아니라고 주장하였다. 廷美를 황위계승에서 배제시키는 명분을 내세운 것이다. 당시 杜태후는 사망하였음으로 태종형제로서는 유일하게 陳美만 남았으니 廷美가 태종의 친동생이 아님을 강조한 것이다.

태종의 잔인한 성격은 그의 친자식에게도 가해졌다. 태종의 장자 元佐는 똑똑하고 영민하였고 용모도 태종을 닮아 그의 사랑을 받았다. 元佐는 무예에 능하여 말을 타고 활쏘기를 잘하였으며 또 태종을 따라 太源·幽薊에 출정하여 공을 세웠다. 태종이 동생 廷美를 박해할 때 元佐는 그것이 옳지 않다고 생각하고 廷美를 구해주고 죄를 면하게 하려하였으나 뜻을 이루지 못하였다.

후에 廷美가 房州에서 사망한 소식을[40] 듣고 부친(태종)의 잔인한 성품에 대해 분함을 이기지 못하여 병을 얻었다. 元佐는 분을 참지 못하고 궁에 불을 질렀고, 太宗은 그를 庶人으로 폐하였다.

태종이 죽자 李황후는 元佐를 황제에 옹립하려 하였으나 元佐는 이 사실을 알지 못하였다. 元佐의 친동생인 眞宗은 즉위 후 형인 元佐를 극진히 대해주면서 그의 병을 치료해주려고 애썼다. 그러나 元佐는 동생이 황제가 된 이후 종신토록 그를 만나지 못하였다. 元佐는 仁宗 天聖5년(1027)에 62세로 사망하였다.

또 한 사람의 王子 元佑는 雍熙3년(986) 7월 元僖로 이름을 고치고 開封尹 겸 侍中에 봉해져 준황태자가 되었다. 淳化3년(992) 11월 元僖는 조회를 마치고 府에 돌아간 이후 몸이 좋지 않았는데 얼마 뒤 곧 사망하였다. 태종은 아주 비통하여 5일간 정사를 돌보지 않고 비통해하였다.

태종은 또 元僖의 追贈儀式을 정지시키고 그의 장례규모도 간략하

---

40) 『宋史』 卷244, 宗室 1, 魏悼王 廷美傳.

게 낮추었다. 元僖는 원래 태종의 총애를 받았고 또 재상과도 사이가 좋았으며 조정에서 적지 않은 대신들이 그를 황태자로 세우자고 건의하였다. 그러나 죽은 뒤에는 오히려 태종의 미움을 받았는데 태종의 변덕스러운 성품이 그대로 나타나고 있다.

1) 太宗과 盧多遜, 寇準과의 관계

太宗은 황권강화를 위하여 과감하게 신하들을 정리하고 또는 발탁하기도 하였다. 그 좋은 예가 盧多遜(노다손)과 寇準(구준)을 들 수 있다.

盧多遜은 太祖의 신임이 두터웠고 특히, 南唐平定에 큰 공을 세웠다. 그는 太祖의 명을 받아 南唐에 使行하고 돌아올 때 많은 서적을 수집하여 왔고 이를 통해 南唐의 국정을 자세히 알 수가 있게 되었다. 그리하여 太祖의 南唐정벌계획은 그에 의해 수립된 것이다. 그러나 太宗이 등극하면서 그는 太祖의 박해를 받아 崖州(애주)로 유배되었다. 유배원인은 확실하지 않으나 그가 太祖의 신임이 두터운 인물로 太祖의 돌연한 사망과 太宗의 自立에 의한 황위계승과정에서의 비밀을 알고 그는 太祖와 친숙한 인물이기 때문에 위험시되었다. 또 앞으로 황위계승을 자기 아들에게 물려줄 때 방해가 될 위험인물로 생각하였기 때문이다.

태종은 宋一代에 절대권을 행사한 황제이기 때문에 태종 일대에는 두드러진 권신은 없다. 태조시대를 이어 趙普가 실권을 잡기는 하였어도 태조 때처럼 권력을 행사하지 못하였다. 盧多遜이 실세로 등장하자 태종이 조보를 이용하여 그의 권세를 억눌렀다. 다만 태종대 후반에 젊고 강직한 寇準이 太宗에게 막강한 영향력을 행사할 정도였다. 구준은 太宗과 독대를 하는 자리에서 태종에게 자기 뜻을 강조하

는 경우가 있었다. 태종은 노다손의 강요를 참지 못하고 자리를 박차고 나가려 하자 구준은 태종의 옷자락을 붙들고 나가지 못하게 도로 앉게 하고 자기 뜻을 관철하였다.[41] 절대군주의 몸에 신하가 손을 댄다는 것은 天子를 능멸하는 행동으로 처벌할 수 있으나 태종은 도리어 구준의 이와 같은 과격한 행동을 감탄하면서 구준을 얻은 것은 唐太宗이 魏徵(위징)을 얻은 것과 같다고 하였다.

만년의 태종은 구준을 신임하여 그가 上奏하는 것은 모두 들어줄 정도였다. 특히 立太子문제를 그와 상의하였고 眞宗이 皇太子로 선임된 것도 구준의 영향을 받은 것으로 전해온다.

V. 太宗의 황제권 강화

1) 皇城司의 개편과 조직

太宗은 太祖에 이어 황제권안정에 주력하였다. 太祖가 五代 이래의 武人체제를 제거하여 문치주의의 기본틀을 마련하였다면 太宗은 이 기본틀 속에서 황제권 강화를 위한 內治에 주력한 것이다.

태종은 황제체제를 강화하기 위해 황제의 귀와 눈이 될 수 있는 첩보기관인 皇城司를 강화하였다.[42]

宋代 皇城司가 설치된 것은 태평흥국 6년 11월에 武德司(무덕사)를 皇城司로 이름을 바꾸면서 시작되었다. 太宗에 의하여 무덕사가

---

41) 『長編』卷 38 至道元年 8月 壬申條에 準嘗奏事切直 上怒而起 準攀上衣請 復坐 事決乃退 上嘉嘆 曰 此眞宰相也 又語 左右曰 朕得寇準 猶唐太宗之 得 魏鄭公也 王瑞來 『宋代 皇帝權力と 士大夫政治』p.176. 제5장 使氣の 寇準, 제1절 立太子 참조.
42) 佐伯富, 「宋代の皇城司について」,(『中國史研究』p.1 第1. 東洋史研究會, 1969) 참조

皇城司로 개명된 것은 황제 독재체제를 강화하기 위한 것이다. 그리하여 황제의 측근, 특히 환관 근위병을 사용하여 관리들을 감찰하였다. 皇城司는 宮城各門의 관리와 궁중경비를 담당하는 업무를 맡고 있었으나 가장 중요한 직책은 천자직속의 비밀경찰이다. 몇 사람의 勾當皇城司(구당황성사)(혹은 幹辨皇城司) 아래 많을 경우 七千名에 이르는 親從官(진종관)과 親事官(친사관)이 있어 宮城안의 경찰에 종사하였다.

皇城司의 장관은 皇城使이고 차관은 황성부사이다. 그러나 이 직책은 단지 이름만 있고 실질적인 중요한 역할을 한 것은 句當皇城司(구당황성사) 혹은 단순히 구당관(간당관)라고 칭하였는데, 이들은 같은 직책에 대한 별칭에 불과하다. 실제 皇城司의 직무는 이 勾當皇城司가 처리하였다. 勾當皇城司는 시대에 따라 그 정원이 달랐는데 대체로 4인 내지 10인이었다. 주로 외척에 해당되는 군인 및 환관이 여기에 임명되었다.[43] 이 勾當皇城司는 황제의 親臣 가운데 마음이 곧고 심후한 인물을 가려서 임명하였다.[44] 특히 이 직에는 유능하고 청년기예한 인물을 임명하였고 勾當皇城司의 인선에는 특별한 주의를 기울인 것은 이들이 황제의 첩보를 맡은 관리로서 중요한 직책을 수행하기 때문이다. 勾當皇城司의 재임은 특별한 경우를 제외하고는 허락되지 않았다. 그것은 이들이 장기간에 걸쳐 같은 직에 있게 되면은 그 권력이 비대하여 그들이 감찰해야할 관료가 이들과 결탁할 것을 염려하였기 때문이다.

皇城司는 金나라 사신을 접대하는 일도 맡았고 송의 관리가 외교적으로 국가의 중요한 문제를 요나라, 금나라에게 누설하는 일이 없

---

43) 『長編』卷 162 慶曆 8年 閏正月 丁卯條
44) 『長編』卷 162 慶曆 8年 閏正月 丁卯條

도록 철저히 살폈으므로 특히 북방(요·금)의 사신을 접대하는 관리들은 皇城司의 무고를 두려워하였다. 외교상의 사신접대, 국가기밀의 누설등도 皇城司가 맡는 중요한 업무에 해당된다.

이밖에 皇城司의 중요한 직무는 정부의 財庫인 좌장고, 황제 직속의 내장고 등에 皇城司의 친종관을 파견하여 이를 감찰하게끔 하였고 국가 재물을 횡령하는 자를 체포하였는데 재정문제가 특히 황제의 독재권의 발전과 중요한 관계가 있기 때문이다. 또한 太宗은 漕運(조운)을 담당하는 관리들의 부정을 막기 위해 漕米출납을 皇城司에 맡기고 환관을 그 부관으로 임명하여 감시토록 하였다.

皇城司는 관리의 행동을 감찰하여 이들 황제에게 비밀로 상주하였으나 때로는 관리를 무고하는 경우도 있었다. 때문에 관리는 皇城司의 비밀 상주를 두려워 하였고 일반 백성도 皇城司를 대단히 두려워하였다. 皇城司는 황제의 첩보기구로서 비상한 권력을 가지고 있었으므로 때때로 백성들로부터 뇌물을 받거나 청탁을 받는 일도 생기게 되었다.

그러나 이상과 같은 사실은 황성사의 제도적인 면에 나타난 내용이다. 실제로 그들의 역할이 황제독재권 강화를 위하여 어느 정도의 역할을 수행하였는가에 대해서는 불확실한 면이 없지 않다. 특히 황성사에 임명된 중요한 인물이 외척과 환관, 그리고 종친으로 구성되어 있기 때문에 그들의 첩보능력에도 한계가 있고 자칫 그들의 정보는 미숙한 주관적 판단으로 조작될 위험성이 있었다. 이러한 잘못된 정보에 의하여 황제권이 행사된다면 오히려 정상적인 황제권 강화와는 거리가 있는 것이다.

2) 走馬承受(주마승수)의 개편과 황제권강화

宋代의 주마승수는 처음에 변경 지방에 설치되었다. 그것은 변경의 군사문제와 밀접한 관련을 가졌기 때문이다.[45] 走馬承受는 走馬承受 公事使臣이라고도 한다. 황제 명령을 변경의 장수들에게 전하고 변경의 중요한 군무를 직접 황제에게 상문하는 일을 맡은 사자를 관료를 한 것이다.[46]

이 제도는 태종, 진종, 그리고 仁宗시대에도 그 명칭이 보이고 특히 태종시대에는 송 대의 감찰기관 발달의 역사로 보면 획기적인 시기이다. 태조 때의 무덕사가 태종시대에 와서는 皇城司로 바뀌어 감찰기구가 정비, 강화된 것과 같이 주마승수도 太宗시대에 군대를 감찰하기 위한 비밀첩보기관으로 발전한 것이다.

주마승수의 조직을 보면 지방의 諸路에 주마승수 일인을 두었고 경략안무총괄사에 예속되어 있었는데 이것은 단지 형식적인 것이다. 주마승수의 감찰대상은 주로 국경부근에 주둔하고 있던 군대에 한하였다. 그리하여 변경지방의 군사문제를 황제에게 전달하고 황제로부터 긴급 명령을 받아 변방 장수에게 전달하는 군사적 업무를 담당하고 있었다.

VI. 太宗의 적극적인 성격과 對遼 정책

1) 太宗의 改革의지와 太平興國 개원

開寶9年(976) 10月 21日에 정식으로 황제위에 오른 太宗은 이 해

---

45) 『宋會要』職官41 走馬承受公事條 및 文獻通考, 卷62, 職官考, 走馬承受 條.
46) 佐伯富앞의책p.43 「宋代走馬承受の硏究」―君主獨裁體制硏究の一鑿―참조.

12月 22日에 연호를 太平興國으로 開元하였다. 중국역사상 새로운 皇帝의 즉위 해는 혁명에 의하지 않고는 통상적으로 종래의 연호를 그대로 사용하고 이듬해에 開元하는 것이 종래의 관례이다. 앞으로 8日이 지나면 해가 바뀌는데 부랴부랴 開元한 것은 상식에 어긋나는 것이다. 때문에 太宗의 이러한 변칙적 開元도 후세의 논란을 불러일으켰다. 明代 劉定之가 『宋史筆斷』에서 이것이야말로 太宗이 兄(太祖)을 살해한 증거이다. 太平興國이라고 연호를 붙인 것도 나라를 일으키고 太平의 시대를 가져왔다는 의미로써 스스로 창업의 군주임을 선언한 것이고 兄 太祖를 제끼고 자기가 새로운 나라를 일으켰다고 하는 뜻을 연호에 담고 있다고 하였다.[47]

『宋史』太祖本紀의 贊曰에도 이 開元은 후세에 의심을 능히 받을 수 있는 일이라고 기술하였고 『長編』에서는 常例에 없고 故事에도 없는 일이라고 비판하고 있다. 南宋의 朱熹도 문인들로부터 太宗이 해를 넘기지 않고 開元한 이유를 묻자 개국 초이기 때문에 人材가 부족하여 그것을 말리는 인물이 없었기 때문이라고 답하였다.

그러나 이와 같은 변칙적인 開元이 常例가 아님은 太宗이나 대신들도 잘 알고 있었을 것이다. 그럼에도 불구하고 이와 같이 개원을 한 것에 대해 太宗 스스로 20년이 지난 후에 이 당시를 회고하기를, 「즉위 초에 舊習을 개혁하고 새로운 제도를 마련하기 위하여 여러 곳에서 비난하는 소리가 있었고 元老들로부터 異論이 나왔으나 본인은 의지를 견고히 하여 동요하지 않고 일을 진행한 결과」[48]라고 말하고 있다. 太宗의 자립과 개혁에 대한 비난의 목소리가 그 당시에 대단히 컸음을 알 수 있다. 그러나 이러한 비난의 목소리를 봉쇄하고

---

47) 竺沙雅章 앞의 책 『宋の太祖と太宗』p.148「開元問題」참조.
48) 同上

개혁을 실시하기 위해서는 太宗의 단호한 태도와 의지를 표명할 필요가 있었기 때문이다. 2년 후인 太平興國 2年에는 여러 가지 개혁이 단행되었는데 開元은 太宗의 개혁의지가 강하게 담겨있음을 알 수가 있다.

2) 太宗의 통일 달성

太宗은 太平興國 4年(979) 正月에 潘美(반미)를 총대장으로 하는 北征軍을 출발시키고, 2月에는 자신도 수도를 떠나 北漢의 거점인 太原城으로 나갔다. 太宗이 北征의 뜻을 내놓았을 때 조정의 의견은 두 패로 갈라졌다. 하나는 무인을 중심으로 한 적극적 찬성파이다. 樞密使 曹彬(조빈)은 국력이 충실하고 人心도 歸一하고 있으니 정벌하면 간단히 성취할 것이라는 찬성파이다. 다른 하나는 문관들에 의한 신중론이다. 재상 薛居正(설거정)은 後周 世宗과 太祖의 실패를 예로 들면서 北漢을 탈취해도 實利는 적고 방치해 두어도 해는 없으므로 擧兵은 신중한 편이 좋다는 입장이다. 이 두 견해 가운데 태종의 적극적인 성격이 결국 北伐을 단행하였다. 北漢主 劉繼元(유계원)은 契丹에게 군사원조를 청하니 契丹의 장수 耶律沙가 거느린 원군은 石嶺關(석령관)에서 宋軍 별동부대의 공격을 받아 太原에 진입하지 못했다. 이 상태에서 太宗이 太原城에 도착하여 스스로 독전함으로써 太原城은 함락되었고 劉繼元은 항복하였다. 太宗은 이후 太原의 舊城을 州에서 縣으로 격하시켜 平晉縣이라 하고, 州治는 다른 縣으로 옮겨 幷州라 하고 주민 모두를 幷州로 강제 이주시켰다.

後周 世宗과 宋 太祖가 몇 번을 시도했어도 성공하지 못한 北漢 征服은 太宗에 의해 달성되었다. 宋王朝는 비로소 통일을 달성하고 太宗도 명실상부한 統一君主로서의 지위를 갖게 되었다.

3) 太宗의 燕雲 16州 대책과 對遼 강공책

燕雲 16州의 失地 회복 문제를 둘러싸고 遼(契丹)와 장기간에 걸쳐 전투가 벌어졌지만, 결과는 언제나 遼가 宋을 압도하는 형국이었다. 宋 · 遼 간에는 북한의 멸망으로 완충지역이 없어졌기 때문에 싸움이 더욱 빈번해졌다. 太宗의 對遼 政策은 초기에는 적극적인 공세를 취하였으나 후에는 소극적인 수세로 전환하였다.

太原城을 함락한지 15일째가 되어서 太宗은 승리의 여세를 몰아 숙원의 燕雲 16州를 탈취하기 위한 군사행동을 서둘러 시작하였다. 太宗이 이와 같이 對遼戰을 강행한 것은 北宋의 首都인 開封의 안정을 위해서 遼에 편입된 中國의 要地를 회복해야 한다는 군사적 측면과 함께 즉위 초기에 皇權을 확고히 하려는 대의명분도 있었다. 田錫의 주장처럼 後周 世宗이나 宋 太祖가 이루지 못한 연운16주를 회복하여 큰 공을 세워보려는 생각도 없지 않았다.[49]

失地 회복을 목표로 한 이때의 전쟁은 遼의 南京인 幽州城(유주성) 서쪽을 흐르고 있는 高梁河(고량하)의 전투에서 宋軍이 대패하는 것으로 끝났다. 이 당시 北征에는 皇弟 廷美와 太祖의 長子인 德昭를 비롯하여 宰相 薛居正, 盧多遜 이하 대다수의 文武 大臣들과 吳越王(오월왕) 錢俶(전숙)도 참가하였다.[50] 거란장수 耶律休哥가 宋軍을 30여리를 쫓아가며 만여급을 斬首하였다는 『遼史』 기 록 으 로 太宗이 당한 패배의 정도를 알 수 있다. 高梁河 전투에서 行在所에 있던 太宗의 御服(어복)과 寶器(보기)를 다 빼앗겼고 從人과 宮嬪(궁빈)들도 거의 붙잡혔으며 太宗은 넓적 다리에 두 발의 화살을 맞

---

49) 『咸平集』, 卷1, 上太宗論軍國要機朝廷大體條
50) 張其凡, 「從高梁河之敗到雍熙北征」, 『宋初政治探研』 p.136 (廣東: 暨南大學出版社, 1995) 참조

아 해마다 고생하다가 결국은 그 상처가 발병하여 사망하였다는 설도 있다.[51]

高粱河의 전투 이후에는 遼가 공격적인 태세를 취하여 滿城과 雁門 등에서 宋과 수시로 국부적인 전쟁은 일어났고 太宗 역시 失地회복을 위한 對遼 전투노력은 계속 유지되었다. 太平興國 5年(980) 11月에는 두 번째 親征을 단행하고, 瓦橋關(외교관)을 포위했던 遼의 景宗이 퇴각하는 기회를 이용하여 진격하려 하였다. 그러나 문신 李昉과 張齊賢 등은 고량하패전의 선례를 가지고 만류하자, 幽州로 進攻하려는 뜻을 꺾고 回軍하였다. 한편 太平興國 7年 5月에는 遼가 三路로 나누어 대규모로 남침해 왔으나 宋에 의해 격퇴되었고, 雍熙 3年(986) 春正月에는 遼의 聖宗이 어린 나이로 즉위하고 그 母가 國事를 담당한 요나라 내정을 이용하여 宋 太宗이 兵을 三路로 나누어 대규모의 北伐을 단행했지만, 歧溝關(지구관)과 陳家谷(진가곡) 등에서 遼에게 참담한 패배를 당하였다. 太宗은 이때도 親征하려 했으나 臣下들의 만류로 실행하지 않았다.

雍熙 3年 9月에는 遼가 전열을 가다듬어 또 남침하였는데, 宋은 君子舘에서 大敗 하였다. 그리고 이 君子舘의 패배 이후 宋은 守備 위주의 소극적인 방어책으로 전환하였고, 遼에서는 침략적 도발을 계속하여 唐河, 徐河, 子河汉, 雄州 등에서 전쟁이 벌여졌으나 宋은 이들을 잘 막아내었다. 至道 元年(995) 4月 遼軍이 雄州로 進攻하여 일어난 雄州의 전투는 太宗時代의 마지막 전쟁이었으며 宋의 승전으로 끝났고, 太宗은 이로부터 2年 뒤인 至道 3年 3月에 붕어하였다.

太宗의 對遼 적극책은 太宗의 집요한 성격이 그대로 나타나고 있다. 그는 太祖와는 달리 武人의 기질을 타고나지는 않았으나 자존심

---

51) 『遼史』 卷83, 耶律休哥傳.

이 강한 의지력 때문에 황제 스스로 전선에 나아가 전쟁을 수행한
것은 太宗의 성품과 밀접한 관계가 있다.

Ⅶ. 太宗의 문치주의 확대정책

1) 太平興國 2년의 科擧 합격자 확대

太宗은 즉위직후인 太平興國 2年(977) 春正月에 禮部擧人(예부거
인)을 親試하였다. 이때의 科擧合格者를 보면 進士 109名, 諸科 207
名, 特奏名 184名으로 太祖 16年 동안의 합격자 수보다 훨씬 많은 인
원을 한꺼번에 합격시키고 있다.[52] 이때 薛居正 등이 「取人을 너무
많게 하면 用人도 매우 급하게 이루어질 것입니다.」라고 반대하였지
만, 太宗은 「興文敎 抑武事」의 뜻을 지니고 不聽(불청)하였다고 한
다.[53]

이와 같이 합격자의 확대와 함께 과거시험의 壯元합격자에게 주는
관직도 太祖때에는 司寇參軍(사구참군)이라는 州의 屬官(속관)이었
으나 太宗은 과거시험의 上位합격자에게 일약 州의 通判을 재수하여
우대하였다. 그 위에 과거시험의 최종 불합격자를 특별히 우대하여
進士及第의 자격을 주는 特奏名進士를 하사하여 그들의 신분을 인정
하였다.

科擧合格者의 대량 합격은 太宗의 적극적인 문치주의 확대정책에
의해 太宗초기부터 강행된 것이다. 이로써 對外征服(대외정책)과 文

---

52) 太祖時代에는 188名의 進士와 120名의 諸科 合格者를 배출하였다. 太祖시
　　대의 1년 평균 합격자는 9人이었으나 太宗시대에는 50人으로 확대하고
　　있다.
53) 『長編』, 卷18, 太宗 太平興國 2年 春正月, 戊辰條 및 庚午條.

治主義는 太宗의 二大 政策목표로서 그의 강한 국정장악력과 통치의 지에서 나온 것이다.

宋代 과거시험의 응시자는 讀書人(독서인)이며 士大夫로서 과거에 합격하면 官人으로서의 신분을 갖고 여러 가지 특권을 누리게 되었다. 다만 唐 이전처럼 그들의 지위가 세습되지 않고 고관의 경우에는 蔭補(음보:任子)제도에 의해 子孫(자손)이 官位(관위)를 얻어 관직이 계속되었다.[54]

또한 宋代의 관료는 백성을 통치하는 治者의 입장과 황제권력의 강화에 따라 황제로부터 부림을 당한다는 被治者의 양면성이 있다. 宋代의 관료는 皇權과 臣權의 양면 속에서 제도적으로 볼 때는 황제의 독재체제를 강화한다고 있으나 실제로는 과거시험으로 士大夫관료의 대량배출로 官人의 立地는 강화되었기 때문에 被治者(피치자)의식보다는 治者의식이 강하였다.

이와 아울러 天下大事를 먼저 걱정하고, 국가대사를 황제와 같이 책임지고 의논한다는 儒敎的 士大夫 治者意識(치자의지)이 확립되었다. 이는 唐代의 귀족체제가 무너지면서 가문이나 문벌보다는 국가와 士大夫사회를 더 염려하게 되는 士大夫 서민사회가 발달하였기 때문이다. 士大夫社會가 성립되면서 유교의 해석에도 새로운 형이상학적 性理學이 발달하여 황제체제와 문신관료체제를 옹호하는 새로운 유교적 정치이념으로 宋學 · 朱子學이 발달하였다.

2) 科擧합격자 확대의 역사적 의미

이와 같은 太宗의 과거시험 합격자의 대거적 확대로 宋의 문치주

---

54) 拙稿, 「北宋의 蔭補制度硏究」, 『歷史學報』42, 1969.
　　拙稿, 「南宋의 蔭補制度에 관하여」, 『全海宗博士華甲紀念史學論叢』, 1979.

의는 본격적으로 형성되기 시작하였다. 五代의 무인체제를 극복하고 宋代 士大夫官僚社會가 정착되기 시작한 것은 太宗의 과거 합격자확대에서 비롯된다. 이후 眞宗·仁宗代를 거치면서 進士科의 합격자가 宋代 官人層의 상층부를 차지하면서 士大夫 관료사회가 宋의 정치는 물론 사회와 경제문화를 지배하게 되었다.[55]

집권국가의 정치적 안정은 권력의 균형을 유지하는 것이고 士大夫는 바로 이러한 宋朝정치사회의 안정 세력으로 등장하게 되면서 宋왕조는 비로소 士大夫천하를 완성하였다.

예로부터 중국에서는 「馬上에서 천하를 취할 수는 있어도 말 위에서 천하를 다스릴 수는 없다.」[56]라는 속담이 있다. 이것은 무력으로 천하를 차지해도 무력으로 천하를 다스릴 수 없다는 것을 의미한다. 천하를 다스리기 위해서는 문관, 즉 관료의 힘을 빌리지 않을 수 없다. 특히 太祖는 五代 군벌의 횡포를 거울삼아 武官을 배제하고 文官을 대우하면서 文臣官僚體制(문신관료체제)를 성립시켰다. 樞密院(추밀원)의 장관인 樞密使와 지방군단의 지휘관인 經略按撫使(경략안무사)도 文官을 임명하였다.

문신관료는 과거시험에 의하여 관료자격을 부여받았다. 그런데 그들의 시험과목은 실제 정치에 필요한 법제나 경제가 아니라 詩賦經學(시부경학)이었다. 古典에 대한 교양을 갖추고 있는가를 시험하는 것이다. 따라서 進士시험에 합격한 자들은 유교의 고전을 잘 아는 독

55) 荒木敏一 앞의 『宋代科擧制度研究』, 附篇「宋代科擧登第者數及び壯元名表」
    周亞非 『中國歷代壯元錄』「北宋」上海文化出版社, 1993 참조.
    安俊光 「北宋初 太祖·太宗 政權의 성격」- 科擧制 시행과 관련하여 -
    『육군제삼사관학교 논문집』 20. 1985
    裵淑姬 「宋代殿試策題에 관하여」『東洋史學研究』 49. 1994
    裵淑姬 「宋代特奏名制의 實施와 그 성격」『東洋史學研究』 58. 1997
56) 『漢書』 卷22. 賈誼傳.

서인 계급이다. 이들 독서인이 일단 관료로 임관되면 여러 가지 특권
이 주어져 지배계층으로 사회적 지위를 얻게 된다.

그런데 과거시험은 본래 士農工商의 서민에게 평등한 기회를 주고
문벌에 의한 세습 제도를 타파하려 한 것이다. 그러나 실질적으로 과
거시험 준비를 위해서는 경제력이 뒷받침되어야 하기 때문에 평민이
면 누구나 과거시험에 도전할 수는 없다. 科擧시험 과목은 유가의 난
해한 고전이고 과거시험을 보기 위해서는 많은 공부와 참고서를 필
요로 하였다. 그리고 훌륭한 교사에게 학습하지 않을 수 없었다. 그
위에 과거 시험에 불합격하면 수년 내지 수십 년에 걸쳐 수험준비를
다시 해야 하기 때문에 경제적인 여유를 필요로 하였다. 따라서 수험
생은 富農, 富商 등 경제적인 배경이 있는 집안의 자제로 제한되었다.
때문에 지식계급이 고정되고 경제적으로 유력한 자가 과거에 의하여
관료가 되고 여러 가지 특권을 갖게 되며 재산도 모으게 된다. 이렇
게 모아진 재산은 그들 자제의 과거시험 준비를 위해서 다시 투자되
었다. 이렇게 문화적으로는 독서인, 정치적으로는 관료, 경제적으로는
지주, 자본가라고 하는 삼위일체의 새로운 귀족계급이라고 할 수 있
는 士大夫사회가 성립된 것이다.

3) 太宗의 문치주의와 대규모 편찬사업

太宗은 太平興國 2년의 과거합격자의 대폭적인 확대와 함께 대규
모 편찬사업에 착수하였다. 즉, 『太平御覽』(태평어람)一千卷, 『太平廣
記』(태평광기)五百卷, 『文苑英華』(문원영화)一千卷을 편찬한 일이다.
이것은 다음 진종시대의 『册府元龜』(책부원구)一千卷과 함께 宋代
四大全書로 일컬어진다. 이러한 대규모 편찬사업은 태종의 문치주의
정책이 가져온 역사적 업적이다. 편찬된 책 이름이 모두 태종의 연호

를 사용하여 太平興國(태평흥국)의 太平으로 된 것은 태종이 즉위당시 太平興國으로 改元하면서 황제계승을 정당화한 일과 일치하고 또한 문화사업을 통하여 문치주의를 실천하려는 것과 서로 밀접한 관계가 있음을 의미한다.

『太平御覽』은 類書로 중국식 백과사전이다. 千數百種에 달하는 그 이전시대의 도서에서 기사를 발췌하여 분류한 것이다. 처음 책이름은 『太平總類』라 하였으나 완성된 후 태종에게 바쳤을 때 태종이 1년 동안 독파한 후, 『太平御覽』이라고 책명을 바꾸었다. 이 책 편찬의 총제관은 李昉을 비롯한 수십 명이고 직접 편찬에 가담한 학자는 吳淑, 呂文仲, 湯悅, 王克貞 등 네 사람이었다. 편찬관 14명 가운데 南唐출신의 관료가 7인이 포함되있는데 이것은 태종이 南唐출신의 관료를 宋朝에 적극 참여시키려는 의도에서 나온 것이다. 그리하여 5년을 요하여 太平興國 7년에 완성을 보았다.

『太平廣記』는 漢代로부터 五代까지의 도서 475종에서 모은 說話集(설화집)이다. 이는 五代이전의 說話나 소설의 宝庫(보고)로써 고대와 중세의 사회풍속을 알기 위한 중요 도서이다. 편찬관은 『太平御覽』을 맡았던 李昉이고 직접 편찬한 학자는 吳淑과 呂文仲으로 太平興國 8월에 완성을 보았다.

다음 『文苑榮華』는 梁나라의 昭明太子가 편찬한 『文選』의 뒤를 이어 梁에서 수·당시대에 걸친 詩文을 모은 詩文總集으로 37종으로 분류하고 있다. 唐대의 詩文이 대부분을 차지하고 있기 때문에 唐代 문학연구의 중요자료가 된다. 완성된 것은 雍熙3년(986)이다. 특히 이 책을 편찬하는데 참여한 인물들은 宋代에 들어와서 진사에 급제한 신진 문인관료로써 태종시대에 문신관료의 활동이 점차 활발하게 전개된 것을 의미한다.

태종이 이와 같은 대편찬사업을 착수한 뜻은 문화사업의 추진이라는 면과 함께 정치적인 배경이 있다. 즉, 宋이 後蜀, 南漢, 南唐을 정복하고 그 곳에 있던 옛 문신관료들을 宋의 조정으로 불러들여 그들을 宋의 통일사업에 적극 참여시키려는 뜻이 있었다. 이로써 새로 정복한 남방 여러 나라의 문화인들을 宋朝로 흡수하여 우대함으로써 그들이 宋朝에 가지고 있던 불만을 없애고 태종의 문치주의 정책을 추진하는데 적극 참여시키려고 한 것이다. 중국역대의 왕조에서는 천하통일을 완성한 후에 문화사업이 대대적으로 행하여진 것이 일반적인 현상이다. 예컨대 당나라 태종이 『五經正義』를 편찬하고 명의 영락제가 『永樂大典』을 그리고 청나라 강희황제가 『古今圖書集成』을 편찬한 것이 그 좋은 예이다.

특히 宋태종의 이와 같은 대대적인 편찬사업은 宋의 문치주의를 새로운 정복지역까지 확대하고 태종의 황위계승의 정통성을 확립하기 위한 문화적 대사업이다.

Ⅷ. 太宗의 경제정책과 황제권 확립

1) 華北農村 재건의 중요성

宋初 황제권의 안정은 경제가 뒷받침되면서 비로소 사회전반에 걸쳐 안정을 가져올 수 있게 되었다. 경제안정의 제 일보는 강남지방의 정복에 의한 강남경제의 흡수이고, 다음으로 太宗에 의하여 화북농촌의 재건이 중요한 몫을 하였다.

태종의 황위계승은 경제면에서도 중요한 의미를 갖는다. 그것은 安·史의 난 이래 화북지방에는 군벌싸움으로 농사를 제대로 지을 수

없고 이에 따라 농촌사회는 황폐화되었다. 더욱이 五代의 군벌싸움과 거란의 남침으로 화북민은 고향을 등지고 남쪽으로 피난을 내려오면서 화북농촌은 인구의 급감, 농지의 황폐화와 그에 따른 농업생산의 급격한 감소를 가져왔다.

太祖도 화북농촌의 재건에 힘을 기울였다. 그러나 국가초기로 군벌의 제거와 정권의 안정, 그리고 거란에 대한 대비 등으로 농촌사회를 제대로 돌볼 겨를이 없었다. 太祖의 농촌부흥책은 큰 효과를 거두지 못하였다.[57]

太宗에 의한 화북농촌 사회안정은 농촌의 생산성을 높이는데 중요한 몫을 하면서 宋朝의 경제적 기반을 마련하는 계기를 가져왔다. 이와 함께 太宗은 강남지방을 확보함으로서 남북의 경제교류가 활발해지고 경제발전의 기반을 마련하였다. 太宗정권은 정치적 안정뿐만 아니고 농촌사회를 안정시키는데 있어서도 큰 의미를 갖는다.

2) 北宋初期 황폐한 화북농촌실태

북송이 건국된 후 약 30년이 지난 太宗의 지도 2년(996)대의 농촌실태를 太常博士 直史館 陳靖은 다음과 같이 상소하고 있다. 즉

역대의 황제들이 가장 힘을 기울인 일이 厚生民으로 이는 바로 務農에 있습니다. 살펴보건대 천하의 농지가(江南의) 江淮·湖湘·兩浙·隴屬 河東諸路를 제외하고서는 지리가 멀고 농촌개간이 충분치 못합니다. 특히 京畿 주변 23州는 그 넓이가 數千里이나 개간된 땅은 10分의 2, 3에 불과하고 徵稅可能地는 10分의 5, 6도 안됩니다.[58]라

---

57) 拙稿「北宋時代의 墾田에 관하여」『歷史學報』75-76 合集. 1977
    同「北宋初期 農村復興策과 墾田統計」『梨大史苑』22-23 合集. 1988
58)『『宋史』』食貨志 農田,『資治通鑑長編』卷 39, 至道 2年 7月 庚申條

고 하였다.

唐末·五代의 병란을 계승한 宋初에 華北地方의 농촌피해는 도처에서 살필 수가 있고 특히 농토의 황폐화현상이 심각함을 알 수 있다. 같은 시기인 지도 2년 4월에 大理寺丞 皇甫選, 光祿寺丞 何亮 등도 涓水주변의 漑田이 4만 4천 5백 경이었는데 宋代에는 慨田의 수리시설이 모두 파괴되어 2천 경에 불과하다는 보고를 하고 있다.[59]

宋初의 경제이론가 包拯도 河北西路의 실태를 논하여 과거에 良田이던 경지의 거의 3분의 1이 목지로 방치되어 있고 東路는 民田의 3분의 2가 물에 잠기어 河北路 전체의 6할을 차지하여 可能良田 가운데 그 3할이 하수와 목지로 방치되고 있다고 진단하였다. 그리고 실제로 可能良田을 제외한 약 4할의 땅은 미개발 불모지 상태에 놓여 있다고 주장하였다.[60] 이와 같은 농촌의 경지실태는 河北지방에 국한된 것은 아니고 河東지방에도 비슷한 실정이다. 송초의 이와 같은 농경지의 폐전화는 五代 이래의 전란으로 농민의 유민화, 농사 시기의 상실, 그리고 조세부담의 가중에서 발생되는 농민의 도망현상에 그 원인이 있었다.

3) 太宗의 화북농촌 안정책

송의 건국 지역은 華北지방에서 출발하였고 따라서 황폐화된 華北지역의 농촌사회부흥은 송조가 당면한 시급한 국가정책이다. 태종은 농촌사회 부흥책으로 호구의 증가와 함께 농촌의 안정을 위해 치안유지를 채택하고 그 구체적인 방안으로서 농촌안정에 힘쓴 지방관의 업적을 관료의 인사에 적극 반영하고 있다.

---

59) 『文獻通考』 卷 6 田賦 水利條
60) 『孝肅包公奏議』 卷 7, 請將邢洛州 牧地給與人戶 依舊耕佃條

농촌안정을 위한 치안유지 考課令을 보면 엄격하고 구체적으로 규정하고 있다. 至道 2년 6월에는 주현의 荒地를 民이 개간하여 농사짓기를 청하면 허락하고 3년 동안의 租를 면하고 3년이 지난 후에는 3분의 1을 거두게 하였다. 관리는 민에게 墾田을 권하고 그 성적이 오르면 관리들의 승진에 유리하도록 하고 또 관리가 백성을 초치하여 墾田을 적극장려토록 하였다. 지방관의 업적평가에 墾田과 유민의 초치 그리고 치안의 유지가 그들의 행정능력 평가기준이 되었고 그것은 바로 그들의 승진과 출강에도 직접적으로 영향을 주고 있다.

송 초기의 農村復興政策은 다방면에 걸쳐 진행되었다. 그 가운데서도 황폐지의 開墾政策은 통일을 이룩한 송조의 경제적 기반을 확립하고 농촌사회를 안정시키려는 데 크게 작용하였다. 특히 華北地方에서의 墾田策은 농촌의 경제력부흥과 직결되었다. 당말·五代의 병란에 의한 농지의 황폐를 재정비하고 송조의 경제적인 기반을 마련하는 데 역점을 두었고 사회적인 면에서도 유민의 정착화와 생활안정이 농촌사회를 안정시키는 지름길로 墾田을 권장하고 逃戶를 유치하여 빈농보호를 추진하였다. 또한 군사적인 면에서도 屯田을 통하여 實邊政策을 추진하여 변방농촌의 안정을 꾀하려 하였다.

華北地方의 개발과 농촌사회의 안정은 江南地方을 통일하는 데 중요한 작용을 하였다. 이와 같은 太宗의 적극적인 農村復興政策은 성공적으로 수행되었고 말할 수 있다. 당말·五代의 무인체제가 宋代의 문신관료체제로 전환될 수 있었던 사회경제적인 원동력이 바로 황폐화한 화북농촌의 부흥책에 의하여 가능하였다고 생각한다.

제3절 心弱한 眞宗과 어질고 착한 仁宗

I. 眞宗의 성품과 태자책봉

1) 진종의 성격 형성

진종은. 開寶원년(968년) 12월 2일 태종의 셋째 아들로 태어났다.

진종은 태종의 장자가 아니고 모친도 황후가 아니므로 본래 황위를 계승할 순번이 아니었다. 형 元佐가 황태자로 책봉되었으나 부친(太宗)이 숙부 廷美를 박해한데 대해 항의하여 폐위되었다. 둘째형 元僖 또한 開封府尹에 임명된 후 장차 황태자가 될 준비를 하고 있었으나 돌연 사망하였기 때문에 진종이 황위를 계승하게 되었다. 진종은 어려서부터 성격이 나약하여 새로운 것을 개척하려는 결심과 용기가 부족하였다. 진종의 품성에 대해서 『宋史』眞宗本紀에서는,

진종은 어려서부터 품성이 영특하고 행동이 남달랐다. 皇子들 가운데 용모가 준수하고 기질이 비범하였다.[61] 또한 眞宗本紀 贊 曰에서는, 眞宗이 총명英悟하니 宰相 李沆은 그의 총명이 오히려 황제로서의 과감성을 가릴까 염려하였다.[62] 李沆이 진종의 총명함을 오히려 염려한 것은 아마도 제왕으로서 국가의 정책을 수행하는데 과감성을 잃고 大局을 통찰하지 못하고 사소한 일에 집착하지 않을까 염려한 것이다. 이것은 나무는 보아도 숲은 보지 못하는 잘못을 범할까 염려한 것이 아닐까한다. 진종의 天性이 밝고 文學에 조예가 깊으며 儒術

---

61) 『宋史』卷 6 眞宗本紀에, 幼英睿 姿表特異 與諸王嬉戱 好作戰陳之狀 自稱
　　元帥 太祖愛之 育於宮中 (중략) 比就學受經一覽成誦
62) 『宋史』卷 8 眞宗本紀 贊曰

을 중히 여기고 신하들과 談論을 좋아하여 다방면에 소질이 많았는
데 이것이 도리어 국정의 과감한 개혁을 요하는 현안문제를 올바른
방향으로 이끌지 못하는 황제로 만들었다.

眞宗이 황태자가 되어 그 지위를 굳히기 위하여 세심한 마음가짐
을 가지고 太宗에게 불쾌감을 주는 일을 두려워하였다.[63] 처음 진종
은 근면하고 일을 잘 처리하였다. 開封府尹으로서 獄訟(옥송)에 유심
하고 사무의 경량을 잘 처리하였고 때문에 京師에 있는 감옥이 빌
정도가 되었다. 太宗도 여러 번 조칙을 내려 그를 칭찬하였다.[64]

진종은 대신들에게 대단히 공손하였다. 太子賓客 李至, 李沆을 만
나면 반드시 먼저 절을 하고 보낼 때는 계단을 내려와서 문에까지
나와서 배웅하였다.[65] 眞宗은 순조롭게 황위에 올랐지만 매사에 조
심하는 그의 성격은 약한 성격으로 변모되었고 즉위 후에도 이와 같
은 성격적 특징은 변하지 않았다. 그가 황태자가 되고 한 달이 지났
을 때 대신들이 그에 대하여 臣下라고 자칭하는 것을 금지하도록 太
宗에게 건의하였다. 이와 같은 행동은 太宗에 대한 조심성으로 태종
의 불쾌감을 없애려고 한 것이고 또한 자신의 장래를 위하여 대신들
을 예우하려는 생각에서 나온 행동이다.

진종이 즉위하기 전후에 소심하고 두려움이 많은 성격의 일면을
보인 것은 그가 형제들에게 잠재적인 위협을 받고 있었기 때문이다.
진종의 이와 같은 성격은 재위 26년 동안에 정치전반에 영향을 주었
다. 그는 개인적으로 희로애락을 자유롭게 표현하고 마음대로 즐기지
는 않았고 약한 성격으로 인하여 황제가 행사할 수 있는 정상적인

---

63)『長編』卷 42, 至道 3年 11月丙寅條
64)『宋史』卷 4,「眞宗本紀」.
65) 同上

욕망을 억제하였다. 정상적으로 즉위하고 어린 군주가 아니었던 진종은 군주독재의 길을 밟을 가능성이 충분히 있었다. 부친 太宗의 강권적 정치행위는 그에게 영향을 주었으며 당태종을 본 따서 신하의 충고를 서슴없이 받아들이는 부친의 태도가 그에게는 깊은 인상을 주었다. 그러나 결과는 아주 대조적이었다. 진종의 성격형성에는 부황 太宗에 의한 황태자교육의 영향이 컸다. 太宗은 眞宗을 엄하게 감독하고 李亢과 李至에게 태자의 교육을 맡기고 예의를 가르쳤다. 이것은 眞宗으로 하여금 천자로서의 자존심을 제거한 것이며 李亢과 李至는 太子의 모든 행동은 태자교육을 맡은 師傅(사부)의 지시에 의하도록 하였다. 동시에 太宗은 유교교육을 철저히 하도록 하여 태자의 장래를 위하여 정통적 정치 도덕의 본질에 전력하도록 하였다. 아직 즉위하지 않은 眞宗은 이미 부친이 가지고 있는 창업군주의 강함을 상실하고 과도한 자기규제와 소심한 마음을 갖게 되었다. 따라서 즉위 후에 대신들 앞에서 몸조차 마음대로 펴지 못하였다.

宋代의 황제권이 眞宗代에 와서 절대권을 행사할 수 있는 폭이 달라질 수 있는 시기를 맞이하였다. 그러나 실제는 그 반대였다. 태조와 太宗은 창업군주로 크고 작은 국가정책을 직접 행사하였다. 그러나 조심스럽고 겁이 많은 성격의 진종은 황제권을 과감하게 행사하는 일은 그의 一代를 통하여 흔하지 않았다. 진종은 중요한 일을 자신이 결정해도 신하들의 반대가 일어나면 도중에서 그 것을 바꾸는 일이 드물지 않았다. 진종이 강권군주가 되고 싶지 않아서가 아니고 객관적인 정세와 실제적인 경우가 그의 행동을 가로막는 일이 있었기 때문이다.

2) 진종의 황태자 책봉과 寇準(구준)

만년의 太宗은 寇準을 매우 신임하여 그의 말을 잘 들어주고 立太子와 같은 중대한 일도 구준과 상의하였다. 太宗의 후반기에는 궁정 내외에서 立太子를 둘러싸고 갈등이 있었다. 황후와 환관세력, 그리고 조정 내의 여러 정치세력이 얽혀있었다. 처음 태자로 책봉된 元佐가 폐위되고 두 번째 태자 차남 元僖도 원인불명의 병으로 사망하였다. 太宗은 立太子 문제를 구준과 상담하였다. 즉,

구준이 靑州에서 궁에 들어와 太宗을 만났을 때, 太宗은 족창이 심하여 스스로 옷을 들어올려 그에게 환부를 보이면서 「경이 왜 이렇게 늦게 왔느냐」하니 구준이 「신은 황제께서 부르지 않으면 京師에 올 수 없습니다.」라고 하였다. 이때 太宗이 「짐의 여러 아들 중에 누가 神器에 부합하냐」고 물으니 구준은 「폐하께서는 天下人의 바램을 쫓아야 할 것입니다」 라고 하니 太宗은 머리를 끄덕였다.[66]

太宗의 물음에 구준의 대답은 완곡하였으나 太宗의 마음속에는 얌전한 셋째 아들을 마음속에 두고 한 말을 구준이 찬성하였다고 생각하였다. 이리하여 太宗은 여러 황자 가운데 眞宗을 태자로 삼을 것을 결심하였다. 사료에 의하면 太宗이 황태자로 眞宗을 선정한 것은 구준의 건의에 의하였다고 한다. 즉,

公(구준)이 靑州에 있을 때에 太宗이 구준을 불러들여 후사를 물음에 공이 말하기를 「자식을 아는 것은 아버지보다 더한 사람이 없습니다. 신은 우직하여 이것을 결정할 수 없습니다.」라고 말하였다. 조금 후 공이 재배하여 말하기를 「신은 여러 황자를 볼 때에 오로지 壽王(진종)만이 인심을 얻고 있습니다.」라고 하니 황제가 기뻐하여

---

66)『宋史』卷 5. 太宗本紀 및『宋史』卷 281 寇準傳.

드디어 수왕을 태자로 세웠다고 있다.[67] 眞宗이 황태자가 된 것이 구준의 건의에 의한 것인지 그렇지 않은지는 분명하지 않다. 다만 太宗은 구준과 立太子라고 하는 대사를 상담하였고 구준의 의견을 받아들였을 가능성은 있다.

3) 眞宗의 황제 즉위 秘史

太宗이 사망했을 때 太宗의 황위계승과 같은 사건은 아니지만 진종의 즉위를 둘러싼 긴박한 일이 일어났다.[68] 즉,

내시 王繼恩(왕계은)은 眞宗의 즉위를 싫어하는 李皇后의 뜻에 따라 至道3년(997)에 太宗이 병상에서 한 달 만에 붕어하자 몰래 참지정사 李昌齡, 전전 도지위사 이계훈, 知制誥 胡旦 등과 모의하여 폐태자가 된 장남 楚王 元佐를 황제로 옹립할 것을 도모하였다. 이때 李皇后가 왕계은으로 하여금 재상 呂端(여단)을 불러오게 하였다. 呂端은 궁중 내의 불온한 공기를 알고 급변에 대비하여 宮中의 兵權을 쥐고 있던 황관 왕계은을 궐내에 감금하고 李皇后를 만났다. 황후는 「황위는 장자로 하는 것이 순서니, 앞으로 어떻게 하는 것이 옳은가」라고 하자 여단이 「先帝께서 이미 태자를 세우고 오늘에 이르렀습니다. 지금 함부로 先皇의 명을 거역할 수 있겠습니까.」라고 단호히 말하고 태자를 받들고 복령전으로 들어가 眞宗을 황제로 받들어 즉위시키고 군신을 인솔하여 만세를 불렀다. 모의에 가담한 이계훈을 좌천시켜 진주로 내려 보내고 이창령은 충무군 사마로 좌천시키고 왕계은은 우감문의 장군으로 강등하여 균주에 안치하고 호단은 제명하여 수주로 유배하고 그 가산을 적몰하였다.[69]

---

67) 同上
68) 『宋史』卷281, 呂端傳.

이와 같이 呂端이 궁정의 병권을 장악하고 있는 환관 王繼恩을 재빨리 감금하고 또 장남 元佐를 황제로 세우려는 李황후의 주장을 단호히 거절하지 않았다면 眞宗의 즉위는 위험하였을지도 모른다. 太宗이 일찍이 呂端을 大事를 그르치지 않을 사람이라고 한 유명한 말을 상기시킨다. 이렇게 皇位에 오른 眞宗이 呂端과 같은 대신들을 만날 때만다 머리를 숙이는 이유가 여기에 있다. 그리하여 즉위전의 師傅(사부) 李至와 李沆을 참지정사로 임명하였는데 이는 재상 여단의 제안에 의한 것이다.

II. 眞宗의 성품이 황제권에 미친 영향

진종은 어려서부터 궁중의 정규 교육을 받고 대신들의 諫言에 君道교육으로 그의 성격은 조심스럽고 자신을 자율 시키는 억제력이 강하였다. 진종이 정무를 처리할 때에는 매사를 조정대신에게 묻고 집정대신의 의견에 의하여 정책을 결정하였다. 그의 제안이 반대에 부딪혔을 때 고집하지 아니하였다. 진종의 이러한 황제권 행사는 다음 仁宗에게도 영향을 주어 「모든 일을 관료들과 상의하였다.」[70]라는 仁宗의 정치유형으로 계속된다.

眞宗의 이러한 氣性은 황위에 오른 후에 엄격한 객관적 정세와 정무처리를 하는데 심리적 압박으로 굳어졌고 재위 26년간의 정무처리에 깊은 영향을 주었다. 그의 정무처리를 보면 대부분의 경우 먼저 사리를 헤아리고 그의 약한 성격으로 정상적인 욕망까지도 억제하였다. 처음으로 정상적으로 즉위한 황제로서, 또한 어린 군주가 아니었

---

69) 同上
70) 『宋史』卷9. 仁宗本紀

던 진종은 군주독재의 길을 밟을 가능성이 충분히 있었다.

그러나 眞宗은 자기 자신의 의지로서 大事를 결정할 수 없었다. 자신의 의지로 大事를 결정하였어도 그것을 추진하는 과정에는 황제의 뜻을 막는 여러 가지 제한이 따르며 결정된 일을 바꾸는 경우도 드물지 않다. 진종이 强權君主가 되고 싶지 않아서가 아니고 객관적인 정세와 실제적인 경우가 그의 행동을 가로막는 일이 있었기 때문이다. 眞宗에게 가능한 정무는 執政集團의 이익과 합치하는 일을 주로 실행하였다.71)

군주로서의 진종은 확실한 의지가 없는 황제는 아니다. 그 자신에 의해서 결정된 정책도 있었으나 대부분의 경우에는 창업의 공로가 없고 장남도 아닌 진종은 신하들의 의견에 귀를 기울이었다. 진종이 정무를 처리할 때에는 매사를 宰臣에게 묻는 태도로 집정대신과 상의하여 정책을 결정하였다. 그의 제안이 반대에 부딪혔을 때 거의 고집하지 아니하였다. 그리하여 진종시대의 이러한 황제권은 祖宗之法으로 굳어지고 진종의 언동은 후세의 모범이 되고 대신들의 칭찬하는 바가 되었다. 진종에게는 황위를 유지하고 자신의 지위를 지키는 일은 실제 권력을 장악하는 일보다 더 중요하다고 생각된 것이다.

III. 착하고 인자한 仁宗황제

1) 仁宗의 출생 비밀

仁宗은 北宋의 4대 황제(재위 1022-1063년)로 眞宗의 여섯 번째

---

71) 王瑞來 앞의 『宋代の皇帝權と士大夫政治』 p.83 제3절 「太子の師と王佐」 참조.

아들이다. 大中祥符 3년에 태어나 1018년에 아홉살때 황태자가 되고 1022년 13세로 황위에 올랐다. 즉위하자 劉태후가 수렴청정 하였고[72] 明道 2년(1033년) 태후가 죽자 친정을 시작하였다. 仁宗은 42년간 재위하였는데 宋代황제 중 재위기간이 가장 긴 황제이다. 진종의 정실인 劉황후는 아이를 낳지 못했기 때문에 仁宗을 자기 아들로 키웠다.

仁宗은 성년이 되기까지 자신의 출생사실을 알지 못하였다. 그의 生母 李宸妃(이신비)가 꿈에 신선이 하늘로부터 하강하자 진종이 그녀(이신비)에게 그대가 내 아들을 갖게 된 것이지. 라고 말했다는 고사가 있다. 大中상부3년에 이신비는 남아를 낳았고, 그가 진종의 여섯째 아들 조정(仁宗)이다. 진종의 정실인 유황후는 비밀히 조정을 자신의 아들로 키웠다.

仁宗의 生母 李氏는 원래 진종의 劉황후의 시녀출신으로 성격이 온순하고 과묵하였다. 후에 眞宗의 눈에 들어 妃嬪(비빈)이 되었다. 李妃 이전에 眞宗의 후궁들은 5명의 皇子를 낳았는데 모두 요절하였다. 李氏가 남아를 출산하자 중년에 아들을 얻은 眞宗은 대단히 기뻐하였고 眞宗의 묵인 하에 몰래 劉氏의 아들이 되었다. 생모 李氏는 劉황후의 권세에 눌려 자기의 아들을 빼앗겼으나 감히 불만을 나타내지도 않고 아들의 장례를 위해 이를 감수하였다.

2) 仁宗의 황위계승을 둘러싼 寇準 · 丁謂의 권력투쟁

眞宗은 말년에 병이 들어 정무를 처리할 수 없는 상태였기 때문에 眞宗명의의 詔勅(조칙)은 정치적 야망을 가지고 있었던 眞宗의 劉황후가 처리하였다.

---

72) 『宋史』 卷9 仁宗本紀 및 『宋史』 卷242 后妃別傳, 劉皇后.

일찍이 劉씨의 황후책봉에 丁謂(정위)는 적극지지하였고 寇準(구준)은 반대하였기 때문에 유황후는 자신의 황후 옹립에 반대한 寇準에 대해 원한을 가지고 있었고 자기를 지지한 정위와 연합할 수 있었다. 유황후의 실권 장악은 정위가 실권을 갖는 것과 같은 것이다.

이에 대해 寇準은 병든 眞宗을 대신해서 皇太子(仁宗)를 監國으로 삼아 자신이 태자를 보필하려는 계략을 세웠다. 황태자가 감국이 되면 병든 眞宗과 수렴청정하는 유황후를 배제하고 황태자를 받들고 제상 寇準이 섭정을 할 수 있는 길이 열리기 때문이다. 이렇게 되면 구준은 명분상 정당한 명령을 내릴 수 있고 정치의 주도권을 장악할 수 있다. 구준은 병든 眞宗과의 독대하는 자리에서 丁謂는 간사한 인물로 어린 태자를 보필하기 어려우니 올바른 대신을 골라서 익찬하도록 하소서. 라고 말하였다. 구준의 요청에 眞宗은 그것이 옳다고 찬성하였다.

眞宗의 이와 같은 태도는 구준을 고무시켜 계획을 세웠다. 즉 유황후를 패하고 仁宗을 세워 眞宗을 태상황으로 삼고 정위, 曺利用등을 주살한다. 라는 계획이다. 이것은 정변에 해당한다. 비록 병이 들었지만 眞宗 皇帝로부터 명목상 太子(仁宗)에게 정권을 넘기고 구준이 정권을 장악하는 것이기 때문이다. 성공한다면 조정의 파벌싸움을 척결할 뿐만 아니라 구준은 眞宗·仁宗 兩朝(양조)의 황제를 옹립한 원로대신이 되는 것이다.

그러나 술에 취한 구준의 발설로 정변이 사전에 세어나가 미수에 그쳤고 眞宗은 정위 등에게 구준과의 약속을 말하지 않았다. 미수에 그친 정변에 진종 자신이 계획에 가담한 사실을 굳이 설명할 수 없었고 결과적으로 구준을 궁지에 몰아넣게 되었다. 구준은 眞宗의 희생자가 되고 죽음의 땅 海南島로 유배되어 그곳에서 사망하였다.

乾興원년에 13세의 仁宗이 즉위하자 劉氏가 황태후의 신분으로 수렴청정 하여 정사를 돌봤다. 후세사람들은 유황후를 唐代의 則天武后에 비유한다. 明道 2년 劉태후가 병으로 사망하고 仁宗이 친정하면서 仁宗은 자신의 출생 비밀을 비로소 알게 되었다. 劉태후와 사이가 나빴던 사람들이 모두 仁宗에게 진상을 설명하였다. 그들 중에는 황숙 趙元儼과 楊太妃도 있다.

楊太妃는 仁宗이 어렸을 때부터 줄곧 생활을 돌봐주었으므로 仁宗은 그녀에게 깊은 정이 있었다. 궁중에서 劉태후를 「큰 어머니」라고 부르고 楊太妃를 「작은 어머니」라고 불렀다.

仁宗의 생모는 明道 원년에 갑자기 죽었다. 仁宗은 자기의 출생에 대해 알게 되자 크게 놀랐고 뿐만 아니라 자기의 생모가 비명에 죽었다는 것을 전해 들었다.

生母 李氏는 죽기 전에야 宸妃로 책봉되었다. 劉태후는 李宸妃(이신비)가 죽자 처음에는 비밀로 하고 일반 궁녀의 예의로 장례를 치르기로 하였다. 그러나 재상 呂夷簡이 劉태후에게 劉氏가문을 보전하려면 반드시 이신비에게 후한 장례를 치러주어야 한다고 강권하였다. 劉태후는 문제의 심각성을 알고 높은 품격으로 이신비에게 정중한 장례를 치러주게 하였다. 비록 생모의 장례가 후하게 치러졌지만 仁宗은 劉太后에 대한 분노를 금할 수 없었다. 그는 자기의 생모가 생전에 얻지 못한 명예를 누리게 하고 싶었다. 조정에서 격렬한 토론이 있은 뒤 眞宗의 첫 번째 황후 郭氏를 태묘에 안치하고 따로 奉慈廟(봉자묘)를 지어 별도로 劉氏와 李氏의 위패를 세우도록 하였다.[73]

---

73) 『宋史』卷9 仁宗本紀.

3) 仁宗의 성품

仁宗은 태조나 태종과 같은 雄心이 큰 인물이 아니다. 다만 그의 황제상은 대신들 뿐 만 아니라 백성에게 어진 황제로 부각되었다.[74)]

행정면에서 仁宗은 담당부서의 자주권을 존중하였다. 그 좋은 예로 夏竦(하송)이 죽자 그에게 「文正」이라는 시호를 내리려 하였다. 司馬光이 상서를 올려 「文正」의 시호는 너무 높다고 반대하자 仁宗은 자신의 주장을 거두고 「文獻」으로 고치는데 동의하였다. 仁宗은 선비들에게도 관용을 베풀었다.[75)]

嘉佑년간 蘇轍(소철)이 進士시험에서 글을 쓰기를,「내가 거리에서 듣자하니 궁중에는 미녀가 수천 명이나 되고 종일 음주가무로 즐긴다고 하니 황제가 백성의 질고에는 관심이 없고 대신들과 정사를 의논하지 않는다고 仁宗을 비방하였다. 시험관들은 蘇轍의 처벌을 요구하였으나 仁宗은 도리어 과거시험은 본래 직언을 하는 인재를 뽑기 위함이고 소철은 작은 관리로 감히 이런 직언을 하니 마땅히 특별한 功名을 주어야 한다고 하였다. 仁宗은 성정이 너그러워 사치하지 않았으며 자기를 단속할 줄 알았기 때문에 역대 史家와 정치가들의 칭찬을 받았다.

包拯은 監察御使와 諫官을 맡았을때 仁宗의 면전에서 직접 간언하였다. 침방울이 仁宗의 얼굴에 튀어도 仁宗은 소매 자락으로 닦으면서 그의 건의를 받아들였다. 어느 때 包拯이 三司使 張佐堯의 직무를 박탈하려고 하였다. 張氏는 仁宗이 총애하는 妃의 백부로 仁宗은 난처하여 張氏를 절도사로 내려 보내게 하였다. 그래도 包拯은 동의하지 않으면서 언사가 더욱 과격해졌다. 仁宗이 화가 나서 말하기를,

---

74) 同上書에, 仁宗은 天性仁孝寬裕 喜慍不形於色이라 있다.
75) 同上

張佐堯는 왜 절도사로 안 된단 말이오, 절도사는 힘없는 관리인데 무엇 때문에 반대하는가. 라고 하니, 包拯은 거침없이 말하기를 절도사는 태조와 태종께서 모두 중시하였으며 결코 힘없는 관리가 아닙니다. 라고 반대하여 張氏는 결국 절도사로 나가지 못하였다.

仁宗이 붕어한 소식이 전해지자 京師의 저자에서는 폐업하고 거리에 통곡소리가 연일 그치지 않았다. 거지와 아이들도 모두 紙錢(지전)을 태우면서 통곡하였다. 洛陽에서 지전을 태우는 연기가 성안에 가득 날려 하늘에 빛이 보이지 않았으며, 벽지의 백승들도 孝帽를 쓰고 애도하였다.[76]

4) 郭황후 폐위에 얽힌 仁宗의 인간성

仁宗은 景祐원년에 郭황후를 폐하고 瑤華宮(요화궁)에 살도록 허락하였다. 그러나 仁宗은 郭황후를 폐위한 것을 후회하고 때때로 사절을 보내어 안부를 묻고 악부를 하사하기도 하였다. 郭황후는 이에 대하여 화답하였는데 그 文詞가 심히 처절하였다. 仁宗은 더욱 폐후한 것을 후회하고 몰래 사람을 보내어 郭后(곽후)를 召見하려 하였다. 그러나 郭氏는 이를 사양하기를, 만약 다시 召見하고 싶다면 당당하게 百官班을 세우고 황제의 詔勅(조칙)을 내려야만 응할 것이라고 하였다. 이를 보면 仁宗은 마음이 어질고 약하였음을 살필 수 있다.

그 후, 郭황후가 작은 병이 들어 仁宗이 內侍 閻文應(염문응)으로 하여금 侍醫(시의)를 데리고 가서 돌보도록 하였다. 그러나 侍醫가 돌아온 후, 몇일이 지나 郭后가 돌연 사망하니 사람들이 閻文應을 의심하였다. 景祐3년 정월에 郭황후를 다시 복원하여 황후로 하고 그의

---

76) 『宋史』仁宗本紀

장례를 엄숙하게 치루고 황제의 능묘에 안장하였다.[77)]

   郭황후의 폐위는 정치적으로 慶曆 黨議(경력 당의)의 원인을 제공하였다.

---

77)『長編』景祐3년 正月 壬辰 및 丁酉條

제4절 병약한 英宗과 의지 강한 神宗

I. 英宗의 복잡한 皇位계승과 짧은 在位

1) 英宗의 황태자시절과 人品

英宗은 仁宗의 뒤를 이어 제5대 황제로 등극하였다. 英宗이 황제로 오르기까지의 과정은 대단히 복잡하다. 仁宗은 세 사람의 아들이 있었으나 모두 요절하였다.[78] 仁宗은 만년에 이르기까지 황자 탄생을 기대하였으나 탄생된 것은 공주뿐이고 그들도 대부분 요절하였다.

英宗의 부친 濮王(복왕)은 仁宗의 사촌동생이다. 英宗은 복왕의 13번 째 아들로 天聖 10년(1032) 정월에 탄생하여 4살 때 仁宗의 후사로 궁중에서 양육되었다. 英宗이 궁중에 들어온 것은 仁宗이 복왕에게 특별한 친근을 가지고 있었고 복왕 자신이 仁宗이 탄생하기 전에 眞宗의 후사로 물망에 오른 배경이 있었기 때문이다.

仁宗은 후사가 없자 종실의 아이들을 선발하여 궁중에서 길렀다. 英宗은 네 살 때 궁으로 들어가 성장하였으나 여덟 살이 되었을 때 仁宗의 3남 荊王(曦)이 태어나자 부친의 王府로 돌아왔다. 황자는 얼마 후 사망하였다.

英宗은 복왕부에서 공부를 하였는데 宋代에는 王府(왕부)마다 황자들에게 중국 전통문화를 가르치는 선생이 있었고, 그들을 왕부 교수라고 불렀다. 영종은 성격이 내성적이고 자제력이 뛰어났으며 학문에 열성을 가졌다. 그는 공손한 태도로 학습했고 왕부 교수를 만나면

반드시 정중하게 예의를 갖추었다.

종실의 자제들은 대부분 좋은 옷을 입고 기름진 음식을 먹었으며 게으르고 산만했다. 또한 교수들을 대할 때 주의를 기울이지 않았다. 그래서 五王府의 교수 吳充은 皇子가 지켜야 할 도리로「宗室六章」을 제정하여 仁宗에게 바쳤다. 종실 자제들의 언행을 규범화시키자고 하는 그의 뜻을 仁宗은 적절하다고 판단하여 종정에게 보내 왕부마다 필사하도록 했다. 英宗은 성실하게「宗室六章」을 베껴서 병풍에 붙여놓고 자신의 언행을「宗室六章」과 비교했다.

英宗은「천성이 인정 많고 효성스러우며 공부를 좋아하고 연회나 사치를 하지 않았고 의복도 검소하여 마치 유학자 같았다.」[79] 仁宗은 후사가 끊긴 이후 오랫동안 조카뻘 되는 종실의 자제들을 관찰했고, 英宗의 성품이 후덕하고 연장자를 공경한다는 것을 알게 되었다.[80]

2) 병약한 英宗의 짧은 皇帝在位

英宗은 몸이 허약하고 병이 많아 즉위 후에도 큰 병을 앓아서 曹太后가 수렴청정을 하였다. 후에 親政을 하였으나 또 병고에 시달렸다. 英宗은 仁宗의 정책을 그대로 계승하면서도 새로운 개혁을 추진하려고 하였다. 그러나 그의 고집스러운 성격으로 인하여 업무는 제대로 추진되지 못하였고 즉위 초기에는 조태후와 의견충돌이 많았다.

英宗은 비록 병약하였으나 정치개혁을 적극적으로 추진하려고 노력하였다. 그는 국가경륜에 강한 포부를 가지고 있었다. 그것은 많은 宗室중에서 仁宗황제에 의해 발탁된 인물이라는 사실이 이를 증명한

---

79)『宋史』卷13 英宗本紀
80) 王鏡輪 지음. 이영욱 옮김.『중국의 황태자교육』감영사. p.201.「학문을 사랑한 父子之間」참조.

다. 英宗을 아들로 맞이한 후, 仁宗에게 實子가 탄생하였다. 宰相 韓琦(한기)가 탄생한 仁宗의 實子를 太子로 세울 것을 건의하였다. 그러나 仁宗은 이미 마음속에 英宗을 太子로 확정하고 있었기 때문에 세자를 바꾸지 아니하였다.[81] 이밖에 英宗이 현명한 郡王임을 알 수 있는 것은 그가 널리 인재를 구하고 특히 王安石을 기용할 것을 열망하였다. 이것은 治平2년 曹太后의 수렴정치가 폐지된 후 王安石을 등용하려 하였으나 王安石이 3회에 걸쳐 사양하는 사실로 알 수 있다.[82] 英宗이 王安石에 대해 관심을 갖게 된 것은 王安石의 萬言書에 의해 그의 인물됨을 알게 된데 원인한다. 이 萬言書가 仁宗에게 올려진 것은 仁宗의 嘉祐3년(1058)으로 이 당시 英宗은 25세의 나이로 수업 중이었다.

즉위 당시에는 패기를 보여주고 새로운 황제의 총명함과 결단력을 보이기도 하였다. 朝臣들은 英宗시대의 정치가 엄격하고 신속 정확하게 진행될 것이라고 생각했다. 관대한 정치적 조치가 넘치던 仁宗 때와는 달리 원칙에 의한 고집스러운 정책들이 입안되었다. 英宗은 부지런하여 신하들이 올리는 상소문을 철저히 묻고 사건의 전말을 상세하게 파악한 후 결정하였으며, 정무처리에 매우 성실한 황제였다.

3) 濮議(복의)논쟁과 황제권

英宗은 仁宗의 親子가 아니고 濮王(복왕)의 아들로 仁宗의 太子로서 皇位에 올랐다. 때문에 英宗 4년의 통치기간 동안 복의문제는 심각한 정치적 논쟁거리가 되었다.[83] 英宗은 皇太子시절부터 病弱하였

---

81) 『宋史』卷13 英宗本紀. 宗子已有賢知可付者卿等其勿憂.
82) 臨川先生文集 卷40 奏狀
83) 小林義廣「濮議小考」『東海大學紀要』文學部 第54集 참조.

고 4년의 재위내내 복의논쟁에 시달렸기 때문에 그의 요절이 복의논쟁과 결코 무관하지 않다.

英宗은 仁宗 때의 개혁파 韓琦(한기), 歐陽脩(구양수), 富弼(부필) 등의 신하들을 등용해서 퇴색하는 국세를 바로 잡기 위해 여러 가지 개혁을 하려고 애를 썼으나 36세로 붕어하여 재위기간은 불과 4년이었다. 英宗이 건강하게 재위에 있었다면 神宗시대의 혁신정치가 앞당겨 英宗시대에 단행되었을 가능성이 크다.

Ⅱ. 개혁의지가 강한 神宗과 황제권

1) 北宋史上 神宗시대의 성격

神宗은 약관20세로 在位에 올랐다. 그리하여 이후 18년간 新舊양당의 당파싸움에 휘말리면서 가장 어려운 난국에 직면하고 있던 宋朝의 정치개혁을 위하여 初志를 굽히지 않고 개혁을 추진하였다. 이점은 仁宗황제가 41년 동안 太祖와 太宗에 의하여 축적된 국세에 안주하면서 太平聖代의 긴 시대를 보낸 仁宗과는 매우 대조적이다. 仁宗시대초기 10년 동안은 劉太后의 수렴정치가 있었고 그 후 31년 동안의 친정시대에 들어서서는 국가의 위기관리를 제대로 하지 못하여 정치·경제·사회 전반에 걸쳐 위기국면을 맞이하였다. 이것은 王安石이 萬言書에서 잘 지적하고 있다. 영종은 이러한 위기를 깨닫고 정치개혁에 앞장서려 하였으나 병약함을 이기지 못하고 在位4년 만에 타개한 것도 神宗에게는 커다란 부담이 아닐 수 없었다. 英宗이 좀더 오래 살고 仁宗시대 이래의 사회전반에 걸친 위기를 타개하여 주었다면 神宗의 혁신적인 개혁정치는 훨씬 수월하게 수행할 수 있는

기반이 되었을 것이다. 그러나 상황은 그 반대가 되어 神宗 스스로가
모든 개혁의 짐을 떠안게 되었다.

2) 神宗의 好學

神宗은 英宗의 장자이다. 治平 3년 황태자가 되어 다음 해에 20세
로 즉위하였다. 神宗은 체모가 범상치 않고 어려서부터 행동이 진중
하였다. 그는 황태자 시절부터 天性이 好學請問하여 日昃에 이르기까
지 식사하는 것도 잊고 공부를 열심히 하였으므로 英宗이 늘 內侍를
보내 이것을 중지하도록 하였다. 또 神宗은 의관을 바르게 하고 공손
히 두 손을 모으고 大暑라도 부채를 사용하지 않고 侍講 王陶(왕도)
가 방으로 들어오면 동생(顥)을 데리고 이를 정중히 맞이하였다. 한
마디로 神宗의 품성은 열심 근엄하였다.[84]

王府에서 공부를 하면서 소년시절을 보낸 神宗은 천성적으로 학문
을 좋아하였고 지식을 탐구하려는 욕구도 강하였다. 사부들이 유가경
전을 강론할 때 神宗은 늘 어려운 문제를 가지고 그들과 토론하였고,
주도적으로 의견을 내고 새로운 해석을 제시하였다. 토론이 길어지면
시간 가는 줄도 모르고 해가 기울도록 식사할 생각도 하지 않았다.

神宗의 好學은 父皇으로부터 물려받은 것이다. 英宗도 소년시절 공
부를 시작하면 늘 해질녘이 될 때까지 꼼짝하지 않았고, 내시들도 식
사를 해야 한다고 말하면, 「공부하는 것은 즐거운 일인데 어찌 배가
고플 수 있겠는가」라고 대답하였다. 재상 韓琦(한기)는 황제의 명으
로 조정에서 명망이 뛰어난 유신 여섯 명을 인선했다. 王陶·韓維·
孫固·孫士公·蘇恒 등이다. 神宗의 빈료들은 모두 당대의 뛰어난 인

---

84) 『宋史』 卷14 神宗本紀

재들이었다.[85]

王陶는 仁宗 연간에 언관을 담당했고 재상 韓琦를 도와서 仁宗이 英宗을 황자로 삼도록 결정하는 데 힘을 쏟았다. 그래서 英宗이 즉위하였을 때 재상 한기는 왕도에게 황자를 곁에서 모시도록 했다. 神宗이 황태자가 되었을 때 왕도는 태자첨사를 맡았다.

神宗이 영왕이었을 때 손고는 시강관이었고, 조정의 중서성 등에서 문자편수관을 겸임했다. 神宗이 태자가 된 후에도 계속 시강관을 맡았으며 태자에게 유가경전을 강론했다.

韓維는 神宗의 행동에 큰 영향을 끼쳤다. 한유는 명신 한억의 아들이고, 일찍이 神宗이 영왕으로 책봉되기 전부터 神宗의 기실참군을 맡았으며 그 뒤에도 계속해서 영왕부의 기실참군이 되었다. 神宗은 한유를 신임했고, 일을 하기 전에 매번 그의 의견을 물었다. 한유도 영왕의 지문에 기꺼이 응했고 임무를 완벽하게 처리하려고 노력했다. 어떤 경우에는 영왕이 묻지 않아도 도움을 주려 했다.

3) 王安石 등용에 나타난 神宗의 성격

神宗은 태자 때에『韓非子』를 좋아했고 법가의「富國强兵」에 대해서 강한 흥미를 가지고 있었다. 왕안석의 以財治國(이재치국)사상을 찬성하였다. 神宗 즉위 당시의 북송은 재정위기상태였다. 직업군인제도(금군제도)로 군비의 지출이 방대하고 관료기구의 비대로 정부 비용이 증대되어 국가재정은 어려웠다. 그 위에 매년 遼와 西夏에 보내는 세폐·세사가 상당하였다. 재정은 매년 수입보다 지출이 많았다.[86] 농민들은 불법적으로 착취당하고 고리대에 가혹하게 시달리고

---

85) 王鏡輪 지음, 이영욱 옮김. 『중국의황태자교육』김영사2007 p.204「영저의 빈료당대최고의인선」참조.

부세와 요역이 가중되어 여러 차례 폭발적 민란이 일어났다. 이처럼 대내외적 우환, 재정궁핍 등에 대해서 神宗은 과감한 개혁의지를 가지고 있었다.

王夫之는 神宗이 荊棘(형극)의 臺上(대상)에 앉아서 傷心(상심)을 가슴에 품은 체 仁宗시대이래의 해이한 정국을 타개하기 위하여 奮起改張(분기개장) 하였다고 논하고 있다.[87]

신종은 더욱이 英宗의 재위4년동안에 소모적인 복의논쟁을 직접 보아왔다. 관료사회의 소비적인 정쟁의 피해를 몸소 경험하였으므로 강한 개혁의지를 가지고 있었다. 神宗은 즉위 전에 王安石의 정치포부와 재능을 알고 있었다. 즉위 후 왕안석을 불러 들여 한림학사 및 시강으로 삼고 나라의 안위에 대해 기대를 걸었다. 신종의 왕안석에 대한 태도는 조정대신의 불만을 사게 되었다. 재상 韓琦는 3대를 섬겼으므로 새로운 황제를 보좌해야 하지만 神宗이 王安石을 등용하는 것을 보고 재상에서 물러나 상주로 가고자 청하였다.

神宗이 韓琦에게 경이 물러나면 누구와 함께 나라를 다스려야하는가, 왕안석은 어떠한가라 하니 한기는 안석은 한림학사에 적임자이지, 정치적으로 폐하를 원만하게 보필할 인물로는 불가합니다 라 하였다. 韓琦는 왕안석의 공격적인 태도에 반대를 표명한 것이다. 또 원로 중신 富弼도 재상에서 물러날 때 왕안석의 임용에 반대하고 文彦博(문언박)을 추천하였다. 이에 대해 神宗은 침묵함으로써 자기의 생각을 굽히지 아니하였다. 이와 같이 神宗이 王安石을 등용하고자 朝臣들에게 의견을 물었을 때 찬성과 반대가 확연히 구분되고 있다. 즉, 宰相 曾公亮은 「王安石은 文學에 있어서나 人物에 있어서나 현재 최고의

---

86) 『二十二史箚記』卷25 宋冗官冗費條
87) 『宋論』卷6 神宗

德性을 갖춘 人材로 폐하와 더불어 天下의 정치를 맡을 만한 사람이다.」 이에 대해 宰相 韓琦가 반대하였고 또 參知政事 吳奎는 「만약 王安石을 기용하면 반드시 정치기강을 문란시킬 것입니다. 증공량이 폐하를 잘못 誤導하고 있습니다.」[88] 라고 주장하였다. 이 밖에도 조정 대신들 중에 御史中丞 呂誨、參知政事 唐介、侍讀 孫固 등이 모두 왕안석을 비난하였다. 그들의 생각은 王安石은 자기주장만 옳다하고 현실을 모르고 관용이 적고 너그러움이 없는 인물로 비난하였다.

神宗은 朝臣을 면대할 때마다 왕안석에 대한 여러 가지 반대가 있었으나 이를 단호히 물리치고 그를 한림학사로 기용하고 熙寧 2년 (1069) 2월 왕안석을 참지정사로 임명하고 마침내 변법을 단행하였다.

이를 미루어볼 때 神宗의 성격과 意志가 대단히 굳고 굽힐줄 모르는 성품임을 알 수 있다. 神宗시대의 신법은 王安石의 강력한 의지로 추진되었다는 주장이 많으나 사실은 神宗의 신법에 대한 확고한 생각과 그것을 뒷받침하는 그의 굳은 성격과 의지가 뒷받침되지 않았다면 신법은 추진되지 못하였을 것이다. 사실 神宗은 太宗 이래 강력한 의지를 가진 靑年 皇帝로 士大夫 官僚와 太后의 반대를 물리치고 신법을 단행한 것을 보면 그의 굳은 의지력과 강한 성품을 살필 수 있다.

4) 신법추진과 神宗의 개혁의지

神宗은 熙寧 2년(1069)에 신법을 추진하면서 곧바로 조정 내외의 보수세력(구법당)의 강한 반대에 부딪혔다. 구법당은 신법의 내용과 효과에 대해서 비난을 가하였을 뿐만 아니라 王安石은 「祖宗之法」

---

88) 『長編拾遺 補』 卷2 治平4년 9월 壬午條

(조종지법)을 파괴하는 위험인물이라고 원색적인 비난을 가하였다.

이러한 조정의 분분한 논의에 대해 神宗은 많은 생각을 하면서도 끝내 마음이 흔들리지 않고 신법을 추진하였다. 보수파가 내세우는 왕안석에 대한 인신공격이나 「祖宗之法」의 파괴에 대해서도 황제의 권력을 가지고 이를 압도하기보다는 정연한 논리로 신하들을 설득하였다.

神宗은 왕안석을 격려하여 「천하를 변화시키는 개혁추진에 겁낼 이유가 없고, 여러 사람이 말하는 것을 우려할 이유도 없다. 조종의 법을 지키는 것은 가치가 없다.」고 하여 신법을 적극지지 하였다. 왕안석과 수구세력간의 싸움에서 神宗은 강력히 왕안석을 지지하고, 변법을 반대한 관원들을 물러나게 하였다.[89] 특히 「祖宗之法」을 수호하는 일은 결코 가치가 있는 일이 아니라는 말은 新法추진을 위한 정곡을 찌른 말이다. 구법당이 내세우는 가장 큰 名分이 바로 王安石이 「祖宗之法」을 파괴하는 小人輩라는 지적이기 때문이다.

熙寧3년(1070)에 神宗은 다시 王安石을 同中書門下平章事(동중서문하평장사)로 승진시키고 그에게 힘을 실어주었다. 이리하여 왕안석은 큰 힘을 가지고 農田(농전), 水利(수리), 靑苗(청묘), 均輸(균수), 保甲(보갑), 免役(면역), 市易(시역), 保馬(보마), 方田(방전) 등 신법을 추진하였다.

이렇게 神宗은 즉위 초 북송의 어려운 재정형편을 감안하여 왕안석의 부강강병을 목적으로 하는 신법추진을 황제권을 가지고 뒷받침하였다. 神宗의 의지와 용단이 없었다면 왕안석의 신법이 추진되기는 불가능하였을 것이다. 신법의 추진과정에서 수구세력의 반대가 지속

---

89) 東一夫 앞의 『王安石新法の研究』p.264 제2편 제1장 「制置三司條例司の研究」참조.

되었고 대지주, 대상인이 이에 가세하면서 더욱 치열한 신구당쟁으로 전개되었다.

5) 신법의 좌절과 황제권의 한계

熙寧 7년 봄에 오랫 동안 비가 내리지 않자, 조정 내외의 수구세력은 「天變」(천변)을 구실로 또 한 차례 신법을 공격하였다. 이 과정에서 신법을 추진하는 신종황제에게 보수파 관료의 반대와 함께 황제를 가장 괴롭힌 것이 太后의 반대이다. 특히 神宗의 母后(英宗皇后) 高太后와 曹后(仁宗皇后)의 압력이다. 曹后에 의한 英宗시대의 수렴정치타성은 신종시대에도 강하게 내려왔다.[90] 신종은 신법실시과정에서 曹太后에게 보고하고 그의 의견을 일일이 구하지 않을 수 없었다.[91]

왕안석의 신법에 대하여 曹太后는 「舊章의 變亂」이라 극렬하게 반대하면서 祖宗之法을 가벼이 바꾸는 것은 옳지 않다고 주장하였다.[92] 이리하여 神宗은 마침내 王安石을 잠시 물러나게 하여 江寧府로 내려 보내니 여기에서 신법은 주춤하게 되었다.

熙寧 8년(1075)년 2월에 왕안석을 다시 기용했지만 수구파세력은 더욱 강하였고, 신법파 내부에서도 의견이 갈라져 神宗은 王安石에 대한 신임은 전과 같지 않았다. 熙寧 9년(1076) 하늘에 혜성이 출현하고 수구파는 또한 「天變」이라 하여 변법을 비난하자 神宗은 점차

---

90) 宋代政治史에서 여성의 정치적 입김은 강하였고 그 결과 황제권은 크게 훼손되었다. 그 예로써 眞宗의 皇后(劉皇后)에 의한 仁宗시대 섭정과 英宗시대의 曹皇后, 神宗시대의 曹太后, 그리고 哲宗시대의 高太后가 그 좋은 예이다.

91) 『宋史』卷242 后妃傳 上

92) 同上

동요하였다. 神宗이 왕안석에게 민간이 신법으로 고통을 당한다고 하니 1왕안석은 재상직에서 물러날 것을 청하고 강녕부로 내려갔다.

왕안석의 두 차례 재상사직은 神宗이 수구세력의 반대를 무마하기 위한 타협의 결과였다. 神宗의 정치 목표는 신법을 통한 부국강병이었다. 그러나 황제권을 제대로 행사할 수 없을 정도로 반대의견이 강하였기 때문에 좌절되었다. 반대세력 가운데서도 태후(조황후·고황후)의 끈질긴 반대가 효심이 강한 神宗의 마음을 움직여 결국 왕안석을 물러나게 하였다.

淸의 고증학자 趙翼(조익)은 王安石의 신법에 관하여 다음과 같이 의미있는 고증을 하고 있다. 즉,

당시의 사람들은 王安石이 신법을 단행한 결과, 천하를 어지럽히고 간사한 무리를 등용하여 법령을 뜯어고침으로써 마침내 靖康(정강)의 變(변)에 이르게 되었다고 그 우두머리를 王安石으로 돌리고 있다. 그러나 이는 사실을 올바르게 알지 못한 것이다. 신법은 神宗황제의 雄心(웅심)이 크게 작용한 것으로 황제가 스스로 큰 뜻을 가지고 신법을 단행하였기 때문이다.[93]라 하였다.

신법실시는 仁宗시대 이래 누적되어 오던 재정적자를 해결하기 위한 부국강병책이고 이를 타개하기 위하여 황제의 뜻(황제권)이 적극적으로 신법을 뒷받침한 것이다. 그러나 반대파의 대안없는 반대에 부딪히고 「祖宗之法」을 파괴한다는 명분에 밀려 결국 신법이 중도에서 좌절된 것은 황제의 뜻(황제권)이 현실적으로 관료의 반대에 굴복한 결과가 되었다.

이것은 太祖·太宗이래 가장 힘있는 젊은 神宗황제의 뜻이 좌절된 것이고 宋代 황제권의 實相이 그대로 드러난 것이다. 神宗은 北宋의

---

93) 『二十二史 箚記』 卷26 王安石之得君條

역대 황제 가운데 太祖, 太宗을 제외하면 가장 의지가 강하고 靑年氣銳한 황제이다. 그럼에도 불구하고 신하들의 반대에 부딪혀 자신의 의지를 관철시키지 못하고 결국 국가가 당면하고 있던 중대한 문제를 추진하지 못하였다는 것은 宋代 황제권의 취약성과 함께 士大夫 관료의 강함을 그대로 드러낸 것이다.

신법의 좌절과 神宗황제의 夭折(요절)은 이후의 北宋 사회에 어려움을 가져다 주었다. 특히 신구법당의 격렬한 당파싸움은 北宋 멸망의 직접적인 원인을 제공하였다. 만약 神宗이 좀 더 오래살고 보다 강력한 황제권을 행사하고 반대파를 누르고 강력한 황제권을 가지고 신법을 성공하여 재정위기와 정치적 안정을 이룩하였다면 北宋 후기의 역사는 다른 방향으로 전개되었을 것이다.

神宗시대의 신법추진과정을 황제권에 결부시켜 생각할 때 宋代의 황제권이 독재적이라고 주장하는 「君主獨裁體制說」이론에는 동의할 수 없다는 것을 다시 확인할 수 있다.

제5절 어린 哲宗과 풍류황제 徽宗(휘종)

Ⅰ. 어린 철종의 황위계승과 황제권의 굴절

1) 哲宗의 황위계승과 高太后의 수렴정치

哲宗은 神宗의 六子이다. 哲宗은 嫡出(적출)이 아니고 장자도 아니다. 神宗의 5명의 왕자들이 일찍 요절하였기 때문에 제위에 오를 수 있었다. 철종은 元豊 8년에 태자가 되었고 同年 3월 10세에 즉위하니 태황태후 高氏(英宗황후)가 섭정하였다. 元祐 8년에 태후가 별세하자 친정을 시작하였다. 재위는 15년간(1085-1100)이고 建元은 元祐(1086-1093), 紹聖(1094-1097), 元符(1098-1100)이다. 元符 3년에 졸하니 享年 25세이다.

哲宗은 어려서 총명하였고 아홉 살에 능히 『論語』 7卷을 암송하였다. 글씨 또한 뛰어나 神宗의 총애를 받았다. 원풍 7년 3월 神宗이 궁중에서 군신들을 초청하여 연회를 개최하였는데 이때 9세의 철종을 데리고 참석하였는데 그의 총명함을 보고 朝臣들이 칭찬을 아끼지 않았다.

哲宗의 황위계승은 대단히 복잡하였다. 神宗이 병이 깊고 哲宗이 아직 太子에 오르지 못하였을 때 宰相 蔡確(채확)은 다음 황위계승은 神宗의 동생들에게 뜻을 두고 있었다. 神宗에게는 同母 출신 두 동생이 있었는데 吳王 趙顥(조호)가 36세, 益王 趙頵(조군)이 30세였다. 이 두 사람은 성망이 있어서 황제감이라고 칭송되었다. 宰相 蔡確(채학)과 邢恕(형서)는 두 사람에게 뜻을 두고, 그들 중 한 사람을

황제로 옹립하기 위해 황제옹립에 영향력이 큰 고태후의 조카 高公
繪(고공회)와 高公紀의 도움을 생각하였다. 그래서 형서는 두 장군을
府中으로 초청하여 그들에게 神宗의 병세를 설명하고 趙傭(조용)(철
종)는 나이가 어리므로 오왕과 조익이 현명하니 황위를 이들 중 한
분에게 계승시킬 것을 논의하였다. 그러나 이에 대해 고공회는 놀라
움을 표시하고 형서가 그들의 가문을 함정에 몰아넣는다고 생각하여
급히 고공기와 함께 개봉부로 가버렸다.[94) 蔡確(채확)과 邢恕(형서)
는 자기들의 황제옹립계획이 어렵다는 것을 알게 되었다. 이보다 앞서
蔡確이 王珪에게 황제 옹립에 대하여 의견을 물었을 때 왕규는 「皇上
有子」라 하였다. 이는 철종의 옹립을 의미한다. 왕규는 철종옹립의
공을 세웠으나 오히려 이 일은 나중에 그에게 화를 주었다.

　神宗이 사망하였을 때 이번에는 神宗의 母后(英宗의 高皇后)는 자
기아들이며 神宗의 동생인 趙顥(조호)를 후계자로 옹립하려 하였다.
그러나 이번에는 재상 채확이 적극반대하고 나섰다. 앞서 趙顥(조호)
를 옹립하려던 宰相 蔡確이 이번에 반대한 것은 哲宗이 이미 太子로
책봉되어 있었기 때문에 太子를 바꾸는 일은 쉽지 않다는 것을 생각
하였다. 또 神宗 母后(太后)가 조호옹립을 추진하였기 때문에 皇帝옹
립의 공이 母后에게 돌아갈 것을 시기한데 기인한다. 결국 채확은 太
后의 노여움을 사서 좌천되었다. 이러한 사정을 司馬光도 神宗皇帝의
大漸때에 宰相 蔡確이 聖心을 啓迪하여 太子(哲宗)를 건립하여 大寶
를 전수하였으니 그의 定策의 공이 크다고 하였다.[95)

　이렇게 哲宗의 황위계승은 복잡하게 전개되었으나 결국 哲宗이 즉
위하고 元祐로 개원하였다. 그리고 太皇太后 高氏가 神宗의 유조를

---

94) 『長編』卷351 元豊8년 2月 癸巳條
95) 『長編』卷362 元豊8년 12月 壬申條

받들어 수렴청정하고 황권은 8년 동안 그녀가 장악하였다. 高太后의 수렴청정기간은 哲宗의 나이가 어렸기 때문에 황제권은 高태후의 손에서 변칙적으로 행사되었다.

元祐 8년(1093)에 高태후가 별세하자 철종의 친정이 시작되어 이후 7년간(1093-1100) 재위하였다.

고태후의 수렴청정기간에 哲宗은 철저히 푸대접을 받았고 정치에서 물러나 있었다. 哲宗의 재위 기간 15년 동안에는 북송의 당쟁이 가장 격렬하고 잔혹한 시기이다. 고태후의 섭정기간을 元祐更化(1086-1093)라고 하고 철종의 친정시대를 紹聖 · 元府親政이라고 한다. 神宗 때와는 달리 철종 때의 신 · 구법당의 당파싸움은 정치적 의견이나 국정의 현안문제를 가지고 싸운 것이 아니라 개인적인 원한과 파벌에 얽힌 감정싸움으로 일관하였다. 여기에는 哲宗의 좁은 소견과 고태후에 대한 원망도 크게 작용하였다.

英宗의 황후이고, 神宗의 母后인 高태후는 출신이 존귀하였다.[96] 그의 모친은 북송개국 원훈인 曹彬(조빈)의 손녀이고, 이모는 仁宗의 曹황후이다. 어렸을 때 고태후와 英宗 모두 궁중에서 생활하였고 조황후는 그녀를 친딸같이 생각하였다. 이러한 고태후의 출신성분으로 그의 성격은 완고하고 정치욕이 강하였다. 또한 황실과 혼인관계를 맺으면서 고씨의 궁중에서의 지위는 확고하고 그의 수렴청정에 힘을 보태주었다. 고태후는 仁, 英, 神宗의 3朝 중에 仁宗을 황제로 세우는 일, 英宗의 濮議(복의)풍파와 神宗의 熙 · 豊(희녕·원풍)변법 등의 험난한 정치풍파를 겪으면서 宮中內의 정치현실을 직접 경험하였다. 특히 그녀는 어린 哲宗을 옹호하면서 궁중 안의 중대한 정치작용을 하였다. 그것은 어린 철종을 끼고 직접 수렴정치를 하면서 정치일선에

---

96) 『宋史』 卷242, 后妃別傳, 高太皇太后.

나설 뜻이 강하게 있었기 때문이다. 그 결과 哲宗시대의 황제권은 굴절되었고 정치는 당쟁으로 혼탁하였다.

2) 철종의 친정과 당쟁의 소용돌이

고태후의 섭정기간인 元祐시대(1086-1093)와 철종의 친정시대인 紹聖(1094-1097)과 元符(1098-1100)시대 15년간은 북송역사상 가장 격심한 당쟁으로 타락된 정치시대를 가져왔다. 고태후는 구법당을 지지하였고 그의 수렴청정 8년 동안 구법당은 哲宗을 배제하고 신법당에 대해서도 공격과 압박을 늦추지 않았다. 구법당의 劉摯(유지)、王岩叟(왕암수)、朱光庭(주광정) 등은 신법당의 章惇(장돈)과 蔡確(채확)의 비위를 조사하여 그들을 비방하였다.

神宗시대에 王安石은 채확의 뛰어난 재능을 보고 조정의 요직에 추천하였다. 그러나 채확은 마음이 음흉하고 음모를 꾸미는 것을 즐겨하였다. 그는 神宗과 王安石 사이가 멀어지는 것을 알고 王安石의 은혜를 버리고 王安石을 탄핵하였다. 채확은 음모로서 고관이 되었고 무고한 사건을 많이 일으키고 그것을 이용하여 지제고로 출세한 후 다시 어사중승、참지정사가 되었다.

고태후 수렴청정 후 신법당은 정치에서 배제되었고 채확 또한 조정에서 축출되었다. 원우원년 채확은 재상에서 파면되어 知陳州로 쫓겨난 후 다시 안주로 좌천되었다. 안주에서 「夏日游東盖亭」이 라는 詩를 지었는데 이 시는 고태후를 측천무후에 비유하였다고 음해하는 자가 있었다. 이에 고태후의 노여움을 받아 죽음의 땅 신주로 귀양가서 그 곳에서 사망하였다.

이 사건은 북송개국 이래 당쟁이 文字의 獄으로 비화된 사건으로 구법당이 고태후를 사주하여 신법당을 조정에서 몰아낸 것이다. 그

대신 구법당의 司馬光, 范純仁, 韓維를 三賢이라 하고, 蔡碻, 章惇, 韓鎭을 三奸이라고 비방하였다. 元祐元年 司馬光 축출에 앞장 선 신법당의 章惇, 韓鎭, 李靑臣과 張商英 등을 탄핵하고 조정에서 신법당을 축출하였다. 司馬光의 동료와 그를 따르는 관료들은 고태후의 지지 아래 신법당 세력을 완전히 제거하여 구법당 일색으로 정권을 장악하였다.

그러나 고태후의 쇠약과 哲宗의 성장은 구법당에게 정치적으로 위험하고 불안한 상황이 되고 반대로 신법당은 재기할 수 있는 기회를 엿보게 되었다. 원우 8년에 고태후는 范純仁과 呂大防 등에게 내가 죽은 후 반드시 많은 관원들이 위험할 것이니 대책을 세워서 살길을 강구하라고 하였다. 이것은 哲宗이 신법당을 재기용할 것을 예측하고 구법당에게 목숨보전책을 강구하라는 예시이다.

이 예측은 적중하였다. 哲宗의 친정이 시작되는 紹聖연간(1094-1097)에 고태후 수렴청정 시기에 탄핵과 파면된 신법당 인물들은 재기용되었다. 哲宗의 친정체제에서 단행된 구법당에 대한 탄압은 원우시대에 구법당이 감행한 정치 보복과 비슷하였다. 哲宗 및 신법당은 같은 보복 심리로 구법당을 철저히 배척하였다. 이때 신법당의 대표적인 인물은 章惇이었다.

哲宗시대는 고태후의 수렴청정과 司馬光의 재등장으로 당쟁은 더욱 격화되었고 紹聖이후에는 哲宗과 신법당의 반격으로 조정은 원한과 복수심에 얽힌 극심한 싸움으로 정치적 혼란은 더욱 가중되었다. 哲宗의 孟황후가 庶人으로 강등된 것도 당쟁의 결과이다. 정강의 변란 때 孟황후는 서인 신분이었기 때문에 유일하게 금나라에 잡혀가지 않았다. 남송의 고종이 황제로 즉위하는데 孟황후가 내린 詔書(조서)는 남송정권의 정통성을 합법화시키는 정치적 역할을 하였다.

神宗시대에 시작된 신·구법당의 싸움은 철종시대의 고태후와 철종의 구법·신법의 편향으로 당쟁은 완전히 정도를 벗어나서 인신공격으로 타락하면서 황제권은 실종되었다. 그 위에 철종의 요절은 亡國의 휘종시대를 맞이하였다.

북송말의 정치정세가 극에 달한 당파싸움으로 당쟁의 피해는 더욱 가중되고 여기에 황제권은 실질적 행사가 불가능하였다.

II. 풍류황제 徽宗과 황제권의 타락

1) 徽宗(휘종)의 유년시절과 성품

휘종은 元豊 5년(1082)에 출생하였다. 神宗의 11번째 아들로 哲宗의 동생이다. 생모는 神宗의 欽慈皇后(흠자황후)인 陳氏이다. 哲宗이 병으로 사망하자 태후가 그를 황제로 옹립하니 宋朝 제8대 황제로서 25년간(1100-1125년 재위) 통치하였다.

휘종은 어려서부터 사치하고 안일하였고 자라면서 경망스럽고 방탕한 습성이 있었다. 나이가 들면서 그는 유희와 공차기를 가장 즐겼다.[97] 그의 女色 섭렵은 일찍부터 시작되었는데 春蘭(춘란)이라는 시녀가 용모가 아름답고 文墨(문묵)에 뛰어나서 태후가 특별히 휘종에게 보내 주었다. 그 후 친왕의 신분으로 기생집을 자주 찾아다녔다. 京師에 유명한 妓女를 잘 알고 있었고 자기가 좋아하는 妓女를 분장시켜 府邸(부저)에 데려와 장기간 거주시키기도 하였다.

휘종은 취미가 같은 친구들을 많이 사귀었다. 그의 절친한 친구 王詵(왕선)은 英宗의 딸 魏國공주와 결혼하여 駙馬都尉(부마도위)가

---

97) 『宋史』 徽宗本紀.

되었으나 방탕하고 행위가 단정하지 못하여 신종이 두 번이나 그의 관직을 낮추었으나 뉘우침이 없었다. 그와 휘종은 함께 汴京城의 妓館인 擷芳樓(힐방루)를 자주 찾았다. 이 당시 王詵(왕선)은 명화『蜀葵圖』(촉규도)의 반폭만 소장하고 있었는데 휘종에게 나머지 반폭이 없음을 아쉬워하였다. 휘종은 사람을 각지에 보내서 끝내 다른 반폭을 찾아서 왕선에게 주어 완성된 두 폭의 그림을 맞추어 놓았다. 두 사람의 관계가 깊다는 것을 짐작할 수 있다.

王詵은 자기 집 심부름꾼 高俅(고구)를 시켜 선물을 자주 휘종에게 보내주었다. 어느 날 고구가 휘종의 집에 도착했을 때 그가 한창 蹴鞠(축국)을 하고 있었고 고구는 구경하며 기다렸다. 휘종은 축국을 아주 잘하였고 고구도 어릴 적부터 축국을 했기 때문에 기교가 뛰어났다. 휘종의 축국실력을 보고 고구는 환성을 질렀다. 휘종은 고구와 함께 축구를 하자 이때 고주는 자기 실력을 발휘하게 되었다. 간신 고구와 휘종의 만남은 이렇게 시작되고 휘종의 총애를 얻게 되었다.

휘종이 즉위한 이듬해인 建中靖國원년(1101)에 哲宗때의 재상 范純仁이 常州에서 병으로 사망하였다. 그의 유훈 중에는 황제에게 「淸心寡慾, 約己便民」이라는 말을 남겼다. 이는 휘종이 너무 방탕하다고 직접비판한 것이다.

2) 徽宗(휘종)의 皇位 계승

元符3년(1100) 정월에 25세의 哲宗이 붕어하고 후사가 없자 황위는 哲宗의 형제 중에서 선택할 수밖에 없었다. 神宗에게는 14명의 아들이 있었으나 당시 생존한 왕자는 端王(徽宗)을 포함해 5명뿐이었다.[98] 徽宗은 神宗의 아들이나 嫡出(적출)이 아니므로 종법제도에 따른다면 황위계승 순번이 아니다.

哲宗은 사망할 때 向태후에게 수렴청정을 부탁하였다. 태후는 執政 대신들에게 나라가 불행하여 哲宗황제에게 아들이 없으니 천하의 일을 빨리 정해야 한다고 하니 재상 章惇은 嫡庶禮法(적서예법)에 따라 哲宗과 동일한 어머니에게서 태어난 동생인 簡王(趙似)를 옹립할 것을 주장하였다. 그런데 태후가 이에 동의할 것을 예상했으나 그 예상은 빗나갔다. 이에 章惇은 나이를 따진다면 연장자인 申王(趙佖)을 황제로 옹립해야 한다고 하였다.

이 두 가지 제의는 모두 徽宗을 배제한 것이었다. 그러나 이미 태후의 눈에 든 사람은 휘종이었다. 그는 비록 황태후의 소생이 아니었으나 태후는 끝까지 휘종을 황제로 옹립하려 하였다. 어려서부터 휘종은 매일 태후의 거처에 가서 문안을 드렸는데 태후의 눈에는 똑똑하고 효심이 깊은 왕자로 인정하였다.

철종의 병이 위독할 때 태후는 이미 속으로 누구한테 황위를 계승시킬 것인지 결정하고 있었으므로 章惇(장돈)의 의견을 받아들이지 않았다. 그녀는 아주 강경한 어조로, 「폐하께는 아들이 없으므로 모든 왕자는 神宗의 適子입니다. 절대로 구별이 있어서는 안 됩니다. 簡王은 형제 중 13번째이므로 여러 형제들 앞에 세울 수 없고, 申王은 눈병이 있어 군왕으로 적합하지 않습니다. 때문에 端王(휘종)을 세워야 합니다!」[99]라고 강경하게 주장하였다.

겉으로 보면 태후가 일을 공정하게 처리하는 것 같았지만 이런 이유 이면에는 徽宗을 편애하는 뜻이 있었다. 그리하여 황위를 계승하는 데 합당한 이유를 내세웠다. 章惇이 端王(휘종)의 즉위 반대이유로 내세운 것이 端王의 경박한 성격이 군왕으로 적합하지 않다고 하

---

98) 『宋史』徽宗本紀.
99) 『宋史』徽宗本紀

였다. 이는 공격의 화살을 직접 휘종의 인품에 돌린 것이었으나 태후
는 대수롭지 않게 여겼다. 두 사람의 의견이 대립하고 있을 때, 樞密
院의 曾布가 태후의 의견에 동의하고 尙書左丞 蔡卞(채변)과 中書門
下侍郞 許將(허장)도 찬성하였다. 章惇은 홀로 어쩔 수 없어 다시는
논쟁하지 않았다. 徽宗은 이렇게 태후·曾布·蔡卞 등의 지지로 황제
의 보위에 올랐다.

3) 徽宗(휘종)의 방탕한 사치생활

휘종은 재위기간에 蔡京(채경)·童貫(동관)·高俅(고구)·楊戩(양
전) 등 간신들을 조정에 두고 백성의 재물을 갈취하며 사치가 극에
달하고 황음무도하였다. 황실에서 사용하는 물품을 공급하는 物品造
作局(물품조작국)을 설치하고 또 도처에서 기이한 꽃과 돌을 수집하
여 배로 開封까지 운반하니 이를 花石綱(화석강)이라 한다. 建福宮
(건복궁)과 艮岳(간악)을 건축하는데 이용하였다. 휘종은 정사를 돌
보는 데는 관심이 없고 방탕한 생활을 계속하였다.

휘종은 17세에 德州 刺史 王藻(왕조)의 딸과 결혼하고 즉위 후 王
氏를 황후로 삼았다. 王皇后는 용모가 평범하고 검소하여 휘종을 즐
겁게 할 줄 몰라서 비록 正后였으나 총애를 받지 못하였다. 이때 휘
종의 총애를 받은 후궁은 鄭·王귀비였다. 그들은 원래 태후궁의 押
班(압반)(內侍官名)이었고 아름답고 말재주도 좋았다. 휘종이 아직
藩王(번왕)일 때 매번 태후의 慈德宮(자덕궁)에 가서 문안을 드리고
태후에게 鄭·王 두 사람을 요청하여 얻은 것이다. 정씨는 자색이 출
중할 뿐만 아니라 휘종을 도와 상주문도 처리할 수 있었다. 때문에
휘종은 鄭氏를 더욱 편애하였다. 휘종은 여러 번 鄭씨에게 情詞艶曲
(정사염곡)을 하사하였는데 후에 궁안에서 전해져 널리 퍼졌다. 王皇

后가 사망한 이후 徽宗은 政和원년(1111년)에 鄭씨를 황후로 책봉하였다.

휘종은 향락을 즐기기 위해 전문 行幸局을 설치하여 出行을 책임지게 하였다. 行幸局의 관원들이 휘종의 出行비밀을 감추고 조정에 나가지 않으면 排檔(배당)(궁중 연회)이 있다고 말하고, 다음날에도 돌아오지 않으면 침병이라고 거짓말을 하였다. 황제가 靑樓(청루)의 기방을 찾기 위해 다른 사람을 피하였고 조정의 많은 대신들은 이 일을 알고 있으면서도 감히 諫言을 못하였는데 이는 휘종으로 하여금 더욱 방탕으로 빠지게 하였다.

秘書省 正宇 曹輔(조보)가 상소를 올려 용체를 아끼고 황제의 체통을 지킬 것을 간언하였다. 휘종은 화를 내며 즉시 재상 王黼(왕보)에게 명령하여 이 일을 처리하도록 하였고 曹輔는 황제를 능멸한 죄로 郴州(침주)로 귀양 보냈다. 童貫(동관) 등의 간신들은 황제를 유혹하여 여색과 궁실원림에 파묻혀 즐기게 하였고 奇花異石을 수집하였다. 汴京성 북쪽에 離宮(이궁)「艮岳」(간악)을 짓고 간편한 복장으로 출궁하여 풍류를 즐겼다. 휘종은 특히 妓女 李師師를 총애하였다. 황제 신변에는 張迪(장적)이라는 내시가 있었고 그는 황제가 믿고 총애하는 환관이었다. 장적은 휘종에게 李師師(이사사)의 뛰어난 용모와 재주를 설명하였다. 휘종은 여러 가지 진귀한 선물을 그녀에게 보내주고 李師師를 총애하였다. 鄭황후는 이 일을 알고 휘종에게 간곡히 간언하였다. 창기같은 비천한 인간은 황제의 용체에 접근해서는 안 됩니다. 더욱이 야심한 밤에 사사로이 출궁하시면 이변이 생길까 두렵습니다. 폐하께서 자중하시길 바랍니다. 라고 충고하였다. 그러나 李師師에 대한 문안과 하사금은 줄곧 중단하지 않았다.

章惇은 일찍이「宋徽宗은 경망스럽고 방탕하여 천자의 그릇이 아

니다.」라고 하였다. 『宋史』의 『徽宗記』에는 宋徽宗은 재능이 많았으나 단지 군왕의 직분을 다하지 못하였다. 徽宗이 나라를 잃은 이유를 그의 독선과 풍류에서 비롯되었고 충신을 배척하고 간신을 가까이 하였으며 특히 蔡京과 같은 아부하는 간신을 끌어들여 정치를 망쳤다.」라고 있다.

4) 휘종에 대한 역사적 평가와 亡國

휘종황제와 같은 사치와 방탕의 亡國 제왕은 중국 역사에서는 매우 드물다. 秦·漢·隋·唐시대의 亡國황제는 내란과 외척, 환관, 절도사세력에 의해 나라를 빼앗기고 생을 마쳤지만, 휘종은 이러한 예와는 다르다. 우선 北宋의 멸망이 국내의 반란이나 외척, 환관세력에 의한 것이 아니라 이민족인 女眞族의 金나라에 의하여 멸망하였다는 사실이 그 이전시대의 멸망사와 다르다. 이와 함께 휘종황제의 부자가 포로가 되어 金나라의 五國城에서 비극적인 종말을 가져온 예도 없다.

종래 휘종에 대해서는 북송을 멸망시킨 망국의 황제로 평가하고 황제로서 갖추어야 할 도덕성과나 국정운영의 면에서 부족한 점이 많음을 강조하고 있다. 그러나 황제로서 정치적 능력이 떨어지지만 풍류를 즐기고 예술적 기질이 뛰어나고 정치개혁을 추진하였다는 긍정적인 평도 있다.

휘종은 놀기 좋아하고 방탕스러운 풍류천자로서 정치적으로는 무능하다는 평가와는 달리 그의 전기나 신하들과의 대화를 살펴볼 때 결코 정치에 무관심하지 않았다는 것이다. 北宋후기는 사회 경제 문화적으로 난숙한 시대로써 휘종은 이러한 난숙한 사회에서 자기의 정치이념을 예술에서 찾으려고 하였다.

휘종의 예술에 대한 관심은 그림이나 詩文에 한정되지 않고 造形예술에까지 미치고 있다. 宋代의 庭園(정원)예술은 강남지방보다 화북지방이 더 발전되어 특히 건축방면의 정원예술이 뛰어났다.

휘종은 예술애호가로서 뿐만 아니라 권력에 대한 욕심도 강하였다. 畵院(화원)의 개혁, 그리고 종교계의 재편성도 착수하였는데 이러한 권력욕이 오히려 국가를 어지럽히는 방향으로 흐르게 하였다. 휘종의 이와 같은 개혁은 사회변동에도 관계가 있다. 北宋의 후기에 이르면 문치주의 관료조직이 고정되어 있었고, 관료들 상호간에는 당쟁으로 중앙정치가 혼란에 빠져있었기 때문에 이러한 완고한 관료사회의 병폐를 황제의 힘으로는 어떻게 할 수 없는 상태에 이른 것이다.

따라서 北宋멸망의 책임은 물론 휘종에게 있지만 神宗시대 이후 신구법당의 당파싸움은 국정의 개혁이나 북방민족의 침략에 대비하여 아무런 조처를 취할 수 없는 상태에 이르고 이러한 정치적 책임을 결국 휘종이 떠안을 수밖에 없었다.

5) 휘종의 讓位(양위)와 유배지 五國城(오국성)

중국 역사상 이민족의 침입을 앞에 두고 皇帝가 양위를 하고 달아난 예는 없다. 皇帝位를 아들에게 물려준 휘종의 처사는 宋代 황제권과 결부시켜 생각할 때 宋代 皇權이 대단히 취약한 권력임이 입증되고 있다.

宣和7년(1125) 겨울에 金軍은 燕京방면으로부터는 斡離不(알리불)을 대장으로 하고 雲州로부터는 粘罕(점한)을 장수로 삼아 두 방면으로 나누어 宋에 침입하였다. 이에 대해 宋의 북변 太原, 河間, 中山의 三鎭(삼진) 군사들은 성을 굳게 지키면서 金軍에 저항하였으므로 金은 이곳을 피하여 宋의 수도 開封을 향하여 진격해 들어왔다. 宋의

조정에서는 크게 놀라 천하의 근왕군을 소집하고 수도를 방어하도록
하였다.

이러한 위급한 와중에 휘종은 金軍에 대항하여 싸울 생각은 않고
두려움 속에서 황위를 아들 欽宗(흠종)에게 물려주고 남쪽으로 달아
났다. 당시 欽宗은 26세로 幼君이라고 할 수는 없으나 대혼란 속에
서 돌연히 皇帝位를 물려받았기 때문에 국란을 타개할 준비도 능력
도 갖추지 못한 상태에 있었다.

이듬해 靖康元年에 양국 간에 화의 교섭이 진행되면서 金軍이 잠
시 물러가고 지방의 근왕병이 開封에 집결하자 宋의 조정도 어느 정
도 활기를 되찾게 되었다. 이에 따라 물러나 있던 주전론자 李綱(이
강) 등이 조정에서 활약하게 되자 남쪽으로 달아났던 徽宗은 수도로
되돌아왔다. 그러나 金은 주전론을 내세우고 대항해오는 宋의 강경론
에 분개하고 다시 南下하여 開封을 함락하고 徽宗과 欽宗을 포로로
잡아가게 되었다.

중국 역사상 두 명의 황제(徽宗, 欽宗)가 이민족에게 포로가 되어
이국 땅에서 비극적인 생을 마친 일은 전무후무한 일이다. 휘종이 사
망한 곳을 거론한 사람은 南宋의 문인 宇文懋昭(우문무소)였다. 그는
『大金國志』에서 徽宗이 「五國城에서 붕어하였다.」라고 기록하고 있다.
휘종이 사망한 곳에 대해 여러 가지 다른 설이 있지만『金史』, 그리
고『宋史』와『續資治通鑑長編』등 사서의 기록은 대체로 같다. 黑龍江
省(흑룡강성) 依蘭縣(의란현) 즉 五國頭城(오국두성)으로 기록되어
있다. 사망 후 그의 사체를 남송으로 가져와 浙江省 杭州에 묻었다.
欽宗은 겨우 1년도 안 되는 기간 황제로 있었으나 포로가 되어 부친
과 함께 五國頭城에 유배되었다. 그의 부친이 죽은 뒤 15년이 지나
金太祖 阿骨打(아구타)의 손자인 海陵王(혜능왕)은 漢族의 문화를

숭배하였고 흠종에 대하여 비교적 우대하였다. 한때 흠종을 上京 會寧府(혜녕부)에 옮겨 거주하게 하였다. 1153년 海陵王은 燕京으로 천도하고 흠종도 데리고 갔는데 흠종은 燕京에서 3년간 생활하다가 1156년에 향년 51세로 병사하였다.

이보다 앞서 1142년(紹興 12년)에 高宗의 모친 韋氏(위씨)와 함께 휘종의 「梓宮」(재궁)을 南宋에 돌려보낼 때 흠종은 韋氏에게 무릎을 꿇고 편지를 써서 高宗에게 전해달라고 부탁하였다. 그 편지내용을 보면 남송으로 돌아가면 절대로 황위를 탐내지 않을 터이니 나를 돌아가게끔 금과 교섭을 잘 해달라는 내용이었다.

그러나 남송의 고종은 형님이 돌아오는 것이 두려워 끝내 금나라에 대해 欽宗을 돌려보내달라고 요구하지 않았다.

6) 宋代 황위계승의 특성

북송시대의 황위계승을 황제권과 관련하여 생각해볼 때, 몇 가지 중요한 사실을 살필 수가 있다.

먼저 황위 계승의 변칙성이다. 皇帝가 황권을 넘겨주려는 人物이 자기 의지와는 관계없이 황제자리를 계승하였다는 점이다. 太宗의 황위계승은 皇帝(太祖)의 의지와는 관련이 없다. 그것은 태조의 돌연한 사망으로 생긴 결과이고 이것은 太宗의 自立에 의한 황위계승이다.

다음 변칙성은 아니라고 해도 철종과 휘종의 황위계승에서 볼 수 있는 바와 같이 황제의 뜻과는 관계없이 태황태후나 태후의 강력한 주장이 작용하여 帝王의 그릇이 아닌 王子가 황위를 계승하였다는 사실이다. 그 결과 황권의 실추를 가져왔고, 국정을 파탄으로 몰고가서 결국 亡國의 비운을 초래하게 되었다.

특히 宋代의 황위계승은 적장자 상속이 드물다는 점을 들 수 있다.

眞宗의 모친은 李賢妃(이현비)이고, 仁宗의 생모는 李宸妃(이신비)이며, 神宗의 모후는 高皇后이고 哲宗의 모친은 朱德妃이다. 이들은 다같이 正皇后가 아니고 妃嬪(비빈)의 위치에 있을 때 왕자를 출산하였고, 이들 왕자가 후에 황태자로 책봉되고 다시 황제에 즉위하였다. 그러므로 황후로서 왕자를 출생한 사람은 欽宗의 母后 王皇后뿐이다. 欽宗(흠종)은 北宋一代에 유일하게 皇后가 출산한 적장자로 황태자가 되었으나 亡國의 황제가 된 인물이다.[100] 이런 사실을 미루어볼 때, 宋代의 立太子나 황위계승 과정에서 황후가 아닌 비빈이 출산한 왕자가 황태자가 된 과정은 복잡하고 궁중 내에서 불안정한 상태를 가져왔다. 이러한 불안정성은 황제권력에 직접적으로 작용하여 황권을 약화시켰다. 宋代의 당쟁이 치열하게 전개된 원인중에 하나는 황제의 이와 같은 불안정한 황위계승과 관계가 있다.

또한 황위계승의 변칙성과는 달리 어린 황제(仁宗·哲宗)의 등극으로 사실상 황권이 중단되고 태후(仁宗시대 유태후)나 태황태후(철종시대 高태황태후)의 수렴청정을 가져오게 되면서 황제권력은 실추되었다는 점을 알 수 있다. 이러한 사실로 미루어볼 때, 宋代의 황권은 정상적인 황위계승상에서 벗어나고 그 결과 황제권의 취약성을 가져오게 되었다.

Ⅲ. 宋代 황제의 宗敎觀(종교관)과 황제권

1) 절대군주의 종교정책과 황제권

중국의 역사에서는 절대군주(독재군주)는 대체로 국정을 펴나가는

---

100) 『二十二史 箚記』 卷24 宋皇后所生太子皆不吉條

데 자신의 뜻에 반하는 사상이나 종교에 대하여 탄압을 가하고 독재
체제를 굳혀나갔다. 예를 들면, 秦始皇帝의 焚書坑儒(분서갱유)와 한
무제의 儒敎主義, 그리고 불교탄압으로 알려져 있는 三武(북의 太武
帝, 북주의 武帝, 당의 武宗)의 폐불사건, 그리고 淸代 강희 옹종시대
의 文字의 獄(옥) 등을 꼽을 수 있다.

그러나 宋代의 황제들은 종교나 사상에 대하여 관대한 정책을 취
하였다. 宋代 황제의 사상적 특징은 대체로 유교와 불교, 도교의 삼
교에 대하여 이를 지지하는 입장이었고 유교와 불교, 도교를 一家로
해석한 宋代 理學의 형성과 발전에도 영향을 미쳤다.

五代에는 전란이 빈번하게 전개되고 무인들의 횡포로 유학이 쇠퇴
하였다. 특히 후주의 세종이 불교에 대한 탄압정책을 가함으로써 불
교 또한 위축되는 경향을 보였다. 수·당시대에 발전한 불교는 唐末
武宗의 폐불사건으로 타격을 입었으나 그 이후에 불교는 번성하였다.
후주 세종의 현덕2년(955)에 세종은 불교교단의 정리를 명령하고 전
국의 사찰 가운데 국가의 허락을 받지 않은 사원은 모두 폐사시켰다.
또 출가를 엄중하게 제한하여 승려에게 시험을 가하고 승려 수를 국
가가 장악하였다. 이 밖에 민간이 가지고 있는 불상을 회수하였다.

2) 宋太祖·太宗의 불교정책

宋太祖 趙匡胤(조광윤)은 불교에 대하여 보호정책을 취하고 사찰
을 수리하고 불상파괴를 금지하였다. 이러한 태조의 불교보호정책은
宋一代에 그대로 계속되어 宋代 불교발전의 계기가 되었다. 태종도
易經院(역경원)을 설치하여 불교경전을 번역하도록 하였고 절을 건
립하여 불교발전을 도모하였으며 진종황제도 『崇釋論(숭석론)』을 편
찬하여 儒·佛·道의 三敎가 일치한다고 뜻을 강조하였다.

그러나 宋代는 유교주의를 국가의 기본정책으로 하였고 유학자를 특별히 우대하여 그들을 관료로 등용하였기 때문에 불교와 도교는 종교로서 발전하였으나 유교는 사상적으로 발전하면서 정치이념과 현실사회규범으로 정착하였다. 그리하여 士大夫관료의 중심적인 교양이 되었고, 황제 또한 유교에 대해서는 이를 장려하였다. 중앙의 太學으로부터 지방의 州縣學(주현학), 그리고 書院에 이르기까지 유교의 四書五經은 국가의 중요한 교육목표가 되어 발전을 보게 되었다.

3) 眞宗의 道敎심취와 황제권

宋代 황제의 종교관에서 특이한 현상은 진종과 휘종의 도교숭배이다. 진종은 전연의 맹약에 대한 구준의 讒言(참언)을 계기로 봉선대례를 행하면서 天書하강을 날조하여 도교에 심취하였다.

진종은 즉위할 때로부터 澶淵(전연)의 맹약이 체결되기까지 도교를 이용하였고, 대중상부 2년(1009)에는 적극적으로 도교를 국가통치에 이용하였다. 진종이 도교를 중시한 원인으로는 국가를 위한 祈福(기복)으로 화근을 물리친다는 정신적 면과 함께 장수를 기원하고 신선이 되고자 하는 욕망에서 비롯되었다. 그 위에 도교를 숭상하는 관료들이 진종의 도교적 성향에 편승하여 그를 부추겼으니 왕흠약이 그 대표적 인물이다.

그리하여 진종은 전국에 道觀(도관)을 많이 세우도록 하고 수도 汴京(개봉)에 있는 玉淸昭應宮(옥천소응궁)을 수리하였다. 또 문무대신들과 함께 亳州(박주)에 있는 大淸宮(대청궁)에 친히 참배하였고 老子에게 太上老君上德皇帝라는 칭호를 올렸다. 이밖에 『新敎道德經』 4천여권을 편찬하도록 명하였다.

진종의 이와 같은 도교에 대한 열정은 봉선대례를 행하는 과정에

서 나타난 것이지만 그 사상적 배경에는 太宗의 三敎일치사상을 계
승한 것이다. 그는 도교와 불교는 천하를 교화하는데 도움을 주고 있
으나 유가의 편견 때문에 도교가 폄하되었다고 하여 불교와 도교에
대한 유가의 공격은 잘못된 편견임을 강조하였다. 진종은 도교와 불
교를 적극적으로 지지하였을 뿐만 아니라 이들 양 교가 유학과 함께
정치와 사회를 유지하고 보호할 수 있다는 생각을 가지고 있었다.

　眞宗은 대중상부연간(1008-1016)에도 이와 같은 뜻을 재상들과 함
께 담론하는 자리에서 천명하였다. 이리하여 三敎(유, 불, 도)는 그
뜻이 하나이고 모든 사람에게 선을 행할 것을 가르친다고 하였다. 三
敎를 통달하는 자는 그 교리의 정신을 꿰뚫을 수 있고 어느 한 쪽에
대해 편견을 갖게 되면 그것은 진정한 도에서 멀어진다고 하였다.[101]

　眞宗의 三敎一家사상은 唐末 五代의 전란을 겪어 三敎의 갈등을
봉합하고 융합한 결과이다. 北宋시대의 三敎一家의 출현은 宋代 사회
경제 발전과 밀접한 관계를 갖고 있다. 다시 말해, 정치이념과 사회
윤리의 이론적 기초는 유학으로 하고 이러한 유학은 국가를 다스리
고 士大夫사회의 정신적 기반으로써 士大夫사회의 윤리기반과 정치
와 가정도덕을 만들어 나갔다.

　그러나 백성의 정신적인 안정과 황제의 국가발전을 기원하거나 국
가를 보호하는 정신적 기반은 유교보다는 불교와 도교에서 찾으려고
한 것이 바로 진종과 휘종의 도교편향이라고 할 수 있다. 유가는 충
효절의를 말하고, 불교는 因果(인과)와 윤회를 말하며, 도교는 괴신
의 징악과 선악응보의 내재적인 윤리사상으로 세속민중에게 강력한
영향력을 행사하였으므로 北宋의 군권강화에 도움을 주었다.

---

101) 『長編』 권63 景德3년8월 乙酉條 및 同 권81 大中祥符6년11월 庚戌條

4) 휘종의 도교정책

휘종의 도교심취는 진종과는 그 성격을 달리하고 있다. 휘종은 풍류기질을 가지고 예술가적 인물이기 때문에 정치와는 거리가 먼 군왕이다. 휘종이 도교에 빠져들게 된 것은 간신들의 권유가 중요한 작용을 하였다. 휘종은 자신을 教主道君皇帝(교주도군황제)라 자칭하였고 권신 蔡京은 휘종의 이러한 도교심취를 이용하여 道敎史 편찬을 건의하였다. 또 휘종의 신임을 받고 있던 林靈素(임영소)는 蔡京과 친분을 두터히 하면서 휘종과 蔡京을 신선의 하강이라고 아첨하였다. 휘종은 도교의 교리를 추구하는 『萬壽道藏』(만수도장)을 편찬하도록 조칙을 내리고 과거시험을 모방하여 道官을 채용하고 그들을 2 6등급으로 나누어 모두에게 봉록을 주었다. 이와 함께 宮觀(궁관)에는 별도로 賜田(사전)을 내리어 이를 보호하였다.

휘종은 도교로서 불교를 대신하려고 시도하여 사원을 宮觀으로 고치도록 명하였다. 이밖에 道士와 지방의 州縣官(주현관)이 예절로 서로 대하라는 조칙을 내려 도교의 지위를 높이고자 하였다. 그러나 이와 같은 휘종의 지나친 도교숭상은 여러 가지 폐단을 가져왔고 皇帝權을 훼손하였다.

불교와 도교의 영향과 함께 宋代의 사상계에는 唐末 五代에 풍미하였던 天命사상이 사상계에 영향을 주었다. 국가의 통제권이 안정되지 못하고 정권의 교체가 자주 일어났던 五代에는 제왕의 자리를 차지하기 위하여 天命이라는 형식을 빌려서 권력을 창출하고 그 권력을 유지하기 위한 수단으로 天命을 이용하였다. 宋이 건국될 당시에도 천명사상을 이용하였지만 황제에 의한 국가통치권이 확립된 이후에는 천명사상에 대해서는 이를 엄격하게 금지하였다. 그러나 진종시대에 이르러 도교를 숭상하게 되면서 다시 天命사상은 황제의 필요

에 따라 天書를 날조하기도 하고 徽宗황제 자신이 도교의 교주로 빠져들기까지 하였다.[102]

---

102) 朴志焄 「北宋 眞宗의 封禪과 道敎崇拜」 『宋遼金元史硏究』제4집 2000년 8월 참조

제6절 皇太后의 垂簾聽政과 황제권

I. 北宋시대 垂簾聽政(수렴청정)의 성격

宋代의 수렴청정은 황제권을 이해하는데 중요한 요소로 작용한다 아울러 수렴청정의 진행과정을 통하여 황제의 성품이나 인간성을 간접적으로 이해 할 수 있다.

宋代를 군주독재체제로 보는 견해는 황제가 請對·次對·轉對·召對·引對 등을 통하여 다방면에 걸쳐 관료를 직접 접촉하는 것이 宋代 황제의 특색이고 이것을 가지고 天子의 독재권이 발전하고 宋代에 완성되었다고 보았다. 그리하여 唐나라처럼 황제가 재상을 매개로 하지 않고 직접 관료와 황제가 면담하는 이러한 對制度를 가지고 宋代 독재군주의 특질로 들고 있다.[103] 그러나 宋代 황태후의 수렴청정을 살펴보면 황제독재권은 제도상의 내용과는 사뭇 다르다는 사실을 확인할 수 있다.

北宋代에는 아홉 번의 수렴청정이 있었으나 대체로 1년 전후로 끝났다. 그러나 장기간에 걸쳐 행해진 수렴청정은 제4대 仁宗시대의 劉황태후, 그리고 제 7대 哲宗시대의 高太황태후의 두 번에 걸친 청정이다. 수렴청정은 仁宗시대의 劉태후에서 시작되고 英宗시대의 曹태후(仁宗의 황후), 哲宗시대의 高태후(英宗의 황후)의 수렴청정이 있었고 정치적 영향이 큰 것은 유황태후 11년 1개월(1022-1033)과 哲宗시대의 高태후의 8년 6개월 (1085-1093)이다.[104]

---

103) 宮崎市定 「宋代官制序說」- 宋史職官志を如何に讀むべきか 『宋史職官志索引』1963 참조

황후에 의하여 행하여지는 수렴정치는 內侍와 群臣들에게 이용당하여 정치를 혼란에 빠뜨리는 원인이 되었다. 특히 哲宗이후는 어린 황제의 등극으로 국가정책에 太后와 권신이 정치를 주도하면서 일관성이 결여되어 국가운명을 급속도로 기울게 하였다. 王夫之는 수렴청정의 문제점을 논하고 神宗시대 이후의 정치는 수렴정치로 인해 태후가 직접 시국타개에 관여하여 권력을 행사한 결과 정치혼란이 일어났다고 지적하였다.105)

宋代는 문치주의의 발달과 문신 관료체제의 확립, 그리고 士大夫 서민사회의 발전으로 중앙 및 지방 관료조직에서 여성의 정치참여가 극도로 제한된 시대이다. 그럼에도 불구하고 황후의 수렴청정이 중국 역사상 활발하게 전개된 것은 주목할 일이다. 수렴청정은 황제권과 밀접한 관계를 가지고 전개되었다.

Ⅱ. 仁宗시대 劉황후의 垂簾聽政(수렴청정)

1) 북송시대 后妃의 간택

북송시대 후비들의 출신을 보면 太祖, 太宗시대에는 무인의 딸이 많았고 眞宗, 仁宗시대에는 고관 명문의 女息이 많았다. 예컨대 眞宗의 沈귀비는 제상 沈倫(심윤)의 손녀이고 曹賢妃(조현비)는 추밀사 曹彬(조빈)의 딸이고 仁宗의 曹황후는 조빈의 손녀이다.106)

---

104) 平田茂樹「宋代の垂簾聽政について」『柳田節子先生古稀紀念 中國の傳統 社會と家族』汲古書院 1993 참조.

105) 『宋論』卷6 神宗論

106) 千 葉「宋代の后妃―太祖・太宗・眞宗・仁宗 四朝―」『靑山博士 古稀記 念 宋代史論叢』p.209 省心書房 1974 참조.

嘉佑8년 司馬光의 上言에 의하면 「前代는 모두 양가의 따님을 선택하여 후궁에 모셨다. 位號 등급에도 각각 인원수가 있었다. 공경대부의 딸이 宮에 들어오는 나이는 12-13세이며 防禁이 엄하였다. 요즘에 와서는 옛날 제도가 무너지고 궁중에 下秦人이 점차 많아지고 한도도 없다. 궁에는 하층 부녀가 출입하게 되면서 宜儀(의의)가 없다. 마땅히 후궁의 등급 인원수를 정하여 양가의 품행있는 여식을 선발하여 입궁시켜 만세의 법으로 자손들에게 전달토록 해야 한다.107)」라고 하였다.

이에 의하면 조정의 시대, 즉 북송의 초기에는 후비의 간택은 엄격한 조건이 있었으나 이것이 문란해진 것은 眞宗시대로부터 仁宗시대에 걸쳐서이다. 예컨대 眞宗의 劉황후는 襄邸에 출입하던 段銀업자가 촉지방에서 데리고 온 여자이다. 또 仁宗은 郭황후를 폐하고 총애하던 尙미인, 楊미인을 후궁으로 선발하고 다시 陳씨의 딸을 입궁시키려 하였으나 재신과 간관의 반대에 부딪혀 그 뜻을 이루지 못하였다.108)

2) 진종의 劉황후 출신성분

宋代의 后妃 가운데 국정에 깊은 영향을 미친 인물은 眞宗의 유황후이다. 그는 宋代 后妃 가운데 극적인 생애를 보낸 인물이다. 그녀의 조상은 山西 太原 사람으로 후에 四川의 益州(익주) 華陽에 이주하였다. 부친 劉通(유통)은 무인으로 太宗때 북한토벌에 종군하여 태원에서 죽고 어머니는 이름도 없다. 유황후는 太祖의 開寶 3년(970)에 화양현에서 태어났으나 조실부모하여 다른 사람에 의해 양육되었

---

107) 『司馬文正公傳家集』卷29 章奏14
108) 『長編』卷 85 仁宗 景祐元年 九月 辛丑條

다.109)

眞宗과 그녀의 만남은, 진종이 태자인 襄王(양왕)으로 있을 때, 좌우 사람들에게 「촉지방의 여자는 재주가 있고 인물도 뛰어난 미녀가 많다는데 한번 만나고 싶다.」110)고 하였다. 유황후는 가난하였으므로 일찍이 蜀지방의 銀세공기술자이던 龔美(공미)에게 출가하였다. 공미는 그를 데리고 입경하였고 가난하였으므로 공미는 그녀를 張旻(장민)에게 재가시키려 하였다. 眞宗의 襄邸(양저) 급사인 張旻은 그녀를 眞宗에게 보이자 眞宗은 곧 그녀를 총애하게 되었다.

司馬光은 『涑水紀聞』에서 이와는 좀 다르게 적고 있다. 즉, 段銀業者인 촉인, 宮美라는 자가 은세공 때문에 태자(진종)를 만나게 되었다. 이때 태자가 「촉지방의 여자들은 재주가 많다 하니 그대가 나를 위해 촉지방 여자를 구해 달라」고 宮美에게 말했다. 이때 宮美는 촉에서 데리고 입경하였던 유씨를 태자에게 들여보냈다111)고 있다.

3) 劉황후에 대한 진종의 총애

劉황후는 어렸을 때부터 振鼓(겹쳐놓은 두 개의 작은 북 둘레에 구슬이 달린 줄을 매달아 긴 자루를 흔들어서 소리를 내는 악기)를 잘 다루었다.

眞宗은 두 살 아래인 미녀를 얻고 기뻐하여 그를 총애하였다. 이러한 행동을 못마땅하게 생각한 것은 유모인 秦國부인이었다. 부인은

---

109) 『宋史』卷242 列傳1 后妃上 章獻明肅劉皇后列傳
110) 『長編』卷 56 仁宗 景德元年正月乙未條
111) 『涑水紀聞』卷5 및 李收의 『宋朝事實』卷 1에도 이와 비슷하나 단지 宮美를 龔美로 적고 있다. 『宋史』와 『東都事略』의 劉后妃傳에는 段銀業者 蜀人 宮美가 劉氏를 데리고 京師에 들어와 그를 襄邸에 들여보냈다고 있다. 이때 그녀의 나이는 15살이라고 한다.

太宗에게 이 사실을 알리자 태종은 劉황후를 추방하였다. 이에 대해 司馬光은 유씨가 襄邸(진종의 번저)에 들어온 후로부터 태자의 용모가 수척하여지니 이것을 걱정한 太宗이 유모로부터 그 원인이 유씨에 있음을 듣고 이를 쫓아내도록 하였다.112) 태자는 할 수 없이 그녀를 잠시 張昊의 집에 두었다.113) 후에 襄王(眞宗)이 秦國부인에게 다시 간청을 하자 할 수 없이 그녀를 다시 후궁에 들어오게 하였다.

太宗이 죽고 眞宗이 즉위하자 그녀는 德妃가 되어 황제의 총애를 받고, 景德원년 정월에 미인으로 격상되었다. 그녀에게는 宗族이 없었으므로 宮美를 오라버니로 하여 劉氏로 성을 고치게 하였다. 경덕4년에 郭황후가 죽자 眞宗은 그녀를 황후로 세우려 하였으나 군신의 많은 반대에 부딪혔다. 이 때 참지정사 형부시랑 趙安仁은 「유덕비의 집안은 寒微(한미)하다」고 반대하고 前재상 沈倫의 손녀인 심재인을 황후로 추천하였다. 그러나 眞宗의 노여움을 사서 참지정사를 파면당하고 병부상서로 좌천되었다.114)

4) 劉美人의 황후책봉

大中祥符 5년에 유씨는 황후가 되었다. 眞宗의 나이 45세, 유황후가 43세였다. 이때 황후를 책봉하기 위하여 制誥(제고)를 한림학사 楊億(양억)에게 명하였으나 그가 거절하였기 때문에 결국 다른 학사가 草制(초제)하게 되었다.115) 당시 유씨의 입황후에는 상당한 반발이 있었다. 후에 楊億의 어머니가 병이 들었을 때 眞宗은 약과 금은

---

112) 涑水紀聞 卷5.
113) 『長編』에 의하면 張耆는 급사 張昊이고, 張昊은 그녀를 집에 두는 것을 꺼렸기 때문에 은 500냥을 타인에게 주어 다른 집에 살도록 하였다.
114) 千 葉 앞의 「宋代의 后妃- 太祖, 太宗, 眞宗, 仁宗의 四朝」참조..
115) 『長編紀事本末』 卷 27 章獻垂簾

비단을 하사하여 楊億의 마음을 얻으려고 하였다. 이것은 앞서의 초
제 거절이 마음에 걸렸던 것이다. 眞宗의 유미인에 대한 집념은 물론
애정도 있었겠지만 그녀의 미모와 총명함에 의함이 컸다.

본래 유씨는 성격이 활달하고 글도 잘 읽고 기억력이 뛰어나 궁중
의 古事來歷(고사내력)에 잘 숙달하였다. 조정의 대사를 들으면 능히
本末을 헤아리고 황제가 순행할 때마다 수행하고 의복은 화려하지
않고 여러 궁인과 다를 바가 없었다.116) 眞宗이 유씨를 황후로 삼으
려고 하였을 때 유씨는 여러 번 固辭(고사)하는 겸손함도 있었다. 황
후가 된 후에는 궁중의 일을 잘 처리하였다.117)

5) 劉황후의 수렴청정

天熙4년(1020)부터 眞宗이 병이 들자 劉황후가 궁중의 정무를 결
제하였다.118) 진종이 죽기전에 중풍에 시달리고 상태가 위중하였다.
眞宗이 정신이 있을 때는 신하들에게 말하기를

「어젯 밤에 황후 이하 모든 사람들이 나를 궁중에 가두고 상대를
하지 않았다.」119)라고 하였는데 이것은 유황후가 진종황제 대신 자
기 마음대로 일을 처리하는 것을 眞宗이 억제할 수 없어 만년의 황
제의 초조함이 눈에 보이는 듯하다.

봉선을 행하고 도교에 심취하여 국비를 물쓰듯 사용한 眞宗은 乾
興원년(1022) 2월 19일에 붕어하였다. 眞宗의 遺詔(유조)에 의하여
그의 여섯째 아들 황태자 禎이 즉위하니 이가 4대 仁宗이다. 그는 13
세의 소년이었으므로 황태후인 劉황후가 수렴청정을 하게 되었다.

---

116) 『長編』 卷79, 眞宗 大中祥符 5年12月丁亥.
117) 『長編』 卷79, 眞宗 대중상부 5年12月丁亥.
118) 『宋史』卷242 列傳1 后妃上 章獻明肅劉皇后.
119) 『長編』 卷96, 천희4년 11월 己巳.

　유황후는 일찍이 후궁 李氏(李宸妃)가 낳은 眞宗의 아들(후의 仁宗)을 자기의 친아들로 꾸몄다. 그리하여 유황후는 楊氏(후의 보경황태후)에게 仁宗을 보살필 것을 명하였다. 때문에 仁宗은 어렸을 때부터 유황후를 친어머니로 생각하였다.[120] 천희 2년에 仁宗은 황태자가 되었다.

　권력을 잡은 유황후에 대하여 반대의 움직임이 있었다. 먼저 재상 寇準(구준)은 眞宗이 병들었을 때 그녀가 장악하고 있던 권한을 황태자(인종)에게 옮기려 하였다. 이때에 入內都旨 주회정은 유황후를 폐하고 丁謂를 살해하고 구준을 중심으로 정권을 장악하는 계획을 꾸몄으나 음모가 사전에 누설되어 주살되고 丁謂가 정권을 잡고 구준은 해남도로 귀양갔다.[121]

　유황후의 수렴청정은 유황후가 사망할 때까지 11년간 계속되었다.

　수렴청정이라는 비상사태에서는 정치운영의 핵심은 두 가지 방향에서 진행되었음을 상정할 수 있다. 하나는 정상적인 관료기구를 이용하는 것이고, 다른 하나는 수렴정치를 하는 太后나 太皇太后 측근을 동원하는 일이다. 이때에 동원되는 측근은 宦官이나 外戚 등이다. 劉太后의 수렴청정 시기에는 의형 劉美와 劉美의 娘婿인 季良, 그리고 劉美의 친척 錢惟仁이 중용되었다. 그 밖에 皇城司와 走馬承受를 활용하고 上奉御藥의 설치에 대표되는 바와 같이 측근들을 활용하고 이들이 권력을 행사하였다.[122]

　유황후의 수렴청정은 그 권세가 강력하였다. 재상 丁謂는 유황후의 정책에 반대하다가 쫓겨나고 조정의 인사도 그녀가 마음대로 집행하

---

120) 『長編』卷82, 大中祥符7年 3月 己巳.
121) 『宋史』卷242 列傳1 后妃上 章獻明肅劉皇后.
122) 平田茂樹 앞의 「宋代の 垂簾聽政」논문 참조.

였다. 유황후에 반대하여 관직에서 쫓겨나거나 유배된 자가 적지 않
았다. 한때 유황후는 天子가 되려는 뜻을 가졌으나 재상들에게 저지
되어 포기하였다. 태후에게 바른 말을 한 인물은 참지정사 魯宗道였
다. 태후는 어느때 魯宗道에게 「唐의 즉천무후는 나와 비교할 때 어
떠한가」라고 묻자 노종도는, 「그녀는 당나라의 죄인입니다. 그것은
나라를 위태롭게 하였기 때문입니다.」라고 대답하니 태후는 그 말을
듣고만 있었다. 佞臣(영신) 方仲弓이 유황후에게 天子와 비슷하게 劉
氏의 七廟를 세울 것을 권하였다. 태후가 輔臣들에게 下問하자, 아무
도 대답을 하지 못했다. 다만 노종도만이, 「만약 유씨 칠묘를 세운다
면, 嗣君(仁宗)은 어떻게 할 것입니까.」라고 반대하자, 칠묘건립을 그
만두었다. 유태후는 총명하였으므로 대신들로부터 경고를 받으면 그
것에 따르고 즉천무후처럼 무리하게 天子의 지위를 넘보지는 않고
그를 선동하는 무리들이 있기는 하였으나 그것에 흔들리지 아니하였
다.123)

6) 劉황후의 수렴정치와 변칙적 황제권

天聖5년 元旦에 仁宗은 신하들을 데리고 會慶殿에 나아가 태후에
게 신년 축하인사를 드리려고 하였다. 또 仁宗의 생각으로는 태후에
게 먼저 元旦축하를 드리고 그 후에 朝堂에서 군신들로부터 신년축
하를 받으려고 생각하였다. 그러나 태후가 이것을 거절하였고 재상
王曾도 태후의 명령에 따라야 한다고 仁宗에게 권하였다. 그러나 仁
宗은 이를 듣지 않고 자기가 생각한대로 거행하였다. 그리하여 이러
한 예가 당연한 것처럼 되었다. 2년 후인 天聖7년 冬至에 仁宗은 백

---

123) 앞의 『宋史』卷242 劉皇后列傳

관을 이끌고 회경전에서 태후에게 祝壽를 드린 후, 天安殿에서 백관의 축하를 받으려 하였다. 이때 秘閣校理 范仲淹은 이에 대하여 반대상주를 드렸다. 즉,

「天子는 양친을 섬길 道가 있으나 신하가 될 禮는 없습니다. 南面할 位는 있으나 北面의 儀는 없습니다. 만약 宮內에서 양친을 섬긴다면 가정의 禮를 가지고 행하면 되는 것이고 지금 天子가 백관을 거느리고 행동하는 것은 君體를 훼손하고 王威를 손상시키는 일이니이는 법도가 되지 않는 일입니다.」라고 반대하였다.[124)

天子는 至尊으로 아무리 母后라 해도, 공적인 장소에서는 臣禮를 취하여서는 안 된다는 유교적 윤리관을 피력한 것이다. 그러나 上壽儀禮(상수의례)는 仁宗이 정한 일이므로 이에 반대하는 것은 天子를 비판하는 일이므로 范仲淹의 상서는 仁宗에게 인정받지 못하였다. 그후, 范仲淹은 다시 仁宗이 20세의 성인이 되었으므로, 황태후는 마땅히 정사를 仁宗에게 돌려주어야 한다는 上疏(상소)를 올렸으나 받아들여지지 않았다. 范仲淹은 자기 뜻이 받아들여지지 않자, 지방관으로 나갈 것을 청하였고 仁宗은 河中府의 통판으로 좌천시켰다.

절대적 권위와 권력을 마음대로 휘두른 유 황후는 明道2년 3월에 64세로 사망하였다. 그가 죽을 때, 遺詔(유조)에서 仁宗을 길러준 楊太妃를 황태후로 하여 청정하도록 지시하였다 오랫동안의 협력자였던 양씨를 지명하여 자신의 사후까지를 확보하려 하였으나 양태후의 청정은 곧 책거되었다.[125)

王夫之는 『宋論』에서 仁宗시대의 劉太后와 英宗朝의 曹太后에 의한 수렴정치의 폐해를 다음과 같이 통박하였다. 즉,

---

124) 竺沙雅章 『范仲淹』 (白帝社 1995). p.89 「垂簾の政」 참조
125) 『長編』 卷112, 明道 2년 4월 丙申, 『宋史』 卷242, 梁淑妃傳

「흉악한 曹后에 의하여 거의 盧陵房州(노능방주)의 先例를 뒤쫓는 운명이 되었다[126]」고 비판하였다. 노능방주란, 唐나라 則天武后(즉천무후)가 中宗을 폐하여 노능방주로 이주시킨 예에 비유한 것이다.

『宋史』의 后妃傳에서는 「송나라 300여년간 한나라처럼 王氏의 화도 없고 당나라처럼 武·韋의 화도 없었다. 그 원인은 완비된 관료기구 때문이라」하였다. 宋代를 군주 독재체제라고 주장하지만 제도적인 면과 실제적 사실과는 차이가 많다. 사실 宋代의 황제는 기능화된 지위에 불과하고 황제의 의지가 그대로 반영되는 정치를 행하기는 어려웠다. 정치구조상 균형과 제약속에서 황제 자신이 마음대로 행동할 수 없었던 것이다. 이러한 와중에서 宋代의 후비들은 수렴청정을 하였지만 황제권을 넘겨다보는 일은 없었다. 이것이 宋代 수렴청정의 특징이기도 하다.

7) 仁宗황제의 親政(친정)

仁宗이 성인이 된 후에도 유태후의 수렴청정은 중단되지 않았다. 그리하여 많은 관료들의 비난을 받았다. 范仲淹(범중엄)은 일찍부터 仁宗에게 還政(환정)할 것을 상주하였다. 또한 유태후가 죽을 때, 遺詔(유조)로 楊太妃를 황태후로 하여 황제는 태후와 함께 軍國大事(군국대사)를 처리할 것을 지시하고 유태후의 뒤를 양태후에게 인계하려고 하였다. 양태비는 유태후가 후궁시절 가깝게 지냈고 李宸妃(이신비)가 낳은 아들, 즉 仁宗을 맡아서 기른 장본인이었다. 양태비는 仁宗을 잘 기르고 사실상 어머니 역할을 하였으므로 유태후는 그녀를 자기가 죽은 후에 仁宗을 돌보도록 부탁한 것이다. 유태후의 입

---

126) 『宋論』卷4 仁宗.

장에서 본다면, 仁宗은 성인이 되었지만 아직도 보살펴야 할 사람으로 생각된 것이다. 그러나 御使中丞(어사중승) 蔡齊(체제)가 강력히 반대하였다. 그리하여 황제가 양태후와 국정대사를 처리한다는 유언을 삭제하고 다만 양씨를 황태후라고 부르는 것은 그대로 하였다. 이때 陳州 통판이었던 범중엄도 유태후의 유언에 대하여 항의하기를

「태후는 모친을 부르는 이름인데, 역사상 황제를 보육한 사람이 태후가 된 예는 없다. 지금 한 사람의 태후가 붕어하고 또 다른 한 사람의 태후를 세운다면 천하백성은 폐하께서 하루도 母后의 도움없이는 아무 일도 할 수 없는 것이라고 생각할 것입니다.」라고 하여, 仁宗이 母后의 도움이 없이는 아무 일도 할 수 없느냐고 正鵠(정곡)을 찌른 것이다.[127]

유태후가 죽은 후 그 반동이 곧 일어났다. 특히 仁宗이 자기의 출생사실을 알고 통곡하기를 여러 날 그치지 않았다.[128] 그리하여 유황후가 열심히 보살폈던 도교의 寺觀 수리를 파하였다. 仁宗이 비로소 서정을 총괄하고 요행을 억제하니 내외가 이것을 기뻐하였다.[129] 유태후에 의하여 좌천된 송수, 범중엄 등이 다시 조정에 들어오고 그녀에 의하여 임명된 재상 呂夷簡(여이간), 추밀사 張耆(장기), 참지정사 陳堯佐(진요좌), 추밀부사 夏悚(하송), 추밀부사 范雍(범옹), 추밀부사 曹愼(조신), 참지정사 安殊(안수) 등이 모두 지방으로 좌천되었다.[130]

이때 유태후의 신임을 받았던 여이간이 仁宗에게 조정의 기강을 바로잡고 간사한 무리를 차단할 것 등 8개 조항의 개혁안을 제출하

127) 竺沙雅章 앞의 『范仲淹』p.99 「仁宗親政」 참조
128) 『長編』 卷112, 明道 2년 4월 壬寅條
129) 『長編』 卷112, 明道 2년 4월 壬子條
130) 『資治通鑑長編紀事本末』 卷33.

였다. 仁宗은 이것을 실천에 옮기려고 생각하여 郭황후에게 여이간의 개혁안을 말하였다. 이때 황후는 여이간은 비록 유태후에게 동조하지 않았으나 그 인물됨은 처세를 잘하고 입신출세에 능한 사람입니다. 라고 비난하니, 仁宗은 이 말을 듣고 여이간을 파면하게 되었다. 파면조서가 발표될 때, 여이간은 자신도 정계에서 파면된 사실을 듣고 마음속으로 대단히 놀라워하였다. 환관인 염문응에게 그 사정을 알아보도록 청하였다. 환관 염문응은 그것이 郭황후의 말을 듣고 仁宗이 결정한 것이라는 사실을 알게 되었고, 이것을 계기로 여이간은 郭황후에게 원한을 품게 되었다.

仁宗의 유태후에 대한 반동은 郭황후의 폐위사건을 일으키게 되었다.[131] 곽씨의 입황후는 仁宗의 뜻이 아니고 유황태후가 추진한 일이기 때문이다. 또한 仁宗이 오랫동안 자신의 출생사실을 기만당하였기 때문에 유황태후에 대한 격심한 반발심이 곽황후 폐위사건으로 연계되었다. 郭后의 폐위사건은 仁宗시대 경력의 당의로 비화하여 朝臣간의 당쟁으로 전개되었다.

Ⅲ. 神宗초기 황후의 정치관여

神宗시대 王安石의 개혁정치에 대하여 궁중내의 황태후세력이 강하게 간섭하였다. 즉, 曹태황태후(仁宗황후)와 神宗의 母后 高太后 등의 압력이다. 조태황태후가 英宗 시대에 취한 수렴정치는 그 당시의 재상으로 있었던 韓琦의 용기 있는 반대에 의하여 파하였으나 그 타성은 神宗朝에도 그대로 남아있었다. 神宗은 일이 있을 때마다 조

---

131) 同上

태황태후에게 보고하여 의견을 구하지 않을 수 없었다. 王安石이 집정이 되고 여러 정책을 건의하면 조태황태후는 신법을 「舊章의 변란」으로 간주하고 神宗에게 말하기를 「조정의 법도를 가볍게 개혁할 수 없다.」라고 반대하였다. 또 「내가 듣건대 민간에서 청묘조역에 고통을 받고 있으니 마땅히 이것을 파하여야한다」라고 말하고, 王安石이 才學은 있으나 그를 원망하는 사람이 많으니 황제가 이것을 헤아려 국가를 보존하려고 한다면 그를 밖으로 내보내는 것이 옳다.」라고 강압적 태도를 가졌다.[132] 그러나 神宗은 이것에 대하여 감히 황후의 교지를 받들지 않겠다. 라고 청년황제다운 굳은 뜻을 표시하였다. 이 문답은 조황후의 보수성과 반개혁성이 神宗시대의 정치에 영향을 미치고 있는 좋은 예이다.

神宗을 둘러싼 이와 같은 정치 환경에는 神宗의 母后 高氏의 영향도 적지 않다. 神宗이 母后에 대한 孝養으로 궁궐을 조성하려고 하였으나 고태후가 이를 허락하지 않았다. 哲宗 시대에도 고황후의 從夫 존여가 서방원정에 실패하여 죄를 받게 되었다. 蔡確이 고황후에게 알려서 복권시키려 할 때 고황후는 「어찌 私恩으로 천하의 공의를 그르치랴.」라고 하여 蔡確의 말을 허락하지 않았다.[133] 이와 같은 엄정한 태도에 대하여 당시 사람들은 고황후를 여자 요순이라고 칭송하기도 하였다. 그러나 고황후의 보수적 안이성은 조황후에게 뒤지지 않았다. 희녕 7년에 오랜 가뭄을 당하여 조황후와 협력하여 王安石의 퇴진을 神宗에게 추궁하여 실현시켰다.[134]

元豊8년(1085) 3월에 神宗이 붕어하였다. 이 해는 北宋의 정치사에

---

132) 『宋史』 卷242, 后妃傳. 上 慈聖光獻曹皇后
133) 『宋史』 卷242 后妃列傳 英宗宣仁聖列高皇后
134) 『長編』252 熙寧七年四月丙戌

서는 대단히 중요한 의미를 갖는 해이다. 그것은 仁宗시대 이래 政爭으로 점철되어 내려오던 국정을 개혁하여 신시대를 열어 나가려는 개혁의지가 강한 神宗이 사망함으로써 新法개혁이 무산되었다는 점과 10세의 어린 哲宗이 즉위함으로써 皇帝權은 그 힘을 잃고 高太皇太后의 수렴정치가 실시되어 皇帝權이 변칙적으로 운영되었다는 점이다. 또한 皇帝權을 대신한 수렴정치는 신법을 지지하는 신법당과 구법을 고수한 太后측 보수파의 치열한 黨爭으로 확대되면서 北宋멸망의 원인을 가져오는 중대한 고비를 제공하였다.

元豊8년 3월에 哲宗이 즉위하자 「君國의 大事를 太皇太后의 결정에 따르고 章獻明肅皇后의 故事에 의하라」라는 神宗의 遺詔가 내려졌다.135) 이에 따라 英宗의 皇后이고 神宗의 母后인 高太皇太后가 옛날 어린 仁宗이 즉위하였을 때 章獻明肅皇后(眞宗의 皇后 高氏)가 수렴정치를 행한 故事에 따라 軍國大事를 좌우하게 되었다.

Ⅳ. 哲宗시대 高태후의 수렴청정과 황제권

1) 高태후의 수렴청정

후세 사람들은 고태후를 「女性 中의 堯舜」이라 칭찬하였다. 그러나 그녀는 권력에 대해서 맹목적이고 고집이 강하였다. 神宗시대에는 신법개혁을 반대하였고 仁宗의 조황후와 더불어 神宗의 면전에서 王安石의 新法이 祖宗之法을 파괴하는 악법이라고 비난하고 천하 백성을 해롭게 한다고 주장하였다.

哲宗代에 고태후 수렴정치의 제일보는 신법을 반대한 구법파의 司

---

135) 『長編』卷 353 元豊8년 3월 戊戌條

馬光을 기용하여 신법파를 배제한 것이다. 司馬光은 神宗의 신법실시 때 洛陽에서 15년 동안 은거하고 있었다. 백성들은 모두 그가 다시 복권될 것이라고 생각하였고 그를 「司馬上公」이라고 불렀다. 유명한 『資治通鑑』은 이때 저술된 것이다.

司馬光이 조정으로 돌아 온 후 「以母改子」를 내세우면서 적극적으로 신법을 폐지하였는데, 역사에서는 이를 「元祐更化」라고 한다. 고태후는 끝까지 司馬光을 신임하고 그를 중임하였다. 司馬光 사후 신법을 반대한 文彦博, 呂公著, 范純仁, 呂大防들이 기용되고 신법을 지지한 呂惠卿, 張燾와 蔡確등이 조정에서 물러났다. 이 과정에서 중앙 정계는 신·구양파의 대립과 당쟁이 격화되었다.

어린 哲宗은 발언권이 없었다. 대신들도 哲宗이 어리기 때문에 모든 일들을 고태후의 결정에 따랐다. 朝堂에는 哲宗의 어좌와 고태후 어좌가 서로 나란히 있었고 대신들 역시 고태후에게 먼저 인사를 하고 그다음 哲宗에게 조하는 형평이었다.

哲宗이 19세의 성인이 되어 고태후가 수렴청정을 거두어야 하는데 그녀는 그런 마음이 없었고 대신들 또한 태후에 먼저 고하지 못하였다. 고태후와 대신들의 이와 같은 태도는 哲宗의 마음 속에 대신들에 대한 깊은 원한을 품게 되었다. 후에 哲宗이 친청할 때 원우 대신들을 축출하는 원인이 되었다.

2) 元祐시대의 수렴청정 구조

수렴정치는 황제권을 빌려 어린 황제를 대신하여 태황태후나 황태후가 정치를 담당하는 변칙적 정치형태이다. 그러나 황태후가 정치를 잘 알지 못하기 때문에 그녀가 신임하는 대신이나 환관이 정치를 주관하게 된다.

　태황태후나 황태후가 수렴청정을 하게 된 법적 근거를 보면 元豊8
년 3월에 신종이 사망하고 어린 철종이 즉위함에 신종은 遺制를 내
려 「모든 軍國의 大事는 太皇太后(高太后)의 처분을 받고 章獻明肅
皇后(仁宗시대 섭정을 한 劉太后)의 고사를 따르도록 하라.」는 유언
에 의한 것이다. 이리하여 영종의 황후, 즉 高太皇太后의 수렴정치가
시작되었다.136)

　哲宗초기 元佑시대(1086-1093)에는 高太皇太后의 수렴청정이 행하
여진 결과, 특수한 정치형태가 나타났다. 즉,

　수렴청정의 儀制(의제)는 禮部, 御史臺(어사대), 閤門司(합문사)에
의하여 제정되었다. 137) 이에 의하면 朔日(1일), 望日(15일), 六參日
(1일·5일)에는 황제가 前殿에 나가시면 백관의 起居 三省 樞密院의
上奏와 見·謝·辭 등으로 새로 임명하는 관료의 申告 加恩에 대한
御禮(어례)가 행하여지고 外任으로 나가는 관리의 申告를 받고 각각
牓子(방자)를 內東門司에 納入하였다. 皇帝는 雙日(偶數日)에는 延和
殿(便坐殿)에서 太皇太后와 함께 垂簾하여 납시고 日參官의 起居 三
省 樞密院의 上奏를 받았다.

　哲宗황제에게는 통치권이 없었으므로 太皇太后의 臨朝稱制(임조칭
제)가 실시된 이 시기에는 延和殿에서 집행되는 雙日의 수렴청정 날
에 주된 정치가 진행되었던 것이다.138) 이때의 주역은 宰執(재집)과
臺諫(대간)이고 이들은 태황태후와의 면담절차 없이 수시로 알현하
고 上奏(상주)할 권한을 가지고 있었다. 따라서 황제와 大臣 간의 직
접 접촉을 통하여 송대 황제권이 독재적이었다고 하는 주장은 여기

---

136) 『長編』卷 353의 元豊8年 3月 戊戌條
137) 平田茂樹 앞의 「宋代 皇后의 垂簾聽政」참조.
138) 平田茂樹 앞의 「宋代 皇后의 垂簾聽政」참조.

에서 설득력을 잃게 되었다. 왜냐하면 황제(철종)와 집정과의 면담기회는 전혀 없고 다만 관료와 태황태후와의 면담만이 행하여지면서 황제를 제외시킨 정치가 행하여졌음을 알 수 있다.

上奏방법도 이전에는 登對(등대)라고 하여 황제의 면전에서 발언을 하여도 그것을 곧바로 奏狀(주장)으로 올리지 않고 中書를 경유한 후, 중서에서 받아들였다. 이때는 발언과 동시에 주장이 받아들이는 방법이 채택되었다.

또한 문서 행정도 內庭을 거점으로 행하여지는 형식을 취하였다. 즉 신하의 상주가 태황태후에게 이르면 태황태후는 자문 혹은 명령이라고 하는 형식으로 재상 그리고 官衙에 내리고 다시 받아들여 재상주하거나 그대로 실시하였다. 여기에는 태황태후의 권력과 함께 상대적으로 그의 자문을 받는 재상권력이 강대함을 살필 수가 있다. 예컨대 태후의 宣諭작성은 전일 재상이 원고를 작성하고 다시 이를 환관이 기록하여 이를 宣施하였다.

이를 미루어볼 때 원우시대의 정치는 재상과 환관이 장악하고 있음을 알 수 있다. 여러 史書에서는 高태황태후의 업적을 堯舜에 비교하여 높이 평가하고 있으나 환관이 태황태후와 재상을 연계하는 전달자 구실을 하였고, 어린 철종의 皇帝權은 상실되었다. 후에 환관이 재상 呂大防과 결탁한 것이 문제가 되면서 탄핵되기도 하였다.

3) 高태후와 哲宗의 갈등

고태후와 대신들은 수렴청정 시기에 哲宗의 입장을 전혀 고려하지 않았다. 다만 哲宗의 교육에 대해서는 엄격하였다. 고태후는 구법당 관료인 呂公著, 范純仁, 蘇軾, 范祖禹 등을 임명하여 哲宗의 황제교육을 담당하도록 하였다. 그들은 哲宗에게 신법을 비판하면서 조종법도

를 철저히 교육시켜 황제로 하여금 보수적 생각을 갖도록 힘을 기울였다. 그러나 영리한 철종은 태후의 이와 같은 교육에 황제로서 올바른 행동을 통달하도록 하였다.

고태후는 哲宗의 생모인 朱덕비에게도 가혹하게 대하였다. 朱덕비는 출신이 한미하고 생부는 일찍 요절하였다. 주덕비가 입궁 후 神宗의 시녀가 되었고 후에 哲宗과 蔡王, 그리고 徐國長公主를 낳고 원풍 7년에 덕비로 봉해졌다. 고태후가 수렴청정하는 기간에는 아무도 황제의 생모에 대해 관심을 가질 수가 없었다.

원우 3년에 이르러 주덕비를 황후와 같은 복관을 윤허하였다. 哲宗의 친정 시대에 들어서서 비로소 모친의 대우를 황태후와 똑같이 하였다. 哲宗 생모의 대우문제는 哲宗시대의 복잡한 정치투쟁으로 연계되었다.

哲宗은 성장하면서 고태후와 원우 대신들을 면담하지 않았는데 이것은 哲宗이 황제로서의 실추된 권위를 나타내기 위한 반항이었다. 대신들이 哲宗에게 고태후를 만날 것을 상주하였지만 哲宗은 침묵으로 대응하였다. 이처럼 고태후와 哲宗의 불화는 대신들의 노력에도 불구하고 지속되었다.

원우 8년 9월에 고태후가 서거하자 哲宗이 紹聖으로 개원하고 원우대신들을 탄압하였다. 심지어 司馬光 등을 「老奸擅國」이라고 비난하면서 태후의 칭호와 대우를 폐하고자 하였다. 哲宗은 부친인 神宗을 존경하였으나 원우시대의 정치에 대해서는 불만을 가지고 있었다. 哲宗의 정치는 고태후 수렴정치기간에 황태후와 구법당의 횡포에 대한 철저한 보복심리가 작용하면서 개인감정에 흐르게 되고 이로 인하여 정치가 더욱 혼란하게 되었다.

철종의 친정시대의 정치는 철종이 원우시대에 고태후와 구법파 관

료들로부터 천대받은 개인적 감정이 표면에 표출되면서 정치적 소용돌이를 일으켰다. 이는 철종의 섬세하면서도 관대하지 못한 성품과 직접관계가 있다.

제7절 황제의 일상생활과 皇宮 업무처리

I. 황제의 宮中 정무처리

1) 황제의 궁중생활과 정무

宋代 황제의 사생활에 관해서는 자세하게 전해오지 않고 있다. 그 것은 황제의 특수한 지위와 궁중에 대한 엄중한 비밀을 유지하기 위한 황제권위에 관계되는 것이기 때문이다. 현재 남아있는 자료에서 보면 진종황제의 궁중생활기록이 있다. 『宋朝事實』139)에 진종의 궁중생활에 대해서 다음과 같이 일과를 기록하고 있다. 즉,

眞宗황제는 매일 아침 前殿(전전)에 납시면 中書, 樞密院(추밀원), 三司(삼사), 開封府(개봉부), 審刑院(심형원) 및 請對官(청대관)이 순번에 따라 정무를 上奏(상주)한다. 辰時(오전7시에서 9시)이후에는 宮으로 들어가서 식사를 한다. 그 후 잠시 後殿(후전)으로 나아가 武事를 관람하고 日中에 이르러 이를 파하였다. 밤에는 侍讀(시독), 侍講學士(시강학사)를 불러 정사를 詢問(순문)하고 때로는 밤중에 이르러 궁으로 돌아가니 이것을 일상생활로 하였다.

다음은 황제가 신하와 면담하는 내용이 있다. 上(황제)이 近臣으로 侍讀과 侍講學士를 두었다. 秘閣官(비각관)으로 하여금 매일 밤에 具名聞奏(구명문주)하면 황제가 召見하고 訪問(방문)하도록 허락하였다. 그 후에는 당직이 召對하여 밤이 늦을 때는 二三鼓(이삼고)에 이

---

139) 『宋朝事實』卷 3 聖學條
　　宮崎市定 앞의 「宋史職官志序說」 p.21 참조

르러서야 파하였다.

여기에서 황제의 궁중생활의 한 면을 알 수 있다. 황제를 謁見(알현)할 수 있는 인물 가운데 중앙의 大官이외에 開封府를 포함시킨 것이 특이하다. 이는, 고대로부터 首都, 즉 경기지방이 황제의 직속영토임을 의미하고, 宋代 開封府의 관리는 지방관이 아니라 중앙정부의 일부이기 때문에 開封府 관리가 황제를 謁見하도록 특별히 배려하였다. 이러한 관례는 이후 淸末까지 계속된다.

請對官(청대관)은 황제에게 謁見(알현)을 신청한 관리를 의미하는데 여기에는 여러 종류의 관리가 포함된다. 侍從官(시종관), 즉 天章閣待制(천장각대제) 이상의 帶職(대직)을 가진 관원과 知制誥(지제고)이상의 兩制(양제)는 次對(차대)라고 칭하고, 그 밖의 백관도 轉對(전대)라고 하였다. 그들은 순차적으로 황제를 謁見할 수가 있고이 밖에도 황제에 직속된 기관의 堂官은 황제에게 召對하고 아울러上奏할 권리가 있다.[140]

지방의 監司와 知州도 황제에 직속되어 있기 때문에 지방으로 부임하기에 앞서 召見되고, 부임 후에도 지방 정치에 관하여 上奏할 권리가 있다. 비록 재상이라고 해도 이것을 막거나 방해할 수는 없다. 그 밖에 選人과 같은 하급관리도 京官으로 改官하기에 앞서 引對를하고 改官의 효력을 갖는다. 選人에서 京官으로 진급하는 것을 改官이라 하는데 개관은 宋代의 관료승진에는 중요한 일이다.[141] 이때황제를 引對 할 수 있는 것은 宋代 문치주의 관료체제가 확고히 정착되었음을 의미한다. 이 밖에 황제는 때때로 十九班의 관원도 引對하는 경우도 있다.[142]

---

140) 宮崎市定 위 논문 참조.
141) 拙稿 「宋代 文臣官僚의 陞進에 관하여」 『東洋史學硏究』 8-9合集.1969

이와 같이 다방면에 걸쳐 황제가 관료와 직접 접촉하는 것이 宋代 황제의 특권이고 황제의 일상 업무가 그 이전시대보다 분주하였다. 이것은 원풍관제개혁 이후에도 유지되었으며 황제와 관료의 이러한 접촉과정에는 재상이라도 자기의견을 하급관료에게 강제할 수가 없다. 다만 황제 측근으로부터 고문을 얻고 황제의 조칙을 받아야만 비로소 다른 관료에게 그 결정을 명령할 수가 있다.

2) 황제의 詔勅文(조칙문)처리

황제로부터 하달되는 문서 혹은 여러 곳으로부터의 奏狀(주장), 申狀이 門下省과 中書省에 도착하면 尙書省으로 보내진다. 尙書省에서 六曹로, 六曹로부터 다시 여러案이 보내져 여기에서 내용검토를 하여 가깝게는 寺監, 멀리는 州縣에 하달 문의되었다. 이것이 끝나면 다시 육조에 올라와서 정책에 대한 판단이 내려지고 그 결과가 상서성으로 보내진다. 상서성에서 다시 중서성으로 보내지고, 중서성은 황제로부터 聖旨를 받아 문하성에 보내서 심사를 한다. 그리하여 다시 翻錄(번록)하여 상서성에 보내고 상서성에서부터 육조에, 육조에서부터 符라고 하는 형식을 취하여 諸處에 문서가 하달된다.[143] 이러한 행정절차는 神宗의 원풍관제개혁이 단행된 이후의 내용이기는 하나, 업무의 진행순서를 대략적으로 파악할 수 있다.

원풍시대 관제개혁이 단행되고 三省이 정립된 이후 중서와 문하로 정부기구가 갈라지면서 중서를 장악하고 있던 宰相의 권력이 강해졌음을 고려할 때, 행정부의 업무가 통일되었음을 의미한다. 즉 都堂에

---

142) 『長編』 卷 108 天聖 7年 5月 庚辰條.
143) 平田茂樹 「宋代の對について」 『東アジアの傳統社會における指導者像の 比較研究』1993 참조.

서 심의하고 三省合班奏事하며 그리고 取旨한 후 施行하는 업무의 분할(三省分省治事)의 원칙이 확립되어 있음을 알 수 있다.144) 또 中書舍人이나 給事中, 그리고 臺諫에 의하여 封還詞頭(봉환사두) 및 封駁(봉박), 論駁(논박)으로 이의신청이 이루어질 경우에는 정책의 수정이 수시로 행하여졌다.

또한 국가의 중요정책을 결정할 때에 황제가 신하들로부터 제공되는 여러 가지 정보에 의하여 정책을 결정하는 과정에 대해서 보면 다음과 같은 사실을 알 수 있다. 즉,

國朝(北宋時代)에는 宰輔(재보)의 宣召, 侍臣의 論事, 經筵(경련)의 留身, 翰苑(한원)의 夜對, 二史의 直前, 群臣의 召歸(소귀), 百官(백관)의 輪對(윤대), 監司, 帥守의 見辭(현사), 小臣의 特引, 三館의 封章, 臣民의 扣𩊝(구게), 太學生의 伏闕(복궐), 外臣의 驛에 이르는 여러 경로가 있다. 그리하여 京局의 馬遞鋪(마체포)를 출발하기까지 모두가 다양한 정보경로를 통하여 진행되었음을 알 수 있다.145)

紹興이후 잠시 중지되었으나 南宋의 中興이후에는 다시 실시되었다. 여기에는 臺諫, 走馬承受라는 황제의 이목이 되는 일부의 중요관직은 보이지 않지만 거의 망라적으로 열거되어 있다. 宰輔(재보)의 宣召로부터 小臣의 特引까지 모든 것이 하나의 양식이고 對가 황제의 이목장치로 중요한 역할을 하였음을 알 수 있다.

3) 관료가 황제에게 의견을 상신하는 절차

관료가 황제에게 의견을 上申하는 방법은 두 가지 경로가 있다. 通進司(통진사)를 통하여 올리는 狀(장), 奏(주), 表(표), 議(의), 疏(소)

---

144) 『建炎以來朝野雜記』甲集卷 10, 官制 1, 丞相.
145) 平田茂樹 앞의 논문 참조.

라고 한 文書에 의한 上奏가 있고 閤門司(한문사)를 통하여 箚子(차자)에 의한 上殿奏事(상전주사)로 나눌 수 있다.

문서에 의한 對는 황제와 관료와의 접촉기회이고 1年을 통하여 행하여지는 視朝(시조), 起居(기거)하는 장소에서 진행되었다. 이러한 기회는 이틀에 한번 視朝가 실시되었을 때의 기록에 의하면 祝日과 休日을 제외하고 연간 백 여일이 넘지 않는다고 있다. 正月 초하루, 5월 1일, 冬至에 大慶殿(대경전)에서 행하여지는 大朝會(이 가운데 5월 1일은 熙寧 2년에 폐지)와 매일 행하여지는 垂拱殿(수공전)에서의 視朝, 그리고 文德殿에서의 常朝起居(단 황제가 나오지 않으면 常朝起居는 중지), 그리고 5일에 한 번 垂拱殿 내지 紫宸殿(자신전)에서 행하여지는 內殿起居(내전기거)가 있다. 그리고 다시 음력 초하루와 보름에 행하여지는 文德殿(문덕전)에서의 視朝가 있다. 이것은 熙寧 3년 文德殿 入閤의 의례가 폐지되면서 제정되었고 다시 6년에는 음력 초하루와 음력 보름에는 文德殿 대신 紫宸殿에서 행하도록 개정되었다. 上旬 등의 假日에는 崇政殿에서 행하여지는 視朝(시조)가 있었다.

元豊官制改革(원풍관제개혁) 때에는 황제의 御出(어출)이 거의 없고 또 列席者(열석자)도 축소되어 사실상 기능이 없어졌다. 그리고 文德殿의 常朝起居와 橫行參假가 폐지되었다. 이에 따라 侍從官 이상은 매일 垂拱殿에서 조회하는 常參官(상참관)과 그리고 百司朝官 이상은 5일마다 한번씩 紫宸殿에서 조회하는 六參官이 있다. 그리고 朔望(삭망)에 文德殿, 紫宸殿에서 조회하는 朔參官, 望參官이라고 하는 관료의 범위가 형성되고 있다.[146]

---

146) 『宋史』卷 116, 禮志 1, 『長編』卷 320, 元豊4年11月 己酉條.

II. 관료의 황제 면담과 上殿班數(상전반수)

1) 관료의 황제면담의 정치적 의미

宋代에는 관료가 황제를 직접 면담하고 정무를 논의, 처리하는 일은 다양하며 복잡하다. 정무처리를 위하여 황제와 신하간의 직접면담 사실은 宋이전에는 거의 없는 현상이다. 漢·唐시대에는 황제를 면담할 수 있는 관료는 극히 제한적이며, 그것도 고위관직에 한하였다. 그러나 宋代는 고관은 물론이고 하위직에 있는 관인도 황제면담이 가능하였다. 이것은 정치적으로 두 가지 의미가 있다.

하나는 황제의 업무처리가 다양해졌다는 사실이다. 唐代에는 황제가 유능한 門下侍中을 임명하여 국정을 맡기고 황제는 직접 정치에 관여하지 않고 궁중생활을 할 수 있었다. 그러나 宋代에 와서 황제의 업무는 대단히 다양해졌고, 이것으로 해서 宋代의 황제 독재체제가 성립되었다고 주장되어 왔다. 그러나 이것은 관제상에 나타나있는 내용이고, 실제로 황제가 국정을 총체적으로 장악한 일은 太祖, 太宗시대를 제외하면 그리 흔하지 않다. 다만 神宗시대에 왕안석의 신법실시에 따라 神宗과 왕안석의 정책결정과정에서 황제권이 강하게 작용한 일은 있었다. 그러나 神宗이후의 哲宗·徽宗시대에 들어서면 황제권은 정치에서 거의 배제된다.

다음으로 생각할 수 있는 것이 宋代 士大夫관료의 정치적 입지가 그 이전시대에 비하여 대단히 강화되었다는 사실을 의미한다. 황제와 신하와의 관계가 宋代처럼 밀접한 예는 없다. 이것은 황제권의 강화라기보다는 士大夫관료의 정치적 입지가 그만큼 넓어지고 강화되었다는 것을 뜻하는 것이다. 따라서 宋代의 정치가 황제독재체제라기보다는 士大夫관료정치라고 하는 주장이 정당한 것이다. 宋代에 황제

권보다는 士大夫관료의 권한이 강화되었다고 하는 사실이 황제와 신하의 면담과정에서도 분명하게 드러나고 있다.

2) 황제와 신하의 면담내용

眞宗의 大中祥符3년(1010) 2월 16일에 閤門(함문)에서 말하기를 崇政殿(숭정전)에서 群臣의 見, 謝, 辭 및 昇殿奏事(승전주사) 하는 일은 대게 정오에 마쳤다. 만약 더 희망하는 일이 있으면 이로부터 朔望(삭망)은 三司, 開封府, 審刑院 이외에는 自餘奏事의 官이 급한 일이 아니면 다음 날에 昇殿할 때에 하도록 하였다.

仁宗의 嘉祐3년(1058) 12월 14일에 閤門이 말하기를 근래 上殿의 班은 三司, 開封府, 臺諫官의 辰牌에서 올리는 경우를 제외하고는 다음날에 上殿토록 하였다. 또는 三司, 개봉부 및 官이 높은 자와 신료는 辰牌(진패)에 따라 격하시킨다. 신료를 後引하는 것은 今後에 辰牌를 上進하면 舊例에 따라 引對한다.[147]

哲宗의 元符2년(1099) 6월 17일 한림학사승지, 蔡京 등이 말하기를 臣 등이 職事에 관계되어 請對하는 일은 侍待 혹은 旬日을 넘긴다. 急速의 文事가 있을 경우 이것을 놓칠까 두려워하고, 今後 한림학사는 六曹, 開封府의 예에 따라 순차적으로 上殿하는 것을 허락하였다.

南宋 高宗의 紹興29년(1159) 5월 4일에 詔하여 今後에 六參의 날에 上殿의 班 수는 이미 정해졌기 때문에 臺諫官이 對를 원하면 面對官을 隔下하여 다음 날로 미루었다.

위 네 가지 경우는 『宋會要』에 나오는 내용이다.[148] 다음은 『朝野類要』에 기록된 예를 보겠다.

---

147) 平田茂樹 앞의 논문 참조.
148) 『宋會要』儀制 6 群臣奏事條

輪對(윤대)는 侍從(시종)이하의 관리가 5일마다 한 사람씩 윤번으로 上殿(상전)한다. 이것을 輪이라고 하며 황제의 面對에 해당한다. 이때에는 반드시 時政 혹은 편리한 箚子(차자)를 적어 넣는다. 臺諫(대간)은 이를 本職公事(본직공사)가 있다고 상주한다. 三衙大帥(삼아대수)의 경우에는 이것을 杖子奏事(장자주사)라고 하였다.

위와 같은 내용은 진종 시대를 대상으로 하고 있고 황제는 아침 일찍 前殿에 납시고, 이에 중서, 추밀원, 삼사, 개봉부, 심형원 및 청대관이 순차적으로 上奏를 행한다. 이때의 前殿은 長春殿이다.(후에 垂拱殿이라고 개명하였다.) 中書와 樞密院은 정치의 중추이기 때문에 당연한 것이지만 三司, 開封府, 尙書六曹, 臺諫, 審刑院 등 정치상 중요한 부서가 우선적으로 상전주사의 권한을 가지고 있음을 알 수 있다. 그들이 이와 같은 권한을 가지고 있었던 것은 臺諫의 上殿奏事가 본직에 供辭가 있다고 하였을 때에 그들의 직무권한에 기초하는 것이다[149]

前殿의 上殿奏事는 辰時(춘분前은 오전7시, 춘분후에는 오전8시)를 기준으로 하고 있다.

황제가 내정으로 돌아가 식사를 취하고, 後殿에 납시고 巳正, 巳四(오전 10시경)을 기점으로 上殿奏事를 받고 점심때까지 정무를 본다. 雙日에 행하여지는 經筵의 날(開講하는 것은 2월에서 시작하여 단오까지, 그리고 8월에서 시작하여 동지까지)에는 邇英閣에서 未時, 申時(오후 1시에서 오후 5시경)까지 강의를 받는다. 經筵 이외에는 당직의 한림시독학사, 한림시강학사를 불러 밤에 정무를 모르니 「翰苑夜直」이 행하여진다. 이것은 太宗시대로부터 시작되어 한림시독, 시

---

149) 이 부분은 앞서 『宋朝事實』 卷3 聖學條의 皇帝宮中政務처리와 중복되나, 비교할 필요에서 다시 제시하였다.

강학사가 설치된 진종시대에 와서 제도화되었다. 이 밖에 崇政殿, 延和殿에서 閱兵 및 매년 한 번 행하여지는 황제에 의한 虜囚의 親決도 행하여진다.150)

신하가 황제를 절차에 의해서 만날 수 있는 것은 어찌 보면 당연한 일이다. 그러나 황제권이 강한 시대에 있어서는 신하가 황제를 만나는 것은 불가능에 가깝다. 그러나 宋代에는 신하가 황제를 직접 만날 수 있는 對제도를 볼 때 宋代의 황제권과 臣權이 평준화되어 신권이 두드러지게 강화되었음을 알 수 있다.

앞에서 살펴본 바를 다시 한 번 정리하면 國朝의 제도는 垂拱殿에서 朝議를 받았다. 먼저 宰臣이 殿으로 나아가 奏事하고, 다음에는 추밀사, 그 다음에는 三司, 다음은 개봉부, 審刑院 다음은 群臣의 순서대로 殿으로 나아가 황제를 알현하였다. 諸司의 公事를 마치고 內侍가 奏文 이외에는 별다른 公事가 없다고 말하면, 황제는 옥좌에서 내려오거나 혹은 延和殿에 다시 오르시고 또 內臣, 近職, 諸路走馬承受의 상주가 있거나, 혹은 館閣이 올리는 새로운 공문을 살피고 서적, 창고, 의료, 기물의 의식을 열람한다. 이것을 後殿에 다시 오른다고 하는 것이다. 假日에는 일찍이 崇政殿에 납시고 前殿의 公事를 열람하고 이미 끝나면 자리를 옮겨 臨軒하고 後殿의 公事를 열람한다.151) 이와 같은 기록들을 통해서 宋代 황제들의 일상생활을 볼 수 있다.

황제가 侍讀 侍講 학사를 引見하는 장소는 邇英閣(이영각)을 이용하였다. 여기에서 秘閣官(비각관)이라 함은 侍從보다 하급의 館職(관직)을 의미한다. 그들은 순번에 따라 숙직하는 館職官이며 황제는 그들을 引見하고 학문과 정사를 그들과 함께 토론을 나누었다.

---

150) 『長編』卷 97, 天禧五年五月乙亥朔條
151) 『宋會要』儀制 1-1 「垂拱殿視朝」

진종이전의 황제일과에 대해서도 조금씩 다른 부분도 있으나 대체로 이와 비슷하였다.152)

3) 황제와 臣下와의 對談절차

황제를 직접 면담하는 형식은 여러 가지가 있다. 먼저 轉對(전대)를 들 수 있다. 전대는 次對(차대), 輪對(윤대)라고 한다. 남송 때에는 面對라고도 하였다. 통상 5일에 한 번 內殿起居때에 중앙고관 한 사람 내지 두 사람을 선정하여 上殿奏事(상전주사)를 시키는 것을 전대라 하였다. 예외적으로 남송 고종 때는 視朝의 날마다 매회 실시하였다. 이때 이러한 시기를 제외하면 늘상 행하여지는 것이 아니고 斷續的(단속적)이다. 신하로부터 널리 의견을 듣는다는 취지로 실시되었는데 이때에 전대에 해당되지 않는 내외의 官으로부터도 封章의 제출을 구하기도 하였다.153) 天聖 8년에 일시중단된 것은 政事批判이 많은 것을 大臣들이 싫어하였기 때문에 백관의 의견을 듣는다는 것으로 그 이유를 삼았다. 또 전대에 해당되는 官이 쓸데없는 空理空論을 얘기하는 경우가 많기 때문에 중지하는154) 측면도 있었다.

다음으로 召對(소대)가 있다. 소대는 황제가 召함을 통하여 신하들이 그에 응답하는 對를 총칭한 것이다. 따라서 이 행위는 통상, 對一般에 보이는 것 외에 학식이 있는 인물, 공적이 있는 무관을 부르는 경우 혹은 추천된 인물을 부르는 경우가 많이 보이고 있다. 그리고 황제가 임의로 인재를 등용하고 널리 의견을 듣는 것을 목적으로 하기도 한다.155)

---

152) 『長編』권43 咸平원년 10월 己酉
153) 『宋會要』職官 60-2.
154) 『建炎以來朝野雜記』甲集卷9「百官轉對」.
155) 『長編』卷 202 治平元年7月丙子條 .

引對(인대)는 官司가 관료를 인도하여 행하는 對이다. 본래 朝見은 閤門司(합문사)의 主導에 의해서 행하여지는 引見과 上殿에 의한 引見의 둘로 나누어지는 진다.[156] 따라서 引對도 이 두가지 행위를 전제로 한 것이다. 예컨대 近制에 京朝官이 中外의 職事에 임할 때 받는 것을 考課引對(고과인대)라고 하고 이 경우 대부분의 관료들이 敍遷(서천)을 얻는다. 이것은 審官院, 三班院에서 행하여지는 京朝官·使臣의 外任 代還을 할 때에 考課引對,하는 것이고 吏部流內銓(이부윤회전)에서 행하는지는 選人磨勘(선인마감) 改官 때의 引對, 그리고 軍頭司에서 행하는 軍校引見(군교인견) 등 인사관계의 官司에 의한 사례가 많이 보인다. 이 밖에 관위가 낮은 자를 특별히 대하는 小官特引(소관특임)도 있다.[157]

入見·入謝·入辭는 內朝의 어전에서 실시되는 것으로 새로 제수되는 관리의 인사, 加恩(가은)에 대한 御禮(어례), 外任에 나갈 때의 인사 등의 경우에 실시되었다. 이것은 便殿에서 행해지는 中謝와 辭見후 正衙殿에서의 衙辭, 謝에 이르러 많다. 그리고 入謝, 辭, 見을 행할 때에는 단순히 의례에 그치지 않고, 황제와의 對, 入對가 그때에 행하여지고 관료들이 자신의 의견을 개진하고 은총을 구하기도 하는 기회가 되었다.[158] 이 밖에 對로서는 經筵留身(경연유신)이 있다. 이것은 經筵官이 進講 후 남아서 행하는 對이다.

4) 上殿奏辭(상전주사)의 班數(반수)

일반적으로 上殿의 班은 관청의 장관 및 소속관료가 집단적으로

---

156) 『朱子語類』卷 128, 第3 第4 條
157) 『建炎以來繫年要錄』卷 106 紹興六年十月己亥條
158) 『長編』卷 153 慶曆四年一二月癸丑條

班을 형성하는 것을 의미한다. 尙書六曹(상서육조), 御史中丞(어사중
승)은 侍御史(시어사) 혹은 殿中侍御史(전중시어사), 監察御使(감찰
어사)를 하나로 묶고 知開封府(지개봉부)는 속관으로 하고 諫議大夫
(간의대부)는 司諫(사간)·正言(정언) 등을 공동으로 연합하여 上奏
한다. 상서육조에서도 尙書와 侍郞이 奏事할 때에는 郞中, 員外郞이
함께 上殿한다.

上殿奏事의 班數는 通常五班으로 구성되어 있다. 이것은 중서와 추
밀원의 班數를 더한 것인데, 그 밖의 수는 二班 내지 三班으로 짜여
져 있다. 물론 황제가 병이 들었을 때나 수렴청정 등 황태후가 정치
를 대행할 때는 班數는 한정되었다. 또 긴급을 요하는 上奏는 이러한
五班 이외에도 인정되고 필요가 있으면 正殿에서 나와 便殿에서 上
殿奏事가 행하여졌다. 예컨대 天聖7년 5월에는 19班, 熙寧 7년에는 5
班이라고 되어 있다.159) 전자는 劉皇太后의 수렴청정 시기로 황태후
와의 對가 5일에 한 번 행하여진 것을 알 수 있고, 후자는 大禮의 假
日 때문에 지체되었던 召對者 24명을 다른 날에 실시한 것이다.

이상에서 알 수 있는 것은 諫官은 간쟁의 직에 있고 그의 言은 조
정의 득실상벌과 관계가 되며 긴급성이 있으므로 三班 이외에 上殿
奏事를 인정하고 있다. 또 上殿奏事는 中書門下, 추밀원, 삼사, 개봉
부, 심형원, 군신의 순으로 되어 있고, 군신에는 兩省 이상의 직무를
갖고 있고 京師를 다스리며 공사가 있을 때마다 請對를 허락하였다.

元豊官制改革 후에는 三司가 폐지되었기 때문에 삼성, 추밀원, 상
서육조, 개봉부의 순서로 되었다. 요컨대 上殿班의 주요 구성원으로
서는 중서문하(삼성), 추밀원, 삼사(상서육조), 개봉부를 들 수 있으
며 거기에 수시로 臺諫, 大兩省의 관이 추가되는 것이 통상적인 형태

---

159) 『長編』卷 108, 天聖7年 5月 庚辰條 258.

이다. 또 元豊官制改革 후의 한 시기에서는 三省分班奏事, 남송 초 金과의 전쟁 때는 三省, 樞密院同班奏事(추밀원동반주사)의 변칙적 형태가[160] 취해지기도 하였다.

이상에서 알 수 있는 바는 宋代의 관료와 황제와의 긴밀한 면담사 실이다. 宋代는 중국 역사상 가장 활발하게 군신관계가 밀접하게 접 촉하였음을 알 수 있다. 이것을 가지고 학계에서는 宋代가 그 이전시 대에 비해 황제권이 크게 강화되어 군주독재체제가 확립되었다고 주 장한다. 그러나 이것을 관료의 입장에서 생각해볼 때 宋 이전에는 관 료가 황제를 면담하거나 上奏하는 일은 高官이나 환관 이외에는 불 가능하였다. 그런데 宋代에 와서 이와 같이 활발하게 황제를 면담할 수 있고 奏請을 드릴 수 있었던 것은 사대부관료의 지위나 사회적 입지가 그만큼 상승되고 관료로서의 지위가 강화되었음을 의미하는 것이다. 뿐만 아니라 이것은 唐代의 귀족사회에서 唐宋變革을 통하여 宋代 사대부사회가 이루어놓은 결과이기도 하다.

따라서 宋代의 사대부관료가 황제의 지배하에 움직이는 수동적인 被治者의 입장이라기보다는 황제와 더불어 당당하게 國政을 담당하 는 治者의 입장임을 확실하게 알 수 있다. 사대부관료는 황제와 함께 天下를 다스린다는 강한 사대부의식을 황제와 신하의 면담과정에서 이를 확인할 수 있다.

---

160) 『長編』 卷 327 元豊5年6月乙卯條, 七月癸未條 및 『建炎以來繫年要錄』 卷 77 紹興6年7月丙戌條.

Ⅲ. 宋代 開封의 皇宮(황궁)

1) 皇宮의 구조

宋의 궁전은 太祖 建隆3년(962)에 唐나라 洛陽(낙양)궁전을 본따서 황궁조영을 하였다. 황궁은 開封의 서북쪽에 위치하고 있고 唐의 宣武軍節度使(선무군절도사)의 治所(치소)를 정비·확대하였는데, 주변은 약 2.6km로 그다지 큰 규모는 아니다.[161] (本書표지 그림 참조)

황궁의 정문인 宣德樓(선덕루)는 2층으로 되어 있고 궁성외벽의 正門으로서 여섯 개의 기둥이 병렬되어 있는 사이로 다섯 개의 門이 있다. 正月 대보름날과 天地에 제사를 올리는 恩赦(은사) 등을 행할 때는 天子가 친히 樓上에 모습을 나타낸다.

선덕루의 정문을 들어서면 大慶殿(대경전)[162]이 있다. 大禮(대례)를 행할 때나 正月朔日에 문무백관이 도열하여 年頭儀式(연두의식)을 거행하는 朝會(조회)는 이 御殿(어전)에서 행한다. 冬至의 3일 전에 天子가 이곳에 머물기도 한다. 御殿의 前庭은 數萬人이 모일 수 있는 광장이 있다. 御殿(어전) 밖에는 좌우로 樓門(루문)이 있는데 左右長慶門(좌우장경문)이라고 한다. 황궁의 남쪽 성벽에 門이 셋 있다. 이것이 大朝會때 參內(참내)하는 길이다. 선덕루의 左(東)를 左掖門(좌액문)이라 하고, 右(西)를 右掖門(우액문)이라 한다. 좌액문의 안쪽에 明堂(명당)이 있다. 이 명당은 황제가 上帝 및 조상을 제사지내고 제후로부터 조공을 받고 政敎(정교)를 행하는 장소이다. 仁

---

161) 孟元老著 『東京夢華錄』卷1 大內 및 入矢義高 梅原郁 『譯註東京夢華錄』 岩波書店 1983 참조.

162) 大慶殿은 仁宗의 景祐원년(1034)에 붙여진 이름으로, 그 이전에는 乾元, 朝元, 天安殿으로 불리어졌다. 南北九間 東西五間의 御殿으로 국가의 가장 중요한 의식이 이곳에서 행하여졌다.

宗의 皇祐2년에 대경전에서 明堂의 대례를 집행하였고 郊外(교외)에 서 하늘과 땅을 제사올렸다. 이후 北宋시대는 3년에 한번 실시되는 11월의 郊祀(교사)대례와 9월의 명당대례가 교차되면서 행하여졌다. 우액문의 안쪽에는 天章閣(천장각), 寶門閣(보문각)이 있다. 천장각 은 眞宗황제의 유품과 御書(어서) 등을 모아두는 곳이고 보문각은 그 북쪽에 있으며 仁宗의 유품을 보관한 곳이다.[163]

궁성은 북쪽의 廻廊(회랑)까지 약 百丈이 있다. 우액문을 들어서서 동쪽으로 나아가는 北側棟(북측동)에는 樞密院(추밀원), 中書省(중서 성), 都堂(도당), 門下省(문하성)이 있다. 도당은 재상의 집무실로 재 상이 御殿(어전)에서 물러나와 이곳에서 집무한다. 大慶殿(대경전)의 外廊(외랑)에는 第一 橫門(횡문)과 第二 橫門(횡문)이 있다. 매일 재 상과 執政(집정)은 궁중에 들어와서 제이 횡문에서 말을 내려 문덕 전까지 걸어가고 그밖에 侍從(시종)과 諫官(간관)은 제일 횡문에서 말을 내려 문덕전까지 걸어간다. 제이 횡문을 들어서면 동쪽 회랑에 는 대경전의 서측 偏門(편문)이 있고 서쪽 회랑에는 中書門下後省 (중서문하후성)이 있다. 이곳은 中書省과 門下省의 사무국에 해당하 며 원풍8년(1085)에 설치된 役所(역소)이다.[164] 그 다음으로 修國史 院(수국사원), 그리고 남쪽으로 角門(각문)이 있는데 이 門을 지나면 문덕전의 정면에 이른다. 문덕전은 통상적인 朝會의식이 행하여지는 곳이다.

문덕전 앞으로 뚫린 넓은 통로가 있다. 대경전과 문덕전의 위치는 동서로 향하고 있다고 기록되어 있으나 문덕전 쪽이 규모가 적기 때 문에 후면에 있었다고 추정된다. 문덕전과 대경전은 일렬로 나란히

---

163) 『宋會要』 方域 1-5
164) 『譯註東京夢華錄』 大內 註19 참조.

있고 그 후면에 넓은 통로가 있다고 기술되어 있는데 문덕전의 뒤편
에 동서로 넓은 통로가 있다고 보는 것이 옳다.[165] 문덕전의 동쪽으
로 나가면 東華門(동화문)에 이르고 서쪽으로 가면 西華門(서화문)
에 이른다. 동화문 안쪽의 황태자궁으로부터 嘉肅門(가숙문)을 들어
서면 통로의 남측으로 대경전의 후문과 東西上閣門(동서상합문), 그
리고 통로의 북측에는 宣祐門(선우문)이 있다. 남북통로의 서쪽회랑
동향건물이 擬暉殿(의휘전)이다. 이곳으로부터 會通門(회통문)을 통
하여 禁中(금중)에 들어서게 된다.

　의휘전과 마주보는 동쪽회랑의 門樓(문루)에 殿中省(전중성) 六尙
局(육상국) 御廚(어주)가 있다. 御膳(어선)을 요리하는 廚房(주방)과
황제와 궁성 내의 식사는 이곳에서 조리된다. 요리사와 잡일을 담당
한 人數는 千六十九人이 있었다.[166]

　殿上(전상)에는 항상 궁중경호군사가 두 줄로 열을 지어 경비를
하는데 대단히 엄중하다. 이들은 모두가 황제측근의 시중을 드는 환
관이다. 御殿(어전)의 바깥 쪽에는 御藥院(어약원)이 있다. 그리고
황제의 의복과 什器(집기)를 봉행하거나 궁성 내의 연락을 담당하는
快行(쾌행)과 친종관, 輦官(련관), 그리고 황제의 乘物(승물)을 담당
하는 車子院(거자원), 그리고 黃院子(황원자)는 모두가 禁中諸司(금
중제사) 소속의 병사가 이 업무를 담당한다. 궁중의 물품과 貢物(공
물)의 進奉(진봉)은 모두 이곳으로 들어온다. 役所(역소)의 사람이
음식물과 珍品(진품)을 궁중에 스스로 판매하는데 이것은 시중에서
구매할 수 없는 물품들뿐이다.

　朝夕으로 天子에게 식사를 올릴 때에는 殿中省(전중성)에서 擬暉

---

165) 위 책 大內 註21 참조.
166) 『宋會要』方域4-1 및 위 『譯註東京夢華錄』 大內 註25 참조.

殿(의휘전)으로 금의병이 열을 서서 사람들을 정리하여 왕례를 통제하였다. 전중성의 문 앞에 한사람이 나타나 호령을 붙인다. 이 사람을 撥食家(발식가)라 하였다.

宣祐門(선우문)의 밖으로부터 서쪽으로 가면 紫宸殿(자신전)이 있고 正月朔日에 이곳에서 朝賀(조하)를 한다. 전에는 자신전을 長春殿(장춘전), 勤政殿(근정전)이라 하였다. 매일 황제가 謁見(알현)하는 어전이다. 거란 사신이 귀국할 때 送宴(송연)도 이곳에서 베풀어진다. 문덕전의 뒤쪽으로 접해있고 東北의 閣門을 이용하여 자신전과 통한다. 여기에는 문덕전(통상의 朝見의식을 행하는 곳), 垂拱殿(수공전), 皇儀殿(황의전)이 있는데 明德殿(명덕전), 滋德殿(자덕전)이라고도 하였다. 太宗의 妃, 明德馬皇后(명덕마황후)가 이곳에 기거하였다. 그 다음이 集英殿(집영전)이 있다. 이곳은 御宴會(어연회)와 擧人(거인)의 시험이 행하여지는 곳인데 집영전은 大明(대명)·含光(함광) 會慶殿(회경전)이라고도 하였다. 誕聖節(탄성절)의 연회가 이곳에서 개최되고 神宗시대 이후에는 과거시험의 殿試(전시)가 실시된 곳이다. 그 다음으로 崇政殿(숭정전), 保和殿(보화전)이 있는데 보화전은 휘종의 政和3년(1113)에 이전한 延福宮(연복궁)의 옛터에 세워진 궁정으로 휘종이 수집한 미술품이 보관되어 있다.[167] 금중의 文庫(문고)는 睿思殿(예사전)이다. 궁성의 후문은 拱辰門(공진문) 또는 拱宸門(공신문)이라고 하였다.

東華門(동화문)의 밖에는 가장 번화한 시장이 있다. 궁중에서 사용하는 물품은 대체로 이곳에서 사들인다.

---

167) 『皇朝編年綱目備要』 卷28

2) 皇宮의 관청구조

궁성 안에는 황제의 정무를 보필하는 관청이 있다. 宋의 開封궁성에는 唐의 長安과 같이 모든 관청이 황성궁내에 있다. 이를 內諸司(내제사)라 한다.

내제사의 관청으로는 황제의 조칙을 기초하는 한림학사가 기거하는 學士院(학사원)이 있는데 翰林學士院(한림학사원)이라고 한다. 宋代에는 황제와 관계되는 궁정업무기관에는 모두 翰林의 명칭이 붙는다. 그리고 天子 직속의 비밀경찰업무를 담당하는 皇城司(황성사), 元旦(원단)과 冬至(동지)에 지방에서 올라오는 賀表(하표)를 취급하고 郊祀(교사) 및 諸蕃朝貢(제번조공) 등의 의식업무를 담당하는 四方館(사방관), 각 지방 및 諸蕃의 朝貢品을 수리하고 그들에게 賜與物의 贈與 및 접대사물을 담당하는 客省司(객성사), 궁중의식을 집행하는 東西閤門司(동서합문사), 전국 각지에서 올라오는 上奏文(상주문), 중앙의 고위 관료의 奏書(주서)를 황제에게 올리고 詔勅(조칙)을 반포하는 通進司(통진사), 그리고 軍器庫(군기고)와 궁중의 다과 접대 및 연회전반을 취급하는 寒林司(한림사), 그리고 환관업무를 담당하는 내시성 및 입내시성이 있다.

황제가 직접 운영하는 막대한 金銀絹帛銅錢(금은견백동전)을 저장하고 戰費(전비)와 특별경비를 지출하는 예비 財貨倉庫(재화창고)인 內藏庫(내장고), 그리고 황제가 직접 신하에게 하사하는 金銀珍寶(금은진보) 및 황제 자신이 秘藏(비장)하는 보물창고인 奉宸庫(봉진고) 景福殿庫(경복전고)가 있다. 이곳은 太祖가 건덕3년에 講武殿(강무전)(후의 崇政殿) 뒤에다가 封春庫(봉춘고)를 세워 剩餘金帛(잉여금백)을 저장한 예비창고였다. 그 후 내장고가 설치된 후에는 이곳을 경복전고라고 고쳤다. 그리고 眞宗황제의 御容(어용)을 봉헌한 靈顯

殿(영현전) 이외에 세 곳의 어전과 봉신고가 있었는데 徽宗의 정화4
년에 궁성의 북쪽 拱辰門(공진문) 밖에 신축하여 이전하였다. 본래는
궁전의 宴會가 이곳에서 행하여졌으나 이후에는 花木鳥獸(화목수조)
를 수집한 휘종의 별궁으로 사용한 延福宮(연복궁)이 마련되었다.

이밖에 天子의 일상생활을 관장하는 殿中省(전중성)이 있고 그 아
래 六尙局(육상국)이 있다. 天子의 식사를 담당하는 尙食(상식), 일
상의학을 담당하는 尙藥(상약), 天子의 술을 담당하는 尙醞(상온),
의복을 담당하는 尙衣(상의), 天子의 침소와 御座(어좌)를 담당하는
尙舍(상사), 그리고 天子가 타는 여러 가지 乘物(승물)을 담당하는
尙輦(상련) 등이 육상국의 관할 하에 있었다.

이밖에도 외국으로부터 바쳐오거나 市舶司(시박사)를 통하여 해외
무역에 의하여 얻어지는 여러 가지 향료와 약품 가운데 상등품을 수
장하고 있었던 內香藥庫(내향약고), 皇族관계의 용도품을 제조하는
後苑造作所(후원조작소)가 있다. 그 내부는 金工, 木工등 七十四개소
에 이르는 전문기술공으로 나누어져 있고 기술자는 약 三百 내지 四
百명이 있었다.[168] 그리고 황제로부터 하사품의 목록을 적거나 書物
과 筆墨(필묵)을 조달하고 악기와 바둑 등 황제의 취미생활에 관한
업무를 취급하는 翰林書藝局(한림서예국), 그리고 황제에 대한 진료
와 투약을 관장하는 醫官局(의관국) 등이 궁정 안에 설치되어 있는
데 이것은 모두 황제의 정무와 일상생활을 보필하기 위하여 마련한
기관들이다.

---

168) 『宋會要』職官 36-72 및 『譯註東京夢華錄』內諸司 註17 참조.

제 5 장
宋代의 당쟁과 황제권

宋代의 당쟁은 중국 역사상 그 유래를 찾기 어려울 정도로 격심하였다. 물론 漢代의 鹽鐵論(염철론)을 중심으로 한 관료의 정쟁이나 唐代의 李·牛의 당파싸움은 있었다. 그러나 宋代처럼 지역적으로 화북인과 강남인으로 갈라져 지역적 파벌싸움을 하거나 정책을 놓고 혁신과 보수로 격돌한 新·舊간의 당파싸움처럼 장기간 지속적으로 격화된 예는 없다. 이와 같이 당쟁이 격화된 것은 士大夫관료의 정치참여가 활발해지고 관료가 개인적으로 또는 집단적으로 당을 구성하여 國政(국정)에 대해 거침없이 자기주장을 할 수 있는 言路(언로)가 열려있었기 때문이다. 宋代의 황제들은 신하들이 파당을 지어 政爭을 하는 것을 싫어하였다. 그러나 황제의 당쟁 기피에도 불구하고 파벌싸움과 당쟁은 북송일대는 물론이고 靖康(정강)의 變(변)을 당하여 휘종과 흠종이 금나라에 포로로 잡혀가고 국토의 절반을 金에게 내어준 南宋시대에도 계속되었다.

宋一代의 파벌싸움과 당쟁의 역사를 황제권과 관련지어 생각할 때 宋代 황제의 독재적 권력은 찾아볼 수 없다. 유능한 독재적 황제가 臣權(신권)을 제압하고 강력한 황제독재체제를 구축하였다면 격심한 파벌싸움이나 당쟁은 절대로 용납되지 않았을 것이다. 宋代의 파벌싸움과 당쟁의 내용을 보면, 王安石의 신법을 제외하고는 국방문제나 경제개혁 그리고 사회문제와 같은 중요한 현안문제가 당쟁의 주제가 되지 못하고 있다. 특히 북쪽에 거란·여진·몽골족의 대두에 대한 대책이 宋代 당쟁사에서는 드물다는 사실은 宋代의 당쟁이 국가적 현안문제보다는 정치적으로 사소한 이해관계에 집착되어 전개되었음을 살필 수 있다. 그리고 당쟁의 특성은 한쪽에서 주장을 내세우면

이에 대해 무조건 반대하는 특징을 가지고 있고, 반대를 위한 파벌 싸움과 당쟁이 더욱 치열하게 전개되었다.

제1절 宋代 당쟁의 특성

I. 宋代 당쟁은 士大夫의 권력 싸움

1) 士大夫관료의 파벌주의

宋代 士大夫 관료의 정치적 특징에는 파벌성을 들 수 있다. 士大夫 계층은 자기와 다른 계층애 대해 비판을 가하고 자기파벌의 이익을 지키기 위해서 士大夫관료들은 당을 만들고 집단성을 갖는다. 관료사회에는 같은 지역 출신의식과 科擧試驗때의 同門, 門生, 同出身의식이 아주 강하다. 이와 함께 혼인에 의한 친척관계 등으로 정치입장에 따라서 대소 집단이 형성된다. 동료를 규합하고 자기와 뜻을 달리하는 자를 배척한다.

파벌싸움과 당쟁에는 황제의 뒷받침이 필요하다. 취약한 황제권이라 해도 황제체제하에서는 황제의 보증이 당파싸움에는 필요한 기본요소가 된다. 그리하여 皇帝와 정치적 깊은 관계를 맺고 皇帝를 좌우할 수 있으면 당쟁의 주도권을 장악하게 된다.

宋代의 皇帝權과 당파싸움을 구조적으로 놓고 볼 때 양자는 서로 밀접하게 얽히면서 전개된다. 皇帝權과 당파싸움은 권력형태로 볼 때에 반비례하고 있다. 즉, 太祖 太宗시대의 皇帝權이 강할 때는 당파싸움이 없다. 그러나 眞宗시대 이후, 皇帝權이 약화되면서 치열한 당파싸움이 전개되었고 특히 北宋후기의 哲宗과 徽宗시대에 어린 皇帝가 집권하고 태황태후가 수렴청정을 하면서 당파싸움은 극한점에 이르게 되었다.

2) 宋代의 당쟁과 士大夫官僚의 出世主義

眞宗의 勤學詩에 「書中에 千 가지 복록이 있고, 書中에 高臺 廣室과 미녀가 있다. 열심히 독서를 하여 과거시험에 합격하면 부귀영화를 모두 얻을 수 있다」고 읊었다. 이것은 宋代의 士大夫 독서인들에게 독서를 장려한 공리적 詩이기도 하다.

진종황제의 권학시는 宋代 士大夫들의 출세주의를 자극한 것이지만 宋代의 과거제도는 唐代와는 달리 과거시험에 합격하는 것이 바로 지배계층으로 상승하는 길이고 일단 지배계층으로 올라서면 여러가지 사회적 특전을 누릴 수 있기 때문에 士大夫의 욕망은 官人이되는데 집중되었다. 그러나 일단 官人이 되면 그들의 욕망은 여기에서 그치지 않고 관료로서의 지위를 끊임없이 상승시키기 위해 수단과 방법을 가리지 않게 된다. 출세의 지름길은 우수한 성적으로 과거시험에 합격하고 관리가 된 후, 황제의 눈에 들어 황제의 관심을 얻는 일이다. 황제가 합격자를 가리는 殿試에서 우수한 성적을 올려 황제의 관심권에 들어가야 한다. 또한 관료로서의 업무수행과정에서 황제의 뜻에 맞는 정책을 입안하고 황제에게 상서문을 올리고 황제와 대면하는 기회를 갖는 데 온갖 노력을 아끼지 않아야 한다.

이와 같은 관료의 출세주의가 宋代 관료사회의 주류를 이루면서, 자신의 출세를 위해 파벌을 조성하고 당파싸움을 하고 上官을 탄핵하면서 자리다툼을 끊임없이 계속하여 나갔다.

司馬遷은 『史記』列傳에서 臣下의 여러 유형을 정리하고 있다. 특히이 가운데서도 司馬遷이 황제가 주의해야 할 신하 가운데 가장 경계해야 할 인물을 佞幸列傳(영행열전)에서 강조하고 있다. 佞幸이란 황제 앞에서 황제의 귀에 거슬리지 않는 듣기 좋은 말을 하고 얼굴을 바구어 가면서 황제의 비위를 맞추는 간사한 인물을 말한다. 司馬

遷은 황제는 이들 佞幸者를 가려내고 그들을 멀리 하는 일이 국가와 황제권을 위하여 중요한 행동이라고 강조하였다.

그러나 황제도 약점을 가지고 있고, 더욱이 구중궁궐에 갇혀 있어서 세상의 모든 일을 직접 살필 수 없기 때문에 황제주변의 듣기 좋은 이야기에 귀를 기울이게 되고 결국 황제 주변의 近臣에게 둘러쌓이게 되면 황제를 둘러싼 벽이 만들어져 황제는 고립되는 것이다.

唐 태종이 『貞觀政要』에서 扁信(편신)과 聽信(청신)을 강조한 것도 바로 황제와 신하와의 대화통로를 어떻게 정립하느냐의 문제를 말한 것이다.

宋代는 황제권이 강화되어 절대적인 독재체제가 만들어졌다고 하지만 宋一代를 통하여 황제 주변에 권신과 佞幸臣이 많이 나타나고 있는 것은 황제권이 그만큼 臣權에 의하여 위축당하거나 규제를 받았다는 증거가 된다.

3) 宋代 당쟁의 정치적 성격

北宋 일대의 政爭과 당쟁은 神宗때 王安石의 개혁을 둘러싼 신구법당의 당쟁을 제외하고는 대부분이 처음에 황제에 의하여 정쟁의 원인이 제공되고 있음을 알 수 있다. 그러나 정쟁과 당쟁이 격화되는 과정에서는 황제권력은 한발 뒤로 물러서서 朝臣들의 논쟁을 관망하거나 신하들의 논의에 이끌려 다니는 무기력한 상태가 계속되면서 파당싸움이 장기화 하였다. 이 과정에서 황제권력은 정쟁을 중단시키거나 결정적 대안을 가지고 당쟁을 수습하지 못하고 황제권의 누수현상이 나타나게 된다. 그리하여 정쟁이나 당쟁은 더욱 격화되고 상대방을 극단적으로 비난하기도 한다.

이와 함께 북송대의 정쟁에는 立皇后(입황후)문제와 廢皇后(폐황

후)문제가 중요한 원인으로 제공되기도 한다. 진종의 劉황후 옹립을 둘러싼 朝臣들의 찬성과 반대논쟁, 그리고 仁宗의 郭황후 폐위문제를 둘러싼 조정대신의 논쟁은 慶曆(경력)의 黨議(당의)로 확대되면서 격돌하였다. 또한 英宗시대 濮王(복왕)에 대한 예교문제가 英宗 제위 4년동안 복의논쟁을 가져왔다. 이후 神宗시대를 지나 철종과 휘종시대에도 사소한 정치문제가 신구법당의 당쟁으로 전개되면서 국정을 혼란으로 빠뜨렸다.

이렇게 볼 때에 宋代의 당쟁은 朝臣이 일치하여 국가의 중요한 현안문제인 국방문제를 주제로 하는 북방민족에 대한 대비책이나 국가의 재정개혁을 효과적으로 집행하기 위한 재정개혁문제에 대해서는 무조건적으로 반대를 하면서 오직 공리공담에 사로잡혀 상대방을 비난하는데 宋代 당쟁의 특성이 있다.

Ⅱ. 宋代 당쟁의 중요 원인

1) 문신관료체제와 당쟁

宋代의 당쟁은 과거제도와 밀접한 관계가 있다. 宋代 과거시험의 시험관은 대부분 황제에 의하여 한림학사와 知制誥(지제고) 등 정부의 고관이 임명된다. 과거시험 합격자는 시험관을 座師(좌사)라고 존경하며 스스로를 그의 門生이라고 칭하면서 깊은 사제관계가 맺어진다. 이 師弟관계는 평생 유지된다. 또 같은 해의 합격자들은 同年이라고 하여 서로 깊은 유대관계를 형성하였다. 과거시험의 시험관은 다수의 수험자 가운데 자기를 인정하여 합격시켰기 때문에 특별한 은혜를 갖고 그와 밀접한 유대관계를 갖게 되면서 관료사회의 인맥

과 집단을 형성여 당쟁의 원인이 되었다.

과거제도이외에 관제상에 또 당쟁의 중요원인이 있다. 즉 保擧(보거)제도이다. 進士시험에 합격하면 選人(선인)이 된다. 選人이 京官, 즉 고관이 되는 것을 改官이라고 하는데 選人이 改官을 하기 위해서는 지방의 幕職이나 州縣官으로 전출해야 한다. 幕職(막직)이나 州縣官(주현관)에서 연한이 되면 京官의 서열에 들어서게 된다. 이 때 자기의 직속상관 또는 중앙정부의 고관의 보증이 필요하다. 이것을 보거라고 하는데 보거하는 사람을 擧主(거주)라고 한다.[1] 京官이 되면 그 때 擧主의 성명이 관료개인의 이력에 등재되어 후에 잘못을 범했을 때 거주가 연대책임을 받게 된다.

이러한 보거제도는 진종시대에 제도화되고 거주와 新官僚 사이의 친분적인 주종관계가 형성되어 그들의 친분은 상호밀접한 관계를 형성하게 되면서 파벌과 당파가 형성된다. 진종 시대이후 選人의 수가 증가하면서 高官으로 나가기 위해 選人은 보증인을 구하려고 다투어 선배들에게 운동을 하게 되니 이것을 奔競(분경)이라 하였다.

이와 함께 宋代는 下位官이 上官의 잘못을 탄핵하는 경우가 많고 이것을 두려워하거나 주저하는 일이 없다. 이는 宋代 관료사회의 특징이기도 하고 관료의 자아의식이 높아진 결과이기도 하다. 保擧制度(보거제도)에 의해서 결합된 친분관계가 재상을 탄핵할 때 반대파를 몰아내고 자기파를 재상 직에 밀어 올리기 위해서 사용된다.

황제권이 강화되어 군주독재정치가 성립되어 황제의 절대권이 관료사회를 장악하면 정치권력은 황제에게 집중되기 때문에 당쟁이 일어날 여지가 없다. 그러나 진종황제의 조심스럽고 유약한 성격으로 황제권은 약화되었고 仁宗 황제의 착하고 어진 성격과 高太后의 수

---

1) 拙稿 「宋代 文臣官僚의 陞進에 관하여」 『東洋史學硏究』 8-9합집 1975년.

렴청정으로 황제권력이 약화되었다. 병약한 英宗이나 神宗시대의 신구당쟁, 철종과 휘종대의 황제권 약화로 관료들은 황제에 의지하기보다 당파적 친분관계를 이용하여 지위를 안정시키려 노력하였다. 여기에서 宋代의 당쟁은 중국 역사상 그 예를 찾을 수 없을 정도로 격화되었다.

2) 宋代 남북의 지역대립과 당쟁

宋代의 파벌싸움과 당쟁은 북방과 남방지역간의 지역적 파벌성에서도 찾을 수 있다. 송 왕조는 화북지방에서 일어났기 때문에 宋初의 창업공신은 화북인이 많이 참여하였다. 그러나 태종 때 강남지방을 통합하면서 五代의 江南관료들이 그대로 송조에 흡수되었다. 宋代는 경제의 중심이 강남에 있고, 강남의 경제력을 배경으로 강남인이 점차 화북인을 압도하면서 요직에 강남인 진출이 현저하게 나타났다.

화북출신 관료는 보수성향이 강하고 계층적으로는 지주, 호상 등 부호의 지지를 받았다. 그들은 宋을 창건한 태조와 태종시대에 마련된 법률과 관례를 소중히 생각하여 이를 祖宗之法(조종지법)으로 존중하였다. 王安石이 신법을 단행할 때 화북인들은 江南人 王安石이 화북인이 마련한 祖宗之法(조종지법)을 파괴한다고 생각하여 이에 강하게 반대한 것이다. 신법당에는 강남 사람이 많고 太祖·太宗代에 南唐 吳越이 정복되어도 강남人은 북방인의 祖宗之法에 대해서 그다지 큰 집착을 하지 않았다. 宋代의 南北대립한 대표적 정쟁은 진종시대의 화북출신 寇準과 江南人 王欽若, 그리고 神宗시대의 강남출신 王安石과 화북출신 司馬光을 들 수 있다.

3) 관료의 파벌 실태와 당쟁

宋代는 五代의 무인시대에서 문신관료체제로 전환되어 교양이 높은 讀書人(독서인)이 증가하고 이들이 官人으로 출세하면서 士人의 氣風은 진작되었다. 그러나 宋代 관인들이 정치현실에서 국가정책을 논하는 경우, 파벌에 따라 자기주장을 내세우고 반대당파의 주장에 무조건 반대하는 경우가 많다. 정책의 입안자가 어느 파에 소속되어 있느냐에 따라 자신과 파벌이 다르거나 지역이 다르면 철저하게 반대한다. 이것이 정권투쟁과 연계되면서 파벌정치를 가져오게 되었다.

정치의 파벌적 특징은 대부분 표면적으로 드러나기보다는 보이지 않는 내면에서 전개된다. 복잡한 인맥관계에 얽혀 진행되는 파벌정쟁에서 官人은 대부분 자신의 소속정파를 비밀로 하는 경우가 많다. 논쟁을 전개할 때는 名分과 公論을 내세운다. 歐陽脩(구양수)가 君子의 黨과 小人의 黨을 구별하는 朋黨論(붕당론)을 주장하면서 宋代의 당쟁을 君子와 小人으로 나누어서 구분하려 하였다.[2]

皇帝의 이름으로 내려가는 政令은 制定(제정)에서부터 頒布(반포)에 이르기까지 皇帝가 직접 중요한 역할을 하는 일은 별로 없다. 대부분 반포단계에 황제가 押印(압인)의 역할을 하였다. 政令을 둘러싼 신하들의 논쟁에서 황제는 이에 관여하지 않는 것이 일반적 관행이다. 특히 황제가 나이가 어리거나 병약하고 또 정치에 관심을 갖지 않는 경우가 많기 때문에 구체적으로 정무를 처리하지 않고 권력을 행사하지도 않았다. 황제로서의 지위와 상징성이 영향력을 발휘하고 皇帝의 명의로 천하에 반포될 뿐이다. 황제가 지니는 이러한 특성은 정치집단에 이용되면서 士大夫 관료의 당파싸움으로 이용되었다.

---

2) 『歐陽文忠公集』卷17「朋黨論」.

後漢 시대의 黨錮(당고)의 禍(화)나 唐代의 李·牛의 당쟁, 宋代의 姦黨碑(간당비) 건립, 明代의 東林党(동림당)의 싸움 등 관료의 잔혹한 파벌싸움에서 비롯된 것으로 皇帝의 명의를 빌려 행하여진 관료의 정파싸움이다.

Ⅲ. 宋代 朋黨論(붕당론)과 君子·小人논의

1) 전통중국사회의 君子·小人論

역사적으로 宋이전에 인간유형을 여러 형태로 분류하고 있는데 『論語』(논어)와 班固(반고)의 『漢書』(한서) 古今人表(고금인표)가 그 좋은 예이다. 『論語』에서 孔子가 가장 역설한 문제가 인간의 도리이다. 이 도리를 바탕으로 인간전형이 어떠하여야 할 것인가를 수없이 반복하여 설명하고 있다. 『論語』에서 孔子가 생각하는 이상적 인간 전형은 聖人이다. 그러나 현실사회에서 聖人을 구하는 데 실망한 孔子가 내세운 인간 전형이 바로 君子이다.[3] 君子는 인간의 도덕적 가치의 중심이고 凡人도 도달할 수 있는 모범적인 인간유형으로 생각하였다.[4]

---

3) 貝塚茂樹, 「論語に現れた人間典型としての君子」, 『東洋史研究』 10-3, pp.1~14 참조.

4) 貝塚茂樹는 위 논문에서 君子의 槪念을 班固의 『白虎通』 德論을 引用하여 '君은 群이며 子는 丈夫의 通稱'이라 하였고 다시 陳立의 『白虎通疏證』에 나오는 '君은 位에 있는 者의 通稱'이란 荀子의 註를 引用하여 一群의 男子의 통칭인 君子란 王朝와 封建諸侯의 정치에 참여하는 特定社會的 身分을 지닌 男子라 하였다.
   宮崎市定은 『論語の新研究』, (岩波書店, 1974), p.136에서 論語에 나오는 君子를 새로운 각도로 해석하였다. 즉 君子는 4種類의 意味 내지는 뉘앙스가 있다고 하였다. 즉, 첫째는 原義로, 君子란 身分 있는 男子, 爲政者, 指

『論語』의 述而篇(술이편)에는, 「君子는 不黨」이라 하여 君子는 붕당을 만들지 않는다고 있다. 이러한 君子와 대립되는 또 하나의 인간형으로서 小人을 내세우고 있다. 君子의 도리를 설명할 때 이와 결부시켜 小人의 心性과 생활 태도에 대하여 언급하고 있다. 君子는 끊임없는 자기노력(修養)에 의하여 도달 가능한 인간형이며 小人은 孔門 최고의 도덕인 仁義禮智信을 저버린 타락유형으로 경계하고 있다.

이와 같은 『논어』의 인물 평가를 인용하여 역사적 안목에서 인간 유형을 재정립한 것이 班固이다. 그는 『漢書』의 「古今人表」에서 고대로부터 秦代에 이르기까지의 인물을 분류하고 그 기준을 『논어』에 나오는 인물평에 의하여 표시하고 있다.5)

『漢書』의 「古今人表」는 고대로부터 秦에 이르기까지의 인물을 9등급으로 분류하였다. 즉 상·중·하의 3급으로 나누고 이를 다시 상·중·하로 분류하고 있는데 그 기준을 보면

선천적으로 (道를) 알고 있는 자는 上, 배워서 이를 깨닫는 자는 다음, 어려움을 당하여 비로소 배우는 자는 그 다음이며 어려움을 당하여서도 배우려 들지 않는 자는 가장 下位6)라고 하였다.7)

이는 『논어』의 인물분류를 그대로 따르고 있는 것이다.8) 『漢書』의

導者의 階層을 말하며 이 경우 被治者, 下層者로서의 小人과 相對的으로 사용되는 것이며 둘째, 君子(有德者) 小人(無德者)이고, 셋째, 對話者에 대한 희망 내지는 婉曲한 指示, 이에 대한 小人은 禁止를 의미하는 것이며, 넷째, 諸君 즉 단순한 2人稱으로 사용하는 것 등이라 보았다.

5) 櫻井芳郎, 「漢書古今人表について」, 『和田博士古稀記念東洋史論叢』 참조.
6) 『漢書』 卷 29, 「古今人表」 第8.
7) 『論語』의 季氏篇을 인용한 것이다. 그 내용은 다음과 같다. 「孔子曰 生而知之者上也, 學而知之者次也, 困而學之又其次也, 困而不學民斯爲下矣.」 또 雍也篇에서도 中人을 기준으로 하여 中人以上의 人物을 上이라 하고 中人以下의 인물과는 더불어 論할 수 없다고 하였다.
8) 『論語』, 陽貨篇에 '上智下愚'란 말이 있고, 上智下愚는 移行하지 않는다고

「古今人表」에는 실제로『논어』에서처럼 君子·小人이란 표현은 하지 않고 있으나『논어』의 인물평을 답습하고 있다는 점에서 유교적 기준에 의한 인물품평이 사서에 자리를 굳히는 계기를 마련한 것이다.

『논어』에 보이는 君子·小人의 개념파악을 통하여 君子와 小人의 인간유형을 알 수 있으나 이와 같은 개념을 가지고 현실적으로 어떤 인물이 君子이고 어떤 인물이 小人이라고 규정할 수 있겠는가 하는 것이 문제로 제기된다. 실제로『論語』에서 君子의 도리나 小人의 마음가짐이 어떠하다고 예시하고 있으나 객관적인 뚜렷한 기준이 없다. 이는 이후 중국사회에 그대로 적용되어 인물을 평가하는데 추상성을 갖게 하는 원인이 되었다.

2) 宋代의 君子 小人論과 당쟁

宋代에는 이와 같은 양상은 달라지고 있다. 우선 君子와 小人의 평가 기준이 주관적이고 그 대상 인물이 실명으로 제시되고 있다.[9] 宋代에는『論語』에 있는 전통적인 君子·小人상을 지니고 있으면서도 현실사회의 정치적 인물에 대한 평가는 냉혹하였다. 이는 신·구법당의 당쟁과 밀접하게 연결되어 자신의 의사와 일치하지 않는 정적을 탄핵하는 수단으로 이용되고 있다.

宋代에 이러한 현상이 나타난 사회적 배경은 唐宗 사회변혁을 거쳐 門閥이나 家門이 사라진 宋代의 官人사회에서 인물 추천방법을

하였다.
9)『宋史』卷 471, 姦臣列傳 序文에「宋初 五星聚奎 占者以爲人才衆多之兆 然終宋之世 賢哲不乏 姦邪亦多 方其盛時 君子秉政 小人聽命 爲患亦鮮 及其衰也小人得志 逞其狡謀(中略)君子在野 無구救禍亂」이라 하여 姦臣傳의 人物을 전부 小人集團으로 열거하고 있는데 이와 같은 傾向은 宋人의 文集에서도 보이고 있다.

漢代와 같은 鄕擧里選(향거리선), 그리고 위진남북조의 九品官人法이나 唐代와 같은 문벌적인 기준이 없고 士大夫 모두가 그 출세하는 출발점은 평등한데서 시작한 데 있다.

그리하여 科擧로 관계에 진출한 신흥士大夫 관료들이 皇帝를 정점으로 정권을 담당하면서 자신의 권력기반을 유지하기 위한 수단으로 地緣이나 학연 등을 동원하여 인맥을 구축하고 이러한 과정에서 자기의 지지자를 君子의 위치에 놓았고 그렇지 않은 반대파를 小人으로 배척하였다. 이와 같은 경향은 眞宗시대의 파벌정치와 다음 仁宗의 慶曆 연간에 전개된 혁신세력과 보수 관료의 慶曆黨議(경력당의)에서 확연히 나타나고 있다. 神宗代의 신·구법당의 당쟁으로 그 절정에 이르고 철종, 휘종시대는 추악한 당파싸움으로 마침내 북송멸망의 비운을 불러오게 되었다. 北宋 末, 南宋代에 이르러서도 君子·小人論에 의한 인물이나 역사적 평가는 그대로 지속되고 특히 남송초기 정권을 담당한 구법당계의 관료가 신법당 인물을 小人집단으로 비난하고 있는 것은 宋代 당쟁의 계속성이 그대로 나타나고 있다.

송 이전에는 개개인을 가지고 小人으로 지칭하였으나 宋代에 와서는 이것이 집단화한 것이 그전과는 다르다. 이러한 집단화를 형성하게 된 원인은 말할 것도 없이 정치투쟁을 목적으로 하고 있기 때문이다. 개인의 흩어져있는 힘보다는 집단화된 파벌과 당파로 뭉치면 그 힘은 황제권력도 마음대로 이를 제어할 수 없게 된다.

따라서 宋代의 小人집단은 君子집단과 대등한 세력을 가지고 정권담당 층으로까지 지위가 향상되었다. 이는 宋代의 君子·小人論의 시대적 성격이라고 하겠다. 이와 같은 성격은 단순한 인간유형으로서의 긍정적인 君子나 부정적인 小人으로서 해석되어 온 종래의 유교적 도덕차원을 넘어서고 있다. 그리하여 宋代의 士大夫들은 宋代적 군자

·소인론을 가지고 이를 역사에 적용하여 새로운 역사관을 만들고
있다. 歐陽脩의 朋黨論을 비롯한 신당서신오대사와 司馬光의 朋黨論
과 資治通鑑에서 그 예를 찾을 수 있다.

3) 宋代 관료유형과 그 성격

宋代 관료를 유형별로 나누어보면 다음과 같은 몇 가지 형태로 그
성격을 구분할 수 있다. 즉,

먼저 이상주의적인 士大夫 관료가 있고, 다음으로 출세지향적 관료
가 있으며, 그리고 부패 관료 등 세 가지 형태로 분류할 수 있다. 이
상주의적인 士大夫 관료는 덕망과 학문이 높고 국가에 대한 헌신, 정
치이념에 대한 확고한 신념 등을 갖추고 있다. 이들은 개인적인 이익
보다 공적이익을 우선시키고 있다. 이들은 대체로 宋代에서는 '君子'
라고 칭한다. 范仲淹(범중엄)이 말한 바 天下國家에 대한 사명감이야
말로 이들의 공통적 신념이라고 할 수 있다. 그렇다고 해서 이들이
잘못을 저지른 적이 없다는 말은 아니다.

출세지향적 관료는 출세와 성공을 다른 어떠한 가치보다 앞세우는
특징을 지니고 있다. 이들은 학문이 깊지 못하고 국가에 대한 헌신도
약했으며 정치적 신조는 편의에 따라 변하였다. 그러나 부패관료와는
명백히 구분되고 있다. 이들의 개인적 처신상의 결점은 어느 정도의
타락에도 불구하고 그다지 심각한 것은 아니었다. 文彦博(문언박)이
「황제는 士大夫와 함께 천하를 다스려야지 백성과 더불어 다스려서
는 안된다.」[10] 라는 말은 士大夫관료의 정치적 입장을 단적으로 보
여주는 것이다. 또한 그가 누군들 높은 관직과 명예를 좋아하지 않겠

---

10) 『長編』卷221 熙寧4년 3월 戊子條의 仁宗과 宰相 文彦博의 대담내용.

는가마는 마땅히 국가도 생각해야 한다라고 한 것은 관료들의 출세욕을 잘 보여준 것이다. 이러한 출세지향적 유형은 다시 무사안일주의형과 실무가형으로 구분할 수 있다.

무사안일주의형이 관료의 대다수를 점하고 있다. 이들의 이해관계는 기존제도와 이를 운영하는 방식에 의해 보호받고 있다. 이들은 정치적 변화에서 주도적 역할을 거의 하지 않고 급진적인 개혁을 반대하는 경향을 지니고 있다. 이들은 왕안석의 개혁에 반대하여 보수파를 지지하였으나 일단 개혁이 새로운 질서로서 확립되면 이에 순응하는 자세로 돌아섰다. 송 이전의 역사에서는 이들을 '循吏', '良吏'라고 하였다.

실무가형은 뛰어난 행정능력과 함께 적극적이고 야심적인 특징을 가지고 있었다. 이들은 급진적인 정치변혁을 지지하고 새로운 정책을 효과적으로 추진하는 역할을 수행하였는데, 개혁이 그들에게 출세의 기회를 제공하거나 그들의 정치이념에 부합되었기 때문이다.

부패한 관료는 불성실하고 도덕성이 결여되어 있다. 오직 관심을 두는 것은 관직뿐이었다. 이들은 관직을 단순한 경력으로서가 아니라 권력을 휘두르고 부를 얻기 위한 수단으로 생각하였다. 부패한 관료는 부패타락형과 권력추구형으로 구분할 수 있다.

권력추구형의 관료는 부패타락형 보다 그 수가 더 많았다. 이들은 실무가형처럼 적극적이며 공격적인 한편, 권력을 확대하고 대대적으로 부정부패를 저지르기 위해서 비합법적인 술수와 옳지 못한 책략의 사용도 서슴지 않았다.

王安石의 신법파는 이상주의적인 士大夫 관료들 가운데에서도 소수파에 속하였고 실무가형 관료들도 포함되어 있다. 보수파와 개량주의 세력은 원칙에 입각하여, 무사안일주의형 관리들로 이들은 급격한

제1절 宋代 당쟁의 특성 │ *359*

변화를 원치 않았다. 그리고 부패타락형 관료들은 개인적 이해관계를 헤아려 신법이 불이익이 되기 때문에 개혁에 반대하였다.

蔡京의 집정기에 들어와서는 상황이 달라졌다. 이때에는 이상주의적 士大夫 관료는 거의 죽고 없었으며 일부 잔존자 마저 축출된 상태였다. 전체주의 경향이 강화되었으며 蔡京은 이를 자신의 권력유지에 이용하였다. 실무가형 관료들은 권력에 복귀하였으나 상호 질시와 채경의 책동에 의해 물러나지 않을 수 없었다. 반면에 무사안일주의형 관료들은 이미 개혁정신을 상실한 개혁정책에 익숙해져 있었다. 이들은 채경의 정치적 탄압을 두려워하였다. 채경이 타락하였으므로 부패타락형 관료들은 이에 영합하였다. 이리하여 개혁은 전반적인 정치의 문란으로 타락해갔다.

Ⅳ. 宋代의 臺諫制度(대간제도)와 黨爭

1) 宋代 臺諫制度(대간제도)의 정비

宋代에는 국가정치와 관료인사 등에 대해서 비판하거나 논쟁을 하는 관리를 臺官(대관) 또는 言官(언관)이라고 하여 일반 행정관료와는 구별하였다. 臺官은 御使(어사)와 諫官(간관)을 합하여 부른 명칭이다. 본래 臺官은 관료의 감찰과 탄핵을 주로 하였고, 諫官은 皇帝에 대하여 諫言(간언)을 그 직책으로 하였다. 唐代에는 御使는 國政(국정)을 비판하지 못하고, 諫官은 宰相(재상) 등을 탄핵하지 않는 것을 원칙으로 하였다.

그러나 宋代에는 황제권력에 대하여 諫官이 비판할 수 있고, 재상에 대해서도 탄핵 할 수 있게 되었다. 이는 宋代의 士大夫관료가 唐

代보다 그 권한이 커졌고, 國政에 미친 영향 또한 큰 것을 의미한다.

御史는 先秦시대로부터 존재하여 天子에 侍從하는 史官이었다. 秦나라시대에는 관리의 감찰도 행하게 되었고, 후한대에 와서 어사대가 설치되었다. 唐나라시대의 어사대는 장관이 御史大夫(어사대부), 차관을 御史中丞(어사중승)이라 하였고, 그 아래 臺院(대원)(侍御史)(시어사), 殿院(전원)(殿中侍御史)(전중시어사), 察院(찰원)(監察御史)(감찰어사)의 三院이 있었다. 이러한 唐나라 제도가 宋代에 그대로 계승되었는데 어士大夫는 임명되지 않고, 어사중승이 장관을 맡았다. 시어사는 어사대의 정무를 관할하고, 전중시어사는 전중의 의식과 감독을 맡았으며 감찰어사는 관료기구 전반을 감찰하였다.

한편, 諫官은 漢代로부터 諫議大夫(간의대부)가 설치되고 있어, 皇帝의 과실을 지적하여 諫言하는 것을 임무로 하였다. 唐代에는 그 아래, 補闕(보궐) 또는 拾遺(습유)가 설치되었다. 이에 임명되는 것은 관료로서는 영예스럽고 출세에도 큰 영향을 주었다. 또한 補闕과 拾遺는 각기 좌우가 있는데 左官은 門下省에, 右官은 中書省에 소속되었다. 이러한 唐代의 제도가 宋初에 계승되었으나, 臺諫官은 달리 간관 쪽은 명목상의 官位에 불과하고 다른 관직을 겸하면서 국정에 대하여 발언권은 갖고있지 아니하였다.

태종의 端拱원년(988)에 左右補闕(좌우보궐)을 左右司諫으로, 左右拾遺를 左右正言으로 명칭을 변경하여 대간의 본무를 강화시켰다. 그리고 진종의 天禧원년(1017)에 조칙을 내려 간관과 言事御史 6명을 두고 다른 직무를 겸하지 않고 오직 諫言에 전념토록 하였다. 그러나 천희3년에 간관은 타직을 겸직하게 되었다. 그것은 간관이 재상 등 고위관료를 비판하는데 대해서 재상들이 타직을 겸직시켜 그들의 言路官으로서의 역할을 축소하려는데 목적이 있었다.

간관제도가 정비된 것은 仁宗시대에 와서이다. 天聖9년(1031)에 諫議大夫, 左右司諫, 左右正言은 특별칙령에 의하여 임명하니 諫院에 부임하여 집무하는 관료를 간관이라고 하였다. 이듬해 明道원년에는 諫官 陳執中의 건의에 따라서 문하성의 건물을 諫院이라 하였고, 옛날 문하성은 右掖門(우액문)의 서쪽으로 옮겼다. 또 他官을 가지고 諫官에 취임하는 자를 知諫院이라고 하였다. 이리하여 諫官은 독립된 건물을 갖게 되었다. 唐代에는 문하성과 중서성의 속관이었는데 宋代에 독자적 관료로서의 직무를 수행하게 되었다. 그 조직도 知諫院, 同知諫院 각각 1명, 그리고 左右司諫 각각 1명, 그리고 左右正言 각각 1명을 두었으니 합하여 6명의 정원을 갖게 되었다. 그러나 6명의 정원을 모두 임명하지는 않고 많은 경우 4명이 대부분이었다.

이와 같이 諫官제도가 정비된 仁宗시대로부터 臺諫의 활동이 활발하게 되었고 政局에 커다란 영향력을 행사하게 되었다. 이와 함께 臺諫의 폐해도 나타나게 되었으니 바로 宋代의 당쟁이 격화된 중요한 원인이 여기에도 있다.

仁宗의 慶曆시대 宰相 劉沆(유항)은,

「慶曆이후 臺諫의 지위가 높아져 조정에서 명령이 내려올 때마다 그 명령의 善惡을 따지지 않고 오직 반대만을 제창하여 이를 관철시킨다. 그 중에서 개인의 비밀에 속하는 사실까지도 들추어내어 타인을 모략중상한다. 이에 宰相은 그러한 臺諫의 의론을 두려워하여 조속히 언관으로 그들을 발탁하게 된다.」라고 하여 慶曆시대부터 臺諫들의 횡포가 극심하여졌음을 살필 수 있다.[11]

諫官은 그 지위는 낮지만 권한은 재상과 대등하였다. 왜냐하면 조정에 나아가 天子와 함께 정책의 가부를 논하는 것이 재상이지만 그

---

11)『長編』卷184 및 宮崎市定「宋代の士風」참조.

재상에 대하여 정치의 시비를 비판하는 것이 대간이기 때문이다. 宰相과 諫官은 단지 政治와 言路의 차이가 있을 뿐이고, 정치무대의 뒤에는 반드시 언로가 이를 따라다니면서 비판을 가하였기 때문에 宰相이라 하더라도 諫官의 눈치를 살피지 않을 수가 없었다. 따라서 宰相과 諫官은 그 임무가 정치전반에 걸쳐 서로 비판을 주고 그것에 대해서 다시 공세를 취하기 때문에 이러한 비판과 공세의 구조 속에 宋代 당쟁은 치열하게 전개될 수밖에 없었다.

2) 황제측근의 言路官과 당쟁

본래 御史와 諫官은 言路官으로 황제권과 재상권의 외곽의 독립된 제 삼세력이다. 그러나 宋代정치의 파벌성 때문에 臺諫은 정치투쟁의 중심에서 초연하는 것은 불가능 하였다. 정치투쟁이 격화되지 않은 정상적 상태 하에서는 臺諫은 君主를 간하고 집정을 규탄하는 직무를 정상적으로 행사할 수 있었다. 그러나 정치투쟁이 격화되면 臺諫은 예외 없이 정치집단의 도구로서 정치집단의 주구가 되었다.

제도상 言路官은 皇帝에 의하여 任免되고 재상과 집정은 관여할 수 없었다. 그러나 宋代의 언로관은 재상 등의 집정 대신에 의하여 또는 그 의지에 따라서 임면되었다. 眞宗 때 「寇準이 中書에 있었고 寒畯을 기용하였고 御史가 결원이 생길 때마다 直言을 하는 선비를 임용하였다.」[12] 仁宗 때 余靖과 歐陽脩 등의 간관은 石介를 간관에 추천하였으나 집정은 이에 반대하였으니 參知政事 范仲淹의 반대로 임명 되지 못하였다.[13] 哲宗 때 재상 呂大防은 侍御史 楊畏를 간의대부로 채용하려고 范純仁에게 함께 서명하여 황제에게 올릴 것을

---

12) 『長編』卷 62, 景德三年二月丁酉條
13) 『東軒筆錄』卷 13의 기사 참조.

요구하였으나 范純仁은 이에 동의하지 않았다.[14) 臺諫의 임명은 재상과 집정이 공동으로 지명하여 上奏하지 않을 수 없었기 때문이다. 皇帝는 스스로 대간을 임용할 수 없으니 元豊 8년 哲宗은 范純仁 등을 간관에 임용하려고 하였으나 집정인 知樞密院事(지추밀원사) 章悼(장도)가 이를 단호하게 거절하였다. 章悼가 반대한 것은 집정집단의 이익을 지키려 하였고 특히 대간과 같은 여론을 장악하고 있는 언로관의 임용권을 皇帝에게 빼앗기려고 하지 않았기 때문이다. 이러한 일은 객관적으로 집정집단의 인사권을 지키기 위한 조치였다.

3) 臺諫(대간)과 宰相(재상)의 연합과 황제권

집정 등 대신들이 자기 사람을 臺諫으로 뽑은 이상 황제는 대간으로 하여금 불법을 저지르는 집정을 규탄하게 하는 일은 거의 불가능하였다. 이리하여 臺諫은 황제권을 제한하고 반대파를 공격하는 재상들의 도구가 되었다. 呂惠卿(여혜경)은 王安石에게 「저녁에 권세를 가진 실세를 입에 올리면 아침에 言路의 비판을 받는다.」[15) 라고 말하고 있다. 이것은 재상이 자기 사람인 대간을 직접 조종하고 있는 권력구조를 말한 것이다. 王安石이 집정이 되기 전의 仁宗 초기에 左右正言 孔道輔(공도보)가 말하기를 「言路官의 대부분은 재상들의 뜻을 관망할 뿐이다.」[16) 라고 말하고 있다. 실제로 皇帝도 관료도 臺諫이 일정한 정치집단에 이용되고 있다는 사실은 잘 알고 있었다. 그러나 아무도 그 상황을 바꾸려고 하지 않는다. 臺諫의 任用은 특정 정치집단에 의해 조정되고 있으며 臺諫이 누군가를 탄핵하고자 하는

---

14) 『宋宰輔編年錄』卷 10, 紹聖元年四月壬戌條.
15) 『長編紀事本末』卷 61, 「呂惠卿奸邪」.
16) 『宋史』卷 311, 「龐籍傳」.

바는 朝野에서 훤히 알고 있는 일이다.

전통적인 중국의 집단적 정치 아래서 臺諫은 이상적인 정치 구조의 제삼 세력이 되기는 어렵고 그것은 거의 불가능한 일이다. 대간은 항상 특정한 사람, 또는 특정한 세력에 이용되고 있기 때문이다.

宋代의 정치를 보면 臺諫의 활동은 황제권의 강함이나 약함과는 별로 관계가 없고 각 정치집단 혹은 각종의 정치세력과의 투쟁집단과 밀접한 관계를 지니고 있음을 알 수 있다.

중국역사상의 정치투쟁은 복잡하다. 여당과 야당과의 정치집단간의 투쟁 이외에 같은 執政集團의 내부에서도 권력 또는 이익 분배가 균등하지 않을 경우 혹은 政見의 갈림이 나타 날 경우 모순과 분규가 발생된다. 이러한 모순과 분규가 치열해 질 때에 대립되는 양자는 물과 기름처럼 서로 용납하지 않고 분열하여 서로 다른 정치집단을 결성한다. 이때 세력이 약한 쪽은 세력이 강한 쪽으로부터 추방되어 下野하게 되고 下野된 쪽은 策略을 갖추어 각종의 세력을 규합하여 다시 정치무대에 진격한다. 그렇게 되면 다시 권력의 자리에 나아갈 가능성이 생긴다.

歐陽脩는 「군왕을 諫하는 일은 쉬우나 대신들을 논하는 것은 지극히 어렵다. 또 人主를 「간하여 죄를 얻는 자는 드물다.」[17]라고 하였다.

呂惠卿은 王安石에게 「저녁에 권세를 말하면 아침에 言路의 비판을 받는다.」[18]라고 비판하였다. 이 말은 宰相이 臺諫을 조종하고 있음을 의미한 것이다.

특정한 정치집단의 도구가 된 臺諫이 황제권을 간하는 법은 두 가

---

17) 『宋史全文』卷 7.
18) 『長編紀事本末』卷 6 呂惠卿奸邪條

지 길이 있다. 하나는 언로관의 정상적인 直諫에 의해 皇帝를 정상적
인 君道에 올려놓는 일이고 다른 하나는 구체적인 정치집단이 황제
권의 영향력을 이용하여 정치투쟁 속에서 자신이 소속된 집단의 권
한을 강화하여 황제권을 자신이 소속된 집단의 이익에 이용하는 길
이다.

宰相이 臺諫을 두려워하는 것은 단지 표면적인 현상에 지나지 않
는다. 「四方의 多士가 모두 宰相의 문 앞에 奔趣(분취)하는 것을 알
뿐, 君父의 존엄함을 알지 못한다.」[19]라는 정치 상태 하에서는 宰相
이 거의 대간을 두려워하지 않는다. 宰相이 대간을 두려워하는 것처
럼 보이는 것은 복잡한 정치투쟁 속에서 재상이 대간과 대립상태에
몸을 두고 적대세력의 공격의 구실을 주는 것을 피하는 것에 불과하
다. 만약 대간이 특정한 집정의 정치집단에 의거하지 않고 자신의 독
립성을 유지하려고 생각하면 그 운명은 결국 비참한 것이 된다. 탄핵
하는 일이 재상에 이르면 그 죄는 헤아릴 수 없다.」[20]라고 하였다.
그러나 일반적으로 宰相과 皇帝가 대립적 상태에 있지 않은 바와 같
이 臺諫도 재상이 이용하고 의뢰할 수밖에 없는 주요한 대상이었다.

4) 宋代 祖宗之法의 권위와 황제권

왕안석개혁에 대해서 구법당이 명분으로 내세우고 있는 것은 바로
「新法은 祖宗之法을 파괴하는 反國家的정책」이라는 것이다. 王安石의
新法개혁에 대하여 宰相 文彦博은 神宗황제에게 「지금 祖宗의 法制
가 모두 잘 갖추어져 있고 아무런 불편도 없는데 어찌하여 更張(改
革)을 하시려 하는 것입니까」라고 반대하면서 祖宗之法이 神宗시대

---

19) 『宋宰輔編年錄』卷 12, 大觀三年六月丁丑條
20) 『宋宰輔編年錄』卷 17, 寶祐三年六月丙子條

에도 잘 갖추어져 있다는 명분을 내세우고 있다.21)

宋代의 정책 결정에는 태조, 太宗시대의 관례가 중요한 잣대가 되었고 이것을 祖宗之法이라고 생각하였다. 조종지법은 하나의 慣例(관례)로 황제의 정책결정에는 이러한 관례가 하나의 척도로 작용하는 것이 일반화되고 있었다. 어느 시대 어느 지역에서도 관례는 있고 이러한 관례를 무시할 수는 없다. 특히 宋代에 「祖宗之法」이 문제가 되는 것은 보수세력(구법당)이 이를 정치적 名分으로 이용하면서 황제권을 제한한다는 사실이다.

정치적으로 대립되는 문제를 가지고 서로 다른 입장에 서게 되면 그 문제를 항상 자기들에게 유리한 쪽으로 해석하려는 것이 정치운영의 현상이다. 이 때에 적용되는 명분이 기존의 관례이다. 조정에서 실시되는 여러 가지 사건 정책이 古事 또는 조종법으로 해석되고 古事와 조종법은 어떤 의미에서는 같은 말로 쓰인다. 따라서 조종지법의 중요성이 무시되지 않으며 이것은 때로는 법률 규정 보다 다 권위가 있다. 皇帝가 만일 이러한 고사를 무시하면 그것은 조종법을 무시하는 것이고 그렇게 되면 황제는 비난에 직면하게 된다. 이러한 의미로서 고사 또는 조종지법은 士大夫가 황제권을 제약하는 하나의 공구로 사용되고 당쟁에 이용하였다.

황제권의 경우 皇帝의 의지에서 나온 권력도 執政集團(집정집단) 혹은 보수 세력의 의지와 충돌하게 되면 개혁이 집행되는 과정에서는 점차적으로 그 힘이 약화된다. 왕안석의 신법개혁에서 그 좋은 예를 볼 수 있다. 모든 왕조의 창립 때 皇帝의 권력과 권위는 同心圓의 중심에 있었지만 그 후 점차 동심원이 타원이 되고 그 타원이 본래의 원을 포함하고 다시 더 크게 확대됨으로서 권력과 권위의 원심이

---

21) 『長編』卷221 熙寧4년 3월 戊子條

갈라지게 된다. 이때 皇帝의 가치는 그 권력이 아니라 權威이다. 이 것에 의해 중국역사상 皇帝權力의 변천은 座標軸(좌표축)으로 표시 하면 역사의 발전에 의하여 실질적 권력이 점차 내려가고 거꾸로 상 징적 권력 즉 권위는 점차 올라간다. 이 경우 皇帝 권력은 실질적 最 高 至上으로부터 상징적 최고 至上으로 향하고 있다. 그것은 권위적 권력으로부터 권력적 권위에로의 변천을 경험한 것이라 말 할 수 있다.

皇帝權을 뒷받침하는 권위의 장치로 祖宗之法이 중요성을 갖는 것 이다. 그런데 국가의 현안문제가 제기되고 그것을 개혁하려 할 때 이 러한 개혁은 祖宗之法과는 거리가 멀다. 神宗이 조정대신들에게 개혁 을 위해서는 조종지법을 지킬 필요가 없다고 한 말은 시대가 변하고 정치환경이 달라졌기 때문에 祖宗之法은 시대에 따라 변화되어야 함 을 역설한 말이다.

제2절 眞宗시대의 政爭과 황제권

Ⅰ. 眞宗시대의 政爭성격

진종시대의 정쟁 원인을 제공한 것은 대외적 요인과 대내적 요인의 두 가지가 있다.

먼저 대외적으로 거란의 남침과 이에 대한 진종의 親征과 江南遷都論(강남천도론) 및 澶淵(전연)의 맹약을 체결하는데 따른 관료들의 논쟁이다. 대내적으로는 封禪大禮(봉선대례) 과정에서 나타난 대립과 정쟁을 들 수 있다.

태종시대 이후 미해결문제로 내려오던 거란과의 항쟁이 거란의 대거남침과 이에 대한 송·요전쟁은 결국 전연의 맹약으로 일단락되었다. 그런데 전연의 맹약을 체결한 景德원년(1004)을 전후한 시기에는 寇準을 중심으로 화북관료가 정치의 주도권을 장악하였다. 그러나 거란과의 휴전이 성립되고 평화가 돌아온 大中祥符연간(1008-1016)에는 정치의 실권은 전연의 맹약 당시 江南遷都論(강남천도론)을 주장한 王欽若(왕흠약)을 중심으로 한 江南관료로 옮겨갔다.

宋의 문치주의는 太宗의 태평흥국 2년 이후, 과거시험 합격자의 확대로 과거시험의 進士科 출신자들이 대거 조정에 등용되면서 문신관료체제가 정착되고 진종시대에 본 궤도에 올라서게 되었다. 정쟁의 대립원인으로서는 앞에서 본 바와 같이 지역적 대립관계에 의한 파벌·과거시험 때의 동문관계, 그리고 관료사회에서의 승진을 위한 擧主(거주)와 保擧(보거) 등 여러 요인이 있다.

파벌조성의 중요원인을 제공한 지역성은 宋初에서 비롯된다. 宋이

건국한 것은 五代를 계승한 화북지방이다. 태조, 태종시대의 고위관
료는 화북 五代의 문신관료가 중앙정계를 지배하고 있었고 이들은
자연히 자기출신지역(화북)을 江南지방에 우선한다는 우월적 자부심
을 가지고 있었다. 그러나 태종의 태평흥국 2년 이후, 과거 합격자의
확대로 江南지역 출신이 중앙정계에 진출되었고 이들은 강남지방의
경제적 발전을 기반으로 화북관료와 대립하게 되면서 양자의 대립은
눈에 띄게 표면화하였다.

화북출신자는 성격이 보수적이고 강직한데 비해 강남인은 진취적
이며 유연하다. 강남출신 관료의 이러한 진취성과 유연성은 황제의
마음을 사로잡고 황제권을 좌우하게 되었다. 화북출신의 寇準과 강남
출신 王欽若이 그 지역적 특성을 잘 나타내고 있다.

그런데 진종황제의 화북관료와 강남 관료에 대한 자세는 澶淵의
맹을 분기점으로 하여 확연히 달라졌다. 澶淵의 맹을 체결하기까지는
강직한 재상 구준의 설득과 강요에 이끌려 전선에 나가 장병을 동료
하고 澶淵의 맹약을 성공적으로 체결하였다. 그러나 澶淵의 맹약에
대한 왕흠약의 폄하로 진종의 마음은 佞臣(영신) 왕흠약을 신임하게
되고 그의 권고에 의해 封禪大禮를 거행하게 되었다.

II. 澶淵(전연)의 맹약을 둘러싼 국론분열

1) 화북관료의 親征論과 강남관료의 遷都論(천도론)

거란은 진종초의 경덕원년(1004)에 20만의 대군으로 宋을 쳐들어
왔다. 이때, 거란의 聖宗은 몸소 승천태후와 함께 9월에 거란의 南京
을 출발하여 질풍처럼 宋의 전선요지인 澶州를 향하여 진격하여 왔

다. 宋의 조정에서는 거란의 대거남침에 동요하여 국론이 분열되었다. 화북관료인 재상 寇準(구준)은 황제의 親征을 주장하였고, 江南관료인 참지정사 왕흠약은 金陵(금릉)으로 천도할 것을 주장하였다.

참지정사 王欽若은 비밀로 황제에게 금릉으로 천도할 것을 권하였고 성도 출신 첨서 추밀원사 陳堯叟(진요수)는 成都로 천도할 것을 권하였다. 이때, 황제는 마음을 잡지 못하고 구준에게 어떻게 할 것인가를 물었다. 寇準은 太宗시대의 宰相으로 眞宗초기에는 막강한 권력을 행사할 수 있었다. 그것은 眞宗이 자신의 立太子와 皇位계승에 寇準의 힘이 작용하였음을 알고 그를 높이 등용하였기 때문이다. 조심성 많은 眞宗의 寇準에 대한 마음자세는 그를 신하로 대하기 보다는 선대이래의 중신으로 두려운 마음을 가지고 있었다.

구준은 「누가 폐하에게 천도의 계책을 올렸습니까. 그 자의 죄는 가히 참형에 처해야 한다」고 말하고 「만약 도읍지를 강남으로 옮긴다면 거란의 대군이 금릉까지 쳐들어오지 않는다고 누가 보장하겠습니까.」 라고 하여 진종의 흔들리는 마음을 다잡고 천도를 포기시켰다.[22] 그러나 11월에 거란군이 天雄軍(하북성 大名현)까지 진출하였다는 소식이 전해지자 군신들 사이에서는 다시 금릉천도론이 제기되었다. 이때도 구준은 더욱 강경하게 진종황제의 親征을 주장하여 황제로 하여금 전선으로 나아가게 하였다.

친정론과 천도론의 분열은 宋初의 대외관계에서 볼 때 대단히 위험한 상황이었고 이러한 위기는 다행히 眞宗황제가 친정 쪽으로 결정을 하였기 때문에 위기국면을 수습할 수 있게 되었다.

진종황제는 11월 20일 수도 변경을 출발하여 11월 26일에는 澶州(전주)의 남쪽 성곽에 도착하였다. 이때 거란군은 이틀전에 전주의

---

22) 『宋史』卷281 列傳40 寇準

북성밖에 진출하고 있었다. 寇準은 다시 장수 高瞻(고섬)과 함께 진종황제로 하여금 황하를 건너 전주의 북성에 올라서도록 하였다. 황제가 친히 澶州성 위로 올라가 군사들에게 그 모습을 보이자 송군의 사기가 떨치고 거란의 남침을 여기에서 저지할 수 있게 되었다.

宋初의 최대 위기라고 할 거란남침을 막고 澶淵의 맹약을 체결하여 北宋정권의 안정을 가져온 것이 寇準의 주장에 의한 황제의 친정이다. 만약 왕흠약의 주장대로 금능으로 천도하였다면, 宋의 국운은 전혀 예측할 수 없는 결과를 가져왔을 것이다. 거란의 대군과 접전하는 宋軍에게 황제가 금능으로 달아나 천도하였다는 소문이 전선의 군사에게 퍼져나갔을 때, 송군은 전의를 잃고 그대로 무너졌을 것이다. 뒷날 靖康의 변과 같은 사태가 일어났을 가능성은 충분히 있다.

2) 澶淵의 맹약체결과정과 眞宗의 조급성

澶淵의 맹약을 체결하기 직전에 契丹軍(거란군)과 宋軍이 10여일간 대치하면서 치열한 전투가 벌어졌다. 이때 송군의 威虎軍頭(위호군두) 張環(장환)이 쏜 화살이 거란군 대장 撻覽(달람)의 얼굴에 명중하고 달람이 전사하자 거란 측으로부터 화의를 요청하여 왔다. 형세는 宋에게 유리하게 전개되었다.

구준은 화평교섭에 적극적이 아니었다. 거란의 사신이 宋쪽으로 와서 화의를 요청하자, 진종이 이를 받아들이려 하였다. 이때 구준은 화의 조건을 宋에 아주 유리하게 내세우려고 하였다. 즉 거란에게 稱臣(칭신)을 요구하고 五代 때 거란에게 빼앗긴 燕雲16주를 돌려받으려고 하였다.[23] 그러나 진종은 빨리 전쟁을 종결시키려고 하니 구준

---

23) 同上

은 할 수 없이 거란과의 화평교섭에 동의하게 되었다.

宋측에서는 曺利用을 사신을 파견하였다. 처음 거란은 화평교섭 조건으로 오히려 하북지방을 활양받으려 하였다. 거란의 무리한 조건을 조이용은 조정에 보고할 수 없었다. 그 대신 거란에 해마다 20만 歲幣(세폐)를 보낼 것을 제안하였으나 거란은 받아들이지 않았다. 그리하여 제 1차 화평교섭은 중단되었다. 조이용이 돌아와서 이러한 결과를 보고하자 진종은 환궁할 마음이 급하여 曺利用에게 百萬이하의 세폐면 화의를 받아들일 수 있다는 의사를 밝혔다.

조이용이 진종의 命을 받고 거란진영에 가기 직전에 구준이 그를 불러들였다. 구준은 그에게 황제의 또 다른 칙령이라고 말하면서 거란과의 교섭에서 받아들일 수 있는 세폐의 액수는 30만을 넘지 않아야 한다고 강경하게 말하면서 만약 30만이 넘으면 다시 나를 보려고 하지 말라. 나는 반드시 너를 참수할 것이다. 라고 위협하였다. 曺利用은 구준을 두려워하여 거란의 장막에 들어가 30만을 고수하고 화평을 맺고 돌아왔다.[24] 이것이 역사상 유명한 澶淵의 盟約이다.

진종은 식사도중에 조이용이 맹약을 체결하고 돌아왔다는 보고를 받았다. 황제가 식사중에는 신하를 접견하지 않기 때문에 결과를 빨리 알고 싶었던 진종은 곁에 있던 환관에게 조이용의 맹약결과를 알아보도록 보냈다. 환관을 만난 조이용은 이 일은 天機(천기)에 해당되며 황제를 직접 만나 상주할 것이라고 거절하였다. 식사가 아직 끝나지 않은 진종은 다시 환관을 보내어 밖에서 기다리고 있는 조이용으로부터 결과만을 들어보려고 하였다. 조이용은 말은 못하고 단지 얼굴에 세손가락을 갖다 대면서 세폐의 액수를 三으로 표시하였다. 환관이 다시 들어와 진종에게 세손가락을 내보이면서 三이라고 말하

---

24) 『五朝名臣言行錄』前集 卷 4.

제2절 眞宗시대의 政爭과 황제권 | *373*

자 진종은 그 것이 三百萬으로 알고 액수가 너무 많다고 한숨지었다.

그러나 진종은 곧바로 평화가 이루어진다면 3백만으로도 화의를 타결시킬 생각이었고 3백만 歲幣가 많지만 그것을 인정한 것이다. 당시 진종의 마음은 빨리 이 불안한 전지로부터 벗어나고 싶은 생각뿐이었다. 식사가 끝난 후 조리용으로부터 3백만이 아니라 30만이라고 하는 사실을 알고서 진종은 기쁨을 감추지 못하였다.[25] 진종은 30만으로 화평맹약을 체결한 것은 조리용의 공로라고 하여 그 후 조리용을 중용하였다. 만약 구준의 조이용에 대한 협박이 없었다면 조리용은 30만으로 화평맹약을 체결할 수는 없었을 것이다.

3) 澶淵(전연)의 맹약에 대한 王欽若의 讒言(참언)

구준과 왕흠약의 정쟁은 전연의 맹약에 대한 평가에서 다시 한 번 정반대의 입장을 가지고 파벌싸움을 하였다. 즉,

왕흠약은 神宗에게 전연의 맹약이 잘못 체결된 것임을 들어 구준을 참언하였다. 즉, 「구준이 황제를 위험한 전선으로 억지로 데리고 가서 거란과 城下의 맹약을 체결한 것은 中華의 황제위신을 손상시켰으니 이는 신하의 도리가 아니다.」 라고 비난하였다. 전연의 맹약은 마치 춘추시대 중화의 황제가 오랑캐와 마지막 판돈을 걸고 도박을 한 孤注(고주)에 비유하면서 구준을 비난하였다. 진종은 왕흠약의 孤注 비교주장에 지금까지 구준에게 품고 있던 생각을 바꾸게 되었다.

왕흠약은 구준에 이끌려 전선으로 나가 전연의 맹약을 체결한 것을 후회하는 진종의 마음을 다른 곳으로 돌리기 위해 허황되게 天書가 하강하였다고 아부하여 진종으로 하여금 封禪大禮(봉선대례)를 올

---

25) 『長編』 卷 58, 景德元年12月丁亥條

리게 하여 국가재정을 어렵게 만들었다.

진종 다음의 仁宗은 왕흠약을 가리켜 오랫동안 정부에 있었고 그의 행위를 보면 진실로 奸邪(간사)함이 많다고 대신들에게 비난하였다. 그 당시 재상 王曾은 왕흠약을 가리켜 진종시대의 五鬼(왕흠약, 丁謂, 林特, 陳彭年, 劉承圭)의 한 사람이라고 혹평하고 있다.

국가의 위급한 상황에서 구준과 왕흠약의 대립적인 파벌싸움에서 취약한 황제권의 실상을 알 수 있다. 또한 국가 존망의 위기상황을 당하여 진종황제처럼 조심스럽고 겁이 많은 성격의 황제가 구준과 같은 강력한 권신의 뒷받침을 받지 못하였다고 한다면 국난을 극복하기는 어려웠을 것이다.

진종에게 구준은 신하이기도 하지만 두려운 존재였으나 왕흠약은 황제의 마음을 헤아리면서 비위를 잘 맞추었기 때문에 곁에 두고 국사를 논의하고 싶은 佞臣(영신)이었다. 진종황제를 둘려 싼 구준과 왕흠약 세 사람의 삼각관계는 황제와 충신, 그리고 姦臣의 三者관계 구도를 잘 나타내주는 것이고 이는 진종황제의 허약한 황제권을 그대로 반영한 단면도라 하겠다.

Ⅲ. 眞宗시대의 宰相權과 皇帝權

1) 황제와 佞臣(영신)

황제 지배체제하에서 황제와 관료관계는 황제권은 물론 국정운영에서도 중대한 영향을 미치게 된다. 황제가 어떤 인물을 발탁하여 국정의 책임자로 임명하느냐의 문제는 황제권과 직접적인 관계가 된다.

中國의 正史에서는 臣下의 유형을 여러 종류로 분류하고 있고 『宋

史』列伝에서는 忠臣伝과 姦臣伝을 두고 있다. 사마천은 『史記』가운데 佞幸(영행)열전을 별도로 세워놓고 있다.[26]

영행이란 佞媚(영미)를 가지고 황제의 寵幸(총행)을 차지하는 자를 말한다. 사마천은 佞幸者가 忠臣과 志士를 讒言(참언)하여 황제의 판단을 그르치고 국가를 위기로 몰아넣는 결과를 가져오기 때문에 황제가 경계해야 할 인물로 꼽고 있다. 佞幸으로 황제의 총애를 받아 황제권을 농단하고 자기 뜻에 거슬리는 자를 축출하면 황제 주변에는 姦臣이 포진하면서 황제의 총명을 그릇치게 되는 것이다. 司馬遷(사마천)은 특히 아첨하는 무리를 경계해야 한다는 뜻에서 佞幸전을 별도로 두고 있다.

그러나 인간의 성격에는 모순되는 점이 많다. 황제도 인간이기 때문에 약점이 있다. 그 가운데서도 큰 약점은 옳은 말(直言, 直諫)을 하는 신하를 멀리하고 아첨하는 말(巧言, 佞言)하는 佞幸者를 좋아한다는 점이다. 여기에 황제를 둘러싼 충신과 姦臣의 인간성이 황제권은 물론 국정에 영향을 미치게 된다.

宋代 황제권을 연구하는데도 황제의 성격과 충신·간신의 인간성이 서로 얽혀 전개되는 정치현실의 표본으로 진종황제를 둘러싼 충신 寇準과 奸臣 王欽若의 관계는 황제 지배체제의 황제권연구에 중요한 연구대상이 된다.

2) 眞宗황제와 忠臣·佞臣관계

眞宗시대의 고위관료는 太宗시대 과거시험을 통하여 진출한 인물이 중앙정계를 장악하게 되었다.[27] 그 가운데서도 대외적으로 거란

---

26) 『史記』卷 125 列傳 65 佞幸列傳
27) 眞宗시대 宰相을 王瑞來앞의 논문에서 聖相李沆, 良相王旦, 使氣의 寇準,

의 남침을 막고 전연의 맹약을 체결한 寇準과 寇準을 참언하여 眞宗의 마음을 사로잡은 王欽若은 眞宗초기의 皇帝權과 宰相權의 정치적 관계를 이해하는데 매우 중요하다.

眞宗에게 寇準은 신하이기도 하지만, 두려운 존재였으나 王欽若은 皇帝의 마음을 헤아리면서 비위를 잘 맞추었기 때문에 곁에 두고 국사를 논의하고 싶은 佞臣이었다. 眞宗과 寇準, 그리고 王欽若의 삼각관계는 皇帝와 忠臣, 姦臣의 삼각구도를 나타내는 것이고, 이는 眞宗皇帝의 허약한 皇帝權과 밀접한 관계가 있다.

ⅰ) 寇準(구준)의 성격과 진종황제

구준은 화북지방 출신으로 태평흥국 5년(980) 19세로 進士에 합격하고 약관에 官人이 되었다.[28] 이 나이는 宋代의 進士로서는 극히 드문 일이다.[29] 太宗은 전시를 볼 때에 늘 臨軒顧問(임헌고문)[30]을 하였으며 이 때 구준에 대해서는 특히 관심을 가지고 있었다. 그것은 「太宗께서 魏에 행차하실 때 공이 나이 16살에 행제에 上書하였다. 그의 글은 辭色(사색)이 격앙되고 두려워함이 없으며 황제께서 이것을 장하다 하였고 有司에 명하여 그 이름을 기록시켰다. 그 후 寇準이 進士에 급제하여 마침내 貴顯하였다.」[31] 사실에서 알 수 있다.

「구준은 당시의 정치 잘못을 極諫(극간)하니 황제께서 그를 그릇이라고 하였다.」 처음 右正言 直史館으로 寇準이 詔를 받들어 북변의

　　廋相王欽若, 權臣丁謂로 그 성격을 분류하고 있다.

28) 『寇忠愍公詩集』卷上「述懷」.

29) 현존하고 있는 宋代의 진사의 등과록으로는 『紹興十八年同年小錄』과 『寶祐四年登科錄』이 있다.

30) 『宋史』卷 281,「寇準傳」, '太宗取人, 多臨軒顧問, 年少者往往罷去'.

31) 『五朝名臣言行錄』前集 卷4

이해를 극언하였다. 上이 이것을 보고 큰 인물이라 하고 太宗이 직접 樞密直學士로 임명하도록 명하였다[32]

구준의 성격은 「義에 강하고 죽음을 무릅쓰며 절의를 지킴에 추상 같았다.[33]고 있다. 구준은 강직한 성격으로 도리에 어긋나는 자를 보면 칼을 빼들고 나갈 정도의 의협심을 가지고 있었다. 구준이 관료생활을 하면서 황제(태종)에게 상소를 할 때에 지나치게 직소하자, 皇帝가 화를 내고 일어서니 구준이 황제의 상의를 잡아당기며 황제를 도로 앉게 하여 마침내 그의 뜻을 따르게 한 후 퇴청하였다는 기사가 있다.[34]

황제의 잘못을 直言하고 황제를 直諫하는 일은 역대의 역사서에 자주 보인다. 그러나 황제의 옷을 잡아당길 정도로 적극적으로 행동하고 황제를 다시 앉히고 자기의 의견을 관철시킨 것은 매우 드문 일이다. 특히 태종과 같은 독재 군주에게 이러한 행동은 대단히 위험한 행동이다. 그러나 태종은「그는 참된 재상이다. 짐이 구준을 얻은 것은 唐太宗이 魏徵公을 얻은 것과 같다.」[35]고 하였다. 만년의 太宗은 寇準을 매우 신임하여 그가 말하는 일은 잘 받아들이고 立太子와 같은 중대한 일도 구준과 상담하고 그의 의견을 들었다.

구준은 완고하고 독선적이며 잘못을 인정하지 않았다. 어떤 事案에 대해 太宗이 구준을 힐문하였을 때 宰相 呂端도 구준의 눈치를 살피지 않을 수 없었다. 구준이 주장하는 의견에 대해 아무도 이의를 말

---

32) 『長編』卷 30. 端拱二年七月乙卯條.
33) 『寇忠愍公詩集』卷上,「述懷」.
34) 『長編』卷38 至道元年 8月 壬申條에 準嘗奏事切直 上怒而起 準攀上衣請 複座 事決乃堆 上嘉嘆 曰 此眞相也 又語 左右曰 朕得寇準 猶唐太宗之得 魏鄭公也 라고 寇準의 太宗에 대한 강력한 자세와 이를 받아들이는 太宗의 관대함이 엿보인다.
35) 『寇忠愍公詩集』卷中,「書懷寄唐工部」.

하지 못하였다. 구준은 사람을 허용하지 않지만 사람에게도 허용되지 못하였다. 이러한 성격으로 중앙의 정치적인 중심에 있을 때나 지방으로 좌천되었을 때에 동료들과 자주 충돌하였다.

ii) 王欽若과 眞宗황제

진종시대에 五鬼의 일인자라고 비난받는 왕흠약을 『宋史』에서는 그를 奸臣傳에 넣지 않은 것은 그의 정치적 역량을 넓은 안목으로 보았기 때문이다.

왕흠약은 강서성 신유현 출신이다. 어렸을 때 부친이 죽고 지방의 하급관리로 있었던 조부가 양육하였다. 그는 20세에 진사 갑과에 합격하고 그 후 太宗의 주목을 받았다.

지혜가 있고 계략이 뛰어난 왕흠약은 진종의 환심을 살 것을 생각하였다. 즉, 五代 이래 전국각지의 오랫동안 납부하지 않고 있던 조세를 모두 면제하려 하였다. 즉위한지 얼마 안된 진종은 五代 이래의 각지의 조세 미납 상태에 대해 잘 알지 못하고 있었다. 이때 왕흠약이 면제하려고 하는 조세의 액수가 거대함을 알고[36] 진종이 의아하여 「先帝께서 어찌 이것을 알지 못하였을까.」라고 하였다. 이에 대하여 왕흠약은 교묘한 말로 진종의 마음을 사로잡았다. 즉, 「선제께서는 이것을 본래 알고 있었으나 다음날 폐하께서 이를 면제하여 천하의 민심을 거두도록 배려하였을 것입니다.」 이 말을 들은 진종은 황제의 마음을 사로잡는 王欽若의 지혜에 놀라움을 금치 못했다. 진종에게 太宗이 미납세액을 남긴 것이 중요한 것이 아니라 천하의 민심을 거두는 것에 마음이 쏠렸고 이를 王欽若의 侫言에 마음에 움직였

---

36) 『宋史』 卷 283 王欽若傳

다. 그리하여 체납세액을 면제하고 민심을 사게 되었다.

왕흠약은 늘 계략을 가지고 사람을 중상하였고 다른 사람을 이용하여 파벌대립을 조작하고 정적을 궁지로 몰아넣었다. 정적을 배제하였을 뿐 아니라 황제에게 讒言(참언)하여 다른 사람을 몰아세웠다. 왕흠약이 가장 성공한 예는 孤注라고 하는 참언으로 권세가 절정에 있었던 구준을 무너뜨린 것이다.

경덕4년 6월에 지추밀원사 王欽若은 五星이 동쪽에 모여 길조의 구름이 나타났다는 天象을 가지고 축하의 표를 올려 진종을 현혹하였다. 이것은 전연의 맹약을 굴욕적인 城下의 盟이라고 참언하여 황제의 자존심을 흐트러놓고 다시 天書를 가지고 皇帝의 위신을 되돌려서 천자의 자존심을 확립하고자 하는 진종의 심리에 王欽若이 영합한 것이다.

왕흠약이 진종시대의 간신으로 비난받는 것은 사람을 중상하고 황제에게 아부한 것 뿐 아니라, 天書를 날조한 일이다. 『宋史』 王欽若傳의 論贊에서 「천서의 巫告(무고)함을 날조하고 道로서 임금을 섬기는 자가 어찌 이와 같은 일을 할 수가 있겠는가」라고 비난하고 있다.

『宋史』진종기의 논찬에서도 천서강하와 봉선에 대하여 「일국의 君臣(군신)이 병들어 狂然(광연)함이 이와 같으니 참으로 괴상함이다.」라고 하여 진종과 왕흠약의 행위를 정상적으로 보지 않고 이어서 「송의 신하들은 그 임금이 전쟁을 싫어하는 것을 알기 때문에 신도설교의 뜻을 올려 이것을 빌려 적의 청문을 움직이려고 한 것은 그 規款의 뜻을 讒訴함과 같은 바다.」[37]라고 하였다.

---

37) 同上

IV. 封禪大禮(봉선대례)와 정쟁

1) 진종황제의 封禪大禮

역사적으로 봉선은 제왕의 권위를 나타내기 위하여 행하여지는 것이다. 진시황제나 한무제처럼 제국의 통일이나 영토확정을 하였을 때 단행되고 그 가운데서도 진시황제의 봉선은 유명하다.[38]

진종황제의 봉선대례는 전연의 맹약과 관계가 있다. 전연의 맹약은 구준에 의하여 진종황제가 전연으로 나가 거란의 남침을 저지하고 맹약을 체결한 것이지만, 이때 구준과 대립하고 있던 왕흠약은 황제가 전선으로 나가는 것은 위험하다고 건의하여 江南遷都論을 제시하였으나 구준의 반대로 뜻을 이루지 못하였다. 그 후, 왕흠약은 구준을 비판하고 전연의 맹약을 악평을 하였다.[39]

진종이 왕흠약의 말을 듣고 전연의 맹약의 굴욕을 씻을 수 있는 방법을 묻자 왕흠약은 「거란을 정복하기는 어렵고 천명을 가지고 봉선을 행하는 것이 거란을 이기는 것이며, 이것은 천하를 굴복시키고 거란에게 중화의 위대함을 과시하는 것」이라고 황제를 유혹하였다. 이에 대해 진종이 동의함으로서 봉선을 비롯한 도교적 활동이 시작되었다.[40]

진종의 봉선대례는 도교적 성격이 강하지만 秦 · 漢시대와는 달리

---

38) 『史記』卷6 秦始皇本紀 제6에 진시황제 28년에 봉선의식과 산천에 관한 제사에 대하여 儒生과 의견을 교환하고 태산에 올라가 하늘에 제사를 지냈다. 封은 하늘에 대한 의식이고, 禪은 땅에 대한 황제의 祭儀이다. 한무제도 태산에 올라가 封禪을 세 차례 행하였고, 후한의 광무제와 당현종도 封禪을 행하였다.

39) 『續資治通鑑長編』권 62 景德3년 2월 條

40) 朴志焄「北宋 眞宗의 封禪과 道教崇拜」『宋遼金元史研究』제 4호 2000년 8월 참조

宋代는 이를 정치적으로 이용하여 정치권력과 파벌싸움으로 비화되었다. 즉, 대중상부이전에는 정치집단의 실세가 화북 관료집단인 구준과 畢士安(필사안)을 중심으로 구성되었으나 이후의 정치의 주도권을 강남천도론을 주장했던 강남출신 관료에게 넘어갔다. 진종이 왕흠략의 讒言(참언)을 믿고 구준을 배제한 대신 친위그룹으로 왕흠략과 丁謂 등을 곁에 두고 封禪祀土(봉선사토)를 비롯하여 도교적인 제사활동과 도과건축 등 토목사업을 일으키게 되었다.

宋代의 역사상 전연의 맹약을 성공적으로 성취하고 거란의 남침을 저지한 것은 역사적 사건이다. 이를 주관하던 구준을 배제되고 전연의 맹약 때 강남천도론을 내세운 왕흠략 등에게 정치를 맡기고 봉선대례를 정치도구화한 것은 정상적인 황제권과는 거리가 먼 변칙적 황권의 굴절현상이라 하겠다. 이를 둘러싼 朝臣의 찬반논쟁이 여기서부터 시작되었다.

진종은 전연의 맹약을 「孤注」(고주)에 비유한 왕흠략의 말로 굴욕감을 받고 정신적 고통을 느끼면서 「이로부터 늘 怏怏하는」 상태가 되었다. 진종은 권삼사사 丁謂(정위)에게 재정문제를 자문하자 정위는 「국가재정이 여유가 있다.」라고 진종을 안심시켰다. 대중상부 원년의 「大計有餘」는 대중상부 4년에 분음제사가 끝난 후, 마침내 「동봉 및 분음의 상사 억만에 이르고 그 위에 諸路의 조세와 구산을 면제하면서 드디어 관료의 경비를 지급할 수 없게 되었다.」라는 재정위기에 봉착하였다.

丁謂는 진종에게 영합하였을 뿐만 아니라 적극적으로 지혜를 뽑아내어 진종을 기쁘게 만들었다.[41]

丁謂의 이와 같은 아부 결과 그는 대중상부 2년 2월에 권 삼사사

---

41) 『宋會要輯稿』序 1-11.

로부터 명실상부한 삼사사가 되었다. 그리고 4월에는 다시 정위에게
玉淸昭應宮使(옥청소응궁사)를 겸임시켜 공사를 주관토록 하였다. 소
응궁의 건설은 조정 내에 반대의견이 강하였다. 재상 왕단도 찬성하
지 않고 황제를 간하였다.

天書를 날조하여 봉선을 행하는 단계까지에는 재정지출이 크지 않
았지만 다시 泰山(태산)봉선 汾陰(분음)제사 迫州(박주)배알이라는
계속된 큰 행사를 치루면서 재정은 수습할 수 없을 정도로 확대되었
고 그 위에 거란에게 보낸 막대한 세폐는 국가재정이 어렵게 되었다.

2) 封禪大禮(봉선대례) 논쟁

봉선대례와 분음행사를 적극 찬성한 것은 황제를 둘러싼 佞臣그룹
이다. 그 필두로 왕흠약이 있고 재정적 뒷받침을 한 丁謂와 그를 따
르는 출세지향적 강남출신 관료가 많다. 이를 반대한 관료는 臺諫(대
간)을 중심으로 한 言路관료들이다.

대중상부원년에 봉선을 계획하면서 天書가 처음으로 나타났다고
하자, 龍圖閣待制(용도각대제) 孫奭(손석)이 황제에게

「신이 들은 바로는 하늘이 어떻게 말을 하리오, 어찌 天書가 있겠
습니까」라고 하자 황제는 대답하지 않았다. 이는 天書사상을 부정한
것이다. 즉 孫奭은 天書를 부정하고 人事의 중요함을 강조한 것이다.

대중상부원년 10월에 황제가 태산에서 天書를 받들고 궁으로 돌아
오자 신하들은 다투어 공덕을 칭송하였다. 그러나 孫奭은 다시 글을
올려 봉선은 제왕의 성사로 폐하는 그 일을 삼가고 자중하여야 된다
고 간하였다.

知制誥(지제고) 周起(주기)도 「천하의 대세는 항상 안일할 때 걱
정을 하고 편안함을 믿어서는 안된다」고 경고하였고, 蔡立(채립)은 「수

해가 여러 곳에서 일어나고 가뭄이 강남지방에서 늘어나고 금릉에서
는 큰 불이 났는데, 이는 하늘이 경계하는 바로서 治道가 바르게 나
가지 못한데 원인이 있다」하였다. 이는 당시의 재해를 지적하면서 祥
瑞를 가지고 봉선을 행하는 것에 반대한 것이다.[42]

대중상부 4년에 孫奭이 다시 上書하여 汾陰 제사의 불가이유 열
가지를 제시하면서 반대하고 있다.[43] 孫奭의 이러한 의견에 대해 진
종은 내시 皇甫繼明을 보내서 十條不可(십조불가) 이유를 묻자 孫奭
은 다음과 같이 上書하였다. 즉,

「폐하가 汾陰에 나가신다면 京師의 민심은 편안하지 않고 江淮의
백성들은 노역에 시달릴 것입니다. 또한 토목을 중단하지 않으면 백
성들이 도둑으로 횡횡할 것이며 거란의 군사가 변경에서 멀지 않은
데 사자가 온다면 어찌 그들을 맞이할 수 있을 것입니까. 폐하가 奸
佞(간녕)의 말을 따라 京師를 버리고 민폐를 생각하지 않고 변환을
돌보지 않는다면 천하에 난리가 일어나지 않는다고 어찌 장담할 수
있겠습니까.」라고 그 이유를 들었다.

대중상부 6년에 황제가 太淸宮을 배알하려고 하자, 孫奭은 極諫을
올렸는데, 진종황제를 다음과 같이 비판하고 있다. 즉,

폐하가 태산에 封하고 분음에 祀하여 몸소 능침에 가고 다시 太
淸宮에 祠하려는 것은 폐하는 당현종을 모방한다고 합니다. 唐明皇
(당현종)과 같은 禍敗한 일은 삼가해야 합니다. 근신이 이를 諫하지
않는 것은 奸을 품고 폐하를 섬기기 때문입니다. 明皇의 무도함을 말
하는 자가 없었으나 馬嵬에 도망가서야 그 잘못을 깨달았지만 너무
늦어 돌이킬 수 없었습니다. 원하옵건대 폐하께서 스스로 깨달아 虛

---

42) 朴志焄 앞의 논문 참조
43) 『宋史』 卷431 列傳 190 儒林 1. 孫奭

華를 억제하고 邪佞을 물리치고 토목을 파하여 危亂(위란)의 자취를 닮지 말고 明皇의 뒤늦은 후회를 답습하지 않도록 하는 것이 천하의 다행이오, 사직의 복이 됩니다.[44]

라고 극간하였다. 당현종을 無道의 황제로 평가하고 이를 진종과 비교하였다. 또한 근신들을 간사한 무리로 질타하였으니 당나라가 알록산의 침략을 받고 天寶의 대란을 겪은 전래를 가지고 진종의 봉선대례와 분음제사를 비난한 것이다. 이러한 극론에 대하여 진종은 손석의 순수한 충성심을 알고 그를 물리치지는 않았다.

이 밖에도 대중상부3년에 張泳은 토목공사에 대해 반대하면서 왕흠약과 정위를 비판하여 요즘 나라의 국고가 탕진되고 민생이 토탄에 빠지고 있는데도 無用한 토목공사를 일으키는 것은 모두 賊臣 丁謂와 왕흠략이 폐하의 마음을 흔들어 놓았기 때문입니다. 그들을 극형으로 다스려야 천하에 용서받을 수 있다고 하였다. 장영은 이를 계기로 知陳州로 좌천되었다.[45]

馬知節은 천하가 비록 편안하다 해도 忘戰去兵, 즉 거란과의 전쟁과 거란의 남침사실을 잊어서는 안 된다고 하였다.[46] 천희3년에 朱能의 天書 위작사건에 대해 魯宗道가, 간신들이 성덕을 어지럽힌다고 하였고 知河陽 孫奭이 上書하여,

朱能은 奸險한 소인으로 폐하가 그를 믿고 봉한하였다. 위로는 조정에서부터 아래로는 시골에 이르기까지 통탄하지 않은 이가 없고 감히 말하는 자 또한 없다고 하였다.

宋代의 당쟁을 보건데 원후당쟁의 잔혹함에 주목한다. 또 범중엄의

---

44)『宋史』卷 431 列傳 191 儒林 1
45)『宋史』卷 293 列傳 第 52 張泳
46)『宋史』卷 278 列傳 第 37 馬知節

慶曆新政의 전후활동을 宋代 당쟁의 단서라고도 한다. 그러나 진종시
대에 정위가 구준당을 추방하고 王曾이 정위당을 추방한 행위는 宋
代당쟁의 서막이다. 宋代 역사상 대규모 당쟁의 막이 열린 것은 진종
시대의 정치 투쟁이었다. 이후 대소의 당쟁이 끊이지 않고 계속되면
서 당쟁은 격화되어 나갔다.

3) 劉皇后(유황후) 옹립과 政爭

眞宗시대의 정쟁의 불씨는 대부분 황제 스스로가 제공한 것이고
유덕비의 황후옹립사건은 그 좋은 예이다. 士大夫 관료들은 劉덕비와
같은 사회의 하층 출신여성은 황제의 妃는 가하나, 국모로서 황후가
될 자격은 없다고 보았다. 진종이 그를 황후로 세우려고 하였을 때
대신들의 반발은 아주 거세였다.

참지정사 趙安仁은 진종이 유덕비를 황후로 삼는 것을 반대하였을
뿐만 아니라 진종에게 고귀한 출신의 황후후보를 추천하였다. 이것은
총애하는 유덕비를 황후로 세우려고 하는 진종을 매우 화나게 만들
었다. 그러나 진종은 정당한 이유를 지니고 있는 조안인의 죄를 물을
수는 없었다.

왕흠약은 조안인을 무고하여 진종을 분노하게 만들었다. 진종은 재
상 王旦에게 조안인의 파면을 요청하였으나 조안인에게 정무처리상
결정적 결함이 없다는 것을 내세워 왕단은 진종의 요청을 거절하였
다. 뿐만 아니라 왕단은 왕흠약이 진종과 연합하고 있었던 것을 비난
하자 진종은 조안인 파면제의를 철회하였다. 여기에서 보면 재상 또
는 다수의 대신들의 찬성을 얻지 못하면 황제도 마음대로 대신을 파
면하는 일은 할 수 없었다.

丁謂가 참지정사를 담당하고 있었을 때 진종은 출신성분이 낮은

유씨를 황후로 세우려 하였으나 왕단, 구준, 황민중등 많은 집정대신과 士大夫들의 반대에 부딪혔다. 때문에 진종은 문단의 명류인 楊億에게 황후로 세우는 制誥를 기초하도록 생각했다. 그리하여 士大夫의 승인을 얻고 유씨의 지위를 높이려 한 것이다. 진종은 이러한 그의 희망을 정위를 통하여 양억에게 전달하였다. 정위는 물론 진종을 위하여 온 힘을 쏟았고, 곧바로 양억에게 진종의 요구를 보였다. 그러나 양억은 유씨를 황후로 세우는 입황후 반대파였기 때문에 이를 거절하였다. 정위는 이해를 가지고 양억을 유인하였다. 「만약 이를 들어준다면 부귀영화를 걱정할 필요가 없다.」라고 권하였다. 정위의 이 말은 고고한 양억에게는 큰 모욕이었다. 그는 그 자리에서 「이러한 부귀는 바라는 바가 아니다.」라고 확실하게 거절하였다. 정위는 진종을 위하여 부탁하였고 양억이 이러한 태도를 보일 것은 생각지 못하였다. 이것이 대중상부 6년의 일로 양억과 정위는 공석상에서 충돌한 일은 별반 없었으나 내심 정위와 양억은 결별하게 되었다.

유황후 옹립에 찬성한 인물은 왕흠약, 정위 등 강남관료이고 이에 반대한 신하는 구준, 양억 등 화북관료이다.

제3절 仁宗시대 慶曆(경력)의 黨議(당의)와 황제권

I. 仁宗의 慶曆시대 성격

北宋 4대 仁宗시대의 경력연간(1041-1048)은 北宋시대는 물론, 전 중국의 역사에서 평화가 계속되고 문치주의가 발전한 황금시대로 일 컬어지고 있다. 인재가 많이 배출되어[47] 경력시대는 宋代 문치주의 의 극성시대로 평판이 높다.

그러나 이러한 文運의 발달과는 대조적으로 경력시대는 정치와 경 제적 면에서 어두운 그림자가 여러 곳에서 드리워지고 있다. 그것은 宋이 건국된지 80여 년이 지나면서 문치주의 정책으로 武力의 약화 를 가져와 북방민족(거란, 西夏)에게 시달림을 받고 있었다. 그러나 이에 대한 근본적 해결책을 찾지 못하고 고식적인 방법으로 거란에 게는 歲幣와, 西夏에게는 歲賜를 바침으로서 한족 왕조의 자존심을 굽히면서 평화를 유지하고 있었다. 그 위에 국초로부터 직업군인인 禁軍의 增員으로 막대한 군사비를 지출하고 문치주의정책 결과 官員 의 증가로 그들에게 지급하는 봉급 또한 막대하였다.

이러한 결과 仁宗시대는 국가재정상 赤字상태에 놓여 있었다. 이와 같은 재정적 위기를 맞게 되면서 국정개혁을 주장하는 논의가 여러 곳에서 나왔다. 그러나 仁君으로 알려진 仁宗은 신하들의 논쟁에 귀 를 기울이기만 하고 국정의 어려움과 재정타개를 위한 개혁의지는

---

47) 名臣으로는 韓琦, 范仲淹, 富弼, 歐陽脩, 司馬光이 있고 名儒로 胡瑗, 孫 復, 石介, 周敦頤, 邵雍, 張載가 있다. 또 文豪로는 曾鞏, 蘇洵, 歐陽脩, 梅 堯臣 등을 꼽는다.

보이지 않았다. 仁宗의 경력시대는 외관상 화려하였으나 그 내면에는 재정적으로 어렵고 정치적으로 관료들 사이에 붕당을 조성하여 당쟁이 시작되고 있었다.

仁宗의 후기에 御使 王燾(왕도)의 上言에 대해 仁宗이 내린 詔를 보면 「요즈음 士大夫가운데는 陰險한 자가 있어 자신의 愛憎을 가지고 아무런 증거도 없는 浮說을 만들어가지고 臺諫의 門籥에 출입하면서 風波論議를 일으키고 있다. 또한 危言危行을 고의로 조작하여 사람을 놀라게 하고 윗사람을 무시하고 論事官에 아첨하여 인신공격의 재료를 제공하고 있다. 이는 薄俗의 폐단으로 이후 삼가도록 하라.」고 하였다.[48]

경력시대는 宋代 당쟁사의 서막을 여는 혼탁한 시대로 이것이 慶曆의 黨議로 나타나게 되었다.

Ⅱ. 慶曆의 黨議

1) 郭황후의 폐위사건

眞宗시대에 이어 仁宗시대에 들어오면 士大夫관료들이 중앙에서 당을 규합하고 正論(정론)을 내세워 상대방을 비난하는 당쟁논의가 시작되었다. 진종시대 유황후의 황후옹립으로 朝臣간에 정쟁이 일어난 것처럼, 仁宗시대에는 仁宗의 郭(곽)황후 폐위를 둘러싼 찬반논쟁으로 당파싸움이 격심하게 전개되었다.

北宋시대에는 황후의 폐위가 두 번 있었다. 첫 번째는 仁宗의 황후, 곽후의 폐위이고 두 번째는 哲宗의 황후(孟황후)의 폐위이다. 이

---

48) 宮崎市定앞의 「宋代の士風」참조.

두 번의 廢后(폐후)는 宋代의 황권과 밀접한 관계를 가지고 전개되었다.

郭황후는 仁宗의 天聖2년(1024)에 황후가 되었다. 그는 五代와 宋初에 武將으로 활약한 平爐(평로)절도사 郭崇(곽숭)의 손녀이고, 부친 郭允恭(곽윤공)은 江蘇成 常州(강소성)의 知州출신이다. 곽후가 황후가 되는 데는 眞宗의 劉황후의 강력한 뒷받침에 의하여 이루어졌다. 그리하여 郭황후는 劉태후의 권력을 배경으로 교만한 일이 자주 있었다.

劉황후는 仁宗이 어릴 때, 仁宗의 親母(친모) 李辰妃(이신비)를 억압하여 仁宗을 자기의 친아들로 꾸몄다. 眞宗이 붕어하고 13세로 仁宗이 등극하자 劉황후가 수렴청정을 하였는데, 劉황후가 죽은 후 仁宗의 친정이 시작되면서 자신의 출생사실을 비로소 알게 되었다. 仁宗은 劉황후에 대한 분노가 폭발하여 劉황후의 후견으로 황후가 된 郭황후를 미워하게 되면서 폐후사건이 일어났다.

일찍이 仁宗은 張美人을 총애하면서 이를 황후로 맞이하려 하였으나 劉황후의 반대로 뜻을 이루지 못하고 郭氏를 황후로 맞이하였다. 郭황후의 폐위배경을 보면 郭황후는 질투심이 강하고 결혼한지 9년이 되었으나 자식을 낳지 못하여 仁宗은 그를 폐위하기로 마음을 굳혔다.

郭皇后폐위에 가담한 재상 呂夷簡(여이간)과 內侍 閻文應(염문응)은 郭황후에 대해 전부터 원한이 있었다. 즉, 呂夷簡이 조정에 있을 때, 仁宗에게 정치개혁을 위한 手疏八事를 올렸다. 그러나 郭황후는 仁宗에게 呂夷簡은 기교가 뛰어나고 변절이 심하므로 그를 경계하여야 한다고 권하자 仁宗은 그 말을 듣고 呂夷簡을 파직하였다. 呂夷簡은 자신이 돌연한 파면사실을 內侍都知인 閻文應으로부터 비밀리에

알게 되었다. 이로써 呂夷簡이 郭황후를 원망하게 되었다.

仁宗의 郭황후 뜻을 알고 閻文應은 呂夷簡과 합세하여 郭황후 폐위논의에 앞장섰다. 그들은 후한의 光武帝가 황후를 폐위한 古事를 仁宗을 설득하고 여기에서 仁宗에게 고하여 明道2年(1033)에 皇后의 폐위를 단행하였다.

2) 郭황후폐위를 둘러싼 정치논쟁

황후의 폐위를 정면으로 반대한 관료들이 있다. 이들은 大義名分을 내세워 國母인 황후를 폐위하는 것은 부당하다고 上奏하였는데 御使中丞 孔道輔[49], 諫官 范仲淹[50] 등이다. 그러나 이들의 上奏는 받아들여지지 않자 다시 范仲淹(범중엄)은 孔道輔(공도보), 孫祖德(손조덕), 宋庠(송상), 劉煥(유환)과 함께 어사인 蔣堂(장당), 郭勤(곽근), 楊偕(양해), 馬絳(마강), 段少連(단소연) 등을 인솔하고 垂拱殿(수공전)에 나아가 황후폐위에 공동으로 伏奏하였다. 즉, 황후는 천하의 국모이니 큰 잘못이 없으므로 폐위함은 불가하다고 주장하면서 이에 대한 폐하의 즉답을 간청하였다.

垂拱殿(수공전)은 紫宸殿(자신전) 서편에 있고 매일 천자가 謁見하는 御殿이다. 이때 문을 지키는 閤門使(합문사) 문을 닫아걸고 臺諫들을 들여보내지 않았다. 孔道輔는 門扇의 銅環을 잡고 두드리면서 큰소리로 외치기를 「황후가 폐위되는데 어찌하여 대간의 의견을 듣지 아니하십니까.」라 하였다. 仁宗은 재상 呂夷簡에게 명하여 대간들을 재상의 저택으로 불러 황후를 폐하지 않을 수 없는 사정을 설명하도록 하였다. 공도보 등은 모두 재상 저택으로 가서 여이간에게 「臣

---

49) 『宋史』 孔道輔 列傳
50) 『宋史』 范仲淹 列傳

下와 황후는 마치 자식이 부모를 섬기는 것과 같은 관계이다. 부모가
不和하면 자식이 이를 諫하여 不和하지 못하도록 해야 하는데, 어찌
하여 부친 쪽 말만을 따르고 모친을 쫓아내려 하는가.」라고 추궁하였
다. 이에 대해 여이간은 「廢后는 先例가 있는 일이다.」라고 변명하니
공도보와 范仲淹이 「그대는 後漢 光武帝때의 廢后 古事를 황제에게
알리고 있다. 光武帝는 德義가 뛰어난 황제로 그분을 표본으로 하면
안 된다. 그 밖의 廢后는 暗君들이 행한 일이다. 지금의 황제(仁宗)
는 堯舜과 같은 어진 분인데, 그대가 황제(仁宗)으로 하여금 暗君의
행동을 따르도록 할 작정인가.」라고 힐문하였다. 이때 여이간은 대답
에 궁하여 돌연히 일어나면서 「여러분이 황제를 만나 직접 주장하는
것이 옳다.」라고 말하자 공도보와 범중엄 등 하는 수 없이 대간들은
다음날 다시 여이간과 논의할 것을 정하고 물러났다.

그러나 여이간은 당일로 황제에게 주상하여 대간들이 무리지에 궁
에 몰려와 召對를 청하는 것은 태평성세의 正道가 아니라는 이유를
들어 공도보 등을 추방할 것을 건의하여 당일로 仁宗의 윤허를 받아
냈다. 이러한 사실을 모르고 다음날 공도보 등은 궁에 들어가 待漏院
에 이르자 그들이 지방으로 좌천되었음을 알게 되었다. 공도보는 知
泰州, 范仲淹은 知睦州로 좌천된 것이다. 宋代의 제도로는 御使中丞
을 파면하거나 좌천할 때는 반드시 告辭가 필요한데 이때는 이와 같
은 수속을 성략하고 직접 황제의 칙령에 의하여 결정되었다. 이것은
전혀 이례적인 조처였다. 그들이 집에 도착하자마자 황제의 사자가
와서 즉각 공도보와 范仲淹을 京師로부터 추방하였다.

이와 함께 諫官 御使에게 조칙을 내려
「앞으로는 章疏(장소)를 몰래 만들고 간관들이 서로 모여서 請對하
여 내외를 소란하게 하는 일은 없도록 하라.」고 명하였다. 이후 상소

는 대간들이 무리를 지어 천자를 면회할 것을 요구하는 행동은 세상을 어지럽히는 것이므로 이러한 행동을 할 수 없도록 조처를 내린 것이다.

이때 추방된 것은 공도보와 范仲淹 두 사람이었으나 侍御史 梁偕는 두 사람과 함께 자기도 좌천될 것을 원하였으나 인정되지 않았다. 또 侍御史 郭勤과 殿中侍御史 段少連, 將作監丞 富弼 등이 상西夏여 范仲淹과 공도보의 처분이 부당하다는 것을 주장하였다.

呂夷簡을 중심으로 한 郭황후 폐위 옹호자와 范仲淹을 중심으로 한 郭황후 폐위 불가논자의 논쟁이 경력의 당의로 비화하였다. 郭황후는 仁宗의 명에 따라 瑤華宮에 살도록 하였다.

3) 慶曆(경력) 黨議(당의)의 전개

경력의 당의는 郭황후의 폐위문제를 발단으로 呂夷簡과 范仲淹간의 禮敎에 관한 의견 차이에서 시작되었다. 그러나 정치적 문제로 비화되면서 파벌과 당파가 만들어지고 파벌싸움으로 전개되면서 상대방을 모함하고 극단적으로 배척하는 정쟁이 되었다. 范仲淹은 지방으로 좌천되었다가 景祐원년(1034)에 다시 중앙에 소환되어 禮部員外郎이 되었다. 이때 歐陽脩는 館閣校勘(관각교감)으로 재직하고 있었고 石介는 館閣主簿였으나 곽후 폐위를 반대하다가 파면 당하였다. 歐陽脩는 石介의 파직의 잘못을 변론하였으나 이를 받아들이지 않았다.

景祐 3년(1036)에 范仲淹(범중엄)은 재상 여이간에 의한 고위관료의 인사전횡을 비판하는 百官圖(백관도)를 작성하여 황제에게 올렸다. 范仲淹은 백관도에서 관료의 인사가 서열을 무시하고 정실인사를 단행한 것을 한 눈에 볼 수 있도록 백관도에서 분명하게 밝혔다. 황제는 관료승진의 실상을 파악하고 관료승진이나 任免權 일체를 재상

(여이간)에게 위임해서는 안된다고 주장하였다. 재상 呂夷簡(여이간)이 조정의 관료인사를 자기 마음대로 단행하고 그의 門徒출신이 요직을 독점한다고 呂夷簡의 인사정책을 비난하였다. 이를 계기로 두 사람 사이는 극도로 나빠졌다.

범중엄과 여이간의 대립이 결정적이 된 것은 建都論 문제다. 범중엄 이전에 공도보는 洛陽으로 천도할 것을 주장하였다. 이에 대해 范仲淹은 태평시대는 水運이 편리한 현재의 도읍지 開封이 좋고 북방민족이 침입하는 비상시국에는 洛陽이 방어하기 알맞다고 하였다. 그리하여 비상시대에 대비하여 낙양에 식량을 비축할 것을 건의하였다. 이러한 范仲淹의 주장에 대해 仁宗이 呂夷簡에게 그 가부를 묻자 范仲淹의 주장은 실효성이 없는 空論에 불과하다고 비난하였다. 이에 대해 范仲淹(범중엄)은 다시 四論을 내세워[51] 반론을 제기하였다.

첫째, 帝王好尙論(제왕호상론)으로 王者는 솔선하여 敎化를 바로잡고 신하의 諫言을 받아들여야할 것.

둘째, 選任賢能論(선임현능론)이다. 천하를 다스리는데는 현인을 선발하고 능력있는 관료를 임명해야 한다.

셋째, 近名論(근명론)으로 군주도 신하도 사람으로써 지켜야할 도리가 있다. 유교의 名敎에 따라야 하고 名分을 부정하는 道家를 따라서는 안된다는 주장.

넷째, 推委臣下論(추위신하론)으로 군주는 국가의 모든 정무를 총괄할 수 없으므로 그 직무를 신하에게 위임하지만 邪正(사정)을 구별하고 近臣을 진퇴하는 일이 군주의 권한이다. 이것을 모두 신하에게 맡겨서는 안된다는 주장이었다. 또한 군주가 모든 신하를 선임할

---

51) 王德毅「呂吏簡 與 范仲淹」『史學彙刊』第4期 1973 및 『宋史研究論集』第2集 臺北鼎文書局 1973 재수록 참조.

수 없으므로 이를 輔臣 에게 위임해야 하는데 淸要의 職 등은 가볍
게 신하에게 맡겨서는 안된다는 것이다.

이 四論가운데 范仲淹이 역점을 둔 것은 네 번째 추위신하론이다.
그것은 인사권을 농단하고 있던 여이간에게 대한 강한 비판이기도
하였다. 范仲淹은 前漢의 成帝가 張禹를 신용하여 외척 王氏를 의심
하지 않았기 때문에 마침내 前漢은 王莽에게 멸망되었다는 고사를
인용하여 지금의 조정에도 張禹와 같은 신하가 폐하의 정치를 어지
럽히고 있으므로 그를 척결하라고 장주하였다.

이에 분개한 呂夷簡은 范仲淹의 상소문에 대해 仁宗에게 변명함과
동시에 范仲淹은 「직분을 넘어서서 정치를 비판하고 朋黨을 만들어
君臣間을 이간시키는 인물」이라고 상소하였다. 범중엄도 이에 대해서
굴복하지 않고 계속하여 상소하니 양자의 대립은 극단으로 치닫게
되었다. 景祐3년 5월에 范仲淹은 天章閣待制의 직책에서 知饒州로 좌
천되었다. 范仲淹이 황제에게 直諫을 거듭하여 좌천된 세 번째의 파
직이다. 한편 侍御史 韓瀆은 여이간의 뜻에 영합하여 范仲淹의 붕당
에 참여한 신하의 이름을 조정에 개시하고 백관도 越職言事를 경계
해야 옳다고 요청하여 황제의 승인을 얻었다.

4) 仁宗시대의 朋黨(붕당)논쟁

朋黨이란 주의주장을 같이하는 사람이 도당을 짓는 정치행위이다.
예부터 관료들이 사적으로 당을 만드는 것은 邪惡한 행위로 금지되
었다. 특히 후한시대에는 학자와 학생들이 붕당을 결성하였기 때문에
탄압되었으니 유명한 黨錮(당고)의 禁이 그것이다. 唐代 후기에는 이
른바 牛·李의 당쟁이 있었다. 宋代의 붕당싸움은 경우3년(1036)에
시작된 법중엄과 여이간의 대립에서 비롯되었다.

清初의 王船山은 『宋論』(송론)에서 「宋代의 당쟁은 神宗의 熙寧·
元豊시대에 치열하였고 철종의 元祐·昭聖시대에도 극성하여 그 화
는 마침내 휘종시대에 극에 달하였다. 宋의 朋黨은 景祐의 諸公으로
부터 비롯되었다.」[52]고 있다. 景祐諸公은 范仲淹과 여이간일파를 말
한다.

范仲淹이 추방되자 조정에서는 그와 뜻을 같이한 관료와 그와 관
계가 있는 인물들을 서둘러 적발하였다. 관료들은 范仲淹과의 관계혐
의가 드러날 것을 두려워하였다.

이에 朝廷內에서는 범중엄을 지지하는 관료와 그를 폄하하는 관인
으로 양분되었다. 범중엄을 옹호하는 上書는 용기있는 관료측에서 나
왔다. 다만 集賢校理 余靖은, 「만약 范仲淹의 言事가 황제의 뜻에 맞
지 않는다면 이를 묵살하면 되는 일이지, 어찌하여 벌을 내리십니까.
폐하는 정무를 시작한 이래 세 번이나 直諫하는 자를 추방하였습니
다. 이것은 태평성세의 정치라고 할 수 없습니다. 范仲淹 추방명령을
철회하소서.」라고 청하였다. 여정은 이 상소로 監筠州酒稅라고 하는
한직으로 좌천되었다. 여정의 좌천에 대하여 尹洙는 「여정이 붕당을
이유로 벌을 받고 좌천되었으니 본인에게도 벌을 내려주소서.」라고
상소하자 그 역시 추방되었다. 歐陽脩역시 范仲淹을 옹호하다가 좌천
되었고 館閣校監 蔡襄은 呂夷簡의 罪狀 七條를 올려 그를 공격하였
는데[53] 특히 여이간은 忠臣들이 여러 번 상소를 올려도 묵살하였고

---

52) 『宋論』 卷4 仁宗
53) 蔡忠惠集 卷14 乞罷 呂夷簡 商量 軍國事 이에 의하면 呂夷簡은 충절을
끊고 착당하여 조정의 정치를 어지럽혔고 염치를 모르고 출세를 위하여
관료의 기풍을 손상시키고 붕당논의를 축출하고 선학을 구분하지 못하며
백성의 힘을 소모하여 생령을 토탄에 몰아넣고 반대자를 제입하는 재주
가 날로 심하였다는 7가지다.

小人輩를 가까이 하면서 정치를 문란시켰다는 것이다. 여기에서 말하는 忠臣은 范仲淹, 余靖, 尹洙, 歐陽脩 등이다.

寶元원년 10월에 仁宗은 조칙을 내려 백관이 붕당을 결성하는 것을 금지시켰고 이에 대해 康定원년에 富弼은 상소하여 신하들의 상소금지를 해제토록 건의하자 皇帝는 간관을 증원하여 범중엄쪽의 의견을 받아들였다.

慶曆3년(1043)에 유명한 歐陽脩(구양수)의 붕당론이 上奏되었다. 이러한 와중에 추밀사 夏竦과 재상 呂夷簡을 파하고 章得象, 晏殊, 賈昌朝, 韓琦, 范仲淹, 富弼이 집정이 되고 歐陽脩, 蔡襄, 왕소, 여정이 간관이 되어 조정의 세력판도가 바뀌었다. 이러한 정치적 변화에 대하여 士大夫들은 조정에서 축하하고 서민은 이를 환영하였다.[54]

歐陽脩의 「朋黨論」[55]을 비롯한 『新唐書』·『新五代史』와 司馬光의 「朋黨論」[56]과 『資治通鑑』에서도 朋黨의 예를 찾을 수 있다.

歐陽脩의 「朋黨論」은 政敵 夏竦의 「黨論」에 대한 반론으로 내세운 주장이다. 그 내용을 보면 朋黨은 예부터 있어왔고 결코 새로운 것은 아니다. 단지 군주가 신하의 인물됨이 군자인가, 소인인가를 구분하면 다행한 것이다. 군자는 군자끼리 도를 같이 하기 때문에 붕당을 만들고, 小人은 小人끼리 利를 같이 하기 위하여 당을 만든다. 이러한 자연의 도리이다. 그러나 小人들에게는 朋은 없고 군자에게만

---

54) 同上書 權 15 乞用 韓琦, 范仲淹
55) 『歐陽文忠公集』 卷17의 朋黨論은 다음과 같다.
　　「臣聞 朋黨之說 自古有之 惟幸人君辨其君子小人而已 大凡君子與君子 以同道爲朋 小人與小人 以同利爲朋 此自然之理也 然臣謂 小人無朋 惟君子則有之 其故何哉 小人所好者祿利也 所貪者財貨也 當其同利之時 暫相黨引以爲朋者僞也 及其見利而爭先 或利盡而交疎 則反相賊害 雖其兄弟親戚 不能相保 故臣謂 小人無朋 其暫爲朋者僞也」.
56) 『司馬文正公集』 卷 71, 朋黨論 및 『資治通鑑』 卷 1 周紀 論贊.

朋이 있다. 그 원인은 小人들은 利綠을 추구하고 그들이 탐하는 것은 財貨이다. 그들은 이익을 함께 나눌 때는 일시적으로 사람을 끌어들여 朋을 만들지만 이것은 僞朋이다. 왜냐하면 小人은 利를 탐하기 때문에 利가 사라지면 관계가 소원해지고 도리어 서로 상처를 입히고 형제간이나 친척이라 해도 도움을 주지 않는다. 그러므로 小人의 朋은 僞朋인 것이다. 그러나 군자는 그렇지 않다. 그들은 도의를 지키고 忠信을 행하고 名節을 숭상한다. 그리하여 修身同道하고 국가에 봉사하여 시종 변함이 없으니 이것이야말로 군자의 眞朋이다. 군자는 모름지기 小人의 僞朋을 물리치고 군자의 眞朋을 받아들이면 天下는 잘 다스려진다고 주장하였다.[57]

歐陽脩는 君子와 小人에 의하여 전개되는 붕당을 慶曆의 黨議를 가지고 그 예로 들고 있기는 하나 이는 경력시대에만 국한하지는 않고 있다. 즉, 그는 漢나라와 唐末에는 조정에는 小人들로 들끓어 군자가 설 곳을 잃었고 漢代 黨錮의 禁으로 漢이 망하였으며 唐代에도 小人무리가 朝廷之士를 盡殺하였기 때문에 唐도 멸망하였다고 주장하였다.[58]

그의 역사관으로 볼 때에 君子가 지배하는 역사시대는 정치·문화적 발전기인 반면에 소인적 인간유형에 의하여 전개되는 역사시대는 쇠퇴·멸망기로 파악하고 있다.

그 후, 國子監 直講 石介는 慶曆 頌德詩(송덕시)를 지어 呂夷簡과 夏竦 등을 大姦이라 極論하였다. 이를 계기로 종래의 파벌논쟁과 달리 慶曆 黨議는 인신공격을 여는 계기를 마련하였고 이러한 인신공격의 극단적 풍조는 여기서 비롯되었다. 北宋의 당쟁사에서 군자 소

---

57) 『歐陽文忠公集』卷17 朋黨論
58) 同上 唐六臣傳後論

인론에서 大姦과 姦人으로 상대방을 몰아붙이고 徽宗시대 姦黨碑를 세우는 타락된 정치사가 石介의 大姦論(대간론)에 시작되었다.

慶曆4년에 仁宗은 대신들과 같이 朋黨을 논의하였다. 이때 范仲淹은 君子가 朋黨을 만들면 국가에 이익이 되므로 금하면 안된다고 주장하였고 小人들이 黨을 만들면 국가에 해를 끼치는 것으로 금지해야 한다고 하면서 韓琦와 더불어 국정개혁을 추진하였다.[59]

이보다 앞서 石介는 富弼에게 글을 보내어 程·周의 도덕적인 포부를 정치에서 행할 것을 권하였는데 이 사실을 안 夏竦은 石介가 일찍이 자기를 비방한데 대한 원한과 富弼과 영합하는 것을 미워하여 그를 모함하였다.

慶曆5년에 賈昌朝(가창조)가 동평전사 겸 추밀사가 되었고, 富弼(부필)과 范仲淹(범중엄)을 비판하는 관료들이 많자 韓琦(한기)는 富弼을 구제하려 하였으나 뜻을 이루지 못하고 물러났다.

慶曆5년 6월에 石介가 사망하였는데 石介의 사망은 慶曆 黨議에 새로운 정치파동을 가져왔다. 즉, 이해 11월에 반란을 도모한 孔直溫의 집을 수색하였는데 여기에서 石介가 孫復에게 보낸 詩가 나왔다. 夏竦은 전에 石介가 자신을 탄핵한 데 깊은 원한을 가지고 있었으므로 石介의 사망은 거짓이고 富弼이 石介를 거란에 파견하여 거란과 도모하여 병란을 일으키려는 모의를 꾸몄다는 주장이다. 石介의 죽은 관을 열고 그의 사망여부를 확인할 것을 요청하였다. 仁宗이 충주에 조칙을 내려 石介의 사망을 확인토록 하였다. 충주의 掌書記 龔鼎臣이 철저하게 조사하여 石介의 사망이 사실임을 확인하였다. 이 당시 제점형옥이었던 여이간도 夏竦의 주장이 잘못되었음을 인정하고 石介의 관을 덮고 사태를 수습하였다. 그러나 富弼은 按撫使에서 파직

---

59) 拙稿「范仲淹의 文敎改革策」『歷史敎育』제8 1972년

되고 孫復은 지방으로 좌천되었으며 石介의 자손은 관직에서 추방되었다.

경력의 광의는 치졸한 개인감정 싸움으로 전개되어 조정대관의 자존을 훼손하였다.

5) 慶曆의 黨議와 歐陽脩의 朋黨論

歐陽脩 이전의 宋初에도 朋黨論이 있다. 宋初의 역사가이며 정치가인 王禹稱은 朋黨論을 지었다. 그는 여기에서 「朋黨은 堯舜시대에 이미 군자의 당과 소인의 당이 있었다」고 서술하였다. 또 范仲淹도 仁宗이 「소인들은 당을 만드는데 군자들에게도 당이 있는가」라는 질문에 대해 「조정에는 邪와 正의 당이 있으며 폐하가 그것을 잘 살펴 구별해야 하는 것입니다. 朋黨을 만들어도 옳은 일을 한다면 국가에 아무런 해가 되지 않습니다.」라고 답하면서 군자의 朋黨을 인정하고 있다.

慶曆의 黨議가 전개되는 과정에서 慶曆3年(1043)에 歐陽修는 知諫院으로써 붕당론을 황제에게 올렸다. 그의 붕당론을 보면 다음과 같다.

歐陽修는 인간 행동의 유형을 君子와 小人으로 양분하였다. 붕당 피해가 발생하는 원인은 오직 人君(皇帝)이 君子와 小人을 판별하지 못한 데 있다고 하여 붕당의 원인을 황제에게 돌리고 있다.

歐陽脩에 의하면 君子는 道를 같이하는 사람끼리 朋을 이루지마는 小人은 利를 같이하는 자가 무리를 이루는데 利는 인간의 利己心에서 나온 자연적 이치이다. 小人에게는 붕이 없고 君子에게만 있는데 그 까닭은 小人이 탐하는 바는 利祿이나 財貨뿐이므로 이해가 같을 경우에는 도당을 결성하여 붕을 이루나 利가 사라지면 서로의 관계는 소원하게 되어 도리어 서로 해치게 된다. 때문에 小人에게는 朋이

없고 일시적으로 朋을 만든다고 해도 僞朋에 불과하다.

그러나 君子는 그렇지 않다. 왜냐하면 君子들이 지키려는 것은 도의이고 행하는 바는 충의이고 소중히 여기는 것은 명예와 절의이기 때문이다. 이것을 가지고 몸을 닦고 道를 같이하면 서로 이롭게 되고 나라를 섬기게 되면 마음이 같아져 共濟하고 시종여일하니 이것이야말로 君子의 붕이라는 것이다. 구양수는 황제의 중요한 자질로 君子의 眞朋과 小人의 僞朋을 판별하는 것이 賢君의 자격이라고 강조하였다.

君子와 小人의 엄격한 구분은 歐陽修뿐만 아니라 宋代 士大夫의 일반적인 인간관이기도 하다.[60] 이런 까닭으로 황제는 마땅히 小人의 僞朋을 물리치고 君子의 眞朋을 쓰게 되면 천하는 잘 다스려지게 된다고 입증하고 있다. 그 예로써,

君子의 진붕을 판별한 堯, 舜, 周 文王의 통치는 훌륭한 것이었으나 小人의 위붕에 속아 넘어간 紂王, 후한의 獻帝, 당의 昭宗 등은 君子를 멀리하거나 살해하였기 때문에 국가를 멸망으로 몰아넣게 되었다는 것이다.

歐陽修의 이상과 같은 붕당론은 仁宗시대 慶曆 黨議의 사상적 바탕이 되었고 이후 당쟁이 치열하던 神宗시대의 新·舊法党에게 원용되어 상대방은 小人의 僞党, 그리고 자기파는 君子의 진붕이라 하면서 당쟁을 합법화하는 사상적 근거로 발전하였다.

그런데 여기에서 문제가 되는 것은 君子와 小人의 개관적인 판별 기준이 없다는 사실이다. 특히 관료집단이 신법과 구법의 어느 한쪽에 가담하여 무조건적으로 상대를 小人이라고 단정하는 정치풍토 아

---

60) 拙稿「王安石, 司馬光의 君子·小人論」(『高柄翊先生華甲紀念史學論叢, 歷史와 人間의 對應』, 한울, 1984)

래에서는 개인적인 小人·君子의 판별은 이미 불가능한 상태가 되었
다. 이런 士大夫관료의 정치풍토에서는 현군이 출현한다 해도 君子·
小人의 붕당을 판별하기란 쉬운 일이 아니다. 宋代의 관료가 붕당을
만들어 집단적인 행동을 하는 것은 그 자체가 利己的 정치목적이 내
포되고 있다. 이러한 이기적 목적을 명분화한 君子論은 객관적인 도
덕 가치를 상실하였다는 점에서 宋代의 黨爭은 士大夫관료의 타락된
파벌싸움이고 정치행동이다.

宋代의 치열한 黨爭을 皇帝權과 결부시켜 생각할 때 皇帝도 官僚
도 국가의 중대한 현안문제를 논하는 큰 정치를 하지 못하고 있음을
알 수 있다. 皇帝는 立皇后나 廢皇后, 그리고 濮議문제를 제기하여
官僚들의 당쟁에 휘말리고 그들은 눈치는 나약한 군주가 되었다. 이
리하여 관료들의 찬반논쟁을 거치는 과정에서 황제권은 깊은 상처를
입고 있다. 한편 관료들도 대외문제나 적자재정개혁, 사회문제의 해
결 등 중대한 국가적 현안에는 관심을 갖지 않고 오직 지엽적 사소
한 문제에 집착하면서 공리공담을 일삼은 것이 宋代 당쟁의 특징이
라 하겠다.

6) 慶曆 黨議와 황제권

경력 당의는 郭황후의 폐위사건을 계기로 하여 그 부당함을 내세
운 禮敎的(예교적) 名分論者(명분론자)와 仁宗에게 영합하여 황제의
뜻을 추종한 現實論者의 정치적 대립으로 시작되어 종국에는 개인적
감정이 격화되면서 상대를 극단적으로 비방하고 이러한 과정에서 파
당을 만들어 상대방을 공략하는 당파싸움으로 전개되었다.

이 과정에서 주목되는 것이 仁宗황제의 우유부단한 성격이다. 仁宗
은 郭황후의 폐위사건으로 문제를 일으키고 나서 신하들의 반대와

찬성에 휘말리어 군신들의 의견을 쫓아 우왕좌왕하면서 국정의 혼란을 가져오게 만들었다. 仁宗황제의 황제권실상이 대단히 허약하다고 하는 사실을 알 수 있다.

또한 慶曆 黨議는 仁宗황제가 寶元원년 10월에 조칙을 내려 백관의 붕당결성을 금지하였다. 그러나 富弼은 관료는 마땅히 국가정책을 논의하는 言事를 해야 된다고 上奏하였고 이에 굴복하여 仁宗은 慶曆3년에 諫官을 증언하는 조처를 취하였다. 뿐만 아니라 范仲淹은 君子의 朋黨은 국가발전에 이익이 되고 따라서 君子의 朋黨은 장려해야 할 일이라고 上奏하고 있다. 또한 歐陽脩는 朋黨論을 작성하여 宋代의 朋黨정치를 명분화하는 방향으로 논의를 전개하였다.

慶曆시대의 黨議이후 관료사회에서는 끊임없이 많은 문제를 제기하는 계기를 마련하고 있다. 그런데 여기에서 주목되는 것은 士大夫 관료들이 국정을 논의하고 문제를 제기할 때 자기와 뜻이 다른 상대방을 원색적으로 비난하는 풍조가 慶曆 黨議에서 비롯되고 있다는 사실이다. 관료사회의 정치논의는 흔하게 볼 수 있다. 그러나 直言, 直諫이라는 명분을 가지고 반대파를 小人으로 몰아붙이고 자기파를 君子로 자칭하는 잘못된 관료 풍토는 慶曆 黨議에서 비롯되고 있다. 仁宗시대 이전 眞宗시대의 파벌싸움은 王欽若이 그와 원한관계가 있던 寇準을 비난할 때도 원색적으로 비난하는 것이 아니라 우회적인 방법으로 간적적으로 비판하고 있는 것은 仁宗시대와는 사뭇 다른 바가 있다.

仁宗시대의 慶曆연간은 문치주의가 발달하고 문신관료들이 국정에 대하여 자기의견을 활발하게 표현한 시대로 중국역사상 文運이 번성한 태평성세로 알려져 있다. 그러나 이러한 이면에는 관료 상호간의 直諫이나 直言이라는 명분을 가지고 상대방을 비난하는 것은 宋代의

士風이 타락된 면을 그대로 나타낸 것이다.61) 國子監 直講이라고 하는 요직에 있던 石介가 재상 呂夷簡을 大姦이라고 극언을 한 것은 유교주의 宋代관료로서는 온당한 言事가 아니다. 石介의 이와 같은 인신공격에 대해서 孫復은 문신관료의 言事의 피해가 石介로부터 시작되었다고 하고 范仲淹도 韓琦에게 國事를 어지럽히는 언행이라고 비판하고 있다. 歐陽脩의 朋黨論도 仁宗시대의 관료사회의 黨爭상태를 잘 표현한 것이다. 歐陽脩는 君子의 朋黨을 인정하고 있다. 이후 당파싸움은 정책에 있지 않고 君子와 小人, 즉 善人과 惡人과의 파벌싸움으로 번져 나가면서 정치적 타락을 가져왔다.

慶曆시대의 君子 小人論과 大姦, 奸人과 같은 인신공격의 풍토는 英宗, 神宗시대를 거치면서 당쟁의 극렬한 싸움으로 번져 나갔고 마침내 徽宗시대의 姦党碑(간당비)를 세우는 비정상적인 정치형태를 가져오는 출발점이라 하겠다.

이상, 경력연간의 왕의 논쟁을 통하여 확실하게 파악할 수 있는 것은 仁宗에 의한 황제권이 신하들의 정쟁에 아무런 힘을 발휘하지 못한다는 사실을 알 수 있다. 특히 北宗시대를 통괄하여 볼 때 仁宗의 경력연간은 宋代에 문운이 발달하고 국운 번창한 태평시대로 일컬어지고 있다. 또한 仁宗의 황제위상도 북송시대를 대표하는 名君으로 부각되어 왔다. 그러나 이러한 사실은 仁宗의 황제권과 결부시켜 생각할 때 역사적 실체와는 사뭇 다르다는 사실을 살필 수 있다.

---

61) 宮崎市定 앞의 「宋代의 士風」『史學雜誌』 63 編 第2號 1953년 참조

제4절 英宗시대 濮議(복의)논쟁과 황제권

I. 英宗시대의 濮議(복의) 논쟁

1) 仁宗에서 英宗으로의 황위계승

仁宗의 뒤를 이어 북송의 5대 황제로 등극한 英宗이 직위하기까지 의 경위는 대단히 복잡하다. 仁宗은 세 사람의 아들이 있었으나 모두 요절하였다.[62]

仁宗은 황자의 탄생을 만년에 이르기까지 기대하였다.으나 탄생한 것은 공주뿐이다. 공주는 13명 가운데 9인이 요절하였다.

英宗의 부친은 태종의 손자인 濮王(允讓)이고, 모친은 仙遊縣君(유 선현군) 任氏이다. 英宗은 복왕의 13번 째 아들로 天聖 10년(1032) 정월에 탄생하였다. 4살 때 장차 仁宗의 후사로 궁중에서 양육되었다. 英宗이 궁중에 들어온 것은 仁宗과 복왕간의 정치적인 사연이 있었 기 때문이다. 그것은 일찍이 복왕이 仁宗이 탄생되기 전에 진종의 후 계자로 거론된 일이 있었다. 그러나 仁宗의 출생으로 복왕의 후계문 제는 없었던 일이 되어버렸다.[63]

---

62) 『皇宋十朝綱要』卷4 皇子三條에, 楊王(昉)은 景祐4년(1037) 5월 9일에 탄 생한 당일에 사망하고 雍王(昕)는 寶元2년(1039) 8월에 탄생하여 康定2 년 (1041)10월에 사망하였으며 荊王(曦)는 慶曆元年(1041) 8월에 탄생하 고 慶曆3년(1043)에 사망하였다. 형왕이 죽은 후 황자 탄생은 없었다.

63) 『宋史』卷245 宗室 2 濮安 懿王 允讓傳

2) 英宗의 태자 책봉 논의

仁宗의 후사문제가 본격화된 것은 至和 3년(1056) 정월에 仁宗이 궁중의식을 행하는 도중에 현기증을 느끼고 그로부터 한 달 동안 정무를 보지 못하게 되었다.[64] 이에 후사를 빨리 결정해야 한다는 상주문이 계속해 올라왔다. 먼저 知諫院 范鎭이 후사를 세워야 한다고 건의하였고 그 후 文彦博, 富弼 등이 후사문제를 건의하였다. 仁宗의 병세가 회복되자 仁宗은 신하들의 上言을 묵살하였다. 그러나 범진과 司馬光은 후사결정의 필요성을 집요하게 주장하였다.[65] 司馬光이 후사의견을 올린 것은 至和(지화)3년 6월이다. 이때 司馬光은 并州 通判이었다. 후사책봉은 「천하의 근본이고 근본이 정해지지 않으면 백성이 안심할 수 없다. 조상의 위업을 지키고 영원히 계승하는 것이 황제의 책임이다. 종실의 어진 자를 골라 후사로 정하고 만약에 황자가 태어나면 襄邸에 돌려보내면 된다」[66]고 하였다.

司馬光의 계속된 上言은 마침내 仁宗의 마음을 돌리게 하였다. 嘉祐 6년(1061) 윤8월에 司馬光은 후사결정을 재촉하는 上奏文을 올리고 다시 仁宗과 대면하여 똑같은 주장을 하였다. 이때 仁宗은 司馬光의 충언에 따르는 특지를 내리고 후사를 세울 것을 재상과 약속하였다. 10월에 한기 등의 재상과 집정에게 「짐은 후사를 전에부터 생각해왔다. 그러나 아직 내세울 인물을 찾지 못했다. 적당한 인물은 없는가.」라고 하자 한기는 「이 문제는 신하가 입을 열 일이 아닙니다. 폐하께서 마음에 두고 있는 사람을 결정하소서.」라고 하니 仁宗은 趙宗實(英宗)의 이름을 말하였다.[67] 宗室(후에 曙로 개명)은 30세로

---

64) 『長編』 卷182 嘉祐元年 正月 甲寅條
65) 『長編』 卷195 嘉祐6年 10月 壬辰條
66) 『長編』 卷182 嘉祐元年 6月 庚午條
67) 『長編』 卷195 嘉祐6年 10月 壬辰條

그 당시 知宗正寺에 임명되어 왕실의 훈육을 담당하고 있었다.

仁宗의 뜻은 확실하였으나 宗室은 嘉祐4년에 죽은 부친 복왕의 상을 마치지 않았다는 이유로 立太子에 나갈 것을 사퇴하였다.[68] 이러는 와중에 宮內에서는 환관과 宮嬪(궁빈)사이에서 英宗 대신 다른 사람으로 후사를 세우려는 움직임이 나타났다. 가우 7년 7월에 右正言 王陶가 이러한 움직임을 차단하기 위해 보다 명확한 후계자의 관직을 英宗에게 줄 것을 요구하였다.[69] 이해 8월 5일에 종실(英宗)을 황자로 하는 조칙이 내려지고 9월에 종실의 이름을 曙로 고쳤다. 그후 또 다시 병을 핑계로 궁정에 들어갈 것을 거부하였으나 대세를 바꿀 수는 없었다. 이리하여 이듬해 가우 8년 3월 말에 돌연히 仁宗이 돌아가시자 4월 1일에 英宗은 재위에 오르게 되었다.

II. 濮議(복의) 논쟁의 전개

1) 복의논쟁의 성격과 그 내용

英宗시대의 복의논쟁은 宋代 당쟁사에서 대단히 중요한 의미를 갖는다. 그것은 복의논쟁을 통하여 宋代 士大夫官僚의 정치논쟁의 성향과 정치투쟁의 실체를 파악할 수 있고 나아가 황제와 관료간의 정치권력관계, 그리고 儀禮문제의 공론을 가지고 관료상호간의 극단적인 비난과 政爭의 성격을 살필 수가 있기 때문이다. 또한 복의논쟁의 내용을 보면 단순한 의례상의 문제로 일관하고 있으나 논쟁을 하는 과정의 관료들의 논쟁경위를 보면 거기에는 皇帝觀이나 國歌論이 內在

---

68) 濮王의 사망은 『長編』卷190 嘉祐4年 11月 庚子條에 있다.

69) 『長編』卷197 嘉祐7年 7月 丁卯條

하고 있음을 알 수 있다.[70]

仁宗에 이어 재위에 오른 英宗은 수일 후 돌연히 병이 들어 주위 사람을 알아보지 못하고 말도 정상적으로 하지 못했다. 큰 소리를 지르면서 궁중을 뛰어다니자 재상 韓琦가 놀라서 제지하려 하였고 曹황태후(仁宗황후)가 수렴정치를 하게 되었다.[71]

수개월 후 병은 어느 정도 회복되었으나 英宗의 병중에 曹皇太后가 수렴정치를 하면서 英宗과 황태후의 관계가 불화하였다. 태후는 성격이 악랄하고 권모술수가 능하였다. 그러나 타협을 모르는 직선적인 성격을 가진 英宗과는 성격적으로 조화를 이루지 못하였다. 英宗은 환관에 대해 매섭게 대하자 英宗과 황태후 사이를 이간하는 움직임도 있었다. 복의라는 의례상의 문제를 가지고 논쟁을 하는 과정에서 英宗과 曹皇太后의 불화를 이용하여 진행된 관료들의 정치투쟁으로 보는 관점도 있다.[72] 병이 회복되자 韓琦와 歐陽脩는 두 사람 사이를 완화시켜 사태를 수습하였다. 또한 연호를 治平으로 고치고 치평원년(1064) 5월에 재상 韓琦의 주장으로 황태후로부터 정치를 되돌려 받았다.[73]

英宗의 제위 4년 동안 복의라는 儀禮문제를 가지고 朝臣들 사이에 치열한 논쟁이 벌어졌고 이것이 英宗시대 정치를 공리공담으로 일관

---

70) 濮義논쟁에 대해서는 吉田淸治 『北宋全盛期の歷史弘文堂』1941에서 英宗시대의 정치특색은 仁宗후기로부터 臺諫이 명성을 다투는 氣風의 연장선으로 보고, 濮義에 나타난 典禮論이 卓上空論이라 하였다.
宮崎市定 앞의「宋代の 士風」에서 濮義는 논의를 위한 논쟁이라고 결론을 내리고 있다.
小林廣義 「濮義小考」『東海大學紀要文學部』제54집 1990 참조.
71) 『長編』卷198 嘉祐8年 4月 己卯條
72) 劉子健 『歐陽脩的治學與從政』香港新亞硏究所 1963年 참조.
73) 『長編』卷199 嘉祐8年 11月條

되면서 정치의 공백을 가져오게 되었다. 논쟁의 초점은 仁宗을 이은 英宗이 仁宗의 친자가 아니고 방계에서 황위를 계승하였기 때문에 典禮문제가 제기된 것이다. 즉,

英宗의 親父(복왕)를 英宗이 아버님(皇考)이라고 부를 것인가, 아니면 仁宗의 뒤를 이었기 때문에 큰아버님(皇伯)이라고 불러야 하는 것인가의 문제이다. 이 문제를 두고 정부(中書)쪽에서는 皇考가 옳다 하였고, 한림학사파와 臺諫측은 皇伯이 옳다하여 서로의 주장을 조금도 굽히지 않고 3년 동안 치열한 논쟁을 전개하였다.

복의 논쟁은 대체로 3단계로 구분하여 설명할 수 있다.

첫째단계는 치평2년(1065) 4월에 복왕의 典禮(전례)에 관한 논의를 구하는 조칙이 내려왔다.[74] 이때 翰林學士 王珪 등은 복왕은 仁宗의 형님에 해당하므로 英宗은 仁宗을 계승하였기 때문에 皇伯이라고 칭해야 한다는 皇伯設을 제기하였다.[75] 이에 대해 정부의 中書 (宰相과 執政)측에서는 皇考說을 주장하여 대립이 시작되었다.[76]

臺諫측에서는 中書측 皇考說에 반대하고 翰林측 皇伯說을 옳다고 하여 논쟁에 불이 붙게 되었다.

황태후도 皇伯설에 찬성하고 중서측을 질책하자 당황한 英宗은 典故를 구할 필요에서 잠시 동안 의논을 중지하라는 조칙을 내렸다. 그러나 이 조칙은 대간 측에 의하여 무시되었다.[77]

그리하여 判太常侍 范眞이 禮官을 인솔하고 皇考설이 부당함을 上言하고 이 문제에 관한 자료를 제출하였다. 중서 쪽에서는 이들의 상주문은 조칙위반이라고 범진을 질책하였으나 범진은 물러서지 않았

---

74) 『長編』 卷204 治平2年 4月 戊戌條
75) 『長編』 卷206 治平2年 6月 辛亥條
76) 同上
77) 同上

다. 한편 대간 측에서는 王珪의 皇伯說을 조속히 실행해야 된다는 독촉을 계속하였다. 여기에는 侍御史知雜事 呂誨와 知諫院 司馬光이 선봉에 섰다.[78] 여회는 중서 측에서 황백설을 비판한데 대해 구체적인 예를 들어 반론하였다. 만약 중서 측에서 주장하는 황고설을 따른다면 英宗에게는 두 사람의 부친, 즉 仁宗과 복왕이 존재하기 때문에 英宗이 동등한 상복을 입게 되는 모순이 생기게 된다고 비판하였고 특히 司馬光은 경전에 따라 복왕을 황백이라고 하는 것이 옳다고 하였다.

복의논의의 제 2단계는 天變이 일어난 것을 계기로 이를 복왕 논의에 연계시키면서 정치문제로 비화시킨 것이다. 즉, 8월에 개봉지방을 휩쓴 큰 비로 많은 사상자를 가져온 큰 피해가 있었다.[79] 이 재난을 대간 측에서 정치를 담당하고 있는 중서 측을 공격하는 좋은 기회로 삼았다. 큰 비가 온 것은 하늘이 내린 재난이고 그 원인을 복의논쟁과 연계하여 여회는 大雨를 복의와 연관시키고 있다. 權御使中丞 賈黯은 집정들이 英宗에게 아부, 추종하여 皇考설을 주장하고 그것이 종묘의 신령을 노하게 하여 큰 비가 오게 되었다고 역설하였다.

呂誨는 執政(中書)이 英宗을 현혹시키는 佞人이라 극론하고 그들의 주장을 邪說이라고 비난하였다. 여회는 특히 韓琦를 탄핵하면서 복왕을 황고라고 주장한 것은 본래 폐하의 생각이 아니라 한기의 아부와 추종에 의하여 조작된 것이라고 비난하였다.[80]

치평3년에 이르러 비난은 다시 歐陽脩에게 향하였다. 이 당시 중서에는 재상 韓琦와 曾公亮이 있었고 參知政事에 歐陽脩와 趙槩가 있

---

78) 『長編』卷204 治平2年 2月 丁亥條의 注에 實錄을 인용하여 臺諫으로 司馬光 呂誨 외에 傳堯兪 趙鼎 范純仁 呂大防을 들고 있다.
79) 『長編』卷206 治平2年 8月 庚寅條
80) 同上 治平2年 12月 甲寅條

었는데 대간 측의 비난은 특히 歐陽脩에게 집중되었다. 여회는 범순인과 여대방 등 다른 대직과 함께 구양수를 탄핵하는 상주문을 올렸다. 「참지정사 구양수는 邪義를 가지고 경전에 부합된다고 하였으나 이는 正道를 왜곡하여 황제에 영합하였고 목전의 이익을 좇아 先帝를 배신하고 복왕에게는 잘못된 칭호를 올려 폐하를 실책에 빠뜨렸다.[81]」고 비난하였다. 당시 중서에는 재상 한기, 증공량, 참지정사에 구양수, 조보가 있었다. 여회 등은 구양수를 邪意에 수모자로 탄핵하였다.

중서 측에서는 여회 등 대간 측의 비난이 전면적인 반론이 시작하였다. 반론은 구양수에 의해서 작성되고 대간 측의 논거를 철저히 분석·비판하였다. 이때에 이르러 英宗은 中書측 주장인 皇考설을 지지하니 중서 측이 유리하게 되었다.[82] 중서측은 다시 황태후를 움직여 복왕을 皇으로 하고 그 부인을 后로 하였고 英宗은 복왕을 親이라고 칭할 것을 제출하였다. 英宗은 이러한 존호대신 親이라고 칭하는 것만을 승낙하였다. 이러한 사실이 대간측에 전해지자 여회는 자기들의 의견이 받아들여 않음에 더 이상 대간의 직무에 머물 수 없다고 어사의 告勅(辭令)을 반환하고 귀가하였다.

복의논쟁의 제 3단계는 治平2년(1065) 정월에 英宗이 황태후의 뜻에 따르도록 조칙을 내렸고 이것은 중서 측이 모의한 내용에 의한 것이다.[83] 그러나 다시 대간 측으로부터 맹렬한 반발이 일어났다. 呂誨는 親이란 칭호는 仁宗과 복왕 두 사람을 皇考(아버지)라 부르는

---

81) 同上 治平3年 正月 壬午條
82) 同上 治平3年 正月 癸酉條
83) 『長編』卷207 治平3年 正月條에 의하면 복왕과 부인을 親이라 칭하고 복왕의 세부인을 각각 后라고 하며 복왕의 묘역을 園이라 하고 園에 廟를 세워 복왕의 자손으로 하여금 제사를 담당하도록 한다는 내용이다.

것이니 이는 英宗에게 두 사람의 皇考(아버지)가 있는 것이라고 비판하면서 首惡의 歐陽脩와 奸臣의 처벌을 주장하였다. 비판은 이때 대간의 직을 가지고 있던 여회, 범순임, 여대방과 함께 이미 간관을 사직한 司馬光도 합세하였다.

韓琦와 歐陽脩는 집정 측 의견(皇考)과 대간 측 의견(皇伯)중에서 택일하라고 英宗을 압박하였다. 英宗은 집정 측(중서)의 皇考說을 택하고 대간직에 있던 呂誨, 范純仁, 呂大防을 지방관으로 좌천시켰다. 이와 함께 복왕의 典禮에 관한 논의를 금하는 조칙을 발표하였다.[84] 반대파의 좌천은 위 세 사람과 함께 세 사람의 편에 섰던 傅堯兪, 趙鼎, 趙瞻 등 臺諫官도 지방으로 좌천시켰다. 그리하여 새로 대간관에 임명된 인물은 집정 측과 의견이 일치하고 있던 관료들이다. 여기에서 복의를 둘러 싼 소동은 일단락되었다.

복의가 일단락되었을 무렵 英宗은 병으로 쓰러졌다. 10월 초에는 더 한층 위독하여졌으나 근신들은 그것을 알지 못하였다.[85] 11월에는 말을 하지 못하고 모든 지시는 필답으로 할 정도였다. 治平4년 정월 8일에 英宗이 형년 36세로 붕어하니 6代 神宗이 20세로 즉위하였다.[86]

2) 복의논쟁과 황제권의 실추

복의 논쟁을 통하여 宋代 황제권의 실상을 다른 측면에서 엿볼 수 있다.

먼저 英宗의 변칙적 황위 계승이 몰고 온 황권의 문제이다. 英宗이

---

84) 同上 治平3年 正月 壬午條
85) 『長編』卷207 治平3年 正月
86) 同上 卷209 治平4年 正月 丁巳條

방계에서 황위 상속을 하지 않고 仁宗의 직계자손으로 皇位에 올랐다면 처음부터 복의 논쟁은 일어나지 않았다. 따라서 英宗 치세 4년 간은 변칙적 황위 계승이 가져온 복의 논쟁으로 세월을 허송하였고 그 결과는 병약한 英宗으로 하여금 황제권 행사를 제대로 하지 못하고 단명으로 황위를 마감하는 요인으로 작용하였다.

다음 복의 논쟁 과정에서 英宗이 논쟁을 중지할 것을 명하였으나 대간이 이를 받아들이지 않고 皇命을 거역하였다는 점이다.[87] 만약 절대군주 치하에서 이러한 일이 일어났다면 대간들의 관직은 물론 그들의 목숨도 유지하기 어려운 일이다. 이를 미루어볼 때 황제의 실권은 권위를 상실하고 신하(臺諫)들이 황제권을 능멸하고 있음을 알 수 있다.

또한 황제권에 대한 대간 측의 불복종을 수습하기 위하여 황태후의 詔書를 이용한 점이다. 이는 英宗의 황권위에 皇太后權이 그 힘을 가지고 있음을 알 수 있다. 처음 복의 논쟁이 시작되었을 때 황태후가 중서 측을 비난하고 대간 측을 지지한 것도 복의 논쟁을 확대시킨 원인이 되었다. 따라서 英宗의 치세 4년은 그 초기에 英宗의 臥病과 황태후의 垂簾聽政(수렴청정)이 있었고 英宗의 친정시대에도 여전히 태후의 권력은 황제권위에서 그 힘을 행사하고 있다는 사실을 간접적으로 알 수 있다. 복의 논쟁은 복왕에 대한 전례문제를 가지고 시작되었지만 그것이 中書측과 臺諫측의 대립으로 국정을 파벌싸움으로 몰아넣었다는데 宋代 士大夫정치의 파벌적 정치성향을 단적으로 부각시켜 놓았다.

---

87) 英宗이 복의논쟁중지의 詔勅을 내린 것은 治平二年 六月(『長編』卷205)이다. 그러나 臺諫은 이를 무시하였다. 또 治平三年 正月에 조칙을 내려 中書 측의 皇考說을 따르라 하였으나 臺諫들은 이에 대해 맹렬히 반발하고 사직하였다.

3) 濮議 논쟁의 정치적 의미

宋代의 황제권과 당쟁을 이해하는데 英宗시대의 복의문제는 중요한 의미가 있다. 복의논쟁은 외면상으로는 단순한 의례논쟁이고 복왕의 칭호에 관한 전례이다. 그러나 그 내면에는 宋代 士大夫관료의 파벌적 정치논쟁과 깊은 관계가 있다. 다시 말하면 士大夫 관료들이 당을 지어 자기주장을 내세우면 반대파의 주장을 전혀 용납을 하지 않는다. 반대파 쪽에서도 자기들이 이의를 제기한 문제에 대해서는 끝까지 굽히지 않는 당파적 심리가 관료사회에 만연되어 있음을 알 수 있다. 그리하여 자기파를 君子라 하고 상대편을 小人으로 몰아세우면서 극렬하게 파벌싸움을 하게 되는데 이것이 英宗시대의 복의논쟁으로 전개된 것이다. 따라서 복의논쟁은 그 이전의 진종시대의 파벌싸움과 仁宗시대의 郭皇后 폐립문제로 대립된 관료들의 경력당의가 英宗대에도 재현된 것이다. 英宗시대의 복의논쟁은 다음에 오는 神宗시대의 극력한 신구당쟁의 전단계로서의 정치적 의미를 지니고 있다.

神宗의 혁신정치는 英宗시대의 치열한 복의논쟁을 정리하고 새로운 정치로 나아가려는 神宗의 강한 뜻이 담겨 있었다. 그러나 神宗시대의 신구당쟁도 결국에는 국가의 중요한 현안문제보다는 상대방을 인정하지 않는 士大夫 관료들의 당파싸움으로 일관하였다. 복의논쟁은 국가정책이나 경제발전, 대외문제 등 국가현안 문제를 가지고 관료들 사이에 옳고 그름을 따진 차원 높은 정책논쟁이 아니라 단순한 의례문제를 가지고 이를 정치문제화한 것이다. 宋代 당쟁사에서 空理空論으로 일관한 英宗대의 복의논쟁의 그 역사적 성격이 여기에 있다.

제5절 神宗시대의 신구당쟁과 皇帝權

Ⅰ. 神宗대의 시대성격과 新法개혁

1) 北宋史에서의 神宗시대의 성격

神宗시대(1067-1084)는 宋의 건국(960)에서부터 100여년이 되는 시기이다. 북송의 전반기는 唐末·五代 이래의 정치·사회적 개혁이 아직 완전히 정착되지 못하고 낡은 것과 새것이 교체되는 불안정한 시대였다.

宋은 文治主義 정책으로 五代의 군벌체제는 정리되었으나 五代的 잔재는 여러 곳에서 그대로 잔존하고 있었다.

그 좋은 예로 五代의 官制가 그대로 通用되었고 太祖·太宗시대는 五代의 官僚가 송의 국정을 운영하고 있다. 太祖와 太宗의 심혈을 기울인 노력에도 불구하고 後晋의 高祖 石敬塘(석경당)이 거란에게 활양한 燕雲16주의 땅은 회복되지 못한체 진종시대의 전연의 맹약체결(1004년)로 불안한 휴전상태가 유지되었다. 거란과 西夏에게 보낸 막대한 세폐와 세사는 宋朝의 대외관계의 취약성을 그대로 반영한 것이다.

宋初에 군사제도, 科擧제도, 재정개혁 등 각 방면에 걸쳐 새로운 정책을 시행하였으나 文臣관료체제가 안고 있는 내외적 모순은 사회 전반에 나타나고 있다.

황제의 권력면에서 볼때, 황제권은 취약하였고, 그 결과 당쟁은 더욱 치열하였다. 송대 「군주독재체제설」이 주장되고 있지만은 만약 황

제의 독재권이 완전하고 군주가 국정을 철저하게 장악하였다면 중국
역사상 그 유례를 찾을 수 없는 송의 당쟁은 政治力學的 관점에서
볼 때 결코 있을 수 없는 일이다.

3대 眞宗시대에는 황제권이 제대로 행사되지 못하고 약체화하였다.
4대 仁宗도 우유부단하고 劉태후의 수렴정치와 후궁세력이 강하여
기강은 문란하였다. 밖으로 西夏와의 7년 전쟁으로 국력이 소모되고
안으로 도적이 사방에서 봉기하면서 황제권력은 더욱 약화되었다. 이
에 따라 관료들은 황제의 우유부단성을 믿지 못하고 결국 관료상호
간에 의지하려는 당파적 파벌심리가 관료사회를 지배하게 되었다. 황
제는 관료가 당파를 구성하는 것을 금하였으나 송의 황제권력으로는
당쟁을 금하는 일은 사실상 불가능하였다.

王安石의 개혁은 이와 같이 國初이래 누적되어온 제반 문제를 개
혁하지 않고서는 국가유지가 어렵다는 위기의식에서 출발한 것이다.
王安石은 일찍이 仁宗에게 올린 「萬言書」에서 仁宗시대이후 정치·
경제·사회·문화적 위기를 지적하고 이러한 제반문제를 개혁해야
한다는 당위성을 그는 강조한 것이다. 英宗도 왕안석의 개혁주장에
대해 관심을 보였고 그가 재위4년으로 요절하지 않았다면 英宗이 그
를 등용하여 국정개혁을 단행하였을 것이다.

2) 神宗의 개혁의지와 황제권

神宗은 父皇 英宗의 짧은 재위기간에 복의논쟁의 치열한 파벌싸움
을 몸소 체험하였다. 그리고 그 논쟁이 국가의 발전을 위한 경제개혁
이나 대외문제에 대한 국가 중요정책을 논의한 것이 아니고 典禮문
제에 지나지 않는 皇考, 皇伯이라고 하는 空論으로 일관한데 대한 정
치적 회의와 당파싸움에 혐오감을 가지고 있었다. 그리하여 등극하자

靑年皇帝의 패기를 가지고 국가재건을 위한 재정개혁에 손을 대는 新法을 추진하였다.

흔히들 新法은 王安石이 주도하고 神宗이 이를 뒷받침한 것으로 생각하지만 사실은 神宗의 강한 개혁의지를 받들어 王安石이 개혁안을 내고 이를 추진한 것이다. 神宗시대의 왕안석개혁에 대해 지나치게 왕안석이 독단적으로 진행하였다고 주장하고 있다. 이는 왕안석을 비난하는 구법당의 논리에 근거한 것이다. 신법에 대한 神宗의 의지는 대단히 강하였다. 그것은 신법에 대한 神宗의 허가권과 감시 감독권이 철저하였다는 것으로 증명된다.

신법에 대한 신종의 뜻이 강력하였다는 것은 다음과 같은 몇 가지 사실로 확인할 수 있다. 우선 王安石의 등용에서 이를 알 수 있다. 재상 韓琦를 비롯하여 富弼 文彦博, 참지정사 吳奎, 呂晦 등의 중신이 반대하고 심지어 황태후(영종황후)까지도 王安石을 위험인물이라고 말렸는데도 熙寧2년(1069)에 王安石을 참지정사로 임용하여 개혁을 단행한 점이다. 다음으로 신법실시과정에 나타나고 있는 신종의 강한 의지를 엿볼 수 있다. 조정 내외의 반대와 특히 구법당 관료들의 격렬한 반대에 부딪혀 왕안석을 일단 물러나게 하였으나 그를 다시 그를 불러들여 정치를 맡겼다.

희녕9년에는 吳充의 王安石評을 채용하여 다시 왕안석을 파면한 일[88] 등은 모두 神宗의 의지로 단행된 것이다. 또 神宗은 元豊연간에 중앙집권체제와 독재체제 확립을 위해 관제의 대개혁을 착수하여 이른바 원풍관제개혁을 이룩하였는데 이것은 神宗의 의지로 진행된 일이다.

이와 같은 神宗의 강력한 정치권은 중국 역대의 황제에서는 볼 수

---

88) 『續資治通鑑長編』 卷278 熙寧9年 冬10月 丙午條

없는 神宗만이 가지고 있던 특성이다. 이러한 神宗의 의지가 왕안석 신법에 대한 神宗의 지도력으로 나타났고 그 지도력이 왕안석 신법의 배경이기도 하였다.

특히 王安石 등용에 대한 보수 관료들의 집요한 반대의견을 누르고 심지어 황태후의 반대의견도 묵살하고 왕안석으로 하여금 신법을 추진하게 힘을 실어준 것은 神宗皇帝의 강한 성격과 함께 흐트러진 국정을바로잡으려는 개혁의지가 작용하였다.

3) 神宗의 이상과 정치이념

북송 중기, 즉 仁宗시대로부터 神宗시대에 걸쳐 시국을 가장 명쾌하게 분석하고 있는 것은 가우 3년(1058)에 왕안석이 仁宗에게 올린 萬言書이다. 이것은 왕안석이 오랜 관료생활을 하면서 몸에 익힌 경험과 문치주의 관료사회가 안고 있는 모순을 극복하기 위한 정치의 견서이고 태평성대의 꿈에 취해있던 위정자들에게 던진 강한 경고문이다. 왕안석이 「萬言書」의 핵심내용은 밖으로는 거란과 西夏의 침입에 의한 위기, 안으로는 재정의 파탄, 관료사회의 기강문란 등이다. 神宗은 태자시절부터 대외정책에 중대한 관심을 가지고 있었다.

神宗은 자신의 황제위상을 당태종에게 구하고 있었다. 즉 熙寧元年에 왕안석과 국정을 논하는 자리에서 神宗이 왕안석에게 「당나라 太宗은 어떠한가.」라고 물었다. 이것은 唐太宗이 貞觀의 치세로 당나라의 위세를 떨친 점에 주목한 발언이다. 그리하여 자신과 왕안석과의 관계를 唐太宗과 위징과의 관계로 비교하여 그것으로 국의를 떨치려 한 것이다. 神宗이 唐太宗에게 주목한 것은 神宗의 정치적 포부가 연운16주를 회복하려는 적극적인 대외정책에 의하여 宋朝의 오랫동안 쌓여왔던 굴욕을 씻고 唐太宗이 이룩해 놓은 업적을 본받으려는 의

도가 담겨 있었다.

宋朝의 대외 적극정책은 거란에 대한 설욕이 가장 중요하고 그것은 神宗의 대외정책의 기본이기도 하였다. 神宗의 대외 정책은 거란뿐 아니라 西夏와 交支방면에 대해서도 적극적 자세를 취하고 있었다. 그러나 부필과 曹皇后의 강한 반대에 부딪쳤으나 神宗의 의지는 조황후의 교지를 거부하고 흔들리지 않았다. 熙寧 5년에는 「만약 능히 夏國을 통제하면 거란은 스스로 두려워하여 송에 순응하지 않겠는가.」[89] 라고 하여 거란을 승복시키기 위해 西夏 경략을 구상하고 있었다.

Ⅱ. 신법추진과 황제권의 한계

1. 宋代 사대부관료의 반대주장

宋代의 당쟁이 치열하게 전개된 중요한 원인은 관료가 국가정책을 立案하고 이를 실시하려고 할 때에 무조건적으로 이를 반대하는 습성이 관료사회에 만연하고 있었다.

司馬光은 議論에서 말하기를 「사람들이 자신이 세운 계획이 아니면 정치적 질투로 그것을 훼손한다. 관료가 마음을 합해 그 계획을 수행하거나 협력하여 성공시키려하지 않는다. 현재의 관리의 五割 내지 六割이 모두 이러하다.」라고 사대부관료의 풍토를 개탄하고 있다. 다.[90]

또 신종 초의 蘇轍도 말하기를, 今世의 사대부는 他人의 말을 찬동

---

89) 『長編』卷 236 熙寧5年 聞7月 己巳.
90) 『長編拾補』卷5

하는 것을 꺼리고 異意를 즐겨 내세운다. 他人의 성공을 질투하고 실패를 즐긴다. 만약 자신이 참여한 계획이 아니면 그 계획이 조금의 차질이 있어도 群起하여 이를 공격한다. 누가 새로운 제도를 만들어도 거기에 조금의 문제만 나타나면 그 제도는 나쁘다고 비난하여 그러한 비난이 몇 차례 거듭되면 황제도 자신을 잃고 의혹을 갖게 되니 강력한 정책도 결국 실패로 돌아간다」라고 하였다.[91]

2. 王安石 新法을 반대한 舊法黨 官僚

神宗시대에 新法에 반대한 舊法黨의 官僚들의 성격을 파악하고 이들이 哲宗시대와 徽宗시대에 전개된 치열한 黨爭싸움에 어떤 역할을 하였는가를 살피기 위해 舊法黨 官僚를 살펴보았다.

王安石의 新法을 추진하기 위한 기구로 制置三司條例司가 설치되는 것을 계기로 반론이 제기되었다. 그 반론은 均輸法의 제정과 이를 반대하는 데서 시작되고 있다.

均輸法에 대한 비난은 熙寧2년 侍御史 劉琦, 侍御史 裏行 錢顗 등에 의하여 시작되었고, 이어서 制置三司條例司檢詳文字官 蘇轍, 知諫院 范純仁, 檢校開封府推官 蘇軾 등에 의하여 비판되었다. 이들은 이 비판을 계기로 하여 관직에서 물러났다. 비판자의 지위로 볼 때 靑苗法이나 募役法에 대해서는 韓琦, 富弼, 文彦博, 歐陽脩 등의 고관이 표면에 나서서 비판한 것에 대하면 均輸法의 경우에는 중견 관료군이 비판에 가담하고 있음을 알 수 있다. 후에 舊法黨의 우두머리가 되는 司馬光은 이 당시 비판의 표면에 나오고 있지 않다.[92]

---

91) 『長編拾補』卷3. 宮崎市定「宋代の士風」참조.
92) 東 一夫 『王安石 新法の硏究』東間書房 1970 第2章 第3項「均輸法に對する非難」참조.

다음 靑苗法에 대한 반대자를 보면 翰林學士 范鎭, 右正言 李常・孫覺, 侍御史知雜事 陣襄, 翰林學士兼侍講學士 司馬光 등의 중견 관료와 韓琦, 富弼, 文彦博, 歐陽脩 등의 고관들과 陣升之, 曾公亮, 趙抃, 呂公著 등의 執政대신이 가담하고 있다.

이들의 靑苗法반대가 가장 치열한 시기는 熙寧3年으로 靑苗法이 하북지방으로부터 급속히 전국적으로 실시된 시기이다. 또한 靑苗法을 반대한 자들이 모두 그 직에서 쫓겨난 시기이기도 하다. 특히 司馬光의 반대의 요점은 靑苗法을 시행하였을 때 일반농민이 받는 고통 뿐만 아니라 10년 후에는 천하의 富農도 몰락한다고 주장하고 있다. 그는 특히 국가의 운명과 靑苗法의 폐해를 富民層의 이해에 입각하여 강조한 태도는 당시 전통적 유가관료가 지니고 있던 農民觀과 여기에 기초한 정치이념을 명확하게 나타내고 있다.[93]

한편 新法에 대한 비판은 新法黨내에서도 나타나고 있으니 曾布를 들 수 있다. 그는 呂惠卿(여혜경)과 함께 新法추진의 중요한 인물이었고 끝까지 新法을 추진한 인물이다. 여혜경이 권력형인데 반하여 曾布는 대단히 이지적인 인물이었다. 그가 新法을 비판한 것은 呂嘉間의 市易法 운영에 반대한 것뿐이다.

이와 같은 반대론자의 新法비판에 부딪혀 王安石은 熙寧7年 4월에 관직에서 물러나니 정권은 급변하게 되었다. 즉, 여혜경이 王安石의 추천에 의하여 참지정사가 되고 그의 실권은 宰相 韓絳을 능가할 정도가 되어 과감하게 新法을 추진하였다. 이듬해 熙寧8年에 3月에 王安石이 소환되어 다시 宰相이 되었고 제2차 王安石정권이 탄생하였다. 이때 여혜경은 좌천되었다. 그러나 熙寧 9年 10月에 王安石은 정계를 은퇴하고 江寧으로 돌아가고 吳充, 王珪가 宰相이 되었다. 元豊2

---

93) 同上「司馬光の批判とこその 立脚点」참조.

年에 蔡確이 참지정사가 되고 다시 宰相으로 승진하면서 新法을 지
휘하여 元豊末에 이르게 되었다.

그러나 新法을 추진한 세력들은 각기 그 성격을 달리하고 있었으
니 이들 가운데 韓絳, 呂惠卿이 집권하고 있을 때는 王安石이 물러가
고 新法이 후퇴할 것을 두려워하여 종래의 불편함을 수정하지만 新
法은 그대로 추진한다는 확고함을 가지고 있었다. 그러나 여혜경일족
이 권력을 확대하면서 정계에 많은 부작용을 일으켰다. 다음 王安石
이 다시 등장한 것은 여혜경의 독단을 봉쇄하고 新法정권의 재건을
꾀하여 韓絳이 神宗을 설득하여 王安石을 다시 불러들여서 성립된
정권이었다. 吳充, 王珪가 집권하였을 때는 두 사람 모두 중립적 성
격의 인물이었기 때문에 神宗의 지휘 하에 新法을 그대로 유지하면
서도 운영에서는 유연성을 가지고 있었다.

마지막 蔡確정권은 그의 성격을 반영하여 가장 엄격하게 新法을
추진한 정권이었다. 특히 중앙집권체제의 확립을 꾀하고 神宗의 뜻에
따라 元豊관제를 개혁하는데 힘을 기울였다. 그는 熙寧연간의 지휘는
그다지 높지 않았으나 靑苗法과 免役法을 추진하는 데는 온 힘을 기
울였기 때문에 그에 대한 비난을 하는 사람이 많았다. 元豊시대에 들
어와서도 그의 이러한 경향은 강하였다.

제6절 哲宗시대의 신구당쟁

I. 高태후의 수렴정치와 당쟁의 격화

1086년(원풍8년) 38세로 神宗이 돌아가자 10세의 철종이 즉위하면서 조정의 정치분위기는 크게 달라졌다. 즉, 열 살에 즉위한 철종은 황제권을 행사하지 못하고 高태황태후(英宗의 황후, 神宗의 모후)가 섭정을 하게 되었다. 神宗시대에 신법당이 주도한 정치개혁은 철종시대에 고태후가 구법당을 지지하면서 구법당천하로 바뀌었고 철종이 친정을 하면서 구법당이 몰락하고 신법당천하가 되자 당쟁은 극한적 정치싸움으로 격화되었다.

철종이 황태자로 지명되는데는 고태후의 지지를 받아 황위에 오를 수 있었다. 그러나 고태후가 수렴청정을 하는 과정에서는 그녀의 정치적 야심으로 철종과 태후는 극단적으로 대립하였다. 그 결과 구법과 신법의 당쟁싸움이 더욱 격렬하게 되었다.

철종초기에 섭정에 오른 高태후는 신법당을 반대하고 제야에 있던 司馬光, 呂公著 등을 불러들여 정치를 담당하도록 하였다. 왕안석은 구법당에 의하여 신법이 파괴되는 와중에 사망하였다.

高태후는 본래 총명한 여자였으나 처음부터 신법을 폐지하려고 생각하지는 않았다. 다만 神宗 사후의 인심 안정을 위해서 인망이 높던 司馬光, 여공저 등을 기용하게 되었다. 이 당시 신법당은 韋惇과 蔡確이 대표하고 있었다. 따라서 신·구양파의 싸움은 불가피하게 되었고 구법당은 태후를 움직여 신법을 폐지하였다. 이듬해 元祐로 개원하고 蔡確을 파면하고 묘역법까지 파하였다.

그런데 지금까지는 아무런 대안 없이도 신법을 파할 수가 있었으나 묘역법은 다르다. 모집한 役人을 돌려보내고 필요한 역인을 다시 징발하지 않으면 안되었기 때문이다. 신법폐지에 침묵을 지키던 韋惇은 태후 앞에서 司馬光과 논쟁을 벌였다. 구법당은 장돈이 태후 앞에서 논의를 일으킨 것을 不敬하다고 하여 그를 탄핵하고 지방으로 축출하였다. 이 당시 개봉부 知事였던 蔡京은 시세에 영합하는 교활한 인물로 백성들의 묘역법 폐지소동에 구애되지 않고 당장에 차역법을 부활시켜 司馬光으로부터 칭찬을 받았다. 司馬光은 다섯 달 후 왕안석의 뒤를 이어 사망하였다.

역법문제로 지방이 소란해지자 태후도 점차 그 잘못을 알게 되어 신법당을 등용하려하자 구법당의 악랄한 인신공격이 전개되었다.

고태후 수렴청정 후 신법당은 정치에서 배제되었고 채확 또한 조정에서 축출하였다. 원우 원년 채확은 재상직에서 파면되어 知鎭州로 쫓겨난 후 다음해 다시 安州로 내려갔다. 안주에서「夏日游東盖亭 詩」를 지었다. 이 시는 고태후를 측천무후에 비유하였다고 무고하는 자가 있었고 이에 고태후의 노여움을 받아 그는 다시 죽음의 땅 新州로 귀양 갔다. 이 사건은 붕당의 정쟁 가운데 일어난 문자의 옥이라고 할 수 있다. 채확이 신주에 있을 때 정권을 맡고 있던 구법당은 사마광, 범순인, 한유를 三賢, 채확, 장돈, 한진척을 三奸이라고 비난하였다. 그들은 왕안석, 채확 등의 신법당 수백 명의 명단을 공포하였다. 사마광의 동료와 그를 따르는 사람들은 고태후의지지 아래 신법당 세력을 제거하고 그들의 세력을 공고히 하였다.

신구의 싸움당쟁은 이때부터 더욱 격렬해졌다. 구법당이 이와 같은 험악한 수단을 사용하지 않을 수 없었던 것은 그들의 위치가 점차 불안하였기 때문이다. 그들은 서로 동류의식을 가지고 신법파를 배척

하면서 정치주도권을 유지하려 하였다. 채확의 배척은 그들의 단결을 강화시키는 목적이 있었다. 그러나 구법당의 불안은 그들이 의지하고 있는 태후의 노쇠와 고태후와 반목하고 있는 철종의 성장과 친정시대에 대한 불안감이다.

고태후를 일러 女丈夫 堯舜이라고 칭하는 사람도 있지만 태후의 정치적 안목은 한계가 있고 고태후의 정치적 야심은 강하고 자신을 반대하는 조정대신은 용납되지 못하고 추방하였다. 심지어 철종에 대해서도 철저하게 냉대하였다. 이와 같은 결과가 철종의 친정과 함께 그 반동적 당파싸움이 격렬하게 전개된 결과를 가져왔다.

8년에 걸친 원우 구법당 시대는 왕안석이 추진한 개혁의 대부분이 대안도 없이 폐지되고 정치는 仁宗 말기의 무기력한 상태로 되돌아갔다. 그러나 이러한 정치흐름은 사회발전에 역행하였을 뿐 아니라 대안없는 신법파괴로 사회적 혼란이 가중되었다. 그 위에 구법당의 지도적 위치에 있었던 司馬光이 죽자 구법당 내부에도 洛黨(낙당), 朔党(삭당), 蜀黨(촉당) 등 지방의 파벌이 나타나 혼란이 더욱 심화되었다.

Ⅱ. 철종의 친정과 신법당의 부활

철종은 神宗을 닮아 명철한 면이 있고 어려서 조숙하고 기상이 높았다. 高太后가 사망한 후 친정체제가 되었다. 조정에서는 楊畏가 神宗시대의 정치로 돌아가야 한다고 상주하였다. 章惇, 曾布 등이 기용되고 구법당의 蘇軾, 呂大防등이 추방되었다. 이듬해에 紹聖이라고 개원하였으니 紹聖은 바로 先皇 神宗의 유업을 받들고 紹述한다는

뜻이다.

고태후 수렴청정 8년 동안은 구법당은 철종을 억압·냉대하였을 뿐만 아니라 그를 정치에서 배제하였다.

원우 8년 8월 고태후는 병약한 상태에서 번순인과 여대방 등에게 내가 죽고 난 후 반드시 많은 관원들이 희생될 것이니 그대들이 먼저 물러나 살 길을 구하라고 하였다. 이것은 철종의 신법당 재기용을 예감하고 구법당에게 조정에서 물러나 목숨을 보전하라는 지시이다.

철종의 친정 후 고태후 수렴청정 시기에 탄핵과 파면된 신법당 인물들은 모두 재기용되었다. 철종 친정 후에 장돈, 채변, 황리, 장상영, 등이 복권되었다. 원우시기에 구법당에 의해 잔혹하게 탄압하여 구법당의 정치 형태와 비슷하였다. 친정에 나선 철종 및 신법파들은 보복 심리를 가지고 구법당을 배척하였다.

紹聖 원년(1094)에 장돈은 철종의 지지 하에 구법당의 주요 인물인 여대방, 유지, 소식, 양도 등을 축출하였다. 또 철종의 불만을 이용하여 유안세와 범조우 등도 諫官에서 영남으로 쫓아냈다. 이미 죽은 사마광과 여공저의 은봉을 삭탈하였으며 심지어 두 사람의 무덤을 파헤치기까지 하였다.

철종은 사마광이 내건 「以母改子」에 대한 불만을 가지고 원우시대 구법당 관료들을 탄압하였다. 그것은 고태후가 그에게 가한 각종 억압에 대한 원한을 가지고 전에 구법당이 신법당에 가하던 보복 심리를 재현하였다. 소승이후 신법이 부활되었으나 당시의 신법당은 정책 추진보다는 수단과 방법을 가리지 않고 구법당에게 정치보복을 가하였다.

당쟁의 화는 궁중에도 만연되어 高태후의 지지를 받고 황후가 된 철종의 孟황후가 폐위되었다. 맹황후는 폐위된 후 僧尼가 되어 궁중

에 남아있었다. 정강의 변란 때 송의 황족이 모두 포로로 잡혀갈 때에 맹황후만은 화를 면하였다. 그것은 맹황후가 서인으로 皇籍(황적)에 있지 않았기 때문이다. 남송의 고종이 즉위할 때 휘종과 흠종이 金에게 잡혀간 공백상태에서 맹태후의 詔書에 의하여 고종의 등극이 합법화되었다. 고종은 그를 황태후로 받들고 여생을 안락하게 보내게 하였다. 뿐만 아니라 맹태후와의 관계에서 남송 시대에는 구법당계의 정치가가 많이 등용되었다.

제7절 徽宗시대의 당쟁

Ⅰ. 휘종의 파행적 정치와 변칙적 당쟁

1) 휘종시대 당쟁의 성격

휘종대는 중국역사상 대외적으로 커다란 변혁을 가져온 위기상황이 일어난 시기이다. 거란(요)의 세력이 물러가고 신흥여진족이 金나라를 건국(1115년)하면서 澶淵(전연)의 맹약(1004년)이래 宋·遼(요) 사이에 유지되어오던 평화관계가 무너지면서 동아시아의 국제관계에 새로운 변화를 가져왔다. 宋은 이러한 대외적 위기상황을 극복하기 위한 대책을 세우지 않고 오히려 金과 연합하여 遼(요)를 제압하려는 미숙한 聯金制遼(연금제요)정책으로 外禍(외화)를 자초하였다.

대내적으로는 극심한 당쟁이 전개되었다. 파벌정치와 당쟁사에서 볼 때 휘종시대는 그 이전시대와는 당쟁의 성격이 전혀 다른 모습으로 나타났다. 眞宗·英宗·神宗시대의 파벌싸움이나 당쟁은 士大夫관료의 士風이 어느 정도 유지되면서 반대파를 탄핵하였다. 휘종 이전에는 반대파를 小人집단으로 몰고 자기파를 君子의 붕당이라 하여 小人·君子의 입장에서 당쟁을 전개하였다.

그러나 철종·휘종시대에는 반대파를 姦人으로 몰아붙이는 극단적 인신공격으로 당파싸움은 극도의 타락상을 나타내고 있다. 따라서 휘종대에 오면 당파싸움은 宋代 문치주의 관료의 타락상이 극에 이르고 이는 휘종의 황제권을 쇠락시킨 것과 밀접한 관계가 있다.

휘종시대 이전의 당쟁은 논쟁의 주제가 있고 그 주제를 가지고 공리공담과 반대를 위한 반대이기는 해도 반대논리에 어느 정도의 합리성이 있었다. 그러나 徽宗시대에는 당쟁의 방법이 황제권과 결부되어 황제권을 이용하여 관료의 지위는 물론 생명을 위협하는 경우도 있었다. 뿐만 아니라 국정을 책임지는 文臣관료의 治者의식 보다는 정권을 이용하여 私財를 모으고 관료의 지위를 이용하여 백성을 수탈하는 당쟁이 정치를 타락시킨 좋은 예가 악명이 높은 姦党碑(간당비) 건립으로 나타나고 있다.

2) 휘종 초의 신구당쟁

神宗시대부터 치열하게 전개된 당쟁은 어린 철종이 즉위하고 태후가 섭정을 하면서 황제와 태후의 감정대립으로 위험수위에 이르렀다. 신법당의 정책에 반대하다 축출된 구법당 과료들과 그들을 배제한 신법계열의 관료들 사이에 벌어진 당쟁은 元祐(원우)·紹聖(소성)·元符(원부)시대의 당쟁에서 정치적 보복의 악순환이 반복되었다.

철종 사후 휘종이 즉위하였을 때, 그리고 친정시대에 벌어진 상황도 이와 비슷하였다. 휘종즉위에 절대적 영향력을 행사한 向태후(神宗황후)의 신임을 얻은 지추밀원사 曾布가 원수·소승의 정책을 절충하고자 노력하고 친구와 문인을 내세워 중립적 정책을 꾀하였다. 그러나 원부말의 조정을 다시 장악한 것은 수렴청정을 맡은 향태후의 신임을 얻어 재상으로 복귀한 韓忠彦과 曾布의 천거로 돌아온 구법당 계열의 관리들이었다. 그러나 이들 구법당계열의 관리들은 통치의 도덕성과 황제권력의 축소까지 겨냥한 배타적 논리를 가지고 建中靖國(1101년)을 내세우면서 向太后와 자신들의 복귀를 도운 曾布조차 탄핵하였다.

따라서 향태후가 죽은 후 親政을 하게 된 젊은 황제 徽宗에게 구법당이 요구한 것은 신법당 계열 및 중립적 성향의 인재를 배축출하라는 것이다. 또 과다한 戰費가 소요된다는 이유로 그 동안 지켜온 국방대책을 포기할 것을 요청하였다. 그러나 이러한 구법당의 주장과 정책에 대해 반론도 격심하였다. 특히 각지에 반란이 일어나고 변방에 방비가 소홀함을 들어 군비의 허술함을 비난하고 있다.

조정을 지배하고 있던 구법당의 고식적인 대책과 완고한 요구는, 父皇인 神宗의 정책에 매력을 느끼고 있었으며, 또한 분방한 성격과 예술적 취향을 가지고 있던 젊은 휘종을 실망시켰다. 더욱이 神宗대의 개혁의 성과인 재정 비축은 철종대에 와서 문란한 재정 운용과 紹聖 이래 지속된 西北의 用兵 등으로 국가재정은 파산상태에 이르렀다.

휘종은 元祐黨人이 장악하고 있는 조정의 인적 구성 아래서는 국가적 위기의 극복을 기대할 수 없음을 확실히 깨달았다. 親政 이후 曾布의 주선 아래 중립 정책을 추진한 결과 章惇·蔡卞의 黨도 일부 끌어들였다. 그러나 주요 부문에서 元祐人이 압도적 다수를 차지하고 있었다. 휘종은 태후가 還政한 1100년 10월 哲宗의 친정시대인 紹聖을 본받는 紹述詔(소술조)를 반포하였다.

太后 死後 바로 趙梃之가 紹述을 건의하여 元祐의 舊臣을 공격하고, 曾布 역시 紹述로 주장을 바꾸었다. 이리하여 휘종은 구법당 측의 주장대로 哲宗代의 중흥과 紹述을 제창한 門下侍郎 李淸臣을 파면하고 또 신법에 장애가 되는 원우인을 조정에서 쫓아냈다. 반면 1101년에는 신법파의 張商英을 등용하고, 이듬해 3월 蔡京을 翰林學士 겸 修國史로 기용하였다.

휘종은 자신과 취향이 비슷하고 당면한 재정위기에 대한 적극적인

해결책을 모색한 채경을 신임하였다. 당시 채경은 「豊亨豫大」를 주장하는 적극적인 소술논자로 紹聖의 紹述政策을 계승한 신정을 주도하게 되었다. 이것이 휘종대 채경에 의한 소술신정의 시작이다. 휘종은 채경에 대해 才高而識遠(재고이식원)이라 극찬하며, 漢 高祖를 도와 재정정책을 추진한 蕭何(소하)와 같은 인물이라고 기대를 크게 걸었다.

3) 휘종시대의 권신 蔡京(채경)

채경은 北宋 一代의 권신과는 그 성격이 다른 인물이다. 徽宗은 정치보다는 예술적 성향이 강하고 자유분방하였기 때문에 채경은 휘종을 정치외적 방향으로 관심을 돌리게 한 후 자기 뜻대로 정치를 농단하였다. 채경의 독주에는 휘종의 황제권력이 뒷받침한 결과이기도 하다. 채경의 전횡에는 몇 가지 특징을 살필 수 있다.

먼저 채경은 아부에 뛰어난 교활한 인물이었다. 자기주장이나 원칙이 없이 신구법당의 파벌다툼에서 우세한 쪽으로 그는 항상 가담하였다. 수차례에 걸쳐 변신을 거듭하면서 숭년초에는 童貫(동관)과 결탁하여 귀중한 書畵(서화)를 가지고 휘종의 관심을 끌어들여 재상으로 발탁되었다. 동관과 함께 부정을 자행하고 대권을 장악하였으며 황제를 마음대로 좌우할 수 있게 되었다. 그는 이전의 元祐시대 대신들을 조정에서 숙청하지 않으면 자기의 권력행사에 지장이 있다고 생각하였다. 그리하여 이미 사망한 원우시대의 대신들은 물론 구법당의 司馬光, 文彦博, 呂公祖 등의 명신을 비롯한 120명을 元祐奸黨이라고 핍박하고 황제의 칙령을 빌려 이들의 이름을 비석에 새겼다. 이것이 악명 높은 元祐奸黨碑(원우간당비)다.

이 당인의 명단에 들어간 자로 살아있는 사람의 경우에는 조정에서 추방되고 죽은 자는 삭탈관직을 당했다. 그후 다시 元符당인비도

만들었는데 이 두 차례에 걸쳐 당인비에 들어간 인물은 모두 300여
명에 달하였다. 채경은 이렇게 구법당 인물을 숙청하였을 뿐만 아니
라 신법당의 章惇, 張商英같은 고관도 축출하여 휘종을 제치고 권력
을 마음대로 휘두르게 되었다.

휘종시대의 채경의 전횡은 그 이전시대의 권신과는 그 성격이 다
르다. 그것은 황제권을 정치에서 배제한 일이고, 또한 자기 뜻에 반
대하는 관료는 가차없이 축출하고 사리사욕을 위한 극단적 가렴주구
를 자행한 일이다. 徽宗 이전에는 이러한 일은 없었다. 이것은 황제
권을 제대로 행사하지 못한 휘종에게 중대한 책임이 있고, 휘종의 이
러한 타락된 황제권력은 결국 北宋멸망으로 끝을 맺게 되었다.

4) 紹述新政과 황제권의 굴절

휘종 초기 소술신정의 개요를 보면 먼저 蔡京의 구상대로 王安石
의 制置三司條例司를 본따서 講議司(강의사)를 설치하고 채경이 提
擧(제거)로 임명되었다. 또 채경의 보좌 인물로 戶部上書 吳居厚, 翰
林學士 張商英 등이 詳定官에, 起居舍人 范致虛, 太常少卿 王漢之 등
이 參詳官에 임명되었고, 承奉郎 喬方 등이 檢討官이 되었는데 대부
분 당시 채경의 일당으로 분류된 인물들이었다.

당초 徽宗과 蔡京의 紹述 構想은 1102년 手詔에서 드러났다. 정치
의 당면 문제를 다루기 위해 7개의 房 을 설치하고 講議司에는 따로
武備房을 두어 民兵의 훈련과 兵額 문제를 담당했다. 紹述의 내용은
물론 熙寧, 元豊에 이미 시행한 법도를 다시 되살리는 것이었지만 神
宗이 미처 행하지 못한 새로운 정책도 포함되어 있었다.[94]

---

94) 李玠奭 「宋徽宗代 紹述新政의 挫折과 私權的 皇權强化」『東洋史學研究』
53. 1996 참조.

이러한 新政路線의 추구에 대해 紹述을 반대하는 진영에 속한 元祐黨人에 대한 탄압을 강화하였다. 채경은 1102년 5월에는 元祐黨人의 당적을 작성하고 9월에는 아들 채수와 葉夢得을 시켜 元符末에 고위관직을 분류하여 당사자는 물론, 그 자손의 관직 취임기회를 박탈하였다. 또한 元祐黨人의 학술이나 舊法의 시행을 일체 금하였다. 1104년 6월에는 그들의 이름을 돌에 새겨 朝堂정면과 각 주현에도 원우당인의 성명을 새겨 비석을 세우게 했다.

그러나 이 무렵 元祐黨人의 존재가 紹述新政의 추진에 장애가 되지 않자 문제는 오히려 내부에서 일어났다. 채경과 그 일당이 권력을 장악하고 신정을 추진하는 과정에서 제기된 개혁의 성격을 둘러싼 소술진영 내부의 異見이다.

소술진영 내부에서 발생한 이견이 심화된 주된 원인은 채경의 전횡에 있었다. 1103년 정월에 尙書左僕射에 임명된 蔡京은 獨相의 지위를 이용하여 哲宗의 元祐 이래 宦官의 정치참여억제를 하기 위해 묶어 두었던 內法을 풀면서 專橫의 기미를 보였다. 그리고 1104년 말에 휘종의 父皇인 神宗의 정책에 대한 비판도 서슴치 않았던 구법당 세력이 조정에서 일소되자 그 대신 채경의 紹述新政에 추종하는 무정견한 신료들이 조정의 내외관직을 독점하게 되었다. 이에 따라 채경의 전횡에 대한 우려와 비판이 조야에서 비등하게 되었다. 태묘제랑 方軫은 채경은 紹述의 신정을 오로지 자신의 영달을 위해 이용하고, 안으로 執政·侍從과 밖으로 守臣·監司 가운데 자신의 門人과 친척이 아닌 자 없다고 비난하면서 권력을 휘두른 채경에 대한 비판을 가하였다.

Ⅱ. 휘종의 御筆手詔와 타락한 황제권

1) 휘종의 御筆手詔(어필수조)와 황제권

휘종시대의 정치적 타락의 중요 원인은 휘종의 어필수조에 있다.[95]

蔡京의 독단정치가 시작될 무렵부터 상서성을 경과하지 않은 휘종의 직접적인 통치권 행사가 증가하면서 제도적으로 구체화되어 간다. 御筆手詔는 국초 이래 황제권을 비판하면서 황제의 잘못을 諫하는 諫官의 역할을 무력화시켰다. 그리하여 제동장치를 상실한 채 황제권력을 타락으로 몰고갔다.

翰林學士가 기초하고 三省의 公儀와 封駁(봉박)을 거쳐 반포되는 일반 詔令과 달리, 御筆手詔는 황제가 직접 내려 보내고 조령이 반포된 이후에도 大臣이나 간관들의 進諫이나 수정 의견도 용납하지 않았다. 또한 시행을 지체할 경우 엄한 징벌이 뒤따랐다. 이는 황제권력에 대한 정부중추기구와 百官의 비판기능을 박탈하는 것이다. 따라서 宋代 군주권이 변칙적으로 타락되어 전제화의 길로 치닫게 되었다.

徽宗의 이러한 통치관행에 대해 초기에는 諫官이 그 잘못을 지적하였고 手詔에 대해서 進諫은 물론 三省과 樞密院에서 사후검토를 할 수 있게 법제화가 이루어졌다. 그러나 1109년 이후에는 御筆을 바꾸거나 시행을 미루면 大不恭으로 논한다는 詔와 1113년 5월에 제정된 御筆 시행과정의 지체를 엄벌하는 違御筆法(위어필법)제도가 마련되면서 초법적인 권한을 갖게 되었다. 이렇게 제도화된 어필은 예외적이고 進諫의 대상이 되는 手詔와 달리, 大觀末 政和初(1111년)에 국가정책의 크고 작은 일을 처리하는데 일상적으로 남용되었다.

---

95) 李玠奭 위 「北宋徽宗代 紹述新政의 挫折과 私權的 皇權强化」참조.

2) 御筆手詔(어필수조)와 황제권의 私權化

政和 2년 채경이 다시 재상으로 복귀하면서 新政政策이 부활되었다. 그러나 新政이 처한 상황은 그전과는 달랐다. 이 당시 親政의 의지를 가지고 있던 휘종은 궁중의 사소한 일에도 직접 관여하면서 황제권을 행사하였다. 그리하여 政和 3년, 4년 무렵에 황제가 중요한 사안을 대신에게 맡기려 하지 않고 직접 결제하고 어필을 통해 이를 처리하였다. 황제권을 제한하는 封駁(봉박)제도는 무너지고 부정되었다. 휘종의 통치방식이 바뀐 것은 채경의 독주를 견제하고 星變(성변)을 계기로 휘종의 마음에서 예술가적 풍류성이 크게 작동하였다. 이와 함께 휘종이 정치에 적극성을 보인 것은 그의 道敎에 대한 신앙과도 무관하지 않다. 스스로를 敎主道君 皇帝로 자칭하고 불교탄압과 학교에서 도교경전을 학습하게 함으로써 유교주의로 일관되어 온 北宋사회에 도교바람을 일으키려 하였다.

한편 황제권력에 대하여 적절한 견제 장치가 없어진 어필행사는 휘종의 통치를 측신에게 의존하는 결과를 가져왔다. 이로 인하여 무능하고 식견이 없는 佞幸(영행)신하와 환관 등 측신의 정치 관여는 政和 중기 이후 통치의 모순을 심화시키고 부패를 가속화시켰다. 이 무렵부터 환관의 발호가 격화하였다. 환관은 황제의 측근에 있었고 어필을 환관에게 맡기는 일도 있었기 때문에 이를 이용하여 환관의 영향력이 강화되었다. 어필을 관장했던 梁師成과 童貫의 지위는 옛날의 輔政(보정)에 필적하였고 宰相과 執政의 인사권에 적극 개입하였다. 휘종은 가까운 신하에게 御筆의 구체적인 내용을 지정하지 않은 채 발령하는 권한을 부여함으로써 어필에 의한 모순이 극에 달했다.

어필을 장악한 梁師成과 童貫이 군국의 대사를 행함으로서 宰相과 執政은 물론이고 將相을 포함한 文武 관리의 임용과 채용이 이 두

사람에게 좌우되었다. 심한 경우 두 사람이 작성한 어필이 서로 어긋
나는 일 조차 생겨 중앙과 지방의 관청과 관리가 어느 어필을 따라
야 할지 갈피를 잡지 못한 채 정치는 혼란 속으로 빠져들었다.

3) 당적비에 나타난 황제권의 실상

휘종의 원우당적비를 통하여 황제권의 굴절된 현상을 여러 가지
알 수 있다. 우선, 元祐黨籍碑 설치는 휘종의 뜻이 아니었다. 휘종은
당적비를 철거하려 하였으나 蔡京의 방해로 실현하지 못하다가 星變
을 계기로 이것이 불길한 징후라고 하여 당적비를 무너뜨렸다.[96] 따
라서 元祐 黨籍碑의 설치는 휘종의 본뜻이 아니고 당적비를 철거하
려 하였으나 재상 蔡京의 강압으로 실현되지 못하였다. 그러다가 星
変이라고 하는 불길한 천변를 빌려서 밤에 급히 衛士에게 당적비를
무너뜨리게 하였다. 이것으로 皇帝인 徽宗이 재상 蔡京의 눈치를 살
피고 있음을 알 수 있다. 당적비를 무너뜨린 것은 당적의 폐지를 의
미한다. 그러나 黨籍碑를 무너뜨린 다음 날, 蔡京이 徽宗에게 항의하
자 徽宗은 본심과는 달리 당적비를 옛날로 돌린다는 조칙을 내릴 수
밖에 없었다. 이것을 보면 皇帝는 채경의 뜻을 거역하지 못하고 하는
수 없이 조칙을 내려 자신이 한 일을 거둘 수밖에 없었다. 이때 御史
中丞 王陶는 時弊를 탄핵하였기 때문에 지방관으로 좌천되었다. 그가
皇帝에게 올린 글 가운데,

「밤에 詔誥를 上閣에서 받들어 (채경의)私家로 가져가서 아침에
다시 宣詔를 (황제의)御前에 올리니, 皇帝는 비로소 이를 정부에 보
낸다. 主君의 마음을 바꾸는 일은 가벼운 돌을 드는 것 보다 쉽고 君

---

96) 『朱子語類』卷 127, 本朝.

命을 함부로 빼앗는 일은 鴻毛(홍모)와 같이 쉽다.」[97] 라고 채경을 비난하고 있다.

Ⅲ. 南宋初期의 당쟁 – 主戰論과 主和論의 싸움

북송시대의 중요한 현안 문제가 안으로는 국가재정문제이고 밖으로는 북방민족에 대한 국방 문제이다. 王安石의 신법 추진은 안으로는 어려운 재정개혁을 목표로 하였고 밖으로는 군비확충을 통하여 군사력강화에 있었다. 그러나 북송 말 휘종시대에 접어들면서 대외정책은 거란을 배재하고 연운 16주의 회복을 꾀하여 새로 일어난 금나라에 대한 어설픈 외교정책의 추진이었다.

神宗시대의 왕안석에 의한 재정개혁이 원만하게 해결되지 못하여 왕안석 개혁은 결국 신구법당의 당쟁을 가져왔고 그것이 휘종시대까지 계속되면서 대외정책에서 국론이 분열되고 북송멸망의 원인을 초래하였다.

宋代의 대외정책에는 항상 적극적인 주전론과 소극적인 주화론이 대립하고 있었다. 국가의 멸망이라는 정강의 변란 속에서도 대외정책에는 국론 통일을 가져오지 못하고 미숙한 對金정책으로 인하여 北宋은 결국 멸망하게 되었다. 북송 말 남송 초기에 주화론과 주전론이 좋은 예이다.

李綱(이강)은 북송 말 남송 초의 강경한 주전론자였다. 그는 개봉을 사수하고 지방의 응원병을 기대하면서 주화론을 내세우는 흠종 등을 설득하였는데 1126년에 金의 공격은 잠시 멈추게 되었다. 그러

---

97) 『長編紀事本末』卷 57, 宰相不押班

나 이 당시 권력 중추부에 있었던 신하들 중에는 주화론에 반대하는
세력이 주전론을 내세워 그들의 대립은 심하였고 이강은 尙書右丞을
파면 당하였으나 열흘 후에는 다시 知樞密使에 복귀되었다. 이해 가
을에 금군이 쳐들어왔을 때 이강은 금군에게 포위되었던 태원 구원
군의 책임자가 되었으나 실패하고 다시 주화론자가 정권을 장악하였
기 때문에 그는 주전만을 내세워 병사들을 상실하고 군비를 낭비한
책임을 지고 건창군(강서 남성현)으로 추방되었다.

그러나 사태는 급속하게 바뀌어 金의 군사의 개봉부 포위 함락으
로 휘종과 흠종이 체포되고 康王(南宋의 高宗)이 대원수부를 개설하
자 이강도 여기에 참가토록 요청을 받았다.

李綱의 복귀는 여러 가지 정치적 의미가 있다. 먼저 즉위한지 얼마
되지 않은 고종의 당면문제는 金에 대항하는 일이 최대의 현안이고
따라서 주전론자인 이강은 당연히 재기용되었다. 이 당시 金은 휘종
과 흠종을 잡아간 후 정강 초년에 재상이었던 張邦昌을 내세워 괴뢰
정부 楚國을 세웠으나 개봉에 남아있던 관료들이 선뜻 그를 따르지
아니하였다. 그러나 고종은 인물이나 식견, 명성에 있어서 장방창에
게 필적할 수 있는 인물을 맞이할 필요가 있었다. 여기에 맞는 인물
이 이강이었다. 따라서 이강을 복귀시키는 것은 당연한 일이다.

이강은 재상으로서 정권 중추부에 복귀하였으나 고종을 중심으로
하는 정치집단의 지배권을 장악하지 못하였다. 당시 남송의 고종을
중심으로 한 정치세력은 고종 옹립집단과 고종 즉위직전의 소멸된
장방창 정권 계통의 관인 무리들이다. 먼저 이강이 도착하기 전 右諫
議大夫 范宗尹은 화의를 주장하고 이강을 재상으로 삼아서는 안 된
다고 여러 번 상주하였다. 어사중승 顏岐는 이강을 재상에서 파면해
야 된다고 주장하였다. 이보다 앞서 정강원년 11월에 궁중의 숭정전

과 연화전에서 연일 개최된 문무백관의 회합에서도 范宗尹은 金과 화의할 것을 주장하고 70명의 찬성을 받아 화의를 반대하는 秦檜 등 36명의 소수파를 누르고 조정의 뜻을 결정하였다. 그러나 장방창 정권을 거쳐 고종 정권에 참가한 范宗尹 등이 李堈 반대를 요구한 것은 국가의 안위문제를 파벌과 당파싸움으로 몰고간 대표적 사례라 하겠다.

여기에서도 宋代의 당파적 파벌논쟁이 국가존망의 위기앞에서도 사대부관료사이에 치열하게 전개되고 있음을 알 수 있다. 이 와중에서 황제권은 아무런 힘을 발휘하지 못하고 관료의 파벌싸움에 흔들리면서 국정을 장악하지 못한 비극적 정치상황을 노출하였다.

제 6 장
10-13세기 동아시아 국제관계의 변화와 황제권

10-13세기의 동아시아 국제관계를 宋代의 황제권과 관련지어 생각할 때, 다음과 같은 중요한 시대성격을 찾을 수 있다.

먼저 정복왕조의 출현을 들 수 있다. 정복왕조의 출현은 唐이 구축한 조공책봉체제가 막을 내리고 宋代의 歲幣·歲賜(세폐·세사) 체제로 국제관계가 변화하였다는 점이다. 세폐는 後晉의 高祖가 거란의 원조에 의하여 後唐을 멸하고 황제로 즉위한 대가로 거란에게 연운 16주의 할양과 함께 30만 세폐를 제공함으로써 동아시아 국제관계의 중요한 幣物(폐물)로 등장한 것이다.

또한 송조의 중앙집권적 문신관료체제는 五代의 절도사체제를 극복하기 위해 나타난 역사적 지배구조이다. 宋은 절도사체제를 종식시키고 중앙집권적 문신관료체제를 수립하여 실추된 황제권을 제자리로 되돌리는 데는 일단 성공하였다. 그러나 정복왕조의 출현으로 宋의 황제권이 여기에 머물러서는 안 되는 것이다. 왜냐하면 宋은 중원국가로서 10-13세기 동아시아 국제질서 변화에 능동적으로 대처해야 할 역사적 책임이 부여되고 있었고, 이를 위해서는 宋의 皇帝는 중국역사의 그 어느 때보다 강력한 통치력을 발휘해야하였다. 불행하게도 정복왕조에 대한 대책이 있어야함에도 불구하고 宋은 이것을 소홀히 하고 그 결과 황제권이 유린당하여 휘종과 흠종이 金나라에 잡혀가는 역사적 비운을 맞게 되었다.

그리고 송조는 절도사체제를 극복하고 중앙집권적 문치주의를 달성한데 만족하고, 거란에 대한 대책을 소홀히 한 결과 1004년에 또다시 거란의 남침을 당하고 전연의 맹약을 체결하여 후진이 거란에게 바친 30만 세폐를 그대로 답습하게 되었다. 이리하여 동아시아 국

제관계의 주도권을 정복왕조(요·금·원)에게 내어주고 송 스스로 그들에게 조공아닌 조공인 세폐와 세사를 바치고 고식적 평화를 유지하며 중국 역사상 가장 취약한 황제권을 겨우 유지할 수 있었다.

10-13세기의 동아시아 국제질서는 宋代황제권과 밀접한 관계가 있다. 다시 말해 唐代의 조공책봉체제가 宋代의 歲幣 歲賜체제로의 변질은 송대의 황제권의 굴절현상을 그대로 드러낸 것이다.

제1절 동아시아 국제관계의 변화

I. 동아시아 세계의 남북 대립

동아시아의 국제관계는 고대로부터 南北 民族의 끊임없는 대립과 투쟁으로 점철된 역사이다. 이러한 南北의 대립은 생활환경과 경제구조에서 비롯되었다. 남방의 농경민족인 한족과 북방의 유목민족사이에는 끊임없는 대립이 계속되어 왔다. 이 과정에서 북방민족은 기후가 따뜻하고 물자가 풍부한 南쪽으로 내려 오려 하였고, 漢族은 그들의 생활 근거지를 유목민족에게 유린당하지 않으려고 필사의 힘으로 이를 저지하였다. 만리장성은 그 좋은 증거라 하겠다.

한족과 북방 유목민족간의 남북관계는 前漢(전한) 무제의 적극적인 대외 경략으로 한족이 주도적인 위치에 서서 북방민족을 압도하였다. 그러나 후한 이후 위·진 남북조시대를 거치면서 양자의 관계는 역전되어 도리어 북방민족이 적극적인 공세를 취하고 한족은 항상 수세에 몰리면서 5호16국과 북조시대의 호한체제를 성립시켰다. 그러나 수나라의 양제와 唐太宗에 의한 적극적인 대외경략으로 이와 같은 남북민족 관계는 역전되어 한족이 다시 공세를 취하는 입장에 서게 되었다.

II. 胡漢체제에서 朝貢册封체제로

수나라에 이어 당제국의 출현으로 동아시아의 국제질서도 근본적

으로 변화하였다. 大唐제국의 출현과 함께 한족이 우위에 서는 중화주의 국제질서로 재편성되면서 朝貢册封(조공책봉)체제가 성립되었다.

唐제국의 대외발전은 태종에 의하여 적극적으로 추진되었다. 태종은 突厥(돌궐)과 우호관계를 유지하였으나 당을 침략해 온 것을 기회로 적극적인 공세로 동돌궐을 격퇴시켰다. 태종은 서북방의 유목민으로부터 天可汗(천가한)의 칭호를 받게 되었다. 천가한은 돌궐어의 王(君長)이란 뜻으로 당나라 황제는 중화의 한족국가의 황제임과 동시에 북방의 유목부족까지 지배하는 君長으로 추앙된 것을 의미한다.

이는 위·진 남북조 이래 북방민족(5호)에게 끊임없이 시달려 오던 한족으로서는 민족적 자존심을 회복하였을 뿐만 아니라 남북조시대의 호환체제에서 조공책봉체제로의 대전환을 의미하는 것이다. 이리하여 위·진 남북조 이래의 5호 세력은 唐代에는 자취를 감추었고 그에 대신한 돌궐세력도 당에 복속되니 한족국가(당제국)에 맞설 수 있는 북방 유목국가는 10세기 이후 요·금·원의 정복왕조가 등장하기까지 나타나지 못하였다.

唐은 초기 60년간에 그 세력이 최대로 발전하여 동으로는 한반도 북부, 서로는 중앙아시아, 그리고 북으로는 시베리아 남부에서 남쪽의 인도차이나반도에 이르는 광대한 지역을 지배하게 되었다. 광대한 변방을 통치하기 위해 태종과 고종시대에 걸쳐 6 都護府(6도호부)를 설치하였다. 도호부의 장관 都護(도호)는 중앙에서 파견하였고 군정과 민정을 총괄하며 그 아래 정복지의 왕과 추장을 지방관으로 임명하여 어느 정도의 자치를 인정하는 羈縻政策(기미정책)을 취하였다.

대당제국의 이러한 발전은 정치적인 면에서의 중화주의의 승리일 뿐 아니라 문화적인 면에서도 정복민의 中國同化(중국동화)에 의한 동아시아 문화권의 완성이라는 중요한 역사적 의미를 지니게 되었다.

제2절 정복왕조의 출현과 宋代 황제권

I. 빗트포겔의 정복왕조론

국가의 발전과 통일제국의 출현을 위해서는 황제권력이 뒷받침되어야만 가능하였다. 東아시아세계에 등장한 무수한 국가가운데 남쪽의 한족과 북쪽의 유목사회의 발전은 끊임없는 상호대립과 교류를 통하여 가능하였다. 이러한 현상은 宋나라가 출현하는 10세기를 전후하여 그 양상이 확연히 달라지는데 정복왕조의 출현이 그것이다. 정복왕조의 출현은 宋代 황제권력과 직접적으로 관계가 깊다.

征服王朝(정복왕조)란 역사적용어는 독일의 역사학자 빗트포겔에 의해 사용되면서 일반화되었다.[1] 빗트포겔에 의하면 秦의 중국통일에서부터 淸의 멸망까지의 중국의 역사는 전형적 중국왕조(秦·漢·南朝·隋·唐·宋·明)와 정복왕조(北朝·遼·金·元·淸)로 크게 구분된다고 보았다. 이 가운데 위진남북조시대의 北魏를 비롯한 北朝의 여러 왕조는 浸透王朝(침투왕조)라 하여 정복왕조와 구분하고 있다.[2] 그는 종래 중국을 정복한 정복민족은 수세대가 지나면 중국문명에

---

1) 高柄翊, 「遼代의 社會(빗트포겔: 「中國社會史 遼代」)」, 『東亞史의 傳統』, 一潮閣, 1976, 283〜288쪽, 참조.
   征服王朝(Conquest Dynasty)는 빗트포겔이 1949년 중국인 학자 馮家昇과 함께 지은 『中國社會史-遼(907〜1125) [History of Chinese Society Liao (907〜1125)』, New York, 1949의 序論에서 사용한 역사용어이다.
2) 빗트포겔은 정복왕조는 갑자기 출현한데 반해 침투왕조(Infiltration Dynasty)는 5胡처럼 장기간에 걸쳐 서서히 이주한 북방민족의 왕조이다. 이주형태도 중국농경지에 강제 또는 유치한 客民과 부분적인 침략자가 정착한 경우로 구분되며 半平和的으로 침투하여 획득한 왕조로 보았다.

흡수되어 동화해 버린다는 흡수이론에 반대하면서 문화인류학자가 제창한 文化變容論(문화변용론)을 가지고 정복왕조를 설명하고 있다.

문화변용이란 서로 다른 문화를 지니고 있는 여러 민족집단이 계속해서 그리고 직접적으로 접촉할 때에 나타나는 현상을 포괄하여 표현하는 것이며, 그 결과 어느 한쪽 또는 양자에게서 문화적 유형에 변화가 생긴다는 것이다. 그리하여 빗트포겔은 흡수이론 대신 문화변용론을 근거로 하여 遼(요)왕조의 사회·경제·정치·문화 전반에 걸친 二元性을 밝히고, 遼에 이어 일어난 金·元·淸에서도 이와 유사한 여러 경향이 나타났다고 보았다. 그는 중국왕조의 역사를 통하여 문화의 전면적인 융합은 정치·사회적 분열이 끝난 후에 진행되는 것으로 파악하였다. 즉, 정복시대의 종지부를 찍은 후에 비로소 문화의 변용이 시작된다는 것이다. 요 왕조 이후의 정복왕조(金·元·淸)의 문화변용은 바로 이러한 관점에서 검토되어야 한다는 것이 그의 주장이다.

그러나 빗트포겔의 정복왕조론은 중국사를 이해하는 데 있어 새로운 문제 제기를 하였으나, 이에 대한 비판도 다각적으로 제기되고 있다. 遼朝의 성격에서 정복왕조의 특성을 지나치게 강조하고 있고, 또 전형적 중국왕조로 遼(요)와 같은 시대의 宋왕조를 제외시키고 있다는 점과 특히 기본적 정복왕조에서 元을 제외시킨 점. 또한 遼朝 이전의 유목국가(匈奴, 突厥, 回鶻)를 요 왕조와 동일시하면서도 이들 유목국가의 역사적 발전을 인정하지 않고 있다는 비판을 받고 있다.

II. 정복왕조와 동아시아 국제정세의 변화

唐의 기미정책은 지금까지 동아시아의 선진문화에 접촉할 수 없던 북방의 유목민족에게 문화적혜택을 주어 민족적으로 발전할 수 있는 좋은 기회를 제공하여 주었다. 그것은 한족의 지배하에 있던 북방민족으로 하여금 차츰 민족적인 자각의식이 싹트면서 여러 부족으로 흩어져 싸우던 부족사회가 강력한 지도자의 출현을 계기로 민족을 기반으로 한 정복왕조로 발전할 수 있는 계기를 마련하였다.

唐이 멸망하는 10세기 초(907)를 시작으로 東아시아세계에는 큰 변화가 일어났다. 특히 남북관계에서 지금까지 볼 수 없던 변화가 나타나고 있으니 唐의 지배하에 있던 북방민족 가운데 요하강 근방에 있던 거란족은 耶律阿保機(야율아보기)의 지도하에 민족적 단결을 이루어 역사상 처음으로 遼(요)를 건국하였다.

이 당시 중국은 唐이 망하고 5대의 분열을 계속하고 있었고 五代를 통일한 宋은 문치주의 정책으로 군사력은 약하여 북방민족에 맞설 수 없는 상황에 놓여 있었다. 이리하여 거란은 만주의 발해를 멸하고 남으로 고려를 침공하고 宋을 위협하여 漢族을 압박하였다.

거란에 이어 만주의 女眞족은 阿骨打(아구타)가 여진부족을 통일하고 金나라를 세워 중국본토의 절반을 차지하면서 한족을 강남으로 몰아내었다. 이때 南宋은 金과 굴욕적인 화의를 맺고 중국영토의 절반을 金에게 빼앗겼다.

거란족의 요나라와 女眞족의 金나라는 만리장성의 東北 지방인 만주에서 발전한 국가로 이로 인하여 지금까지 漢族(한족)이 대비하고 있던 만리장성의 방어선이 동북쪽으로 이동하게 되었다. 이러한 방어선의 변화가 원점으로 다시 환원된 것은 13세기에 나타난 몽골족의

진출이다. 成吉思汗(칭기스칸)의 몽골부족통일은 동아시아 역사상 처음으로 한족이 북방의 유목민에게 전 중국을 내어 주고, 그 후 한족은 그들의 지배하에 들어가면서 동아시아세계를 주도하는 華·夷의 위치가 역전되었다. 뿐만 아니라 몽골제국이 유럽으로 진출하고 서아시아지역의 석권으로 四汗國(사한국)을 수립하면서 동아시아세계가 서아시아와 유럽을 재패하는 세계역사의 큰 변화를 가져왔다.

Ⅲ. 정복왕조의 황제(可汗)과 皇帝權의 성격

정복왕조의 원동력은 군사력에 있고 이를 통해 주변의 농경사회를 정복하여 나갔다. 그런데 정복왕조의 군사력은 유목국가의 그것과는 많은 차이를 보이고 있다. 따라서 可汗(가한)의 성격을 이해하는데 있어서도 그들의 힘의 배경이 되고 있는 군사력의 구조적 내용과 특성을 살펴볼 필요가 있다.[3]

먼저 정복왕조(요·금·원·청)는 유목국가에 비하면 중국의 북변, 그리고 한반도와 가까운 위치(요하유역·만주·몽골)에서 국가를 일으켰다는 사실이 주목된다. 그것은 이들이 아직 정복국가로 웅비하기 전의 초기 부족국가 상태에서 중국과 한반도 변경을 끊임없이 침입하여 식량을 약탈하거나 농민을 집단적으로 강제 이주시키는데 편리한 위치에 놓여 있었기 때문이다. 또 반복되는 약탈전쟁을 통하여 그들의 유목사회를 農牧的 二重社會로 전환시키면서 유목적 부족체제를 해체하고 정복국가의 사회·경제적 기반을 마련해 갔다. 따라서 중국의 북변이나 한반도에 대한 약탈적 침략전쟁은 유목국가의 경제

---

3) 田村實造 『中國征服王朝の硏究』上·中 東洋史學會 1959. 참조

력을 農牧社會로 발전시켜나가는 원동력이 되었고, 이 과정에서 유목적 씨족공동체의 부족체제는 해체되고, 可汗의 지위는 전제군주화하였다. 그리하여 지금까지 可汗과 봉건적 관계에 있던 유목국가적 봉건제는 개편되어 갔는데, 여기에 정복왕조의 可汗과 유목국가의 單于와의 성격적 차이를 엿볼 수 있다. 정복왕조의 可汗은 중국적 전제군주의 성격을 띠면서 그의 권력을 강화하였고, 部族長과의 관계도 점차로 중국적 군신관계로 변화시켜갔다.

이러한 可汗의 성격변화를 遼·金·元·淸의 정복왕조에서 구체적으로 살펴볼 수 있다. 최초의 정복왕조인 遼王朝의 국가체제를 보면 太祖(耶律阿保機)때 옛 부족을 개편한 18部(太祖十八部)와 聖宗이 피정복부족을 재편성하여 정비한 34部(聖宗三十四部)로 구성되어 있다. 이는 다 같이 요왕조의 중앙집권체제를 강화하기 위하여 종래의 씨족 공동체적 성격을 띠고 있던 여러 부족을 해체하여 可汗(皇帝)과의 군신관계로 재편성한 것이다.

이러한 현상은 金에서도 비슷하였다. 金朝의 女眞부족사회는 猛安(맹안)·謀克制(모극제)에 의해 조직되었다. 이 제도는 金이 건국하기 이전에 이미 여진족 사회에 존재하고 있던 부족조직으로 金의 太祖(阿骨打)는 자신의 권력을 강화하기 위해 맹안·모극제도를 개편하여 황제 지배 하에 행정과 군사기능을 발휘할 수 있도록 재편성하였고(1114), 이를 기반으로 金朝 건국을 달성하였다(1115).

몽골제국도 千戶制(천호제)를 기반으로 발전하고 있다. 成吉思汗(성길상한)은 돌궐족의 군사제인 千戶制를 모방하여 부족을 재편성하였다. 즉, 그는 千戶를 기본단위로 부족을 조직하고 그 상위는 万戶, 그 하위는 百戶·十戶로 편성하였다. 칭기스칸이 즉위한(1206) 후 부하들을 그 공로에 따라 각기 千戶·百戶로 임명하고, 封地와 함께 部

民의 領有를 허락하였다. 이들은 領民 중에서 兵士를 징집하여 汗에 봉사할 의무를 부과하였는데 몽골제국은 바로 이 천호제를 중심으로 한 유목적 봉건제를 기반으로 발전한 정복왕조이다.

정복왕조의 부족제개편에 의한 군사력의 강화로 可汗의 정치군사력은 유목국가에 비교가 안 될 정도로 강화되었다. 이리하여 정복왕조의 대외침략전도 종래의 약탈적 성격에서 벗어나 정복전으로 전환되었다. 또 그들의 정복전쟁도 종래의 유목국가에서 진행되던 일시적, 보복적인 것이 아니고 일정한 방향을 따라서 반복적이고도 조직적으로 추진되어 갔다. 즉, 遼 太祖시대의 燕雲16州 정복, 金朝 太宗·熙宗시대 北宋의 정벌, 그리고 몽골의 중앙아시아 및 중국정복, 그리고 淸의 조선 및 내몽골정복과 중국의 통일이라는 순서로 이어졌다. 이와 같은 정복전은 일차적으로 영토를 정복하고, 이어 그곳에 사는 민족을 지배함으로써 정복왕조로서의 확고한 위치를 다져갔다.

제3절 정복왕조 遼(요)와 宋의 대립

I. 契丹(遼)의 건국과 정복왕조의 권력구조

당말 오대의 혼란을 틈타 耶律阿保機(야율아보기)가 거란 부족을 통합하고 漢人(한인)을 거란내부로 강제 이주시켜 거란(916~1125)[4] 을 건국하였다(916). 그는 내외몽골의 유목민을 평정하는 한편 만주의 발해를 멸하고(926) 그곳에 東丹國(동단국)을 세웠다. 거란이 건국에서 불과 10여년 만에 이렇게 비약적으로 발전하게 된데는 몇 가지 원인이 있다.

먼저 야율아보기가 거란부족을 통일한 후 한민족을 비롯한 여러 민족의 협력을 모아 契丹(거란)을 건국하는 과정에서 취하고 있는 사회 경제적 정책은 그 이전의 유목국가의 군주와는 본질적으로 달랐다. 그것은 유목사회의 경제적 기반을 非遊牧的(비유목적) 경제력(농공경제력)으로 전환시켜 이를 건국의 기반으로 다져 나갔다는 점이다. 다시 말하면 야율아보기의 경제적 기반은 유목경제가 아니라 농경과 수공업의 중심지인 漢城(한인의 성곽도시)이었다. 이곳에서 생산되는 소금과 철은 타부족에게도 공급하였기 때문에 거란의 8부족은 경제적으로 한인의 성곽도시에 상당히 의존하였다. 거란족이 이와 같은 비유목적 경제력을 마련할 수 있었던 것은 그들의 근거지가 松漠地方(송막지방)이었고, 이곳은 부분적으로 농경도 가능하여 농경문

---

4) 『契丹國志』卷2에 의하면 契丹(거란)의 國名은 太祖(耶律阿保機) 때는 민 족명을 그대로 사용하여 大契丹이라 하였다가 太宗 때 국호를 중국식으로 遼로 고쳤고 다시 6代 聖宗 때에 大契丹으로 환원하였다

화를 수용할 수 있는 農牧(농목)복합지대였기 때문이다. 이와 아울러 거란족은 오랜 기간에 걸쳐 당의 기미정책의 영향을 받아 중국문화와도 긴밀한 접촉을 통해 유교적인 통치이념에 익숙해 있었으며, 특히 야율아보기의 참모에는 韓延徽(한연휘) 康默記(강묵기) 盧文進(노문진) 韓知古(한지고) 등과 같은 漢人 지식층이 다수 참여하고 있어서 중국적인 전제왕조의 싹이 일찍부터 나타날 수가 있었다. 거란족이 중국식 연호(神册)와 국호(遼)를 선포하고 최초의 정복국가로 나아갈 수 있었던 배경이 바로 이러한 거란국 건국과정의 사회·경제적 특성에 있다고 하겠다.5)

건국 후의 거란(遼)은 부족제를 개편하여 부족을 해산하고 分土定居(분토정거)를 단행함으로써 유목국가 체제의 기반인 부족세력을 철저히 약화시켜 전제체제를 강화하는 방향으로 개혁을 단행하였다. 이리하여 야율아보기는 정복왕조의 황제로서 비유목적인 방법으로 축적된 경제력과 脫部族的(탈부족적)인 군대가 제공하는 군사력을 가지고, 유목국가의 군주권을 견제하는 부족체제를 과감하게 해체시켜 나갔다. 여기에서 유목국가와 정복국가의 군주가 갖는 성격의 커다란 차이가 나타난다. 즉, 유목군주는 타민족의 침략으로 획득한 약탈 財貨(재화)를 신하와 부족장에게 분배함으로써 자신의 지위를 유지하였으나, 정복왕조의 군주는 축적된 재화를 가지고 정복왕조로서의 군사력과 군주권의 지위를 확보하는데 사용하고 있다. 최초의 정복국가를 수립한 야율아보기의 정치·군사적인 능력이 바로 여기에 있었다.

---

5) 崔圭柱,「遼의 支配勢力의 構造와 帝位繼承에대하여 支配勢力으로서의 皇族帳과 皇后族帳을 중심 으로-」,『東洋史學硏究』5, 1971. 崔圭柱,「遼代의 耶律姓과 蕭姓에 관한 考察」,『震檀學報』49, 1980.

II. 後晉의 燕雲16주 할양과 歲幣(세폐)

거란은 2대 태종 때에 이르러 통일국가를 완성하였다. 이때 태종은 군사를 동원하여 後唐을 제압한 후 石敬瑭(석경당)을 원조하여 그를 후진의 고조로 세워주었다.

석경당은 거란에게 원조를 구한 대가로 태종에게 스스로 신하를 자칭하고 그를 아버지의 예로 섬길 것과 後唐을 정복한 뒤에는 연운 16주를 그에게 할양할 것을 약속하였다. 이 당시 석경당의 부하였던 劉知遠은 신하로 칭하는 것은 좋으나 그를 아버지로 섬기는 것은 지나치고 金帛을 歲幣로 바치는 것은 좋으나, 영토를 할양하는 것은 옳지 않다고 반대하였다. 만약 영토를 활양하면 이것은 장차 중국의 큰 화가 되고 후회하여도 돌이킬 수 없는 결과를 가져온다고 석경당에게 강력하게 반대하였으나 그는 이를 듣지 아니하였다.

석경당의 원조 요청에 따라 거란의 태종은 936년에 스스로 30만 대군을 이끌고 쳐들어와 낙양을 함락하고 후당을 멸망시킨 후 석경당을 황제로 추대하였다. 이가 후진의 고조이다. 고조는 약속한 바와 같이 연운 16주를 거란에게 할양하였다. 이 밖에 해마다 비단 30만 필을 歲幣로 보낼 것을 약속하였다.

이러한 석경당의 거란에 대한 굴욕적인 燕雲16주의 할양은 중국 역사상 처음 있는 사건이다. 다시 말하면 연운16주의 할양과 거란에 대한 歲幣증여는 唐代의 조공책봉체제에서 다음에 오는 宋代의 歲幣 歲賜체제로의 전환을 의미하며 이것은 중화의 漢族이 북방의 夷狄에게 굴복하는 국제관계의 커다란 전환을 가져오게 된 것이다.

연운16주 할양은 劉知遠이 염려한 바와 같이 중국에는 이후 北宋 시대를 거쳐 커다란 환란으로 남게 되었다. 五代의 여러 왕조와 北宋

은 연운16주를 탈환하기 위하여 여러 번 출병하였으나 그때마다 실패하고 이곳은 180년 동안 거란이 영유하게 되었다. 뿐만 아니라 북방민족의 국가가 중국 영토를 차지하는 선례가 여기서 비롯되었다. 종래 북방민족은 중원을 침입하여도 물자와 사람을 약탈하여 되돌아가는 것이 일반적인 현상인데 연운16주 할양 이후, 북방민족은 토지를 점령하는 것을 목적으로 하여 침입하는 선례가 되었다. 그 결과 거란에 이어 金나라와 元나라, 그리고 淸나라 등 이른바 정복왕조가 출현하면서 중국 전토를 침략하고 차지하였다.

Ⅲ. 歲幣체제의 역사적 의미

後晉이 거란의 원조로 나라를 세웠고 그 대가로 거란에게 준 연운16주의 할양과 30만 세폐가 갖는 역사적 의미는 대단히 크다. 그것은 당나라의 조공책봉체제에서 다음에 오는 송대의 세폐·세사체제로의 국제적 자세변화의 시발점이 된다는 의미를 가지고 있다. 宋代 세폐의 조공적 성격은 여기에서 시작되었고 이것은 거란이 後晉건국을 도와준 사례로서 요구한 것이다.

燕雲16주의 할양은 거란인의 민족적인 자각을 높였으며 비단 30만 필의 세증 또한 거란의 강요에 의한 것이기는 하지만 中華가 夷狄에게 막대한 선물을 바친 초유의 일이다. 이것이 비록 속국에서 종주국으로 보내는 세공의 명칭을 사용하지는 않았지만 이것이 조공품에 해당한다는 것은 너무나 명백한 사실이다.

그런데 이 30만 필의 물품이 조공의 의미를 갖는다는 중요한 기록이 있다. 즉, 後晉 고조의 즉위 건국사실을 기록하기를 「契丹主作册

書 命敬瑭爲 大晉皇帝」라고 하여 거란의 황제(主)가 책서를 작성하고 後晉의 석경당을 황제로 책명하였다고 있다. 여기에서 册과 命의 두 글자를 쓴 것은 책명은 다 같이 종주국이 종속국의 군주를 책봉하는 형식이다. 따라서 이 두 말에 담겨있는 것은 거란을 종주국, 후진을 속국으로 하는 외교적 주종관계의 성립을 의미하며 이러한 사실로 미루어 볼 때 거란에게 준 30만 세수는 바로 조공품이라 하겠다. 특히 『舊五代史』에서는 양국관계를 거란을 父, 후진을 子로 하는 부자관계를 명시하고 있다.

Ⅳ. 거란의 화북경영 실패

947년 정월에 후진의 신하들이 거란 태종을 맞이하는 가운데 거란의 태종은 수도 開封에 입성하였다. 그가 開封 성문을 들어서자 시민들은 놀라서 소리를 지르고 달아났다. 태종은 성루에 올라가 통역을 시켜 시민들에게 말하기를 「너희들은 놀랄 일이 아니다. 너희들의 생활을 반드시 안락하게 해 줄 것이다.」 라고 말하였다. 거란의 황제가 중국의 황제를 겸하게 되었다. 태종은 스스로 중국의 冠服을 입고 중국통치에 열성을 기울였다. 그는 1년 이내에 중국을 완전히 정복하고 태평을 이룰 것이라고 장담하였다.

그런데 태종의 중국통치는 강변정책으로 일관하였다. 즉 거란의 병사에게는 牧馬명목으로 마음대로 약탈을 하도록 허락하였는데 이것을 打草穀(타초곡)이라고 하였다. 그 결과 한족은 거란병의 칼날에 죽임을 당하고 노인과 어린아이는 길거리에 버려져서 개봉과 낙양부근은 황폐화하였다. 또 거란병사 30만에게 지급할 상여금을 조달하기

위해 지위고하를 막론하고 개봉에 살고 있는 한족주민으로부터 돈과
포백을 강제로 징수하고 명령에 따르지 않는 자는 엄벌로 다스렸다.
지방에도 사자를 파견하여 이와 같은 강제적 징수를 단행하였다. 이
렇게 거두어들인 錢帛은 대부분이 거란 본국으로 운송되었다.

　거란의 이와 같은 야만적인 약탈에 대하여 한족은 스스로 자위단
을 결성하고 봉기하였다. 많을 경우, 수만 명에 이르고 적은 경우에
도 수천 명의 부대를 조직하여 거란을 습격하고 거란이 임명한 지방
관을 살해하였다. 한인의 반란은 하남지방에서 산동지방으로 퍼져나
갔고 거란 태종은 한족이 이렇게 반발할 줄은 상상도 못하였다고 시
종에게 말하면서 입성한지 3개월 만에 본국으로 철수하였다. 이때 항
복한 후진의 신하 수천 명과 궁려, 환관 수백 인을 포로로하고 창고
에 비축해 놓았던 제물들을 송두리째 가지고 북으로 돌아갔다. 돌아
가는 도중에 반발하는 한족을 잔인하게 돌육하였다. 이리하여 거란의
화북지배는 불과 3개월만에 끝나게 되었다.

제4절 宋代의 세폐 · 세사체제

I. 송대 歲幣 · 歲賜체제와 황제권

세폐란, 매년 정액의 제물을 상대국에 주는 것인데 중국측 사서에는 貢 · 賜 · 幣로 나누어 놓았다. 일반적으로 중국의 史書에는 양국간의 歲贈(세증)을 분류하여 종속국으로부터 종주국에게 보내는 것을 貢이라 하고, 종조국으로부터 종속국에 보내는 것을 賜라 하였고, 대등한 국가간의 증여는 幣라 하였다.[6]

중국 역사상 宋代처럼 한족왕조가 북방의 이민족국가에 막대한 세폐를 바친 예는 없다. 그런데 宋에서 거란이나 금나라, 그리고 西夏에 물품을 보낸 것을 사료에서는 세폐 또는 세사라고 기술하고 있다. 華夷論과 중화주의에 젖어온 중국의 역사가들은 타국에서 중국으로 들어오는 물품에 대해서는 무역을 통한 수입품이든, 타국 통치자가 보낸 선물이든 이것을 조공품이라 기록하였다. 이와 반대로 중국이 타국으로 보내는 물품은 황제의 하사품이라고 하여 세폐 또는 세사라는 용어로 미화하고 있다.

宋代에 와서 중국이 북방민족의 침략을 막기 위하여 해마다 주는 세폐는 약자(宋)가 강자(거란)에게 바치는 예물(선사품)의 성격을 가지고 있다. 그러나 이러한 예조차도 중국의 황제가 외국의 통치자에게 내리는 하사품이라는 명칭, 즉 세사 또는 세폐명목으로 미화하였다.

---

6) 『二十二史 箚記』 권 26 歲幣條

중화국가와 주변국가간의 세증을 볼 때, 민족적 자존심이 강하고 또한 경제력이 풍부한 중국측은 이러한 貢·賜·幣의 명칭에서 중화 왕조의 名分 論理를 강조하고 있다. 그리하여 주변국에 보내는 물품 에 대하여 貢이라는 명칭을 기피하였다. 이에 대해 주변국은 명분보 다는 실리를 취하여 액수의 증가를 원하는 경우가 있고, 주변국의 민 족적인 자각이 높아지면 명분과 실리를 함께 차지하려고 한다. 이 경 우 幣 또는 賜의 명칭으로 거액의 물품을 중국 측에 요구하기도 한다.

唐의 조공책봉체제는 宋代에 와서 정복왕조의 출현으로 무너지고 그 대신 세폐·세사체제로 국제관계가 바뀐 것은 宋代 황제권과 밀 접한 관계를 가지고 있다. 이것은 宋이 문치주의를 채택하여 군사력 의 약화를 가져오게 되면서 황제권이 취약하게 된 결과라 하겠다.

Ⅱ. 宋이 遼에 바친 歲幣·歲賜(세폐·세사)

1) 宋·遼의 대립과 歲幣

처음 송·요의 대립관계는 五代때 거란(요)에게 내어준 燕雲16州를 되찾기 위하여 송의 태종이 적극적인 공세를 취하면서 시작되었다. 그러나 송의 계속된 패전으로 거란(요)에 대한 공격적 자세를 버리고 방어태세로 전환할 수밖에 없었다. 한편 거란은 송군의 허약함을 알 게 되자 성종이 친히 20만의 대군을 이끌고 남진하니 송의 수도 汴 京(변경: 開封)의 안전이 위태롭게 되었다. 이로 인하여 조정에서는 천도론이 제기되었으나 진종은 재상 寇準(구준)의 강경론을 받아들 여 친히 전선으로 나가 군사를 독려하였다. 이리하여 송·요는 澶淵 (전연)의 맹약7)을 체결하게 되었다(1004).

이 화의 조건의 내용을 보면 여러 가지 주목되는 사실을 알 수 있다. 그것은 宋이 거란에게 매년 비단 20만 필과 銀 10만 兩을 세폐로 보내고, 진종황제는 요나라 承天太后를 숙모로 받들고 이후 양국은 형제의 맹약을 갖고 거란의 성종은 宋의 진종을 형이라 하고 남(宋), 북(遼)朝라고 지칭한다는 내용이다.[8]

澶淵의 맹약은 寇準(구준)의 주관 하에 거란과 맺은 중요한 화평 조약으로 그 역사적 의미는 중요하다. 漢·唐시대에는 중원의 왕조는 대부분 화평방식을 통하여 혈연관계를 맺고, 평화관계를 맺었다. 그러나 五代의 후진이 요나라에게 세폐를 준 이후 경제적인 방법으로 평화관계를 유지하려고 한 것이다. 그리하여 혈연적인 방식은 점차 사리지게 되었다. 이것은 상품경제가 발달하면서 경제적 의미가 강화됨과 동시에 경제적 이익과 평화유지가 대등한 교섭조건이 된 것이다.

또한 澶淵의 맹약이 갖는 역사적 의미는 거란이 宋과의 대등한 국제관계를 유지하였을 뿐만 아니라 宋의 황제가 거란의 承天太后를 숙모로 받들게 된 사실은 거란의 국제적 지위가 그만큼 높아지고 그 결과 거란의 고려와 西夏에 대한 관계가 대단히 유리하게 바꾸어졌다. 뿐만 아니라 宋이 거란에 준 세폐의 양과 내용은 後晉의 석경당이 거란에 제공한 것과 비슷하다. 따라서 澶淵의 맹약에서 체결한 내용은 宋이 거란에게 준 세폐는 後晉과 거란과의 그것과 너무나 비슷한 성격을 띠고 있고, 이것은 조공의 성격으로 해석된다.

---

7) 澶淵의 맹약으로 송·요의 대립관계는 평화관계로 전환되었다. 조약 내용은 兄弟의 맹을 맺고(宋이 兄, 遼가 弟) 국경선은 전쟁 전 상태로 둔다. 송은 매년 銀 10万량과 비단 20만필, 茶 5만근을 歲幣로 주기로 하였다(후에 銀 20万량, 비단 30만필로 추가됨). 이 맹약에서 송은 名分을, 요는 실리를 취한 셈이다.

8) 田村實造「澶淵の 盟約と其の史的意義」『史林』20-1·2 참조

澶淵의 맹약 이후 송은 거란의 군사력을 두려워하여 연운16주의 회복을 포기하였고 거란에서도 왕실내분과 부족간의 갈등이 격화되어 군사행동을 자제하게 되었다. 따라서 송·요의 관계는 12세기에 金이 일어날 때(1115)까지 평화적인 관계가 유지되었다.

2) 宋의 西夏에 대한 歲賜(세사)

11세기에 들어와서 西夏의 李元昊(이원호)가 황제를 칭하고, 국호를 大夏라 하였다(1038). 李元昊가 통치하던 시기는 西夏의 전성기로 영토가 확장되었을 뿐만 아니라 실크로드의 요지를 차지하여 동서무역의 이익을 차지하면서 국력을 키웠다.

지금까지 중국의 속국이던 西夏의 이원호가 황제를 칭하고 독립을 선언한 것은 더 이상 송나라를 섬기지 않겠다는 것을 의미한다. 송에서도 西夏의 稱帝建元(칭제건원)을 용납할 수 없었으므로 여기에 송·西夏의 대립이 촉발되었고 7년 전쟁이 시작되었다. 당시 송은 여러 번 西夏를 응징하려 하였으나 번번히 참패 당하였다.[9] 이로 미루어 볼 때 이 당시의 송의 군사력은 작은 西夏를 제압할 수 없을 정도로 허약하였다. 정부에서는 韓琦, 范仲淹으로 하여금 직접 전선에 나가 대책을 강구하도록 하고 西夏와의 화의를 추진하였다.[10] 화의가 성립된 후(1044) 송과 西夏와의 경제교류는 활발히 추진되었고[11] 宋은 西夏에게 매년 25만 5천의 세사를 주었다. 그런데 여기에서 歲賜(세사)라는 용어를 사용하였으나 이는 西夏와의 7년 전쟁의 결과 휴전

---

9) 拙稿 「北宋 仁宗朝 對西夏政策의 變遷에 관하여」, 『歷史敎育』 8, 1964.
10) 화의 내용은 西夏는 황제를 칭하지 않고 송에 稱臣하며 송은 이원호를 夏國王으로 인정하고 西夏에게 해마다 歲賜로 銀 7만 2천량, 비단 15만 3천필, 茶 3만근을 주고 국경에 互市장을 열어 교역한다는 것이다.
11) 拙稿, 「宋西夏貿易考」, 『歷史敎育』 10, 1967.

조건으로 준 것이므로 중화의 宋이 서북의 변방국인 西夏에게 이와 같은 막대한 세사를 하게 된 것은 중국의 황제가 속국에게 내린 예물적 賜與(사여)라는 그 성격이 전혀 다르다. 객관적 의미로 볼 때, 휴전조약의 결과로 준 조약품이다. 이로 인하여 宋의 국제적 위신은 추락하고 동시에 宋의 황제위상도 훼손되었다.

Ⅲ. 靖康(정강)의 변과 宋의 황제권

宣和 7년(1125) 12월에 金軍은 斡離不(알리불)을 대장으로 하여 연경지방과 粘罕(점한)을 장수로 한 雲州로 부터의 두 갈래 침입이 있었다. 북변을 지키고 있던 宋軍은 주로 太原, 河間, 中山의 三鎭에서 이를 저지하려 하였으나 金軍은 삼진을 피하여 송의 수도 개봉을 목표로 쳐들어 왔다. 송의 조정은 크게 낭패하고 천하에 근왕군을 모집하여 수도 방위를 독려하고 휘종은 두려움 속에서 급히 황위를 태자 欽宗(흠종)에게 물려주고 남쪽으로 달아났다.

흠종은 26세로 대혼란 속에서 황위를 계승하였기 때문에 이 어려움을 어떻게 타개할 바를 알지 못하였다(1125년). 이듬해 靖康元年 정월에 금군은 황하를 건너 개봉을 포위하였고 송에서는 李綱(이강) 등이 필사의 노력으로 수도 방위에 임하였으나 금군의 정예부대를 막지 못하였다.

이때 두 나라 사이에 강화담판이 열렸다. 그러나 담판이 진행되는 과정에 宋의 장수 姚平仲(요평중)이 金軍에게 야습을 감행하였다. 금군에서는 미리 알고 이에 대한 대비가 있었으므로 宋의 야습부대는 패주하였다. 조정에서는 야습의 책임을 李綱(이강)에게 물어 그를 파

면시키고 금에게 북변의 요충지 太原, 河間, 中山의 三鎭을 할양 할
것을 약속하니 금군은 일단 개봉의 포위를 풀고 철군하였다.

　그러나 금군의 철굴을 듣고 宋에서는 군인과 관료 태학생사이에
금과의 화의에 불만이 일어났다. 특히 태학생 陳東 등이 강경파 이강
의 주전론을 지지하고 蔡京, 童貫 등의 실정 책임을 추궁하였다. 이
러한 여론에 따라 蔡京은 유배지에서 80세로 병사하고, 그 아들 蔡脩
와 환관 童貫은 사형에 처하고 王黼 등은 난민에게 죽임을 당하니
휘종시대의 정치를 어지럽힌 권력자는 거의 일소되었다.

　金軍이 물러간 후 지방의 근왕군이 수도에 몰려오자 송의 조정도
다시 활기를 되찾고 금에게 내준 삼진할양에 반발하였다. 이리하여
이강 등의 주전파가 기용되고 남으로 달아난 휘종이 수도로 돌아왔
다. 그리하여 삼진의 병사들에게는 금군에게 성곽을 양도하지 말 것
을 명하였다. 金은 거듭되는 송의 배신에 분개하고 가을이 되면서 군
사행동을 다시 일으켜 남하하여 粘罕(점한)은 태원을 함락하고 황하
를 건너 개봉에 쳐들어왔다. 형세가 급박하여지자 송의 조정은 다시
유화정책으로 李綱 등을 물러나게 하고 금에 화의를 구하였다. 이때
에 금의 요구는 북변의 삼진만의 할양에 그치지 않고 화의의 뜻이
있고 성의를 표시하기 위해서는 휘종과 흠종 두 황제가 금의 군영으
로 직접 나올 것을 요구하였다.

　송의 조정에서도 이에 응할 수 없었으므로 방전에 힘을 기울였다.
금군은 도성의 외벽을 점령하고 백성들을 닥치는데로 살해하자 두
황제는 할 수없이 금나라 군대가 있는 군영에 나가니 金은 두 황제
를 포로로 강금하였다. 그리고 금군은 군사비 배상금으로 金 一千萬
錠, 銀 二千萬錠, 絹 一千萬匹이라 하는 천문학적 배상액을 요구하였
다. 송의 조정에서는 백성들로부터 금은을 강제 매상하여 조달하려

하였으나 그 10분의 1에도 미치지 못하였다.

金軍은 휘종과 흠종 두 황제와 황족 宮人과 특수 기능을 가진 기술자와 匠人 1200 여명을 포로로 하고 궁중의 재화를 약탈하였다. 그리고 재상 張邦昌(장방창)을 세워 황제로 하여 괴뢰정권 楚나라를 수립하였다. 宋이전의 역사에서 나라가 망하고 두 황제가 북방민족의 포로가 되어 끌려간 것은 五代 後晋의 出帝가 요나라 태종에게 포로가 된 이후 처음 있는 일이다. 또 북방족에 의하여 괴뢰정권이 세워진 일도 처음 당하는 사실이다.

정강2년(1127) 3월 27일 휘종과 흠종은 그 일족과 함께 牛車 수백대에 실려 개봉을 떠났다. 금군에 의하여 楚나라 황제가 된 張邦昌등은 백관을 인솔하고 그들을 南薰門(남훈문) 밖에서 고별하였다. 金軍의 수도 변경의 점령과 휘종, 흠종을 체포하여 북으로 연행한 사태는 北宋의 황제체제로 볼 때 정치권력의 진공상태를 의미한다.

趙構(휘종의 第九子로 이 당시는 康王이었고 후에 남송의 高宗으로 즉위하였다.)를 제외하고 북송 황실의 대부분이 금에 체포되었다. 이것은 정치적 중심축을 상실한 것이며 중국역대 왕조의 멸망사에서 아주 드문 일이다.

Ⅳ. 南宋정권의 변칙적 등장

張邦昌(장방창)을 비롯한 관료들은 금군의 강요에 못 이겨 초나라를 세웠으나 그 잘못을 깨닫고 스스로 태위하여 송의 일족을 옹립하려고 하였다. 그러나 송의 황족은 금군의 포로로 거의 잡혀갔고 단지 두 사람의 근친이 포로를 면하였다.

한 사람은 흠종의 동생 康王(강왕)이다. 그는 개봉이 금군에게 포위당했을 때 탈출하여 남쪽으로 달아나 근왕군을 규압하여 스스로 대원수로 자칭하였다. 다른 한 사람은 본래 철종의 황후였으나 폐위되어 僧尼가 되어서 궁중에 있었던 孟氏인데 그는 서인이기 때문에 포로를 면하였다. 장방창은 康王에게 제위를 돌려주려고 생각하고 우선 맹 폐후를 황태후로 다시 모시고 수렴정치를 행하도록 하였다. 그리하여 장방창은 신하로서 황태후(맹씨)의 詔를 내세워 康王(강왕)에게 입경을 요구하였다. 강왕은 장방창을 의심하여 개봉에는 돌아오지 않았다. 맹태후와 장방창은 하남 應天府에 이르러 강왕에게 조칙을 내려 즉위할 것을 권하였다. 강왕은 직접 휘종과 흠종으로부터는 황위계승을 승인 받지 못하였으나 맹태후의 조직에 따른다는 명분으로 應天府(응천부)에서 제위에 오르니 이가 남송의 고종이다.(1127)

고종의 즉위는 부황 휘종이나 형 흠종으로부터 직접 황제위를 물려받은 것이 아니다. 급박한 사태속에서 즉위한 南宋의 高宗은 북방으로 끌려간 휘종과 흠종이 어떤 상태에 있었는지 전혀 알 수 없었다. 또 그들로부터 직접 황위를 물려받은 것이 아니기 때문에 만약 두 황제가 돌아온다면 高宗의 황위 잠칭은 반역죄에 해당되는 일이다. 그러나 태후의 手詔(수조)를 받들고 金軍의 침략으로 혼란에 빠져있는 국가를 돌보아야 된다는 명문으로 황제위에 즉위하게 되었다. 혼란 속에서 진행된 고종의 황위계승은 이후 南宋정권의 취약성과 황제권의 국정장악력에 영향을 주었고, 특히 對金政策에 혼란과 실패를 반복하였다.

V. 王夫之의 宋 멸망 원인론

王夫之는 『宋論』에서 宋의 멸망원인을 宋나라 제도에 있다고 하였다.[12] 漢 唐의 멸망은 모두가 스스로 내부세력에 의한 것이지만 宋의 멸망은 그 성격이 그 전과는 전혀 다른 외부요인에 의한 것임을 강조하고 있다. 宋이 이렇게 외부세력(북방민족)에 의한 멸망은 3차에 걸친 굴복과정에서 비롯되었다. 즉, 眞宗시대의 전연의 맹약이 첫 번째 굴복이고, 정강의 변이 두 번째이며, 秦檜에 의한 金과의 請和가 세 번째 굴복이라는 것이다. 그러나 宋은 이러한 굴복을 당하면서도 북방민족에 대한 군사적 대응이나 군사력 강화정책을 강구하지 못한 것이 중국역사상 북방민족에게 전국토를 내주게 된 원인이라고 하였다. 특히 그는 근본적으로 宋의 문치주의에 의한 지방의 군사력 약화가 이와 같은 역사적 비극을 가져왔다고 다음과 같이 설명하고 있다. 즉,

宋의 군사제도는 내부의 軍閥(節度使)에 대한 猜疑心(시의심)을 가지고 있었기 때문에 그 결과 외부의 夷狄에 대해서는 미처 이를 생각하지 못한데 있다고 하였다. 宋이 천하를 통일하고 强幹弱枝정책을 취하여 지방에 있는 강한 군사력을 염려하여 禁軍강화책을 쓰면서 지방군을 모두 중앙으로 집중시켰는데 이것이 宋 멸망의 원인을 가져왔다고 주장하고 있다.

王夫之는 옛부터 중국은 통일제국을 이룩하였을 때에는 夷狄의 침략을 받았지만 분열된 시대에는 夷狄의 침략을 받지 않았다는 것이다. 戰國時代에 夷狄과 접한 燕·趙·秦나라는 夷狄의 침입을 잘 막아내고 이를 훌륭히 물리친 결과 秦의 통일을 달성하게 되었다. 그러

---

12) 『宋論』卷15 恭宗·端宗·祥興帝

나 前漢시대에는 오히려 북방의 흉노족의 침략을 받아 대단히 어려움을 당하였으며 後漢시대에도 五胡의 침입으로 국세가 약화되었다. 그러나 후한시대에는 전한시대만큼 夷狄의 침략이 심하지 않았다. 그것은 지방에 屯田兵을 두고 있었기 때문이다. 唐나라는 알록산의 난 후, 국세가 쇠퇴하였으나 오히려 夷狄의 침략을 받지 아니하였다. 이것은 변경에 접하고 있던 절도사가 그 지방 출신으로 지방사정을 잘 알고 자기 고장을 잘 지켰기 때문이다. 절도사들은 스스로 兵馬를 단련하고 식량을 비축하여 요충지를 수비하고 무기도 잘 조달하였다.

이와 같이 天下가 분열하였을 때는 지방(변방)에 있는 세력이 자기지역을 방비하지 않을 수 없었기 때문에 능히 이를 잘 지켜나갈 수가 있었다. 그러나 천하가 통일되면 중앙정부의 세력이 강해지고 지방은 군사력이 약해져 결과적으로 북방민족의 침략을 받게 되었다는 것이다. 宋나라의 멸망원인은 결국 지방의 병권을 중앙으로 집중시킨 것이 그 원인으로 작용하였다는 것이 王夫之의 생각이다.

만약 宋이 천하를 통일하였을 때 군사력을 충분히 북방에 배치하고 훌륭한 장수를 뽑아 지방을 맡기고 황제는 이들 장수에 대하여 의심을 갖지 않았다면 거란에게 침략을 당하지 않았고 金나라나 몽골에게도 유린당하지 않았을 것이다. 이와 같이 宋이 통일국가를 마련하면서 五代의 절도사세력을 억압하고 군사력을 중앙으로 집중시킨 것이 결과적으로 북방민족(거란·여진·몽골)에게 天下를 내어준 결과가 되었다고 王夫之는 주장하고 있다.

VI. 중국역사상 왕조멸망과 황제권

宋代를 분기점으로 하여 그 이전 시대와 그 이후의 국가멸망 상황은 확연히 구분이 되며 이것은 황제의 독제권과 밀접한 관련이 있다. 즉 송 이전의 왕조 멸망은 대체로 내부세력에 의한 멸망이고 송 이후에는 외부세력에 의해 국가가 멸망하였다는 사실에 주목이 간다.

秦의 통일제국은 始皇帝의 군현제도에 의한 강력한 중앙집권체제의 구축으로 황제의 절대 권력이 이룩되었다. 그러나 시황제의 사망과 함께 환관 세력과 옛날 6국의 잔존 세력에 의하여 秦은 쉽게 붕괴되었다. 前漢은 군현제와 봉건제를 절충한 군국제를 실시하였다. 전한 초의 황제권은 봉건·군현의 이중체제로 약화되는 듯 하였고 吳楚七國亂으로 황제권에 대한 봉건세력의 강력한 도전이 있었다. 이를 극복하여 봉건은 사실상 폐지되면서 전한 武帝의 절대권의 기반을 마련하게 되었다. 그러나 武帝 이후의 황제는 대체로 용렬하고 어린 황제가 즉위함으로써 외척 세력과 환관세력에 의한 강력한 도전을 받게 되고, 그 결과 외척 세력을 대표하는 王莽의 新정권이 등장하였다. 왕망(新) 정권은 창업의 기반이 잡히기도 전에 혁명적이라고 할 수 있는 사회·경제개혁 정책으로 호족 세력의 강력한 저항에 부딪쳐 곧바로 붕괴되고 호족 세력을 대표하는 후한의 劉秀(광무제)에게 정권을 빼앗기는 바가 되었다.

後漢 일대는 황제권에 대한 견제 세력으로 지방에 강력한 기반을 가지고 있던 호족 세력과 궁정을 무대로 한 외척과 환관 세력을 들 수 있다. 이들에 의하여 황제권의 변태적인 운영은 결국 黨錮(당고)의 禁(금)과 黃巾賊(황건적)의 난으로 치명타를 입었다. 조조의 아들 魏 文帝(曹丕)는 禪讓(선양)이라는 새로운 형식을 빌려 왕조교체의

명분을 창출하였다. 삼국은 다 같이 국가 기반이 확립되지 못한 상태에서 서로 침략을 계속하는 와중에서 자멸한 경우이다. 특히 魏는 權臣 司馬氏에 의해 황제권의 괴뢰화가 진행되면서 결국 司馬炎(사마염)에 의한 西晉정권으로 이어지고 서진의 짧은 통일이 이룩되었다.

그러나 서진의 분봉정책은 황제권의 분산을 초래하고 그 결과로 나타난 八王子의 난은 황제권력을 파멸시켰고 그 결과 중국 역사상 일찍이 보기 드문 혼란을 야기하고 五胡의 남침을 초래하여 5호의 16국이 분립하고 漢族 정권은 江南으로 피난하여 겨우 명맥을 유지할 수가 있었다. 北朝의 각 왕조의 황제권은 다 같이 강력하지 못하였다. 그것은 이 시대의 지배 계층으로서 황제권을 견제한 호족(귀족) 세력의 등장이 중요 원인으로 작용하였기 때문이다.

남북조를 통일한 隋나라는 강력한 중앙집권체제를 구축하여 황제권의 강화에 힘을 기울였으나 황제권이 안정되기도 전에 煬帝가 벌인 대토목사업과 대외원정, 특히 고구려 원정의 실패는 수나라의 멸망을 재촉하여 唐(당)제국의 출현을 가져오게 하였다. 唐代 황제권에 대한 대항세력으로 등장한 것은 궁중 내의 女人세력(則天武后·韋后·楊貴妃)과 이를 둘러싼 외척과 환관세력이라 하겠다. 그 결과 安·史의 난(755)을 가져오고 안정되었던 황제권은 지방 군벌의 도전, 그리고 궁정 내의 환관 세력으로부터 헤어나지 못하고 이른바 門生天子(문생천자)로 전락하게 되었다.

宋이후의 왕조멸망은 그 이전시대와는 다르다. 宋代 이후에는 환관 세력이나 외척은 자취를 감추었고 그 대신 북송·남송의 멸망은 북방민족인 여진의 金과 몽골의 元제국에 의하여 붕괴되었다. 元은 漢族의 저항으로 멸망하고 明(명)에 계승되었으며 명대에는 환관이 발호하기는 하였으나 황제에 대항하는 세력은 아니고 그들은 모두가

황제권에 의하여 비참하게 몰락하였다. 明은 李自成(이자성) 집단의
반란세력으로 붕괴되었으나 南明정권의 부흥을 철저히 차단한 것은
淸이기 때문에 북방의 만주족에 의하여 멸망한 셈이다. 이렇게 볼 때
에 송 이후의 국가의 멸망은 그 이전 시대와는 다른 성격을 지니고
있다. 그것은 적어도 궁중 내의 어떤 세력이 황제권에 도전한다거나
국가를 멸망시킨 예는 없고 외부의 군사력, 즉 북방세력에 의하거나
아니면 북방민족의 오랜 지배하에 시달려 온 한족에 의하여 왕조가
붕괴되었다는 특이한 성격을 찾아볼 수가 있다.

종장 – 책 끝머리에

이상에서 宋代 황제권에 대하여 살펴보았다.

宋代의 중앙집권적 문신관료체제를 바탕으로 한 황제권의 해명은 唐宋變革期(당송변혁기)를 거치면서 발전한 宋代사회의 역사적 성격을 이해하는데 결코 소홀히 취급할 수 없는 중요한 문제이다. 따라서 宋代의 황제권이 종래 학계에서 주장되어 오던 바와 같이 「군주독재체제」인가 그렇지 않은 가의 문제는 단순히 황제권에만 국한되는 문제는 아니라고 생각한다. 왜냐하면 중국의 황제권력은 그 역사적 전통성으로 볼 때 관료제도나 재상제도, 그리고 사회계층을 초월하는 초월성을 가지고 계속되어 왔기 때문이다.

그리고 황제권력은 각 시대의 사회적 계층을 훨씬 초월하는 독자적 권력기반을 가지고 내려왔기 때문에 황제권을 단순히 재상권과 二分法的 논리로 비교하는 것은 문제가 있는 것이다.

필자는 宋代의 황제권력은 본래 관료나 사대부계층이 구축하여 만든 관료체제나 제도적인 결합을 초월한 차원의 초월성을 지니고 있다고 본다.

먼저 宋代 「군주독재체제」는 관제상의 문제에 가깝고 황제권은 역사적 실체에 관련된 문제라고 생각된다. 官僚體制(관료체제)는 제도규칙을 기반으로 성립될 수 있는 내용이고 권력은 제도규칙으로서는 설명될 수 없는 역사적 실체에 해당된다. 體制가 停的인 성격을 가지고 있기 때문에 그 실체를 파악하기 쉽다. 그러나 권력은 動的인 性向으로 변화무쌍하기 때문에 그 실체를 파악하기는 대단히 어렵다.

체제상에 서술된 제도적인 내용과 황제권이란 역사적 실체사이에

는 상당히 넓고도 깊은 갭이 있음을 확인할 수가 있다. 제도적인 면에서는 唐代의 三省六部 체제는 五代에 와서 붕괴되었고 宋代는 五代의 변형된 제도를 계승하였다. 宋代의 제도가 당의 三省六部體制에서 宋의 中書門下체제로 바뀌어 황제권이 제도적으로 강화되고, 군주독재체제가 성립되었다고 하지만, 그것은 문헌상에 나타나 있는 제도적 내용을 근거로 한 것이다. 더욱이 宋代의 관제는 元豊官制改革 이전까지는 五代의 제도를 답습하고 있었기 때문에 宋代와 唐代의 官制를 그대로 비교하여 宋代의 황제권이 唐代 보다 강화되었다, 또는 宋代의 황제권이 전제적 독재체제라고 주장하는 「君主獨裁體制說」은 송대의 역사적 실상과는 부합되지 않는다.

이와 함께 宋의 건국과 宋初의 중앙집권적 문신관료체제를 담당한 宋初의 고위관료와 지방 州縣의 관장은 대부분 五代의 관료를 그대로 채용하였다. 따라서 宋은 제도적으로 五代를 계승하였을 뿐만 아니라 정치를 담당한 관료 또한 五代의 官人들이 宋初의 권력기반을 형성하고 있다.

다음으로, 宋代의 황제는 황위 계승 면에서 볼 때 변칙적으로 계승된 경우가 많다. 황위계승이 변칙적이라고 하는 것은 정상적으로 황위계승을 하는 경우와 비교할 때 황제권이 굴절되어 제대로 행사되지 못하고 있음을 알 수 있다. 宋代 황제들의 국정장악능력이 떨어지는 중요한 원인이 황위계승과 밀접한 관계가 있다.

그리고 宋代의 황제는 어려서 황위에 오르고 재위 기간이 짧고 그들의 수명도 단명하였기 때문에 황제권 행사를 제대로 할 수가 없었다. 더욱이 어린 황제가 등극하여 황태후나 태황태후가 수렴청정을 함으로써 여기에서 오는 황제권의 누수현상은 심각한 바가 있다. 그리하여 宋代 황제는 황제권의 실질적인 권한행사가 취약함을 알 수 있다.

宋代는 唐宋사회의 변혁을 거쳐 士大夫가 사회의 지배계층이 된 士大夫사회이다. 이에 따라 정치는 士大夫 관료에 의하여 운영된 士大夫관료정치체제이다. 士大夫관료의 정치적 권한은 唐代의 귀족사회에 비해 상당히 강력하다. 宋代의 士大夫관료가 황제권을 뒷받침한 면도 있지만은 士大夫관료는 정치적 주장을 관철하기 위해서 황제와 정면으로 대립하는 일이 많다. 이 경우, 황제권은 士大夫관료에 의해서 제한을 받았고 그 결과 황제는 士大夫 관료의 주장에 반대되는 자기 주장을 거두어들이는 경우가 많다. 이것은 宋代 황제권의 독재적 성격과는 거리가 있다.

이와 함께 宋代의 당쟁은 중국 역사상 그 예를 찾을 수 없을 정도로 치열하게 전개되었다. 당쟁의 주제가 북방에 새로 나타난 정복왕조의 침략에 대한 대비책이나 군사력강화를 위한 대외문제를 해결하기 위한 현안문제 해결론이 아니다. 공리공담에 치우치는 경우가 많고 특히 자기 주장이 아니면 무조건 반대하고 반대를 위한 반대주장으로 당쟁을 격화시키고 있다. 이러한 당쟁의 피해는 정치적인 면뿐만 아니라 관료사회의 기강에도 상당한 타격을 주었다. 특히 당쟁이 치열한 경우에 황제권은 당쟁의 소용돌이 속에 휘말리게 되면서 황제의 정상적인 권항행사를 불가능하게 만들었다. 당쟁이 격화되는 것을 보고 황제가 이를 중단할 것을 여러 번 명하지만 관료들은 황제의 이러한 명령에 따르지 않고 있다. 이것은 皇權이 臣權을 통제하지 못하고 있는 황제권의 실상이라 하겠다. 더욱이 靖康의 변을 당하여 국란의 위기 속에서도 對金정책을 놓고 갈팡질팡하면서 당파싸움에 몰두하고 있는 정치상황은 宋代 문치주의 관료사회가 안고 있는 심각한 모순을 그대로 드러낸 것이다.

10세기에서 13세기, 동아시아세계에 등장한 정복왕조(요 · 금 · 원)

로 인한 동아시아의 국제정세 변화는 宋代의 황제권을 역사상 가장 취약하고 혼란 상태에 몰아넣었다. 북송의 휘종과 흠종이 金의 포로로 잡혀간 사실은 황제체제가 성립된 이후 중국 역사에 없는 비극적인 일이다. 이것은 비단 휘종, 흠종 두 황제의 문제가 아니라 宋代 황제권의 취약성을 그대로 들어낸 단면도라 하겠다.

唐은 조공책봉체제를 구축하여 東아시아세계의 종주국 위치를 확보하였다. 그러나 宋代는 역사상 처음으로 막대한 歲幣(세폐)와 歲賜(세사)로 북방민족과 잠정적 평화를 유지하는 취약한 왕조로 전락하였다. 宋代의 이와 같은 역사적 사실을 놓고 볼 때, 재상권이 약하고 황제권이 강화되었다고 하는 二分比的 논리는 황제권의 종합적 구조 내용을 제대로 파악하지 못한 微視的 시각이라 아니할 수 없다. 제도상에 나타나 있는 내용을 가지고 황제의 독제체제 독재권력을 재단하는 것은 宋代 황제체제의 역사적 실상을 제대로 파악하지 못하는 결과를 가져 오게 되었다.

宋代의 황제권이 이와 같이 취약함에도 불구하고 宋왕조가 삼백여 년간(北宋 150여년, 南宋 150여년) 계속될 수 있었던 것은 황제의 독재체제 때문이 아니라 士大夫사회의 시민의식이 발전하면서 그들이 天下의 주인이라고 하는 士大夫官僚의 治者意識이 宋왕조를 삼백여 년 간 지탱하여준 기반으로 작용하였기 때문이다. 宋 이전에 있어서 왕조를 찬탈한 세력들(외척·환관·민란 그리고 군벌세력)이 宋代에 와서 왕조찬탈에 힘을 쓰지 못한 것은 士大夫官僚의 사회지배가 그 이전시대에 비하여 훨씬 확고하였기 때문이다.

宋代의 士大夫와 皇帝와의 밀접한 관계를 볼 때, 皇帝가 만약 士大夫의 지지를 얻지 못하면 왕조의 존립은 불가능하다는 사실을 알 수 있다. 그 좋은 예로, 靖康의 變(1125)후 金에 의하여 옹립된 張邦昌

의 楚國이 곧바로 와해된 역사사실에서 확인할 수 있고 金은 다시 劉豫(유예)를 내세워 齊國을 건국시켜 화북통치를 맡겼으나 8년 만에 붕괴된 예에서 알 수 있다. 이들 두 나라가 이렇게 쉽게 무너진 것은 金에 의한 괴뢰정권이란 성격과 함께 士大夫의 지지를 얻지 못한데 원인한다.

이에 비하면 南宋정권이 초기의 혼란과 불안정에도 불구하고 150여 년을 버틸 수 있었던 것은 士大夫계층의 지지를 얻을 수 있었기 때문에 가능하였다. 士大夫계층이 南宋정권을 지지한 정신적 기반은 朱子學을 바탕으로 한 華夷思想과 大義名分에서 찾을 수 있다. 宋學(朱子學)의 발달이 士大夫로 하여금 忠孝의식을 강조하고 이러한 충효의식이 왕조체제를 지탱하는 사상적 배경이 되어 宋朝를 유지하게 만들었다. 특히 朱子學이 내세우는 華夷思想은 강력한 漢族意識을 고취하여 漢族이 夷狄보다 우수하다고 하는 민족적 우월감이 북방민족의 침략을 받고 그 지배하에 있었지만 한족의 민족적 발전의 사상적 기반을 마련해 주었던 것이다.

이리하여 비록 東아시아 국제정세의 변화 속에서 皇帝權의 취약함에 의하여 정치군사적 주도권은 북방민족에게 내어주었음에도 불구하고 宋이 한족의 문화적 우수성을 발휘하여 東아시아 문화의 전통성을 유지할 수 있었다. 그 중요한 원인은 宋代의 皇帝權과는 직접관계가 없다. 宋代의 화약과 나침반의 발명, 그리고 인쇄기술의 발전과 도자기공업의 발전은 모두가 士大夫 서민사회와 밀접한 관련을 가지고 있고 이것은 결과적으로 宋代 士大夫사회의 우수성을 그대로 반영한 것으로 보아야 할 것이다.

본인의 「宋代 황제권연구」를 통하여 停的인 제도규칙에 얽매여 凝固(응고)되어 있는 宋代 황제권의 참모습이 밝혀져 이를 계기로 역

동적인 宋代 문신관료체제는 물론, 정치와 사회전반에 걸쳐 動的인 역사실체가 그 모습을 보일 수 있는 계기가 되었으면 하는 마음, 간절하다.

宋代 君主獨裁體制에 대한 國內外 학자들의 관심과 노력이 함께 지속되면서 새로운 비판적 연구가 나왔으면 하는 마음이 간절하다.

|색 인|

신채식 ————————————————————

▌약력

　서울대학교 사범대학 역사과 졸업
　서울대학교 대학원 동양사학과 석사
　일본 東京대학교 대학원 연구
　동국대학교 대학원 문학박사
　서울대학교 사범대학 조교수
　공주대학교 교수
　성신여자대학교 교수, 대학원장
　단국대학교 초빙교수
　한국 동양사학회 회장

▌주요논문 및 저서

　「宋代文臣官僚의 陞進」
　『宋代官僚制研究』(三英社)
　『文化史槪論』(法文社)
　『中國과 東아시아世界』(국학자료원)
　『東亞史上의 王權』(한울아카데미)
　『신채식 저작집 Ⅰ 宋代官僚制研究』
　『신채식 저작집 Ⅱ 宋代政治經濟史研究』
　『신채식 저작집 Ⅲ 宋代對外關係史研究』
　『신채식 저작집 Ⅳ 東아세아문화와 漢字문화』 외 다수
　외 다수

신채식 저작집 Ⅴ

宋代 皇帝權 研究

초판인쇄 | 2010년 3월 30일
초판발행 | 2010년 3월 30일

지 은 이 | 신채식
펴 낸 이 | 채종준
펴 낸 곳 | 한국학술정보㈜
주   소 | 경기도 파주시 교하읍 문발리 파주출판문화정보산업단지 513-5
전   화 | 031) 908-3181(대표)
팩   스 | 031) 908-3189
홈페이지 | http://ebook.kstudy.com
E-mail | 출판사업부 publish@kstudy.com
등   록 | 제일산-115호(2000. 6. 19)

ISBN   978-89-268-0244-1 94910 (Paper Book)
        978-89-268-0245-8 98910 (e-Book)
        978-89-534-7922-7 94910 (Paper Book set)
        978-89-534-7923-4 98910 (e-Book set)

내일을여는지식 은 시대와 시대의 지식을 이어 갑니다.